D1674179

KNAUR⭐

Von Franz Konz ist außerdem erschienen:
KONZ – 1000 ganz legale Steuertricks

Steuerberater der geplagten Steuerbürger

Als Verfasser des millionenfach verkauften Werkes »KONZ – 1000 ganz legale Steuertricks« gilt Franz Konz als Steuerberater der geplagten Steuerbürger. Zeile für Zeile gehen Franz Konz und Friedrich Borrosch in diesem Buch die aktuellen Steuerformulare durch und zeigen knallhart, was sich an Steuereinsparungen herauswirtschaften lässt. Ein Bestseller im Urteil der Steuerzahler.

Dazu eine Leserzuschrift:
». . . Endlich ein Fachbuch, das verständlich geschrieben ist.«

Franz Konz

Steuerinspektor a. D.

Friedrich Borrosch

Dipl.-Finanzwirt/Steuerberater

KONZ

Das Arbeitsbuch zur Steuererklärung 2015/2016

Mit den Einkommensteuertabellen für 2015

25. Ausgabe

Dieses Werk entspricht dem ehemaligen *Kleinen Konz*.

Besuchen Sie uns im Internet:
www.knaur.de

Völlig überarbeitete Neuausgabe November 2015
© 1990/2015 Verlag Knaur.
Ein Imprint der Verlagsgruppe
Droemer Knaur GmbH & Co. KG, München.
Alle Rechte vorbehalten. Das Werk darf – auch teilweise –
nur mit Genehmigung des Verlags wiedergegeben werden.
Umschlaggestaltung: ZERO Werbeagentur, München
Satz: Vornehm Mediengestaltung GmbH, München
Druck und Bindung: CPI books GmbH, Leck

ISBN 978-3-426-78788-5

5 4 3 2 1

Steuervorschau und wichtige Nachrichten vorab

Letzte Steuernachrichten

Mini-Steuerreform 2015/2016 zum Abbau der »kalten Progression«

Sicher haben Sie schon einmal von der »kalten Steuerprogression« gehört. Wissen Sie auch, was damit gemeint ist?

Im Grundsatz geht es um Lohnerhöhungen, die die Inflation ausgleichen sollen, im Ergebnis aber dazu führen, dass Arbeitnehmer weniger statt mehr Geld in der Tasche haben.

Wie das? Ganz einfach: Je mehr Geld Sie verdienen, desto höher der Steuersatz. Lohnerhöhungen führen daher regelmäßig dazu, dass die Steuerbelastung insgesamt durch höhere Steuersätze steigt. Rechnet man die Inflation dazu, bleibt häufig eben weniger Geld zum Leben, als man vorher hatte.

Dazu einige Zahlen:

Der durchschnittliche Bruttomonatsverdienst ist von 1991 bis 2013 um stolze 55 % gestiegen! Da höheres Einkommen auch höhere Steuerbelastung bedeutet, blieb von diesem Plus nach Steuern und Sozialabgaben ein Netto-Zuwachs von lediglich 48 %. Legt man für den Zeitraum dieser 22 Jahre eine durchschnittliche Preissteigerung von 2,5 % zugrunde, ergibt das 55 %, das heißt: Die Preise sind um 55 % gestiegen.

Der durchschnittliche Arbeitnehmer konnte sich im Jahr 2013 also 7 % weniger leisten als im Jahr 1991. Reallohnverlust nennt man so etwas.

Schäubles Mini-Reform führt nun dazu, dass ein Single mit einem zu versteuerndem Jahreseinkommen von 40.000 € im Jahr etwa 58 € Steuern spart – also knapp 5 € im Monat. Ehepaare, die gemeinsam 80.000 € im Jahr versteuern müssen, kommen auf eine Ersparnis von 116 € im Jahr, also knapp 10 € im Monat.

Steuervorschau und wichtige Nachrichten vorab

Von einer Entlastung kann da wohl keine Rede sein.

Also schauen wir, wie wir sonst die Steuern drücken können und mehr Geld zum Leben haben:

TIPP Machen Sie ein optimales Geschäft mit der Garage für den Firmenwagen!

Sie haben zwei Möglichkeiten, dem Fiskus ein Schnippchen zu schlagen.
Variante 1:
Ihr Arbeitgeber zahlt ein Garagengeld. Haben Sie die Garage gemietet, bleibt das Garagengeld in Höhe der Garagenmiete und der auf die Garage entfallenden Nebenkosten steuerfrei. Also ab mit Ihrem Mietvertrag und der Nebenkostenabrechnung zum Kopierer und die Kopien beim Chef eingereicht. Haben Sie dagegen ein Häuschen, müssen Sie sich die Mühe machen und die anteiligen Kosten, die auf Ihre Garage entfallen, zusammenrechnen. Dazu gehören z. B. Zinsen für Hypotheken, Abschreibung, Grundsteuer, Grundbesitzabgaben, Strom, Wasser etc.

Variante 2:
Nicht jeder Boss ist so großzügig und erstattet Ihnen alle Garagenkosten. Häufig ist die Schmerzgrenze bei dem Betrag erreicht, der üblicherweise als Miete für eine »normale Garage« verlangt wird. Was also tun, wenn Sie gerade neu gebaut haben und Ihre anteiligen Kosten für die Garage wegen der hohen Zinsen und Abschreibung 150 €/Monat betragen, Ihr Chef aber nur 40 € herausrücken will?

Dann streichen Sie die 40 € ein – und bitten zusätzlich den Fiskus mit einem Mietvertrag über die Garage zur Kasse:

Schließen Sie mit Ihrem Chef einen astreinen Garagenmietvertrag mit einer Monatsmiete von 40 €. Jetzt dürfen Sie nämlich die Differenz aus Miete und Garagenkosten als Mietverluste in Ihrer Steuererklärung angeben.

Ihre Abrechnung für das Finanzamt sieht dann so aus:

Einnahmen aus Garagenvermietung 12 × 40 €	480 €
./. Kosten für die Garage 12 × 150 €	− 1.800 €
Verlust aus Vermietung und Verpachtung	1.320 €

Damit haben Sie nicht nur Ihre 40 € pro Monat steuerfrei, sondern können auch noch den Verlust von 1.320 € von der Steuer absetzen. Das füllt

Steuervorschau und wichtige Nachrichten vorab

Ihnen Ihren Geldbeutel je nach Steuersatz zusätzlich mit 231 bis 634 € im Jahr. Bei einem mittleren Steuersatz verdoppelt Ihnen der Fiskus damit praktisch Ihr Garagengeld. Alles Wissenswerte zum Firmenwagen lesen Sie unter ➤ Rz 638 ff.

 Legen Sie bei gemischter Nutzung unbedingt Einspruch ein!

Angesichts des Verfahrens beim Großen Senat (Az GrS 1/14) und weiterer Revisionen (Az X R 32/11, VIII R 52/13, X R 26/13, XI R 20/13 XI R 21/13) sollten Sie in jedem Fall auch dann den anteiligen Abzug Ihrer Arbeitszimmerkosten als Werbungskosten beantragen, wenn Sie das Zimmer nicht ausschließlich beruflich nutzen. Wenn Sie keinen anderen Aufteilungsmaßstab haben, können Sie zunächst einmal mit einer Aufteilung 50:50 in die Verhandlung mit dem Fiskus gehen. Verweisen Sie dazu auf die Revision mit dem Az X R 32/11. Gegen die vermutlich ablehnende Entscheidung Ihres Finanzamts legen Sie Einspruch ein unter Hinweis auf die o. g. Revisionsverfahren. Die Entscheidung ruht dann, bis der BFH sich eine abschließende Meinung gebildet und in den anhängigen Verfahren entschieden hat. Vor allem in folgenden Fällen sollten Sie so vorgehen:

- Ein Büroraum wird sowohl privat als auch beruflich genutzt.
- Sie haben eine Arbeitsecke in einem ansonsten privat genutzten Raum.
- Ihr Arbeitszimmer befindet sich auf einer offenen Galerie.
- Ihr Arbeitszimmer lässt sich nicht durch eine Tür von anderen Räumen trennen.
- Sie haben ein Arbeitszimmer, das als Durchgangszimmer zu anderen Wohnräumen genutzt wird.

Mehr zum Kostenabzug beim häuslichen Arbeitszimmer finden Sie unter ➤ Rz 745 ff. Wie Sie von Musterverfahren profitieren, lesen Sie unter ➤ Rz 1121.

 Ein Bonus der Versicherung ist keine Erstattung!

Seitdem Beiträge zur Basis-Krankenversicherung in vollem Umfang steuerlich abzugsfähig sind, ist die Freude über Beitragserstattungen der Krankenversicherung getrübt. Soweit diese Erstattungen auf Basis-Krankenversicherungsbeiträge entfallen, mindern sie den Steuerabzug

Steuervorschau und wichtige Nachrichten vorab

und erhöhen damit die Steuerlast (siehe Anlage Vorsorgeaufwand > Zeile 14, 19, und 25). Damit sind sie quasi in vollem Umfang steuerpflichtig! Das Finanzgericht Rheinland-Pfalz hat allerdings klargestellt: Bonuszahlungen der Krankenkassen sind keine Beitragsrückerstattungen (Urt. v. 28.4.2015 – Az. 3 K 1387/14).

Erhalten Sie also Zuschüsse von Ihrer Kasse für die Teilnahme an besonderen Vorsorge- oder Gesundsheitsprogrammen, sind diese nicht als Erstattung von Beiträgen in die Anlage Vorsorgeaufwand einzutragen!

Erst die Benutzerhinweise auf Seite 33 lesen:
So macht sich das Buch voll bezahlt

INHALT
Seite

10

13

Vorwort

Liebe Leserinnen,
liebe Leser,

zwar hat sich die Finanzverwaltung die Gleichmäßigkeit der Besteuerung aller Steuerzahler auf ihre Fahnen geschrieben, doch sind die Bürger vor den Steuergesetzen denkbar ungleich!

Wer nur etwas mehr weiß als der andere, kann ungeahnte Vorteile erzielen. Und wer sich nur etwas dumm anstellt, bezahlt doppelt und dreifach. Deshalb sollte man bei den Steuergesetzen wissen, wo's langgeht.

Dazu gehört auch, seine Anträge in den Formularen richtig auf den Weg zu bringen. In diesem Arbeitsbuch finden Sie alle gängigen Tricks, wie die steuerlichen Verhältnisse günstig zu gestalten sind und wie Sie diese Tricks in der Steuererklärung unterbringen. Es ist also Steuerratgeber und Formularberater zugleich.

Wenn Sie lohnsteuerpflichtig sind, ist zwar nicht allzu viel beim Finanzamt zu ergattern, aber mit den Steuertricks und einer Reihe anderer guter Ratschläge, die in diesem Buch versammelt sind, können Sie – und natürlich auch Kapitalanleger, Rentner und Vermieter – dem Fiskus doch den ein oder anderen Euro abtrotzen.

Herzlichst Ihr

franz Konz

Abkürzungen

AfA	=	Absetzung für Abnutzung (Abschreibung)
AO	=	Abgabenordnung
BFH	=	Bundesfinanzhof
BFH/NV	=	nicht amtlich veröffentlichtes BFH-Urteil
BGB	=	Bürgerliches Gesetzbuch
BMF	=	Bundesministerium der Finanzen
BSG	=	Bundessozialgericht
BStBl	=	Bundessteuerblatt
BUKG	=	Bundesumzugskostengesetz
BV	=	II. Berechnungs-Verordnung
BVerfG	=	Bundesverfassungsgericht
EB-FAGO	=	Ergänzende Bestimmungen zur Finanzamts-Geschäftsordnung
EFG	=	Entscheidungen der Finanzgerichte
EStDV	=	Einkommensteuer-Durchführungsverordnung
EStG	=	Einkommensteuergesetz
EStH	=	Amtliche Einkommensteuer-Hinweise
EStR	=	Amtliche Einkommensteuer-Richtlinien
FG	=	Finanzgericht
HFR	=	Höchstrichterliche Finanzrechtsprechung
LStR	=	Lohnsteuer-Richtlinien
rk	=	rechtskräftiges Urteil
Rz	=	Randziffer
SolZ	=	Solidaritätszuschlag
UStG	=	Umsatzsteuergesetz
ZPO	=	Zivilprozessordnung

✐ = **Für viele Steuerzahler besonders wichtig**

✐✐ = **Verdient ganz besondere Beachtung**

1 Ein paar wichtige Worte vorab

In diesem Kapitel erfahren Sie, was Sie von dem Buch erwarten und **1**
wie Sie es am besten nutzen können.

Dieses *Arbeitsbuch* hilft Ihnen, beim Ausfüllen der Steuerformulare alle 2
Möglichkeiten des Steuersparens aufzuspüren und den Rahmen der
Gesetze trickreich auszuschöpfen. Außerdem können Sie doppelt sparen:
die Steuer und das Steuerberaterhonorar. Denn mit dem *Arbeitsbuch*
sind Sie von fremder Hilfe unabhängig. Aber erwarten Sie nicht das
Schema F von mir. Auch ist einiges ungewöhnlich dargestellt, aber nur mit
dem Ziel, Sie zum Nachdenken anzuregen, wo für Sie steuerlich ein Spiel-
raum besteht.

Mit diesem Buch will ich Ihre steuerliche Phantasie anregen. Die steuer- **3**
lichen Bestimmungen ändern sich fast täglich. Kaum ein Urteil ohne
Gegenurteil. Selbst der Bundesfinanzhof (BFH) entscheidet mal so und
mal so. Wo Ihr Sachbearbeiter in Ihrer Steuererklärung noch munter Posten gestrichen hat, setzt ein anderer Bearbeiter in der Einspruchstelle ein
Okay-Häkchen – natürlich nur, wenn Sie auch Einspruch einlegen und
sich nicht vorschnell ins Bockshorn jagen lassen. Das Wort »Steuerverkürzung« oder gar »-hinterziehung« sollte Sie nicht schrecken, solange
Sie fein säuberlich alles vorlegen. Denn das Finanzamt kann ja entscheiden, ob es die »Steuerverkürzung« anerkennt oder nicht.

Benutzerhinweise – So macht sich das Buch voll bezahlt **4**

Das Buch enthält genaue Anweisungen zum Ausfüllen der Steuerformu-
lare – ob per Hand oder am Bildschirm. Sie gehen die Formulare Zeile für
Zeile durch und lesen im *Arbeitsbuch* nach, was dazu geschrieben steht.
Antworten zu bestimmten Fragen finden Sie am schnellsten über das
Inhaltsverzeichnis oder das Stichwortregister.

Abschnitte, die mit ✐ gekennzeichnet sind, sind wichtig. Besondere
Aufmerksamkeit verdienen Abschnitte mit ✐✐. Hier versäumen Sie
oft, Chancen zur Steuerersparnis wahrzunehmen.

Zur Orientierung: Ab ➤ Rz 76 wird das jeweilige Formular oben auf der
Seite genannt. Ab ➤ Rz 83 steht die Nummer der Formularzeile im laufenden Text zwischen zwei Balken. Die nachfolgenden Tipps und Über-
sichten beziehen sich immer auf diese voranstehende Formularzeile.

1.1 So füllen Sie die Formulare aus

5 Es geht auf herkömmliche Art und Weise mit dem Kugelschreiber ➤ Rz 12 oder elektronisch am Bildschirm.

1.1.1 ElsterOnline – die »bürgerfreundliche« Steuererklärung

6 Der Fiskus preist uns die Online-Steuererklärung als »bürgerfreundlich« an, wo es ihm in Wirklichkeit nur darum geht, durch unsere Mithilfe die Steuern noch müheloser einzusammeln. Letztendlich sollte uns das egal sein, wenn auch wir Vorteile davon haben, als da wären:

7 **1. Der Fiskus verzichtet grundsätzlich auf Belege, soweit deren Vorlage nicht unumgänglich ist. Vorzulegen sind …**

zum Hauptvordruck (Mantelbogen):

- Zuwendungsnachweise wie z.B. Spendenbescheinigungen
- Nachweis der Behinderung im Erstjahr bzw. bei Änderung

zur Anlage N:

Nur wenn die Lohnsteuerbescheinigungsdaten ausnahmsweise nicht durch den Arbeitgeber elektronisch an das Finanzamt übermittelt wurden, soll der vom Arbeitgeber ausgehändigte Ausdruck der elektronischen Lohnsteuerbescheinigung eingereicht werden.

zur Anlage KAP:

- Steuerbescheinigung über anrechenbare Kapitalertragsteuer, wenn eine Überprüfung des Steuereinbehalts für bestimmte Kapitalerträge oder die Günstigerprüfung beantragt wird. Also immer!
- Steuerbescheinigung über Kapitalerträge, für die keine Kirchensteuer einbehalten wurde, obwohl eine Kirchensteuerpflicht besteht
- Bescheinigung über anrechenbare ausländische Steuern

zur Anlage VL:

- Bescheinigung über vermögenswirksame Leistungen

zur Anlage Unterhalt:

- Nachweise der Unterhaltsbedürftigkeit

Haushaltsnahe Dienstleistungen und Kinderbetreuungskosten

Voraussetzung für die Steuerermäßigung bei Inanspruchnahme haushaltsnaher Dienstleistungen und den Abzug von Kinderbetreuungskosten ist, dass Sie für die Aufwendungen eine Rechnung erhalten und diese durch Überweisung (bloß nicht bar!) beglichen haben.

Auch wenn das Gesetz die Vorlage der Rechnungen und Zahlungsnachweise seit Jahren nicht mehr zwingend vorsieht, sollten Sie beides Ihrer Steuererklärung beifügen. Sie vermeiden so unnötige Rückfragen und erhalten schneller Ihre Steuererstattung. Droht eine Rückzahlung, könnte eine Verzögerung in der Bearbeitung allerdings vorteilhaft sein …

34

Sonstige Belege
Belege über Arbeitsmittel, Nachweise über Beiträge an Berufsverbände oder zu Lebens- oder Haftpflichtversicherungen und der von Ihrem Arbeitgeber ausgehändigte Ausdruck der elektronischen Lohnsteuerbescheinigung müssen ebenfalls nicht eingereicht, aber bis zur Bestandskraft des Steuerbescheids aufbewahrt und dem Finanzamt auf Verlangen vorgelegt werden.

Wenn außergewöhnliche oder erstmalige Umstände die Höhe der Steuer beeinflussen, wird eine sofortige Belegeinreichung empfohlen. Dies ist beispielsweise bei beruflich bedingten Umzugsaufwendungen, der Begründung einer doppelten Haushaltsführung oder der Einrichtung eines häuslichen Arbeitszimmers der Fall.

2. **Sie können sicher sein, dass Ihre Daten bei der Nutzung von Elster-Online zutreffend übernommen werden;** Eingabefehler im Finanzamt gehören der Vergangenheit an.
3. **Die Daten werden automatisch auf Vollständigkeit und Plausibilität geprüft.** Gegebenenfalls ergeht ein Fehlerhinweis.
4. **Mancher Bearbeiter schaut nicht mehr so genau hin.** Er macht mit Ihrer Steuererklärung einen schnellen Punkt für seine Statistik, wenn er Ihre – durch das Elster-Programm – bereits auf Vollständigkeit geprüften Daten ruck, zuck übernimmt. Im Übrigen sind die Bearbeiter ohnehin angewiesen, die mit ElsterOnline abgegebenen Steuererklärungen *bevorzugt* zu bearbeiten – Sie kommen auf diese Weise also schneller zu Ihrer Erstattung!
5. **Sie erfahren sofort, wie hoch die Steuererstattung/Nachzahlung sein wird.** Im direkten Vergleich mit dem späteren Steuerbescheid haben Sie die 100 %ige Kontrolle, ob alles glatt über die Bühne gegangen ist.
6. **Das Programm Elster wird vom Fiskus kostenlos zur Verfügung gestellt,** Sie haben also keine Mehrausgaben.
7. **Mit der Datenübernahme aus dem Vorjahr haben Sie eine perfekte Vorlage.** Sie brauchen nur noch die Änderungen einzugeben.

Diese handfesten Vorteile sprechen für sich, oder? Also, dann nichts wie ran an die Elster-Steuererklärung!

Die Abgabe der Erklärung mit dem Elster-Steuerprogramm besteht   8
1. **in der Online-Datenübermittlung an das Finanzamt und**
2. **der postalischen Zustellung der von Ihnen ausgedruckten und unterschriebenen Erklärung nebst den notwendigen Belegen.**

So bekommen Sie das Elster-Programm:
1. Sie gehen auf die Website www.elster.de,
2. klicken »ElsterFormular« im Menü am linken Seitenrand an,

3. dann »downloads« und
4. schließlich »ElsterFormular für Privatanwender«.
5. Das Installationsprogramm wird gestartet. Sie gehen entsprechend den Anweisungen am Bildschirm vor.

Alternativ können Sie sich das Elster-Programm über eine CD auf Ihren Computer laden. Lassen Sie sich von Ihrem Finanzamt eine zuschicken, kostenlos versteht sich, oder holen Sie sich eine ab, wenn Sie zufällig in der Nähe sind.

»Was haben die sich bloß dabei gedacht, ihr Programm nach der diebischen Elster zu benennen?«, sinnieren Sie. »Wo doch Diebstahl und Steuer so dicht beieinanderliegen.«

Wer dem Fiskus hier ein gehöriges Maß an Selbstironie zutraut, geht wohl doch etwas zu weit. Elster ist schlicht die Abkürzung für »**El**ektronische **St**euer**er**klärung«.

Erscheint das amtliche Formular auf dem Bildschirm, nehmen Sie sich ggf. die Vorjahreserklärung dazu (Datenübernahme aus dem Vorjahr über Auswahl »08« in der Kopfzeile) und gehen es Zeile für Zeile durch.

Mit der Auswahl »F 5« statt »F 9« unter »Eingabemodus« in der Kopfzeile werden Sie Schritt für Schritt systematisch durch die Formulare geführt und holen sich so knappe, aber hilfreiche Erläuterungen. Lesen Sie parallel dazu im *Arbeitsbuch* nach, ob sich an der jeweiligen Stelle etwas deichseln lässt.

Mit der Auswahl »Steuerberechnung« unter »Extras/Rechnersymbol« in der Kopfzeile wird die tarifliche Einkommensteuer berechnet. Im Fall einer Nachzahlung ist jetzt noch Zeit, an der Steuererklärung zu basteln. Zu Ihrer Beruhigung: Bei jedem Rechengang prüft das Programm, ob die Angaben in der Steuererklärung vollständig und in sich schlüssig sind. Andernfalls bekommen Sie einen Fehlerhinweis. Es wird also nur dann gerechnet, wenn die Erklärung zumindest formell in Ordnung ist.

Wie werden die Formulare abgeschickt?
Mit der Auswahl »Datenübermittlung« in der Kopfzeile bringen Sie Ihre Steuererklärung auf den Weg. Vor der Übertragung prüft das Programm blitzschnell, ob die Angaben vollständig und plausibel sind, und meldet Ihnen ggf. einen Fehler. Ist die Steuererklärung beim Finanzamt angekommen, wird sie automatisch bei Ihnen ausgedruckt, jedoch in »komprimierter« Form, d.h., es werden nur die Teile des Formulars ausgedruckt, die von Ihnen ausgefüllt wurden. Dadurch sparen Sie jede Menge Papier und Druckerfarbe.

9 Eigenhändig unterschreiben und ab zur Post
Die komprimierte Steuererklärung müssen Sie nun noch **unterschreiben.** Dann heißt es: **Steuererklärung (= ausgedruckte »Kurzerklärung«) nebst**

Anlagen (wie z.B. Anlage VL, Belege für Spenden, Steuerbescheinigungen) **eintüten und auf dem Postweg ab ans Finanzamt.**

Telenummer 10

Das Programm vergibt bei jeder Datenübermittlung eine gesonderte Telenummer. Sie steht auf Seite 2 der komprimierten Steuererklärung und erscheint auch später auf dem Steuerbescheid. Sie dient dazu, Verwechslungen zu vermeiden im Fall, dass die Steuererklärung berichtigt werden muss. Außerdem können Sie durch Vergleich der Telenummer in der Steuererklärung und im Steuerbescheid feststellen, ob die richtige Steuererklärung Grundlage des Steuerbescheids ist.

Mehr Durchblick mit automatischer Prüfung des Steuerbescheids 11

Haben Sie Ihren Steuerbescheid auf dem Postweg erhalten, können Sie die Daten auch online mit dem Elster-Programm abrufen. Im Anschluss an diesen Download werden die Bescheiddaten mit der Steuerberechnung verglichen und eventuelle Abweichungen am Bildschirm dargestellt.

Damit dieser automatische Vergleich glatt über die Bühne geht, wählen Sie, *bevor* Sie Ihre Steuererklärung an das Finanzamt übermitteln, im »Senden«-Dialog die Option, dass Sie die Abholung der Bescheiddaten nutzen wollen. Betätigen Sie dazu die Schaltfläche »Schlüssel zur Bescheiddatenabholung erzeugen bzw. einlesen«. Nach dem Erzeugen/Einlesen wird die Schaltfläche »Daten mit Möglichkeit der Bescheiddatenabholung übermitteln« aktiviert.

Auf diese Weise sichern Sie sich ab für den Fall, dass das Finanzamt klammheimlich von Ihren Angaben in der Steuererklärung abgewichen ist. Wie Sie sich gegen einen falschen Steuerbescheid zur Wehr setzen können, dazu mehr unter ➤ Rz 1114 ff.

Muster 3 Egon und Rosi   Steuernummer (198/113/11321)

2015

Testfinanzamt OF-Bereich München	Eingangsstempel
11 Steuernummer 198/113/11321 10 99 01	
ID: 00004	

Einkommensteuererklärung

An das Finanzamt   Testfinanzamt OF-Bereich
                                    München
Steuernummer   198/113/1321
Ich rechne mit einer Einkommensteuererstattung
Telefonische Rückfragen tagsüber unter Nr.   089/000000

Allgemeine Angaben

Steuerpflichtige Person (Stpfl.), bei Ehegatten: Ehemann
2 Name   Muster 3
3 Vorname   Egon
4 Geburtsdatum   13.02.1950
4 Religion   evangelisch-lutherisch
5 Ausgeübter Beruf   Angestellter
5 Straße und Hausnummer   Musterstr. 99
5 Postleitzahl   80201
6 Derzeitiger Wohnort   München
7 Verheiratet seit dem   21.08.1975

Ehefrau
8 Vorname   Rosi
9 ggf. abweichender Name   Muster 3
10 Geburtsdatum   17.04.1952
10 Religion   evangelisch-lutherisch
10 Ausgeübter Beruf   Angestellte

Nur von Ehegatten auszufüllen:
12 Zusammenveranlagung
13 Wir haben keine Gütergemeinschaft vereinbart

Bankverbindung
14 Kontonummer   030303
14 Bankleitzahl   01010101
15 Geldinstitut (Zweigstelle) und Ort   Stadtsparkasse München
16 Kontoinhaber ist der Stpfl.

Unterschrift

Die mit der Steuererklärung angeforderten Daten werden aufgrund der §§ 149 ff. der Abgabenordnung und der §§ 25, 46 des Einkommensteuergesetzes erhoben. Ich versichere, dass ich die in dem amtlichen Vordruck geforderten Angaben wahrheitsgemäß nach bestem Wissen und Gewissen gemacht habe. Mir ist bekannt, dass Angaben über Kirchensteuerabführung und Pauschbeträge für Behinderte entsprechenden der für die Ausstellung von Lohnersatzanhaften zuständigen Gemeinde mitgeteilt werden. In der maschinell erstellten Erklärung werden keine Änderungen vorgenommen.

Datum, Unterschrift(en)   Anträge / Steuererklärungen sind eigenständig - bei Ehegatten von beiden - zu unterschreiben.

38

Telenummer (IV)

Telenummer

Einkünfte im Kalenderjahr aus folgenden Einkunftsarten

31 Die Einnahmen aus Kapitalvermögen betragen nicht mehr als 6100 DM, bei Zusammenveranlagung 12200 DM. Zur Anrechnung von Steuerabzugsbeträgen und bei vergleichbarer Körperschaftsteuer bitte Anlage KSO abgeben.

32 Nichtselbständige Arbeit der steuerpflichtigen Person (bei Ehegatten: Ehemann)

33 Nichtselbständige Arbeit der Ehefrau

Angaben zu Kinder(n)

40 lt. Anlage(n) Kinder

40 Anzahl .... 1.....................

Sonderausgaben

Arbeitnehmeranteil am Gesamtsozialversicherungsbeitrag und / oder befreiende Lebensversicherung sowie andere gleichgestellte Anfwendungen (ohne steuerfreie Zuschüsse des Arbeitgebers)

64 StpfL. / Ehemann	12.235	99 52 30		12.235

Kranken- und Pflegeversicherung (abzüglich steuerfreie Zuschüsse, ohne Beträge in den Zeilen 64 und 65)

64 gezahlte Beiträge im Veranlagungszeitraum	3.782		
65 gesamt	3.782	40	3.782

Haftpflichtversicherung (ohne Kasko-, Hausrat- und Rechtsschutzversicherung)

71 gezahlte Beiträge im Veranlagungszeitraum	1.250		
72 minus erstattete Beträge im Veranlagungszeitraum	164		
71 gesamt	1.186	43	1.186

Kirchensteuer

77 in 1998 gezahlte Beträge	2.342	13	2.342

ANLAGE N (Steuerpflichtiger/Ehemann)

Einkünfte aus nichtselbständiger Arbeit

Angaben zum Arbeitslohn

Erste Lohnsteuerkarte

2 Bruttoarbeitslohn	67.543	99 47 10		67.543
3 Lohnsteuer	13.254,00		40	13.254,00
4 Solidaritätszuschlag	687,00		50	687,00
5 Kirchensteuer des Arbeitnehmers	1.099,00		42	1.099,00

Werbungskosten

Fahrten zwischen Wohnung und Arbeitsstätte

34 Arbeitstage je Woche	5,0
34 Urlaubs- und Krankheitstage	21

Aufwendungen für Fahrten mit eigenem oder zur Nutzung überlassenem

35 privaten Pkw	
35 Letztes amtl. Kennzeichen	M - A 0000

Ganz ohne Papier geht es auch ...

12 Vorausgesetzt, Sie registrieren sich bei ElterOnline. Im Zuge der Registrierung erhalten Sie Ihr persönliches ELSTER-Zertifikat. Damit können elektronische Steuererklärungen völlig papierlos erledigt werden, da bei Verwendung dieses elektronischen Zertifikats auf Ihre Unterschrift verzichtet wird.

Die vorausgefüllte Steuererklärung: Mehr Schein als Sein!
Das Angebot der Steuerverwaltung klingt verlockend, ist aber irreführend, denn die Steuererklärung ist keineswegs bereits ausgefüllt. Die Steuerzahler können über das ElsterOnline-Portal lediglich übernehmen, was im Finanzamt unter ihrer Steuer- bzw. Identifikationsnummer gespeichert ist.

Das sind

– die persönlichen Stammdaten,
– die Religionszugehörigkeit,
– Daten der elektronischen Lohnsteuerbescheinigung,
– Angaben zu den Rentenbezügen des jeweiligen Veranlagungsjahres,
– Kranken- und Versicherungsbeiträge,
– Vorsorgebeiträge zur gesetzlichen Rentenversicherung,
– Riester- und Rürup-Vorsorgebeiträge.

Der Abruf der Daten ist erst ab dem 28.2. des folgenden Jahres möglich, weil dem Finanzamt frühestens dann die entsprechenden Informationen vorliegen.

Von Vorteil ist, dass die vorhandenen Daten nicht mehr eingegeben, sondern nur noch überprüft und ggf. ergänzt werden müssen. So können Fehler bei der Erfassung der Daten vermieden werden. Allerdings muss jeder Steuerzahler nach wie vor selbst seine absetzbaren Aufwendungen auflisten.

Schon bei der Anmeldung zur ElsterOnline-Steuererklärung wird es knifflig. Zunächst muss sich der Steuerzahler registrieren, auch wenn er schon im Vorjahr seine Steuererklärung mit ElsterFormular abgegeben hat. Zur Registrierung braucht er ein elektronisches Zertifikat. Das Zertifikat mit Freischaltcode schickt ihm das Finanzamt nach der Registrierung per Post ins Haus. Wer dieses Procedere hinter sich hat, bekommt zum ersten Mal zu sehen, welche Daten bereits im Finanzamt vorliegen.

Wer die zur Verfügung gestellten Daten übernimmt, muss sie unbedingt prüfen, denn das Finanzamt haftet nicht für deren Richtigkeit. Es sind die Steuerzahler, die mit ihrer Unterschrift in der Verantwortung stehen. Und es gibt Fehlerquellen zuhauf: Die Lohnsteuerbescheinigung kann nicht korrekt übermittelt sein, mal hat der Krankenversicherer oder Rententräger die Angaben verdreht oder verbummelt. Es gilt also, alle Daten sorgfältig mit den eigenen Unterlagen abzugleichen. Das kostet Zeit.

Letztendlich stellt sich heraus: Zeit und Mühe spart weniger der Steuerzahler, sondern mehr das Finanzamt.

1.1.2 Ausfüllen der Formulare mit der Hand

Steuerformulare erhalten Sie zum einen schnell und unkompliziert über **13** das Internet, z. B. auf *www.bundesfinanzministerium.de* unter »Service« am linken Bildrand »Formulare A-Z«. Auf der folgenden Seite klicken Sie sodann auf »Formular-Management-System« und finden sämtliche Steuerformulare. Auch hat jedes Finanzamt seine eigene Internetseite, zu finden unter *www.finanzamt.de*. Hier sind ebenfalls die wichtigsten Steuerformulare abrufbar.
Zum anderen sind die Formulare in Papierform bei jedem Finanzamt zu bekommen. Anruf genügt, und Ihr Finanzamt schickt Ihnen sicherlich einen kompletten Formularsatz zu.

Besorgen Sie sich zwei Formularsätze. Einen davon legen Sie erst mal auf die Seite. Der zweite ist sozusagen Ihre Ideenschmiede oder Spielwiese: Darauf fertigen Sie eine Probeerklärung an. Am besten mit Bleistift, so können Sie nach Belieben radieren, ändern, ergänzen. Sie grasen Zeile für Zeile ab: auf der einen Seite die Formulare – auf der anderen das *Arbeitsbuch* zum Nachlesen. Dadurch geht Ihnen nicht durch die Lappen, wo sich etwas deichseln lässt.
Füllen Sie nur die weißen Felder der Vordrucke aus. Wenn der Platz nicht ausreicht, machen Sie weitere Angaben auf einem gesonderten Blatt, das Sie als Anlage bezeichnen.
Sofern nicht im besonderen Fall Centbeträge verlangt werden, runden Sie Einnahmen ab und Ausgaben auf – also immer schön zu Ihren Gunsten.
Die endgültige Fassung übertragen Sie auf den unberührten Formularsatz, den Sie zu guter Letzt kopieren: Sie müssen schließlich nachprüfen können, was das Finanzamt von Ihren Angaben (un)freundlicherweise unter den Tisch hat fallen lassen. Vergessen Sie nicht, etwaige Bescheinigungen, Zusammenstellungen und Nachweise zu kopieren und auch Ihre Notizen zur Steuererklärung aufzubewahren.

Formularkopien genügen
Zu überzogenen Anforderungen der Finanzämter an die eingereichten Formulare sagt der Bundesfinanzhof: Alles Unsinn. Die Daten können ohne weiteres auch Kopien entnommen werden. Ebenso wenig darf sich das Finanzamt daran stören, wenn der Steuerzahler Vordrucke eines anderen Bundeslandes verwendet (BFH-Urt. v. 22.5.2006, Az VI R 15/02).

Und: **Bloß keine Umstände beim Ausdruck von Formularen!**

Das Steuerrecht ist schon kompliziert genug, da müssen Sie sich nicht noch damit herumquälen, Formulare (wie die Originale) doppelseitig auszudrucken. Denn der Bundesfinanzhof sagt: »Eine Einkommensteuererklärung ist auch dann ›nach amtlich vorgeschriebenem Vordruck‹ abgegeben, wenn ein – auch einseitig – privat gedruckter oder fotokopierter Vordruck verwendet wird, der dem amtlichen Muster entspricht« (BFH v. 22.5.2006, BStBl 2007 II S. 2). Recht so!

1.2 Der Umgang mit dem Finanzamt

14 Für Ihr Finanzamt sind Sie kein guter Kunde oder Geschäftspartner, sondern ein *Steuerpflichtiger,* und so werden Sie auch behandelt: Sie erhalten keine Briefe, sondern *Anhörungen, Verwaltungsakte* oder *Bescheide.* Das Finanzamt ist jedoch verpflichtet, Ihre Rechte zu achten, daher sollten Sie die wenigen Rechte, die Sie haben, kennen. Lesen Sie dazu Kapitel 15 – Umgang mit dem Finanzamt – ➤ Rz 1094 ff.

Denken Sie an Ihre Fahrtkosten?

15 **Wenn Sie diese Hinweise beachten, werden sich dieses Buch und Ihr Tüfteln in den Steuerformularen voll bezahlt machen. Das Buch selbst macht sich voll bezahlt, wenn Sie als Werbungskosten in Zeile > 46 – 48 der Anlage N nicht nur den Kaufpreis, sondern auch die Erwerbsnebenkosten ansetzen (etwa die Fahrtkosten zur – möglicherweise weit entfernten – Buchhandlung mit 0,30 € je gefahrenen Kilometer).**

Haben Ihnen die Steuerformulare einen ganzen Abend oder gar ein Wochenende verleidet, so mag Sie vielleicht trösten, dass 48 % der Deutschen ihre Steuererklärung allein ausfüllen, ohne steuerkundigen Beistand. Wenn Sie den Knüller gefunden haben, mit dem sich was deichseln lässt, dann lassen Sie nicht locker, bis der Fiskus einen gehörigen Abschlag vornimmt. Außerdem rate ich Ihnen:

16 *TIPP* **Stellen Sie sich dümmer, als Sie sind**

Sie brauchen sich dem Finanzamt gegenüber nicht als Steuerexperte zu erkennen geben, selbst wenn Sie einer sind. Je dümmer Sie sich stellen, umso weniger erwartet man von Ihnen. Anders gesagt: Je weniger Sie nach Meinung des Finanzamts vom Steuerrecht verstehen, desto weniger wird man es Ihnen anlasten, wenn Ihnen der eine oder andere Fehler unterläuft. Bedenken Sie: Sie unterschreiben die Steuererklärung mit der Versicherung, die Angaben nach bestem Wissen und Gewissen gemacht zu haben.

Aber aufgepasst bei den Einnahmen: Geben Sie bestimmte Einnahmen **17** nicht an, heißt das für das Finanzamt, dass Sie sie nicht bezogen haben. Das kann ins Auge gehen, ganz besonders, wenn Sie einem Bekannten oder Verwandten eine Quittung ausgestellt haben, die der seinem Finanzamt präsentiert. Über die tückischen »Kontrollmitteilungen«, die meistens Betriebsprüfer auf den Weg schicken, und zwar über alles, was ihnen bedeutsam erscheint, kann der Fiskalritter von den Einnahmen erfahren und ganz scheinheilig nach Nebenjobs als Gärtner, Hauswart oder als Hüter von Kindern fragen.

»Halb so schlimm, ich bin eben vergesslich«, sagen Sie, »dann kann mir keiner was wollen.«

In welchen Fällen eine Ausrede zieht, dazu mehr unter ➤ Rz 1117.

Das Gesetz regelt klipp und klar, was zu versteuern ist. Stammen die Ein- **18** nahmen aus einer der sieben im Gesetz genannten Einkunftsarten, setzt der Fiskus seine Schröpfköpfe an.

Bei den **Ausgaben** hingegen lässt Ihnen der Gesetzgeber etwas »Spielraum«, den Sie unbedingt nutzen sollten: Ausgaben sind nämlich dann absetzbar, wenn sie in Zusammenhang mit steuerpflichtigen Einnahmen stehen. Und ob dieser Zusammenhang gegeben ist, entscheiden zunächst einmal Sie selbst. Schöpfen Sie also bei den Aufwendungen aus dem Vollen, und machen Sie geltend, was nur eben geht. Das Finanzamt muss dann die Kosten prüfen und jede Streichung begründen. Und ob der Zusammenhang zwischen Einnahmen und Ausgaben für den steuerlichen Abzug der Kosten ausreicht, darüber kann man trefflich streiten. Da lässt der Bearbeiter schon mal lieber fünfe gerade sein.

Und außerdem:

Ein steuerlich Unbedarfter setzt oft ganz arglos und meistens mit Erfolg **19** **Ausgaben an, die ein Steuerexperte erst überhaupt nicht als abzugsfähig in Erwägung zieht …**

20

TIPP Folgen Sie Ihrem gesunden Rechtsempfinden!

»Was ich nicht weiß, macht mich nicht heiß«, sagen Sie sich und setzen frechweg einfach alle Ausgaben an, die nach Ihrem natürlichen Empfinden absetzbar sind oder sein sollten. So weit, so gut, aber seien Sie so schlau und tun Sie es zunächst ohne jegliche Begründung. Schließlich wollen Sie ja nicht den Vordenker für den Fiskalritter spielen. Zieht der nicht mit und streicht Ihnen Kosten, muss er seinen Bescheid stichhaltig begründen. Sind Sie mit seiner Begründung nicht zufrieden, legen Sie vorsorglich Einspruch ein und bitten Sie um nähere Erläuterung. Dann muss er Farbe bekennen und die Gründe seiner Ablehnung offenlegen.

21 In besonderen Fällen kommen Sie nicht umhin, Gesetzestexte, Richtlinien und Urteile nachzulesen. Daher der folgende …

TIPP Steuergesetze sind im Internet kostenlos verfügbar

Das Bundesministerium der Justiz stellt das gesamte aktuelle Steuerrecht kostenlos im Internet bereit. Die Gesetze und Rechtsverordnungen können in ihrer geltenden Fassung abgerufen werden.
Den Text der Abgabenordnung finden Sie z. B. unter AO, den Text des Einkommensteuergesetzes unter EStG.
Fundstelle: www.gesetze-im-internet.de.

22 Zu Ihrer Beruhigung
Irren ist menschlich, und nur wer gar nichts tut, macht keinen Fehler. Auch keine Übertragungsfehler.
»Völlig unverständlich ist mir, wie es dazu gekommen ist, dass in meiner letzten Steuererklärung nur Mieteinnahmen in Höhe von 12.822 Euro stehen, wo doch laut Mietbuch die Mieten 21.822 Euro betragen haben. Da muss mir wohl ein Zahlendreher unterlaufen sein«, sagen Sie.
Dieses Versehen müssen Sie unverzüglich dem Finanzamt mitteilen, indem Sie eine berichtigte Steuererklärung abgeben. Das schreibt die Abgabenordnung für diesen Fall ausdrücklich vor.
»Und wenn ich den Irrtum gar nicht bemerke?«, fragen Sie.
Dann schlummert ein Fehler mehr in den Steuerakten. Vielleicht entdeckt ihn das Finanzamt später und berichtigt den Steuerbescheid, aber steuerstrafrechtlich sind Sie aus dem Schneider, denn, wie gesagt: Irren ist menschlich …

23 Übrigens: Um Zahlendreher oder andere Übertragungsfehler in Steuererklärungen aufzudecken, werden die Angaben vom Bearbeiter im Finanzamt zumindest stichprobenweise mit denen der Vorjahreserklärung verglichen. Denn auch der Fiskus weiß, wie leicht ein Irrtum möglich ist. Zur sog. Schlüssigkeit einer Steuererklärung mehr unter ➤ Rz 57.

Steuerersparnisse ergeben sich nur aufgrund steuergünstiger Verhält-
24 nisse. Sind Ihre Verhältnisse nicht steuergünstig, andern Sie sie entsprechend. Beachten Sie: Eine Änderung kann sich nur für die Zukunft auswirken, weil der Fiskus Änderungen mit Wirkung auf die Vergangenheit nicht anerkennt. Sie müssen also schon im laufenden Jahr Ihre Verhältnisse anpassen, damit Sie in der nächsten Steuererklärung davon profitieren können.

2 Überblick

In diesem Kapitel zeige ich, welche Formulare Sie benötigen. Außer- **25**
dem erkläre ich einige wichtige Begriffe aus dem Steuerrecht.

2.1 Diese Formulare benötigen Sie

Vorbemerkung **26**

Eine Steuererklärung sollten Sie tunlichst nur dann abgeben, wenn Sie es
entweder müssen (➤ Rz 27 ff.) oder wenn Sie mit einer Steuererstattung
rechnen. Unter welchen Umständen ein freiwilliger Antrag auf Veranlagung Erfolg verspricht, also eine Erstattung von Lohnsteuer zu erwarten ist, dazu mehr unter ➤ Rz 29 f.

Abgabefristen beachten!

Wer **gesetzlich verpflichtet** ist, eine Steuererklärung abzugeben, muss
diese grundsätzlich bis Ende Mai des Folgejahres dem zuständigen Finanzamt zuleiten. Für die Steuererklärung 2015 bedeutet dies also späte-
ster Abgabetermin Dienstag, der 31. Mai 2016. Zur Verlängerung der Abgabefrist, insbesondere wenn eine Nachforderung des Finanzamts droht,
mehr unter ➤ Rz 1102.
Bei **freiwilliger** Abgabe einer Steuererklärung (z. B. zwecks Erstattung zu
viel gezahlter Lohnsteuer) haben Sie mindestens vier Jahre Zeit. Die
Steuererklärung für 2015 sollte demnach bis Ende des Jahres 2019 beim
Finanzamt eingegangen sein.
Entsprechendes gilt, wenn zu Unrecht Abgeltungsteuer einbehalten
wurde. Dazu mehr unter ➤ Rz 884 ff.

Wann Sie zur Abgabe einer Steuererklärung verpflichtet sind **27**

Als Arbeitnehmer müssen Sie zumeist nicht Jahr für Jahr eine Steuer-
klärung abgeben, denn durch den monatlichen Abzug der Lohnsteuer
haben Sie Ihren Obolus an Vater Staat bereits entrichtet. In manchen Fällen führt das System der Lohnsteuerberechnung allerdings zu falschen
Ergebnissen, d. h., es wurde zu viel oder zu wenig Lohnsteuer einbehalten.
Der Fiskus interessiert sich logischerweise nur für Fälle, in denen er womöglich zu wenig Lohnsteuer kassiert hat, und fordert daher eine Steuererklärung an (Quelle: § 46 EStG), wenn

- sonstige steuerpflichtige Einkünfte von mehr als 410 € jährlich (z. B. aus
  Vermittlungsgeschäften/Provisionen, Zinsen, Vermietung oder auch
  Renten) anfielen,

- Arbeitslohn von mehreren Arbeitgebern gleichzeitig bezogen wurde (eine Lohnsteuerkarte mit Steuerklasse VI),
- Ehegatten die Steuerklassen III/V statt IV/IV haben,
- ein Freibetrag auf der Lohnsteuerkarte eingetragen war oder
- ein Ausbildungsfreibetrag übertragen wurde.

28 Da Ihnen das Finanzamt erst dann eine Nachzahlung aufbrummen kann, wenn es Ihre Steuererklärung vorliegen hat, werden Sie diese möglichst spät abgeben. Dazu mehr unter ➤ Rz 1102 ff.

29 **Steuererstattungsfälle**
Im umgekehrten Fall, wenn also zu viel Lohnsteuer einbehalten wurde, müssen Sie selbst aktiv werden und mit Abgabe einer Steuererklärung einen Antrag auf Veranlagung stellen. Dies sind die wichtigsten Fälle, die zu einer **Steuererstattung** führen können:

- keine ununterbrochene Beschäftigung während des ganzen Jahres, bedingt z. B. durch Berufseinstieg oder -ausstieg oder Arbeitslosigkeit,
- Verluste aus einer anderen Einkunftsart, z. B. Vermietung,
- berufliche Ausgaben (Werbungskosten) von mehr als 1.000 € (➤ Rz 681 ff.),
- Eheschließung oder Familienzuwachs, sofern dies noch nicht auf der Lohnsteuerkarte eingetragen war,
- Lohnsteuerabzug bei Ehegatten, die beide Arbeitslohn bezogen haben, nach Lohnsteuerklasse IV/IV. Je höher der Unterschied im Bruttoverdienst, umso höher kann die Erstattung sein.

Egal, ob Sie Einkommensteuerzahler sind, also Vorauszahlungen auf die Steuer entrichten müssen, oder Ihre Steuer allein durch den monatlichen Lohnsteuerabzug erhoben wird, es wird immer nach demselben Schema gerechnet und dieselbe Steuertabelle angewendet. Das Schema finden Sie unter ➤ Rz 47, die Tabelle unter ➤ Rz 1124.

30 **2.1.1 Formulare für die Einkommensteuererklärung**
Das Hauptformular (➤ Rz 76 ff.)
Dieses vierseitige Formular ist für alle obligatorisch. Es fragt nach Ihren persönlichen Daten und erfordert Ihre Unterschrift. Hier beantragen Sie außerdem die persönlichen Steuerermäßigungen für

- Sonderausgaben (Kirchensteuern, Ausbildungskosten, Spenden … > Zeile 36 – 56),
- außergewöhnliche Belastungen (Behinderung, Pflegekosten, Krankheitskosten … > Zeile 61 – 68) und
- haushaltsnahe Beschäftigungsverhältnisse/Dienstleistungen, Pflege-, Betreuungs- sowie Handwerkerleistungen (> Zeile 69 – 77).

Die Anlage Vorsorgeaufwand (➤ Rz 279)

Vier Seiten Mantelbogen reichen für persönliche Daten und Pflichtbeiträge in die Sozialkassen nicht mehr aus – der stetigen Steuerverein-
fachung sei Dank! Daher haben sich die Finanzbürokraten eine weitere
Anlage ausgedacht: die Anlage Vorsorgeaufwand. Hier sind Beiträge zur
Renten-, Kranken-, Haftpflicht- und Lebensversicherung einzutragen.

Die Anlage AV – »Riester-Sparen« (➤ Rz 350 ff.)

Die **Anlage U** (➤ Rz 121 ff.) benötigen Sie für den Abzug von Unterhaltsleistungen an den geschiedenen oder dauernd getrennt lebenden Ehegatten als Sonderausgaben.

Für die Berücksichtigung von Unterhaltsleistungen an bedürftige Personen sind Angaben in der **Anlage Unterhalt** (➤ Rz 395 ff.) zu machen.

Zum Hauptformular gehören darüber hinaus zusätzliche Anlagen für

Eltern

Mit der **Anlage Kind** (➤ Rz 430 ff.) beantragen Sie den Kinderfreibetrag,
den Entlastungsbetrag für Alleinerziehende, den Ausbildungsfreibetrag
sowie den Abzug von Kinderbetreuungskosten

Die **Anlage K** (➤ Rz 479) dient der Übertragung des Kinderfreibetrags
auf die Stief- oder Großeltern.

Arbeitnehmer/Pensionäre
Anlage N (➤ Rz 505)

Sparer

Grundsätzlich ist die Einkommensteuer auf Kapitalerträge durch den
Steuerabzug abgegolten (= Abgeltungsteuer) und die Abgabe einer **Anlage KAP** (➤ Rz 873 ff.) entbehrlich. *Grundsätzlich* – wohlgemerkt! Denn
die Abgabe einer Anlage KAP und damit die Zusammenstellung der Kapitalerträge bleibt Ihnen nicht erspart, wenn

● der Sparerpauschbetrag nicht bzw. nicht vollständig berücksichtigt
  wurde,

● Sie von der Günstigerprüfung Gebrauch machen möchten. Das Finanzamt prüft dann, ob sich eine niedrigere Besteuerung Ihrer Kapitalerträge ergibt und Ihr persönlicher Steuersatz weniger als 25 % beträgt.

● Kapitalerträge ausnahmsweise nicht dem Steuerabzug unterlegen
  haben (z.B. aus Darlehen an Arbeitgeber und Privatpersonen) oder

● anrechenbare Steuerbeträge anderen Einkunftsarten zuzurechnen sind
  (z.B. Zinsen aus der Instandhaltungsrücklage bei Wohneigentumsge-
  meinschaften).

Lesen Sie dazu ➤ Rz 883 ff.

Ausländische Zinsen, z.B. aus einer Beteiligung an einem Investmentfonds, müssen Sie zusätzlich in der **Anlage AUS** erklären.

Vermieter
Anlage V (➤ Rz 997 ff.)

Rentner
Anlage R (➤ Rz 926 ff.). »R« steht für Renteneinkünfte. Auf zwei Seiten wird hier nach gesetzlichen und privaten Renten gefragt. Auch Einnahmen aus Riester-Verträgen und der betrieblichen Altersversorgung gehören in das Formular.

Anleger/Immobilienbesitzer
Anlage SO (➤ Rz 980 ff.). SO steht für »Sonstige Einkünfte«. In dieses Formular sind u.a. Erträge aus Spekulationsgeschäften (»privaten Veräußerungsgeschäften«) einzutragen.

Gewerbetreibende/Freiberufler
Mit der Anlage G bzw. S erklären Sie gewerbliche Einkünfte und Einkünfte aus selbständiger Arbeit. Diese Anlagen werden in diesem Buch allerdings nicht behandelt.

31 ## 2.1.2 Die vereinfachte Steuererklärung für Arbeitnehmer
Eine große Zahl von Zeilen, Kennziffern und Fragen in den Steuerformularen ist für die meisten Steuerzahler gar nicht relevant. Daher haben die Fiskalbürokraten sie durchforstet und eine abgespeckte Version mit den Kennziffern zusammengestellt, die die meisten Arbeitnehmer benötigen. Das Ergebnis ist die vereinfachte Steuererklärung für Arbeitnehmer.

32 **Den vereinfachten Erklärungsvordruck können nur verwenden:**
- Ehepaare und Alleinstehende, die nur Arbeitslohn (ggf. Lohnersatzleistungen wie z.B. Arbeitslosengeld oder Mutterschaftsgeld) im Inland bezogen haben und
- die ausschließlich die im Formular bezeichneten Werbungskosten, Sonderausgaben und außergewöhnlichen Belastungen geltend machen.

33 **Die Einfacherklärung scheidet für Sie aus, wenn Sie:**
- Sparer, Rentner oder Vermieter sind,
- ausländische Einkünfte bezogen haben,
- geschieden sind und Unterhaltsleistungen Ihres Expartners versteuern müssen,
- Aufwendungen für ein häusliches Arbeitszimmer, doppelte Haushaltsführung oder Werbungskosten bei Einsatzwechsel- oder Fahrtätigkeit steuerlich geltend machen können,
- folgende Sonderausgaben oder außergewöhnlichen Belastungen absetzen wollen: zusätzliche Beiträge zur Pflegeversicherung, Renten, dau-

erde Lasten, Unterhaltsleistungen an den geschiedenen/dauernd getrennt lebenden Ehegatten, Aufwendungen für die Berufsausbildung,
Parteispenden, Kosten für eine Haushaltshilfe oder Heimunterbringung sowie Unterhalt an bedürftige Personen,
- einen Steuerbonus für Aufwendungen für haushaltsnahe Beschäftigungsverhältnisse beanspruchen möchten. Steuerermäßigungen für
haushaltsnahe Dienstleistungen (Fensterputzer, Gärtner, Schornsteinfeger ...) sowie für Handwerkerleistungen können hingegen auch mit
der vereinfachten Erklärung geltend gemacht werden.

34

*Wie Sie sehen, können Sie eine ganze Reihe von Steuervergünstigun-
gen mit der vereinfachten Steuererklärung nicht geltend machen. Das
erklärt, warum der Vordruck aus nur zwei Seiten besteht.*

2015

1	Vereinfachte Einkommensteuer-erklärung für Arbeitnehmer	Antrag auf Festsetzung der Arbeitnehmer-Sparzulage	Eingangsstempel

2 **Steuernummer**

An das Finanzamt

3

Bei Wohnsitzwechsel: bisheriges Finanzamt

4

*) Bitte Infoblatt beachten.

Telefonische Rückfragen tagsüber unter Nr.

5

Steuerpflichtige Person (stpfl. Person), nur bei Zusammenveranlagung: **Ehemann / Lebenspartner(in) A** nach dem LPartG *)
Identifikationsnummer (IdNr.)

Geburtsdatum

6

Name

7

Vorname

Religionsschlüssel:
Evangelisch = EV
Römisch-Katholisch = RK
nicht kirchensteuerpflichtig = VD
Weitere siehe Anleitung

8

Straße (derzeitige Adresse)

9

Hausnummer   Hausnummerzusatz   Adressenergänzung

Religion

10

Postleitzahl   Wohnort

11

Ausgeübter Beruf

12

Verheiratet / Lebenspartnerschaft begründet seit dem   Verwitwet seit dem   Geschieden / Lebenspartnerschaft aufgehoben seit dem   Dauernd getrennt lebend seit dem

13

Nur bei Zusammenveranlagung: **Ehefrau / Lebenspartner(in) B** nach dem LPartG
IdNr.

Geburtsdatum

14

Name

15

Vorname

Religionsschlüssel:
Evangelisch = EV
Römisch-Katholisch = RK
nicht kirchensteuerpflichtig = VD
Weitere siehe Anleitung

16

Straße (falls von Zeile 8 abweichend)

17

Hausnummer   Hausnummerzusatz   Adressenergänzung

Religion

18

Postleitzahl   Wohnort (falls von Zeile 11 abweichend)

19

Ausgeübter Beruf

20

IBAN

21

BIC

22

Geldinstitut und Ort

23

24 | **Kontoinhaber** lt. Zeile 7 und 8 | lt. Zeile 15 und 16   oder: | Name (im Fall der Abtretung bitte amtlichen Abtretungsvordruck einreichen) |

| 47 | 48 |

eTIN lt. Lohnsteuerbescheinigung (sofern vorhanden)
stpfl. Person / Ehemann / Lebenspartner(in) A

eTIN lt. Lohnsteuerbescheinigung (sofern vorhanden)
Ehefrau / Lebenspartner(in) B

25

	stpfl. Person / Ehemann / Lebenspartner(in) A EUR	Ehefrau / Lebenspartner(in) B EUR	18

Lohn- / Entgeltersatzleistungen
(z. B. Arbeitslosengeld, Elterngeld, Insolvenzgeld, Krankengeld und
26   Mutterschaftsgeld) – ohne Beträge lt. Nr. 15 der Lohnsteuerbescheinigung – 120
Angaben über Zeiten und Gründe der Nichtbeschäftigung (Bitte Nachweise einreichen.)

—   121   —

27

Werbungskosten stpfl. Person / Ehemann / Lebenspartner(in) A [87]

Angaben zur Ermittlung der Entfernungspauschale:
Erste Tätigkeitsstätte / Sammelpunkt / weiträumiges Tätigkeitsgebiet (PLZ, Ort und Straße) — Arbeitstage je Woche — Urlaubs- und Krankheitstage

31

	aufgesucht an	einfache Entfernung von der Wohnung	davon mit eigenem oder zur Nutzung überlassenem Pkw zurückgelegt	davon mit Sammelbeförderung des Arbeitgebers zurückgelegt	davon mit öffentl. Verkehrsmitteln, Motorrad, Fahrrad o. Ä., als Fußgänger, als Mitfahrer einer Fahrgemeinschaft zurückgelegt	Behinderungsgrad mind. 70 oder mind. 50 und Merkzeichen „G"
32	110 Tagen	111 km	112 km	113 km		115 1 = Ja
						EUR

33 | Aufwendungen für Fahrten mit öffentlichen Verkehrsmitteln – ohne Flug- und Fährkosten – (Bitte stets die Zeile 32 ausfüllen.) | 114 | —,

34 | Aufwendungen für Arbeitsmittel, Bewerbungskosten, Fortbildungskosten, Kontoführungsgebühren, Reisekosten bei Auswärtstätigkeiten, Flug- und Fährkosten, Beiträge zu Berufsverbänden – soweit nicht steuerfrei ersetzt – 380 | —,

Werbungskosten Ehefrau / Lebenspartner(in) B [88]

Angaben zur Ermittlung der Entfernungspauschale:
Erste Tätigkeitsstätte / Sammelpunkt / weiträumiges Tätigkeitsgebiet (PLZ, Ort und Straße) — Arbeitstage je Woche — Urlaubs- und Krankheitstage

35

	aufgesucht an	einfache Entfernung von der Wohnung	davon mit eigenem oder zur Nutzung überlassenem Pkw zurückgelegt	davon mit Sammelbeförderung des Arbeitgebers zurückgelegt	davon mit öffentl. Verkehrsmitteln, Motorrad, Fahrrad o. Ä., als Fußgänger, als Mitfahrer einer Fahrgemeinschaft zurückgelegt	Behinderungsgrad mind. 70 oder mind. 50 und Merkzeichen „G"
36	110 Tagen	111 km	112 km	113 km		115 1 = Ja
						EUR

37 | Aufwendungen für Fahrten mit öffentlichen Verkehrsmitteln – ohne Flug- und Fährkosten – (Bitte stets die Zeile 36 ausfüllen.) | 114 | —,

38 | Aufwendungen für Arbeitsmittel, Bewerbungskosten, Fortbildungskosten, Kontoführungsgebühren, Reisekosten bei Auswärtstätigkeiten, Flug- und Fährkosten, Beiträge zu Berufsverbänden – soweit nicht steuerfrei ersetzt – 380 | —,

Sonderausgaben [52]

		EUR 2015 gezahlt	EUR 2015 erstattet
39	Kirchensteuer (soweit diese nicht als Zuschlag zur Abgeltungsteuer einbehalten oder gezahlt wurde)	103 —,	104 —,
40	Spenden und Mitgliedsbeiträge zur Förderung steuerbegünstigter Zwecke (lt. Bestätigungen)	123 —,	

		stpfl. Person / Ehemann / Lebenspartner(in) A EUR	Ehefrau / Lebenspartner(in) B EUR
41	Spenden und Mitgliedsbeiträge zur Förderung steuerbegünstigter Zwecke, bei denen die Daten elektronisch an die Finanzverwaltung übermittelt wurden	202 —,	203 —,

Außergewöhnliche Belastungen [53]

	stpfl. Person / Ehemann / Lebenspartner(in) A	Grad der Behinderung	blind / ständig hilflos	Ehefrau / Lebenspartner(in) B	Grad der Behinderung	blind / ständig hilflos
42	56	20	1 = Ja	57	21	1 = Ja

		Aufwendungen EUR	Erhaltene / Anspruch auf zu erwartende Versicherungsleistungen, Beihilfen, Unterstützungen usw. EUR
43	Fahrtkosten behinderter Menschen, Krankheitskosten, Kurkosten, Pflegekosten — Art der Belastung	63 —,	64 —,

Haushaltsnahe Dienstleistungen und Handwerkerleistungen [18]

Steuerermäßigung bei Aufwendungen für — Aufwendungen (abzüglich Erstattungen) EUR

44 | – haushaltsnahe Dienstleistungen, Hilfe im eigenen Haushalt | 210 —,

45 | – Handwerkerleistungen für Renovierungs-, Erhaltungs- und Modernisierungsmaßnahmen im eigenen Haushalt (ohne öffentlich geförderte Maßnahmen, für die zinsverbilligte Darlehen oder steuerfreie Zuschüsse in Anspruch genommen werden), z. B. KfW-Bank, landeseigene Förderbanken oder Gemeinden | 214 —,

46 | **Nur bei Alleinstehenden und Eintragungen in den Zeilen 44 und 45:** Es bestand ganzjährig ein gemeinsamer Haushalt mit einer oder mehreren anderen alleinstehenden Person(en) 223 — Anzahl der weiteren Personen — Name, Vorname, Geburtsdatum

47 | Laut einzureichendem gemeinsamen Antrag sind die Höchstbeträge für die Aufwendungen lt. den Zeilen 44 und 45 in einem anderen Verhältnis als je zur Hälfte aufzuteilen. Der bei mir zu berücksichtigende Anteil beträgt 221 %

48 | **Nur bei Ehegatten / Lebenspartnern und Eintragungen in den Zeilen 44 und 45:** Es wurde 2015 ein gemeinsamer Haushalt begründet oder aufgelöst und für einen Teil des Kalenderjahres ein Einzelhaushalt geführt — Ehemann / Lebenspartner(in) A: 219 1 = Ja — Ehefrau / Lebenspartner(in) B: 220 1 = Ja

Unterschrift Die mit der Steuererklärung / dem Antrag angeforderten Daten werden aufgrund der §§ 149 und 150 der Abgabenordnung, der §§ 25 und 46 des Einkommensteuergesetzes sowie des § 14 Abs. 4 des Fünften Vermögensbildungsgesetzes erhoben. Ich versichere, **keine weiteren inländischen oder ausländischen Einkünfte** bezogen zu haben.

Bei der Anfertigung dieser Steuererklärung hat mitgewirkt:

Empfangsvollmacht ist erteilt.

49 | Datum, Unterschrift(en) Steuererklärungen sind eigenhändig – bei Ehegatten / Lebenspartnern von beiden – zu unterschreiben.

35 Auf folgende Punkte müssen Sie besonders achten, wenn Sie sich trotzdem für die vereinfachte Steuererklärung entscheiden:

- Eltern fügen dem Hauptformular für ihren Nachwuchs die Anlage/n Kind bei.
- Darüber hinaus ist die Anlage VL (vermögenswirksame Leistungen) und Vorsorgeaufwand (Riester-Sparvertrag) mit einzureichen.
- Eintragungen der Lohnsteuerbescheinigung müssen, mit Ausnahme der eTIN (➤ Rz 522), nicht in das Formular übertragen werden, sie werden automatisch vom Finanzamt berücksichtigt.

36 ## Seite 1
Allgemeine Angaben/Einkünfte aus nichtselbständiger Arbeit
Auf der ersten Seite tragen Sie Ihre persönlichen Daten ein, außerdem Ihre Bankverbindung.

Weitere Eintragungen auf Seite 1 der vereinfachten Steuererklärung sind:

> Zeile 25	eTIN lt. Lohnsteuerbescheinigungen Ehemann/Ehefrau/Lebenspartner/in. Anhand dieser eTIN ordnet das Finanzamt die Angaben der Lohnsteuerbescheinigung Ihrer Steuererklärung zu, weitere Eintragungen wie z.B. Arbeitslohn oder einbehaltene Steuerbeträge sind daher nicht erforderlich.
> Zeile 26 – 27	Angaben zu Lohnersatzleistungen wie z.B. Arbeitslosengeld, Kurzarbeitergeld, Krankengeld, Mutterschaftsgeld (siehe hierzu auch ➤ Rz 678 ff.)

37 ## Seite 2
Werbungskosten/Sonderausgaben/außergewöhnliche Belastungen/haushaltsnahe Dienstleistungen und Handwerkerleistungen
An Werbungskosten können ausschließlich eingetragen werden:
> Zeile 31 – 33 sowie > Zeile 35 – 37: Angaben zur Entfernungspauschale (Wege zwischen Wohnung und erster Tätigkeitsstätte, ➤ Rz 687 ff.)
> Zeile 34 und 38: Aufwendungen für Arbeitsmittel, Bewerbungen, Fortbildungen, Reisen, Kontoführung und Berufsverbände (➤ Rz 724 ff.)

38 Zu den **Sonderausgaben** zählen im Wesentlichen Versicherungsbeiträge, Unterhaltsleistungen an geschiedene Ehegatten, Kirchensteuerzahlungen, Aufwendungen für die Berufsausbildung und Spenden.

Versicherungsbeiträge tragen Sie bereits in die Anlage Vorsorgeaufwand ein. Kosten für Unterhalt und Berufsausbildung können Sie mit der vereinfachten Steuererklärung erst gar nicht geltend machen, dazu benötigen Sie das Hauptformular in seiner *Vollversion*. Verbleiben Kirchensteuerzahlungen (und -erstattungen) sowie Spenden, die in > Zeilen 39 – 41 der vereinfachten Erklärung eingetragen werden können.

In den > Zeilen 42 – 43 machen Sie den Behindertenpauschbetrag sowie übrige außergewöhnliche Belastungen wie Ehescheidungskosten, Fahrtkosten Behinderter, Krankheits-, Kur- und Pflegekosten geltend. Schließlich können noch Aufwendungen für haushaltsnahe Dienstleistungen und Handwerkerleistungen in > Zeilen 44 – 48 untergebracht werden.

Guter Rat 39

Mit der vereinfachten Steuererklärung können Sie Ihre Steuererklärung zwar schneller erledigen, haben aber weniger Möglichkeiten, Ihre Steuerlast zu senken. Pfeifen Sie also auf die vereinfachte Steuererklärung, und studieren Sie das *Arbeitsbuch* mit seinen zahlreichen Steuertipps. Ich bin sicher, Sie finden eine Reihe von Anregungen, die Ihnen bares Geld bringen und an die Sie bei Verwendung der vereinfachten Erklärungsvordrucke gar nicht erst gedacht hätten. **Natürlich können Sie dieses *Arbeitsbuch* aber auch beim Ausfüllen der vereinfachten Steuererklärung nutzen.**

Zu Formularen für die Lohnsteuerermäßigung siehe ➤ Rz 1084 ff. 40

Wer werben will, muss lächeln.
(Manager Schütte)

2.2 Allgemeines zur Lohn- und Einkommensteuer
2.2.1 Begriffe aus dem Steuerrecht

In diesem Buch werden Begriffe verwendet, die nicht allen Lesern geläu- 41 fig sind und deshalb der Erläuterung bedürfen:

Einkommen-steuer	Steuer, die natürliche Personen (also Sie und ich) nach ihrem zu versteuernden Jahreseinkommen zu entrichten haben.
Körperschaft-steuer	Steuer, die juristische Personen (z.B. AG oder GmbH) nach ihrem zu versteuernden Jahreseinkommen zu entrichten haben.
Lebenspartner/in	Lebenspartner, die nach dem Lebenspartnerschaftsgesetz (LPartG) eine Lebenspartnerschaft begründet haben, können – wie Ehegatten – zusammen zur Einkommensteuer veranlagt werden.

Lohnsteuer	Die vom Arbeitslohn einbehaltene Einkommensteuer. Sie wird bei der Veranlagung zur Einkommensteuer angerechnet.
Kapitalertragsteuer	Die von Gewinnausschüttungen von Kapitalgesellschaften einbehaltene Einkommensteuer. Sie wird bei der Veranlagung zur Einkommensteuer angerechnet.
Abgeltungsteuer	Die Bank behält bei der Auszahlung von Zinsen eine Abgeltungsteuer ein, wenn Sie ihr keinen Freistellungsauftrag erteilt haben.
Werbungskosten	Alle Ausgaben, die im Zusammenhang mit steuerpflichtigen Einnahmen der folgenden Einkunftsarten 4 – 7 stehen.
Einkunftsarten	Das Einkommensteuergesetz kennt sieben Einkunftsarten:

1. Land- und Forstwirtschaft
2. Gewerbebetrieb
3. Selbständige Arbeit
4. Nichtselbständige Arbeit
5. Kapitalvermögen
6. Vermietung und Verpachtung
7. Sonstige Einkünfte (z.B. Renten oder private Veräußerungsgeschäfte)

Einkünfte	Einkünfte sind bei den Einkunftsarten 1 – 3 der Gewinn oder Verlust, bei den Einkunftsarten 4 – 7 der Überschuss der Einnahmen über die Werbungskosten oder Verlust.
Veranlagung	Festsetzung einer Steuer durch Steuerbescheid.
Lohnsteuerermäßigung	Freibetrag auf der Lohnsteuerkarte.
Steuersatz	Ihre Steuer in Prozent Ihres zu versteuernden Einkommens (➤ Rz 60).
Progressionsvorbehalt	Arbeitslosengeld, Elterngeld, Kurzarbeiter- und Schlechtwettergeld usw. sind zwar steuerfrei, werden aber bei der Ermittlung des Steuersatzes berücksichtigt.
Verheiratete	Eheleute, die nicht dauernd getrennt leben.
Alleinstehende	Unverheiratete; Ehegatten, die dauernd getrennt leben.

2.2.2 Steuerbelastung 2015

Hier finden Sie eine einfache, aber nützliche Tabelle, mit deren Hilfe Sie leicht feststellen können, wie viel Steuerersparnis Ihnen eine Ausgabe bringt. Dazu müssen Sie nur in etwa die Höhe Ihres zu versteuernden Einkommens ausrechnen. Für die Berechnung verwenden Sie am besten das Schema unter ➤ Rz 47. Zugleich zeigt Ihnen die Tabelle in aller Deutlichkeit, wie unverschämt der Fiskus in Ihre Taschen langt und was Sie fordern müssen, wenn es um eine Gehaltserhöhung oder um den Lohn für eine Nebenbeschäftigung geht. Zur besseren Übersicht ist die Steuerbelastungstabelle in größeren Stufen aufgebaut, wobei die steuerliche Belastung der letzten 1.000 € des zu versteuernden Einkommens angegeben wird.

Mit Hilfe der Steuerbelastungstabelle können Sie schnell die steuerliche Belastung durch eine Einkommenserhöhung bzw. die Entlastung durch eine Einkommensminderung veranschlagen.

Beispiel
Durch zusätzliche Ausgaben wird sich Ihr zu versteuerndes Einkommen für 2015 von 46.000 € um 3.000 € auf 43.000 € verringern. Der Fiskus beteiligt sich an den

ersten 1.000 € mit	38,7 % =	387 €
zweiten 1.000 € mit	38,1 % =	381 €
dritten 1.000 € mit	37,7 % =	377 €
Insgesamt mit		1.145 €

Steuerbelastungstabelle 2015 für den Grundtarif (ohne KiSt und SolZ)
(geringfügige Abweichungen bleiben vorbehalten)

Zu versteuerndes Einkommen	Einkommensteuer insgesamt nach Grundtabelle		Belastung der letzten 1.000 €	Zu versteuerndes Einkommen	Einkommensteuer insgesamt nach Grundtabelle		Belastung der letzten 1.000 €
€	€	%	%	€	€	%	%
8.000	0	0,00	0,00	44.000	10.399	23,63	37,70
9.000	76	0,84	7,60	45.000	10.780	23,96	38,10
10.000	237	2,37	16,10	46.000	11.167	24,28	38,70
11.000	417	3,79	18,00	47.000	11.557	24,59	39,00
12.000	618	5,15	20,10	48.000	11.953	24,90	39,60
13.000	838	6,45	22,00	49.000	12.353	25,21	40,00

Zu ver-steuern-des Ein-kommen	Einkommensteuer insgesamt nach Grundtabelle	Belastung der letzten 1.000 €	Zu ver-steuern-des Ein-kommen	Einkommensteuer insgesamt nach Grundtabelle	Belastung der letzten 1.000 €
€	€	%	%	€	€	%	%
14.000	1.076	7,69	23,80	50.000	12.757	25,51	40,40
15.000	1.321	8,81	24,50	51.000	13.166	25,82	40,90
16.000	1.570	9,81	24,90	52.000	13.580	26,12	41,40
17.000	1.823	10,72	25,30	53.000	13.998	26,41	41,80
18.000	2.081	11,56	25,80	54.000	14.418	26,70	42,00
19.000	2.344	12,34	26,30	55.000	14.838	26,98	42,00
20.000	2.611	13,06	26,70	56.000	15.258	27,25	42,00
21.000	2.883	13,73	27,20	57.000	15.678	27,51	42,00
22.000	3.160	14,36	27,70	58.000	16.098	27,76	42,00
23.000	3.441	14,96	28,10	59.000	16.518	28,00	42,00
24.000	3.726	15,53	28,50	60.000	16.938	28,23	42,00
25.000	4.016	16,06	29,00	61.000	17.358	28,46	42,00
26.000	4.311	16,58	29,50	62.000	17.778	28,67	42,00
27.000	4.610	17,07	29,90	63.000	18.198	28,89	42,00
28.000	4.914	17,55	30,40	64.000	18.618	29,09	42,00
29.000	5.223	18,01	30,90	65.000	19.038	29,29	42,00
30.000	5.536	18,45	31,30	66.000	19.458	29,48	42,00
31.000	5.853	18,88	31,70	67.000	19.878	29,67	42,00
32.000	6.176	19,30	32,30	68.000	20.298	29,85	42,00
33.000	6.502	19,70	32,60	69.000	20.718	30,03	42,00
34.000	6.834	20,10	33,20	70.000	21.138	30,20	42,00
35.000	7.170	20,49	33,60	71.000	21.558	30,36	42,00
36.000	7.510	20,86	34,00	72.000	21.978	30,53	42,00
37.000	7.855	21,23	34,50	73.000	22.398	30,68	42,00
38.000	8.205	21,59	35,00	74.000	22.818	30,84	42,00
39.000	8.559	21,95	35,40	75.000	23.238	30,98	42,00
40.000	8.918	22,30	35,90	80.000	25.338	31,67	42,00
41.000	9.281	22,64	36,30	90.000	29.538	32,82	42,00
42.000	9.649	22,97	36,80	100.000	33.738	33,74	42,00
43.000	10.022	23,31	37,30	110.000	37.938	34,49	42,00

Liegt Ihr Einkommen als Alleinstehender **über 250.731 €**, so liegt die Belastung des darüber hinausgehenden Einkommens durchgehend bei 45 %.

Steuerbelastungstabelle 2015 für den Splittingtarif (ohne KiSt und SolZ)

(geringfügige Abweichungen bleiben vorbehalten)

Zu ver-steuern-des Ein-kommen	Einkommensteuer insgesamt nach Splittingtabelle	Belastung der letzten 1.000 €	Zu ver-steuern-des Ein-kommen	Einkommensteuer insgesamt nach Splittingtabelle	Belastung der letzten 1.000 €
€	€	%	%	€	€	%	%
15.000	0	0,00	0,00	70.000	14.340	20,49	33,80
16.000	0	0,00	0,00	71.000	14.678	20,67	33,80

Zu versteuern-des Einkommen	Einkommensteuer insgesamt nach Splittingtabelle		Belastung der letzten 1.000 €	Zu versteuern-des Einkommen	Einkommensteuer insgesamt nach Splittingtabelle		Belastung der letzten 1.000 €
€	€	%	%	€	€	%	%
17.000	6	0,04	0,60	72.000	15.020	20,86	34,20
18.000	152	0,84	14,60	73.000	15.364	21,05	34,40
19.000	308	1,62	15,60	74.000	15.710	21,23	34,60
20.000	474	2,37	16,60	75.000	16.058	21,41	34,80
21.000	648	3,09	17,40	76.000	16.410	21,59	35,20
22.000	834	3,79	18,60	77.000	16.762	21,77	35,20
23.000	1.030	4,48	19,60	78.000	17.118	21,95	35,60
24.000	1.236	5,15	20,60	79.000	17.476	22,12	35,80
25.000	1.450	5,80	21,40	80.000	17.836	22,30	36,00
26.000	1.676	6,45	22,60	81.000	18.198	22,47	36,20
27.000	1.912	7,08	23,60	82.000	18.562	22,64	36,40
28.000	2.152	7,69	24,00	83.000	18.930	22,81	36,80
29.000	2.396	8,26	24,40	84.000	19.298	22,97	36,80
30.000	2.642	8,81	24,60	85.000	19.670	23,14	37,20
31.000	2.888	9,32	24,60	86.000	20.044	23,31	37,40
32.000	3.140	9,81	25,20	87.000	20.420	23,47	37,60
33.000	3.392	10,28	25,20	88.000	20.798	23,63	37,80
34.000	3.646	10,72	25,40	89.000	21.178	23,80	38,00
35.000	3.904	11,15	25,80	90.000	21.560	23,96	38,20
36.000	4.162	11,56	25,80	91.000	21.946	24,12	38,60
37.000	4.424	11,96	26,20	92.000	22.334	24,28	38,80
38.000	4.688	12,34	26,40	93.000	22.722	24,43	38,80
39.000	4.954	12,70	26,60	94.000	23.114	24,59	39,20
40.000	5.222	13,06	26,80	95.000	23.508	24,75	39,40
41.000	5.494	13,40	27,20	96.000	23.906	24,90	39,80
42.000	5.766	13,73	27,20	97.000	24.304	25,06	39,80
43.000	6.042	14,05	27,60	98.000	24.706	25,21	40,20
44.000	6.320	14,36	27,80	99.000	25.108	25,36	40,20
45.000	6.598	14,66	27,80	100.000	25.514	25,51	40,60
46.000	6.882	14,96	28,40	101.000	25.922	25,67	40,80
47.000	7.166	15,25	28,40	102.000	26.332	25,82	41,00
48.000	7.452	15,53	28,60	103.000	26.746	25,97	41,40
49.000	7.742	15,80	29,00	104.000	27.160	26,12	41,40
50.000	8.032	16,06	29,00	105.000	27.578	26,26	41,80
51.000	8.326	16,33	29,40	106.000	27.996	26,41	41,80
52.000	8.622	16,58	29,60	107.000	28.416	26,56	42,00
53.000	8.920	16,83	29,80	108.000	28.836	26,70	42,00
54.000	9.220	17,07	30,00	109.000	29.256	26,84	42,00
55.000	9.524	17,32	30,40	110.000	29.676	26,98	42,00
56.000	9.828	17,55	30,40	120.000	33.876	28,23	42,00
57.000	10.136	17,78	30,80	130.000	38.076	29,29	42,00
58.000	10.446	18,01	31,00	140.000	42.276	30,20	42,00
59.000	10.758	18,23	31,20	150.000	46.476	30,98	42,00
60.000	11.072	18,45	31,40	160.000	50.676	31,67	42,00
61.000	11.388	18,67	31,60	170.000	54.876	32,28	42,00
62.000	11.706	18,88	31,80	180.000	59.076	32,82	42,00

Zu ver- steuern- des Ein- kommen	Einkommensteuer insgesamt nach Splittingtabelle		Belastung der letzten 1.000 €	Zu ver- steuern- des Ein- kommen	Einkommensteuer insgesamt nach Splittingtabelle		Belastung der letzten 1.000 €
€	€	%	%	€	€	%	%
63.000	12.028	19,09	32,20	190.000	63.276	33,30	42,00
64.000	12.352	19,30	32,40	200.000	67.476	33,74	42,00
65.000	12.676	19,50	32,40	210.000	71.676	34,13	42,00
66.000	13.004	19,70	32,80	220.000	75.876	34,49	42,00
67.000	13.334	19,90	33,00	230.000	80.076	34,82	42,00
68.000	13.668	20,10	33,40	240.000	84.276	35,12	42,00
69.000	14.002	20,29	33,40	250.000	88.476	35,39	42,00

Liegt Ihr Einkommen als Verheirateter **über 501.462 €**, so liegt die Belastung des darüber hinausgehenden Einkommens durchweg bei 45 %.

45 **Bis Mitte Juli arbeiten wir alle für Vater Staat!**
Bei diesen Zahlenkolonnen wird einem schon ganz schummrig. Fast schwarz vor Augen kann einem werden, wenn man sich die rechte Spalte »Belastung der letzten 1.000 €« näher ansieht. Steuerlast bis zu 42 %! Bei Arbeitnehmern kommen die Zwangsbeiträge zur Sozialversicherung noch obendrauf.
Kluge Köpfe haben ausgerechnet: Rund 53 % des sauer Verdienten gehen regelmäßig an Steuern und Abgaben drauf. Anders ausgedrückt: Mitte Juli ist »Steuerzahlergedenktag«, denn erst ab dann arbeiten Sie für das eigene Portemonnaie.
Wie Sie sich aus diesem staatlichen Würgegriff befreien, dazu mehr unter ➤ Rz 533.

46 **Die Grenzbelastung im Einkommensteuertarif 2015**
Für Ihre künftigen Planungen zeigt die Übersicht unter ➤ Rz 48 in graphischer Form die Einkommensteuerbelastung im Grenzbereich in Prozent für 2015.
Die Grenzbelastung ist für Fragen der Steuerersparnis maßgebend. Der Prozentsatz zeigt Ihnen:
1. In dieser Höhe wird jeder zusätzlich verdiente Euro besteuert.
2. In dieser Höhe beteiligt sich der Fiskus an jedem Euro, den Sie zusätzlich einkommensmindernd abziehen.
Die Durchschnittsbelastung ist indessen niedriger als die Grenzbelastung, weil sie den Grundfreibetrag und die Steuerprogression berücksichtigt. Für Fragen der Steuerplanung ist indessen nur die Grenzbelastung maßgebend.

2.2.3 Vereinfachtes Schema zur Selbstberechnung der Steuer für 2015

Hier können Sie sozusagen nach **Schema F** mit Bleistift und Papier aus- **47**
rechnen, wie hoch Ihr Steuerobolus für 2015 sein wird. Am besten gehen
Sie wie folgt vor:

- Zunächst ermitteln Sie Ihre Einkünfte, indem Sie von den jeweiligen
  Einnahmen die dazugehörigen Werbungskosten abziehen.
- Von der so berechneten Summe der Einkünfte sind Entlastungsbeträge
  für über 64-Jährige und Alleinerziehende abzuziehen; was verbleibt, ist
  der Gesamtbetrag der Einkünfte.
- Besonders kompliziert ist der Abzug der Sonderausgaben (insbeson-
  dere Versicherungsbeiträge), da diese vielfach nur im Rahmen von
  Höchstbeträgen abziehbar sind.

			Steuerpflichtiger (Euro)	Ehegatte (Euro)
1. Einkünfte aus Land- und Forstwirtschaft			+	+
2. Einkünfte aus Gewerbebetrieb			+	+
3. Einkünfte aus selbständiger Arbeit				

	Steuerpflichtiger (Euro)	Ehegatte (Euro)		
4. Einkünfte aus nichtselbständiger Arbeit				
Arbeitslohn lt. Lohnsteuerbescheinigung				
Werbungskosten (mindest. Pauschbetrag von 1 000 € pro Person)	-	-		
verbleiben				
Versorgungsbezüge				
Versorgungsfreibeträge (je nach Beginn der Versorgungsbezugs: bis 2005: 40%, max. 3 900 €, Beginn des Versorgungsbezugs 2015: 24%, max. 2 340 €)	-	-		
Werbungskosten (mindest. Pauschbetrag von 102 € pro Person)	-	-	►+	►+
5. Einkünfte aus Kapitalvermögen				
Einnahmen lt. Jahresbescheinigung				
Sparer-Pauschbetrag (801 € pro Person)	-	-	►+	►+
6. Einkünfte aus Vermietung und Verpachtung			+	+
7. Sonstige Einkünfte				
Einnahmen (z.B. steuerpflichtiger Anteil der Rentenbezüge)				
Rentenfreibetrag	-	-		
Werbungskosten (mindest. Pauschbetrag von 102 € pro Person)	-	-	►+	►+
Spekulationsgewinne aus privaten Veräußerungsgeschäften (Freigrenze: 600 € pro Person)			+	+
Zwischensumme				
Summe der Einkünfte				►+

	Steuerpflichtiger (Euro)	Ehegatte (Euro)
Altersentlastungsbetrag für vor dem 2.1.1951 Geborene, max. 1 900 €		►-
Entlastungsbetrag für Alleinerziehende, max. 1 308 €		-
Freibetrag für Land- und Forstwirte (ggf. 670 €, bei Ehegatten 1 340 €)		-
Gesamtbetrag der Einkünfte		
Verlustabzug nach § 10d EStG		-
Sonderausgaben für Riester-Beiträge (§ 10 a EStG, wenn günstiger als Zulagen-Förderung)		-
Sonderausgaben für Vorsorgeaufwendungen		-
Übrige Sonderausgaben (Berufsausbildungskosten, Kirchensteuer, Spenden, ... mindestens 36 € pro Person)		-
Außergewöhnliche Belastungen (Krankheitskosten, Aufwendungen bei Behinderung, ...)		-
Einkommen		
Freibeträge für Kinder (Kinderfreibetrag, Betreuungsfreibetrag, sofern günstiger als Kindergeld)		-
Zu versteuerndes Einkommen		
Steuer 2015 nach Grund- bzw. Splittingtabelle		
Steuerermäßigungen z.B. für Parteispenden, haushaltsnahe Dienstleistung/Beschäftigung/Handwerkerleistungen		-
Kindergeld / Riester-Zulagen (wenn die Berücksichtigung von Freibeträgen günstiger ist)		+
Bereits gezahlte Steuer (Lohn-, Einkommen, Kapitalertragsteuer)		-
Erstattungsbetrag / Nachzahlung		

2.2.4 Steuerbelastung im Einkommensteuertarif 2015

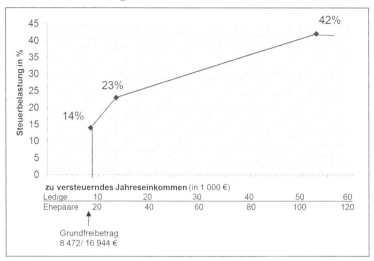

2.2.5 Aufbau des Einkommensteuertarifs 2015

Der Einkommensteuertarif 2015 unterteilt das zu versteuernde Einkommen in drei Zonen:

I. Steuerfreie Zone	II. Progressionszone	III. Proportionalzone
Steuersatz 0%	**Steuersatz 14 bis 42%**	**Steuersatz 42%**
Darunter fallen: Ledige bis 8 472 €	Darunter fallen: Ledige mit 8 473 bis 52 881 €	Darunter fallen: Ledige ab 52 882 €
Verheiratete bis 16 944 €	Verheiratete mit 16 945 bis 105 762 €	Verheiratete ab 105 763 €
Jahreseinkommen*	Jahreseinkommen*	Jahreseinkommen*

* nach Abzug aller Freibeträge und Pauschalen

Die Reichensteuer

Es gibt sogar eine weitere Zone – für **Spitzenverdiener.** Liegt das zu versteuernde Einkommen über 250.731 €/501.462 € (Alleinstehende/Ehegatten), beträgt der Steuersatz 45 statt 42 %.

50 **Spitzelsteuersatz nur 10 %!**
Steuersätze von 30, 42 oder gar 45 %, und die Kirchensteuer sowie der Soli-Zuschlag kommen noch obendrauf. Wem da nicht schwarz vor Augen wird, der hat wirklich gute Nerven.
Dabei könnte doch alles so einfach sein …
Stellen Sie sich vor, Sie zahlen pauschal 10 % Einkommensteuer auf Ihre Einnahmen, müssen keine Steuererklärung abgeben und haben daher auch keinen Ärger mit dem Finanzamt. Unvorstellbar? O nein!
Für verdeckte Ermittler der Nachrichtendienste ist das Realität!

Wie das Bundesfinanzministerium verlauten ließ, müssen die Informanten von Verfassungsschutz und BND lediglich 10 % ihrer Prämien an den Fiskus abführen. Begründung: Die Schlapphüte können ja keine Abendessen oder andere Werbungskosten von der Steuer absetzen. »Sonst ist die Tätigkeit ja nicht mehr geheim.«
So sollen von den 5 Mio. € für die berühmt-berüchtigte »Liechtenstein-DVD« 500.000 € Einkommensteuer einbehalten worden sein. Der »normale« Steuerzahler hätte dafür mehr als 2 Mio. € Steuern gezahlt!
Das nenne ich ein Reformmodell! Jeder Steuerzahler führt auf Antrag die pauschale »Spitzelsteuer« von 10 % der Einnahmen ab, streng geheim, versteht sich.

 Die Wirkung der Steuerprogression

51 Schauen Sie sich an, wie Ihnen der Fiskus durch die Steuerprogression in die Tasche langt:

Steuerprogression 2015		
Einkommen	Steuer nach Grundtarif	durchschnittlicher Steuersatz
20.000 €	2.611 €	rd. 13,06 %
40.000 €	8.918 €	rd. 22,30 %
Also, bei doppelt hohem Einkommen beträgt die Steuer mehr als das Dreifache. Die ganze Misere wird erst so recht deutlich, wenn Sie sich die Steuerbelastung für die zweiten 20.000 € ansehen. Dafür bittet Sie der Fiskus mit sage und schreibe 6.307 € zur Kasse. Das sind schon rund 32 %!		

2.2.6 Zum Grundfreibetrag

52 Nach einem Machtwort des Bundesverfassungsgerichts in Karlsruhe darf das Existenzminimum nicht besteuert werden. Als Existenzminimum wird das angesehen, was Sozialhilfeempfängern auch ohne Beschäftigung steuerfrei zusteht. Die folgende Übersicht zeigt, wie hoch Ihr zu versteuerndes Einkommen sein darf, damit bei Ihnen keine Steuer anfällt:

Entwicklung des Grundfreibetrags und des Einkommensteuertarifs			
Jahr	Grundfreibetrag	Eingangssteuersatz	Spitzensteuersatz
2002/2003	7.235 €	19,9 %	48,5 % ab 55.008 €
2004	7.664 €	16,0 %	45,0 % ab 52.152 €
2005–2008	7.664 €	15,0 %	42,0 % ab 52.152 € 45,0 % ab 250.001 €
2009	7.834 €	14,0 %	42,0 % ab 52.552 € 45,0 % ab 250.401 €
2010–2012	8.004 €	14,0 %	42,0 % ab 52.882 € 45,0 % ab 250.731 €
2013	8.130 €	14,0 %	42,0 % ab 52.882 € 45,0 % ab 250.731 €
2014	8.354 €	14,0 %	42,0 % ab 52.882 € 45,0 % ab 250.730 €
2015	8.472 €	14,0 %	42,0 % ab 52.882 € 45,0 % ab 250.731 €
2016	8.652 €	14,0 %	42,0 % ab 53.666 € 45,0 % ab 254.447 €

Die Grundfreibeträge sind in die Einkommensteuertabellen eingearbeitet (vgl. ➤ Rz 1125).

54

Welche Beträge beim monatlichen Lohnsteuerabzug steuerfrei bleiben

Auch in den für den monatlichen Lohnsteuerabzug maßgebenden Tabellen sind die Grundfreibeträge berücksichtigt. Ihr monatlicher Arbeitslohn muss demnach folgende Grenze überschreiten, damit Lohn- und Kirchensteuer sowie Soli-Zuschlag einbehalten werden:

Kalenderjahr 2015

Alleinstehender, Steuerklasse I	950 €
Alleinstehender (mit Kind), Steuerkl. II	1.082 €
Verheirateter, Steuerklasse III	1.796 €
Verheirateter, Steuerklasse IV	950 €
Verheirateter, Steuerklasse V	105 €

Die steuerfreien Beträge setzen sich zusammen aus dem monatlichen Grundfreibetrag, der anteiligen Vorsorgepauschale sowie dem Arbeitnehmerpauschbetrag (1.000 €).

3 Die ersten Schritte

Die Hinweise in diesem Kapitel sollten Sie beachten, bevor Sie mit   **55**
dem Ausfüllen der Formulare beginnen.

3.1 Ordnen der Unterlagen

Die erste Steuererklärung ist immer die schwerste. Bei der zweiten kön-   **56**
nen Sie nach dem Motto »Hoch lebe der Vorgang« arbeiten, d.h., die Vorjahreserklärung dient Ihnen als Vorlage. Hat sich bei Ihnen nichts geändert, tragen Sie ruck, zuck die aktuellen Zahlen in die entsprechenden
Kästchen ein – und fertig ist die Steuererklärung!

Alles muss schlüssig sein   **57**
Die Vorjahreserklärung ist aber noch aus einem anderen Grund wichtig:
Die diesjährige muss mit ihr **schlüssig** sein. Nehmen wir an, ein Mietno-
made hat Sie um 5.000 € betrogen und Sie geben entsprechend weniger
Mieteinnahmen als im Vorjahr an. Der Finanzer sieht sich auf jeden Fall
Ihre Vorjahreserklärung an, vergleicht die Zahlen und fragt zuerst sich
und später Sie, wie der Rückgang der Mieteinnahmen wohl zu erklären
ist. Wollen Sie Rückfragen vermeiden, vermerken Sie am Rand: Mietaus-
fall 5.000 €.

Oder Sie haben Geld ins Ausland verbracht und setzen deshalb keine   **58**
Zinseinnahmen an. War es sehr viel Geld, können Sie nicht einfach sagen:
»Hab ich für Reisen gebraucht.« Zu Auslandserträgen mehr unter
➤ Rz 898 ff.

Belege sortieren   **59**
Eine gewisses Maß an Ordnung ist angebracht, damit man sich nicht unnötig lange mit der Steuererklärung aufhalten muss.

Das Wichtigste ist die **Ablage der Unterlagen nach Kalenderjahren.**
Denn die Einkommensteuer wird nach dem Einkommen erhoben, das
der Steuerzahler in einem ganz bestimmten Kalenderjahr bezogen hat
(§ 25 EStG). Am besten legen Sie für jedes Kalenderjahr einen eigenen
Ordner an.

Sie können sich die Arbeit zusätzlich erleichtern, wenn Sie die Sortierung
Ihrer Belege an den Formularen ausrichten.

Guter Rat

Im Ordner für das betreffende Fiskaljahr legen Sie Fächer an für:

1. Hauptvordruck Seite 2 – Sonderausgaben: Spenden.

2. Hauptvordruck Seite 3 – Außergewöhnliche Belastungen: Krankheitskosten, Kosten einer Haushaltshilfe, Unterhaltsleistungen.

3. Anlage Vorsorgeaufwand und Anlage AV–Versicherungsbeiträge, Riester-Sparen: Beitragsrechnungen der Assekuranz werden üblicherweise in einem besonderen Ordner abgeheftet. Machen Sie dann für die Steuererklärung eine Kopie oder zumindest eine Notiz über die Beitragshöhe.

4. Anlage Kind: Angaben zur Berufsausbildung volljähriger Kinder, Kinderbetreuungskosten.

5. Anlage N: Gehaltsbezüge/berufliche Ausgaben: Lohnsteuerbescheinigung, Anlage VL (vermögenswirksame Leistungen), Reisekosten, Arbeitsmittel, Fachliteratur, Telefonkosten

6. Anlage KAP: Kapitaleinkünfte/Jahres- und Steuerbescheinigungen der Bank.

7. Anlage V: Erhaltungsaufwendungen, Zinsen.

Haben Sie noch Einkünfte aus anderen Einkunftsarten, gehen Sie entsprechend vor.

Meyn Geduld hat Ursach.
(Alter Wappenspruch)

60 »Welche Unterlagen sind für die Steuererklärung eigentlich von Bedeutung?«, fragen sich viele jedes Jahr aufs Neue. Bei Beantwortung dieser Frage hilft folgende

Checkliste
A. Allgemeine Angaben/Angaben zu Personen

I. Steuernummer, Identifikationsnummer, Finanzamt, Steuerbescheid des Vorjahres

II. Kinder

● Höhe des erhaltenen Kindergeldes (maßgeblich ist jedoch Anspruch)

● Wenn Kinder 18 Jahre oder älter und noch in der Ausbildung sind:

1. Schul- oder Studienbescheinigung bzw. Berufsausbildungsvertrag

2. ggf. Bescheinigung über Wehrdienst/Zivildienstzeit/Freiwilliges Soziales Jahr

- Zahlungen für die Betreuung oder Unterbringung des Kindes
- Anschrift und Aufwendungen bei auswärtiger Unterbringung
- ggf. Unterhaltszahlungen an Kinder

B. Versicherungen, Spenden, Krankheitskosten usw.

I. Versicherungen

- (Freiwillige) Beiträge zur Deutschen Rentenversicherung, zu Pensionskassen und Versorgungswerken, Lebens-, Kranken-, Unfall- und private Haftpflichtversicherungen einschließlich Kfz- und Grundbesitzerhaftpflicht sowie Bescheinigungen zur Riester-Rente

II. Spenden, Krankheitskosten, Unterhaltszahlungen, Steuerberatungskosten usw.

- Spenden an Vereine, politische Vereinigungen und Parteien usw.
- Kosten ärztlicher Behandlung, Kurkosten usw.
- Unterhaltszahlungen an getrennt lebende, geschiedene Ehepartner sowie an hilfsbedürftige Personen wie z. B. Eltern oder sonstige nahe Verwandte
- Steuerberatungskosten (wegen ggf. anteilig enthaltener Werbungskosten)
- Ausbildungskosten wie z. B. Studiengebühren usw.

C. Haushaltsnahe Beschäftigung/Dienstleistungen, Handwerkerleistungen

I. Haushaltsnahe Beschäftigung

- Belege über Ihre Aufwendungen/Arbeitsvertrag

II. Haushaltsnahe Dienstleistungen/Handwerkerleistungen

- Rechnung
- Nachweis der Zahlung auf das Konto des Unternehmers

D. Nichtselbständige Tätigkeit

I. Einnahmen

- Lohnsteuerbescheinigung
- Nachweis der Bundesagentur für Arbeit bzw. der Krankenkasse über den Bezug von Lohnersatzleistungen wie z. B. Arbeitslosengeld, Elterngeld, Krankengeld, Kurzarbeitergeld, Mutterschaftsgeld usw.

II. Werbungskosten

- Fahrten zwischen Wohnung und erster Tätigkeitsstätte:

1. Adresse der Tätigkeitsstätte

2. Anzahl der Kilometer (einfache Entfernung) zwischen Ihrer Wohnung und erster Tätigkeitsstätte

3. Anzahl der Arbeitstage (ohne Urlaubs- und Krankheitstage)

4. ggf. Unfallkosten bei Unfall auf einer Fahrt zwischen Wohnung und erster Tätigkeitsstätte

• Reisekosten/Einsatzwechseltätigkeit

1. Spesenabrechnungen/Erstattungen durch Arbeitgeber

2. Aufstellung über dienstliche Fahrten, wenn länger als acht Stunden von Betrieb oder Wohnung abwesend

   Mögliche Aufstellung:

   Datum   Uhrzeit Abfahrt: Uhrzeit Rückkehr: Zielort/Grund der Reise

• Arbeitszimmer

• Wenn Sie ein Arbeitszimmer nutzen und es den Mittelpunkt der gesamten betrieblichen und beruflichen Betätigung bildet oder Ihnen (zumindest) für einen Teil Ihrer betrieblich beruflichen Tätigkeit kein anderer Arbeitsplatz zur Verfügung steht:

1. Angaben zur Gesamtwohnfläche und zur Größe des Arbeitszimmers

2. Angaben zu den angefallenen Kosten (Miete, Nebenkosten, Erhaltungskosten usw.)

3. Unterlagen über die Einrichtungsgegenstände des Arbeitszimmers, soweit diese neu angeschafft wurden oder zuvor privaten Zwecken dienten

• Doppelte Haushaltsführung
  Wenn Sie am Ort Ihrer Arbeitsstätte eine zusätzliche Wohnung unterhalten:

1. Adresse

2. Beginn der Wohnungsnutzung und ggf. angefallene Umzugskosten

3. Kosten für laufenden Unterhalt, wie Miete, Gas, Strom, Wasser usw.

4. Anzahl der Fahrten zu Ihrer Familienwohnung (Erstwohnung), Entfernungskilometer zwischen beiden Wohnungen

• Sonstige Werbungskosten
  Folgende Ausgaben sollten Sie zusammenstellen, soweit sie im Zusammenhang mit Ihrem Beschäftigungsverhältnis stehen:

1. Arbeitskleidung

2. Büromaterial, Fachliteratur

3. Fortbildungskosten (sofern nicht vom Arbeitgeber getragen/erstattet)

4. Bewerbungskosten

5. Umzugskosten, wenn Umzug beruflich bedingt war

6. Berufshaftpflicht, Beiträge zur Unfall-/Rechtschutzversicherung, die auch berufliche Risiken abdecken, Beiträge für Mitgliedschaften in Berufsverbänden oder Gewerkschaften

7. Aufwendungen für Computer, wenn dieser auch beruflich genutzt wird (bitte Bescheinigung des Arbeitgebers beifügen)

E. Kapitaleinkünfte

● Erträgnisaufstellungen, Depotauszüge, Jahresbescheinigungen, Steuerbescheinigungen Ihrer Bank bzw. Ihrer Banken

Des Weiteren sind folgende Unterlagen relevant:

● Zinseinnahmen aus Privatdarlehen

● Gewinnausschüttungen aus Anteilen an Kapitalgesellschaften, die nicht über ein Bankdepot geflossen sind

● Zinsen aus sonstigen Kapitalforderungen (z. B. Steuererstattungen)

● Zinsen aus Bausparguthaben

F. Renten, private Veräußerungsgeschäfte und sonstige Einkünfte

I. Private Veräußerungsgeschäfte

● Immobilien:

1. Verträge über An- und Verkauf

2. Zusammenstellungen der Anschaffungskosten/des Veräußerungserlöses

3. Zusammenstellungen der Veräußerungskosten (Kosten für Fahrten, Inserate, Makler, Notar …)

II. Renteneinkünfte

● Rentenbescheid, Rentenanpassungsmitteilungen

III. Sonstige Einkünfte

Erforderlich sind Nachweise über

● gelegentliche Einnahmen, z. B. aus Provisionen für Vermittlungen

● Unterhaltszahlungen vom getrennt lebenden oder geschiedenen Ehepartner

● sonstige wiederkehrende Bezüge

G. Vermietung und Verpachtung

I. Allgemeines

- Separate Aufstellung sowie Belegsammlung je Objekt
- Im Fall der Neuanschaffung:

1. notarieller Kaufvertrag
2. Belege über Nebenkosten wie z. B. Grunderwerbsteuer, Landesjustizkasse, Notarkosten usw.
3. ggf. Darlehensvertrag über Finanzierung des Kaufpreises etc.

- Im Fall der Neuerrichtung:

1. notarieller Kaufvertrag für Grundstück
2. gesamte Herstellungskosten inkl. aller Nebenkosten, sonstige Nebenkosten
3. ggf. Darlehensvertrag über Finanzierung des Grundstückes bzw. der Herstellungskosten

II. Einnahmen

- Mieteinnahmen netto sowie vereinnahmte Umsatzsteuer bei umsatzsteuerpflichtiger Vermietung
- vereinnahmte Umlagen, erhaltene Nachzahlungen oder gezahlte Erstattungen
- Garagenmieten sowie sonstige Einnahmen, z. B. Zinsen aus Bausparguthaben in Zusammenhang mit einer Bausparfinanzierung

III. Werbungskosten

- Finanzierungskosten, insbesondere Bescheinigung über gezahlte Schuldzinsen
- Betriebskosten, z. B. Gas, Wasser, Strom, Grundsteuer, Kaminkehrer, Kanalgebühren etc.
- Erhaltungsaufwendungen wie z. B. Reparaturen
- Kosten Hausverwalter, allgemeine Verwaltungskosten, Gebäudeversicherungen, Kontogebühren
- Nebenkostenabrechnung
- Maklergebühren, Kosten für Zeitungsanzeigen
- Kosten für Inventar und Gartenanlagen

3.2 Erklärungsstrategie – so machen Sie es richtig
3.2.1 Beweise durch Belege

Eigentlich leben wir ja in einem Rechtsstaat, und da gelten einige eherne **61** Regeln. Eine davon betrifft die Beweisfrage. Bei den Einnahmen trägt der Fiskus die Beweislast, bei den Ausgaben der Steuerzahler (§ 88 AO). Also lassen Sie sich bloß nicht in Beweisnot bringen, weil Ihnen ein Beleg fehlt. Deshalb: Alles aufbewahren.

Ist Ihnen eine Rechnung abhanden gekommen, fertigen Sie einen Eigenbeleg, aus dem sich alles Notwendige ergibt. Haben Sie die Ausgabe unbar geleistet, verweisen Sie auf den entsprechenden Kontoauszug. Keine Belege? Lesen Sie dazu ➤ Rz 67 ff.

Aufbewahrungspflichten   **62**

Als Privatperson sind Sie grundsätzlich nicht verpflichtet, einmal eingereichte Belege aufzubewahren. Das gilt auch für Belege im Zusammenhang mit vermietetem Grundbesitz. Denn: Der Sachbearbeiter im Finanzamt muss bereits bei der Veranlagung die Einkünfte so eingehend prüfen, dass eine erneute Vorlage von Unterlagen entbehrlich ist. Lediglich für Gewerbetreibende gelten andere Maßstäbe. Je nach Art der Unterlagen müssen diese bis zu zehn Jahren gehortet werden (§ 147 AO).

Sie könnten Ihre Belege nach Rückgabe durch das Finanzamt also getrost **63** vernichten. Ich rate Ihnen jedoch, sie etwa zwei Jahre aufzubewahren, denn auf der Ausgabenseite haben Sie ja die Beweislast. Und wenn das Finanzamt Ihre Ausgaben streicht und Sie den Bescheid später anfechten wollen, müssen Sie Ihre Kosten ggf. erneut nachweisen.

3.2.2 Manchmal geht es auch ohne Belege   **64**

Das Finanzamt kann nicht alle Steuererklärungen intensiv überprüfen, das leuchtet ein. Daher werden sämtliche Steuerfälle vom Computer gefiltert. Nur wer auffällt, wird gesondert bearbeitet. Der Rest wird durchgewunken.

Nur, auf welche Sachverhalte springt der Rechner des Finanzamts denn an? Diese Frage ist leider nicht so leicht zu beantworten, da die Filter immer wieder überarbeitet und neu gesetzt werden. Einen Anhaltspunkt können die folgenden Grenzwerte geben, die einmal vom Bundesfinanzministerium als „Nichtbeanstandungsgrenzen" herausgegeben wurden.

Außergewöhnliche Belastungen mit Einzelaufstellung (➤ Rz 177 ff.)   **65**

Krankheitskosten (selbst getragene) jährlich bis zu	2.050 €
Beerdigungskosten	unbegrenzt
Fahrtkosten Behinderter bis zu	900 €

Sonderausgaben mit Einzelaufstellung
Versicherungsbeiträge (➤ Rz 279 ff.) jährlich bis zu   2.050 €
Spenden (➤ Rz 150 ff.) mit Einzelbeträgen unter 25 €
jährlich bis zu insges.   200 €

Berufliche Werbungskosten (➤ Rz 681 ff.)
Doppelte Haushaltsführung (➤ Rz 858 ff.) monatlich bis zu   100 €

Arbeitsmittel (➤ Rz 724 ff.)
Fachliteratur jährlich bis zu   110 €
Berufskleidung (typische) jährlich bis zu   110 €
Berufskleidung bei Schmutzberufen jährlich bis zu   120 €
Werkzeug jährlich bis zu   100 €
Aktentasche jährlich bis zu   150 €
Kontoführungsgebühren jährlich bis zu   16 €
Beiträge an Berufsverbände jährlich bis zu   unbegrenzt
Telefonkosten jährlich bis zu   75 €
Andere berufliche Kosten mit Einzelaufstellung jährlich bis zu   500 €

Fahrten zur Arbeitsstätte (➤ Rz 687 ff.)
Anzahl der Arbeitstage bei Fünftagewoche bis zu   230 Tage
Anzahl der Arbeitstage bei Sechstagewoche bis zu   285 Tage

Hausbesitz (➤ Rz 998 ff.)
Reparaturkosten lt. Einzelaufstellung jährlich bis zu   25.500 €

 TIPP ## Decken Sie den Finanzer mit unverfänglichen Belegen ein!

66 Niemandem hat es bisher geschadet, wenn ihn der Fiskus als gewissenhaften Menschen einstuft. Ein Zeichen für Gewissenhaftigkeit ist u. a., wenn der Steuerzahler möglichst viele Belege beifügt. Dem Fiskalritter macht das zusätzliche Arbeit und hält ihn zudem vielleicht davon ab, irgendwo nachzuhaken.

In der Fiskalpraxis sieht es doch so aus: Der Bearbeiter hat für 08/15-Steuererklärungen nur eine bestimmte Menge Zeit, sonst gerät er mit seiner Statistik in Rückstand. Diese vorgesehene Zeit nimmt er sich aber auch. Findet er keine Belege, fieselt er unruhig in der Erklärung herum und fordert womöglich nachträglich Belege an. Das sollten Sie nicht unnötig provozieren.

67 **Hatten Sie Ausgaben, die Sie nicht belegen können oder die heikel sind, machen Sie nur Beträge bis zu den o. g. Grenzen geltend. Notfalls müssen Eigenbelege herhalten, so z. B. für Trinkgelder, Parkgebühren, Telefonkosten oder Zahlungen an Handwerker, die keine Quittung ausschreiben wollen.**

Darauf sollten Sie angeben, aus welchem Grund Sie wann an wen welchen Betrag gezahlt haben.

Besteht Ihr Fiskalritter hartnäckig auf Belegen für *alle* Ausgaben, antworten Sie ihm höflich:»Leider habe ich die Belege im letzten Jahr nicht alle aufbewahrt und kann nachträglich auch keine mehr herbeischaffen. Ich bin gern bereit, ab sofort für alle Posten die Unterlagen zu sammeln, in der Ihnen vorliegenden Steuererklärung habe ich aber durch meine Unterschrift versichert, dass alle Angaben vollständig und richtig sind. Ich bitte Sie daher, die Veranlagung erklärungsgemäß durchzuführen.« Und schon klappt der Laden. **68**

Quittung aus Gefälligkeit? **69**

Haben Sie andere für ihre Hilfe bezahlt, z.B. für Schreibarbeiten, Hüten der Kinder oder Reparaturen am Haus, will der Fiskalritter meistens eine unterschriebene Quittung sehen.

»Na gut, meine fleißigen Helfer unterschreiben notfalls alles«, sagen Sie.

Doch müssen Sie damit rechnen, dass der Fiskalritter eine Kontrollmitteilung für das Finanzamt Ihrer hilfsbereiten Freunde fertigt, wenn die Quittung nach Gefälligkeit riecht, denn ein alter Steuergrundsatz lautet:»Was der eine als Ausgabe absetzt, muss der andere als Einnahme versteuern.« Es sind wegen solcher Vorfälle schon langjährige Freundschaften in die Brüche gegangen (➤ Rz 17). **70**

Sollte ein Bekannter Ihnen mit einem Schreiben seines Finanzamts vor der Nase wedeln, bewahren Sie ruhig Blut. Übersenden Sie dem Finanzamt eine Lohnsteueranmeldung über das Bare für die Freundschaftshilfe! Dann müssen Sie für die Aushilfe zwar 25 % dieses Betrags als pauschale Lohnsteuer bezahlen (➤ Rz 613, Fall Nr. 2), aber damit ist die Sache erledigt, und Sie können sich wieder an Ihrem Stammtisch blicken lassen. Die pauschale Lohnsteuer können Sie natürlich steuerlich absetzen.

Beim Hausbau besteht die Gefahr, dass der Fiskalritter dem Arbeitsamt und dieses der Berufsgenossenschaft Mitteilung macht. Dann muss u.U. der Bau nachversichert werden (§ 31a AO). Sie können solchem Ungemach vorbeugen, indem Sie nur Kumpels um Quittungen angehen, die Sozialhilfeempfänger oder arbeitslos sind. Die können dann sagen, sie hätten die Arbeit als Selbständige ausgeführt. Dazu vermerken sie auf der Quittung:»Die Arbeiten wurden von mir weder zeit- noch weisungsgebunden erledigt.« (➤ Rz 506) **71**

Was die Aufwendungen für haushaltsnahe Dienstleistungen oder Handwerkerleistungen betrifft, genügen dem höchst misstrauischen Finanzamt **72** einfache Barquittungen nicht. Da will es eindeutige Nachweise haben, dass Ihr Kumpel das Geld tatsächlich erhalten hat. Sie müssen also den Bankauszug vorlegen, aus dem die Überweisung des Geldes hervorgeht (➤ Rz 258 ff.).

»Und wenn ich einem angeblichen Helfer Geld überweise und es später von ihm zurückbekomme, weil er ja gar nicht für mich gearbeitet hat?«, fragen Sie.

Hm ... Da würde ich lieber steuerehrlich bleiben.

Kopie genügt, denn sicher ist sicher

73 Normalerweise erhalten Sie Ihre Belege zurück, sobald der Bearbeiter sie durchgesehen hat. Um jedoch Ärger wegen verlorengegangener Unterlagen vorzubeugen, reichen Sie wichtige Dokumente wie z. B. Versicherungspolicen, einen Behinderten- oder Vertriebenenausweis nur als Kopie ein.

74 Beim Porto gespart ...

Wie alle Behörden müssen die Finanzämter auch unfrankierte Post annehmen (§ 12 FAGO – sprich Finanzamtsgeschäftsordnung). Dann setzt es im Finanzamt gehörig Nachporto. So wandert Geld von einem Staatssäckel in den anderen, denn Vater Staat ist an der Post AG maßgeblich beteiligt. Humorlosen Postbeamten, die unfrankierte Briefe für Behörden an den Absender zurückschicken, begegnen clevere Absender, indem sie die Absenderangabe auf ihren Briefen vergessen ...

Allerdings sind die Finanzämter vom Annahmezwang entbunden, wenn ein Steuerzahler diese Regelung bewusst ausnutzt (Erlass FinMin NRW v. 28.2.1963 – O 2160 – 19-IIC2).

»Ob jemand das ausnutzt, wissen die doch nur, wenn kein Absender draufsteht«, sinnieren Sie.

Richtig, deshalb lassen einige Finanzämter in Hessen auf Anweisung der OFD Frankfurt a. M. unfrankierte Post ohne Absenderangabe in einer Zentralstelle amtlich öffnen und den Absender feststellen, um das Porto nachträglich abkassieren zu können.

»Also muss ich wohl oder übel Terminsachen sicherheitshalber ordentlich frankieren. Ansonsten werde ich aber wie bisher bei Behördenpost meine einfache, ganz persönliche Gebührentabelle verwenden: pro Brief, egal wie schwer, 62 Cent ...«

»Gehe nicht zu deinem Fürst ...

75 ... wenn du nicht gerufen wirst.« Wenn Sie glauben, es sei das Beste, Ihre Steuererklärung gleich an der Amtsstelle durchzusprechen, seien Sie ge-

warnt: Es kann Ihnen nämlich passieren, dass Sie dort sehr schnell ein dummes Gesicht machen, wenn man Ihnen Fragen stellt, auf die Sie nicht vorbereitet sind. Außerdem verlieren Sie leicht Ihr »Recht auf Gehör«. Was es damit auf sich hat, dazu mehr unter ➤ Rz 1096.

Das Beste ist also, die Erklärung postalisch zuzustellen oder einfach in den Hausbriefkasten des Finanzamts zu werfen.

4 Das Hauptformular für die Einkommensteuererklärung

Im Hauptformular machen Sie allgemeine Angaben zu Ihrer Person **76**
und Ihren Familienangehörigen. Außerdem beantragen Sie hier persönliche Steuervergünstigungen (Sonderausgaben und außergewöhnliche Belastungen).

4.1 Formularkopf

2015 **77**

1	X Einkommensteuererklärung	X Antrag auf Festsetzung der Arbeitnehmer-Sparzulage	Eingangsstempel
2	Erklärung zur Festsetzung der Kirchensteuer auf Kapitalerträge	Erklärung zur Feststellung des verbleibenden Verlustvortrags	
3	Steuernummer 1 2 3 4 5 6 7 8 9 0		
4	An das Finanzamt KÖLN-OST Bei Wohnsitzwechsel: bisheriges Finanzamt		
5			
	Allgemeine Angaben	Telefonische Rückfragen tagsüber unter Nr.	

Zunächst kreuzen Sie in ➤ Zeile 1 und 2 an, dass Sie **78**

● eine **Einkommensteuererklärung** abgeben.
Ferner können Sie vermerken, ob Sie

● die **Arbeitnehmersparzulage** beantragen,

● die **Kirchensteuer auf Kapitalerträge** festsetzen lassen müssen (erforderlich, wenn Sie der Bank keine Angaben zur Kirchensteuerpflicht gemacht haben)
und/oder

● einen **Verlustabzug** festellen lassen möchten (Einzelheiten unter ➤ Rz 272 ff.).

An das Finanzamt ... **79**
Für die Bearbeitung Ihrer Steuererklärung ist das Finanzamt zuständig, in dessen Bezirk Sie Ihren Wohnsitz haben. Sind Sie bereits finanzamtlich erfasst, wissen Sie ja, wohin Sie Ihre Steuererklärung senden müssen. Sind Sie umgezogen, könnte ein anderes Finanzamt für Sie zuständig sein.

Schicken Sie Ihre Steuererklärung trotzdem an das bisher zuständige Finanzamt. Es leitet sie nebst Steuerakten »zuständigkeitshalber« dem anderen Finanzamt zu, das sich dann bei Ihnen meldet. So geht alles schneller, und Sie kommen eher an Ihre Erstattung.

Die **Steuernummer** – aus dem Bescheid des Vorjahrs oder der Änderungsmitteilung des Finanzamts – tragen Sie ebenfalls im Kopf des Formulars ein.

80 **Die Identifikationsnummer (IdNr.) – der gläserne Steuerbürger ist längst Realität!**

Das Bundeszentralamt für Steuern hat Ihnen für steuerliche Zwecke eine Identifikationsnummer erteilt. Sie ist lebenslang gültig und daher mit dem Zuteilungsschreiben sorgfältig aufzubewahren, auch wenn Sie derzeit steuerlich nicht geführt werden (§ 139 b AO).

Was sagt die Identifikationsnummer über mich aus?

Jeder Bundesbürger kann genau identifiziert werden. Egal, ob Säugling oder Rentner, ob steuerpflichtig oder nicht, jede Person erhält zur eindeutigen Identifizierung im Besteuerungsverfahren eine 11-stellige Identifikationsnummer. Sie ändert sich auch bei Umzug oder Heirat nicht, enthält indessen keine persönlichen Informationen über Sie und das zuständige Finanzamt. Zusätzlich zur Nummer werden beim Bundeszentralamt für Steuern die wichtigsten persönlichen Daten wie Name, Anschrift, Geschlecht, Geburtsdatum und Geburtsort sowie das zuständige Finanzamt erfasst. Auf diese Weise ist sichergestellt, dass eine Nummer nicht mehrfach vergeben wird.

Ab welchem Kalenderjahr die Identifikationsnummer die Steuernummer komplett ersetzen wird, ist noch nicht entschieden.

So überwacht uns das Finanzamt

Mit Hilfe der Identifikationsnummer können die Ämter ihre Kontrollmöglichkeiten drastisch ausweiten. Über die Identifikationsnummer sammelt das Bundeszentralamt für Steuern die Daten bei Auszahlung von Löhnen/Gehältern, Renten und Kapitalerträgen und ordnet sie jedem Steuerzahler zu. Auf die Daten hat das zuständige Finanzamt uneingeschränkt Zugriff.

Arbeitseinkünfte

2013 wurde das lohnsteuerliche Ordnungsmerkmal eTIN durch die Identifikationsnummer ersetzt. Seitdem ist auch Schluss mit der Lohnsteuerkarte. Identifikationsnummer und Geburtsdatum des Arbeitnehmers genügen, um über eine Internet-Schnittstelle Löhne und Steuerabzugsbeträge beim Finanzamt anzumelden.

Renten/Beiträge zur Kranken- und Pflegeversicherung

Die Träger der Rentenversicherungen informieren die Finanzämter über den Bezug von gesetzlichen oder privaten Renten. Mit Hilfe der Identifikationsnummer können die Renten dem jeweiligen Bezieher zugeordnet werden (§ 22 a EStG). Ebenso läuft es mit Ihren Beiträgen zur Kranken- und Pflegeversicherung. Auch wenn Sie privat versichert sind, werden Ihre Beiträge automatisch dem Finanzamt gemeldet.

Kapitalerträge/Kontenabfrage

Banken und Versicherungen müssen die Zahlung von Kapitalerträgen nach amtlich vorgeschriebenem Muster bescheinigen (§ 32 d EStG). An das Bundeszentralamt für Steuern ergeht eine Mitteilung, in welcher Höhe jeweils Abgeltungsteuer einbehalten worden ist. Auf diese Weise wird kontrolliert, ob die evtl. über die Freistellungsaufträge hinausgehende Steuer einbehalten wurde (§ 45 d EStG). Über eine Kontenabfrage können sich die Finanzämter umfassend informieren. Dabei geht es nicht nur um die Festsetzung von Steuern: In Vollstreckungssachen oder bei Anträgen auf Steuerstundung prüft der Fiskus, ob der Insolvente nicht doch noch irgendwo Geld auf einem Konto hat.

Vorausgefüllte Steuererklärung – Mehr Schein als Sein!

Seit 2014 können Sie die beim Finanzamt gespeicherten Steuerdaten wie z. B.

- die persönlichen Stammdaten,
- die Religionszugehörigkeit,
- Daten der elektronischen Lohnsteuerbescheinigung,
- Angaben zu den Rentenbezügen des jeweiligen Veranlagungsjahres,
- Kranken- und Versicherungsbeiträge,
- Vorsorgebeiträge zur gesetzlichen Rentenversicherung,
- Riester- und Rürup-Vorsorgebeiträge

elektronisch abrufen.

Damit ist jedoch die Steuererklärung noch nicht vorausgefüllt und schon gar nicht erstellt.
Mehr zu den Vor- und Nachteilen sowie zum Verfahren lesen Sie unter
➤ Rz 13.

*Wer von seinem Leiden nichts weiß und auch
keinerlei Beschwerden hat, ist nicht arbeitsunfähig.*

(Management Wissen)

4.2 Der Mantelbogen zur Steuererklärung (Hauptformular)

81   Wer eine Steuererklärung abgeben muss oder möchte, kommt um den vierseitigen Mantelbogen nicht herum. Auf den folgenden Seiten können Sie sich einen Überblick über das aktuelle Formular für die Steuererklärung 2015 verschaffen.

EINKOMMENSTEUERERKLÄRUNG
Hauptformular

2016

2015

1	Einkommensteuererklärung	Antrag auf Festsetzung der Arbeitnehmer-Sparzulage
2	Erklärung zur Festsetzung der Kirchensteuer auf Kapitalerträge	Erklärung zur Feststellung des verbleibenden Verlustvortrags

Eingangsstempel

3 Steuernummer

An das Finanzamt

4

Bei Wohnsitzwechsel: bisheriges Finanzamt

5

6 **Allgemeine Angaben** Telefonische Rückfragen tagsüber unter Nr.

Steuerpflichtige Person (stpfl. Person), nur bei Zusammenveranlagung: Ehemann / Lebenspartner(in) A nach dem LPartG *)

7 Identifikationsnummer (IdNr.) *) Bitte Anleitung beachten.

8 Name Geburtsdatum

Vorname

9 **Religionsschlüssel:**
Titel, akademischer Grad Evangelisch = EV
Römisch-Katholisch = RK
10 nicht kirchensteuerpflichtig = VD
Weitere siehe Anleitung

Straße (derzeitige Adresse)

11 Religion

Hausnummer Hausnummernzusatz Adressergänzung

12

Postleitzahl Wohnort

13

Ausgeübter Beruf

14

Verheiratet / Lebenspartnerschaft begründet seit dem Verw.(t)wet seit dem Geschieden / Lebenspartnerschaft aufgehoben seit dem Dauernd getrennt lebend seit dem

15

Nur bei Zusammenveranlagung: Ehefrau / Lebenspartner(in) B nach dem LPartG
IdNr.

16

Name Geburtsdatum

17

Vorname

18 **Religionsschlüssel:**
Titel, akademischer Grad Evangelisch = EV
Römisch-Katholisch = RK
19 nicht kirchensteuerpflichtig = VD
Weitere siehe Anleitung

Straße (falls von Zeile 11 abweichend)

20 Religion

Hausnummer Hausnummernzusatz Adressergänzung

21

Postleitzahl Wohnort (falls von Zeile 13 abweichend)

22

Ausgeübter Beruf

23

Nur von Ehegatten / Lebenspartnern auszufüllen

24 Zusammenveranlagung | Einzelveranlagung von Ehegatten / Lebenspartnern | Wir haben Gütergemeinschaft vereinbart

Bankverbindung – Bitte stets angeben –

IBAN

25

BIC

26

Geldinstitut und Ort

27

Kontoinhaber lt. Zeile 17 Name (im Fall der Abtretung bitte amtlichen Abtretungsvordruck verwenden)
28 lt. Zeile 8 und 9 und 18 oder:

Der Steuerbescheid soll nicht mir / uns zugesandt werden, sondern:

31	Name
32	Vorname
33	Straße
34	Hausnummer Hausnummernzusatz Postfach
35	Postleitzahl Wohnort

Sonderausgaben 52

Gezahlte Versorgungsleistungen

Zeile			abziehbar		tatsächlich gezahlt EUR
36	Renten	Rechtsgrund, Datum des Vertrags	102 %	101	,—
37	Dauernde Lasten	Rechtsgrund, Datum des Vertrags		100	,—
38	Ausgleichszahlungen im Rahmen des schuldrechtlichen Versorgungsausgleichs	Rechtsgrund, Datum der erstmaligen Zahlung		121	,—
39	Ausgleichsleistungen zur Vermeidung des Versorgungsausgleichs lt. Anlage U			131	,—

Zeile	Unterhaltsleistungen lt. Anlage U an den – geschiedenen Ehegatten, Lebenspartner einer aufgehobenen Lebenspartnerschaft – dauernd getrennt lebenden Ehegatten / Lebenspartner	IdNr. der unterstützten Person			
40		117		116	,—

Zeile	In Zeile 40 enthaltene Beiträge (abzgl. Erstattungen und Zuschüsse) zur Basis-Kranken- und gesetzlichen Pflegeversicherung	EUR	Davon entfallen auf Krankenversicherungsbeiträge mit Anspruch auf Krankengeld	
41		118 ,—	119	

Zeile	Kirchensteuer (soweit diese nicht als Zuschlag zur Abgeltungsteuer einbehalten oder gezahlt wurde)	2015 gezahlt EUR	2015 erstattet EUR
42		103 ,—	104 ,—

Zeile	Aufwendungen für die eigene Berufsausbildung: stpfl. Person / Ehemann / Lebenspartner(in) A	EUR
43	Bezeichnung der Ausbildung, Art und Höhe der Aufwendungen 200	,—

Zeile	Aufwendungen für die eigene Berufsausbildung: Ehefrau / Lebenspartner(in) B	EUR
44	Bezeichnung der Ausbildung, Art und Höhe der Aufwendungen 201	,—

Spenden und Mitgliedsbeiträge (ohne Beträge in den Zeilen 49 bis 56)

Zeile			lt. Bestätigungen EUR		lt. Nachweis Betriebsfinanzamt EUR
45	– zur Förderung steuerbegünstigter Zwecke	123	,—	124	,—
46	in Zeile 45 enthaltene Zuwendungen an Empfänger im EU- / EWR-Ausland	125	,—	126	,—
47	– an politische Parteien (§§ 34g, 10b EStG)	127	,—	128	,—
48	– an unabhängige Wählervereinigungen (§ 34g EStG)	129	,—	130	,—

Spenden und Mitgliedsbeiträge, bei denen die Daten elektronisch an die Finanzverwaltung übermittelt wurden (ohne Beträge in den Zeilen 45 bis 48 und 52 bis 56)

Zeile		stpfl. Person / Ehemann / Lebenspartner(in) A EUR		Ehefrau / Lebenspartner(in) B EUR
49	– zur Förderung steuerbegünstigter Zwecke	202 ,—	203	,—
50	– an politische Parteien (§§ 34g, 10b EStG)	204 ,—	205	,—
51	– an unabhängige Wählervereinigungen (§ 34g EStG)	206 ,—	207	,—

Spenden in das zu erhaltende Vermögen (Vermögensstock) einer Stiftung

Zeile				
52	2015 geleistete Spenden (lt. Bestätigungen / lt. Nachweis Betriebsfinanzamt)	208	,—	209 ,—
53	2015 geleistete Spenden, bei denen die Daten elektronisch an die Finanzverwaltung übermittelt wurden (ohne Beträge in Zeile 52)	210	,—	211 ,—
54	in Zeile 52 enthaltene Spenden an Empfänger im EU- / EWR-Ausland	218	,—	219 ,—
55	Von den Spenden in Zeile 52 und 53 sollen 2015 berücksichtigt werden	212	,—	213 ,—
56	2015 zu berücksichtigende Spenden aus Vorjahren in das zu erhaltende Vermögen (Vermögensstock) einer Stiftung, die bisher noch nicht berücksichtigt wurden	214	,—	215 ,—

2015ESt1A012   2015ESt1A012

EINKOMMENSTEUERERKLÄRUNG
Hauptformular

2016

Außergewöhnliche Belastungen | 53

Behinderte Menschen und Hinterbliebene

		Ausweis / Rentenbescheid / Bescheinigung ausgestellt am	gültig von	bis	unbefristet gültig	Grad der Behinderung	Erstmalige Beantragung / Änderung (Nachweis ist einzureichen)
61	stpfl. Person / Ehemann / Lebenspartner(in) A	12	14		18 1 = Ja	56	
62	hinterblieben 16 1 = Ja		blind / ständig hilflos 20 1 = Ja			geh- und stehbehindert 22 1 = Ja	

		Ausweis / Rentenbescheid / Bescheinigung ausgestellt am	gültig von	bis	unbefristet gültig	Grad der Behinderung	Erstmalige Beantragung / Änderung (Nachweis ist einzureichen)
63	Ehefrau / Lebenspartner(in) B	13	15		19 1 = Ja	57	
64	hinterblieben 17 1 = Ja		blind / ständig hilflos 21 1 = Ja			geh- und stehbehindert 23 1 = Ja	

65	Ich beantrage einen **Pflege-Pauschbetrag** wegen unentgeltlicher persönlicher Pflege einer ständig hilflosen Person in ihrer oder in meiner Wohnung (bei erstmaliger Beantragung / Änderung bitte Nachweis einreichen).	XX 1 = Ja

66	Name, Anschrift und Verwandtschaftsverhältnis der hilflosen Person(en)	Name anderer Pflegeperson(en)

Andere außergewöhnliche Belastungen
(z. B. Fahrtkosten behinderter Menschen, Krankheitskosten, Kurkosten, Pflegekosten)

	Art der Belastung	Aufwendungen EUR	Erhaltene / Anspruch auf zu erwartende Versicherungsleistungen, Beihilfen, Unterstützungen, Wert des Nachlasses usw. EUR
67		63 ,—	64 ,—

68	Für die – wegen Abzugs der zumutbaren Belastung – nicht abziehbaren Pflegeleistungen wird die Steuerermäßigung für haushaltsnahe Dienstleistungen beantragt. Die in Zeile 67 enthaltenen Aufwendungen für haushaltsnahe Pflegeleistungen betragen (Aufwendungen abzüglich Erstattungen)	77 ,—

Haushaltsnahe Beschäftigungsverhältnisse, Dienstleistungen und Handwerkerleistungen | 18

Steuerermäßigung bei Aufwendungen für

		Aufwendungen (abzüglich Erstattungen) EUR
69	– geringfügige Beschäftigungen im Privathaushalt – sog. Minijobs – Art der Tätigkeit	202 ,—
70	– sozialversicherungspflichtige Beschäftigungen im Privathaushalt Art der Tätigkeit	207 ,—
71	– haushaltsnahe Dienstleistungen, Hilfe im eigenen Haushalt Art der Aufwendungen	210 ,—
72	– Pflege- und Betreuungsleistungen im Haushalt, in Heimunterbringungskosten enthaltene Aufwendungen für Dienstleistungen, die denen einer Haushaltshilfe vergleichbar sind (soweit nicht bereits in Zeile 67 berücksichtigt); das in Zeile 67 als Erstattung für häusliche Pflege- und Betreuungskosten berücksichtigte Pflegegeld / Pflegetagegeld Art der Aufwendungen	213 ,—
73	– Handwerkerleistungen für Renovierungs-, Erhaltungs- und Modernisierungsmaßnahmen im eigenen Haushalt (ohne öffentlich geförderte Maßnahmen, für die zinsverbilligte Darlehen oder steuerfreie Zuschüsse in Anspruch genommen werden, z. B. KfW-Bank, landeseigener Förderbanken oder Gemeinden) Art der Aufwendungen	214 ,—

74	**Nur bei Alleinstehenden und Eintragungen in den Zeilen 68 bis 73:** Es bestand ganzjährig ein gemeinsamer Haushalt mit einer oder mehreren anderen alleinstehenden Person(en)	Anzahl der weiteren Personen 223
75	Name, Vorname, Geburtsdatum	

76	**Nur bei Alleinstehenden oder Einzelveranlagung von Ehegatten / Lebenspartnern und Eintragungen in den Zeilen 68 bis 73:** Laut einzureichendem gemeinsamen Antrag sind die Höchstbeträge für die Aufwendungen lt. den Zeilen 68 bis 73 in einem anderen Verhältnis als je zur Hälfte aufzuteilen. Der bei mir zu berücksichtigende Anteil beträgt	221 %

	Nur in Fällen der Zusammenveranlagung oder Einzelveranlagung von Ehegatten /	stpfl. Person / Ehemann / Lebenspartner(in) A	Ehefrau / Lebenspartner(in) B
77	**Lebenspartnern und Eintragungen in den Zeilen 68 bis 73:** Es wurde 2015 ein gemeinsamer Haushalt begründet oder aufgelöst und für einen Teil des Kalenderjahres ein Einzelhaushalt geführt	219 1 = Ja	220 1 = Ja

Steuerermäßigung bei Belastung mit Erbschaftsteuer

78	Ich beantrage eine Steuerermäßigung, weil in dieser Steuererklärung Einkünfte erklärt worden sind, die als Erwerb von Todes wegen ab 2011 der Erbschaftsteuer unterlegen haben (lt. gesonderter Aufstellung).	185 1 = Ja

Steuerbegünstigung für schutzwürdige Kulturgüter

		Abzugsbetrag EUR
79	Steuerbegünstigung nach § 10g EStG für schutzwürdige Kulturgüter, die weder zur Einkunftserzielung noch zu eigenen Wohnzwecken genutzt werden	151 ,—

Verlustabzug / Spendenvortrag

		stpfl. Person / Ehemann / Lebenspartner(in) A EUR	Ehefrau / Lebenspartner(in) B EUR
80	Es wurde ein verbleibender Verlustvortrag nach § 10d EStG / Spendenvortrag nach § 10b EStG zum 31.12.2014 festgestellt für		
81	**Antrag auf Beschränkung des Verlustrücktrags nach 2014** Von den nicht ausgeglichenen negativen Einkünften 2015 soll folgender Gesamtbetrag nach 2014 zurückgetragen werden	,—	,—

Sonstige Angaben und Anträge | 18

91 Einkommensersatzleistungen, die dem Progressionsvorbehalt unterliegen, z. B. Arbeitslosengeld, Elterngeld, Insolvenzgeld, Krankengeld, Mutterschaftsgeld und vergleichbare Leistungen aus einem EU- / EWR-Staat oder der Schweiz (ohne Beträge lt. Zeile 27 der Anlage N)

	stpfl. Person / Ehemann / Lebenspartner(in) A EUR	Ehefrau / Lebenspartner(in) B EUR
	120 ,—	121 ,—

Nur bei Einzelveranlagung von Ehegatten / Lebenspartnern:

92 Laut übereinstimmendem Antrag sind die Sonderausgaben, außergewöhnliche Belastungen sowie die Steuerermäßigung für haushaltsnahe Beschäftigungsverhältnisse, Dienstleistungen und Handwerkerleistungen je zur Hälfte aufzuteilen (Der Antrag auf Aufteilung des Freibetrages zur Abgeltung eines Sonderbedarfs bei Berufsausbildung eines volljährigen Kindes ist in Zeile 52 der Anlage Kind, der Antrag auf Aufteilung bei Übertragung des Behinderten- oder Hinterbliebenen-Pauschbetrags in Zeile 66 der Anlage Kind zu stellen.).   222   1 = Ja

Nur bei zeitweiser unbeschränkter Steuerpflicht im Kalenderjahr 2015:

		vom	bis
93	Wohnsitz oder gewöhnlicher Aufenthalt im Inland — stpfl. Person / Ehemann / Lebenspartner(in) A		
94	Ehefrau / Lebenspartner(in) B		

95 Ausländische Einkünfte, die außerhalb der in den Zeilen 93 und / oder 94 genannten Zeiträume bezogen wurden und nicht der deutschen Einkommensteuer unterlegen haben (Bitte Nachweise über die Art und Höhe dieser Einkünfte einreichen.)

	EUR
122	,—

96 In Zeile 95 enthaltene außerordentliche Einkünfte i. S. d. §§ 34, 34b EStG   177   ,—

Bei Beendigung der unbeschränkten Steuerpflicht:

	stpfl. Person / Ehemann / Lebenspartner(in) A	Ehefrau / Lebenspartner(in) B
97 Mir gehörte im Zeitpunkt der Beendigung der unbeschränkten Steuerpflicht (Wegzug) eine Beteiligung i. S. d. § 17 EStG an einer In- oder ausländischen Kapitalgesellschaft / Genossenschaft	171 1 = Ja	172 1 = Ja
98 Im Zeitraum zwischen Beendigung der unbeschränkten Steuerpflicht bis zur Abgabe der Einkommensteuererklärung 2015 lag mein Wohnsitz zumindest zeitweise in einem niedrig besteuerenden Gebiet i. S. d. § 2 Abs. 2 AStG	169 1 = Ja	170 1 = Ja

Nur bei Personen ohne Wohnsitz oder gewöhnlichen Aufenthalt im Inland, die beantragen, als unbeschränkt steuerpflichtig behandelt zu werden:

99 Es wird für die Anwendung personen- und familienbezogener Steuervergünstigungen beantragt, als unbeschränkt steuerpflichtig behandelt zu werden.   Antragsteller: 130

1 = stpfl. Person / Ehemann / Lebenspartner(in) A
2 = Ehefrau / Lebenspartner(in) B
3 = beide Ehegatten / Lebenspartner

100 lt. „Bescheinigung EU / EWR" (bitte einreichen)   lt. „Bescheinigung außerhalb EU / EWR" (bitte einreichen)

	stpfl. Person / Ehemann / Lebenspartner(in) A EUR	Ehefrau / Lebenspartner(in) B EUR
101 Summe der nicht der deutschen Einkommensteuer unterliegenden Einkünfte (ggf. „0")	124 ,—	129 ,—
102 In Zeile 101 enthaltene Kapitalerträge, die der Abgeltungsteuer unterliegen oder – im Fall von ausländischen Kapitalerträgen – unterliegen würden	131 ,—	133 ,—

	stpfl. Person / Ehemann / Lebenspartner(in) A EUR	
103 In Zeile 101 enthaltene außerordentliche Einkünfte i. S. d. §§ 34, 34b EStG	177 ,—	

	stpfl. Person / Ehemann / Lebenspartner(in) A EUR Ct	Ehefrau / Lebenspartner(in) B EUR Ct
104 Steuerabzugsbeträge nach § 50a EStG	149 ,	146 ,
105 Solidaritätszuschlag zu Zeile 104	145 ,	145 ,

Nur bei im EU- / EWR-Ausland oder in der Schweiz lebenden Ehegatten / Lebenspartnern:

106 Ich beantrage als Staatsangehöriger eines EU- / EWR-Staates die Anwendung familienbezogener Steuervergünstigungen.
Nachweis ist einzureichen (z. B. „Bescheinigung EU / EWR").
Die nicht der deutschen Besteuerung unterliegenden Einkünfte beider Ehegatten / Lebenspartner sind in Zeile 101 enthalten.

Nur bei Angehörigen des deutschen öffentlichen Dienstes ohne Wohnsitz oder gewöhnlichen Aufenthalt im Inland, die im dienstlichen Auftrag außerhalb der EU oder des EWR tätig sind:

107 Ich beantrage die Anwendung familienbezogener Steuervergünstigungen. Die „Bescheinigung EU / EWR" ist einzureichen.

108 **Weiterer Wohnsitz in Belgien** (abweichend von den Zeilen 11 bis 13) bei Einkünften aus nichtselbständiger Arbeit und Renten

	stpfl. Person / Ehemann / Lebenspartner(in) A	Ehefrau / Lebenspartner(in) B
109 Unterhalten Sie auf Dauer angelegte Geschäftsbeziehungen zu Finanzinstituten im Ausland?	116 1 = Ja 2 = Nein	117 1 = Ja 2 = Nein

Unterschrift

Die mit der Steuererklärung / dem Antrag angeforderten Daten werden aufgrund der §§ 149, 150 und 181 Abs. 2 der Abgabenordnung, der §§ 25, 46 und 51a Abs. 2d des Einkommensteuergesetzes sowie des § 14 Abs. 4 des Fünften Vermögensbildungsgesetzes erhoben.

Bei der Anfertigung dieser Steuererklärung hat mitgewirkt:

110 Datum, Unterschrift(en)   Steuererklärungen sind eigenhändig – bei Ehegatten / Lebenspartnern von beiden – zu unterschreiben.

*Das Joch des guten Willens
ist sanft, und seine Last ist leicht.*
(Jesus von Nazareth)

4.3 Allgemeine Angaben – Zeile 6 – 35

◆ *Musterfall Familie Huber (Allgemeine Angaben)*   **82**

Sosehr wir die uns zustehenden Steuervergünstigungen mit allem Nachdruck verfechten, so sehr wollen wir dem Finanzamt aber auch helfen, dass es sich mit unserer Erklärung nicht allzu lange aufhalten muss.

Deshalb füllen wir die Formulare so musterhaft aus, wie es sich der Finanzminister in der amtlichen Anleitung für Familie Huber vorstellt.

Die Eheleute Huber wollen für 2015 eine Steuererstattung erreichen. Sie stellen deshalb einen Antrag auf Einkommensteuerveranlagung. Herr Huber kreuzt zunächst einmal das Kästchen auf Seite 1 ganz oben links an. Da für das Jahr 2014 ebenfalls eine Antragsveranlagung durchgeführt wurde, trägt er außerdem die Steuernummer aus dem Einkommensteuerbescheid 2014 ein.

Herr Huber ist Kraftfahrzeugschlosser. Er heißt mit Vornamen Heribert, ist am 18.10.1958 geboren und wohnt mit seiner Ehefrau Hannelore in Köln. Sie haben am 12.1.1984 geheiratet. Frau Huber ist am 17.10.1963 geboren; sie arbeitet in der Nähe ihrer Wohnung halbtags in einer Exportfirma als Buchhalterin.

EINKOMMENSTEUERERKLÄRUNG
Hauptformular

2016

2015

1	X Einkommensteuererklärung	X **Antrag auf Festsetzung der Arbeitnehmer-Sparzulage**	Eingangsstempel
2	Erklärung zur Festsetzung der Kirchensteuer auf Kapitalerträge	Erklärung zur Feststellung des verbleibenden Verlustvortrags	

3	Steuernummer	123 / 4567 / 8901

4 An das Finanzamt

5 Bei Wohnsitzwechsel: bisheriges Finanzamt
KÖLN-OST

Allgemeine Angaben

6 Telefonische Rückfragen tagsüber unter Nr.

7 Steuerpflichtige Person (stpfl. Person), nur bei Zusammenveranlagung: Ehemann / Lebenspartner(in) A nach dem LPartG *)
Identifikationsnummer (IdNr.)
5 2345 678 901   *) Bitte Anleitung beachten.

8 Name   Geburtsdatum
HUBER   **18 10 1958**

9 Vorname
HERIBERT

Religionsschlüssel:
Evangelisch = EV
Römisch-Katholisch = RK
nicht kirchensteuerpflichtig = VD
Weitere siehe Anleitung

10 Titel, akademischer Grad

Religion **RK**

11 Straße (derzeitige Adresse)
REMSCHEIDER STR.
Hausnummer   Hausnummerzusatz   Adressergänzung

12 Postleitzahl   Wohnort
5   **A**

13 **51103   KÖLN**
Ausgeübter Beruf

14 **KFZ-SCHLOSSER**

15 Verheiratet / Lebenspartnerschaft begründet seit dem   Verwitwet seit dem   Geschieden / Lebenspartnerschaft aufgehoben seit dem   Dauernd getrennt lebend seit dem
12 01 1984

Nur bei Zusammenveranlagung: Ehefrau / Lebenspartner(in) B nach dem LPartG
IdNr.

16 **6 3456 789 012**

17 Name   Geburtsdatum
HUBER   **17 10 1963**

18 Vorname
HANNELORE

Religionsschlüssel:
Evangelisch = EV
Römisch-Katholisch = RK
nicht kirchensteuerpflichtig = VD
Weitere siehe Anleitung

19 Titel, akademischer Grad

Religion

20 Straße (falls von Zeile 11 abweichend)
Hausnummer   Hausnummerzusatz   Adressergänzung

21 Postleitzahl   Wohnort (falls von Zeile 13 abweichend)

22 Ausgeübter Beruf

23 **BUCHHALTERIN**

RK

Nur von Ehegatten / Lebenspartnern auszufüllen

24 Zusammenveranlagung   Einzelveranlagung von Ehegatten / Lebenspartnern   Wir haben Gütergemeinschaft vereinbart

Bankverbindung – Bitte stets angeben –

25 IBAN

26 BIC

27 Geldinstitut und Ort

28 X Kontoinhaber lt. Zeile 8 und 9   lt. Zeile 17 und 18   oder :   Name (im Fall der Abtretung bitte amtlichen Abtretungsvordruck einreichen)

»Bei mir liegen die Verhältnisse aber ganz anders«, sagen Sie.
Dann lassen Sie mich erklären und zugleich zeigen, was an Vorteilen zu ergattern ist.

Zeile 8 und 17 Geburtsdatum   83

Das Geburtsdatum hat für folgende Punkte Bedeutung:

a) Ab dem Jahr, in dem Sie 65 werden, wird automatisch ein Altersentlastungsbetrag berücksichtigt. Wer bereits im Jahr 2005 oder früher seinen 65. Geburtstag gefeiert hat (Jahrgänge 1940 und früher), erhält einen Freibetrag in Höhe von max. 1.900 €. Er berechnet sich wie folgt: **40 % des Arbeitslohns und der positiven Summe der übrigen Einkünfte – allerdings ohne Versorgungsbezüge und Renten.**
Ab dem Jahr 2005 fällt der Freibetrag von Jahr zu Jahr geringer aus. Wer im Jahr 2015 65 Jahre wird (Jahrgang 1950), erhält einen Freibetrag von 24 %, max. 1.140 €. Sie müssen allerdings nicht fürchten, dass Sie von Jahr zu Jahr einen geringeren Freibetrag erhalten. Ihr einmal errechneter Altersentlastungsbetrag bleibt Ihnen für die Zukunft erhalten. Die Absenkung von Prozentsatz und Höchstbetrag gilt stets für spätere Jahrgänge (§ 24a EStG, Schema ➤ Rz 47 und ➤ Rz 84).

b) Wenn Sie über 55 Jahre sind, steht Ihnen unter Umständen ein Freibetrag von 45.000 € für Gewinne aus dem Verkauf oder der Aufgabe eines Betriebs zu (Quelle: § 16 Abs. 4 EStG).

TIPP   84
Wie Sie mit Ihrer besseren Hälfte Steuern sparen!

Halten Sie es traditionell? Der Mann sorgt für das Geld, die Frau für den Haushalt? Dann geht Ihnen vielleicht schon seit längerem ein zweiter Altersentlastungsbetrag durch die Lappen. Überträgt der Mann einen Teil von seinem Hab und Gut auf die Frau, so dass sie Einkünfte von 4.750 € hat, bekommt sie ebenfalls den vollen Altersentlastungsbetrag.

Berechnung des Höchstbetrags des Altersentlastungsbetrags:

- Geburtsjahrgang 1940 oder früher: Einkünfte 4.750 € × 40 % = 1.900 €
- Geburtsjahrgang 1941: Einkünfte 4.750 € × 38,4 % = 1.824 €
- Geburtsjahrgang 1942: Einkünfte 4.750 € × 36,8 % = 1.748 €
- Geburtsjahrgang 1943: Einkünfte 4.750 € × 35,2 % = 1.672 €
- Geburtsjahrgang 1944: Einkünfte 4.750 € × 33,6 % = 1.596 €
- Geburtsjahrgang 1945: Einkünfte 4.750 € × 32,0 % = 1.520 €

- Geburtsjahrgang 1946: Einkünfte 4.750 € × 30,4 % = 1.444 €
- Geburtsjahrgang 1947: Einkünfte 4.750 € × 28,8 % = 1.368 €
- Geburtsjahrgang 1948: Einkünfte 4.750 € × 27,2 % = 1.292 €
- Geburtsjahrgang 1949: Einkünfte 4.750 € × 25,6 % = 1.216 €
- Geburtsjahrgang 1950: Einkünfte 4.750 € × 24,0 % = 1.140 €

In Frage kommt z. B. eine vermietete Eigentumswohnung oder was sonst noch Geld bringt, das Sie bisher versteuern mussten. Also nicht nur die Übertragung auf Kinder kann lukrativ sein, auch den eigenen Ehepartner sollte man dafür einspannen.

85 Zeile 11–13 Anschrift

An die hier angegebene Anschrift geht der Bescheid des Finanzamts. Haben Sie zwei Anschriften, unter denen Sie amtlich gemeldet sind, überlegen Sie genau, welche Sie hier angeben, denn sie ist maßgebend für die Entfernungsangabe für Fahrten zwischen Wohnung und erster Tätigkeitsstätte in > Zeile 31–39 der Anlage N (➤ Rz 687 ff.).

86 Zeile 11 und 20 Religion

Zusätzlich zu den bekannten Kürzeln »EV« (evangelisch), »RK« (römisch-katholisch) oder »VD« (nicht kirchensteuerpflichtig) gibt es noch folgende Abkürzungen für Religionsgemeinschaften:

Religion	Schlüssel	Religion	Schlüssel
altkatholisch	AK	israelitische Kultussteuer Land Hessen	IL
freie Religionsgemeinschaft Alzey	FA	israelitische Kultussteuer Frankfurt	IS
freireligiös-badisch	FB	jüdische Kultussteuer (RP)	IS
freireligiös-PFALZ	FG	israelitisch-württembergisch	IW
freireligiös-MAINZ	FM	jüdische Kultussteuer (NRW)	JD
freireligiöse Gemeinde Offenbach/M.	FS	jüdische Kultussteuer (Hamburg)	JH
israelitisch-badisch	IB		

Kirchensteuerpflicht

Sind Sie Mitglied in einer Religionsgemeinschaft, welche eine Körperschaft des öffentlichen Rechts ist, sind Sie automatisch kirchensteuerpflichtig (Art. 140 GG). Die Kirchensteuerpflicht endet durch Tod, Kirchenaustritt oder Aufgabe des Wohnsitzes im Inland, und zwar mit Ablauf des Monats, in den dieses Ereignis fällt. Der Hauptteil der Kirchensteuer stammt aus einem Zuschlag zur Einkommensteuer und Lohnsteuer in Form eines festen Prozentsatzes, erhoben von den Finanzbehörden. Deshalb wirkt sich jeder Steuerspartipp auch auf die Kirchensteuer aus.

Kirchenaustritt   87

Nach Austritt aus der Religionsgemeinschaft sind Sie von der Kirchensteuer befreit. Sind Sie in 2015 ausgetreten, weisen Sie durch entsprechende Angaben darauf hin, z.B. »ev. bis 31.3.2015«, und fügen als Nachweis eine Kopie der Austrittsbescheinigung bei. Die Befreiung von der Kirchensteuer wird mit Beginn des Folgemonats – im obigen Beispiel also ab April – wirksam.

Spende statt Kirchensteuer?

Wer aus der Kirche ausgetreten ist und seiner Kirchengemeinde Geld zuwenden möchte, kann dies mit steuerlicher Wirkung tun: in Form einer Spende (➤ Rz 161).

Aufgepasst:

1. Kirchensteuer und Kirchgeld sind Sonderausgaben. Vergessen Sie nicht, die entsprechenden Beträge in > Zeile 42 des Hauptformulars anzusetzen (➤ Rz 130).

2. Zum ärgerlichen Kirchgeld im Einzelnen siehe ➤ Rz 657.

3. Zur Berechnung der Kirchensteuer bei glaubensverschiedener Ehe siehe ➤ Rz 656.

4. Zur Lohnkirchensteuer siehe ➤ Rz 655 ff.

Zeile 14 und 23 Ausgeübter Beruf   88

Die Angabe des Berufs soll dem Bearbeiter beim Finanzamt helfen, die von Ihnen gemachten Angaben daraufhin zu prüfen, ob sie schlüssig sind. Dies gilt natürlich insbesondere für die geltend gemachten Aufwendungen wie z.B. Werbungskosten.

89 Zeile 15 Familienstand

Angaben zum Familienstand machen nur Verheiratete, Verwitwete oder Geschiedene. Als besonders heikel gilt die Frage »Dauernd getrennt lebend seit …« Die Angaben in dieser Zeile sind entscheidend dafür, ob die Voraussetzungen für eine Zusammenveranlagung und damit für den günstigen Splittingtarif gegeben sind. Wer

- im Veranlagungsjahr verheiratet war,
- zu dieser Zeit nicht dauernd getrennt gelebt hat und
- in > Zeile 24 die Zusammenveranlagung wählt,

dem ist der günstige Splittingtarif sicher. Die > Zeile 15 und die > Zeile 24 sind also im Zusammenhang zu sehen.

	Verheiratet / Lebenspartnerschaft begründet seit dem	Verwitwet seit dem	Geschieden / Lebenspartnerschaft aufgehoben seit dem	Dauernd getrennt lebend seit dem
15	1 2 0 1 1 9 8 4			

	Nur bei Zusammenveranlagung: Ehefrau / Lebenspartner(in) B nach dem LPartG
16	IdNr. 6 3 4 5 6 7 8 9 0 1 2
17	Name HUBER — Geburtsdatum 1 7 1 0 1 9 6 3
18	Vorname HANNELORE
19	Titel, akademischer Grad — Religionsschlüssel: Evangelisch = EV Römisch-Katholisch = RK nicht kirchensteuerpflichtig = VD Weitere siehe Anleitung
20	Straße (falls von Zeile 11 abweichend) — Religion R K
21	Hausnummer Hausnummernzusatz Adressergänzung
22	Postleitzahl Wohnort (falls von Zeile 13 abweichend)
23	Ausgeübter Beruf BUCHHALTERIN

	Nur von Ehegatten / Lebenspartnern auszufüllen		
24	X Zusammenveranlagung	Einzelveranlagung von Ehegatten / Lebenspartnern	Wir haben Gütergemeinschaft vereinbart

Verwitwet seit dem …
Bei verwitweten Personen wird auch im Jahr nach dem Tod des Ehegatten der günstige Splittingtarif angewendet (Witwensplitting). Die amtliche Begründung dazu lautet: Der Tod des Ehegatten ist ohnehin so schmerzlich, dass zusätzlich der Verlust des Splittingtarifs nicht zugemutet werden kann.

Prüfen Sie aber nach, ob der günstige Steuertarif tatsächlich berücksichtigt wurde, denn möglicherweise hat der Bearbeiter bei der Computereingabe statt einer 2 (für Splittingtarif) eine 1 (für Grundtarif) eingetippt.

Dauernd getrennt lebend seit dem …
Diese Frage gilt als besonders heikel, denn: Wer im Veranlagungsjahr zwar verheiratet war, aber bereits zu Beginn des Jahres dauernd getrennt

90

gelebt hat, kann die Zusammenveranlagung und damit den günstigen Splittingtarif vergessen. Eine rein räumliche Trennung der Ehepartner (z.B. durch längeren Aufenthalt im Ausland oder gar im Gefängnis) spielt aber keine Rolle, sofern die »Lebensgemeinschaft«, wie das Gesetz sich ausdrückt, aufrechterhalten bleibt.

Mit nur einem Tag den Splittingtarif retten

Hat Ihr Ex-Partner erst am 2.1.2015 die gemeinsame Wohnung verlassen und sich von Ihnen dauerhaft getrennt, ist der Splittingtarif für 2015 noch gesichert. Dann tragen Sie ein:

	Verheiratet / Lebenspartnerschaft begründet seit dem	Verwitwet seit dem	Geschieden / Lebenspartnerschaft aufgehoben seit dem	Dauernd getrennt lebend seit dem
15				0 2 0 1 2 0 1 5

TIPP — Als eingetragene Lebenspartner vom Splittingtarif profitieren

90

Auch eingetragene Lebenspartner haben Anspruch auf das Ehegattensplitting! So entschied das Bundesverfassungsgericht am 7.5.2013, und die Umsetzung per Gesetz folgte auf dem Fuß. Die Neuregelung gilt für alle noch offenen Fälle, also auch rückwirkend!

Übrigens: Eingetragene Lebenspartner können auch bereits beim monatlichen Lohnsteuerabzug von der neuen Rechtslage profitieren.

Stellen Sie einen Antrag auf Steuerklasse III und V, sofern sich das bei Ihnen anbietet, und kassieren Sie so jeden Monat mehr netto von brutto, statt über ein Jahr auf die Steuererstattung zu warten. Mehr dazu unter ➤ Rz 523 ff.

Übrigens: Kennen Sie den Unterschied zwischen Grundtabelle und Splittingtabelle?

Alleinstehende versteuern ihr Einkommen nach der Grundtabelle. Bei Verheirateten gilt die Splittingtabelle. Dafür werden gedanklich die Einkommen der Ehegatten zusammengerechnet, sodann durch zwei geteilt (gesplittet) und jede Hälfte nach der Grundtabelle versteuert. Die Steuerbeträge werden wiederum addiert und in einem Steuerbescheid zusammengefasst. Um die doppelte Rechnerei zu vermeiden, gibt es die Splittingtabelle. Die Folge des Splittens: Die Steuerprogression schlägt nur halb so brutal zu. Sie steigt pro 5.000 € Einkommen um ca. 1,5 %, beim Grundtarif dagegen um ca. 3 %.

91   **Frage: Lohnt sich Heiraten wegen der Steuer?**

Antwort: Ein steuerlicher Vorteil ist nur dann zu erwarten, wenn die Einkünfte beider Partner unterschiedlich hoch sind.
Beziehen beide ein etwa gleich hohes Einkommen, ist der Steuervorteil gleich null. Hat einer kein Einkommen, beträgt der Splittingvorteil im Höchstfall 8.262 €.
Berechnung:

Zu versteuerndes Einkommen	110.000 €
Steuer nach Grundtabelle	37.938 €
Steuer nach Splittingtabelle	29.676 €
Steuervorteil	8.262 €

Verheiratete erhalten den Splittingtarif auch dann, wenn sie in > Zeile 24 kein Kästchen ankreuzen, weil sie ohne besonderen Antrag automatisch zusammen veranlagt werden.
Haben Sie das ganze Jahr über getrennt gelebt oder sind schon geschieden, ist der Anspruch auf den Splittingtarif vertan.

92   Bei der Einzelveranlagung von Ehegatten – die extra beantragt werden muss – zahlt hingegen jeder Ehegatte für sich Steuern nach der Grundtabelle. Sehen Sie hierzu auch ➤ Rz 96 und ➤ Rz 101. Zum Tarif und zur Steuerprogression finden Sie mehr unter ➤ Rz 48 ff.

  Schieben Sie als Allein- oder Hauptverdiener Ihre Scheidung so lange es geht hinaus

93   … und profitieren Sie so weiter vom Splittingtarif. Sehen Sie selbst, was er Ihnen bringt:

Zu versteuerndes Einkommen z. B.	60.000 €
Einkommensteuer darauf nach Grundtarif 2015	16.938 €
Einkommensteuer darauf nach Splittingtarif 2015	11.072 €
Steuervorteil des Splittingtarifs – pro Jahr –	5.866 €

Im Klartext: Nach der Scheidung zahlen Sie monatlich rund 488 € mehr in die Staatskasse und dazu evtl. noch Unterhalt.

94   ## Zeile 24 Wahl der Veranlagungsform

Hier einen Überblick zu gewinnen ist nicht ganz einfach. Das Gesetz unterscheidet zunächst zwischen der Einzelveranlagung und der Ehegattenveranlagung.

Ehegatten, die im Veranlagungsjahr mindestens einen Tag im Inland zusammengelebt haben, können zwischen Zusammenveranlagung und Einzelveranlagung wählen.

Zusammenveranlagung (§ 26b EStG) 95

Die günstigste Veranlagungsform ist im Allgemeinen die Zusammenveranlagung. Der Splittingtarif wirkt sich besonders günstig aus, wenn die Einkommen der Ehegatten unterschiedlich hoch sind. Dabei gilt: Je höher der Einkommensunterschied, umso höher der Splittingvorteil. Hat nur einer der Ehegatten Einkünfte, kann der Splittingvorteil bis zu 8.262 € betragen.

Einzelveranlagung von Ehegatten (§ 26a EStG) 96

Wenn es in der Ehe kriselt, wählen viele Eheleute die Einzelveranlagung, weil so jeder einen eigenen Steuerbescheid erhält. Allerdings zahlt dann jeder die für ihn festgesetzte Steuer nach der ungünstigen Grundtabelle. Getrennte Steuerbescheide lassen sich aber auch auf andere Art und Weise erreichen (➤ Rz 102).

In Ausnahmefällen kann die Einzelveranlagung von Ehegatten trotzdem günstiger sein, z.B. wenn

- einer von Ihnen negative Einkünfte hat, also Verluste, und der andere positive Einkünfte, also Überschüsse. Bei Zusammenveranlagung würden die negativen und die positiven Einkünfte miteinander verrechnet und es ergäbe sich vielleicht ein Nulleinkommen, also kein Verlustrücktrag. Bei getrennter Veranlagung ist aber ein Verlustrücktrag möglich, was günstiger sein kann. Zum Verlustabzug ➤ Rz 272;
- einer von Ihnen beiden gewerbliche Einkünfte hat, für die es einen günstigeren Tarif gibt. Dieser ermäßigte Steuersatz kann bei Zusammenveranlagung verlorengehen;
- einer von Ihnen Arbeitnehmer ist mit Anspruch auf die Vorsorgepauschale. Wenn der andere hohe Vorsorgeaufwendungen hat, kann eine getrennte Veranlagung günstiger sein.

Ob für Sie die Einzelveranlagung besser ist, kann nur ein versierter Steuerfuchs ausbaldowern. »Ich gehe ins Finanzamt und lass mir ausrechnen, was günstiger ist«, sagen Sie. Gute Idee! …

TIPP **Retten Sie mit einem gemeinsamen Wohnsitz** 97
den Splittingtarif!

Leben Sie schon das ganze Jahr über getrennt, weil Sie sich scheiden lassen wollen? Dann ist der Splittingtarif für Sie vertan, obwohl Sie noch verheiratet sind. Also fackeln Sie nicht lange, klemmen Sie sich eine Flasche Wein oder einen Blumenstrauß unter den Arm und machen Sie gutes Wetter bei Ihrem Nochgatten. Sie haben – steuerlich betrachtet – alles erreicht, wenn Sie bei ihm Ihren Hauptwohnsitz anmelden dürfen. Dann haben Sie eine gemeinsame Anschrift, und alles ist klar. Runzelt der Fiskalritter die Stirn, antworten Sie:»Keine dreisten Unterstellungen, bitte! Lesen Sie doch mal in den Einkommensteuerhinweisen 26 unter ›Getrenntleben‹ nach. Darin steht, dass das Finanzamt den Angaben der Ehegatten zu folgen hat.« Oder Sie sagen ihm:»Wir sind wieder zusammengezogen, um unsere Ehe zu retten. Meldebescheinigung anbei.« Das reicht aus, um den Splittingtarif zu erhalten, auch wenn Sie nach kurzer Zeit (frühestens einem Monat) wieder ausgezogen sind, weil es erneut gekracht hat (FG Nürnberg, Urteil v. 7.3.2005 – VI 160/2004).

Und jetzt alle, die sich scheiden lassen wollen, mal aufgepasst. Die Masche mit der gemeinsamen Wohnung läuft unter dem Begriff **»Versöhnungsversuch«**. Eherechtlich unterbricht ein Versöhnungsversuch nicht die Jahresfrist, vor deren Ablauf im Normalfall eine Scheidung nicht möglich ist (§ 1567 Abs. 2 BGB). Wenn Sie also partout nach einem Jahr Trennung geschieden werden wollen, steht ein zwischenzeitlicher Versöhnungsversuch dem nicht entgegen.

98

Einen Tag verheiratet reicht für den Splittingtarif

Der Splittingtarif steht Ihnen bereits zu, wenn Sie nur einen Tag im Kalenderjahr verheiratet waren.

»Wenn ich also am 31. 12. heirate, erhalte ich für das abgelaufene Jahr noch den Splittingtarif«, staunen Sie.

Ja, sicher. Genauso, wenn Sie z.B. im Monat Mai geschieden werden, aber zu Anfang des Jahres noch nicht getrennt gelebt haben. Beachten Sie: Die Angaben im Scheidungsprozess zum Getrenntleben sind steuerlich nicht maßgebend (BFH-Urt. v. 12.6.1991 – BStBl 1991 II S. 806). Erklären Sie also dem Finanzamt, dass die wirkliche Trennung erst nach Jahresbeginn stattgefunden hat – sofern das zutrifft.

99

Am Versorgungsausgleich verdienen

Im Scheidungsverfahren führt das Familiengericht den Versorgungsausgleich durch, sofern die Eheleute im Güterstand der Zugewinngemeinschaft gelebt haben (➤ Rz 103). Dabei wird die Altersversorgung untereinander aufgeteilt – also das Konto bei der Rentenversicherung oder Versorgungskasse halbiert.

Wollen Sie Ihren Ruhegeldanspruch nicht gefährden, können Sie den Anspruch Ihres Ex-Partners in einem Schlag auszahlen.

»Woher nehmen, wenn nicht stehlen?«, fragen Sie.

Na, von der Bank, per Darlehen. Die Schuldzinsen setzen Sie als *vorweggenommene Werbungskosten* bei den sonstigen Einkünften an, da sie mit Ihren künftigen Rentenbezügen im Zusammenhang stehen. Sie tragen sie also in > Zeile 50 der Anlage R unter Werbungskosten ein, und schon sparen Sie Steuern (BFH-Urt. v. 5.5.1993 – BStBl. 1993 II S. 867). Mehr dazu unter ➤ Rz 962 f. Wie sich in Zusammenhang mit dem Versorgungsausgleich darüber hinaus Steuern sparen lassen, dazu mehr unter ➤ Rz 120 f.

Einzelveranlagung von Ehegatten bei Kurzarbeit oder Arbeitslosigkeit

100

Wenn einer der Ehepartner arbeitslos oder in Kurzarbeit ist, könnte die Einzelveranlagung günstiger sein. Das Kurzarbeiter- oder Arbeitslosengeld ist zwar steuerfrei, wird aber bei der Berechnung des Steuersatzes berücksichtigt, d. h., es wirkt sich steuererhöhend aus (Progressionsvorbehalt; § 32b EStG). Dazu wird der Anlage N in > Zeile 27 nach der Höhe des Kurzarbeiter- und in > Zeile 91 des Hauptformulars nach der Höhe des Arbeitslosengelds gefragt (➤ Rz 679 f.). Durch den Progressionsvorbehalt kann der Vorteil des Splittingtarifs verlorengehen, sich sogar ins Gegenteil kehren. Doch aufgepasst: Es kommt immer darauf an, wie die Einkünfte zwischen Ihnen und Ihrem Ehepartner verteilt sind.

Ist das Kurzarbeiter-/Arbeitslosengeld relativ hoch und sind die steuerpflichtigen Einkünfte des anderen Ehepartners eher bescheiden, ist meistens die Einzelveranlagung günstiger.

101

Antrag auf Einzelveranlagung abschmettern

Für das Jahr der Trennung können Eheleute grundsätzlich die Zusammenveranlagung wählen, weil sie zu Beginn des Jahres – und das ist entscheidend – noch nicht getrennt gelebt haben. Allerdings muss das Finanzamt einzeln veranlagen, wenn **einer** der Ehegatten dies beantragt.

Der einseitige Antrag auf Einzelveranlagung ist jedoch unwirksam, wenn der Ex-Partner keine eigenen Einkünfte hat oder diese so gering sind, dass keine Einkommensteuer anfällt. Das wäre dann unerlaubte Schikane. Aber auch wenn diese Voraussetzungen nicht vorliegen, kann die Wahl der Einzelveranlagung unbillig sein. Hier hilft dann am besten eine Klage vor dem Zivilgericht auf Zustimmung zur Zusammenveranlagung mit Androhung von Schadenersatz.

102 **TIPP** **Aufteilungsbescheid schafft klare Verhältnisse**

Der Vorteil der Zusammenveranlagung liegt ganz klar im günstigen Ehegattentarif. Der Nachteil: Es gibt nur **einen** Steuerbescheid.

Möchten Sie festhalten, wie viel Steuer auf welchen Ehegatten entfällt, müssen Sie nicht zwangsläufig die Einzelveranlagung wählen und damit den ungünstigen Grundtarif in Kauf nehmen.

Denn: Getrennte Steuerbescheide lassen sich auch auf andere Art und Weise erreichen: mit einem Aufteilungsantrag gem. § 279 AO. Über den Aufteilungsantrag entscheidet das Finanzamt durch einen schriftlichen Aufteilungsbescheid. Der Bescheid ist nach § 122 AO beiden Ehegatten bekanntzugeben. Sind die Voraussetzungen für eine Aufteilung erfüllt, besteht ein Rechtsanspruch auf Erteilung des Aufteilungsbescheids. Dessen Form und Inhalt sind in § 279 Abs. 2 AO geregelt. Dabei geht es im Wesentlichen um die Darstellung der Berechnungsgrundlagen für die Aufteilung. Dadurch wird den Beteiligten eine Überprüfung und ggf. die Anfechtung ermöglicht.

Winkt eine Erstattung, beantragen Sie, das Finanzamt möge diese anteilig vornehmen, unter Beachtung der von jedem Ehepartner geleisteten Vorauszahlungen und der einbehaltenen Lohn- und Kapitalertragsteuer (BFH-Urt. v. 19.10.1982 – BStBl 1983 II S. 162). Weil es in einer kriselnden Ehe vielfach auch wegen Geld zum Streit kommt, schafft ein Aufteilungsbescheid zumindest bei der Steuer klare Verhältnisse.

 Guter Rat

Ein Aufteilungsantrag ist auch bei intakter Ehe nützlich

Ein Aufteilungsantrag schützt vor Haftungsansprüchen des Fiskus, wenn dieser einen der Ehepartner nach vorangegangener Zusammenveranlagung als Haftungsschuldner für die Einkommensteuerschulden des pleitegegangenen anderen Ehepartners in Anspruch nehmen will.

Mit dem Aufteilungsantrag kann es sogar glücken, dass das Finanzamt einem Ehepartner Lohnsteuer erstattet, während es dem bankrotten Ehepartner noch mehr Steuern aufbrummt, ihn aber mangels Masse in Ruhe lässt. Quelle: § 261 AO (Niederschlagung von Steueransprüchen).

103 ## Zeile 24 Angaben zum Güterstand der Gütergemeinschaft

Sie mögen es glauben oder nicht, auch der eheliche Güterstand hat steuerliche Auswirkung. Kennen Sie sich mit den Güterständen aus? Nicht so gut? Dann hören Sie:

Es gibt den gesetzlichen Güterstand der Zugewinngemeinschaft und zwei Wahlgüterstände: die Gütergemeinschaft und die Gütertrennung. Wählen Sie keinen besonderen Güterstand, sind Sie automatisch in der Zugewinngemeinschaft. Sie entspricht während der Ehe der Gütertrennung, d.h., jeder bezieht seine Einkünfte und verwaltet sein Vermögen selbst. Nach Auflösung der Ehe – durch Tod oder Scheidung – wird der während der Ehe erwirtschaftete Zugewinn allerdings geteilt. Wenn überhaupt, dann wird meistens Gütertrennung vereinbart, was bedeutet, dass der spätere Zugewinn nicht geteilt zu werden braucht.

Steuerliche Auswirkung haben alle Güterstände bei der Erbschaftsteuer, bei der Einkommensteuer nur die Gütergemeinschaft. Dazu Folgendes:

In ganz seltenen Fällen wählen Heiratslustige die Gütergemeinschaft. Auf diesen Güterstand richtet sich das Interesse des Fiskus, weil hier Arbeitsverträge zwischen den Ehegatten steuerlich nicht zulässig sind.

»Wird das Finanzamt nachprüfen, ob ich mich hier vertue und einen anderen Güterstand ankreuze, als ich tatsächlich habe?«, fragen Sie.

Da hätte es aber viel zu tun! Nein, so pingelig sind die Finanzämter Gott sei Dank nicht. Obschon sie genau wissen, dass es viele Steuerzahler gibt, die nicht wissen, welchem Güterstand sie angehören. Sie aber sollten schon genau hinsehen, wo Sie Ihr Kreuzchen machen – oder es einfach weglassen.

 ## Mit modifizierter Zugewinngemeinschaft den Fiskus austricksen 104

Im Fall der Gütertrennung schlägt der Fiskus bei der Erbschaftsteuer erbarmungslos zu. Dagegen hilft die sog. modifizierte Zugewinngemeinschaft. Sie wählen dafür keinen besonderen Güterstand und landen damit automatisch in der Zugewinngemeinschaft, vereinbaren aber in einem Ehevertrag, dass im Fall einer Scheidung ein Zugewinnausgleich nicht stattfindet. Möglich ist auch, eine andere Ausgleichsquote als die Hälfte zu vereinbaren (Palandt zu § 1408 BGB).

Zeile 25–28 Bankverbindung 105

Erwarten Sie eine Steuererstattung, kommen Sie um die Angabe einer Bankverbindung nicht herum, denn die Finanzämter führen Steuererstattungen nur unbar aus. Hat sich Ihre Bankverbindung geändert, machen Sie sicherheitshalber einen dicken Vermerk!

| 24 | Zusammenveranlagung | Lebenspartnern | Wir haben Gütergemeinschaft vereinbart |

Bankverbindung – Bitte stets angeben –

25 IBAN **DE57440100460304509500**

26 BIC **PBNKDEFF440**   *Achtung! Neues Konto!*

27 Geldinstitut und Ort **POSTBANK DORTMUND**

28 Kontoinhaber X lt. Zeile 8 und 9   lt. Zeile 17 und 18   oder: Name (im Fall der Abtretung bitte amtlichen Abtretungsvordruck einreichen)

Gut zu wissen:

Bei einer inländischen Bankverbindung – IBAN beginnt mit DE – müssen Sie > Zeile 26 (BIC) nicht ausfüllen.

*Keine Familie kann das Schild
»Hier ist alles in Ordnung«
vor die Tür hängen.*
(Aus China)

Teilen Sie nie mit einem Kredithai!

106 Überlegen Sie gut, wenn Sie sich, vielleicht auf Anraten eines Lohnsteuerhilfevereins, den Erstattungsbetrag von einem Kredithai durch Abtretung an ihn vorfinanzieren lassen wollen (§ 46 AO). Das Finanzamt spielt mit, wenn Sie den dafür vorgesehenen Abtretungsvordruck beifügen. Der einbehaltene Abschlag für Zinsen und Gebühren beträgt aber mindestens 10 % der Steuererstattung.

107 ## Zeile 31–35 Empfangsvollmacht

Soll ein anderer als Sie den Steuerbescheid empfangen, erteilen Sie in > Zeile 31 – 35 eine entsprechende Empfangsvollmacht.

Die Eintragungen sind nicht zu verwechseln mit den Angaben zur > Zeile 110 »Mitwirkung bei Anfertigung der Steuererklärung«.

Dort können Sie eintragen, wer Ihnen geschäftsmäßig bei der Steuererklärung geholfen hat – für eventuelle Rückfragen des Finanzamts, die der Bearbeiter gern telefonisch erledigt. Nicht anzugeben brauchen Sie Angehörige (§ 6 StBerG) oder jemand anderen, der Ihnen aus Gefälligkeit oder bei Gelegenheit geholfen hat.

*Wo man Eigennutz und Konkurrenz unterdrückt,
versinkt die Gesellschaft in Lethargie.*
(Bernard de Mandeville)

4.4 Sonderausgaben – Zeile 36–56   108

Zeile 36-56 Übersicht   109

Steuern sind ein notwendiges Übel. Es lässt sich besser damit leben, wenn man seine Rechte gegenüber dem Staat wahrnimmt. Hier ist Gelegenheit dazu:

Zur Berechnung Ihres Einkommens können Sie eine Reihe privater Aufwendungen als Sonderausgaben geltend machen. Während nach § 12 EStG grundsätzlich private Ausgaben nicht abziehbar sind, sind davon die in §§ 10ff. EStG genannten Sonderausgaben ausgenommen. Sonderausgaben sind also, wie der Name schon sagt, besondere private – steuerlich absetzbare – Ausgaben. Und davon gibt es eine ganze Reihe.

Bei den Sonderausgaben wird unterschieden zwischen

1. Vorsorgeaufwendungen und

2. übrige Sonderausgaben.

Zu den **Vorsorgeaufwendungen** zählen z.B. die Sozialversicherungsabgaben, Unfall-, Haftpflicht- und Lebensversicherungsbeiträge. Sie sind in die Anlage »Vorsorgeaufwand« einzutragen.

Auf Seite 2 des Mantelbogens zur Einkommensteuererklärung wird nur nach den **übrigen Sonderausgaben** gefragt, als da wären …

Art der Sonderausgaben	§ 10 Abs. 1 Rz	Absetzbar	
● Renten	Nr. 1a	➤ Rz 110	Ertragsanteil
● Dauernde Lasten	Nr. 1a	➤ Rz 110	in voller Höhe
● Ausgleichszahlungen (Versorgungsausgleich)	Nr. 1b	➤ Rz 120	in voller Höhe
● Unterhaltsleistungen	Nr. 1	➤ Rz 121	bis 13.805 €
● Kirchensteuer	Nr. 4	➤ Rz 130	in voller Höhe
● Kosten der eigenen Berufsausbildung	Nr. 7	➤ Rz 134	bis 6.000 €
● Spenden und Mitgliedsbeiträge	§ 10b	➤ Rz 150	unterschiedlich

Kinderbetreuungskosten zählen zwar ebenso zu den Sonderausgaben, sind jedoch in der **Anlage Kind** einzutragen (vgl. dazu ➤ Rz 490ff.).

110 Zeile 36–37 Renten und dauernde Lasten

Zum Begriff »dauernde Lasten« fällt Ihnen sicher so manches ein. Die alljährliche Erstellung der Steuererklärung beispielsweise gehört für die meisten wahrscheinlich dazu. Gemeint ist hier aber Folgendes:

111 Im Zusammenhang mit der Übertragung von Vermögen – meist von Eltern auf die Kinder – wird oftmals die Zahlung wiederkehrender Leistungen vereinbart. Diese wiederkehrenden Leistungen sind bei den Kindern als Sonderausgaben abziehbar. Im Gegenzug müssen die Eltern die Einnahmen versteuern. Dieses Modell ist dann sinnvoll, wenn die Kinder ein hohes Einkommen versteuern und die Eltern kaum Steuern zahlen.

112 **Die > Zeilen 36–37 sind jedoch fast nur noch für diejenigen von Interesse, bei denen die Übertragung bis Ende 2007 über die Bühne gegangen ist. Seit 2008 können solche Versorgungsleistungen nämlich nur noch dann als Sonderausgabe abgezogen werden, wenn Betriebsvermögen übertragen wurde,** insbesondere ein

- Mitunternehmeranteil an einer Personengesellschaft,
- ein Betrieb oder Teilbetrieb,
- ein GmbH-Anteil von mindestens 50 %.

Die Versorgungsleistungen sind in diesen Fällen in voller Höhe abziehbar.

113 **Gut zu wissen: Altfälle weiterhin begünstigt!**
Wem bis Ende 2007 ein Mietwohnhaus oder eine selbstgenutzte Immobilie gegen Versorgungsleistungen übertragen wurde, der kann weiterhin seine Rentenzahlungen oder dauernden Lasten in > Zeile 36 bzw. 37 des Hauptformulars unterbringen.

114 **Renten** sind wiederkehrende Leistungen, die nicht abänderbar sind. **Dauernde Lasten** sind abänderbar, was im Vertrag durch den schlichten Hinweis auf § 323 ZPO dokumentiert wird. Nach § 323 ZPO ist es möglich, vom Vertrag abzuweichen und die vereinbarten wiederkehrenden Leistungen zu verändern, wenn sich die finanziellen Verhältnisse des Verpflichteten oder des Berechtigten gegenüber den Verhältnissen bei Vertragsabschluss geändert haben. So einfach ist das.
Nun zum Kern der Sache. Die Unterschiede in den steuerlichen Auswirkungen sind gewaltig: Renten kann der Verpflichtete nur mit ihrem sog. Ertragsanteil (➤ Rz 955) als Sonderausgaben abziehen, dauernde Lasten hingegen in voller Höhe. Im Gegenzug muss der Berechtigte Renten nur

mit dem Ertragsanteil versteuern, dauernde Lasten indessen in voller Höhe (§ 10 Abs. 1 Nr. 1a EStG, Anlage SO).

Pflegekosten als dauernde Last   115

Wenn Grundbesitz im Alter zur Last und deshalb vorzeitig übertragen wird, verpflichten sich Kinder als Erben oftmals, ihre Eltern zu pflegen. Die Aufwendungen dafür sind als dauernde Last und damit in vollem Umfang absetzbar (BFH-Urt. v. 24.4.1991 – BStBl 1991 II S. 794).

Werden die Eltern verpflegt, können dafür die amtlichen Sachbezugswerte als dauernde Last angesetzt werden (2011: 217 € pro Person und Monat). Die Übernahme sonstiger Aufwendungen wie z. B. für Heizung und Strom sind zusätzlich absetzbar (BFH-Urt. v. 27.8.1996 – BStBl. 1997 II S. 47). Zu Sachbezügen mehr unter ➤ Rz 633 ff.

Wenn vereinbart wurde, dass die Renovierungskosten für das übertragene Eigenheim zu übernehmen sind, können auch diese als dauernde Lasten angesetzt werden!

Was passiert bei Verkauf oder Weitergabe des übertragenen Vermögens?

Vor Jahren haben Sie ein Mietwohngrundstück oder Wertpapiervermögen gegen Versorgungsleistungen erhalten und wollen dieses Vermögen nun weitergeben oder verkaufen. In diesem Fall stellt sich die Frage, ob die nach wie vor von Ihnen zu leistenden Versorgungszahlungen weiterhin als Sonderausgabe abzugsfähig sind.   116

»Grundsätzlich« soll der Sonderausgabenabzug mit einer Umschichtung des Vermögens (Weitergabe oder Verkauf) entfallen, so die Finanzbürokraten (Schreiben des Bundesfinanzministeriums v. 16.9.2004, BStBl 2004 I S. 922). Allerdings ahnen Sie schon, keine Regel ohne Ausnahme. Der Sonderausgabenabzug bleibt nämlich dann erhalten, wenn

- das übernommene Vermögen im Wege der vorweggenommenen Erbfolge von Ihnen weiterübertragen wird,
- nur Teile des übernommenen Vermögens auf Dritte übertragen werden und die Versorgungsleistungen nach wie vor aus den Erträgen des verbleibenden Vermögens aufgebracht werden können oder
- die Versorgungsleistungen aus dem Verkaufserlös weiterhin gedeckt werden können (z. B. durch entsprechende Anlage des Geldes oder Investition in ein Mietwohngrundstück).

Gut zu wissen:
Dass nach einer Umschichtung die Versorgungsleistungen weiterhin aufgebracht werden können, davon kann ausgegangen werden, wenn die durchschnittlichen Erträge im Jahr der Umschichtung und den beiden Folgejahren dafür ausreichen.

117 ♦ *Musterfall Huckenbeck (Dauernde Lasten als Sonderausgaben)*
Vater Huckenbeck hat seinem Sohn Hans im Jahr 2006 im Rahmen der
vorweggenommenen Erbfolge ein Mietwohngrundstück gegen lebenslang
zu erbringende wiederkehrende Leistungen in Höhe von monatlich 1.000 €
übertragen. Er selbst hatte das Haus 1995 gekauft. Sohn Hans kann die
12.000 € jährlich durch die Mieteinnahmen decken. Im Oktober 2014 ver-
äußert Hans dieses Mietwohngrundstück für 400.000 €. Den Veräußerungs-
erlös verwendet er im November 2015 vollständig zur Anschaffung eines
Grundstücks mit neuerrichtetem Vierfamilienhaus. Die durchschnittlichen
jährlichen Nettoerträge aus der Vermietung des Hauses belaufen sich auf
24.000 €.
Die wiederkehrenden Leistungen von monatlich 1.000 € sind auch nach
der Veräußerung des Mietwohngrundstücks bei Hans als Sonderausgaben
abziehbar, da er mit dem Verkaufserlös zeitnah eine existenzsichernde und
ausreichend ertragbringende Wirtschaftseinheit, auf gut Deutsch das Vier-
familienhaus erworben hat.

Steuererklärung Sohn Hans Huckenbeck – Sonderausgaben

	Sonderausgaben				52
	Gezahlte Versorgungsleistungen		abziehbar	tatsächlich gezahlt EUR	
	Rechtsgrund, Datum des Vertrags				
36	Renten	102 %	101		,—
37	Dauernde Lasten	Rechtsgrund, Datum des Vertrags			
		GrSt Übertragung, Vertrag vom 22/12 2006		100	**1 2 0 0 0.–**

Vater Huckenbeck muss die wiederkehrenden Leistungen weiterhin als
sonstige Einkünfte versteuern (Anlage SO, > Zeile 4).

Steuererklärung Vater Heinz Huckenbeck – Sonstige Einkünfte

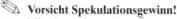

	Name / Gemeinschaft		
1	HUCKENBECK	**Anlage SO**	
2	Vorname HEINZ	X zur Einkommensteuererklärung	
3	Steuernummer	zur Feststellungserklärung	

Sonstige Einkünfte (ohne Renten und ohne Leistungen aus Altersvorsorgeverträgen) | 55 |

	Wiederkehrende Bezüge	stpfl. Person / Ehemann / Gemeinschaft EUR		Ehefrau EUR	
4	Einnahmen aus Versorgungslstg Grst Übertragung	158 . 1 2.0 0 0.–	159	.	. ,—

✎ **Vorsicht Spekulationsgewinn!**
118 Mit einem formellen Übertragsvertrag haben Sie noch vor 2008 Ihr Elternhaus übernommen und zahlen Ihrer Mutter, die ihren Lebensabend

auf Mallorca verbringt, bis an ihr Lebensende monatlich 1.000 €. Darüber hinaus haben Sie ihr eine einmalige Abstandszahlung von 20.000 € zukommen lassen, denn sie wollte für den Notfall etwas Geld auf der hohen Kante haben. Dazu sollten Sie wissen: Die Zahlung von Gleichstellungsgeldern, Abstandszahlungen oder eine Schuldübernahme gilt als Kaufpreis (teilentgeltliche Veräußerung). Daher kann es bei einer Weiterveräußerung durch Sie zu Spekulationsgewinnen kommen. Mehr dazu unter ➤ Rz 988.

119

TIPP ## Alles rückwärts, marsch, marsch!

Geht es in letzter Zeit mit Ihren Einkünften rapide bergab? Dann wirken sich die Versorgungsleistungen bei Ihnen nicht mehr steuermindernd aus, während Ihre Eltern sie aber weiterhin versteuern müssen.

Was tun? Anstatt die Motten zu kriegen und alles einfach weiterlaufen zu lassen, machen Sie einen rasanten Schlenker, indem Sie das von Ihren Eltern erhaltene existenzsichernde Vermögen verkaufen und den Erlös anderweitig anlegen. Sie schichten also nur um, Ihre Vermögenslage ändert sich dadurch nicht.

Eine derartige Umschichtung hat der Bundesfinanzhof in seinen Urteilen vom 17.6.1998 (X R 104/94 und X R 129/96) und der Bundesfinanzminister in seinem Schreiben vom 26.8.2002 (BStBl I 2002 S. 893, Tz 20 und 21) als schädlich für die Abziehbarkeit von dauernden Lasten angesehen. Allgemeiner Tenor: Die Abziehbarkeit von Versorgungsleistungen endet, wenn das übergebene existenzsichernde Vermögen durch Veräußerung und den Neuerwerb von anderem Vermögen umgeschichtet wird. Was vom Fiskus als Bestrafung gedacht ist, kommt Ihnen gut zupass. Und Ihren Eltern ebenfalls, denn sie brauchen keine Versorgungsleistungen mehr zu versteuern.

Wann eine Vermögensumschichtung für den Sonderausgabenabzug unschädlich ist, dazu mehr unter ➤ Rz 116.

Zeile 38–39 Ausgleichszahlungen im Rahmen des schuldrechtlichen Versorgungsausgleichs

120

Im Zuge der Scheidung kommt es regelmäßig zur Durchführung eines Versorgungsausgleichs. Auszugleichen sind Renten- und Versorgungsanrechte der Ehegatten aller Art, insbesondere Anrechte aus der gesetzlichen Rentenversicherung, der berufsständischen Versorgung, der betrieblichen Altersversorgung und aus privaten Rentenversicherungsverträgen.

Hälftig geteilt werden nur die in der Ehezeit erworbenen Ansprüche.
Solche Ausgleichszahlungen können ggf. als Sonderausgaben abgezogen
werden, vor allem in folgenden Fällen:

- Die Ehe wurde vor Einführung des Versorgungsausgleichsgesetzes zum
1.9.2009 geschieden,
- eine eingetragene Lebenspartnerschaft wurde vor dem 1.9.2009 aufgelöst,
- die Scheidung bzw. die Auflösung der eingetragenen Lebenspartnerschaft erfolgte zwar nach dem 1.9.2009, da aber die Altersbezüge (Pension, Rente, betriebl. Altersversorgung)

bereits gezahlt wurden, war eine interne oder externe Teilung der Versorgungsansprüche nicht mehr möglich.
Tragen Sie die Höhe der tatsächlich geleisteten Zahlungen in > Zeile 38
ein. Das Finanzamt berücksichtigt den abzugsfähigen Betrag.

| 39 | Ausgleichsleistungen zur Vermeidung des Versorgungsausgleichs lt. Anlage U | 131 | ,— |

Machen Sie erstmals entsprechende Sonderausgaben geltend, fügen Sie
bitte eine Kopie des Vertrags/der Versorgungsvereinbarung bei.

Seit 2015 sind Zahlungen zur Vermeidung des Versorgungsausgleichs –
vergleichbar dem schuldrechtlichen Versorgungsausgleich – beim Zahlungsverpflichteten als Sonderausgaben absetzbar, während der Ausgleichsberechtigte die Einnahmen als sonstige Einkünfte versteuern
muss.

Sonstige Einkünfte (ohne Renten und ohne Leistungen aus Altersvorsorgeverträgen)

		stpfl. Person / Ehemann / Lebenspartner(in) A / Gemeinschaft EUR	Ehefrau / Lebenspartner(in) B EUR	55
Wiederkehrende Bezüge				
4	Einnahmen aus	158	— 159	, —
Ausgleichsleistungen zur Vermeidung des Versorgungsausgleichs		EUR	EUR	
5	soweit sie vom Geber als Sonderausgaben abgezogen werden	144	— 145	—
Unterhaltsleistungen		EUR	EUR	
6	soweit sie vom Geber als Sonderausgaben abgezogen werden	146	— 147	,
Werbungskosten		EUR	EUR	
7	zu den Zeilen 4 bis 6	160	— 161	,
Leistungen				

104

Anlage U

Finanzamt

für Unterhaltsleistungen und Ausgleichsleistungen
zur Vermeidung des Versorgungsausgleichs an den
geschiedenen Ehegatten / Lebenspartner einer
aufgehobenen Lebenspartnerschaft oder dauernd
getrennt lebenden Ehegatten / Lebenspartner

Steuernummer

Identifikationsnummer

zum Lohnsteuer-Ermäßigungsantrag

Bitte beachten Sie die Erläuterungen
auf der letzten Seite.

zur Einkommensteuererklärung
zum Antrag auf Anpassung der
Einkommensteuer-Vorauszahlungen **20**

**A. Antrag auf Abzug von Unterhaltsleistungen und Ausgleichsleistungen
zur Vermeidung des Versorgungsausgleichs als Sonderausgaben**

Antragsteller

Name, Vorname | Geburtsdatum

Anschrift

Ich beantrage, folgende Unterhaltsleistungen nach § 10 Abs. 1a Nr. 1 EStG und / oder Ausgleichsleistungen zur Vermeidung des Versorgungsausgleichs nach § 10 Abs. 1a Nr. 3 EStG an meinen in Abschnitt B genannten geschiedenen Ehegatten / Lebenspartner einer aufgehobenen Lebenspartnerschaft oder dauernd getrennt lebenden Ehegatten / Lebenspartner als Sonderausgaben abzuziehen.

Damit derjenige, der zur Zahlung im Rahmen eines Versorgungsausgleichs verpflichtet ist, seine »Ablösung« steuerlich unterbringen kann, sind ein Antrag (> Zeile 39) und eine Zustimmung des Ausgleichsberechtigten erforderlich (Anlage U).

| | | Rechtsgrund, Datum der erstmaligen Zahlung | | | |
| 38 | Ausgleichszahlungen im Rahmen des schuldrechtlichen Versorgungsausgleichs | | 121 | | ,— |

Für die Zustimmung auf der Anlage U gelten im Grundsatz dieselben Spielregeln wie für die steuerliche Berücksichtigung von Unterhaltsleistungen an geschiedene Ehegatten (das sog. Realsplitting). Ausführliche Informationen dazu unter ➤ Rz 121 ff.

So können beide genau festlegen, in welchem Umfang ein steuerlicher Abzug und damit korrespondierend die Besteuerung erfolgen sollen. Der Teil der Ausgleichszahlungen, der im Leistungsjahr nicht steuerlich geltend gemacht wird, kann in einem späteren Jahr nicht mehr abgesetzt werden.

Die Ausgleichsmöglichkeit besteht versorgungsrechtlich unabhängig davon, ob sie eine beamtenrechtliche, eine öffentlich-rechtliche, eine private, eine geförderte oder eine betriebliche Altersversorgung betrifft. Die Zahlungen sind einheitlich nur noch als Sonderausgaben absetzbar. Bisher konnten derartige Ausgleichszahlungen bei Beamten zur Vermeidung einer Kürzung ihrer Versorgungsbezüge als Werbungskosten abgezogen werden (z.B. BFH-Urt. v. 8.3.2006 – BStBl. 2006 II S. 446 und 448).

105

Zeile 40–41 Unterhaltsleistungen

121 Geht ein Großteil Ihres Einkommens in Form von Unterhalt an Ihren Ex-Partner, holen Sie sich einen Teil davon aus dem Staatssäckel zurück. Unterhaltsleistungen an Ihren Ex-Gatten sind bis zu **13.805 €** jährlich als Sonderausgaben **oder** bis zu **8.472 €** als außergewöhnliche Belastungen absetzbar. Der Sonderausgabenabzug ist hier in > Zeile 40, der Abzug als außergewöhnliche Belastungen in der Anlage Unterhalt geltend zu machen.

	Unterhaltsleistungen lt. Anlage U an den			
	– geschiedenen Ehegatten, Lebenspartner einer aufgehobenen Lebenspartnerschaft	lfd. der unterstützten Person		
40	– dauernd getrennt lebenden Ehegatten / Lebenspartner	117		116 ,—
41	In Zeile 40 enthaltene Beiträge (abzgl. Erstattungen und Zuschüsse) zur Basis-Kranken- und gesetzlichen Pflegeversicherung	EUR	118	Davon entfallen auf Krankenversicherungsbeiträge mit Anspruch auf Krankengeld 119

Schon während des Bestehens der Ehe sind Ehegatten gegenseitig zum Unterhalt verpflichtet, was steuerlich allerdings nicht von Belang ist, weil sie nach dem günstigen Splittingtarif besteuert werden. Voraussetzung für den Abzug von Unterhaltsleistungen ist deshalb, dass Sie bereits zu Beginn des Jahres geschieden waren oder dauernd getrennt gelebt haben und somit der Splittingtarif nicht in Betracht kommt.

Keine Frage, der Sonderausgabenabzug ist günstiger. Doch dafür benötigen Sie die Zustimmung Ihres Ex-Partners, dass er den Betrag, den Sie absetzen können, als sonstige Einkünfte versteuert (Anlage SO, > Zeile 5; mehr dazu unter ➤ Rz 984).

Da die Steuerersparnis beim Zahlenden meistens höher ist als die Steuerbelastung beim Empfänger, ist es üblich, dass der Zahlende sich im Gegenzug für diese Zustimmung bereit erklärt, dem Empfänger die auf die Unterhaltsleistungen entfallenden Steuerbeträge zu erstatten.

122 Die Zustimmung zum Sonderausgabenabzug ist auf dem Vordruck der Anlage U zu erteilen und bis auf Widerruf wirksam.

Die Anlage U ist der ersten Steuererklärung, die Sie ohne Ihren Ex-Partner abgeben, beizufügen. Notfalls kann sie vor Rechtskraft des Steuerbescheids nachgereicht werden.

Will Ihr Ex-Partner Ihnen ordentlich eins auswischen, indem er die Unterschrift auf der Anlage U verweigert, sollten Sie wissen:

Haben Sie sich grundsätzlich bereit erklärt, die finanziellen Nachteile auszugleichen, die ihm durch das Realsplitting entstehen, haben Sie einen Rechtsanspruch auf seine Zustimmung.

Notfalls können Sie ihn beim Familiengericht auf Zustimmung verklagen (Urt. des BGH v. 23.3.1983 – NJW 1983 S. 1545). Die Zustimmung können Sie unter Berufung auf § 894 ZPO erzwingen, wenn Sie in einem Prozess gegen Ihren Ex-Partner obsiegt haben. Sie gilt grundsätzlich dann als abgegeben, wenn die Verurteilung dazu rechtskräftig geworden ist (Urt. des BFH v. 25.10.1988 – BStBl 1989 II S. 192). Schneller geht es aber, ihn durch eine Klage auf Schadenersatz zur Räson zu bringen (OLG Köln, FamRZ 1983 S. 440).

Lassen Sie sich auch nicht verunsichern, wenn Ihr Ex-Partner Ihnen die Rücknahme der Zustimmung ankündigen sollte. Denn die Rücknahme kann immer nur das nächste Kalenderjahr betreffen.

Der Sonderausgabenabzug beim Unterhaltsverpflichteten und die Versteuerung beim Unterhaltsberechtigten wird als Realsplitting bezeichnet. Es nähert sich praktisch dem Splittingtarif, weil es die Unterschiede in der Steuerprogression der Beteiligten angleicht. **123**

Beiträge zur Basiskranken- und Pflegepflichtversicherung (>Zeile 41)

Ist Ihr geschiedener oder dauernd getrennt lebender Ehegatte in Ihrer Kranken- und Pflegeversicherung mit abgesichert, werden die von Ihnen geleisteten Beiträge als die Ihres Ex-Partners behandelt. Dem wird im Rahmen des Realsplittings nun dadurch Rechnung getragen, dass sich der Höchstbetrag von 13.805 € um denjenigen Betrag erhöht, den Sie für diese Absicherung aufgewandt haben. **124**

Letztlich ist es daher ohne Bedeutung, ob der Unterhaltsberechtigte oder -verpflichtete Versicherungsnehmer ist. Der Erhöhungsbetrag wirkt sich natürlich nur aus, wenn die Unterhaltsaufwendungen den Betrag von 13.805 € übersteigen.

Beispiel

Sie unterstützen Ihre Ex-Ehefrau mit monatlich 1.000 € (= 12.000 € im Jahr). Zusätzlich zahlen Sie als Versicherungsnehmer für die in Ihrer Kranken- und Pflegeversicherung mitversicherte Ex-Frau monatliche Beiträge in Höhe von 220 € (= 2.640 € jährlich).

Steuerliche Beurteilung Ihrer Leistungen	**2015**
Unterhaltsleistungen	12.000 €
Beiträge zur Kranken- und Pflegeversicherung	2.640 €
Als Sonderausgabe abzugsfähig	**14.640 €**
Steuerliche Auswirkungen bei der Ex-Frau	
Zu versteuern	14.640 €
Als Sonderausgaben abziehbar	2.640 €

125 ◆ *Musterfall Backs*
(Unterhaltsleistungen an geschiedenen Ehegatten)
Herr Backs war bereits einmal verheiratet und hat jedes Jahr an seine Verflossene 6.000 € Unterhalt zu berappen. Nach langem Hin und Her hat er schließlich vor Gericht durchgesetzt, dass sie die Anlage U unterschreiben muss. Er kann daher seine Zahlungen als Sonderausgaben in > Zeile 40 eintragen.

40	Unterhaltsleistungen lt. Anlage U an den
	– geschiedenen Ehegatten, Lebenspartner einer
	  aufgehobenen Lebenspartnerschaft
	– dauernd getrennt lebenden Ehegatten /
	  Lebenspartner
		IdNr. the unterstützten Person
		117 **3 415 6 718 9 01 2 3**
			116	**6 0 0 0,—**

41	In Zeile 40 enthaltene Beiträge (abzgl. Erstattungen und Zuschüsse) zur Basis- Kranken- und gesetzlichen Pflegeversicherung 118	EUR ‚—	Davon entfallen auf Kranken- versicherungsbeiträge mit Anspruch auf Krankengeld 119	‚—

126 Was das Realsplitting bringt

Beispiel
Ihre »Erste Runde« kostet Sie monatlich:

Aufstockungsunterhalt an den Ex-Partner	500 €
Unterhalt für das Kind	340 €

Von Glück können Sie reden, dass Ihr Ex-Partner für 1.000 € brutto halbtags arbeitet, sonst wären Sie noch ärmer dran.

Den Aufstockungsunterhalt können Sie aufgrund der Unterschrift Ihres Ex-Gatten auf der Anlage U bei den Sonderausgaben absetzen. Ein Abzug alternativ als außergewöhnliche Belastung scheidet aus, weil die Einkünfte Ihres Ex-Partners auf den Höchstbetrag für außergewöhnliche Belastungen von 8.472 € angerechnet werden, so dass als Abzugsbetrag nichts mehr verbleibt (➤ Rz 416).

Für den Kindesunterhalt stehen Ihnen Kinderermäßigungen wie ggf. Kinder-, Betreuungsfreibetrag usw. zu (siehe ➤ Rz 430 ff.).

Steuervorteil bei Ihnen

Ihr zu verst. Einkommen beträgt bisher	30.000 €	
ESt darauf nach der Grundtabelle		5.536 €
./. Realsplitting (500 € × 12)	– 6.000 €	
Zu versteuerndes Einkommen neu	24.000 €	
ESt darauf nach der Grundtabelle		– 3.726 €
Steuervorteil bei Ihnen		1.810 €

Steuernachteil bei Ihrem Ex-Partner

zu verst. Einkommen Ihres Ex bisher	7.771 €	
ESt darauf nach der Grundtabelle		0 €

Realsplitting	6.000 €		
./. Werbungskostenpauschbetrag	– 102 €		
Sonstige Einkünfte	5.898 €	> 5.898 €	
Zu verst. Einkommen neu		13.669 €	
ESt darauf nach der Grundtabelle			997 €
Steuernachteil Ihres Ex-Partners			997 €

Gleichen Sie seinen Nachteil aus, bleiben Ihnen trotzdem (1.810 € – 997 € =) 813 € mehr in der Tasche.

Der Unterhaltsempfänger kann die Zustimmung auf einen festen Betrag **127** oder einen Teilbetrag der Zahlungen beschränken und so seine steuerliche Belastung in Grenzen halten. Zumal eine einmal erteilte Zustimmung auch dann gültig ist, wenn sich die Unterhaltsleistungen erhöhen. Sie kann zwar jederzeit widerrufen werden, aber nur mit Wirkung für das kommende Kalenderjahr.

Setzen Sie das Realsplitting auch durch! **128**

Wenn Ihr Ex-Partner seine Zustimmung zum Realsplitting davon abhängig machen sollte, an Ihrem Steuervorteil beteiligt zu werden, verweisen Sie auf das bereits oben zitierte BGH-Urt. vom 23.3.1983 (NJW 1983 S. 1545). Danach ist eine derartige Bedingung unzulässig.

Außerdem sollten Sie wissen: Lehnt Ihr Ex-Partner die Zustimmung zum Realsplitting ab, obwohl die Unterhaltsleistungen bei ihm keine Steuerbelastung auslösen, so macht er sich ggf. schadenersatzpflichtig, weil er die Verpflichtung auf Zustimmung schuldhaft verletzt – Schikaneverbot (entspr. Anwendung des BGH-Urt. v. 13.10.1976 – HFR 1977, 297). Das Finanzamt kann in so einem Fall sogar von sich aus von einer Zustimmung ausgehen, weil das bestehende Wahlrecht des Unterhaltsberechtigten praktisch ins Leere geht (BFH-Urt. v. 12.8.1977 – BStBl 1977 II S. 870). Auch wird das Finanzamt ohne weiteres einem Zivilgericht folgen, welches Ihren Ex zur Zustimmung verdonnert hat, und erst gar nicht auf Vorlage der Anlage U bestehen. Vorlage des Urteils genügt (BFH-Urt. v. 25.10.1988 – BStBl 1989 II S. 192).

129

 ## So sparen Sie beim Unterhalt doppelt Steuern

Sind Sie stolzer Eigentümer eines Mietshauses? Dann lassen Sie Ihren Ex-Partner nach Ihrer Scheidung doch da einziehen. Das gilt dann als Naturalunterhalt.

Vorteilsrechnung	ohne Wohnung	mit Wohnung
Unterhalt monatlich netto z. B.	900 €	900 €
./. Nutzungswert der Wohnung z. B.	– 0 €	– 500 €
Verbleiben	900 €	400 €
Steuerlast z. B. 30 % = monatlich	270 €	120 €
Unterschied = Steuerersparnis: jährlich	1.800 €	

Die Steuerersparnis ergibt sich dadurch, dass der Nutzungswert der Wohnung nicht besteuert werden darf (BFH-Urt. v. 17.3.1992 – BStBl 1992 II S. 1009). Also haben Sie nur den restlichen Barunterhalt aus versteuertem Einkommen aufzubringen. Bei Fremdvermietung müssten Sie 500 € monatlich (= 6.000 € jährlich) versteuern. Das ergibt bei einer Steuerbelastung von 30 % 1.800 € Steuern jährlich.

Aber Sie sollten gleich Nägel mit Köpfen machen und mit Ihrem Ex-Gatten einen Mietvertrag abschließen. Die Miete behalten Sie vom Barunterhalt ein. Nun haben Sie zwar steuerpflichtige Einnahmen aus Vermietung und Verpachtung, können aber im Gegenzug alle Hauskosten von A wie Abschreibung bis Z wie Zinsen als Werbungskosten absetzen und so vielleicht sogar einen Verlust herauswirtschaften, der Ihnen eine weitere Steuerersparnis beschert (so entschieden v. BFH im Urteil v. 16.1.1996 – BStBl. 2000 II S. 214). Auch wenn das Haus Ihnen gemeinsam gehört, klappt die Sache. In diesem Fall können Sie den Mietwert Ihres Miteigentumsanteils als Sonderausgabe absetzen. Übernehmen Sie auch verbrauchsunabhängige Kosten (wie z. B. Grundsteuer und Hausversicherungen) für Ihren Ex, zählen diese ebenfalls als Sonderausgaben (Quelle: BFH-Urteil v. 12.4.2000, BStBl 2002 II S. 130).

Gott gibt die Nüsse.
Aber er knackt sie nicht.
(Johann Wolfgang von Goethe)

 Zeile 42 Kirchensteuer

130 Anzusetzen sind: gezahlte Kirchensteuer einschließlich der Vorauszahlungen. Die Lohnkirchensteuer können Sie der Lohnsteuerbescheinigung entnehmen.

Beispiel
a) Vom Betrieb bescheinigte Kirchensteuer

		vom - bis	
1.	Dauer des Dienstverhältnisses	01.01.2015 - 31.12.2015	
2.	Zeiträume ohne Anspruch auf Arbeitslohn	Anzahl „U"	
	Großbuchstaben (S, F)		
		EUR	Ct
3.	Bruttoarbeitslohn einschl. Sachbezüge ohne 9. und 10.	39.373	00
4.	Einbehaltene Lohnsteuer von 3.	6.498	00
5.	Einbehaltener Solidaritätszuschlag von 3.	357	39
6.	Einbehaltene Kirchensteuer des Arbeitnehmers von 3.	584	82

b) So tragen Sie die Zahlen in die Anlage N ein:

	Einkünfte aus nichtselbständiger Arbeit					4
	Angaben zum Arbeitslohn	Lohnsteuerbescheinigung(en) Steuerklasse 1 – 5		Lohnsteuerbescheinigung(en) Steuerklasse 6 oder einer Urlaubskasse		
5		Steuerklasse 168 *1*				
		EUR	Ct	EUR	Ct	
6	Bruttoarbeitslohn 110	39373,—	111		,	
7	Lohnsteuer 140	6498,00	141		,	
8	Solidaritätszuschlag 150	357,39	151		,	
9	Kirchensteuer des Arbeitnehmers 142	584,82	143		,	
10	Nur bei konfessionsverschiedener Ehe: Kirchensteuer für den Ehegatten 144	,	145		,	

c) Eintragung im Hauptformular

Bei der Veranlagung 2014 hat das Finanzamt im Jahr 2015 48 € Kirchensteuer erstattet. Im Hauptformular machen Sie als Sonderausgaben geltend:

			EUR		EUR
42	Kirchensteuer (soweit diese nicht als Zuschlag zur Abgeltungsteuer einbehalten oder gezahlt wurde)	103	585,—	104	48,—

Beachten Sie:

Freiwillige Zahlungen an öffentlich-rechtliche Religionsgemeinschaften gehören nicht in > Zeile 42, sondern als Spende in > Zeile 45.

	Spenden und Mitgliedsbeiträge (ohne Beträge in den Zeilen 49 bis 56)		2. Bestätigungen EUR		3. Nachweis Betreuerfinanzamt EUR
45	– zur Förderung steuerbegünstigter Zwecke	123	, — 124		, —
	in Zeile 45 enthaltene Zuwendungen an Empfänger				

131 Kirchensteuern sind von den kirchensteuerberechtigten Religionsgemeinschaften erhobene Abgaben. Sind Sie nicht sicher, ob Sie einer in der Bundesrepublik kirchensteuerberechtigten Kirche angehören, erkundigen Sie sich. Sie wären nicht der Erste, dem man jahrelang völlig unberechtigt Kirchensteuer abgeknöpft hat. Da wird z.B. einem in England getauften Anglikaner von der Gemeindeverwaltung einfach die Zugehörigkeit zur evangelischen Kirche unterstellt und auf der Lohnsteuerkarte die Abkürzung »ev« verpasst, obwohl die anglikanische Kirche in der Bundesrepublik nicht kirchensteuerberechtigt ist. Folge: Der Arbeitgeber behält Lohnkirchensteuer ein. Soll der Fiskus die kassierte Kirchensteuer bei der Veranlagung herausrücken, muss der Anglikaner zunächst in den ausgeprägten Tunnelblick des Bearbeiters eine Kurve mit Beleuchtung einbauen – was nicht immer ganz leicht ist. Er benötigt nämlich – im Normalfall – eine »Austrittsbescheinigung des Amtsgerichts«. Damit kann er aber nicht dienen, weil er nicht aus seiner Kirche ausgetreten ist. Da gilt es, dem Bearbeiter die Realitäten nahezubringen.

132 **Kirchensteuer auf Kapitaleinkünfte**
Auf alle Kapitalerträge werden 25 % Steuer direkt an der »Quelle«, also beispielsweise bei der Bank oder Sparkasse, einbehalten und an das Finanzamt abgeführt (Abgeltungsteuer).

Damit ist die Steuerpflicht für die inländischen Einkünfte aus Kapitalvermögen abgegolten. Allerdings werden auch auf den Betrag der Abgeltungsteuer ein pauschaler Solidaritätszuschlag und – bei Zugehörigkeit zu einer erhebungsberechtigten Kirche – eine pauschale Kirchensteuer erhoben. Dadurch erhöht sich der Gesamtabzugsbetrag im Fall der Kirchensteuerpflicht auf rund 28 %.

> **Bei der Kirchensteuer gibt es (oftmals) keine Steuerhinterziehung!**
> Wer der Bank gegenüber keine Angaben zur Kirchenzugehörigkeit macht, bleibt beim Steuerabzug auf Kapitalerträge von der Kirchensteuer verschont. Allerdings müssen dann alle Kapitalerträge in der Anlage KAP eingetragen werden, damit die Kirchensteuer auf Zinserträge nacherhoben werden kann. Wer sich daran nicht hält, hinterzieht Kirchensteuern und macht sich strafbar … sollte man meinen.
>
> Dem ist allerdings nicht immer so, denn das Kirchensteuerrecht von Nordrhein-Westfalen z.B. kennt keine Steuerhinterziehung – das von Niedersachsen hingegen schon!

Doch aufgepasst: verschärfte Kontrollen seit 2015!
Für Kapitalerträge, die der Abgeltungsteuer unterliegen, wurde ein automatisches Verfahren für den Abzug der Kirchensteuer eingeführt. Banken, Versicherungen, Kapitalgesellschaften müssen nun einmal jährlich beim Bundeszentralamt für Steuern (BZSt) anhand der Steueridentnummer des Kapitalanlegers dessen Kirchensteuerpflicht abfragen und dann die Kirchensteuer automatisch einbehalten.

Beachten Sie: Ein Anleger kann beim BZSt der Übermittlung seiner Religionszugehörigkeit an die Banken widersprechen.

Kappung der Kirchensteuer

Ganz mechanisch berechnet das Finanzamt 8 oder 9 % der Einkommensteuer als Kirchensteuer, die somit ebenfalls der Progression unterliegt. Um die Progression herabzusetzen, wird der Kirchensteuerabzug von den meisten Religionsgemeinschaften gekappt, d.h. auf einen bestimmten Prozentsatz des zu versteuernden Einkommens begrenzt. In einigen Bundesländern erfolgt diese Kirchensteuerkappung von Amts wegen (z.B. auf 3 oder 4 % des zu versteuernden Einkommens), in anderen auf Antrag an die Diözese oder die Landeskirche. Auf die Kappung besteht sogar ein Rechtsanspruch (BVerwG-Urt. v. 21.5.2003 – 9 C 12.02).

Ärgerliches Kirchgeld   133

Tritt der Hauptverdiener aus der Kirche aus, während der andere Ehegatte, der keine oder nur sehr niedrige eigene Einkünfte hat, Kirchenmitglied bleibt, muss das Ehepaar keine Kirchensteuer zahlen, da dem kirchensteuerpflichtigen Ehegatten keine anteilige Bemessungsgrundlage zugeordnet werden kann. Die Kirchen haben jedoch die gesetzlich abgesicherte Möglichkeit, den kirchensteuerpflichtigen Ehegatten über das besondere Kirchgeld in glaubensverschiedener Ehe doch noch zur Kasse zu bitten. Es wird dann wie die »normale« Kirchensteuer im Einkommensteuerbescheid festgesetzt.

Davon zu unterscheiden ist das allgemeine **Kirchgeld** (Orts- oder Gemeindekirchgeld), das die Gemeindekirchen als Ersatz für entgangene Kirchensteuer aufgrund zu geringer Einkünfte eines Kirchenangehörigen erheben dürfen.

Grundlage für das besondere Kirchgeld ist das gemeinsame zu versteuernde Einkommen der Ehegatten; Kinderfreibeträge müssen abgezogen werden. Hat der kirchensteuerpflichtige Ehegatte Einkünfte über dem Grundfreibetrag, kann es sein, dass sich sowohl Kirchensteuer als auch besonderes Kirchgeld ergibt. In diesem Fall erhebt die Kirche den höheren Betrag. Wird das besondere Kirchgeld erhoben, wird die bereits gezahlte Kirchensteuer darauf angerechnet. Das besondere Kirchgeld wird in allen Bundesländern erhoben, ausgenommen in einigen Gemeinden und Bistümern.

Beiträge des nicht kirchensteuerpflichtigen Ehegatten an eine evangelisch-freikirchliche Gemeinde (Freikirche) sind auf das besondere Kirchgeld anzurechnen (so für Nordrhein-Westfalen BFH-Urt. v. 16.5.2007, I R 38/06, BStBl 2008 II S.202). Spenden an eine Freikirche sind dagegen nicht anzurechnen, da sie an einen konkreten Zweck gebunden sind.

Vermeiden lässt sich das besondere Kirchgeld nur durch Kirchenaustritt oder einen Antrag auf Einzelveranlagung. In zahlreichen gerichtlichen Auseinandersetzungen ist geklärt worden, dass das besondere Kirchgeld verfassungsgemäß ist (BVerfG, Beschluss v. 23.10.1986, 2 BvL 7, 8/84, NJW 1987 S.943).

Stufe	Bemessungsgrundlage: gemeinsam zu versteuerndes Einkommen nach §2 Abs. 5 EStG der Ehegatten in €	Kirchgeld jährlich in €
1	30.000 – 37.499	96
2	37.500 – 49.999	156
3	50.000 – 62.499	276
4	62.500 – 74.999	396
5	75.000 – 87.499	540
6	87.500 – 99.999	696
7	100.000 – 124.999	840
8	125.000 – 149.999	1.200
9	150.000 – 174.999	1.560
10	175.000 – 199.999	1.860
11	200.000 – 249.999	2.220
12	250.000 – 299.999	2.940
13	300.000 und mehr	3.600

 # Zeile 43–44 Eigene Berufsausbildung

134 Auch unsere Politiker haben begriffen: Das meiste Kapital liegt in den Köpfen der Menschen. Und das gilt es zu mobilisieren. Deshalb sind die Kosten für die eigene Berufsausbildung bis zur Höhe von 6.000 € als Son-

derausgaben abzugsfähig. Bei Verheirateten steht ggf. jedem Ehegatten der Höchstbetrag zu.

Begünstigt sind die Aufwendungen für Ihre **eigene erstmalige Berufsausbildung** oder ein **Erststudium**.

Zu den Ausbildungskosten gehören nicht nur Lehrgangs- und Studiengebühren sowie die Aufwendungen für Fachbücher und anderes Lernmaterial, sondern auch Unterkunftskosten und Verpflegungsmehraufwendungen bei einer auswärtigen Unterbringung. Für die Wege zwischen Wohnung und Ausbildungsstätte erhalten Sie eine Entfernungspauschale von 0,30 € für jeden vollen Entfernungskilometer.

Unabhängig davon erhalten Eltern für die von ihnen getragenen Ausbildungskosten ihrer Kinder die bisher übliche Förderung durch Kinderfreibetrag/-geld und Ausbildungsfreibetrag, soweit die Voraussetzungen dafür vorliegen (➤ Rz 430).

Der Fiskus unterscheidet höchst penibel zwischen **Berufsausbildung** und **135** **Berufsfortbildung** (➤ Rz 777 ff.). Kosten für die Berufsausbildung sind bis zur Höhe von max. 6.000 € als Sonderausgaben abziehbar, Aufwendungen für die Berufsfortbildung indessen in voller Höhe als Werbungskosten. Letztere wirken sich – sofern keine anderen Werbungskosten anfallen – somit nur aus, soweit sie den Arbeitnehmerpauschbetrag von 1.000 € übersteigen (➤ Rz 681 ff.).

Nun hat der Fiskus aber das Problem, Berufsausbildung und Berufsfortbildung exakt voneinander abzugrenzen. Dies machen Sie sich zunutze und setzen frechweg die Kosten dort an, wo es für Sie am günstigsten ist. Wenn der Fiskalritter zunächst nicht mitzieht, können Sie immer noch unter den Tipps ➤ Rz 777 ff. eine plausible Begründung finden und nachreichen.

Höhe der abziehbaren Kosten   **136**
Bei den Ausbildungskosten gelten die entsprechenden Regelungen für Werbungskosten sinngemäß, so z. B.

● Fahrtkosten zur Ausbildungsstätte (Wege zwischen Wohnung und erster Tätigkeitsstätte) ➤ Rz 687 ff.,

- Fahrtkosten zur Berufsschule (wie Dienstreisen) ➤ Rz 782 ff.,
- Verpflegungsmehraufwendungen ➤ Rz 842 ff.,
- häusliches Arbeitszimmer ➤ Rz 745 ff.,
- Kosten für den Besuch einer Arbeitsgemeinschaft ➤ Rz 779,
- doppelte Haushaltsführung ➤ Rz 858 ff.

Darüber hinaus setzen Sie ab:

- Lehrgangs-, Schul- oder Studiengebühren,
- Arbeitsmittel (Computer, Schreibtisch, Regale …),
- Fachliteratur,
- Mehraufwendungen wegen auswärtiger Unterbringung usw.

137 **Kosten für einen geplanten Wiedereinstieg in den Beruf**
Die Gebühren für Lehrgänge zur Weiterbildung in moderner Bürotechnik, in Datenverarbeitung usw. und die Aufwendungen für Fachbücher, Schreibmaterial, Fahrten und Verpflegung gehören in > Zeile 43.

Beachten Sie:
Der Sonderausgabenabzug ist Ihnen nur dann sicher, wenn Sie Ihren Fiskalritter davon überzeugen können, dass Sie mit dem Erlernten tatsächlich einen Beruf ausüben und Geld verdienen möchten. Scheuen Sie sich also nicht, Ihre Zukunftspläne ausführlich zu schildern, denn Sie wissen ja: »Bescheidenheit ist eine Zier, doch weiter kommt man ohne ihr.«

138 Gelingt es Ihnen, einen Zusammenhang zwischen Ihrer Fortbildung und Ihrem jetzigen oder auch künftigen Job herzustellen, machen Sie Ihre Aufwendungen besser als **(vorweggenommene) Werbungskosten** geltend. Mehr dazu unter ➤ Rz 686.

139 ◆ *Musterfall Backs (Erststudium)*
Weil sich Frau Backs zu Hause gelangweilt hat, seit die beiden älteren Kinder aus dem Gröbsten heraus sind, hat sie sich an der Uni eingeschrieben und studiert Geographie. Damit auch steuerlich etwas dabei herauskommt, bringt Herr Backs bei den Sonderausgaben folgende Kosten als »Aufwendungen für die eigene Berufsausbildung« in > Zeile 44 unter:

• *Studiengebühren (Sozialbeitrag) 2 × 450 € 900 €*	
• *Fachliteratur, Büromaterial, Skripten ca.*	*100 €*
• *Fahrten zu Vorlesungen, Seminaren, Klausuren und Arbeitsgemeinschaften 2.400 km × 0,30 € 720 €*	
• *Abschreibung Computer*	*500 €*
Studienkosten insgesamt	*2.220 €*

				EUR
43	Aufwendungen für die eigene Berufsausbildung: stpfl. Person / Ehemann / Lebenspartner(in) A		200	,
44	Aufwendungen für die eigene Berufsausbildung: Ehefrau / Lebenspartner(in) B *Studium Geographie, Kosten lt. Aufstellung*		201 2 2 2 0	,

Setzen Sie die Kosten des häuslichen Arbeitszimmers als Ausbildungskosten ab! 140

Aufwendungen für ein häusliches Arbeitszimmer kann kaum jemand steuerlich geltend machen. Voraussetzung für den Steuerabzug ist nämlich, dass das Arbeitszimmer den **Mittelpunkt der gesamten betrieblichen und beruflichen Tätigkeit** bildet oder aber **zumindest für einen Teil der beruflichen Tätigkeit kein anderer Arbeitsplatz zur Verfügung steht.** Arbeitnehmer erfüllen diese Voraussetzungen nur selten.
Wer sich allerdings in Berufsausbildung befindet, ohne nebenher betrieblich/beruflich tätig zu sein, der hat gute Karten, die Kosten des häuslichen Arbeitszimmers im Sonderausgabenabzug unterzubringen.
Mehr zum häuslichen Arbeitszimmer unter ➤ Rz 745 ff.

Kinderermäßigung nicht vergessen! 141

Ist es bei Ihnen ähnlich wie bei Familie Backs, Ihre Frau aber unter 25 (siehe hierzu ➤ Rz 457)? Dann können Ihre Schwiegereltern sogar eine Kinderermäßigung für ihre studierende Tochter geltend machen (➤ Rz 430 ff.).

So knacken Sie die 6.000-€-Grenze 142

Sie werden auf keinen Fall eine Gelegenheit auslassen, Ihre Steuerlast zu senken! Mit Ihren Kosten für Fachbücher, Fotokopien, Schreibblocks, Stifte etc. können Sie natürlich keinen Blumentopf gewinnen. Bei 6.000 € Höchstbetrag lohnen sich vor allem dicke Brocken, als da wären

Fahrtkosten zur Ausbildungsstelle, Uni etc. 143

Hier wird der Fiskus kleinlich. Obwohl die Uni ja eigentlich keine Arbeitsstätte im klassischen Sinn ist, gesteht Ihnen der Fiskus nur die Entfernungspauschale von 0,30 € pro Entfernungskilometer zu. Höhere tatsächliche Kosten anstelle der Pauschale können für die Benutzung von Bus und Bahn nicht angesetzt werden.
Im Gegenzug kontern Sie jedoch damit, dass Sie nicht nur die Fahrten während des Semesters absetzen. Denken Sie doch mal daran, dass Sie während der Semesterferien fast jeden Tag in die Unibibliothek zum Büf-

feln fahren. Und schon packen Sie dem Finanzamt bei einer Entfernung zur Uni von z. B. 10 km folgende Kosten auf die Rechnung:

240 Tage (Fahrten zur Uni, Bibliothek, zu Seminaren etc.)
× 10 km × 0,30 € =   720 €

144 Natürlich haben Sie sich einen **Computer** zugelegt, ohne geht es heute ja schließlich nicht. Vom Kaufpreis inkl. Zubehör von 1.500 € setzen Sie pro Jahr die Abschreibung mit $^1/_3$ ab. Und weil Sie nicht nur ehrlich, sondern auch nett zu dem Bearbeiter im Finanzamt sind, werden Sie die Computerkosten brav um einen Anteil von 20 % für private Nutzung kürzen.

1.500 € × $^1/_3$ = 500 €, davon für Ausbildungszwecke 80 % =   400 €

145 Selbstverständlich benötigen Sie einen Raum, in dem Sie ungestört arbeiten können, ein richtiges **Arbeitszimmer.** Ein häusliches Arbeitszimmer wird jedoch in der Regel nur Berufstätigen zuerkannt, deren gesamte Berufstätigkeit sich darin abspielt (vgl. dazu ➤ Rz 140).
Büromöbel etc. können Sie aber als Ausbildungskosten absetzen, in Einzelfällen nur die Abschreibung. Wie dabei gerechnet wird, dazu mehr unter ➤ Rz 727 ff.

146 Natürlich nutzen Sie Ihren **Internetanschluss** und Ihr **Telefon** auch für die Uni oder Ihre sonstige Ausbildung, also werden Sie erst einmal z. B. 80 % Ihrer Kosten in der Aufstellung unterbringen.

Telefon- und Internetkosten 480 €, davon für Ausbildung 80 % =   384 €

Aufgepasst:
Unter 20 % der Kosten und max. 240 € lassen Sie sich auf keinen Fall herunterhandeln. Berufen Sie sich auf die analoge Anwendung der Vereinfachungsregelung bei Werbungskosten in R 9.1 Abs. 5 LStR.

147 Dann wären da noch die **Lerngemeinschaften** und die **Meetings zur Klausurvorbereitung** mit Kollegen und/oder Kommilitonen:

25 Treffen à gefahrene 20 km × 0,30 € =   150 €

148 Wenn Sie für unter der Woche am Ausbildungsort ein Zimmer gemietet haben, weil der tägliche Weg in Ihre Wohnung zu weit ist, können Sie die Kosten für **doppelte Haushaltsführung,** vor allem die Miete für das Zimmer und pauschal eine Familienheimfahrt pro Woche, absetzen. Haben Sie bislang keine eigene Wohnung gehabt, bleibt Ihnen zumindest die Entfernungspauschale für die Heimfahrten am Wochenende.

Beachten Sie:
Bei Familienheimfahrten wird die Entfernungspauschale wie für Wege Wohnung–Arbeitsstätte (➤ Rz 687) berücksichtigt.

40 Heimfahrten × 150 km × 0,30 € =   1.800 €

Vergessen Sie nicht die ganzen **Gebühren,** den **gebraucht gekauften Taschenrechner** und, und, und …   149

Zeile 45–56 Spenden und Mitglieds- beiträge   150

Leider hat der Fiskus seine Nachweisschikanen auch auf Spenden ausgedehnt. Machen Sie in > Zeile 45 Spenden für steuerbegünstigte Zwecke geltend, sind immer Spendenbescheinigungen (Zuwendungsbestätigungen/§ 50 EStDV) beizufügen. Nur in Sonderfällen (siehe ➤ Rz 159) reicht der Bareinzahlungsbeleg oder die Buchungsbestätigung (Kopie des Kontoauszugs) der Bank als vereinfachter Nachweis aus.

◆ *Musterfall Backs (Spenden)*   151
Auch 2015 hatte ihn sein treues Herz dazu gebracht, für gute Zwecke ins Portemonnaie zu greifen. Seine Spenden für das DRK, die Kinderdörfer, die Caritas und die Malteser von insgesamt 190 € führt er in > Zeile 45 auf. Da er im Einzelfall jeweils unter 25 € und insgesamt unter der Nachweispflichtgrenze von 200 € liegt, fügt er keine Belege bei, da er die Nichtbeanstandungsgrenzen der Finanzverwaltung kennt (➤ Rz 64).

	Spenden und Mitgliedsbeiträge, bei denen die Daten elektronisch an die Finanzverwaltung übermittelt wurden (ohne Beträge in den Zeilen 45 bis 48 und 52 bis 56) *siehe Aufstellung*		stpfl. Person / Ehemann / Lebenspartner(in) A EUR		Ehefrau / Lebenspartner(in) B EUR
49	– zur Förderung steuerbegünstigter Zwecke	202	190,– 203		,–
50	– an politische Parteien (§§ 34g, 10b EStG)	204	,– 205		,–
51	– an unabhängige Wählervereinigungen (§ 34g EStG)	206	,– 207		,–

TIPP   152

Setzen Sie Ihre Mitgliedsbeiträge als Spenden ab!

Mitgliedsbeiträge – und auch Umlagen und die Aufnahmegebühr – für einen Verein gehen als Spenden durch, wenn der Verein z. B. folgende Zwecke verfolgt: Naturschutz, Landschaftspflege, Umweltschutz, Entwicklungshilfe, Jugendhilfe, Brandschutz oder Gesundheitspflege. Sie müssen sich dafür nur eine Spendenquittung Ihres Vereins besorgen (Quelle: § 10b.1 EStG und §§ 52 – 54 Abgabenordnung).

Ziemlich in die Röhre schauen Sie mit Ihren Mitgliedsbeiträgen allerdings, wenn Sie in einem Verein sind, der sich z. B. die Förderung folgender Zwecke auf die Fahnen geschrieben hat:

- Sport,
- kulturelle Betätigungen (wie z. B. Gesang, Musik),
- Heimatpflege/-kunde
- Tierzucht,
- Pflanzenzucht,
- Kleingärtnerei,
- traditionelles Brauchtum einschließlich des Karnevals, der Fastnacht und des Faschings,
- Soldaten- und Reservistenbetreuung,
- Amateurfunken,
- Modellflug und
- Hundesport.

Da Ihre Mitgliedsbeiträge nur dann als Spenden durchgehen, wenn sie an Institutionen gezahlt werden, die nicht überwiegend Leistungen gegenüber ihren Mitgliedern erbringen oder in erster Linie der eigenen Freizeitgestaltung dienen, es also gemeinnützige Zwecke erster Klasse (mit Spendenabzug für Mitgliedsbeiträge) und zweiter Klasse (ohne Spendenabzug für Mitgliedsbeiträge) gibt, ist es wichtig, schon bei der Anerkennung der Gemeinnützigkeit des Vereins darauf zu achten, dass die richtigen Vereinszwecke zugrunde gelegt werden. »Förderung der Jugendhilfe« als Zweck ist da wesentlich günstiger als »Förderung des Sports auf dem Gebiet des Jugendfußballs«.

153 **Zeile 45 – 56 Höchstbeträge für Spenden**

Geht es um höhere Spendenbeträge, sollten Sie wissen:

- Spenden zur **Förderung steuerbegünstigter Zwecke** (> Zeile 45) werden bis zur Höhe von 20 % des Gesamtbetrags der Einkünfte berücksichtigt.
- Die **politischen Parteien** bereichern sich mit einer Superförderung der Mitgliedsbeiträge und Spenden: Von den ersten 1.650 €/3.300 € (Alleinstehende/Ehegatten) sind 50 % direkt bei der Steuer absetzbar (§ 34 g EStG), d. h., Sie erhalten sie in bar zurück. Der Rest wirkt sich als Sonderausgaben auf Ihre Steuerlast aus (> Zeile 47; Quelle: § 10b EStG).
- Bei Spenden und Mitgliedsbeiträgen an **unabhängige Wählervereinigungen** (> Zeile 48), die die gesetzlichen Voraussetzungen erfüllen, er-

mäßigt sich die Einkommensteuer um 50 % der Ausgaben, höchstens um 825 €/1.650 € (Alleinstehende/Ehegatten).

- Spenden in den **Vermögensstock einer Stiftung** sind bis 1 Mio € begünstigt (> Zeile 52–56).

Die Berechnung des abziehbaren Betrags ist aber komplizierter, als es zunächst den Anschein hat.   **154**

Beispiel
Sie haben einen Gesamtbetrag der Einkünfte (GdE) von 45.000 €. Ihre Spenden betragen insgesamt 7.000 €.

	Spenden und Mitgliedsbeiträge (ohne Beträge in den Zeilen 49 bis 56)		lt. Bestätigungen EUR	lt. Nachweis Betriebsfinanzamt EUR
45	– zur Förderung steuerbegünstigter Zwecke	123	3500,— 124	,—
46	in Zeile 45 enthaltene Zuwendungen an Empfänger im EU- / EWR-Ausland	125	,— 126	,—
47	– an politische Parteien (§§ 34g, 10b EStG)	127	3500,— 128	,—
48	– an unabhängige Wählervereinigungen (§ 34g EStG)	129	,— 130	,—

Davon wirken sich steuerlich aus:

Bei den Sonderausgaben

Spenden/Mitgliedsbeiträge zur Förderung steuerbegünstigter Zwecke, max. 20 % des GdE		3.500 €
Parteispende	3.500 €	
./. Verbrauch nach § 34 g EStG (verh.)	– 3.300 €	
Verbleiben	200 €	> 200 €
Summe		3.700 €

Direkt bei der Einkommensteuer

50 % von 3.300 € =	1.650 €

Dem Abrechnungsteil im Steuerbescheid können Sie entnehmen, ob die Steuerermäßigung tatsächlich berücksichtigt wurde.

Zeile 45–56 Nachweis von Zuwendungen   155

Voraussetzung für den Abzug von Spenden ist eine ordnungsgemäße **Spendenbescheinigung** nach folgendem Muster:

EINKOMMENSTEUERERKLÄRUNG

Hauptformular

2016

156

Aussteller (Bezeichnung und Anschrift der steuerbegünstigten Einrichtung)

Bestätigung über Geldzuwendungen/Mitgliedsbeitrag

im Sinne des § 10b des Einkommensteuergesetzes an eine der in § 5 Abs. 1 Nr. 9 des Körperschaftsteuergesetzes bezeichneten Körperschaften, Personenvereinigungen oder Vermögensmassen

Name und Anschrift des Zuwendenden

Betrag der Zuwendung - in Ziffern -	- in Buchstaben -	Tag der Zuwendung:

Es handelt sich um den Verzicht auf Erstattung von Aufwendungen Ja ☐ Nein ☐

☐ Wir sind wegen Förderung (Angabe des begünstigten Zwecks / der begünstigten Zwecke)

nach dem Freistellungsbescheid bzw. nach der Anlage zum Körperschaftsteuerbescheid des Finanzamtes

StNr. vom für den letzten

Veranlagungszeitraum nach § 5 Abs. 1 Nr. 9 des Körperschaftsteuergesetzes von der

Körperschaftsteuer und nach § 3 Nr. 6 des Gewerbesteuergesetzes von der Gewerbesteuer befreit.

☐ Die Einhaltung der satzungsmäßigen Voraussetzungen nach den §§ 51, 59, 60 und 61 AO wurde vom Finanzamt

StNr. mit Bescheid vom nach § 60a AO gesondert

festgestellt. Wir fördern nach unserer Satzung (Angabe des begünstigten Zwecks / der begünstigten Zwecke)

Es wird bestätigt, dass die Zuwendung nur zur Förderung (Angabe des begünstigten Zwecks / der begünstigten Zwecke)

verwendet wird.

Nur für steuerbegünstigte Einrichtungen, bei denen die Mitgliedsbeiträge steuerlich nicht abziehbar sind

☐ Es wird bestätigt, dass es sich nicht um einen Mitgliedsbeitrag handelt, dessen Abzug nach § 10b Abs. 1 des Einkommensteuergesetzes ausgeschlossen ist.

(Ort, Datum und Unterschrift des Zuwendungsempfängers)

Hinweis:
Wer vorsätzlich oder grob fahrlässig eine unrichtige Zuwendungsbestätigung erstellt oder veranlasst, dass Zuwendungen nicht zu den in der Zuwendungsbestätigung angegebenen steuerbegünstigten Zwecken verwendet werden, haftet für die entgangene Steuer (§ 10b Abs. 4 EStG, § 9 Abs. 3 KStG, § 9 Nr. 5 GewStG).

Diese Bestätigung wird nicht als Nachweis für die steuerliche Berücksichtigung der Zuwendung anerkannt, wenn das Datum des Freistellungsbescheides länger als 5 Jahre bzw. das Datum der Feststellung der Einhaltung der satzungsmäßigen Voraussetzungen nach § 60a Abs. 1 AO länger als 3 Jahre seit Ausstellung des Bescheides zurückliegt (§ 63 Abs. 5 AO).

034122 Bestätigung über Geldzuwendung / steuerbegünstigte Einrichtung / Verein (2013)

Werfen Sie alte Kleidung nicht einfach in den Müll

Spenden können nicht nur Geldbeträge, sondern auch Sachen sein. Deshalb **157**
sollten Sie ausgemusterte Kleidungsstücke nicht einfach in den Müll werfen.
Sie gegen eine Spendenbescheinigung in die Altkleidersammlung zu geben
ist viel besser. Allerdings erlegt Ihnen der Fiskus die Beweislast für den Wert
der alten Sachen auf. Also müssen Sie dafür sorgen, dass man Ihnen den
Schätzwert nicht nur bescheinigt, sondern auch angibt, wie man dazu gekommen ist. Dazu gehören Angaben zum Neupreis, zum Alter und zum Erhal-
tungszustand eines jeden Kleidungsstücks (BFH-Urt. v. 22.5.1989 – BStBl
1989 II S. 879; EStH 10b.1). Die Folge: Viele gemeinnützige Vereine wie Caritas oder DRK lehnen es inzwischen ab, für Altkleidung überhaupt Spendenbescheinigungen mit Wertangaben zu erteilen.

»Das kann ich gut verstehen«, sagen Sie. »Woher sollen die denn wissen, wie
teuer die Sachen mal waren und wie alt sie sind. Ich habe aus einem Nachlass
20 Anzüge und vier Mäntel abzugeben, alles Größe 54 und kaum gebraucht.
Was soll ich tun?«

Sie fertigen selbst eine Aufstellung an, wenn Sie können, in etwa so: **158**
Anlage zur Spendenbescheinigung vom …

```
Anlage zur Spendenbescheinigung vom …
Erwerb in       Neupreis    Zustand    Wert
1 Anzug, grau     2011        400,-    neuw.   150,-
1 Mantel, braun   2012        350,-    neuw.   100,-
usw.
```

Jetzt kann der Verein ruhigen Gewissens die Höhe der Spende bescheinigen, indem er Ihre Aufstellung an die Spendenbescheinigung heftet.

Ausnahmsweise genügt anstelle einer Spendenbescheinigung der Zah- **159**
lungsbeleg der Post oder einer Bank oder ein Lastschriftbeleg,

* wenn ein Spendenbetrag *bis zu 200 €* an eine Religionsgemeinschaft,
  einen Spitzenverband der freien Wohlfahrtspflege, z.B. Caritas, Deutsches Rotes Kreuz, Diakonisches Werk, für den deutschen Sport, etwa
  an den Deutschen Sportbund, geleistet wurde oder an übrige gemeinnützige Vereine mit aufgedruckter Verwendungsbestätigung;
* wenn ein Betrag – in beliebiger Höhe – auf ein Sonderkonto zur Linderung der Not in Katastrophenfällen eingezahlt wurde. Der Inhaber des

Sonderkontos muss eine staatliche Stelle oder ein Spitzenverband der freien Wohlfahrtspflege sein.

Aus dem Beleg müssen Ihr Name und Ihre Kontonummer sowie die des Empfängers, der Betrag und der Buchungstag hervorgehen. Quelle: § 50 EStDV

 Spenden bis 200 € sind ohne Belege absetzbar

160 Wenn die Einzelbeträge der Spenden 25 € und der Gesamtbetrag 200 € nicht übersteigen, verlangt das Finanzamt meistens keine Belege. Damit aber nicht der Eindruck entsteht, Sie hätten gar nicht gespendet, verzichten Sie auf 10 € und tragen nur 190 € ein. Es genügt ein Hinweis in der Steuererklärung, wie sich der geltend gemachte Betrag zusammensetzt (z. B. »25 € Deutsches Rotes Kreuz, 20 € SOS-Kinderdorf, 25 € Caritas« usw.).

Besteht Ihr Sachbearbeiter auf Belegen, entgegnen Sie freundlich: »Leider habe ich die für letztes Jahr nicht mehr greifbar. In der nächsten Steuererklärung werde ich aber alle Belege vorlegen.« So können Sie sich für dieses Jahr noch einmal rauswinden.

161 *TIPP*
Kirchenkollekte mit Spendenquittung

Die Spende in den Klingelbeutel fällt bei vielen Menschen eher spärlich aus, vielleicht weil sie im Stillen geschieht. Der Volksmund sagt hingegen: Großzügig sein, es aber auch zeigen. Letzteres gelingt besser, wenn Sie dem Pfarrer den Schein direkt in die Hand drücken, z. B. für die Renovierung der Kirche oder für seelsorgerische Aktivitäten. In diesem Fall kann die Spende sogar etwas großzügiger ausfallen, weil Ihnen der Fiskus einen Teil davon erstattet, wenn er eine entsprechende Spendenquittung des Pfarrers sieht.

162 **Besonderheiten rund um Vereine**

 a) Vereinsmitglieder sind wachsam!

Jeder gemeinnützige Sportverein kann für erhaltene Spenden eine Quittung ausstellen. Allerdings müssen besondere Aufzeichnungspflichten eingehalten werden. Name und Anschrift des Spenders, Tag der Zahlung, Nachweis über die Verwendung der Spende und Kopie oder Durchschrift der Spendenquittung gehören in die Vereinsbuchführung. Trotz genauer Aufzeichnung droht dem Spender finanzielles Ungemach, wenn auf dem Spendenquittungsvordruck unter »Verwendung« geschrieben steht: Finanzierung des Sommerfests. Denn ein Sommerfest gehört zwar zum Vereinsleben wie der Schaum zum Bier, nicht aber zu den gemeinnützigen Zwecken des Vereins, die es mit der Spende zu fördern gilt.

124

Übrigens: Bei illegalen Spendenquittungen haftet der Vereinsvorstand in Höhe des vermeintlichen Steuerausfalls von 30 % der falsch bescheinigten Beträge.

Wie bereits gesagt, sind Mitgliedsbeiträge keine Spenden, wenn der Verein dafür eine Gegenleistung erbringt. Aber mal angenommen, Sie fahren ständig die Jugendmannschaften Ihres Vereins mit Ihrem Auto durch die Gegend. Zwar macht Ihnen das nichts aus, aber trotzdem wär's schön, wenn sich der Fiskus an Ihren Benzinkosten beteiligen würde. Dazu gibt es eine ganz legale Gestaltung der Verhältnisse. **163**

Vereinbaren Sie mit dem Kassierer, dass Ihnen Ihre Fahrtkosten ersetzt werden. Den erhaltenen Betrag spenden Sie dann Ihrem Verein. »Das mache ich noch anders: Am Jahresanfang spende ich 500 € gegen Quittung. Und am Jahresende rechne ich mit unserem Kassenwart alle Aufwendungen ab. So gibt es keinen zeitlichen Zusammenhang, aus dem irgendjemand uns etwas stricken könnte. Und unser Vorstand braucht nicht zu zittern, ob ich vielleicht nicht zurückspende!«, sagen Sie. Klar, geht auch.

b) Geld vom Fiskus für den Vereinsvorstand **164**
Die Spende kann auch darin bestehen, dass z.B. Vorstandsmitglieder die ihnen für den Verein entstehenden Kosten als Spenden geltend machen, wenn sich der Anspruch auf Kostenerstattung aus der Satzung ergibt (ein Anspruch, der oftmals nur »pro forma« in die Satzung aufgenommen, eben um den Spendenabzug zu ermöglichen, denn es wird mehr oder weniger erwartet, dass »zum Wohle des Vereins« auf eine Kostenerstattung verzichtet wird). Entscheidend ist, dass das Vereinsmitglied im Auftrag des Vereins für dessen satzungsmäßige Zwecke tätig wird und dabei eigenes Vermögen aufwendet (BFH-Urt. v. 24.9.1985 – BStBl 1986 II S. 726). Also holen Sie sich über den Spendenabzug einen Teil Ihrer Kosten vom Fiskus zurück.

Wichtig ist: Die Spendenbescheinigung muss ausführlich alle Aufwendungen enthalten, die Ihnen in Erfüllung der satzungsmäßigen Zwecke entstanden sind. Pauschale Beträge erkennt der Fiskus nicht an. So sind die Aufwendungen für das Arbeitszimmer und die Telefonkosten einzeln aufzulisten, alle Fahrten für den Verein einzeln abzurechnen (BFH-Urt. v. 29.11.1989 XR 5/89 – BFH/NV 215/91).

Dazu weiter: Benutzen Sie für Ihre ehrenamtliche Tätigkeit den eigenen Pkw, sind die Benzinkosten als Spende nach § 10b EStG abziehbar (BFH-Urt. v. 29.11.1989 – BStBl 1990 II S. 570). Wenden Sie doch die »Vorher/

Nachher-Technik« an: Tanken Sie vor der Fahrt und nach der Rückkehr Ihren Pkw voll. Die Tankquittungen sind ein super Beleg für die Spendenquittung. Voraussetzung ist aber eine Spendenbescheinigung mit Angaben über Zeit, Ort, Entfernung, Zweck der Fahrt und Typ des Pkws (BFH-Urt. v. 28.11.1990 XR 61/89 – BFH/NV 303/1991).

165 **c) Füllen Sie mit Sponsorengeldern die Vereinskasse**
Sicher gibt es bei Ihnen am Ort jede Menge Handwerksbetriebe, andere kleine Firmen, Banken, Sparkassen etc. Machen Sie denen schmackhaft, dass sie Ihren Verein kräftig mit Geld, Kleidung, Maschinen, vielleicht sogar einem neuen Transporter oder einem Anbau an Ihr Vereinsheim unterstützen.

Wichtig: Die edlen Gönner treten nicht als Spender, sondern als Sponsoren auf. Das setzt nur voraus, dass sie und Ihr Verein deutlich darauf hinweisen, von wem Ihr Verein gefördert wird (auf Prospekten, in Anzeigen, bei der Durchsage im Stadion etc.). Dann können die Firmen ihre Zuwendung voll als Betriebsausgabe absetzen, und weder sie noch Ihr Verein brauchen sich mit den kleinkarierten Spendenformalitäten herumzuschlagen. Schaut der Finanzritter daraufhin ungläubig, verweist ihn die edle Firma schnöde auf das BMF-Schreiben vom 18.2.1998 (BStBl I S. 212), wo genau das haarklein bestätigt wird.

Der Arzt behandelt,
die Natur aber heilt.
(Lateinische Weisheit)

 Das Ehrenamt und die Steuer
166 Die wahren Helden unserer Gesellschaft sind diejenigen, die sich in ihrer Freizeit in den Dienst einer guten Sache stellen. Sie helfen alten oder behinderten Mitbürgern, sind Mitglied der freiwilligen Feuerwehr oder engagieren sich im Sportverein und verbinden so das Nützliche mit dem Angenehmen.
Manchmal werden dafür Aufwandsentschädigungen, Sitzungsgelder und auch Ersatz des Verdienstausfalls gezahlt. Und schon stellen sich Fragen wie z. B.:

- Unterliegen diese Entschädigungen der Steuer?
- Wenn ja, was kann ich steuerlich absetzen, oder gibt es gar Freibeträge?
- Gibt es Steuervorteile für ein Ehrenamt, wenn man keine Einnahmen erhält?

Und, und, und.
Im Folgenden will ich Ihnen die steuerlichen Spielregeln im Zusammenhang mit Ehrenämtern aufzeigen.

Entschädigungen für ehrenamtliche Tätigkeiten unterliegen der Einkommensteuer

167

Dass eine Tätigkeit ehrenamtlich ausgeübt und nur eine Aufwandsentschädigung gezahlt wird, ist den Steuerbeamten herzlich egal. Auch Vergütungen für Ehrenämter unterwerfen sie der Einkommensteuer.

168

TIPP **Sich mit Liebhaberei aus der Steuerfalle befreien**

Die Einnahmen aus dem Ehrenamt bleiben von der Steuer verschont, wenn Sie sagen können: »Mit meiner Tätigkeit verfolge ich keine Einkunftserzielungsabsicht. Die Einnahmen decken nicht einmal meinen Aufwand wie z. B. Fahrt- und Verpflegungskosten, Telefonkosten, Bürobedarf oder auch notwendige Ausgaben für spezielle Kleidung (Trainingsanzug des Sportvereins, Uniform …).«
Damit fällt dann keine Steuer auf die Einnahmen an, die Tätigkeit wird dem steuerlich irrelevanten Bereich, der sog. Liebhaberei, zugerechnet.
Wer so argumentieren will, sollte dem Finanzamt zumindest im ersten Jahr die Einnahmen und Ausgaben präsentieren.

Aufwandsentschädigung als Schriftführer des Heimatvereins		600 €
Portokosten lt. Beleg	90 €	
Fahrtkosten lt. Aufstellung (0,30 € je gefahrenen Kilometer)	288 €	
Büromaterial lt. Aufstellung und Beleg	240 €	
Telefonkosten pauschal	120 €	
Summe	738 €	> − 738 €
Fehlbetrag		− 138 €

Mit gesondertem Schreiben zur Steuererklärung weisen Sie das Finanzamt auf Ihr ehrenamtliches Wirken hin und verzichten großzügig auf die steuerliche Berücksichtigung des Fehlbetrags. So können Sie sich in Folgejahren das lästige Sammeln der Belege ersparen und die Pauschale ohne schlechtes Gewissen und vor allem ohne Steuerlast kassieren.
»Die Quittungen kann ich ja später zu meinen übrigen Werbungskostenbelegen nehmen und dort steuerlich absetzen«, schalten Sie sofort.
Das wäre wohl nicht ganz korrekt, Sie müssen da schon trennen …

»Verflixt, ich komme nicht auf einen Verlust, sosehr ich mich auch bemühe. Es bleiben noch gut 150 € übrig«, ärgern Sie sich.
Kein Problem, da hilft die …

169 256-€-Vereinfachungsregelung

Lassen sich die Einnahmen aus dem Ehrenamt trotz viel Phantasie und guten Willens nicht auf null oder einen Minusbetrag drücken, hilft vielleicht die Vereinfachungsregel.

Danach führt Aufwendungsersatz an ehrenamtlich Tätige, der über die abziehbaren Beträge hinaus geleistet wird, nicht zu steuerpflichtigen Einkünften, wenn er im Kalenderjahr unter dem Betrag von 256 € bleibt. Hierbei handelt es sich um eine Freigrenze, d.h.: Wird im Kalenderjahr Aufwendungsersatz über die abziehbaren Beträge hinaus von mindestens 256 € gewährt, ist der gesamte Betrag steuerpflichtig.

Beispiel

Der ehrenamtliche Feld- und Forsthüter erhält von der Stadt eine Aufwandsentschädigung von 1.080 € im Jahr. Seine jährlichen Aufwendungen für Arbeitskleidung, Fahrtkosten usw. betragen 840 €.

Die Einnahmen sind um lediglich 240 € (1.080 € – 840 €) höher als die Kosten. Da die Freigrenze von 256 € nicht überschritten wird, liegt keine einkommensteuerlich relevante Tätigkeit vor.

Gut zu wissen

Alle Aufwendungen, die mit dem Ehrenamt nur irgendwie in Zusammenhang stehen, können den Einnahmen gegengerechnet werden. Dabei gelten die gleichen Spielregeln wie beim Werbungskostenabzug (vgl. daher ➤ Rz 681 ff.).

170 Steuerliche Freibeträge für ehrenamtlich Tätige

Um das ehrenamtliche Wirken zu fördern, hat der Gesetzgeber für bestimmte nebenberufliche Tätigkeiten zwei wichtige Steuerbefreiungen geschaffen, und zwar

- die **Übungsleiterpauschale** (Steuerbefreiung nach § 3 Nr. 26 EStG) bis zur Höhe von insgesamt **2.400 €** im Jahr und
- die **Ehrenamtspauschale** (Steuerbefreiung nach § 3 Nr. 26a EStG) für Einnahmen bis zur Höhe von insgesamt **720 €** im Jahr.

1. Übungsleiterpauschale

Unter die Steuerbefreiung des § 3 Nr. 26 EStG fallen Einnahmen

- aus nebenberuflichen Tätigkeiten (der zeitliche Umfang darf nicht mehr als ein Drittel einer vollen Erwerbstätigkeit ausmachen)
- als Übungsleiter, Ausbilder, Erzieher, Betreuer oder aus vergleichbarer nebenberuflicher Tätigkeit, aus nebenberuflicher künstlerischer Tätigkeit oder der nebenberuflichen Pflege alter, kranker oder behinderter Menschen

- im Dienst oder im Auftrag einer inländischen juristischen Person des öffentlichen Rechts (z.B. Bund, Länder, Kommunen, bestimmte Religionsgemeinschaften) oder einer gemeinnützigen Körperschaft (z.B. Sportvereine, Umweltschutzorganisationen, DRK)
- zur Förderung gemeinnütziger, mildtätiger oder kirchlicher Zwecke.

Nicht unter die Steuerbefreiung fallen somit z.B. nebenberufliche Tätigkeiten in der Privatwirtschaft, für Gewerkschaften oder politische Parteien, da es hierbei an einem »begünstigten Auftraggeber« fehlt.

Zu den **begünstigten Tätigkeiten** gehören z.B.

- die Tätigkeit eines Sporttrainers oder Mannschaftsbetreuers,
- eines Chorleiters oder Orchesterdirigenten,
- die Lehr- und Vortragstätigkeit im Rahmen der allgemeinen Bildung und Ausbildung,
- Hilfsdienste durch ambulante Pflegedienste,
- Sofortmaßnahmen bei Schwerkranken und Verunglückten, z.B. durch Rettungssanitäter und Ersthelfer,
- Behindertentransporte,

nicht dagegen

- eine Tätigkeit als Vorstandsmitglied, als Vereinskassierer oder als Gerätewart bei einem Sportverein,
- Tätigkeiten, die in erster Linie die »Rechtsfürsorge« betreffen, wie z.B. die ehrenamtlichen Tätigkeiten der rechtlichen Betreuer nach § 1835a BGB sowie der sog. Versichertenältesten,
- hauswirtschaftliche Tätigkeiten in Krankenhäusern, Altenheimen usw.,
- »reine« Bereitschaftsdienste von Sanitätshelfern bei Großveranstaltungen usw.

Feuerwehrleute aufgepasst!

Die Übungsleiterpauschale (§ 3 Nr. 26 EStG) wird neben der Steuerbefreiung für eine Aufwandsentschädigung aus öffentlichen Kassen gewährt (§ 3 Nr. 12 Satz 2 EStG); von Bedeutung ist dies z.B. für die Funktionsträger in den freiwilligen Feuerwehren, die zumindest teilweise eine »ausbilderische Tätigkeit« im Sinne des § 3 Nr. 26 EStG ausüben.

171

Beispiel

Die Aufwandsentschädigung eines Kreisausbildungsleiters in der freiwilligen Feuerwehr beträgt jährlich 4.800 €. Davon entfallen 50 % auf eine Ausbildungstätigkeit im Sinne des § 3 Nr. 26 EStG.

In diesem Fall kommen sowohl die Steuerbefreiung für Aufwandsentschädigungen aus öffentlichen Kassen als auch die Übungsleiterpauschale zum Tragen. Damit bleiben die gesamten 4.800 € pauschal steuerfrei.

Mehr zu Steuervergünstigungen bei Mitgliedern der freiwilligen Feuerwehr unter ➤ Rz 176.

172 **2. Ehrenamtspauschale**

Einnahmen aus nebenberuflichen Tätigkeiten im gemeinnützigen, mildtätigen oder kirchlichen Bereich sind bis zur Höhe von 720 € im Jahr steuerfrei.

Mit dem Freibetrag soll der Aufwand, der den nebenberuflich Tätigen durch ihre Beschäftigung entsteht, pauschal abgegolten werden.

Unter die Steuerbefreiung fallen z. B.

- die nebenberufliche Tätigkeit von Vereinsvorsitzenden, Kassenwarten, Platzwarten, Zeugwarten usw. in gemeinnützigen Vereinen,
- die nebenberufliche Ausbildung von Rennpferden oder Diensthunden oder
- die ehrenamtliche Tätigkeit von sog. rechtlichen Betreuern nach § 1835a BGB.

Nicht dagegen z. B.

- die nebenberufliche Tätigkeit der sog. Versichertenältesten, da diese keine gemeinnützige Tätigkeit ausüben,
- die Sportler eines Vereins, da diese den gemeinnützigen Zweck des Vereins weder unmittelbar noch mittelbar fördern.

Beispiel

Ein ehrenamtlicher rechtlicher Betreuer nach § 1835a BGB erhält vom Amtsgericht für zwei Betreuungen pauschale Aufwandsentschädigungen von je 423 € im Jahr (Gesamteinnahmen somit 846 € im Jahr).

Die Steuerberechnung ist wie folgt vorzunehmen:

Gesamteinnahmen	846 €
./. Steuerfreibetrag nach § 3 Nr. 26a EStG	– 720 €
Verbleiben	126 €

Der nach Abzug der Ehrenamtspauschale verbleibende Betrag von 126 € liegt unterhalb der Freigrenze für die Besteuerung von Einkünften aus sonstigen Leistungen im Sinne des § 22 Nr. 3 EStG von 256 €, so dass keine Steuer auf die Einnahmen anfällt (➤ Rz 169).

Machen Sie dem Finanzamt eine solche Rechnung auf einer gesonderten Anlage auf, denn Sie wissen ja: »Meldung befreit.«

Man kann nicht auf zwei Hochzeiten zugleich tanzen   **173**

Im Unterschied zur Übungsleiterpauschale kommt die Ehrenamtspauschale nur dann zum Tragen, wenn für die Einnahmen – ganz oder teilweise – keine weitere Steuerbefreiung greift (z.B. für Aufwandsentschädigungen aus öffentlichen Kassen nach § 3 Nr. 12 EStG oder die Übungsleiterpauschale).

Beispiel

Ein nebenberuflich ehrenamtlich tätiger Naturschutzbeauftragter erhält nach der Satzung eine Aufwandsentschädigung von 3.324 € im Jahr, von der nach § 3 Nr. 12 EStG (= Aufwandsentschädigungen aus öffentlichen Kassen) pauschal 2.400 € steuerfrei bleiben.

Obwohl er eine gemeinnützige Tätigkeit für eine juristische Person des öffentlichen Rechts ausübt, kommt die Ehrenamtspauschale hier nicht zum Zuge, da sie nicht zusätzlich beansprucht werden kann. Es bleibt also beim Freibetrag von 2.400 €. Der Rest von 924 € muss versteuert werden (einzutragen in Anlage N, > Zeile 26).

720 € Freibetrag, mehr geht nicht, oder?   **174**

Die Ehrenamtspauschale wird nur einmal gewährt, selbst wenn mehrere begünstigte Tätigkeiten ausgeübt werden.

Beispiel

Sie sind im Fußballverein im Vorstand und im Tanzclub als Kassenwart tätig und erhalten dafür pauschale Aufwandsentschädigungen. Trotzdem erhalten Sie nur einmal die Ehrenamtspauschale von max. 720 €. Es spielt also keine Rolle, dass es sich um unterschiedliche Tätigkeiten handelt, die zudem in zwei verschiedenen Vereinen ausgeübt werden.

Da wäre es steuerlich geschickter, im Fußballverein unter »Übungsleiter« oder »Trainer« zu laufen …

3.120 € steuerfrei durch Ämtertrennung

Wer als engagierter Vorstand eine Entschädigung von 3.120 € jährlich bekommt, muss nach Abzug der Ehrenamtspauschale von 720 € noch 2.400 € versteuern (> Zeile 26 der Anlage N).

Sind Sie aber außerdem als Übungsleiter tätig, können sie zusätzlich die Übungsleiterpauschale von 2.400 € geltend machen, sprich beide Steuerbefreiungen abräumen.

Wichtig zu wissen:
Vergütungen an Vereinsvorstände müssen in der Satzung geregelt sein!

Die Vergütungen an den Vorstand müssen unbedingt in der Vereinssatzung geregelt sein, ansonsten droht die Aberkennung der Gemeinnützigkeit durch das Finanzamt. Ab 2013 wurde nicht nur der Ehrenamtsfreibetrag angehoben.

Nach § 27 Abs. 3 BGB sind die Vorstandsmitglieder von Vereinen vom Grunde her unentgeltlich tätig. Sie können allerdings die tatsächlich entstandenen Aufwendungen ersetzt bekommen. Fährt der Vereinsvorstand z. B. die Jugendmannschaft zum Auswärtsspiel, kann ihm der Verein die Fahrtkosten erstatten. Erhalten Vorstandsmitglieder aber Vergütungen für ihre (Vorstands-)Tätigkeit, muss die Zahlung derartiger Vergütungen ausdrücklich in der Satzung der Vereins geregelt werden. Falls noch nicht geschehen, sollte Ihr Verein also in einer der nächsten Mitgliederversammlungen regeln, dass und in welcher Höhe den Vorstandsmitgliedern eine Aufwandsentschädigung gezahlt wird.

Die Bezahlung der Vergütungen sollte dabei natürlich nicht an die Verpflichtung geknüpft werden, sie als Spende zurückfließen zu lassen. Denn dann wäre die Spende nicht mehr freiwillig und könnte nicht von der Steuer abgesetzt werden.

175 Steuerbefreiung von Aufwandsentschädigungen aus öffentlichen Kassen

Unter diese Vorschrift fallen in der Praxis besonders die aus kommunalen Kassen gezahlten Aufwandsentschädigungen an Mitglieder kommunaler Volksvertretungen und der freiwilligen Feuerwehren sowie an sonstige ehrenamtlich Tätige (z. B. Landschaftswarte, Büchereileiter, Frauenbeauftragte). Entsprechendes gilt für die von den öffentlich-rechtlichen Religionsgemeinschaften gezahlten Aufwandsentschädigungen an ehrenamtlich Tätige (Lektoren und Prädikanten).

Nicht unter diese Steuerbefreiung fallen z. B. Tätigkeiten für Wohlfahrtsorganisationen (z. B. DRK, Caritas, AWO), die zwar gemeinnützig sind, aber privatrechtlich organisiert (es sind keine »öffentlichen Kassen«).

Steuerfrei sind bei allen ehrenamtlichen Tätigkeiten im kommunalen Bereich im Regelfall **mindestens 200 € monatlich bzw. 2.400 € im Jahr.**

Mitglieder freiwilliger Feuerwehren

Auch für sie gilt grundsätzlich die o.g. Steuerbefreiung (§ 3 Nr. 12 Satz 2 **176**
EStG), wonach mindestens 200 € monatlich steuerfrei bleiben.
Wird der Verdienstausfall für besondere Einsätze usw. gesondert erstattet, ist er grundsätzlich steuerpflichtig. Möglicherweise kommt aber die Übungsleiter- bzw. Ehrenamtspauschale in Betracht, wie folgendes Beispiel zeigt.

Beispiel
Als Stadtbrandmeister erhalten Sie **Aufwandsentschädigungen aus öffentlichen Kassen** von 170 € bzw. 2.040 € (Monat/Jahr) sowie für besondere Einsätze Ersatz des **Verdienstausfalls** in Höhe von 300 €.

Da die Aufwandsentschädigungen weniger als 2.400 € im Jahr ausmachen, bleiben sie in voller Höhe steuerfrei.

Für den Ersatz des Verdienstausfalls kann die Übungsleiterpauschale von max. 2.400 € beansprucht werden (§ 3 Nr. 26 EStG). Nach dem beispielsweise für Niedersachsen geltenden »pauschalen Aufteilungsschlüssel« übt der Stadtbrandmeister (zumindest) zu 60 % eine begünstigte Tätigkeit im Sinne des § 3 Nr. 26 EStG aus, so dass in diesem Umfang (60 % von 300 € = 180 €) auch der Ersatz des Verdienstausfalls steuerfrei bleibt.

4.5 Außergewöhnliche Belastungen – Zeile 61–68

Die Lohn- und Einkommensteuer soll sich – man höre und staune – an **177**
der Leistungsfähigkeit des Steuerzahlers orientieren, weshalb sie progressiv ansteigt. Andererseits muss dem Steuerzahler geholfen werden, wenn ihn persönliche Ausgaben außergewöhnlich belastet haben. So weit, so gut. Aber der Teufel steckt wieder mal im Detail, denn absetzbar sind die Kosten nur, wenn dem Steuerpflichtigen »zwangsläufig größere Aufwendungen als der überwiegenden Mehrzahl der Steuerpflichtigen gleicher Einkommens- und Vermögensverhältnisse« entstanden sind. Wie man sich denken kann, gehen da die Meinungen zwischen Steuerzahler und Fiskus oft weit auseinander.

Die meisten außergewöhnlichen Belastungen werden in den > Zeilen **178**
61–66 eingetragen und in Form von Frei-, Höchst- oder Pauschbeträgen berücksichtigt:

> Zeile 61–64   Freibetrag für **Behinderungen**
> Zeile 65–66   **Pflegepauschbetrag**
(Quelle: §§ 33a und 33b EStG)

133

Aufwendungen für eine **Hilfe im Haushalt** sind in > Zeile 71 einzutragen. Alle anderen außergewöhnlichen Belastungen werden in den > Zeilen 67–68 angegeben und – nach Abzug eines Eigenanteils, den das Gesetz als »zumutbare Belastung« bezeichnet – in voller Höhe abgesetzt. Hierunter fallen insbesondere nicht anderweitig erstattete Kosten in Zusammenhang mit **Krankheit, Beerdigung, Scheidung, Wiederbeschaffung von Hausrat, Unterbringung im Pflegeheim als Alternative zum Pflegepauschbetrag** (Quelle: § 33 EStG).

Werden Sie hingegen aus Ihrer Wohnung verjagt, weil der Vermieter Eigenbedarf anmeldet oder eine Totalsanierung angesagt ist, und haben deswegen hohe Umzugskosten, können Sie nicht mit einer Steuerermäßigung rechnen. Und wenn Sie wegen Familienzuwachses eine größere Wohnung suchen und mit zusätzlichen Möbeln ausstatten müssen, zeigt Ihnen der Fiskus ebenfalls die Rote Karte.

 Auch Sie sind außergewöhnlich belastet. Hapert es in diesem Jahr noch
179 mit der Steuerermäßigung, dann **gestalten Sie Ihre Verhältnisse entsprechend,** damit es im nächsten Jahr klappt.

---

180 ## Zeile 61–64 Behinderte und Hinterbliebene

Behinderten Menschen will der Fiskus durch Abzüge bei der Steuer das Leben erleichtern. Die entsprechenden Anträge sind an unterschiedlicher Stelle in den Formularen geltend zu machen. Hier zunächst eine

Übersicht

1. Pauschbetrag für Behinderte (➤ Rz 181),
2. Pflegepauschbetrag (➤ Rz 194),
3. Pauschbetrag für Heimunterbringung (➤ Rz 265),
4. Abzüge für sonstige Kosten, insbesondere Fahrt- und Pflegeheimkosten (➤ Rz 230 ff.)
5. Abzug der tatsächlichen Fahrtkosten für Wege zwischen Wohnung und Arbeitsstätte (➤ Rz 717 ff.).

Zu Steuervergünstigungen für ein behindertes Kind mehr unter ➤ Rz 191. Zum Pauschbetrag für Hinterbliebene mehr unter ➤ Rz 193.

181 Als Behinderter haben Sie Anspruch auf einen pauschalen Freibetrag, der bestimmte Erschwernisse ausgleichen soll, die Ihnen im Verhältnis zu Nichtbehinderten entstehen. Je nach Grad der Behinderung sieht das Gesetz unterschiedliche Pauschbeträge vor (§ 33b EStG). Die Behinderung muss mindestens 25 % betragen.

Übersicht zur Höhe des Pauschbetrags:

Behinderungsgrad	Pauschbetrag
25–34 %	310 €
35–44 %	430 €
45–54 %	570 €
55–64 %	720 €
65–74 %	890 €
75–84 %	1.060 €
85–94 %	1.230 €
95–100 %	1.420 €
Blinde und Hilflose	3.700 €

Blinde (Merkzeichen »Bl«) und Pflegebedürftige (Merkzeichen »H« für »Hilflos«) tragen in das Kästchen »Grad der Behinderung« die Zahl »300« ein und erhalten damit den erhöhten Pauschbetrag. Prüfen Sie aber den Steuerbescheid genau nach, ob dort auch wirklich 3.700 € und nicht bloß 1.420 € abgezogen wurden! 182

Wie üblich hat der Fiskus einen steinigen Weg zum Pauschbetrag gewählt. Er unterscheidet zwischen Minderbehinderten und Schwerbehinderten.

Minderbehinderte

Viele Menschen haben im Lauf ihres Lebens leicht Schaden genommen, durch Unfälle, übermäßigen Sport, Infektionen usw. Oder es liegt schon ab Geburt eine leichte Behinderung vor. Für die Steuer reicht eine Behinderung von 25 %, um einen Anspruch auf Steuerermäßigung zu begründen. Bis zu einem Behinderungsgrad von 50 % ist eine Steuerermäßigung allerdings nur möglich, 183

135

- wenn wegen der Behinderung ein Anspruch auf Rente besteht, z.b. aus der Berufsunfallversicherung,
- wenn die Behinderung – Schäden am Stütz- und Bewegungsapparat, z.b. durch Arthrose, verkürztes Bein, Erblindung eines Auges, Asthma – zu einer dauernden Einbuße der körperlichen Beweglichkeit geführt hat
- oder auf einer typischen Berufskrankheit beruht.

Als Nachweis benötigen Sie eine Bescheinigung des Versorgungsamts, oder Sie legen den Rentenbescheid vor, wenn Sie wegen der Behinderung Rente beziehen.

184 Schwerbehinderte

Behinderte mit einem Grad der Behinderung von mindestens 50 % erhalten den Pauschbetrag nach Vorlage ihres Schwerbehindertenausweises. Schicken Sie vor allem hier nur eine Kopie, denn wenn der Ausweis verlorengeht, haben Sie viel Rennerei, um Ersatz zu besorgen.

185 *TIPP* Freibetrag schon beim Lohnsteuerabzug berücksichtigen lassen

Dazu stellen Sie beim Finanzamt einen Antrag auf Lohnsteuerermäßigung und fügen den Nachweis für die Behinderung bei. Ab dem nächsten Jahr geht es dann ohne Formularkram, denn der Pauschbetrag wird gespeichert und automatisch beim Lohnsteuerabzug berücksichtigt. Aber auch hier gilt: Vertrauen ist gut, Kontrolle ist besser. In den Antrag auf Lohnsteuerermäßigung tragen Sie z.b. ein:

© Unbeschränkt antragsfähige Ermäßigungsgründe								
I. Behinderte Menschen und Hinterbliebene (Bei Kindern auch Abschnitt B ausfüllen)			Nachweis	X ist beigefügt			hat bereits vorgelegen	
Name	Ausweis/Rentenbescheid/Bescheinigung		hinterblieben	behindert	blind/ständig hilflos	geh- und steh-behindert	Grad der Behinderung	
	ausgestellt am	gültig bis						
Huber, Heribert	04.12.2013	20.11.2016		X			70	

Der Arzt ist schlimmer
als die Krankheit.
(Alte Weisheit)

Leben Sie im Pflegeheim, kann es weitaus günstiger sein, anstelle des 186
Pauschbetrags Ihre tatsächlichen Pflegekosten als außergewöhnliche Be-
lastung in > Zeile 67–68 anzusetzen. Wie das geht, dazu mehr unter
➤ Rz 232 ff.

Übrigens: Eine altersbedingte allgemeine Verminderung der körperlichen Leistungsfähigkeit wird nicht als Behinderung bescheinigt.

◆ *Musterfall Huber (Behinderung)* 187
Herr Huber ist körperbehindert. Der Grad seiner Behinderung beträgt
70 %. Sein Behindertenausweis datiert vom 4.12.2013 und ist bis 2016 gül-
tig. Dafür steht ihm ein Pauschbetrag von jährlich 890 € zu.

Was ist sonst noch alles drin? 188
Der Pauschbetrag wird ohne viel Federlesens angesetzt, wenn das Versor-
gungsamt die Behinderung anerkannt hat. Doch mit dem Pauschbetrag
sind nur die typischen Mehraufwendungen abgedeckt, die durch die Be-
hinderung entstehen, als da sind private und berufliche Fahrtkosten
(➤ Rz 230, Rz 736), Pflegekosten (➤ Rz 232 ff.), Hilfe im Haushalt
(➤ Rz 258 ff.). Obendrein werden Sie daher für bestimmte Kosten einen
Einzelnachweis führen und folgende Kosten ansetzen:

● Aufwendungen für ein **behindertengerechtes Bad** (FG Baden-Württemberg v. 29.1.1987 – EFG 1987 S. 245),

● Aufwendungen für einen **Führerschein**, sofern Sie das Merkzeichen
»aG« (»außergewöhnlich gehbehindert«) im Behindertenausweis
haben. Denn der Pauschbetrag soll die laufenden Kosten der Behinderung abdecken. Weil Führerscheinkosten nicht laufend anfallen, sind
sie zusätzlich absetzbar. Zeigt sich das Finanzamt zopfig, haben Sie den
Bundesfinanzhof auf Ihrer Seite (BFH v. 26.3.1993 – BStBl 1993 II
S. 749). Entsprechendes gilt, wenn Sie für Ihr behindertes Kind die Führerscheinkosten übernehmen, vorausgesetzt, Sie haben den Behindertenpauschbetrag auf sich übertragen lassen.

- Aufwendungen für behindertengerechte **Ausstattung des Pkw** (Niedersächsisches FG v. 6.11.1991 – EFG 1992 S. 341).

Gut zu wissen: Ist ein Fahrzeug auf einen Schwerbehinderten mit Merkzeichen »H« (= hilflos), »Bl« (= blind) oder »aG« (= außergewöhnlich gehbehindert) zugelassen, ist es von der Kraftfahrzeugsteuer befreit. Mit Merkzeichen »G« (= gehbehindert) ermäßigt sich die Kraftfahrzeugsteuer um 50 %.

- Aufwendungen für eine **Begleitperson** bei einer Urlaubsreise bei Merkzeichen »H« oder »aG« (BFH v. 4.7.2002 BStBl 2002 II S. 765),
- Schulgeld für die **Privatschule** Ihres behinderten Kindes (EStH 33.1 – 33.4).

189 **Übrigens:** Kümmert sich jemand liebevoll um Sie, ohne sich bezahlen zu lassen, steht dieser Person ein Pflegepauschbetrag von 924 € zu (➤ Rz 194).

190 ## War Ihr Vater jahrelang krank, bevor er starb?

Einen Antrag auf Körperbehinderung zu stellen ist ihm aber nie in den Sinn gekommen? Sie als sein Rechtsnachfolger und Erbe können nachholen, was er versäumt hat. Die Versorgungsämter sind nämlich angewiesen, auch für Verstorbene Feststellungen über eine Körperbehinderung zu treffen, soweit dies nach den vorhandenen Unterlagen möglich ist. Diese nachträgliche Feststellung beantragen Sie beim Finanzamt, wenn Sie die Steuererklärung Ihres Vaters abgeben. Das Finanzamt holt dann eine Stellungnahme des Versorgungsamts ein und muss den Pauschbetrag für Behinderte berücksichtigen. Für die Steuererstattung können Sie als Erbe Ihr Konto angeben (Quelle: § 65 Abs. 4 EStDV).

Einfacher geht's bei Pflegestufe III

Den Ansatz eines Pauschbetrags erreichen Sie schnell und einfach, wenn Sie nachweisen können, dass Ihr Vater Pflegegeld der Pflegestufe III bekam. Denn dann war er hilflos, und das Finanzamt muss einen Pauschbetrag von 3.700 € berücksichtigen.

191 **Steuervergünstigung für ein behindertes Kind**

Bei Kindern wird eine Behinderung häufig erst spät erkannt. Deshalb ist wichtig, dass das Versorgungsamt bescheinigt, seit wann die Behinderung vorliegt. So können z.B. die Eltern eines **mongoloiden Kindes** bei entsprechender Bescheinigung des Versorgungsamts für die Jahre seit Geburt des Kindes rückwirkend den Pauschbetrag beanspruchen.

Achtung: An Zuckerkrankheit leidenden Kindern wird meistens kein
hoher Behinderungsgrad bescheinigt. Gleichwohl kann die Zuckerkrankheit eine so hohe Pflegebedürftigkeit mit sich bringen, dass sie »hilflos«
im Sinne der Steuergesetze sind, d.h. im täglichen Leben ständig in erheb-
lichem Umfang fremder Hilfe bedürfen. Sorgen Sie also dafür, dass das
Versorgungsamt Ihrem zuckerkranken Kind »Hilflosigkeit« bescheinigt
und einen Grad der Behinderung von mindestens 25 %.

Nimmt Ihr Kind wegen fehlender oder geringer Einkünfte den Pauschbe- **192**
trag nicht selbst in Anspruch, können Sie ihn in Ihrer Steuererklärung
ansetzen. Sie haben also die freie Wahl, den Pauschbetrag bei dem geltend zu machen, bei dem er sich am günstigsten auswirkt. Außerdem können Sie wegen Ihres behinderten Kindes evtl. die Kosten für eine Haushaltshilfe (➤ Rz 258 ff.) und für Privatfahrten (➤ Rz 230) in Ihrer
Steuererklärung unterbringen und den Pflegepauschbetrag beanspruchen (➤ Rz 196). Welche Kosten bei der Heimunterbringung eines behinderten Kindes abzugsfähig sind, dazu mehr unter ➤ Rz 239.

Vor den Erfolg haben die Götter
den Schweiß gesetzt.

Zeile 61–64 Hinterbliebenenpauschbetrag   193

Werden Ihnen als Kriegerwitwe oder Waise Hinterbliebenenbezüge bewilligt, sei es aus der gesetzlichen Rentenversicherung, der gesetzlichen
oder freiwilligen Unfallversicherung, nach dem Bundesversorgungs- oder
einem anderen Gesetz, steht Ihnen ein **Pauschbetrag von 370 €** zu.
Sie beantragen ihn, indem Sie der Steuererklärung den Bescheid der Be-
willigungsbehörde beifügen und in > Zeile 61 bzw. 64 die entsprechenden
Angaben machen.
Der Hinterbliebenenpauschbetrag für Kinder kann auf die Eltern übertragen werden (Quelle: § 33b Abs. 5 EStG).

Zeile 65–66 Pflegepauschbetrag   194

Kümmern Sie sich unentgeltlich um jemanden, der hilflos ist (Merkzeichen »H« im Schwerbehindertenausweis bzw. Einstufung in Pflegestufe
III), indem Sie die Pflege in Ihrer bzw. in der Wohnung der Pflegeperson
selbst besorgen oder die Arbeit einer ambulanten Pflegekraft überwa-

139

chen, haben Sie Anspruch auf den Pauschbetrag von 924 €. Auf die Höhe der Ihnen entstandenen Kosten kommt es dabei nicht an.

Den Pauschbetrag gibt es für jeden Pflegefall und steht Ihnen selbst dann in voller Höhe zu, wenn Sie nur während eines Teils des Jahres die Pflege besorgt oder überwacht haben. Sie werden ihn deshalb auch dann beantragen, wenn der Pflegebedürftige während der Woche in einem Heim lebt und nur am Wochenende nach Hause kommt oder wenn er im Lauf des Jahres verstorben ist. Diese steuerzahlerfreundliche Entscheidung hat zumindest das Finanzgericht München getroffen (EFG 1995 S. 722).

Finanzbeamte versuchen oft, Ihnen den Pflegepauschbetrag zu versagen, wenn in irgendeiner Form Zahlungen an Sie erfolgen. Grund: Nach § 33b EStG geht der Anspruch auf den Pauschbetrag verloren, wenn für die Pflege »Einnahmen« erzielt werden. Dass die Finanzer diesen Begriff nicht überstrapazieren dürfen, beweist ein Urteil des Finanzgerichts Berlin (Az: 6 K 6175/00). Danach bleibt Ihnen die steuerliche Geltendmachung als außergewöhnliche Belastung auch dann erhalten, wenn die Pflegeversicherung für Sie Rentenversicherungsbeiträge übernimmt (siehe hierzu ➤ Rz 198).

Teilen Sie sich die Pflege mit jemand anderem, erhält jeder 462 €, also Aufteilung nach Köpfen, nicht nach Arbeits- oder Zeitaufwand (Quelle: § 33b Abs. 6 EStG).

Guter Rat: Pflege des Ehegatten oder eines Kindes

Den Pflegepauschbetrag von 924 € beantragen Sie immer, wenn Ihr Ehegatte oder Ihr Kind hilflos ist. Er steht Ihnen auf jeden Fall zu, selbst dann, wenn Sie den Behindertenpauschbetrag von 3.700 € (➤ Rz 181) für den betreuten Angehörigen absetzen. Der Behindertenpauschbetrag für Ehegatten wird im Rahmen der Zusammenveranlagung abgesetzt. Den für das Kind können Sie als Eltern absetzen, wenn das Kind ihn mangels Einkünfte nicht selbst in Anspruch nehmen kann (➤ Rz 192).

195 ◆ *Musterfall Familie Huber (Pflegepauschbetrag)*
Frau Huber betreut seit zwei Jahren die Schwester ihres Mannes, Hedwig Völler, die nach einer Gehirnblutung schwerbehindert ist (Merkzeichen »H« im Behindertenausweis). Dafür steht ihr der Pflegepauschbetrag von 924 € zu, den sie in > Zeile 65 – 66 beantragt.

	Pflege-Pauschbetrag wegen unentgeltlicher persönlicher Pflege einer ständig hilflosen Person in ihrer oder in meiner Wohnung		Erstmalige Beantragung / Änderung (Nachweis ist einzureichen)
65	Name, Anschrift und Verwandtschaftsverhältnis der hilflosen Person(en)	Name anderer Pflegeperson(en)	
66	Hedwig Völler, Hechtstr. 10, Köln, Schwester		

140

Zeile 65 Leistungen aus der Pflegeversicherung

Dieses Buch soll sich für Sie bezahlt machen. Deshalb sehen Sie nach, ob Sie nicht zusätzlich zu der mickrigen Steuerersparnis aus dem Pflegepauschbetrag von 924 € bei Vater Staat die Hand aufhalten können.

Die Pflegeversicherung (Sozialgesetzbuch 11/SGB XI) soll mit ihren Leistungen vorrangig die häusliche Pflege und die Pflegebereitschaft von Angehörigen und Nachbarn stützen, so steht es wörtlich in § 3 SGB XI. Der Pflegebedürftige hat die Wahl zwischen einer Sach- und einer Geldleistung. Damit das schon mal klar ist: Die Leistungen jeglicher Art, ob Sach- oder Geldleistung, sind nach § 3 Nr. 1 a EStG für den Pflegebedürftigen steuerfrei. Pflegen Sie z.B. Ihren Vater, so hat dieser, weil er seine Betreuung durch Sie selbst organisiert, Anspruch auf das steuerfreie Pflegegeld. Was er damit anstellt und ob er Ihnen davon etwas abgibt, geht den Fiskus einen feuchten Kehricht an (FG Bremen v. 24.11.2004, EFG 2005 S. 365). Offiziell arbeiten Sie unentgeltlich.

Den Antrag auf Pflegegeld stellen Sie bzw. Ihr Vater bei der Pflegekasse, die bei der zuständigen Krankenkasse eingerichtet worden ist. Dazu müssen Sie wissen, dass es nunmehr vier Pflegestufen gibt:

Pflegestufe 0

Personen mit dauerhaft erheblich eingeschränkter Alltagskompetenz, die zwar einen Hilfebedarf im Bereich der Grundpflege und hauswirtschaftlichen Versorgung haben, jedoch noch nicht die Voraussetzungen für eine Einstufung in die Pflegestufe I erfüllen, haben bereits seit dem 1. Juli 2008 Anspruch auf einen Betreuungsbetrag in Höhe von 100 € bzw. 200 € bei stark eingeschränkter Alltagskompetenz. Durch das Pflege-Neuausrichtungs-Gesetz wurden zum 1.1.2013 Leistungsverbesserungen insbesondere für demenziell erkrankte Menschen eingeführt: Bis zur Anwendung eines neuen Pflegebedürftigkeitsbegriffs erhalten sie mehr und – mit der häuslichen Betreuung – auch zielgenauere Leistungen. So besteht Anspruch auf Pflegegeld von 123 €/Monat oder Pflegesachleistungen. Zudem können nun bereits in der »Pflegestufe 0« Verhinderungspflege sowie Pflegehilfsmittel und Zuschüsse für Maßnahmen zur Verbesserung des individuellen Wohnumfelds in Anspruch genommen werden.

Pflegestufe I mit einem Pflegegeldanspruch von **244 €/Monat (mit Demenz 316 €)**

Darunter fallen erheblich Pflegebedürftige, die einmal täglich Hilfe bei wenigstens zwei Verrichtungen aus den Bereichen Körperpflege, Ernährung oder Mobilität und zusätzlich mehrfach in der Woche bei der hauswirtschaftlichen Versorgung benötigen. Ihr Pflegeaufwand muss durchschnittlich ca. 1,5 Stunden pro Tag betragen.

Pflegestufe II mit einem Pflegegeldanspruch von **458 €/Monat (mit Demenz 545 €)**
Betroffen sind Schwerpflegebedürftige, die dreimal täglich zu verschiedenen Zeiten Hilfe bei Verrichtungen aus den Bereichen Körperpflege, Ernährung oder Mobilität und zusätzlich mehrfach in der Woche bei der hauswirtschaftlichen Versorgung benötigen. Ihr Pflegeaufwand muss durchschnittlich mindestens drei Stunden pro Tag betragen.

Pflegestufe III mit einem Pflegegeldanspruch von **728 €/Monat**
Diese Pflegestufe betrifft Schwerstpflegebedürftige, die rund um die Uhr Hilfe bei der Körperpflege, der Ernährung oder der Mobilität und zusätzlich mehrfach in der Woche bei der hauswirtschaftlichen Versorgung benötigen. Der Pflegeaufwand muss durchschnittlich mindestens fünf Stunden pro Tag betragen, wobei der konkrete Hilfebedarf jederzeit, Tag und Nacht, anfallen kann.

Neuer Pflegebedürftigkeitsbegriff ab 2016?
Die Bundesregierung plant im Lauf der aktuellen Legislaturperiode einen zusätzlichen Pflegebedürftigkeitsbegriff einzuführen, womit das bisherige System von vier auf fünf Pflegestufen erweitert würde. Dadurch soll dem individuellen Unterstützungsbedarf aller Pflegebedürftiger besser Rechnung getragen werden. Neben körperlichen Einschränkungen werden auch Einschränkungen einbezogen, die etwa bei Demenzkranken häufig vorkommen.

Weitere ausführliche Informationen rund um die Pflegeversicherung finden Sie auf den Internetseiten des Bundesgesundheitsministeriums (www.bmg.bund.de).

198 ***TIPP* Später Rente für ehrenamtliche Pflege kassieren**

Für die häusliche Pflege zahlt die Pflegeversicherung ihrer schwerstpflegebedürftigen Mutter das Pflegegeld für Pflegestufe III in Höhe von 728 € im Monat. Das Pflegegeld ist eine Entschädigung eigener Art und deswegen steuerfrei (§ 3 Nr. 1 a EStG).
Was in § 166 Sozialgesetzbuch sechs (SGB VI) in Verbindung mit § 3 SGB XI geschrieben steht, ist finanziell nicht minder interessant. Als anerkannte Pfle-

geperson sind Sie durch Einbeziehung in die gesetzliche Rentenversicherung für das Alter sozial abgesichert. Hierdurch steigt Ihre spätere Rente, es können sogar Rentenansprüche erst durch die Pflegeleistungen begründet werden. Denn Pflegezeiten sind vollwertige Rentenzeiten. Dabei ist wichtig zu wissen: Es fallen nur diejenigen Personen unter die Rentenregelung, die einen Pflegebedürftigen

- nicht erwerbsmäßig und
- wenigstens 14 Stunden wöchentlich pflegen.

Sie dürfen allerdings neben der Pflege keine andere Erwerbstätigkeit ausüben, die Sie mehr als 30 Stunden pro Woche in Anspruch nimmt.

Nun fragen Sie mich nicht, in welcher Höhe Sie später aus dieser Tätigkeit mit einer (zusätzlichen) Rente belohnt werden. Das wird Ihnen nur ein Rentenexperte sagen können. Auf jeden Fall zahlt die Pflegeversicherung nicht unerhebliche Beträge für Sie in die Rentenkasse ein, nachzulesen in § 166 SGB VI.

TIPP Kümmern Sie sich um eine einsame kranke Nachbarin?

199

Dann lassen Sie sich das von Vater Staat honorieren. Denn auch bei Nachbarschaftshilfe können Sie den Pflegepauschbetrag beanspruchen (Quelle: EStH 33b; sittliche Verpflichtung bei enger persönlicher Beziehung zur gepflegten Person).

Die Zwangsläufigkeit Ihres Bemühens können Sie dem Finanzamt problemlos dartun. Schließlich hat die Nachbarin früher, wenn Not am Mann war, Ihre Kinder gehütet und so manchen Abend den Babysitter gespielt, ohne mehr als ein Dankeschön zu verlangen. Und da sollen Sie sich jetzt nicht um sie kümmern?

Wichtig zu wissen: Kosten häuslicher Intensiv- und Behandlungspflege sind zusätzlich zum Pauschbetrag für Körperbehinderung steuerlich absetzbar. Dazu mehr unter ➤ Rz 236.

Zeile 67–68 Andere außergewöhnliche Belastungen

Neben den bisher behandelten Fällen (➤ Rz 177 ff.) können Sie noch andere außergewöhnliche Belastungen in der Steuererklärung unterbringen. Hauptsächlich kommen in Betracht Aufwendungen durch:

200

- Krankheit ➤ Rz 206 ff.,
- Ehescheidung ➤ Rz 224 ff.,
- Kuraufenthalt ➤ Rz 215 ff.,
- Aufwendungen behinderter Menschen ➤ Rz 229 ff.,
  – Fahrtkosten
  – Pflegeheim
- Wiederbeschaffung von Hausrat ➤ Rz 219 ff.,
- Begräbnis/Trauerfall ➤ Rz 217 f.,
- Umzug/Wohnungswechsel ➤ Rz 222 f.,
- sonstige außergewöhnliche Belastungen ➤ Rz 241.

	Andere außergewöhnliche Belastungen (z. B. Fahrtkosten behinderter Menschen, Krankheitskosten, Kurkosten, Pflegekosten)	Aufwendungen EUR	Erhaltene / Anspruch auf zu erwartende Versicherungsleistungen, Beihilfen, Unter- stützungen, Wert des Nachlasses usw. EUR
	Art der Belastung		
67		63	,— 64 ,
68	Für die – wegen Abzugs der zumutbaren Belastung – nicht abziehbaren Pflegeleistungen wird die Steuerermäßigung für haushaltsnahe Dienstleistungen beantragt. Die in Zeile 67 enthaltenen Aufwendungen für haushaltsnahe Pflegeleistungen betragen (Aufwendungen abzüglich Erstattungen)	77	,

201   **Gleich vorweg die Ungerechtigkeit:**
Einen Teil der Belastung müssen Sie selbst tragen. Die Höhe der zumut-
baren Belastung ist davon abhängig, wie hoch Ihre Einkünfte sind, ob Sie
verheiratet sind und wie viele Kinder Sie haben. Es ist ein großes Unrecht, Ihnen – wenn Sie schon sehr belastet sind – auch noch zu sagen,
dass ein Teil davon zumutbar sei!

Soweit Ihnen von dritter Seite Kosten ersetzt werden, müssen Sie sich
diese Ersatzleistungen natürlich anrechnen lassen.

 Belastungstabelle (§ 33b Abs. 3 EStG)

Zumutbare Belastung (in % des Gesamtbetrags der Einkünfte)				
Bei einem Gesamtbetrag der Einkünfte von	Allein- ste- hende	Splittingberech- tigte u. Ver- witwete bis zum 2. Todesjahr	Personen mit steuerlich zu berücksichtigenden Kindern	
			1–2 Kinder	3 oder mehr Kinder
15.340 €	5	4	2	1
15.341–51.130 €	6	5	3	1
über 51.130 €	7	6	4	2

Zumutbare Belastung (in % des Gesamtbetrags der Einkünfte)	**202**

So berechnen Sie die außergewöhnlichen Belastungen:

Aufwendungen (bezahlte Rechnungen) > Zeile 67 Spalte 1	...... €
./. Erstattungen der Krankenkasse, aber ohne Krankengeld/Krankentagegeld, Zuschüsse des Arbeitgebers > Zeile 67 Spalte 2	– ...... €
Belastung	...... €

Das Finanzamt kürzt noch um die zumutbare Belastung.
Dieses Berechnungsschema gilt für alle Fälle außergewöhnlicher Belastung ab ➤ Rz 200.

◆ *Musterfall Backs (Beerdigungs- und Krankheitskosten)* **203**

Freund Backs möchte das Jahr 2015 am liebsten ganz vergessen. Im Frühjahr verstarb seine alleinstehende Mutter. Von den 5.050 € Begräbniskosten trug 2.500 € die Sterbegeldversicherung, den Rest zahlte er selbst.

In den Begräbniskosten waren 830 € für die Bewirtung der Trauergäste enthalten. Backs weiß, dass er die Bewirtungskosten nicht absetzen kann. Deshalb trägt er nur 4.220 € in > Zeile 67 ein. Allerdings rechnet er die Bewirtungskosten mit dem Sterbegeld auf und setzt deshalb nur 1.670 € als Versicherungsleistung an.

Im Herbst war Backs einige Wochen gesundheitlich schwer angeschlagen. Ein Krankenhausaufenthalt hat insgesamt 4.600 € gekostet, davon hat die Krankenkasse als Abschlag in 2015 2.700 € gezahlt, 2016 einen Restbetrag von 700 €. Von seinem Arbeitgeber bekam Backs 2015 einen steuerfreien Zuschuss von 250 €.

	Andere außergewöhnliche Belastungen (z. B. Fahrtkosten behinderter Menschen, Krankheitskosten, Kurkosten, Pflegekosten)		Aufwendungen EUR		Erhaltene / Anspruch auf zu erwartende Versicherungsleistungen, Beihilfen, Unterstützungen; Wert des Nachlasses usw. EUR
67	An der Belastung	63	8 8 2 0,–	64	5 3 2 0,–
68	Für die – wegen Abzugs der zumutbaren Belastung – nicht abziehbaren Pflegeleistungen wird die Steuerermäßigung für haushaltsnahe Dienstleistungen beantragt. Die in Zeile 67 enthaltenen Aufwendungen für haushaltsnahe Pflegeleistungen betragen (Aufwendungen abzüglich Erstattungen)			77	,–

Backs weiß, dass die verbleibenden Kosten nicht in voller Höhe berücksichtigt werden, sondern um die zumutbare Belastung gekürzt werden. Aufgrund seiner drei Kinder beträgt die zumutbare Belastung nur 1 % des Gesamtbetrags seiner Einkünfte in Höhe von 37.500 €. Dies führt zu folgender Steuerermäßigung:

Begräbniskosten	*2.550 €*
Krankheitskosten	*950 €*
Summe	*3.500 €*

./. zumutbare Belastung = 1 % von 37.500 € =   – <u>375 €</u>
Außergewöhnliche Belastungen   <u>3.125 €</u>

Und so gehen Sie mit der zumutbaren Belastung richtig um:

204 **Mal kleckern, mal klotzen**

Die zumutbare Belastung wird Ihnen in jedem Jahr abgezogen. Auf diese raffinierte Weise erreicht der Fiskus, dass die meisten Aufwendungen unter den Tisch fallen. Wie können Sie dem begegnen?

Rechnen Sie sich zunächst Ihre zumutbare Belastung anhand der Übersicht unter ➤ Rz 202 aus. (Den Gesamtbetrag Ihrer Einkünfte können Sie sich vom Steuerprogramm Elster berechnen lassen, ➤ Rz 6.) Dann sehen Sie zu, dass Sie über diesen Betrag kommen, indem Sie Aufwendungen, die Sie eigentlich jetzt machen müssten, für das nächste Jahr aufheben, oder umgekehrt: Haben Sie in diesem Jahr unerwartete Belastungen, so ziehen Sie Ausgaben, die für nächstes Jahr geplant waren, vor. Die Devise lautet also: In einem Jahr kleckern, im anderen klotzen.

205 **Unbegrenzter Kostenabzug dank Einspruch?**

Die zumutbare Belastung ist ein Ärgernis. In den meisten Fällen fällt sie so hoch aus, dass sich Krankheitskosten oder andere außergewöhnliche Belastungen nicht auswirken.

Ob diese Eigenbelastungsgrenze verfassungsgemäß ist oder die Krankheitskosten gar ab dem ersten Euro steuerlich anerkannt werden müssen, soll nun der Bundesfinanzhof klären. Dort sind zwei Nichtzulassungsbeschwerden zu diesem Thema anhängig (VI B 150/12 und VI B 116/12).

Sie sollten sich in jedem Fall auf diese Verfahren berufen und Einspruch gegen Ihren Steuerbescheid einlegen. Wie Sie dabei vorgehen, sehen Sie unter ➤ Rz 1121 in diesem Arbeitsbuch.

Nach einer Verfügung der OFD Rheinland sollen Einsprüche, die sich auf diese Verfahren stützen, ruhend gestellt werden (Kurzinfo Verfahrensrecht vom 14.12.2012 – 4/2011), d.h., Ihr Steuerfall bleibt bis zu einer Entscheidung des Bundesfinanzhofs offen. Möglicherweise können die Krankheitskosten nach einer Entscheidung des Gerichts doch noch anerkannt werden.

206 ## Zeile 67–68 Krankheitskosten

Aufwendungen für Heilen, Lindern oder Vorbeugen von Krankheiten sind steuerlich absetzbar.

Voraussetzung für die steuerliche Berücksichtigung der Aufwendungen ist, dass diese **zwangsläufig** entstanden sind. Nun sollte man meinen, Krankheitskosten entstünden stets zwangsläufig, denn wer sucht sich eine Krankheit schon aus? Dennoch wollen die misstrauischen Finanzbürokraten einen Nachweis der Zwangsläufigkeit in Form einer Verordnung des Arztes oder Heilpraktikers sehen.

Ohne Nachweis geht gar nichts!
Die Anerkennung Ihrer Kosten für Medikamente, Heil- und Hilfsmittel als außergewöhnliche Belastung hängt also davon ab, dass Sie deren Notwendigkeit nachweisen. Nach § 64 EStDV benötigen Sie dafür in jedem Fall das Rezept eines Arztes oder eines Heilpraktikers.
Bei Medikamenten, die Sie dauernd oder über längere Zeit einnehmen müssen, genügt es, einmal eine ärztliche Dauerverordnung vorzulegen. Auch für Hilfsmittel wie Brillen benötigen Sie ein Rezept des Augenarztes. Die Bescheinigung des Optikers über die Veränderung Ihrer Sehstärke reicht nicht aus.
Erfreulich das BFH-Urteil vom 11.8.1991 (III R 70/88 – BFH/NV 385/1991), wonach nicht rezeptpflichtige Medikamente und allgemeine Stärkungsmittel steuerlich abziehbar sind, wenn sie – nach Gegenstand und Menge spezifiziert – ärztlich verordnet wurden und die Krankenkasse eine Erstattung der Kosten abgelehnt hat. Mit derselben Begründung können Sie auch die Zuzahlungen absetzen, die Sie leisten mussten, weil Sie lieber das erprobte teurere Markenmedikament genommen haben, statt sich mit einer unbekannten Ersatzpille zufriedenzugeben.
Genauso förmlich geht es mit den Nachweisen zu bei Heil- und Hilfsmitteln, die Gegenstände des täglichen Bedarfs ersetzen, z.B. Spezialbetten, orthopädische Schuhe, Stützstrümpfe, Spezialwäsche etc. Oder wenn bei Ihnen eine wissenschaftlich nicht anerkannte Behandlungsmethode wie Frischzellen- oder Trockenzellenbehandlung, Sauerstoff-, Chelat- oder Eigenbluttherapie angewendet wird. In diesen Fällen benötigen Sie ein **vor** dem Kauf des Hilfsmittels bzw. **vor** Beginn der Behandlung ausgestelltes Attest vom **Amtsarzt** oder vom **Medizinischen Dienst**.

Keine Ausnahme von der Regel: Die Ausnahmen, nach denen die medizinische Erforderlichkeit bestimmter Maßnahmen auch nachträglich durch den Amtsarzt bestätigt werden konnte, hat der Gesetzgeber mit Einführung des § 64 EStDV einkassiert.

Im Folgenden der Wortlaut der Schreckensvorschrift:
Den Nachweis der Zwangsläufigkeit von Aufwendungen im Krankheitsfall hat der Steuerpflichtige zu erbringen:

*1. durch eine **Verordnung eines Arztes oder Heilpraktikers** für Arznei-, Heil- und Hilfsmittel (§§ 2, 23, 31 bis 33 des Fünften Buches Sozialgesetzbuch);*

*2. durch ein **amtsärztliches Gutachten oder eine ärztliche Bescheinigung eines Medizinischen Dienstes der Krankenversicherung** (§ 275 des Fünften Buches Sozialgesetzbuch) für*

a) eine Bade- oder Heilkur; bei einer Vorsorgekur ist auch die Gefahr einer durch die Kur abzuwendenden Krankheit, bei einer Klimakur der medizinisch angezeigte Kurort und die voraussichtliche Kurdauer zu bescheinigen,

b) eine psychotherapeutische Behandlung; die Fortführung einer Behandlung nach Ablauf der Bezuschussung durch die Krankenversicherung steht einem Behandlungsbeginn gleich,

c) eine medizinisch erforderliche auswärtige Unterbringung eines an Legasthenie oder einer anderen Behinderung leidenden Kindes des Steuerpflichtigen,

d) die Notwendigkeit der Betreuung des Steuerpflichtigen durch eine Begleitperson, sofern sich diese nicht bereits aus dem Nachweis der Behinderung nach § 65 Absatz 1 Nummer 1 ergibt,

e) medizinische Hilfsmittel, die als allgemeine Gebrauchsgegenstände des täglichen Lebens im Sinne von § 33 Absatz 1 des Fünften Buches Sozialgesetzbuch anzusehen sind,

f) wissenschaftlich nicht anerkannte Behandlungsmethoden, wie z. B. Frisch- und Trockenzellenbehandlungen, Sauerstoff-, Chelat- und Eigenbluttherapie.

Der nach Satz 1 zu erbringende Nachweis muss vor Beginn der Heilmaßnahme oder dem Erwerb des medizinischen Hilfsmittels ausgestellt worden sein;

*3. durch eine **Bescheinigung des behandelnden Krankenhausarztes** für Besuchsfahrten zu einem für längere Zeit in einem Krankenhaus liegenden Ehegatten oder Kind des Steuerpflichtigen, in dem bestätigt wird, dass der Besuch des Steuerpflichtigen zur Heilung oder Linderung einer Krankheit entscheidend beitragen kann.*

207 ***TIPP*** **Haben Sie Ihre Zahnreparatur selbst bezahlt?**

Lassen Sie z. B. Ihre Amalgamfüllungen durch Goldinlays ersetzen, kostet Sie der Eigenanteil ein halbes Vermögen. Aber durch die Steuererstattung ist es nur

148

EINKOMMENSTEUERERKLÄRUNG
Hauptformular

2016

halb so schlimm. Und: Lächeln ist die schönste Methode, Ihrem Fiskalritter die Zähne zu zeigen. Nehmen Sie für die Zahnarztrechnung einen Kredit auf, können Sie sogar die Zinsen nebst Bearbeitungsgebühr und Disagio absetzen.

Achten Sie aber wegen der zumutbaren Belastung darauf, die Zahnarztrechnung zusammen mit evtl. anderen außergewöhnlichen Ausgaben in einem Kalenderjahr zu bezahlen.

 ## Beachten Sie die zumutbare Belastung der Sozialkassen

208

Was für die Steuer richtig ist – mal kleckern, mal klotzen (➤ Rz 204) –, das gilt ebenfalls für die Krankenversicherung. Denn auch die Sozialgesetzbücher muten Ihnen zu, einen Eigenanteil an Krankheitskosten bis zu 2 % (für chronisch Kranke bis zu 1 %) Ihrer Bruttoeinnahmen selbst zu tragen. Bis zu dieser Grenze sind Zuzahlungen zu entrichten.

Wird die Belastungsgrenze innerhalb eines Kalenderjahrs erreicht, hat die Krankenkasse eine Bescheinigung darüber zu erteilen, dass für den Rest des Kalenderjahres keine Zuzahlungen mehr zu leisten sind (§ 61 SGB V). Es gibt Kassen, die gegen eine Vorauszahlung in Höhe der Belastungsgrenze die Bescheinigung schon zu Beginn des Jahres ausstellen (z. B. Barmer Ersatzkasse). Bei der Ermittlung der Belastungsgrenze werden die Bruttoeinnahmen der Haushaltsangehörigen und die Zuzahlungen zusammengerechnet.

Dies bedeutet für Sie:
1. Sie müssen sich sämtliche Zuzahlungen bescheinigen lassen und die Bescheinigungen sammeln, damit Sie die Überschreitung der 2-%-Grenze gegenüber der Krankenkasse belegen können.
2. Sie sollten notwendige Heilbehandlungen, den Erwerb von Hilfsmitteln, Kuren etc. für Sie und Ihre Familie möglichst in einem Jahr bündeln. So kommen Sie am schnellsten über die Belastungsgrenze und machen sich so für weitere Kosten zuzahlungsfrei.

Berechnung der Belastungsgrenze

209

Von den jährlichen Bruttoeinnahmen werden Freibeträge abgezogen: 5.103 € für den Ehe- oder Lebenspartner. Für jedes Kind wird ein Betrag in Höhe der Freibeträge für Kinder von derzeit 7.008 € angesetzt. Alleinerziehende mit zwei Kindern erhalten so beispielsweise einen Freibetrag von 14.016 €.

Beispiel

Eltern mit einem Kind, Bruttoeinnahme zum Lebensunterhalt = 40.000 €
./. Freibeträge

Ehegatte	5.103 €	
Kind	7.008 €	
Summe	12.111 € >	– 12.111 €
Verbleiben		27.889 €
Davon 2 % = Belastungsgrenze		558 €

210 Auszug aus dem Horrorkatalog für Zuzahlungen

Arznei-, Verband- und Hilfsmittel:

Bei verschreibungspflichtigen Arznei-, Verband- und Hilfsmitteln (z.B. Einlagen) müssen Patienten 10 % der Kosten selbst tragen. Die Zuzahlung beträgt mindestens 5 €, höchstens jedoch 10 €.

Das bedeutet: Bei einem Medikament für 80 € zahlt der Patient 8 € zu. Bei einer Salbe für 7 € sind nicht etwa nur 0,70 € fällig, sondern satte 5 €. Hingegen ein sehr teures Medikament für 150 € kostet den Patienten statt 15 € nur 10 €.

Bei Hilfsmitteln, die zum Verbrauch bestimmt sind (z.B. Windeln bei Inkontinenz), ist die Zuzahlung auf 10 € je Indikation im Monat beschränkt. Besonderheit: Für Arzneimittel, für die ein Festbetrag festgesetzt wurde, übernimmt die Krankenkasse nur die Kosten bis zur Höhe dieses Festbetrags. Liegt er unterhalb des Apothekenverkaufspreises, fallen daher weitere Zuzahlungen an.

Stationäre Behandlung/Anschlussrehabilitation:

Wer im Krankenhaus behandelt wird, muss pro Tag 10 € zuzahlen – begrenzt auf 28 Tage im Kalenderjahr. Das heißt: Niemand muss mehr als 280 € zuzahlen. Diese Regelung gilt auch für die Anschlussrehabilitation, wobei die Zuzahlungen zu den vorhergehenden Krankenhaustagen angerechnet werden.

Rehabilitation – ambulant und stationär:

Wer in einer Rehaklinik eine stationäre oder ambulante Rehabilitation macht, zahlt ohne zeitliche Begrenzung 10 € pro Tag zu.

Vorsorge – stationär:

Wer z.B. eine Mutter/Vater-Kind-Kur macht, zahlt ohne zeitliche Begrenzung 10 € pro Tag zu.

Heilmittel und häusliche Krankenpflege:

Bei Heilmitteln – wie Krankengymnastik, Ergotherapie, Logopädie oder Massage – müssen Patienten 10 % der Kosten selbst tragen. Hinzu kom-

men 10 € pro Rezept. Das heißt: Wer vom Arzt sechs Therapieeinheiten verordnet bekommt, zahlt 10 % der gesamten Behandlungskosten plus einmalig 10 €. Zu den Behandlungskosten zählen auch Kosten, die durch Hausbesuche bei Patienten entstehen.
Verordnungsgebühr und 10 % Zuzahlung gelten auch für die häusliche Krankenpflege, z. B., wenn ein Patient nach einer Operation zu Hause von einem Pflegedienst versorgt wird, damit er das Krankenhaus schneller verlassen kann. Bei der häuslichen Krankenpflege bleibt die Zuzahlung auf max. 28 Tage pro Kalenderjahr begrenzt.

Fahrtkosten:
Fahrten zu einer ambulanten Behandlung übernehmen die gesetzlichen Krankenkassen nur noch in Ausnahmefällen und nach vorheriger Genehmigung. Und selbst dann muss der Patient – ebenso wie bei Fahrten zur stationären Behandlung – 10 % zuzahlen, mindestens jedoch 5 € und höchstens 10 €.

Haushaltshilfen:
Familien mit Kindern, die eine Haushaltshilfe brauchen – z. B., weil die Mutter im Krankenhaus liegt –, müssen pro Tag 10 % der Kosten selbst übernehmen. Dabei beträgt die Zuzahlung wie bei Medikamenten mindestens 5 €, höchstens 10 €.

Zeile 67–68 Die Praxis-Checkliste

Hier eine Checkliste der Krankheitskosten, damit nichts vergessen wird: **211**

Abzugsfähig sind Aufwendungen, soweit nicht erstattet, für	Ja	Nein
Arzt, Zahnarzt	x	
Bewegungsbad	x	
Bio-Schlafzimmer mit Attest vom Amtsarzt (EFG 1991 S. 194)	x	
Diätkosten		x
Hinweis: In der Frage, ob Aufwendungen für ärztlich verordnete Vitamine und andere Mikronährstoffe zur Behandlung einer chronischen Stoffwechselstörung als außergewöhnliche Belastung abzugsfähig sind, ist beim Bundesfinanzhof ein Revisionsverfahren anhängig (Az. VI R 89/13). Im Streitfall ersetzte die Diätkost eine medikamentöse Behandlung der Steuerpflichtigen, die an einer Gluten-Unverträglichkeit leidet. Wie Sie von diesem Musterverfahren profitieren, dazu mehr unter ➤ Rz 1121.		

Abzugsfähig sind Aufwendungen, soweit nicht erstattet, für	Ja	Nein
Eizellenspende im Ausland		x
Entzugskur – Alkohol	x	
Erstlingsausstattung		x
Fahrten zum Arzt, Apotheke, Krankenhaus mit 0,30 € je km	x	
Fahrten zur logopädischen Betreuung des sprachgestörten Kindes (Kindergarten, Schule) mit 0,30 € je km (auch Leerfahrten) (FG Brandenburg vom 23.8.1995, Az 2 K 1126/94 E)	x	
Fahrten zur Selbsthilfegruppe, z. B. Anonyme Alkoholiker	x	
Fahrtkosten zur Gymnastik, Vorsorge, Fehlalarm	x	
Frischzellen mit amtsärztl. Attest	x	
Garage, verbreitert	x	
Gebäudeeinbauten, krankheitsbedingte		
Geburt, Arzt, Hebamme, Medikamente, Gymnastik	x	
Haartoupet mit amtsärztl. Attest	x	
Haartransplantation mit amtsärztl. Attest	x	
Haushaltshilfe nach der Geburt	x	
Haushaltshilfe nach Geburt von Drillingen	x	
Heileurythmische Behandlung (BFH vom 26.02.2014, Az. VI R 27/13)	x	
Heilpraktiker	x	
Hilfsmittel wie Rollstuhl, Brille, Haftschalen, Hörapparat, Einlagen usw.	x	
Homöopathie	x	
Kinder, Kosten der auswärtigen Unterbringung wegen Asthma, Neurodermitis oder Legasthenie (BStBl 1993 II S. 212)	x	
Krankenbesuche		
kranker Erwachsener mit schwerer Erkrankung	x	
kranker Erwachsener mit leichter Erkrankung		x
Krankenhaus		
krankes Kind	x	
Medikamente (nicht zugelassen, Wirksamkeit jedoch möglich bzw. nicht ausgeschlossen, Arznei nicht als bedenklich eingestuft; FG München v. 19.12.2001, Az 1 K 4737/00)	x	
Medikamente nach ärztl. Attest		
Medizinische Leistung		
Mittagsheimfahrten aus Gesundheitsgründen		x
Psychotherapie mit ärztl. Attest	x	

Abzugsfähig sind Aufwendungen, soweit nicht erstattet, für	Ja	Nein
Rezeptgebühr	x	
Saunabesuche		x
Schlichtungsverfahren (Bergschaden von Gebäude, Revision beim BFH anhängig unter Az. VI R 62/13)	x	
Schulmedizin	x	
Stärkungsmittel mit ärztl. Attest	x	
Treppenschräglift (EFG 1995 S. 264)	x	
Trinkgelder an Krankenhauspersonal		x
Unterbringung	x	
Verpflegung ohne Abzug der Haushaltsersparnis	x	
Vorsorgeuntersuchung	x	
Wunderheiler		x
Zahnarzt, Eigenanteil	x	

212
TIPP **Pollenalarm – Der Fiskus hilft**

Werden Sie im Frühjahr und Sommer von bestimmten Bäumen und Sträuchern in Ihrem Garten gequält, werden Sie nicht lange zögern, diese durch »freundliche« Gewächse zu ersetzen. Die Kosten für die Beseitigung der Störenfriede können als außergewöhnliche Belastungen berücksichtigt werden, vorausgesetzt, ein Amts- oder Vertrauensarzt bescheinigt Ihnen die medizinische Notwendigkeit des Kahlschlags (BFH-Urt. v. 15.3.2007, Az. III R 28/06).

213
TIPP **Mit dem Werbungskostenabzug fahren Sie besser**

Da sich wegen der zumutbaren Eigenbelastung (➤ Rz 201 ff.) die meisten Krankheitskosten steuerlich nicht auswirken, wäre es besser, wenn man sie in der Anlage N als Werbungskosten eintragen könnte. Hier gilt der sog. Veranlassungszusammenhang. Sind die Krankheitskosten beruflich bedingt, können sie als Werbungskosten abgesetzt werden. So entschied beispielsweise das Finanzgericht Rheinland-Pfalz, dass Kosten zur Behandlung einer phsychischen Erkrankung Werbungskosten sind. Im Streitfall konnte ein eindeutiger Zusammenhang der Erkrankung mit Problemen mit dem Dienstvorgesetzten am Arbeitsplatz dargelegt werden (FG Rheinland-Pfalz v. 22.8.2012 – Az. 2 K 1152/12).

214  **Besorgen Sie sich im Krankheitsfall Hilfe im Haushalt**

Muss die Hausfrau ins Krankenhaus oder zur Kur, übernimmt die Krankenkasse die Kosten für eine Haushaltshilfe. Schließlich sind die Kosten durch
die Krankheit veranlasst (§ 38 SGB V). Entsprechendes gilt, wenn die Hausfrau ein krankes Kind im Krankenhaus als Begleitperson betreuen muss (BSG,
Urt. v. 23.11.1995 1 RK 11/95).

215 Zeile 67-68 Kuraufenthalt

Viele haben es verdammt nötig, dann und wann ihre Gesundheit durch
eine Heilkur aufzumöbeln. Die Aufwendungen dafür (Fahrtkosten und
Verpflegungsmehraufwendungen) sind abziehbar, wenn und soweit

1. vor Antritt der Kur ein amtsärztliches Zeugnis oder eine ärztliche Bescheinigung des Medizinischen Dienstes der Krankenversicherung
über die Bedürftigkeit eingeholt wird und

2. die Kur unter ärztlicher Aufsicht erfolgt.

Von einem amtsärztlichen Zeugnis kann regelmäßig abgesehen werden,
wenn eine gesetzliche Krankenkasse einen Zuschuss zu den Fahrtkosten
und Verpflegungsmehraufwendungen leistet.

Abzugsfähig sind, soweit nicht erstattet	Ja	Nein
Fahrtkosten zum Kurort und zurück in Höhe der Kosten für öffentliche Verkehrsmittel	x	
Übernachtungskosten	x	
Verpflegungskosten nach Abzug der Haushaltsersparnis (20 % der Aufwendungen)	x	
Übliche Kosten für Behandlungen und Anwendungen am Kurort	x	
Ortsübliche Nebenkosten für Trinkgelder, Parkgebühren	x	
Kosten der Besuchsfahrt des Ehegatten, sofern ärztliche Notwendigkeit bescheinigt wurde	x	
Kosten für Begleitperson wegen Alter oder Hilflosigkeit, sofern ein Attest dafür vorliegt	x	
Kosten einer Nachkur unter ärztlicher Aufsicht in einem Sanatorium	x	
Kosten einer Nachkur in einem typischen Erholungsgebiet mit Attest		x

Gut zu wissen: Wenn Sie beim Finanzamt mit dem Abzug der Fahrtkosten und der Verpflegungsmehraufwendungen auf Granit beißen sollten, sind zumindest die während der Kur entstandenen Kosten für Arztbesuche, Medikamente, therapeutische Maßnahmen wie Massagen, Bäder, Fango, Moor etc. als Krankheitskosten (➤ Rz 206) absetzbar.

216

TIPP Reise zur Klimakur ans Tote Meer

Bei einer Klimakur sagt der Fiskus sofort »Nix gibt's«, es sei denn, Sie leiden an Schuppenflechte oder Neurodermitis. Nun möchten Sie gern während der Kur Ihre Krankheit loswerden, aber dabei nicht unbedingt Trübsal blasen. Dann fahren Sie doch nach Davos/Schweiz oder besser noch in die Gegend um das Tote Meer/Israel. Vorher sollten Sie sich vom Amtsarzt die Notwendigkeit der Kur am Toten Meer bescheinigen lassen.

Sie können ihm ruhig sagen, dass Sie wegen der Steuer zu ihm gekommen sind! Er muss ja schließlich auch Steuern zahlen und tut das bestimmt nicht gern … Den Weg können Sie sich hingegen sparen, wenn sich die Kurbedürftigkeit schon aus einem Bewilligungsbescheid der Krankenkasse – oder bei Beamten der Beihilfestelle – ergibt (BFH-Urt. v. 30.6.1995 – BStBl 1995 II S. 614). Haben Sie den Gang zum Gesundheitsamt bzw. zur Kasse vergessen, werfen Sie nicht gleich die Flinte ins Korn! Berufen Sie sich – obwohl der BFH genau gegenteilig entschieden hat (Urt. v. 17.7.2003 – III R 5/02) – auf die Urteile der Finanzgerichte Rheinland-Pfalz (Urt. v. 18.5.1992 – EFG 1992 S. 465) und Düsseldorf (Urt. v. 20.12.1991 – EFG 1992 S. 341), wonach die Notwendigkeit der Kur auch nachträglich festgestellt werden kann.

Und lassen Sie nicht locker mit stets neuen Begründungen hier und auch bei allen anderen Ablehnungen. Machen Sie ihnen Arbeit – das hassen Bürokraten am meisten!

Zeile 67–68 Begräbnis, Trauerfall

217

Alle Kosten, die beim Tod eines Angehörigen entstehen, sind als außergewöhnliche Belastungen absetzbar, soweit sie den Wert des Nachlasses übersteigen. Zum Nachlass rechnen insbesondere: Ansprüche aus einer Lebens- oder Sterbeversicherung, Bankguthaben, Effekten. Nicht zum verrechnungspflichtigen Nachlass gehören persönliche Gegenstände wie Hausrat, privater Pkw usw.

Nun gibt es Begräbniskosten, die der Fiskus nicht so unbedingt als solche gelten lassen will. Dazu gehören die Kosten für die Fahrt zum Begräbnis, den sog. Leichenschmaus und eine zu aufwendige Grabstätte. Sie sind indessen mittelbar abzugsfähig, weil sie mit dem Geld aus einer Sterbeversicherung verrechnet werden können. Nur der Rest aus der Sterbegeldversicherung wird dann auf die eigentlichen Beerdigungskosten angerechnet (BFH v. 19.10.1990 – BStBl 1991 II S. 140). Ende der Fahnenstange ist für den Fiskus ein Gesamtbetrag der Begräbniskosten von etwa 7.500 € (OFD Berlin v. 27.11.2003, Az: St 177 – S. 2284 – 1/90).

Abzugsfähig sind Aufwendungen für	Ja	Nein
Blumenschmuck	x	
Bewirtung der Trauergäste		x
Erwerb der Grabstätte	x	
Grabpflege		x
Grabstein	x	
Reise zum Begräbnis (BStBl 1994 II S. 754)		x
Sarg	x	
Trauerdrucksachen	x	
Trauerkleidung		x
Überführung	x	
Umbettung		x

Haben Sie Schulden des/der Verstorbenen übernommen?

Hat die/der Verstorbene Geld hinterlassen, ist es verständlich, wenn der Fiskus verlangt, zunächst dieses Geld für die Bestattung zu verwenden. Wie ist es aber, wenn der Verstorbene nur Schulden hinterlassen hat? Da sagt der Fiskus schnell: Die Übernahme der Schulden ist nicht zwangsläufig, weil ein Erbe die Möglichkeit hat, das Erbe auszuschlagen.

Der BFH sieht das aber anders. Wenn Sie als naher Angehöriger nicht umhinkonnten, Schulden zu begleichen, die auf täglichen Bedürfnissen des Verstorbenen oder im Zusammenhang mit dessen Tod beruhten, wie z. B. offene Arztrechnungen, rückständige Miete, Aufwendungen für die Renovierung der Wohnung, Zahlungsrückstände für Strom, Gas, Telefon usw., dann sind diese Kosten den Bestattungskosten hinzuzurechnen (BFH-Urt. v. 24.7.1987 – III R 208/82).

218

 Bestattungskosten bündeln

Für nahezu jeden kommt einmal der Tag, an dem er einen nahen Angehörigen zu Grabe tragen muss. In dieser schweren Zeit denkt man nicht daran, das Finanzielle geschickt zu deichseln. Folge: Vielfach geht wegen der zumutbaren Belastung die Steuervergünstigung ins Leere.

Dies können Sie vermeiden, wenn Sie die Bestattungskosten möglichst in einem Jahr bündeln, indem Sie z. B. auf die im neuen Jahr anstehende Rechnung für den Grabstein noch vor Jahresablauf eine Abschlagszahlung leisten. Denn das sog. Abflussprinzip gilt auch bei außergewöhnlichen Belastungen. Dies bedeutet: Kosten werden in dem Jahr angesetzt, in dem sie bezahlt wurden.

Zeile 67–68 Wiederbeschaffung von Hausrat

219

Hausrat ist privat und dessen nimmt sich der Fiskus normalerweise nicht an. Haben Sie aber durch höhere Gewalt wie Feuer, Hochwasser, Unwetter, auch Diebstahl oder durch politische Verfolgung Hausrat und Bekleidung verloren, sind die Wiederbeschaffungs- und/oder Instandsetzungskosten als außergewöhnliche Belastung absetzbar, soweit nicht eine Versicherung für den Schaden aufkommt.

Aufgepasst: Wer keine Hausrat- oder Gebäudeversicherung abgeschlossen hat, schaut ganz in die Röhre. Dann sollen Wiederbeschaffungskosten überhaupt nicht abzugsfähig sein (BFH-Urt. v. 26.6.2003, BStBl 2004 II S. 47).

Es muss sich bei den verlorenen bzw. beschädigten Dingen um existenziell notwendige Gegenstände handeln. Ein Pkw gehört nicht dazu. Und es müssen Aufwendungen angefallen sein. Ein bloßer Schadenseintritt reicht nicht aus. Auch müssen Sie bekunden können, dass der Schaden ohne Ihr Verschulden eingetreten ist, dass Sie also zumutbare Schutzmaßnahmen nicht versäumt haben (EStR 33.2).

Die Finanzämter erkennen für die Wiederbeschaffung eines kompletten Haushalts im Allgemeinen als angemessen an:

Für das Familienoberhaupt	10.000 €
Für den Ehegatten	7.000 €
Für jede weitere im Haushalt lebende Person	3.000 €

Die Anerkennung eines höheren Schadens ist nicht ausgeschlossen.

Beachten Sie: Die gestohlenen oder zerstörten Gegenstände müssen innerhalb von drei Jahren wiederbeschafft bzw. die entstandenen Schäden innerhalb dieses Zeitraums behoben worden sein, ansonsten heißt es: Wer zu spät kommt, den bestraft St. Fiskus (Quelle: EStR 33.2).
Auch hier gilt: Wegen der zumutbaren Belastung lieber in einem Jahr klotzen statt in mehreren Jahren kleckern.

220 ***TIPP*** **Entschädigung für Ihre nassen Füße**

Hat das Sauwetter Ihren Keller unter Wasser gesetzt? Und die Hausratversicherung zahlt nicht, weil die Fluten das Abwasserrohr in der falschen Richtung benutzt haben? Dann grämen Sie sich nicht, beteiligen Sie lieber das Finanzamt an den Renovierungskosten. Verwahren Sie aber den Ausschnitt aus Ihrer Lokalgazette über das Unwetter, und präsentieren Sie dem Fiskalritter fein säuberlich alle Quittungen über die neu beschafften Möbel für Ihren ruinierten Partyraum. Und schon erhalten Sie eine saftige Steuererstattung wegen außergewöhnlicher Belastung.

221 Sind Sie durch Zimmerbrand, Wasserschaden oder Diebstahl außergewöhnlich belastet, könnte Ihre Rechnung z. B. so aussehen:
Einbruchdiebstahl während der Urlaubsreise
Gestohlene Gegenstände:

Fernsehgerät	1.700 €	
Hi-Fi-Anlage einschl. Lautsprecher	2.400 €	
Kleidungsstücke lt. Aufstellung	2.300 €	
Münzsammlung	600 €	
Bilder	2.800 €	
Notgroschen (Bargeld)	300 €	
	10.100 €	> 10.100 €
Beschädigte Einrichtung (Reparatur-, Wiederbeschaffungskosten abzgl. Restwert, soweit unbrauchbar geworden): Haustür	500 €	
Beschädigungen Küchen-, Schlaf-, Wohnmöbel	2.100 €	> 2.650 €
		12.750 €
./. Erstattung von der Versicherung		– 8.500 €
Verbleibende Aufwendungen		4.250 €
./. zumutbare Belastung von z. B.		– 1.250 €
Verbleiben außergewöhnliche Belastungen von		3.000 €

Ergibt einen Zuschuss von St. Fiskus (Steuersatz z. B. 35 %) in Höhe von 1.050 €.

Zeile 67–68 Umzug 222

Soweit Umzugskosten nicht beruflich veranlasst sind, können sie als außergewöhnliche Belastung abziehbar sein, wenn der Umzug durch einen **persönlichen Wohnungsnotstand** veranlasst ist. Ein solcher ist gegeben, wenn die bisherige Wohnung gesundheitsschädlich oder eine Notunterkunft war oder krankheitsbedingt aufgegeben werden musste. So hat der BFH Umzugskosten als außergewöhnliche Belastung anerkannt, weil das Kind eines Steuerzahlers gelähmt war und deswegen eine Erdgeschosswohnung bezogen werden musste (Urt. v. 14.12.1965 – BStBl 1966 III S.113).

Der Fiskus muss Ihnen auch bei Familienzusammenführung unter die Arme greifen.

Umzug wegen Ehescheidung, Stadtsanierungsmaßnahmen oder Eigenbedarf des Vermieters wurden bisher nicht anerkannt. Umzüge aus diesen Gründen seien, so meinen die Fiskalhüter, keine außergewöhnlichen Ereignisse.

223

TIPP **Umzugskosten sind immer abzugsfähig!**

Auch wenn bei Ihnen nicht der Wohnungsnotstand ausgebrochen ist, haben Sie die Möglichkeit, Ihre Kosten steuerlich unterzubringen.

1. Erfolgt der Umzug aus beruflichen Gründen, handelt es sich um Werbungskosten (Anlage N, > Zeile 46–48; ➤ Rz 799 ff.).
2. Ein privat veranlasster Umzug führt als »haushaltsnahe Dienstleistung« zu einer Steuerermäßigung (Hauptformular, > Zeile 71; ➤ Rz 262).

Zeile 67–68 Ehescheidung 224

Auch wenn nicht die Fetzen fliegen, ist eine Scheidung wenig angenehm, da teuer. Die meisten Kosten sind allerdings steuerlich absetzbar: Anwalts- und Gerichtskosten, Fahrtkosten zum Gericht und zum Anwalt (0,30 € je gefahrenen Kilometer), Recherchen/Detektiv (BFH-Urt. v. 21.2.1992 – BStBl 1992 II S.795), Mediation (FM Niedersachsen v. 15.9.2000 – S.2284 – 264 – 35).

Also heißt es wieder: »Klotzen statt kleckern«! (➤ Rz 204).

Prozesskosten wollen die Fiskalritter seit einer Änderung des § 33 EStG nur noch widerwillig anerkennen. Nachdem der Bundesfinanzhof für den Geschmack der Verwaltung zu steuerzahlerfreundlich nahezu alle Prozesskosten eifrig durchgewunken hat, sollten diese künftig nurmehr dann absetzbar sein, wenn sie zur **Erhaltung der Existenzgrundlage notwendig** seien. Die Finanzrichter sahen aber Ehescheidungskosten weiterhin als existenzsichernd an und ließen sie zum steuerlichen Abzug zu. Nun beschäftigt sich der Bundesfinanzhof erneut mit diesem Thema (Az. VI R 81/14, VI R 19/15). Für uns, die wir hier kaum den Überblick behalten können, heißt es also, weiterhin alle Prozesskosten steuerlich geltend zu machen.

225 **Trennungsunterhalt**

Trennungsunterhalt ist absetzbar, allerdings nicht im Trennungsjahr, weil dann noch die Zusammenveranlagung möglich ist und den Eheleuten damit der Splittingtarif zusteht. Mit dem Splittingtarif ist aber der Unterhalt für den Ehegatten abgegolten.

Im Folgejahr wird indessen jeder Ehegatte einzeln mit Grundtarif veranlagt. Nun können Sie den Fiskus an den Unterhaltsleistungen beteiligen. Wie das geht, dazu mehr unter ➤ Rz 121, Rz 215.

226 **Verteilung der ehelichen Güter**

Alles, was die Verteilung der ehelichen Güter, sprich Zugewinn- und Versorgungsausgleich, anbetrifft, ist nicht absetzbar.

227 ◆ *Musterfall Herbert (Kosten der Ehescheidung)*

Als Herbert Ende Februar 2015 von einer längeren Dienstreise nach Hause kam, fand er die eheliche Wohnung ohne seine Hannelore vor. Und Hannelore war nicht gewillt, zu ihm zurückzukehren, forderte sogar Unterhalt. Wer geht, soll für sich selber sorgen, so beschied er Hannelore. Doch ihr Anwalt fackelte nicht lange. Er beantragte beim Familiengericht eine einstweilige Anordnung auf Zahlung von Trennungsunterhalt in Höhe von 50 % des bisherigen Einkommens, zugleich forderte er Prozesskostenvorschuss, da Hannelore mittellos sei. Da hatte Herbert den Salat. Nach langem Hin und Her zwischen den Anwälten und dem Familiengericht kam folgende Einigung zustande:

Trennungsunterhalt zunächst für die Monate
Mai 2015 bis April 2016 = 12 × 1.200 € =   *14.400 €*

Herbert trägt die Kosten des Verfahrens in folgender Höhe:

Für Gegenanwalt

Einstweilige Anordnung	*3.118 €*
Prozesskostenvorschuss	*308 €*
Hauptsacheverfahren Trennungsunterhalt	*902 €*
Summe bezahlt Juli 2015	*4.328 € > 4.328 €*

160

Für eigenen Anwalt

Schriftsatz betr. Trennungsunterhalt	*405 €*
Einstweilige Anordnung, Termingebühr, Einigungsgebühr	*3.118 €*
Prozesskostenvorschuss	*308 €*
Gebühr für Hauptsacheverfahren	*902 €*
Summe bezahlt im August und Dezember 2015	*4.733 € > 4.733 €*
Gerichtskosten bezahlt im März 2016	*340 €*

Auf Anraten seines Anwalts hatte Herbert möglichst viel der Kosten in 2015 beglichen, um die zumutbare Belastung auszutricksen. Er weiß auch, dass er den in 2015 geleisteten Trennungsunterhalt nicht absetzen kann, weil er für das Jahr 2015 noch durch Zusammenveranlagung mit Hannelore den Splittingtarif erhält.

In der gemeinsamen Steuererklärung 2015 werden angesetzt:

Anwaltskosten Hannelore	*4.328 €*
Anwaltskosten Herbert	*4.733 €*
Fahrtkosten mit Pkw (insgesamt 7 Fahrten zu den Anwälten und zum Gericht 551 km x 0,30 € =)	*166 €*
Summe	*9.227 €*

	Andere außergewöhnliche Belastungen (z. B. Fahrtkosten behinderter Menschen, Krankheitskosten, Kurkosten, Pflegekosten)		Aufwendungen EUR	Erhaltene / Anspruch auf zu erwartende Versicherungsleistungen, Beihilfen, Unter- stützungen, Wert des Nachlasses usw. EUR
	Art der Belastung			
67	Kosten der Ehescheidung	63	9 2 2 7,— 64	,—
68	Für die – wegen Abzugs der zumutbaren Belastung – nicht abziehbaren Pflegeleistungen wird die Steuerermäßigung für haushaltsnahe Dienstleistungen beantragt. Die in Zeile 67 enthaltenen Aufwendungen für haushaltsnahe Pflegeleistungen betragen (Aufwendungen abzüglich Erstattungen)		77	,—

Der Gesamtbetrag der Einkünfte der Eheleute beträgt 42.000 €, die zumutbare Belastung (➤ Rz 202) wird mit 5 % gerechnet, somit 2.100 €. Es wirken sich also (9.227 € – 2.100 € =) 7.127 € steuerlich als außergewöhnliche Belastung aus.

228

TIPP

Machen Sie Scheidungskosten nachträglich geltend

»Mit Ihren Scheidungskosten kommen Sie ein Jahr zu spät. Die hätten Sie in der vorigen Erklärung geltend machen müssen.« Mit diesen Worten können die Fiskalritter viele Steuerzahler schnell abfertigen.
Wer sich aber dumm stellt, kommt doch noch zum Zug. Legen Sie Einspruch ein, und beantragen Sie Wiedereinsetzung in den vorigen Stand. Begründen Sie Ihren Einspruch damit, dass das Steuerrecht zu kompliziert sei und Sie von der Abzugsmöglichkeit nichts gewusst hätten. Dabei haben Sie den BFH auf Ihrer Seite (Urt. v. 10.8.1988 – BStBl 1989 II S. 131). Dazu mehr im Tipp unter ➤ Rz 1117.

229 Zeile 67–68 Aufwendungen behinderter Menschen

Behinderten Menschen will der Fiskus durch Abzüge bei der Steuer das Leben erleichtern. Dies geschieht hauptsächlich durch Pauschbeträge (➤ Rz 181). Diese entsprechen aber nur den Mindestaufwendungen, die nach allgemeiner Lebenserfahrung entsprechend der Art und Schwere der Behinderung anfallen. Außergewöhnliche und untypische Mehraufwendungen – insbesondere **Fahrtkosten und Kosten für die Unterbringung im Pflegeheim** – sind damit nicht abgegolten.

 Fahrtkosten behinderter Menschen

230 Die Fiskalvertreter sind angewiesen, Kraftfahrzeugkosten behinderter Menschen neben den Pauschbeträgen ohne Einzelnachweis wie folgt zu berücksichtigen (EStH 33.1–33.4):

Pauschale Beträge für Fahrtkosten

Grad der Behinderung mindestens 80 % oder 70 % plus Merkzeichen »G«
3.000 km mit 0,30 € = **900 €**
Grad der Behinderung mindestens 70 % plus Merkzeichen »aG«, »Bl« oder »H«
15.000 km mit 0,30 € = **4.500 €**

Die Kosten für die behindertengerechte Umrüstung des Fahrzeugs sind zusätzlich in voller Höhe als außergewöhnliche Belastung absetzbar.

231 **Gut zu wissen:** Wer ein behindertes Kind hat, kann Fahrtkosten in o.g. Höhe in seiner Steuererklärung geltend machen, wenn der Behindertenpauschbetrag des Kindes mangels eigener Einkünfte desselben auf ihn übertragen wurde (Quelle: EStH 33.1–33.4).

232 **Leben im Pflegeheim**
Kaum jemand zieht freiwillig in ein Pflegeheim. Deshalb sind Pflegekosten als außergewöhnliche Belastung absetzbar (➤ Rz 200 ff.). Damit Ihnen der Fiskalvertreter Ihre Krankheit abnimmt und sie nicht als altersbedingten Zustand (➤ Rz 237) abtut, benötigen Sie einen Bescheid der Pflegeversicherung mit Pflegestufe III oder einen Behindertenausweis mit Merkzeichen »H« für hilflos bzw. blind.

Nach Ansicht des FG Düsseldorf (Urt. v. 25.6.1999, EFG 1999 S. 960) genügt aber auch ein vor der Heimunterbringung erstelltes amts- oder vertrauensärztliches Attest, wonach die Unterbringung ausschließlich durch Krankheit (Pflegebedürftigkeit) veranlasst ist.

*Die einzige Konstante
ist der ständige Wandel.*
(Manager Schütte)

◆ *Musterfall Vater Meyer (Pflegeheim)*

233

Der alleinstehende 78-jährige Vater Meyer ist wegen Krankheit dauernd pflegebedürftig (Pflegestufe III) und in einem Pflegeheim untergebracht. Die Pflegeheimkosten von 34.836 € abzgl. der Erstattung durch die Pflegeversicherung von 17.184 € im Jahr bestreitet Vater Meyer aus seinen Einkünften (Gesamtbetrag 40.000 €).

Er hat die Wahl, entweder in > Zeile 62 den erhöhten Behindertenpauschbetrag von 3.700 € zu beantragen (ständig hilflos, Grad der Behinderung 300 %) oder in > Zeile 67 die verbleibenden Pflegeheimkosten von 17.652 € anzusetzen. Für ihn keine Frage, wofür er sich entscheidet, auch wenn das Finanzamt von den 17.652 € eine Haushaltsersparnis von jährlich 8.472 € abzieht (EStR 33.3).

Und so sieht das in seiner Steuererklärung aus:

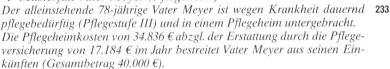

	Andere außergewöhnliche Belastungen (z. B. Fahrtkosten behinderter Menschen, Krankheitskosten, Kurkosten, Pflegekosten)		Aufwendungen EUR		Erhaltene / Anspruch auf zu erwartende Versicherungsleistungen, Beihilfen, Unterstützungen; Wert des Nachlasses usw. EUR
	Art der Belastung				
67	Pflegeheimkosten	63	3 4 8 3 6,—	64	1 7 1 8 4,—
68	Für die – wegen Abzugs der zumutbaren Belastung – nicht abziehbaren Pflegeleistungen wird die Steuerermäßigung für haushaltsnahe Dienstleistungen beantragt. Die in Zeile 67 enthaltenen Aufwendungen für haushaltsnahe Pflegeleistungen betragen (Aufwendungen abzüglich Erstattungen)			77	,—

Das Finanzamt rechnet:

Kosten des Pflegeheims	*34.836 €*
./. Erstattung durch die Pflegeversicherung	*– 17.184 €*
Verbleibende Pflegeheimkosten	*17.652 €*
./. Haushaltsersparnis	*– 8.472 €*
Verbleiben	*9.180 €*
./. zumutbare Belastung 6 % von 40.000 € =	*– 2.400 €*
Absetzbar als außergewöhnliche Belastung	*6.780 €*

(Quelle: § 33 EStG; BFH, BStBl 1981 II S. 25)

234

TIPP Pflegekosten auch bei Pflegestufe 0 absetzbar

Der Pflegestufe 0 werden Heimbewohner zugeordnet, die zwar auf Pflegeleistungen angewiesen sind, deren Pflegebedürftigkeit aber (noch) nicht den für die Pflegestufe I festgelegten Umfang erreicht. Diese Pflegebedürftigen müssen die Pflegesätze der Pflegestufe 0 selbst tragen, sofern sie keinen Anspruch auf Sozialhilfe haben. Erst ab Pflegestufe I übernimmt die Kasse Kosten.

Pflegekosten sind wie Krankheitskosten. Wer darauf sitzenbleibt, muss sie folglich steuerlich absetzen können. So sieht es auch der Bundesfinanzhof, der mit Urteil vom 10.5.2007 (Az. III R 39/05) klarstellte: Wer in einem Wohn- und Pflegeheim untergebracht ist, kann die ihm gesondert in Rechnung gestellten Pflegesätze der Pflegestufe 0 als außergewöhnliche Belastung abziehen (Hauptformular, > Zeile 67). Nicht abzugsfähig bleiben allerdings die Kosten für Unterkunft und Verpflegung.

Für die Abziehbarkeit dieser Pflegesätze ist kein besonderer Nachweis erforderlich, ein Attest des Arztes reicht aus.

235 *TIPP*

Kosten häuslicher Pflege steuerlich unterbringen

Die häusliche Behandlungspflege (§ 37 Abs. 2 SGB V) ist Teil der Krankenpflege. Die Kosten können regelmäßig nicht über den Pauschbetrag bei Körperbehinderung (> Zeile 61–64) hinaus abgezogen werden. Anders sieht es jedoch bei der häuslichen Intensiv- und Behandlungspflege aus. Diese Kosten sind zusätzlich zum Pauschbetrag absetzbar und gehören daher in > Zeile 67 (Quelle: FinMin Schleswig-Holstein, Erlass v. 29.10.2014, VI 3012 – S 2284 – 197).

236 **Übernommene Pflegekosten**

Was ist, wenn das Geld für die Pflege nicht reicht? Dann sind Angehörige gefordert. Die **Übernahme von Pflegekosten durch nahe Angehörige (erwachsene Kinder oder Eltern) ist immer zwangsläufig,** weil eine gesetzliche Unterhaltspflicht besteht. Die Kosten sind also aus rechtlichen Gründen als außergewöhnliche Belastungen absetzbar (§ 33 EStG). Ist der Pflegebedürftige im Heim untergebracht, müssen Sie sich leider die Kürzung der übernommenen Kosten um die zumutbare Belastung gefallen lassen, wie die Berechnung unten zeigt.

An der Zwangsläufigkeit kann es fehlen, wenn die unterstützte Person in der Lage ist, die Pflegekosten selbst zu tragen. Ein Vermögen bis zu einem Verkehrswert von 15.500 € bleibt dabei außer Betracht.

Vermögen übertragen?

Hat der Pflegebedürftige nach Eintritt des Rentenalters (65 Jahre) Vermögen von mehr als **15.500 €** übertragen, unterstellt der Fiskus Gesichtspunkte der späteren Versorgung für den Fall der Pflegebedürftigkeit.

Damit kann je nach Höhe des übertragenen Vermögens die Zwangsläufigkeit der übernommenen Pflegekosten ganz oder zum Teil nicht gegeben sein.

Wenig Chancen, von außergewöhnlicher Belastung zu profitieren, bestehen bei **Altenheimpflegekosten,** wenn der Aufenthalt dort altersbedingt ist. Ist die Heimunterbringung hingegen durch eine Krankheit veranlasst, sind die Pflegekosten abziehbar (BFH-Urt. v. 29.9.1989 – BStBl 1990 II S. 418). **237**

Ich bin der Meinung, dass »altersbedingt« eine Frage der Anschauung ist. Der Dumme gibt an, dass die Mutter im Altenheim ist, weil sie sich alt und gebrechlich fühlt. Der Steuerfuchs erinnert sich an die Krankenstatistiken, wonach 99,8 % aller über 60-Jährigen an einer oder mehreren Krankheiten leiden, kramt alte Operationsbelege, Laborbefunde usw. seiner Mutter raus, geht mit ihr zum Arzt und lässt bestätigen, was sie alles an Wehwehchen hat. Weshalb sie in ein Pflegeheim gehört.

♦ *Musterfall Vater Schmidt (Kosten Pflegeheim, Unterstützung durch Angehörige)* **238**

Der alleinstehende Vater Schmidt lebt wegen Pflegebedürftigkeit (Pflegestufe I) in einem Pflegeheim.

Für Pflege, Unterkunft und Investitionen berechnet das Pflegeheim mtl. 2.493 € × 12 = Jahresbetrag	*29.916 €*
Vater Schmidt erhält aus der Pflegekasse 50 % von 1.023 € (Pauschbetrag in Pflegestufe I) = 511,50 € × 12 Monate =	*6.138 €*
denselben Betrag noch einmal aus staatlicher Beihilfe (Beamter im Ruhestand)	*6.138 €*
Summe	*12.276 €* > – *12.276 €*
Eigenanteil Heimkosten	*17.640 €*

Weil er aus seinen eigenen Einkünften in Höhe von 18.000 € nur 15.000 € für die Heimkosten aufbringen kann, trägt den Rest sein Sohn Hubert.

Steuererklärung Vater Schmidt

Vater Schmidt weiß, dass seine Aufwendungen im Pflegeheim wegen ständiger Pflegebedürftigkeit (Voraussetzung mindestens Pflegestufe I) steuerlich als Krankheitskosten zu berücksichtigen sind. Die von ihm getragenen Heimkosten in Höhe von 15.000 € sind zunächst um die Haushaltsersparnis zu kürzen. Sie beträgt pauschal 8.472 €. In den Pflegeheimkosten sind zwar auch solche für hauswirtschaftliche Dienstleistungen enthalten, die er eigentlich in > Zeile 72 unterbringen könnte. Allerdings geht die Berücksichtigung als außergewöhnliche Belastungen vor (§ 35a Abs. 5 EStG). Also setzt er folgende Pflegekosten in > Zeile 67 als Krankheitskosten an:

Selbst getragene Kosten des Pflegeheims	*15.000 €*
./. Haushaltsersparnis	*– 8.472 €*
Verbleiben	*6.528 €*

Steuererklärung Sohn Hubert
Hubert kann in > Zeile 67 seiner Steuererklärung die von ihm übernommenen Heimkosten von 2.640 € als außergewöhnliche Belastung geltend machen. Sie wirken sich insoweit steuerlich aus, als die zumutbare Eigenbelastung überschritten wird.

239 Heimunterbringung eines behinderten Kindes

Die Heimunterbringung eines behinderten Kindes verursacht hohe Kosten. Da ist es nur gerecht, dass Sie diese in Ihrer Steuererklärung unterbringen können. Für Ihr behindertes Kind erhalten Sie Kinderermäßigungen (Kindergeld bzw. -freibeträge), so dass dessen Behindertenpauschbetrag auf Sie übertragen werden kann (Anlage Kind > Zeile 64–66).

Oftmals ist es aber weitaus günstiger, statt des Pauschbetrags die tatsächlichen Kosten in > Zeile 67 des Mantelbogens als außergewöhnliche Belastungen geltend zu machen, insbesondere:

- Aufwendungen für Fahrten zum Heim zur Betreuung oder Pflege Ihres Kindes. Gleiches gilt für Besuchsfahrten, wenn der behandelnde Arzt bestätigt, dass gerade der Besuch der Eltern zur Linderung oder Heilung bestimmter Erkrankungen des Kindes entscheidend beitragen kann. Abzugsfähig sind die tatsächlichen Kosten, bei Benutzung des Pkw können 0,30 € je gefahrenen Kilometer angesetzt werden.
- Kosten der Unterkunft der Eltern anlässlich anzuerkennender Besuchsfahrten.
- Anschaffungskosten besonderer Pflegevorrichtungen wie z.B. Spezialbett, Hebelift, besonderes Mobiliar. Gehen Sie auf Nummer sicher, indem Sie sich die Notwendigkeit und Angemessenheit Ihrer Aufwendungen vor dem Kauf durch ein amtsärztliches Attest bescheinigen lassen.
- Kosten externer Pflegedienste anlässlich von Besuchen des Kindes in der Wohnung der Eltern (Quelle: BMF-Schreiben v. 14.4.2003, IV C 4 – S. 2284 – 45/03).

240

TIPP Zusätzliche Steuerermäßigung für Heimbewohner

Der Wasserhahn tropft, die Tür klemmt, und der Fernseher flimmert. Handwerkerkosten entstehen auch Heimbewohnern. Für die Arbeitskosten sowie die Kosten für die Anfahrt (inkl. Umsatzsteuer) kann eine Steuerermäßigung in > Zeile 73 des Hauptformulars beantragt werden. Auf diese Weise mindert sich die Steuer um immerhin 20 % der Aufwendungen, max. 1.200 € pro Jahr. Voraussetzung ist:

● Der Heimbewohner hat ein eigenes Appartment, führt also einen eigenen Haushalt,

● die Kosten entstehen ausschließlich für die selbstgenutzten Räume (nicht Treppenhaus oder Gemeinschaftsräume) und

● die Aufwendungen sowie die Zahlung können anhand einer Rechnung nebst Überweisungsbeleg nachgewiesen werden.

Besonderheiten beim Heimvertrag

Besteht zwischen dem Bewohner und dem Heimbetreiber ein sog. Heimvertrag, werden die Leistungen in der Regel in einem Gesamtpaket abgerechnet. Für die im Gesamtentgelt enthaltenen Kosten für begünstigte Dienstleistungen (Handwerker-, haushaltsnahe Dienstleistungen) kann eine Steuerermäßigung beansprucht werden, wenn sie aus der Jahresabrechnung hervorgehen oder durch eine Bescheinigung des Heimbetreibers nachgewiesen werden. Mehr zu haushaltsnahen Dienstleistungen oder Steuerermäßigungen für Handwerkerleistungen unter ➤ Rz 266 ff.

Zeile 67–68 Sonstige außergewöhnliche Belastungen

241

Wie wenig es dem Gesetzgeber gelungen ist, den § 33 EStG – außergewöhnliche Belastungen – klar und verständlich zu fassen, zeigen die vielen Urteile und die Menge an Verwaltungsvorschriften dazu.
Hier ergänzend einige Sonderfälle:

Abfindung an Vormieter bei krankheitsbedingtem Wohnungswechsel: absetzbar (BFH, BStBl 1966 III S. 113).

Abmagerung, neue Kleidung infolge einer Abmagerungskur: nicht absetzbar (BFH v. 17.7.1981 – VI R 105/78).

Alkoholiker, therapeutische Maßnahmen: absetzbar, wenn zuvor amtsärztliches Zeugnis eingeholt wird (BFH v. 13.12.1987 – III R 208/81).

Asbestsanierung: absetzbar, wenn ein Gutachten die Asbestbelastung bescheinigt (BFH v. 9.8.2001 – III R 6/01).

Baumaßnahmen, Aufwendungen für ein behindertengerechtes Bad, verbreiterte Türen, Rampen: absetzbar (FG Rheinland-Pfalz v. 27.11.2007 – 2 K 1917/06).

Besuchsfahrten zu erkrankten nahen Angehörigen: absetzbar, wenn medizinisch angezeigt. Bescheinigung des behandelnden Arztes notwendig (BFH v. 2.3.1984 – VI R 158/80).

Lösegeldzahlungen: absetzbar nach Lage des Falls (EFG 1962 S. 259).

Prozesskosten sollen nach einer Änderung des § 33 EStG seit 2013 nur noch dann steuerlich absetzbar sein, wenn sie in Zusammenhang mit der Abwendung einer Bedrohung der Existenz stehen. Wann dies der Fall ist, beurteilt wohl jeder unterschiedlich. Also heißt die Devise: Prozesskosten weiterhin steuerlich geltend machen. Abzugsfähig waren bisher z. B. Kosten ...

- zur Strafverfolgung wegen ehrenrühriger Angriffe: absetzbar (BFH v. 15.11.1957 – VI 279/56 U),
- im Scheidungsfall ➤ Rz 224

Schadenersatz: absetzbar, wenn bei der Schädigung nicht vorsätzlich oder leichtfertig gehandelt wurde (BFH v. 3.6.1982 – VI R 41/79).

Wasserschaden

- Schaden an einem Einfamilienhaus durch erhöhtes Grundwasser: absetzbar (EStR 187 Abs. 1; BFH v. 6.5.1994 – BStBl 1995 II S. 104);
- Schaden an einem Einfamilienhaus durch Rückstau von Wasser in einer Dränageleitung: absetzbar (BFH v. 5.6.1994 – III R 27/92);
- Wiederbeschaffung von Hausrat und Kleidung nach Wasserschaden: nicht absetzbar. Der Geschädigte hätte eine übliche Versicherung abschließen können, um sich zu schützen (BFH v. 26.6.2003 – III R 36/01).

242 Zeile 68 Haushaltsnahe Pflegeleistungen

Zu den steuerlich abzugsfähigen Pflegekosten haben Sie bereits in ➤ Rz 194 ff. sowie ➤ Rz 232 ff. einiges erfahren.

Hier geht es nochmals um den Ansatz tatsächlicher Pflegekosten (anstelle des Pauschbetrags nach > Zeile 65 – 66).

Für den Teil der Pflegekosten, der sich durch Ansatz der zumutbaren Eigenbelastung steuerlich nicht auswirkt, können Sie in > Zeile 68 (in Verbindung mit > Zeile 72) eine Steuerermäßigung für haushaltsnahe Dienstleistungen beantragen. Der Grund ist: Zu den haushaltsnahen

Dienstleistungen zählt auch die einer Hilfe im Haushalt vergleichbare Tätigkeit bei Unterbringung in einem Heim.

Sind demnach in der > Zeile 67 auch haushaltsnahe Pflegeleistungen enthalten, müssen diese in > Zeile 68 nochmals angegeben werden, damit dafür bis zur Höhe der zumutbaren Belastung eine Steuerermäßigung beansprucht werden kann.

Folgende Berechnung soll die Eintragung in > Zeile 68 verdeutlichen:
Eheleute Huber machen in > Zeile 67–68 Krankheitskosten in Höhe von 4.000 € und zusätzlich haushaltsnahe Pflegeleistungen von 6.000 € geltend. Die zumutbare Eigenbelastung soll 2.400 € betragen.

Als außergewöhnliche Belastungen werden berücksichtigt:

Krankheitskosten	4.000 €	
Pflegeleistungen	6.000 €	
Summe	10.000 €	> 10.000 €
./. zumutbare Belastung		– 2.400 €
steuerlich abzugsfähig		7.600 €

Steuerermäßigung für haushaltsnahe Pflegeleistungen (> Zeile 72)

Anteil Pflegeleistungen in der zumutbaren Belastung (einzutragen in > Zeile 68)	2.400 €
Steuerermäßigung davon 20 %	480 €

Siehe dazu auch ➤ Rz 265.

4.6 Haushaltsnahe Beschäftigungsverhältnisse, Dienstleistungen und Handwerkerleistungen – Zeile 69–77

Zeile 69–77 Haushaltsnahe Beschäftigungsverhältnisse, Dienst- und Handwerkerleistungen

Mit haushaltsnahen Beschäftigungsverhältnissen und selbständigen haushaltsnahen Dienst- und Handwerkerleistungen lassen sich Arbeitsplätze schaffen. Deshalb sind für Aufwendungen in Deutschland und im gesamten EU-Wirtschaftsraum (also auch für Ihr Ferienhaus auf Mallorca) Steuerermäßigungen vorgesehen, die direkt von der Steuer abgezogen werden (§ 35 a EStG).

243

Als eigener Haushalt gelten auch die selbstgenutzte Zweit-, Wochenend-
oder Ferienwohnung. Ebenso eine Wohnung, die Sie Ihrem Kind unentgeltlich überlassen haben – sofern das Kind steuerlich zu berücksichtigen
ist, Ihnen also Kindergeld oder ein Kinderfreibetrag zusteht.
Was genau ist absetzbar?

Übersicht

Art der Tätigkeit	direkt von der Steuer absetzbar
Haushaltsnahe geringfügige Beschäftigung (Minijob) > Zeile 69	20 % der Aufwendungen, max. 510 € jährlich
Haushaltsnahe pflichtversicherte Beschäftigung > Zeile 70 Haushaltsnahe (selbständige) Dienstleistungen/Haushaltshilfe > Zeile 71	insgesamt 20 % der Aufwendungen, max. 4.000 € jährlich
Pflege- und Betreuungs-leistungen/Heimunterbringung > Zeile 72	insgesamt 20 % der Aufwendungen, max. 4.000 € jährlich
Handwerkerleistungen bei Renovierungs-, Erhaltungs- und Modernisierungsmaßnahmen > Zeile 73	20 % der Aufwendungen, max. 1.200 €

Haushaltsnahe Beschäftigungsverhältnisse, Dienstleistungen und Handwerkerleistungen | 18

Steuerermäßigung bei Aufwendungen für

Aufwendungen (abzüglich Erstattungen) EUR

– geringfügige Beschäftigungen im Privathaushalt – sog. Minijobs –		
Art der Tätigkeit		
69	202	,
– sozialversicherungspflichtige Beschäftigungen im Privathaushalt		
Art der Tätigkeit		
70	207	,
– haushaltsnahe Dienstleistungen, Hilfe im eigenen Haushalt		
Art der Aufwendungen		
71	210	,
– Pflege- und Betreuungsleistungen im Haushalt, in Heimunterbringungskosten enthaltene Aufwendungen für Dienstleistungen, die denen einer Haushaltshilfe vergleichbar sind (soweit nicht bereits in Zeile 67 berücksichtigt); das in Zeile 67 als Erstattung für häusliche Pflege- und Betreuungskosten berücksichtigte Pflegegeld / Pflegetagegeld		
Art der Aufwendungen		
72	213	,
– Handwerkerleistungen für Renovierungs-, Erhaltungs- und Modernisierungsmaßnahmen im eigenen Haushalt (ohne öffentlich geförderte Maßnahmen, für die zinsverbillige Darlehen oder steuerfreie Zuschüsse in Anspruch genommen werden, z. B. KfW-Bank, landeseigener Förderbanken oder Gemeinden)		
Art der Aufwendungen		
73	214	,

Nur bei Alleinstehenden und Eintragungen in den Zeilen 68 bis 73: Es bestand ganzjährig ein gemeinsamer Haushalt mit einer oder mehreren anderen alleinstehenden Person(en)	Anzahl der weiteren Personen 223	
74		
Name, Vorname, Geburtsdatum		
75		
Nur bei Alleinstehenden oder Einzelveranlagung von Ehegatten / Lebenspartnern und Eintragungen in den Zeilen 68 bis 73: Laut einzureichendem gemeinsamen Antrag sind die Höchstbeträge für die Aufwendungen lt. den Zeilen 68 bis 73 in einem anderen Verhältnis als je zur Hälfte aufzuteilen. Der bei mir zu berücksichtigende Anteil beträgt	221	%
76		

	stpfl. Person / Ehemann / Lebenspartner(in) A	Ehefrau / Lebenspartner(in) B
Nur in Fällen der Zusammenveranlagung oder Einzelveranlagung von Ehegatten / Lebenspartnern und Eintragungen in den Zeilen 68 bis 73: Es wurde 2015 ein gemeinsamer Haushalt begründet oder aufgelöst und für einen Teil des Kalenderjahres ein Einzelhaushalt geführt	219　1 = Ja	220　1 = Ja
77		

Tragen Sie Ihre Aufwendungen in die jeweilige Zeile ein. Die Steuerermäßigung wird – bis zu den Höchstbeträgen – direkt von der Steuer abgezogen.

Wem steht die Steuerermäßigung zu?

Die Steuerermäßigung steht jeder Privatperson zu, die Arbeitgeber bei einem haushaltsnahen Minijob oder einem pflichtversicherten Beschäftigungsverhältnis bzw. Auftraggeber bei einer haushaltsnahen Dienst-, Pflege- oder Handwerkerleistung ist, egal ob Eigentümer oder Mieter. Siehe hierzu auch ➤ Rz 268.

Was heißt haushaltsnah?

Zu den haushaltsnahen Tätigkeiten gehören u.a. die Zubereitung von Mahlzeiten im jeweiligen Haushalt, die Reinigung der Wohnung, die Gartenpflege und die Pflege, Versorgung und Betreuung von Kindern und von kranken, alten oder pflegebedürftigen Personen. Die Erteilung von Unterricht (z.B. Sprachunterricht), die Vermittlung besonderer Fähigkeiten, sportliche und andere Freizeitbetätigungen fallen nicht darunter.

Haushaltsnähe trifft auch für Bewohner eines Alten- oder Pflegeheimes zu, wenn sie im Heim einen eigenständigen abgeschlossenen Haushalt führen.

171

Das ist dann der Fall, wenn die Räumlichkeiten des Bewohners von ihrer Ausstattung für eine Haushaltsführung geeignet sind (Bad, Küche, Wohn- und Schlafbereich), individuell genutzt werden können (Abschließbarkeit) und eine eigene Wirtschaftsführung durch den Bewohner gegeben ist.

Bei einer Wohnungseigentümergemeinschaft kann der einzelne Eigentümer die Steuerermäßigungen nach § 35a EStG beanspruchen. Das gilt auch, wenn nicht er selbst, sondern die Eigentümergemeinschaft (ggf. in Vertretung des Verwalters) Arbeitgeber bzw. Auftraggeber der Leistung ist. In diesen Fällen müssen in der Jahresabrechnung die begünstigten Aufwendungen gesondert ausgewiesen und die Anteile der einzelnen Wohnungseigentümer an den begünstigten Aufwendungen individuell errechnet werden.

Kein Entweder-oder

Sie können, wenn Sie unbedingt wollen, alle vier Steuervergünstigungen aus § 35 a EStG nebeneinander in Anspruch nehmen und entsprechen damit dem Idealbürger, der keine bürokratischen Hürden und Hemmnisse scheut, zur Ankurbelung des Arbeitsmarktes beizutragen.

Keine Zwölftelung

Die obigen Höchstbeträge für haushaltsnahe Beschäftigung sind Jahresbeträge. Die Voraussetzungen für die Steuerermäßigungen müssen daher nicht das ganze Jahr über vorgelegen haben.

 Leben zwei Alleinstehende in einem Haushalt zusammen, können die Höchstbeträge jeweils nur einmal in Anspruch genommen werden (siehe ➤ Rz 270).

Schwarzgeld und Gefälligkeitsrechnungen

Ob haushaltsnahe Dienstleistung, Handwerker- oder Pflege- und Betreuungsleistungen: Die Steuerermäßigung ist davon abhängig, dass die Aufwendungen durch eine Rechnung und Zahlung via Bankkonto nachgewiesen werden können. Dadurch soll die Schwarzarbeit in Privathaushalten bekämpft werden. Unbare Zahlung ist selbst dann Voraussetzung, wenn der Steuerzahler kein Bankkonto hat oder der Handwerker wegen schlechter Erfahrungen mit der Zahlungsmoral der Kunden Barzahlung verlangt hat (BFH-Urt. Az. VI R 14/08 und 22/08).
Nachweise sind zwar nur auf Verlangen des Finanzamts vorzulegen, erfahrungsgemäß fordern die Finanzämter die Belege aber an. Besser also, Sie fügen Ihrer Steuererklärung die Rechnungen gleich bei.

Guter Rat: Wenn Sie Ihre Steuerermäßigung für ein Jahr bereits voll ausgeschöpft haben, sollten Sie weitere Arbeiten erst im nächsten Jahr ausführen lassen oder aber die Zahlung auf das folgende Jahr verschieben!

Die größte Sünde ist die Verzweiflung.
(Don Quijote)

Zeile 69-70 Haushaltsnahes Beschäftigungsverhältnis

244

Haushaltsnahe Beschäftigungsverhältnisse, Dienstleistungen und Handwerkerleistungen		18
Steuerermäßigung bei Aufwendungen für		Aufwendungen
– geringfügige Beschäftigungen im Privathaushalt – sog. Minijobs –		(abzüglich Erstattungen) EUR
Art der Tätigkeit		
69	202	,—
– sozialversicherungspflichtige Beschäftigungen im Privathaushalt		
Art der Tätigkeit		
70	207	,—

Wenn Sie in Ihrem Haushalt jemanden als Arbeitnehmer beschäftigen, gibt es folgende Steuerermäßigung:

1. bei **geringfügiger Beschäftigung (Minijob)** > Zeile 69
   20 % Ihrer Aufwendungen, höchstens 510 € im Jahr,
2. bei **sozialversicherungspflichtiger Beschäftigung** > Zeile 70
   20 % der Aufwendungen, höchstens 4.000 € im Jahr.

Das fiskalische Angebot, jemanden als Arbeitnehmer für haushaltsnahe Tätigkeiten (welche Tätigkeiten unter »haushaltsnah« fallen ➤ Rz 243) einzustellen, nehmen aber nur die ganz Ordentlichen an, bei denen alles legal sein soll. Die meisten beschäftigen ihre Perle weiterhin schwarz. Das ist für alle Beteiligten finanziell günstiger, wie der folgende Tipp zeigt.

245

TIPP **Vermeiden Sie ein Hornberger Schießen!**

Dieses Schießen hat ja bekanntlich zu keinem Ergebnis geführt. Entsprechendes könnte Ihnen widerfahren, wenn Sie nur deshalb mit jemandem ein haushaltsnahes Beschäftigungsverhältnis begründen, um die besagte Steuerermäßigung zu ergattern. Denn: Ist das Beschäftigungsverhältnis als Minijob ausgestaltet, zahlen Sie pauschal 14,54 % des ausgezahlten Lohns für Sozialabgaben, Steuern, Umlage Lohnfortzahlung sowie Beitrag zur gesetzlichen Unfallversicherung an die Bundesknappschaft (➤ Rz 610) und erhalten 20 % über die Steuer zurück. Bei einem sozialversicherungspflichtigen Arbeitsverhältnis betragen allein die Sozialabgaben über 40 % (➤ Rz 513), wohingegen die Steuerermäßigung mickrige 20 % beträgt.

Zudem warnt der Fiskus, dass ein Beschäftigungsverhältnis zwischen Eltern und den im Haushalt lebenden Kindern schon wegen § 1619 BGB (Pflicht zur Mithilfe im Haushalt) und eines mit dem Lebenspartner deswegen nicht aner-

173

kannt werde, weil dieser ja zugleich seinen eigenen Haushalt mitführe (BFM im Schreiben v. 1.11.2004 – BStBl I 2004 S. 958).

Wer mit seiner Haushaltshilfe ein offizielles Beschäftigungsverhältnis eingegangen ist, für den sind die folgenden Hinweise interessant:

246 Zeile 69 Geringfügige Beschäftigung/Mini- job

Die Steuerermäßigung ist nur dann geritzt, wenn Sie jemanden im Minijob beschäftigen (§ 8a SGB IV) und am Haushaltsscheckverfahren teilnehmen. **Die Steuerermäßigung beträgt 20 % der Aufwendungen, höchstens 510 €.** Der Höchstbetrag wird nicht gezwölftelt. Beschäftigen Sie also seit März eine Haushaltshilfe als Minijobberin für 260 € monatlich, beträgt die Steuerermäßigung:

260 € × 10 Monate =	2.600 €
zzgl. Pauschalabgaben in Höhe von 14,54 % =	378 €
Aufwendungen 2015 insgesamt (einzutragen in > Zeile 71)	2.978 €
2.978 € × 20 % = 596 €, max. Steuerermäßigung	510 €

In > Zeile 69 tragen Sie »Reinigung der Wohnung« ein, sofern das zutrifft.

247 Steuerermäßigung für Kinderbetreuungskosten

»Das Recht ist für die Wachen da.« Dieser alte Grundsatz bestätigt sich gerade bei den vielen undurchsichtigen Gesetzesänderungen der letzten Jahre. Auch bei den Kinderbetreuungskosten blickt kaum einer mehr richtig durch. Das Gesetz sieht **zwei Möglichkeiten** vor, Kinderbetreuungskosten abzusetzen:

1. Hier in > Zeile 69–71 können Sie Kosten für die Betreuung und Versorgung Ihrer Kinder geltend machen, die im Rahmen eines haushaltsnahen Beschäftigungsverhältnisses oder als haushaltsnahe Dienstleistungen von Selbständigen angefallen sind (§ 35 a EStG).

2. Außerdem ist ein Abzug als Sonderausgaben möglich, der geltend zu machen ist in der Anlage Kind > Zeile 67–73.

Die Möglichkeit unter 1. ist weniger interessant (➤ Rz 245).

248 TIPP Hilfe bei schwankendem Verdienst

Dass Steuer- und Sozialgesetze unverständlich und lebensfremd sind, wissen wir schon lange und stört schon fast gar nicht mehr. Es ärgert uns aber, wegen der sturen Bürokratie Purzelbäume schlagen zu müssen.

»Worauf wollen Sie hinaus?«, fragen Sie interessiert.
Der durchschnittliche Verdienst darf 450 € im Monat nicht überschreiten. Angenommen, Sie zahlen in den Monaten Januar bis April und September bis Dezember monatlich 500 € und von Mai bis August nur 360 €. Schwupp, schon haben Sie im Jahresdurchschnitt (8 × 500 € + 4 × 360 € = 5.440 € ÷ 12 Monate =) 453,33 € pro Monat gezahlt und liegen über der 450-€-Grenze. Damit gelangen Sie in die nächste Kategorie (> Zeile 70), in der die Bedingungen weniger günstig sind (siehe dazu auch ➤ Rz 622). Also sollte Ihr Minijobber in den Monaten Mai bis August ein bisschen weniger arbeiten und Sie statt 360 € nur 340 € bezahlen.

»Wenn er nun aber unbedingt 360 € haben will, was mache ich dann? Doch nicht etwa 20 € schwarz auf die Hand?«

◆ *Musterfall Hannelore (Haushaltsnahes Beschäftigungs-*   **249**
verhältnis als Minijob)
Hannelore und Peter leben in gutsituierten Verhältnissen, wie man so sagt.
Damit Hannelore öfter ihre Freundinnen einladen und Tennis spielen
kann, beschäftigt sie eine Haushaltshilfe auf 450-€-Basis.

Haushaltsnahe Beschäftigungsverhältnisse, Dienstleistungen und Handwerkerleistungen	18
Steuerermäßigung bei Aufwendungen für – geringfügige Beschäftigungen im Privathaushalt – sog. Minijobs – Arten Tätigkeit	Aufwendungen (abzüglich Erstattungen) EUR
69 Reinigung der Wohnung 202	2 7 2 0 ,—

Was kostet ein Minijob?   **250**
Für geringfügig entlohnte Minijobs zahlen Arbeitgeber Pauschalbeiträge zur Renten- und Krankenversicherung, eine einheitliche Pauschsteuer (sofern nicht per Lohnsteuerkarte abgerechnet wird!) sowie Umlagen zum Ausgleich der Arbeitgeberaufwendungen bei Krankheit und Mutterschaft.

Minijobs in Privathaushalten sind eine spezielle Form der geringfügigen Beschäftigung und werden vom Gesetzgeber besonders gefördert, denn die Pauschalabgaben fallen geringer aus.

	Normaler Minijob	**Minijob im Privathaushalt**
Krankenversicherung	13 %	5 %
Rentenversicherung	15 %	5 %
pauschale Lohnsteuer	2 %	2 %

Umlagen zum Ausgleich der Arbeit- geberaufwendungen bei Krankheit und Mutterschaft	0,94 %	0,94 %
Beitrag zur gesetzlichen Unfallversicherung	individuelle Beiträge an den zuständigen Unfall- versicherungsträger	1,6 %
	etwa 32,69 %	14,54 %

Die Pauschalabgaben trägt allein der Arbeitgeber, der Arbeitnehmer erhält seinen Lohn brutto für netto ausbezahlt. Er kann sogar mehrere Minijobs kombinieren, aber nicht bei demselben Arbeitgeber und nur bis zur Lohnobergrenze von insgesamt 450 € im Monat. Ein Minijob ist auch neben der Hauptbeschäftigung möglich, mit Betonung auf »ein«.

Beachten Sie:

- Für Minijobber, die privat versichert sind, zahlen Arbeitgeber keinen Pauschalbeitrag zur Krankenversicherung.
- Besteuerungsalternativen
  Die pauschale Lohnsteuer kann der Arbeitgeber sparen, wenn nach der Lohnsteuerklasse des Minijobbers abgerechnet werden kann. Ohne Kranken- und Rentenversicherung, weil der Minijobber z.B. Schüler oder Student ist, beträgt die pauschale Lohnsteuer 20 % plus Kirchensteuer und Soli-Zuschlag. Bei der Abrechnung nach Lohnsteuerklasse fallen oftmals überhaupt keine Abgaben an (bei Lohnsteuerklasse I bleiben monatlich 946 € steuerfrei).
- Die Regeln für die Beschäftigung von Minijobbern außerhalb eines Privathaushalts gelten entsprechend. Dazu mehr unter ➤ Rz 606 ff.

Die Minijob-Zentrale hat im Internet ein Muster für einen Arbeitsvertrag bereitgestellt (www.minijob-zentrale.de):

Arbeitsvertrag für geringfügig entlohnte Beschäftigte

(Bei Anwendung des Musters ist zu prüfen, welche Vertragsbestimmungen übernommen werden wollen. Gegebenenfalls sind Anpassungen und Ergänzungen zu empfehlen.)

Zwischen

Herrn/Frau_____, Anschrift: _____
- nachfolgend „Arbeitgeber" genannt -

und

Herrn/Frau_____, Anschrift: _____
- nachfolgend „Arbeitnehmer" genannt -

wird nachfolgender

Arbeitsvertrag

geschlossen:

§ 1 Beginn des Arbeitsverhältnisses

Das Arbeitsverhältnis beginnt am_____.

§ 2 Tätigkeit

(1) Der Arbeitnehmer wird als_____eingestellt und vor allem mit folgenden Arbeiten beschäftigt:

_____

_____

_____

(2) Der Arbeitgeber kann den dem Arbeitnehmer zugewiesenen Aufgabenbereich je nach den Erfordernissen ergänzen oder auch ändern. Der Anspruch des Arbeitnehmers auf die Vergütung nach Maßgabe des § 4 dieses Vertrages bleibt hiervon unberührt.

§ 3 Arbeitszeit

Die regelmäßige Arbeitszeit beträgt_____Wochenstunden an_____Tagen zu je_____Stunden, und zwar

jeweils am_____, am_____und am_____.

1/4

§ 4 Vergütung

(1) Der Arbeitnehmer erhält eine monatliche Vergütung/einen Stundenlohn von_____Euro.

(2) Die Vergütung ist jeweils am Monatsende fällig und wird auf das vom Arbeitnehmer benannte Konto überwiesen.

Geldinstitut: _____

Konto-Nr.:_____Bankleitzahl:_____

(3) Mit dem Gehalt sind sämtliche Ansprüche des Arbeitnehmers auf Überstunden bzw. Mehrarbeit bzw. Sonn- und Feiertagsarbeit abgegolten. Eine Vergütung solcher Zeiten findet im Übrigen nur statt, wenn dies im Einzelfall vom Arbeitgeber schriftlich zugesagt worden ist.

§ 5 Sonderzuwendungen

(1) Der Arbeitgeber zahlt folgende Sonderzuwendungen (z. B. Urlaubsgeld, Weihnachtsgeld) in den Monaten

_____in Höhe von_____Euro.

(2) Die Gewährung von Sonderzuwendungen durch den Arbeitgeber erfolgt freiwillig. Auch die wiederholte vorbehaltslose Zahlung begründet keinen Rechtsanspruch auf Leistungsgewährung für die Zukunft. Ein Anspruch auf Zuwendungen besteht nicht für Zeiten, in denen das Arbeitsverhältnis ruht und kein Anspruch auf Arbeitsentgelt besteht. Dies gilt insbesondere für Elternzeit, Wehr- und Zivildienst und unbezahlte Freistellung. Voraussetzung für die Gewährung einer Gratifikation ist stets, dass das Arbeitsverhältnis am Auszahlungstag weder beendet noch gekündigt ist.

§ 6 Erholungsurlaub[1]

(1) Der Arbeitnehmer hat Anspruch auf einen jährlichen Erholungsurlaub von____Arbeitstagen. Zeitpunkt und Dauer des Urlaubs richten sich nach den Notwendigkeiten und Möglichkeiten unter Berücksichtigung der Wünsche des Arbeitnehmers.

(2) Im Übrigen gelten ergänzend die Bestimmungen des Bundesurlaubsgesetzes in der jeweils geltenden Fassung.

§ 7 Arbeitsverhinderung

(1) Der Arbeitnehmer verpflichtet sich, jede Arbeitsverhinderung unverzüglich - noch vor Dienstbeginn - dem Arbeitgeber unter Benennung der voraussichtlichen Verhinderungsdauer, ggf. telefonisch, mitzuteilen.

(2) Im Krankheitsfall hat der Arbeitnehmer unverzüglich, spätestens jedoch vor Ablauf des dritten Kalendertages, dem Arbeitgeber eine ärztlich erstellte Arbeitsunfähigkeitsbescheinigung vorzulegen, aus der sich die voraussichtliche Dauer der Krankheit ergibt. Dauert die Krankheit länger an als in der ärztlich erstellten Bescheinigung angegeben, so ist der Arbeitnehmer gleichfalls zur unverzüglichen Mitteilung und Vorlage einer weiteren Bescheinigung verpflichtet.

(3) Diese Nachweispflicht gilt auch nach Ablauf der sechs Wochen. Der Arbeitgeber ist berechtigt, die Vorlage der Arbeitsunfähigkeitsbescheinigung früher zu verlangen.

(4) Der Arbeitgeber zahlt im Falle einer unverschuldeten Arbeitsunfähigkeit infolge Krankheit für sechs Wochen das regelmäßige Arbeitsentgelt weiter (Entgeltfortzahlung im Krankheitsfall).

(5) Im Übrigen gelten für den Krankheitsfall die jeweils maßgeblichen gesetzlichen Bestimmungen.

§ 8 Verschwiegenheitspflicht

Der Arbeitnehmer hat über alle Angelegenheiten, die ihm im Rahmen oder aus Anlass seiner Tätigkeit im Privathaushalt bekannt geworden sind oder werden auch nach seinem Ausscheiden Stillschweigen zu bewahren.

§ 9 Weitere Beschäftigungen

Der Arbeitnehmer verpflichtet sich, jede Aufnahme einer weiteren Beschäftigung dem Arbeitgeber unverzüglich schriftlich mitzuteilen. Dies gilt für sämtliche Beschäftigungen, unabhängig von der Höhe des Verdienstes oder deren zeitlichem Umfang.

§ 10 Kündigungsfristen

(1) Das Arbeitsverhältnis wird auf unbestimmte Zeit eingegangen. Die ersten_____Monate, also die Zeit bis zum _____, gelten als Probezeit. Während dieser Zeit kann das Arbeitsverhältnis von beiden Seiten mit einer Frist von zwei Wochen (§ 622 Abs. 3 BGB) gekündigt werden.

(2) Nach Ablauf der Probezeit gelten die gesetzlichen Kündigungsfristen.

(3) Das Recht zur fristlosen Kündigung aus wichtigem Grund bleibt hiervon unberührt.

(4) Jede Kündigung hat schriftlich zu erfolgen.

(5) Der Arbeitgeber ist berechtigt, den Arbeitnehmer nach Ausspruch einer Kündigung unter Fortzahlung der Vergütung und Anrechnung auf Resturlaubsansprüche von der Arbeitsleistung freizustellen.

3/4

§ 11 Verfallklausel

(1) Sämtliche Ansprüche aus dem Arbeitsverhältnis sind von beiden Vertragsparteien innerhalb einer Frist von sechs Monaten nach Fälligkeit der jeweils anderen Vertragspartei schriftlich gegenüber geltend zu machen. Erfolgt diese Geltendmachung nicht, gelten die Ansprüche als verfallen.

(2) Werden die nach Abs. (1) rechtzeitig geltend gemachten Ansprüche von der Gegenseite abgelehnt oder erklärt sich die Gegenseite nicht innerhalb von einem Monat nach der Geltendmachung des Anspruches, so verfällt dieser, wenn er nicht innerhalb von zwei Monaten nach der Ablehnung oder dem Fristablauf gerichtlich anhängig gemacht wird.

§ 12 Vertragsänderungen

(1) Mündliche Nebenabreden sind nicht getroffen worden. Änderungen und/oder Ergänzungen dieser Vereinbarung bedürfen zu ihrer Rechtswirksamkeit der Schriftform. Dies gilt auch für ein Abweichen vom Schriftformerfordernis selbst.

(2) Sollte eine Bestimmung dieses Vertrages unwirksam sein oder werden, so wird die Wirksamkeit der übrigen Bestimmungen davon nicht berührt. Anstelle der unwirksamen Bestimmung werden die Parteien eine solche Bestimmung treffen, die dem mit der unwirksamen Bestimmung beabsichtigten Zweck am nächsten kommt. Dies gilt auch für die Ausfüllung eventueller Vertragslücken.

_____, den _____

_____   _____
        (Arbeitgeber)   (Arbeitnehmer)

[1] Als Werktage gelten die Tage Montag bis Samstag. Bei Teilzeitarbeitnehmern, die nur einzelne Tage in der Woche arbeiten, werden die arbeitsfreien Tage bei der Feststellung des Urlaubsanspruchs mitgerechnet. Nimmt der Teilzeitarbeitnehmer nur einzelne Tage als Urlaub, wird der Urlaubsanspruch im gleichen Umfange gekürzt, wie die Arbeitszeit des Teilzeitarbeitnehmers gegenüber der Arbeitszeit einer Vollzeitkraft vermindert ist.

Beispiel:

$$\frac{2 \text{ (individuelle Arbeitstage pro Woche)} \times 24 \text{ (Urlaubsanspruch in Werktagen)}}{6 \text{ (übliche Arbeitstage; Montag bis Samstag)}} = 8 \text{ Urlaubstage}$$

Können Sie Ihre Hand dafür ins Feuer legen, dass Ihre Putzhilfe keine **252** weiteren Minijobs hat bzw. insgesamt offiziell nicht mehr als 450 € verdient? Wenn nicht, haben Sie ein Problem. Ist die 450-€-Grenze überschritten, fallen Sozialversicherungsbeiträge an. Damit Sie als Arbeitgeber nicht in die Beitragsfalle tappen, sollten Sie vor Vertragsabschluss folgende Checkliste gemeinsam mit Ihrem Minijobber ausfüllen (ebenfalls unter www.minijobzentrale.de abzurufen):

Checkliste*

für geringfügig entlohnte oder kurzfristig Beschäftigte

Bitte beachten Sie:
Die Checkliste dient als *interne* Arbeitshilfe für Unternehmen, um eine korrekte sozialversicherungsrechtliche Beurteilung der Beschäftigung vornehmen zu können. Zur Mitteilung der hierfür notwendigen Angaben sind Sie gesetzlich verpflichtet. Bitte reichen Sie die Checkliste deshalb ausgefüllt bei Ihrem Arbeitgeber ein. Bei Fragen zu den einzelnen Abfragefeldern wenden Sie sich bitte an Ihren Arbeitgeber. Grundsätzliche Fragen zur geringfügigen Beschäftigung beantwortet die Minijob-Zentrale.

1. Persönliche Angaben

Name, Vorname:

Anschrift:

Telefon:

Rentenversicherungsnummer:

Falls keine Rentenversicherungsnummer angegeben werden kann:

Geburtsname: Geburtsdatum, Geburtsort:

Geschlecht: ☐ weiblich   ☐ männlich   Staatsangehörigkeit:

2. Status bei Beginn der Beschäftigung

☐ Schüler(in)   ☐ Selbständige(r)

☐ Student(in)   ☐ Beschäftigungslose(r)

☐ Schulentlassene(r) mit Berufsausbildungsabsicht

                                         ☐ Arbeitnehmer(in) im unbezahlten Urlaub

☐ Arbeits-/Ausbildungssuchende(r)***   ☐ Arbeitnehmer(in)

☐ Schulentlassene(r) mit Studienabsicht**   ☐ Rentner(in); Art der Rente:

☐ Bundesfreiwilligendienst-/   ☐ Arbeitnehmer(in) in der Elternzeit
    Freiwillige(r)/ Wehrdienstleistende(r)

☐ Praktikant(in)   ☐ Beamtin/Beamter

                                         ☐ Sonstige:

Angaben über die Meldung als Arbeits- oder Ausbildungssuchender

Ist der Beschäftigte zu Beginn des Beschäftigungsverhältnisses beschäftigungslos und bei der Agentur für Arbeit arbeits- oder ausbildungssuchend gemeldet?

☐ ja, bei der Agentur für Arbeit in

    ☐ mit Leistungsbezug

    ☐ ohne Leistungsbezug

☐ nein

---

*   Die erforderlichen Angaben können nach Aufruf des Dokuments am PC eingetragen, abgespeichert und ausgedruckt werden.
**   zum nächstmöglichen Zeitpunkt
*** vgl. Bitte die Angaben über die Meldung als Arbeits- oder Ausbildungssuchender ausfüllen

3. Angaben zur gesetzlichen Krankenversicherung

Ich bin in der gesetzlichen Krankenversicherung versichert.

☐ nein

☐ ja, bei (Krankenkasse):

Art der Versicherung: ☐ Eigene Mitgliedschaft   ☐ Familienversicherung

4. Weitere Beschäftigungen

a) für geringfügig entlohnte Beschäftigte (450-Euro-Minijobber):

Es besteht/ bestehen derzeit ein oder mehrere Beschäftigungsverhältnis(se) bei (einem) anderen Arbeitgeber(n)

☐ nein

☐ ja. Ich übe derzeit folgende Beschäftigungen aus:

Beschäftigungsbeginn	Arbeitgeber mit Adresse*	Die weitere Beschäftigung ist /war

1.		☐ geringfügig entlohnt
		  ☐ mit Eigenanteil zur RV
		  ☐ ohne Eigenanteil zur RV
		☐ nicht geringfügig entlohnt

2.		☐ geringfügig entlohnt ☐ mit Eigenanteil zur RV ☐ ohne Eigenanteil zur RV ☐ nicht gering- fügig entlohnt
3.		☐ geringfügig entlohnt ☐ mit Eigenanteil zur RV ☐ ohne Eigenanteil zur RV ☐ nicht gering- fügig entlohnt

*   Angabe freiwillig

<u>Anmerkung:</u> Eine geringfügig entlohnte Beschäftigung liegt vor, wenn das monatliche Arbeitsentgelt regelmäßig 450 € nicht übersteigt. Der Arbeitgeber einer geringfügig entlohnten Beschäftigung muss unter bestimmten Voraussetzungen Pauschalbeiträge zur Kranken- und Rentenversicherung bzw. gemeinsam mit dem Arbeitnehmer Pflichtbeiträge zur Rentenversicherung zahlen. (siehe 5.). Der Arbeitnehmer hat aber die Möglichkeit, gegenüber dem Arbeitgeber die Befreiung von der Versicherungspflicht in der Rentenversicherung zu beantragen und somit von der Zahlung des Eigenanteils zur Rentenversicherung Abstand zu nehmen. Sofern neben einer mehr als geringfügig entlohnten (Haupt-) Beschäftigung nur eine geringfügig entlohnte Beschäftigung ausgeübt wird, wird die (Haupt-) Beschäftigung nicht mit der geringfügig entlohnten Beschäftigung zusammengerechnet. In diesen Fällen ist die geringfügig entlohnte Beschäftigung in der Krankenversicherung versicherungsfrei und je nach Sachverhalt in der Rentenversicherung versicherungsfrei, versicherungspflichtig oder von der Versicherungspflicht befreit. Jede weitere geringfügig entlohnte Beschäftigung wird mit der Hauptbeschäftigung zusammengerechnet und ist nach den allgemeinen Regeln versicherungs- und beitragspflichtig in allen Zweigen der Sozialversicherung.

Wenn keine mehr als geringfügig entlohnte (Haupt-) Beschäftigung vorliegt, ergibt sich bei Addition der Bruttoarbeitsentgelte aus der/den bereits ausgeübten geringfügig entlohnten Beschäftigung(en) und der von diesem Fragebogen betroffenen (neuen) geringfügig entlohnten Beschäftigung ein Betrag, der regelmäßig 450 € im Monat übersteigt.

☐ nein

☐ ja

<u>Anmerkung:</u> Ergibt die Addition der Bruttoarbeitsentgelte, dass monatlich regelmäßig 450 € nicht überschritten werden, ist der Arbeitnehmer, sofern er von seinem Befreiungsrecht in der Rentenversicherung Gebrauch macht, beitragsfrei in allen Zweigen der Sozialversicherung.

b) für kurzfristig Beschäftigte:

Im laufenden Kalenderjahr habe ich bereits eine/mehrere befristete Beschäftigung(en) ausgeübt oder war als Beschäftigungslose(r) arbeits- bzw. ausbildungssuchend gemeldet (vgl. Anmerkung).

☐ nein

☐ ja:

Beginn und Ende der Beschäftigung / Meldung als Arbeits- bzw. Ausbildungssuchende(r)	Tatsächliche Arbeitstage in diesem Zeitraum	Arbeitgeber mit Adresse*
1.		
2.		
3.		

Anmerkung: Eine kurzfristige – für den Arbeitnehmer und Arbeitgeber sozialabgabenfreie – Beschäftigung liegt vor, wenn die Beschäftigung innerhalb eines Kalenderjahres auf zwei Monate oder 50 Arbeitstage nach ihrer Eigenart begrenzt zu sein pflegt oder im Voraus vertraglich begrenzt ist und nicht „berufsmäßig" (vgl. hierzu die Erläuterungen ab Seite 4) ausgeübt wird. Mehrere kurzfristige Beschäftigungen im laufenden Kalenderjahr sind zusammenzurechnen.

5. Befreiung von der Rentenversicherungspflicht

Der Arbeitnehmer einer geringfügig entlohnten Beschäftigung kann die Befreiung von der Versicherungspflicht in der gesetzlichen Rentenversicherung durch schriftliche Erklärung gegenüber dem Arbeitgeber beantragen. Ein Muster des Befreiungsantrages liegt als Anlage bei. In diesem Fall entrichtet allein der Arbeitgeber eine Pauschalabgabe zur Rentenversicherung. Achtung: Damit werden keine vollen Ansprüche in der Rentenversicherung erworben.

☐ Nein, ich möchte mich nicht von der Versicherungspflicht in der Rentenversicherung befreien lassen
Es handelt sich um eine „normale" geringfügige Beschäftigung. Der Arbeitgeber trägt die Pauschalabgabe zur Rentenversicher-ung. Der Arbeitnehmer trägt die Differenz zum vollen Beitragssatz in der Rentenversicherung (2013: 3,9 %). Den Arbeitnehmeranteil am Beitrag zur Rentenversicherung zieht der Arbeitgeber vom Arbeitsentgelt ab und leitet diesen mit den Pauschalabgaben an die Minijob-Zentrale weiter.

☐ Ja, ich beantrage die Befreiung von der Versicherungspflicht in der Rentenversicherung.
Der Arbeitgeber zahlt die Pauschalabgabe. Die einmal beantragte Befreiung von der Versicherungspflicht kann nicht rückgängig gemacht werden.

Ich versichere, dass die vorstehenden Angaben der Wahrheit entsprechen. Ich verpflichte mich, meinem Arbeitgeber alle Änderungen, insbesondere die Aufnahme weiterer Beschäftigungen, unverzüglich mitzuteilen."

_____   _____

Ort, Datum   Unterschrift

_____

Der Arbeitgeber ist zur sozialversicherungsrechtlichen Einordnung des Arbeitnehmers verpflichtet. Der Arbeitnehmer muss dem Arbeitgeber die dazu erforderlichen Angaben machen und die entsprechenden Unterlagen vorlegen (§ 28o SGB IV). Erteilt der Arbeitnehmer diese Auskünfte nicht, nicht richtig oder nicht rechtzeitig oder legt er die entsprechenden Unterlagen nicht, nicht vollständig oder nicht rechtzeitig vor, begeht er eine bußgeldbewehrte Ordnungswidrigkeit (§ 111 Abs. 1 Nr. 4 SGB IV). Die Checkliste ist dem jeweiligen Arbeitgeber auszuhändigen. Alle Fragen zur Ausfüllung der Checkliste sind ausschließlich an den jeweiligen Arbeitgeber zu richten.

Erläuterungen
zur Checkliste für geringfügig entlohnte oder kurzfristig Beschäftigte

Allgemeines

Der Arbeitgeber ist dazu verpflichtet, jeden Arbeitnehmer bei der Einzugsstelle anzumelden und die Beiträge zur Sozialversicherung zu zahlen. Daraus ergibt sich für ihn die Pflicht, das Sozialversicherungsverhältnis des jeweiligen Arbeitnehmers zu beurteilen. Der Arbeitnehmer ist seinerseits dazu verpflichtet, dem Arbeitgeber die zur Durchführung des Meldeverfahrens und der Beitragszahlung erforderlichen Angaben zu machen und die entsprechenden Unterlagen vorzulegen (§ 28o SGB IV). Erteilt der Arbeitnehmer diese Auskünfte nicht, nicht richtig oder nicht rechtzeitig oder legt er die entsprechenden Unterlagen nicht, nicht vollständig oder nicht rechtzeitig vor, begeht er eine Ordnungswidrigkeit, die mit Bußgeld belegt werden kann (§ 111 Abs. 1 Nr. 4 SGB IV). Nimmt der Arbeitgeber eine falsche sozialversicherungsrechtliche Beurteilung vor, drohen unter Umständen Nachforderungen von Sozialversicherungsbeiträgen.

Um solche Nachforderungen zu vermeiden, muss der Arbeitgeber den Sachverhalt so aufklären, dass er eine korrekte Einordnung des Arbeitnehmers vornehmen kann. Dazu dient diese Checkliste. Sie ist ein Leitfaden zur Abfrage von Angaben, die die Feststellung von Versicherungspflicht bzw. Versicherungsfreiheit des Arbeitnehmers in der Sozialversicherung ermöglichen. **Dabei kann im Einzelfall die Angabe weiterer Kriterien erforderlich sein.** Die Checkliste erhebt keinen Anspruch auf Vollständigkeit. Damit die Angaben als Dokumentation i. S. d. Beitragsverfahrensverordnung gelten, müssen die Angaben des Arbeitnehmers durch entsprechende Nachweise (z. B. Immatrikulationsbescheinigung) belegt und durch seine Unterschrift bestätigt werden. Der Arbeitgeber ist nach der Beitragsverfahrensverordnung dazu verpflichtet, die Angaben zu den Entgeltunterlagen zu nehmen.

Die Checkliste ersetzt nicht die Anmeldung des geringfügig Beschäftigten oder den Arbeitsvertrag zwischen dem Arbeitgeber und dem geringfügig Beschäftigten. Die Anmeldung erfolgt durch die Meldung zur Sozialversicherung bei der Minijob-Zentrale der Deutschen Rentenversicherung Knappschaft-Bahn-See. Die Checkliste dient allein dem internen Gebrauch des Unternehmens bzw. als Nachweis des Unternehmens bei einer Überprüfung durch die Sozialversicherung (Betriebsprüfung).

zu 1

Der Arbeitgeber muss in der Meldung zur Sozialversicherung die Rentenversicherungsnummer des Arbeitnehmers angeben. Falls keine Rentenversicherungsnummer angegeben werden kann, sind die Angabe des Geburtsnamens, -datums, und -orts, des Geschlechts und der Staatsangehörigkeit des Arbeitnehmers erforderlich.

zu 2

Die unter Punkt 2 aufgeführten Kriterien sind für die sozialversicherungsrechtliche Beurteilung des Arbeitnehmers relevant:

1. Schüler sind grundsätzlich in der Arbeitslosenversicherung versicherungsfrei (§ 27 Abs. 4 Satz 1 Nr. 1 SGB III).
2. Bei Studenten bestehen Besonderheiten in der Kranken-, Pflege- und Arbeitslosenversicherung (§ 6 Abs. 1 Nr. 3 SGB V, § 27 Abs. 4 Satz 1 Nr. 1 SGB III)
3. Selbständige und Beamte sind sozialversicherungsrechtlich wie Personen ohne versicherungspflichtige Hauptbeschäftigung zu behandeln.
4. Bei einer **kurzfristigen Beschäftigung muss der Arbeitgeber prüfen, ob es sich um eine berufsmäßige Beschäftigung handelt, sofern das Arbeitsentgelt 450 €** übersteigt. Dabei gelten für die Prüfung von bestimmten Personengruppen bzw. Fallkonstellationen für die Prüfung der Berufsmäßigkeit folgende Grundsätze:

Berufsmäßigkeit liegt grundsätzlich nicht vor bei kurzfristigen Beschäftigungen

- zwischen Abitur und Studium,
- zwischen Abitur und Bundesfreiwilligendienst- oder Freiwilliger Wehrdienst, wenn die Aufnahme eines Studiums beabsichtigt ist.

Berufsmäßigkeit ist grundsätzlich anzunehmen bei kurzfristigen Beschäftigungen

- zwischen Schulentlassung bzw. Abschluss des Studiums und Eintritt in das Berufsleben,
- von ausbildungs- oder arbeitssuchenden Beschäftigungslosen, die bei der Arbeitsagentur gemeldet sind.
- während unentgeltlicher Beurlaubung im Rahmen einer Hauptbeschäftigung,
- während des Bundesfreiwilligendienstes oder des Freiwilligen Wehrdienstes
- während einer im Rahmen einer Hauptbeschäftigung bestehenden Elternzeit.

Berufsmäßigkeit liegt auch vor, wenn die zu beurteilende Beschäftigung zusammen mit Vorbeschäftigungszeiten bzw. Zeiten der Meldung der Arbeits- bzw. Ausbildungssuche bei der Arbeitsagentur im laufenden Kalenderjahr die Grenze von zwei Monaten bzw. 50 Arbeitstagen übersteigt.

Zur **Berufsmäßigkeit** vgl. auch: Geringfügigkeits-Richtlinien der Spitzenorganisationen der Sozialversicherung vom xx.xx.xxxx und der Entscheidungshilfe zur Berufsmäßigkeit unter www.minijob-zentrale.de.

zu 3

Für einen geringfügig entlohnten Beschäftigten sind Pauschalbeiträge zur Krankenversicherung nur dann zu entrichten, wenn der Arbeitnehmer gesetzlich krankenversichert ist (Pflicht-, Familien- oder freiwillige Versicherung).

zu 4

Die Pflicht des Arbeitnehmers, dem Arbeitgeber alle erforderlichen Angaben zu machen, umfasst vor allem die Aufklärung über gleichzeitig ausgeübte weitere Beschäftigungen und Vorbeschäftigungen bei anderen Arbeitgebern. Stellt die Deutsche Rentenversicherung Knappschaft-Bahn-See oder ein anderer Träger der Rentenversicherung im Nachhinein fest, dass wegen einer notwendigen Zusammenrechnung der geringfügigen Beschäftigung mit weiteren (Vor-)Beschäftigungen Versicherungspflicht vorliegt, tritt diese mit dem Tage der Bekanntgabe dieser Feststellung durch die Deutsche Rentenversicherung Knappschaft-Bahn-See oder eines anderen Trägers der Rentenversicherung ein (§ 8 Abs. 2 Satz 3 SGB IV). Seit dem 1. April 2003 werden Beiträge zur Sozialversicherung im Falle notwendiger Additionen grundsätzlich nicht mehr rückwirkend nachgefordert. Eine Ausnahme von diesem Grundsatz gilt jedoch gemäß § 8 Abs. 2 Satz 4 SGB IV für den Fall, dass der Arbeitgeber es vorsätzlich oder grob fahrlässig versäumt hat, den Sachverhalt aufzuklären.

Die Checkliste dient zum einen dazu, dem Arbeitgeber die Feststellung weiterer Beschäftigungen und die entsprechende sozialversicherungsrechtliche Beurteilung des Arbeitnehmers zu erleichtern. Zum anderen kann sie im Nachhinein ein Indiz dafür sein, dass der Arbeitgeber bei der Sachverhaltsaufklärung weder vorsätzlich noch grob fahrlässig gehandelt hat. Beruht die falsche sozialversicherungsrechtliche Beurteilung beispielsweise darauf, dass der Arbeitnehmer eine weitere Beschäftigung verschwiegen hat und auf dem Fragebogen bei der Frage nach weiteren Beschäftigungen „nein" angekreuzt hat, so ist davon auszugehen, dass dem Arbeitgeber weder Vorsatz noch grobe Fahrlässigkeit vorgeworfen wird.

zu 5

Wirkung der Befreiung

Der geringfügig entlohnte Beschäftigte kann die Befreiung von der Versicherungspflicht in der Rentenversicherung beantragen (§ 6 Abs. 1b SGB VI). Der Antrag muss schriftlich gegenüber dem Arbeitgeber erfolgen. Ein gestellter Befreiungsantrag ist vom Arbeitgeber mit dem Tag des Eingangs bei ihm zu versehen. Der Antrag ist nicht an die Minijob-Zentrale weiterzuleiten, sondern verbleibt in den Entgeltunterlagen des Arbeitgebers.

Der Arbeitgeber meldet die Daten zum Antrag auf Befreiung von der Rentenversicherungspflicht an die Minijob-Zentrale im Rahmen des DEÜV-Verfahrens. Sofern die Minijob-Zentrale dem Befreiungsantrag nicht innerhalb eines Monats widerspricht, wirkt die Befreiung grundsätzlich ab Beginn des Kalendermonats des Eingangs beim Arbeitgeber, frühestens ab Beschäftigungsbeginn. Voraussetzung ist, dass der Arbeitgeber der Minijob-Zentrale die Befreiung bis zur nächsten Entgeltabrechnung, spätestens innerhalb von 6 Wochen nach Eingang des Befreiungsantrages bei ihm meldet. Anderenfalls beginnt die Befreiung erst nach Ablauf des Kalendermonats, der dem Kalendermonat des Eingangs der Meldung bei der Minijob-Zentrale folgt.

Der Antrag auf Befreiung von der Rentenversicherungspflicht ist für die gesamte Dauer der Beschäftigung bindend und kann nicht widerrufen werden. Übt ein Arbeitnehmer nebeneinander mehrere geringfügige Beschäftigungen aus, die trotz Zusammenrechnung 450 € nicht überschreiten, kann der Arbeitnehmer nur einheitlich die Befreiung von der Rentenversicherungspflicht beantragen. Die einem Arbeitgeber gegenüber beantragte Befreiung gilt zugleich für die weiteren geringfügig entlohnten Beschäftigungsverhältnisse. Der Arbeitnehmer muss die Arbeitgeber, bei denen er gleichzeitig beschäftigt ist, über den Befreiungsantrag informieren.

Übergangsrecht

Wird eine vor dem 01.01.2013 aufgenommene geringfügig entlohnte Beschäftigung gleichzeitig mit einer nach dem 31.12.2012 geringfügig entlohnten Beschäftigung ausgeübt, sind aufgrund der differenziert zu betrachtenden versicherungsrechtlichen Beurteilung die Ausführungen der Minijob-Zentrale unter www.minijob-zentrale.de zu beachten.

Merkblatt über die möglichen Folgen einer Befreiung von der Rentenversicherungspflicht

Allgemeines

Seit dem 1. Januar 2013 unterliegen Arbeitnehmer, die eine geringfügig entlohnte Beschäftigung (450-Euro-Minijob) ausüben, grundsätzlich der Versicherungs- und vollen Beitragspflicht in der gesetzlichen Rentenversicherung. Der vom Arbeitnehmer zu tragende Anteil am Rentenversicherungsbeitrag beläuft sich auf 3,9 Prozent (bzw. 13,9 Prozent bei geringfügig entlohnten Beschäftigungen in Privathaushalten) des Arbeitsentgelts. Er ergibt sich aus der Differenz zwischen dem Pauschalbeitrag des Arbeitgebers (15 Prozent bei geringfügig entlohnten Beschäftigungen im gewerblichen Bereich/ bzw. 5 Prozent bei solchen in Privathaushalten) und dem vollen Beitrag zur Rentenversicherung in Höhe von 18,9 Prozent. Zu beachten ist, dass der volle Rentenversicherungsbeitrag mindestens von einem Arbeitsentgelt in Höhe von 175 Euro zu zahlen ist.

Vorteile der vollen Beitragszahlung zur Rentenversicherung

Die Vorteile der Versicherungspflicht für den Arbeitnehmer ergeben sich aus dem Erwerb von Pflichtbeitragszeiten in der Rentenversicherung. Das bedeutet, dass die Beschäftigungszeit in vollem Umfang für die Erfüllung der verschiedenen Wartezeiten (Mindestversicherungszeiten) berücksichtigt wird. Pflichtbeitragszeiten sind beispielsweise Voraussetzung für

- einen früheren Rentenbeginn,
- Ansprüche auf Leistungen zur Rehabilitation (sowohl im medizinischen Bereich als auch im Arbeitsleben),
- den Anspruch auf Übergangsgeld bei Rehabilitationsmaßnahmen der gesetzlichen Rentenversicherung,
- die Begründung oder Aufrechterhaltung des Anspruchs auf eine Rente wegen Erwerbsminderung,
- den Anspruch auf Entgeltumwandlung für eine betriebliche Altersversorgung sowie
- die Erfüllung der Zugangsvoraussetzungen für eine private Altersvorsorge mit staatlicher Förderung (zum Beispiel die so genannte Riester-Rente) für den Arbeitnehmer und gegebenenfalls sogar den Ehepartner.

Darüber hinaus wird das Arbeitsentgelt nicht nur anteilig, sondern in voller Höhe bei der Berechnung der Rente berücksichtigt.

Antrag auf Befreiung von der Rentenversicherungspflicht

Ist die Versicherungspflicht nicht gewollt, kann sich der Arbeitnehmer von ihr befreien lassen. Hierzu muss er seinem Arbeitgeber - möglichst mit dem beiliegenden Formular - schriftlich mitteilen, dass er die Befreiung von der Versicherungspflicht in der Rentenversicherung wünscht. Übt der Arbeitnehmer mehrere geringfügig entlohnte Beschäftigungen aus, kann der Antrag auf Befreiung nur einheitlich für alle zeitgleich ausgeübten geringfügigen Beschäftigungen gestellt werden. Über den Befreiungsantrag hat der Arbeitnehmer alle weiteren - auch zukünftige - Arbeitgeber zu informieren, bei denen er eine geringfügig entlohnte Beschäftigung ausübt. Die Befreiung von der Versicherungspflicht ist für die Dauer der Beschäftigung(en) bindend; sie kann nicht widerrufen werden.

Die Befreiung wirkt grundsätzlich ab Beginn des Kalendermonats des Eingangs beim Arbeitgeber, frühestens ab Beschäftigungsbeginn. Voraussetzung ist, dass der Arbeitgeber der Minijob-Zentrale die Befreiung bis zur nächsten Entgeltabrechnung, spätestens innerhalb von 6 Wochen nach Eingang des Befreiungsantrages bei ihm meldet. Anderenfalls beginnt die Befreiung erst nach Ablauf des Kalendermonats, der dem Kalendermonat des Eingangs der Meldung bei der Minijob-Zentrale folgt.

Konsequenzen aus der Befreiung von der Rentenversicherungspflicht

Geringfügig entlohnt Beschäftigte, die die Befreiung von der Rentenversicherungspflicht beantragen, verzichten freiwillig auf die oben genannten Vorteile. Durch die Befreiung zahlt lediglich der Arbeitgeber den Pauschalbeitrag in Höhe von 15 Prozent (bzw. 5 Prozent bei Beschäftigungen in Privathaushalten) des Arbeitsentgelts. Die Zahlung eines Eigenanteils durch den Arbeitnehmer entfällt hierbei. Dies hat zur Folge, dass der Arbeitnehmer nur anteilig Monate für die Erfüllung der verschiedenen Wartezeiten erwirbt und auch das erzielte Arbeitsentgelt bei der Berechnung der Rente nur anteilig berücksichtigt wird.

Hinweis: Bevor sich ein Arbeitnehmer für die Befreiung von der Rentenversicherungspflicht entscheidet, wird eine individuelle Beratung bezüglich der rentenrechtlichen Auswirkungen der Befreiung bei einer Auskunfts- und Beratungsstelle der Deutschen Rentenversicherung empfohlen. Das Servicetelefon der Deutschen Rentenversicherung ist kostenlos unter der 0800 10004800 zu erreichen. Bitte nach Möglichkeit beim Anruf die Versicherungsnummer der Rentenversicherung bereithalten.

Anlage

Versicherungspflicht in der Rentenversicherung bei einer geringfügig entlohnten Beschäftigung nach § 6 Absatz 1b Sozialgesetzbuch Sechstes Buch (SGB VI)

Arbeitnehmer:

Name: _____

Vorname: _____

Rentenversicherungsnummer: | | | | | | | | | | | | |

Hiermit beantrage ich die Befreiung von der Versicherungspflicht in der Rentenversicherung im Rahmen meiner geringfügig entlohnten Beschäftigung und verzichte damit auf den Erwerb von Pflichtbeitragszeiten. Ich habe die Hinweise auf dem „Merkblatt über die möglichen Folgen einer Befreiung von der Rentenversicherungspflicht" zur Kenntnis genommen.

Mir ist bekannt, dass der Befreiungsantrag für alle von mir zeitgleich ausgeübten geringfügig entlohnten Beschäftigungen gilt und für die Dauer der Beschäftigungen bindend ist; eine Rücknahme ist nicht möglich. Ich verpflichte mich, alle weiteren Arbeitgeber, bei denen ich eine geringfügig entlohnte Beschäftigung ausübe, über diesen Befreiungsantrag zu informieren.

_____   _____
(Ort, Datum)   (Unterschrift des Arbeitnehmers)

Arbeitgeber:

Name: _____

Betriebsnummer: | | | | | | | |

Der Befreiungsantrag ist am | | | | | | | | | bei mir eingegangen.
                      T T M M J J J J

Die Befreiung wirkt ab | | | | | | | | | .
              T T M M J J J J

_____   _____
(Ort, Datum)   (Unterschrift des Arbeitgebers)

Hinweis für den Arbeitgeber:

Der Befreiungsantrag ist nach § 8 Absatz 4a Beitragsverfahrensverordnung (BVV) zu den Entgeltunterlagen zu nehmen.

Die meisten Minijobber sind nicht an einer Anmeldung bei der Minijob-   253
Zentrale interessiert, in erster Linie Sozialhilfeempfänger, Arbeitslose,
Touristen ohne Arbeitserlaubnis in Deutschland etc. In den meisten Fällen haben Minijobber mehrere Minijobs, so dass die 450-€-Hürde fast
immer gerissen wird. Ihnen entgeht aber einiges, wenn sie nicht angemeldet sind, denn ohne korrekte Anmeldung tun sie sich schwer, ihre Rechte
durchzusetzen, wie z. B. Anspruch auf

- Lohnfortzahlung bis zu sechs Wochen bei Krankheit,
- bezahlten Erholungsurlaub von vier Wochen,
- Lohnzahlung, wenn an gesetzlichen Feiertagen die Arbeit ausfällt,
- Lohnzahlung bei persönlicher Verhinderung, z. B. Arztbesuch, Ge-
  richtstermin, Krankheit eines Angehörigen.

Außerdem erwerben angemeldete Minijobber einen wenn auch gemin-
derten Anspruch auf Rente. Bei 450 € Monatslohn aus einem haushaltsnahen Beschäftigungsverhältnis beträgt der Anspruch auf Rente rd.
1,10 € pro Monat. Der Arbeitnehmer kann aus eigenen Mitteln den Ren-
tenbeitrag von 5 % auf 18,7 % aufstocken. Das wären in diesem Fall
(13,7 % von 450 € =) 61,65 €. Der Arbeitnehmer erhält dann anstatt 450
nur 388,35 € ausbezahlt. Daraus ergibt sich eine Rentenanwartschaft von
gut 4 € im Monat.

**Wichtig zu wissen: Zunächst sind alle Minijobs rentenversicherungs-
pflichtig!** Für geringfügig entlohnte Minijobs, die am 1.1.2013 oder später
begannen, besteht Versicherungspflicht in der Rentenversicherung. Der
volle Rentenversicherungsbeitrag ist mindestens von 175 € zu zahlen. Der
Arbeitgeberanteil beträgt im Haushaltsscheck-Verfahren fünf Prozent
des tatsächlichen Arbeitsentgelts. Die Haushaltshilfe trägt – wie bisher –
die Differenz zwischen dem Arbeitgeberanteil und dem vollen Beitrag
zur Rentenversicherung (13,7 Prozent). Den Beitragsanteil des Arbeitnehmers behält der Arbeitgeber vom Arbeitsentgelt ein. **Minijobber
haben die Möglichkeit, sich auf Antrag von der Versicherungspflicht in
der Rentenversicherung befreien zu lassen.** Bei geringfügig Beschäftigten
im Privathaushalt ist ein gesonderter Antrag nicht erforderlich, weil die
relevanten Angaben auf dem Haushaltsscheck zu machen sind.

Zeile 70 Sozialversicherungspflichtige   254
Beschäftigung

Diese Zeilen betreffen Aufwendungen für ein reguläres Arbeitsverhältnis, für das die üblichen Sozialabgaben und Lohnsteuern – nach Maßgabe

der Lohnsteuerkarte – abzuführen sind. Die Steuerermäßigung beträgt 20 % der Aufwendungen, höchstens 4.000 € im Jahr.

255 Hier steckt im Verborgenen eine elegante Lösung, wenn eine Putzhilfe ihre 450 € im Monat schon voll ausgereizt hat. Nach den Bestimmungen für Niedriglohnbezieher wird bei Überschreiten der Minijobgrenze nicht sofort der volle Arbeitnehmerbeitrag erhoben, vielmehr steigt der Beitragssatz gleitend an (➤ Rz 622).

Beispiel

Sie zahlen Ihrer Putzhilfe brutto	460,00 €
Arbeitgeberanteil Sozialversicherung rd, 19,3 %	88,78 €
Also kostet Sie die Putzhilfe	548,78 €
Über die Steuer kommen 20 % zurück =	– 109,76 €
Gesamtaufwendungen	439,02 €

Ihre Putzhilfe erhält brutto	460,00 €
./. Arbeitnehmeranteil Sozialversicherung* (Gleitzone)	– 52,23 €
Nettolohn	407,77 €

*ohne Aufstockung auf den vollen Rentenversicherungsbeitrag

Lohnsteuer können Sie vergessen, wenn die Putzhilfe eine Lohnsteuerkarte mit Steuerklasse I, II oder IV vorlegt. Die Steuerfreibeträge liegen in diesen Steuerklassen über 950 € pro Monat (➤ Rz 54).

256 Generell ist die Versteuerung über die Lohnsteuerklasse des Minijobbers dann die beste Wahl, wenn der Lohn aus dem Arbeitsverhältnis bei der jährlichen Einkommensteuererklärung nicht zu einer Steuerbelastung führt. Dies trifft für die meisten Schüler, Studenten, alleinerziehenden Frauen und Rentner zu. Denn jeder Steuerzahler erhält einen Grundfreibetrag, der im Jahr 2015 immerhin 8.472 € beträgt. Hinzu kommen der Arbeitnehmerpauschbetrag von 1.000 € und andere Kleinbeträge (➤ Rz 52 ff.).

257 **Herrschaftliche Haushaltsführung oder was?**
Hier sind auch die mit von der Partie, die unbedingt ein Dienstmädchen, einen Chauffeur, Gärtner, Butler oder Koch benötigen, um mit den Beschwernissen des täglichen Lebens fertigzuwerden. Ein Antrag entfällt natürlich, wenn das Hauspersonal »der Einfachheit halber« in der betrieblichen Lohnkartei geführt wird. Siehe dazu auch ➤ Rz 259.

Zeile 71 Aufwendungen für haushalts- nahe Dienstleistungen, Hilfe im Haushalt

258

Sicherlich teurer als die Beschäftigung eines Arbeitnehmers ist die Inanspruchnahme eines selbständigen Dienstleisters (Gärtner, Fensterputzer, Dienstleistungsagentur, Tagesmutter etc.). Die Steuerermäßigung beträgt 20 % der Aufwendungen, max. 4.000 €.

Zu den haushaltsnahen Dienstleistungen gehören alle Tätigkeiten, die eine im Haushalt angestellte Arbeitskraft steuerermäßigt ausführen könnte (➤ Rz 243).

Wichtig zu wissen: Auch hier führen nur Arbeiten auf Rechnung und Zahlung durch Überweisung zu einer Steuerermäßigung.

259

TIPP **Hausgehilfin mit »Dreifachberücksichtigung«**

Die sog. Dreifachberücksichtigung löst bei vielen Finanzbürokraten erhöhten Blutdruck aus. Sie kann eintreten, wenn eine Hausgehilfin sowohl im Betrieb als auch im Haushalt arbeitet. Dann ergeben sich folgende Möglichkeiten:

1. **Abzug von Betriebsausgaben** bei den Einkünften aus Gewerbebetrieb oder selbständiger Arbeit in Höhe der anteiligen Lohnkosten.
2. **Abzug von Kinderbetreuungskosten** bis zu 4.000 € je Kind (> Zeile 67 der Anlage Kind).
3. **Steuerermäßigung** für haushaltsnahe Beschäftigungsverhältnisse/ Dienstleistungen in Höhe von max. 4.000 € (§ 35a EStG, > Zeile 71 des Mantelbogens).

Lassen Sie mich im Amtsdeutsch weitererklären: Liegen die Voraussetzungen für die Berücksichtigung von Aufwendungen für eine Haushaltshilfe oder Hausgehilfin mehrfach vor – z.B. dreifach, wie hier beschrieben –, sind die Gesamtaufwendungen entsprechend der zeitlichen Beanspruchung durch die verschiedenen Arbeiten aufzuteilen.

Nahe Angehörige als Hausgehilfin

260

Auch das geht!! Sie müssen nur den Dienstleistungsauftrag zwischen Ihnen und Ihrer Mutter so gestalten, dass er auch zwischen Fremden möglich wäre. Und Ihre Mutter darf nicht zu Ihrem Haushalt gehören, muss körperlich fit genug sein, um die Arbeiten erledigen zu können, und muss zudem auf die Vergütung aus dem Dienstleistungsverhältnis angewiesen sein (BFH-Urt. v. 6.1.1961 – BStBl 1961 III S. 549). Entsprechendes gilt, wenn Ihre Tochter im Haushalt wie eine fremde Hausgehilfin mithilft und nachweislich eine anderenfalls erforderliche fremde Kraft ersetzt.

261   ♦ *Musterfall Meyer (Haushaltshilfe – Aufteilung der Kosten)*
Die Eheleute Hans und Gerda Meyer sind als Rechtsanwälte freiberuflich tätig. Mit im Haushalt lebt der 13-jährige Sohn Tobias. Das Ehepaar beschäftigt die Hausgehilfin Karin Hoppe. Die Lohnaufwendungen für sie betrugen im Kalenderjahr 7.200 €.
Die Hausgehilfin erledigt
1. Reinigung der Praxisräume, Zeitanteil 30 %;
2. Putzarbeiten im Haushalt, Zeitanteil 20 %;
3. Betreuung von Tobias, Zeitanteil 50 %.

Von den 7.200 € bringen die Eheleute Meyer in ihrer Steuererklärung unter:
1. In der Gewinnermittlung 30 % Betriebsausgaben =   *2.160 €*
2. Als Sonderausgaben »Kinderbetreuungskosten« in Höhe von
²/₃ der Aufwendungen (3.600 €)   *2.400 €*
Insgesamt steuerlich absetzbar   *4.560 €*
Schon bei einem Steuersatz von nur 30 % beträgt die
jährliche Steuerersparnis =   *1.368 €*
3. Steuerermäßigung für haushaltsnahe Beschäftigung (➤ Rz 243)
Aufwendungen insgesamt   *7.200 €*
./. Betriebs- bzw. Sonderausgaben   *– 5.760 €*
Verbleiben   *1.440 €*

Steuerermäßigung 20 %   *288 €*
Insgesamt erhalten Meyers mindestens (1.368 € + 288 € =) 1.656 € und damit rund 23 % ihrer Aufwendungen über die Steuer zurück.
Die Betriebsausgaben macht Meyer in seiner Gewinnermittlung geltend, die Sonderausgaben in > Zeile 67 ff. der Anlage Kind. In > Zeile 71 des Mantelbogens trägt er ein:

– haushaltsnahe Dienstleistungen, Hilfe im eigenen Haushalt
<small>Art der Aufwendungen</small>
71 | Reinigung der Wohnung   210   **1 4 4 0,–**

Du musst jeden Tag Deinen Feldzug
auch gegen Dich selber führen.
(Friedrich Nietzsche)

262

TIPP Steuerermäßigung für Umzugskosten

Von einem Umzugsunternehmen durchgeführte Umzüge für Privatpersonen gehören ebenfalls zu den haushaltsnahen Dienstleistungen. Wichtig ist, dass die Umzugsfirma eine Rechnung stellt und diese nicht bar bezahlt wird, sondern per Überweisung oder EC–Cash.
Über die Steuerermäßigung erhalten Sie 20 % Ihrer Aufwendungen zurück. Da Ihr Steuersatz aber sicher weit darüber liegt, fahren Sie steuerlich besser, wenn Sie die Umzugskosten als Werbungskosten geltend machen können. Wie das geht, dazu mehr unter ➤ Rz 799 ff.

263

TIPP Steuerermäßigung für den Stubentiger

Haustierbesitzer kennen das Problem: Vor dem Urlaub muss die Betreuung der Haustiere geregelt werden. Findet diese bei Ihnen zu Hause statt, handelt es sich insoweit um haushaltsnahe Dienstleistungen, für die Sie eine Steuerermäßigung in > Zeile 71 geltend machen können.
Insbesondere folgende Kosten kommen in Betracht:
* Versorgung der Katze (Fische, Reptilien, Vögel …) mit Futter und Wasser,
* Reinigung des Katzenklos (Aquariums, Terrariums, Vogelkäfigs …),
* Beschäftigung des Tieres.

Nicht begünstigt ist hingegen die Unterbringung Ihres Hundes/Ihrer Katze in einer Tierpension, denn die Versorgung, sprich Dienstleistung, muss *haushaltsnah,* also in Ihrem Haushalt erfolgen.

264

TIPP Winterdienst mit Steuerkick

Das Finanzamt nimmt es mitunter schon sehr genau, wenn es um die Gewährung einer Steuervergünstigung geht. In seinem Schreiben vom 10.1.2014 weist der Bundesfinanzminister seine Beamten daher an, die Kosten für den Winterdienst nur insoweit als hauhaltsnahe Dienstleistung in > Zeile 71 zu dulden, als diese anteilig auf den privaten Grund entfallen. Sofern der öffentliche Gehweg von Schnee und Eis befreit wird, soll keine Steuerermäßigung in Betracht kommen, da nicht haushaltsnah.
Dass diese Kleinkrämerei unsinnig ist, erkennen Sie sofort. Für die Finanzbeamten bedarf es dafür eines Urteils des Bundesfinanzhofs. Dieser entschied im März 2014, dass die Kosten für den Winterdienst in vollem Umfang zu einer Steuerermäßigung führen, egal ob im Vorgarten oder auf dem Gehweg (Az. VI R 55/12).

Und wie sieht es mit den Kosten für die Straßenreinigung aus, fragen Sie sich?
Für mich macht das keinen Unterschied. Diese Kosten gehören daher ebenfalls in > Zeile 71. Ein Urteil gibt es dazu allerdings bisher nicht.

265 Zeile 72 Pflege- und Betreuungsleistungen, Heimunterbringung

Die Steuerermäßigung kann auch für die Inanspruchnahme von Pflege- und Betreuungsleistungen beantragt werden. Gleiches gilt für Aufwendungen, die wegen der Unterbringung in einem Heim oder zur dauernden Pflege erwachsen, soweit darin Kosten für Dienstleistungen enthalten sind, die mit denen einer Hilfe im Haushalt vergleichbar sind.

Beispiel
Sie haben im Jahr 2015 Aufwendungen für Pflegeleistungen Ihrer pflegebedürftigen Mutter in Höhe von 6.000 € getragen – Erstattungen aus der Pflegeversicherung insoweit leider Fehlanzeige. Die Steuerermäßigung beträgt (6.000 € × 20 % =) 1.200 €.
Siehe hierzu auch die Hinweise zu > Zeile 68 unter ➤ Rz 242.

Zeile 73 Handwerkerleistungen für Renovierungs-, Erhaltungs- und Modernisierungsmaßnahmen

266 Für die Inanspruchnahme von Handwerkerleistungen für **Renovierungs-, Erhaltungs- und Modernisierungsmaßnahmen** in der selbstgenutzten inländischen Wohnung erhalten **Eigentümer und Mieter** einen Steuerabzug in Höhe von 20 % der Aufwendungen, höchstens 1.200 €. Zu den begünstigten handwerklichen Tätigkeiten rechnen insbesondere:

● Arbeiten an Innen- und Außenwänden,

● Arbeiten am Dach, an der Fassade, an Garagen o. Ä.,

● Reparatur oder Austausch von Fenstern und Türen,

● Streichen und Lackieren von Türen, Fenstern (innen und außen), Wandschränken, Heizkörpern und Heizrohren,

● Reparatur oder Austausch von Bodenbelägen (z.B. Teppichböden, Parkett und Fliesen),

● Reparatur, Wartung oder Austausch von Heizungsanlagen, Elektro-, Gas- und Wasserinstallationen,

- Modernisierung oder Austausch der Einbauküche,
- Modernisierung des Badezimmers,
- Reparatur und Wartung von Gegenständen im Haushalt, z.B. Waschmaschine, Geschirrspüler, Herd, Fernseher, Personalcomputer, sowie andere Gegenstände, die unter die Hausratversicherung fallen (wichtig ist dabei, dass auf der Rechnung steht:»Repariert an Ort und Stelle« ... also in der Wohnung, nicht in der Werkstatt),
- Maßnahmen der Gartengestaltung,
- Pflasterarbeiten auf dem Wohngrundstück,
- Kontrollaufwendungen für die Kontrolle von Blitzschutzanlagen oder die Gebühr für den Schornsteinfeger.

Beachten Sie: Begünstigt sind nur die Arbeits- und Fahrtkosten, nicht allerdings die Kosten für Material. Und auch hier muss alles hochoffiziell laufen: Zum Antrag gehören die Rechnungen und entsprechende Zahlungsnachweise, sprich Kontoauszüge. Die Steuerermäßigung fällt flach, wenn Sie bar oder per Scheck bezahlt haben.

◆ *Musterfall Huber (Haushaltsnahe Dienstleistungen,*   **267**
   Betreuungs- und Handwerkerleistungen)
Die Hubers bewohnen ein Einfamilienhaus. Im Jahr 2015 haben sie für laufende Gartenpflegearbeiten 1.200 € ausgegeben. Für das Verlegen neuer Bodenbeläge (Parkett und Fliesen) stellte der Handwerker Arbeitskosten in Höhe von 1.800 € in Rechnung. Herrn Hubers Mutter, die auch in dem Einfamilienhaus lebt, bezieht Leistungen aus der Pflegeversicherung. Darüber hinaus sind den Hubers jedoch Aufwendungen für Pflegeleistungen in Höhe von 4.500 € entstanden.

Auf Seite 3 des Mantelbogens tragen die Hubers ein:

	Haushaltsnahe Beschäftigungsverhältnisse, Dienstleistungen und Handwerkerleistungen		18
	Steuerermäßigung bei Aufwendungen für		Aufwendungen
	– geringfügige Beschäftigungen im Privathaushalt – sog. Minijobs –		(abzüglich Erstattungen)
69	Art der Tätigkeit	202	,—
	– sozialversicherungspflichtige Beschäftigungen im Privathaushalt		
70	Art der Tätigkeit	207	,—
	– haushaltsnahe Dienstleistungen, Hilfe im eigenen Haushalt		
71	Art der Aufwendungen *Gartenpflege*	210	**1 2 0 0**,—
	– Pflege- und Betreuungsleistungen im Haushalt, in Heimunterbringungskosten enthaltene Aufwendungen für Dienstleistungen, die denen einer Haushaltshilfe vergleichbar sind (soweit nicht bereits in Zeile 67 berücksichtigt); das in Zeile 67 als Erstattung für häusliche Pflege- und Betreuungskosten berücksichtigte Pflegegeld / Pflegetagegeld		
72	Art der Aufwendungen	213	**4 5 0 0**,—
	– Handwerkerleistungen für Renovierungs-, Erhaltungs- und Modernisierungsmaßnahmen im eigenen Haushalt (ohne öffentlich geförderte Maßnahmen, für die zinsverbilligte Darlehen oder steuerfreie Zuschüsse in Anspruch genommen werden, z. B. KfW-Bank, landeseigener Förderbanken oder Gemeinden)		
73	*Verlegen neuer Bodenbeläge (Parkett/Fliesen)*	214	**1 8 0 0**,—

Mit folgenden Steuerermäßigungen können sie rechnen:

Gartenpflegearbeiten = haushaltsnahe		
Dienstleistungen 1.200 € × 20 % =	*240 €*	
Pflegeleistungen für die Mutter		
von Herrn Huber 4.500 € × 20 % =	*900 €*	
Summe:	*1.140 €*	*> 1.140 €*
Maximal abzugsfähig: 4.000 €		
Verlegen neuer Bodenbeläge = Handwerker-		
leistungen 1.800 € × 20 % =		*360 €*
Maximal abzugsfähig: 1.200 €		
Steuerermäßigung 2015 insgesamt:		*1.500 €*

268 Wichtig zu wissen: Handwerkerleistungen bei Eigentumswohnungen

Die Steuerermäßigung für Handwerkerleistungen können Sie als Eigentümer einer selbst genutzten Eigentumswohnung auch dann in Anspruch nehmen, wenn nicht Sie selbst, sondern die Eigentümergemeinschaft der Auftraggeber der Leistungen war (BMF-Schreiben v. 10.1.2014).

Alles, was Sie dafür brauchen, ist eine Bescheinigung des Verwalters über die anteilig auf Ihre Wohnung entfallenden Handwerkerkosten, die etwa wie folgt aussehen könnte:

EINKOMMENSTEUERERKLÄRUNG
Hauptformular

2016

--   --
--   --
--   --

(Name und Anschrift des Verwalters / Vermieters)   (Name und Anschrift des Eigentümers / Mieters)

Anlage zur Jahresabrechnung für das Jahr / Wirtschaftsjahr ....
Ggf. Datum der Beschlussfassung der Jahresabrechnung: ....
In der Jahresabrechnung für das nachfolgende Objekt

(Ort, Straße, Hausnummer und ggf. genaue Lagebezeichnung der Wohnung)

sind Ausgaben i. S. d. § 35a Einkommensteuergesetz (EStG) enthalten, die wie folgt zu
verteilen sind:

A) *Aufwendungen für sozialversicherungspflichtige Beschäftigungen*
(§ 35a Abs. 2 Satz 1 Alt. 1 EStG, § 35a Abs. 1 Satz 1 Nr. 2 EStG a. F.)

Bezeichnung	Gesamtbetrag (in Euro)	Anteil des Miteigentümers / des Mieters

B) *Aufwendungen für die Inanspruchnahme von haushaltsnahen Dienstleistungen*
(§ 35a Abs. 2 Satz 1 Alt. 2 EStG, § 35a Abs. 2 Satz 1, 1. Halbsatz EStG a. F.)

Bezeichnung	Gesamtbetrag (in Euro)	nicht zu berücksichtigende Materialkosten (in Euro)	Aufwendungen bzw. Arbeitskosten (Rdnr. 35, 36) (in Euro)	Anteil des Miteigentümers / des Mieters

C) *Aufwendungen für die Inanspruchnahme von Handwerkerleistungen für Renovierungs-, Erhaltungs- und Modernisierungsmaßnahmen*
(§ 35a Abs. 3 EStG, § 35a Abs. 2 Satz 2 EStG a. F.)

Bezeichnung	Gesamtbetrag (in Euro)	nicht zu berücksichtigende Materialkosten (in Euro)	Aufwendungen bzw. Arbeitskosten (Rdnr. 35, 36) (in Euro)	Anteil des Miteigentümers / des Mieters

--   --

(Ort und Datum)   (Unterschrift des Verwalters oder Vermieters)

<u>Hinweis:</u> Die Entscheidung darüber, welche Positionen im Rahmen der Einkommensteuererklärung berücksichtigt werden
können, obliegt ausschließlich der zuständigen Finanzbehörde.

Auch der *Mieter einer Wohnung* kann die Steuerermäßigung nach § 35a EStG beanspruchen, wenn die von ihm zu zahlenden Nebenkosten Beträge umfassen, die für ein haushaltsnahes Beschäftigungsverhältnis, für haushaltsnahe Dienstleistungen oder für handwerkliche Tätigkeiten geschuldet werden, und sein Anteil an den vom Vermieter unbar gezahlten Aufwendungen entweder aus der Jahresabrechnung hervorgeht oder durch eine Bescheinigung des Vermieters oder seines Verwalters nachgewiesen wird.

In welchem Jahr werden die Aufwendungen berücksichtigt?
Aufwendungen für

- **regelmäßig wiederkehrende Dienstleistungen** (wie z.B. Reinigung des Treppenhauses, Gartenpflege, Hausmeister) werden grundsätzlich anhand der geleisteten Vorauszahlungen **im Jahr der Vorauszahlungen** berücksichtigt,
- **einmalige Aufwendungen** (wie z.B. Handwerkerrechnungen) dagegen erst **im Jahr der Genehmigung der Jahresabrechnung.**

Einfacher und genauso korrekt ist es, wenn Sie die gesamten Aufwendungen erst in dem Jahr geltend machen, in dem die Jahresabrechnung im Rahmen der Eigentümerversammlung genehmigt worden ist. Entsprechend kann der Mieter hinsichtlich seiner Nebenkostenabrechnung verfahren.

269 **Checkliste begünstigter/nicht begünstigter haushaltsnaher Dienstleistungen/Handwerkerleistungen**

Maßnahme	begünstigt	nicht begünstigt	Haushaltsnahe Dienstleistung	Handwerker-leistung
Abfallmanagement (»Vorsortierung«)	innerhalb des Grundstücks	alle Maßnahmen außerhalb des Grundstücks	X	
Abflussrohr-reinigung	innerhalb des Grundstücks	außerhalb des Grundstücks, s. jedoch ➤ Rz 264		X
Ablesedienste und Abrechnung bei Verbrauchszählern (Strom, Gas, Wasser, Heizung usw.)		X		

Maßnahme	begünstigt	nicht begünstigt	Haushaltsnahe Dienstleistung	Handwerker- leistung
Abriss eines bau- fälligen Gebäudes mit anschließendem Neubau		X		
Abwasserent- sorgung	Wartung und Reinigung innerhalb des Grundstücks	alle Maßnah- men außerhalb des Grund- stücks (s. jedoch ➤ Rz 264)		X
Anliegerbeitrag		X		
Arbeiten 1. am Dach 2. an Bodenbelägen 3. an der Fassade 4. an Garagen 5. an Innen- und Außenwänden	X X X X X			X X X X X
6. an Zu- und Ableitungen	soweit innerhalb des Grundstücks	alle Maßnah- men außerhalb des Grund- stücks (s. jedoch ➤ Rz 264)		X
Architektenleistung		X		
Asbestsanierung	X			X
Aufstellen eines Baugerüstes	Arbeitskosten	Miete, Material		X
Aufzugnotruf		X		
Außenanlagen, Errichtung von Außenanlagen, wie z.B. Wege, Zäune	Arbeitskosten für Maßnahmen auf privatem Grundstück	– auf öffent- lichem Grundstück oder – im Rahmen einer Neu- baumaß- nahme (Rdnr. 21) – Material- kosten		X
Austausch oder Modernisierung 1. der Einbauküche 2. von Bodenbe- lägen (z.B. Teppichboden, Parkett, Fliesen) 3. von Fenstern und Türen	X X X			X X X

Maßnahme	begünstigt	nicht begünstigt	Haushaltsnahe Dienstleistung	Handwerker-leistung
Bereitschaft der Erbringung einer ansonsten begünstigten Leistung im Bedarfsfall	als Nebenleistung einer ansonsten begünstigten Hauptleistung	nur Bereitschaft	Abgrenzung im Einzelfall	Abgrenzung im Einzelfall
Brandschaden-sanierung	soweit nicht Versicherungs-leistung	soweit Versicherungs-leistung		X
Breitbandkabelnetz	Installation, Wartung und Reparatur innerhalb des Grundstücks	alle Maßnahmen außerhalb des Grund-stücks (s. jedoch ➤ Rz 263)		X
Carport, Terrassen-überdachung	Arbeitskosten	– Materialkos-ten sowie – Errichtung im Rahmen einer Neu-baumaß-nahme (Rdnr. 21)		X
Chauffeur		X		
Dachgeschoss-ausbau	Arbeitskosten	– Materialkos-ten sowie – Errichtung im Rahmen einer Neu-baumaß-nahme (Rdnr. 21)		X
Dachrinnen-reinigung	X			X
Datenverbindungen	s. Hausan-schlüsse	s. Hausan-schlüsse		X
Deichabgaben		X		
Dichtheitsprüfung von Abwasser-anlagen	X			X (BFH-Urt. v. 6.11.2014, Az. VI R 1/13)
Elektroanlagen	Wartung und Reparatur			X
Energiepass		X		

Maßnahme	begünstigt	nicht begünstigt	Haushaltsnahe Dienstleistung	Handwerkerleistung
Entsorgungsleistung	als Nebenleistung (z. B. Bauschutt, Fliesenabfuhr bei Neuverfliesung eines Bades, Grünschnittabfuhr bei Gartenpflege)	als Hauptleistung	Abgrenzung im Einzelfall	Abgrenzung im Einzelfall
Erhaltungsmaßnahmen	Arbeitskosten für Maßnahmen auf privatem Grundstück	– Materialkosten sowie – alle Maßnahmen außerhalb des Grundstücks	Abgrenzung im Einzelfall	Abgrenzung im Einzelfall
Erstellung oder Hilfe bei der Erstellung der Steuererklärung		X		
Fäkalienabfuhr		X		
Fahrstuhlkosten	Wartung und Reparatur	Betriebskosten		X
Fertiggaragen	Arbeitskosten	– Materialkosten sowie – Errichtung im Rahmen einer Neubaumaßnahme (Rdnr. 21)		
Feuerlöscher	Wartung			X
Feuerstättenschau – s. auch Schornsteinfeger		X		
Fitnesstrainer		X		
Friseurleistungen	nur soweit sie zu den Pflege- und Betreuungsleistungen gehören, wenn sie im Leistungskatalog der Pflegeversicherung aufgeführt sind (und der Behinderten-Pauschbetrag nicht geltend gemacht wird; s. Rdnrn. 8, 10, 32, 33)	alle anderen Friseurleistungen	X	

201

Maßnahme	begünstigt	nicht begünstigt	Haushaltsnahe Dienstleistung	Handwerker- leistung
Fußbodenheizung	Wartung, Spülung, Reparatur sowie nachträglicher Einbau	Materialkosten		X
Gärtner	innerhalb des Grundstücks	alle Maßnahmen außerhalb des Grundstücks	Abgrenzung im Einzelfall	Abgrenzung im Einzelfall
Gartengestaltung	Arbeitskosten	– Materialkosten sowie – Errichtung im Rahmen einer Neubaumaßnahme (Rdnr. 21)		X
Gartenpflegearbeiten (z.B. Rasenmähen, Hecken schneiden)	innerhalb des Grundstücks einschließlich Grünschnittentsorgung als Nebenleistung	alle Maßnahmen außerhalb des Grundstücks (siehe dazu jedoch ➤ Rz 263)	X	
Gemeinschaftsmaschinen bei Mietern (z.B. Waschmaschine, Trockner)	Reparatur und Wartung	Miete		X
Gewerbeabfallentsorgung		X		
Graffitibeseitigung	X			X
Gutachtertätigkeiten		X		
Hand- und Fußpflege	nur soweit sie zu den Pflege- und Betreuungsleistungen gehören, wenn sie im Leistungskatalog der Pflegeversicherung aufgeführt sind (und der Behinderten-Pauschbetrag nicht geltend gemacht wird; s. Rdnrn. 8, 10, 32, 33)	alle anderen		X

Maßnahme	begünstigt	nicht begünstigt	Haushaltsnahe Dienstleistung	Handwerker-leistung
Hausanschlüsse	z.B. für den Anschluss von Stromkabeln, für das Fernsehen, für Internet über Kabelfernsehen, Glasfaser oder per Sateliten-empfangsanla-gen sowie Weiterführung der Anschlüsse jeweils innerhalb des Grundstücks	– Materialkos-ten sowie – erstmalige Anschlüsse im Rahmen einer Neu-baumaß-nahme (Rdnr. 21) und – alle Maßnah-men außer-halb des Grundstücks (s. jedoch ➤ Rz 263)		X
Hausarbeiten, wie reinigen, Fenster putzen, bügeln usw. (Rdnr. 1)	X		X	
Haushaltsauflösung		X		
Hauslehrer		X		
Hausmeister, Hauswart	X		X	
Hausreinigung	X		X	
Hausschwamm-beseitigung	X			X
Hausverwalterkos-ten oder -gebühren		X		
Heizkosten: 1. Verbrauch 2. Gerätemiete für Zähler 3. Garantiewar-tungsgebühren 4. Heizungswartung und Reparatur 5. Austausch der Zähler nach dem Eichgesetz 6. Schornsteinfeger 7. Kosten des Ablesedienstes 8. Kosten der Abrechnung an sich	 X X X s. Schornsteinfe-ger	 X X s. Schorn-steinfeger X X		 X X X

Maßnahme	begünstigt	nicht begünstigt	Haushaltsnahe Dienstleistung	Handwerker-leistung
Hilfe im Haushalt (Rdnrn. 11, 12, 14) – s. Hausarbeiten				
Insektenschutzgitter	Montage und Reparatur	Material		X
Kamin-Einbau	Arbeitskosten	– Materialkosten sowie – Errichtung im Rahmen einer Neubaumaßnahme (Rdnr. 21)		X
Kaminkehrer – s. Schornsteinfeger				
Kellerausbau	Arbeitskosten	– Materialkosten sowie – Errichtung im Rahmen einer Neubaumaßnahme (Rdnr. 21)		
Kellerschacht-abdeckungen	Montage und Reparatur	Material		X
Kfz. – s. Reparatur		X		
Kinderbetreuungs-kosten	soweit sie nicht unter § 10 Absatz 1 Nummer 5 EStG (§ 9c EStG a. F.) fallen und für eine Leistung im Haushalt des Steuerpflichtigen anfallen	im Sinne von § 10 Absatz 1 Nummer 5 EStG (§ 9c EStG a. F.); s. auch Rdnr. 34	X	
Klavierstimmer	X			X
Kleidungs- und Wäschepflege und -reinigung	im Haushalt des Steuerpflichtigen		X	
Kontrollaufwendungen des TÜV, z.B. für den Fahrstuhl oder den Treppenlift		X		

Maßnahme	begünstigt	nicht begünstigt	Haushaltsnahe Dienstleistung	Handwerker-leistung
Kosmetikleistungen	nur soweit sie zu den Pflege- und Betreuungsleis-tungen gehören, wenn sie im Leistungskatalog der Pflege-versicherung aufgeführt sind (und der Behinderten-Pauschbetrag nicht geltend gemacht wird; s. Rdnrn. 8, 10, 32, 33)	alle anderen	X	
Laubentfernung	auf privatem Grundstück	auf öffent-lichem Grundstück (siehe dazu jedoch ➤ Rz 263)	Abgrenzung im Einzelfall	Abgrenzung im Einzelfall
Legionellenprüfung		X		
Leibwächter		X		
Material und sons-tige im Zusammen-hang mit der Leistung gelieferte Waren einschließ-lich darauf ent-fallende Umsatz-steuer		Rdnr. 39 Bsp.: Farbe, Fliesen, Pflastersteine, Mörtel, Sand, Tapeten, Tep-pichboden und andere		
		Fußboden-beläge, Waren, Stützstrümpfe usw.		
Mauerwerk-sanierung	X			X
Miete von Verbrauchszählern (Strom, Gas, Wasser, Heizung usw.)		X		
Modernisierungs-maßnahmen (z.B. Badezimmer, Küche)	innerhalb des Grundstücks	alle Maßnah-men außerhalb des Grund-stücks		X

Maßnahme	begünstigt	nicht begünstigt	Haushaltsnahe Dienstleistung	Handwerker- leistung
Montageleistung z.B. beim Erwerb neuer Möbel	X			X
Müllabfuhr		X		
Müllentsorgungs- anlage (Müll- schlucker)	Wartung und Reparatur			X
Müllschränke	Anlieferung und Aufstellen	Material		X
Nebenpflichten der Haushaltshilfe, wie kleine Botengänge oder Begleitung von Kindern, kranken, alten oder pflegebe- dürftigen Personen bei Einkäufen oder zum Arztbesuch	X		X	
Neubaumaßnahmen		Rdnr. 39		
Notbereitschaft/ Notfalldienste	soweit es sich um eine nicht gesondert berechnete Nebenleistung z.B. im Rahmen eines Wartungs- vertrages handelt	alle anderen reinen Bereitschafts- dienste	X	
Pflasterarbeiten	innerhalb des Grundstücks	– Materialkos- ten sowie – alle Maßnah- men außer- halb des Grundstücks		X
Pflegebett		X		
Pflege der Außenanlagen	innerhalb des Grundstücks	alle Maßnah- men außerhalb des Grund- stücks	X	
Pilzbekämpfung	X			X
Prüfdienste/ Prüfleistung (z.B. bei Aufzügen)		X		
Rechtsberatung		X		

Maßnahme	begünstigt	nicht begünstigt	Haushaltsnahe Dienstleistung	Handwerker-leistung
Reinigung	der Wohnung, des Trepenhauses und der Zubehörräume		X	
Reparatur, Wartung und Pflege				
1. von Bodenbelägen (z.B. Teppichboden, Parkett, Fliesen)	X		Pflege	Reparatur und Wartung
2. von Fenstern und Türen (innen und außen)	X		Pflege	Reparatur und Wartung
3. von Gegenständen im Haushalt des Steuerpflichtigen (z.B. Waschmaschine, Geschirrspüler, Herd, Fernseher, Personalcomputer und andere)	soweit es sich um Gegenstände handelt, die in der Hausratversicherung mitversichert werden können	Arbeiten außerhalb des Grundstücks des Steuerpflichtigen	Pflege im Haushalt bzw. auf dem Grundstück des Steuerpflichtigen	Reparatur und Wartung im Haushalt bzw. auf dem Grundstück des Steuerpflichtigen
4. von Heizungsanlagen, Elektro-, Gas- und Wasserinstallationen	auf dem Grundstück des Steuerpflichtigen	außerhalb des Grundstücks des Steuerpflichtigen		X
5. von Kraftfahrzeugen (einschl. TÜV-Gebühren)		X		
6. von Wandschränken	X			X
Schadensfeststellung, Ursachenfeststellung (z.B. bei Wasserschaden, Rohrbruch usw.)		X		
Schadstoffsanierung	X			X
Schädlings- und Ungezieferbekämpfung	X		Abgrenzung im Einzelfall	Abgrenzung im Einzelfall
Schornsteinfeger	– Schornstein-Kehrarbeiten			X
	– Reparatur- und Wartungsarbeiten (Rdnr. 58)			X
		– Mess- oder Überprüfungsarbeiten		
		– Feuerstättenschau (Rdnr. 22, 58)		

Maßnahme	begünstigt	nicht begünstigt	Haushaltsnahe Dienstleistung	Handwerker-leistung
Sekretär; hierunter fallen auch Dienstleistungen in Form von Büroarbeiten (z. B. Ablageorganisation, Erledigung von Behördengängen, Stellen von Anträgen bei Versicherungen und Banken usw.)		X		
Sperrmüllabfuhr		X		
Statikerleistung		X		
Straßenreinigung	auf privatem Grundstück	auf öffentlichem Grundstück (s. jedoch ➤ Rz 263)	X	
Tagesmutter bei Betreuung im Haushalt des Steuerpflichtigen	soweit es sich bei den Aufwendungen nicht um Kinderbetreuungskosten (Rdnr. 34) handelt	Kinderbetreuungskosten	X	
Taubenabwehr		X	Abgrenzung im Einzelfall	Abgrenzung im Einzelfall
Technische Prüfdienste (z. B. bei Aufzügen)		X		
Terrassenüberdachung	Arbeitskosten	– Materialkosten sowie – Errichtung im Rahmen einer Neubaumaßnahme (Rdnr. 21)		X
Trockeneisreinigung	X			X
Trockenlegung von Mauerwerk	Arbeiten mit Maschinen vor Ort	ausschließliche Maschinenanmietung		X
TÜV-Gebühren		X		

Maßnahme	begünstigt	nicht begünstigt	Haushaltsnahe Dienstleistung	Handwerker-leistung
Überprüfung von Anlagen (z.B. Gebühr für den Schornsteinfeger oder für die Kontrolle von Blitzschutzanlagen)	s. Schornstein-feger	TÜV-Gebüh-ren; s. auch Schornstein-feger		X
Umzäunung, Stützmauer o.Ä.	Arbeitskosten für Maßnahmen auf privatem Grundstück	– Materialkos-ten sowie – Errichtung im Rahmen einer Neu-baumaß-nahme (Rdnr. 21)		X
Umzugsdienstleis-tungen	für Privatperso-nen (Rdnrn. 19, 31)		Abgrenzung im Einzelfall	Abgrenzung im Einzelfall
Verarbeitung von Verbrauchsgütern im Haushalt des Steuerpflichtigen	X		X	
Verbrauchsmittel wie z.B. Schmier-, Reinigungs- oder Spülmittel sowie Streugut	X		als Nebenleis-tung (Rdnr. 39) – Abgrenzung im Einzelfall	als Nebenleis-tung (Rdnr. 39) – Abgrenzung im Einzelfall
Verwaltergebühr		X		
Wachdienst	innerhalb des Grundstücks	außerhalb des Grundstücks	X	
Wärmedämmmaß-nahmen	X			X
Wartung 1. Aufzug 2. Heizung und Öltankanlagen (einschl. Tankreinigung) 3. Feuerlöscher 4. CO_2-Warngeräte 5. Pumpen 6. Abwasser-Rück-stau-Sicherungen	X X X X X X			X X X X X X
Wasserschaden-sanierung	X	soweit Versi-cherungsleis-tung		X
Wasserversorgung	Wartung und Reparatur			X

Maßnahme	begünstigt	nicht begünstigt	Haushaltsnahe Dienstleistung	Handwerker-leistung
Winterdienst	innerhalb des Grundstücks	alle Maßnahmen außerhalb des Grundstücks (s. jedoch ➤ Rz 263)	X	
Zubereitung von Mahlzeiten im Haushalt des Steuerpflichtigen	X		X	

270 Zeile 74–77 Gemeinsamer Haushalt allein-stehender Personen/Steuer-ermäßigung bei Ehegatten

Leben zwei Alleinstehende in einem Haushalt zusammen, können sie die Höchstbeträge für haushaltsnahe Beschäftigungsverhältnisse oder Dienstleistungen leider nur einmal in Anspruch nehmen (> Zeile 74). Auch bei Ehegatten verdoppeln sich die Höchstbeträge nicht. Bei der Einzelveranlagung von Ehegatten steht die Steuerermäßigung dementsprechend jedem Ehegatten nur zur Hälfte zu; allerdings können zusammenwohnende Alleinstehende wie auch Eheleute eine andere als die hälftige Aufteilung wählen (> Zeile 76).

In > Zeile 74 hat das Finanzamt einen Fallstrick ausgelegt. Wird die Abfrage zum ganzjährigen Bestehen eines Haushalts mit einer oder mehreren anderen Personen mit „1 = JA" beantwortet, werden die Steuerermäßigungen erst einmal automatisch nur zur Hälfte angesetzt. Soll ein 100 %iger Abzug erfolgen, ist unbedingt in > Zeile 76 eine »100« einzutragen! Dass nun nach einem gemeinsamen Haushalt mit „einer oder mehreren anderen alleinstehenden Person(en)" gefragt. wird, hat seinen Grund darin, dass im Lauf eines Jahres verschiedene Konstellationen (z.B. Wohngemeinschaft) denkbar sind.

In der > Zeile 75 werden die Angaben der anderen Person(en) (Name, Vorname, Geburtsdatum) abgefragt.

4.7 Sonstige Angaben und Anträge, Unterschrift – Zeile 78–110

271 Hier werden von den Fiskalbürokraten gern Sonderfälle abgefragt, die selten interessieren dürften – im Wesentlichen:

Zeile 80–81 Verlustabzug 272

Verluste verringern Ihr Vermögen, das ist wahrlich kein Grund zum Jubeln. Steuerlich gesehen haben sie allerdings etwas Gutes, denn sie mindern die positiven Einkünfte und drücken damit Ihre Steuerlast. Hier das Grundsätzliche:

Es muss zwischen Verlustausgleich und Verlustabzug unterschieden werden. Unter **Verlustausgleich** versteht man den Ausgleich von positiven und negativen Einkünften innerhalb ein und desselben Jahres. **Verlustabzug** ist der Rücktrag nicht ausgeglichener Verluste in das Vorjahr oder der Vortrag ins folgende Jahr. Wobei die Reihenfolge »erst Rücktrag, dann Vortrag« einzuhalten ist. 273

Verlustabzug / Spendenvortrag		
	stpfl. Person / Ehemann /	Ehefrau /
80 — Es wurde ein verbleibender Verlustvortrag nach § 10d EStG / Spendenvortrag nach § 10b EStG zum 31.12.2014 festgestellt für	Lebenspartner(in) A	Lebenspartner(in) B
	EUR	EUR
Antrag auf Beschränkung des Verlustrücktrags nach 2014		
81 — Von den nicht ausgeglichenen negativen Einkünften 2015 soll folgender Gesamtbetrag nach 2014 zurückgetragen werden	, —	, —

Beispiel
Angenommen, Sie hatten in den Jahren 2014 und 2015 Einkünfte in folgender Höhe:

	2014	**2015**
Arbeitseinkünfte	40.000 €	42.000 €
Vermietungseinkünfte	– 24.000 €	– 60.000 €
Summe der Einkünfte	16.000 €	– 18.000 €

Der Vermietungsverlust kann 2015 durch die Arbeitseinkünfte nicht vollständig ausgeglichen werden. Der verbleibende Verlust in Höhe von 18.000 € wird also per Verlustabzug zunächst in das Vorjahr 2014 zurückgetragen. Es bleibt ein Restverlust in Höhe von (16.000 € – 18.000 € =) – 2.000 €. Dieser wird im Folgejahr berücksichtigt und mindert als Verlustvortrag die Einkommensteuer des Jahres 2016.

»Moment mal! Sie ziehen den Verlust des Jahres 2015 im Jahr 2014 so weit ab, dass ich auf null komme. Aber was ist mit meinem Grundfreibetrag? Es könnten doch in 2014 immerhin 8.354 € stehenbleiben, und dennoch würde ich keine Steuer bezahlen.«

Richtig. Damit das Finanzamt Sie nicht um Ihren Grundfreibetrag im Rücktragsjahr 2014 bringen kann, lesen Sie folgenden …

274 **Mit spitzem Bleistift Geld verdienen**

Der Fiskus zieht Verluste ab, bis sich für das Rücktragsjahr ein Einkommen von null ergibt, und das, obwohl in den Jahren 2004 bis 2014 Erwerbsbezüge in folgender Höhe steuerfrei waren:

2004–2008:	7.664/15.329 €*
2009:	7.834/15.667 €*
2010–2012:	8.004/16.007 €*
2013:	8.130/16.260 €*
2014:	8.354/16.708 €*

* ledig/verheiratet

Damit das Finanzamt also nicht mehr Verluste im Rücktragsjahr abzieht, als Sie brauchen, um auf eine Steuer von null zu kommen, lassen Sie sich ausrechnen, wie hoch der Rücktrag sein muss, damit sich keine Steuer für Sie ergibt. Auf ebendiesen Betrag begrenzen Sie Ihren Verlustrücktrag, indem Sie ihn in die > Zeile 81 eintragen. Der Rest mindert als Verlustvortrag Ihre Steuerlast im folgenden Jahr. Soll der Verlust ausschließlich in Folgejahren berücksichtigt werden, tragen Sie »0« ein.

*Schlechte Zeiten haben
ihre Auslesefunktion.*

275 ## Zeile 91 Einkommensersatzleistungen – Progressionsvorbehalt für Kranken-, Eltern-, Mutterschafts- geld und anderes mehr

Vom Fiskus gewährte Steuervorteile sollten Sie nicht unbedingt als endgültig betrachten, da ihm einige Gesetze eine Handhabe bieten, später nachzuhaken. So z. B. der § 32b EStG, der mit Progressionsvorbehalt überschrieben ist. Wenn Sie steuerfreies Arbeitslosen-, Kranken-, Eltern- oder Mutterschaftsgeld bezogen haben, müssen Sie damit rechnen, dass Ihre steuerpflichtigen Einkünfte deswegen höher besteuert werden. Vorbehalt zur progressiven Besteuerung heißt das Zauberwort, Sie nachträglich zur Kasse zu bitten. Wie dabei gerechnet wird, zeigt das Beispiel unter ➤ Rz 678.

Hier sind nur die folgenden Einkommensersatzleistungen einzutragen, die nicht vom Arbeitgeber gezahlt wurden:

- Insolvenzgeld (einschließlich vorfinanziertem);
- Arbeitslosengeld (ohne sog. Arbeitslosengeld II), Teilarbeitslosengeld, Zuschüsse zum Arbeitsentgelt, Übergangsgeld;
- Krankengeld, Mutterschaftsgeld, Verletztengeld, Übergangsgeld oder vergleichbare Einkommensersatzleistungen nach den sozialversicherungsrechtlichen Vorschriften;
- Mutterschaftsgeld, Zuschuss zum Mutterschaftsgeld, Sonderunterstützung nach dem Mutterschutzgesetz sowie der Zuschuss bei Beschäftigungsverboten für die Zeit vor oder nach einer Entbindung sowie für den Entbindungstag während einer Elternzeit nach beamtenrechtlichen Vorschriften;
- Arbeitslosenbeihilfe nach dem Soldatenversorgungsgesetz;
- Versorgungskrankengeld oder Übergangsgeld nach dem Bundesversorgungsgesetz;
- Verdienstausfallentschädigung nach dem Unterhaltssicherungsgesetz;
- aus dem Europäischen Sozialfonds finanziertes Unterhaltsgeld sowie Leistungen nach § 10 SGB III, die dem Lebensunterhalt dienen;
- Elterngeld nach dem Bundeselterngeld- und Elternzeitgesetz;
- vergleichbare Einkommensersatzleistungen aus einem EU-/EWR-Staat oder der Schweiz.

Gut zu wissen: Die Leistungsbeträge werden grundsätzlich elektronisch an die Finanzverwaltung übermittelt. Also: Vergesslichkeit macht sich hier nicht bezahlt.

Haben Sie 2015 von Ihrem Arbeitgeber
- Kurzarbeitergeld,
- einen Zuschuss zum Mutterschaftsgeld,
- eine Verdienstausfallentschädigung nach dem Infektionsschutzgesetz,
- Aufstockungsbeträge nach dem Altersteilzeitgesetz oder
- Altersteilzeitzuschläge aufgrund der Besoldungsgesetze des Bundes und der Länder

erhalten, ist die Summe der ausgezahlten Beträge in Ihrer Lohnsteuerbescheinigung unter Nummer 15 ausgewiesen. Sie gehört nicht hierher in

> Zeile 91 des Hauptformulars, sondern – da vom Arbeitgeber gezahlt – in > Zeile 27–28 der Anlage N.

27	Kurzarbeitergeld, Zuschuss zum Mutterschaftsgeld, Verdienstausfallentschädigung nach dem Infektionsschutzgesetz, Aufstockungsbeträge nach dem Altersteilzeitgesetz, Altersteilzeitzuschläge nach Besoldungsgesetzen (lt. Nr. 15 der Lohnsteuerbescheinigung)	119
28	Angaben über Zeiten und Gründe der Nichtbeschäftigung (Bitte Nachweise einreichen)	

276 Zeile 92 Aufteilung von Kosten bei der Einzelveranlagung von Ehegatten

Haben Sie die Einzelveranlagung gewählt (➤ Rz 96 f.), werden Aufwendungen für haushaltsnahe Dienstleistungen, Handwerkerleistungen, Kinderbetreuungskosten und außergewöhnliche Belastungen wie bei der Zusammenveranlagung ermittelt und sodann je zur Hälfte abgezogen. Mit einer »1« bestätigen Sie die hälftige Aufteilung. Auf gemeinsamen Antrag können Sie Aufwendungen für ein Kind aber auch beliebig untereinander aufteilen (> Zeile 52 und 73 in der Anlage Kind).

92	**Nur bei Einzelveranlagung von Ehegatten / Lebenspartnern:** Laut übereinstimmendem Antrag sind die Sonderausgaben, außergewöhnlichen Belastungen sowie die Steuerermäßigung für haushaltsnahe Beschäftigungsverhältnisse, Dienstleistungen und Handwerkerleistungen je zur Hälfte aufzuteilen (Der Antrag auf Aufteilung des Freibetrages zur Abgeltung eines Sonderbedarfs bei Berufsausbildung eines volljährigen Kindes ist in Zeile 52 der Anlage Kind, der Antrag auf Aufteilung bei Übertragung des Behinderten- oder Hinterbliebenen-Pauschbetrags in Zeile 66 der Anlage Kind zu stellen.).	222 1 = Ja

Günstiger ist eine andere als hälftige Aufteilung, wenn sich Abzugsbeträge bei einem Ehegatten wegen zu geringer Einkünfte nicht auswirken. Manchmal kann es das Beste sein, alles bei einem Ehegatten abzuziehen, wenn sich bei ihm die Abzugsbeträge wegen eines wesentlich höheren Steuersatzes stärker auswirken.

277 Zeile 93–108 Beschränkt oder unbeschränkt, so lautet hier die Frage

Das Einkommensteuerrecht unterscheidet zwischen unbeschränkt und beschränkt steuerpflichtigen Personen. Alle in Deutschland ansässigen Personen sind unbeschränkt steuerpflichtig. Wer sich überhaupt nicht oder nur vorübergehend in Deutschland aufhält – nicht länger als sechs Monate –, ist mit seinen inländischen Einkünften beschränkt steuerpflichtig.

Da hier allerlei zu berücksichtigen ist, rufen Sie am besten bei irgendeinem Finanzamt an und fragen, welches für Ihren Wohnsitzstaat zuständig ist. Mit diesem setzen Sie sich in Verbindung und besprechen Ihre Steuererklärung.

Dein Handeln
sollte als allgemeines Gesetz
angesehen werden.
(Philosoph Immanuel Kant)

Zeile 110 Unterschrift/Mitwirkung bei der Anfertigung der Steuererklärung

278

Ehegatten müssen das Hauptformular gemeinsam unterschreiben, auch wenn nur ein Ehegatte Einkünfte bezogen hat.
Wird die Unterschrift eines Ehegatten vergessen, muss das Finanzamt die Steuererklärung zurücksenden, damit die fehlende Unterschrift nachgeholt werden kann. Über diese Verzögerung ärgert sich das Finanzamt, wenn von Ihnen eine Steuernachzahlung zu erwarten ist …

Muss ein minderjähriges Kind wegen eigener Einkünfte eine Steuererklärung abgeben, unterschreiben die Eltern als dessen gesetzliche Vertreter.

Fehlerfrei bei jeder
Fehlentscheidung.
(BFH)

215

5 Die Anlage Vorsorgeaufwand

Bei der Berechnung des Einkommens können Sonderausgaben abgezogen werden. Das sind private Ausgaben, die nach den §§ 10 bis 10c EStG – zumeist aus sozial- oder steuerpolitischen Gründen – zum Abzug zugelassen sind. Der Abzug ist teilweise der Höhe nach begrenzt.

Hier ein grober Überblick:

Art der Sonderausgaben	§ 10 Abs. 1	➤ Rz	Absetzbar
• Basisversorgung im Alter			
gesetzl. Rentenversicherung etc.	Nr. 2a	➤ 285 ff.	Höchstbeträge
Berufsständische Rentenvers.	Nr. 2a	➤ 288 f.	Höchstbeträge
private Rentenversicherung neuen Rechts (Abschluss nach 2004)	Nr. 2b	➤ 291	Höchstbeträge
• Sonstige Vorsorgeaufwendungen			
gesetzliche Kranken-, Pflege- u. Arbeitslosen- versicherung	Nr. 3a	➤ 296 ff.	Höchstbeträge
Erwerbs- u. Berufsunfähig- keitsversicherung	Nr. 3a	➤ 307 ff.	Höchstbeträge
Private Kranken- u. Pflege- versicherung	Nr. 3a	➤ 299	Höchstbeträge
Unfallversicherung	Nr. 3a	➤ 311	Höchstbeträge
Haftpflichtversicherung	Nr. 3a	➤ 312 ff.	Höchstbeträge
Risikolebensversicherung	Nr. 3a	➤ 315 ff.	Höchstbeträge
Kapitallebensversicherung alten Rechts (88 %)	Nr. 3b	➤ 315 ff.	Höchstbeträge

2015

1	Name		**Anlage**	
2	Vorname		**Vorsorgeaufwand**	
3	Steuernummer			

Angaben zu Vorsorgeaufwendungen `52`

Beiträge zur Altersvorsorge

			stpfl. Person / Ehemann / Lebenspartner(in) A EUR		Ehefrau / Lebenspartner(in) B EUR	
	Beiträge					
4	– lt. Nr. 23 a/b der Lohnsteuerbescheinigung (Arbeitnehmeranteil)	300		—	400	—
5	– zu landwirtschaftlichen Alterskassen sowie zu berufsständischen Versorgungseinrichtungen, die den gesetzlichen Rentenversicherungen vergleichbare Leistungen erbringen (abzgl. steuerfreier Zuschüsse) – ohne Beiträge, die in Zeile 4 geltend gemacht werden –	301		—	401	—
6	– zu gesetzlichen Rentenversicherungen – ohne Beiträge, die in Zeile 4 geltend gemacht werden –	302		—	402	—
7	– zu zertifizierten Basisrentenverträgen (sog. Rürup-Verträge) mit Laufzeitbeginn nach dem 31.12.2004 – ohne Altersvorsorgebeiträge, die in der Anlage AV geltend gemacht werden –	303		—	403	—
8	Arbeitgeberanteil lt. Nr. 22 a/b der Lohnsteuerbescheinigung	304		—	404	—
9	Arbeitgeberanteil zu gesetzlichen Rentenversicherungen im Rahmen einer pauschal besteuerten geringfügigen Beschäftigung (bitte Anleitung beachten)	306		—	406	—
10	Eine Eintragung ist stets vorzunehmen; bei Zusammenveranlagung von jedem Ehegatten / Lebenspartner: Haben Sie zu Ihrer Krankenversicherung oder Ihren Krankheitskosten Anspruch auf – steuerfreie Zuschüsse (z. B. Rentner aus der gesetzlichen Rentenversicherung) oder – steuerfreie Arbeitgeberbeiträge (z. B. sozialversicherungspfl. Arbeitnehmer und deren mitversicherter Ehegatte / Lebenspartner) oder – steuerfreie Beihilfen (z. B. Beamte oder Versorgungsempfänger und deren Ehegatten / Lebenspartner)?	307	1 = Ja 2 = Nein	407	1 = Ja 2 = Nein	

Beiträge zur inländischen gesetzlichen Kranken- und Pflegeversicherung

11	Arbeitnehmerbeiträge zu Krankenversicherungen lt. Nr. 25 der Lohnsteuerbescheinigung	320		—	420	—
12	In Zeile 11 enthaltene Beiträge, aus denen sich kein Anspruch auf Krankengeld ergibt	322		—	422	—
13	Arbeitnehmerbeiträge zu sozialen Pflegeversicherungen lt. Nr. 26 der Lohnsteuerbescheinigung	323		—	423	—
14	Zu den Zeilen 11 bis 13: Von der Kranken- und / oder sozialen Pflegeversicherung erstattete Beiträge	324		—	424	—
15	In Zeile 14 enthaltene Beiträge zur Krankenversicherung, aus denen sich kein Anspruch auf Krankengeld ergibt, und zur sozialen Pflegeversicherung	325		—	425	—
16	Beiträge zu Krankenversicherungen – ohne Beiträge, die in Zeile 11 geltend gemacht werden – (z. B. bei Rentnern und freiwillig gesetzlich versicherten Selbstzahlern)	326		—	426	—
17	In Zeile 16 enthaltene Beiträge zur Krankenversicherung, aus denen sich ein Anspruch auf Krankengeld ergibt	328		—	428	—
18	Beiträge zu sozialen Pflegeversicherungen – ohne Beiträge, die in Zeile 13 geltend gemacht werden – (z. B. bei Rentnern und freiwillig gesetzlich versicherten Selbstzahlern)	329		—	429	—
19	Zu den Zeilen 16 bis 18: Von der Kranken- und / oder sozialen Pflegeversicherung erstattete Beiträge	330		—	430	—
20	In Zeile 19 enthaltene Beiträge zur Krankenversicherung, aus denen sich ein Anspruch auf Krankengeld ergibt	331		—	431	—
21	Zuschuss zu den Beiträgen lt. Zeile 16 und / oder 18 – ohne Beträge lt. Zeile 37 und 39 – (z. B. von der Deutschen Rentenversicherung)	332		—	432	—
22	Über die Basisabsicherung hinausgehende Beiträge zu Krankenversicherungen (z. B. für Wahlleistungen, Zusatzversicherung) abzüglich erstatteter Beiträge	339		—	439	—

Beiträge zur inländischen privaten Kranken- und Pflegeversicherung

– Füllen Sie die Zeilen 23 bis 27 und 42 bis 45 nur aus, wenn Sie der Datenübermittlung nicht widersprochen haben. –

23	Beiträge zu Krankenversicherungen (nur Basisabsicherung, keine Wahlleistungen)	350		—	450	—
24	Beiträge zur Pflege-Pflichtversicherungen	351		—	451	—
25	Zu den Zeilen 23 und 24: Von der privaten Kranken- und / oder Pflege-Pflichtversicherung erstattete Beiträge	352		—	452	—
26	Zuschuss von dritter Seite zu den Beiträgen lt. Zeile 23 und / oder 24 (z. B. von der Deutschen Rentenversicherung)	353		—	453	—
27	Über die Basisabsicherung hinausgehende Beiträge zu Krankenversicherungen (z. B. für Wahlleistungen, Zusatzversicherung) abzüglich erstatteter Beiträge	354		—	454	—
28	Beiträge (abzüglich erstatteter Beiträge) zu zusätzlichen Pflegeversicherungen (ohne Pflege-Pflichtversicherung)	355		—	455	—

2015AnlVor241	– März 2015 –	**2015AnlVor241**

218

Beiträge zur ausländischen gesetzlichen oder privaten Kranken- und Pflegeversicherung

			stpfl. Person / Ehemann / Lebenspartner(in) A EUR		Ehefrau / Lebenspartner(in) B EUR	
31	Beiträge (abzüglich steuerfreier Zuschüsse – ohne Beiträge lt. Zeile 37 –) zur Krankenversicherung, die mit einer inländischen Krankenversicherung vergleichbar ist (nur Basisabsicherung, keine Wahlleistungen)	333		,	433	,
32	In Zeile 31 enthaltene Beiträge zur Krankenversicherung, aus denen sich kein Anspruch auf Krankengeld ergibt	334		,	434	,
33	Beiträge (abzüglich steuerfreier Zuschüsse – ohne Beiträge lt. Zeile 39 –) zur sozialen Pflegeversicherung / Pflege-Pflichtversicherung, die mit einer inländischen Pflegeversicherung vergleichbar ist	335		,	435	,
34	Zu den Zeilen 31 bis 33: Von der Kranken- und / oder sozialen Pflegeversicherung / Pflege-Pflichtversicherung erstattete Beiträge	336		,	436	,
35	In Zeile 34 enthaltene Beiträge zur Krankenversicherung, aus denen sich kein Anspruch auf Krankengeld ergibt, und zur sozialen Pflegeversicherung	337		,	437	,
36	Über die Basisabsicherung hinausgehende Beiträge (abzüglich erstatteter Beiträge) zu Krankenversicherungen und zusätzlichen Pflegeversicherungen (z. B. für Wahlleistungen, Zusatzversicherung)	338		,	438	,

Steuerfreie Arbeitgeberzuschüsse

	Steuerfreie Arbeitgeberzuschüsse zur					
37	– gesetzlichen Krankenversicherung lt. Nr. 24 a der Lohnsteuerbescheinigung	360		,	460	,
38	– privaten Krankenversicherung lt. Nr. 24 b der Lohnsteuerbescheinigung	361		,	461	,
39	– gesetzlichen Pflegeversicherung lt. Nr. 24 c der Lohnsteuerbescheinigung	362		,	462	,

Als Versicherungsnehmer für andere Personen übernommene Kranken- und Pflegeversicherungsbeiträge

40	IdNr. der mitversicherten Person 600	"Andere Personen" sind z. B. Kinder, für die kein Anspruch auf Kindergeld / Kinderfreibetrag besteht (bei Anspruch auf Kindergeld / Kinderfreibetrag sind die Eintragungen in den Zeilen 31 bis 37 der Anlage Kind vorzunehmen).		
41	Name, Vorname, Geburtsdatum der mitversicherten Person			stpfl. Person / Ehegatten / Lebenspartner EUR
42	Beiträge (abzüglich steuerfreier Zuschüsse) zu privaten Krankenversicherungen (nur Basisabsicherung, keine Wahlleistungen)		601	,
43	Beiträge (abzüglich steuerfreier Zuschüsse) zu Pflege-Pflichtversicherungen		602	,
44	Zu den Zeilen 42 bis 43: Von der privaten Kranken- und / oder Pflege-Pflichtversicherung erstattete Beiträge		603	,
45	Beiträge (abzüglich erstatteter Beiträge) zu privaten Kranken- und / oder Pflegeversicherungen (ohne Basisabsicherung, z. B. für Wahlleistungen, Zusatzversicherung)		604	,

Weitere sonstige Vorsorgeaufwendungen

			stpfl. Person / Ehemann / Lebenspartner(in) A EUR		Ehefrau / Lebenspartner(in) B EUR	
46	Arbeitnehmerbeiträge zur Arbeitslosenversicherung lt. Nr. 27 der Lohnsteuerbescheinigung	370		,	470	,
47	Beiträge (abzüglich steuerfreier Zuschüsse und erstatteter Beiträge) zu – Kranken- und Pflegeversicherungen (Gesamtbetrag) (nur einzutragen, wenn Sie der Datenübermittlung widersprochen haben; Einträge zu zusätzlichen Pflegeversicherungen sind nur in Zeile 28 vorzunehmen)	371		,	471	,

			stpfl. Person / Ehegatten / Lebenspartner EUR	
48	– Versicherungen gegen Arbeitslosigkeit – ohne Beiträge, die in Zeile 46 geltend gemacht werden –		500	,
49	– freiwilligen eigenständigen Erwerbs- und Berufsunfähigkeitsversicherungen		501	,
50	– Unfall- und Haftpflichtversicherungen sowie Risikoversicherungen, die nur für den Todesfall eine Leistung vorsehen		502	,
51	– Rentenversicherungen mit Kapitalwahlrecht und / oder Kapitallebensversicherungen mit einer Laufzeit von mindestens 12 Jahren sowie einem Laufzeitbeginn und der ersten Beitragszahlung vor dem 1.1.2005		503	,
52	– Rentenversicherungen ohne Kapitalwahlrecht mit Laufzeitbeginn und erster Beitragszahlung vor dem 1.1.2005 (auch steuerpflichtige Beiträge zu Versorgungs- und Pensionskassen) – ohne Altersvorsorgebeiträge, die in der Anlage AV geltend gemacht werden –		504	,

Ergänzende Angaben zu Vorsorgeaufwendungen

	Es bestand 2015 keine gesetzliche Rentenversicherungspflicht aus dem aktiven Dienstverhältnis / aus der Tätigkeit	stpfl. Person / Ehemann / Lebenspartner(in) A		Ehefrau / Lebenspartner(in) B	
53	– als Beamter / Beamtin	380	1 = Ja	480	1 = Ja
54	– als Vorstandsmitglied / GmbH-Gesellschafter-Geschäftsführer/in	381	1 = Ja	481	1 = Ja
55	– als (z. B. Praktikant/in, Student/in im Praktikum) Bezeichnung	382	1 = Ja	482	1 = Ja
56	Aufgrund des genannten Dienstverhältnisses / der Tätigkeit bestand hingegen eine Anwartschaft auf Altersversorgung	383	1 = Ja 2 = Nein	483	1 = Ja 2 = Nein
57	Die Anwartschaft auf Altersversorgung wurde ganz oder teilweise ohne eigene Beitragsleistungen erworben (Bei Vorstandsmitgliedern / GmbH-Gesellschafter-Geschäftsführern: Falls nein, bitte geeignete Unterlagen einreichen.)	384	1 = Ja 2 = Nein	484	1 = Ja 2 = Nein
58	Es wurde Arbeitslohn aus einem nicht aktiven Dienstverhältnis – insbesondere Betriebsrente / Werkspension – bezogen, bei dem es sich nicht um steuerbegünstigte Versorgungsbezüge (Zeilen 11 bis 16 der Anlage N) handelt. Bei Altersteilzeit ist hier keine Eintragung vorzunehmen.	385	1 = Ja	485	1 = Ja

2015AniVor242   2015AniVor242

280 Hinter den meisten Steuervergünstigungen steckt eine bestimmte Absicht des Gesetzgebers. Bei den als Sonderausgaben abziehbaren Vorsorgeaufwendungen ist sie offensichtlich: Der Staat bietet seinen Bürgern Hilfe bei der Vorsorge an, damit sie der Allgemeinheit nicht zur Last fallen, insbesondere im Alter, bei Krankheit oder in Haftungsfällen. Es wird dabei zwischen Beiträgen zugunsten einer **Basisversorgung im Alter (Rente)** und **sonstigen Vorsorgeaufwendungen** unterschieden.

Damit die Wohlbetuchten daraus nicht über die Maßen Vorteile herausschlagen, sind die Aufwendungen nur bis zu bestimmten **Höchstbeträgen** abziehbar; ausgenommen sind die Beiträge zur Kranken- und Pflegeversicherung. Diese sind in voller Höhe abzugsfähig, soweit es sich um die »Basisabsicherung« handelt (gesetzliche Absicherung ohne Beiträge für Krankengeldanspruch).

Damit wird beim Abzug von Vorsorgeaufwendungen zwischen drei grundsätzlichen Gruppen unterschieden:
– **Beiträge zur Altersvorsorge (Basisversorgungsbeiträge),**
– **Beiträge zu Kranken- und Pflegeversicherung (Basisabsicherung),**
– **Beiträge zu übrigen sonstigen Vorsorgeaufwendungen.**

281 In welcher Höhe werden Sie steuerlich entlastet?
Vorsorge für das Alter zu treffen, daran kommt niemand vorbei. Wer weiß denn schon, was unsere Rentenkassen in Zukunft hergeben?
Dennoch wird uns für die Altersvorsorge ein fürchterlich kompliziertes System aufgezwungen, angefangen von der gesetzlichen Rentenversicherung (➤ Rz 285) über die betriebliche Altersversorgung (➤ Rz 375 und ➤ Rz 625 ff.) bis hin zur »Rürup-« (➤ Rz 291) und der »Riester-Rente«. Wem diese Namen nicht viel sagen: Die Herren Rürup und Riester haben an den zugrundeliegenden Rentengesetzen maßgeblich mitgewirkt.
Die **Rürup-Rente** ist in erster Linie für Selbständige gedacht. Die Beiträge dafür sind als Vorsorgeaufwendungen im Rahmen von Höchstbeträgen abziehbar (➤ Rz 335 f.). Die **Riester-Rente** ist eine Zusatzrente ausschließlich für Arbeitnehmer, gefördert durch Zulagen und den Abzug als Sonderausgabe.
Der Fiskus unterstützt uns also mit steuerlichen Anreizen. Nur, wie hoch ist der Steuervorteil genau? Diese Frage zu beantworten ist wahrlich nicht einfach. Denn der Gesetzgeber hat mit Wirkung vom 1.1.2005 die Altersvorsorge völlig umgekrempelt, indem er die Renten »nachgelagert« besteuert, was bedeutet: Sie werden auf lange Sicht gesehen in vol-

ler Höhe steuerpflichtig, im Gegenzug sollen die dafür geleisteten Vorsorgeaufwendungen, also Ihre Beiträge in die Rentenkasse, in voller Höhe absetzbar sein.

Diese Umstellung ist nicht von heute auf morgen zu bewältigen, vielmehr bedarf es dazu Übergangsregelungen, die bis zum Jahr 2040 währen. Erst dann ist die Umstellung endgültig vollzogen. Bis dahin sind Vorsorgeaufwendungen nur im Rahmen bestimmter Höchstbeträge absetzbar.

Höchstbetragsberechnung mit Günstigerprüfung 282

Mit der Umstellung auf die nachgelagerte Besteuerung wurden **neue Höchstbeträge** eingeführt. Eine Höchstbetragsberechnung bewältigt ein Computer in Sekundenschnelle, wenn er entsprechend programmiert ist. Mit Bleistift und Papier dauert es wesentlich länger, und fast alle tun sich schwer, hier durchzublicken. Zumal es mit einer einzigen Höchstbetragsberechnung nicht getan ist, denn es ist immer eine zweite Berechnung anzustellen, die sog. Günstigerprüfung. Dabei wird geprüft, ob die Höchstbeträge nach altem (bis 2004 geltendem) Recht günstiger sind. Der günstigere Betrag ist anzusetzen.

Wie im Einzelnen gerechnet wird, dazu mehr unter ➤ Rz 334 ff.

Beamte am meisten begünstigt 283

Wie die Vergleichsberechnungen unter ➤ Rz 339 ff. zeigen, werden den pflichtversicherten Arbeitnehmern und den Beamten nach neuem Recht höhere Abzugsbeträge bei den Vorsorgeaufwendungen zugestanden. Verlierer sind die Selbständigen.

Wer hat zum Steuerbogenformular den Text erfunden?
Ob der in jenen Stunden, da er dies Wunderwirr gebar,
wohl ganz – oder total – war?
(Joachim Ringelnatz)

Zeile 4–9 Beiträge zur Altersvorsorge 284

Hier beantragen Sie Steuervergünstigungen für Beiträge zugunsten Ihrer **Basisversorgung im Alter**. Das sind Beiträge in

a) die gesetzliche Rentenversicherung, einzutragen in > Zeile 4, 6, 8 und 9 (zu entnehmen der Lohnsteuerbescheinigung > Zeile 22 und 23),

b) landwirtschaftliche Alterskassen, einzutragen in > Zeile 5,

c) berufsständische Versorgungseinrichtungen, einzutragen in > Zeile 5 und 8,

d) in die kapitalgedeckte private Rentenversicherung (Rürup-Rente), einzutragen in > Zeile 7.

Beispiel

Der kaufmännische Angestellte Felix, verheiratet, hat in 2015 einen Brutto-lohn von 40.000 € bezogen. Er hat geleistet:

Beiträge in die Rentenversicherung 9,35 % von 40.000 € =	*3.740 €*
Beiträge zur privaten Rentenversicherung (Rürup-Rente)	*720 €*

In die Anlage Vorsorgeaufwand trägt Felix ein:

Beiträge zur Altersvorsorge		stpfl. Person / Ehemann / Lebenspartner(in) A EUR		Ehefrau / Lebenspartner(in) B EUR	
Beiträge					
4	– lt. Nr. 23 a/b der Lohnsteuerbescheinigung (Arbeitnehmeranteil)	300	3740,–	400	— ,
5	– zu landwirtschaftlichen Alterskassen sowie zu berufsständischen Versorgungseinrichtungen, die den gesetzlichen Rentenversicherungen vergleichbare Leistungen erbringen (abzgl. steuerfreier Zuschüsse) – ohne Beiträge, die in Zeile 4 geltend gemacht werden –	301	— ,	401	— ,
6	– zu gesetzlichen Rentenversicherungen – ohne Beiträge, die in Zeile 4 geltend gemacht werden –	302	— ,	402	— ,
7	– zu zertifizierten Basisrentenverträgen (sog. Rürup-Verträge) mit Lauf-zeitbeginn nach dem 31.12.2004 – ohne Altersvorsorgebeiträge, die in der Anlage AV geltend gemacht werden –	303	720,–	403	— ,
8	Arbeitgeberanteil lt. Nr. 22 a/b der Lohnsteuerbescheinigung	304	3740,–	404	— ,
9	Arbeitgeberanteil zu gesetzlichen Rentenversicherungen im Rahmen einer pauschal besteuerten geringfügigen Beschäftigung (bitte Anleitung beachten)	306	— ,	406	— ,

In welcher Höhe seine Beiträge abzugsfähig sind, dazu die Berechnungen unter ➤ Rz 340.

---

285 # Zeile 4, 6 und 8 Gesetzliche Renten-versicherung

In > Zeile 4 tragen Sie die in > Zeile 23 der Lohnsteuerbescheinigung aufgeführten Arbeitnehmeranteile zur gesetzlichen Rentenversicherung ein. Der Arbeitnehmeranteil ist Ihnen vom Lohn oder Gehalt abgezogen worden und beträgt 9,35 % des Arbeitslohns. Zusätzlich hat der Arbeit-geber Beiträge in derselben Höhe geleistet. Diese übertragen Sie von > Zeile 22 der Lohnsteuerbescheinigung in > Zeile 8 des Steuerformulars.

	...haushaltsführung			
22. Arbeitgeber-anteil	a) zur gesetzlichen Rentenversicherung			
	b) an berufsständische Versorgungseinrichtungen			
23. Arbeitnehmer-anteil	a) zur gesetzlichen Rentenversicherung			
	b) an berufsständische Versorgungseinrichtungen			
24. Steuerfreie Arbeitgeberzuschüsse zur				

Die Beiträge zur gesetzlichen Rentenversicherung werden durch sog. Beitragsbemessungsgrenzen eingeschränkt. Für das Jahr 2015 bleibt Arbeitslohn oberhalb von monatlich 6.050 €/5.200 € (West/Ost) rentenversicherungsfrei. Haben Sie darüber hinaus freiwillige Zahlungen an die Rentenversicherungsanstalt geleistet (Höherversicherung) oder sind Sie als Nichtarbeitnehmer freiwillig in der gesetzlichen Rentenversicherung, gehören diese Beiträge in die > Zeile 6. **286**

Nachgelagerte Besteuerung – ein Skandal **287**
Zwar können Sie in der Ansparphase Steuervorteile in Anspruch nehmen, dafür wird die Rentenzahlung später zum größten Teil, bei Inanspruchnahme der Renten ab 2040 sogar zu 100 % steuerpflichtig sein. Zur Steuerpflicht der Renten siehe ➤ Rz 926 ff.

»Wer hat sich diese Sauerei denn bloß ausgedacht?«, rufen Sie empört. »2015 wirken sich nur 80 % meiner Beiträge steuerlich aus, aber später soll ich 100 % meiner Rente versteuern!«

Traurig, aber wahr, und zudem vom Bundesfinanzhof abgesegnet. Die Münchener Robenträger entschieden am 18. November 2009 (Az X R 9/07): Die Regelungen durch das Alterseinkünftegesetz sind verfassungsgemäß.

Zeile 5 Landwirtschaftliche Alterskassen, berufsständische Versorgungseinrichtungen **288**

Während Angestellte ihre Rentenversicherungsbeiträge aus der Lohnsteuerbescheinigung in > Zeile 4 des Formulars übertragen, gehören die Beiträge selbständig tätiger Landwirte und Freiberufler in > Zeile 5.

Angaben zu Vorsorgeaufwendungen				
Beiträge zur Altersvorsorge		stpfl. Person / Ehemann EUR	Ehefrau EUR	52
Beiträge				
4	– lt. Nr. 23 a/b der Lohnsteuerbescheinigung (Arbeitnehmeranteil)	300 , —	400 , —	
5	– zu landwirtschaftlichen Alterskassen sowie zu berufsständischen Versorgungseinrichtungen, die den gesetzlichen Rentenversicherungen vergleichbare Leistungen erbringen – ohne Beiträge, die in Zeile 4 geltend gemacht werden	301 , —	401 , —	

Diese Berufsgruppen nehmen eine Sonderstellung ein. Sie haben eigene Rentenversicherungen – landwirtschaftliche Alterskassen und berufsständische Versorgungswerke – gegründet und sorgen so weitgehend ohne staatliche Einmischung für die spätere Rente vor. Diese Institutio- **289**

223

nen erwirtschaften oftmals weitaus höhere Renten als die gesetzliche Rentenversicherung.

290 *TIPP* **Mit Zusatzbeiträgen doppelt verdienen**

Alterskassen und Versorgungswerke arbeiten in der Regel nicht nach dem Prinzip des Generationenvertrags, wonach die Beitragszahler die Rentenzahlungen von heute finanzieren. Vielmehr handelt es sich häufig um kapitalgedeckte Systeme, bei denen jeder Beitragszahler für seine eigene Altersvorsorge Gelder anspart. Je nach Alterskasse oder Versorgungswerk werden diese Gelder – für heutige Verhältnisse – üppig verzinst. Allein der Garantiezins liegt nicht selten noch über 2 %!

Sie sehen, hierin ist eine sichere Geldanlage mit ansehnlicher Verzinsung verborgen, die Sie für sich nutzen können. Denn zusätzlich zu den Pflichtbeiträgen können Sie oftmals bis zur Höhe eines Jahresbeitrags freiwillig Zahlungen erbringen. Neben der Garantieverzinsung lockt ein Steuerbonus, denn auch zusätzliche Beiträge drücken die Steuer. Beträgt Ihr Grenzsteuersatz (inkl. Kirchensteuer und Soli-Zuschlag) 35 %, beschert Ihnen ein Zusatzbeitrag von 5.000 € einen Steuerrabatt von (5.000 € × 80 % × 35 % =) 1.400 € (sage und schreibe 28 %!).

291 ## Zeile 7 Kapitalgedeckte private Rentenversicherung (Rürup-Versicherung)

Bei Kapitallebensversicherungen und Rentenversicherungen mit Kapitalwahlrecht wird zwischen Alt- und Neuverträgen unterschieden. Lebensversicherungen alten Rechts, deren Laufzeit vor dem 1.1.2005 begonnen hat, sind steuerbegünstigt, wenn die Beiträge bis zu diesem Stichtag als Sonderausgaben abzugsfähig waren. Sie gehören zu den »weiteren sonstigen« Vorsorgeaufwendungen, einzutragen in > Zeile 51–52 (➤ Rz 303 ff.).

292 Die Lebensversicherungen neuen Rechts (> Zeile 7) sind steuerbegünstigt, wenn sie die vertraglich vereinbarte Auszahlung einer monatlichen, lebenslangen Rente nicht vor Vollendung des 60. Lebensjahrs (bei Neuverträgen seit 1.1.2012: 62 Jahre) beinhalten. Auch eine Versicherung gegen Berufsunfähigkeit muss auf Rentenbasis abgeschlossen sein. Zudem dürfen die Ansprüche aus den Versicherungen neuen Rechts weder vererblich, übertragbar, beleihbar, veräußerbar noch kapitalisierbar sein.

| 7 | – zu zertifizierten Basisrentenverträgen (sog. Rürup-Verträge) mit Laufzeitbeginn nach dem 31.12.2004
– ohne Altersvorsorgebeiträge, die in der Anlage AV geltend gemacht werden – | 303 | — | 403 | — |

Kennen Sie sich bei Ihren Versicherungen nicht so recht aus, sollten Sie unbedingt Ihren Versicherungsvertreter fragen, denn **nur Leibrentenversicherungen, die Sie in > Zeile 7 eintragen können, bringen Ihnen echte Steuervorteile. Die Beiträge sind 2015 zu 80 % abzugsfähig**, wohingegen übrige private Rentenversicherungsverträge nur selten Steuervorteile bringen.   **293**

Übrigens: Mit Kapitaldeckung ist gemeint, dass Ihre Beiträge Ihre spätere Rente finanzieren, streng nach dem Motto:»Jeder für sich.« Sie ist das Gegenteil vom Umlageverfahren, das in der gesetzlichen Rentenversicherung gilt. Hier finanzieren die Beitragszahler die aktuelle Rentnergeneration, man spricht daher auch vom Generationenvertrag.

Zeile 9 Arbeitgeberanteil zur gesetzlichen Rentenversicherung bei geringfügig Beschäftigten (sog. Minijobs)   294

| 9 | Arbeitgeberanteil zu gesetzlichen Rentenversicherungen im Rahmen einer pauschal besteuerten geringfügigen Beschäftigung (bitte Anleitung beachten) | 306 | — | 406 | — |

Mit dieser Zeile im Formular hat die Steuerverwaltung für Sie einen Fallstrick ausgelegt, in dem Sie sich verfangen könnten.
Sind Sie im Rahmen eines Minijobs auf 450-€-Basis tätig, entrichtet Ihr Arbeitgeber Pauschalbeiträge zur Sozialversicherung sowie eine Pauschalsteuer in Höhe von insgesamt 30 % Ihres Arbeitslohns. Auf die Rentenversicherung entfällt dabei ein Beitrag in Höhe von 15 % Ihres Arbeitslohns. In > Zeile 9 sollen Sie nun diesen pauschalen Arbeitgeberanteil eintragen.
Warum das Finanzamt diese Angaben zum Minijob von Ihnen haben möchte, fragen Sie sich?
Rentenversicherungsbeiträge sind lediglich im Rahmen von Höchstbeträgen steuerlich abzugsfähig. Dabei werden (nach neuem Recht) insbesondere die Rentenversicherungsbeiträge, und zwar sowohl Ihre als auch die des Arbeitgebers angesetzt. Davon werden, bezogen auf das Jahr 2015, 80 % berücksichtigt; anschließend wird der steuerfreie Arbeitgeberanteil zur gesetzlichen Rentenversicherung wieder abgezogen. Und zum steuerfreien Arbeitgeberanteil gehört nun einmal auch der Pauschalbeitrag beim Minijob.

Im Ergebnis führt die Eintragung in > Zeile 9 damit zu einer **Kürzung abzugsfähiger Rentenversicherungsbeiträge**, wie folgende Berechnung zeigt:

Arbeitnehmeranteil zur gesetzlichen Rentenversicherung (Hauptbeschäftigung)	3.740 €
Arbeitgeberanteil zur gesetzlichen Rentenversicherung (Hauptbeschäftigung)	3.740 €
Arbeitgeberanteil zur gesetzlichen Rentenversicherung (Minijob)	810 €
Rentenversicherungsbeiträge insgesamt:	8.290 €
Davon 80 %	6.632 €
./. Arbeitgeberanteile zur gesetzlichen Rentenversicherung (3.740 € + 810 € =)	– 4.550 €
Steuerlich abzugsfähig	2.082 €

Ohne Berücksichtigung der Beiträge aus dem Minijob hätte sich ein abzugsfähiger Betrag in Höhe von 2.244 € ergeben.

»Das ist mir viel zu kompliziert«, wenden Sie sich ab. »Zeile 9 hab ich nicht verstanden, daher trage ich dort auch nichts ein.«

Steuerlich gesehen fahren Sie ohne Eintragung zwar günstiger, aber steuerehrlich ist das nicht ...

---

295 Zeile 10 Zuschuss zur Krankenversicherung/Beihilfe

»Was hat es mit dieser Eintragung auf sich?«, werden Sie sich vielleicht fragen.

In die Anlage Vorsorgeaufwand tragen Sie eine Vielzahl von Versicherungsbeiträgen ein, doch nur einige davon wirken sich steuerlich tatsächlich aus. Von den Beiträgen in die Rentenkasse (> Zeilen 4–9) z.B. wird jeder Euro – wenn auch nicht in vollem Umfang – steuerlich berücksichtigt (mehr dazu unter ➤ Rz 334 ff.).

Dann sind da »übrige« Vorsorgeaufwendungen. Dazu zählen Kranken- und Pflegeversicherungsbeiträge (> Zeilen 11–45) sowie die »weiteren sonstigen« Beiträge zur Arbeitslosen-, Berufsunfähigkeits- und Haftpflichtversicherung sowie freiwillige Zusatzbeiträge zur Krankenversicherung oder Lebensversicherungsbeiträge (> Zeilen 46–52).

Diese werden grundsätzlich bis zur Höhe von 2.800 €/5.600 € (Alleinstehende/Ehegatten) steuerlich abgezogen. Beteiligt sich der Arbeitgeber durch steuerfreie Beihilfen an den Krankheitskosten oder durch den steuerfreien Arbeitgeberanteil an der Krankenversicherung, schmilzt der

Höchstbetrag jedoch auf 1.900 €/3.800 € zusammen. Um den maßgebenden Höchstbetrag zu ermitteln dient also die Eintragung in > Zeile 10.

	Eine Eintragung ist stets vorzunehmen; bei Zusammenveranlagung von jedem Ehegatten / Lebenspartner: Haben Sie zu Ihrer Krankenversicherung oder Ihren Krankheitskosten Anspruch auf – steuerfreie Zuschüsse (z. B. Rentner aus der gesetzlichen Rentenversicherung) oder – steuerfreie Arbeitgeberbeiträge			
10	(z. B. sozialversicherungspfl. Arbeitnehmer und deren mitversicherter Ehegatte / Lebenspartner) oder – steuerfreie Beihilfen (z. B. Beamte oder Versorgungsempfänger und deren Ehegatten / Lebenspartner)?	307	1 = Ja 2 = Nein 407	1 = Ja 2 = Nein

Arbeitnehmer müssen in > Zeile 10 wohl oder übel eine »1« eintragen, denn in > Zeile 24 der Lohnsteuerbescheinigung werden die Zuschüsse des Arbeitgebers zur Krankenversicherung hochoffiziell bescheinigt.

24. Steuerfreie Arbeitgeberzuschüsse	a) zur gesetzlichen Krankenversicherung	
	b) zur privaten Krankenversicherung	
	c) zur gesetzlichen Pflegeversicherung	

Auch Rentner, Beamte und Pensionäre müssen eine »1« eintragen. Die einen bekommen einen steuerfreien staatlichen Zuschuss zu ihren Krankenversicherungsbeiträgen, die anderen haben einen Beihilfeanspruch, der zumindest einen Teil der Krankheitskosten abdeckt.
Darüber hinaus ist der Zuschuss (betragsmäßig) auch in > Zeile 37 – 39 einzutragen.

	Steuerfreie Arbeitgeberzuschüsse						
	Steuerfreie Arbeitgeberzuschüsse zur						
37	– gesetzlichen Krankenversicherung lt. Nr. 24a der Lohnsteuerbescheinigung	360	.	—	460	.	,
38	– privaten Krankenversicherung lt. Nr. 24b der Lohnsteuerbescheinigung	361	.	—	461	.	,
39	– gesetzlichen Pflegeversicherung lt. Nr. 24c der Lohnsteuerbescheinigung	362	.	,	462	.	—

Werden steuerfreie Zuschüsse, Arbeitgeberbeiträge oder Beihilfen für mindestens einen Teil des Jahres oder bei mehreren Einkünften für mindestens eine Einkunftsquelle erbracht, ist ebenfalls eine »1« einzutragen.

Beachten Sie:
Die Eintragung ist für jeden Ehegatten gesondert vorzunehmen.
Denn der höchstmögliche Abzugsbetrag für die »weiteren sonstigen« Versicherungsbeiträge wird für jeden Ehegatten gesondert bestimmt. Ist die Ehefrau selbständig tätig und der Ehemann Arbeitnehmer, bedeutet dies: Eine »1« ist beim Ehemann, eine »2« bei der Ehefrau einzutragen.

Der Höchstbetrag für übrige Versicherungsbeiträge beträgt in diesem Fall 1.900 € + 2.800 € = 4.700 €.

Eine Eintragung ist stets vorzunehmen; bei Zusammenveranlagung von jedem Ehegatten / Lebenspartner:
Haben Sie zu Ihrer Krankenversicherung oder Ihren Krankheitskosten Anspruch auf
– steuerfreie Zuschüsse (z. B. Rentner aus der gesetzlichen Rentenversicherung) oder
– steuerfreie Arbeitgeberbeiträge
10 (z. B. sozialversicherungspfl. Arbeitnehmer und deren mitversicherter Ehegatte / Lebenspartner) oder
– steuerfreie Beihilfen (z. B. Beamte oder Versorgungsempfänger und deren Ehegatten / Lebenspartner)? 307 **1** 1 = Ja / 2 = Nein 407 **2** 1 = Ja / 2 = Nein

Bei Ehegatten, die über ihren Ehepartner versichert sind (z. B. in der gesetzlichen Krankenversicherung), ist die Frage wie beim Ehepartner mit »Ja« bzw. einer »1« zu beantworten.

 Bei geringfügig Beschäftigten ist die Frage mit »Nein« zu beantworten und eine »2« einzutragen, soweit keine unentgeltliche Familienversicherung beim Ehegatten vorliegt.

Die Frage nach dem Höchstbetrag ist kaum mehr interessant. Denn Kranken- und Pflegeversicherungsbeiträge sind, soweit sie die sog. Basisabsicherung (➤ Rz 296) abdecken, in vollem Umfang steuerlich abzugsfähig, und die Höchstbeträge werden zunächst mit diesen Versicherungsbeiträgen verrechnet. **Haben Sie im Jahr 2015 also mehr als 2.800 €/5.600 € bzw. 1.900 €/3.800 € an Kranken- und Pflegeversicherungsbeiträgen gezahlt, werden diese zwar in vollem Umgang berücksichtigt, für den Ansatz weiterer Versicherungsbeiträge ist aber kein Raum mehr.**

Liegen die Kranken- und Pflegeversicherungsbeiträge unter den Höchstbeträgen, wirken sich weitere Versicherungsbeiträge aus > Zeilen 46–52 bis zur Höhe der Höchstbeträge steuerlich aus.

---

296 Zeile 11–45 Beiträge zur gesetzlichen/privaten Kranken- und Pflegeversicherung

---

Die tatsächlich geleisteten Beiträge zur privaten und gesetzlichen Krankenversicherung und zur gesetzlichen Pflegeversicherung (soziale Pflegeversicherung und private Pflegepflichtversicherung) werden in vollem Umfang steuerlich berücksichtigt. So weit, so gut. Doch wenn die Sache so einfach wäre, bräuchten wir nicht zig Formularzeilen und Eintragungsfelder, um unsere Beiträge in der Anlage Vorsorgeaufwand unterzubringen.
Warum der Aufwand?

Das Bundesverfassungsgericht sagt, was für die notwendige Absicherung gegen Krankheit und für den Fall der Pflege aufgewendet werden muss, steht dem Steuerzahler nicht – auch nicht für Steuerzahlungen – zur Verfügung. Diese Versicherungsbeiträge müssen daher in vollem Umfang steuerlich abzugsfähig sein.

Aber eben nur **diese**, hat sich die Finanzverwaltung gedacht, als sie dieses Formular zusammengehext hat. Denn unbegrenzt abzugsfähig sollen nur die Beiträge zur »Basisabsicherung« sein,

- keine »freiwilligen« Zusatzbeiträge für »Wahlleistungen«,
- keine Beiträge, die für den Anspruch auf Krankengeld aufgewendet werden.
- Erstattungen und Zuschüsse müssen abgezogen werden;
- ausländische Versicherungsbeiträge sollen nur zum Abzug kommen, wenn die Versicherung mit einer inländischen gesetzlichen Einrichtung vergleichbar ist,
- und, und, und …

Das Ende vom Lied: 33 Formularzeilen und sage und schreibe 60 Eintragungsfelder!

Na, dann heißt es: **»Jetzt erst recht!«** Die Eintragungen sind bei weitem nicht so aufwendig, wie es scheint, und die Mühe lohnt sich.

Es ist zwischen den Basiskranken- und Pflegepflichtversicherungsbeiträgen einerseits sowie weiteren sonstigen Vorsorgeaufwendungen (Beiträge zu Kranken- und Pflegeversicherungen, die über die Basisabsicherung hinausgehen, Beiträge zu Arbeitslosen-, Erwerbs- und Berufsunfähigkeitsversicherungen, zu Unfall- und Haftpflichtversicherungen sowie zu Renten- und Lebensversicherungen) andererseits zu unterscheiden.

Übersteigen die Beiträge für die Basisabsicherung (Basiskrankenversicherung und Pflegepflichtversicherung) den Höchstbetrag von 1.900 €/ 2.800 € pro Person, sind sie als Sonderausgaben zu berücksichtigen.

Eine betragsmäßige Deckelung auf den Höchstbetrag findet in diesen Fällen nicht statt. Ein zusätzlicher Abzug von Beiträgen, die über die Basisabsicherung hinausgehen, oder von weiteren sonstigen Vorsorgeaufwendungen (z.B. Arbeitslosen-, Unfall- oder Haftpflichtversicherungen) ist daneben nicht möglich.

Das Finanzamt nimmt zudem von Amts wegen eine Günstigerprüfung vor und prüft dabei, ob ggf. der Abzug der Vorsorgeaufwendungen nach der für das Kalenderjahr 2004 geltenden Regelung zur Berechnung

des Abzugs von Vorsorgeaufwendungen zu einem günstigeren Ergebnis führt.
Die in den > Zeilen 11–39 einzutragenden Beträge entnehmen Sie der Lohnsteuerbescheinigung, der Renten(anpassungs)mitteilung oder der Bescheinigung des Versicherungsunternehmens. Maßgebend sind die tatsächlichen Beitragszahlungen. Daher sind sowohl die im Jahr 2015 geleisteten als auch die in 2015 erstatteten Beiträge zur Basisabsicherung einzutragen.

Übrigens: Fallbeispiele mit der Berechnung abzugsfähiger Versicherungsbeiträge finden Sie unter ➤ Rz 339 ff.

Neu seit 2015: Das Steuerformular unterscheidet zwischen Beiträgen zu inländischen und ausländischen Kranken- und Pflegeversicherungen. Grund für diese Differenzierung ist weniger die steuerliche Behandlung als der Nachweis der Beiträge.
Inländische Krankenversicherungsunternehmen (gesetzlich oder privat) übermitteln die im Jahr 2015 geleisteten und erstatteten Beiträge bis Ende Februar 2016 elektronisch an die Finanzverwaltung, nicht so ausländische Versicherungsgesellschaften. Die Angaben in den > Zeilen 11–28 (Beiträge zu inländischen Versicherungen) kann das Finanzamt also mit den elektronisch übermittelten Daten abgleichen, die Angaben zu ausländischen Versicherungen (> Zeilen 31–36) muss es hingegen mittels beigefügter Nachweise und Belege selbst prüfen.

297 Zeile 11–22 Gesetzliche Kranken- und Pflegeversicherung (Inland)

Die Beiträge zur gesetzlichen Krankenversicherung sind mit Ausnahme der Beitragsanteile für Wahl- und Komfortleistungen oder einen Krankengeldanspruch in voller Höhe zu berücksichtigen.

	Beiträge zur inländischen gesetzlichen Kranken- und Pflegeversicherung				
11	Arbeitnehmerbeiträge zu Krankenversicherungen lt. Nr. 25 der Lohnsteuer-bescheinigung	320	—	420	—
12	In Zeile 11 enthaltene Beiträge, aus denen sich kein Anspruch auf Krankengeld ergibt	322	—	422	„
13	Arbeitnehmerbeiträge zu sozialen Pflegeversicherungen lt. Nr. 26 der Lohn-steuerbescheinigung	323	„	423	—
14	Zu den Zeilen 11 bis 13: Von der Kranken- und / oder sozialen Pflegeversicherung erstattete Beiträge	324	—	424	„
15	In Zeile 14 enthaltene Beiträge zur Krankenversicherung, aus denen sich kein Anspruch auf Krankengeld ergibt, und zur sozialen Pflegeversicherung	325	—	425	„
16	Beiträge zur Krankenversicherungen – ohne Beiträge, die in Zeile 11 geltend gemacht werden – (z. B. bei Rentnern und freiwillig gesetzlich versicherten Selbstzahlern)	326	—	426	„
17	In Zeile 16 enthaltene Beiträge zur Krankenversicherung, aus denen sich ein Anspruch auf Krankengeld ergibt	328	„	428	„
18	Beiträge zu sozialen Pflegeversicherungen – ohne Beiträge, die in Zeile 13 geltend gemacht werden. – (z. B. bei Rentnern und freiwillig gesetzlich versicherten Selbstzahlern)	329	—	429	„
19	Zu den Zeilen 16 bis 18: Von der Kranken- und / oder sozialen Pflegeversicherung erstattete Beiträge	330	—	430	„
20	In Zeile 19 enthaltene Beiträge zur Krankenversicherung, aus denen sich ein Anspruch auf Krankengeld ergibt	331	„	431	„
21	Zuschuss zu den Beiträgen lt. Zeile 16 und / oder 18 – ohne Beträge lt. Zeile 37 und 39 –. (z. B. von der Deutschen Rentenversicherung)	332	—	432	„
22	Über die Basisabsicherung hinausgehende Beiträge zu Krankenversiche-rungen (z. B. für Wahlleistungen, Zusatzversicherung) abzüglich erstatteter Beiträge	339	—	439	„

Sozialversicherungspflichtige Arbeitnehmer – Zeile 11–15

haben grundsätzlich **Anspruch auf Krankengeld**, sodass die Beiträge in
> Zeile 11 **von Amts wegen** um 4 % gekürzt werden. Einzutragen sind
hier daher die ungekürzten Beiträge. Wurden Basisversicherungsbeiträge
gezahlt, aus denen sich **kein Krankengeldanspruch** ergibt, sind sie in
> Zeile 12 einzutragen. Das ist z.B. der Fall, wenn der Arbeitgeber den
verminderten Beitrag zur Krankenversicherung ohne Lohnfortzahlungs-
anspruch gezahlt hat. Beitragserstattungen müssen gesondert in > Zeile 14 (Erstattungen insgesamt) und ggf. zusätzlich in > Zeile 15 (davon
ohne Krankengeldanspruch) eingetragen werden.

Beispiel

Die Eheleute Huber haben im Jahr 2015 zusätzlich zu den Beiträgen zur
Altersvorsorge folgende Versicherungsbeiträge geleistet:

Arbeitnehmeranteil zur gesetzlichen Krankenversicherung:	3.600 €
Pflegeversicherungsbeiträge:	453 €
Beiträge zur Arbeitslosenversicherung:	658 €
Haftpflichtversicherung:	500 €

	Beiträge zur inländischen gesetzlichen Kranken- und Pflegeversicherung				
11	Arbeitnehmerbeiträge zu Krankenversicherungen lt. Nr. 25 der Lohnsteuer-bescheinigung	320	3 6 0 0,—	420	—
12	In Zeile 11 enthaltene Beiträge, aus denen sich kein Anspruch auf Krankengeld ergibt	322	—	422	„
13	Arbeitnehmerbeiträge zu sozialen Pflegeversicherungen lt. Nr. 26 der Lohn-steuerbescheinigung	323	4 5 3,—	423	—
14	Zu den Zeilen 11 bis 13: Von der Kranken- und / oder sozialen Pflegeversicherung erstattete Beiträge	324	—	424	„
15	In Zeile 14 enthaltene Beiträge zur Krankenversicherung, aus denen sich kein Anspruch auf Krankengeld ergibt, und zur sozialen Pflegeversicherung	325	—	425	„

Weitere sonstige Vorsorgeaufwendungen		stpfl. Person / Ehemann EUR		Ehefrau EUR
46	Arbeitnehmerbeiträge zur Arbeitslosenversicherung lt. Nr. 27 der Lohnsteuerbescheinigung	370	6 5 8,—	470
47	Beiträge (abzüglich steuerfreier Zuschüsse und erstatteter Beiträge) zu – Kranken- und Pflegeversicherungen (Gesamtbetrag) (nur einzutragen, wenn Sie der Datenübermittlung widersprochen haben; Einträge zu zusätzlichen Pflegeversicherungen sind nur in Zeile 36 vorzunehmen).	371		471
48	– freiwilligen Versicherungen gegen Arbeitslosigkeit			500
49	– freiwilligen eigenständigen Erwerbs- und Berufsunfähigkeitsversicherungen			501
50	– Unfall- und Haftpflichtversicherungen sowie Risikoversicherungen, die nur für den Todesfall eine Leistung vorsehen			502	5 0 0,—
51	– Rentenversicherungen mit Kapitalwahlrecht und / oder Kapitallebensversicherungen mit einer Laufzeit von mindestens 12 Jahren sowie einem Laufzeitbeginn und der ersten Beitragszahlung vor dem 1.1.2005			503
52	– Rentenversicherungen ohne Kapitalwahlrecht mit Laufzeitbeginn und erster Beitragszahlung vor dem 1.1.2005 (auch steuerpflichtige Beiträge zu Versorgungs- und Pensionskassen) – ohne Altersvorsorgebeiträge, die im Anlage AV geltend gemacht werden –			504

Rentner und freiwillig Versicherte – Zeile 16–21

haben in aller Regel **keinen Anspruch auf Krankengeld**, sodass die Beiträge in > Zeile 16 nicht von Amts wegen um 4 % gekürzt werden. Sollten in Ausnahmefällen Beiträge und Beitragserstattungen mit Anspruch auf Krankengeld vorliegen, sind diese in den > Zeilen 17 bzw. 20 einzutragen. Für diesen Beitragsteil erfolgt dann wiederum eine Kürzung.

Beispiel

Bernhard und Heidemarie Horstrup beziehen beide Renteneinkünfte. Folgende Versicherungsbeiträge sind im Jahr 2015 angefallen:

Beiträge zur gesetzlichen Krankenversicherung lt. Rentenbezugsmitteilung (Ehemann/Ehefrau):	1.580 €/1.185 €
Pflegeversicherungsbeiträge (Ehemann/Ehefrau):	390 €/293 €
Unfall- und Haftpflichtversicherung:	500 €

16	Beiträge zu Krankenversicherungen – ohne Beiträge, die in Zeile 11 geltend gemacht werden – (z. B. bei Rentnern und freiwillig gesetzlich versicherten Selbstzahlern)	326	1 5 8 0,—	426	1 1 8 5,—
17	In Zeile 16 enthaltene Beiträge zur Krankenversicherung, aus denen sich ein Anspruch auf Krankengeld ergibt	328		428	
18	Beiträge zu sozialen Pflegeversicherungen – ohne Beiträge, die in Zeile 13 geltend gemacht werden – (z. B. bei Rentnern und freiwillig gesetzlich versicherten Selbstzahlern)	329	3 9 0,—	429	2 9 3,—
19	Zu den Zeilen 16 bis 18: Von der Kranken- und / oder sozialen Pflegeversicherung erstattete Beiträge	330		430	
20	In Zeile 19 enthaltene Beiträge zur Krankenversicherung, aus denen sich ein Anspruch auf Krankengeld ergibt	331		431	
21	Zuschuss zu den Beiträgen lt. Zeile 16 und / oder 18 – ohne Beträge lt. Zeile 37 und 39 – (z. B. von der Deutschen Rentenversicherung)	332		432	

	Weitere sonstige Vorsorgeaufwendungen	stpfl. Person / Ehemann EUR		Ehefrau EUR
46	Arbeitnehmerbeiträge zur Arbeitslosenversicherung lt. Nr. 27 der Lohn-steuerbescheinigung	370 , —	470	, —
47	Beiträge (abzüglich steuerfreier Zuschüsse und erstatteter Beiträge) zu – Kranken- und Pflegeversicherungen (Gesamtbetrag) (nur einzutragen, wenn Sie der Datenübermittlung widersprochen haben; Einträge zu zusätzlichen Pflegeversicherungen sind nur in Zeile 36 vorzunehmen)	371 , —	471	, —
				stpfl. Person / Ehegatten EUR
48	– freiwilligen Versicherungen gegen Arbeitslosigkeit		500	, —
49	– freiwilligen eigenständigen Erwerbs- und Berufsunfähigkeitsversicherungen		501	, —
50	– Unfall- und Haftpflichtversicherungen sowie Risikoversicherungen, die nur für den Todesfall eine Leistung vorsehen		502	**5 0 0,**—
51	– Rentenversicherungen mit Kapitalwahlrecht und / oder Kapitallebensversicherungen mit einer Laufzeit von mindestens 12 Jahren sowie Laufzeitbeginn und der ersten Beitragszahlung vor dem 1.1.2005		503	, —
52	– Rentenversicherungen ohne Kapitalwahlrecht mit Laufzeitbeginn und erster Beitragszahlung vor dem 1.1.2005 (auch steuerpflichtige Beiträge zu Versorgungs- und Pensionskassen) – ohne Altersvorsorgebeiträge, die in der Anlage AV geltend gemacht werden –		504	, —

Wahlleistungen, Zusatzversicherungen – Zeile 22

In diese Kennziffern könnten Sie sicherlich so einige Beiträge eintragen. Auf Anhieb fallen Ihnen ein:

- Beiträge zu Auslandskrankenversicherungen,
- die Zahnzusatzversicherung oder
- die zusätzliche Versicherung für Krankenhauskosten.

		stpfl. Person / Ehemann	Ehefrau
22	Über die Basisabsicherung hinausgehende Beiträge zu Krankenversiche-rungen (z. B. für Wahlleistungen, Zusatzversicherung) abzüglich erstatteter Beiträge	339 ,	439 , —

Allerdings muss ich Sie hier bremsen, denn Ihre Mühe wird nicht belohnt. Die Eintragungen in > Zeile 22 wirken sich nur dann aus, wenn die Höchstbeträge von 2.800 €/5.600 € bzw. 1.900 €/3.800 € nicht bereits durch Basiskranken- und Pflegeversicherungsbeiträge überschritten werden. Und dies ist bei den meisten Arbeitnehmern der Fall.

298

TIPP **Ein Bonus der Versicherung ist keine Erstattung!**

Seitdem Beiträge zur Basiskrankenversicherung in vollem Umfang steuerlich abzugsfähig sind, ist die Freude über Beitragserstattungen der Krankenversi-cherung getrübt. Soweit diese Erstattungen auf Basis-Krankenversiche-rungsbeiträge entfallen, mindern sie den Steuerabzug und erhöhen damit die Steuerlast (siehe > Zeile 14, 19, und 25). Damit sind sie quasi in vollem Um-fang steuerpflichtig!

Das Finanzgericht Rheinland-Pfalz hat allerdings klargestellt: Bonuszahlun-gen der Krankenkassen sind keine Beitragsrückerstattungen (Urt. v. 28.4.2015 – Az. 3 K 1387/14).

Erhalten Sie also Zuschüsse von Ihrer Kasse für die Teilnahme an besonderen Vorsorge- oder Gesundheitsprogrammen, sind diese nicht als Erstattung von Beiträgen in die Anlage Vorsorgeaufwand einzutragen!

299 Zeile 23–28 Private Kranken- und Pflegeversicherung (Inland)

Beiträge zu einer privaten Krankenversicherung sind als Sonderausgaben abziehbar, wenn sie auf Vertragsleistungen entfallen, die in Art, Umfang und Höhe auf dem Niveau der gesetzlichen Krankenversicherung liegen (Basisleistungen). Beitragsteile, die der Finanzierung von Wahl- und Komfortleistungen oder Krankengeld dienen, gehören nicht zur Basisabsicherung.

Die Aufteilung der Krankenversicherungsbeiträge erfolgt durch die Krankenversicherungsunternehmen in typisierender Form.

Beiträge zur gesetzlichen Pflegeversicherung führen in vollem Umfang zum Sonderausgabenabzug.

Wie bei den gesetzlichen Kranken- und Pflegeversicherungsbeiträgen sind auch hier verschiedene Eintragungsmöglichkeiten zu beachten:

- Beiträge zur Krankenversicherung (Basisabsicherung) – > Zeile 23,
- Beiträge zur Pflegepflichtversicherung – > Zeile 24,
- erstattete Beiträge – > Zeile 25,
- Zuschüsse zu Beiträgen lt. > Zeile 23 und 24 von dritter Seite – > Zeile 26,
- Beiträge (abzgl. steuerfreier Zuschüsse und Erstattungen) für Wahl- und Komfortleistungen – > Zeile 27,
- Beiträge (abzgl. steuerfreier Zuschüsse und Erstattungen) zu einer zusätzlichen Pflegeversicherung – > Zeile 28.

Beispiel

Willi Schaefers ist Beamter, seine Frau Nicole Hausfrau. Folgende Vorsorgeaufwendungen sind 2015 – zusätzlich zu den Beiträgen zur Altersvorsorge – angefallen:

Versicherungsbeiträge 2015	Ehemann	Ehefrau	Kind
Beiträge zur privaten Krankenversicherung (davon Komfort-/Wahlleistungen)	1.600 € (250 €)	1.900 € (380 €)	540 € (140 €)
Beiträge zur privaten Pflegeversicherung	125 €	125 €	55 €
Unfall- und Haftpflichtversicherungsbeiträge	900 €		

In die **Anlage Vorsorgeaufwand** tragen die Schaefers ein:

234

Beiträge zur inländischen privaten Kranken- und Pflegeversicherung

– Füllen Sie die Zeilen 23 bis 27 und 42 bis 45 nur aus, wenn
Sie der Datenübermittlung nicht widersprochen haben. –

			stpfl. Person / Ehemann		Ehefrau
23	Beiträge zu Krankenversicherungen (nur Basisabsicherung, keine Wahlleistungen)	350	$1350,-$	450	$1520,-$
24	Beiträge zu Pflege-Pflichtversicherungen	351	$125,-$	451	$125,-$
25	Zu den Zeilen 23 und 24: Von der privaten Kranken- und / oder Pflege-Pflichtversicherung erstattete Beiträge	352	,	452	,
26	Zuschuss von dritter Seite zu den Beiträgen lt. Zeile 23 und / oder 24 (z. B. von der Deutschen Rentenversicherung)	353	,	453	,
27	Über die Basisabsicherung hinausgehende Beiträge zur Krankenversicherungen (z. B. für Wahlleistungen, Zusatzversicherung) abzüglich erstatteter Beiträge	354	$250,-$	454	$380,-$
28	Beiträge (abzüglich erstatteter Beiträge) zu zusätzlichen Pflegeversicherungen (ohne Pflege-Pflichtversicherung)	355	,	455	,

Weitere sonstige Vorsorgeaufwendungen

			stpfl. Person / Ehemann EUR		Ehefrau EUR
46	Arbeitnehmerbeiträge zur Arbeitslosenversicherung lt. Nr. 27 der Lohnsteuerbescheinigung	370	,	470	,
47	Beiträge (abzüglich erstatteter Zuschüsse und erstatteter Beiträge) zu – Kranken- und Pflegeversicherungen (Gesamtbetrag) (nur einzutragen, wenn Sie der Datenübermittlung widersprochen haben; Beiträge zu zusätzlichen Pflegeversicherungen sind nur in Zeile 36 vorzunehmen)	371	,	471	,
					stpfl. Person / Ehegattin EUR
48	– freiwilligen Versicherungen gegen Arbeitslosigkeit			500	,
49	– freiwilligen eigenständigen Erwerbs- und Berufsunfähigkeitsversicherungen			501	,
50	– Unfall- und Haftpflichtversicherungen sowie Risikoversicherungen, die nur für den Todesfall eine Leistung vorsehen			502	$900,-$
51	– Rentenversicherungen mit Kapitalwahlrecht und / oder Kapitallebensversicherungen mit einer Laufzeit von mindestens 12 Jahren sowie einem Laufzeitbeginn und der ersten Beitragszahlung vor dem 1.1.2005			503	,
52	– Rentenversicherungen ohne Kapitalwahlrecht mit Laufzeitbeginn und erster Beitragszahlung vor dem 1.1.2005 (auch steuerpflichtige Beiträge zu Versorgungs- und Pensionskassen) – ohne Altersvorsorgebeiträge, die in der Anlage AV geltend gemacht werden –			504	,

Außerdem tragen Sie in den > Zeilen 31 – 36 der **Anlage Kind** ein:

Kranken- und Pflegeversicherung
(Nicht in der Anlage Vorsorgeaufwand enthalten)

– Füllen Sie die Zeilen 31 bis 37 nur aus, wenn der Datenübermittlung nicht widersprochen wurde –

			Aufwendungen von mir / uns als Versicherungsnehmer geschuldet EUR		Aufwendungen vom Kind als Versicherungsnehmer geschuldet EUR
31	Von mir / uns getragene Beiträge zu Krankenversicherungen (einschließlich Zusatzbeiträge) des Kindes (nur Basisabsicherung, keine Wahlleistungen)	66	$400,-$	70	,
32	In Zeile 31 enthaltene Beiträge, aus denen sich ein Anspruch auf Krankengeld ergibt			71	,
33	Von mir / uns getragene Beiträge zur sozialen Pflegeversicherung und / oder zur privaten Pflege-Pflichtversicherung	67	$55,-$	72	,
34	Von den Versicherungen lt. den Zeilen 31 bis 33 erstattete Beträge	68	,	73	,
35	In Zeile 34 enthaltene Beiträge, aus denen sich ein Anspruch auf Krankengeld ergibt			74	,
36	Von mir / uns getragene Beiträge zur Kranken- und Pflegeversicherungen des Kindes (ohne Basisabsicherung, z. B. für Wahlleistungen, Zusatzversicherung)	69	$140,-$		
37	Nur bei getrennt veranlagten Eltern: Die vom Kind als Versicherungsnehmer geschuldeten und von mir oder dem anderen Elternteil getragenen eigenen Beiträge des Kindes zu Krankenversicherungen (nur Basisabsicherung, keine Wahlleistungen) und zur gesetzlichen Pflegeversicherung sind aufzuteilen. Der bei mir zu berücksichtigende Anteil beträgt	64			%

300

TIPP Mit Beitragsvorauszahlungen Steuern sparen

Spargroschen bei der Bank verlieren seit Jahren an Wert, denn die Verzinsung ist niedriger als die Inflation. Da sind Alternativen gefragt. Eine könnte die Vorauszahlung von Krankenversicherungsbeiträgen sein. Dabei machen Sie sich folgende Rahmenbedingungen zunutze:

- Versicherungsbeiträge werden bei Zahlung steuerlich berücksichtigt.
- Basiskrankenversicherungsbeiträge sind zu 100 % steuerlich abzugsfähig.
- Bei Kranken- und Pflegeversicherungsbeiträgen von mehr als 5.600 € (Ehegatten) gehen sonstige Versicherungsbeiträge ins Leere (s. ➤ Rz 296).

Was Ihnen das bringen kann, zeigt folgendes Beispiel:
Ihr Grenzsteuersatz liegt bei 35 %. Jahr für Jahr zahlen Sie 6.000 € an Basis-Krankenversicherungsbeiträgen. Zusätzlich fallen 3.000 € an Beiträgen für Zusatz-, Haftpflicht- und Unfallversicherungen an. Steuerwirksam sind aber nur 6.000 €.

Würden Sie nun im Jahr 2016 den Jahresbeitrag für 2017 im Voraus entrichten, ergäbe sich folgende Berechnung:

2016: abzugsfähige Versicherungsbeiträge	12.000 €
2017: mangels Basis-Krankenversicherungsbeiträgen	
abzugsfähige übrige Versicherungsbeiträge	3.000 €

Der Steuervorteil liegt also zum einen darin, dass Sie mit der Steuerveranlagung für 2016 bereits 35 % der vorausgezahlten Beiträge zurückerhalten (2.100 €). Zum anderen wirken sich in 2017 die zusätzlichen Versicherungsbeiträge aus, die ansonsten ins Leere gingen (Steuervorteil: 1.050 €!).

Wichtig zu wissen: Auch dieser Steuerdreh hat seine Grenzen. Vorausgezahlte Kranken- und Pflegeversicherungsbeiträge werden maximal in Höhe des 2,5-Fachen des vertraglich geschuldeten Jahresbeitrags berücksichtigt, der auf die Basisabsicherung entfällt. Die Einhaltung dieser Regelung wird vom Finanzamt geprüft.

301 # Zeile 31–36 Gesetzliche/Private Kranken- und Pflegeversicherung (Ausland)

Beiträge an Kranken- und Pflegeversicherungen im Ausland werden nicht automatisch an die deutsche Fiskalbürokratie gemeldet. Da ein automatischer Abgleich Ihrer Eintragungen in diesem Fall also nicht möglich ist, sind diese Beiträge in den > Zeilen 31–36 gesondert vorzunehmen.

	Beiträge zur ausländischen gesetzlichen oder privaten Kranken- und Pflegeversicherung		stpfl. Person / Ehemann / Lebenspartner(in) A EUR		Ehefrau / Lebenspartner(in) B EUR	
31	Beiträge (abzüglich steuerfreier Zuschüsse – ohne Beträge lt. Zeile 37 –) zur Krankenversicherung, die mit einer inländischen Krankenversicherung vergleichbar ist (nur Basisabsicherung, keine Wahlleistungen)	333		433		
32	In Zeile 31 enthaltene Beiträge zur Krankenversicherung, aus denen sich kein Anspruch auf Krankengeld ergibt	334		434		
33	Beiträge (abzüglich steuerfreier Zuschüsse – ohne Beträge lt. Zeile 39 –) zur sozialen Pflegeversicherung / Pflege-Pflichtversicherung, die mit einer inländischen Pflegeversicherung vergleichbar ist	335		435		
34	Zu den Zeilen 31 bis 33: Von der Kranken- und / oder sozialen Pflegeversicherung / Pflege-Pflicht-versicherung erstattete Beiträge	336		436		
35	In Zeile 34 enthaltene Beiträge zur Krankenversicherung, aus denen sich kein Anspruch auf Krankengeld ergibt, und zur sozialen Pflegeversicherung	337		437		
36	Über die Basisabsicherung hinausgehende Beiträge (abzüglich erstatteter Beiträge) zu Krankenversicherungen und zusätzlichen Pflegeversicherungen (z. B. für Wahlleistunen, Zusatzversicherung)	338		438		

Liegen Ihnen Bescheinigungen über die geleisteten Beiträge vor, sind die Eintragungen schnell gemacht. Es gilt dasselbe Prinzip wie bei den Beiträgen zu inländischen Versicherungsgesellschaften.

Schwieriger wird es bei den sog. Globalbeiträgen zur Sozialversicherung, die in vielen Ländern erhoben werden. Hier ist der Arbeitgeber gefordert (da es sich ja um Sozialversicherungsbeiträge im Rahmen eines Arbeitsverhältnisses handelt). Er hat den Gesamtbeitrag zur Sozialversicherung auf Grundlage jährlich aktualisierter Aufteilungsmaßstäbe der Finanzverwaltung in Renten-, Kranken-, Pflegeversicherung und sonstige Vorsorgeaufwendungen aufzuteilen. Komplizierter geht es kaum …

Sie braucht das nicht weiter zu kümmern, denn das ist Aufgabe des Lohnbüros.

Zeile 40–45 Übernommene Kranken- und Pflegeversicherungs- beiträge für den einge- tragenen Lebenspartner

302

Beiträge können grundsätzlich nur vom Versicherungsnehmer geltend gemacht werden. In den Fällen, in denen Sie als Versicherungsnehmer die Beiträge zur Kranken- und Pflegeversicherung (Basisabsicherung) des von Ihnen (mit)versicherten eingetragenen Lebenspartners leisten, können Sie die entsprechenden Eintragungen in > Zeile 40–45 vornehmen.

237

	Als Versicherungsnehmer für andere Personen übernommene Kranken- und Pflegeversicherungsbeiträge		
40	IdNr. der mitversicherten Person **600**	„Andere Personen" sind z. B. Kinder, für die **kein** Anspruch auf Kindergeld / Kinderfreibetrag besteht (bei Anspruch auf Kindergeld / Kinderfreibetrag sind die Eintragungen in den Zeilen 31 bis 36 der Anlage Kind vorzunehmen), oder der / die eingetragene Lebenspartner/in.	
41	Name; Vorname; Geburtsdatum der mitversicherten Person		
			stpfl. Person / Ehegatten EUR
42	Beiträge (abzüglich steuerfreier Zuschüsse) zu privaten Krankenversicherungen (nur Basisabsicherung, keine Wahlleistungen)	**601**	, —
43	Beiträge (abzüglich steuerfreier Zuschüsse) zu Pflege-Pflichtversicherungen	**602**	, —
44	Zu den Zeilen 42 bis 43: Von der privaten Kranken- und / oder Pflege-Pflichtversicherung erstattete Beiträge	**603**	, —
45	Beiträge (abzüglich erstatteter Beiträge) zu privaten Kranken- und / oder Pflegeversicherungen (ohne Basisabsicherung, z. B. für Wahlleistungen, Zusatzversicherung)	**604**	, —

Beachten Sie:

- Versicherungsbeiträge, die Sie für den Ex-Ehegatten übernehmen, gehören in **> Zeile 41 des Hauptformulars.**
- Zahlen Sie Kranken- und Pflegeversicherungsbeiträge für ein Kind, für das Kindergeld/Kinderfreibeträge gewährt werden, müssen Sie diese in den **> Zeilen 31 – 37 der Anlage Kind** eintragen.
- Übernehmen Sie zusätzlich zum Unterhalt für bedürftige Personen auch deren Kranken- und Pflegeversicherungsbeiträge, sind die **> Zeilen 11 – 16 der Anlage Unterhalt** für Sie relevant.

---

303 ## Zeile 46–52 Weitere sonstige Versicherungen/Vorsorgeaufwendungen

---

Zur sonstigen Lebensvorsorge gehören bestimmte Versicherungen, deren Beiträge – im Rahmen gewisser Höchstbeträge – steuerbegünstigt sind:

a) Kranken-, Arbeitslosen-, Erwerbs-
und Berufsunfähigkeitsversicherung   > Zeile 46 – 49

b) Unfall-, Haftpflicht-, Risikolebensversicherung   > Zeile 50

c) Lebensversicherung alten Rechts
(Abschluss vor dem 1.1.2005) – 88 %   > Zeile 51 – 52

Weitere sonstige Vorsorgeaufwendungen		stpfl. Person / Ehemann EUR		Ehefrau EUR	
46	Arbeitnehmerbeiträge zur Arbeitslosenversicherung lt. Nr. 27 der Lohn-steuerbescheinigung	370	,	470	,
47	Beiträge (abzüglich steuerfreier Zuschüsse und erstatteter Beiträge) zu - Kranken- und Pflegeversicherungen (Gesamtbetrag) (nur einzutragen, wenn Sie der Datenübermittlung widersprochen haben. Einträge zu zusätzlichen Pflegeversicherungen sind nur in Zeile 36 vorzunehmen)	371	,	471	,
				stpfl. Person / Ehegatten EUR	
48	- freiwilligen Versicherungen gegen Arbeitslosigkeit			500	,
49	- freiwilligen eigenständigen Erwerbs- und Berufsunfähigkeitsversicherungen			501	,
50	- Unfall- und Haftpflichtversicherungen sowie Risikoversicherungen, die nur für den Todesfall eine Leistung vorsehen			502	,
51	- Rentenversicherungen mit Kapitalwahlrecht und / oder Kapitallebensversicherungen mit einer Laufzeit von mindestens 12 Jahren sowie Laufzeitbeginn und der ersten Beitragszahlung vor dem 1.1.2005			503	,
52	- Rentenversicherungen ohne Kapitalwahlrecht mit Laufzeitbeginn und erster Beitragszahlung vor dem 1.1.2005 (auch steuerpflichtige Beiträge zu Versorgungs- und Pensionskassen) ohne Altersvorsorgebeiträge, die in der Anlage AV geltend gemacht werden			504	,

Aufwendungen hierfür können bis zum Höchstbetrag von 2.800 €/5.600 € (Alleinstehende/Ehegatten) geltend gemacht werden. Diesen Höchstbetrag können aber in aller Regel nur Selbständige, Gesellschafter-Geschäftsführer und nicht krankenversicherungspflichtige Vorstände abziehen, weil sie ihre Gesundheitsvorsorge komplett aus der eigenen Tasche finanzieren müssen. Wer entweder steuerfreie Zuschüsse zur Krankenversicherung erhält oder Anspruch auf Beihilfe bzw. freie Heilfürsorge hat, dem steht nur ein Höchstbetrag von 1.900 €/3.800 € zu.

Ergänzend zu dem Beispiel unter ➤ Rz 284:   304
Neben seinen Beiträgen zugunsten seiner Basisversorgung im Alter (Rente) hat Felix noch geleistet:

● *Arbeitslosen-, Kranken- und Pflegeversicherung*
  (lt. Lohnsteuerbescheinigung):

22 Arbeitgeber-anteil	a) zur gesetzlichen Rentenver-sicherung	3.780|00
	b) an berufsständische Versor-gungseinrichtungen	
23 Arbeitnehmer-anteil	a) zur gesetzlichen Rentenver-sicherung	3.780|00
	b) an berufsständische Versor-gungseinrichtungen	
24 Steuerfreie Arbeitgeber-zuschüsse	a) zur gesetzlichen Krankenver-sicherung	2.920|00
	b) zur privaten Krankenver-sicherung	
	c) zur gesetzlichen Pflegever-sicherung	410|00
25 Arbeitnehmerbeiträge zur gesetzlichen Kranken-versicherung		3.280|00
26 Arbeitnehmerbeiträge zur sozialen Pflegeversiche-rung		510|00
27 Arbeitnehmerbeiträge zur Arbeitslosenversiche-rung		600|00

● *Privat- und Kfz-Haftpflichtversicherung:*   *350 €*
● *Beiträge zur Kapitallebensversicherung*
(Vertragsabschluss vor 2005):   *1.200 €*

Angaben zu Vorsorgeaufwendungen · 52

Beiträge zur Altersvorsorge

	Beiträge		stpfl. Person / Ehemann / Lebenspartner(in) A EUR		Ehefrau / Lebenspartner(in) B EUR
4	– lt. Nr. 23 a/b der Lohnsteuerbescheinigung (Arbeitnehmeranteil)	300	3 780,–	400	,
5	– zu landwirtschaftlichen Alterskassen sowie zu berufsständischen Versorgungseinrichtungen, die den gesetzlichen Rentenversicherungen vergleichbare Leistungen erbringen (abzgl. steuerfreier Zuschüsse) – ohne Beiträge, die in Zeile 4 geltend gemacht werden –	301	,–	401	,
6	– zu gesetzlichen Rentenversicherungen – ohne Beiträge, die in Zeile 4 geltend gemacht werden –	302	,–	402	,
7	– zu zertifizierten Basisrentenverträgen (sog. Rürup-Verträge) mit Laufzeitbeginn nach dem 31.12.2004 – ohne Altersvorsorgebeiträge, die in die Anlage AV geltend gemacht werden –	303	720,–	403	,
8	Arbeitgeberanteil lt. Nr. 22 a/b der Lohnsteuerbescheinigung	304	3 780,–	404	,
9	Arbeitgeberanteil zu gesetzlichen Rentenversicherungen im Rahmen einer pauschal besteuerten geringfügigen Beschäftigung (bitte Anleitung beachten)	306	,–	406	,

10	Eine Eintragung ist stets vorzunehmen; bei Zusammenveranlagung von jedem Ehegatten / Lebenspartner: Haben Sie zu Ihrer Krankenversicherung oder Ihren Krankheitskosten Anspruch auf – steuerfreie Zuschüsse (z. B. Rentner aus der gesetzlichen Rentenversicherung) oder – steuerfreie Arbeitgeberbeiträge (z. B. sozialversicherungspfl. Arbeitnehmer und deren mitversicherter Ehegatte / Lebenspartner) oder – steuerfreie Beihilfen (z. B. Beamte oder Versorgungsempfänger und deren Ehegatten / Lebenspartner)?	307	1 = Ja 2 = Nein	407	1 = Ja 2 = Nein

Beiträge zur inländischen gesetzlichen Kranken- und Pflegeversicherung

11	Arbeitnehmerbeiträge zu Krankenversicherungen lt. Nr. 25 der Lohnsteuerbescheinigung	320	3 280,–	420	,
12	In Zeile 11 enthaltene Beiträge, aus denen sich kein Anspruch auf Krankengeld ergibt	322	,–	422	,
13	Arbeitnehmerbeiträge zu sozialen Pflegeversicherungen lt. Nr. 26 der Lohnsteuerbescheinigung	323	510,–	423	,
14	Zu den Zeilen 11 bis 13: Von der Kranken- und / oder sozialen Pflegeversicherung erstattete Beiträge	324	,–	424	,
15	In Zeile 14 enthaltene Beiträge zur Krankenversicherung, aus denen sich kein Anspruch auf Krankengeld ergibt, und zur sozialen Pflegeversicherung	325	,–	425	,

Steuerfreie Arbeitgeberzuschüsse

	Steuerfreie Arbeitgeberzuschüsse zur				
37	– gesetzlichen Krankenversicherung lt. Nr. 24a der Lohnsteuerbescheinigung	360	2 920,–	460	. ,
38	– privaten Krankenversicherung lt. Nr. 24b der Lohnsteuerbescheinigung	361	. ,	461	. ,
39	– gesetzlichen Pflegeversicherung lt. Nr. 24c der Lohnsteuerbescheinigung	362	. ,	462	. ,

Weitere sonstige Vorsorgeaufwendungen

			stpfl. Person / Ehemann EUR		Ehefrau EUR
46	Arbeitnehmerbeiträge zur Arbeitslosenversicherung lt. Nr. 27 der Lohnsteuerbescheinigung	370	600,–	470	. ,
47	Beiträge (abzüglich steuerfreier Zuschüsse und erstatteter Beiträge) zu – Kranken- und Pflegeversicherungen (Gesamtbetrag) (nur einzutragen, wenn Sie der Datenübermittlung widersprochen haben; Einträge zu zusätzlichen Pflegeversicherungen sind nur in Zeile 36 vorzunehmen)	371	,	471	. ,
					stpfl. Person / Ehegatten EUR
48	– freiwilligen Versicherungen gegen Arbeitslosigkeit	500			. ,
49	– freiwilligen eigenständigen Erwerbs- und Berufsunfähigkeitsversicherungen	501			. ,
50	– Unfall- und Haftpflichtversicherungen sowie Risikoversicherungen, die nur für den Todesfall eine Leistung vorsehen	502			350,–
51	– Rentenversicherungen ohne Kapitalwahlrecht und / oder Kapitallebensversicherungen mit einer Laufzeit von mindestens 12 Jahren sowie einem Laufzeitbeginn und der ersten Beitragszahlung vor dem 1.1.2005	503			1 200,–
52	– Rentenversicherungen ohne Kapitalwahlrecht mit Laufzeitbeginn und erster Beitragszahlung vor dem 1.1.2005 (auch steuerpflichtige Beiträge zu Versorgungs- und Pensionskassen) – ohne Altersvorsorgebeiträge, die in die Anlage AV geltend gemacht werden –	504			. ,

In welcher Höhe seine Beiträge abzugsfähig sind, dazu mehr unter ▶ Rz 334 ff.

305 Was von Versicherungen im Allgemeinen und im Besonderen zu halten ist:

Die guten Versicherungen ins »Töpfchen« ...

Wenn auch für Arbeitnehmer bei den Versicherungsbeiträgen nicht viel zu holen ist, so kann doch jeder aus den steuerlichen Bestimmungen einen gewissen Nutzen ziehen. Denn der Gesetzgeber hat bei der Auswahl der steuerlich abziehbaren Versicherungen eine glückliche Hand bewiesen, indem er nur Versicherungen steuerlich fördert, die für den Einzelnen wichtig sind. Somit haben Sie einen Anhaltspunkt, welche Versicherungen Sie abschließen sollten und welche Sie getrost vergessen können.

Die steuerlich geförderten Versicherungen sind deshalb wichtig, weil sie Sie vor Krankheitskosten, Armut im Alter und im Ernstfall vor massiven Schadenersatzforderungen schützen können. Für einzelne Risiken besteht sogar eine gesetzliche Versicherungspflicht.
Wenig beachtet wird das Risiko, in jungen Jahren, wenn noch keine ausreichende Alterssicherung besteht, durch Unfall erwerbsunfähig zu werden. Deshalb sollte eine Unfallversicherung bei jungen Menschen mit an erster Stelle stehen.

... die schlechten ins »Kröpfchen«   306

Alle oben nicht aufgeführten Versicherungen sind nicht abziehbar, weil sie Risiken betreffen, die nicht existenziell sind. Vergessen können Sie also alle Versicherungen, mit denen Sie Ihre Vermögenswerte gegen Beschädigung, Verlust oder Diebstahl versichern. Denn ein verlorengegangener Hausrat lässt sich durch Einschränkung verschmerzen bzw. bald ersetzen (beachte hierzu aber ➤ Rz 219). Auch eine Kaskoversicherung für das Auto wird steuerlich nicht gefördert. Notfalls kaufen Sie sich nach einem selbstverschuldeten Unfall billig eine alte Karre, die Sie auch überall hinbringt. Eine Reisegepäck- oder Reiseausfallversicherung und was es sonst noch alles gibt, was den Gesellschaften die Kassen füllt, beruhigt zwar Ihre Nerven, ist bei Ihrer Steuererklärung aber eine Nullnummer. Bei der Rechtsschutzversicherung scheint der Fiskus nach der Devise zu verfahren: »Wenn Sie gewinnen, haben Sie keine Kosten, weil Ihr Gegner zahlen muss. Wenn Sie verlieren, waren Sie im Unrecht und können ruhig steuerlich auf Ihren Kosten sitzenbleiben.«

Gut zu wissen: Eine Reisegepäckversicherung abzusetzen lässt sich vertreten, wenn Sie beruflich viel unterwegs sind und die Versicherung berufliche Risiken mit abdeckt. In diesem Fall können Sie den beruflichen Teil der Versicherungsprämie als Betriebsausgaben oder Werbungskosten geltend machen (BFH v. 19.2.1993 – BStBl 1993 II S.519). Siehe hierzu auch ➤ Rz 797.

Vergnügen und Genuss ja, aber nur in dem Maße,
als es zur Erhaltung der Gesundheit ausreicht.
(Baruch de Spinoza, Philosoph)

307 Zeile 46–49 Arbeitslosen-, Erwerbs-/ Berufsunfähigkeits-, Kranken- und Pflegeversicherung

Maßgebend für > Zeile 46 ist der Betrag aus > Zeile 27 der Lohnsteuerbescheinigung. Dieser Betrag enthält Ihren Arbeitnehmeranteil zur Arbeitslosenversicherung von 1,5 %.

Beiträge zu eigenen, freiwilligen Versicherungen gegen Arbeitslosigkeit tragen Sie bitte in > Zeile 48 sowie Beiträge zu eigenständigen Erwerbs- und Berufsunfähigkeitsversicherungen in > Zeile 49 ein.

308 Zeile 47 Kranken- und Pflegeversicherung (Datenübermittlung widersprochen)

Haben Sie der Datenübermittlung der Beiträge durch das Versicherungsunternehmen widersprochen, sind die Kranken- und Pflegeversicherungsbeiträge (abzgl. steuerfreier Zuschüsse und erstatteter Beiträge) hier einzutragen. Diese Beiträge dürfen nicht in den > Zeilen 11–36 enthalten sein.

Was bedeutet die Eintragung in > Zeile 47?
Die Beiträge zugunsten einer Kranken- und Pflegeversicherung werden nur dann in vollem Umfang (also auch über die Höchstbeträge hinaus) berücksichtigt, wenn Sie gegenüber dem Versicherungsunternehmen, dem Träger der gesetzlichen Kranken- und Pflegeversicherung oder der Künstlersozialkasse in eine Datenübermittlung eingewilligt haben. Andernfalls können sie nur im Rahmen des Höchstbetrags von 1.900 €/2.800 € abgezogen werden.

Die Einwilligung gilt als erteilt,

• wenn die Beiträge mit der elektronischen Lohnsteuerbescheinigung durch den Arbeitgeber oder bei Rentnern mit der Rentenbezugsmitteilung übermittelt werden. Gesetzlich Krankenversicherte Arbeitnehmer und Rentner müssen daher keine gesonderte Einwilligung zur Datenübermittlung erteilen;

- wenn bei privat Versicherten der Versicherungsvertrag bereits vor dem 1.1.2010 bestanden hat und die Versicherung den Versicherten schriftlich darauf hinweist, dass von der Einwilligung ausgegangen wird, die Beiträge elektronisch unter Verwendung der persönlichen ID-Nr. zu übermitteln. Der Versicherte kann der Übermittlung aber ausdrücklich widersprechen.

Unbedingt erforderlich ist dagegen die Einwilligung zur Datenübermittlung bei allen privat Krankenversicherten, die einen Versicherungsvertrag nach dem 31.12.2009 abgeschlossen haben. Davon betroffen sind z.B. Selbständige, beherrschende Gesellschafter-Geschäftsführer, Beamte oder Personen mit beamtenähnlichem Status.

Bei vorliegender Zustimmung übermitteln die Versicherungsträger bis zum 28. Februar des Folgejahres neben den Beiträgen zu zertifizierten Altersvorsorgeverträgen (Riester-Verträgen) inkl. Zertifizierungsnummer die im Beitragsjahr geleisteten Beiträge zur Kranken- und Pflegeversicherung (saldiert mit Beitragserstattungen). Die Datenübermittlung der Kranken- und Pflegeversicherungsbeiträge unterbleibt, wenn diese mit der Lohnsteuerbescheinigung des Arbeitgebers oder der Rentenbezugsmitteilung übermittelt werden.

Sie erhalten von der Versicherung eine Mitteilung über die an die Finanzverwaltung übermittelten Beiträge. Für den Fall fehlerhafter Übermittlung besteht eine Verpflichtung der Versicherungsträger zur Korrekturmeldung.

 Vergessen Sie Ihre Reisekrankenversicherung nicht 309

Eine Auslandskrankenversicherung können Sie von der Steuer absetzen. Die Beiträge gehören deshalb unbedingt in > Zeile 22 (bei gesetzlich Krankenversicherten) bzw. in > Zeile 27 (wenn Sie privat krankenversichert sind).

 Berufsunfähigkeit versichern: 310
Schutz vor finanziellem Ruin

Gleich aus zwei guten Gründen ist der Abschluss einer Berufsunfähigkeitsversicherung eigentlich ein Muss:

1. Wer auf seine Arbeitskraft angewiesen ist, riskiert nach einer schweren Krankheit oder einem schlimmen Unfall den finanziellen Ruin. Denn seit 2001 gibt es keine gesetzliche Berufsunfähigkeitsrente mehr. Der Betroffene kann zwar noch mit einer Erwerbsminderungsrente rechnen, die beträgt aber je nach Dauer der Beschäftigung nur 20 bis 40 % des bisherigen Arbeitslohns. Besonders betroffen sind von dieser Neuregelung die nach 1960 Geborenen.

2. Die Berufsunfähigkeitsversicherung kann mit der privaten Leibrentenversicherung verbunden werden. Dann sind die Beiträge zu 80 % (Jahr 2015) steuerlich absetzbar (siehe ➤ Rz 315ff., ➤ Rz 336). Aber auch hier gilt, kein Licht ohne Schatten: Während reine Berufsunfähigkeitsrenten nur mit einem günstigen Ertragsanteil besteuert werden (➤ Rz 955), unterliegen die Rentenbezüge aus diesen kombinierten Verträgen der vollen Besteuerung (➤ Rz 940ff.).

311 Zeile 50 Unfallversicherung

Beiträge für eine private Unfallversicherung gehen steuerlich oft ins Leere, da durch die üppigen Beiträge zur Sozialversicherung die Höchstbeträge für Vorsorgeaufwendungen meistens schon ausgeschöpft sind.
Wird von Ihrer Unfallversicherung hingegen auch ein berufliches Risiko, z.B. berufliche Fahrten, abgedeckt, **können Sie die anteiligen Beiträge als Werbungskosten absetzen** (> Zeile 46–48 der Anlage N). Als Faustregel gilt dabei: 50 % beruflich und 50 % privat (BMF-Schreiben v. 18.2.1997, BStBl 1997 I S.278; ➤ Rz 797).

Versicherungsvertreter sehen in der Unfallversicherung nicht gerade ihr liebstes Kind, da wegen der relativ geringen Jahresprämie nicht viel Provision zu ergattern ist. Gerade jungen Menschen aber, die noch keine ausreichende Altersversorgung haben, ist der Abschluss einer Unfallversicherung dringend zu empfehlen. Wie schnell kann durch einen tragischen Unfall eine strahlende Zukunft dahin sein. Finanzielle Mittel können dann helfen, das Leben etwas erträglicher zu gestalten.

312 Zeile 50 Haftpflichtversicherung

Anzusetzen sind **Haftpflichtbeiträge jeglicher Art,** sofern sie keine Betriebsausgaben oder Werbungskosten sind, also die Beiträge für die allgemeine Privathaftpflicht, für die Pkw-Haftpflicht, auch für das Wohnmobil, das Segelboot oder Ihren Hund.

313
TIPP **Kfz-Haftpflichtversicherung für Ihren Sprössling**

Fühlen Sie sich verpflichtet, Ihrem Sprössling ein Auto und die Haftpflichtversicherung zu finanzieren, können Sie Geld sparen, indem Sie das Gefährt nicht auf seinen, sondern auf Ihren Namen anmelden. Dadurch umgehen Sie den happigen Anfängertarif und erhalten den Zweitwagentarif: Prämiensatz nur etwa 140 % (SF $^1/_2$ statt SF 0 = 230 %). Einen weiteren Vorteil haben Sie bei der Einkommensteuer, denn Sie können als Besserverdienender die Haftpflichtprämie als Sonderausgaben geltend machen.

Aber Achtung: Übernimmt später einmal Ihr Sprössling die Zahlung der Haftpflichtprämien, ohne dass der Pkw auf ihn umgemeldet wird, geraten Sie in eine böse Steuerfalle. Denn nach BFH-Rechtsprechung ist zum Abzug von Versicherungsbeiträgen als Sonderausgaben grundsätzlich nur berechtigt, wer die Beiträge als Versicherungsnehmer schuldet und entrichtet (BFH-Urt. v. 8.3.1995 – BStBl 1995 II S. 637).

»Also muss er mir das Geld für die Haftpflicht geben, und ich zahle es anschließend als Versicherungsnehmer ein«, sagen Sie. Nicht »geben«, sondern »schenken«, dann klappt es.

314

TIPP **Haftpflicht für Wohnungseigentum**

Das Wohnen im eigenen Haus ist ein schönes, aber teures Vergnügen. Auch steuerlich ist hier nicht viel zu holen. Deshalb vergessen Sie nicht, wenigstens die Gebäudehaftpflicht in > Zeile 50 anzusetzen.
Für Ihre Eigentumswohnung soll Ihnen der Hausverwalter den Jahresbetrag nennen, der auf Ihre Wohnung entfällt. Als Selbstnutzer gehört der Betrag hier in > Zeile 50, als Vermieter bringen Sie ihn in der Anlage V als Werbungskosten unter (> Zeile 46).

Du musst losgehen,
wenn Du ankommen willst.
(Alter Spruch)

Zeile 50–52 Lebensversicherungen

315

Kaum einer blickt bei den Regelungen für Lebensversicherungen noch durch. Selbst die Vertreter der Versicherungsbranche reden lieber über Sicherheit und Rendite ihrer Produkte als über deren steuerliche Vorteile. Denn um diese konkret zu beziffern, müssen alle Zahlen auf den Tisch, d.h. alle sonstigen Versicherungen des Kunden sowie die Art und Höhe seiner Einkünfte.

Bevor wir in die Einzelheiten gehen, zunächst ein Blick auf die verschiedenen Arten der Lebensversicherung:

1. Risikolebensversicherungen > Zeile 50
Fällig bei Tod der versicherten Person.

245

Anwendungen insbesondere

1. Absicherung von Angehörigen,
2. Sicherung von Verbindlichkeiten.

2. Kapitallebensversicherung > Zeile 51 (Altvertrag vor 2005)
Fällig bei Tod der versicherten Person oder nach Ablauf der Versicherungsdauer.

Anwendungen insbesondere

1. Normale Kapitalanlage kombiniert mit Todesfallrisiko,
2. Darlehenssicherung bei Immobilienfinanzierung, Restschuldversicherung,
3. Ausbildungs-, Aussteuer-, Sterbegeldversicherung.

3. Rentenversicherung > Zeile 7 (Neuvertrag nach 2004), > Zeile 52 (Altvertrag vor 2005)
Zusätzliche Altersversorgung in Form einer privaten Rente, mögliche Zusatzabsicherung im Fall der **Berufsunfähigkeit.**

4. Fondsgebundene Lebensversicherung
Entspricht weitgehend der Kapitallebensversicherung, die Sparanteile werden aber ausschließlich in Investmentfonds angelegt, somit keine Zinsgarantie.

Für diese Art der Lebensversicherung sieht der Vordruck keinen Eintrag vor. Die Beitragszahlungen sind also nicht steuerbegünstigt.

316 Die steuerliche Behandlung der Lebensversicherung
Sie können es sehen, wie Sie wollen, aber der Gesetzgeber nimmt Sie an die Hand und führt Sie zu den Lebensversicherungen, die seiner Ansicht nach für Sie nützlich sind, weil sie Ihr Leben im Alter absichern. Die steuerliche Förderung dieser Versicherungen besteht erstens im Abzug der Beiträge als Sonderausgaben und zweitens in der steuerlichen Behandlung der Leistungen. Beides kann unterschiedlich hoch sein.

Auch müssen Sie unterscheiden zwischen Altverträgen (Abschluss vor 2005) und Neuverträgen (Abschluss nach 2004). Das Steuerprivileg für die klassische Kapitallebensversicherung und die Rentenversicherung mit Kapitalwahlrecht besteht nur für Altverträge.

Übersicht zur steuerlichen Behandlung von Lebensversicherungen		
	Steuerabzug der Beiträge	**steuerliche Behandlung der Auszahlung**
Risikolebensversicherung		
Altvertrag (vor 2005) und Neuvertrag (nach 2004)	> Zeile 50 abzugsfähig im Rahmen des Höchstbetrags von 1.900 €/3.800 € bei Arbeitnehmern, Rentnern, Pensionären und 2.800 €/ 5.600 € bei Selbständigen (§ 10 Abs. 1 Nr. 3, Abs. 4 EStG)	Steuerfrei
Kapitallebensversicherung/Rentenversicherung mit Kapitalwahlrecht		
Altvertrag (vor 2005)	> Zeile 51 abzugsfähig im Rahmen des Höchstbetrags von 1.900 €/3.800 € bei Arbeitnehmern, Rentnern, Pensionären und 2.800 €/5.600 € bei Selbständigen (§ 10 Abs. 1 Nr. 3, Abs. 4 EStG)	Kapitalauszahlung: steuerfrei, § 20 Abs. 1 Nr. 6 EStG (Vertragsdauer mindest. 12 Jahre) Auszahlung als Rente: > Zeile 14–20 Anlage R Besteuerung mit Ertragsanteil
Neuvertrag (nach 2004)	kein Sonderausgabenabzug	Kapitalauszahlung: Anlage KAP Differenz zwischen Auszahlung und eingezahlten Beiträgen steuerpflichtig (bei Auszahlung nach 60. bzw. bei Verträgen seit 1.1.2012 nach 62. Lebensjahr und Vertragsdauer mindest. 12 Jahre: Differenz zu 50 % steuerfrei) Auszahlung als Rente: > Zeile 14–20 Anlage R Besteuerung mit Ertragsanteil

Übersicht zur steuerlichen Behandlung von Lebensversicherungen

	Steuerabzug der Beiträge	steuerliche Behandlung der Auszahlung
Fondsgebundene Lebensversicherung		
Altvertrag (vor 2005)	kein Sonderausgabenabzug	steuerfrei § 20 Abs. 1 Nr. 6 EStG (Vertragsdauer mindest. 12 Jahre)
Neuvertrag (nach 2004)	kein Sonderausgabenabzug	Kapitalauszahlung: Anlage KAP Differenz zwischen Auszahlung und eingezahlten Beiträgen steuerpflichtig (bei Auszahlung nach 60. bzw. bei Verträgen seit 1.1.2012 nach 62. Lebensjahr Lebensjahr und Vertragsdauer mindest. 12 Jahre: Differenz zu 50 % steuerfrei) Auszahlung als Rente: > Zeile 14–20 Anlage R Besteuerung mit Ertragsanteil
Leibrentenversicherung (Basisversorgung)		
Altvertrag (vor 2005)	> Zeile 52 abzugsfähig im Rahmen des Höchstbetrags von 1.900 €/3.800 € bei Arbeitnehmern, Rentnern, Pensionären und 2.800 €/ 5.600 € bei Selbständigen (§ 10 Abs. 1 Nr. 3, Abs. 4 EStG)	> Zeile 14–20 Anlage R Besteuerung mit Ertragsanteil
Neuvertrag (nach 2004, Rürup-Vertrag)	> Zeile 7 80 % der Beiträge abzugsfähig im Rahmen des Höchstbetrags von 17.737 €/ 35.474 €*	> Zeile 4–10 Anlage R Rentenfreibetrag 30–50 %

* Alleinstehende/Ehegatte

»Mit der Übersicht sehe ich schon klarer«, sagen Sie. »Doch wie verhält
es sich mit der alten Höchstbetragsberechnung? Und was versteht man
unter dem Ertragsanteil für Renten?«

Die Günstigerprüfung für die Berechnung der Höchstbeträge   317

Mit den neuen Höchstbeträgen fährt nur derjenige steuerlich besser, der
eine neue private Leibrentenversicherung abschließt. Aus Angst vor zahlreichen Klagen wegen dieser Benachteiligung haben die Fiskalbürokraten geregelt, dass parallel weiterhin die alten Höchstbeträge gelten. Sind
diese günstiger, werden sie automatisch bei Ihrer Steuerberechnung berücksichtigt (sog. Günstigerprüfung, mehr dazu unter ➤ Rz 334).

Rentenfreibetrag oder Ertragsanteil   318

In dem redlichen Bemühen unserer Volksvertreter, das Erheben von
Steuern zu vereinfachen, werden die Gesetze kurioserweise immer komplizierter. Wo früher eine Tabelle genügte, aus der sich der steuerpflichtige Anteil der Renten ergab, gibt es jetzt eine zweite mit einem Rentenfreibetrag .

1. Die **Tabelle mit Ertragsanteil** (➤ Rz 955) gilt, wenn die Rentenbezüge
   nicht aus steuerbegünstigten Verträgen stammen, wie z.B. aus einer
   Rentenversicherung mit Kapitalwahlrecht. Hier gilt die Devise: kein
   oder nur geringer Steuerabzug, dafür niedriger Ertragsanteil.

2. Die **Tabelle mit Rentenfreibetrag** (➤ Rz 939) ist anzuwenden für alle
   Rentenbezüge, die auf steuerbegünstigten Verträgen beruhen (Siehe
   > Zeile 4 – 10).

Zu den Lebensversicherungen im Sinne der > Zeile 51 gehören auch Pen-   319
sions-, Versorgungs- und Sterbekassen sowie Ausbildungs- und Ausssteu-
erversicherungen. Auch eine Versicherung zur Deckung der zu erwartenden Erbschaftsteuer zählt dazu. Die Aufwendungen kann nur der
Versicherungsnehmer geltend machen, also der unmittelbare Vertrags-
partner der Versicherungsgesellschaft. Gleichgültig ist, wer versichert ist
und wem die Versicherungssumme letztendlich zufließt. Bei Kapitalversicherungen, bei denen im Gegensatz zu Risikoversicherungen auch im
Erlebensfall die Versicherungssumme fällig wird, muss die **Vertragsdauer
mindestens zwölf Jahre betragen**.

Beiträge zu den üblichen Kapitallebensversicherungen und zu Renten-   320
versicherungen mit Kapitalwahlrecht können nur zu 88 % als Sonderausgaben geltend gemacht werden. Was Sie aber nicht sonderlich beunruhi-
gen sollte, denn …

321 **Lebensversicherung als Steuersparmodell**
Meistens sind die Höchstbeträge für den Sonderausgabenabzug schon
durch die Sozialversicherungsbeiträge ausgeschöpft, so dass sich die Beiträge steuerlich nicht auswirken. Was für Verträge vor 2005 bleibt, sofern
sie mindestens zwölf Jahre laufen, ist die Steuerfreiheit der Zinserträge
(§ 20 Abs. 1 Nr. 6 EStG).

322 Für Verträge, die nach dem 31.12.2004 abgeschlossen wurden, wurde dieses sog. Steuerprivileg beschnitten. Deren Erträge sind nur noch **zur
Hälfte steuerfrei,** und dies auch nur, wenn

1. der Vertrag mindestens zwölf Jahre läuft und

**2. die Ablaufleistung nach dem 60. bzw. bei Verträgen ab 1.1.2012 nach
dem 62. Geburtstag des Versicherungsnehmers ausbezahlt wird.**

In allen anderen Fällen sind die Erträge der neuen Kapitalversicherungen voll steuerpflichtig.

323 **Lebensversicherung als Altersvorsorge?**
Eine Kapitallebensversicherung ist von Hause aus ein Zwitter. Sie kombiniert das Todesfallrisiko mit der Altersvorsorge, und kaum ein Versiche-
rungshai wird Ihnen verraten – wenn er dazu überhaupt in der Lage ist –,
wie viel von Ihren Beiträgen tatsächlich für Ihre Altersvorsorge angelegt
und wie viel für Risikovorsorge vielfach unnötig verplempert wird.

Also prüfen Sie, bevor Sie sich binden, ob Sie nicht was Besseres finden
und …

324 **TIPP Ziehen Sie Alternativen in Betracht**

Eine Kapitallebensversicherung verfolgt eine doppelte Strategie: Sie soll erstens die Hinterbliebenen absichern, falls der Versicherte in jungen Jahren
stirbt, und zweitens die Altersversorgung aufbessern. Sie haben also etwas
zu vererben, wenn Sie vorzeitig sterben sollten. Was man bei den neuen Anlagen nach dem Altersvorsorgegesetz nicht behaupten kann.

Sie müssen aber wissen, dass der Fiskus womöglich Erbschaftsteuer auf die
Versicherungsleistung einfordert. Das vermeiden Sie, wenn der Begünstigte,
an dessen Versorgung Sie gedacht haben, selbst Anspruch auf die Versicherungsleistung hat. Dazu muss er Versicherungsnehmer sein, d. h.: Versichert
ist Ihr Ableben, Versicherungsnehmer ist jedoch Ihr Lebenspartner oder Ihr
Nachwuchs. So ist die Versicherungssumme später nicht Teil Ihres Nachlasses und bleibt von der Erbschaftsteuer verschont.

Haben Sie keine Angehörigen, die zu versorgen sind, oder ist Ihre Altersversorgung bereits anderweitig gesichert, rate ich Ihnen, Ihr Geld anders anzulegen. Vielleicht Risikovorsorge und Altersvorsorge zu trennen, indem Sie eine preiswerte Risikolebensversicherung abschließen und Ihre Altersversorgung auf andere Art und Weise aufbauen (➤ Rz 350). Beiträge zu einer Risikolebensversicherung tragen Sie in > Zeile 51 ein.

> *Langlebigkeit gehört zu den*
> *meist unterschätzten Risiken.*
> (Aus der Versicherungsbranche)

Die Rendite aus Kapitalversicherungen 325

Der Wegfall des uneingeschränkten Steuerprivilegs, wodurch sie ein gewichtiges Verkaufsargument verloren hat, trifft die Versicherungsbranche hart. Denn mehr als die Hälfte ihrer Prämieneinnahmen erzielt sie mit Lebensversicherungen, für die außerdem die höchsten Provisionen – 4 % bis 6 % – eingeheimst werden, natürlich zu Lasten der Versicherten. Außerdem hat ihr Zinsversprechen an Zugkraft verloren, da sie ihren Mindestzinssatz von ehemals 3,25 % mittlerweile auf magere 1,25 % (Stand 2015) zurücknehmen musste. Wobei nur wenige wissen, dass sich diese 1,25 % beileibe nicht auf die eingezahlten Bruttobeiträge beziehen. Da wird zunächst ein dicker Batzen von bis zu 20 % für die Risikovorsorge abgezweigt. Dann gehen weitere 12 % bis 16 % für Verwaltung und Vertreterprovision drauf. Es verbleibt ein verzinsliches Guthaben von lediglich 60 bis 75 % der Bruttoprämie. Darauf bezogen, beträgt die Mindestverzinsung weit weniger als 1 %.

Die künftige Besteuerung der Erträge zur Hälfte zehrt ebenfalls an der Rendite. Sie vermindert sich bei einem Steuersatz von 40 % um 15 %. Das bedeutet: Von einer angenommenen Bruttorendite von 3 % verbleiben nach Steuern lediglich 2,55 %.

◆ *Musterfall Familie Huber (Sonderausgaben)* 326

Herr Huber stellt fest, dass er folgende Sonderausgaben für sich und seine Frau eintragen kann:

Von seinem und vom Arbeitslohn seiner Ehefrau wurden Sozialversicherungsbeiträge einbehalten, die die Arbeitgeber auf der jeweiligen Lohnsteuerbescheinigung ausgewiesen haben. Herr Huber übernimmt diese Beträge und trägt sie gesondert für sich und seine Ehefrau in > Zeile 4 und 9 ein. Entsprechendes gilt für die Beiträge zur Kranken-, Pflege- und Arbeitslo-

*senversicherung (Nummer 22 – 27 der Lohnsteuerbescheinigung), die er in
> Zeile 11, 13, 37 und 46 einträgt.*

*Herr Huber hat sowohl eine Insassen- als auch eine Freizeit-Unfallversi-
cherung abgeschlossen. Für beide Versicherungen hat er 2015 insgesamt
118 € überwiesen. Die Kfz-Haftpflichtversicherung hat Herrn Huber 240 €
an Beiträgen gekostet. Die Beträge für die Kasko-Versicherung sind hierin
nicht enthalten. Außerdem hat er 49 € für eine private Haftpflichtversicherung gezahlt. Alle diese Beträge gehören in Zeile > 50.*

*Als Sterbekassenbeitrag hat Herr Huber 72 € gezahlt. Außerdem hat er für
seinen Sohn Volker im Jahre 2004 eine Ausbildungsversicherung abgeschlossen, die ausbezahlt wird, wenn Volker sein 21. Lebensjahr vollendet.
Hierfür sind jährlich 365 € zu entrichten. Herr Huber weiß, dass der Sterbekassenbeitrag als sog. Risikolebensversicherung ebenfalls in > Zeile 50 gehört, wohingegen der Betrag für die Ausbildungsversicherung (Kapitallebensversicherung) in > Zeile 51 einzutragen ist.*

*Wenn mehrere Einzelbeträge zusammenzufassen sind, fertigt Huber für
sich und für das Finanzamt eine Zusammenstellung an. Die Zahlen aus
dem Vorjahr dienen ihm als Vorlage.*

Zusammenstellung	2014	2015	Zeile
Insassen- und Freizeit-Unfall-versicherung	112 €	118 €	> 50
Kfz-Haftpflicht (ohne Kasko)	232 €	240 €	> 50
Privathaftpflicht	49 €	49 €	> 50
Sterbekassenbeitrag	72 €	72 €	> 50
Summe		479 €	
Ausbildungsversicherung	365 €	365 €	> 51

ANLAGE VORSORGEAUFWAND

Renten-, Lebens- und (Sozial-)Versicherungsbeiträge

2016

Angaben zu Vorsorgeaufwendungen `52`

Beiträge zur Altersvorsorge

			stpfl. Person / Ehemann / Lebenspartner(in) A EUR		Ehefrau / Lebenspartner(in) B EUR
	Beiträge				
4	– lt. Nr. 23 a/b der Lohnsteuerbescheinigung (Arbeitnehmeranteil)	300	3 9 0 0 ,–	400	2 4 3 8 ,–
5	– zu landwirtschaftlichen Alterskassen sowie zu berufsständischen Versorgungseinrichtungen, die den gesetzlichen Rentenversicherungen vergleichbare Leistungen erbringen (abzgl. steuerfreier Zuschüsse) – ohne Beiträge, die in Zeile 4 geltend gemacht werden –	301	,–	401	,–
6	– zu gesetzlichen Rentenversicherungen – ohne Beiträge, die in Zeile 4 geltend gemacht werden –	302	,–	402	,–
7	– zu zertifizierten Basisrentenverträgen (sog. Rürup-Verträge) mit Laufzeitbeginn nach dem 31.12.2004 – ohne Altersvorsorgebeiträge, die in der Anlage AV geltend gemacht werden –	303	,–	403	,–
8	Arbeitgeberanteil lt. Nr. 22 a/b der Lohnsteuerbescheinigung	304	,–	404	,–
9	Arbeitgeberanteil zu gesetzlichen Rentenversicherungen im Rahmen einer pauschal besteuerten geringfügigen Beschäftigung (bitte Anleitung beachten)	306	3 9 0 0 ,–	406	2 4 3 8 ,–

10	Eine Eintragung ist stets vorzunehmen; bei Zusammenveranlagung von jedem Ehegatten / Lebenspartner: Haben Sie zu Ihrer Krankenversicherung oder Ihren Krankheitskosten Anspruch auf – steuerfreie Zuschüsse (z. B. Rentner aus der gesetzlichen Rentenversicherung) – steuerfreie Arbeitgeberbeiträge (z. B. sozialversicherungspfl. Arbeitnehmer und deren mitversicherter Ehegatte / Lebenspartner) oder – steuerfreie Beihilfen (z. B. Beamte oder Versorgungsempfänger und deren Ehegatten / Lebenspartner)?		307	1 = Ja 2 = Nein	407	1 = Ja 2 = Nein

Beiträge zur inländischen gesetzlichen Kranken- und Pflegeversicherung

11	Arbeitnehmerbeiträge zu Krankenversicherungen lt. Nr. 25 der Lohnsteuerbescheinigung	320	3 0 9 6 ,–	420	1 9 3 6 ,–
12	In Zeile 11 enthaltene Beiträge, aus denen sich kein Anspruch auf Krankengeld ergibt	322	,–	422	,–
13	Arbeitnehmerbeiträge zu sozialen Pflegeversicherungen lt. Nr. 26 der Lohnsteuerbescheinigung	323	4 8 0 ,–	423	3 0 0 ,–
14	Zu den Zeilen 11 bis 13: Von der Kranken- und / oder sozialen Pflegeversicherung erstattete Beiträge	324	,–	424	,–
15	In Zeile 14 enthaltene Beiträge zur Krankenversicherung, aus denen sich kein Anspruch auf Krankengeld ergibt, und zur sozialen Pflegeversicherung	325	,–	425	,–

Steuerfreie Arbeitgeberzuschüsse

	Steuerfreie Arbeitgeberzuschüsse zur				
37	– gesetzlichen Krankenversicherung lt. Nr. 24a der Lohnsteuerbescheinigung	360	2.7 5 6 ,–	460	1.7 2 3 ,–
38	– privaten Krankenversicherung lt. Nr. 24b der Lohnsteuerbescheinigung	361	. ,–	461	. ,–
39	– gesetzlichen Pflegeversicherung lt. Nr. 24c der Lohnsteuerbescheinigung	362	. ,–	462	. ,–

Weitere sonstige Vorsorgeaufwendungen

			stpfl. Person / Ehemann EUR		Ehefrau EUR
46	Arbeitnehmerbeiträge zur Arbeitslosenversicherung lt. Nr. 27 der Lohnsteuerbescheinigung	370	. 5 4 9 ,–	470	. 3 4 3 ,–
47	Beiträge (abzüglich steuerfreier Zuschüsse und erstatteter Beiträge) zu – Kranken- und Pflegeversicherungen (Gesamtbetrag) (nur einzutragen, wenn Sie der Datenübermittlung widersprochen haben, Beiträge zu zusätzlichen Pflegeversicherungen sind nur in Zeile 36 vorzunehmen)	371	,–	471	,–
					stpfl. Person / Ehegatte EUR
48	– freiwilligen Versicherungen gegen Arbeitslosigkeit		500	.		,–
49	– freiwilligen eigenständigen Erwerbs- und Berufsunfähigkeitsversicherungen		501	.		,–
50	– Unfall- und Haftpflichtversicherungen sowie Risikoversicherungen, die nur für den Todesfall eine Leistung vorsehen		502	4 7 9 ,–		
51	– Rentenversicherungen mit Kapitalwahlrecht und / oder Kapitallebensversicherungen mit einer Laufzeit von mindestens 12 Jahren sowie einem Laufzeitbeginn und der ersten Beitragszahlung vor dem 1.1.2005		503	. 3 6 5 ,–		
52	– Rentenversicherungen ohne Kapitalwahlrecht mit Laufzeitbeginn und erster Beitragszahlung vor dem 1.1.2005 (auch steuerpflichtige Beiträge zu Versorgungs- und Pensionskassen) – ohne Altersvorsorgebeiträge, die in der Anlage AV geltend gemacht werden –		504	.		,–

327 **Direktversicherung: gut für Arbeitnehmer**

Steuerlich besonders interessant ist die Lebensversicherung als sog. Direktversicherung. Dazu schließt der Betrieb eine Lebensversicherung für den Arbeitnehmer ab, aus der der Arbeitnehmer – direkt – bezugsberechtigt ist. Die Beiträge werden vom Bruttolohn abgezweigt und pauschal mit 20 % versteuert. Aus dem Unterschied zwischen Pauschalsteuersatz und normalem Steuersatz ergibt sich ein Steuervorteil. Außerdem unterliegt der Beitrag zur Direktversicherung nicht der Sozialversicherung, sofern er zusätzlich zum Gehalt gezahlt wird.

»Kann ich denn die Zahlungen in die Direktversicherung als Sonderausgaben absetzen?«, möchten Sie wissen. Dazu sagt der Fiskus: Die pauschale Versteuerung ist Vorteil genug. Mehr gibt es nicht. Zur Direktversicherung als Arbeitslohn ➤ Rz 625 ff.

Private Altersvorsorge ist kein Versicherungs-,
sondern ein Anlageproblem.
(Lilo Blunk, BDV)

328 *TIPP* **Kapitallebensversicherung optimieren**

Eine Kapitallebensversicherung ist immer noch die gängigste Form der Lebensversicherung – vor der Renten- und der Risikolebensversicherung –, obwohl sie durch Einschränkung des Steuerprivilegs nach dem 31.12.2004 einiges an Attraktivität verloren hat.

Das Zinsprivileg bleibt

Wie wir wissen, werden bei Fälligkeit des Vertrags die angesammelten Zinsen auf einen Schlag ausgeschüttet. Dies würde den Steuersatz unverhältnismäßig in die Höhe treiben, wenn der Fiskus hier nicht ein Einsehen hätte. Bei Altverträgen (Abschluss vor dem 1.1.2005, zwölf Jahre Mindestlaufzeit, Auszahlung ab 60 J. bzw. ab 62 J. bei Vertragsabschluss seit 1.1.2012) sind die Zinsen in voller Höhe steuerfrei, bei Neuverträgen zumindest zur Hälfte (Übersicht ➤ Rz 316).

Abzug als Sonderausgaben praktisch weggefallen

Bei Altverträgen gehören die Beiträge zu den »übrigen« Vorsorgeaufwendungen, sind also weiterhin als Sonderausgaben steuerbegünstigt, aber nur bis zum Höchstbetrag von 1.900 €/3.800 € (Alleinstehende/Ehegatten). Doch das bringt nichts, wenn der Höchstbetrag schon durch andere zwingende Versicherungsbeiträge voll ausgeschöpft ist (➤ Rz 304). Für Neuverträge ist der Sonderausgabenabzug ganz weggefallen.

Bewährtes bleibt

Im Vergleich zur Risikolebensversicherung zahlt der Kunde wesentlich höhere Beiträge, etwa das Siebenfache. Dafür wird beim Tod des Versicherten den Hinterbliebenen aber die volle Versicherungssumme plus Zinsen ausbezahlt, desgleichen bei Zeitablauf.

»Von Lebensversicherungen mag ich nichts mehr hören, die Rendite reicht mir nicht«, sagen Sie. »Da wird mein Geld in Protzbauten und hohen Monatsgehältern der dort Tätigen verplempert. Auch die Aktionäre wollen gut bedient sein. Mit dem Kauf von Investmentanteilen wäre ich besser gefahren.«

Den Vertrag optimieren

Recht haben Sie, doch vielleicht gelingt es Ihnen, Ihren Vertrag zu optimieren, so dass Sie wieder Freude daran haben. Versuchen Sie Änderungen durchzudrücken, wie z. B.:

- **Zahlung des Jahresbeitrags in einer Summe**
  Die Versicherer erheben bei monatlicher Zahlung einen Zuschlag von 5 %, bei vierteljährlicher Zahlung von 3 %. Wenn Sie stattdessen den Jahresbeitrag in einer Summe zahlen, erhöhen Sie die Ablaufrendite der Police beträchtlich. Denn der Zuschlag von 5 bzw. 3 % entspricht einem jährlichen Effektivzins von 11,6 % (Stiftung Warentest).
- **Verzicht auf Unfallzusatzversicherung**
  Haben Sie Anspruch auf die doppelte Versicherungssumme bei Unfall? Dieser Zusatzschutz ist sehr teuer und entbehrlich. Weg damit!
- **Verzicht auf Dynamik**
  Wird Ihre Kapitallebensversicherung jährlich den Lebenshaltungskosten angepasst? Dies ist teuer, denn bei jeder Erhöhung wird das jeweilige Eintrittsalter zugrunde gelegt.
- **Beitragsbefreiung für den Fall der Berufsunfähigkeit** Was ist, wenn Sie wegen Berufsunfähigkeit die Beiträge nicht mehr aufbringen können? Dann gibt es verschiedene Möglichkeiten, die Sie sehr viel Geld kosten können. Der sicherste Weg ist aber wohl der, im Vertrag zu vereinbaren, für diesen Fall von der Zahlung der Beiträge befreit zu sein.

Wie komme ich im Alter gut über die Runden? 329

Eine vernünftige Altersversorgung über die gesetzliche Altersrente wird schon bald kaum noch möglich sein. Deshalb wird sich jeder künftig eine zusätzliche Altersversorgung schaffen müssen.

Aktien scheinen – trotz der kürzlichen Finanzkrise – auf lange Sicht die 330
beste Kapitalanlage zu sein. Die gewerbliche Wirtschaft entwickelte sich bisher stetig weiter. Die Analysten sehen auch die Zukunft positiv. Weltkriege wie früher werde es nicht mehr geben, weshalb sich die Produktiv-

kräfte ohne Vernichtung von Vermögen durch Kriege frei entfalten könnten. Der Konkurrenzkampf unter den Staaten finde nunmehr auf wirtschaftlichem Gebiet statt, und das führe zu Wohlstand und steigenden Einkünften weltweit.

Was allerdings in den Ländern passiert, in denen unkluge Politiker ihre Bürger durch ständig höhere Abgaben immer ärmer machen und damit den Konsum schwächen, ist nicht abzusehen.

331 *TIPP* **Den lachenden Erben alles überlassen?**

Im Alter bescheiden von den Zinsen leben, dafür den Kindern ein Vermögen hinterlassen? Wenn Ihre Kinder eine gute Ausbildung bekommen haben und Sie somit ihnen gegenüber Ihre Pflicht erfüllt haben, sollte Ihre Vermögensplanung so aussehen, dass nach dem Tod des letztversterbenden Partners das Vermögen weitgehend aufgezehrt ist.

332 **Die Finanzwette auf ein langes Leben: Rentenversicherung**

Aus Ersparnissen und einer Lebensversicherung liegen 200.000 € auf Ihrem Konto, mit denen Sie Ihre Altersversorgung aufbessern könnten. Denn Ihre übrigen Einkünfte decken nicht ab, was Sie für die Lebenshaltung brauchen. Ihr Versicherungsberater empfiehlt Ihnen den Abschluss einer Rentenversicherung mit Sofortrente. Eine Rentenversicherung mit Sofortrente ist bei Licht besehen eine Finanzwette gegen die Versicherungsgesellschaft. Die Gesellschaft geht davon aus, dass Sie als Mittsechziger nach der Statistik noch 20 Lebensjahre vor sich haben. Leben Sie länger, zahlt die Gesellschaft drauf und Sie haben die Wette gewonnen. Sterben Sie früher, hat die Gesellschaft gewonnen.

Die Sofortrente aus Ihren 200.000 € beträgt monatlich 950 €, eine Verzinsung von 4 % vorausgesetzt. Die 200.000 € können Sie nur bis zu einem Höchstbetrag (➤ Rz 335 ff.) als Sonderausgaben ansetzen, wirken sich also steuerlich kaum aus. Von der monatlichen Rente sind 18 % steuerpflichtig, der Rest ist steuerfrei (§ 22 EStG; ➤ Rz 939). In den 20 statistischen Lebensjahren zahlt Ihnen die Gesellschaft (950 € × 12 × 20 =) 228.000 €.

Entscheiden Sie sich für eine Rentenversicherung, so bedenken Sie: Was nützt Ihnen eine anfänglich gute Zusatzrente, wenn Inflation kommt? Also sollten Sie über eine dynamische Rente nachdenken. Außerdem möchten Sie vielleicht, dass die Rente für eine bestimmte Zeit an Ihre Erben – hier denken Sie in erster Linie an Ihren Ehepartner – weitergezahlt werden soll, wenn Sie sehr früh sterben. Dann sollten Sie eine Mindestlaufzeit ins Kalkül ziehen. Haben Sie alle Eckpunkte beisammen, gehen Sie auch zur Konkurrenz und lassen sich ein entsprechendes Angebot machen. Erst dann können Sie vergleichen und erkennen, welche Gesellschaft mit Ihrem Geld am wirtschaftlichsten umgeht.

Sie könnten Ihre Altersversorgung aber auch in die eigenen Hände nehmen. Wenn das Geld in einen Geldmarktfonds gesteckt wird und sich im Schnitt mit 4 % verzinst, haben Sie kapitalmäßig mehr erreicht, weil Sie unnötige Kosten vermeiden. Sie können 20 Jahre (200.000 € : 20 Jahre : 12 Monate =) ca. 850 € monatlich entnehmen. Auf Ihrem Konto werden in der Zeit rd. 100.000 € an Zinsen gutgeschrieben. Die Zinsen fließen z.T. als Steuern an den Fiskus. Dieser Nachteil ist aber gering und wird durch Flexibilität ausgeglichen: Sie können Ihr Geldmarktkonto beliebig anzapfen oder aufstocken. **333**

Sterben Sie früher als statistisch vorausgesehen, geht der Rest in die Erbmasse, ist also nicht verloren.

Mathematik ist der natürliche Feind
eines jeden kreativen Menschen.
(Issigonis, Konstrukteur des Mini-Morris)

Zeile 4–58 Berechnung der Vorsorge-höchstbeträge (mit Günstigerprüfung) **334**

Vorsorgeaufwendungen sind nur im Rahmen gewisser Höchstbeträge abziehbar. Wie viel sich steuerlich auswirkt, lässt sich nur anhand einer Höchstbetragsberechnung feststellen.

Zwei Höchstbeträge ausrechnen
Seit 2005 gelten neue Höchstbeträge. Vielfach sind die alten günstiger, und weil die steuerlichen Rahmenbedingungen, unter denen vor Jahren Versicherungsverträge abgeschlossen wurden, nicht zu Ungunsten der Steuerbürger geändert werden dürfen, prüft der Fiskus auch, was nach altem Recht abzugsfähig wäre. Es sind folglich immer zwei Höchstbetragsberechnungen vorzunehmen, eine nach neuem und eine nach altem Recht (➤ Rz 335 ff.). Der günstigere, sprich höhere Betrag wird vom Einkommen abgesetzt. Das Wort »Günstigerprüfung« ist also nicht allzu weit hergeholt.

Schätzwerte für Selbständige
Für Selbständige ist es schon schwieriger, ungefähre Werte zu bekommen.

• Was nach **neuem Recht** abzugsfähig ist, ist zwar auf einen Blick schnell erkennbar: Beiträge in neue Rentenversicherungen sind mit 80 %

absetzbar, und der Abzug der »übrigen« Vorsorgeaufwendungen ist auf 1.900 €/3.800 € (Alleinstehende/Ehegatten) begrenzt (Schema ➤ Rz 335).

● Die **Günstigerprüfung nach altem Recht** führt aber meistens zu höheren Beträgen. Siehe dazu das Berechnungsbeispiel unter ➤ Rz 348.

Es gelten unterschiedliche Berechnungsschemata.

335 **A. Berechnungen nach neuem Recht**

1. Höchstbetragsberechnung

Die Berechnung erfolgt in zwei Schritten:

1.1 Basisversorgung im Alter (Rente)
ArbN-Anteil zur gesetzlichen Renten-
versicherung o. Ä.
(Zeile 23 der Lohnsteuerbescheinigung) . . . . €
ArbG-Anteil zur gesetzlichen Renten-
versicherung o. Ä.
(Zeile 22 der Lohnsteuerbescheinigung) . . . . €
Beiträge in eine private Rentenversicherung
(Neuvertrag ab 2005/Rürup-Rente) . . . . €

Summe (max. 22.172 €/44.344 €*) . . . . €
Beamte: Minderung um 18,7 %
der Beamtenbezüge . . . . €
Verbleiben . . . . €
Davon 80 % . . . . €
./. ArbG-Anteil zur gesetzlichen
Rentenversicherung − . . . . €
Verbleiben . . . . €   > . . . . €

1.2 Sonstige Vorsorgeaufwendungen
ArbN-Anteil zur Krankenversicherung
(Zeile 25 der Lohnsteuerbescheinigung) . . . . €
Pauschaler Abzug von 4 % für Anspruch
auf Krankengeld − . . . . €
Verbleiben . . . . €

ArbN-Anteil zur Pflegeversicherung
(Zeile 26 der Lohnsteuerbescheinigung) . . . . €
Mindestens abzugsfähiger Betrag . . . . €

Sollte der Höchstbetrag von 1.900 €/3.800 €
noch nicht ausgeschöpft sein, sind bis zu
diesem Betrag noch abzugsfähig

Zusätzliche Beiträge zur Kranken-/Pflegeversicherung
(z.B. o.g. Kürzung um 4 % der Beiträge
zur gesetzlichen Krankenversicherung)   ....€
Beiträge zu Unfall-, Haftpflicht-,
Risikolebensvers.   ....€
Beiträge zur Kapitallebensvers.
(Abschluss vor 1.1.2005)
Ansatz mit 88 % = ...€
Summe   ....€

Summe = Höchstbetrag
für Vorsorgeaufwendungen   ....€

* Alleinstehende/Ehegatten

Erläuterungen   336
- **Höchstbeträge für Basisversorgung im Alter steigen jährlich um 2 %**
Begünstigt sind die vom Steuerzahler geleisteten Beiträge zur gesetz-
lichen und privaten Rentenversicherung sowie die steuerfreien Arbeitge-
berbeiträge bis zum Höchstbetrag von 22.172 €/44.344 € (Alleinstehende/
Ehegatten) – allerdings erst ab dem Jahr 2025. Bis dahin gelten geringere
Beträge, die Jahr für Jahr um zwei Prozentpunkte ansteigen.

Diese Höchstbeträge berechnen sich seit 2015 wie folgt:
Höchstbeitrag zur knappschaftlichen Rentenversicherung
Wert 2015:   89.400 € × 24,8 % = 22.171 €
davon in 2015 max. zu berücksichtigen: 80 %
max. abzugsfähige Altersvorsorgeaufwendungen in 2015: 17.737 €
(Verheiratete: das Doppelte)

Bei der **Basisversorgung im Alter (Renten)** spielt steuerlich die Musik,
insbesondere für die privaten Rentenversicherungen (Rürup-Rente).
Wer es sich leisten kann, Geld in eine Rürup-Rente zu investieren, fährt
steuerlich am besten. Der steuerlich abzugsfähige Anteil beträgt für 2015
bereits 80 %.

Höchstbeträge

Kj.	2013	2014	2015
Höchstbeträge	15.200 €/ 30.400 €	15.600 €/ 31.200 €	17.737 €/ 35.474 €
Höchstbeträge in %	76	78	80

Nicht gut zu wissen: Die Höchstbeträge steigen zwar von Jahr zu Jahr um zwei Prozentpunkte an. Entsprechend steigt aber auch der steuerpflichtige Anteil an den Renten. Die »nachgelagerte Besteuerung« lässt grüßen (➤ Rz 287).

● **Abzug der Arbeitnehmerbeiträge zur Rentenversicherung steigt jährlich um 4 %**

Wie das Schema zeigt, wird am Schluss der Berechnung vom jeweiligen Höchstbetrag, der für das einzelne Kalenderjahr gültig ist, der Arbeitgeberanteil zur Rentenversicherung in voller Höhe abgezogen. Dies führt dazu, dass bis zum Jahr 2025 der Arbeitnehmerbeitrag nicht zu 100 % steuerbegünstigt ist. Bis dahin gelten geringere Prozentsätze, die aber von Jahr zu Jahr um 4 % ansteigen.

Zum Abzug gelangen

Kj.	2013	2014	2015	2016	2017	... 2025
	52 %	56 %	60 %	64 %	68 %	100 %

Zum Abzug der Arbeitnehmerbeiträge mehr im Beispiel unter ➤ Rz 340. »Warum um Himmels willen muss das denn alles so vertrackt und knifflig sein?«, fragen Sie.
Das ist Bürokratie.

Berechnung des Höchstbetrags für Beamte etc.
Steuerzahlern, denen eine Altersversorgung ohne oder weitgehend ohne eigene Beitragsleistungen zugesagt worden ist (das sind alle Beamten, aber auch Richter, Berufssoldaten, Polizisten etc.), wird der Höchstbetrag von 22.172 €/44.344 € um einen fiktiven Gesamtbeitrag zur gesetzlichen Rentenversicherung gekürzt. Dieser fiktive Gesamtbeitrag umfasst den Arbeitnehmer- und Arbeitgeberanteil und beträgt somit 18,7 % (Wert für 2015).
Innerhalb der Arbeitnehmerschaft werden somit pflichtversicherte Arbeitnehmer einerseits und Beamte etc. andererseits unterschiedlich begünstigt.

Abschließende Übersicht für pflichtversicherte Arbeitnehmer
Sie können sich die komplizierte Höchstbetragsberechnung ersparen,
wenn Sie schlichtweg nur die Prozentsätze für den Abzug zugrunde legen.
Sie betragen

Kj.	2013	2014	2015	2016	... 2025
Gesetzliche Rentenvers. (ArbN-Anteil)	52 %	56 %	60 %	64 %	100 %
Private Rentenvers.	76 %	78 %	80 %	82 %	100 %

B. Berechnungen nach altem Recht (Günstigerprüfung) 337
Die nachfolgenden Schemata erleichtern Ihnen die Berechnung. Ziel der
Vergleichsberechnungen ist, dass alle Personengruppen (Selbständige,
Rentner, Pensionäre und pflichtversicherte Arbeitnehmer) von den
neuen Steuervorteilen, die mit der »Rürup-Rente« verbunden sind, profitieren.
Die erste Günstigerprüfung – mit Mindestbetrag – zu a) wird wie bisher
nach altem Recht durchgeführt. Dabei werden grundsätzlich alle begünstigten Beiträge (Basisversorgung, Rürup-Rente, sonstige Vorsorgeaufwendungen) in die Berechnung einbezogen. Die zweite Günstigerprüfung – mit Erhöhungsbetrag – zu b) wird zunächst ohne Rürup-Beiträge
durchgeführt. Zusätzlich zu dem sich daraus ergebenden Höchstbetrag
werden die Rürup-Beiträge berücksichtigt.

**1. Höchstbetragsberechnung (Günstigerprüfung) für pflichtversicherte
Arbeitnehmer und Beamte**
Als Arbeitnehmer oder Beamter müssen Sie einen Abschlag vom Vorwegabzug in Höhe von 16 % des Bruttolohns hinnehmen, weil der Betrieb mit lohnsteuerfreien Leistungen zu Ihrer Alters- und Kranken-
versorgung beiträgt. Der Vorwegabzug wird folglich mit steigendem
Arbeitslohn immer niedriger und damit auch der Höchstbetrag.

a) Günstigerprüfung mit Mindestbetrag
Versicherungsbeiträge insgesamt ......
Davon vorweg höchstens 1.500 €/3.000 €* ......
Kürzung um 16 % des Arbeitslohns – ......
Rest (nicht negativ) ...... > – ...... > ......
Verbleiben ......
./. Grundhöchstbetrag 1.334/2.668 €* – ...... > ......
Verbleiben ......

Davon die Hälfte, höchstens 50 %
des Grundhöchstbetrags   ...... > ......
Summe = Vorsorgehöchstbetrag   ......

*Alleinstehende/Ehegatten

b) Günstigerprüfung mit Erhöhungsbetrag
Versicherungsbeiträge insgesamt,
aber ohne Rürup-Beiträge   ......
Davon vorweg höchstens 1.500 €/3.000 €*   ......
Kürzung um 16 % des Arbeitslohns   – ......
Rest (nicht negativ)   ...... > – ...... > ......
Verbleiben   ......
./. Grundhöchstbetrag 1.334/2.668 €*   – ...... > ......

Verbleiben   ......
Davon die Hälfte, höchstens 50 %
des Grundhöchstbetrags
Summe = Vorsorgehöchstbetrag   ...... > ......
ohne Rürup-Beiträge   ......
Erhöhungsbetrag max. 22.172 €/44.344 €*   ......
./. Basisversorgung inkl. ArbG-Beiträge   ......
Restvolumen für Erhöhungsbetrag   ......
Rürup-Beiträge   ......
Vom geringeren Betrag   ...... × 80 % = ...

Summe = Vorsorgehöchstbetrag
mit Erhöhungsbetrag   ......

*Alleinstehende/Ehegatten

338 **2. Höchstbetragsberechnung (Günstigerprüfung) für Selbständige, Rentner und Pensionäre**
Es sind auch hier zwei unterschiedliche Berechnungen durchzuführen.
Das höhere Ergebnis gilt.

a) Günstigerprüfung mit Mindestbetrag
Versicherungsbeiträge insgesamt   ....
Davon vorweg max. 1.500 €/3.000 €*   – .... > ....
Rest (nicht negativ)   ....
./. Grundhöchstbetrag 1.334 €/2.668 €*   – .... > ....
Verbleiben   ....

Davon die Hälfte, max. 50 %
des Grundhöchstbetrags .... > ....

Summe = Vorsorgehöchstbetrag ....

b) Günstigerprüfung mit Erhöhungsbetrag

Versicherungsbeiträge insgesamt,
aber ohne Rürup-Beiträge ....
Davon vorweg höchstens
1.500 €/3.000 €* – .... > ....
Rest (nicht negativ) ....
./. Grundhöchstbetrag
1.334 €/2.668 €* – .... > ....

Verbleiben ....
Davon die Hälfte, max. 50 %
des Grundhöchstbetrags .... > ....

Summe = Vorsorgehöchstbetrag
ohne Rürup-Beiträge ....
Erhöhungsbetrag max.
22.172 €/44.344 €* ....
./. Basisversorgung – ....

Verbleiben ....
Restvolumen für
Erhöhungsbetrag ....
Rürup-Beiträge ....
vom geringeren Betrag .... × 80 % = ...

Summe =
Vorsorgehöchstbetrag ....

*) Alleinstehende/Ehegatten

Zeile 4–52 Berechnung des Vorsor-   339
       gehöchstbetrags an einem
       praktischen Fall

Alle Theorie ist grau, am besten ist immer ein praktischer Fall. Sehen Sie
nach, ob einer der Fälle auf Sie zutrifft.

Fall 1 (kaufm. Angestellter Felix ➤ Rz 284; Höchstbetrag für pflichtver-   340
sicherte Arbeitnehmer)

Sachverhalt:

Der kaufmännische Angestellte Felix, verheiratet, hat in 2015 einen Bruttolohn von 40.000 € bezogen.

Basisversorgung im Alter (Vorsorgeaufwendungen)

Rentenversicherung 9,35 % von 40.000 €	3.740 €
Private Rentenversicherung (Rürup-Rente)	720 €

Sonstige Vorsorgeaufwendungen (➤ Rz 304)

Krankenversicherung	2.920 €
Pflegeversicherung	470 €
Arbeitslosenversicherung	600 €
Haftpflichtversicherungen	350 €
Kapitallebensversicherung (Abschluss vor 2005)	1.200 €
Versicherungsbeiträge insgesamt	10.000 €

Und so wird gerechnet. Der höchste sich ergebende Betrag wird bei der Einkommensberechnung abgezogen.

341 **1. Höchstbetrag nach neuem Recht** (Schema ➤ Rz 335)

1.1 Basisversorgung im Alter (Rente)

ArbN-Anteil zur gesetzl.Rentenversicherung	3.740 €	
+ ArbG-Anteil zur gesetzl. Rentenversicherung	3.740 €	
+ Beitrag zur priv. Rentenvers. (Rürup-Rente)	720 €	
Summe	8.200 €	
Davon 80 %, max. 17.737 €/35.474 € (➤ Rz 336)	6.560 €	
./. ArbG-Anteil zur Rentenversicherung	– 3.740 €	
Verbleiben	2.820 €	> 2.820 €

1.2 Sonstige Vorsorgeaufwendungen

ArbN-Anteil zur Krankenversicherung	2.920 €	
./. 4 % (Beitragsanteil Krankengeld)	– 117 €	
Verbleiben	2.803 €	
ArbN-Anteil zur Pflegeversicherung	470 €	
Summe (mindestens abziehbar)	3.273 €	> 3.273 €

Vom Höchstbetrag 1.900 €/3.800 €* verbleiben damit 527 €

Zusätzliche Krankenversicherungsbeiträge
(Beitragsanteil Krankengeld 4 %)   117 €
ArbN-Anteil zur Arbeitslosenversicherung   600 €
Beiträge zur Unfall-, Haftpflicht-, Risikolebensvers.   350 €
Beiträge zur Kapitallebensvers.
(Abschluss vor 1.1.2005)
Ansatz mit 88 % =   1.056 €
Summe   2.123 €
Verbleibender Höchstbetrag   527 €   >   527 €

Summe = Höchstbetrag für Vorsorgeaufwendungen   6.620 €

* Alleinstehende/Ehegatten

2. Höchstbetragsberechnung nach altem Recht/Günstigerprüfung   342
   (Schema ➤ Rz 337)

2.1 Günstigerprüfung mit Mindestbetrag

Versicherungsbeiträge insgesamt   10.000 €
Davon vorweg max. 1.500 €/3.000 €*   3.000 €
Kürzung um 16 % des Arbeitslohns   > 6.400 €
Rest (nicht negativ)   0 € >   0 €   >   0 €

Verbleiben   10.000 €
./. Grundhöchstbetrag 1.334 €/2.668 €*   – 2.668 € > 2.668 €

Verbleiben   7.332 €
Davon die Hälfte, max. 50 %
des Grundhöchstbetrags   1.334 € > 1.334 €
Summe = Vorsorgehöchstbetrag   4.002 €

* Alleinstehende/Ehegatten

2.2 Günstigerprüfung mit Erhöhungsbetrag

Versicherungsbeiträge insgesamt,
aber ohne Rürup-Beiträge   9.280 €
Davon vorweg max. 1.500 €/3.000 €*   3.000 €
Kürzung um 16 % des Arbeitslohns   – 6.400 €

Rest (nicht negativ)   0 € >   0 €   >   0 €
Verbleiben   9.280 €
./. Grundhöchstbetrag 1.334 €/2.668 €*   – 2.668 € > 2.668 €

Verbleiben   6.612 €

Davon die Hälfte, max. 50 % des Grundhöchstbetrags	1.334 €	> 1.334 €
Summe = Vorsorgehöchstbetrag ohne Rürup-Beiträge		4.002 €
Erhöhungsbetrag, max. 22.172 €/44.344 €*	44.344 €	
./. Basisversorgung inkl. ArbG-Beiträge	− 7.480 €	
Verbleiben	36.864 €	
Rürup-Beiträge	720 €	
Vom geringeren Betrag 80 % =		576 €
Summe = Vorsorgehöchstbetrag (mit Erhöhungsbetrag)		4.578 €

* Alleinstehende/Ehegatten

Berücksichtigt wird demnach der Abzugsbetrag nach neuem Recht in Höhe von 6.620 € (➤ Rz 341).

343 **Fall 2 (Höchstbetrag für Beamte, Richter, Berufssoldaten u. Ä.)**

Sachverhalt:

Der verheiratete Forstbeamte Gunter zahlte im Jahr 2015
Beitrag in private **Basisrentenversicherung** (Rürup-Rente) 3.600 €

Sonstige Vorsorgeaufwendungen

Beiträge in private Krankenkasse (nur Basisabsicherung, ohne Wahlleistungen) insgesamt	3.500 €
Haftpflicht, Unfallversicherung etc. insgesamt	600 €
Versicherungsbeiträge insgesamt	7.700 €

Sein Bruttogehalt betrug in 2015 = 40.000 €.

344 **1. Höchstbetrag nach neuem Recht** (Schema ➤ Rz 335)
Der Vorsorgehöchstbetrag von 22.172 €/44.344 € **wird um einen fiktiven Beitrag zur gesetzlichen Rentenversicherung in Höhe von derzeit 18,7 % des Bruttoarbeitslohns gekürzt.**

Basisversorgung im Alter (Rente)

Beiträge in eine private Rentenversicherung (Neuvertrag ab 2005/Rürup-Rente)	3.600 €	
max. 44.344 € ./. 18,7 % der Beamtenbezüge = 32.520 €		
Davon 80 %		2.880 €

Sonstige Vorsorgeaufwendungen

Krankenversicherung (Basisabsicherung; mindestens abziehbar)		3.500 € >	3.500 €
Vom Höchstbetrag 1.900 €/3.800 €* verbleiben damit	300 €		
Beiträge zur Unfall-, Haftpflichtvers.	600 €		
Verbleibender Höchstbetrag	300 € >		300 €
Summe = Höchstbetrag für Vorsorgeaufwendungen			6.680 €

2. Höchstbetrag nach altem Recht (Schema ➤ Rz 337)   345

Es sind zwei unterschiedliche Berechnungen durchzuführen. Das höhere Ergebnis gilt.

2.1 Günstigerprüfung mit Mindestbetrag

Versicherungsbeiträge insgesamt		7.700 €	
Davon vorweg max. 1.500 €/3.000 €*	3.000 €		
Kürzung um 16 % des Arbeitslohns	– 6.400 €		
Rest (nicht negativ)	0 € >	0 € >	0 €
Verbleiben		7.700 €	
./. Grundhöchstbetrag 1.334 €/2.668 €*		– 2.668 € >	2.668 €
Verbleiben		5.032 €	
Davon die Hälfte, max. 50 % des Grundhöchstbetrags		1.334 € >	1.334 €
Summe = Vorsorgehöchstbetrag			4.002 €

* Alleinstehende/Ehegatten

2.2 Günstigerprüfung mit Erhöhungsbetrag

Versicherungsbeiträge insgesamt, aber ohne Rürup-Beiträge		4.100 €	
Davon vorweg max. 1.500 €/3.000 €*	3.000 €		
Kürzung um 16 % des Arbeitslohns	– 6.400 €		
Rest (nicht negativ)	0 € >	0 € >	0 €
Verbleiben		4.100 €	
./. Grundhöchstbetrag 1.334 €/2.668 €*		– 2.668 € >	2.668 €
Verbleiben		1.432 €	
Davon die Hälfte, max. 50 % des Grundhöchstbetrags		716 € >	716 €
Summe = Vorsorgehöchstbetrag ohne Rürup-Beiträge			3.384 €

Erhöhungsbetrag, max. 22.172 €/44.344 €*	44.344 €	
./. Basisversorgung inkl. ArbG-Beiträge	− 7.480 €	
Verbleiben	36.864 €	
»Rürup-Beiträge«	3.600 €	
Vom geringeren Betrag 80 % =		2.880 €
Summe = Vorsorgehöchstbetrag		
(mit Erhöhungsbetrag)		6.264 €

* Alleinstehende/Ehegatten

346 Fall 3 (Höchstbetrag für Selbständige)

Sachverhalt:
Karl-Heinz ist verheiratet und selbständiger Handelsvertreter. Er zahlte in 2015 folgende Beiträge:

Lebensversicherungen

in eine private Rentenversicherung (Rürup-Rente)			1.200 €
Sonstige Vorsorgeaufwendungen			
in eine freiwillige Krankenversicherung			
(nur Basisabsicherung)	6.300 €		
in eine private Unfallversicherung	68 €		
in private Haftpflicht- und Kfz-Haftpflicht-			
versicherung	463 €		
Zwischensumme	6.831 €		
in Kapitallebensversicherung (Abschluss vor 2005)	3.100 €		
Summe	9.931 €	>	9.931 €
			11.131 €

Hier wird nur in zwei Stufen gerechnet.

347 1. Höchstbetrag nach neuem Recht (Schema ➤ Rz 335)
Die Berechnung erfolgt in zwei Schritten

Basisversorgung im Alter (Rente)

Beiträge in eine private Rentenversicherung		
(Rürup-Rente)	1.200 €	
Davon 80 %, max. 17.737 €/35.474 €		960 €

Sonstige Vorsorgeaufwendungen

Beiträge zur privaten Kranken- und Pflegeversicherung (mindestens abzugsfähig)	6.300 €	>	6.300 €
vom Höchstbetrag (2.800 €/5.600 €*) verbleiben	0 €		

Summe = Höchstbetrag nach neuem Recht		7.260 €

* Alleinstehende/Ehegatten

Abzugsfähig sind im Rahmen sonstiger Vorsorgeaufwendungen mindestens die tatsächlich geleisteten Beiträge zur Kranken- und Pflegeversicherung (Basisabsicherung), unabhängig von der Höhe etwaiger »Höchstbeträge«. Nur wenn diese Höchstbeträge von 1.900 €/3.800 € bzw. 2.800 €/5.600 € durch die Kranken- und Pflegeversicherungsbeiträge noch nicht ausgeschöpft sein sollten, kommen sie für die übrigen Versicherungsbeiträge (Zusatztarife zur Krankenversicherung, Haftpflicht-, Unfall-, Risikolebensversicherung …) zum Tragen.

2. Höchstbetrag nach altem Recht (Schema ➤ Rz 337)   **348**

2.1 Günstigerprüfung mit Mindestbetrag

Versicherungsbeiträge insgesamt	11.131 €		
Davon vorweg max. 1.500 €/3.000 €*	– 3.000 €	>	3.000 €
Rest (nicht negativ)	8.131 €		
./. Grundhöchstbetrag 1.334 €/2.668 €*	– 2.668 €	>	2.668 €
Verbleiben	5.463 €		
Davon die Hälfte, max. 50 % des Grundhöchstbetrags	1.334 €	>	1.334 €

Summe = Vorsorgehöchstbetrag		7.002 €

* Alleinstehende/Ehegatten

2.2 Günstigerprüfung mit Erhöhungsbetrag

Versicherungsbeiträge insgesamt, aber ohne Rürup-Beiträge	9.931 €		
Davon vorweg max. 1.500 €/3.000 €*	– 3.000 €	>	3.000 €
Rest (nicht negativ)	6.931 €		
./. Grundhöchstbetrag 1.334 €/2.668 €*	– 2.668 €	>	2.668 €
Verbleiben	4.263 €		

Davon die Hälfte, max. 50 % des Grundhöchstbetrags	1.334 €	>	1.334 €
Summe = Vorsorgehöchstbetrag ohne Rürup-Beiträge			7.002 €
Erhöhungsbetrag, max. 22.172 €/44.344 €*	40.000 €		
./. Basisversorgung	− . . . . 0 €		
Verbleiben	40.000 €		
Rürup-Beiträge	1.200 €		
Vom geringeren Betrag 80 % =			960 €
Summe = Vorsorgehöchstbetrag (mit Erhöhungsbetrag)			7.962 €

* Alleinstehende/Ehegatten

Absetzbar ist der Höchstbetrag nach altem Recht = 7.962 €.

---

349 Zeile 53–58 Ergänzende Angaben zu den Vorsorgeaufwendungen

Ergänzende Angaben sind immer verdächtig, zumal wenn man nicht weiß, wozu sie benötigt werden. Man könnte sich auch in Widersprüche verwickeln.

Der offizielle Begleittext zu den > Zeilen 53–58 klingt zunächst harmlos: *Diese Zeilen sind von Arbeitnehmern auszufüllen, die während des ganzen oder eines Teils des Kalenderjahrs 2015 nicht rentenversicherungspflichtig waren.* Hierzu gehören insbesondere

- Beamte, Richter, Berufssoldaten, Beamtenpensionäre und ihre Hinterbliebenen,
- weiterbeschäftigte Altersrentner, Werkspensionäre mit Altersrente,
- Geistliche und andere Personen mit beamtenähnlichen Versorgungsansprüchen,
- Vorstandsmitglieder von Aktiengesellschaften und GmbH-Gesellschafter-Geschäftsführer, die nicht in der gesetzlichen Rentenversicherung versichert sind.

Die Angaben werden zur Berechnung der Höhe der abziehbaren Vorsorgeaufwendungen benötigt.

Die Angaben zu den Vorsorgeaufwendungen müssen für jeden Ehegatten gesondert eingetragen werden.

Abziehbare Vorsorgeaufwendungen

Der behördliche Rechner muss wissen, ob Sie zum obigen Personenkreis gehören. In diesem Fall kürzt er den Vorsorgehöchstbetrag um 18,7 % der Bezüge (➤ Rz 335).

So füllen Beamte mit aktiven Bezügen die > Zeilen 53–58 aus:

	Ergänzende Angaben zu Vorsorgeaufwendungen		stpfl. Person / Ehemann / Lebenspartner(in) A		Ehefrau / Lebenspartner(in) B	
	Es bestand 2015 keine gesetzliche Rentenversicherungspflicht aus dem **aktiven** Dienstverhältnis / aus der Tätigkeit					
53	– als Beamter / Beamtin	380	*1*	1 = Ja	480	1 = Ja
54	– als Vorstandsmitglied / GmbH-Gesellschafter-Geschäftsführer/in	381		1 = Ja	481	1 = Ja
55	– als (z. B. Praktikant/in, Student/in im Praktikum) *Bezeichnung*	382		1 = Ja	482	1 = Ja
56	Aufgrund des genannten Dienstverhältnisses / der Tätigkeit bestand hingegen eine Anwartschaft auf Altersversorgung	383	*1*	1 = Ja / 2 = Nein	483	1 = Ja / 2 = Nein
57	Die Anwartschaft auf Altersversorgung wurde ganz oder teilweise ohne eigene Beitragsleistungen erworben (Bei Vorstandsmitgliedern / GmbH-Gesellschafter-Geschäftsführern: Falls nein, bitte geeignete Unterlagen einreichen.)	384	*1*	1 = Ja / 2 = Nein	484	1 = Ja / 2 = Nein
58	Es wurde Arbeitslohn aus einem **nicht aktiven** Dienstverhältnis – insbesondere Betriebsrente / Werkspension – bezogen, bei dem es sich nicht um steuerbegünstigte Versorgungsbezüge (Zeilen 11 bis 16 der Anlage N) handelt. Bei Altersteilzeit ist hier keine Eintragung vorzunehmen.	385		1 = Ja	485	1 = Ja

◆ *Musterfall Neureich (Ergänzende Angaben zu den Vorsorgeaufwendungen)*

Neureich ist zu 60 % Anteilseigner der Neureich u. Co. GmbH und gleichzeitig ihr Geschäftsführer. Da die Firma noch nicht auf Rosen gebettet ist, muss Neureich für seine Altersversorgung selbst sorgen. Er überweist jeden Monat von seinem Gehalt freiwillige Beiträge zur Rentenversicherung an die BfA.

	Ergänzende Angaben zu Vorsorgeaufwendungen		stpfl. Person / Ehemann / Lebenspartner(in) A		Ehefrau / Lebenspartner(in) B	
	Es bestand 2015 keine gesetzliche Rentenversicherungspflicht aus dem **aktiven** Dienstverhältnis / aus der Tätigkeit					
53	– als Beamter / Beamtin	380		1 = Ja	480	1 = Ja
54	– als Vorstandsmitglied / GmbH-Gesellschafter-Geschäftsführer/in	381	*1*	1 = Ja	481	1 = Ja
55	– als (z. B. Praktikant/in, Student/in im Praktikum) *Bezeichnung*	382		1 = Ja	482	1 = Ja
56	Aufgrund des genannten Dienstverhältnisses / der Tätigkeit bestand hingegen eine Anwartschaft auf Altersversorgung	383	*2*	1 = Ja / 2 = Nein	483	1 = Ja / 2 = Nein
57	Die Anwartschaft auf Altersversorgung wurde ganz oder teilweise ohne eigene Beitragsleistungen erworben (Bei Vorstandsmitgliedern / GmbH-Gesellschafter-Geschäftsführern: Falls nein, bitte geeignete Unterlagen einreichen.)	384	*2*	1 = Ja / 2 = Nein	484	1 = Ja / 2 = Nein
58	Es wurde Arbeitslohn aus einem **nicht aktiven** Dienstverhältnis – insbesondere Betriebsrente / Werkspension – bezogen, bei dem es sich nicht um steuerbegünstigte Versorgungsbezüge (Zeilen 11 bis 16 der Anlage N) handelt. Bei Altersteilzeit ist hier keine Eintragung vorzunehmen.	385		1 = Ja	485	1 = Ja

6 Die Anlage AV (Altersvorsorge-beiträge – Riester-Sparen)

Der Aufbau einer freiwilligen privaten Altersvorsorge oder betrieblichen **350** Altersversorgung wird durch steuerliche Maßnahmen gefördert (sog. Riester-Rente).

Für Ihre Beiträge zu einem zertifizierten Altersvorsorgevertrag können Sie eine Altersvorsorgezulage bei Ihrem Anbieter beantragen. Außerdem können Sie zusammen mit Ihrer Einkommensteuererklärung eine Anlage AV einreichen; dann prüft das Finanzamt, ob zusätzlich eine steuerliche Förderung in Form eines Sonderausgabenabzugs in Betracht kommt.

Stellt sich heraus, dass der Sonderausgabenabzug günstiger ist, werden Ihre gesamten Aufwendungen einschließlich Ihres Anspruchs auf Zulage bis zum Höchstbetrag von 2.100 € steuerlich berücksichtigt. Um eine Doppelförderung zu vermeiden, wird die festgesetzte Einkommensteuer um den Zulageanspruch erhöht, unabhängig davon, ob tatsächlich eine Zulage gewährt wurde.

Sofern Sie die Altersvorsorgezulage nicht beantragen und den zusätzlichen Sonderausgabenabzug nicht geltend machen, besteht die Möglichkeit, bestimmte Altersvorsorgebeiträge im Rahmen von Höchstbeträgen zu berücksichtigen (> Zeilen 51–52 der Anlage Vorsorgeaufwand).

Bei der Zusammenveranlagung von Ehegatten, die beide zum unmittelbar begünstigten Personenkreis gehören (➤ Rz 376 ff.), steht der Sonderausgabenabzug jedem Ehegatten gesondert zu. Es ist nicht möglich, den von einem Ehegatten nicht ausgeschöpften Sonderausgaben-Höchstbetrag auf den anderen Ehegatten zu übertragen.

Gehört hingegen nur ein Ehegatte zum begünstigten Personenkreis und ist der andere Ehegatte nur mittelbar begünstigt, können die Altersvorsorgebeiträge des mittelbar begünstigten insoweit berücksichtigt werden, als der Sonderausgaben-Höchstbetrag durch den unmittelbar begünstigten Ehegatten nicht ausgeschöpft wird (➤ Rz 361).

ANLAGE AV
Altersvorsorge – Riester-Sparen

2016

2015

1	Name		
	Vorname	**Anlage AV**	
2			

3 | Steuernummer

Angaben zu Altersvorsorgebeiträgen (sog. Riester-Verträge)

Altersvorsorgebeiträge

		stpfl. Person / Ehemann / Lebenspartner(in) A	Ehefrau / Lebenspartner(in) B	**39**
4	Sozialversicherungsnummer / Zulagenummer	107	307	
5	Mitgliedsnummer der landwirtschaftlichen Alterskasse 112		312	

6 | Für alle vom Anbieter übermittelten Altersvorsorgebeiträge wird ein zusätzlicher Sonderausgabenabzug geltend gemacht.

		stpfl. Person / Ehemann / Lebenspartner(in) A	Ehefrau / Lebenspartner(in) B
7	Anzahl der Riester-Verträge, für die vom Anbieter Altersvorsorgebeiträge übermittelt werden	201	401
8	Zu den in Zeile 7 angegebenen Verträgen geleistete Altersvorsorgebeiträge (Beiträge und Tilgungsleistungen ohne Nachzahlungen für Vorjahre)	EUR 202 ⌐	EUR 402 ⌐
9	Haben sich die Vertragsdaten (Vertrags-, Zertifizierungs- oder Anbieternummer) eines in Zeile 7 angegebenen Vertrages gegenüber der Einkommensteuererklärung 2014 geändert?	203 1 = Ja 2 = Nein	403 1 = Ja 2 = Nein

– Bei Zusammenveranlagung: Bitte die Art der Begünstigung (unmittelbar / mittelbar) beider Ehegatten / Lebenspartner angeben. –

10	Ich bin für das Jahr 2015 unmittelbar begünstigt. (Bitte die Zeilen 11 bis 19 ausfüllen.)	106 1 = Ja	306 1 = Ja
11	Beitragspflichtige Einnahmen i. S. d. inländischen gesetzlichen Rentenversicherung 2014	EUR 100 ⌐	EUR 300 ⌐
12	Inländische Besoldung, Amtsbezüge und Einnahmen beurlaubter Beamter 2014 (Ein Eintrag ist nur erforderlich, wenn Sie eine Einwilligung gegenüber der zuständigen Stelle abgegeben haben.)	101 ⌐	301 ⌐
13	Entgeltersatzleistungen 2014	104 ⌐	304 ⌐
14	Tatsächliches Entgelt 2014	102 ⌐	302 ⌐
15	Jahres(brutto)betrag der Rente wegen voller Erwerbsminderung oder Erwerbsunfähigkeit in der inländischen gesetzlichen Rentenversicherung 2014	109 ⌐	309 ⌐
16	Inländische Versorgungsbezüge wegen Dienstunfähigkeit 2014 (Ein Eintrag ist nur erforderlich, wenn Sie eine Einwilligung gegenüber der zuständigen Stelle abgegeben haben.)	113 ⌐	313 ⌐
17	Einkünfte aus Land- und Forstwirtschaft 2013	103 ⌐	303 ⌐
18	Jahres(brutto)betrag der Rente wegen voller Erwerbsminderung oder Erwerbsunfähigkeit nach dem Gesetz über die Alterssicherung der Landwirte 2014	111 ⌐	311 ⌐
19	Einnahmen aus einer Beschäftigung, die einer ausländischen gesetzlichen Rentenversicherungspflicht unterlag oder oder Jahres(brutto)betrag der Rente wegen voller Erwerbsminderung oder Erwerbsunfähigkeit aus einer ausländischen gesetzlichen Rentenversicherung 2014	114 ⌐	314 ⌐
20	**Ich bin für das Jahr 2015 mittelbar begünstigt.** (Bei Einzelveranlagung von Ehegatten / Lebenspartnern: Die Angaben zu den Altersvorsorgebeiträgen werden bei der Einkommensteuerveranlagung des anderen Ehegatten / Lebenspartners berücksichtigt.)	106 2 = Ja	306 2 = Ja

Angaben zu Kindern

		Geboren vor dem 1.1.2008 Anzahl der Kinder	Geboren nach dem 31.12.2007 Anzahl der Kinder
	Nur bei Eltern, die miteinander verheiratet sind oder miteinander eine Lebenspartnerschaft führen und 2015 nicht dauernd getrennt gelebt haben: Anzahl der Kinder, für die uns für 2015 Kindergeld ausgezahlt worden ist und		
21	– die der Mutter / Lebenspartner(in) B zugeordnet werden oder von Lebenspartner(in) A auf Lebenspartner(in) B übertragen wurden	305	315
22	– für die die Kinderzulage von der Mutter auf den Vater / von Lebenspartner(in) B auf Lebenspartner(in) A übertragen wurde oder Lebenspartner(in) A zugeordnet werden	105	115
	Bei allen anderen Kindergeldberechtigten: Anzahl der Kinder, für die für den ersten Anspruchszeitraum 2015 Kindergeld ausgezahlt worden ist (Diese Kinder dürfen nicht in den Zeilen 21 und 22 enthalten sein.)		
23	– an stpfl. Person / Ehemann / Lebenspartner(in) A	205	215
24	– an Ehefrau / Lebenspartner(in) B	405	415

2015AnlAV041   2015AnlAV041

Die Kehrseite der Medaille

Da die Sparbeiträge in einen Riester-Vertrag steuerlich gefördert werden, unterliegen die späteren Leistungen aus der Altersvorsorge in vollem Umfang der Besteuerung. Vom Staat gibt es eben nur selten etwas geschenkt.

Das Wichtigste vorab

Gerade als Werktätigem mit kleinem oder mittlerem Einkommen und vor allem mit Kindern wird Ihnen das Riester-Sparen leicht gemacht. Sie profitieren von den Zulagen am meisten (Tipps unter ➤ Rz 366 ff.). Riester-Sparer sind zudem gesetzlich geschützt, so z. B. vor dem Zugriff von Gläubigern (➤ Rz 386). Riester-Sparer können auch eine falsche Wahl korrigieren, indem sie in eine andere Sparform wechseln, z. B. von einem Fonds- in einen Banksparplan.

Mittlerweile gibt es mehr Sparmodelle, als ein Hund Flöhe hat. Jedoch sind nicht alle Riester-Produkte auch empfehlenswert. Riester-Rentenversicherungen und -Fondssparpläne sind mit hohen Verwaltungskosten belastet, welche die Rendite und damit die spätere Rente schmälern können. Ein Banksparplan ist deshalb keine schlechte Wahl (➤ Rz 384).

Wichtige Wahrheiten in ein
angemessenes Gewand stecken.
(Adolf Freiherr von Knigge)

Zeile 1–24 Altersvorsorgebeiträge (Riester-Rente)   351

In diesen Zeilen können Sie den über die Riester-Zulage hinausgehenden Sonderausgabenabzug beantragen.

Die Sparförderung im Überblick   352

Die Aufwendungen für die Riester-Rente werden im Rahmen eines Kombimodells gefördert. Der Sparer kann zwischen einer steuerfreien Zulage (§§ 79 ff. EStG) und dem Abzug als Sonderausgaben (§ 10 a EStG) wählen. Weil vorausgesetzt werden kann, dass sich der Sparer immer für die finanziell günstigste Lösung entscheidet, nimmt ihm sein Finanzamt die Rechenarbeit ab und führt bei der Einkommensteuerveranlagung eine Günstigerprüfung durch, die der Computer mit links bewältigt.

353 **Antrag auf Abzug von Sonderausgaben**
Vorausgesetzt, Sie haben einen zertifizierten Altersvorsorgevertrag abgeschlossen, stellen Sie hier in > Zeile 1–24 den Antrag auf Abzug Ihrer
Beiträge als Sonderausgaben und fügen die Bescheinigung des Anbieters
über die Höhe der geleisteten Sparbeiträge bei.
Für den Sonderausgabenabzug ist in § 10 a EStG ein jährlicher Höchstbetrag von 2.100 € festgelegt.

354 **Weniger Formularkram durch Dauerzulageantrag**
Mit dem Antrag auf die Zulage haben Sie nichts zu tun, den stellt der
Anbieter, und zwar bei der **Zulagestelle für Altersvermögen (ZfA),** wo
auch das Konto Ihres Anlagevertrags geführt wird. Der Anbieter stellt
den Antrag Jahr für Jahr automatisch, sofern Sie ihm entsprechende Vollmacht erteilen. Im Bürokratendeutsch heißt das Dauerzulageantrag.

Gleiches gilt für den Sonderausgabenabzug. Haben Sie keine Bescheinigung erhalten, kein Problem. Der Anbieter Ihres Riester-Vertrages übermittelt die entsprechenden Daten ohnehin automatisch an das Finanzamt.

355 ## Zeile 4–24 In welcher Höhe wird die Zulage gewährt?

356 **Mindesteigenbeitrag für die Zulage (§ 86 EStG)**
Die Altersvorsorgezulage wird nur dann in voller Höhe gewährt, wenn der
Sparer einen bestimmten Mindesteigenbeitrag erbringt. Dieser bemisst
sich nach dem Bruttolohn des Vorjahrs und beträgt 4 %.
Warum die Erfinder der Riester-Rente nicht den Bruttolohn des aktuellen
Jahres als Grundlage genommen haben, bleibt wohl deren Geheimnis. Auf
jeden Fall haben sie dafür gesorgt, dass der Sparer seinen Vertrag auch in
schlechteren Zeiten ausreichend bedienen kann, denn wenn der Lohn mal
spärlicher fließen sollte, wird auch der Sparbeitrag geringer. Riester ist
also flexibel. Selbst wenn Sie arbeitslos werden sollten, können Sie sich
weiterhin Riester leisten. Für die Berechnung des Mindesteigenbeitrags ist
dann der tatsächliche Zahlbetrag des Arbeitslosengelds maßgebend.

357 Es kommt aber noch besser: Der Mindestbeitrag wird um die gewährte
Zulage gekürzt! Nur den Rest müssen Sie aus eigener Tasche aufbringen.
Und wenn Ihnen das nicht in voller Höhe gelingt, erhalten Sie immer
noch eine anteilig gekürzte Zulage (§ 86 EStG). Dazu mehr unter
➤ Rz 366.

Obergrenze 358

Gefördert werden Altersvorsorgebeiträge bis zu einer bestimmten Obergrenze (§§ 10a und 82 EStG; siehe Übersicht unten). Höhere Sparbeiträge sind zwar möglich, werden zivilrechtlich aber nicht geschuldet und dürfen deshalb vom Anbieter nicht als Altersvorsorgebeiträge bescheinigt werden (§ 10a Abs. 5 EStG). Denn der Sparer kann diese Beträge vorzeitig zurückverlangen, was nicht dem Sinn des Gesetzes entspricht: für das Alter vorzusorgen. Der Höchstbetrag für den Sonderausgabenabzug und diese Obergrenze sind deshalb identisch.

Übersicht 359

Mindesteigenbeitrag des Bruttolohns	4 %
Obergrenze	2.100 €
Mindestbetrag als Sockel	60 €
Grundzulage für den Sparer	154 €
Kinderzulage je Kind	185 €

Beispiel 360

Ein Alleinstehender hat in 2015 einen Riester-Vertrag abgeschlossen. Im Jahr 2014 betrug sein Bruttolohn 24.000 €.

Mindesteigenbeitrag 4 % von 24.000 € =	960 €
./. Grundzulage	– 154 €
Mindestens aus eigener Tasche zu leisten	806 €

Ehegatten-/Partnerzulage 361

Für Eheleute sowie Lebenspartner einer sog. eingetragenen Lebenspartnerschaft sieht das Gesetz einige Besonderheiten vor, die man getrost als Privilegien bezeichnen kann. Der amtliche Text dazu lautet etwa so: Ist nur einer der Ehegatten/Lebenspartner unmittelbar zulageberechtigt, hat der andere (mittelbar) einen »abgeleiteten« Zulageanspruch, sofern er einen auf seinen Namen lautenden Altersvorsorgevertrag abgeschlossen hat (§ 79 Satz 2 EStG). Siehe hierzu ➤ Rz 368.

Wichtig zu wissen: Wählt ein Ehegatte/Partner die **Einzelveranlagung** (➤ Rz 96), kommt ein Sonderausgabenabzug beim mittelbar begünstigten Ehegatten nicht in Betracht. Beantragt der mittelbar begünstigte Ehegatte den zusätzlichen Sonderausgabenabzug, werden seine geleisteten Altersvorsorgebeiträge im Rahmen der gesetzlichen Höchstbeträge nur bei der Einkommensteuerveranlagung des unmittelbar begünstigten Ehegatten/Partners berücksichtigt. Die späteren Leistungen aus der Altersvorsorge an den mittelbar begünstigten Ehegatten/Partner unterliegen bei diesem in vollem Umfang der Besteuerung.

362 **Kinderzulage (§ 85 EStG)**

Die Kinderzulage wird für jedes Kind gewährt, für das der Steuerzahler Kindergeld erhält. Es genügt der Kindergeldbezug für einen Monat im Kalenderjahr, um die volle Kinderzulage zu erhalten.

Haben beide Eltern einen Altersvorsorgevertrag abgeschlossen, gibt es trotzdem nur eine Kinderzulage je Kind. Vorrangig bekommt sie die Mutter, und zwar für sämtliche Kinder. Im Fall der Zusammenveranlagung kann der Vater die Kinderzulage erhalten, wenn die Eltern dies gemeinsam beantragen.

363 Bei Alleinerziehenden kann nur derjenige Elternteil die Zulage beanspruchen, der das Kindergeld erhält.

364 ◆ *Musterfall Finke (Zusätzliche Altersvorsorge)*

Volker Finke hat 2015 in seinen Altersvorsorgevertrag 1.560 € eingezahlt. Er hat sich ausgerechnet, dass er bei einem Jahresgehalt von 40.000 € und einem Steuersatz in der Spitze von 30 % neben der Zulage obendrein mit einer Steuererstattung rechnen kann.

365 *Finke fügt seiner Steuererklärung die Bescheinigung des Anbieters für 2015 bei, sofern er sie erhalten hat. Da die Daten ohnehin elektronisch an die Finanzverwaltung übermittelt werden, ist die Bescheinigung auch entbehrlich. Hier ein Muster:*

ANLAGE AV
Altersvorsorge – Riester-Sparen

2016

```
┌ (Bezeichnung und Anschrift des Anbieters) ┐                          9 9 3 5


                                            Ausstellungsdatum
└                                    ┘      ┌──────────────┐  (Bitte zehnstellig im Format
                                            │              │  TT MM JJJJ eintragen.)
                                            └──────────────┘

┌                                 ┐
                                            Wichtiger Hinweis:
                                            Diese Bescheinigung benötigen Sie, wenn Sie den
          (Absenderangaben/Adresse)         Abzug der Altersvorsorgebeiträge als Sonderausgaben
                                            beantragen wollen. In diesem Fall fügen Sie bitte die
                                            Bescheinigung Ihrer Einkommensteuererklärung bei.

└                                 ┘
```

Bescheinigung nach § 10a Abs. 5 EStG zur Vorlage beim Finanzamt

für

1 Name, Vorname | geboren am

2 Straße, Hausnummer

3 Postleitzahl, Wohnort

Folgende Altersvorsorgebeiträge (Beiträge [a] und Tilgungsleistungen [b] ohne Zulage) wurden geleistet für das Kalenderjahr (Beitragsjahr)

	Anbieternummer	Zertifizierungsnummer	Vertragsnummer	Euro	Cent
4	☐ 0	☐ 1	☐ 2	3 (a)	5 (b)
5	☐ 0	☐ 1	☐ 2	3 (a)	5 (b)
6	☐ 0	☐ 1	☐ 2	3 (a)	5 (b)

Diese Bescheinigung ist maschinell erstellt und daher nicht unterschrieben.

Vom Steuerpflichtigen auszufüllen, sofern die Eintragung nicht vom Anbieter durch Übernahme aus seinem Datenbestand vorgenommen wurde.

7	Steuernummer (wenn vorhanden)		
8	Sozialversicherungsnummer / Zulagenummer	0 7	(Bitte zwölfstellig eintragen.)
9	steuerliche Identifikationsnummer (wenn vorhanden)		(Bitte elfstellig eintragen.)
10	Mitgliedsnummer der landwirtschaftlichen Alterskasse bzw. der Alterskasse für den Gartenbau (wenn vorhanden)		(Bitte elfstellig eintragen.)

ZfA - 3
Vers. 104 - Stand 26.03.2004

366 ## Schon der Sockel- ist ein Mindesteigenbeitrag

Ist Ihr Lohn bescheiden, genügt der sog. Sockelbetrag von 60 € – das entspricht gerade mal 5 € im Monat –, um die Riester-Zulage zu erhalten.

Wie sich das auswirkt, sehen Sie an folgendem Beispiel:
Ein Alleinstehender mit einem Kind hatte

	Fall 1	Fall 2
Bruttolohn 2014	5.300 €	53.000 €
Sparbeiträge in 2015	80 €	800 €
Die Riester-Zulage für 2015 beträgt:		
4 % vom Bruttolohn 2014	212 €	2.120 €
Obergrenze 2015	2.100 €	2.100 €
Maßgebend (§ 86 Abs. 1 EStG)	212 €	2.100 €
./. Riester-Zulage (154 € + 185 € =)	– 339 €	– 339 €
Verbleiben	0 €	1.761 €
Mindesteigenbeitrag/Sockel	**60 €**	**1.761 €**
Tatsächlich geleistet	**80 €**	**800 €**
Sparzulage für 2015	**339 €**	**154 €**

Im Fall 1 hat der Sparer den Mindesteigenbeitrag (mind. in Höhe des Sockelbetrags) geleistet. Deshalb steht ihm die Sparzulage in voller Höhe zu.

Im Fall 2 hat er den Mindesteigenbeitrag nicht aufgebracht. Deshalb wird die Zulage gekürzt auf (800 ÷ 1.761 × 100 =) 45,43 % von 339 € = rd. 154 €.

367 ## Familienförderung wahr gemacht

Dadurch, dass die Zulagen von der geforderten Eigenleistung abgezogen werden, sind Eltern mit geringem Einkommen und mehreren Kindern besonders im Vorteil, denn ihr Eigenbeitrag geht schnell gegen null. Sie wären schön dumm, keinen Vorsorgevertrag abzuschließen.

Beispiel

Eine alleinerziehende berufstätige Frau mit drei Kindern hatte im Jahr 2014 einen Bruttolohn von 20.000 €. Sie schließt im Juni 2015 einen Vorsorgevertrag ab und hat als Eigenbeitrag aufzubringen:

Jahresbruttolohn im Vorjahr 20.000 €		
Davon 4 % Eigenleistung		800 €
Grundzulage	154 €	
Kinderzulage 185 € × 3 =	555 €	
Summe Zulagen	709 € >	– 709 €
Verbleibender Eigenbeitrag		91 €
Eigenbeitrag ab Juli 2015 monatlich (91 € ÷ 6 Monate) =		16 €

 ## Mit nur 60 € Eigenbeitrag die volle Grundzulage kassieren 368

Ist nur ein Ehepartner unmittelbar begünstigt (z. B. rentenversicherungspflichtig beschäftigt, arbeitslos oder im Beamtenverhältnis), kann auch der andere einen Vorsorgevertrag abschließen. Um die volle Zulage zu erhalten, muss er lediglich einen Mindesteigenbeitrag von 60 € im Jahr aufbringen.

Beispiel

Ehepaar mit einem Kind, nur der Mann ist berufstätig mit einem Jahresbruttolohn von 40.000 €. Das Ehepaar schließt einen Ehepartnervertrag ab, der für Mann und Frau jeweils einen eigenen Vertrag beinhaltet. Dabei geht die Kinderzulage automatisch auf das Vertragskonto der Frau. Die Frau will auf ihren Vertrag möglichst wenig einzahlen.

Das Ehepaar hat für 2015 als Eigenleistung aufzubringen:

4 % von 40.000 € =		1.600 €
Grundzulage 2 × 154 € =	308 €	
Kinderzulage	185 €	
Summe der Zulagen	493 € >	– 493 €
Verbleibt als Eigenbeitrag im Jahr 2015		1.107 €
Eigenbeitrag pro Monat 1.107 € ÷ 12 Monate =		93 €

Dem Konto des Mannes werden für 2015 gutgeschrieben:	
Eigenbeitrag	1.116 €
Grundzulage	154 €
Eigenleistung	1.270 €

Dem Konto der Frau werden für 2015 gutgeschrieben:

(Mindest)Eigenbeitrag	60 €
Grundzulage	154 €
Kinderzulage	185 €
Insgesamt	399 €

369 *TIPP* **Nur bei vollem Sparprogramm dicke Zusatzrente**

Wollen Sie später, wenn Sie in Rente sind, viel reisen oder Ihre Briefmarken-
sammlung komplettieren? Dafür brauchen Sie zusätzlich Geld.

Und nun rate ich Ihnen: Als Mittdreißiger haben Sie noch genügend Zeit, Ansprüche auf eine erkleckliche Zusatzrente zu erwerben. Fahren Sie dabei
zweigleisig, mit einem privaten Altersvorsorgevertrag (➤ Rz 373) und mit
einem Bausparvertrag – auch wenn Sie nicht bauen wollen. Das Bausparen
bringt von allen staatlichen Sparprogrammen – wegen der Arbeitnehmersparzulage und der Wohnungsbauprämie – die höchste Rendite. Nach sieben
Jahren können Sie frei über das Geld verfügen und es in einen neuen Bausparvertrag oder anderweitig langfristig anlegen.

370 *TIPP* **Lebensabend im Ausland? Finger weg von Riester!**

Haben Sie die feste Absicht, Ihren Wohnsitz im Alter ins Ausland zu verlegen,
rate ich Ihnen von Riester ab! Denn Sie müssen dann alle staatlichen Zulagen
zurückzahlen. Das hat damit zu tun, dass Sie die Riester-Rente in Deutschland versteuern sollen, also die Zulagen, die angesparten Zinsen und auch
Ihre Sparbeiträge. Die nachgelagerte Besteuerung lässt grüßen.

Dieses Mobilitätshindernis und die Versteuerung der aus dem Nettolohn
erbrachten Sparbeiträge hat schon erhebliche Kritik hervorgerufen. Beides ist eine Unverschämtheit und eine Zumutung für uns Bürger.

371 ◆ *Musterfall Finke (Günstigerprüfung –*
Fortsetzung von ➤ Rz 364)
Volker Finke ist alleinstehend. Er hat im Jahr 2015 auf seinen zertifizierten
Altersvorsorgevertrag insgesamt 1.560 € eingezahlt. Finke weiß, dass er für
die volle Zulage einen Mindesteigenbeitrag in Höhe von 4 % seines Brutto-
gehalts vom Vorjahr leisten muss, vermindert um den Zulageanspruch von
154 €. Er berechnet den Mindesteigenbeitrag auf (Bruttogehalt Vorjahr

*40.000 € × 4 % = 1.600 € – 154 € =) 1.446 €. Finke hat also genügend einge-
zahlt, um die volle Zulage zu erhalten. Zum Mindesteigenbeitrag mehr
unter* ➤ *Rz 356 ff.*
Seine Steuererklärung hat Finke mit ElsterOnline abgegeben (➤ *Rz 5 ff.).
Dabei hat er sofort gesehen, dass sein zu versteuerndes Einkommen für
2015 = 33.500 € beträgt, ohne den zusätzlichen Sonderausgabenabzug aus
dem Riester-Vertrag. Nach Abzug dieser zusätzlichen Sonderausgaben
kann Finke mit einer Steuerersparnis von 520 € rechnen.*

Berechnung

Zu versteuerndes Einkommen 2015	*33.500 €*	
Steuer nach Grundtarif		*6.690 €*

Günstigerprüfung

Zu versteuerndes Einkommen 2015	*33.500 €*	
./. Altersvorsorgebeiträge 1.560 €		
(Obergrenze 2.100 € ➤ *Rz 359),*	*– 1.560 €*	
Verbleiben	*31.940 €*	
Steuer nach Grundtarif		*– 6.178 €*
Differenz (zu viel bezahlt)		*512 €*

Ergebnis:
*Nach Abzug der Zulage in Höhe von 154 € rechnet Finke mit einer Steuer-
erstattung von (512 € – 154 € =) 358 €. Die Zulage selbst ist zweckgebunden
und verbleibt auf dem Konto seines Riester-Vertrags.*

Zeile 6 Welche Altersvorsorgeverträge sind begünstigt?

372

Fördern und fordern, so will es das Gesetz. Wer die Zulage erhalten will,
muss Sparbeiträge zugunsten eines auf seinen Namen lautenden Vertrags
leisten. Die Vertragsform muss zertifiziert sein, d.h., sie muss ein »Gütesiegel« haben (§ 82 EStG), das vom Bundesaufsichtsamt für das Versi-
cherungswesen vergeben wird. Einzelheiten regelt das Altersvorsorge-
Zertifizierungsgesetz (AltZertG), das in das Einkommensteuergesetz
eingebunden ist.
Es unterscheidet zwischen Beiträgen zu
- einem privaten Altersvorsorgevertrag (§ 82 Abs. 1 EStG) und
- einer betrieblichen Altersversorgung (§ 82 Abs. 2 EStG), speziell in
  - einen Pensionsfonds,
  - eine Pensionskasse,
  - eine Direktversicherung.

373 **A. Der private Altersvorsorgevertrag**
Mit dem Gütesiegel bestätigt das Bundesaufsichtsamt nur, dass die Produkte bestimmte Voraussetzungen und Sicherheitsaspekte erfüllen. Über die Rendite ist damit nichts gesagt. Selbst ein Produkt, bei dem Sie nach vielen Jahren nur Ihre Beiträge und die Zulagen zurückerhalten würden, könnte ein Gütesiegel erhalten.

374 Die einzelnen Anlageprodukte sind untereinander sehr verschieden, lassen sich aber auf vier Grundformen zurückführen:
- **Rentenversicherungen,**
- **Banksparpläne,**
- **Fondssparpläne,**
- **Riester-Bausparverträge (sowie Wohn-Riester).**

Vor Beginn der Auszahlungsphase kann der Sparer einen Bank- oder einen Fondssparplan immer noch in eine Rentenversicherung umwandeln.

375 **B. Betriebliche Altersversorgung als Riester-Rente nur in Ausnahmefällen**
Die betriebliche Altersversorgung im Rahmen eines Pensionsfonds, einer Pensionskasse oder einer Rentenversicherung kommt als Riester-Rente nur in Ausnahmefällen in Betracht. Denn es gibt hierfür bessere Förderwege über die Lohnsteuer. Eine Förderung über die Lohnsteuer schließt aber die Förderung durch eine Zulage aus.
Beiträge in einen Pensionsfonds, in eine Pensionskasse oder in eine Direktversicherung sind bis zu 4 % der Beitragsbemessungsgrenze (West) steuerfrei. Das sind (6050 € × 12 Monate × 4 % =) 2.904 € im Jahr. Beiträge in eine Direktversicherung oder Pensionskasse können als weitere Alternative bis zu 1.800 € im Jahr mit 20 % pauschal versteuert werden (§ 40 b EStG). Deshalb bieten die Arbeitgeber eine Förderung über Zulagen praktisch nicht an.
Es erübrigt sich deswegen, hier näher darauf einzugehen. Zur betrieblichen Altersversorgung mehr unter ➤ Rz 625 ff.

---

376 # Zeile 10–20 Welcher Personenkreis hat Anspruch auf die Zulage?

Hier die ganze Liste der Begünstigten mit Einzelheiten
- **Arbeitnehmer.** Dazu gehören auch berufstätige Studenten, Auszubildende und Behinderte in anerkannten Werkstätten. Die Versicherungspflicht besteht während des Bezugs von Kurzarbeiter- oder Winterausfallgeld nach dem SGB III fort;

- **Beamte** des Bundes, der Länder, der Gemeinden, der Gemeindeverbände sowie der sonstigen Körperschaften, Anstalten und Stiftungen des öffentlichen Rechts;
- **Richter** des Bundes und der Länder, ausgenommen ehrenamtliche;
- **Berufssoldaten** und **Soldaten auf Zeit;**
- **Mitglieder der Regierung des Bundes und der Länder sowie die Parlamentarischen Staatssekretäre auf Bundes- und Landesebene;**
- **bestimmte Selbständige.** Hierunter fallen z.B. Handwerker, die in die Handwerksrolle eingetragen sind, soweit sie sich nicht von der Versicherungspflicht haben befreien lassen, Hausgewerbetreibende, selbständige Lehrer und Erzieher, selbständige Künstler und Publizisten, die nach dem Künstlersozialversicherungsgesetz pflichtversichert sind;
- **Wehr- und Zivildienstleistende** sowie Personen, die ein freiwilliges soziales oder ökologisches Jahr ableisten;
- **Bezieher von Lohnersatzleistungen,** z.B. Krankengeld, Arbeitslosengeld und -hilfe;
- **Arbeitslose,** die bei einer inländischen Agentur für Arbeit als Arbeitssuchende gemeldet sind, aber wegen eigenen Einkommens und Vermögens nicht versicherungspflichtig sind und keine Arbeitslosenhilfe nach dem SGB II erhalten;
- **Personen, die Vorruhestandsgeld beziehen;**
- **nicht erwerbstätige Pflegepersonen** mit einem Pflegeeinsatz von mindestens 14 Wochenstunden;
- **Kindererziehende ohne Einkommen** während der Kindererziehungszeiten;
- **geringfügig Beschäftigte** i. S. des § 8 Abs. 1 SGB VI, die auf die Versicherungsfreiheit verzichtet haben: Minijobber, wenn sie den Arbeitgeberbeitrag zur Rentenversicherung von 15 % freiwillig auf 18,7 % aufstocken (➤ Rz 615) oder wenn sie ein Arbeitsentgelt in der sog. Gleitzone zwischen 450,01 € bis 850 € monatlich beziehen (➤ Rz 622);
- **Landwirte,** die nach dem Gesetz über die Alterssicherung der Landwirte pflichtversichert sind;
- Pflichtversicherte in einer **ausländischen Rentenversicherung**, die im Inland ihren Wohnsitz haben und als Grenzgänger im Ausland einer Beschäftigung nachgehen.

Höchstalter 55 Jahre 377

»Ich bin mit 50 schon viel zu alt, um eine Zusatzrente anzusparen«, wenden Sie sich ab.

Irrtum, 55 Jahre ist das Limit für einen Vertragsabschluss. Das ergibt sich indirekt aus dem Zertifizierungsgesetz, das besagt: Die Zusatzrente kann frühestens mit 60 Jahren (bei Verträgen ab 2012 mit 62 Jahren) zu laufen beginnen, und die Abschluss- und Vertriebskosten für den Vertrag müssen auf mindestens fünf Jahre verteilt werden, also: 60 – 5 = 55.

»Na gut, aber ich habe zum Sparen zu wenig Geld und auch zu wenig Geduld.«

Beides stimmt nicht. Geduld ist fast allen Menschen angeboren, etwas Geld werden Sie schon aufbringen wollen, um im Alter abgesichert zu sein. Bereits 5 € im Monat genügen oft schon als Sockelbetrag für die volle Riester-Zulage (➤ Rz 366).

378 Besonderheiten für Eheleute

Jeder Ehegatte muss für sich einen Vertrag abschließen, wenn er eine Zulage haben will. Sind beide Ehegatten pflichtversichert, muss auch jeder für sich den Mindestbeitrag zahlen.

379 Ehepartner abgesichert

Bei Tod des Sparers vor Rentenbeginn ist der überlebende Ehegatte insofern abgesichert, als das angesparte Kapital und die Zulagen auf ihn übertragen werden können, vorausgesetzt, er ist selbst »riesterberechtigt«. Falls nicht, fließt das angesparte Kapital – ohne Zulagen – in die Erbmasse.

Beachten Sie: Die Übertragung auf ein Kind ist hingegen förderschädlich.

380 Gleichgeschlechtliche Paare

Diese Besonderheiten gelten nicht für gleichgeschlechtliche Paare, da sie keine Ehegatten im Sinne des § 79 EStG sind.

381 Vorteile für nicht berufstätige Eltern(teile)

Kindererziehungszeiten sind Pflichtzeiten in der gesetzlichen Rentenversicherung. Dies gilt für 36 Monate ab der Geburt des Kindes. Besteht ein Altersvorsorgevertrag, können Mutter oder Vater während dieser Zeit eine Zulage für sich und für das Kind beanspruchen, wenn mindestens eine Eigenleistung in Höhe des Sockelbetrags von 60 € aufgebracht wird.

---

382 Zeile 4–24 Welche Riester-Sparform ist die beste für mich?

---

383 Die Rentenversicherung

Unter den Riester-Produkten hat die Rentenversicherung mit 60 % aller Verträge den größten Zulauf.

Zur Rendite einer Rentenversicherung lassen sich keine zuverlässigen Aussagen machen. Lediglich der Rechnungszins mit 1,25 % (Stand 2015) ist einigermaßen sicher. Abschluss-, Vertriebs- und Verwaltungskosten lassen sich in etwa beziffern, doch aufgepasst: Diese Zusatzkosten sind bei den einzelnen Anbietern unterschiedlich hoch.

Die spätere Rente hängt zu einem Gutteil von der statistischen Lebenserwartung der Versicherten bei Beginn der Auszahlungsphase ab. Sie erfahren also erst in 20 oder gar 40 Jahren, wie hoch Ihre Rente sein wird.

Eine Rentenversicherung ist somit immer eine Finanzwette zwischen dem Kunden und dem Anbieter: Lebt der Kunde länger als der Durchschnitt der Versicherten, hat er gewonnen, andernfalls verloren.

Stirbt der Berechtigte, wenn die Rente bereits zu laufen begonnen hat, ist sie futsch. Dagegen hilft eine Rentengarantiezeit. Üblich sind mindestens fünf und höchstens 14 Jahre. Eine solche Rentengarantie schlägt allerdings auf die Rendite. Stirbt der Berechtigte vor Rentenbeginn, erhalten die Erben die eingezahlten Beträge plus Zinsen ausbezahlt, nicht aber die Zulagen. Siehe auch ➤ Rz 379.

Ergebnis: Eine Rentenversicherung ist schwer kalkulierbar. Relativ hohe Abschluss- und Vertriebskosten belasten die Rendite. Die Kosten schlagen besonders bei kurzer Vertragslaufzeit zu Buche. Deshalb ist eine Rentenversicherung nichts für Ältere. Wer 90 wird, hat eine gute Rendite zu erwarten. Kerngesunde jüngere Singles sollten nicht zögern, eine Rentenversicherung abzuschließen.

Der Banksparplan 384

Ein Banksparplan ist gut kalkulierbar. Er garantiert ebenso wie eine Rentenversicherung lebenslange Einnahmen für die Auszahlungsphase, indem bis zum Alter von 85 das Sparkapital in gleichbleibenden oder steigenden Raten und danach als lebenslange Rente ausbezahlt wird. Zur Sicherung der Rente wird ein Teilbetrag des Endguthabens in eine Rentenversicherung eingebracht.

Die Bank erhebt keine Abschluss-, Vertriebs- und Verwaltungskosten. Erben erhalten immer das vorhandene Sparkapital plus Zinsen ausbezahlt.

Die angesparten Altersvorsorgebeiträge werden variabel verzinst. Der Zinssatz wird regelmäßig an einen Referenzzinssatz angepasst, z. B. an die »Umlaufrendite börsennotierter Bundeswertpapiere mit einer Restlaufzeit von zehn Jahren«, gerechnet mit einem festgelegten Abschlag. Zusätzlich werden Bonuszinsen in Aussicht gestellt.

Die Sparkassen ködern die Kunden mit einem Renditeversprechen von mehr als 4 % und machen im konkreten Fall folgende Rechnung auf:

Eigenleistung nach 20 Jahren und 5 Monaten	9.833,17 €
Staatliche Zulagen, alleinstehend mit 1 Kind	4.529,02 €
Zinserträge	7.546,87 €
Endguthaben mit Alter 65	21.909,06 €

Ergebnis: Ein Banksparplan eignet sich besonders für ältere Sparer, weil keine Abschluss- und Vertriebskosten anfallen. Das Risiko ist gleich null und die Rendite gut. Was vom Kapital nicht entnommen ist, fällt an die Hinterbliebenen. So ist auch der Ehepartner abgesichert.

385 **Der Fondssparplan**
Ein Fondssparplan beinhaltet die größten Ertragschancen, indem die Sparbeiträge in einem Investmentfonds angelegt werden. Bei Wiederanlage der Erträge wächst das Kapital schnell in erfreuliche Höhen – wenn alles gutgeht. In Depotauszügen wird der Sparer über die Entwicklung seines Fonds informiert.

Das Risiko eines Totalverlusts ist praktisch ausgeschlossen, denn der Aktienbesitz wird über das Investment breit gestreut. Zudem muss die Fondsgesellschaft zu Beginn der Auszahlungsphase mindestens ein Kapital in Höhe der eingezahlten Beträge plus Zulagen bereitstellen. Ein Fondssparplan hat also einen Risikopuffer nach unten.

Steht der Rentenbeginn in wenigen Jahren bevor, kann der Sparer sein Aktienkapital auf die sichere Seite bringen, indem er in einen Fonds mit festverzinslichen Wertpapieren umschichtet. Dies muss die Fondsgesellschaft kostenlos abwickeln.

Wie bei einem Banksparplan werden in der Auszahlungsphase bis zum 85. Lebensjahr gleichbleibende oder steigende Raten nach einem vorgegebenen Entnahmeplan ausgezahlt, danach wird eine Teilkapitalverrentung auf Lebenszeit vorgenommen.

Ergebnis: Ein Fondssparplan eignet sich besonders für Jüngere, die auf hohen Ertrag setzen und ein kleines Risiko nicht scheuen.

386 **Gut zu wissen:** Altersvorsorgeverträge haben Pfändungs- und Anrechnungsschutz
Altersvorsorgevermögen kann nicht übertragen werden (§ 97 EStG). Deshalb ist dieses Vermögen unpfändbar. Dies gilt aber nicht für die an den Vertragsinhaber fließenden Beträge in der Auszahlungsphase.

Altersvorsorgevermögen wird geschont
Bei Arbeitslosigkeit oder im Sozialfall wird das Guthaben in einem Riester-Vertrag als sog. Schonvermögen behandelt und bleibt bei der Berechnung des Arbeitslosengeldes oder der Sozialhilfe unberücksichtigt.

Hauskauf mit der Riester-Rente: Wohn-Riester

»Wohn-Riester« sagen die meisten zu der Vorsorgeform, die Riester-Spa- **387**
rern die eigenen vier Wände schmackhaft machen soll.
Damit wird der Bau und der Kauf von selbstgenutztem Wohneigentum
staatlich gefördert. Wer etwa eine Wohnung oder ein Haus kaufen will
oder ein Objekt entschulden muss, darf dafür sein angespartes Riester-
Kapital antasten. Gleichzeitig helfen die Riester-Zulagen, einen laufenden Immobilienkredit zu tilgen.
Und das kann sich rechnen. Sparer, die 4 % ihres beitragspflichtigen Vor-
jahreseinkommens in die Altersvorsorge stecken, erhalten 154 € Grundzulage und für jedes kindergeldberechtigte Kind 185 € Kinderzulage.
Wenn der Nachwuchs nach 2007 auf die Welt gekommen ist, fließen sogar
300 €. So erhält eine Familie mit zwei Kindern und einem Neugeborenen
in 2014 max. 978 €. Geld, das Bauherren und Immobilienkäufer nach
Wegfall der Eigenheimzulage gut gebrauchen können.
Berufseinsteiger bis zum 25. Lebensjahr bekommen einen einmaligen Zuschuss von 200 € vom Staat, wenn sie einen Riester-Vertrag abschließen.

Wofür kann ich Wohn-Riester einsetzen?

388

Das Riester-Kapital kann für die Finanzierung einer selbstgenutzten
Wohnung verwendet werden. Darunter ist ein Haus, eine Eigentumswohnung oder eine Genossenschaftswohnung einer eingetragenen Genossen-
schaft zu verstehen. Auch ein Dauerwohnrecht ist »riester-fähig«.
Nicht begünstigt sind: Umbauten, Renovierungen und Ferienwohnungen.

Riester-Vermögen als Eigenkapital bei der Baufinanzierung

389

Das in einem Riester-Vertrag deponierte Geld akzeptieren Banken und
Kreditanbieter als Eigenmittel und beziehen es in die Berechnung des
Schuldzinses für das Darlehen ein. In diesem Fall wird nicht mehr der
Riester-Vertrag weiter bespart, sondern das Geld wandert als Tilgungs-
rate in einen Darlehensvertrag. Der Staat bezuschusst dann nicht mehr
die Sparrate, sondern zahlt den Riester-Bonus auf die Tilgung.

Beispiel

Bei einem Alleinstehenden sind max. 2.100 € im Jahr zuschussfähig. Daraus ergibt sich eine Riester-Zulage von 154 €. Bei der Rückzahlung eines
Immobiliendarlehens würde dieser Betrag als Sondertilgung angerechnet.

Wichtig daher: Die Option Wohn-Riester sollte vor Vertragsschluss vereinbart werden, denn Sondertilgungen sind nicht immer ohne weiteres möglich.

390 Der Riester-Bausparvertrag

Bausparkassen und Wohnungsgenossenschaften dürfen nunmehr ein neues, zertifiziertes Riester-Produkt anbieten, das Bausparen und Riester-Förderung kombiniert.

391 Was passiert mit der Wohnungsbauprämie?

Die staatliche Wohnungsbauprämie von bis zu 45 € pro Jahr bleibt unabhängig von der Riester-Förderung erhalten. Sie fließt allerdings nur, wenn »das Kapital in Wohnimmobilien investiert wird«, so das Bundesfinanzministerium. Bislang konnte das Geld auch für andere Zwecke verwendet werden, wenn die siebenjährige Sperrfrist abgelaufen war.

392 Was passiert mit dem Riester-Produkt, wenn das angesparte Kapital entnommen wird?

Der Riester-Vertrag läuft weiter. Selbstverständlich lässt sich das bisherige Riester-Produkt weiter besparen, meist ohne Zulagen. Die werden in die Tilgung der Kreditraten fließen.

Stoppt der Sparer seine Einzahlungen, verwalten Versicherung, Fondsanbieter oder Bank unter Umständen jahrelang ein Riester-Depot ohne Kapital. Klar ist, die daraus fließende Riester-Rente dürfte wohl eher mickrig ausfallen.

393 Muss Wohn-Riester versteuert werden?

Ja. Wer vor der Rente steuerfrei anspart, muss mit Renteneintritt die Auszahlung versteuern. Für klassische Riester-Produkte heißt das: Die Rente, die aus Riester-Versicherung, -Fonds oder -Banksparplan fließt, muss der Sparer im Ruhestand versteuern. Bei Wohn-Riester gibt es natürlich keine monatliche Rente, die besteuert werden könnte. Daher wird ein fiktives Konto, das »Wohnförderkonto«, gebildet, auf dem die staatliche Förderung sowie die Tilgungsraten fürs Haus mit jährlich 2 % registriert werden. Auf diese Summe zahlt der Ruheständler dann Steuern. Der Sparer wird so behandelt, als erhielte er eine monatliche Rente.

Dabei soll der Ruheständler wählen können, ob er die Steuer auf einen Schlag zahlt, dann gewährt ihm der Fiskus einen Rabatt von 30 % – nur 70 % des Kapitals auf dem Wohnförderkonto werden versteuert. Im

Gegenzug verpflichtet sich der Rentner, 20 Jahre lang den Immobilienbesitz zu halten. Als zweite Möglichkeit kann der Rentner die auf sein Riester-Vermögen entfallende Steuer 25 Jahre lang abstottern – ohne Abschlag.

Beispiel

Ein 42-jähriger Riester-Sparer nimmt im Jahr 2020 exakt 20.000 € aus seinem Vertrag. Mit 62 Jahren, also im Jahr 2040, muss er das Geld zzgl. 2 % Zinsen versteuern. Sein Einkommen 2040 beträgt 50.000 €. Versteuert er die Summe (abzgl. 30 % Nachlass) sofort, kostet ihn das knapp 10.000 € zusätzliche Abgaben. Stottert er die Steuer ab, macht sie insgesamt fast 15.500 € mehr aus.

Ist man an ein Riester-finanziertes Haus gebunden, oder darf man es verkaufen? 394

Nur wer rechtzeitig ein neues Objekt erwirbt, darf die staatlichen Zulagen behalten. Umstritten ist, wie schnell eine neue Immobilie gefunden werden muss: Im Gespräch sind ein Jahr, aber auch vier Jahre nach dem Verkauf.

7 Die Anlage Unterhalt

Wenn man jemanden finanziell unterstützt, dann sicherlich nicht, um dessen Faulheit zu stärken. Meistens ist die unterstützte Person krank, nicht (mehr) erwerbsfähig, durch widrige Umstände aus der Bahn geworfen oder durch Kinder am Erwerb gehindert.

7.1 Was man wissen muss, wenn man jemanden unterstützt

Für Ihre Aufwendungen können Sie eine Steuerermäßigung bis zu 8.472 € beanspruchen (§ 33 a EStG). Dazu muss die unterstützte Person Ihnen gegenüber gesetzlich unterhaltsberechtigt sein. Gesetzlich unterhaltsberechtigt sind insbesondere Verwandte in gerader Linie (Großeltern, Eltern, Kinder bzw. Enkel), auch Partner einer eingetragenen Lebenspartnerschaft, nicht dagegen Verwandte in der Seitenlinie (Geschwister und Verschwägerte). Auch für Unterhaltskosten an den geschiedenen oder getrennt lebenden Ehepartner steht die Steuervergünstigung zu, alternativ zum Abzug als Sonderausgaben (Hauptformular > Zeile 40–41).

So viel können Sie absetzen

Für Ihre Aufwendungen hat der Gesetzgeber pro Person einen Höchstbetrag von 8.472 € vorgesehen. Auf diesen Höchstbetrag werden eigene Einkünfte und Bezüge der unterhaltenen Person angerechnet, jedoch nur, soweit sie 624 € jährlich übersteigen. Daraus folgt: Hat die unterstützte Person mehr als (8.472 € + 624 € =) 9.096 € im Jahr zur Verfügung, geht der Höchstbetrag auf null. Auf den Monat gerechnet sind das (9.096 € ÷ 12 =) 758 €. Außerdem vermindert sich der Höchstbetrag stets um Ausbildungshilfen aus öffentlichen Mitteln (BAföG).

Hier die ganz einfache Berechnung, bezogen auf Jahresbeträge:

Unterhaltshöchstbetrag			8.472 €
Eigene Einkünfte und Bezüge	9.096 €		
./. anrechnungsfreier Betrag	– 624 €		
Schädliche Einkünfte und Bezüge	8.472 €	>	– 8.472 €
abzugsfähiger Jahresfreibetrag			0 €

(Quelle: § 33a Abs. 1 EStG)

Bedürftig in diesem Sinne sind vielfach:

- Hartz-IV-Empfänger, Empfänger von Sozialhilfe,
- Eltern mit Grundrente,
- geschiedene/getrennt lebende Ehegatten,

- nicht verheiratete Kindesmutter,
- mittelloser Lebenspartner,
- Kinder,
- die Wehr- oder Ersatzdienst leisten
- oder über 25 Jahre sind und sich noch in Ausbildung befinden.

Abziehbar sind alle typischen Unterhaltskosten, insbesondere für Ernährung, Kleidung und Wohnung.

Kindergeld futsch? Dafür Unterhalt absetzen!

Die Unterstützung eigener Kinder ist nicht begünstigt, solange jemand für sie Kindergeld oder einen Kinderfreibetrag erhält, da der Gesetzgeber meint, damit sei von staatlicher Seite jedwede Unterstützung ausreichend abgegolten. Mit dem Wegfall von Kindergeld/-freibetrag können Eltern die Unterstützung ihrer Kinder allerdings als außergewöhnliche Belastung in der Anlage Unterhalt geltend machen. Diese Voraussetzung ist gegeben bei Kindern über 18, wenn sie nicht mehr in der Berufsausbildung sind. Bei Kindern in Berufsausbildung liegt die Altersgrenze bei 25 Jahren.

Gut zu wissen: Hat das Sozialamt von Ihnen Unterhaltsleistungen für einen Angehörigen angefordert, sind diese immer abziehbar, anzusetzen in > Zeile 7.

Für den Fiskus ist die beste Steuererklärung die, in welcher der Steuerzahler nichts geltend macht. Tun Sie ihm diesen Gefallen nicht, und gestalten Sie Ihre Verhältnisse schon im Lauf des Kalenderjahres so, dass sich Ihre Arbeit an der Steuererklärung bezahlt macht.

397 Was hat es mit der »Opfergrenze« auf sich?

Der Fiskus macht sich zunutze, dass es eine gewisse Schmerzgrenze gibt, über die hinaus niemand gefordert ist, ein finanzielles Opfer zu bringen. Lediglich gegenüber dem Ehegatten und minderjährigen Kindern besteht die Pflicht, auch über diese Opfergrenze hinauszugehen (§§ 1360, 1603 Abs. 2 BGB).

Nur bis zu dieser »Opfergrenze« werden Ihre Unterhaltsleistungen steuerlich berücksichtigt. Sie ist bestimmt durch einen bestimmten Prozentsatz eines besonders definierten Nettoeinkommens, zu dem auch Steuererstattungen zählen, und beträgt 1 % je 500 €, aber max. 50 % dieses Nettoeinkommens. Davon abgezogen werden je fünf Prozentpunkte für den Ehegatten und jedes Kind, insgesamt max. 25 Prozentpunkte. Kompliziert, daher hier ein

Beispiel

Nettoeinkommen 12.000 € ÷ 500 € = 24 = 24 % von 12.000 € = Opfergrenze 2.880 €.

Aufwendungen werden nur bis zu dieser Höhe anerkannt.

Der Fiskus berechnet die Opfergrenze klammheimlich im Programm, ohne dass er besonders danach fragt, weil ihm alle Daten dafür bekannt sind. Es kann also sein, dass der Fiskus Ihnen den vollen Höchstbetrag nicht zubilligt, weil Ihre Aufwendungen die Opfergrenze überschritten haben.

ANLAGE UNTERHALT
Unterhalt für bedürftige Personen

2016

2015

1 Name	**Anlage Unterhalt**
2 Vorname	Für jeden unterstützten Haushalt bitte eine eigene Anlage Unterhalt abgeben.

3 Steuernummer — lfd. Nr. der Anlage

Angaben zu Unterhaltsleistungen an bedürftige Personen

Haushalt, in dem die unterstützte(n) Person(en) lebte(n) — 53

4 Anschrift dieses Haushaltes

5 Wohnsitzstaat, wenn Ausland

Die Eintragungen in den Zeilen 6 bis 10 und 17 bis 26 sind nur in der ersten Anlage Unterhalt je Haushalt erforderlich.

6 Anzahl der Personen, die in dem Haushalt lt. Zeile 4 lebten — Anzahl

Aufwendungen für den Unterhalt

	vom	bis	Gesamtaufwendungen EUR
7 Erster Unterstützungszeitraum, für den Unterhalt geleistet wurde, und Höhe der Aufwendungen (einschließlich Beträge lt. den Zeilen 11 bis 25) – Bitte Nachweise einreichen. –			
8 Zeitpunkt der ersten Unterhaltsleistung für den ersten Unterstützungszeitraum im Kalenderjahr			
9 Zweiter Unterstützungszeitraum, für den Unterhalt geleistet wurde, und Höhe der Aufwendungen (einschließlich Beträge lt. den Zeilen 11 bis 25) – Bitte Nachweise einreichen. –	vom	bis	Gesamtaufwendungen EUR
10 Zeitpunkt der ersten Unterhaltsleistung für den zweiten Unterstützungszeitraum im Kalenderjahr			

	Auf den ersten Unterstützungszeitraum entfallen EUR	Auf den zweiten Unterstützungszeitraum entfallen EUR
Beiträge zu Basis-Kranken- und gesetzlichen Pflegeversicherungen, die von der / den unterstützten Person(en) als Versicherungsnehmer geschuldet und von mir getragen wurden. (Bitte Nachweise einreichen.)		
11 Basis-Kranken- und gesetzliche Pflegeversicherungsbeiträge (abzüglich steuerfreier Zuschüsse und erstatteter Beiträge) für die unterstützte Person lt. Zeile 32		
12 In Zeile 11 enthaltene Beiträge, aus denen sich ein Anspruch auf Krankengeld ergibt		
13 Basis-Kranken- und gesetzliche Pflegeversicherungsbeiträge (abzüglich steuerfreier Zuschüsse und erstatteter Beiträge) für die unterstützte Person lt. Zeile 62		
14 In Zeile 13 enthaltene Beiträge, aus denen sich ein Anspruch auf Krankengeld ergibt		
15 Basis-Kranken- und gesetzliche Pflegeversicherungsbeiträge (abzüglich steuerfreier Zuschüsse und erstatteter Beiträge) für die unterstützte Person lt. Zeile 92		
16 In Zeile 15 enthaltene Beiträge, aus denen sich ein Anspruch auf Krankengeld ergibt		

Unterhaltsleistungen an im Ausland lebende Personen — EUR

17 Unterhaltszahlungen durch Bank- oder Postüberweisung (Bitte Nachweise einreichen.)

18 Unterhaltszahlungen durch Übergabe von Bargeld (Bitte Abhebungsnachweise der Bank, Nachweise über die Durchführung der Reise und detaillierte Empfängerbestätigung der unterstützten Person einreichen.)

	Einreisedatum	Übergabedatum
19 Mitgenommene Beträge		
20		

21 Unterhaltszahlungen im Rahmen von Familienheimfahrten zum Ehegatten / Lebenspartner (Die Durchführung der Reise ist nachzuweisen.)

22

23

24

25

26 Nettomonatslohn der unterstützten stpfl. Person

ANLAGE UNTERHALT
Unterhalt für bedürftige Personen

Steuernummer, lfd. Nr. der Anlage

Allgemeine Angaben zur unterstützten Person

Identifikationsnummer der unterstützten Person

31 lfd. Nr.

Name, Vorname — Geburtsdatum — wenn 2015 verstorben — Sterbedatum

32

Beruf, Familienstand — Verwandtschaftsverhältnis zur unterstützenden Person

33

34 Bei Unterhaltsempfängern im Ausland:
Von der Heimatbehörde und der unterstützten Person bestätigte Unterhaltserklärung über die Bedürftigkeit ist beigefügt.
1 = Ja
2 = Nein

35 Name, Vorname des im selben Haushalt lebenden Ehegatten / Lebenspartners — Name, Vorname — vom — bis

36 Die unterstützte Person lebte in meinem inländischen Haushalt.
1 = Ja
2 = Nein
Falls ja (wenn nicht ganzjährig)

37 Hatte jemand für diese Person Anspruch auf Kindergeld oder Freibeträge für Kinder?
1 = Ja
2 = Nein
Falls ja (wenn nicht ganzjährig)

38 Die unterstützte Person ist mein
– geschiedener Ehegatte
– Lebenspartner einer aufgehobenen Lebenspartnerschaft
– dauernd getrennt lebender Ehegatte / Lebenspartner
(kein Abzug von Sonderausgaben nach § 10 Abs. 1a Nr. 1 EStG, keine Zusammenveranlagung).
1 = Ja
2 = Nein

39 Die unterstützte Person ist mein nicht dauernd getrennt lebender und nicht unbeschränkt einkommensteuerpflichtiger Ehegatte / Lebenspartner
1 = Ja
2 = Nein

40 Die unterstützte Person ist als Kindesmutter / Kindesvater gesetzlich unterhaltsberechtigt.
1 = Ja
2 = Nein
Falls ja (wenn nicht ganzjährig)

41 Die unterstützte Person ist nicht unterhaltsberechtigt, jedoch wurden oder würden bei ihr wegen der Unterhaltszahlungen öffentliche Mittel gekürzt oder nicht gewährt.
(Bitte Nachweis der Sozialbehörden, der Agentur für Arbeit oder schriftliche Versicherung der unterstützten Person einreichen.)
1 = Ja
2 = Nein
Falls ja (wenn nicht ganzjährig)
EUR

42 Gesamtwert des Vermögens der unterstützten Person — EUR

Zum Unterhalt der bedürftigen Person haben auch beigetragen (Name, Anschrift)

43 von — bis — EUR

44 Betrag — EUR

Einkünfte und Bezüge der unterstützten Person

Diese Person hatte		Bruttoarbeitslohn EUR	darauf entfallende Werbungskosten (ohne Werbungskosten zu Versorgungsbezügen) EUR	Versorgungsbezüge – im Arbeitslohn enthalten – EUR	Bemessungsgrundlage für den Versorgungsfreibetrag EUR	Werbungskosten zu Versorgungsbezügen EUR
vom	bis					
45						
46						

maßgebendes Kalenderjahr des Versorgungsbeginns Jahr				Renten vom bis	steuerpflichtiger Teil der Rente EUR	Werbungskosten zu Renten EUR
47						
48						

		Einkünfte aus Kapitalvermögen (tarifliche Einkommensteuer) vom bis EUR			Übrige Einkünfte vom bis EUR
49					
50					

		Erträge aus Kapitalvermögen (Abgeltungsteuer) vom bis EUR			Sozialleistungen / übrige Bezüge vom bis EUR
51					
52					

		Kosten zu allen Bezügen vom bis EUR			Öffentliche Ausbildungshilfen vom bis EUR
53					
54					

2015AnlUnterhalt192   2015AnlUnterhalt192

Gesundheit ist nicht alles,
aber ohne Gesundheit ist alles nichts.

398 ◆ *Musterfall Familie Huber (Unterstützung des Vaters)*
Der Vater von Herrn Huber ist verwitwet. Er lebt in Hamburg in seiner eigenen Wohnung und bezieht seit dem Jahr 2000 eine Rente aus der gesetzlichen Rentenversicherung. Im Jahr 2015 hat er daraus 6.600 € erhalten. Herr Huber hat deshalb seinen Vater das ganze Jahr über mit monatlich 170 €, übers Jahr gesehen mit 2.040 € unterstützt und beantragt hierfür eine Steuervergünstigung, indem er die Anlage Unterhalt beifügt.

Aufwendungen für den Unterhalt			
	vom	bis	Gesamtaufwendungen EUR
7	Erster Unterstützungszeitraum, für den Unterhalt geleistet wurde, und Höhe der Aufwendungen (einschließlich Beträge lt. den Zeilen 11 bis 25) – Bitte Nachweise einreichen. –	**0101** **3112**	**2040,–**
8	Zeitpunkt der ersten Unterhaltsleistung für den ersten Unterstützungszeitraum im Kalenderjahr	**02012015**	Gesamtaufwendungen

Huber weiß, dass Renten, die vor dem Jahr 2005 zu laufen begonnen haben (Altrenten), mit einem Anteil von 50 % steuerpflichtig sind (➤ Rz 939). Deshalb trägt er in > Zeile 47 der Anlage Unterhalt als steuerpflichtigen Teil der Rente den Betrag von 3.300 € ein.

Das bringt für 2015 an außergewöhnlicher Belastung:

Aufwendungen 2.040 €		
Unterhaltshöchstbetrag		*8.472 €*
./. Kürzung wegen eigener Einkünfte und Bezüge des Vaters:		
Rente	*6.600 €*	
./. pauschal 102 € + 180 €*	*– 282 €*	
Einkünfte und Bezüge	*6.318 €*	
./. anrechnungsfreier Betrag	*– 624 €*	
Schädliche Einkünfte	*5.694 €* >	*– 5.694 €*
Gekürzter Unterhaltshöchstbetrag		*2.778 €*

* Werbungskostenpauschbetrag und Kostenpauschale

ANLAGE UNTERHALT
Unterhalt für bedürftige Personen

2016

Allgemeine Angaben zur unterstützten Person

Identifikationsnummer der unterstützten Person

31		lfd. Nr.	**1**	**1 2 3 4 5 6 7 8 9 0 1**

Name, Vorname   Geburtsdatum   Sterbedatum

32   **Hubert, Fritz**   **0 7 0 7 1 9 3 5**   wenn 2015 verstorben

Beruf, Familienstand   Verwandtschaftsverhältnis zur unterstützenden Person

33   **Rentner, verwitwet**   **Vater**

Bei Unterhaltsempfängern im Ausland:

34   Von der Heimatbehörde auf den unterstützten Person bestätigte Unterhaltserklärung über die Bedürftigkeit ist beigefügt.   1 = Ja / 2 = Nein

35   Name, Vorname des im selben Haushalt lebenden Ehegatten / Lebenspartners   Name, Vorname

				Falls ja	vom	bis
36	Die unterstützte Person lebte in meinem inländischen Haushalt.	**2**	1 = Ja / 2 = Nein	(wenn nicht ganzjährig)		
37	Hatte jemand für diese Person Anspruch auf Kinder-geld oder Freibeträge für Kinder?	**2**	1 = Ja / 2 = Nein	Falls ja (wenn nicht ganzjährig)		

38   Die unterstützte Person ist mein
– geschiedener Ehegatte
– Lebenspartner einer aufgehobenen Lebenspartnerschaft
– dauernd getrennt lebende Ehegatte / Lebenspartner
(kein Abzug von Sonderausgaben nach § 10 Abs. 1a Nr. 1 EStG, keine Zusammenveranlagung)   **2**   1 = Ja / 2 = Nein

39   Die unterstützte Person ist mein nicht dauernd getrennt lebender und nicht unbeschränkt einkommensteuer-pflichtiger Ehegatte / Lebenspartner   **2**   1 = Ja / 2 = Nein

| 40 | Die unterstützte Person ist als Kindesmutter / Kindes-vater gesetzlich unterhaltsberechtigt. | **2** | 1 = Ja / 2 = Nein | Falls ja (wenn nicht ganzjährig) | |

41   Die unterstützte Person ist nicht unterhaltsberechtigt, jedoch wurden oder würden bei ihr wegen der Unterhalts-zahlungen öffentliche Mittel gekürzt oder nicht gewährt.
(Bitte Nachweis der Sozialbehörde, der Agentur für Arbeit oder schriftliche Versicherung der unterstützten Person einreichen.)   **2**   1 = Ja / 2 = Nein   Falls ja (wenn nicht ganzjährig)

EUR

42	Gesamtwert des Vermögens der unterstützten Person		**0,—**

43   Zum Unterhalt der bedürftigen Person haben auch beigetragen (Name, Anschrift)

	vom	bis		EUR
44			Betrag	

Einkünfte und Bezüge der unterstützten Person

Diese Person hatte			Bruttoarbeitslohn	darauf entfallende Werbungskosten (ohne Werbungskosten zu Versorgungsbezügen)	Versorgungsbezüge – im Arbeitslohn enthalten –	Bemessungsgrundlage für den Versorgungs-freibetrag	Werbungskosten zu Versorgungs-bezügen
	vom	bis	EUR	EUR	EUR	EUR	EUR
45							
46							

	maßgebendes Kalenderjahr des Versorgungsbeginns				Renten	steuerpflichtiger Teil der Rente	Werbungskosten zu Renten
	Jahr	vom	bis		EUR	EUR	EUR
47	**0 1 0 1**	**3 1 1 2**			**6 6 0 0**	**3 3 0 0**	
48							

»Bei mir liegen die Verhältnisse aber ganz anders«, maulen Sie. Dann lassen Sie mich erklären, welche Fallstricke auf Sie warten.

399 **So ergattern Sie den doppelten Höchstbetrag!**

»Ich gebe meinen Eltern jeden Monat 750 €, damit sie ordentlich über die Runden kommen«, so erklären Sie. Wichtig ist, Ihre Aufwendungen in der Anlage Unterhalt so unterzubringen, dass der Unterhaltshöchstbetrag für zwei Personen, also doppelt gewährt wird.

Sehen Sie, was das bringt:

Ihre Aufwendungen betragen 750 € × 12 Monate = 9.000 €		
Unterhaltshöchstbetrag 8.472 € für 2 Personen		16.944 €
Kürzung wegen eigener Einkünfte und Bezüge Ihrer Eltern:		
Rente Ihres Vaters	8.400 €	
./. pauschal 102 € + 180 €	– 282 €	
Einkünfte und Bezüge	8.118 €	
./. anrechnungsfreier Betrag (624 € × 2)	– 1.248 €	
Schädliche Einkünfte	6.870 €	> – 6.870 €
Gekürzter Unterhaltshöchstbetrag		10.074 €

Haushalt, in dem die unterstützte(n) Person(en) lebte(n)   53

Anschrift dieses Haushaltes

4   *Gartenstr. 13, Münchhausen*

Wohnsitzstaat, wenn Ausland

5

Die Eintragungen in den Zeilen 6 bis 10 und 17 bis 26 sind nur in der ersten Anlage Unterhalt je Haushalt erforderlich.

6   Anzahl der Personen, die in dem Haushalt lt. Zeile 4 lebten   Anzahl   **2**

Aufwendungen für den Unterhalt

7   Erster Unterstützungszeitraum, für den Unterhalt geleistet wurde, und Höhe der Aufwendungen (einschließlich Beträge lt. den Zeilen 11 bis 25) – Bitte Nachweise einreichen. –   vom **0 1 0 1**   bis **3 1 1 2**   Gesamtaufwendungen EUR **9 0 0 0,–**

8   Zeitpunkt der ersten Unterhaltsleistung für den ersten Unterstützungszeitraum im Kalenderjahr   **1 5 0 1 2 0 1 5**   Gesamtaufwendungen

---

ANLAGE UNTERHALT
Unterhalt für bedürftige Personen

2016

Allgemeine Angaben zur unterstützten Person

Identifikationsnummer der unterstützten Person

31   lfd. Nr. **1**   **3 4 5 6 7 8 9 0 1 2 3**

Name, Vorname   Geburtsdatum   Sterbedatum

32   **Freitag, Alfons**   **2 3 0 6 1 9 3 3**   wenn 2015 verstorben

Beruf, Familienstand   Verwandtschaftsverhältnis zur unterstützenden Person

33   **Rentner, verheiratet**   **Vater**

34   Bei Unterhaltsempfängern im Ausland: Von der Heimatbehörde und der unterstützten Person bestätigte Unterhaltserklärung über die Bedürftigkeit ist beigefügt.   1 = Ja   2 = Nein

Name, Vorname des im selben Haushalt lebenden Ehegatten / Lebenspartners   *Name, Vorname*

35   **Freitag, Hannelore**

36   Die unterstützte Person lebte in meinem inländischen Haushalt.   **2**   1 = Ja / 2 = Nein   Falls ja (wenn nicht ganzjährig) vom ... bis

37   Hatte jemand für diese Person Anspruch auf Kindergeld oder Freibeträge für Kinder?   **2**   1 = Ja / 2 = Nein   Falls ja (wenn nicht ganzjährig)

38   Die unterstützte Person ist mein
– geschiedener Ehegatte
– Lebenspartner einer aufgehobenen Lebenspartnerschaft
– dauernd getrennt lebende Ehegatte / Lebenspartner
(kein Abzug von Sonderausgaben nach § 10 Abs. 1a Nr. 1 EStG, keine Zusammenveranlagung)   **2**   1 = Ja / 2 = Nein

39   Die unterstützte Person ist mein nicht dauernd getrennt lebender und nicht unbeschränkt einkommensteuerpflichtiger Ehegatte / Lebenspartner   **2**   1 = Ja / 2 = Nein

40   Die unterstützte Person ist als Kindesmutter / Kindesvater gesetzlich unterhaltsberechtigt.   **2**   1 = Ja / 2 = Nein   Falls ja (wenn nicht ganzjährig)

41   Die unterstützte Person ist nicht unterhaltsberechtigt, jedoch wurden oder wurden bei ihr wegen der Unterhaltszahlungen öffentliche Mittel gekürzt oder nicht gewährt (Bitte Nachweis der Sozialbehörden, der Agentur für Arbeit oder schriftliche Versicherung der unterstützten Person einreichen.)   **2**   1 = Ja / 2 = Nein   Falls ja (wenn nicht ganzjährig)

42   Gesamtwert des Vermögens der unterstützten Person   EUR   **0 ,—**

Zum Unterhalt der bedürftigen Person haben auch beigetragen (Name, Anschrift)

43   vom ... bis

44   Betrag   EUR

Einkünfte und Bezüge der unterstützten Person

Diese Person hatte	Bruttoarbeitslohn	darauf entfallende Werbungskosten (ohne Werbungskosten zu Versorgungsbezügen)	Versorgungsbezüge – im Arbeitslohn enthalten –	Bemessungsgrundlage für den Versorgungs-freibetrag	Werbungskosten zu Versorgungs-bezügen
	vom ... bis EUR	EUR	EUR	EUR	EUR
45					
46					

maßgebendes Kalenderjahr des Versorgungsbeginns JAHR		vom ... bis	Renten EUR	steuerpflichtiger Teil der Rente EUR	Werbungskosten zu Renten EUR
47		**0 1 0 1 3 1 1 2**	**8 4 0 0**	**4 2 0 0**	
48					

301

	Allgemeine Angaben zur unterstützten Person			Identifikationsnummer der unterstützten Person
31		lfd. Nr.	1	3 4 5 6 7 8 9 0 1 2 3

	Name, Vorname	Geburtsdatum			Sterbedatum
32	Freitag, Hannelore	2 8 0 5 1 9 3 5	wenn 2015 verstorben		

	Beruf, Familienstand	Verwandtschaftsverhältnis zur unterstützenden Person
33	Hausfrau, verheiratet	Mutter

34 Bei Unterhaltsempfängern im Ausland:
Von der Heimatbehörde und der unterstützten Person bestätigte Unterhaltserklärung über die Bedürftigkeit ist beigefügt.
1 = Ja
2 = Nein

Name, Vorname des im selben Name, Vorname
35 Haushalt lebenden Ehegatten / Freitag, Alfons
Lebenspartners

				Falls ja	vom	bis
36	Die unterstützte Person lebte in meinem inländischen Haushalt.	2	1 = Ja 2 = Nein	(wenn nicht ganzjährig)		
37	Hatte jemand für diese Person Anspruch auf Kindergeld oder Freibeträge für Kinder?	2	1 = Ja 2 = Nein	Falls ja (wenn nicht ganzjährig)		
38	Die unterstützte Person ist mein – geschiedener Ehegatte – Lebenspartner einer aufgehobenen Lebenspartnerschaft – dauernd getrennt lebender Ehegatte / Lebenspartner (kein Abzug von Sonderausgaben nach § 10 Abs. 1a Nr. 1 EStG, keine Zusammenveranlagung)	2	1 = Ja 2 = Nein			
39	Die unterstützte Person ist mein nicht dauernd getrennt lebender und nicht unbeschränkt einkommensteuerpflichtiger Ehegatte / Lebenspartner	2	1 = Ja 2 = Nein			
40	Die unterstützte Person ist als Kindesmutter / Kindesvater gesetzlich unterhaltsberechtigt.	2	1 = Ja 2 = Nein	Falls ja (wenn nicht ganzjährig)		
41	Die unterstützte Person ist nicht unterhaltsberechtigt, jedoch wurden oder würden bei ihr wegen der Unterhaltszahlungen öffentliche Mittel gekürzt oder nicht gewährt. (Bitte Nachweis der Sozialbehörden, der Agentur für Arbeit oder schriftliche Versicherung der unterstützten Person einreichen.)	2	1 = Ja 2 = Nein	Falls ja (wenn nicht ganzjährig)		EUR
42	Gesamtwert des Vermögens der unterstützten Person					0,—

Zum Unterhalt der bedürftigen Person haben auch beigetragen (Name, Anschrift)

	vom	bis			EUR
43					
44				Betrag	,—

Hätten Sie lediglich Ihren Vater eingetragen, würde der auf ihn entfallende Höchstbetrag durch seine Rente nahezu verbraucht und es wäre ein Abzugsbetrag von nur 1.602 € verblieben. Weil Sie aber beide Elternteile als unterstützte Personen eingetragen haben (Anzahl 2 in > Zeile 6), ergattern Sie einen Abzugsbetrag von immerhin 10.074 €, der Ihnen bei einem Steuersatz von 35 % eine satte Steuererstattung von rund 3.526 € beschert.

400 ## 7.2 Haushalt, in dem die unterstützte(n) Person(en) lebte(n) – Zeile 4 – 6

Es macht einen Unterschied, ob die unterstützte Person in Ihrem Haushalt lebt oder einen eigenen Haushalt unterhält, in dem möglicherweise noch andere Personen leben.

Zeile 4–6 Haushalt, in dem die unterstützte(n) Person(en) lebte(n)

Anschrift des Haushalts/Ort > Zeile 4

In der Anlage Unterhalt ist vorgesehen, dass Sie für bis zu drei im selben Haushalt lebende Unterhaltsempfänger – auf den Seiten 2 bis 4 – Eintragungen vornehmen können.

Es wird also nach Haushaltszugehörigkeit unterschieden. Unterstützen Sie zwei Personen, die in getrennten Haushalten leben, ist für jede Person eine gesonderte Anlage Unterhalt abzugeben.

Wohnsitzstaat im Ausland > Zeile 5

Lebt die unterstützte Person nicht in Deutschland, können Aufwendungen nur abgezogen werden, soweit sie nach den Verhältnissen des Wohnsitzstaats der unterhaltenen Person notwendig und angemessen sind. Die ausländischen Staaten werden in Ländergruppen eingeteilt, für die gekürzte Höchstbeträge gelten (BMF v. 17.11.2003, IV C 4 – S 2285 – 54/03).

Höchstbetrag für Unterhalt	Anrechnungsfrei	Land
€	€	
8.472	624	**Ländergruppe 1:** Andorra, Australien, Belgien, Brunei-Darussalam, Dänemark, Finnland, Frankreich, Griechenland, Hongkong, Irland, Island, Italien, Japan, Kaiman-Inseln, Kanada, Katar, Kuwait, Liechtenstein, Luxemburg, Macau, Monaco, Neuseeland, Niederlande, Norwegen, Österreich, San Marino, Schweden, Schweiz, Singapur, Spanien, Vereinigte Arabische Emirate, Vereinigte Staaten, Vereinigtes Königreich, Zypern
6.354	468	**Ländergruppe 2 (Kürzung $1/4$):** Äquatorialguinea, Bahamas, Bahrain, Barbados, Estland, Israel, Republik Korea, Malta, Oman, Palästinensische Gebiete, Portugal, Saudi-Arabien, Slowakische Republik, Slowenien, Taiwan, Trinidad und Tobago, Tschechische Republik, Turks- und Caicos-Inseln
4.236	312	**Ländergruppe 3 (Kürzung $1/2$):** Antigua und Barbuda, Argentinien, Botsuana, Brasilien, Bulgarien, Chile, Cookinseln, Costa Rica, Dominica, Gabun, Grenada, Kasachstan, Kroatien, Lettland, Libanon, Libysch-Arabische Dschamahirija/Libyen, Litauen, Malaysia, Mauritius, Mexiko, Montenegro, Nauru, Niue, Palau, Panama, Polen, Rumänien, Russische Föderation, Serbien, Seychellen, St. Kitts und Nevis, St. Lucia, St. Vincent und die Grenadinen, Südafrika, Suriname, Türkei, Ungarn, Uruguay, Venezuela, Weißrussland/Belarus
2.118	156	**Ländergruppe 4 (Kürzung $3/4$):** alle übrigen Länder

303

Unterstützen Sie jemanden, der im Ausland wohnt, haben Sie eine **erhöhte Nachweispflicht**. Mehr dazu unter ➤ Rz 404.

Anzahl der Personen > Zeile 6
Machen Sie Angaben zu einer weiteren Person, können Sie unter Umständen den doppelten Höchstbetrag beanspruchen (➤ Rz 399). Allerdings wird das Finanzamt dann wissen wollen, ob die unterhaltene Person nicht vorrangig andere gesetzliche Unterhaltsansprüche gegenüber Dritten (Ehe- oder Lebenspartner, Eltern) hat, die mit ihr in demselben Haushalt leben. Tragen Sie in > Zeile 6 also eine »2« ein, verlangt der behördliche Computer weitere Angaben auf Seite 2 des Formulars.

401 ## 7.3 Aufwendungen für den Unterhalt – Zeile 7–16

Zeile 7–16 Aufwendungen für den Unterhalt (Zeitraum)

Der Höchstbetrag von 8.472 € wird für jeden Monat, in dem keine Unterstützung geleistet wird, um $^1/_{12}$ gekürzt. Tragen Sie also ein, sofern das zutrifft: 1.1.–31.12.

Basiskranken- und Pflegepflichtversicherungsbeiträge für die unterstützte Person
Zusätzlich zum Höchstbetrag von 8.472 € können die zugunsten der unterstützten Person übernommenen Beiträge zur Basiskranken- und Pflegeversicherung abgezogen werden. Der Abzug als außergewöhnliche Belastung kommt allerdings nicht in Betracht, wenn Sie selbst Versicherungsnehmer sind und die Beiträge als Sonderausgaben abziehen können (vgl. Anlage Vorsorgeaufwand).

Da der Unterhaltshöchstbetrag personenbezogen zu ermitteln ist, sind getrennte Angaben hinsichtlich der Kranken- und Pflegeversicherung für die jeweils unterstützte Person in > Zeilen 11, 13 und 15 erforderlich. Berücksichtigt werden nur Beiträge zur Basisversicherung – d.h. ohne Wahlleistungen –, die auf den Unterstützungszeitraum entfallen.

Ergeben sich aus den Beiträgen Ansprüche auf Krankengeld oder vergleichbare Leistungen, sind die Basiskrankenversicherungsbeiträge um 4 % zu kürzen. In diesen Fällen ist der Beitrag, aus dem sich der Krankengeldanspruch ergibt, noch einmal ergänzend in den > Zeilen 12, 14 und 16 anzugeben.

402

 Verteilen Sie die Unterhaltszahlungen günstig

Wenn Sie nicht regelmäßig monatliche Zahlungen leisten, achten Sie darauf, dass Sie zumindest im Januar eine Zahlung leisten und ansonsten in jedem Vierteljahr. Nur unter dieser Voraussetzung können Sie einen Unterstützungszeitraum von 1. 1. bis 31. 12. angeben.

Beginnen Sie z. B. erst im Mai mit Ihren Zuwendungen von insgesamt 8.200 €, rechnet das Finanzamt so:
Unterhaltsleistungen Mai bis Dezember 8.200 €,
höchstens $^8/_{12}$ von 8.472 € =   5.648 €

Sie bekommen nur 5.648 € angerechnet.

Wenn Sie den Unterhalt günstig verteilen, indem Sie vierteljährlich 2.050 € zahlen, rechnet das Finanzamt:
Unterhaltsleistungen Januar bis Dezember 8.200 €,
höchstens   8.472 €
Sie bekommen also 2.824 € mehr angerechnet.
Steuerersparnis bei 30 % Steuerbelastung =   847 €

Zeile 7–16 Aufwendungen für den Unterhalt (Höhe)

403

Hier sind die von Ihnen geleisteten Zahlungen einzutragen.

Gehört die unterstützte Person zu Ihrem Haushalt, wird davon ausgegangen, dass Ihnen Unterhaltsaufwendungen in Höhe des Höchstbetrags von 8.472 € im Jahr = 706 € im Monat entstehen. In diesem Fall tragen Sie in > Zeile 7 den Höchstbetrag von 8.472 € ein.

Neben Barzahlungen gehören zu den Unterhaltsleistungen auch alle typischen Aufwendungen für den laufenden Lebensunterhalt, wie für Ernährung, Wohnung, Heizung, Kleidung. Der Unterhalt kann also auch darin bestehen, dass Sie dem Bedürftigen eine Wohnung überlassen oder Sachwerte wie z. B. einen Mantel schenken.

Tragen Sie daher den Gesamtbetrag der Aufwendungen ein, die Sie im Kalenderjahr 2015 geleistet haben.

Geben Sie sich nicht mit den Sätzen des Finanzamts zufrieden!

Wer will behaupten, dass der Höchstbetrag von 8.472 €, den das Finanzamt für Unterhalt anrechnet, auch für besondere zusätzliche Kosten angemessen sei? So dürfen Sie sich nicht genieren, neben dem Unterhalt die anderen Kosten anzugeben (BFH in HFR 1963 S. 395 und FG Düsseldorf – EFG 1978 S. 544), als da sind

- Versicherungsbeiträge zur Lebensversicherung usw. (falls Sie nicht vorziehen, diese auf Sie umschreiben zu lassen),
- zusätzliche Lebensmittel und Obst nach einer Operation oder einer Krankenhausbehandlung sowie Stärkungsmittel aufgrund ärztlicher Atteste,
- zusätzliche Bettwäsche und deren Wäschekosten usw., wenn diese besonders nötig sind,
- übernommene Operations- oder Krankenhauskosten bei Nichtversicherten. Beachten Sie aber: Wenn Sie den Unterhaltshöchstbetrag z.B. für Ihre Oma noch nicht ausgeschöpft haben, sollten Sie alle Ihre Zuwendungen als Unterhalt deklarieren. Statt die Krankheitskosten und die Medikamente für Oma zu bezahlen, drücken Sie ihr lieber einen Hunderter mehr in die Hand. In diesem Fall fahren Sie nämlich mit Unterhaltsleistungen besser, weil sie nicht um die zumutbare Belastung gekürzt werden und Sie sie deshalb bis zum Höchstbetrag in voller Höhe absetzen können.

Übrigens, Sie unterstützen nur, weil der Bedürftige von seinem bisschen Rente nicht leben kann. Raten Sie ihm doch mal, einen Antrag auf Mietbeihilfe oder Wohngeld zu stellen.

---

404 ## Zeile 17–26 Unterhaltsleistungen an im Ausland lebende Personen

---

Auch Zahlungen an Unterhaltsempfänger im Ausland sind steuerlich begünstigt. Da jedoch das Finanzamt Angaben in Verbindung mit Auslandssachverhalten, hier beispielsweise die Bedürftigkeit der unterstützten Person oder den Empfang der Zahlungen, nur eingeschränkt überprüfen kann, trifft den Steuerbürger eine »erhöhte Mitwirkungspflicht«(BMF-Schreiben v. 9.2.2006).

Voraussetzung für den Abzug der Unterhaltsleistungen ist zunächst der **Nachweis der Unterhaltsbedürftigkeit** der unterhaltenen Person (vgl. > Zeile 34) durch detaillierte Angaben in amtlichen Bescheinigungen der Heimatbehörden mit deutscher Übersetzung durch einen amtlich zugelassenen Dolmetscher, ein Konsulat oder eine sonstige zuständige (ausländische) Dienststelle. Diese Bescheinigungen (oftmals gibt es hierfür Vordrucke) müssen enthalten:

1. Namen, Alter, ausgeübten Beruf und Anschrift der unterhaltenen Person sowie das Verwandtschaftsverhältnis zu Ihnen als Unterhaltszahler,

2. Angaben über Art und Umfang der Einnahmen im Kalenderjahr und des Vermögens des Unterhaltsempfängers,

3. Angaben darüber, ob noch andere Personen unterhaltspflichtig waren, welche Unterhaltsbeiträge diese ggf. geleistet haben und ab wann und aus welchen Gründen der Unterhaltsempfänger nicht selbst für seinen Lebensunterhalt aufkommen konnte.

Unterhaltszahlungen sind grundsätzlich durch **Post- oder Bankbelege** (Buchungsbestätigung oder Kontoauszüge) nachzuweisen, **die die unterhaltene Person als Empfänger ausweisen** (> Zeile 17). Anderenfalls muss damit gerechnet werden, dass das Finanzamt eine Bescheinigung der ausländischen Bank über die Kontovollmacht der unterhaltenen Person und über Zeitpunkt, Höhe und Empfänger der Auszahlung fordert. Werden mehrere Personen (Eltern, Ehefrau), die in einem gemeinsamen Haushalt oder im selben Ort leben, unterhalten, genügt es, wenn die Überweisungsbelege auf den Namen einer dieser Personen lauten.

Barzahlungen im Rahmen von Familienheimfahrten
Bei Familienheimfahrten gelten Erleichterungen. Eine Familienheimfahrt liegt nur vor, wenn der Steuerpflichtige seinen im Ausland lebenden Ehegatten besucht, der dort weiter den Familienhaushalt aufrechterhält (BFH-Urt. v. 19.5.2004 – BStBl 2005 II S. 24).

Der Fiskus geht davon aus, dass Sie je Familienheimfahrt höchstens einen Nettomonatslohn – einzutragen in > Zeile 26 – für den Unterhalt des Ehegatten, der Kinder und anderer am Ort des Familienhaushalts lebender Angehöriger mitnehmen. Anderweitige Zahlungen werden darauf angerechnet. Die Beweiserleichterung gilt für bis zu vier im Kalenderjahr nachweislich durchgeführte Familienheimfahrten.

Trotz dieser sog. Beweiserleichterung will der Fiskus Abhebungsnachweise und detaillierte Empfängerbestätigungen sehen, darf zwischen Abhebung und Geldübergabe ein Zeitraum von höchstens zwei Wochen liegen und ist die Durchführung der Reise durch Vorlage von Fahrkarten, Tankquittungen, Grenzübertrittsvermerken, Flugscheinen, Visa usw. nachzuweisen.

Beispiel

Emilio Muster hat seinen Familienhaushalt (mit Ehefrau, minderjährigem Kind, verwitweter Mutter) in Spanien (Ländergruppe 1). Er hat im Jahr 2015 nachweislich zwei Heimfahrten unternommen (April und Dezember) und macht die Mitnahme von Bargeld im Wert von je 1.500 € geltend, ohne dies jedoch belegen zu können. Für Januar, Juli und Oktober kann er je eine Zahlung in Höhe von 1.450 € durch Bankbelege nachweisen. Sein Nettomonatslohn beläuft sich auf 1.312 €.

Aufwendungen für den Unterhalt:

Mitnahme von 3.000 € Bargeld bei 2 Familienheimfahrten	6.000 €
3 Überweisungen à 1.450 € =	4.350 €
Summe	10.350 €

Das Finanzamt rechnet so:

2 Familienheimfahrten (= 2 × Nettomonatslohn)	
+ 2 Überweisungen in Höhe des Nettomonatslohns	
= 4 (= jährlich höchstens anzusetzen im Rahmen	
der Beweiserleichterung) × 1.312 €	5.248 €
./. anderweitig nachgewiesene Zahlungen (3 × 1.450 €) =	− 4.350 €
Verbleibender Betrag	898 €
Anzusetzende Unterhaltsaufwendungen (4.350 € + 898 €) =	5.248 €

405 7.4 Allgemeine Angaben zur unterstützten Person – Zeile 31–44

Es ist schon erstaunlich, welche Nachweisschikanen dem Fiskus einfallen, um die Steuerzahler davon abzuschrecken, ihre Rechte geltend zu machen. Doch Sie husten ihm was und füllen geduldig das vertrackte Formular aus.

406 Zeile 32 Geburtsdatum

Ihre Aufwendungen für den Unterhalt erwachsen Ihnen nur dann zwangsläufig, wenn der Unterhaltsempfänger alle ihm zur Verfügung stehenden Quellen ausschöpft. Dazu gehört eigentlich auch seine Arbeitskraft, daher die Frage nach dem Geburtsdatum.

Nach einer Verwaltungsverfügung sollen die Fiskalbürokraten allerdings nicht prüfen, ob die unterhaltene Person ihre Arbeitskraft nun eingesetzt hat oder nicht. Liegen die übrigen Voraussetzungen wie z.B. Verwandtschaft in gerader Linie, kein Anspruch auf Kinderermäßigung und keine oder nur geringe eigene Einkünfte und Bezüge vor, ist die steuerliche Abzugsfähigkeit der Unterhaltsleistungen geritzt (R 33a.1 Abs. 1 Satz 4 EStR).

Anders, wenn die unterhaltene Person im Ausland lebt. Dann soll es darauf ankommen, ob sie ihre Arbeitskraft einsetzt.

Zeile 32 Sterbedatum   407

Bei den Unterhaltsleistungen wird gezwölftelt! Ist also die unterstützte Person im Lauf des Jahres verstorben, wird der Höchstbetrag von 8.472 € entsprechend gekürzt.

Zeile 33 Beruf   408

Mit der Frage nach dem Beruf der von Ihnen unterstützten Person will der Fiskalritter Ihre Angaben in > Zeile 45–54 auf Plausibilität prüfen. Dort tragen Sie nämlich die Einkünfte und Bezüge der unterhaltenen Person ein, und die sollten zum eingetragenen Beruf passen.

Zeile 33 Familienstand   409

Ist die von Ihnen unterstützte Person verheiratet, kann das dazu führen, dass das Finanzamt Ihre Unterhaltszahlungen als nicht zwangsläufig, d.h. als nicht notwendig, ansieht, da Unterhaltsanspruch gegenüber dem Ehegatten besteht.

Zeile 33 Verwandtschaftsverhältnis   410

Vorrangig ist einzutragen ein Verwandtschaftsverhältnis in gerader Linie – Vater, Mutter, Sohn, Tochter, Großvater, Großmutter, weil hier gesetzliche Unterhaltpflicht besteht.

- Verwandte in der Seitenlinie und Verschwägerte
  Wenn Sie ein Verwandtschaftsverhältnis angeben, bei dem keine gesetzliche Unterhaltpflicht besteht, wie z.B. bei Verwandten in der Seitenlinie (Bruder, Schwester oder Verschwägerte), müssen Sie mit Nachfragen rechnen. Der Unterhalt dieser Personen ist aber begünstigt, sofern Sie mit ihnen in Haushaltsgemeinschaft leben und ihnen aus diesem Grund Ansprüche auf Sozial- oder Arbeitslosenhilfe gekürzt oder versagt werden (§ 122 Satz 1 BSHG, § 193 Abs. 2, § 194 Abs.1 SGB III). An einen entsprechenden Bescheid der Sozialbehörde ist die Finanzverwaltung gebunden.
- Nicht verheiratete Mutter
  Die nicht verheiratete Mutter eines Kindes ist bis zur Vollendung des dritten Lebensjahres des Kindes gegenüber dessen Vater gesetzlich unterhaltsberechtigt. In dem Fall tragen Sie ein: Mutter meines Kindes.

Auch der Vater kann einen entsprechenden Unterhaltsanspruch gegenüber der Mutter haben, wenn er das Kind betreut (Betreuungsunter-
halt nach § 1615 I BGB).
● Lebenspartnerschaft
  Der gesetzlich unterhaltsberechtigten Person gleichgestellt ist der Partner einer eingetragenen eheähnlichen Gemeinschaft. Geben Sie also
  ggf.»eingetragene Lebenspartnerschaft« an.

Gut zu wissen: Viele zieren sich, die Sozialämter aufzusuchen. Kann deshalb keine Bescheinigung vom Sozial-/Arbeitsamt vorgelegt werden, sind
die Finanzämter angewiesen, zumindest bei eheähnlichen Gemeinschaften (Lebenspartnerschaften) grundsätzlich davon auszugehen, dass bei
der unterstützten Person dennoch die Voraussetzungen des § 33 a Abs. 1
EStG vorliegen. Entsprechendes gilt bei einer Haushaltsgemeinschaft mit
Verwandten und Verschwägerten, allerdings nur nach Vorlage einer entsprechenden Erklärung der unterstützten Person (BMF-Schreiben v.
28.3.2003 – BStBl 2003 I S.243). Dazu mehr unter ➤ Rz 418.

Zeitraum
Als Zeitraum tragen Sie ein»01.01.-31.12«, sofern das zutrifft. Wurde z.B.
die Lebenspartnerschaft erst im Lauf des Jahres begründet, tragen Sie
den entsprechend kürzeren Zeitraum ein.

---

411 **Zeile 34 Unterhaltsempfänger im Ausland:
Unterhaltserklärung der Heimat-
behörde**

Wer hier eine »2« eintragen muss, hat bei der steuerlichen Berücksichtigung seiner Aufwendungen schlechte Karten. Mehr zu amtlichen Bescheinigungen der Heimatbehörde unter ➤ Rz 404.
Unterhaltserklärungen in mehreren Sprachen finden Sie im Internet
unter www.formulare-bfinv.de.

---

412 **Zeile 35 Im Haushalt des Unterhaltsempfängers lebender Ehegatte/
Lebenspartner**

Tragen Sie hier Namen und Vornamen des im Haushalt des Unterhaltsempfängers lebenden Ehegatten/Lebenspartners ein, sollten Sie prüfen,
ob Sie in > Zeile 6 des Formulars mindestens eine »2« eingetragen haben.
Die Eintragung in > Zeile 35 ist kein Problem, wenn Sie beide Ehegatten

finanziell unterstützt haben (wie im Beispiel unter ➤ Rz 399). Ist das nicht der Fall, heißt es aufgepasst. Ist nämlich der Ehegatte der von Ihnen unterstützten Person nicht auf Unterhalt angewiesen, ergibt sich in der Regel eine Unterhaltsverpflichtung der Ehegatten untereinander, so dass der Empfänger Ihrer Aufwendungen gar nicht unterhaltsbedürftig ist.

Zeile 36 Haushaltszugehörigkeit   413

Lebt die unterstützte Person in Ihrem Haushalt, gewähren Sie Naturalunterhalt, der mit dem Höchstbetrag von 8.472 € pro Jahr zu veranschlagen ist (EStR 33a.1 Abs. 1). Lebt die unterstützte Person in einem eigenen Haushalt, ist dies ebenfalls unverfänglich. Anders jedoch, wenn sie mit Angehörigen oder mit dem Ehe- oder Lebenspartner in einem gemeinsamen Haushalt lebt. In diesem Fall hat der Bearbeiter das Recht, deren bzw. dessen Einkünfte als eigene Einkünfte der unterstützten Person zu berücksichtigen. Dies führt zu einer Kürzung des Höchstbetrags.

Zeile 37 Anspruch auf Kindergeld oder   414
-freibetrag

Hier hält der Fiskus ein Idiotenkästchen bereit, denn Kinderermäßigungen schließen die Berücksichtigung von Unterhalt als außergewöhnliche Belastung aus.

Zeile 38–41 Unterhaltsberechtigung/öf-   415
fentliche Mittel

Ihre Unterhaltsleistungen sind steuerlich abzugsfähig, wenn Sie zur Unterhaltszahlung verpflichtet sind. Damit der Finanzbeamte beruhigt einen Haken machen kann, tragen Sie den Grund Ihrer Unterhaltszahlungen in die > Zeilen 38–41 des Formulars ein. In Frage kommt die Unterstützung

> Zeile 38   des geschiedenen/dauernd getrennt lebenden Ehegatten,
> Zeile 39   des im Ausland lebenden Ehegatten,
> Zeile 40   der unterhaltsberechtigten Kindesmutter (bzw. des Vaters),
> Zeile 41   aufgrund der Kürzung oder Streichung öffentlicher Mittel.

Hinweis zu > Zeile 39:
Lebt einer der Ehegatten im Ausland, entfällt in der Regel die Zusammenveranlagung und damit der günstige Splittingtarif. Im Gegenzug können Unterhaltszahlungen steuerlich geltend gemacht werden (siehe dazu auch ➤ Rz 121).

416 Unterhalt an den Ex-Partner

Es gibt zwei Wege, den Fiskus an den Unterhaltskosten zu beteiligen:

1. als außergewöhnliche Belastung in der Anlage Unterhalt,

2. als Sonderausgabe in > Zeilen 40 – 41 des Hauptformulars.

Den Abzug als **außergewöhnliche Belastung** können Sie gleich vergessen, wenn die unterstützte Person eigene Einkünfte hat. Denn diese werden auf den Höchstbetrag angerechnet, soweit sie 624 € übersteigen. Schon ein Jahresbruttolohn von 10.096 € bringt den Höchstbetrag von 8.472 € auf null:

Unterhaltshöchstbetrag		8.472 €
Eigene Einkünfte und Bezüge der unterhaltenen Person, z.B. Bruttoarbeitslohn	10.096 €	
./. Arbeitnehmerpauschbetrag	– 1.000 €	
Einkünfte aus nichtselbständiger Arbeit	9.096 €	
./. anrechnungsfreier Betrag	– 624 €	
Schädliche Einkünfte und Bezüge	8.472 € >	– 8.472 €
abzugsfähiger Freibetrag		0 €

Der Abzugsbetrag als **Sonderausgaben** beläuft sich hingegen auf max. 13.805 €, aber Ihr Ex-Partner muss den Betrag, den Sie als Sonderausgaben abziehen wollen, versteuern. Mehr dazu unter ➤ Rz 122 ff.

417 *TIPP* Sie haben Nachwuchs bekommen? Setzen Sie den Unterhalt an Ihren Lebenspartner ab!

Eine Schwangerschaft ist für viele Paare kein Grund, vor den Traualtar zu treten, zumal Kinder von Eltern ohne Trauschein per Gesetz die gleichen Rechte genießen wie eheliche Kinder.

Für die Zeit des Mutterschutzes (sechs Wochen vor und acht Wochen nach der Geburt des Kindes) ist der Vater zur Unterhaltszahlung an die Mutter verpflichtet. Auch danach muss er kraft Gesetz für Mutter und Kind aufkommen, wenn sie sich um den Sprössling kümmert und daher eine Arbeitspause (von bis zu drei Jahren nach der Geburt) einlegt. Nimmt er selbst die Erziehungszeit in Anspruch, ist die Mutter des Kindes unterhaltpflichtig. Denn unterhaltpflichtig ist derjenige, der die Haushaltskasse füllt, versteht sich.

Für diesen Zeitraum besteht also eine gesetzliche Unterhaltspflicht, so dass der Höchstbetrag von 8.472 € für Unterhaltsleistungen geltend gemacht werden kann (Quelle: § 1615 L BGB).

Die Kosten brauchen Sie nicht nachzuweisen, denn da Sie in einem gemeinsamen Haushalt leben, wird schlichtweg unterstellt, dass Sie Aufwendungen in dieser Höhe hatten (EStR 33a.1 Abs. 1).

Gemeinschaftsbedingte Unterhaltspflicht   418

Leben Sie mit Ihrem Partner in ein und demselben Haushalt, wird bei der Gewährung öffentlicher Mittel stets Ihrer beider Einkommen berücksichtigt. So kann es kommen, dass Ihrem Partner das BAföG gekürzt oder das Wohngeld gestrichen wird, weil Sie ein paar Euro verdienen, und das, obwohl Sie nicht verheiratet sind. In diesem Fall können Sie Unterhaltsleistungen nach > Zeile 41 steuerlich geltend machen.

Wichtig zu wissen: Ihr Partner sollte auch dann öffentliche Leistungen beantragen, wenn von vornherein feststeht, dass der Antrag abgelehnt wird. Denn ohne den Ablehnungsbescheid können Sie dem Finanzamt nur schwer klarmachen, dass Sie für Vater Staat in die Bresche springen und Ihrem Partner unter die Arme greifen mussten.

Die Höhe der Unterhaltsleistungen ist nicht auf die Kürzung der Mittel aus öffentlichen Kassen beschränkt. Sie machen also den Höchstbetrag von 8.472 € geltend, auch wenn BAföG, Stütze oder Arbeitslosengeld nur um 2.000 € gekürzt wurde.

Hat Ihr Partner keinen Antrag auf staatliche Unterstützung gestellt, so beherzigen Sie folgenden …

TIPP Ergattern Sie mit einem Eigenbeleg   419
den Höchstbetrag!

Dieser Tipp gilt für alle, die in freier Lebenspartnerschaft oder mit Verwandten oder Verschwägerten in Haushaltsgemeinschaft zusammenleben und die Haushaltskosten allein tragen: Als allein erwerbstätiger Partner bzw. Angehöriger können Sie diese Aufwendungen als Unterhaltsleistungen absetzen – und zwar für jede mit Ihnen zusammenlebende Person den Höchstbetrag von 8.472 €. Alles, was Sie dafür brauchen, ist eine Bestätigung, die so oder ähnlich abzugeben ist:

Bestätigung im Sinne des § 33a Abs. 2 EStG (BMF-Schreiben v. 28.3.2003 – BStBl 2003 I S. 243)

Hiermit bestätige ich, dass

- ich für das Jahr 2015 keine zum Unterhalt bestimmten Mittel aus inländischen öffentlichen Kassen erhalten und auch keinen entsprechenden Antrag gestellt habe,*

- eine Lebenspartnerschaft in Haushaltsgemeinschaft mit (Name der unterstützenden Person) besteht bzw. ich mit (Name der unterstützenden Person) verwandt/verschwägert bin und wir eine Haushaltsgemeinschaft bilden,*

- ich über folgende/keine Einkünfte und Bezüge sowie über folgendes/kein Vermögen verfüge.*

. . . .
Ort/Datum   Unterschrift

*Unzutreffendes streichen

Und so könnte die Berechnung des Abzugsbetrags für Sie aussehen: Sie haben einen Bruttoarbeitslohn von 25.000 €. Ihr Lohnsteuerabzug beträgt 4.500 €, Ihre Sozialversicherungsbeiträge liegen bei 5.210 €. In 2015 haben Sie für das Jahr 2014 dank des Arbeitsbuches eine Steuererstattung von 1.000 € herausschlagen können. Ihrer Freundin wurde das BAföG aufgrund Ihrer Haushaltsgemeinschaft auf 4.000 € gekürzt.

Unterhaltshöchstbetrag		8.472 €
Eigene Einkünfte und Bezüge Ihrer Freundin	4.000 €	
./. Kostenpauschale	− 180 €	
./. anrechnungsfreier Betrag	− 624 €	
Anrechenbare Bezüge	3.196 €	> − 3.196 €
Möglicher Abzugsbetrag		5.276 €
Berechnung der Opfergrenze (➤ Rz 397)		
Arbeitslohn	25.000 €	
Steuererstattung	1.000 €	
	26.000 €	
./. Lohnsteuer	− 4.500 €	
./. Sozialversicherung	− 5.210 €	
./. Arbeitnehmerpauschbetrag	− 1.000 €	
Nettoeinkommen	15.290 €	

Opfergrenze = max. abzugsfähiger Betrag
(1 % je volle 500 €, damit 30 % von 15.290 € =)   <u>4.587 €</u>

Die Unterhaltsleistungen sind damit bis zur Höhe der Opfergrenze von 4.587 €
steuerlich abzugsfähig.

Zeile 42 Vermögen der unterhaltenen Person

420

Hat jemand Vermögen, hält der Fiskus eine Unterstützung nicht für erforderlich. Erst muss dieses Vermögen bis auf einen »geringfügigen« Rest
von 15.500 € (EStR 33a.1) aufgezehrt werden.
Bei der Berechnung der 15.500-€-Grenze bleiben außen vor:

- Gegenstände, die einen besonderen persönlichen Wert für den Unterhaltsempfänger haben (z.B. Familienschmuck),
- der Hausrat,
- angemessenes selbstgenutztes Wohneigentum.

421

 Sag dem Fiskus leise servus ...

... indem Sie sich von einigen steuerpflichtigen Einnahmen verabschieden
und sie Ihrem Lebenspartner zuschustern, bei dem sie – weil unterhalb des
Grundfreibetrags (➤ Rz 53) – nicht steuerpflichtig sind. Das ist die Revanche,
wenn der Fiskus es ablehnt, die Unterhaltszahlungen an Ihren Lebenspartner
als außergewöhnliche Belastung abzuziehen, nur weil dieser eine kleine Lebensversicherung sein Eigen nennt, deren Wert 15.500 € übersteigt.

Die Revanche könnte so aussehen: Sie besitzen eine kleine Wohnung, die
vermietet ist. Da sie weitgehend abgeschrieben und lastenfrei ist, haben Sie
kaum noch abziehbare Kosten. Diese Wohnung vermieten Sie für 1 € pro
Monat an Ihren Lebenspartner, und der vermietet sie zur regulären Marktmiete von 300 € weiter. So landen pro Monat 299 € steuerpflichtige Einnahmen bei Ihrem Lebenspartner statt bei Ihnen.
Ihr Lebenspartner bringt nun 299 € in die gemeinsame Haushaltskasse ein,
und Sie sparen die Steuern auf die Mieteinnahmen.

Zeile 43-44 Zum Unterhalt beigetragen

422

Hat Ihr Schützling außer Ihnen noch einen anderen Wohltäter, müssen
Sie sich den Freibetrag mit diesem teilen. Die Aufteilung erfolgt im Ver-

hältnis Ihrer Unterstützungsleistungen. Der Fiskus verlangt daher in
> Zeile 43–44 Angaben zu Unterstützungsleistungen anderer Personen.

**Natürlich können Sie nur dann Angaben dazu machen, wenn Sie von dem
anderen Wohltäter Kenntnis haben ...**

---

423 ## Zeile 45–54 Einkünfte und Bezüge
der unterstützten Person

Eigene Einkünfte und Bezüge der unterstützten Person von mehr als
624 € mindern wie schon erwähnt den abzugsfähigen Unterhaltshöchstbetrag. Zu den schädlichen Einkünften und Bezügen zählen insbesondere
Arbeitseinkünfte (Bruttoarbeitslohn), Ausbildungsbeihilfen wie z.B.
BAföG und Renten, aber auch Zinseinkünfte, Vermietungseinkünfte
oder Wehrsold.

Der Gedanke, der hinter dieser Regelung steht, ist einleuchtend. Je höher
die eigenen Einkünfte und Bezüge der unterhaltenen Person sind, umso
weniger ist ihre Unterstützung notwendig und damit zwangsläufig. Gottlob wird bei den Einnahmen nicht brutto für netto gerechnet. So zieht der
finanzamtliche Computer vom Bruttoarbeitslohn den Arbeitnehmerpauschbetrag von 1.000 € ab, wenn nicht höhere Werbungskosten zu berücksichtigen sind (»darauf entfallende Werbungskosten«). Von den Rentenbezügen werden »von Amts wegen« der Werbungskostenpauschbetrag
von 102 € und die Kostenpauschale von 180 € abgezogen. Als Rentenbezug gilt die Bruttorente, also die Rente vor Abzug der Krankenversicherungsbeiträge.

Nicht angerechnet werden folgende Bezüge:

- Aufwandsentschädigungen aus Bundes- oder Landeskassen,
- Aufwandsentschädigungen für nebenberufliche Tätigkeiten als Übungs-
  leiter, Ausbilder oder Erzieher bis zu insgesamt 2.400 € im Jahr,
- Eingliederungsbeihilfe,
- Erziehungsgeld,
- Leistungen einer Pflegeversicherung.

(Quelle: EStH 32.10)

424 **Lohn aus Minijobs sind Bezüge**
Hier hat der Fiskus ein Problem. Er lebt nach dem Motto: Schlechtes Steuerrecht ist kompliziert, einfaches ist ungerecht. Inzwischen stranguliert sich
das »schlechte Steuerrecht« aber selbst, wie Sie hier sehen werden. Tragen

Sie nämlich den Arbeitslohn Ihres Schützlings in > Zeile 45 ein, zieht der finanzamtliche Computer davon den Arbeitnehmerpauschbetrag von 1.000 € ab, der aber bei Lohn aus Minijobs nicht abgezogen werden darf. Doch woher sollen Sie als schlichter Steuerzahler wissen, dass der Lohn aus Minijobs kein Bruttoarbeitslohn ist, sondern zu den Bezügen gehört?

»Wie soll ich den pauschalierten Arbeitslohn meines Schützlings überhaupt herausfinden? Wahrscheinlich arbeitet er ohnehin ohne Lohnsteuerkarte, weil er sonst keine Sozialhilfeleistung bzw. Arbeitslosenhilfe bekäme«, sagen Sie.

Sie können ihn danach fragen. Mehr können Sie nicht tun.

Anders sieht es natürlich aus, wenn Ihr Schützling mit einer Lohnsteuerbescheinigung zum Finanzamt geht und selbst einen Steuererstattungsantrag stellt. Dann wäre Schummeln regelrecht gefährlich.

Renten, übrige Bezüge   425

Der Gesamtbetrag der Rente soll in zwei Zeilen eingetragen werden. Die > Zeilen 47 und 49 sind also im Zusammenhang zu sehen. In > Zeile 47 tragen Sie den steuerpflichtigen Ertragsanteil ein. Je nach Art der Rente ist er den Tabellen 1 und 2 in § 22 EStG oder der Tabelle 3 in § 55 EStDV zu entnehmen (➤ Rz 930 und ➤ Rz 955). In > Zeile 49 tragen Sie den steuerfreien Rest ein. Der behördliche Computer verlangt die Aufteilung, weil der steuerpflichtige Ertragsanteil um den Pauschbetrag von 102 € und der steuerfreie Rest um den Abzugsbetrag von 180 € gekürzt wird. Letztendlich ist es egal, wie viel Sie als steuerpflichtig und steuerfrei eintragen. Sofern Sie den Ertragsanteil nicht genau angeben können, tragen Sie der Einfachheit halber in > Zeile 47 50 % oder 52 % der gesamten Rente ein und in > Zeile 49 den Rest.

Das Kästchen für Werbungskosten lassen Sie offen. Werbungskosten für Renten gibt es so gut wie nie. Wie dabei gerechnet wird, zeigt dieses

Beispiel

Sie unterstützen Ihre Mutter, die eine Jahresrente von 7.560 € bezieht, mit monatlich 250 €, macht im Jahr 3.000 €. Wäre die Rente Ihrer Mutter niedriger und würde durch staatliche Grundsicherung bis zum Betrag von insgesamt 8.354 € aufgestockt, würde ähnlich gerechnet.

So rechnet der Fiskus:

Unterhaltshöchstbetrag		8.472 €
Eigene Einkünfte und Bezüge der Mutter		
Renteneinkünfte 50 % von 7.560 € =	3.780 €	
./. Werbungskostenpauschbetrag	– 102 €	
Renteneinkünfte	3.678 €	> 3.678 €

Bezüge (steuerfreier Rest)	3.780 €	
./. Pflichtbeiträge zur Krankenversicherung mit Zuschlag 15,5 % von 7.560 €* =	− 1.172 €	
./. Pflichtbeiträge zur Pflegeversicherung 1,95 %von 7.560 €	− 147 €	
Verbleiben	2.461 €	
./. Kostenpauschale	− 180 €	
Bezüge	2.281 €	> 2.281 €
Einkünfte und Bezüge insgesamt		5.959 €
./. anrechnungsfreier Betrag		− 624 €
Schädliche Einkünfte und Bezüge	5.335 €	> − 5.335 €
Gekürzter Unterhaltshöchstbetrag		3.137 €

*BMF-Schreiben vom 18.11.2005 (BStBl 2005 I S.1027) betreffend Pflichtbeiträge zur Berechnung von Kindeseinkünften.

Die 3.000 €, die Sie Ihrer Mutter zukommen lassen, können Sie also in voller Höhe als Unterhalt geltend machen. Einzutragen sind:

426 Einnahmen aus Kapitalvermögen, übrige Einkünfte

Wenn Sie hier Eintragungen von Bedeutung vornehmen, war Ihre bisherige Arbeit an der Anlage Unterhalt für die Katz. Denn zunächst muss der Unterhaltsempfänger seine eigenen Mittel aufbrauchen. Übrige Einkünfte könnten Mieterträge sein.

427 Ausbildungsbeihilfen

Der Höchstbetrag von 8.472 € vermindert sich stets um Ausbildungshilfen aus öffentlichen Mitteln (BAföG). Als Darlehen gewährte Leistungen werden nicht angerechnet. Hier ist es besonders wichtig, Ausbildungskosten geltend zu machen, welche die anrechenbaren Einkünfte mindern. Was hier alles möglich ist, dazu mehr unter ➤ Rz 136.

Beispiel

Ihre Tochter Anika ist Studentin, über 25 Jahre alt und hat kein Einkommen. Anspruch auf BAföG besteht nicht. Sie als Eltern bekommen seit 2015 kein Kindergeld mehr und tragen alle Kosten in Form von monatlich 375 € Miete und 400 € für den weiteren Lebensunterhalt.

Für Ihre Steuererklärung haben Sie sich von Anika schriftlich Höhe und Zeitraum der Unterhaltszahlungen bestätigen lassen. Außerdem fügen Sie Kontoauszüge, die Studienbescheinigung und den Ablehnungsbescheid über BAföG bei.

Ihre Aufwendungen in Höhe von (375 € + 400 € = 775 € × 12 Monate =) 9.300 € werden mit dem Höchstbetrag von 8.472 € berücksichtigt.

Zeile 45–54 Einkünfte und Bezüge außerhalb des Unterstützungszeitraums   428

Haben Sie nur während eines Teils des Jahres Ihren Schützling finanziell unterstützt, weil er in der übrigen Zeit eigene Einkünfte hatte, werden diese Einkünfte nicht auf den Freibetrag angerechnet.

Sie sollten aber wissen: Einkünfte, die sowohl innerhalb als auch außerhalb des Unterstützungszeitraums zufließen, werden aufgeteilt. Dabei werden

- Arbeitslohn, Renten und andere Bezüge den Monaten zugerechnet, in denen sie gezahlt werden;
- Zinsen, Mieteinkünfte, Gewinne aus Gewerbebetrieb oder selbständiger Arbeit mit $1/12$ des Jahresbetrags pro Monat angesetzt.

Diese Regelung gilt es geschickt auszunutzen.

♦ *Musterfall Backs (Eigene Einkünfte und Bezüge)*   429

Freund Backs lässt seine Tochter Julia aus erster Ehe, inzwischen 30 Jahre alt und alleinerziehend, nicht im Stich. Als Julia in den Monaten Januar bis September und im Dezember ohne Beschäftigung war, hat Backs ihr monatlich 350 € zugesteckt. Hierfür rechnet er mit einer Steuererstattung.

Höchst peinlich war es Backs, sich für seine Steuererklärung bei Julia nach deren Einkünften und Bezügen erkundigen zu müssen, was seine ohnehin vorhandene Wut auf den Fiskus nicht gerade besänftigen konnte.

Julia hat ihm auf seine Fragen hin offenbart, dass sie von Januar bis September monatlich Sozialhilfe in Höhe von 286 € und 307 € Erziehungsgeld erhalten hat. Ihre Anstellung als Schmuckverkäuferin in einem Kaufhaus ab Anfang Oktober konnte sie nicht halten und wurde zum 30. November gekündigt. Ihre Lohnsteuerbescheinigung weist für diesen Zeitraum einen

Bruttolohn von 4.000 € aus. Ab Anfang Dezember lebte Julia wieder von der Sozialhilfe, jetzt in Höhe von monatlich 486 €. In seine Steuererklärung trägt Backs ein:

Haushalt, in dem die unterstützte(n) Person(en) lebte(n)			53

Anschrift dieses Haushaltes

4 *Bauernkamp 10, Dortmund*

Wohnsitzstaat, wenn Ausland

5

Die Eintragungen in den Zeilen 6 bis 10 und 17 bis 26 sind nur in der ersten Anlage Unterhalt je Haushalt erforderlich.

6 Anzahl der Personen, die in dem Haushalt lt. Zeile 4 lebten — Anzahl **2**

Aufwendungen für den Unterhalt

		vom	bis	Gesamtaufwendungen EUR
7	Erster Unterstützungszeitraum, für den Unterhalt geleistet wurde, und Höhe der Aufwendungen (einschließlich Beträge lt. den Zeilen 11 bis 25) – Bitte Nachweise einreichen. –	0101	3009	3150,—
8	Zeitpunkt der ersten Unterhaltsleistung für den ersten Unterstützungszeitraum im Kalenderjahr	02012015		
9	Zweiter Unterstützungszeitraum, für den Unterhalt geleistet wurde, und Höhe der Aufwendungen (einschließlich Beträge lt. den Zeilen 11 bis 25) – Bitte Nachweise einreichen. –	0112	3112	350,—
10	Zeitpunkt der ersten Unterhaltsleistung für den zweiten Unterstützungszeitraum im Kalenderjahr	01122015		

ANLAGE UNTERHALT
Unterhalt für bedürftige Personen

2016

Allgemeine Angaben zur unterstützten Person

Identifikationsnummer der unterstützten Person

31 lfd. Nr. **1**   **3 4 5 6 7 8 9 0 1 2 3**

Name, Vorname — Geburtsdatum — Sterbedatum

32 **Backs, Julia**   **1 7 0 1 1 9 7 9**   wenn 2015 verstorben

Verwandtschaftsverhältnis zur unterstützenden Person

Beruf, Familienstand

33 **arbeitslos, ledig**   **Tochter**

34 Bei Unterhaltsempfängern im Ausland:
Von der Heimatbehörde und der unterstützten Person bestätigte Unterhaltserklärung über die Bedürftigkeit ist beigefügt.
1 = Ja
2 = Nein

35 Name, Vorname des im selben Haushalt lebenden Ehegatten / Lebenspartners   Name, Vorname   vom   bis

36 Die unterstützte Person lebte in meinem inländischen Haushalt.   **2** 1 = Ja 2 = Nein   Falls ja (wenn nicht ganzjährig)

37 Hatte jemand für diese Person Anspruch auf Kindergeld oder Freibeträge für Kinder?   **2** 1 = Ja 2 = Nein   Falls ja (wenn nicht ganzjährig)

38 Die unterstützte Person ist mein
– geschiedener Ehegatte
– Lebenspartner einer aufgehobenen Lebenspartnerschaft
– dauernd getrennt lebender Ehegatte / Lebenspartner (kein Abzug von Sonderausgaben nach § 10 Abs. 1a Nr. 1 EStG, keine Zusammenveranlagung).   **2** 1 = Ja 2 = Nein

39 Die unterstützte Person ist mein nicht dauernd getrennt lebender und nicht unbeschränkt einkommensteuerpflichtiger Ehegatte / Lebenspartner   **2** 1 = Ja 2 = Nein

40 Die unterstützte Person ist als Kindesmutter / Kindesvater gesetzlich unterhaltsberechtigt.   **2** 1 = Ja 2 = Nein   Falls ja (wenn nicht ganzjährig)

41 Die unterstützte Person ist nicht unterhaltsberechtigt, jedoch wurden oder würden bei ihr wegen der Unterhaltszahlungen öffentliche Mittel gekürzt oder nicht gewährt. (Bitte Nachweis der Sozialbehörden, der Agentur für Arbeit oder schriftliche Versicherung der unterstützten Person einreichen.)   **2** 1 = Ja 2 = Nein   Falls ja (wenn nicht ganzjährig)   EUR

42 Gesamtwert des Vermögens der unterstützten Person   **0,—**

43 Zum Unterhalt der bedürftigen Person haben auch beigetragen (Name, Anschrift)
vom   bis   EUR

44 Betrag   —

Einkünfte und Bezüge der unterstützten Person

Diese Person hatte	Bruttoarbeitslohn	darauf entfallende Werbungskosten (ohne Werbungskosten zu Versorgungsbezügen)	Versorgungsbezüge – im Arbeitslohn enthalten –	Bemessungsgrundlage für den Versorgungsfreibetrag	Werbungskosten zu Versorgungsbezügen
vom — bis — EUR	EUR	EUR	EUR	EUR	EUR
45 0 1 1 0 3 0 1 1 4 0 0 0					
46					

maßgebendes Kalenderjahr des Versorgungsbeginns Jahr	vom — bis	Renten EUR	steuerpflichtiger Teil der Rente EUR	Werbungskosten zu Renten EUR
47				
48				

Einkünfte aus Kapitalvermögen (tarifliche Einkommensteuer) vom — bis — EUR		Übrige Einkünfte vom — bis — EUR
49		
50		

Erträge aus Kapitalvermögen (Abgeltungsteuer) vom — bis — EUR		Sozialleistungen / übrige Bezüge vom — bis — EUR
51		0 1 0 1 3 0 0 9 2 5 7 4
52		0 1 1 2 3 1 1 2 4 8 6

Kosten zu allen Bezügen — Öffentliche Ausbildungshilfen

Das Finanzamt rechnet so:

Unterstützung für insgesamt 10 Monate (350 € × 10 Monate =)		*3.500 €*
Unterhaltshöchstbetrag für 10 Monate (8.472 € × $^{10}/_{12}$ =)		*7.060 €*

Eigene Einkünfte und Bezüge
Erziehungsgeld wird nicht angerechnet

Sozialhilfe (286 € × 9 Monate + 486 € =)	*3.060 €*	
./. Kostenpauschale	*– 180 €*	
	2.880 €	
./. anrechnungsfreier Betrag (624 € × $^{10}/_{12}$ =)	*– 520 €*	
Schädliche Einkünfte und Bezüge	*2.360 €*	*> – 2.360 €*
Gekürzter Höchstbetrag		*4.700 €*
Abzugsfähig sind max. die entstandenen		
Unterhaltsaufwendungen von		*3.500 €*

Hätte Backs seine Tochter ganzjährig unterstützt,
würde sich folgende Berechnung ergeben:

Unterstützung für 12 Monate (350 € × 12 Monate =) 4.200 €		
Unterhaltshöchstbetrag		*8.472 €*
Eigene Einkünfte und Bezüge		
Arbeitslohn	*4.000 €*	
./. Arbeitnehmerpauschbetrag	*– 1.000 €*	
Verbleiben	*3.000 €*	
Sozialhilfe (286 € × 9 Monate + 486 € =)	*3.060 €*	
./. Kostenpauschale	*– 180 €*	
	5.880 €	
./. anrechnungsfreier Betrag	*– 624 €*	
Schädliche Einkünfte und Bezüge	*5.256 €*	*> – 5.256 €*
Gekürzter Höchstbetrag = Abzugsbetrag		*3.216 €*

8 Die Anlage Kind

431

Die Steuerermäßigung für Kinder ist Teil des sog. Familienleistungsausgleichs. Dieser umfasst den Kinderfreibetrag, den Freibetrag für Betreuungs-, Erziehungs- oder Ausbildungsbedarf – im Folgenden kurz Betreuungsfreibetrag genannt – nebst weiteren vier Steuervergünstigungen und das Kindergeld. Kein Wunder, dass der Familienleistungsausgleich zu den kompliziertesten Regelungen gehört, die unser Steuerrecht zu bieten hat.

Vergünstigungen für Kinder in 2015				
Kindergeld jährlich			Steuerfreibeträge jährlich	
1. bis 2. Kind	3. Kind	ab 4. Kind	Kinder- freibetrag	Betreuungs- freibetrag
2.256 €	2.328 €	2.628 €	2.256/4.512 €*	1.320/2.640 €*
Unabhängig davon, welche Steuerermäßigung bei Ihnen zum Zug kommt, ob Kindergeld oder Freibeträge, beantragen Sie zusätzlich				
• Entlastungsfreibetrag für Alleinerziehende (§ 24b EStG; ➤ Rz 480)				1.908 €
Für jedes weitere Kind erhöht sich der Freibetrag um				240 €
• Ausbildungsfreibetrag (§ 33a Abs. 2 EStG; E Rz 483)				924 €
• Kinderbetreuungskosten (E Rz 490 ff.) Höchstbetrag				4.000 €

Ab 2016 gelten folgende Beträge				
Kindergeld jährlich			Steuerfreibeträge jährlich	
1. bis 2. Kind	3. Kind	ab 4. Kind	Kinder- freibetrag	Betreuungs- freibetrag
2.280 €	2.352 €	2.652 €	2.304/4.608 €*	1.320/2.640 €*

*Alleinstehende/Ehegatten

8.1 Der Familienleistungsausgleich im Überblick

Im Familienleistungsausgleich werden diejenigen entlastet, die Kinder zu 431
versorgen haben.
Der Grundsatz ist leicht verständlich: Es gibt entweder Kindergeld (§ 62 EStG) oder Steuerermäßigung durch Kinderfreibetrag und Betreuungsfreibetrag (§§ 31 und 32 EStG). Was davon günstiger ist, stellt sich erst bei der Veranlagung zur Einkommensteuer heraus.
Kindergeld wird für Kinder gezahlt, die in Deutschland oder in einem anderen EU-Staat wohnen, und dies unabhängig von ihrer Staatsangehörigkeit. Es kommt besonders Familien zugute, deren Einkommen weniger

430

323

üppig ist. Bei vier Sprösslingen werden im Monat immerhin insgesamt 789 € überwiesen.

432 Automatische Günstigerprüfung

Die Freibeträge wirken sich auf die Einkommensteuer nur aus, wenn die Steuerersparnis höher ist als das Kindergeld. Deshalb beziehen alle Eltern zunächst Kindergeld. Bei der Steuerveranlagung prüft dann das Finanzamt, ob die Steuerermäßigung durch Kinder- und Betreuungsfreibeträge oder das bereits bezogene Kindergeld günstiger ist.

Einen Antrag brauchen Sie dazu nicht zu stellen: Die Günstigerprüfung erfolgt automatisch, sobald Sie eine Anlage Kind abgeben. Ist die Steuerermäßigung höher – also für Sie günstiger –, rechnet das Finanzamt das im Veranlagungsjahr erhaltene Kindergeld der tariflichen Einkommensteuer hinzu (§ 31 EStG). So wird vermieden, dass sowohl Steuerermäßigung als auch Kindergeld in Anspruch genommen werden.

433 Wann ist die Steuerermäßigung höher als das Kindergeld?

Für 2015 ergibt sich folgende Übersicht:

	Einkunfts-grenze	Grenzsteuer-satz	Steuer-ersparnis	Kinder-geld
1. und 2. Kind	31.000 €/62.000 €	31,7 %	2.267 €	2.256 €
3. Kind	33.000 €/66.000 €	32,6 %	2.332 €	2.328 €
ab 4. Kind	42.000 €/84.000 €	36,8 %	2.632 €	2.628 €

Probe für das 1. und 2. Kind: Kinderfreibetrag 4.512 € plus Betreuungsfreibetrag 2.640 € = 7.152 €, davon 31,7 % = 2.267 €, also 11 € im Jahr mehr, als das Kindergeld (12 × 188 €) ausmacht.

 Die Höhe der Einkünfte volljähriger Kinder ist nicht relevant.

434

Steuerermäßigung oder Kindergeld gibt es ohne besondere Voraussetzungen

- für Kinder unter 18 Jahren;
- für Kinder zwischen 18 und 25 Jahren, wenn sich das Kind z.B. noch in der Berufsausbildung befindet, arbeitslos ist oder sich aufgrund einer Behinderung finanziell nicht selbst unterhalten kann. Bei Kindern zwischen 18 und 25 Jahren in Berufsausbildung sind Kindergeld/-freibeträge daher nur dann verloren, wenn das Kind einer Vollzeiterwerbstätigkeit nachgeht. Unschädlich sind demnach (unabhängig von der Höhe der Einkünfte/Bezüge):

– Erwerbstätigkeiten, bei denen die regelmäßige wöchentliche Arbeitszeit nicht mehr als 20 Stunden beträgt,
– ein geringfügiges Beschäftigungsverhältnis oder
– ein Ausbildungsdienstverhältnis.

Mehr dazu unter ➤ Rz 475 ff.

Antrag auf Kindergeld   435

Nach § 67 Satz 1 EStG ist der Antrag auf Kindergeld schriftlich bei der sog. Familienkasse zu stellen. Familienkassen sind offiziell Behörden des Fiskus, weil das Kindergeld eine Steuervergütung darstellt (§ 31 EStG), und unterstehen deshalb der Fachaufsicht des Bundesamts für Finanzen. Ihren Sitz haben sie jedoch bei der Agentur für Arbeit. Dort erhalten Sie auch das Formular für den Antrag – oder im Internet unter www.familienkasse.de, wo Sie es gleich am Bildschirm ausfüllen können. Haben sich Änderungen in den Verhältnissen Ihres Kindes ergeben, zu denen Sie in Ihrem Kindergeldantrag Angaben gemacht haben, beachten Sie unbedingt folgenden …

TIPP **Wie beim Militär: Nur rechtzeitige Meldung macht frei**   436

Wer gegenüber der Familienkasse nicht spurt, hat keinerlei Nachsicht zu erwarten. Im Antrag auf Kindergeld haben Sie sich verpflichtet, Änderungen unverzüglich zu melden (§ 68 EStG). Wenn Sie gegen diese Meldepflicht verstoßen, haben Sie eine Straftat oder wenigstens eine Ordnungswidrigkeit begangen (DA-FamEStG Tz. 68.1).

Auf keinen Fall dürfen Sie eigenmächtig entscheiden, ob die Voraussetzungen für Kindergeld noch gegeben sind, wenn der ursprüngliche Rechtsgrund weggefallen, dafür aber ein anderer entstanden ist. Also immer schön Meldung machen.

Was da passieren kann? Ein einfacher Fall: Ihr Sprössling bricht die Lehre ab und findet drei Monate später, also innerhalb der Übergangszeit von höchstens vier Monaten (§ 32 Abs. 4 Nr. 2b EStG), eine neue Ausbildungsstelle. Ist doch alles paletti, denken Sie, was gibt es da zu melden? Es liegen ununterbrochen die Voraussetzungen für Kindergeld vor! Im Grunde haben Sie recht, trotzdem hätten Sie den Abbruch der Ausbildung melden müssen (§ 70 Abs. 2 EStG). Was im Einzelnen zu melden ist, entnehmen Sie dem Merkblatt zum Kindergeld, zu finden unter www.familienkasse.de, wo Sie auch weitere Informationen erhalten.

Gut zu wissen:

437 Haben Sie versäumt, Kindergeld zu beantragen, so ist das kein Beinbruch. Kindergeldansprüche verjähren erst nach vier Jahren. Die Festsetzungsfrist beträgt vier Jahre (§ 169 Abs. 2 Satz 2 Nr. 1 AO) und beginnt mit Ablauf des Kalenderjahres, für das der Kindergeldanspruch besteht (§ 170 Abs.1 AO). Dabei ist es unerheblich, auf welchen einzelnen Kalendermonat sich der Kindergeldanspruch bezieht.

Die Gegenwart genießen nur die Kinder.
(Richard von Schaukal)

ANLAGE KIND
Kinderermäßigungen

2016

Name und Vorname des/der Kindergeldberechtigten

Kindergeld-Nr.

F K

Steuer-ID

 **Familienkasse**

Telefonische Rückfrage tagsüber
unter Nr.:

Veränderungsmitteilung

☐ Meine **Anschrift** hat sich wie folgt geändert:

(Straße, Hausnummer)

(Postleitzahl, Wohnort)   (Wohnland)

gültig seit/ab:

☐ Auf **folgendes Konto** soll das Kindergeld und ggf. der Kinderzuschlag künftig überwiesen werden:

(IBAN)   (BIC)

(Name und Sitz des Geldinstituts)   (Kontoinhaber, falls abweichend vom Berechtigten)

gültig ab:

Hinweis: Die IBAN (internationale Bankkontonummer) und der BIC (internationaler, standardisierter Bank-Code) ersetzen die bisherigen nationalen Kontoangaben und können Ihrem Kontoauszug entnommen werden.

☐ Mein **Familienstand** hat sich geändert; ich bin seit

☐ verheiratet   ☐ in eingetragener Lebenspartnerschaft lebend
☐ geschieden   ☐ dauernd getrennt lebend   ☐ verwitwet

☐ Die **Anzahl der in meinem Haushalt lebenden Kinder** hat sich geändert:

☐ Für das Kind   geb. am

das seit   in meinem Haushalt lebt, beantrage ich Kindergeld.

☐ Das Kind   geb. am

lebt seit   nicht mehr in meinem Haushalt, sondern bei:

(Name, Vorname und Anschrift)

☐ **Beschäftigung im Ausland** bzw. Entsendung ins Ausland

☐ Ich habe
☐ Mein Ehepartner _____ hat
☐ Der andere Elternteil _____ hat
                        (Name, Vorname, Geburtsdatum)

☐ eine unselbständige Beschäftigung
☐ eine selbständige Beschäftigung

im Ausland aufgenommen.

Name und Anschrift des Arbeitgebers bzw. des Betriebes:

gültig seit/ab:

Fortsetzung auf nächster Seite ➜

ANLAGE KIND
Kinderermäßigungen

2016

☐ Für mein **Kind** .... wird seit ....

eine andere kindbezogene Leistung (z. B. ausländische Familienleistung) gezahlt.

beziehende Person: ....
(Name, Vorname)

Art der Leistung: .... Betrag monatlich: ....

auszahlende Stelle: ....
(Bezeichnung)

....
(Anschrift)

☐ Mein **über 18 Jahre altes Kind** ....

    ☐ hat ein(e) Schul-/Berufsausbildung/Studium am ....
        ☐ aufgenommen.
        ☐ unterbrochen.
        ☐ aufgegeben.
        ☐ beendet.

    ☐ hatte im Zeitraum bis 31.12.2011 Einnahmen, z.B. aus einem Ausbildungs- oder Arbeitsverhältnis.

    ☐ hat den freiwilligen Wehrdienst angetreten am ....

    ☐ hat seinen Familienstand geändert; es ist seit ....
        ☐ verheiratet   ☐ in eingetragener Lebenspartnerschaft lebend
        ☐ geschieden   ☐ dauernd getrennt lebend   ☐ verwitwet

    ☐ betreut eigene Kinder seit ....

☐ Ich teile eine **sonstige Veränderung** nach Nr. 17 des Merkblattes über Kindergeld mit, nämlich:

....

....

....

☐ Die erforderlichen **Nachweise**   ☐ sind beigefügt.
                            ☐ reiche ich nach.

Zu den angekreuzten Veränderungen möchte ich noch **Folgendes ergänzend** bemerken:
(z.B. Gründe für verspätete Mitteilung trotz unverzüglicher Anzeigepflicht)

....

....

....
(Datum)   (Unterschrift des/der Berechtigten)

Zusätzliche Freibeträge 438

Neben Kindergeld oder Kinder-/Betreuungsfreibetrag gibt es unter besonderen Voraussetzungen zusätzliche Freibeträge, als da sind:

● **Entlastungsbetrag für Alleinerziehende (➤ Rz 480)**

Zum Familienleistungsausgleich gehört der Entlastungsbetrag für Alleinerziehende in Höhe von 1.908 €. Er ist nur für Alleinstehende vorgesehen, zu deren Haushalt ein Kind gehört, für das ihnen ein Kinderfreibetrag oder Kindergeld zusteht (§ 24b EStG).

Neu seit 2015: Für jedes weitere im Haushalt lebende Kind erhöht sich der Freibetrag um 240 €.

● **Ausbildungsfreibetrag/Kinderbetreuungskosten (➤ Rz 483 und ➤ Rz 490)**

Der Familienleistungsausgleich wird ergänzt durch den Ausbildungsfreibetrag und den Abzug von Kinderbetreuungskosten. Der **Ausbildungsfreibetrag** beträgt 924 € im Jahr und wird für volljährige, auswärtig untergebrachte Kinder gewährt (§ 33 a Abs. 2 EStG).

Als **Kinderbetreuungskosten** können Eltern den Aufwand für die Betreuung ihres Nachwuchses bis zum 14. und bei Behinderung steuerlich mit $\frac{2}{3}$ der Aufwendungen – bis max. 4.000 € pro Kind und Jahr – als Sonderausgaben geltend machen (§ 10 Abs. 1 Nr. 5 EStG).

Steuerermäßigung für Kinderbetreuung (➤ Rz 258 ff.)

Falls bei Ihnen der Abzug von Kinderbetreuungskosten nicht zum Zug kommt, können Sie für die Aufsicht Ihres Sprösslings eine Steuerermäßigung für haushaltsnahe Beschäftigung (§ 35 a EStG) beanspruchen.

Steuerchaos sondergleichen 439

Kindergeld und Kinderermäßigung sind an unterschiedliche Bedingungen geknüpft, was die Übersicht erschwert.

● **Halbfamilien**

Das Steuerchaos zeigt sich besonders bei Eltern, die nicht oder nicht mehr miteinander verheiratet sind oder getrennt leben. Beiden Elternteilen stehen jeweils die halben Steuerfreibeträge zu: also jedem im Jahr (der halbe Kinderfreibetrag von 2.256 € + der halbe Betreuungsfreibetrag von 1.320 € =) 3.576 €. Aber nur ein Elternteil erhält Kindergeld, das im Gegensatz zu den Steuerfreibeträgen nicht geteilt ausgezahlt werden kann. Anspruch auf das Kindergeld hat derjenige, der das Kind in seinem Haushalt erzieht. Das ist meistens die Mutter. Das Finanzamt prüft auch hier automatisch bei der Veranlagung jedes Elternteils, was günstiger ist: Kinderfreibetrag oder Kindergeld. Wenn günstiger, wird bei dem, der kein Kindergeld bezogen hat, ein steuerlicher Kinderfreibetrag abgesetzt und fiktiv das halbe Kindergeld dagegen aufgerechnet.

In der Anlage Kind werden dazu Angaben in den > Zeilen 11–14 (»Kind-schaftsverhältnis zu anderen Personen«) verlangt.

440 **Zahlväter aufgepasst: 94 € weniger Unterhalt**

Der unterhaltsverpflichtete Elternteil erhält seinen Kindergeldanteil auf einem Umweg, indem sich seine Unterhaltsverpflichtung verringert, und zwar in Höhe von 50 % des Kindergelds. Er braucht also (188 € ÷ 2 =) 94 € im Monat weniger Unterhalt zu zahlen.

Kommt die Steuerermäßigung zum Zug, wird es kompliziert: Zieht das Finanzamt bei der Einkommensteuerveranlagung einen halben Kinderfreibetrag ab, weil das für Sie günstiger ist, wird im Gegenzug Kindergeld in halber Höhe auf Ihre Steuerschuld aufgeschlagen.

Ist das halbe Kindergeld bei der Unterhaltsregelung unbeachtet geblieben, können Sie nicht einfach damit argumentieren, dass es vergessen wurde. Achten Sie also beim Aushandeln des Unterhalts darauf, dass diese Gegenrechnung für Sie nicht unter den Tisch fällt.

441 • **Enkelkinder**
Großeltern können ohne weiteres für ein Enkelkind Kindergeld erhalten (§ 63 Abs. 1 Nr. 3 EStG). Eine Steuerermäßigung erhalten Großeltern aber nur, wenn das Enkelkind zugleich die Voraussetzungen für ein Pflegekind erfüllt (§ 32 Abs. 1 Nr. 2 EStG). Auch hier ist also der Anspruch unterschiedlich geregelt. Dazu mehr im Tipp unter ➤ Rz 450.

8.2 Wie wird die Anlage Kind ausgefüllt?

442 Wenn bei Ihrer Veranlagung zur Einkommensteuer Kinderermäßigung berücksichtigt werden soll, müssen Sie – für jedes Kind – eine Anlage Kind abgeben.

Was nicht gerecht ist,
kann nicht Gesetz sein.
(Jefferson Davis)

Das vertrackte Formular   443

So kompliziert der Familienleistungsausgleich, so vertrackt auch das Formular. Der Fiskus muss für jedes Kind den maßgeblichen »Sachverhalt« feststellen.

- Wie alt ist das Kind (➤ Rz 445)?
- Zu welchen Personen besteht ein Kindschaftsverhältnis (➤ Rz 449)?
- Befindet sich Ihr volljähriges Kind noch in Berufsausbildung (➤ Rz 458)?
- Geht Ihr volljähriges Kind einer Erwerbstätigkeit nach (➤ Rz 475)?

Der Fiskus hat aber noch mehr im Blick:

Den vollen Kinder- und den vollen Betreuungsfreibetrag darf er für jedes Kind nur einmal gewähren, wobei die Freibeträge dem Grundsatz nach bei jedem Elternteil zur Hälfte abgezogen werden. Zu den Ausnahmen siehe ➤ Rz 477.

Quelle: § 32 Abs. 6 Sätze 1 bis 3 EStG).

2015

1	Name
2	Vorname
	Anlage Kind
	Für jedes Kind bitte eine eigene Anlage Kind abgeben.
3	Steuernummer — lfd. Nr. der Anlage — 3

Angaben zum Kind

4	Identifikationsnummer 01
	Vorname — ggf. abweichender Familienname
5	
6	Geburtsdatum 16 — Anspruch auf Kindergeld oder vergleichbare Leistungen für 2015 15 — EUR
7	Für die Kindergeldfestsetzung zuständige Familienkasse
8	Wohnort im Inland 00 — vom bis — Wohnort im Ausland — vom bis
9	ggf. abweichende Adresse (bei Wohnort im Ausland bitte auch den Staat angeben) (Kz 14)

Kindschaftsverhältnis zur stpfl. Person / Ehemann / Lebenspartner(in) A   Kindschaftsverhältnis zur Ehefrau / Lebenspartner(in) B

| 10 | 02   1 = leibliches Kind / Adoptivkind   2 = Pflegekind   3 = Enkelkind / Stiefkind   03   1 = leibliches Kind / Adoptivkind   2 = Pflegekind   3 = Enkelkind / Stiefkind |

Kindschaftsverhältnis zu anderen Personen

11	Name, Vorname — Geburtsdatum dieser Person — Dauer des Kindschaftsverhältnisses vom bis — 04
12	Letzte bekannte Adresse — Art des Kindschaftsverhältnisses 1 = leibliches Kind / Adoptivkind 2 = Pflegekind
13	Der andere Elternteil lebte im Ausland 37
14	Das Kindschaftsverhältnis zum anderen Elternteil ist durch dessen Tod erloschen am 06

Angaben für ein volljähriges Kind

		1. Ausbildungsabschnitt	2. Ausbildungsabschnitt
		vom bis	vom bis
15	Das Kind befand sich in Schul-, Hochschul- oder Berufsausbildung		
16	Bezeichnung der Schul-, Hochschul- oder Berufsausbildung		
17	Das Kind konnte eine Berufsausbildung mangels Ausbildungsplatzes nicht beginnen oder fortsetzen		
18	Das Kind hat ein freiwilliges soziales oder ökologisches Jahr (Jugendfreiwilligendienstegesetz), einen europäischen / entwicklungspolitischen Freiwilligendienst, einen Freiwilligendienst aller Generationen (§ 2 Abs. 1a SGB VII), einen Internationalen Jugendfreiwilligendienst, Bundesfreiwilligendienst oder einen Anderen Dienst im Ausland (§ 5 Bundesfreiwilligendienstgesetz) geleistet		
19	Das Kind befand sich in einer Übergangszeit von höchstens vier Monaten (z. B. zwischen zwei Ausbildungsabschnitten)		
20	Das Kind war ohne Beschäftigung und bei einer Agentur für Arbeit als arbeitsuchend gemeldet		
21	Das Kind war wegen einer vor Vollendung des 25. Lebensjahres eingetretenen Behinderung außerstande, sich selbst finanziell zu unterhalten (Bitte Anleitung beachten.)		
22	Das Kind hat den gesetzlichen Grundwehr- / Zivildienst oder einen davon befreienden Dienst geleistet, der vor dem 1.7.2011 begonnen hat		

Angaben zur Erwerbstätigkeit eines volljährigen Kindes (nur bei Eintragungen in den Zeilen 15 bis 19)

23	Das Kind hat bereits eine erstmalige Berufsausbildung oder ein Erststudium abgeschlossen	1 = Ja 2 = Nein
24	Falls Zeile 23 mit „Ja" beantwortet wurde: Das Kind war erwerbstätig (kein Ausbildungsdienstverhältnis)	1 = Ja 2 = Nein
25	Falls Zeile 24 mit „Ja" beantwortet wurde: Das Kind übte eine / mehrere geringfügige Beschäftigung(en) im Sinne der §§ 8, 8a SGB IV (sog. Minijob) aus	1 = Ja 2 = Nein Beschäftigungszeitraum — vom bis
26	Das Kind übte andere Erwerbstätigkeiten aus (bei mehreren Erwerbstätigkeiten bitte Angaben lt. gesonderter Aufstellung)	1 = Ja 2 = Nein Erwerbszeitraum
27	(Vereinbarte) regelmäßige wöchentliche Arbeitszeit der Tätigkeit(en) lt. Zeile 25 Stunden lt. Zeile 26 Stunden

Kranken- und Pflegeversicherung (Nicht in der Anlage Vorsorgeaufwand enthalten)

– Füllen Sie die Zeilen 31 bis 37 nur aus, wenn der Datenübermittlung nicht widersprochen wurde. –

		Aufwendungen von mir / uns als Versicherungsnehmer geschuldet EUR	Aufwendungen vom Kind als Versicherungsnehmer geschuldet EUR
31	Von mir / uns getragene Beiträge zu Krankenversicherungen (einschließlich Zusatzbeiträge) des Kindes (nur Basisabsicherung, keine Wahlleistungen) 66	,— 70	,—
32	In Zeile 31 enthaltene Beiträge, aus denen sich ein Anspruch auf Krankengeld ergibt	71	,—
33	Von mir / uns getragene Beiträge zur sozialen Pflegeversicherung und / oder zur privaten Pflege-Pflichtversicherung 67	,— 72	,—
34	Von den Versicherungen lt. den Zeilen 31 bis 33 erstattete Beträge 68	,— 73	,—
35	In Zeile 34 enthaltene Beiträge, aus denen sich ein Anspruch auf Krankengeld ergibt	74	,—
36	Zuschuss von dritter Seite zu den Beiträgen lt. den Zeilen 31 bis 33 (z. B. nach § 13a BAföG)	75	,—
37	Von mir / uns getragene Beiträge zu Kranken- und Pflegeversicherungen des Kindes (ohne Basisabsicherung, z. B. für Wahlleistungen, Zusatzversicherung) 69	,—	

Übertragung des Kinderfreibetrags / des Freibetrags für den Betreuungs- und Erziehungs- oder Ausbildungsbedarf

Ich beantrage den vollen Kinderfreibetrag und den vollen Freibetrag für den Betreuungs- und Erziehungs- oder Ausbildungsbedarf, weil der andere Elternteil

38	– seiner Unterhaltsverpflichtung nicht zu mindestens 75% nachkommt oder – mangels Leistungsfähigkeit nicht unterhaltspflichtig ist	36	1 = Ja
39	Falls die Frage in Zeile 38 mit Ja beantwortet wurde: Es wurden Unterhaltsleistungen nach dem Unterhaltsvorschussgesetz gezahlt für den Zeitraum 38	vom bis	
40	Ich beantrage den vollen Freibetrag für den Betreuungs- und Erziehungs- oder Ausbildungsbedarf, weil das minderjährige Kind bei dem anderen Elternteil nicht gemeldet war. 39 1 = Ja 43		
41	Der Übertragung des Kinderfreibetrags und des Freibetrags für den Betreuungs- und Erziehungs- oder Ausbildungsbedarf auf den Stief- / Großelternteil wurde lt. Anlage K zugestimmt.	40	1 = Ja
42	Nur beim Stief- / Großelternteil: Der Kinderfreibetrag und der Freibetrag für den Betreuungs- und Erziehungs- oder Ausbildungsbedarf sind lt. Anlage K zu übertragen.	41	1 = Ja
43	Nur beim Stief- / Großelternteil: Ich / wir beantrage(n) die Übertragung des Kinderfreibetrags und des Freibetrags für den Betreuungs- und Erziehungs- oder Ausbildungsbedarf, weil ich / wir das Kind in meinem / unserem Haushalt aufgenommen habe(n) oder ich / wir als Großelternteil gegenüber dem Kind unterhaltspflichtig bin / sind. 76 1 = Ja 77	Zeitraum der Haushaltszugehörigkeit / Unterhaltsverpflichtung vom bis	

Entlastungsbetrag für Alleinerziehende

		vom	bis
44	Das Kind war mit mir in der gemeinsamen Wohnung gemeldet	42	
45	Für das Kind wurde mir Kindergeld ausgezahlt	44	
46	Außer mir war(en) in der gemeinsamen Wohnung eine / mehrere volljährige Person(en) gemeldet, für die keine Anlage(n) Kind beigefügt ist / sind 46	1 = Ja 2 = Nein Falls ja 47	
47	Es bestand eine Haushaltsgemeinschaft mit mindestens einer weiteren volljährigen Person, für die keine Anlage(n) Kind beigefügt ist / sind 49	1 = Ja 2 = Nein Falls ja 50	
48	Name, Vorname (weitere Personen bitte in einer gesonderten Aufstellung angeben)		
49	Verwandtschaftsverhältnis	Beschäftigung / Tätigkeit	

Freibetrag zur Abgeltung eines Sonderbedarfs bei Berufsausbildung eines volljährigen Kindes (Kz 37)

		vom	bis
50	Das Kind war auswärtig untergebracht		
51	Anzahl		
52	Nur bei nicht zusammen veranlagten Eltern: Laut gesondertem gemeinsamen Antrag ist der Freibetrag zur Abgeltung eines Sonderbedarfs bei Berufsausbildung in einem anderen Verhältnis als je zur Hälfte aufzuteilen. Der bei mir zu berücksichtigende Anteil beträgt		%

2016

Schulgeld

für den Besuch einer Privatschule (Bezeichnung der Schule oder deren Träger)

Gesamtaufwendungen der Eltern EUR

61 | 24 | ,—

Nur bei nicht zusammen veranlagten Eltern:

62 Das von mir übernommene Schulgeld beträgt | 56 | ,—

63 Laut gesondertem gemeinsamen Antrag ist für das Kind der Höchstbetrag für das Schulgeld in einem anderen Verhältnis als je zur Hälfte aufzuteilen. Der bei mir zu berücksichtigende Anteil beträgt | 57 | %

Übertragung des Behinderten- oder Hinterbliebenen-Pauschbetrags

Die Übertragung des Behinderten- / Hinterbliebenen-Pauschbetrags wird beantragt:

Das Kind ist

64 hinterblieben 26 | 1 = Ja | behindert | 1 = Ja | blind / ständig hilflos 55 | 1 = Ja | geh- und stehbehindert | 1 = Ja | Grad der Behinderung 25

65 Ausweis / Rentenbescheid / Bescheinigung
ausgestellt am | gültig | von | bis | unbefristet gültig | Erstmalige Beantragung / Änderung (Nachweis ist einzureichen)

Nur bei nicht zusammen veranlagten Eltern:

66 Laut gesondertem gemeinsamen Antrag sind die für das Kind zu gewährenden Pauschbeträge für Behinderte / Hinterbliebene in einem anderen Verhältnis als je zur Hälfte aufzuteilen. Der bei mir zu berücksichtigende Anteil beträgt | 28 | %

Kinderbetreuungskosten

Art der Dienstleistung, Name und Anschrift des Dienstleisters | vom | bis

Gesamtaufwendungen der Eltern EUR

67 | 51 | ,—

68 Steuerfreier Ersatz (z. B. vom Arbeitgeber), Erstattungen | 79 | ,—

Nur bei nicht zusammen veranlagten Eltern:

Aufwendungen

69 Ich habe Kinderbetreuungskosten in folgender Höhe getragen | ,—

70 Es bestand ein gemeinsamer Haushalt der Elternteile | vom | bis | Das Kind gehörte zu unserem Haushalt | vom | bis

71 Es bestand kein gemeinsamer Haushalt der Elternteile | Das Kind gehörte zu meinem Haushalt

72 Das Kind gehörte zum Haushalt des anderen Elternteils

Nur bei nicht zusammen veranlagten Eltern:

73 Laut übereinstimmendem Antrag ist für das Kind der Höchstbetrag für die Kinderbetreuung in einem anderen Verhältnis als je zur Hälfte aufzuteilen. Der bei mir zu berücksichtigende Anteil beträgt | %

2015AnlKind023   2015AnlKind023

8.2.1 Angaben zum Kind – Zeile 4–9 444

Zeile 6 Geburtsdatum 445

Sofort geht der Fiskus einen entscheidenden Punkt an und fragt nach dem Geburtsdatum. Hat Ihr Kind in 2015 das 18. Lebensjahr noch nicht vollendet (war also unter 18), besteht Anspruch auf Familienleistungsausgleich ohne besondere Voraussetzungen.

War es hingegen bereits 18 Jahre oder älter, stehen die Kinderermäßigungen nur unter bestimmten Voraussetzungen und vielleicht nur für einzelne Monate zu (➤ Rz 457ff.); bei einem Alter über 25 Jahren nur in Ausnahmefällen (➤ Rz 470ff.). Hier gibt es nichts zu tricksen, denn das Geburtsdatum steht nun mal fest.

Zeile 6 Anspruch auf Kindergeld oder 446
vergleichbare Leistungen für 2015

Hier tragen Sie das erhaltene Kindergeld ein, damit das Finanzamt die Günstigerprüfung vornehmen kann (➤ Rz 432f.).

Hat eine andere Person das Kindergeld bezogen, müssen Sie es gleichwohl als fiktives Kindergeld hier angeben. Dazu mehr unter ➤ Rz 439f.

 Patchwork-Familien aufgepasst: 447
Mehr Kindergeld durch Zählkinder

Für das dritte Kind beträgt das monatliche Kindergeld bereits 194 € statt der 188 € für die Kinder 1 und 2.

Deshalb empfiehlt es sich, **denjenigen zum Kindergeldberechtigten zu bestimmen, der schon Kinder in die Ehe eingebracht hat.**

Beispiel

Ein Ehepaar hat zwei gemeinsame Kinder. Ein älteres eigenes Kind des Ehemannes lebt bei der leiblichen Mutter, an die auch das Kindergeld für dieses Kind gezahlt wird.

Bei der Ehefrau zählen nur die zwei gemeinsamen Kinder als erstes und zweites Kind. Sie könnte Kindergeld in Höhe von 2 × 188 € = 376 € monatlich erhalten.

Beim Ehemann zählt das eigene Kind als erstes Kind (Zählkind), die zwei gemeinsamen jüngeren Kinder zählen als zweites und drittes Kind. Als Kindergeldberechtigter kann er für die gemeinsamen Kinder (1 × 188 €) + (1 × 194 €) = 382 € monatlich erhalten, also 6 € mehr.

448 Zeile 8-9 Wohnort im Inland/Ausland

Steuerlich ist es ohne Bedeutung, ob Ihr Kind im In- oder im Ausland wohnt. Die Kinderermäßigung steht Ihnen so oder so zu.

Jetzt kommt der Haken: Die Kinderermäßigung für Auslandskinder wird nur insoweit abgezogen, als sie nach den Verhältnissen des Wohnsitzstaats des Kindes angemessen ist. Dies bedeutet, dass sie bis zu drei Viertel gekürzt werden kann. Die Kürzung wird programmgesteuert vorgenommen, und zwar nach der Ländergruppeneinteilung, die auch für die Unterstützung von Personen im Ausland gilt (➤ Rz 400).

Guter Rat:

Ist eine Kürzung zu befürchten, sind Sie fein heraus, wenn Ihr vielleicht im Ausland studierendes Kind weiterhin in Deutschland mit Wohnsitz gemeldet ist und dort sein Zuhause hat.

449 8.2.2 Kindschaftsverhältnis zu Steuerpflichtigem/Ehemann/ Ehefrau/Lebenspartner/anderen Personen – Zeile 10–14

Zeile 10 Leibliches Kind/Adoptivkind, Pflegekind

Dem natürlichen Empfinden der Menschen entspricht es, jedem Steuerzahler, der ein Kind fürsorglich betreut, eine Kinderermäßigung zukommen zu lassen. Der Fiskus hingegen gewährt sie nur für bestimmte Kinder, nämlich für

• leibliche und Adoptivkinder
• und Pflegekinder.

Nur zu diesen Kindern besteht ein sog. Kindschaftsverhältnis, das steuerlich maßgebend sein soll.

Leibliche Kinder/Adoptivkinder

Das sind im 1. Grad verwandte Kinder, also eheliche und nichteheliche Kinder (leibliche Kinder/§ 1586 BGB), für ehelich erklärte Kinder (§ 1672 BGB), ferner Adoptivkinder. Mit der Adoption eines minderjährigen Kindes erlischt das Verwandtschaftsverhältnis zu seinen leiblichen Eltern. Ein Adoptivkind ist also vorrangig bei den Adoptiveltern zu berücksichtigen (§ 32 Abs. 2 Satz 1 EStG). Den leiblichen Eltern steht nach der Freigabe zur Adoption kein Kinderfreibetrag mehr zu.

Pflegekinder

Nach § 32 Abs. 2 Satz 2 EStG ist ein Pflegekind vorrangig bei den Pflegeeltern zu berücksichtigen. Den leiblichen Eltern steht demzufolge kein
Kinderfreibetrag mehr zu. Ein Wahlrecht, bei wem die Kinderermäßigung berücksichtigt werden soll, gibt es nicht.

Was ist ein Pflegekind? Es muss mit den Pflegeeltern durch ein familien-
ähnliches, auf längere Dauer angelegtes Band verbunden und außerdem
in ihren Haushalt aufgenommen sein. Weitere Voraussetzung ist, dass das
Obhuts- und Pflegeverhältnis zu den leiblichen Eltern nicht mehr besteht.
Besonders im ersten Jahr müssen Sie zusätzliche Nachweise erbringen:
Der Bearbeiter möchte wissen, ob Ihr Pflegekind wirklich in Ihrem Haushalt sein Zuhause hat, also auf Dauer bei Ihnen bleiben wird, und ob der
Kontakt zu den leiblichen Eltern weitgehend unterbrochen ist. Gelegentliche Besuche der Eltern – bis zu viermal im Jahr – sind aber erlaubt.
Außerdem müssen Sie als Pflegeperson das Kind mindestens zu einem
nicht unwesentlichen Teil auf Ihre Kosten unterhalten. Unterhalt von
dritter Seite (z.B. von den leiblichen Eltern) ist – bis zur Höhe der Pflegesätze des Jugendamts – erlaubt.

Enkelkinder/Stiefkinder

Ein Enkelkind wird bei den Großeltern vorrangig berücksichtigt, wenn es
wie ein Pflegekind in ihrem Haushalt aufgenommen ist. Die Großeltern
erhalten Kindergeld nur, wenn die leiblichen Eltern auf das Kindergeld
verzichten (§ 64 Abs. 2 Satz 5 EStG).
Stiefkinder sind Kinder des anderen Ehegatten, die aus einer früheren
Ehe stammen und im Haushalt des Berechtigten leben. Das Stiefkindver-
hältnis bleibt auch bestehen, wenn die Ehe, durch die es begründet wurde,
durch Tod oder Scheidung aufgelöst wird oder die Eheleute getrennt
leben und das Kind im Haushalt der Stiefmutter/des Stiefvaters lebt.
Dann ist das Kindschaftsverhältnis zum leiblichen Elternteil erloschen
und das Kind ohne weitere Prüfung vorrangig bei der Stiefmutter/dem
Stiefvater »als Pflegekind« zu berücksichtigen (Ziff. 63.2.3 Abs. 2 DA –
FamEStG).

450

TIPP **Machen Sie Ihr Enkelchen zum Pflegekind**

Lebt Ihr Enkelchen in Ihrem Haushalt? Dann überlegen Sie mal mit Ihrer Tochter, wo das Kind gemeldet sein soll und was Sie dem Finanzamt antworten,
wenn Sie nach der Zahl der jährlichen Besuche gefragt werden. Dabei gilt: Je
weniger sich die Tochter um ihr Kind kümmern kann, umso eher wird es als

Ihr Pflegekind anerkannt. Der Fiskalritter sieht die Grenze bei weniger als fünf Besuchen der Mutter im Jahr. Der Bundesfinanzhof ist großzügiger und meint, wenn die Mutter weniger als zwölfmal im Jahr ihr Kind besuche, sei das Kind ein Pflegekind der Großeltern. Das gelte zumindest für noch nicht schulpflichtige Kinder (BFH-Urt. v. 20.1.1995 – BStBl 1995 II S. 582).

Liegen diese Voraussetzungen vor, haben Sie Anspruch auf die Kinderermäßigung. Nach dem Gesetz muss das Pflegekind auf Dauer bei den Pflegeeltern untergebracht sein. Dazu meint der BFH, bei nicht schulpflichtigen Kindern sei das bereits bei einer Aufnahme im Haushalt von mindestens zwei Jahren der Fall. (Zur Übertragung des Kinderfreibetrags vgl. ➤ Rz 479.)

Die Veranlagung ist grundsätzlich unter Berücksichtigung des Anspruchs auf Kindergeld durchzuführen (EStR 31 Abs. 4). Weil die Mutter das Kindergeld erhält, wird es bei der Veranlagung der Großeltern fiktiv mit der Kinderermäßigung aufgerechnet. Also müssen Sie es in > Zeile 6 angeben. Aber es geht auch anders:

Bis zu 372 € im Jahr mehr Kindergeld kassieren?

Wie den Kinderfreibetrag können Sie auch das Kindergeld auf sich übertragen lassen. Vor allem, wenn die junge Mutter selbst noch die Füße unter Ihren Tisch stellt. Wenn das Enkelkind dann zum vierten Kind in Ihrem Haushalt wird, gibt es pro Monat 31 € Kindergeld mehr, als wenn es die Mutter kassiert.

451 ## Weitere Fälle von Pflegekindern

- Kind aus einer geschiedenen Ehe, das bei seiner Tante lebt, als Pflegekind der Tante anerkannt durch FG Hessen vom 19.12.1983 (EFG 1984 S. 349).
- Vollwaise, die bei ihrem Bruder lebt, als Pflegekind des Bruders anerkannt durch BFH-Urt. vom 5.8.1977 (BStBl 1977 II S. 832).

In einem solchen Fall könnten Sie sich ggf. sogar den Pauschbetrag für Behinderte übertragen lassen.

452 *TIPP*
Kostkinder auf Kosten des Finanzamts

Nicht als Pflegekinder gelten **Kostkinder.** Als Tagesmutter haben Sie folgende Möglichkeiten:

- Sie rücken eine Lohnsteuerkarte heraus; dann müssen Sie Ihrer Steuererklärung die Anlage N beifügen.
- Ihr Auftraggeber versteuert (ohne Lohnsteuerkarte) Ihren Lohn pauschal – fragen Sie ihn, ob das der Fall ist! –, so dass Sie steuerlich gesehen nichts mehr zu tun brauchen. Zur pauschalen Versteuerung ➤ Rz 606 ff.

- Sie unterschreiben eine Quittung und versteuern die Einnahmen, genauer gesagt Ihren Gewinn, selbst.

Die Einnahmen werden unterschieden nach:

steuerpflichtigen Einnahmen:

- Pflegegeld
  - vom Jugendamt,
  - von der Gemeinde,
  - von den Eltern des betreuten Kindes.
- steuerfreien Einnahmen:
- 100 % der Beitragserstattungen zur
  - Unfallversicherung,
  - Alterssicherung,
  - angemessenen Kranken- und Pflegeversicherung.

Die steuerpflichtigen Einnahmen können Sie durch Betriebsausgaben mindern. Hierzu haben Sie zwei Möglichkeiten:

1. Pauschalmethode:

Bei einer Betreuung von mindestens 40 Wochenstunden (8 Std./Tag), die in eigenen oder angemieteten Räumen stattfindet, ist eine Betriebskostenpauschale von monatlich 300 € pro Kind abzugsfähig – bei geringerer Stundenzahl entsprechend weniger, bei z. B. 4 Std/Tag also 150 €. Eine Vollzeitpflege ist in Höhe der im Pflegegeld enthaltenen Erstattung der materiellen Aufwendungen sowie einmaliger Beihilfen und Zuschüsse abzugsfähig. Die Pauschale kann nur bis zur Höhe der Einnahmen abgezogen werden, somit kann kein Verlust entstehen.

2. Einzelnachweis:

Sie ermitteln Ihre tatsächlichen Ausgaben durch Einzelaufstellung. Abziehbar sind dann beispielsweise Aufwendungen für Spiel- und Bastelmaterial, Nahrungsmittel und Fachliteratur. Dies bietet sich an, wenn die tatsächlichen Ausgaben monatlich 300 € pro Kind übersteigen. Der Einzelnachweis kann zu einem Verlust führen. Trotzdem lassen Sie den Einzelnachweis besser sein, sonst müssen Sie dem Finanzamt jede einzelne Wurstscheibe vorrechnen.

Bei Anwendung des Einzelnachweises darf nicht zusätzlich die Pauschale abgezogen werden.

Quelle: BMF, Schreiben vom 17.12.2008, IV C 3 – S 2342/07/0001

Gewinnberechnung

Einnahmen lt. quittiertem Betrag, z. B.	2.000 €
./. Betriebsausgabenpauschale (12 Monate ×	
z. B. 300 € =) 3.600 €, max. in Höhe der Betriebseinnahmen	– 2.000 €
Ergibt	0 €

Die schwarze Null tragen Sie auf der Anlage G ein, > Zeile 4. Die Finanzer wollen dann nichts mehr von Ihnen sehen.

453 ◆ *Musterfall Familie Meyer (Pflegekind)*
Das Ehepaar Meyer aus Dortmund hat den am 10.11.2008 geborenen Tobias als Pflegekind aufgenommen. Es erhält von der ledigen Mutter Martha Schulz 110 € Unterhalt im Monat. Der amtliche Pflegesatz des Jugendamts beträgt 490 €. Tobias wird bei den Meyers als Kind berücksichtigt.

Und so sieht das dann in Meyers Steuererklärung aus:

454 Zeile 11–14 Kindschaftsverhältnis zu anderen Personen

Ist das Kindschaftsverhältnis zwischen Ihnen und Ihrem leiblichen Kind vor dem 1.1.2015 durch Adoption erloschen, dürfen Sie dieses Kind nicht mehr angeben. Wurde Ihr leibliches Kind im Lauf des Jahres 2015 bei einer anderen steuerpflichtigen Person Pflege- oder Adoptivkind, teilen Sie dem Finanzamt das Datum mit. Entsprechendes gilt, wenn Sie ein Kind im Lauf des Jahres 2015 angenommen haben.

Miteinander verheiratete Eltern erhalten für ihr gemeinsames Kind die volle Kinderermäßigung, desgleichen ein alleinstehender Elternteil, wenn der andere Elternteil im Ausland lebt (> Zeile 13) oder verstorben ist (> Zeile 14). Entsprechendes gilt für eine alleinstehende Mutter, die den

Vater des Kindes nicht benennt, oder wenn der Wohnsitz des anderen Elternteils nicht ermittelt werden kann.

◆ *Musterfall Familie Huber (Volle und halbe Kinderermäßigung)*

Hubers haben ein gemeinsames Kind: Sohn Volker, geboren am 20.8.1999. **455**
Herr Huber hat aus erster Ehe Sohn Wolfgang und Tochter Claudia. Wolfgang ist am 3.1.1991 geboren und studiert in Hannover; er lebt bei seiner Mutter, Erika Huber-Schmidt. Herr Huber zahlt für Wolfgang Unterhalt. Claudia ist am 12.4.1992 geboren und studiert in Bonn. An vielen Wochenenden ist Claudia bei den Hubers, bei denen sie auch ihren Wohnsitz gemeldet hat. Bei ihrer Mutter hält sich Claudia nur besuchsweise auf. Die Mutter trägt einen Teil der Unterhaltskosten für Claudia.

Den Eheleuten Huber stehen zu:
Für Volker: voller Kinder- sowie Betreuungsfreibetrag, falls günstiger als Kindergeld.
Für Claudia: halber Kinder- und Betreuungsfreibetrag, falls günstiger als Kindergeld, halber Ausbildungsfreibetrag.
Für Wolfgang: halber Kinder- und Betreuungsfreibetrag, falls günstiger als Kindergeld.

456

 Alleinerziehende aufgepasst!

Obwohl Sie allein für das Kind sorgen, erhält der andere Elternteil die Hälfte der Kinderermäßigung? Nein, sagen Sie, nicht mit mir. Sie beantragen beim Finanzamt die volle Kinderermäßigung, da der andere Elternteil seiner Unterhaltspflicht dem Kind gegenüber nicht nachkommt. Aber Obacht! Damit ja keiner zu viel von der Steuer absetzen kann, wird Ihr Finanzamt dem des anderen Elternteils ein Kontrollmitteilung schicken. Wollen Sie nicht, dass er Ihre aktuelle Adresse erfährt, hüten Sie sich, seinen Namen und seine Anschrift in > Zeile 11 – 12 anzugeben. Besteht das Finanzamt auf diesen Angaben, kontern Sie mit einer Entscheidung des Finanzgerichts Düsseldorf, wonach ein Elternteil auch dann Anrecht auf den vollen Kinderfreibetrag habe, wenn er den anderen Elternteil des Kindes verschweige. (FG Düsseldorf v. 4.1.1993 – EFG 1993 S. 519)

8.2.3 Angaben für ein volljähriges Kind – Zeile 15 – 22
Für Kinder im Alter über 18 Jahre steht Ihnen die Steuerermäßigung nur **457**
unter bestimmten Voraussetzungen zu. Diese werden in den > Zeilen 15 – 22 abgefragt. Hier geht es um Berufsausbildung, Arbeitslosigkeit oder Behinderung des Kindes.

Achtung, der Fiskus darf »zwölfteln«
Den vollen Jahresbetrag der Kinderermäßigung erhalten Sie für Ihr volljähriges Kind nur, wenn Sie in den folgenden Zeilen den Zeitraum »01.01.«
bis »31.12.« eintragen. Fehlen Monate, wird gezwölftelt.

 Kinderermäßigung auch für verheiratete Kinder!
Auch wenn Ihr Kind verheiratet ist, können Sie unter den weiteren Voraussetzungen wie unter 25 Jahre – Erstausbildung, arbeitssuchend … –
Kindergeld oder Kinderfreibeträge beanspruchen. Grund dafür ist, dass
es seit 2012 nicht mehr auf die eigenen Einkünfte und Bezüge volljähriger
Kinder ankommt. Dementsprechend dürfen auch Unterhaltsleistungen
vom Ehegatten nicht zur Versagung der Kinderermäßigungen führen, so
der BFH mit Urteil vom 17.10.2013 (Az. III R 22/13).

Altersgrenze 25 Jahre
Kindergeld und Kinderermäßigung erhalten Eltern grundsätzlich nur bis
zum 25. Lebensjahr des Sprößlings. Doch keine Regel ohne Ausnahmen
➤ Rz 474.

**458 Zeile 15 – 16 Kind in Schul-, Hochschul-
oder Berufsausbildung**

Solange sich ein Kind in der Berufsausbildung befindet, sind die Eltern in
aller Regel gesetzlich verpflichtet, sowohl dessen allgemeinen Unterhalt
(Wohnung, Nahrung etc.) zu bestreiten als auch für die speziellen Ausbildungskosten aufzukommen.

Als – wenn auch nur kleinen – Ausgleich dafür erhalten sie weiterhin (bis
zum 25. Lebensjahr des Kindes) Kindergeld bzw. Steuermäßigungen.
Damit es beim Finanzamt nicht zu lästigen Nachfragen kommt, fügen Sie
der Steuererklärung entsprechende Bescheinigungen bei (➤ Rz 460). So
sieht der Bearbeiter auf Anhieb, dass in Ihrer Steuererklärung alles »sauber« ist.

Bei einem flüchtigen Blick auf das Steuerformular machen Sie die > Zeilen 23 – 27 stutzig. Und das zu Recht! Denn bei volljährigen Kindern sind
Kindergeld bzw. steuerliche Freibeträge nur dann gesichert, wenn das
Kind keiner **eigenen Erwerbstätigkeit** nachgeht, wie es im »Steuer-
deutsch« so schön heißt. Dazu mehr unter ➤ Rz 475 ff.

*Wenn man die Erziehung
seiner Kinder verpfuscht,
zählt alles andere, was man tut,
nicht mehr.*
(Jacky Kennedy)

◆ *Musterfall Backs (Kinder in Berufsausbildung)*   **459**
*Die Familie Backs hat drei Kinder und wohnt in Arnsberg. Der älteste
Sohn Klaus ist am 15.5.1993 geboren und studiert Maschinenbau in
Aachen. In den Semesterferien hat er durch Aushilfsjobs 3.500 € verdient.
Tochter Claudia ist am 5.3.1996 geboren und absolviert eine Lehre als Bü-
rokauffrau in Arnsberg. Die Ausbildungsvergütung beträgt monatlich
750 €. Nesthäkchen Ingo ist am 25.8.2002 geboren und geht noch zur
Schule. Für jedes Kind steht Kinderermäßigung zu.*

ANLAGE KIND
Kinderermäßigungen

2015

1 Name: **BACKS**	**Anlage Kind**
2 Vorname: **KARL**	Für jedes Kind bitte eine eigene Anlage Kind abgeben.

3 Steuernummer **123 / 4567 / 8901** lfd. Nr. der Anlage **1**

Angaben zum Kind
 3

4 Identifikationsnummer 01 **87463792073**
  Vorname / ggf. abweichender Familienname

5 **KLAUS**

6 Geburtsdatum 16 **15051993** Anspruch auf Kindergeld oder vergleichbare Leistungen für 2015 15 **2256,—** EUR

Für die Kindergeldfestsetzung zuständige Familienkasse

7

8 Wohnort im Inland 00 **0101 3112** Wohnort im Ausland vom   bis

9 ggf. abweichende Adresse (bei Wohnort im Ausland bitte auch den Staat angeben) (Kz 14) **Aachen, Studentengasse 3a**

Kindschaftsverhältnis zur stpfl. Person / Ehemann / Lebenspartner(in) A | Kindschaftsverhältnis zur Ehefrau / Lebenspartner(in) B

10 02 **1** 1 = leibliches Kind / Adoptivkind   2 = Pflegekind   3 = Enkelkind / Stiefkind 03 **1** 1 = leibliches Kind / Adoptivkind   2 = Pflegekind   3 = Enkelkind / Stiefkind

Kindschaftsverhältnis zu anderen Personen

11 Name, Vorname   Geburtsdatum dieser Person   Dauer des Kindschaftsverhältnisses vom   bis 04

12 Letzte bekannte Adresse   Art des Kindschaftsverhältnisses 1 = leibliches Kind / Adoptivkind 2 = Pflegekind

13 Der andere Elternteil lebte im Ausland 37

14 Das Kindschaftsverhältnis zum anderen Elternteil ist durch dessen Tod erloschen am 06

Angaben für ein volljähriges Kind

	1. Ausbildungsabschnitt	2. Ausbildungsabschnitt
	vom bis	vom bis

15 Das Kind befand sich in Schul-, Hochschul- oder Berufsausbildung **010115 311215**

16 Bezeichnung der Schul-, Hochschul- oder Berufsausbildung **Studium**

17 Das Kind konnte eine Berufsausbildung mangels Ausbildungsplatzes nicht beginnen oder fortsetzen

18 Das Kind hat ein freiwilliges soziales oder ökologisches Jahr (Jugendfreiwilligendienstegesetz), einen europäischen / entwicklungspolitischen Freiwilligendienst, einen Freiwilligendienst aller Generationen (§ 2 Abs. 1a SGB VII), einen Internationalen Jugendfreiwilligendienst, Bundesfreiwilligendienst oder einen Anderen Dienst im Ausland (§ 5 Bundesfreiwilligendienstgesetz) geleistet

19 Das Kind befand sich in einer Übergangszeit von höchstens vier Monaten (z. B. zwischen zwei Ausbildungsabschnitten)

20 Das Kind war ohne Beschäftigung und bei einer Agentur für Arbeit als arbeitsuchend gemeldet

21 Das Kind war wegen einer vor Vollendung des 25. Lebensjahres eingetretenen Behinderung außerstande, sich selbst finanziell zu unterhalten (Bitte Anleitung beachten.)

22 Das Kind hat den gesetzlichen Grundwehr- / Zivildienst oder einen davon befreienden Dienst geleistet, der vor dem 1.7.2011 begonnen hat

Angaben zur Erwerbstätigkeit eines volljährigen Kindes (nur bei Eintragungen in den Zeilen 15 bis 19)

23 Das Kind hat bereits eine erstmalige Berufsausbildung oder ein Erststudium abgeschlossen **2** 1 = Ja 2 = Nein

24 Falls Zeile 23 mit „Ja" beantwortet wurde: Das Kind war erwerbstätig (kein Ausbildungsdienstverhältnis) 1 = Ja 2 = Nein

25 Falls Zeile 24 mit „Ja" beantwortet wurde: Das Kind übte eine / mehrere geringfügige Beschäftigung(en) im Sinne der §§ 8, 8a SGB IV (sog. Minijob) aus 1 = Ja 2 = Nein Beschäftigungszeitraum vom   bis

26 Das Kind übte andere Erwerbstätigkeiten aus (bei mehreren Erwerbstätigkeiten bitte Angaben lt. gesonderter Aufstellung) 1 = Ja 2 = Nein Erwerbszeitraum

27 (Vereinbarte) regelmäßige wöchentliche Arbeitszeit der Tätigkeit(en) lt. Zeile 25 Stunden lt. Zeile 26 Stunden

2015AnlKind021 – März 2015 – 2015AnlKind021

344

ANLAGE KIND
Kinderermäßigungen

2016

2015

Anlage Kind
Für jedes Kind bitte eine
eigene Anlage Kind abgeben.

1 Name **BACKS**

2 Vorname **KARL**

3 Steuernummer **123/4567/8901** lfd. Nr. der Anlage **2**

Angaben zum Kind

4 Identifikationsnummer 01 **87463571088** ggf. abweichender Familienname |3|

5 Vorname **CLAUDIA**

6 Geburtsdatum 16 **05031996** Anspruch auf Kindergeld oder vergleichbare Leistungen für 2015 EUR 15 **2256,—**

7 Für die Kindergeldfestsetzung zuständige Familienkasse

8 Wohnort im Inland 00 **0101 3112** von bis Wohnort im Ausland von bis

9 ggf. abweichende Adresse (bei Wohnort im Ausland bitte auch den Staat angeben) (Kz 14)

Kindschaftsverhältnis zur stpfl. Person / Ehemann / Lebenspartner(in) A | Kindschaftsverhältnis zur Ehefrau / Lebenspartner(in) B

10 02 **1** 1 = leibliches Kind / Adoptivkind 2 = Pflegekind 3 = Enkelkind / Stiefkind | 03 **1** 1 = leibliches Kind / Adoptivkind 2 = Pflegekind 3 = Enkelkind / Stiefkind

Kindschaftsverhältnis zu anderen Personen

11 Name, Vorname Geburtsdatum dieser Person 04 Dauer des Kindschaftsverhältnisses vom bis

12 Letzte bekannte Adresse Art des Kindschaftsverhältnisses 1 = leibliches Kind / Adoptivkind 2 = Pflegekind

13 Der andere Elternteil lebte im Ausland 37

14 Das Kindschaftsverhältnis zum anderen Elternteil ist durch dessen Tod erloschen am 06

Angaben für ein volljähriges Kind

1. Ausbildungsabschnitt | 2. Ausbildungsabschnitt

15 Das Kind befand sich in Schul-, Hochschul- oder Berufsausbildung **010115 311215** bis vom bis

16 Bezeichnung der Schul-, Hochschul- oder Berufsausbildung **Berufsausbildung**

17 Das Kind konnte eine Berufsausbildung mangels Ausbildungsplatzes nicht beginnen oder fortsetzen

18 Das Kind hat ein freiwilliges soziales oder ökologisches Jahr (Jugendfreiwilligendienstegesetz), einen europäischen / entwicklungspolitischen Freiwilligendienst, einen Freiwilligendienst aller Generationen (§ 2 Abs. 1a SGB VII), einen Internationalen Jugendfreiwilligendienst, Bundesfreiwilligendienst oder einen Anderen Dienst im Ausland (§ 5 Bundesfreiwilligendienstgesetz) geleistet

19 Das Kind befand sich in einem Übergangszeit von höchstens vier Monaten (z. B. zwischen zwei Ausbildungsabschnitten)

20 Das Kind war ohne Beschäftigung und bei einer Agentur für Arbeit als arbeitsuchend gemeldet

21 Das Kind war wegen einer vor Vollendung des 25. Lebensjahres eingetretenen Behinderung außerstande, sich selbst finanziell zu unterhalten (Bitte Anleitung beachten.)

22 Das Kind hat den gesetzlichen Grundwehr- / Zivildienst oder einen davon befreienden Dienst geleistet, der vor dem 1.7.2011 begonnen hat

Angaben zur Erwerbstätigkeit eines volljährigen Kindes (nur bei Eintragungen in den Zeilen 15 bis 19)

23 Das Kind hat bereits eine erstmalige Berufsausbildung oder ein Erststudium abgeschlossen **2** 1 = Ja 2 = Nein

24 Falls Zeile 23 mit „Ja" beantwortet wurde: Das Kind war erwerbstätig (kein Ausbildungsdienstverhältnis) 1 = Ja 2 = Nein

25 Falls Zeile 24 mit „Ja" beantwortet wurde: Das Kind übte eine / mehrere geringfügige Beschäftigung(en) im Sinne der §§ 8, 8a SGB IV (sog. Minijob) aus 1 = Ja 2 = Nein Beschäftigungszeitraum vom bis

26 Das Kind übte andere Erwerbstätigkeiten aus (bei mehreren Erwerbstätigkeiten bitte Angaben lt. gesonderter Aufstellung) 1 = Ja 2 = Nein Erwerbszeitraum

27 (Vereinbarte) regelmäßige wöchentliche Arbeitszeit der Tätigkeit(en) lt. Zeile 25 Stunden lt. Zeile 26 Stunden

ANLAGE KIND
Kinderermäßigungen

2016

2015

1	Name **BACKS**	**Anlage Kind**
2	Vorname **KARL**	Für jedes Kind bitte eine eigene Anlage Kind abgeben.
3	Steuernummer **123/4567/8901**	lfd. Nr. der Anlage **3**

Angaben zum Kind

4	Identifikationsnummer 01 **87463013591**		3
5	Vorname **INGO**	ggf. abweichender Familienname	
6	Geburtsdatum 16 **25082002**	Anspruch auf Kindergeld oder vergleichbare Leistungen für 2015	EUR 15 **2328,—**
7	Für die Kindergeldfestsetzung zuständige Familienkasse		
8	Wohnort im Inland 00 vom **0101** bis **3112**	Wohnort im Ausland	vom bis
9	ggf. abweichende Adresse (bei Wohnort im Ausland bitte auch den Staat angeben) (Kz14)		

Kindschaftsverhältnis zur stpfl. Person / Ehemann / Lebenspartner(in) A   Kindschaftsverhältnis zur Ehefrau / Lebenspartner(in) B

10	02 **1** 1 = leibliches Kind / Adoptivkind 2 = Pflegekind 3 = Enkelkind / Stiefkind	03 **1** 1 = leibliches Kind / Adoptivkind 2 = Pflegekind 3 = Enkelkind / Stiefkind

Kindschaftsverhältnis zu anderen Personen

	Name, Vorname	Geburtsdatum dieser Person	Dauer des Kindschaftsverhältnisses vom bis
11			04
12	Letzte bekannte Adresse		Art des Kindschaftsverhältnisses 1 = leibliches Kind / Adoptivkind 2 = Pflegekind
13	Der andere Elternteil lebte im Ausland		37
14	Das Kindschaftsverhältnis zum anderen Elternteil ist durch dessen Tod erloschen am		06

Angaben für ein volljähriges Kind

		1. Ausbildungsabschnitt vom bis	2. Ausbildungsabschnitt vom bis
15	Das Kind befand sich in Schul-, Hochschul- oder Berufsausbildung		
16	Bezeichnung der Schul-, Hochschul- oder Berufsausbildung		
17	Das Kind konnte eine Berufsausbildung mangels Ausbildungsplatzes nicht beginnen oder fortsetzen		
18	Das Kind hat ein freiwilliges soziales oder ökologisches Jahr (Jugendfreiwilligen-dienstegesetz), einen europäischen / entwicklungspolitischen Freiwilligendienst, einen Freiwilligendienst aller Generationen (§ 2 Abs. 1a SGB VII), einen Inter-nationalen Jugendfreiwilligendienst, Bundesfreiwilligendienst oder einen Anderen Dienst im Ausland (§ 5 Bundesfreiwilligendienstgesetz) geleistet		
19	Das Kind befand sich in einer Übergangszeit von höchstens vier Monaten (z. B. zwischen zwei Ausbildungsabschnitten)		
20	Das Kind war ohne Beschäftigung und bei einer Agentur für Arbeit als arbeit-suchend gemeldet		
21	Das Kind war wegen einer vor Vollendung des 25. Lebensjahres eingetretenen Be-hinderung außerstande, sich selbst finanziell zu unterhalten (Bitte Anleitung beachten.)		
22	Das Kind hat den gesetzlichen Grundwehr- / Zivildienst oder einen davon befreienden Dienst geleistet, der vor dem 1.7.2011 begonnen hat		

Angaben zur Erwerbstätigkeit eines volljährigen Kindes (nur bei Eintragungen in den Zeilen 15 bis 19)

23	Das Kind hat bereits eine erstmalige Berufsausbildung oder ein Erststudium abgeschlossen	1 = Ja 2 = Nein	
24	Falls Zeile 23 mit „Ja" beantwortet wurde: Das Kind war erwerbstätig (kein Ausbildungs-dienstverhältnis)	1 = Ja 2 = Nein	
25	Falls Zeile 24 mit „Ja" beantwortet wurde: Das Kind übte eine / mehrere geringfügige Beschäfti-gung(en) im Sinne der §§ 8, 8a SGB IV (sog. Minijob) aus	1 = Ja 2 = Nein	Beschäftigungs-zeitraum vom bis
26	Das Kind übte andere Erwerbstätigkeiten aus (bei mehreren Erwerbstätigkeiten bitte Angaben lt. gesonderter Aufstellung)	1 = Ja 2 = Nein	Erwerbszeitraum
27	(Vereinbarte) regelmäßige wöchentliche Arbeitszeit der Tätigkeit(en) lt. Zeile 25 Stunden lt. Zeile 26 Stunden		

Was ist Berufsausbildung? 460

Eine Berufsausbildung vermittelt in einem geordneten Ausbildungsgang fachliche Kenntnisse und Fertigkeiten zur Ausübung eines künftigen Berufs, so lautet die Definition. Gottlob ist diese Definition sehr weit auszulegen. Zur Berufsausbildung gehören die Ausbildung in einem handwerklichen, kaufmännischen, technischen oder wissenschaftlichen Beruf, Umschulungsmaßnahmen, der Besuch einer Realschule, eines Gymnasiums (auch Abendgymnasium), einer Fachhochschule oder Universität. Auch ein Kind, das, obwohl bereits volljährig, einen Schulabschluss nachholt, befindet sich in Berufsausbildung.

Ebenso gilt die Teilnahme an einem Abiturfernlehrgang als Berufsausbildung mit der Folge, dass die Eltern Anspruch auf Kindergeld haben. Dabei ist unerheblich, ob die Teilnahme zum angestrebten Erfolg geführt hat (FG Baden-Württemberg 4.5.2001 – EFG 2001 S. 1299 – und v. 26.2.2002 – EFG 2002 S. 771).

Wann endet die Berufsausbildung?

Die Berufsausbildung ist mit einer Abschlussprüfung (z. B. Laufbahnprüfung, Staatsexamen oder Gesellenprüfung) nicht unbedingt beendet – so werden die Fiskalbürokraten in den Einkommensteuer-Hinweisen 32.5 belehrt. Setzt Ihr Kind seine Ausbildung fort, z. B. durch ein Studium an der Bundeswehrhochschule, eine Referendarausbildung wie bei angehenden Lehrern oder Juristen, durch eine Ausbildung für einen gehobenen oder einen andersartigen Beruf oder sofort nach der Gesellenprüfung durch Besuch der Meisterschule, ohne weiter als Geselle zu arbeiten, steht Ihnen weiterhin die Kinderermäßigung zu.

Beispiel

Ihr Ewald ist von September 2015 bis Juli 2016 auf der Meisterschule und arbeitet nebenbei weniger als 20 Stunden pro Woche. Er zahlt das Schulgeld, die Bücher und die Fahrtkosten, gibt aber für diese Zeit kein Kostgeld ab. Also beantragen Sie für das erste und zweite Jahr zeitanteilig ($4/_{12}$ bzw. $7/_{12}$) die Kinderermäßigung und den Ausbildungsfreibetrag – vorausgesetzt, Ewald ist jeweils unter 25. Zugleich soll Ewald seine Ausgaben in der Anlage N als Werbungskosten ansetzen. Siehe dazu ➤ Rz 686.

Berufsbegleitende Ausbildung

In der Berufsausbildung befindet sich aus fiskalischer Sicht nicht mehr, wer sich zwar auf ein Berufsziel vorbereitet, aber zugleich einen Beruf ausübt, der von vielen Arbeitnehmern unter denselben Bedingungen als Dauerberuf ausgeübt wird (BFH v. 2.7.1993 – BStBl 1994 S. 101). Unter Hinweis auf dieses Urteil versagen viele Finanzämter den Eltern die

Steuerermäßigung für Kinder, die berufsbegleitende Lehrgänge besuchen, erkennen dafür aber bei den Kindern selbst die Lehrgangskosten als Werbungskosten an (BFH-Urt. v. 15.12.1989 – BStBl 1990 II S.692 betr. Aufwendungen für die Meisterprüfung). Diese wirken sich aber wegen des Arbeitnehmerpauschbetrags von 1.000 € meistens steuerlich nicht aus.

Nachweise

Für ein Kind in Schul- oder Berufsausbildung oder im Studium fügen Sie der Steuererklärung eine Bescheinigung der Schule oder Hochschule bei. Die Fortdauer eines Studiums ist jedes Jahr, und zwar spätestens im Oktober, nachzuweisen. Ergibt sich aus der Immatrikulationsbescheinigung für das laufende Semester, dass auch das vorangegangene Semester belegt war (ersichtlich aus der Anzahl der Fachsemester), ist für dieses kein gesonderter Nachweis erforderlich. Für ein Kind in betrieblicher Berufsausbildung ist eine Ausbildungsbescheinigung beizufügen.

 Duales Studium gilt als Erstausbildung!

Im Rahmen eines dualen Studiums wird oftmals eine Abschlussprüfung in einem Ausbildungsberuf noch während des Studiums abgelegt. Diese Prüfung beendet jedoch die Erstausbildung und damit den Bezug des Kindergeldes nicht, so der Bundesfinanzhof mit Urteil vom 3.7.2014 (Az. III R 52/13).

Die Kinderermäßigungen bleiben demnach bis zum Abschluss des Bachelorstudiums erhalten, denn Ausbildung und Studium sind Teile einer einheitlichen Erstausbildung. Unschädlich ist demnach auch, wenn während des Studiums mehr als 20 Wochenstunden im Betrieb gearbeitet wird.

461 Und hier noch ein besonderer Tipp:

Sprungbrett für die berufliche Karriere: das Meister-BAföG

Die Teilnahme an Meisterkursen wird staatlich gefördert. Die Förderung besteht aus folgenden Komponenten:

bei Vollzeitkursen:
Unterhaltsbeitrag

- zwischen 697 € (alleinstehend) und 1.332 € (verheiratet mit zwei Kindern) monatlich (Höchstförderung, teilweise als Zuschuss, teilweise als zinsgünstiges Darlehen; Anrechnung eigener Einkünfte und Bezüge sowie der des Ehegatten).

bei Vollzeit- und Teilzeitkursen:
Maßnahmebeitrag

- Anspruch auf einen Zuschuss in Höhe von max. 3.119 € (= 30,5 % von höchstens 10.226 €) sowie auf ein zinsgünstiges Darlehen in Höhe von max. 7.107 € zur Abdeckung der Lehrgangs- und Prüfungskosten (Zinssatz je nach Zinsbindungsdauer ca. 2 % zzgl. Verwaltungskostenaufschlag 1 %, Risikoaufschlag 0,7 %; Zins- und Tilgungsfreiheit bis max. sechs Jahre nach Abschluss der Prüfung).

- Zinsgünstiges Darlehen in Höhe von max. 1.534 € zur Anfertigung des Meisterstücks.

- Zuschuss bis zu 113 € monatlich zu den notwendigen Kosten der Kinderbetreuung bei Alleinerziehenden.

Voraussetzung für die Förderung ist eine lehrgangsmäßige Vorbereitung auf eine Meisterprüfung (Abschluss in einem Ausbildungsberuf muss für Zulassung zur Prüfung Bedingung sein). Der Antrag auf Gewährung des *Maßnahmebeitrags* kann bis Ende der Fortbildungsmaßnahme gestellt werden.

Der Clou bei dieser Förderung ist:

- Bei bestandener Abschlussprüfung werden auf Antrag 25 % des Ausbildungsdarlehens erlassen.

- Durch Ablösung des Darlehens (in Teilbeträgen von mindest. 128 €) vor Ablauf der Karenzzeit von sechs Jahren können Sie die Verzinsung vermeiden.

- Machen Sie sich innerhalb dieser Karenzzeit selbständig, werden Ihnen auf Antrag bis zu 66 % Ihres Darlehens für Lehrgangs- und Prüfungsgebühren erlassen.

Weitere Informationen zum Meister-BAföG sind im Internet unter www. meister-bafoeg.info oder unter der kostenfreien Info-Hotline 08 00 – 6 22 36 34 erhältlich.

*Bei gleicher Umgebung lebt jeder
in seiner eigenen Welt.*
(Schopenhauer)

Ausbildungsdienstverhältnis   462

Dieses sonderbare Wort stammt aus der Ministerialbürokratie. In einem Ausbildungsdienstverhältnis befindet sich, wem steuerpflichtiger Arbeitslohn zufließt, obwohl das Dienstverhältnis zum Zweck der Ausbildung eingegangen wurde.

Ein Ausbildungsdienstverhältnis zählt nicht als Erwerbstätigkeit. Also bleiben auch bei 1.000 € Arbeitslohn monatlich Kindergeld/kindbedingte Freibeträge erhalten.

Sonderbarerweise fällt ein Ausbildungsdienstverhältnis in die Kategorie Fortbildung, d. h.: Ihr Sprössling kann alle Kosten, die ihm im Zusammenhang mit seiner Ausbildung entstehen (für Lehrmaterial, Bücher, Besuch von Seminaren, Lehrgängen und Arbeitsgemeinschaften, für Fahrten zur Berufsschule, Verpflegungsmehraufwendungen, auch für doppelte Haushaltsführung), als Werbungskosten absetzen (LStH 9.2).

Vielleicht gelingt es ihm, möglichst viele der Kosten in das Jahr zu verlagern, in dem er seine Ausbildung beendet. Dadurch hat er einen doppelten Vorteil: Er nimmt leichter die Hürde des Arbeitnehmerpauschbetrags von 1.000 €, und die Werbungskosten wirken sich stärker aus, weil er in dem Jahr schon gut verdient.

Wie Auszubildende ihr Finanzamt auf die Palme bringen: ➤ Rz 782.

463 *TIPP* **Die Masche mit dem Ausbildungsdienstvertrag**

Grundsätzlich gehören die Aufwendungen für die Ausbildung der Kinder zu den nicht abziehbaren Kosten der Lebenshaltung. Anders dagegen, wenn die Ausbildung betrieblich veranlasst ist. Und das ist sie nach dem Urteil des Bundesfinanzhofs vom 14.12.1990 (BStBl 1991 II S. 305), wenn ein Handwerksbetrieb Kosten aufwendet, um einen betrieblichen Nachfolger auszubilden.

Besonders wichtig ist hier der sog. Fremdvergleich. Die Tatsache, dass Ihr Kind den Betrieb übernehmen soll, darf nicht im Vordergrund stehen. Es kommt vielmehr darauf an, dass es aufgrund seines beruflichen Werdegangs, seines Alters und der Dauer seiner Betriebszugehörigkeit am besten geeignet ist, Ihre Nachfolge anzutreten, und Sie einen Angestellten bei gleicher Qualifikation ebenso gefördert hätten (BFH-Urt. v. 29.10.1997 – BStBl 1998 II S. 149).

Weisen Sie also – wenn es zutrifft – ruhig darauf hin, dass Ihr Sprössling bereits von Jugend an in den Ferien bei Ihnen gejobbt hat. Und: Da er den festen Wunsch hat, das Geschäft als Ihr Nachfolger fortzuführen bzw. in der Leitung Ihrer Firma mitzuarbeiten, haben Sie ihn schon seit Jahren in die Geschäftsführung eingebunden, so dass er die besten Voraussetzungen mitbringt.

Also, Ihr Meisterväter und -mütter: Die Kosten für die Ausbildung zum Handwerksmeister trägt der Betrieb, wenn Sie es richtig anpacken. Und außerdem steht Ihnen Kinderermäßigung zu, sofern ein Ausbildungsdienstverhältnis gegeben ist oder aber die Wochenarbeitszeit unter 20 Stunden bleibt.

»Mein Sohn Peter will noch studieren, bevor er die Firma übernimmt«, **464**
sagen Sie. Auch gut, aber schließen Sie vorher mit ihm einen Vertrag –
und zwar einen, wie er auch zwischen fremden Personen möglich wäre.
Etwa so:

Ausbildungsdienstvertrag

Zwischen der Firma Walter Holzauge, Holzleimbaubetrieb,
in 12345 Neuhausen, und Peter Holzauge, wohnhaft eben-
dort, wird folgender Ausbildungsdienstvertrag geschlossen:
Peter Holzauge wird ab 1.2.20.. an der Fachhochschule
für Holzwesen in Rosenheim studieren, um dort die Prüfung
als Ingenieur Holzfachwirt grad. abzulegen. Danach wird
er als solcher in der Firma Walter Holzauge tätig sein.
Die Firma ist auf eine jüngere Fachkraft angewiesen und
deshalb bereit, die Kosten der Ausbildung zu übernehmen.
Übernommen werden: die Kosten der Unterkunft in Rosenheim (zu 50%), die Semestergebühren und die Aufwendungen
für Lehrmaterial. Außerdem wird das Gehalt von derzeit
1.500 € mtl. in Höhe von 50% bis zum Ablauf der Regel-
studienzeit weitergezahlt. Der planmäßige Verlauf des
Studiums wird durch Scheine und Testate nachgewiesen,
die der Firma Walter Holzauge in Kopie zu überlassen
sind. Bei Abbruch des Studiums sind die bis dahin erhaltenen Gehälter zurückzuzahlen.
Das bereits bestehende Dienstverhältnis wird ab 1.2.20..
in ein Ausbildungsdienstverhältnis umgewandelt. Peter
Holzauge verpflichtet sich, nach Ablegung des Ingenieur-
examens in der Firma Walter Holzauge als Führungskraft
tätig zu sein. Kündigt Peter Holzauge vor Ablauf von zehn
Jahren, sind die von der Firma getragenen Kosten und die
Gehaltsbezüge für jedes ausstehende Jahr in Höhe von
einem Zehntel zurückzuzahlen.

Neuhausen, den . . . .

. . . .
Unterschrift   Unterschrift
Walter Holzauge   Peter Holzauge

Peter muss sein Gehalt versteuern, kann aber seine Aufwendungen für die Ausbildung als Werbungskosten absetzen (BFH-Urt. v. 28.9.1984 – BStBl 1985 II S. 87). Das sind aufs Jahr gerechnet:

Verpflegungsmehraufwendungen (für die ersten drei Monate) 84 Tage × 24 € =	2.016 €
Fahrtkosten 48 Heimfahrten × 120 km (gefahren) × 0,30 € =	1.728 €
Kosten der Unterkunft 300 € × 12 Monate =	3.600 €
Summe	7.344 €
./. steuerfreie Erstattung der Unterkunft	– 1.800 €
Als Werbungskosten abziehbar	5.544 €

Mehr zum Werbungskostenabzug unter ➤ Rz 777 ff.

---

465 Zeile 17 Kind ohne Ausbildungsplatz

Wenn Ihr Kind momentan mangels Ausbildungsplatz die Ausbildung nicht beginnen kann, ist für das Kindergeld und die übrigen Steuervergünstigungen nichts verloren, denn sie stehen auch für die Zeiträume zu, in denen das Kind auf einen Ausbildungsplatz wartet (BFH v. 7.8.1992 – BStBl 1993 II S. 103). Kontert das Finanzamt, jeder bekomme einen Ausbildungsplatz, wenn er sich nur nachhaltig bemühe, beweisen Sie durch Vorlage von Bewerbungsschreiben oder der Bescheinigung des Arbeitsamts über die Meldung des Kindes als Bewerber um eine berufliche Ausbildungsstelle das Gegenteil.

1-€-Job schadet nicht

Ihr Filius kann beim besten Willen keinen Ausbildungsplatz finden und wird von der Arbeitsagentur schon mit 1-€-Jobs beschäftigt? Für ihn sicher nicht angenehm, für Ihr Kindergeld oder die Kinderfreibeträge jedoch kein Beinbruch. Diese Jobs sollen ja gerade die Aussichten Arbeitssuchender verbessern, so jedenfalls sagt es das Sozialgesetzbuch. Damit steht Ihr Sprößling in der Warteschleife für einen Ausbildungsplatz, und die Voraussetzungen für > Zeile 17 der Anlage Kind sind erfüllt.

466 Der Numerus clausus sichert Kindergeld und Steuervergünstigungen

Helga hat im Mai 2015 ihr Abitur geschafft und seitdem Bock auf nichts, gammelt nur herum. Damit ihre Eltern weiterhin Kindergeld erhalten, bewirbt sie sich pro forma im Juni um einen Studienplatz für Medizin. Sie weiß im Voraus, dass sie mit der Abi-Note 3,0 eine Absage erhalten wird, was auch prompt im September eintritt. Nun hat sie Zeit bis Juni 2016, wenn das nächste Zulassungsverfahren zum Wintersemester anläuft. In der Steuererklärung für 2015 können ihre Eltern in > Zeile 17 eintragen: 1.6.2015 bis 31.12.2015. (Quelle: DA-FamEStG v. 15.3.2002 – Nr. 63.3.4)

Peter war nicht so schlau. Er hat im Mai 2015 sein Fachabitur geschafft und die Schule satt. Er weiß noch nicht recht, was er machen will. Schließlich bewirbt er sich im Dezember um einen Ausbildungsplatz in der Versicherungsbranche und erhält im Januar 2016 eine Zusage zu August 2016. Pech für die Eltern von Peter, denn sie erhalten für die Monate Juni bis November kein Kindergeld. Erst ab Dezember, also mit Beginn der ersten Bemühungen um einen Ausbildungsplatz, stehen wieder Kindergeld und Steuervergünstigungen für Peter zu.

Sorgen Sie also dafür, dass sich Ihr Kind möglichst früh um einen Ausbildungsplatz bewirbt. Denn die erste Bewerbung ist der Startschuss für die Fortzahlung von Kindergeld. Außerdem müssen Sie als Berechtigter gegenüber der Familienkasse mit geeigneten Unterlagen aufwarten können, aus denen sich die Bemühungen Ihres Sprösslings um einen Ausbildungsplatz ergeben.

Wie Sie sich aus dieser Klemme befreien können, lesen Sie unter ➤ Rz 468 »Kind in Übergangszeit«.

Zeile 18 Kind hat freiwilliges soziales/ökologisches Jahr/Freiwilligendienst/ Dienst im Ausland abgeleistet

467

Ein volljähriges Kind kann hinsichtlich Kindergeld und -freibeträgen auch dann berücksichtigt werden, wenn es

- ein freiwilliges soziales oder ein freiwilliges ökologisches Jahr im Sinne des Jugendfreiwilligendienstegesetzes ableistet (ggf. auch im Ausland, wenn der Träger seinen Hauptsitz in Deutschland hat),
- am Aktionsprogramm »Jugend in Aktion« der EU teilnimmt (Berücksichtigung bis zur Dauer von zwölf Monaten),
- Dienst nach § 14b des Zivildienstgesetzes im Ausland leistet,
- einen entwicklungspolitischen Freiwilligendienst »weltwärts« im Sinne der Richtlinie des Bundesministeriums für wirtschaftliche Zusammenarbeit und Entwicklung (BMZ) leistet oder aber
- Freiwilligendienst aller Generationen (§ 2 Abs. 1a SGB VII), einen Internationalen Jugendfreiwilligendienst (Richtlinie des Bundesministe-

riums für Familie, Senioren, Frauen und Jugend) oder einen Bundesfreiwilligendienst im Sinne des Bundesfreiwilligendienstgesetzes leistet.

468 Zeile 19 Kind in Übergangszeit

Zwischen einzelnen Ausbildungsabschnitten, wie z.B. dem Ende der
Schulzeit und dem Beginn des Studiums, lassen sich sog. Übergangszeiten
oft nicht vermeiden. Auch in dieser Zeit stehen Ihnen Kindergeld bzw.
-freibeträge zu. Die Übergangszeit darf nur nicht vier Monate überschreiten. Endet demnach ein Ausbildungsabschnitt im Juli, muss der nächste
spätestens im Dezember beginnen. Erst für die Zeit danach müssen Sie
die Bemühungen Ihres Sprösslings um einen Ausbildungsplatz lückenlos
belegen.
Übrigens: Kann Ihre Tochter ihre Ausbildung aufgrund der gesetzlichen
Mutterschutzfristen nicht beginnen oder fortsetzen, steht Ihnen ebenfalls
die Kinderermäßigung zu.

Gut zu wissen: Der Kniff mit der Übergangszeit von bis zu vier Monaten
soll auch dann greifen, wenn Ihr Sprössling auf den Antritt des freiwilligen Wehrdienstes wartet (so das FG Schleswig-Holstein mit Urt. v.
28.1.2015 – Az. 2 K 39/14).
Gleiches gilt für Schulabgänger, die innerhalb von vier Monaten eine Tätigkeit im Rahmen eines Freiwilligen Sozialen-, Ökologischen- oder Kul-
turellen Jahres aufnehmen. Auch wer innerhalb dieser Zeit seinen Freiwilligendienst antritt, kann getrost die > Zeile 19 ausfüllen.

469 Zeile 20 Kind ohne Beschäftigung/Arbeit suchend gemeldet

Steht Ihr Kind nach der Lehre auf der Straße, können Sie bis zu seinem
21. Lebensjahr die Kinderermäßigung beanspruchen. Den Nachweis der
Arbeitslosigkeit führen Sie durch Vorlage der Besucherkarte des Arbeits-
amts.
Wie Ihr Sprössling trotz Arbeitslosigkeit Steuern sparen kann, dazu lesen
Sie ➤ Rz 686.

470 Zeile 21 Behindertes Kind

Behinderte Kinder werden ohne Altersbeschränkung berücksichtigt,
wenn die Behinderung vor Vollendung des 25. Lebensjahres eingetreten
ist und sie sich finanziell nicht selbst unterhalten können (siehe ➤ Rz 472).

Außerdem sollten Sie wissen: Ist Ihr Kind über 25 Jahre alt und findet wegen der Behinderung keinen Arbeitsplatz oder hat seine Schul- oder Berufsausbildung noch nicht beendet, muss das Finanzamt auf weitere Prüfungen verzichten und die Kinderermäßigung anerkennen (EStR 32.9).

TIPP Kann sich Ihr Kind selbst unterhalten?

Tragen Sie Ihr behindertes Kind, auch wenn es berufstätig ist, immer in > Zeile 1–21 ein, und fügen Sie auf alle Fälle eine Kopie des Schwerbehindertenausweises bei. Wenn der Finanzbeamte dort »Grad der Behinderung 100 %« liest, muss er schon zur ganz abgebrühten Sorte gehören, wenn er trotzdem die fast peinliche Frage stellt, ob sich Ihr schwerbehindertes Kind nicht vielleicht doch selbst unterhalten kann. **471**

Diese Frage ist allerdings fast unvermeidlich, wenn Sie vergessen haben, Angaben zur Erwerbstätigkeit in > Zeile 23–27 zu machen.

Der Fiskus meint, Ihr Kind könne sich finanziell selbst unterhalten, wenn es aus eigenen finanziellen Mitteln seinen Lebensbedarf decken kann. Dieser setzt sich zusammen aus dem Grundbedarf, den auch ein gesundes Kind hat, und dem behinderungsbedingten Mehrbedarf. Der Grundbedarf entspricht dem Existenzminimum eines Alleinstehenden von 8.472 €. Der »typische« behinderungsbedingte Mehrbedarf kann mangels anderer Anhaltspunkte mit dem Pauschbetrag für Behinderte (➤ Rz 181) angesetzt werden. Hat Ihr Kind z.B. das Merkzeichen H, beträgt der Pauschbetrag 3.700 €. Die eigenen Einkünfte und Bezüge des Kindes dürfen also in diesem Fall 12.172 € nicht übersteigen. **472**

Folgende Aufwendungen gelten darüber hinaus als »behinderungsbedingter Mehrbedarf« und erhöhen die Einkommensgrenze:

● Pflegeaufwand in Höhe des gezahlten Pflegegelds,
● pauschale Fahrtkosten mit 3.000 bzw. 15.000 km × 0,30 € (je nach Grad der Behinderung; vgl. ➤ Rz 230),
● persönliche, amtsärztlich bestätigte Betreuungsleistungen der Eltern (Stundensatz: 8 €).

Eigenes Vermögen schadet nicht
Bei der Beurteilung der Frage, ob sich das volljährige behinderte Kind finanziell selbst unterhalten kann, bleibt eigenes Vermögen des Kindes unberücksichtigt (BFH-Urt. v. 19.8.2002, BStBl 2003 II S. 88).

> *Der Wohlstand ist das Durchgangsstadium*
> *von der Armut zur Unzufriedenheit.*
>
> (Paul Spree)

473 *TIPP* **Behindert, weil drogenabhängig**

Als Behinderung kommen auch Suchtkrankheiten in Betracht. Wer ein Kind hat, das aufgrund seiner Drogenabhängigkeit die Ausbildung geschmissen hat und sich auch nicht selbst unterhalten kann, sollte Kindergeld beantragen und das Kind in der Steuererklärung geltend machen. Nach dem Urteil des FG Rheinland-Pfalz vom 26.11.2001 (rechtskräftig – EFG 2002 S. 558) kann das Finanzamt den Grad der Behinderung ohne weiteres mit mindestens 50 % feststellen, ohne dass ein Schwerbehindertenausweis vorgelegt wird.

Nun gibt es in jedem Finanzamt welche von der hartgesottenen Sorte, die sich trotz unbestrittener Drogenabhängigkeit auf ihre Dienstanweisungen »FamEStG« und EStR 32.9 berufen und einen Ausweis nach dem Schwerbehindertengesetz verlangen. Berufen Sie sich in einem solchen Fall auf das Urteil des Bundesfinanzhofs vom 16.4.2002 (BFH/NV 2002 S. 1091), wonach die Dienstanweisungen in diesem Punkt nicht einschlägig sind. Denn im Gesetz ist der zu erbringende Nachweis der Behinderung nicht geregelt und kann auch auf andere Art als durch einen Schwerbehindertenausweis erbracht werden. Führen Sie den Nachweis z. B. durch ein ärztliches Gutachten oder durch Zeugnis der behandelnden Ärzte. Wichtig ist, dass aus den Bescheinigungen Beginn, Grad und Folgen der Drogensucht, sprich der Behinderung, hervorgehen.

Beispiel: Steuerermäßigung für schwerbehindertes Kind

Angaben zum Kind

				3
4	Identifikationsnummer 01	3 2 1 2 3 5 6 7 9 0 8		
5	Vorname	FABIAN	ggf. abweichender Familienname	
6	Geburtsdatum 16 05031994		Anspruch auf Kindergeld oder vergleichbare Leistungen für 2015 15	EUR 2 2 5 6,—
7	Für die Kindergeldfestsetzung zuständige Familienkasse			
8	Wohnort im Inland 00	vom 0101 bis 3112	Wohnort im Ausland	vom bis
9	ggf. abweichende Adresse (bei Wohnort im Ausland bitte auch den Staat angeben) (Kz 14)			

Kindschaftsverhältnis zur stpfl. Person / Ehemann / Lebenspartner(in) A — **Kindschaftsverhältnis zur Ehefrau / Lebenspartner(in) B**

10	02 1	1 = leibliches Kind / Adoptivkind 2 = Pflegekind 3 = Enkelkind / Stiefkind	03 1	1 = leibliches Kind / Adoptivkind 2 = Pflegekind 3 = Enkelkind / Stiefkind

Kindschaftsverhältnis zu anderen Personen

	Name, Vorname	Geburtsdatum dieser Person	Dauer des Kindschaftsverhältnisses vom bis
11		04	
12	Letzte bekannte Adresse		Art des Kindschaftsverhältnisses 1 = leibliches Kind / Adoptivkind 2 = Pflegekind
13	Der andere Elternteil lebte im Ausland	37	
14	Das Kindschaftsverhältnis zum anderen Elternteil ist durch dessen Tod erloschen am	06	

Angaben für ein volljähriges Kind

		1. Ausbildungsabschnitt vom bis	2. Ausbildungsabschnitt vom bis
15	Das Kind befand sich in Schul-, Hochschul- oder Berufsausbildung		
16	Bezeichnung der Schul-, Hochschul- oder Berufsausbildung		
17	Das Kind konnte eine Berufsausbildung mangels Ausbildungsplatzes nicht beginnen oder fortsetzen		
18	Das Kind hat ein freiwilliges soziales oder ökologisches Jahr (Jugendfreiwilligendienstegesetz), einen europäischen / entwicklungspolitischen Freiwilligendienst, einen Freiwilligendienst aller Generationen (§ 2 Abs. 1a SGB VII), einen Internationalen Jugendfreiwilligendienst, Bundesfreiwilligendienst oder einen Anderen Dienst im Ausland (§ 5 Bundesfreiwilligendienstgesetz) geleistet		
19	Das Kind befand sich in einer Übergangszeit von höchstens vier Monaten (z. B. zwischen zwei Ausbildungsabschnitten)		
20	Das Kind war ohne Beschäftigung und bei einer Agentur für Arbeit als arbeitsuchend gemeldet	100%	
21	Das Kind war wegen einer vor Vollendung des 25. Lebensjahres eingetretenen Behinderung außerstande, sich selbst finanziell zu unterhalten (Bitte Anleitung beachten.)	010115	311215
22	Das Kind hat den gesetzlichen Grundwehr- / Zivildienst oder einen davon befreienden Dienst geleistet, der vor dem 1.7.2011 begonnen hat		

Zeile 22 Grundwehr-/Zivildienst
474

Hat Ihr Kind vor der Aussetzung Mitte 2011 Grundwehr- oder Zivildienst geleistet, verschiebt sich die Altersgrenze von 25 Jahren um die Dauer des gesetzlichen Grundwehr- bzw. Zivildiensts.

Dabei gilt das Monatsprinzip: Ist Ihr studierender Sohn im Juli 2015 26 geworden und hat vor dem Studium neun Monate Grundwehrdienst geleistet, erhalten Sie im Kalenderjahr 2015 für Januar bis April einen Kinder- und Betreuungsfreibetrag oder Kindergeld. Ab Mai können Sie lediglich Unterhaltszahlungen geltend machen (vgl. ➤ Rz 395 ff.) Auch der Ansatz eines Ausbildungsfreibetrags ist nur bis einschließlich April möglich ➤ Rz 483.

Einfacher ist es, so zu rechnen:

Alter des Kindes in 2015	. . . . . .
./. Dauer des Wehr- oder Zivildienstes	− . . . . . .
Alter in 2015 rechnerisch	. . . . . .

Solange das Alter in 2015 rechnerisch unter 25 Jahren liegt, steht Ihnen die Kinderermäßigung zu.

 8.2.4 Angaben zur Erwerbstätigkeit eines volljährigen Kindes – Zeile 23–27

475 Das Wichtigste gleich vorweg:

Die > Zeilen 23–27 sind für Sie nur dann von Interesse, wenn Ihr Kind eine **weitere Berufsausbildung** oder ein **weiteres Studium** absolviert. Geht Ihr volljähriges Kind noch zur Schule, befindet es sich in (erstmaliger) Berufsausbildung oder absolviert es ein (Erst-)Studium, spielen Art und Umfang eigener Einkünfte und Bezüge oder (Neben-)Jobs keine Rolle.

	Angaben zur Erwerbstätigkeit eines volljährigen Kindes (nur bei Eintragungen in den Zeilen 15 bis 19)			
23	Das Kind hat bereits eine erstmalige Berufsausbildung oder ein Erststudium abgeschlossen XX	1 = Ja 2 = Nein		
24	Falls Zeile 23 mit Ja beantwortet wurde: Das Kind war erwerbstätig (kein Ausbildungsdienstverhältnis)	1 = Ja 2 = Nein		
25	Falls Zeile 24 mit Ja beantwortet wurde: Das Kind übte eine / mehrere geringfügige Beschäftigung(en) im Sinne des §§ 8, 8a SGB IV (sog. Minijob) aus	1 = Ja 2 = Nein	Beschäftigungszeitraum	vom bis
26	Das Kind übte andere Erwerbstätigkeiten aus (bei mehreren Erwerbstätigkeiten bitte Angaben lt. gesonderter Aufstellung)	1 = Ja 2 = Nein	Erwerbszeitraum	
27	(Vereinbarte) regelmäßige wöchentliche Arbeitszeit der Tätigkeit(en)	lt. Zeile 25 Stunden	lt. Zeile 26	Stunden

Nur bei einer weiteren Berufsausbildung oder einem weiteren Studium sind Kindergeld oder Kinderfreibeträge verloren, wenn das Kind einer Erwerbstätigkeit nachgeht. Erwerbstätigkeiten können beispielsweise sein:

- Tätigkeit als Arbeitnehmer oder
- land- und forstwirtschaftliche, gewerbliche oder selbständige Tätigkeiten.

Unschädliche (Neben-)Jobs sind hingegen:

- ein Ausbildungsdienstverhältnis,
- ein geringfügiges Beschäftigungsverhältnis (= 450 € – Minijob) oder

● eine Berufstätigkeit mit bis zu 20 Stunden vertraglich vereinbarter regelmäßiger Wochenarbeitszeit.

Können Sie in > Zeile 24 mit »2« bestätigen, dass sich Ihr Sprössling in einem Ausbildungsdienstverhältnis befand, und bestand dieses das ganze Jahr (»01.01.« – »31.12.«), sind die Kinderermäßigungen gerettet.

Bei Kindergeld und Kinderfreibeträgen wird monatsweise gerechnet!
Beginnt oder endet ein (weiteres) Ausbildungsdienstverhältnis im Lauf des Jahres oder wird aus einem 15-Stunden-Job eine Erwerbstätigkeit von mehr als 20 Stunden wöchentlich, werden Kindergeld und kindbedigte Freibeträge nur für den Zeitraum gewährt, in dem die Voraussetzungen vorlagen.

»Warum wird in > Zeile 25 nach mehreren Minijobs gefragt, wenn geringfügige Beschäftigungen doch nicht als Erwerbstätigkeit gelten?«, könnten Sie sich wundern.

Das liegt daran, dass eine geringfügige Beschäftigung neben einer Erwerbstätigkeit nur dann unschädlich ausgeübt werden kann, wenn dadurch die 20-Stunden-Grenze nicht überschritten wird.

Die Verwaltung eigenen Vermögens ist keine Erwerbstätigkeit in diesem Sinne, so dass Kapital- oder Vermietungseinkünfte des Kindes nicht in > Zeile 23–27 gehören.

8.2.5 Übernommene Kranken- und Pflegeversicherung – Zeile 31–37   476

Beiträge zur Kranken- und Pflegeversicherung wirken sich in vollem Umfang steuerlich aus. Im Normalfall, d.h., wenn Sie als Versicherungsnehmer für Ihre bei Ihnen steuerlich zu berücksichtigenden Kinder die Beiträge zahlen, werden sie in der Anlage Vorsorgeaufwand erklärt.

Ist jedoch Ihr Kind – für das Sie weiterhin Anspruch auf kindbedingte Freibeträge bzw. Kindergeld haben – selbst Versicherungsnehmer und übernehmen Sie im Rahmen Ihrer Unterhaltsverpflichtung seine Beiträge für die sog. Basisabsicherung, sieht das Gesetz eine Sonderregelung vor: Sie können diese Beiträge hier als Sonderausgaben ansetzen.

Kranken- und Pflegeversicherung	(Nicht in der Anlage Vorsorgeaufwand enthalten)	Aufwendungen von mir / uns als Versicherungsnehmer geschuldet EUR	Aufwendungen vom Kind als Versicherungsnehmer geschuldet EUR
	– Füllen Sie die Zeilen 31 bis 37 nur aus, wenn der Datenübermittlung nicht widersprochen wurde. –		
31	Von mir / uns getragene Beiträge zu Krankenversicherungen (einschließlich Zusatzbeiträge) des Kindes (nur Basisabsicherung, keine Wahlleistungen) 66	,— 70	,—
32	In Zeile 31 enthaltene Beiträge, aus denen sich ein Anspruch auf Krankengeld ergibt	71	,—
33	Von mir / uns getragene Beiträge zur sozialen Pflegeversicherung und / oder zur privaten Pflege-Pflichtversicherung 67	,— 72	,—
34	Von den Versicherungen lt. den Zeilen 31 bis 33 erstattete Beträge 68	,— 73	,—
35	In Zeile 34 enthaltene Beiträge, aus denen sich ein Anspruch auf Krankengeld ergibt	74	,—
36	Zuschuss von dritter Seite zu den Beiträgen lt. den Zeilen 31 bis 33 (z. B. nach § 13a BAföG)	75	,—
37	Von mir / uns getragene Beiträge zu Kranken- und Pflegeversicherungen des Kindes (ohne Basisabsicherung, z. B. für Wahlleistungen, Zusatzversicherung) 69	,—	

Was bedeutet »Basisabsicherung«?

Nur der Basiskranken- und Pflegepflichtversicherungsschutz – egal ob in einer gesetzlichen oder einer privaten Krankenversicherung – soll steuerlich unbegrenzt berücksichtigt werden. Beiträge für eine darüber hinausgehende Versorgung – z.B. Chefarztbehandlung, Einbettzimmer – sowie zur Finanzierung eines Kranken(tage)geldes (> Zeile 32) gehören nicht dazu.

477 8.2.6 Übertragung des Kinder- und Betreuungsfreibetrags – Zeile 38–43

Vorab noch einmal das Prinzip: Im Gegensatz zum Kindergeld, das immer nur einer Person gezahlt wird, stehen die Freibeträge für Kinder grundsätzlich jedem Elternteil zur Hälfte zu; zusammen veranlagten Eltern werden die vollen Freibeträge gewährt.
Die vollen Freibeträge werden aber auch dann gewährt, wenn

- der andere Elternteil im Ausland lebt (> Zeile 13),
- der andere Elternteil verstorben ist (> Zeile 14),
- der Aufenthalt des anderen Elternteils nicht zu ermitteln ist,
- der Vater des Kindes amtlich nicht feststellbar ist oder
- Sie das Kind allein angenommen haben oder es nur zu Ihnen in einem Pflegekindschaftsverhältnis steht (§ 32 Abs. 6 EStG).

Nicht miteinander verheiratete oder getrennt lebende Eltern erhalten also jeder den halben Kinder- und Betreuungsfreibetrag von (2.256 € + 1.320 € =) insgesamt 3.576 €. In diesen Fällen kann ein Elternteil beantragen, dass dem anderen Elternteil zwangsweise die halben Freibeträge entzogen und ihm selbst übertragen werden (§ 32 Abs. 6 EStG). Dies unter folgenden Voraussetzungen:

- Der Unterhalt wird nicht ausreichend erfüllt (> Zeile 38, siehe unten) oder
- das minderjährige Kind ist nicht beim anderen Elternteil gemeldet (> Zeile 40). Dies gilt allerdings nur in Bezug auf den Betreuungsfreibetrag von 1.320 €.

Zeile 38-39 Unterhaltspflicht nicht ausreichend erfüllt

478

Wenn der andere Elternteil beim Unterhalt kneift, kann ihm zwangsweise der halbe Kinderfreibetrag entzogen werden. Dies führt auch zum Entzug des Betreuungsfreibetrags. Kneifen bedeutet hier, dass die Unterhaltsverpflichtung gegenüber dem Kind nicht zu mindestens 75 % erfüllt wird.

Bei der Prüfung ist zwischen Betreuungs- und Barunterhalt zu unterscheiden. Hierbei profitieren besonders Elternteile, in deren Haushalt die Kinder leben, weil sie ihrer Unterhaltsverpflichtung bereits durch Pflege und Erziehung zu 100 % nachkommen und Kosten nicht nachzuweisen brauchen.

Trifft dies auf Sie zu, stellen Sie den Antrag auf Übertragung der beiden »vollen« Freibeträge für Kinder, indem Sie in das Kästchen in > Zeile 38 eine »1« eintragen. In diesem Fall müssen Sie sich aber auch in > Zeile 6 das volle Kindergeld anrechnen lassen.

Ist der andere Elternteil notorisch klamm und daher nicht unterhaltspflichtig, stehen Ihnen die vollen Kinderfreibeträge ebenfalls zu. Vorausgesetzt, Sie haben keine Unterhaltsvorschüsse nach dem Unterhaltsgesetz erhalten (> Zeile 39).

Die konkrete Höhe der Unterhaltsverpflichtung des anderen Elternteils sowie seine tatsächlichen Unterhaltsleistungen sind nachzuweisen (z.B. durch Scheidungsurteil, Zahlungsbelege). Ist jedoch ein Elternteil, z.B. mangels ausreichender eigener finanzieller Mittel, nicht zur Leistung von Unterhalt verpflichtet, kann der ihm zustehende Kinderfreibetrag nicht übertragen werden (BFH v. 25.7.1997 – BStBl 1998 II S. 329). Eine einvernehmliche Übertragung ist ebenfalls nicht möglich.

Soweit die Höhe des Unterhalts nicht durch Unterhaltsurteil, Verpflichtungserklärung oder Vergleich festgelegt ist, können dafür im Zweifel die von den Gerichten aufgestellten Unterhaltstabellen, z.B. die »Düsseldorfer Tabelle«, einen Anhalt geben.

Kindesunterhalt						
Nettoeinkommen des Barunterhaltspflichtigen in €	Altersstufen in Jahren (§ 1612a Abs. 1 BGB)				Prozentsatz	Bedarfskontrollbetrag
	0–5	6–11	12–17	ab 18		
	€	€	€	€		
1. bis 1.500	317	364	426	488	100	800/1000
2. 1.501–1.900	333	383	448	513	105	1.100
3. 1.901–2.300	349	401	469	537	110	1.200
4. 2.301–2.700	365	419	490	562	115	1.300
5. 2.701–3.100	381	437	512	586	120	1.400
6. 3.101–3.500	406	466	546	625	128	1.500
7. 3.501–3.900	432	496	580	664	136	1.600
8. 3.901–4.300	457	525	614	703	144	1.700
9. 4.301–4.700	482	554	648	742	152	1.800
10. 4.701–5.100	508	583	682	781	160	1.900
ab 5.101	nach den Umständen des Falles					

So beantragen Sie den vollen Kinder- und Betreuungsfreibetrag:

Angaben zum Kind

3

4 | Identifikationsnummer 01 **4 7 3 5 4 1 0 1 7 3 2**

5 | Vorname   ggf. abweichender Familienname
F A B I A N

6 | Geburtsdatum   16 **0 5 0 3 2 0 0 0**   Anspruch auf Kindergeld oder vergleichbare Leistungen für 2015   15 **2 2 5 6.—**   EUR

7 | Für die Kindergeldfestsetzung zuständige Familienkasse

8 | Wohnort im Inland   00 **0 1 0 1**   vom   **3 1 1 2** bis   Wohnort im Ausland   vom   bis

9 | ggf. abweichende Adresse (bei Wohnort im Ausland bitte auch den Staat angeben) (Kz 14)

Kindschaftsverhältnis zur stpfl. Person / Ehemann / Lebenspartner(in) A   Kindschaftsverhältnis zur Ehefrau / Lebenspartner(in) B

10 | 02 **1**   1 = leibliches Kind / Adoptivkind   2 = Pflegekind   3 = Enkelkind / Stiefkind   03   1 = leibliches Kind / Adoptivkind   2 = Pflegekind   3 = Enkelkind / Stiefkind

Kindschaftsverhältnis zu anderen Personen

11 | Name, Vorname   Geburtsdatum dieser Person   Dauer des Kindschaftsverhältnisses
Werner Fiesling   04 **0 1 0 1**   vom   **3 1 1 2** bis

12 | Letzte bekannte Adresse
Bremen, Feigenweg 12   Art des Kindschaftsverhältnisses
1 = leibliches Kind / Adoptivkind
2 = Pflegekind

13 | Der andere Elternteil lebte im Ausland   37

14 | Das Kindschaftsverhältnis zum anderen Elternteil ist durch dessen Tod erloschen am   06

Übertragung des Kinderfreibetrags / des Freibetrags für den Betreuungs- und Erziehungs- oder Ausbildungsbedarf

38 | Ich beantrage den vollen Kinderfreibetrag und den vollen Freibetrag für den Betreuungs- und Erziehungs- oder Ausbildungsbedarf, weil der andere Elternteil
– seiner Unterhaltsverpflichtung nicht zu mindestens 75% nachkommt oder
– mangels Leistungsfähigkeit nicht unterhaltspflichtig ist   36 **1**   1 = Ja   vom   bis

39 | Falls die Frage in Zeile 38 mit Ja beantwortet wurde:
Es wurden Unterhaltsleistungen nach dem Unterhaltsvorschussgesetz gezahlt für den Zeitraum   38

40 | Ich beantrage den vollen Freibetrag für den Betreuungs- oder Ausbildungsbedarf, weil das minderjährige Kind bei dem anderen Elternteil nicht gemeldet war.   39   1 = Ja   43

41 | Der Übertragung des Kinderfreibetrags und des Freibetrags für den Betreuungs- und Erziehungs- oder Ausbildungsbedarf auf den Stief- / Großelternteil wurde lt. **Anlage K** zugestimmt.   40   1 = Ja

42 | Nur beim Stief- / Großelternteil: Der Kinderfreibetrag und der Freibetrag für den Betreuungs- und Erziehungs- oder Ausbildungsbedarf sind lt. **Anlage K** zu übertragen.   41   1 = Ja

43 | Nur beim Stief- / Großelternteil: Ich / wir beantrage(n) die Übertragung des Kinderfreibetrags und des Freibetrags für den Betreuungs- und Erziehungs- oder Ausbildungsbedarf, weil ich / wir das Kind in meinem / unserem Haushalt aufgenommen habe(n) oder ich / wir als Großelternteil gegenüber dem Kind unterhaltspflichtig bin / sind.   76   1 = Ja   77   Zeitraum der Haushaltszugehörigkeit / Unterhaltsverpflichtung   vom   bis

Entlastungsbetrag für Alleinerziehende

44 | Das Kind war mit mir in der gemeinsamen Wohnung gemeldet   42 **0 1 0 1**   vom   **3 1 1 2** bis

45 | Für das Kind wurde mir Kindergeld ausgezahlt   44 **0 1 0 1**   **3 1 1 2**

46 | Außer mir war(en) in der gemeinsamen Wohnung eine / mehrere volljährige Person(en) gemeldet, für die keine Anlage(n) Kind beigefügt ist / sind   46 **2**   1 = Ja   2 = Nein   Falls ja   47

47 | Es bestand eine Haushaltsgemeinschaft mit mindestens einer weiteren volljährigen Person, für die keine Anlage(n) Kind beigefügt ist / sind   49 **2**   1 = Ja   2 = Nein   Falls ja   50

48 | Name, Vorname (weitere Personen bitte in einer gesonderten Aufstellung angeben)

49 | Verwandtschaftsverhältnis   Beschäftigung / Tätigkeit

479 ## Zeile 40 Minderjähriges Kind nicht beim anderen Elternteil gemeldet

Ist bei geschiedenen oder dauernd getrennt lebenden Eltern sowie bei Eltern nichtehelicher Kinder das Kind nur bei einem Elternteil gemeldet, steht diesem der volle Betreuungsfreibetrag von 2.640 € zu. Den Antrag auf dessen Übertragung stellen Sie in > Zeile 40.

Dies ist sozusagen die »kleine Lösung«, denn den Kinderfreibetrag müssen Sie sich mit dem anderen Elternteil teilen.

Zeile 41–43 Übertragung des Kinderfreibetrags auf die Groß-/Stiefeltern

Lebt ein Enkelkind bei Ihnen, z.B. weil Ihre alleinerziehende Tochter auswärtig tätig ist, haben Sie zunächst Anspruch auf Kindergeld. Sind die Freibeträge für Sie günstiger, dann bitten Sie Ihre Tochter, diese auf Sie zu übertragen. Dafür benötigen Sie die Anlage K.

In > Zeile 41 geben Sie an, dass Ihre Tochter der Übertragung des Kinderfreibetrags auf Sie in der Anlage K zugestimmt hat.

In > Zeilen 42–43 beantragen Sie selbst als Groß-/Stiefeltern die Übertragung des Kinderfreibetrags und fügen die Anlage K bei.

480 ### 8.2.7 Entlastungsbetrag für Alleinerziehende – Zeile 44–49

Mit einem jährlichen Abzugsbetrag von 1.908 € soll einem alleinstehenden Elternteil geholfen werden, besser über die Runden zu kommen. Einzige Voraussetzung dafür ist, dass mindestens ein Kind, für das ihm Kindergeld oder der Kinderfreibetrag zusteht, zu seinem Haushalt gehört

(§ 24b EStG). Als alleinstehend gelten Eltern, die nicht die Voraussetzungen für den Splittingtarif erfüllen (➤ Rz 90).

Neu seit 2015: Leben mehrere Kinder in dem Haushalt, erhöht sich der Freibetrag um 240 € je weiterem Kind.

Gut zu wissen: Auf die Meldung kommt es an!

Ob ein Kind zum Haushalt gehört oder nicht, richtet sich nach der Meldung. Lebt das Töchterchen beispielsweise in einer eigenen Wohnung, ist aber beim alleinstehenden Papa gemeldet, kann dieser den Entlastungsbetrag beanspruchen; so entschieden vom BFH mit Urteil vom 5.2.20015 (Az. III R 9/13).

Knickerig, wie der Fiskus nun einmal ist, kürzt er indessen den Abzugsbetrag um ein Zwölftel für jeden Monat, in dem die Voraussetzungen für den Abzugsbetrag nicht vorgelegen haben. Gekürzt wird der Abzugsbetrag somit um die Monate des Kalenderjahrs vor der Geburt des Kindes oder nach Wegfall des Kindergelds, desgleichen um die Monate des Kalenderjahrs, bevor es seinen Wohnsitz im Haushalt des alleinstehenden Elternteils begründet oder nachdem es diesen aufgegeben hat (> Zeilen 44–45).

So weit, so gut. Der Pferdefuß bei dieser Regelung ist, dass der alleinstehende Elternteil nicht mit einer anderen volljährigen Person in Haushaltsgemeinschaft leben darf (> Zeile 46–49). Dies bedeutet im Klartext: Einen evtl. Lebenspartner in Ihrem Haushalt müssten Sie gegenüber dem Fiskus verleugnen.

Diese Regelung gilt selbst für Ihre eigenen Kinder! Leben Sie als Alleinstehender mit Ihrer minderjährigen Tochter und Ihrem volljährigen Sohn in einem Haushalt und haben Sie für Ihren Sohn keinen Anspruch mehr auf Kindergeld bzw. -freibetrag, geht der Entlastungsbetrag für Ihre Tochter verloren. Also muss Ihr Sohn raus aus Ihrer Wohnung. Oder Sie versuchen es mit einem Untermietverhältnis wie im Tipp ➤ Rz 482.

Somit sind nur »echt« alleinstehende Eltern abzugsberechtigt. Aber:

Eine Wohngemeinschaft ist keine Haushaltsgemeinschaft   481

Unter Haushaltsgemeinschaft versteht man »Wirtschaften aus einem Topf«. Hat aber jeder seine eigene Haushaltskasse und seinen eigenen Kühlschrank, besteht eine Wohngemeinschaft (> Zeile 46), und diese steht dem Abzug des Entlastungsbetrags nicht entgegen. In diesem Fall füllen Sie die > Zeile 46 aus und tragen in > Zeile 47 eine »2« in das Kästchen ein (= keine Haushaltsgemeinschaft).

	Außer mir war(en) in der gemeinsamen Wohnung eine / mehrere volljährige Person(en) gemeldet, für die keine Anlage(n) Kind beigefügt ist / sind		1 = Ja		
46		46	2 = Nein	Falls ja	47
47	Es bestand die Haushaltsgemeinschaft mit mindestens einer weiteren volljährigen Person, für die keine Anlage(n) Kind beigefügt ist / sind	49	1 = Ja 2 = Nein	Falls ja	50
48	Name, Vorname (weitere Personen bitte in einer gesonderten Aufstellung angeben)				
49	Verwandtschaftsverhältnis			Beschäftigung / Tätigkeit	

Mit einem Partner in eheähnlicher Gemeinschaft oder in eingetragener Lebenspartnerschaft wird eine Wohngemeinschaft leider nicht anerkannt (§ 24b Abs. 2 EStG).

482 *TIPP* **Machen Sie Ihren »Schatz« zum Untermieter**

Die längst überholten Moralvorstellungen unserer Altvorderen funken immer noch in das Steuerrecht hinein. So werden z. B. nicht miteinander verheiratete Eltern benachteiligt, indem ihnen der Splittingtarif vorenthalten wird. Leben sie in Haushaltsgemeinschaft, bleibt ihnen auch der Entlastungsbetrag für Alleinerziehende versagt. Da darf sich der Fiskus nicht wundern, wenn sie den steuerlichen Sachverhalt so deichseln, dass zumindest der Entlastungsbetrag zum Abzug kommt.

Weil nun das Gesetz verlangt, dass der Antragsteller für den Entlastungsbetrag keine Haushaltsgemeinschaft mit einer anderen volljährigen Person – außer seinem Kind, sofern ihm dafür Kindergeld oder -freibetrag zusteht – bilden darf, sollte die andere Person formell schlichtweg aus dem Haushalt verschwinden. Machen Sie dazu Ihren »Schatz« zum Wohngemeinschaftler oder noch besser gleich zum Untermieter. Wie das mit dem Untermietverhältnis klappt, dazu mehr unter ➤ Rz 1013.

Vorteilhaft für Sie ist, wenn Sie nachweisen können, dass das Untermietverhältnis zeitgleich mit der Anmeldung eines Wohnsitzes unter Ihrer Adresse begründet wurde.

»Mein früherer Verlobter und ich haben viel zu spät erkannt, dass wir nicht zueinander passen. Zuerst lebten wir zusammen, nachdem es aber mehrfach gekracht hat, leben wir praktisch getrennt von Tisch und Bett. Er ist jetzt mein Untermieter und zahlt Miete«, sagen Sie.

Auch nicht schlecht. Allerdings müssen Sie dennoch > Zeile 46–49 ausfüllen. Sie können sicher sein, dass Ihren Bearbeiter im Finanzamt die Sache interessiert. Argwöhnt er doch gleich, Sie seien gar nicht alleinstehend. Vorsorglich sollten Sie daher die Verhältnisse in einem besonderen Schreiben darstellen, denn …

Kommt Ihr Fiskalritter zu dem Schluss, Sie stünden mit Ihrem Mitbewohner in einem eheähnlichen Verhältnis, darf er vermuten, dass Sie mit ihm gemeinsam wirtschaften. Diese Vermutung ist nicht widerlegbar, so steht es ausdrücklich im Gesetz (§ 24b Abs. 2 EStG). Anders sieht die Sache aus, wenn Sie dartun können, es bestehe kein eheähnliches Verhältnis mit diesem Dritten, vielmehr ein Untermietverhältnis, für dessen Begründung sowohl wirtschaftliche als auch freundschaftliche – evtl. rein platonische – Gründe maßgebend gewesen seien. Wenn dies zutrifft, kann der Fiskalritter nichts anderes tun, als den Entlastungsbetrag zu gewähren.

Das einzig Farbige im Leben ist die Sünde.
(Oscar Wilde)

8.2.8 Freibetrag zur Abgeltung eines Sonderbedarfs bei Berufsausbildung eines volljährigen Kindes (Ausbildungsfreibetrag) – Zeile 50–52

Ist Ihr Kind

483

* volljährig,
* auswärtig untergebracht und
* in Berufsausbildung, so dass Sie weiterhin Kindergeld bzw. Kinderfreibeträge erhalten?

Dann steht Ihnen ein besonderer Ausbildungsfreibetrag in Höhe von 924 € zu.

Tragen Sie in > Zeile 50 die Dauer der auswärtigen Unterbringung und in > Zeile 51 die auswärtige Adresse (z.B. Studentenwohnheim xyz in . . . . .) ein.
Bei geschiedenen oder dauernd getrennt lebenden Eltern oder bei Eltern nichtehelicher Kinder wird der Freibetrag zur Abgeltung eines Sonderbedarfs bei Berufsausbildung grundsätzlich je zur Hälfte auf die Eltern aufgeteilt. Auf gemeinsamen Antrag der Eltern ist eine andere Aufteilung möglich. Geben Sie in > Zeile 52 den Prozentsatz des Freibetrags an, der

bei Ihnen zugrunde gelegt werden soll. Die vorstehenden Ausführungen gelten für Großeltern sinngemäß. Eine abweichende Aufteilung des Ausbildungsfreibetrags kann z. b. sinnvoll sein, wenn ein Elternteil

• deutlich höhere Einkünfte erzielt als der andere, sich der Freibetrag damit ungleich stärker auf die Steuerlast auswirkt, oder
• aufgrund geringer oder gar keiner Einkünfte überhaupt keine Steuer zu zahlen hat.

484 ♦ *Musterfall Familie Huber (Ausbildungsfreibetrag)*
Tochter Claudia aus erster Ehe studiert in Bonn, wo sie auch wohnt. Sie hat 2015 1.400 € Arbeitslohn bezogen. Herr Huber hat sie zusätzlich unterstützt. In > Zeile 23 trägt er »2« (= Nein) ein, da es sich um das Erststudium seiner Tochter handelt. In > Zeile 50–52 beantragt Huber einen Ausbildungsfreibetrag. Diesen erhalten er und seine geschiedene Frau je zur Hälfte.

	Freibetrag zur Abgeltung eines Sonderbedarfs bei Berufsausbildung eines volljährigen Kindes (Kz 27)	
	vom	bis
50	Das Kind war auswärtig untergebracht	0 1 0 1 3 1 1 2
51	Anschrift	Studentenwohnheim Bonn
52	**Nur bei nicht zusammen veranlagten Eltern:** Laut gesondertem gemeinsamen Antrag ist der Freibetrag zur Abgeltung eines Sonderbedarfs bei Berufsausbildung in einem anderen Verhältnis als je zur Hälfte aufzuteilen. Der bei mir zu berücksichtigende Anteil beträgt	%

Das Finanzamt rechnet so:

Ausbildungsfreibetrag	*924 €*
Davon die Hälfte für Vater Huber	*462 €*

---

485 ## Zeile 50 Auswärtige Unterbringung vom ... bis ...

Nur bei auswärtiger Unterbringung ist der Freibetrag anzusetzen, und es gilt die zeitanteilige Regelung.

Beispiel

Zu Hause untergebracht bis 30. 6.	0 €
Auswärts untergebracht 1. 7. – 31. 12. = $^6/_{12}$ von 924 €	462 €
Jahresfreibetrag	462 €

»Auswärtige Unterbringung« setzt eine räumliche und hauswirtschaftliche Selbständigkeit des Kindes während einer gewissen Dauer – mehr als sechs Wochen – voraus, z. B. während des Besuchs eines längeren Lehrgangs an einem auswärtigen Unterrichtsort. Wohnt Ihr Kind statt bei

Ihnen drei Straßen weiter bei Tante Olga, ist die auswärtige Unterbringung schon geritzt. Einer Begründung dafür bedarf es nicht.

Ihr Kind ist auch dann auswärts untergebracht, wenn es zwar im selben Mietshaus wie Sie, aber in einer anderen Wohnung wohnt (Urt. des FG Hamburg v. 27.10.1981 – EFG 1982 S.248) oder verheiratet ist und mit seinem Ehepartner eine eigene Wohnung bezogen hat (BFH-Urt. v. 8.2.1974 – BStBl 1974 II S.299).

TIPP ## Auswärtige Unterbringung im eigenen Haus   486

Eine auswärtige Unterbringung ist sogar dann anzunehmen, wenn Ihr Kind im Elternhaus z.B. in einer Mansarde einen eigenen Haushalt führt. Wie Sie dabei außerdem zu Vermietungsverlusten gelangen, die Ihnen eine weitere Steuerersparnis bescheren, dazu mehr unter ➤ Rz 1009 ff.

Ausbildungsfreibetrag nachträglich beanspruchen   487

Immer rein in den Staatssäckel, auch wenn das Geld dem Bürger gehört. Nach dieser Devise arbeiten die meisten Finanzämter und übervorteilen uns Steuerzahler kaltschnäuzig, sobald uns der kleinste formelle Fehler unterläuft. Doch der BFH hält dagegen. In seinem Urteil vom 30.10.2003 (BStBl 2004 II S.394) hat er einem Elternpaar nachträglich den Ausbildungsfreibetrag zuerkannt, obwohl sie vergessen hatten, die Dauer der auswärtigen Unterbringung ihres Kindes anzugeben.

Diese Angaben waren nach Auffassung des Finanzamts erforderlich, um den Ausbildungsfreibetrag zu erhalten. Der BFH meinte aber, durch die erforderlichen Angaben wie Geburtsdaten, Zeiten der Berufsausbildung und auswärtige Anschrift im Vordruck sei der Antrag schlüssig gestellt. Deshalb können Eltern den Ausbildungsfreibetrag nachträglich beanspruchen, selbst wenn der Bescheid schon rechtskräftig ist. Dazu müssen sie innerhalb einer **Frist von zwölf Monaten** »Wiedereinsetzung in den vorigen Stand« beantragen. Mehr zu Einspruch und Wiedereinsetzung unter ➤ Rz 1114 ff.

8.2.9 Schulgeld – Zeile 61–63   488

Wer seinen Nachwuchs auf eine private Schule (innerhalb der EU) schickt, wird hierfür ein Entgelt zahlen müssen. Davon sind nach § 10 Abs. 1 Nr. 9 EStG 30 %, höchstens 5.000 € als Sonderausgabe absetzbar. Um den Höchstbetrag zu erreichen, müssen Sie im Jahr also mindestens 16.666 € Schulgeld gezahlt haben.

Voraussetzung ist, dass die Schule nach Art. 7 GG staatlich genehmigt oder eine nach Landesrecht erlaubte Ergänzungs- oder Ersatzschule ist. Als Ersatzschulen gelten solche, die den staatlichen Schulen gleichstehen. Gute Chancen, Schulgeld abzusetzen, haben Sie, wenn die Schule Ihres Kindes in kirchlicher Trägerschaft steht, eine Waldorfschule ist oder zum Rudolf-Steiner-Schulverein gehört.

Schulgeld		Gesamtaufwendungen der Eltern EUR
an eine Privatschule (Bezeichnung der Schule)		
61	24	, —
Nur bei nicht zusammen veranlagten Eltern:		
62 Das von mir übernommene Schulgeld beträgt	56	, —
63 Laut beigefügtem gemeinsamen Antrag ist für das Kind der Höchstbetrag für das Schulgeld in einem anderen Verhältnis als je zur Hälfte aufzuteilen. Der bei mir zu berücksichtigende Anteil beträgt	57	%

Nachweise

Gehört die von Ihrem Kind besuchte Schule zu den begünstigten, stellt sie Ihnen eine Quittung aus, der die Fiskalbürokraten zweifelsfrei entnehmen können, dass sie die gesetzlichen Voraussetzungen für den Steuerabzug erfüllt und welcher Anteil Ihrer Zahlungen steuerlich wirksam ist. Denn Kosten für Unterkunft, Betreuung und Verpflegung Ihres Sprösslings können Sie nicht absetzen.

In > Zeile 61 tragen Sie den Namen der Schule und den gesamten von der Schule bescheinigten Schulgeldbetrag ein. Die Kürzung um 70 % wird das Finanzamt schon ganz von allein vornehmen, darauf können Sie sich verlassen.

Die > Zeilen 62 und 63 sind für nicht zusammen veranlagte Eltern von Interesse. Zunächst ist anzugeben, wie viel des insgesamt bescheinigten Schulgelds von einem selbst getragen wurde (> Zeile 62). Denn nur für diesen Anteil kann jeder Elternteil den steuerlichen Abzug beantragen.

Zahlt ein Elternteil mehr als 8.333 €, kann es sinnvoll sein, den insgesamt zustehenden Höchstbetrag von 5.000 € nicht fifty-fifty aufzuteilen. Zahlt einer deutlich mehr als der andere, weichen die Steuersätze beider erheblich voneinander ab oder zahlt ein Elternteil vielleicht überhaupt keine Steuern, ist eine abweichende Aufteilung angezeigt (> Zeile 63).

> **Das Schulgeld können Sie auch als Freibetrag zum Lohnsteuerabzug eintragen lassen. Dazu mehr unter ➤ Rz 1084.**

8.2.10 Übertragung des Behinderten- oder Hinterbliebenen-pauschbetrags Zeile 64–66

Übertragung des Behinderten- oder Hinterbliebenen-Pauschbetrags					
Die Übertragung des Behinderten- / Hinterbliebenen-Pauschbetrags wird beantragt:					
Das Kind ist					

64 hinter-blieben 26 1 = Ja behindert 1 = Ja blind / ständig hilflos 55 1 = Ja geh- und stehbehindert 1 = Ja Grad der Behinderung 25

65 Ausweis / Rentenbescheid / Bescheinigung ausgestellt am gültig von bis unbefristet gültig Erstmalige Beantragung / Änderung (Nachweis ist einzureichen)

Nur bei nicht zusammen veranlagten Eltern:

66 Laut gesondertem gemeinsamen Antrag sind die für das Kind zu gewährenden Pauschbeträge für Behinderte / Hinterbliebene in einem anderen Verhältnis als je zur Hälfte aufzuteilen. Der bei mir zu berücksichtigende Anteil beträgt 28 %

Bei Ihrem Sprössling wirkt sich ein Behinderten- oder Hinterbliebenen-pauschbetrag steuerlich zumeist nicht aus, da er entweder überhaupt keine oder so geringe Einkünfte hat, dass keine Steuer anfällt. Damit die Freibeträge nicht ungenutzt bleiben, können Sie diese auf sich übertragen lassen. Dazu müssen Sie nur die > Zeilen 64–66 ausfüllen und den Bescheid vom Versorgungsamt oder andere Nachweise beifügen.
Geschiedene oder getrennt lebende Eltern erhalten je 50 % des Pauschbetrags, auf gemeinsamen Antrag aber auch eine abweichende Verteilung (> Zeile 66).

Welche Steuervorteile Sie im Einzelnen in diesem Zusammenhang geltend machen können, dazu mehr unter ➤ Rz 180 ff.

8.2.11 Kinderbetreuungskosten – Zeile 67–73

Sie können $^2/_3$ **der Kosten** für Dienstleistungen zur Kinderbetreuung absetzen, jedoch höchstens 4.000 € je Kind und Kalenderjahr.

Voraussetzungen sind, dass

1. tatsächlich Kosten zur Kinderbetreuung angefallen sind und
2. das betreute Kind zu Ihrem Haushalt gehört und das 14. Lebensjahr noch nicht vollendet hat bzw. aufgrund einer (vor dem 25. Lebensjahr eingetretenen) Behinderung außerstande ist, sich selbst zu unterhalten.

Kinderbetreuungskosten				Gesamtaufwendungen der Eltern EUR
Art der Dienstleistung, Name und Anschrift des Dienstleisters		vom	bis	
67			51	,—
68	Steuerfreier Ersatz (z. B. vom Arbeitgeber), Erstattungen		79	,—
	Nur bei nicht zusammen veranlagten Eltern:			Aufwendungen
69	Ich habe Kinderbetreuungskosten in folgender Höhe getragen			,—

		vom	bis		vom	bis
70	Es bestand ein **gemeinsamer** Haushalt der Elternteile			Das Kind gehörte zu unserem Haushalt		
71	Es bestand **kein gemeinsamer** Haushalt der Elternteile			Das Kind gehörte zu meinem Haushalt		
72				Das Kind gehörte zum Haushalt des anderen Elternteils		

	Nur bei nicht zusammen veranlagten Eltern:	
73	Laut übereinstimmendem Antrag ist für das Kind der Höchstbetrag für die Kinderbetreuung in einem anderen Verhältnis als je zur Hälfte aufzuteilen. Der bei mir zu berücksichtigende Anteil beträgt	%

Gut zu wissen: Die Bezahlung der Kinderbetreuungskosten muss grundsätzlich durch Rechnung und Überweisung nachgewiesen werden (§ 10 Abs. 1 Nr. 5 EStG).

---

491 Zeile 67–68 Art der Dienstleistung und Höhe der Aufwendungen

Als Kinderbetreuungskosten kommen insbesondere in Betracht:
Aufwendungen für Kindergarten, -tagesstätte, -hort, -heim oder -krippe, für Kinderpflegerin, Tages- oder Wochenmutter, Ganztagspflegestelle, Erzieherin, Hausgehilfin, Kinderaufsicht, Unterbringung im Internat sowie Fahrtkosten der Betreuungsperson.

Nicht abzugsfähig sind:
Verpflegungskosten des Kindes, Aufwendungen für Unterricht jeglicher Art, weder für Nachhilfe noch für Sport oder Musik.
Also werden Sie nicht so dumm sein, sich »Musikunterricht« quittieren zu lassen. Die Aufsicht bei Schulaufgaben wird leicht als Nachhilfeunterricht ausgelegt. Achten Sie also darauf, dass auf der Quittung »Beaufsichtigung des Kindes …« steht, falls das zutrifft.
Wie Sie Kinderbetreuungskosten mit den Kosten Ihrer Haushaltshilfe kombinieren, siehe ➤ Rz 259.

492 Wichtig zu wissen: Da es keinen Pauschbetrag gibt, müssen alle Ausgaben nachgewiesen werden. Also Rechnungen sammeln und die Beträge nicht bar zahlen, sondern überweisen. Dies gilt auch und insbesondere dann, wenn die Betreuungsperson ein Angehöriger ist, etwa die Oma, Geschwister oder der Lebensgefährte. **Rechnungen und Kontobelege müssen nicht der Einkommensteuererklärung beigefügt werden, das Finanzamt kann sie aber im Einzelfall anfordern. Deshalb bewahren Sie die Belege auf.**

493

Oma ist die beste Tagesmutter

»Meine Schwiegermutter ist jetzt in Rente und kümmert sich halbtags um unsere Tochter. Da ist wohl nichts zu machen, oder?«

Das KONZ-Arbeitsbuch hat auch hier einen passenden Tipp für Sie parat. Sie müssen keine fremde Person für die Kinderbetreuung engagieren. Stecken Sie etwa Angehörigen wie der Oma des Kindes oder auch mal der Cousine für die Beaufsichtigung/Betreuung Ihres Kindes etwas Geld zu, sind auch diese Zahlungen steuerlich abzugsfähig.

Wie bei Verträgen mit Angehörigen auch sonst üblich, schaut der Fiskus allerdings besonders kritisch darauf, dass alles zwischen Ihnen genauso geregelt und abgewickelt wird wie zwischen Fremden. Also schließen Sie auf jeden Fall eine schriftliche Vereinbarung, und sorgen Sie für vertragsgemäße Zahlungen.

Schlechte Karten, die Kinderbetreuungskosten unterzubringen, haben Sie aber, wenn folgende Personen die Betreuung übernehmen:

- Ihre Lebenspartnerin und Mutter des Kindes, die zusammen mit Ihnen und dem gemeinsamen Kind lebt;
- Ihr Partner einer eheähnlichen Lebensgemeinschaft oder einer Lebenspartnerschaft, auch wenn er kein Elternteil des Kindes ist;
- jemand, der für das betreute Kind Anspruch auf Kindergeld, einen Kinder- oder Betreuungsfreibetrag hat.

Aufgepasst:
Gegen Oma als Kinderbetreuerin ist also nichts einzuwenden. Aber: Um den Höchstbetrag für Ihr Kind abzusetzen ($2/3$ der Kosten, max. 4.000 €), müssen Sie mindestens 6.000 € im Jahr zahlen. Bei zwei Kindern reden wir schon von bis zu 12.000 € Betreuungskosten. Denken Sie daran, dass die Zahlungen bei Ihrer Mutter oder Schwiegermutter zu steuerpflichtigen Einkünften führen und eventuell Steuern auslösen können, selbst wenn sie nur eine kleine Rente hat. Dass sollten Sie unbedingt bedenken, nicht dass der Haussegen schiefhängt, wenn der Oma dann ein Steuerbescheid ins Haus flattert.

»Oma möchte partout kein Geld für die Beaufsichtigung unserer kleinen Tochter annehmen. Stattdessen übernehme ich die Kosten für den Bus, das geht für sie in Ordnung.«

Auch gut. Selbst diese Kosten können steuerlich geltend gemacht werden! Lesen Sie dazu folgenden …

494 ***TIPP*** **Fahrtkosten als Kinderbetreuungskosten geltend machen**

Fahrtkosten in Zusammenhang mit unentgeltlicher Kinderbetreuung können in Höhe von $^2/_3$ der Aufwendungen als Kinderbetreuungskosten steuerlich abzugsfähig sein, so das Finanzgericht Baden-Württemberg mit Urteil vom 9.5.2012 (Az 4 K 3278/11).

Im Streitfall haben die beiden Großmütter ihr Enkelkind an einzelnen Tagen in der Woche unentgeltlich im Haushalt der Eltern des Kindes betreut, damit diese arbeiten konnten. Nur die Fahrtkosten erhielten sie von den Eltern des Kindes aufgrund schriftlicher Verträge erstattet. Das Finanzamt erkannte die Fahrtkosten nicht an, weil es der Meinung war, es handele sich um familieninterne Gefälligkeiten.

Die Finanzrichter allerdings stellten fest, die Betreuungsleistungen der Großmütter seien Dienstleistungen zur Kinderbetreuung, auch wenn sie unentgeltlich erbracht wurden. Es komme nur darauf an, ob die getroffene Vereinbarung zwischen den Eltern des Kindes und deren Müttern (= Großmütter des Kindes) über den Fahrtkostenersatz auch zwischen fremden Dritten so üblich wäre. Diese Frage hat das Finanzgericht bejaht. Nach Auffassung der Richter ist es unerheblich, ob eine fremde Betreuungsperson für die Betreuungsleistung selbst ein Honorar gefordert hätte.

495 ◆ *Musterfall Meier (Betreuungskosten für Kindergartenkinder)*
Die Eheleute Meier wohnen mit ihrer Tochter Hannah (fünf Jahre) in München. Beide Eltern sind berufstätig. Tochter Hannah besucht vormittags den städtischen Kindergarten, wofür die Eltern monatlich 150 € aufwenden. Was können die Eltern als Kinderbetreuungskosten absetzen?

Aufwendungen Kindergarten Hannah:
150 € × 12 Monate = 1.800 €; davon $^2/_3$ = 1.200 €

	Kinderbetreuungskosten					
	Art der Dienstleistung, Name und Anschrift des Dienstleisters		vom	bis		Gesamtaufwendungen der Eltern EUR
67	Kindergarten St. Marien München		0101	3112	51	1800,—
68	Steuerfreier Ersatz (z. B. vom Arbeitgeber), Erstattungen				79	,—
	Nur bei nicht zusammen veranlagten Eltern:					Aufwendungen
69	Ich habe Kinderbetreuungskosten in folgender Höhe getragen					,—
70	Es bestand ein **gemeinsamer** Haushalt der Elternteile	vom 0101	bis 3112	Das Kind gehörte zu unserem Haushalt	vom 0101	bis 3112
71	Es bestand **kein gemeinsamer** Haushalt der Elternteile			Das Kind gehörte zu meinem Haushalt		
72				Das Kind gehörte zum Haushalt des anderen Elternteils		
	Nur bei nicht zusammen veranlagten Eltern:					
73	Laut übereinstimmendem Antrag ist für das Kind der Höchstbetrag für die Kinderbetreuung in einem anderen Verhältnis als je zur Hälfte aufzuteilen. Der bei mir zu berücksichtigende Anteil beträgt					%

Zeile 69, 73 Ich habe Kinderbetreuungs- kosten in folgender Höhe getragen ...

496

Grundsätzlich gilt: Wer die Kosten getragen hat, setzt sie bei seinen Einkünften an. Bei Doppelverdienereltern mit Zusammenveranlagung spielt das keine Rolle, im Fall der getrennten Veranlagung und bei nicht verheirateten Eltern müssen die Kinderbetreuungskosten jedoch dem Elternteil zugeordnet werden, der sie getragen hat und zu dessen Haushalt das Kind gehört.

Aufgepasst beim Höchstbetrag
Bei nicht zusammen veranlagten Eltern wird der Höchstbetrag der Kinderbetreuungskosten von 4.000 € grundsätzlich jedem Elternteil zur Hälfte zugerechnet. Dumm nur, wenn einer die Kosten allein getragen hat und diese mehr als 3.000 € betragen. In diesem Fall würde gerechnet: Kinderbetreuungskosten von z. B. 3.600 € × $^2/_3$ = 2.400 €; max. abzugsfähig ist jedoch nur der hälftige Höchstbetrag in Höhe von 2.000 €.
In > Zeile 73 können Sie in einem solchen Fall eine abweichende Aufteilung des Höchstbetrags beantragen. **Gut zu wissen, oder?**

Zeile 70–72 Haushaltszugehörigkeit

497

Damit Ihnen das Finanzamt beim Abzug der Kinderbetreuungskosten keinen Strich durch die Rechnung macht, muss das Kind zu Ihrem Haushalt gehören.

Gut zu wissen: Ein Kind gehört steuerlich auch dann zu Ihrem Haushalt, wenn es sich mit Ihrer Einwilligung vorübergehend woanders aufhält. Besucht Ihr Sprössling ein Internat oder ist unter der Woche z.B. bei der Oma untergebracht, können Sie trotzdem in > Zeile 70 »1.1.–31.12.« eintragen.

Das Beste zum Schluss

Statt sich Jahr für Jahr bei Erstellung der Steuererklärung durch die > Zeilen 67–73 der Anlage Kind zu arbeiten, schlagen Sie Ihrem Chef bei den nächsten Gehaltsverhandlungen doch einmal vor: »Statt brutto einen Hunderter mehr hätte ich gern einen Zuschuss zu meinen Kinderbetreuungskosten.« Dieser Zuschuss ist nämlich steuer- und zudem sozialversicherungsfrei (mehr dazu unter ➤ Rz 585f.). Außerdem lassen sich mit etwas Verhandlungsgeschick aus 100 € Gehaltserhöhung vielleicht sogar 120 € Kinderbetreuungszuschuss machen, denn auch der Chef spart Sozialversicherungsbeiträge bei diesem Dreh.

8.3 Goldene Steuertipps für betuchte Eltern

498 Sie können Ihre Steuerlast auf einfache Weise mindern, indem Sie Einkünfte auf Ihre Kinder verlagern. Angenommen, Ihre Einkünfte gehen dadurch von 75.000 auf 70.000 € runter, dann sparen Sie pro Jahr glatt 1.718 € oder rund 35 %!

»Nicht schlecht«, sagen Sie, »aber was zahlen meine Kinder?«

Bei Ihren Kindern sind die Einkünfte bis zur Höhe des Grundfreibetrags von 8.472 € steuerfrei. Hinzu kommen je nach Einkunftsart weitere steuerfreie Beträge, z.B. der Sparerpauschbetrag oder die Werbungskostenpauschale.

Aber Obacht: Sie müssen sich etwas einfallen lassen, damit bei der Verlagerung von Einkünften alles anstandslos durchgeht, denn die Fiskalritter werden nicht müde, Paragraphen wie Stolperfallen auszustreuen, um die Tricks der Steuerzahler scheitern zu lassen. Leider gibt es kein einheitliches Rezept, das ich Ihnen anbieten könnte, denn die Verhältnisse liegen in jeder Familie anders.

Aufgepasst, Eltern, die Sie selbständig sind!   499

Beschäftigen Sie Ihr Kind als Arbeitnehmer, denn in Ihrem Betrieb ist doch immer was zu tun. Dann können Sie ihm das Taschengeld als Arbeitslohn auszahlen und sparen gleichzeitig Steuern. Aber behalten Sie das mit dem Sparen für sich, sonst will es womöglich mehr Geld …

Arbeitsvertrag zwischen Eltern und Kindern   500

Soll ein Arbeitsvertrag zwischen Ihnen und Ihrem Kind steuerlich wirksam sein, müssen Sie einige Spielregeln beachten. Da hier der Fiskus schnell Mauschelei wittert, nämlich ein fiktives Arbeitsverhältnis, ist es wichtig, dem Prüfer ggf. geeignete Unterlagen unter die Nase halten zu können. Dazu gehört zunächst ein schriftlicher Arbeitsvertrag, in dem alle Umstände des Arbeitsverhältnisses wie Zeit, Ort, Entgelt und insbesondere Art und Umfang der Leistung genau beschrieben sind. Ein Vertragsmuster finden Sie unter ➤ Rz 509. Dem Prüfer ist klar, dass sich nach einigen Monaten nicht mehr genau feststellen lässt, ob Leistung und Lohn im Einklang stehen. Umso mehr versteift er sich darauf festzustellen, ob das Kind im Betrieb wie ein fremder Arbeitnehmer geführt wurde, d.h., ob die Folgerungen aus dem Arbeitsverhältnis gezogen wurden. Dies betrifft insbesondere die pünktliche Auszahlung des Lohns, möglichst unbar, und die Einbehaltung und Abführung von Lohnsteuer und Sozialabgaben. Dazu unten mehr.

Für die Wirksamkeit eines Arbeits- oder Ausbildungsvertrags mit einem minderjährigen Kind ist kein Ergänzungspfleger erforderlich. Jedoch verstoßen Arbeitsverhältnisse mit einem Kind unter 14 Jahren gegen das Jugendarbeitsschutzgesetz und werden nicht anerkannt (R 4.8 Abs. 3 EStR).

Die Art der Tätigkeiten richtet sich danach, wo Sie den Arbeitslohn steuerlich unterbringen wollen. Wollen Sie eine Haushaltshilfe absetzen, vereinbaren Sie Hilfeleistungen im Haushalt. Bei Vermietungseinkünften kann Ihr Filius Hauswarttätigkeiten wie Rasenmähen übernehmen Haben Sie einen Gewerbebetrieb, sind Mitarbeit im Büro wie Schreib- oder Ablagedienste, Kraftfahrer- oder Telefondienste usw. möglich. Achten Sie darauf, dass Ihr Kind sich wirklich nützlich macht und dass Arbeitszeit, Tätigkeit und Lohn zueinander passen. Also kein Superstundenlohn für Hilfsarbeiten. Bei einem festen Arbeitsverhältnis können Sie das Festgehalt aber mit Extras garnieren, z.B. Personalrabatt bis 1.080 € (➤ Rz 552). Auch ein zinsloses Arbeitgeberdarlehen ist drin (➤ Rz 594).

Die Tätigkeit darf nicht ganz geringfügig sein und muss wie der gesamte Arbeitsvertrag einem sog. Fremdvergleich, also einem Vertrag mit einem fremden Dritten, standhalten, zumindest theoretisch. Dazu meint der BFH: Zwei Stunden pro Woche Praxiswäsche waschen und bügeln macht man gegen Stundenlohn und nicht gegen Gehalt (Urt. v. 9.12.1993 – BStBl 1994 II S. 298).

Und weiter: Die Arbeitszeit muss das Kind auch tatsächlich neben Schule, Ausbildung oder Studium erbringen können. Vereinbaren Sie daher am besten einen Teilzeitjob.

Als Arbeitgeber müssen Sie für die korrekte Einbehaltung der Lohnsteuer sorgen. Sie haben zwei Möglichkeiten:

1. Ihr Kind arbeitet auf Lohnsteuerkarte. Bei Steuerklasse I brauchen Sie bei einem Arbeitslohn bis 950 € monatlich keine Lohnsteuer einzubehalten. Nach Ablauf des Jahres übermitteln Sie die wichtigen Lohndaten an die Steuerverwaltung – und schon ist alles geritzt, wenn Sie auch an die Sozialversicherung denken (➤ Rz 979).

2. Oder Sie versteuern den Arbeitslohn pauschal. Dann brauchen Sie keine Eintragungen auf der Lohnsteuerkarte vorzunehmen. Sie überweisen dem Finanzamt die pauschale Lohnsteuer, nachdem Sie eine Lohnsteueranmeldung eingereicht haben. Das entsprechende Formular lassen Sie sich vom Finanzamt zuschicken. Schauen Sie in der Tabelle in ➤ Rz 599 nach, welcher Prozentsatz für Sie gilt.

»Mein Sohn Frank ist ein Computer-Freak! Er hilft mir, wenn der Drucker spinnt, installiert neue Programme und hilft mir bei den alten«, sagen Sie. Na bestens. Dann brauchen Sie keinen Arbeitsvertrag. Frank kann diese Arbeiten auch als Selbständiger erledigen. Ab und an schreibt er Ihnen eine saftige Rechnung und kümmert sich um die Versteuerung selbst …

501 ***TIPP*** **Für Eltern mit größerem Gewerbe: Geld hin und zurück**

Statt den Kindern Geld zu geben, können Sie sie an Ihrem Unternehmen als stille Gesellschafter beteiligen.

Um Sie auf den Geschmack zu bringen, lassen Sie mich von einem Unternehmer berichten, der Folgendes getan hat (BFH-Urt. v. 21.2.1991 – BStBl 1995 II S. 449). Er ist Gesellschafter einer Kraftfahrzeughandel-KG und räumte seinen zwei Kindern im Alter von vier und sieben Jahren je eine typisch stille Unterbeteiligung von 25.000 € ein. Das Geld dafür erhielten die Kinder zuvor von ihm geschenkt. Als Gewinnbeteiligung wurden 20 % – höchstens aber

15 % von 25.000 € – vereinbart, also für jedes Kind pro Jahr max. 3.750 €, die das Einkommen des Vaters mindern und bei den Kindern wegen Sparer- und Grundfreibetrag steuerfrei sind.
»Typisch stille Unterbeteiligung, das hört sich ziemlich kompliziert an«, sagen Sie.
Ist es aber nicht! »Stille Beteiligung« bedeutet, der Beteiligte ist nur Geldgeber, nicht im Betrieb tätig. »Typisch still beteiligt« heißt, er ist nicht an Gewinnen aus dem Verkauf von Anlagevermögen beteiligt. Nur so haben die Kinder Gewinnanteile, die der Fiskus als Kapitalerträge einstuft und bis zu 801 € steuerfrei lässt.
(Quelle: § 20 Abs. 1 Nr. 4 EStG)

502

 Für Eltern, die Mietshäuser besitzen

Schanzen Sie Ihrem Kind Mieteinnahmen zu, indem Sie ihm ein Nießbrauchsrecht einräumen oder Grundbesitz ganz oder anteilig übertragen (➤ Rz 1008). Oder Sie senken Ihre Mieteinkünfte, indem Sie Ihrem Kind, wenn es schon Einkommen hat, eine Wohnung verbilligt überlassen (➤ Rz 1009).

Vorsicht: Schanzen Sie Ihren Kindern Einkünfte zu, können Sie leicht in die Beitragsfalle der gesetzlichen Krankenkasse tappen. Sie wissen: Ihre Kinder sind bis 25 Jahre in der gesetzlichen Krankenversicherung beitragsfrei mitversichert. Aber nur, wenn ihr **Gesamteinkommen** monatlich 385 € nicht übersteigt. Stammt das Einkommen aus einem Minijob, gilt eine Grenze von 450 € monatlich.
Werden diese Einkommensgrenzen überschritten, müssen sich die Kinder selbst versichern. Fragen Sie vorher bei Ihrer Krankenkasse nach, was das kosten würde, und rechnen Sie nach, ob sich das Ganze für Sie noch lohnt.
Gesamteinkommen nach dem Sozialgesetzbuch ist die Summe der Einkünfte i. S. des Einkommensteuergesetzes. Dabei gelten für die Berechnung folgende Besonderheiten: Bei Arbeitseinkünften des Kindes dürfen vom Bruttolohn die beruflich veranlassten Ausgaben, mindestens aber der Arbeitnehmerpauschbetrag (Jahresbetrag 1.000 €, Monatsbetrag 83 €) abgezogen werden. Bei Zinseinkünften des Kindes sind die Zinseinnahmen maßgebend. Der Sparerfreibetrag darf als sog. Steuervergünstigung nicht berücksichtigt werden. Bei Mieteinnahmen des Kindes sind die vereinnahmten Bruttomieten abzgl. der mit dem Haus oder der Wohnung verbundenen Kosten maßgebend. Abschreibungen bleiben unberücksichtigt.

8.4 Goldener Steuertipp für betuchte Kinder

503 Ihre Eltern haben Ihnen eine gute Ausbildung mit auf den Lebensweg gegeben. Nun sind Sie ziemlich weit oben. Vielleicht können Ihre Eltern Ihnen nun auch noch helfen, Steuern zu sparen.

504 **TIPP** **Renovieren Sie Ihr Elternhaus**

Schon längst hätte Ihr Elternhaus mal gründlich renoviert werden müssen. Doch leider sind die Renovierungskosten im selbstgenutzten Haus nicht absetzbar. Jedenfalls nicht so ohne weiteres. Also kaufen Sie Ihren Eltern das Haus zu einem vernünftigen Preis ab. Dabei ermitteln Sie den Kaufpreis so, als würden Ihre Eltern das Haus an einen Fremden verkaufen. Anschließend vermieten Sie es an Ihre Eltern, vielleicht sogar mit verbilligter Miete (➤ Rz 1009).

Auf diese Weise können Sie alle Ausgaben für das Haus, angefangen von A wie Abschreibung, über R wie Renovierungskosten bis hin zu Z wie Zinsen als Werbungskosten absetzen. Der Vermietungsverlust bringt Ihnen Jahr für Jahr einen schönen Steuerrabatt. Ach übrigens, den Kaufpreis lassen Ihnen Ihre Eltern über die Miete ratenweise wieder zukommen, den Rest können sie Ihnen beizeiten schenken. Die Schenkungsteuer bleibt Ihnen bei einem Betrag bis zu 400.000 € erspart.

9 Die Anlage N

In diesem Kapitel geht es um die Höhe Ihrer Arbeitseinkünfte. Sie werden nach folgendem Schema berechnet:

Arbeitnehmer
Steuerpflichtiger Bruttoarbeitslohn
(§ 19 Abs. 1 Nr. 1 EStG) ..... €
./. Werbungskosten, mind. Pauschbetrag von 1.000 € – ..... €
Einkünfte aus nichtselbständiger Arbeit
(aus aktiver Tätigkeit als Arbeitnehmer) ..... €

Pensionäre
Versorgungsbezüge (§ 19 Abs. 1 Nr. 2 EStG) ..... €
./. Versorgungsfreibetrag
24 – 40 % der Versorgungsbezüge, max. 3.000 € – ..... €
./. Zuschlag zum Versorgungsfreibetrag, max. 900 € – ..... €
Verbleiben ..... €
./. Werbungskosten, mindestens Pauschbetrag von 102 € – ..... €
Einkünfte aus nichtselbständiger Arbeit
(aus ehemaliger Tätigkeit als Arbeitnehmer) ..... €

Zeile 1–96 Arbeitnehmer oder Selbständiger?

Die meisten in einem Betrieb tätigen Personen sind Arbeitnehmer. Feste Arbeitszeiten, bezahlter Urlaub und Lohnfortzahlung im Krankheitsfall sind Merkmale für ein Arbeitsverhältnis. Folge: Auszahlung der Bezüge erst nach Abzug von Steuer und Sozialversicherung.
Arbeiten Sie hingegen auf eigene Rechnung – und eigenes Risiko –, ohne Urlaubsanspruch und ohne Bezahlung im Krankheitsfall, sind Sie selbständig tätig und haben daraus Einkünfte aus Gewerbebetrieb oder freiberuflicher Tätigkeit. Folge: Sie müssen von diesen Einkünften Einkommensteuer bezahlen, evtl. sogar Umsatzsteuer (ab 17.500 € Jahresumsatz) und Gewerbesteuer (ab 24.500 € Jahresgewinn).
Sie aber erhalten Ihren Arbeitslohn nach Abzug der Lohn- und Kirchensteuer ausgezahlt und sind bei den Sozialkassen angemeldet. Also sind Sie Arbeitnehmer. Zu Ihrer Steuererklärung gehört daher die Anlage N.

Zeile 1–96 Arbeitsverträge zwischen nahen Angehörigen

507 Bei Verträgen zwischen Fremden ist der Fiskus schnell dabei, ein Arbeitsverhältnis anzunehmen. Dann kann er nämlich die Mühen der **Steuererhebung** auf einen Dritten – den Arbeitgeber – abwälzen. Wohingegen es bei einem Arbeitsverhältnis zwischen Angehörigen, z.B. zwischen Ehegatten oder zwischen Eltern und Kindern, gern **argwöhnt, es könnte fingiert sein, um Steuern zu sparen. Der steuerliche Vorteil besteht darin, dass der Zahlende wesentlich mehr absetzen kann, als der Empfänger des Arbeitslohns versteuert – insbesondere durch:**

Arbeitnehmerpauschbetrag; steuerfreie Arbeitgeberanteile zur Sozialversicherung; Leistungen in eine Direktversicherung; Überlassung von Vermögensbeteiligungen und vieles mehr.

Erledige das Schwierige zuerst.
(Walter Scheel)

508 Ob z.B. Ihr Ehegatte tatsächlich in Ihrem Betrieb gearbeitet hat, kann im Nachhinein niemand mehr überprüfen. Deshalb prüft der Fiskus nur die Formalitäten, und wenn da etwas nicht stimmt, setzt er den Rotstift an. **Achtung, Fremdvergleich!** Je mehr Sie mit Grundgehalt und Nebenleistungen in die Vollen gehen und alle Möglichkeiten in Anspruch nehmen, umso genauer wird der Fiskus das Arbeitsverhältnis auf seine Angemessenheit hin untersuchen. Maßstab für die Anerkennung bildet der Fremdvergleich. Dies bedeutet: Betrieblich veranlasst sind die Aufwendungen nur, wenn und soweit mit hoher Wahrscheinlichkeit vergleichbare Regelungen auch mit einem familienfremden Arbeitnehmer getroffen worden wären. Das gilt ebenso für die Abwicklung. Es muss alles ganz normal ablaufen.
Also seien Sie auf der Hut und bauen Sie vor, indem Sie selbst die kleinste Förmlichkeit beachten. Dazu gehören: schriftlicher Arbeitsvertrag, in dem genau festgelegt ist, worin die Arbeit besteht, wie hoch der Lohn samt Nebenleistungen ist, wie Arbeitszeit und Urlaub geregelt sind. Sozialversicherung. Lohnsteuer. Regelmäßige Auszahlung des Lohnes wie vereinbart. Angemessenheit des Arbeitslohns (mindestens 8,50 € Stundenlohn!). Und schon ist alles paletti (Quelle: EStH 19).
Übrigens: Leben Sie ohne Trauschein zusammen, kann der Fiskalritter seinen Fremdvergleich vergessen. Hier geht der Grundsatz der Vertragsfreiheit vor (BFH, Beschluss v. 27.11.1980 – BStBl 1990 II S.160).

Muster für einen Arbeitsvertrag

Arbeitsvertrag

Zwischen Frau/Herrn . . . . (Arbeitgeber) und Frau/
Herrn . . . . (Arbeitnehmer) wird folgender Arbeitsvertrag geschlossen:

§ 1 Beginn
Der Arbeitnehmer wird mit Wirkung vom . . . . . . als . . . . . .
eingestellt. Der Aufgabenbereich ist im Einzelnen in der als Anlage
beigefügten Stellenbeschreibung geregelt.

§ 2 Kündigungsfristen
Die Kündigungsfrist beträgt . . Wochen zum Quartalsende. Verlängert
oder verkürzt sich die Kündigungsfrist für den Arbeitgeber aus gesetzlichen oder tariflichen Gründen, gilt diese Veränderung auch
für den Arbeitnehmer.

§ 3 Arbeitsvergütung
Der monatliche Bruttolohn beträgt . . . €. Als Weihnachtsgeld wird
ein halber Monatslohn zusätzlich gezahlt. Die Vergütung wird jeweils zum 15. eines jeden Monats fällig. Die Zahlung erfolgt bar-
geldlos auf das Konto des Arbeitnehmers Nr. . ., BLZ . ., bei
der . . . . . .

§ 4 Arbeitszeit
Die Arbeitszeit beträgt bei fünf Arbeitstagen in der Woche 36 Stunden ohne Berücksichtigung der Pausen. Die Arbeit beginnt um . . Uhr.

§ 5 Urlaub
Der Arbeitnehmer erhält . . . Werktage Urlaub. Urlaubsjahr ist das
Kalenderjahr. Der Urlaub ist betriebsintern abzustimmen.

§ 6 Arbeitsverhinderung
Ist der Arbeitnehmer wegen Erkrankung oder aus anderem wichtigen
Grund an der Arbeit verhindert, ist der Betrieb umgehend zu benach-
richtigen. Bei Erkrankung ist spätestens am 3. Tag eine Arbeitsunfähigkeitsbescheinigung des behandelnden Arztes vorzulegen.

§ 7 Beendigung des Arbeitsverhältnisses im Rentenfall
Wird dieser Vertrag nicht vorher durch Kündigung oder gegenseitiges
Einvernehmen gelöst, gilt der Vertrag ab Beginn der Rentenzahlung
als beendet.

```
§ 8 Nebenabreden
Sie bedürfen zu ihrer Rechtsgültigkeit der Schriftform. Eine et-
waige Ungültigkeit einzelner Vertragsbestimmungen berührt die
Wirksamkeit der übrigen Bestimmungen nicht.


Ort . . . . Datum . . .              Ort . . . . Datum . . .


. . . . . . . . . .                  . . . . . . . . . .
Arbeitnehmer                         Arbeitgeber
```

Beachten Sie: Formlose Änderung des Arbeitsvertrags schadet nicht. Arbeitsverträge mit Ehegatten oder Kindern bleiben auch dann wirksam, wenn Gehaltserhöhungen, anders als im Arbeitsvertrag vorgesehen, mündlich vereinbart werden, so die Richter des Bundesfinanzhofs im Urteil vom 20.4.1999 (BFH/NV 1999 S. 1457), denn Angehörige können den vereinbarten Formzwang jederzeit aufheben, ebenfalls formlos.

510 **TIPP** **So drücken Sie jeden Ehegatten-Arbeitsvertrag beim Finanzamt durch**

Die obersten Robenträger aus München hatten schon oft ein Einsehen mit den gebeutelten Steuerzahlern. Auch in Sachen Fremdvergleich beim Ehegatten-Arbeitsvertrag haben sie die Fiskalbürokraten zurückgepfiffen und klargestellt: Die Prüfung von Angehörigenverträgen muss insbesondere auch *anlassbezogen* erfolgen (BFH-Urt. v. 17.7.2013 – Az. X R 31/12).

Heißt konkret: Hätten Sie im Fall der Nichtbeschäftigung eines Angehörigen einen fremden Dritten einstellen müssen, ist der Fremdvergleich weniger strikt durchzuführen, als wenn der Angehörige für Tätigkeiten eingestellt wurde, die üblicherweise von Ihnen selbst oder unentgeltlich von Familienmitgliedern erledigt werden.

»Damit lässt sich arbeiten!«, rufen Sie spontan. Das will ich meinen. Auch wenn es hier und da beim Fremdvergleich hapert.

Wichtig zu wissen: Mit seinem Urteil vom 17.7.2013 (Az. X R 31/12) hat der BFH darüber hinaus klargestellt, dass folgende Punkte nicht automatisch zur Ablehnung eines Arbeitsverhältnisses mit Angehörigen führen:

*   **Mehrarbeit ohne Zeitausgleich oder Vergütung**,
*   **fehlende Zeitnachweise** (wenn die Aufgaben im Arbeitsvertrag fest umrissen sind).

»Mir als Arbeitnehmer bringt ein Arbeitsvertrag mit meiner Frau nichts«, **511**
maulen Sie.
Warum denn nicht? Ihre Frau kann Ihnen als leitendem Angestellten im
Verkauf die Auftragsbestätigungen und Berichte schreiben, den Schrift-
verkehr mit Kunden erledigen, die Spesenabrechnungen machen und die
ganze Ablage! Rückendeckung haben Sie vom FG Niedersachsen mit Urteil vom 4.5.1982 rk (EFG 1982 S.616) und vom FG Bremen im Urteil
vom 21.2.1991 (EFG 1991 S.314), die ein sog. Unterarbeitsverhältnis anerkannt haben.

Ihr Vorteil: Sie können den Arbeitslohn Ihrer Frau und die Nebenabga-
ben als Werbungskosten absetzen!

Doch beachten Sie: Das FG Münster hält die Übertragung von Haupt-
pflichten aus dem Arbeitsvertrag nach § 613 BGB für unzulässig (Urt. v.
7.8.1990 – EFG 1991 S.246).
Seien Sie also clever, und übertragen Sie Ihrer Frau nur Arbeiten, die Sie
zusätzlich zu Ihrem Arbeitsvertrag erbringen.
Ein Unterarbeitsverhältnis zwischen einer Lehrerin und ihrer studieren-
den Tochter hat der BFH abgelehnt mit der Begründung, ein solches Arbeitsverhältnis sei zwischen Fremden nicht üblich. Ein beamteter Lehrer
müsse die Klassenarbeiten schon selbst korrigieren (BFH-Urt. v.
6.3.1995 – BStBl 1995 II S.394).
Schließen Sie also keinen Vertrag über Arbeitsleistungen, die angesichts **512**
ihrer Geringfügigkeit oder Eigenart üblicherweise nicht aufgrund eines
Arbeitsvertrags erbracht werden. Dazu zwei Beispiele:

Beispiel 1
Ein Arzt hatte mit seiner 15-jährigen Tochter einen Arbeitsvertrag abgeschlossen, der sie für eine monatliche Vergütung von rund 200 € zu bestimmten Zeiten (Wochenendbereitschaft) zum Telefondienst in der
Wohnung verpflichtete. Auch sollte sie die Praxiswäsche waschen und
bügeln. Der Bundesfinanzhof lehnte die Anerkennung dieses Arbeitsvertrags ab, da insbesondere der Telefondienst im Rahmen normaler Lebensführung miterledigt werde, somit nicht Gegenstand eines gesonderten Arbeitsvertrags sein könne (BFH-Urt. v. 9.12.1993 – BStBl 1994 II
S.298).

Beispiel 2
Ein Lebensmittelhändler hat mit seinen beiden volljährigen Töchtern
einen Arbeitsvertrag als Verkaufshilfe bzw. Buchhalterin abgeschlossen.
Die Verträge hat der Bundesfinanzhof abgenickt, weil die Kinder Arbei-

ten übernommen haben, die häufig von Schülern, Studenten oder Hausfrauen gegen entsprechende Bezahlung ausgeführt werden (BFH-Urt. v. 25.1.1989 – BStBl II S. 453).
Wie Sie mit Hilfe des Ehegattenarbeitsvertrags zum vollen Werbungskostenabzug beim häuslichen Arbeitszimmer kommen, dazu mehr unter ➤ Rz 767.

Das Geld, das man besitzt,
ist das Instrument der Freiheit.
Das Geld, dem man nachjagt,
ist das Instrument der Knechtschaft.

(Rousseau)

513 Zeile 1–96 Die Lohnabrechnung für 2015

»Gut und gern könnte meine Erna bei mir mit Lohnsteuerabzug arbeiten, wo sie doch sowieso jeden Tag mithilft«, sagen Sie.
Na also. Und die Lohnabrechnung schaffen Sie auch ohne Steuerberater. Über www.elster.de (»ElsterOnline«) holen Sie sich online die Lohnsteuerabzugsmerkmale, und Sie melden sie bei der Krankenkasse an. Bei der Berechnung der steuerlichen Abzugsbeträge hilft sogar das Bundesfinanzministerium unter www-bmf-steuerrechner.de.

Monatslohn brutto	2.850,00 €
./. Lohnsteuer StKl III	– 184,16 €
./. Soli-Zuschlag 5,5 % der Lohnsteuer	– 4,43 €
./. Kirchensteuer 9 % der Lohnsteuer	– 16,57 €
./. Sozialversicherungen, ArbN-Anteil (Berechnung unten)	– 583,55 €
Monatslohn netto	2.061,29 €

Berechnung der Sozialversicherungsbeiträge

Steuerpflichtiger Monatslohn 2.850,00 €	
Rentenversicherung 18,7 %	532,95 €
Krankenversicherung 14,6 %	416,10 €
Arbeitslosenversicherung 3,0 %	85,50 €
Pflegeversicherung 2,35 %	66,98 €
Summe der Sozialversicherungsbeiträge	1.101,53 €
ArbN-Anteil 50 %	550,77 €
Zusatzbeitrag zur Krankenversicherung 0,9 %*	25,65 €
Zuschlag für Kinderlose zur Pflegeversicherung 0,25 %**	7,13 €
ArbN-Anteil insgesamt	583,55 €

*Zusätzlicher Beitragssatz in der Krankenversicherung 514

Mit Wirkung ab 2015 hat der Gesetzgeber einen einheitlichen Beitragssatz zur Krankenversicherung von 14,6 % festgelegt. Diesen müssen Arbeitgeber und Arbeitnehmer je zur Hälfte aufbringen.

Darüber hinaus kann jede Krankenkasse, je nach Finanzbedarf, einen prozentualen Zusatzbeitragssatz von ihren Mitgliedern erheben. Diesen Sonderbeitrag muss der Arbeitnehmer allein tragen. Im Jahr 2015 betrug er bei den meisten Kassen 0,9 %.

Gut zu wissen: Erhebt eine Kasse einen solchen Zusatzbeitrag erstmalig oder erhöht ihn, gilt ein Sonderkündigungsrecht für die Versicherten.

**Zuschlag zur Pflegeversicherung 515

Kinderlose Arbeitnehmer müssen ab dem 23. Lebensjahr einen Zuschlag in Höhe von 0,25 % des Monatslohns berappen. Für sie erhöht sich der Beitrag zur Pflegeversicherung damit von 1,175 auf 1,177 %. Der Arbeitgeberanteil bleibt unverändert bei 1,175 %.

Sie vermeiden diesen Zusatzbeitrag, wenn Sie Ihrem Arbeitgeber nachweisen, dass Sie mindestens ein Kind haben. Dazu legen Sie ihm z.B. eine Geburts- oder Abstammungsurkunde, eine beglaubigte Abschrift aus dem Geburtenbuch des Standesamts oder einen Auszug aus dem Familienbuch vor. Das Alter des Kindes oder die Höhe seiner Einkünfte und Bezüge sind hier völlig egal.

Vermögenswirksame Leistungen 516

Vermögenswirksame Leistungen (VL) zählen mit zum steuerpflichtigen Arbeitslohn und werden deshalb normal lohnversteuert und sozialversichert. Den VL-Betrag von max. 39 € monatlich ziehen Sie als Arbeitgeber vom Nettolohn ab und überweisen ihn an die Bausparkasse oder Bank. **Übrigens:** Die vermögenswirksamen Leistungen können auch auf Ihren Sparvertrag oder auf einen gemeinsamen Vertrag eingezahlt werden.

Fahrtkostenzuschuss 517

»Und wenn ich Erna einen Fahrtkostenzuschuss von z.B. 30 € monatlich für die Fahrten zum Büro zahle, das auswärts liegt?«, möchten Sie wissen. Der Fahrtkostenzuschuss gehört nicht zum normalen steuerpflichtigen Arbeitslohn und wird nicht sozialversichert. Sie können ihn deswegen einfach auf den Nettolohn draufschlagen und mit auszahlen. Sie müssen ihn allerdings pauschal versteuern und die Pauschalsteuer zusammen mit der normalen Lohnsteuer abführen (➤ Rz 599).

Pauschale LSt 15 % von 30,00 €	4,50 €
Pauschaler Soli-Zuschlag 5,5 % von 4,50 € 0,25 €	
Pauschale Kirchensteuer 7 % von 4,50 €	0,32 €
Summe	5,07 €

518 Vorteilsrechnung

Zugegeben, die Lohnabrechnung bringt viel Schreibkram mit sich, macht sich aber bezahlt.

1. Einkommensteuer

Das Gehalt mindert auf der einen Seite Ihren Gewinn aus Gewerbebetrieb, muss aber auf der anderen Seite vom Ehe- oder Lebenspartner versteuert werden – jedoch nach Abzug des Werbungskostenpauschbetrags von 1.000 Euro. Bei einem Steuersatz von 35 % beträgt die Ersparnis daraus immerhin (35 % von 1.000 €) = 350 €.

2. Renten-, Kranken- und Pflegeversicherung

Durch das Arbeitsverhältnis ist der Ehe- oder Lebenspartner sozialversichert. Der Arbeitgeberanteil ist betrieblich absetzbar. Bezogen auf den obigen Fall beträgt er 19,33 % von 34.200 € = 6.611 €, davon Ersparnis an Einkommensteuer 35 % = 2.314 €.

3. Pauschalversteuerte Direktversicherung

Zur Ergänzung der gesetzlichen Altersversorgung können Sie für Ihre bessere Hälfte eine Direktversicherung mit einem Jahreshöchstbetrag von 1.752 € abschließen. Die Versteuerung wird pauschal mit 20 % vorgenommen. Dadurch sparen Sie

Einkommensteuer	35 %		
./. Pauschalsteuer	– 20 %		
Verbleiben	15 %	von 1.752 € =	263 €

Beachten Sie: Beiträge zur Direktversicherung können sogar steuerfrei gezahlt werden. Der Pferdefuß dabei ist, dass in diesem Fall die Rentenzahlungen aus der Direktversicherung später in vollem Umfang besteuert werden. Mehr zur Direktversicherung unter ➤ Rz 625.

4. Pensionszusage

Mit einer Pensionszusage können Sie Ihre Altersversorgung über die Steuer aufpäppeln. Pensionszusage heißt: Der mitarbeitende Ehe- oder Lebenspartner erhält später aus betrieblichen Mitteln eine angemessene Pension. Der Vorteil besteht darin, dass sie durch Bildung einer entsprechenden Rückstellung den betrieblichen Gewinn mindert (EStR 6a

Abs. 10), beim Begünstigten aber zunächst keine steuerliche Auswirkung eintritt. Erst bei Fälligkeit ist die Pension als nachträglicher Arbeitslohn zu versteuern.

Berechnung der Pensionsrückstellung

Alter 40 J., weiblich, Jahrespension ab 60 J.	3.000 €
Rückstellung ca.	12.500 €
Ersparnis an Einkommensteuer ca.	35 %
Steuerersparnis	4.375 €

Zur Frage der Überversorgung siehe ➤ Rz 628.

Probeerklärung 519

Bei der Anlage N ist es besonders zu empfehlen, erst einmal auf einem Zweitsatz der Formulare eine Probeerklärung anzufertigen, in der Sie frei wegstreichen und verbessern können.

ANLAGE N

Einkünfte aus nichtselbständiger Tätigkeit

2016

2015

| 1 | Name | | **Anlage N** |
| 2 | Vorname | | Jeder Ehegatte / Lebenspartner mit Einkünften aus nichtselbständiger Arbeit hat eine eigene Anlage N abzugeben. |

3	**Steuernummer**		stpfl. Person / Ehemann / Lebens- partner(in) A
	eTIN lt. Lohnsteuerbescheinigung(en), sofern vorhanden	eTIN lt. weiterer Lohnsteuerbescheinigung(en), sofern vorhanden	
4			Ehefrau / Lebens- partner(in) B

Einkünfte aus nichtselbständiger Arbeit   4|

	Angaben zum Arbeitslohn	Lohnsteuerbescheinigung(en) Steuerklasse 1 – 5			Lohnsteuerbescheinigung(en) Steuerklasse 6 oder einer Urlaubskasse	
5		**Steuerklasse** 16B				
			EUR	Ct	EUR	Ct
6	Bruttoarbeitslohn	110		111		
7	Lohnsteuer	140		141		
8	Solidaritätszuschlag	150		151		
9	Kirchensteuer des Arbeitnehmers	142		143		
10	Nur bei konfessionsverschiedener Ehe: Kirchensteuer für den Ehegatten	144		145		

			1. Versorgungsbezug		2. Versorgungsbezug	
11	Steuerbegünstigte Versorgungsbezüge (in Zeile 6 enthalten)	200		210		
12	Bemessungsgrundlage für den Versorgungsfreibetrag lt. Nr. 29 der Lohnsteuerbescheinigung	201		211		
13	Maßgebendes Kalenderjahr des Versorgungsbeginns lt. Nr. 30 der Lohnsteuerbescheinigung	206		216		
14	Bei unterjähriger Zahlung: Erster und letzter Monat, für den Versorgungsbezüge gezahlt wurden, lt. Nr. 31 der Lohnsteuerbescheinigung	Monat Monat 202 — 203		Monat Monat 212 — 213		
15	Sterbegeld, Kapitalauszahlungen / Abfindungen und Nachzahlungen von Versorgungsbezügen lt. Nr. 32 der Lohnsteuerbescheinigung (in den Zeilen 6 und 11 enthalten)	204		214		
16	Ermäßigt zu bestehende Versorgungsbezüge für mehrere Jahre lt. Nr. 9 der Lohnsteuerbescheinigung	205		215		

| 17 | **Entschädigungen** (Bitte Vertragsunterlagen einreichen) / Arbeitslohn für mehrere Jahre | 166 | | |

| 18 | Steuerabzugs- beträge zu den Zeilen 16 und 17 | Lohnsteuer | 146 | | Solidaritäts- zuschlag | 152 | |
| 19 | | Kirchensteuer Arbeitnehmer | 148 | | Kirchensteuer Ehegatte | 149 | |

| 20 | Steuerpflichtiger Arbeitslohn, von dem kein Steuerabzug vorgenommen worden ist (soweit nicht in der Lohnsteuerbescheinigung enthalten) | 115 | | |

| 21 | Steuerfreier Arbeitslohn nach Doppelbesteuerungsabkommen / sonstigen zwischenstaatlichen Übereinkommen, (Übertrag aus den Zeilen 52, 70 und / oder 81 der ersten Anlage N-AUS) | 139 | | |

| 22 | Steuerfreier Arbeitslohn nach Auslandstätigkeitserlass (Übertrag aus Zeile 66 der ersten Anlage N-AUS) | 136 | | |

23	Steuerfreie Einkünfte (Besondere Lohnbestandteile) nach Doppelbesteuerungsabkommen / sonstigen zwischenstaatlichen Übereinkommen / Auslandstätigkeitserlass (Übertrag aus Zeile 80 der ersten Anlage N-AUS)	178		
					Anzahl
24	Beigefügte Anlage(n) N-AUS			

	Grenzgänger nach (Beschäftigungsland)		Arbeitslohn in ausländischer Währung		Schweizerische Abzugsteuer in SFr	
25		116		— 135		

| 26 | Steuerfrei erhaltene Aufwandsentschädi- gungen / Einnahmen | aus der Tätigkeit als | | EUR 118 | | |

27	**Kurzarbeitergeld, Zuschuss zum Mutterschaftsgeld, Verdienstausfallentschädigung nach dem Infektionsschutzgesetz, Aufstockungsbeträge nach dem Altersteilzeitgesetz, Altersteilzeitzuschläge nach Besoldungsgesetzen** (lt. Nr. 15 der Lohnsteuerbescheinigung)	119		
	Angaben über Zeiten und Gründe der Nichtbeschäftigung (Bitte Nachweise einreichen)			
28				

Werbungskosten – zum Bruttoarbeitslohn aus einem aktiven Arbeitsverhältnis lt. Zeile 6 – 8

Wege zwischen Wohnung und erster Tätigkeitsstätte / Sammelpunkt / weiträumigem Tätigkeitsgebiet (Entfernungspauschale)

Erste Tätigkeitsstätte in (PLZ, Ort und Straße)   vom   bis   Arbeitstage je Woche   Urlaubs- und Krankheitstage

31

32

Sammelpunkt / nächstgelegener Zugang zum weiträumigen Tätigkeitsgebiet (PLZ, Ort und Straße)

33

34

Ort lt. Zeile	aufgesucht an Tagen	einfache Entfernung	davon mit eigenem oder zur Nutzung überlassenem Pkw zurückgelegt	davon mit Sammelbeförderung des Arbeitgebers zurückgelegt	davon mit öffentl. Verkehrsmitteln, Motorrad, Fahrrad o. Ä., als Fußgänger, als Mitfahrer einer Fahrgemeinschaft zurückgelegt	Aufwendungen für Fahrten mit öffentlichen Verkehrsmitteln (ohne Flug- und Fährkosten) EUR	Behinderungsgrad mind. 70 oder mind. 50 und Merkzeichen „G"
35	110	111	km 112	km 113	km	km 114	— 115	1 = Ja
36	130	131	km 132	km 133	km	km 134	— 135	1 = Ja
37	150	151	km 152	km 153	km	km 154	— 155	1 = Ja
38	170	171	km 172	km 173	km	km 174	— 175	1 = Ja

39 Arbeitgeberleistungen lt. Nr. 17 und 18 der Lohnsteuerbescheinigung und von der Agentur für Arbeit gezahlte Fahrtkostenzuschüsse   steuerfrei ersetzt 290   pauschal besteuert 295

Beiträge zu Berufsverbänden (Bezeichnung der Verbände)

40   310

Aufwendungen für Arbeitsmittel – soweit nicht steuerfrei ersetzt – (Art der Arbeitsmittel bitte einzeln angeben.) EUR

41

42   +   ▸ 320

Aufwendungen für ein häusliches Arbeitszimmer

43   325

Fortbildungskosten – soweit nicht steuerfrei ersetzt –

44   330

Weitere Werbungskosten – soweit nicht steuerfrei ersetzt –
Flug- und Fährkosten bei Wegen zwischen Wohnung und erster Tätigkeitsstätte / Sammelpunkt / weiträumigem Tätigkeitsgebiet

45

Sonstiges (z. B. Bewerbungskosten, Kontoführungsgebühren)

46   +

47   +

48   +   ▸ 380

Reisekosten bei beruflich veranlassten Auswärtstätigkeiten

49 Die Fahrten wurden ganz oder teilweise mit einem Firmenwagen oder im Rahmen einer unentgeltlichen Sammelbeförderung des Arbeitgebers durchgeführt   401   1 = Ja 2 = Nein
– Falls „Ja": Für die Fahrten mit Firmenwagen oder Sammelbeförderung dürfen mangels Aufwands keine Eintragungen zu Fahrtkosten in Zeile 50 vorgenommen werden. –

Fahrt- und Übernachtungskosten, Reisenebenkosten

50   410

51   Vom Arbeitgeber steuerfrei ersetzt 420

Pauschbeträge für Mehraufwendungen für Verpflegung

Bei einer Auswärtstätigkeit im Inland:

52 Abwesenheit von mehr als 8 Stunden   470   Anzahl der Tage

53 An- und Abreisetage (bei einer mehrtägigen Auswärtstätigkeit mit Übernachtung) 471   Anzahl der Tage

54 Abwesenheit von 24 Stunden   472   Anzahl der Tage

55 Kürzungsbeträge wegen Mahlzeitengestellung (eigene Zuzahlungen sind ggf. gegenzurechnen) 473

56 Bei einer Auswärtstätigkeit im Ausland (Berechnung bitte in einer gesonderten Aufstellung): 474

57   Vom Arbeitgeber steuerfrei ersetzt 490

2015AnlN032   2015AnlN032

Mehraufwendungen für doppelte Haushaltsführung

Allgemeine Angaben

61	Der doppelte Haushalt wurde aus beruflichem Anlass begründet	501	am
62	Grund		
63	Der doppelte Haushalt hat seitdem ununterbrochen bestanden	502	bis 2015
64	Der doppelte Haushalt liegt im Ausland	507	1 = Ja
65	Beschäftigungsort (PLZ, Ort, Staat, falls im Ausland)		
66	Es liegt ein **eigener Hausstand** am Lebensmittelpunkt vor Falls ja, in	503	1 = Ja 2 = Nein
67	(PLZ, Ort)	504	seit
68	Der Begründung des doppelten Haushalts ist eine Auswärtstätigkeit am selben Beschäftigungsort unmittelbar vorausgegangen oder es handelt sich um einen sog. Wegverlegungsfall	505	1 = Ja
69	Anstelle der Mehraufwendungen für doppelte Haushaltsführung werden in den Zeilen 31 bis 39 Fahrtkosten für **mehr** als eine Heimfahrt wöchentlich geltend gemacht	506	1 = Ja

– Wird die Zeile 69 mit „Ja" beantwortet, sind Eintragungen in den Zeilen 70 bis 85 nicht vorzunehmen. –

Fahrtkosten

70	Die Fahrten wurden mit einem **Firmenwagen** oder im Rahmen einer unentgeltlichen **Sammelbeförderung** des Arbeitgebers durchgeführt	510	1 = Ja, insgesamt 2 = Nein 3 = Ja, teilweise

– Soweit die Zeile 70 mit „Ja, insgesamt" beantwortet wird, sind Eintragungen in den Zeilen 71, 72, 74 und 76 nicht vorzunehmen. Bei „Ja, teilweise" sind Eintragungen in diesen Zeilen nur für die mit dem eigenen oder zur Nutzung überlassenen privaten Fahrzeug durchgeführten Fahrten vorzunehmen. –

Erste Fahrt zum Ort der ersten Tätigkeitsstätte und letzte Fahrt zum eigenen Hausstand

		gefahrene km			EUR Ct
71	mit privatem Kfz	511	Kilometersatz bei Einzelnachweis (Berechnung bitte in einer gesonderten Aufstellung)	512	
72	mit privatem Motorrad / Motorroller	gefahrene km 522	Kilometersatz bei Einzelnachweis (Berechnung bitte in einer gesonderten Aufstellung)	523	EUR Ct EUR
73	mit öffentlichen Verkehrsmitteln oder entgeltlicher Sammelbeförderung (lt. Nachweis)	513			

Wöchentliche Heimfahrten

		km	Anzahl		
74	einfache Entfernung (ohne Flugstrecken)	514	515		EUR
75	Kosten für öffentliche Verkehrsmittel (lt. Nachweis – ohne Flug- und Fährkosten)	516			

Nur bei Behinderungsgrad von mindestens 70 oder mindestens 50 und Merkzeichen „G"

	einfache Entfernung km	davon mit privatem Kfz zurück- gelegt	km	Anzahl	Kilometersatz bei Einzel- nachweis (Berechnung bitte in einer gesonderten Aufstellung)	EUR Ct
76	(ohne Flug- strecken) 524	517		518	519 EUR	
77	Kosten für öffentliche Verkehrsmittel (lt. Nachweis – ohne Flug- und Fährkosten)	520				
78	Flug- und Fährkosten (zu den Zeilen 74 bis 77) oder Kosten für entgeltliche Sammelbeförderung für Heimfahrten (lt. Nachweis)	521				

Kosten der Unterkunft am Ort der ersten Tätigkeitsstätte

79	Aufwendungen lt. Nachweis (z. B. Miete einschließlich Stellplatz- / Garagenkosten, Nebenkosten, Abschreibungen und Ausstattungskosten)	530	
80	Größe der Zweitwohnung des doppelten Haushalts im Ausland	531	m²

Pauschbeträge für Mehraufwendungen für Verpflegung

Die Verpflegungsmehraufwendungen lt. Zeilen 81 bis 84 können nur für einen Zeitraum von 3 Monaten nach Bezug der Unterkunft am Ort der ersten Tätigkeitsstätte geltend gemacht werden; geht der doppelten Haushaltsführung eine Auswärtstätigkeit voraus, ist dieser Zeitraum auf den Dreimonatszeitraum anzurechnen. In sog. Wegverlegungsfällen ist der vorangegangene Aufenthalt am Ort der ersten Tätigkeitsstätte auf den Dreimonatszeitraum anzurechnen.

Bei einer doppelten Haushaltsführung im Inland:

81	An- und Abreisetage	541	Anzahl der Tage
82	Abwesenheit von 24 Stunden	542	Anzahl der Tage
83	Kürzungsbetrag wegen Mahlzeitengestellung (eigene Zuzahlungen sind ggf. gegenzurechnen)	544	EUR
84	Bei einer doppelten Haushaltsführung im Ausland (Berechnung bitte in einer gesonderten Aufstellung)	543	

Sonstige Aufwendungen (z. B. Kosten für den Umzug, jedoch ohne Kosten der Unterkunft)

85		550	
86	Summe der Mehraufwendungen für **weitere** doppelte Haushaltsführungen (Berechnung bitte in einer gesonderten Aufstellung)	551	
87	Vom Arbeitgeber / von der Agentur für Arbeit insgesamt steuerfrei ersetzt	590	

Werbungskosten in Sonderfällen

– Die in den Zeilen 91 bis 95 erklärten Werbungskosten dürfen nicht in den Zeilen 31 bis 87 enthalten sein –

Werbungskosten zu steuerbegünstigten Versorgungsbezügen lt. Zeile 11

Art der Aufwendungen

EUR

91 · 682 · · · · · · · · · · · ,

Werbungskosten zu steuerbegünstigten Versorgungsbezügen für mehrere Jahre lt. Zeile 16

Art der Aufwendungen

92 · 659 · · · · · · · · · · · ,

Werbungskosten zu Entschädigungen / Arbeitslohn für mehrere Jahre lt. Zeile 17

Art der Aufwendungen

93 · 660 · · · · · · · · · · · ,

94 Werbungskosten zu steuerfreiem Arbeitslohn lt. Zeile 21 und 22
(Übertrag aus den Zeilen 75 und 82 der ersten Anlage N-AUS) · · · · · · · · · · · 657 · · · · · · · · · · · ,

Werbungskosten zu steuerpflichtigem Arbeitslohn, von dem kein Steuerabzug vorgenommen worden ist lt. Zeile 20 und aus einer Tätigkeit als Grenzgänger lt. Zeile 25

Art der Aufwendungen

95 · 658 · · · · · · · · · · · ,

96 Werbungskosten zu Arbeitslohn für eine Tätigkeit im Inland, wenn ein weiterer Wohnsitz in Belgien vorhanden ist – in den Zeilen 31 bis 87 enthalten – · · · · · · · · · · · · · · · · · 675 · · · · · · · · · · · ,

Erkenntnis hilft wenig,
wenn keine Entscheidung folgt.
(Hubert Markl)

9.1 Formularkopf

520 Unter Name und Vorname gehört die Steuernummer, damit die Anlage N, wenn sie im Finanzamt mal verkramt werden sollte, wieder richtig einsortiert werden kann.

Name			**Anlage N**
1	*H U B E R*		Jeder Ehegatte / Lebenspartner
Vorname			mit Einkünften aus nichtselbstän-
2	*H E R I B E R T*		diger Arbeit hat eine eigene Anlage N abzugeben.
3	Steuernummer *1 2 3 / 4 5 6 / 7 8 9 0*		X stpfl. Person / Ehemann / Lebenspartner(in) A
eTIN lt. Lohnsteuerbescheinigung(en), sofern vorhanden	eTIN lt. weiterer Lohnsteuerbescheinigung(en), sofern vorhanden		
4	*H B R E H R B R 6 7 6 1 8 K*		Ehefrau / Lebenspartner(in) B

Einkünfte aus nichtselbständiger Arbeit

Angaben zum Arbeitslohn	Lohnsteuerbescheinigung(en) Steuerklasse 1 – 5	Lohnsteuerbescheinigung(en) Steuerklasse 6 oder einer Urteilsklasse	4

521 Zeile 5 – 28 Lohnsteuerbescheinigung

Die elektronischen Lohnsteuerabzugsmerkmale (ELStAM) versetzen den Arbeitgeber in den Stand, die Lohnsteuer zutreffend – nach der Höhe des Arbeitslohns und den persönlichen Merkmalen des Arbeitnehmers – festzustellen. Bis zum 28. 2. des Folgejahrs übermittelt er alle wichtigen Lohndaten unmittelbar an die Steuerverwaltung. Der Arbeitnehmer erhält eine Lohnsteuerbescheinigung, auf der steht, was das Finanzamt schon weiß.

522 Nummer zur Identifikation
Die »eTIN« auf der Lohnsteuerbescheinigung hat ausgedient. Sie musste der allgemeinen Steuer-Identifikationsnummer weichen, die über kurz oder lang auch die gute alte Steuernummer ersetzen wird. Mehr dazu unter ➤ Rz 80.

523 Steuerklassen

Auf der Lohnsteuerbescheinigung steht Ihre Steuerklasse.
Einkünfte von Ehegatten werden in aller Regel gemeinsam besteuert, weil dies günstiger ist. Sind beide Ehegatten werktätig, wird aber zunächst

der Lohnsteuerabzug getrennt bei jedem einzelnen Ehegatten vorgenommen. Nach Ablauf des Jahres werden die Einkünfte bei der Veranlagung zusammengerechnet, und erst dann ergibt sich die endgültige Steuer. Es ist also kaum zu vermeiden, dass zunächst entweder zu viel oder zu wenig Lohnsteuer abgezogen wird.

Durch die richtige Steuerklassenkombination (III/V oder IV/IV) sollten Sie versuchen, der endgültigen Jahressteuer möglichst nahe zu kommen. Dazu mehr unter ➤ Rz 526.

Personenkreis	StKl.	steuerfrei bis monatlich
Alleinstehende	I	950 €
Alleinstehende mit Kind (Entlastungsbetrag)	II	1.082 €
Verheiratete (nur einer ist Arbeitnehmer)	III	1.796 €
Verheiratete (beide sind Arbeitnehmer)		
entweder beide	IV	950 €
oder einer	III	1.796 €
und der andere	V	105 €
Alle für das 2. und jedes		
weitere Arbeitsverhältnis	VI	0 €

Faktorverfahren statt Steuerklasse III/V
Den Nachteil bei der Steuerklassenkombination III/V trägt vor allem der Ehepartner, der in Steuerklasse V eingereiht wird. Weil praktisch alle Frei- und Pauschbeträge für Ehegatten in der Steuerklasse III zusammengefasst sind, zahlt er überproportional viel Lohnsteuer. Wählen die Ehepartner dagegen die Steuerklasse IV/IV, zahlt der Besserverdienende erheblich höhere Steuern als eigentlich notwendig. Diesem vermeintlichen Problem will der Fiskus mit dem sog. **Faktorverfahren** begegnen. Alternativ zur Steuerklassenkombination III/V können die Ehegatten sich vom Finanzamt jeweils »ihren« **Faktor** auf der Lohnsteuerkarte eintragen lassen. Dieser ergibt sich aus dem Verhältnis der voraussichtlichen gemeinsamen Einkommensteuer zur gemeinsamen Lohnsteuer, berechnet nach der Steuerklasse IV. Der Arbeitgeber ermittelt dann mit Hilfe des Faktors den Steueranteil.

Beispiel
Bei einem Ehepaar verdient die Ehefrau 30.000 € und der Ehemann 10.000 € im Jahr. Die gemeinsame Einkommensteuer nach dem Splittingtarif beträgt ohne weitere besondere absetzbare Kosten ca. 3.758 €. An

Lohnsteuer nach der Steuerklasse IV würden für sie 4.005 € anfallen, für ihn 0 €, zusammen also 4.005 €. Wie Sie sehen, würde das Ehepaar allein wegen der Steuerklassenkombination IV/IV 247 € Steuern zu viel zahlen. Hinzu kämen die Kirchensteuer und der Solidaritätszuschlag.

Das Finanzamt rechnet nun das Verhältnis zwischen 3.758 € Einkommensteuer und 4.005 € Lohnsteuer aus. Daraus ergibt sich der Faktor 0,938, der auf den Lohnsteuerkarten beider Ehepartner eingetragen wird.

Die Arbeitgeber der Eheleute rechnen die Lohnsteuer nun so aus:

Ehefrau: Lohn 30.000 € = Lohnsteuer IV = 4.005 € × 0,938 =   3.757 €
Ehemann: Lohn 10.000 € = Lohnsteuer IV = 0 € × 0,938 =   0 €

Damit beträgt der Lohnsteuerabzug insgesamt nur noch 3.757 € statt 4.005 €.

524 ***TIPP*** **Besser Steuerklasse III/V statt Faktorverfahren wählen!**

Liebe Leser, lassen Sie sich nicht auf den Arm nehmen. Das Faktorverfahren wird von Politikern gern als Segen für teilzeitbeschäftigte Ehefrauen verkauft, die wegen der hohen Abzüge in der Steuerklasse V angeblich in Scharen in nicht rentenversicherungspflichtige Minijobs flüchten. Statt den Finanzpolitikern zu vertrauen und auf das Faktorverfahren hereinzufallen, sollten Sie die Sache besser einmal durchrechnen.

Entscheidend ist schließlich, was insgesamt auf dem Familienkonto landet, und nicht, ob der eine ein wenig mehr und der andere etwas weniger Steuern zahlt. Deshalb würde ich Ihnen im obigen Beispiel raten, die Finger vom Faktorverfahren zu lassen. Hätte das Ehepaar nämlich die Steuerklasse III/V gewählt, wären an Lohnsteuer im Lauf des Jahres bei ihr (30.000 € Lohn) 1.466 € und bei ihm (10.000 € Lohn) 1.018 €, also insgesamt nur 2.484 € angefallen. Das sind stolze 1.273 € weniger als beim Anteils- bzw. Faktorverfahren.

Richtig ist zwar, dass unser Musterehepaar diese 1.273 € über die Einkommensteuererklärung zurückzahlen müsste, aber es hätte ein schönes zinsloses Steuerdarlehen.

525 **Kinderfreibeträge bei Lohnsteuerabzug**

Neben der Steuerklasse wird beim monatlichen Lohnsteuerabzug auch die Zahl der Kinderfreibeträge berücksichtigt. Für Kinder unter 18 Jahren, die bei den Eltern gemeldet sind, werden sie durch die Gemeinde übermittelt, für Kinder über 18 müssen Sie einen Antrag auf Berücksichtigung beim Finanzamt stellen. Grundsätzlich ist für jedes Kind 0,5 = halber Kinderfreibetrag einzutragen, für zwei Kinder also 1,0. Beispiel:

Eine berufstätige alleinstehende Mutter mit einem Kind, das bei ihr wohnt, erhält die Steuerklasse II mit 0,5 Kinderfreibeträge. Als Kinderermäßigung steht ihr zu:

Halber Kinderfreibetrag monatlich	188 €
Halber Betreuungsfreibetrag	110 €
Entlastungsbetrag für Alleinerziehende jährlich	1.908 €

Der Vater dieses Kindes erhält die Steuerklasse I mit Kinderfreibetragszahl 0,5.
Die Kinderfreibetragszahl 1,0 für ein Kind mit vollem Kinderfreibetrag von monatlich 376 € + Betreuungsfreibetrag von 220 € erhalten Eheleute für ein gemeinsames Kind in der Steuerklasse III.

Kinder- und Betreuungsfreibeträge haben im Lohnsteuerverfahren nur für die Zuschlagsteuern (Soli- und Kirchensteuerzuschlag) Bedeutung.

TIPP
Steuerklassenwechsel bei Ehegatten

526

In der Steuerklasse III sind die Vorteile bei den Freibeträgen und beim Tarif am größten, in der Steuerklasse V am geringsten. Verdient also ein Ehegatte wesentlich mehr als der andere, d. h. mehr als 60 % des gemeinsamen Bruttoverdienst, nimmt er Steuerklasse III, der andere V. Geht ein Ehegatte in Rente, in Mutterschutz oder wird arbeitslos, sollte der weiterhin berufstätige Ehegatte also die Steuerklasse III wählen. Ist der Verdienst in etwa gleich hoch, empfiehlt sich die Kombination IV/IV. Dadurch sind die Steuervorteile gleichmäßig verteilt.

Anträge auf Steuerklassenwechsel im Lauf des Jahres sind beim Finanzamt zu stellen. Letzter Termin für einen Wechsel ist der 30. 11. des laufenden Jahres. Grundsätzlich ist ein Steuerklassenwechsel nur einmal im Jahr möglich. Einen weiteren Wechsel genehmigt der Fiskus aber nach Tod eines Ehegatten oder nach Beginn oder Ende von Arbeitslosigkeit.

Und so sieht ein Antrag auf Änderung der Lohnsteuerkarte aus. Sie finden ihn unter www.elster.de –> Die elektronische Lohnsteuerkarte.

Antrag auf Steuerklassenwechsel bei Ehegatten/Lebenspartnern
(Bitte Erläuterungen auf der Rückseite beachten)

Eingangsstempel

1 Steuernummer 123/456/7890

2 Identifikationsnummer

Ehemann/Lebenspartner(in) A				Ehefrau/Lebenspartner(in) B			
23	456	789	012	45	678	901	234

An das Finanzamt
3 Münster-Außenstadt

Bei Wohnsitzwechsel: bisheriges Finanzamt
4

(A) Angaben zur Person

Ehemann/Lebenspartner(in) A
Name
5 Steuerkötter — Geburtsdatum 18.07.1967

Vorname
6 Heinz

Straße, Hausnummer
7 Zur Walbeke 23

Postleitzahl, Wohnort
8 48167 Münster

Verheiratet/Lebenspartn. begründet seit | Verwitwet seit | Geschieden/Lebenspartn. aufgehoben seit | Dauernd getrennt lebend seit
9 13.05.1994

Ehefrau/Lebenspartner(in) B
Name
10 Steuerkötter — Geburtsdatum 06.08.1969

Vorname
11 Helga

Straße, Hausnummer (falls abweichend)
12

Postleitzahl, Wohnort (falls abweichend)
13

Telefon: Vorwahl | Rufnummer
14

(B) Steuerklassenwechsel

15 Bisherige Steuerklassenkombination
(Ehemann/Ehefrau, Lebenspartner(in) A/B) ☒ drei / fünf ☐ vier / vier[1] ☐ fünf / drei ☐ vier / Faktor ☐ vier / Faktor

16 Wir beantragen die Steuerklassenkombination
(Ehemann/Ehefrau, Lebenspartner(in) A/B) ☐ drei / fünf ☒ vier / vier ☐ fünf / drei ☐ vier / Faktor (Bitte auch Abschnitt C ausfüllen) ☐ vier / Faktor

17 Für ein Kalenderjahr kann grundsätzlich nur ein Antrag auf Steuerklassenwechsel gestellt werden. Es kommt jedoch ein weiterer Steuerklassenwechsel für dieses Kalenderjahr in Betracht, weil

18 ☐ ein Ehegatte/Lebenspartner keinen steuerpflichtigen Arbeitslohn mehr bezieht.

19 ☐ ein Dienstverhältnis wieder aufgenommen wird (z. B. nach einer Arbeitslosigkeit oder einer Elternzeit).

20 ☐ wir uns auf Dauer getrennt haben.

21 ☐ der vorherige Steuerklassenwechsel auf Grund der Eheschließung/Begründung einer Lebenspartnerschaft beantragt wurde.

22

23 [1] Bei Eheschließung wird die Steuerklassenkombination vier/vier automatisiert gebildet.

24

2014StKlWe601 — März 2014 — **2014StKlWe601**

Wie Sie durch geschickte Steuerklassenwahl einen guten Schnitt machen können, zeigt folgender …

 Höheres Mutterschafts- und Elterngeld durch Steuerklassenwechsel 527

Kündigt sich Nachwuchs an, kann ein vorübergehender Wechsel der Steuerklassenkombination von III/V nach IV/IV ein höheres Mutterschafts- und Elterngeld bringen, vorausgesetzt, die Mutter hat Steuerklasse V und damit die höheren Abzüge. Denn die Höhe der finanziellen Förderung ist abhängig vom zuvor erzielten Nettolohn. Je höher der Steuerabzug vorher war, desto geringer wird also das Mutterschafts- bzw. Elterngeld ausfallen. Ist der Nachwuchs da, werden Sie wieder die Steuerklassen III und V eintragen lassen.

»Moment mal, da muss ich aber doch mehr Steuern berappen als bei Steuerklasse III.« Richtig, aber nur für eine Übergangszeit, und bei Ihrer nächsten Steuererklärung wird Ihr jeweiliges Einkommen ja ohnehin zusammengerechnet und der Splittingtabelle unterworfen. Die Steuerklassen spielen für die endgültige Jahressteuer somit überhaupt keine Rolle.

Wichtig: Wer zu spät kommt …
Bei Ermittlung des Elterngeldes wird die Steuerklasse zugrunde gelegt, die in der überwiegenden Zeit des Jahres gegolten hat. Da dabei ein Zeitraum von zwölf Monaten vor der Geburt betrachtet wird, sollten Sie den **Steuerklassenwechsel spätestens sieben Monate vor Geburt des Kindes über die Bühne bringen!**

Gut zu wissen:
Familienförderung durch Mutterschafts- und Elterngeld

Zusätzlich zu Kindergeld bzw. Steuerfreibeträgen werden junge Mütter bzw. Eltern durch das Mutterschafts- und Elterngeld finanziell unterstützt.

Mutterschaftsgeld wird von den gesetzlichen Krankenkassen während der Schutzfristen vor und nach der Entbindung sowie für den Entbindungstag gezahlt. Es erhalten nur Frauen, die freiwillig oder pflichtversicherte Mitglieder einer gesetzlichen Krankenkasse sind mit Anspruch auf Zahlung von Krankengeld. Außerdem müssen weitere Voraussetzungen erfüllt sein, die hier im Überblick genannt werden.
Mutterschaftsgeld erhalten Frauen,

399

- die in einem Arbeits- oder Heimarbeitsverhältnis stehen,

- deren Arbeitgeber das Arbeitsverhältnis während der Schwangerschaft zulässig gekündigt hat,

- deren Arbeitsverhältnis erst nach Beginn der Schutzfrist beginnt. Sie haben Anspruch auf Mutterschaftsgeld ab dem Beginn des Arbeitsverhältnisses, wenn sie bei dessen Beginn Mitglied einer gesetzlichen Krankenkasse sind;

- die bei Beginn der Schutzfrist in keinem Arbeitsverhältnis stehen, jedoch bei einer gesetzlichen Krankenkasse mit Anspruch auf Krankengeld versichert sind. Sie erhalten Mutterschaftsgeld in Höhe des Krankengeldes.

Steht die Frau in einem Arbeitsverhältnis, richtet sich die Höhe des Mutterschaftsgeldes nach dem um die gesetzlichen Abzüge verminderten durchschnittlichen Arbeitsentgelt der letzten drei vollständig abgerechneten Kalendermonate, bei wöchentlicher Abrechnung der letzten 13 Wochen vor Beginn der Schutzfrist vor der Entbindung. Das Mutterschaftsgeld beträgt höchstens 210 € für den gesamten Zeitraum des Mutterschutzes. Übersteigt der durchschnittliche kalendertägliche Nettolohn diesen Betrag (= bei einem monatlichen Nettolohn ab 390 €), ist die Arbeitgeberseite verpflichtet, die Differenz als Zuschuss zum Mutterschaftsgeld zu zahlen.

Das **Elterngeld** soll Einkommenseinbußen im ersten Elternzeitjahr auffangen. Es beträgt 67 % des durchschnittlichen (monatlichen) Erwerbseinkommens vor der Geburt (nach Abzug von Steuern, Sozialabgaben und Werbungskosten), 65 % bei einem Nettoeinkommen von mehr als 1.200 €, höchstens jedoch 1.800 € und mindestens 300 €. Nicht erwerbstätige Elternteile erhalten den Mindestbetrag zusätzlich zum bisherigen Familieneinkommen.

Das Elterngeld wird an Vater und Mutter für max. 14 Monate gezahlt; beide können den Zeitraum frei untereinander aufteilen. Ein Elternteil kann dabei höchstens zwölf Monate für sich in Anspruch nehmen, zwei weitere Monate gibt es, wenn in dieser Zeit beim Partner Erwerbseinkommen wegfällt, weil er die Betreuung des Kindes übernimmt. Alleinerziehende können aufgrund des fehlenden Partners die vollen 14 Monate Elterngeld in Anspruch nehmen.

Eltern von Kindern, die ab dem 1.7.2015 geboren werden, können zwischen dem bisherigen Elterngeld (Basiselterngeld; s. o.) und ElterngeldPlus wählen oder beides kombinieren. Mit dem neuen ElterngeldPlus haben Mütter und Väter die Möglichkeit, länger als bisher Elterngeld in

Anspruch zu nehmen. Aus einem bisherigen Elterngeldmonat werden zwei ElterngeldPlus-Monate, so dass die Eltern doppelt so lange Elterngeld (in maximal halber Höhe) bekommen und so ihr Elterngeldbudget besser ausschöpfen können. Wenn sich Mutter und Vater entscheiden, gleichzeitig für vier Monate jeweils 25 bis 30 Stunden in der Woche teilzeit zu arbeiten und sich somit die Zeit mit ihrem Nachwuchs zu teilen, gibt es einen zusätzlichen Partnerschaftsbonus in Form von vier zusätzlichen ElterngeldPlus-Monaten pro Elternteil.

In der Höhe orientiert sich das Elterngeld am laufenden durchschnittlich monatlich verfügbaren Erwerbseinkommen, welches der betreuende Elternteil im Jahr vor der Geburt hatte. Es beträgt im ElterngeldPlus-Bezug mindestens 150 € und höchstens 900 € monatlich.

Pferdefuß beim Mutterschafts- und Elterngeld!
So groß die Freude über die Zuschüsse in die Familienkasse auch ist, so tief sitzt der Schock bei der ersten Steuererklärung danach. Denn Mutterschafts- und Elterngeld sind zwar steuerfrei, wirken sich aber auf den Steuersatz aus (siehe dazu ➤ Rz 275 und ➤ Rz 678). Damit fällt unterm Strich also doch Steuer auf diese Einnahmen an, und das führt häufig zu einer saftigen Steuernachzahlung.

Weitere Informationen rund um das Mutterschafts- bzw. das Elterngeld finden Sie im Internet auf den Seiten des Bundesministeriums für Familie, Senioren, Frauen und Jugend unter www.bmfsfj.de. Dort sind auch die zuständigen Anlaufstellen genannt, bei denen Sie Auskünfte und Antragsformulare bekommen können.

Übrigens: Auch beim **Arbeitslosengeld** ist das letzte Nettoentgelt maßgebend, so dass sich bei absehbarer Arbeitslosigkeit ein rechtzeitiger Steuerklassenwechsel in barer Münze auszahlen kann. **528**

Doch aufgepasst: Ein Steuerklassenwechsel gilt als Rechtsmissbrauch, wenn er nur dem Ziel dient, höhere Sozialleistungen zu kassieren, so das Bundesarbeitsgericht mit Urt. vom 18.9.1991. Das soll insbesondere gelten, wenn die Kombination der Steuerklassen offensichtlich nicht dem Verhältnis der monatlichen Arbeitslöhne entspricht, wenn also der besser Verdienende die ungünstige Steuerklasse V und der andere die Steuerklasse III wählt. Ein Steuerklassenwechsel muss also anders begründet sein.

Hatten Sie hingegen zuvor die Steuerklassen III und V, können Sie nun jeder die Steuerklasse IV wählen, um die Steuerlast auf diese Weise gerecht zu verteilen. Mit dem Wechsel von der ungünstigen Klasse V zur Steuerklasse IV haben Sie Ihr monatliches Netto und damit die Grundlage für die Berechnung der Sozialleistungen erhöht.

Wir verlieren nur Mitarbeiter,
die wir nicht gebrauchen können.
(Manager Geier)

9.2 Angaben zum Arbeitslohn – Zeile 6–28

529 Zeile 6 Bruttoarbeitslohn

Den Bruttoarbeitslohn aus > Zeile 3 Ihrer Lohnsteuerbescheinigung tragen Sie in > Zeile 6 der Anlage N ein. Wenn Sie den Arbeitgeber im Lauf des Jahres gewechselt haben, müssen Sie die Beträge zunächst addieren und die Summe in die erste Spalte übertragen. Haben Sie noch eine zweite Lohnsteuerkarte, tragen Sie den darin bescheinigten Arbeitslohn daneben ein.

Der Bruttoarbeitslohn ist der Ausgangspunkt für die Berechnung der Einkünfte aus nichtselbständiger Arbeit. Der Arbeitslohn ist die ergiebigste Steuerquelle überhaupt und bringt dem Fiskus Kohle ohne Ende. Letztes Aufkommen an Lohnsteuer etwa

168 Milliarden € = rd. 26,1 % aller Steuereinnahmen.

Zum Vergleich: Die Umsatzsteuer bringt ihm 203 Milliarden, die Einkommensteuer nur 46 Milliarden.

Damit dem Fiskus auch ja nichts durch die Lappen geht, sind Lohnsteueraußenprüfer unterwegs, den Milliardenstrom zu kontrollieren. Sie prüfen, ob die Betriebe

● den steuerpflichtigen Arbeitslohn richtig festgestellt und

● die Lohnsteuer – nach den Angaben auf den Lohnsteuerkarten der Arbeitnehmer – richtig berechnet und an die Betriebsfinanzämter abgeführt haben.

Zum Arbeitslohn gehören nach § 2 der Lohnsteuer-Durchführungsverordnung *alle Einnahmen in Geld und Geldeswert (Sachbezüge), die dem Arbeitnehmer aus dem Arbeitsverhältnis zufließen, wobei es nach dem Ge-*

setz gleichgültig ist, ob der Arbeitslohn laufend oder einmalig gezahlt wird, ob ein Rechtsanspruch darauf besteht oder nicht und unter welcher Bezeichnung er gewährt wird.

Was hier juristisch verklausuliert beschrieben ist, erfährt das Lohnbüro, wenn der Lohnsteueraußenprüfer bei ihm aufkreuzt. Er fahndet nach Sachbezügen in Form von Kost und Wohnung oder Firmenwagen, überhöhten Spesenabrechnungen, Personalrabatten, unüblich teuren Betriebsausflügen, Geldgeschenken, Tantiemen usw. Alle diese Zuwendungen aus dem Arbeitsverhältnis sind der Lohnsteuer unterworfen.

530

TIPP Bitten Sie Ihren Chef um eine Gehaltsminderung

Ja, Sie hören richtig. Was nützt Ihnen ein gutes Gehalt, wenn Ihnen beim Bau Ihres Häuschens Tausende durch die Lappen gehen, nur weil Sie keine Zeit haben, sich darum zu kümmern. Und diese Tausende könnten Sie netto verdienen, Sie müssten sie aber brutto bezahlen!!

Also sagen Sie Ihrem Chef: Hören Sie, ich will im nächsten Jahr etwas kürzer treten, muss mich um meinen Bau kümmern. Geben Sie mir künftig 250 Euro weniger, und ich gehe dafür jeden Tag zwei Stunden früher nach Hause. »Die Idee ist pfundig, obwohl ich mir gerade kein Haus bauen will«, so sagen Sie. »Ich will aber im nächsten Sommer in die Sahara und muss mir dazu vorher noch ein Reisemobil ausbauen. Aber sagen Sie mir, wieso ich dabei die Steuer austrickse? Immerhin verdiene ich 250 Euro weniger!«

Das will ich Ihnen vorrechnen: Angenommen, Ihr Einkommen liegt bei 30.000 €. Dann beträgt Ihre Steuerbelastung – siehe Steuerbelastungstabelle unter ➤ Rz 44 – als Alleinstehender in der Spitze rd. 32 % Einkommensteuer zzgl. zusammen rd. 5 % Soli-Zuschlag und Kirchensteuer.

Steuerbelastung insgesamt rd.	37 %
Ihr Anteil an den Sozialabgaben rd.	21 %
Abgaben insgesamt	58 %
Von 250 € Bruttoarbeitslohn bleiben Ihnen netto 42 %	105 €

Sie verzichten also auf 105 € netto und erhalten dafür 40 Stunden mehr Freizeit. Also kostet Sie jede Stunde Freizeit (105 € ÷ 40 Stunden =) 2,63 €. Einem Handwerker, der Ihnen das Reisemobil ausbaut, müssten Sie für seine Arbeitsstunde aber ein Vielfaches davon geben.

Übrigens: Auch als Beamter wird Ihnen – unter Verzicht auf einen Teil Ihres Gehalts – Teilzeitarbeit genehmigt, und Sie können sich alles so einrichten, wie Sie es brauchen, z. B. Teilzeitarbeit mit 30 Wochenstunden für zunächst zwei Jahre.

531

TIPP Weniger Lohn jetzt, mehr Geld im Alter

Verzichten Sie auf einen Teil Ihrer Gehaltsbezüge, z. B. auf 3.000 € brutto jährlich, und lassen Sie sich dafür eine Pensionszusage geben, die bei Eintritt in den Ruhestand, frühestens ab dem 62. Lebensjahr, oder bei Invalidität fällig wird.

Die Vorteile liegen auf der Hand: Sie sparen Lohnsteuer in Höhe des Grenzsteuersatzes (➤ Rz 46), mindern damit außerdem die Steuerprogression (➤ Rz 51), ferner sparen Sie Solidaritätszuschlag und ggf. Kirchensteuer, und es fallen für 3.000 € keine Beiträge zur Sozialversicherung an (➤ Rz 1006). Erst bei Auszahlung der Pension wird Lohnsteuer usw. fällig, es werden aber der Versorgungsfreibetrag nebst Zuschlag und Werbungskostenpauschbetrag abgezogen (➤ Rz 681). Und darüber hinaus werden die Steuersätze künftig sinken, so dass Sie in mehrfacher Hinsicht auf der Gewinnerseite stehen, wenn Sie Einkünfte in spätere Jahre verlagern können.

Für den Betrieb ist diese Regelung kostenneutral, denn anstelle der Lohnkosten zahlt er meistens in eine Rückdeckungsversicherung. Tut er das nicht, wird er in der Bilanz eine gewinnmindernde Rückstellung bilden und hat dann sogar zusätzlich Geld flüssig, weil er Sie später bezahlt (Quelle: § 6a EStG).

532 ◆ *Musterfall Huber (Lohnsteuerbescheinigung, Arbeitslosengeld)*
Heribert Huber war vom 1. 2. bis 31. 12. als Autoschlosser tätig. Die Beträge zu > Zeile 5 – 19 der Anlage N entnimmt er seiner Lohnsteuerbescheinigung. In > Zeile 91 des Hauptformulars trägt er sein Arbeitslosengeld für Januar 2015 ein (siehe dazu ➤ Rz 275). Der Betrag ergibt sich aus einer Bescheinigung, die ihm die Agentur für Arbeit ohne Aufforderung zugeschickt hat und die er der Erklärung beifügt. Für Frau Huber muss eine eigene Anlage N ausgefüllt werden.

Lohnsteuerbescheinigung des Herrn Huber

			vom – bis		
1. Dauer des Dienstverhältnisses			1.2.	-	31.12.
2. Zeiträume ohne Anspruch auf Arbeitslohn	Großbuchstaben (S, B, V, F)	Anzahl „U":			
			EUR		Ct.
3. Bruttoarbeitslohn einschl. Sachbezüge ohne 9. und 10.				30.792	00
4. Einbehaltene Lohnsteuer von 3.				1.812	00
5. Einbehaltener Solidaritätszuschlag von 3.				0	00
6. Einbehaltene Kirchensteuer des Arbeitnehmers von 3.				163	08
7. Einbehaltene Kirchensteuer des Ehegatten von 3. (nur bei konfessionsverschiedener Ehe)					
8. In 3. enthaltene steuerbegünstigte Versorgungsbezüge					
9. Steuerbegünstigte Versorgungsbezüge für mehrere Kalenderjahre					
10. Ermäßigt besteuerter Arbeitslohn für mehrere Kalenderjahre (ohne 9.) und ermäßigt besteuerte Entschädigungen					
11. Einbehaltene Lohnsteuer von 9. und 10.					
12. Einbehaltener Solidaritätszuschlag von 9. und 10.					
13. Einbehaltene Kirchensteuer des Arbeitnehmers von 9. und 10.					
14. Einbehaltene Kirchensteuer des Ehegatten von 9. und 10. (nur bei konfessionsverschiedener Ehe)					
15. Kurzarbeitergeld, Winterausfallgeld, Zuschuss zum Mutterschaftsgeld, Verdienstausfallentschädigung (Infektionsschutzgesetz), Aufstockungsbetrag und Altersteilzeitzuschlag				377	00
	Doppelbesteue-				

405

Huber trägt in der Anlage N ein:

27	Kurzarbeitergeld, Zuschuss zum Mutterschaftsgeld, Verdienstausfallentschädigung nach dem Infektionsschutzgesetz, Aufstockungsbeträge nach dem Altersteilzeitgesetz, Altersteilzeitzuschläge nach Besoldungsgesetzen (lt. Nr. 15 der Lohnsteuerbescheinigung)	119	*377,—*
28	Angaben über Zeiten und Gründe der Nichtbeschäftigung (Bitte Nachweise einreichen) *1.1.—31.1. arbeitslos / Bescheinigung anbei*		

Eintragung auf Seite 4 des Hauptformulars:

	Sonstige Angaben und Anträge			18
91	Einkommensersatzleistungen, die dem Progressionsvorbehalt unterliegen, z. B. Arbeitslosengeld, Elterngeld, Insolvenzgeld, Krankengeld, Mutterschaftsgeld und vergleichbare Leistungen aus einem EU-/ EWR-Staat oder der Schweiz (ohne Beträge lt. Zeile 27 der Anlage N)	stpfl. Person / Ehemann / Lebenspartner(in) A EUR	Ehefrau / Lebenspartner(in) B EUR	
		120 *1.445,—* 121	,—	

9.2.1 Steuerfreier Arbeitslohn – Zeile 6

533 **Bei steuerfreiem Arbeitslohn kommt wahre Freude auf, denn er erscheint weder auf der Lohnsteuerbescheinigung noch in der Steuererklärung. Außerdem unterliegt er nicht der Sozialversicherung.**
Gut möglich, dass in den folgenden Punkten etwas für Sie dabei ist. Sprechen Sie doch bei nächster Gelegenheit mal mit Ihrem Chef, ob Sie den Fiskus nicht mal außen vor lassen können.

 ## Zeile 6 Annehmlichkeiten

534 Ihr Betrieb kann Ihnen durchaus Annehmlichkeiten bereiten, und die sind für Sie steuerfrei, etwa:

- betriebseigene Dusch- und Badeanlagen (Hinweise zur LStR 19.3),
- Betriebskindergärten, Zuschüsse zu betriebsfremden Kindergärten (§ 3 Nr. 33 EStG),
- Beihilfen in Krankheits-, Geburts- oder Todesfällen, mindestens bis zu 600 € im Kalenderjahr (LStR 3.11),
- Abschluss einer **Unfallversicherung** zur Abdeckung beruflicher Risiken. Umfasst sie auch den privaten Bereich, ist die darauf entfallende Versicherungsprämie steuerpflichtig (BFH-Urt. v. 22.6.1990 – BStBl 1990 II S. 901). Zur Gruppenunfallversicherung siehe ➤ Rz 537.

 ## Zeile 6 Aufmerksamkeiten, Geschenke

535 Kleine Geschenke, z.B. ein Blumenstrauß, Genussmittel (Süßigkeiten, Getränke), ein Buch oder eine CD, gehören zum guten Ton und sind deswegen als Aufmerksamkeiten steuerfrei – aber nur bis zu einem Wert von 60 €. **Achtung:** Geldgeschenke sind generell steuerpflichtig.

Als Anlass für Aufmerksamkeiten gelten persönliche Ereignisse wie z.B. eine bestandene Prüfung, Eintritt in den Ruhestand, ein Krankenhausaufenthalt, silberne oder goldene Hochzeit, Kommunion, Konfirmation oder Schulentlassung von Kindern des Arbeitnehmers (LStR 19.1 Abs. 1). Auch kann der Chef anlässlich und während eines außergewöhnlichen Arbeitseinsatzes für jeden Essen und Trinken bis zu 60 € spendieren (Quelle: LStR 19.6 Abs.2) oder wenn jemand als Jubilar geehrt, ehrend verabschiedet oder in ein höheres Amt eingeführt wird (LStR 19.3 Abs.2). Wie Sie sehen, gibt es viele günstige Gelegenheiten. Geburtstage sind für den Fiskus allerdings keine besonderen persönlichen Ereignisse, auch nicht, wenn sie »rund« sind.

Mancher Chef ist aber ein richtiger Stiesel, der in dieser Richtung keine Antenne hat. Geben Sie ihm einen Tipp, und er freut sich bestimmt, wenn er etwas fürs Betriebsklima tun kann.

536

TIPP ## Kleine Aufmerksamkeit, große Wirkung ...

Um elf Uhr spendiert der Betrieb Kaffee und Tee, frisch aus der Büroküche, dazu Kekse – alles steuerfreie Genussmittel. Nahrungsmittel spendiert er nicht, denn, so die spitzfindige Begründung des Fiskus, von denen kann man sich nämlich im Gegensatz zu Genussmitteln dauerhaft ernähren, und das wäre dann steuerpflichtiger Lohn.

»Ist unser Elf-Uhr-Zug etwa auch steuerfrei?«, möchten Sie wissen. Elf-Uhr-Zug, was ist das? »Jeden Tag um elf Uhr spendiert der Betrieb Apfelkorn, der schön hintereinander aufgereiht im Sekretariat bereitsteht. Das ist unser Elf-Uhr-Zug«, so klären Sie mich auf.

Apfelkorn ist wohl mehr ein Genuss- als ein Nahrungsmittel, also als Aufmerksamkeit steuerfrei (LStR 19.6). Das Gleiche gilt natürlich für die Weihnachtspäckchen mit Plätzchen und Lebkuchen.

Zeile 6 Sachzuwendungen
(Kleinvieh macht auch Mist)

537

Wenn dem Fiskus bei Lohnsteuerprüfungen das Aufgreifen von Lappalien nicht zu aufwendig wäre, würde er auch diese besteuern. Zwar sollten Sie Lappalien nicht unbedingt hinterherlaufen, doch summa summarum kann es sich lohnen, sie mitzunehmen. Als steuerfreie Lappalien gelten Sachzuwendungen, sofern ihr Wert nicht insgesamt mehr als 44 € im Monat beträgt (§ 8 Abs. 2 Satz 9 EStG). Dies ist eine sog. Freigrenze, die nicht überschritten werden darf, sonst ist alles steuerpflichtig.

Zu den steuerfreien Sachzuwendungen gehören u. a.:

- Geschäftsleitungs-/Belohnungsessen.
  Kantinenmahlzeiten und freie Verpflegung bei Lehrgängen o. Ä. fallen aber nicht darunter. Sie sind in Höhe der Sachwertbezugswerte steuerpflichtig (➤ Rz 634 ff.),
- Mietvorteile bei Werkswohnungen,
- betriebliche Gruppenunfallversicherung.

Versuchen Sie Ihrem Chef diese steuerfreien Zugaben schmackhaft zu machen. Bleibt er auf diesem Ohr taub, ist er möglicherweise für Benzingutscheine zu haben.

538 ***TIPP*** **Benzingutscheine/Tankkarte als steuerfreie Sachzuwendung**

Ein Benzingutschein im Wert von bis zu 44 € ist als Sachbezug steuerfrei. Die Gutscheine können Sie als Vordruck vorbereiten und brauchen sie nur von der Tankstelle abstempeln zu lassen. Da viele Tankstellen nicht mehr bereit sind, Benzingutscheine anzunehmen und mit dem Arbeitgeber abzurechnen, werden sie nicht sehr häufig ausgegeben. Aber auch hier ist die 44 €-Freigrenze anwendbar.

Benzingutschein der Firma . . . . in . . . . für Herrn/Frau . . . . über 20 Liter Superbenzin.

Stempel der Tankstelle

Ein auf einen Geldbetrag lautender Benzingutschein berechtigt nach neuer Rechtsprechung ebenfalls zur Inanspruchnahme der 44-€-Freigrenze.

539 # Zeile 6 und 26 Aufwandsentschädigung für Nebentätigkeit (Übungsleiterfreibetrag)

Sind Sie nebenbei in Ihrem **Verein als Übungsleiter oder Trainer** tätig, arbeiten Sie als Erzieher oder Gesundheitsausbilder in einem gemeinnützigen Vollwert- oder Rohkostverein, als Naturlehrer für Mitglieder eines Umweltschutzvereins oder für einen öffentlich-rechtlichen Brötchengeber (z. B. Volkshochschule) als **Musiker,** Lehrer oder **Prüfer,** dürfen die Einnahmen daraus bis zu 2.400 € jährlich nicht auf der Lohnsteuerkarte erscheinen, denn sie sind steuerfrei (§ 3 Nr. 26 EStG).

Dieser Freibetrag soll alle Ausgaben abgelten, die Ihnen im Zusammenhang mit der Nebentätigkeit entstehen. **Dazu sollten Sie wissen: Sinnigerweise setzt eine nebenberufliche Tätigkeit steuerlich keine hauptberufliche voraus.** Wichtig ist nur, dass sie nicht mehr als ein Drittel des Pensums einer Vollzeitkraft in Anspruch nimmt. (Quelle: BFH-Urt. v. 30.3.1990 – BStBl 1990 II S. 854, eine Lehrerin betreffend, die ca. 130 Stunden im Jahr für einen Verein Unterricht erteilte, übrigens in demselben Fach wie in ihrem beamteten Hauptberuf)

Der Beamte im Finanzamt möchte die steuerfreie Aufwandsentschädigung in > Zeile 26 der Anlage N (➤ Rz 677) abhaken.

> **Mehr zum Thema »Ehrenamt und Steuern« finden Sie unter**
> **➤ Rz 175 ff.**

Lebe in Übereinstimmung mit der eigenen Natur.
(Spinoza)

TIPP Ausbilderfreibetrag: 2.400 € sind nicht das Ende der Fahnenstange
540

Sind Sie nebenbei als Ausbilder für eine öffentlich-rechtliche Institution tätig, wie z. B. die IHK oder eine andere Kammer, eine Sparkasse oder eine Behörde? Dann vereinbaren Sie, dass Ihnen die Reisekosten extra bezahlt werden. Reisekosten aus öffentlichen Kassen haben nämlich den Vorzug, steuerfrei zu sein (§ 3 Nr. 13 EStG). Zahlen Sie die Kosten dagegen aus Ihrer Tätigkeitsvergütung, können Sie sie nur absetzen, wenn sie den Betrag von 2.400 € übersteigen.

541

TIPP Sie sind doch als Ausbilder selbständig, oder?

Stehen Ihnen in Ihrem Nebenjob (z. B. bei der Volkshochschule oder als Übungsleiter im Sportverein) bezahlter Urlaub und Lohnfortzahlung im Krankheitsfall zu? Nein? Dann arbeiten Sie auf eigenes Risiko und sind freiberuflich tätig. Keine Sorge, der Freibetrag nach § 3 Nr. 26 EStG ist Ihnen gleichwohl sicher, und außerdem können Sie Ihre Honorare zeitlich so in Rechnung stellen, dass Sie Jahr für Jahr den Freibetrag voll ausschöpfen.

Beachten Sie: Sind Ihre nebenberuflichen Einnahmen nicht nach § 3 Nr. 26 EStG begünstigt – weil Ihr Brötchengeber z. B. ein gewerbliches Unternehmen ist –, nehmen Sie wenigstens den Betriebsausgabenpausch-
542

betrag von 25 % Ihrer Einnahmen, höchstens 614 € jährlich, mit (LfSt Bayern, 31.10.2005, S 2144 – 8 St 32/St 33). Der steht Ihnen auch dann zu, wenn Sie steuerfreie Aufwandsentschädigungen (z.B. Auslagenersatz, Erstattung von Reisekosten etc.) haben.

543 **Machen Sie aus Ihrem 450-€-Job einen steuerfreien 650-€-Job**

Bekommen Sie monatlich 450 € von einem Verein oder einer Wohlfahrtsorganisation brutto gleich netto ausbezahlt und Ihr Arbeitgeber zahlt eine Pauschalabgabe von 30 % Ihres Arbeitslohns, dann ergibt sich – man höre und staune – folgende Möglichkeit: Mit der Steuerbefreiung für Nebenberufler können Sie Ihren Monatslohn auf 650 € ausdehnen, ohne dass Sie oder Ihr Arbeitgeber auch nur einen Euro zusätzliche Abgaben haben.
So wird gerechnet:

Monatslohn	650 €
./. steuerfreier Betrag nach § 3 Nr. 26 EStG (2.400 € ÷ 12 Monate)	– 200 €
Verbleibender Arbeitslohn	450 €

Da nur der verbleibende Betrag für die Steuer und die Sozialversicherungen interessant ist, erfüllen Sie wie bisher die Bedingungen für einen begünstigten 450-€-Job, und Ihr Arbeitgeber wird weiterhin nur mit 30 % Pauschalabgabe auf 450 € zur Kasse gebeten. Mehr zu den Steuerregeln für Minijobs siehe unter ➤ Rz 606 ff.

544 *TIPP* **Zubrot bis 410 € ist steuerfrei**

Bleiben unter dem Strich aus Ihrer Nebentätigkeit weniger als 410 € im Jahr übrig, will sich das Finanzamt mit Ihnen nicht befassen, dann sollen Sie erst gar keine Steuererklärung abgeben (§ 46 Abs. 3 EStG). Es reicht dem Fiskus, dass Sie Lohnsteuer gezahlt haben, basta.
Als Übungsleiter im Tennisverein könnten Sie so rechnen:

Als Übungsleiter im Tennisverein könnten Sie so rechnen:

Einnahmen	2.800 €
./. Freibetrag nach § 3 Nr. 26 EStG	– 2.400 €
Gewinn = steuerfrei	400 €

»Verflixt, in diesem Jahr komme ich auf 2.900 € Einnahmen«, ärgern Sie sich. Dann verlagern Sie einen Teil der Einnahmen ins nächste Jahr. Oder: Geben Sie die 2.900 € Einnahmen an und beanspruchen Sie die sog. Härteregelung, die eine volle Versteuerung von Nebeneinkünften erst ab 820 € Gewinn vorsieht (§ 70 EStDV). Das Finanzamt muss dann rechnen:

Einnahmen		2.900 €
./. Freibetrag nach § 3 Nr. 26 EStG		– 2.400 €
Gewinn		500 €
Härtegrenze	820 €	
./. Gewinn	– 500 €	
Freibetrag	320 € >	– 320 €
Steuerpflichtiger Gewinn		180 €

Zeile 6 Auslagenersatz, durchlaufende Gelder

545

Geldbeträge für dienstliche Telefongespräche, zum Betanken oder zur Reparatur eines Betriebsfahrzeugs oder Verwaltungsgebühren (§ 3 Nr. 50 EStG), die Sie für den Betrieb verauslagt haben und zurückerhalten, lassen Sie sich auf keinen Fall als Arbeitslohn bescheinigen, das ist wohl klar. Denn es verbleibt Ihnen ja kein Überschuss.

Zeile 6 Betriebsausflüge, Weihnachtsfeiern

546

Der Fiskus erkennt nur Ausgaben für **übliche** Betriebsausflüge und Weihnachtsfeiern als steuerfrei an und misst auch noch mit seiner viel zu kurzen Bürokratenelle, was üblich und was unüblich ist.

Unüblich ist: »zu oft und zu teuer«. »Zu oft« heißt mehr als zweimal im Jahr, »zu teuer« heißt mehr als 110 € Kosten pro teilnehmendem Arbeitnehmer im Durchschnitt, alles inkl., also einschließlich der Kosten für den äußeren Rahmen. Liegt der Durchschnitt über 110 €, ist nur der übersteigende Betrag steuerpflichtig (§ 19 Abs. 1 Nr. 1a EStG).

Übliche Zuwendungen bei einer Betriebsveranstaltung sind insbesondere

- Speisen, Getränke, Tabakwaren und Süßigkeiten,
- die Übernahme von Übernachtungs- und Fahrtkosten, auch wenn die Fahrt als solche schon einen Erlebniswert hat,
- Eintrittskarten für kulturelle und sportliche Veranstaltungen, wenn sich die Betriebsveranstaltung nicht in deren Besuch erschöpft,

- Geschenke. Üblich ist auch die nachträgliche Überreichung an Arbeitnehmer, die aus betrieblichen oder persönlichen Gründen nicht an der Betriebsveranstaltung teilnehmen konnten, nicht aber eine deswegen gewährte Barzuwendung,
- Aufwendungen für den äußeren Rahmen, z.B. für Räume, Musik, Kegelbahn und für künstlerische und artistische Darbietungen, wenn diese nicht der wesentliche Zweck der Betriebsveranstaltung sind.

Also muss der Betrieb rechnen:

Essen und Trinken	. . . . . . €
Nebenkosten (Fahrt, Saalmiete, Musiker usw.)	. . . . . . €
Gesamtkosten einschließlich Mehrwertsteuer	. . . . . . €
Geteilt durch Anzahl teilnehmender ArbN = z.B.	105 €

Also unter 110 €, alles paletti.
Kommen Sie mit Anhang, müssen Sie sich 2 × 105 € = 210 € anrechnen lassen. Steuerfrei sind 110 €, bleiben zu versteuern: 100 €.

Wichtig für das Lohnbüro!
Statt die 100 € über die Lohnabrechnung individuell zu versteuern, kann der Arbeitgeber die Pauschalsteuer in Höhe von 25 % wählen (§ 40 Abs. 2 Nr. 2 EStG). Diese ist immer günstiger, denn pauschal besteuerter Arbeitslohn unterliegt nicht der Sozialversicherung! Und das Beste für Sie: Die Pauschalsteuer hat der Arbeitgeber zu übernehmen (§ 40 Abs. 3 EStG) – aber das wird ihn nicht besonders jucken, denn auch er spart ja Sozialabgaben.
»Na, dann schmeckt das Bier auf dem Sommerfest noch mal so gut«, sagen Sie.

Einigen Teilnehmern der Veranstaltung darf sogar eine Extrawurst in Form von zusätzlichen kleinen Geschenken gebraten werden, wenn sie im Rahmen der Betriebsveranstaltung eine besondere Ehrung erfahren, wie z.B. Jubilare, Jungvermählte usw. Dazu mehr unter Aufmerksamkeiten (➤ Rz 535, Quelle: LStR 19.5).

547 Steuerbonus für Außendienstler
Müssen Sie als Außendienstler oder als Beschäftigter einer Zweigstelle zur Betriebsfeier anreisen, geht der steuerfreie Fahrtkostenersatz nicht in den 110-€-Freibetrag ein, denn Reisekosten gehen extra.

Betriebsausflug mit BAT

548

Wie wär's mit einem Betriebsausflug mal auf die ganz andere Art, ohne Sauferei und Völlerei: mit dem Fahrrad ins Grüne und mit einem gesunden Mittagessen in einem Landgasthof? Das kostet den Betrieb nicht viel, und den Rest gibt es BAT: bar auf Tatze.

Und so wird dem Fiskus die Rechnung aufgemacht:

Essen und Trinken pro Teilnehmer, z. B.	25 €
Barzuschuss	80 €
Summe	105 €

Unter 110 €, alles okay.

 Zum Oktoberfest nach München

549

Ein ganz heißer Tipp für den Betriebsrat: Betriebsausflug mit einem Charterflugzeug nach München zum Oktoberfest, Übernachtung im Hotel. Dazu sagt aber meistens die Geschäftsleitung: »Das geht nicht wegen der Steuer.«

Es geht aber doch. Ein solcher Betriebsausflug fällt zwar aus dem üblichen Rahmen und muss deshalb versteuert werden, doch kann die Firma die anfallende Steuer pauschal mit 25 % übernehmen (§ 40 Abs. 2 EStG). Sozialabgaben fallen bei der Pauschalbesteuerung überhaupt keine an.

Zeile 6 Fortbildung

Steuerfrei sind Aufwendungen des Betriebs für Ihre berufliche Fortbildung, auch in außerbetrieblichen Lehrgängen. Sie sind selbst dann steuerfrei, wenn die Veranstaltung, ohne Anrechnung auf die Arbeitszeit, nach Dienstschluss oder am Wochenende durchgeführt wird.

550

Raffiniert, oder? Da wirft der Fiskus mit der Wurst nach der Speckseite, denn er weiß: Wer sich beruflich fortbildet, wird später möglicherweise mehr verdienen, sprich mehr Steuern zahlen. Deshalb sind auch Fortbildungsmaßnahmen begünstigt, die zu einer Funktionsänderung und zum Aufstieg führen können, wie z. B. vom Meister zum Dipl.-Ing. grad., vom Bilanzbuchhalter zum Steuerberater oder vom Operator zum Programmierer (Quelle: LStR 19.7). Zum Abzug selbst getragener Fortbildungskosten siehe ➤ Rz 777 ff.

Zeile 6 und 17 Jubiläumsgeld

551 Geld- und Sachgeschenke an Arbeitnehmer aus Anlass eines Arbeitneh-mer- oder Firmenjubiläums sind zwar nicht steuerfrei, aber das Steuer-recht hält ein kleines Trostpflaster für Sie bereit: Erhalten Sie z.B. alle fünf Jahre Jubelgeld zur Anerkennung Ihrer treuen Dienste, handelt es sich um **Arbeitslohn für mehrere Jahre,** der nur ermäßigt besteuert wird, einzutragen in > Zeile 17 der Anlage N. Mehr hierzu unter ➤ Rz 665 ff.

 ## Zeile 6 Personalrabatte

552 Statt ein langes Gesicht zu ziehen, weil sich Steuer und Sozialversiche-rung den größten Teil der Gehaltserhöhung unter den Nagel reißen, gehen Sie rechtzeitig zu Ihrem Chef und drängen darauf, dass er Ihnen statt mehr Gehalt Rabatt für Sachen oder Dienstleistungen aus dem Be-trieb gewährt.

Denn Sie sollten wissen: Der Fiskus rechnet zwar den Rabatt, den Sie auf Sachen (Lebensmittel, Kleidung, Autos, Strom, Gas, Wasser usw.) oder Dienstleistungen (Reise, Beförderung, Beratung, Versicherung, Konto-führung usw.) erhalten, mit zum Arbeitslohn – als »geldwerten Vorteil« aus dem Arbeitsverhältnis –, doch sind bis zu **1.080 € jährlich steuerfrei** (§ 8 Abs. 3 EStG). Ausgangswert für die Berechnung des Rabatts ist der um 4 % geminderte reguläre Ladenpreis. Also nicht der evtl. überhöhte Listenpreis, sondern der durchschnittliche Verkaufspreis der Händler in Ihrer Gegend (BFH-Urt. v. 4.6.1993 – BStBl 1993 II S. 687).

So wird z.B. gerechnet, wenn Sie sich als Automobilwerker einen Jahres-wagen holen:

Listenpreis 17.000 €, Hauspreis (Ladenpreis) z.B.	16.500 €
./. Abschlag 4 %	– 660 €
Ausgangspreis	15.840 €
Werksabgabepreis	– 13.600 €
Rabatt = Arbeitslohn	2.240 €
Davon lohnsteuerfrei (Rabattfreibetrag)	– 1.080 €
Lohnsteuerpflichtig	1.160 €

»Leider bin ich kein Automobilwerker, sondern arbeite in einem Lebens-mittelladen«, sagen Sie.

Mensch, haben Sie Glück. Lassen Sie sich doch jeden Monat einen Teil Ihres **Arbeitslohns in Naturalien** aushändigen. Dadurch ist Ihr Lohn sogar **bis zu 1.125 € jährlich steuerfrei.**

Zur Kontrolle:

Ladenpreis	1.125 €
./. Abschlag 4 %	– 45 €
Naturallohn	1.080 €
Davon lohnsteuerfrei (Rabattfreibetrag)	– 1.080 €
Lohnsteuerpflichtig	0 €

Achtung, aufgepasst! 553

Für Banker und Hauswarte gut zu wissen: Ist Ihr Brötchengeber eine Bank, Sparkasse oder eine Versicherung und haben Sie von ihm ein zinsgünstiges Darlehen erhalten, brauchen Sie den Zinsvorteil bis 1.080 € jährlich nicht zu versteuern.

Bei **Arbeitgeberdarlehen** bemisst sich der geldwerte Vorteil nach dem Unterschiedsbetrag zwischen dem marktüblichen Zins und dem Zins, den Sie als Arbeitnehmer konkret zu zahlen haben.

Für die Feststellung des marktüblichen Zinssatzes können die bei Vertragsabschluss von der Deutschen Bundesbank zuletzt veröffentlichten Effektivzinssätze – also die gewichteten Durchschnittszinssätze – herangezogen werden (www.bundesbank.de/statistik/statistik_zinsen_tabellen. php unter der Rubrik »MFI-Zinsstatistik/Bestände, Neugeschäft«). Dabei sind die Effektivzinssätze unter »Neugeschäft« maßgeblich.

Von dem sich danach ergebenden Effektivzinssatz kann ein Abschlag von 4 % vorgenommen werden. Aus der Differenz zwischen diesem Maßstabszinssatz und dem Effektivzinssatz des Arbeitgeberdarlehens sind die Zinsverbilligung und der geldwerte Vorteil zu berechnen.

So weit das Bundesfinanzministerium. Einfacher und meist auch günstiger ist es jedoch, Sie holen sich aktuelle Angebote insbesondere von Direktbanken ein und vergleichen Ihren Zinssatz mit dem niedrigsten Wert. Und so wird gerechnet …

Beispiel

Sie erhalten im Mai 2015 ein Arbeitgeberdarlehen von 16.000 € zu einem Effektivzins von 2 % jährlich (Laufzeit vier Jahre). Der bei Vertragsabschluss von einer Direktbank angebotene Zinssatz liegt bei 4,45 %. Nach Abzug eines Abschlags von 4 % ergibt sich ein Maßstabszinssatz von 4,27 %. Die Zinsverbilligung beträgt somit (4,27 % – 2 % =) 2,27 %. Danach ergibt sich ein monatlicher Zinsvorteil von (2,27 % von 16.000 € × $^1/_{12}$ =) 30,27 €. Dieser Vorteil ist nicht lohnsteuerpflichtig, da unter der 44-€-Freigrenze (Quelle: BMF-Schreiben v. 19.5.2015 – Az. IV C 5, S 2334/07/0009); siehe auch ➤ Rz 594 ff.

Dasselbe gilt für Hauswarte eines Wohnungsunternehmens, die verbilligt wohnen, oder Angestellte einer Leihwagenfirma, die ein Auto günstig fahren dürfen. Die Regelung zum Rabattfreibetrag ist nämlich nicht eng auszulegen, so der BFH im Urteil vom 4.11.1994 (BStBl 1995 II S. 338). Der Rabattfreibetrag umfasst die gesamte Liefer- und Leistungspalette Ihres Brötchengebers.

Gut zu wissen: Zinsvorteile aus Arbeitgeberdarlehen bis 2.600 € bleiben steuerfrei! Zinsvorteile, die der Arbeitnehmer durch Arbeitgeberdarlehen erhält, sind als solche nur zu versteuern, wenn die Summe der noch nicht getilgten Darlehen am Ende des Lohnzahlungszeitraums 2.600 € übersteigt.

Beispiel

Ein Arbeitgeber gewährt seinem Arbeitnehmer ein zinsloses Darlehen in Form eines Gehaltsvorschusses in Höhe von 2.000 €. Die daraus resultierenden Zinsvorteile sind nicht als Arbeitslohn zu versteuern, da der Darlehensbetrag am Ende des Lohnzahlungszeitraums die Freigrenze von 2.600 € nicht übersteigt.

554 **Wie viel Sie im Betrieb einkaufen können, ohne dass das Finanzamt die Hand aufhält**

Bei einem Rabatt von 1 bis 4 % fällt niemals Lohnsteuer an, denn ein Abschlag bis zu 4 % ist immer steuerfrei. Bei einem Rabatt über 4 % können Sie rechnen:

Rabatt z.B.	25 %
./. Abschlag	– 4 %
Verbleiben	21 %

Der Rabattfreibetrag ist also 21 % der Ware, die Sie einkaufen können, ohne dass das Finanzamt die Hand aufhält = 5.142 € (1080 ÷ 21 × 100). Probe:

Einkauf	5.142 €
Rabatt darauf 21 % =	1.080 €
./. Rabattfreibetrag	– 1.080 €
Arbeitslohn	0 €

Die Klugheit ist sehr geeignet zu bewahren,
was man besitzt, doch allein
die Kühnheit versteht zu erwerben.
(Friedrich II., König von Preußen)

555

 Doppelter Rabattfreibetrag

Doppelt können Sie den Rabattfreibetrag kassieren, wenn Sie jemanden in Ihrer Firma gut kennen, der seinen Rabattfreibetrag nicht nutzt. Doppelt läuft es auch in dem Jahr, in dem Sie die Firma wechseln. Denn in jeder Firma steht Ihnen der volle Rabattfreibetrag zu.

Personalrabatt auch ohne Steuer

556

Unter Personalrabatte fallen auch Preisnachlässe von dritter Seite, wenn diese wirtschaftlich mit Ihrer Firma liiert ist, z. B. im Konzern.
Keine Steuer fällt an, wenn

• Ihr Arbeitgeber den verbilligten Verkauf an Sie lediglich duldet,
• er Ihnen nur Ihre Betriebszugehörigkeit bescheinigt,
• Sie sich zu einer Sammelbesteller- oder Großabnehmervereinigung zusammengeschlossen haben oder
• der Billigkauf vom Betriebsrat organisiert wird.

Was die steuerpflichtigen Rabattkäufe angeht, müssen Sie Ihrem Arbeitgeber eine Aufstellung aller Ihrer Einkäufe präsentieren – für das Lohnkonto. Verführerisch, hier vergesslich zu sein (Quelle: BMF-Schreiben v. 27.9.1993 – BStBl 1993 I S. 814).

557

 Rabattfreibetrag auch für Ruheständler

Einmal Werksangehöriger, immer Werksangehöriger. Viele Abeitgeber gewähren ihren Mitarbeitern auch nach deren aktiver Zeit im Betrieb weiterhin Personalrabatte.
Gut zu wissen, dass auch hier der Abschlag von 4 % vorzunehmen ist und darüber hinaus der Rabattfreibetrag von 1.080 € gilt (BFH-Urt. v. 26.7.2014 – Az. VI R 41/13).

Zeile 6 Trennungsentschädigungen, Auslösungen

558

Vom Betrieb gezahlte Trennungsentschädigungen, auch als Auslösungen bezeichnet, sind steuerfrei, soweit sie beim Empfänger Werbungskosten wären. Dies trifft bei doppelter Haushaltsführung zu (§ 3 Nr. 13 und 16 EStG) und ist ein weiterer Grund für den Betrieb, Ihnen dafür eine Entschädigung zuzubilligen. Allerdings wird die Trennungsentschädigung auf die absetzbaren Werbungskosten angerechnet. Achtung: Sie erscheint in > Zeile 20 und 21 der LSt.-Bescheinigung. Was bei doppelter Haushaltsführung als Werbungskosten absetzbar ist, dazu mehr unter ► Rz 858 ff.

417

559 Zeile 6 Kostenersatz für Außendienst

Sind Sie für Ihre Firma auswärts tätig, werden Ihnen meistens die entstandenen Auslagen ersetzt – und zwar steuerfrei, denn Ihnen bleibt ja kein Überschuss. Für steuerfreie Spesen müssen Sie allerdings Nachweise erbringen.

Zahlt Ihnen die Firma hingegen pauschal einen festen »Spesensatz«, dann ist dieser steuerpflichtig. Dafür können Sie Ihre Auslagen als Werbungskosten absetzen.

Womit auch schon geklärt ist, wie der Hase läuft: Was der Chef an Spesen steuerfrei zahlen kann, entspricht weitgehend den Beträgen, die Sie als Werbungskosten absetzen könnten (➤ Rz 815 ff.).

Es gilt also das Prinzip: entweder steuerfreier Kostenersatz oder Abzug als Werbungskosten.

Sie wollen aber auf steuerfreie Spesen hinaus, denn die sind außerdem sozialversicherungsfrei. Dazu sollten Sie wissen: Dies ist ein beliebtes Jagdrevier für den Lohnsteueraußenprüfer, in dem er erfahrungsgemäß oft zum Zuge kommt. Damit Sie vorbeugen und notfalls gegenhalten können, machen Sie sich mit dem Grundsätzlichen vertraut:

Der Fiskus spricht nur von **Auswärtstätigkeit** und meint damit:

1. Dienstreisen: beruflich veranlasste auswärtige Tätigkeiten außerhalb der Wohnung und der regelmäßigen Arbeitsstätte.

2. Fahrtätigkeit: Sie übt aus, wer seinen Arbeitsplatz in bzw. auf einem Fahrzeug hat, insbesondere Berufskraftfahrer, Beifahrer, Müllfahrzeugführer, Beton- und Kiesfahrer, Lokführer und Zugbegleitpersonal, Linienbus- und Straßenbahnführer, Taxifahrer.

3. Einsatzwechseltätigkeit: Sie wird angenommen, wenn Sie an ständig wechselnden Einsatzstellen tätig sind und somit ebenfalls keine regelmäßige Arbeitsstätte haben, z.B. als Bau- und Montagearbeiter, Mitglied einer Betriebsreserve etc.

Bei Beurteilung einer Auswärtstätigkeit kommt der Frage der **ersten Tätigkeitsstätte** besondere Bedeutung zu. Jeder Arbeitnehmer kann – wenn überhaupt – nur *eine* erste Tätigkeitsstätte haben.

Allein der Umstand, dass der Arbeitnehmer eine Tätigkeitsstätte im zeitlichen Abstand immer wieder aufsucht, reicht nicht aus. Eine regelmäßige Arbeitsstätte als ortsgebundener Mittelpunkt der dauerhaft angelegten beruflichen Tätigkeit erfordert vielmehr eine zentrale Bedeutung gegenüber den weiteren Tätigkeitsorten. Hat keine der Tätigkeitsstätten eine zentrale Bedeutung – wie z.B. bei einer für mehrere Filialen einer Supermarktkette zuständigen Bezirksleiterin –, kann mangels regelmäßiger Arbeitsstätte eine reine Auswärtstätigkeit gegeben sein.

Außendienstler und Monteure aufgepasst:
Diese Zunft ist in aller Regel an ständig wechselnden Einsatzstellen tätig. Das regelmäßige Aufsuchen des Betriebssitzes, um z.B. Aufträge und Material abzuholen oder Stundenzettel abzugeben, ändert daran nichts.

> **Reisekosten ist eine zusammenfassende Bezeichnung für Verpflegungs-, Fahrt-, Übernachtungs- und Nebenkosten.**   560

Im Grundsatz gilt: Der Betrieb kann Reisekosten in der Höhe steuerfrei erstatten, in der die Beträge bei Ihnen als Werbungskosten abzugsfähig wären (§ 3 Nr. 13 und 16 EStG). Sie müssen dem Betrieb die Voraussetzungen für die Steuerfreiheit durch entsprechende Unterlagen nachweisen. Zu den Regelungen des Werbungskostenabzugs lesen Sie ➤ Rz 815.

Reisekosten bei Auswärtstätigkeit können in folgender Höhe steuerfrei   561
erstattet werden:

Ver-pflegungs-kosten	bei 1-tägiger Auswärtstätigkeit	
	und mehr als 8 Stunden Abwesenheit:	Pauschale 12 €
	bei mehrtägiger Auswärtstätigkeit	
	für An- und Abreisetag jeweils:	Pauschale 12 €
	für Zwischentage (24 Stunden Abwesenheit):	Pauschale 24 €
	Bei Auslandsreisen gelten entsprechend höhere Tagesgelder (➤ Rz 892).	
	Werden Mahlzeiten vom Arbeitgeber gestellt (z. B. Übernachtung mit Frühstück, Mittagessen während des Seminars ...), kommt ggf. eine Kürzung der Pauschalen in Betracht.	
	Bei ein und derselben Auswärtstätigkeit können Verpflegungskosten nur für die Dauer von drei Monaten berücksichtigt werden.	

Fahrtkosten	Benutzung öffentlicher Verkehrsmittel: tatsächliche Aufwendungen (einschl. Zuschläge)
	ArbN-Fahrzeug:
	1. tatsächliche Kosten durch Ermittlung eines individuellen Kilometersatzes *(jährliche Gesamtkosten = lfd. Betriebskosten, Wartungs- und Reparaturkosten, Garage am Wohnort, Kfz-Steuer, Versicherungen, Zinsen für Anschaffungsdarlehen, Leasingkosten oder Abschreibung über 6 Jahre;* **Nachweis für das Lohnkonto erforderlich!***)* oder
	2. pauschal mit 0,30 € pro gefahrenen Kilometer (Motorrad: 0,13 €; Fahrrad: 0,05 €)
	Für jede Person, die bei einer Dienstreise mitgenommen wird, erhöht sich der Kilometersatz um 0,02 € (Kraftwagen) bzw. 0,01 € (Motorrad).
	Firmenwagen: keine Werbungskosten und damit auch keine (weitere) Kostenerstattung
Übernach-tungs-kosten	tatsächliche Aufwendungen oder pauschal 20 € je Übernachtung Weist die Hotelrechnung einen Gesamtpreis für Unterkunft und Verpflegung aus, wird der Betrag um 20 % der maßgebenden Verpflegungspauschale für das Frühstück und um jeweils 40 % für Mittag- und Abendessen gekürzt. Bei Auslandsreisen gelten entsprechend höhere Übernachtungsgelder (➤ Rz 892).

Zufriedenheit: ein reiches Leben,
aber mit einfachen Mitteln.
(Arne Naes, Philosoph)

562 Höhere steuerfreie Auslösungen für Bau- und Montagearbeiter

Auch wenn Sie in der Nähe Ihrer Einsatzstelle übernachten, kann Ihnen der Betrieb für die ersten drei Monate der Abwesenheit von der Hauptwohnung einheitliche Pauschbeträge für die Verpflegungskosten steuerfrei auszahlen, im Normalfall 24 € pro Tag. Außerdem Ihre Kosten für Unterkunft und eine Heimfahrt pro Woche (0,30 € pro Entfernungskilometer). Alles, was er darüber hinaus zahlt, ist über die Lohnabrechnung zu versteuern.

Aber: Der Betrieb darf bei Auswärtstätigkeiten von ihm gezahlte Verpflegungskosten über die steuerfreien Pauschalen hinaus pauschal versteuern (➤ Rz 564). Was das bedeutet, zeigt folgendes

Beispiel

Sie erhalten für jeden Arbeitstag für Verpflegungskosten und Übernachtung eine

Auslösung von	60 €
Davon sind steuerfrei	
./. Pauschbetrag für Verpflegungskosten	– 24 €
./. Pauschbetrag für Übernachtungskosten	– 20 €
Steuerpflichtiger Arbeitslohn	16 €

Der Betrieb kann je nach Abwesenheitsdauer von Ihrer Unterkunft unterschiedlich hohe Beträge, hier die gesamten 16 €, mit 25 % pauschal versteuern und damit für Sie praktisch steuerfrei auszahlen. Er hat zwar die Pauschalsteuer zu tragen, ist dafür aber von der Sozialversicherung (rd. 21 %) freigestellt.

TIPP

563

So kassieren Sie Reisekostenersatz steuerfrei

»Auslösungen, Reisekostenersatz, Spesen, davon kann ich nur träumen. Dafür bekomme ich mein Gehalt, meint mein Chef, da sei alles drin.« Das ist ja wohl …, aber warten Sie. Wenn Sie Ihre Reisekosten schon nicht zusätzlich abrechnen können, sagen Sie einfach, Ihr Chef soll Ihnen die steuerfreie Erstattung vom Lohn abziehen. Damit sparen Sie immerhin Lohn- und Kirchensteuer, Soli-Zuschlag und Beiträge zur Sozialversicherung, denn Reisekostenersatz ist wie gesagt steuerfrei (Quelle: § 3 Nr. 16 EStG; Thüringer Finanzgericht, Urt. v. 23.10.1996 – EFG 1997 S. 596).

Auch Ihr Chef wird begeistert sein, denn er spart durch Umwandlung Ihres steuerpflichtigen Gehalts in steuerfreie Reisekostenerstattung die Beiträge zur Sozialversicherung.

Zeile 6 Erstattung von Verpflegungskosten

Der Betrieb kann Verpflegungskosten in dem Umfang steuerfrei erstatten, in dem sie beim Arbeitnehmer als Werbungskosten abziehbar wären (➤ Rz 561). 564

Grundsätzlich können Sie also nur feste Pauschbeträge steuerfrei kassieren oder als Werbungskosten absetzen, auch wenn Sie tatsächlich höhere Kosten durch Belege nachweisen können.

Verpflegungssätze für Tätigkeiten im Ausland unter ➤ Rz 849.

565 **Beachten Sie aber:** Bekommen Sie mehr von Ihrem Chef erstattet als die mickrigen Pauschbeträge, kann er Ihnen bis zum Doppelten der Pauschbeträge sozialversicherungsfrei auszahlen. Die eine Hälfte, also der gesetzliche Pauschbetrag, ist zudem steuerfrei, die andere versteuert er pauschal mit 25 % (§ 40 Abs. 2 EStG).

Beispiel

Während einer Dienstreise waren Sie 15 Stunden vom Betrieb und von Ihrer Wohnung abwesend.

Ihr Arbeitgeber zahlt Ihnen als Verpflegungskosten	davon bleiben steuerfrei	zusätzlich können mit 25 % pauschal versteuert werden	verbleiben als steuerpflichtiger Arbeitslohn
10 €	10 €	–	–
15 €	12 €	3 €	–
20 €	12 €	8 €	–
30 €	12 €	12 €	6 €

Obwohl der Betrieb die Pauschalsteuer übernehmen muss, trifft ihn das kaum, denn er spart mindestens 21 % Arbeitgeberanteil zur Sozialversicherung. Für den Betrieb geht die Rechnung also auf. Und Sie haben auf diese Weise den doppelten Betrag der Verpflegungspauschalen brutto gleich netto in der Tasche.

Wegen der weiteren Einzelheiten hier noch zwei Beispiele:

Beispiel 1

Ein ArbN erhält bei zehnstündiger Abwesenheit vom Betrieb einen tarifvertraglich gesicherten Spesenbetrag von 15 €. Der Unterschied zum steuerlich zulässigen Pauschbetrag beträgt (15 € – 12 € =) 3 € und ist steuerpflichtiger Arbeitslohn, den der Betrieb mit 25 % pauschal versteuern kann.

Beispiel 2

Ein ArbN kann Kosten für das Mittagessen während einer Dienstreise in tatsächlicher Höhe lt. Beleg abrechnen. Nach einer neunstündigen Dienstreise legt er einen Restaurantbeleg in Höhe von 30 € vor. Der Unterschied zum steuerlich zulässigen Pauschbetrag beträgt (30 € – 12 € =) 18 € und ist zu versteuern, wovon 12 € pauschal versteuert werden können.

Dienstreise von nur 7¹/₂ Stunden Dauer –   566
Pech gehabt?

Mindestens acht Stunden müssen zusammenkommen, um Verpflegungskosten gleich steuerfrei kassieren oder später als Werbungskosten geltend machen zu können, das wissen Sie ja. Statt nun aber bei einer Dienstreise über vielleicht 7¹/₂ Stunden einfach eine halbe Stunde draufzuschlagen, können Sie auch auf ganz legale Weise zum Ziel kommen. Für die Dauer der Abwesenheit kommt es nämlich nicht auf die einzelne Auswärtstätigkeit an, vielmehr werden, wenn Sie mehrmals am Tag unterwegs waren, die Abwesenheitszeiten zusammengerechnet (LStR 9.6 Abs. 1). Dies machen Sie sich zunutze und schreiben die 40 Minuten auf, die Sie gebraucht haben, um die Post zu holen.

Wenn Sie mit dem Chef essen gehen   567

Wird vom Betrieb unentgeltlich oder teilentgeltlich Verpflegung gestellt, ist sie nur mit den maßgebenden Sachbezugswerten zu versteuern (LStR 8.1). Das gilt auch, wenn Ihnen Ihr Chef während einer Dienstreise ein Essen spendiert. Trotzdem kann er Ihnen zusätzlich die Verpflegungspauschale steuerfrei zahlen.

Als Sachbezug haben Sie im Jahr 2015 für das Essen mit dem Chef zu versteuern:

für Mittag- oder Abendessen je	3,00 €
für Frühstück	1,63 €

Zum Sachbezug siehe ➤ Rz 634.

Entsprechend läuft der Hase, wenn Sie sich ohne Chef bewirten lassen, der Betrieb aber im Restaurant einen Tisch für Sie reserviert und die kulinarischen Genüsse bestellt. Auch in diesen Fällen haben Sie für jede Mahlzeit nur 3 € zu versteuern und kann Ihnen der Betrieb die Verpflegungspauschale steuerfrei auszahlen.

Weil bei den Reisekosten ansonsten nicht viel zu deichseln ist, wird von dieser Möglichkeit fleißig Gebrauch gemacht, weshalb die Fiskalhüter bemüht sind, dieses Schlupfloch dicht zu machen. Sie ordnen an: ... Der Arbeitgeber muss Tag und Ort der Mahlzeit bestimmt haben. Diese Entscheidung muss der Arbeitgeber für den Arbeitnehmer vor Beginn der jeweiligen Auswärtstätigkeit getroffen haben ... Dies ist durch eine entsprechende schriftliche Vereinbarung mit dem auswärtigen Hotel oder der Gaststätte nachzuweisen (BMF-Schreiben v. 5.6.1996 – BStBl 1996 I S. 656). Fehlt diese, müssen Sie statt des Sachbezugswerts die weitaus höheren tatsächlichen Aufwendungen versteuern.

Wer so etwas hört, dem wird sofort klar, warum der Standort Deutschland im Gespräch ist. Es sind die Bürokraten, die Deutschland kaputt machen. Folgerichtig wäre die Anordnung, dass der Betrieb die Restaurantrechnung begleichen muss. Dem ist aber nicht so.

Vielmehr räumen die Fiskalritter ein: Sind die Voraussetzungen für die unentgeltliche Mahlzeitengestellung erfüllt, ist es unerheblich, wie die Hotel- oder Gaststättenrechnung beglichen wird. Es ist dann gleichgültig, ob dies durch den Arbeitnehmer unmittelbar, aufgrund einer Firmenkreditkarte, oder durch Banküberweisung des Arbeitgebers geschieht.
»Ja, wenn das so ist«, sagen Sie. »Planung heißt die Devise.«

568 Mit guten Kunden zum Essen gehen
Laden Sie im Auftrag und auf Kosten des Betriebs gute Kunden zum Essen ein, ist die Erstattung der Bewirtungskosten als Auslagenersatz steuerfrei. Auf diese Weise verbinden Sie das Angenehme mit dem Nützlichen, denn bei Tisch lassen sich gute Geschäfte machen (LStR 8.1 Abs. 8 Nr. 1).
»Das lässt sich einrichten. Und Zusatzspesen hole ich mir über die Korrekturtaste der Kasse. Ein paar Euro auf die Hand des Kellners, und schon kommt die Rechnung wie gewünscht, in jeder beliebigen Höhe.« Das ist …, mein Lieber.

Übrigens: Wurden Sie vom Kunden eingeladen, zählt das selbstverständlich nicht zum Arbeitslohn, ist wohl klar. Darüber hinaus können Sie die Verpflegungspauschale geltend machen.

569 Zeile 6 Erstattung von Übernachtungskosten

Übernachtungskosten kann der Betrieb nur in der Höhe steuerfrei erstatten, in der sie durch entsprechende Rechnungen nachgewiesen werden. Ohne Nachweis darf der Betrieb einen Pauschbetrag von 20 € für Inlandsreisen steuerfrei zahlen. Für Reisen ins Ausland gelten die höheren Pauschalen unter ➤ Rz 849.

570 *TIPP* Hotelrechnung: Frühstück inklusive?

Die Kosten für das Frühstück sind mit der Verpflegungspauschale von 24 € abgegolten. Berechnet das Hotel einen Gesamtpreis für Übernachtung und Frühstück, werden daraus (24 € × 20 % =) 4,80 € für das Frühstück herausgerechnet. Der Betrieb kann Ihnen somit nur den so gekürzten Betrag als Übernachtungskosten steuerfrei erstatten (LStR 9.7 Abs. 1).

Für ein Mittag- bzw. Abendessen werden noch einmal jeweils (24 € × 40 % =) 9,60 € abgezogen, sofern im Übernachtungspreis enthalten und in der Rechnung nicht gesondert ausgewiesen.

»Und wenn nur ›Übernachtung‹ berechnet wird?«, fragen Sie scheinheilig. Dann könnten Sie auf das Frühstück im Hotel verzichtet haben und der Rechnungsbetrag könnte ungekürzt erstattet werden.

Meistens kostet das Frühstück mehr als 4,80 €. Wenn Übernachtung und Frühstück getrennt berechnet werden, achten Sie darauf, dass beides auf der Rechnung steht.

Neu seit 2014:
Sind Sie für einen längeren Zeitraum außerhalb Ihrer ersten Tätigkeitsstätte eingesetzt, können die Kosten der Unterkunft nur für die ersten 48 Monate in unbegrenzter – aber angemessener – Höhe steuerfrei erstattet werden. Danach ist die Höhe der steuerfreien Arbeitgebererstattung – sowie auch die Höhe des möglichen Werbungskostenabzugs beim Arbeitnehmer – auf max. 1.000 € monatlich begrenzt.

Zeile 6 Fahrtkostenersatz bei Dienstreisen 571

Benutzen Sie öffentliche Verkehrsmittel, kann der verauslagte Fahrpreis steuerfrei ersetzt werden, auch mit Zuschlag für erste Klasse und ICE. Benutzen Sie ein privates Fahrzeug, hat Ihr Betrieb die Wahl:

- Entweder erstattet er – steuerfrei – den von Ihnen errechneten durchschnittlichen Kilometersatz (➤ Rz 822). Bei der Berechnung ist von den Gesamtkosten für das Fahrzeug über einen Zeitraum von zwölf Monaten auszugehen, geteilt durch die Jahresfahrleistung. Diesen Satz können Sie so lange verwenden, wie sich die Verhältnisse nicht wesentlich ändern, z.B. durch den Kauf eines Neuwagens (LStR 9.5 Abs. 1). Wenn Sie nach dieser Methode abrechnen, achtet ein Lohnsteuerprüfer darauf, ob die von Ihnen aufgestellte Berechnung des Kilometersatzes dem Lohnkonto als Beleg beigefügt ist.

- Oder Ihr Betrieb legt den pauschalen amtlichen Kilometersatz zugrunde. Dabei kann Ihnen die Firma für jeden Fahrkilometer pauschal

Fahrzeug	Kraftwagen	Motorrad/Roller	Moped	Fahrrad
Pauschale:	0,30 €	0,13 €	0,08 €	0,05 €
Zuschlag für Mitfahrer:	0,02 €	0,01 €	–	–

Der zusätzliche Ersatz von Unfallkosten und Parkgebühren ist ebenfalls steuerfrei (LStH 9.5).

572 ## Dienstreisekosten untereinander verrechnen

Im Grunde genommen ist es völlig egal, unter welcher Bezeichnung Reisekosten erstattet werden. Vom Lohnbüro wird lediglich der insgesamt gezahlte Betrag mit den max. steuerfreien oder pauschal versteuerten Fahrt-, Verpflegungs-, Übernachtungs- und Nebenkosten verglichen.

Beispiel

Sie bekommen eine Fahrtkostenerstattung von 0,35 €/km und eine Verpflegungspauschale in Höhe der steuerlichen Pauschbeträge. Für eine Dienstreise mit 15-stündiger Abwesenheit und 200 km Fahrtstrecke wird gerechnet:

Fahrtkostenerstattung 200 km × 0,35 € =	70 €
Verpflegungskosten pauschal über 8 Std.	12 €
Auszahlungsbetrag	82 €
Davon steuerfrei	
Fahrtkostenersatz 200 km × 0,30 € =	– 60 €
Verpflegungskostenpauschbetrag über 8 Std.	– 12 €
Verpflegungspauschale, die der Betrieb mit 25 % pauschal versteuert	– 10 €
Über die Lohnabrechnung zu versteuern	0 €

Der Betrieb ist meistens geneigt, die Pauschsteuer für den Erhöhungsbetrag der Verpflegungspauschale zu übernehmen, da er sich dadurch die Sozialversicherung auf diese Beträge spart ➤ Rz 563 ff.

---

573 ## Zeile 6 Fahrtkostenersatz bei Fahrtätigkeit

Die Fahrten mit dem eigenen Pkw zum Betrieb oder zum Standort des Fahrzeugs werden regelmäßig wie Fahrten zwischen Wohnung und Arbeitsstätte angesehen. Denn Betriebshof oder Busdepot werden in den allermeisten Fällen mindestens einmal wöchentlich aufgesucht, so dass die Voraussetzungen für eine »regelmäßige Arbeitsstätte« erfüllt sind (➤ Rz 559).

Ein Fahrtkostenzuschuss des Betriebs ist steuerpflichtig, kann aber bis zu 0,30 € je Entfernungskilometer vom Betrieb mit 15 % pauschal versteuert werden.

574 *TIPP* ## Vergessen Sie die Reisenebenkosten nicht

Auch die Reisenebenkosten – z. B. für Schließfach, Ferngespräche, öffentliche Nahverkehrsmittel, Parkplatz, Trinkgelder oder Reisegepäckversicherung – kann der Betrieb steuerfrei ersetzen. Ebenso Verluste an mitgeführten Gegenständen. Lesen Sie dazu ➤ Rz 840. (Quelle: LStR 9.8)

Zeile 6 Außerdem sind steuerfrei ...

Noch sind wir nicht am Ende der Fahnenstange. Außerdem steuerfrei: **575**

- Beihilfen und Unterstützungen ➤ Rz 576
- Berufskleidung oder Barablösung dafür ➤ Rz 578
- Betriebliche Gesundheitsförderung ➤ Rz 579
- Bildschirmbrille ➤ Rz 580
- Diebstahlsverluste ➤ Rz 582
- Fehlgeldentschädigung ➤ Rz 583
- Garagengeld ➤ Rz 584
- Firmencomputer für daheim ➤ Rz 581
- Kinderbetreuungszuschuss ➤ Rz 585
- Parkplatz ➤ Rz 587 Rückenschule ➤ Rz 588
- Telefonkostenersatz ➤ Rz 589
- Trinkgelder ➤ Rz 590
- Umzugskostenvergütungen ➤ Rz 591
- Vermögensbeteiligung ➤ Rz 592
- Werkzeuggeld ➤ Rz 593
- Zinsersparnisse ➤ Rz 594
- Zuschläge für Sonntags-, Feiertags- und Nachtarbeit ➤ Rz 595.

Beihilfen und Unterstützungen   **576**

Beihilfen sind bis zu 600 € jährlich steuerfrei, wenn sie aus besonderen Anlässen gezahlt werden (z.B. in Krankheits- oder Unglücksfällen). Sind im Betrieb mehr als vier Leute beschäftigt, muss die Beihilfe oder Unterstützung aus Mitteln einer Hilfskasse unter Einschaltung des Betriebsrats oder sonstiger Vertreter der Arbeitnehmer gezahlt werden. In besonderen Notfällen kann der Betrag höher sein (§ 3 Nr. 11 EStG, LStR 3.11).

TIPP Finanzieren Sie die Selbstbeteiligung an   **577**
Krankheitskosten über steuerfreie Beihilfe

Als Besserverdienender haben Sie sich für die private Krankenversicherung entschieden, die meistens billiger ist als die gesetzliche, zumal Ihr Brötchengeber sich auch hier mit 50 % bis zum gesetzlichen Höchstbeitrag beteiligt. Noch günstiger wird die private Krankenkasse, wenn Sie sich für einen Sondertarif entscheiden, bei dem die ersten 600 € Krankheitskosten im Jahr nicht erstattet werden. Diese Eigenbeteiligung kann Ihnen Ihr Arbeitgeber steuerfrei ersetzen. Mit dieser Kombination drücken Sie die viel zu hohen Lohnnebenkosten.

578 Berufskleidung

Steuerfrei ist die typische Berufskleidung, die der Betrieb den Arbeitnehmern unentgeltlich oder verbilligt überlässt. Was gemeinhin als typische Berufskleidung gilt, ist unter ➤ Rz 735 aufgeführt. Was indessen nur wenigen bekannt ist, obwohl im Gesetz unter § 3 Nr. 31 ESG ausdrücklich genannt: Pauschale Barablösungen sind ebenfalls steuerfrei, soweit sie die regelmäßigen Absetzungen für Abnutzung und die üblichen Instandhaltungs- und Instandsetzungskosten typischer Berufskleidung abgelten. Jedoch: Aufwendungen für die Reinigung gehören regelmäßig nicht zu den Instandhaltungs- und Instandsetzungskosten der typischen Berufsbekleidung.

Eine Uniform oder typische Berufskleidung kann aber ein steuerpflichtiger Sachbezug sein, wenn die Kleidung auch als sog. bürgerliche Kleidung getragen werden kann. Dies gilt selbst dann, wenn sie in einheitlicher Kluft verordnet wird (Finanzgericht Düsseldorf v. 12.12.2000 – EFG 2001 S. 3629). So weit, so schlecht!

Nun kommt der Bundesfinanzhof aber zu einer ganz anderen Erkenntnis (BFH-Urt. v. 22.6.2006, Az VI R 21/05): Wenn ein Unternehmen seine Mitarbeiter mit einheitlicher Kleidung ausstatte, die während der Arbeit getragen werden müsse, liege dies im Interesse des Unternehmens, weil die Einheitskluft ein besseres Erscheinungsbild für den Kunden abgebe. Der Wert einer solchen einheitlichen Kleidung, sprich Dienstkleidung, sei steuerfrei, auch wenn sie kein Firmenlogo enthalte. Im Urteilsfall ging es um blaue Pullunder und Pullover, weiße Hemden, einheitliche Krawatten und Halstücher. Das hört sich doch schon besser an, oder?

»Wenn wir eine solche Dienstkleidung bekämen, wäre das für mich wie ein kleiner Lottogewinn«, sagen Sie begeistert. »Erstens würde ich viel weniger Geld für private Klamotten ausgeben und brauchte mir zweitens nicht jeden Morgen zu überlegen, was ich anziehen soll.« Na, vielleicht können Sie Ihren Chef ja für die Idee einer einheitlichen Kleidung für das Personal begeistern.

579 Betriebliche Gesundheitsförderung

Erbringt ein Arbeitgeber zusätzlich zum ohnehin geschuldeten Arbeitslohn Leistungen

– zur betrieblichen Gesundheitsförderung,
– zur Verbesserung des allgemeinen Gesundheitszustandes und/oder der betrieblichen Gesundheitsförderung,

sind diese für die Arbeitnehmer bis zu einem Betrag von 500 € im Kalenderjahr steuerfrei.

428

Was fällt unter betriebliche Gesundheitsförderung?
Unter die Regelung fallen z.B.

- gesundheitsgerechte betriebliche Gemeinschaftsverpflegung,
- Maßnahmen zur Haltungsverbesserung (Rückenschule u. Ä.),
- Maßnahmen zur Stressbewältigung,
- Suchtprävention.

Die Leistungen müssen zweckgebunden sein. Auch eine Barauszahlung ist möglich, wenn Sie dem Chef eine Rechnung über den Besuch eines Stressbewältigungskurses vorlegen.

Fallen Beiträge für Fitnessstudios und Sportvereine unter die Steuerfreiheit?
Die Übernahme bzw. Bezuschussung von Mitgliedsbeiträgen in Sportvereinen, Fitnessstudios und ähnlichen Einrichtungen ist nur in Ausnahmefällen steuerfrei möglich. Wie bisher kann der Arbeitgeber seinen Mitarbeitern aber z.B. einen Fitnessstudio-Gutschein anbieten, der bis zu einem Betrag von 44 € pro Monat steuerfrei wäre (vgl. ➤ Rz 537). Alternativ kann der Arbeitgeber einen Rahmenvertrag mit einem Fitnessstudio schließen und den Beitragsanteil von max. 44 € pro Monat und Mitarbeiter direkt an das Studio zahlen. Steuerrechtlicher Hintergrund ist, dass die 44-€-Freigrenze nur für sog. Sachzuwendungen gilt.

Bildschirmbrille 580

Was hat sich der Fiskus wohl dabei gedacht, als er ausdrücklich in der LStR 19.3 Abs. 2 Nr. 2 die vom Arbeitgeber übernommenen angemessenen Kosten für eine Sehhilfe am Bildschirmarbeitsplatz für steuerfrei erklärte? Dies ist eine der wenigen großzügigen Gesten in einer Zeit, in der die Krankenkassen bei der Kostenerstattung von gesundheitlichen Hilfsmitteln nicht gerade spendabel sind. Die Bescheinigung einer fachkundigen Person im Sinne von § 6 BildscharbV, dass Ihre normale Brille für einen Bildschirmarbeitsplatz nicht ausreicht, genügt.

Firmencomputer daheim 581

Gemeinhin gehört alles, was dem Arbeitnehmer aus dem Dienstverhältnis zufließt, zu seinem Arbeitslohn. Das gilt auch für Vorteile, insbesondere durch die Überlassung von Gegenständen zur privaten Nutzung. So ist z.B. die Überlassung eines Firmenwagens zur privaten Nutzung bekanntlich mit monatlich 1 % des Listenpreises zu versteuern.
Für andere Fälle enthält § 3 Nr. 45 EStG indessen eine überaus günstige Regelung: Sie stellt die Vorteile aus der privaten Nutzung von betrieblichen Computern und Telekommunikationsgeräten völlig steuerfrei. Und

das gilt nicht nur am Arbeitsplatz, sondern ebenso, wenn der Arbeitnehmer zu Hause davon Gebrauch macht. Eine berufliche Mitbenutzung wird dabei nicht vorausgesetzt. Den PC kann der Arbeitnehmer später, wenn er abgeschrieben ist, gegen einen symbolischen Betrag in sein Eigentum übernehmen. Durch diese Regelung lässt sich im Handumdrehen ein Tausender verdienen. Und das geht so: Statt einer Sonderzahlung (z.B. Urlaubsgeld) spendiert der Arbeitgeber einen Betriebscomputer für daheim.

Die Vorteilsrechnung sieht dann so aus:

Urlaubsgeld brutto angenommen	1.000 €
./. für Steuer (ca. 30 %) und Sozialversicherung (ca. 22 %)	– 520 €
Bleiben vom Urlaubsgeld netto	480 €
Alternativ PC	1.000 €
Mehrwertsteuer 19 %	190 €
PC brutto	1.190 €

Auf diese Weise kann der Arbeitnehmer einen Computer im Wert von 1.190 € privat nutzen, hat aber selbst nur 480 € (sein Urlaubsgeld netto) aufgewendet.

Wie man sieht, kann der Betrieb ein Gerät spendieren, dessen Bruttopreis um 190 € höher ist als das Urlaubsgeld, weil der Betrieb die Mehrwertsteuer vom Finanzamt als Vorsteuer erstattet erhält. Der Betrieb könnte sogar noch gut 20 % des Urlaubsgelds drauflegen, weil er den Arbeitgeberanteil zur Sozialversicherung einspart.

582 Diebstahlsverluste

Erstattungen des Arbeitgebers für **Diebstahlsverluste** während einer Geschäftsreise sind steuerfrei (§ 3 Nr. 16 EStG in Verbindung mit LStH 9.8). Dies gilt jedoch nur für Gegenstände, die Sie mitgenommen haben, weil Sie sie auf der Dienstreise brauchten (Kleidung, Aktentasche, nicht: Geld oder Schmuck), und wenn Sie den Verlust polizeilich gemeldet haben. Lesen Sie auch ➤ Rz 841.

583 Fehlgeldentschädigungen

pauschal bis zu 16 € im Monat für Arbeitnehmer mit Kassierertätigkeit sind steuerfrei (R 19.3 Abs. 1 Nr. 4 LStR).

584 Garagengeld

Haben Sie sich als Geschäftsführer einen noblen Firmenwagen genehmigt oder gehören Sie zu den Glücklichen, denen der Chef einen zur Verfügung stellt, und steht dieser Firmenwagen in Ihrer Privatgarage, dann stellen Sie dafür Miete in Rechnung. Das Garagengeld können Sie als Auslagenersatz steuerfrei kassieren, da mit der 1-%-Regelung (➤ Rz 638 ff.) die Privatnutzung des Firmenwagens abgegolten ist (BFH-Urteil v. 7.6.2002 – BStBl 2002 II S. 829).

Kinderbetreuungszuschuss für nicht schulpflichtige Kinder (§ 3 Nr. 33 EStG)

585

Steuerfrei ist der Zuschuss, wenn die Kleinen in einem Kindergarten oder einer **vergleichbaren Einrichtung** (Kindertagesstätte, Kinderkrippe, Ganztagspflegestelle oder bei einer Tagesmutter) gehütet werden, nicht aber bei Betreuung im eigenen Haushalt durch Kinderpflegerinnen, Hausgehilfinnen oder Familienangehörige (LStR 3.33).

Wichtig ist, dass der Zuschuss **zusätzlich** zum Arbeitslohn gezahlt wird. Egal ist hingegen, wer den Kindergartenbeitrag letztlich entrichtet. Die Steuerfreiheit steht Ihnen auch dann zu, wenn Sie den Zuschuss bekommen, aber Ihr Ehepartner die Beiträge zahlt.

Zahlt der Chef Ihnen anstelle einer Gratifikation oder einer Gehaltserhöhung Monat für Monat 200 € unter der Bezeichnung »Zuschuss zur Kinderbetreuung«, bleiben Ihnen im Jahr (12 × 200 € =) 2.400 € steuer- und sozialabgabenfrei. Das bringt eine Ersparnis von mindestens 40 % = 960 €.

586

TIPP **Kinderfrau als »vergleichbare Einrichtung«**

Das klappt, wenn Sie sie dazu bewegen können, die Kinder bei sich zu Hause statt in Ihrer Wohnung zu behüten. Dadurch wird die Tagesmutter nämlich zu einer »vergleichbaren Einrichtung«. Damit Ihr Chef Ihnen den Zuschuss steuerfrei auszahlen kann, legen Sie ihm folgende Bescheinigung der Tagesmutter vor:

```
Ich bestätige hiermit Herrn/Frau . . . . . . . ., dass
ich die Kinder . . . . . . . . . . . . . . . in mei-
ner Wohnung betreue. Für die Kinderbetreuung erhalte
ich monatlich 200 €.

Name . . . . . . . .   Anschrift . . . . . . . . . . .

. . . . . . . . . .              . . . . . . . . . . .
(Datum)                              (Unterschrift)
```

587 Parkplatz

Siehe ➤ Rz 691.

588 Rückenschule

Übernimmt der Arbeitgeber die Kosten für ein Rückentrainingsprogramm seiner Mitarbeiter, liegt insoweit kein steuerpflichtiger Arbeitslohn vor. Grund: Der Arbeitgeber hat ein gesteigertes Interesse daran, dass seine Arbeitnehmer gesund und munter sind. Das eigenbetriebliche Interesse, den Belastungen der Arbeit am Bildschirm entgegenzuwirken, überlagert damit einen etwaigen Vorteil, den die Arbeitnehmer durch die Rückenschule haben (BFH v. 4.7.2007, Az VI B 78/06).

Siehe hierzu auch ➤ Rz 579.

589 Telefonkostenersatz

Die Erstattung beruflich veranlasster Gespräche von Ihrem Privatapparat aus ist steuerfrei, sofern Sie dem Betrieb die Kosten in Rechnung stellen (§ 3 Nr. 50 EStG, LStR 3.50). Außerdem verlangt das Finanzamt, dass Sie für einen Zeitraum von mindestens drei Monaten den Umfang der beruflichen Telefonate glaubhaft machen, indem Sie eine Strichliste (➤ Rz 792) führen. Ohne Strichliste müssen Sie sich mit einer steuerfreien Pauschale zufriedengeben. Zu deren Höhe siehe ➤ Rz 789 ff.

Oder: Der Betrieb lässt in Ihrer Wohnung für berufliche Gespräche einen Zweitanschluss installieren. Dann kann er sämtliche Kosten dafür übernehmen, ohne dass sie in Ihrem Lohnkonto auftauchen. Übrigens: Erlaubt der Betrieb **private** Telefonate vom **betrieblichen** Telefon, sind diese ganz steuerfrei (§ 3 Nr. 45 EStG).

Haben Sie zusätzlich ein Autotelefon oder ein Handy, kann der Betrieb die Kosten in vollem Umfang steuerfrei übernehmen (Quelle: § 3 Nr. 45 EStG). **Wichtig dabei:** Der Vertrag muss über den Betrieb laufen! Zu Telefonkosten mehr unter ➤ Rz 788 ff.

590 Trinkgelder

bleiben vollständig von der Steuer verschont (§ 3 Nr. 51 EStG).

591 Umzugskostenvergütungen

bis zur Höhe der Beträge, die als Werbungskosten abziehbar wären (§ 3 Nr. 16 EStG, R 9.9 LStR). Dazu mehr unter ➤ Rz 799 ff.

Vermögensbeteiligung   592

Beteiligt der Chef seine Mitarbeiter am Unternehmen, indem er z. B. Aktien verbilligt oder gar unentgeltlich überlässt, ist dieser »geldwerte Vorteil« bis zur Höhe von 360 € im Jahr steuer- und sozialversicherungsfrei (§ 3 Nr. 39 EStG). Voraussetzung ist, dass die Vermögensbeteiligung zusätzlich zu ohnehin geschuldeten Leistungen gewährt wird, also nicht auf bestehende oder künftige Lohnansprüche angerechnet wird.

Maßgebend für die Bewertung dieses »Vorteils« ist der Börsenkurs am Tag vor der Depoteinbuchung.

§ 3 Nr. 39 ist nicht auf herkömmliche Aktien- oder Mischfonds anzuwenden, für die es vermögenswirksame Leistungen (VL) gibt. Abgestellt wird auf die Beteiligung am Unternehmen. Eine Alternative sind **Mitarbeiterbeteiligungsfonds**. Diese Fonds unterscheiden sich von herkömmlichen Investmentfonds erheblich. Statt weltweit in Aktien oder Anleihen investieren sie mindestens 60 % ihrer Mittel in nicht börsennotierte und meist kleinere deutsche Unternehmen, die ihren Mitarbeitern freiwillige Leistungen zum Erwerb solcher Anteile anbieten.

Gut zu wissen: Die Steuerfreiheit kann bei unterjährigem Arbeitgeberwechsel oder bei parallelen Arbeitsverhältnissen mehrfach in Anspruch genommen werden.

Werkzeuggeld   593

für Ihre eigenen im Betrieb eingesetzten Werkzeuge (§ 3 Nr. 30 EStG, LStR 3.30), als da sind Hammer, Zange, Säge u. Ä.
Nicht gut zu wissen: Schreibmaschine, PC und Musikinstrumente gehören nach Meinung des Fiskus nicht dazu.

Günstiges Darlehen vom Chef   594

Zinsvorteile aus Arbeitgeberdarlehen müssen versteuert werden, wenn der Zinssatz niedriger ist als am Markt gerade üblich. Grund: Der Zinsvorteil bei einem Arbeitgeberdarlehen gilt als geldwerter Vorteil und ist damit Arbeitslohn.
Doch wie wird der »marktübliche Zins« ermittelt? Das hängt davon ab, ob Ihr Arbeitgeber im Kreditgeschäft tätig ist oder nicht. Arbeiten Sie z. B. bei einer Bank, gilt der Zinssatz, den Ihr Arbeitgeber seinen Kunden für vergleichbare Darlehen berechnet. Ist Ihr Arbeitgeber nicht im Kreditgeschäft tätig, greifen die Finanzämter auf die Bundesbankstatistik zu-

rück. Auf seiner Internetseite veröffentlicht das Institut die aktuellen Effektivzinssätze in der Rubrik »EWU-Zinsstatistik«.

In beiden Fällen dürfen Sie vom marktüblichen Zins einen Abschlag von 4 % vornehmen (Abschlag = Zinssatz × 4 %).

Gut zu wissen:

• Mitarbeiter von Kreditinstituten profitieren vom Rabattfreibetrag. Bis zu 1.080 € im Jahr ist für sie der Zinsvorteil steuerfrei.

• Zinsvorteile aus Arbeitgeberdarlehen bis 2.600 € bleiben steuerfrei!

Weitere Hinweise zum Arbeitgeberdarlehen nebst Berechnung des geldwerten Vorteils finden Sie unter ➤ Rz 553.

595 **Zuschläge für Sonntags-, Feiertags- oder Nachtarbeit (Quelle: § 3b EStG)**

Arbeitszeit	0.00 bis 4.00	0.00 bis 4.00	4.00 bis 6.00	6.00 bis 14.00	14.00 bis 20.00	20.00 bis 24.00
	Arbeitsbeginn am Vortag	Arbeitsbeginn nach 0.00 Uhr				
Nachtzuschlag	40 %	25 %	25 %	–	–	25 %
Sonntagszuschlag	90 %	75 %	75 %	50 %	50 %	75 %
Feiertagszuschlag	165 %	150 %	150 %	125 %	125 %	150 %
Silvesterzuschlag (Werktag)	40 %	25 %	25 %	–	125 %	150 %
Silvesterzuschlag (Sonntag)	90 %	75 %	75 %	50 %	125 %	150 %
Zuschlag 1. Mai	190 %	175 %	175 %	150 %	150 %	175 %
Weihnachtszuschlag	190 %	175 %	175 %	150 %	150 %	175 %
Heiligabendzuschlag (Werktag)	40 %	25 %	25 %	–	150 %	175 %
Heiligabendzuschlag (Sonntag)	90 %	75 %	75 %	50 %	150 %	175 %

Wenn später der Lohnsteuerprüfer kommt, muss klar sein, wer wann und wo Dienst geschoben hat und ob die steuerfreie Auszahlung von Zuschlägen gerechtfertigt war. Deshalb verlangt der Fiskus einen schriftlichen Nachweis darüber, wann und wie lange Sie sonntags, feiertags oder nachts gearbeitet haben. Sind alte Stempelkarten oder Schichtpläne vorhanden, reichen die aus. Andernfalls müssen Sie Stundenzettel fertigen und darauf Ihre Eintragungen machen. Notfalls genügen Sie Zeugenaussagen von Kollegen (BFH-Urt. v. 28.11.1990 – BStBl 1991 II S. 298).

Achtung Gutverdiener: Sonn-, Feiertags- und Nachtzuschläge sind nicht sozialversicherungsfrei, wenn sie auf einem Entgelt von mehr als 25 € pro Stunde beruhen. Dabei wird nicht nur der über 25 € hinausgehende Teil, sondern der gesamte Zuschlag beitragspflichtig.

596

 Rechnen Sie Zuschläge steuerfrei ab!

Jeder Schichtarbeiter, ob Krankenpfleger, Monteur oder Feuerwehrmann, weiß: Zuschläge für ungünstige Arbeitszeiten sind ganz oder teilweise steuerfrei. **Dies gilt aber auch für alle, die entweder im Betrieb oder zu Hause wichtige Arbeiten erledigen und dafür einen Zuschlag auf ihre Überstunden erhalten.** Voraussetzung ist: Die Zuschläge müssen sowohl dem Grund als auch der Höhe nach vertraglich vereinbart sein, so dass Grundlohn und Zuschlag einwandfrei voneinander getrennt werden können.

»Wenn ich für wichtige Angebote abends und am Wochenende haufenweise Überstunden mit Lohnzuschlag mache, habe ich das nie besonders geltend gemacht«, so sagen Sie.

Ihr Pech. Aber jetzt wissen Sie ja, wie Ihre Überstundenabrechnung aussehen könnte, nämlich so:

Monatsgehalt bei 38-Stunden-Woche	3.000 €
Vermögenswirksame Leistungen	40 €
Monatlicher Grundlohn	3.040 €

Arbeitszeit pro Monat (38 Std. × Faktor 4,35 =) 165,3 Std.

Stundengrundlohn (3.040 € : 165,3 Std. =)	18,39 €

In dem nach § 3b EStG festgelegten Rahmen (➤ Rz 614) könnten Sie sich Zuschläge auf diesen Stundengrundlohn steuerfrei auszahlen lassen, z. B. für jede Stunde Sonntagsarbeit 50 % von 18,39 € = 9,20 €.

9.2.2 Pauschal versteuerter Arbeitslohn – Zeile 6

597

»Pauschalieren« bedeutet »vereinfachen«, und weil Vereinfachungsregelungen gegenüber einer genauen Berechnung nicht zu Belastungen führen dürfen, können Sie daraus Vorteile ergattern.
Bei der Lohnsteuer gibt es besonders viele Pauschalregelungen, um den Fiskalprüfern vor Ort kniffelige Arbeit zu ersparen.

Grundsätzliches zur Pauschalierung

Die Pauschalversteuerung erstreckt sich an dieser Stelle auf zwei Bereiche:

1. den zusätzlichen Arbeitslohn im Rahmen eines regulären Arbeitsverhältnisses (➤ Rz 599, Rz 643),
2. den gesamten Lohn aus Teilzeitarbeit (➤ Rz 606 ff.).

In beiden Fällen trägt der Betrieb die Pauschalsteuer. Für Sie als Arbeitnehmer sind pauschal versteuerte Löhne somit praktisch steuerfrei. Für den Betrieb tritt durch die Übernahme der Pauschalsteuer aber keine zusätzliche Belastung ein, denn er spart die sonst anfallenden Sozialbeiträge. Deshalb sind Betriebe meistens nicht abgeneigt, Arbeitslohn pauschal zu versteuern.

598 **Wichtig zu wissen:** Bei Teilzeitarbeit bringt Ihnen die pauschale Versteuerung nur dann Vorteile, wenn Sie keine anderen Einkünfte zu versteuern haben, weil Sie z. B. alleinstehend und noch in der Ausbildung sind. Legen Sie Ihrem Brötchengeber in so einem Fall von Anfang an eine Lohnsteuerkarte vor. Mit Steuerklasse I wird bis 950 € Monatslohn keine Lohnsteuer erhoben. In der Steuerklasse II ist der steuerfreie Monatslohn noch höher (➤ Rz 54).

Am meisten kommt es zur pauschalierten Besteuerung bei

- Zuschüssen für Wege zwischen Wohnung und Arbeitsstätte (§ 40 Abs. 2 EStG),
- Teilzeitarbeit (§ 40a EStG),
- Leistungen für eine Direktversicherung (§ 40b EStG).

Näheres zur Direktversicherung (➤ Rz 625).

599

Pauschalierung von zusätzlichem Arbeitslohn	Steuersatz	Soz.-Vers.
1. Pauschalierung von Teilarbeitslohn		
(§§ 40 Abs. 2 u. 40b EStG)		
Unentgeltliche oder verbilligte Mahlzeiten im Betrieb oder entsprechende Barzuschüsse	25 %	nein
Arbeitslohn durch unübliche Betriebsveranstaltungen	25 %	nein
Erholungsbeihilfen je Kalenderjahr		
– für den Arbeitnehmer bis zu 156 €	25 %	nein
– für dessen Ehegatten bis zu 104 €	25 %	nein
– für jedes Kind bis zu 52 €	25 %	nein
Ersatz von Verpflegungsmehraufwendungen (Reisekosten), soweit diese die Pauschalen um nicht mehr als 100 % übersteigen	25 %	nein
Arbeitgeber schenkt Mitarbeiter PC, Zubehör, Internetzugang oder übernimmt Internetkosten	25 %	nein
Fahrtkostenersatz für Fahrten zwischen Wohnung und Arbeitsstätte bis 0,30 € pro Entfernungskilometer	15 %	nein

Direktversicherung des Arbeitnehmers bis zu 1.752 € im Kalenderjahr	20 %	nein
Gruppenunfallversicherung	20 %	nein
Steuerpflichtige Erstattung von Verpflegungskosten	25 %	nein
2. Pauschalierung von Lohn aus Teilzeitarbeit (§ 40a EStG) Kurzfristige vorübergehende Beschäftigung	25 %	nein[1]
Pauschalierung von zusätzlichem Arbeitslohn	Steuersatz	Soz.-Vers.
Voraussetzungen: Dauer bis zu viermal im Kj. bis zu je 18 Tagen, durchschnittlicher Stundenlohn bis zu 12 €, durchschnittlicher Tageslohn bis zu 62 €		
Dauernde Beschäftigung, aber in geringem Umfang und gegen geringen Lohn		
Voraussetzungen: Arbeitslohn im Monat bis zu 450 €, Stundenlohn bis zu 12 €		
– Geringfügige Beschäftigung, für die Pauschalbeiträge zur Sozialversicherung entrichtet werden (sog. Minijobs)	2 %	ja[2]
– Geringfügige Beschäftigung, für die keine Pauschalbeiträge zur Sozialversicherung entrichtet werden, da sozialversicherungspflichtiges Arbeitsverhältnis	20 %	ja

[1] Sozialversicherungsfrei, wenn die Beschäftigungsdauer im Kj. drei Monate oder insgesamt 70 Tage nicht übersteigt.
[2] Pauschale Beiträge zur Rentenversicherung in Höhe von 15 % und zur Krankenversicherung in Höhe von 13 % des Arbeitslohns.

Alles zu geringfügigen Beschäftigungsverhältnissen finden Sie unter ➤ Rz 606 ff.

*Arbeit ist der Fluch
der trinkenden Klasse.*

(Oscar Wilde)

Zeile 6 Fahrtkostenerstattung pauschal versteuern

Schön, wenn Ihnen Ihr Chef die Fahrtkosten zur Arbeit erstattet. Das **600** Dumme ist nur, dass das steuerpflichtiger Arbeitslohn ist, egal, ob Sie mit öffentlichen Verkehrsmitteln oder mit dem Auto fahren. Bei der Versteuerung gibt es zwei Möglichkeiten: Entweder werden die erstatteten Beträge regulär über die Lohnsteuerkarte als Arbeitslohn versteuert oder, wenn Ihr Chef kulant ist, pauschal mit 15 % (§ 40 Abs. 2 EStG).

Achtung: Pauschal besteuerte Fahrgelder werden voll auf die Entfernungspauschale angerechnet (➤ Rz 687 ff.). Damit dem Fiskus hier auch ja nichts durch die Lappen geht, muss der Betrieb die pauschal versteuerten Fahrgelder bescheinigen (> Zeile 17 und 18 der Lohnsteuerbescheinigung, > Zeile 39 Anlage N).

			EUR			
39	Arbeitgeberleistungen lt. Nr. 17 und 18 der Lohnsteuerbescheinigung und von der Agentur für Arbeit gezahlte Fahrtkostenzuschüsse	steuerfrei ersetzt 290		pauschal besteuert 295		

Wichtig zu wissen: Bei Benutzung eines Pkw darf Fahrtkostenersatz max. bis zur Höhe der gesetzlichen Entfernungspauschale pauschal versteuert werden.

601 Pauschalgrenzen, zugleich Entfernungspauschale

Nichtbehinderte Arbeitnehmer	Behinderte* Grad der Behinderung mind. 70 % oder 50 % + »G« (= schwere Gehbehinderung)	
0,30 € je Entfernungs-kilometer, unabhängig vom benutzten Verkehrsmittel, max. grundsätzlich 4.500 €/Jahr Ausnahme: Pkw-Nutzung	Bus, Bahn, Taxi, Flugzeug, Fähre, Schiff:	tatsächliche Kosten
	Pkw, Kombi, Kleinbus, Wohnmobil:	0,60 €
	Motorrad oder Motorroller:	0,26 €
	Moped oder Mofa:	0,16 €
	Fahrrad:	0,10 €

* Statt der pauschalen Kilometersätze können Sie als Behinderter auch die tatsächlichen nachgewiesenen Kosten ansetzen, Berechnungsschema ➤ Rz 822 ff.

602 Sie können sich für die Fahrten zur Arbeit schon im laufenden Jahr einen Freibetrag auf der Lohnsteuerkarte eintragen lassen und damit Ihre monatliche Steuerbelastung drücken. So weit, so gut. Doch versteuert der Betrieb den Fahrtkostenersatz pauschal, droht eine Nachzahlung, weil die Werbungskosten durch Kürzung um den pauschal versteuerten Arbeitslohn niedriger sein können als der eingetragene Freibetrag.

603 Wollen Sie mit dem **Parkplatz** Steuern sparen, lesen Sie ➤ Rz 691.

Sparen Sie Steuern, schonen Sie die Umwelt und Ihre Nerven

604

… indem Sie öffentliche Verkehrsmittel benutzen. Busse und Bahnen sind »die grüne Welle der Vernunft«, auch für die Steuer. Ihr Chef kann nämlich die Kosten für Fahrscheine oder ein Jobticket mit 15 % pauschal versteuern. Für eine Bahncard gilt dasselbe, wenn Sie sie für Fahrten zum Betrieb oder für Dienstreisen benutzen.

Und so wird gerechnet:

Die Firma zahlt einen mtl. Fahrtkostenzuschuss von	90,00 €
Pauschale Lohnsteuer 15 % von 90 €	13,50 €
Kirchensteuer 7 % von 13,50 €	0,95 €
Solidaritätszuschlag 5,5 % von 13,50 €	0,74 €

Werbungskosten entstehen Ihnen nicht mehr, denn die sind durch die Pauschalversteuerung abgegolten. Trotzdem ist sie ein gutes Geschäft, denn Ihnen bleibt der Arbeitnehmerpauschbetrag voll erhalten, und außerdem sparen Sie und die Firma insgesamt rd. 40 % Sozialversicherung.

Wichtig zu wissen: Die Pauschalierung des Fahrtkostenzuschusses ist auf den Betrag begrenzt, der vom Arbeitnehmer als Werbungskosten abgesetzt werden könnte. Dies sind arbeitstäglich 0,30 € je Entfernungskilometer. Im Beispiel oben müsste die Entfernung zur Arbeit demnach mindestens 16 Kilometer betragen.

Probe: 230 Arbeitstage × 0,30 € × 16 km = 1.104 €

Der Fahrtkostenzuschuss beträgt monatlich 90 €, damit 1.080 € im Jahr. Dieser Betrag übersteigt nicht die ansonsten als Werbungskosten abzugsfähige Entfernungspauschale von 1.104 € und kann demnach in vollem Umfang pauschal versteuert werden.

Behinderte Arbeitnehmer (mindestens 70 % bzw. 50 % mit Gehbehinderung) können 0,60 € je Entfernungskilometer als Werbungskosten abziehen oder aber pauschal versteuert als Fahrtkostenzuschuss erhalten.

605

Teilweise steuerfreie Fahrgelder

Es ist nicht nur Ihr Recht, sondern sogar Ihre Pflicht und Schuldigkeit, der Wahnsinnssteuerschraube gegenzuhalten, indem Sie jede Chance wahrnehmen, die Steuerlast zu drücken. Also sagen Sie Ihrem Chef: »In jedem Monat kommt es mindestens ein Dutzend Mal vor, dass jemand bei der Firma Müller in Krückeberg was abliefern muss. Das liegt halbwegs auf dem Weg zu mir nach Hause. Wie wär's, wenn ich diese Fahrten übernehme, und Sie zahlen mir dafür Fahrtkosten?«

Macht Ihr Chef mit, sind diese Fahrtkosten bis 0,30 € je gefahrenen Kilometer steuerfrei, denn durch die Fahrt zum Kunden hat Ihre Heimfahrt das »Gepräge einer Dienstreise«, meint wenigstens der BFH (Urt. v. 12.10.1990 – BStBl 1991 II S. 134). Macht Ihr Chef nicht mit und erledigen Sie die Auslieferungen trotzdem, setzen Sie in Ihrer Steuererklärung 0,30 € je gefahrenen Kilometer als Werbungskosten an.

Zeile 6 Teilzeitarbeit

606 Gehören Sie zu denen, die sich nebenbei ein Zubrot verdienen, so sollten Sie wissen: Für den Betrieb sind Sie eine wertvolle Kraft. Denn Sie leisten in derselben Zeit etwa 20 % mehr als Vollzeitkräfte – so die Statistik. Der Grund liegt auf der Hand: Sie werden nur dann gerufen, wenn wirklich etwas zu tun ist. Auch freut sich der Chef, weil die Stundenlöhne für Teilzeitarbeit oft niedriger sind als die für vergleichbare Vollzeitarbeit.

Teilzeitarbeit ist unterschiedlich geregelt, je nachdem, ob es sich um eine kurzfristige Beschäftigung (Kurzjob) handelt oder um eine langfristige, aber geringfügige (Minijob).

607 **Regeln für Kurzjobs (Saison-, Aushilfsarbeit)**
Ist das Beschäftigungsverhältnis auf drei Monate oder höchstens 70 Arbeitstage im Jahr begrenzt, fallen keine Sozialversicherungsbeiträge an. Die Lohnsteuer wird mit 25 % pauschal erhoben zzgl. Kirchensteuer nach Landesrecht (meistens 7 % der Lohnsteuer) und 5,5 % der Lohnsteuer als Soli-Zuschlag.
Die pauschale Besteuerung der Kurzjobber setzt voraus, dass

- der Arbeitnehmer nur gelegentlich, nicht regelmäßig wiederkehrend bei ein und demselben Arbeitgeber beschäftigt ist,
- die Beschäftigung nicht mehr als 18 zusammenhängende Arbeitstage andauert,
- der durchschnittliche Stundenlohn nicht mehr als 12 € beträgt und
- der Arbeitslohn während der Beschäftigungsdauer 62 € durchschnittlich je Arbeitstag nicht übersteigt.

608 **Regeln für Minijobs (langfristige geringfügige Beschäftigung)**

Übersicht

Arbeitsentgelt	begrenzt bis mtl. 450 €	
Arbeitszeit	unbegrenzt möglich	
Abgaben durch ArbG	Krankenversicherung	13,0 %
	Rentenversicherung	15,0 %

	Lohnsteuer	2,0 %
	Beiträge zur gesetzl. Unfall-versicherung	1,6 %
	Umlagen zum Ausgleich der Arbeitgeberaufwendungen bei Krankheit und Mutterschaft	0,94 %
	Insolvenzgeldumlage	0,15 %
	Insgesamt	32,69 %
Einzugsstelle	Knappschaft Bahn See (www.minijob-zentrale.de)	

Melde- und Beitragspflicht zur gesetzlichen Unfallversicherung

Neben der Meldepflicht bei der Minijob-Zentrale als einheitliche Einzugsstelle besteht auch eine Melde- und Beitragspflicht zur **gesetzlichen Unfallversicherung.** Die Unfallversicherung kommt für die Folgen von Arbeitsunfällen oder Berufskrankheiten auf und wird nicht automatisch über die Minijob-Zentrale abgedeckt.

Die Berufsgenossenschaften sind nach Branchen, teilweise auch regional gegliedert. Eine Übersicht findet sich auf der Homepage der Deutschen Gesetzlichen Unfallversicherung (www.dguv.de; Telefon: 0800/605 04 04).

Wahlmöglichkeiten

- Der geringfügig Beschäftigte kann freiwillig den Rentenversicherungsbeitrag auf den vollen Beitrag von 18,7 % aufstocken (➤ Rz 253). Hierdurch können fehlende Zeiten für Rentenansprüche ausgeglichen werden, z.B. für die erforderlichen 60 Monate Beitragspflicht. Darüber hinaus kann er dann die Riester-Förderung in Form von Zulagen und zusätzlichem Sonderausgabenabzug in Anspruch nehmen.

  Wichtig: Wer seit 2013 einen Minijob beginnt, dem wird unterstellt, dass er den Rentenversicherungsbeitrag aus eigener Tasche aufstocken will. Zumindest so lange, bis er sich von der Versicherungspflicht in der Rentenversicherung befreien lässt. Mehr dazu unter ➤ Rz 350 ff. und ➤ Rz 615.

- Ist der geringfügig Beschäftigte nicht zur Kranken- und Rentenversicherung anzumelden, weil er z.B. Schüler ist, beträgt die pauschale Lohnsteuer 20 % zzgl. Kirchensteuer nach Landesrecht und Soli-Zuschlag.

- Anstelle der pauschalen Lohnsteuer von 20 % kann die Lohnsteuer nach Maßgabe der vorgelegten Lohnsteuerkarte erhoben werden.

Für den Arbeitgeber kommt es finanziell aufs Gleiche heraus, ob er nun einen kurzfristig oder einen langfristig geringfügig Beschäftigten einstellt, wie die folgende Vergleichsberechnung zeigt:

609

	Minijob	Kurzjob
Arbeitslohn	300 €	300 €
Krankenversicherung 13 %	39 €	
Rentenversicherung 15 %	45 €	
Lohnsteuer 2 %	6 €	
Pauschale Lohnsteuer 25 %		75 €
Pauschale Kirchensteuer 7 %		5 €
Soli-Zuschlag 5,5 %		4 €
Arbeitgeberkosten	390 €	384 €

Jeweils zzgl. Umlagen Krankheit/Mutterschaft (0,94 %) sowie Beiträgen zur Unfallversicherung.

610 Minijobs in Privathaushalten

Wird eine geringfügige Beschäftigung ausschließlich in Privathaushalten ausgeübt und vom privaten Haushalt begründet, setzt sich die Pauschalabgabe wie folgt zusammen:

Pauschaler Krankenversicherungsbeitrag	5 %
Pauschaler Rentenversicherungsbeitrag	5 %
Pauschsteuer (einschließlich Kirchensteuer und Soli-Zuschlag)	2 %
Umlagen zum Ausgleich der Arbeitgeberaufwendungen bei Krankheit und Mutterschaft	0,94 %
Pauschaler Beitrag zur gesetzlichen Unfallversicherung	1,6 %
Summe	14,54 %

Dabei dürfen nur Arbeiten ausgeführt werden, die sonst gewöhnlich durch Mitglieder des privaten Haushalts erledigt werden, insbesondere

- Reinigung der Wohnung,
- Gartenpflege,
- Betreuungsleistungen.

Zur haushaltsnahen Beschäftigung im Privathaushalt siehe unbedingt ➤ Rz 243 ff.

611 Aufgepasst, wenn der Minijob während des Monats beginnt oder endet

Beginnt oder endet die Beschäftigung im Lauf eines Kalendermonats, ist von einem anteiligen Monatswert auszugehen. Je Tag der Beschäftigung liegt die Entgeltgrenze bei (450 € : 30 =) 15 €. Hat also der Minijob in einem Monat nur für 18 Tage bestanden, liegt die Entgeltgrenze bei (18 Tage × 15 € =) 270 €.

Nicht gut zu wissen: Ein Minijob in ein und demselben Betrieb zusammen 612
mit dem Hauptjob wird steuerlich nicht anerkannt (BFH-Urt. v.
20.12.2000 – Az XI R 32/00). Mit einem besonderen Dreh lässt sich das
aber doch lukrativ deichseln. Dazu mehr unter ➤ Rz 624.

Mehrfachbeschäftigung bei verschiedenen Arbeitgebern 613

Welche Regelungen bei Mehrfachbeschäftigung gelten, zeigt folgende
Übersicht:

Fall Nr.	Fallkonstellation		Abgabenbelastung der zweiten Beschäftigung			
	Erste Beschäfti-gung	zweite Beschäfti-gung	RV	KV	AV	Einkommen-steuer
1	–	Dauerhaft gering-fügiger Minijob bis 450 € mtl.	Vers.frei; 15 % pau-schal; in Privathaus-halt 5 %	Vers.frei; 13 % pauschal; in Privathaushalt 5 %; kein Beitrag bei privater KV	Vers.frei	Pauschalsteuer 2 % oder Lohnsteuerkarte
2	–	kurz-fristige Beschäfti-gung	Vers.frei, wenn nicht mehr als 3 Monate oder 70 Arbeitstage innerhalb eines Kalenderjah-res, nicht berufsmäßig			Pauschalsteuer 25 % oder Lohnsteuerkarte
3	Vers. pflichtige Hauptbe-schäfti-gung	Minijob bis 450 € mtl.	Vers.frei; 15 % pauschal; in Privat-haushalt 5 %	Vers.frei; 13 % pauschal; in Privathaushalt 5 %; kein Beitrag bei privater KV	Vers.frei	Pauschalsteuer 2 % oder Lohnsteuerkarte
	Zu beachten: Die Möglichkeit, Pauschalbeiträge in Höhe von 30 % zu leisten, ist auf **einen** Minijob zusätzlich zu einer versi-cherungspflichtigen Hauptbeschäftigung beschränkt. Wird eine weitere geringfügige Beschäftigung ausgeübt, so ist diese zu-sammen mit der versicherungspflichtigen Hauptbeschäftigung in vollem Umfang sozialversicherungspflichtig. Die Lohnsteuer kann ggf. pauschal mit 20 % berechnet werden (§ 40a Abs. 2a EStG).					
4	Vers. pflichtige Hauptbe-schäfti-gung		Vers.frei, wenn nicht mehr als 3 Monate oder 70 Arbeitstage innerhalb eines Kalenderjah-res, nicht berufsmäßig			Pauschalsteuer 25 % oder Lohnsteuerkarte

Fall Nr.	Fallkonstellation		Abgabenbelastung der zweiten Beschäftigung			
	Erste Beschäftigung	zweite Beschäftigung	RV	KV	AV	Einkommensteuer
5	Minijob 300 € mtl.	Minijob 150 € mtl.	Vers.frei; 15 % pauschal; in Privathaushalt 5 %	Vers.frei; 13 % pauschal; in Privathaushalt 5 %; kein Beitrag bei privater KV	Vers.frei	Pauschalsteuer 2 % oder Lohnsteuerkarte
6	Minijob 300 € mtl.	Minijob 200 € mtl.	Vers. pflichtig	Vers.pflichtig	Vers.frei	Pauschalsteuer 25 % oder Lohnsteuerkarte
7	Minijob bis 450 € mtl.	kurzfristige Beschäftigung	Vers.frei, wenn nicht mehr als 3 Monate oder 70 Arbeitstage innerhalb eines Kalenderjahres, nicht berufsmäßig			Pauschalsteuer 25 % oder Lohnsteuerkarte
8	kurzfristige Beschäftigung	Minijob bis 450 € mtl.	Vers.frei; 15 % pauschal; in Privathaushalt 5 %	Vers.frei; 13 % pauschal; in Privathaushalt 5 %	Vers.frei	Pauschalsteuer 2 % oder Lohnsteuerkarte

614 Pauschale Beiträge in die Renten- und Krankenkasse

Kaum zu glauben, aber wahr: Die Tätigkeit im Minijob ist grundsätzlich sozialversicherungsfrei. Trotzdem fallen für diese Tätigkeit Beiträge an. Vom Arbeitgeber sind 15 % in die Rentenversicherung und 13 % in die Krankenversicherung abzuführen. Rentenansprüche werden dadurch nicht erworben, zumindest keine vollwertigen. Auch ist der Arbeitnehmer nicht eigenständig krankenversichert.

615 Einzelheiten zur Rentenversicherung

Wie schon gesagt, werden im Minijob nur geringfügige Rentenansprüche erworben. Für ein ganzes Jahr Tätigkeit im Minijob mit monatlich 450 € wird der Rentenanspruch lediglich um monatlich 4 € aufgestockt. Dementsprechend beträgt die Anrechnung auf die Wartezeit von 60 Monaten nur 1,4 Monate. Um durch einen Minijob einen Grundrentenanspruch zu erwerben, müssten Sie also (60 Monate ÷ 1,4 =) 42 Jahre und neun Monate arbeiten. Ihre Rente daraus betrüge (42,9 Jahre × 4 € =) knapp 180 €.

Befreiung von der Rentenversicherungspflicht

Versicherungspflicht in der Rentenversicherung besteht

- für eine geringfügig entlohnte Beschäftigung, die nach dem 1.1.2013 aufgenommen wurde, und
- für eine bereits vor dem 1.1.2013 aufgenommene geringfügig entlohnte Beschäftigung, wenn das monatliche Arbeitsentgelt auf einen Betrag von 400,01 € bis max. 450,00 € angehoben wird.

Der Arbeitgeber entrichtet einen Pauschalbeitrag zur Rentenversicherung in Höhe von 15 % bzw. 5 % (bei Minijobs in Privathaushalten). Der Minijobber hat den Differenzbetrag zum allgemeinen Beitragssatz der gesetzlichen Rentenversicherung von derzeit 18,7 Prozent zu tragen, also einen Eigenanteil in Höhe von 3,7 % bzw. 13,7 % zu leisten.

Minijobber, die nicht der Versicherungspflicht in der Rentenversicherung unterliegen möchten, können sich jederzeit – auch während des laufenden Beschäftigungsverhältnisses – davon befreien lassen. Ausgenommen von dieser Möglichkeit sind Minijobber, die bereits vor dem 1. Januar 2013 die Rentenversicherungsbeiträge aufgestockt haben. Ihnen steht kein Befreiungsrecht zu, d.h., sie bleiben weiterhin versicherungspflichtig.

Die Befreiung von der Rentenversicherungspflicht ist vom Beschäftigten schriftlich beim Arbeitgeber zu beantragen. Der Arbeitgeber zahlt dann weiterhin den Pauschalbeitrag zur Rentenversicherung in Höhe von 15 % bzw. 5 %. Der Eigenanteil des Minijobbers fällt mit der Befreiung von der Rentenversicherungspflicht weg. Der Minijobber erhält dann nur anteilige Beitragsmonate für die Erfüllung der verschiedenen Wartezeiten, und auch das erzielte Arbeitsentgelt wird bei der Berechnung der Rente nur anteilig berücksichtigt.

Wichtig zu wissen: Falls Sie sich für die Aufstockung entscheiden, können Sie Ihre Beiträge in > Zeile 9 der »Anlage Vorsorgeaufwand« geltend machen. Und: Sie haben Anspruch auf die volle Riester-Förderung in Form von Zulagen und zusätzlichem Sonderausgabenabzug.

Was in Sachen Riester so alles zu holen ist, dazu mehr unter ➤ Rz 350 ff.

Einzelheiten zur Krankenversicherung   **616**

Der Minijobber ist durch seine Tätigkeit nicht eigenständig krankenversichert. Anders als den Rentenversicherungsbeitrag muss der Arbeitgeber nur dann den pauschalen Satz von 13 % zahlen, wenn der Arbeitnehmer bereits entweder selbst oder als Familienmitglied in der gesetzlichen Krankenversicherung versichert ist.

Damit entfallen die pauschalen Beiträge zur Krankenversicherung für

- privat krankenversicherte Arbeitnehmer und deren Familienangehörige,
- Selbständige,
- Beamte und deren Familienangehörige,
- Pensionäre.

617 Der gläserne Minijobber – schummeln zwecklos

Ohne Computer wäre die Einhaltung der vertrakten Regeln zu den Minijobs nicht zu überwachen, das ist klar. So aber brauchen die Anmeldungen zu den Minijobs nur an einer bestimmten Stelle zusammenzulaufen, und schon ist die Kontrolle perfekt. Diese Stelle ist die **Knappschaft Bahn See**, die bundesweit auch als Inkassostelle der Pauschbeträge fungiert. Wenn durch Zusammenrechnung mehrerer Arbeitsverhältnisse die 450-€-Grenze überschritten wird, informiert die Knappschaft die Arbeitgeber und fordert sie auf, statt der Pausch- die vollen Regelbeiträge abzuführen. Auch werden die Finanzämter informiert, wenn ein als Minijob eingestuftes Arbeitsverhältnis nicht die Kriterien dafür erfüllt. Dann haben Sie den Salat, heißt: Sie müssen Ihren Arbeitslohn regulär versteuern.

618 450 € im Monat – aber mit Zugaben

Steuerfreie Einnahmen fallen bei der Prüfung der 450-€-Grenze unter den Tisch. Der Betrieb kann Ihnen also z. B. zusätzlich einen Reisekostenersatz zahlen. Weiterhin kann er zusätzlich Kostenersatz für die täglichen Fahrten zur Arbeit leisten, wenn er die darauf entfallende Lohnsteuer pauschal übernimmt (§ 40 Abs. 2 EStG).

Achtung, Fangeisen! Dasselbe müsste, so sollte man meinen, für zusätzliche Leistungen des Betriebs in eine Direktversicherung gelten, wenn sie nach § 40b EStG pauschaliert besteuert werden. Doch weit gefehlt. Aufgrund tieferer Einsicht der höchstrichterlichen Fiskalhüter vom BFH in München sind Leistungen in die Direktversicherung mit zu berücksichtigen, wenn es darum geht, ob die Grenze von 450 € überschritten ist (Urt. v. 13.1.1989 – BStBl 1989 II S. 1030).

619 *TIPP* Mehr kassieren, als der Stundenlohn hergibt

Bei Minijobs muss der Arbeitgeber Pauschalbeiträge von insgesamt 30 % des Arbeitslohns berappen. Sind Sie jedoch privat krankenversichert, spart er den pauschalen Krankenversicherungsbeitrag von 13 %. An diesem Vorteil sollten Sie sich beteiligen lassen, z. B. durch verkürzte Arbeitszeiten, einen höheren Stundenlohn oder steuerfreie bzw. pauschal versteuerte Zusatzvergütungen wie einen Personalrabatt (➤ Rz 552) oder Fahrtkostenerstattung (➤ Rz 600 f.).

Sind Sie nicht privat versichert, sondern in der gesetzlichen Krankenversicherung, argumentieren Sie so: Als Minijobber haben Sie wie alle anderen Arbeitnehmer Anspruch auf Lohnfortzahlung im Krankheitsfall (bis zu sechs Wochen), außerdem auf bezahlten Mindesturlaub von drei Wochen, im Osten sogar von vier Wochen (§ 616 BGB). Gegen 1 € Stundenlohn mehr verzichten Sie auf Lohnfortzahlung und bezahlten Urlaub. Ich wette, diese Karte sticht.

»Mir als Teilzeitkraft zahlt der Betrieb kein Weihnachtsgeld, weil ich sonst im Jahresschnitt auf über 450 € komme«, beklagen Sie sich. Dann lassen Sie sich stattdessen doch auch eine Fahrtkostenerstattung geben (siehe oben).

Abfindungen steuerfrei kassieren 620

Will Ihr Chef Ihnen den Minijob kündigen, sollten Sie zum Abschied eine angemessene Abfindung aushandeln. Sprechen Sie von Kündigungsschutz und -fristen, der Dauer Ihrer Betriebszugehörigkeit, Ihrem Alter und Ihrer Schwerbehinderung. Wenn er Ihnen daraufhin die Kündigung mit einer Abfindung schmackhaft machen will, lenken Sie ein. Dann ist es Zeit, den Steuerjoker zu ziehen und Ihrem Chef klarzumachen: Entlassungsentschädigungen sind kein Arbeitsentgelt und damit sozialversicherungsfrei (Urt. des Bundessozialgerichts v. 21.2.1990, Az 12 RK 20/88). Bei Minijobs bestimmt sich die Bemessungsgrundlage beim Pauschsteuerersatz von 2 % nach dem Arbeitsentgelt im Sinne der Sozialversicherung (LStR 128a S. 3 und 4). Entlassungsabfindungen sind sozialversicherungsrechtlich kein Arbeitslohn und bleiben damit auch bei der Lohnsteuerpauschalierung außer Ansatz.

Ihr Chef ist baff, und Sie kassieren die Abfindung brutto für netto. Wenn das kein gelungener Abgang ist.

Konflikte gehen einher
mit gestörter Kommunikation.
(Rupert Lay)

Mehr Lohn steuerfrei 621

Oft entstehen durch Krankheit oder Urlaub Engpässe. Dann sagen Sie Ihrem Chef: Hören Sie, die Arbeit von Heinz übernehme ich gern zusätzlich.

Dazu sollten Sie wissen: Ihr regelmäßiger Monatslohn als Minijobber darf im Jahresdurchschnitt nicht mehr als 450 € betragen. Schwankt Ihr Monatslohn, darf er übers Kalenderjahr gerechnet nicht über 5.400 € liegen. Aber: In zwei Monaten im Jahr dürfen Sie unbegrenzt hinzuverdienen, wenn der zusätzliche Arbeitseinsatz unverhofft und ungeplant notwendig ist. Dabei ist es unerheblich, ob die Grenze von 450 € bzw. 5.400 € überschritten wird.

622 Die Sache mit der Gleitzone

Haben Sie regelmäßig mehr als 450 € bezogen, beginnt der Amtsschimmel zu wiehern, denn er kann jetzt regulär abzocken. Als Erstes muss eine Lohnsteuerkarte her, für das zweite und jedes weitere Arbeitsverhältnis eine mit Steuerklasse VI. Entsprechend den Eintragungen wird dann Lohnsteuer einbehalten. Für die Sozialversicherung beginnt eine Gleitzone. Der Arbeitnehmeranteil steigt ab einem monatlichen Arbeitsentgelt von mehr als 450 €, also ab 450,01 €, langsam an. Ab einem monatlichen Bruttoentgelt von mehr als 850 € wird der volle Beitragssatz kassiert.

Folgende Tabelle zeigt die Belastung mit Sozialversicherungsbeiträgen:

Bruttogehalt	Sozialversicherung		Nettogehalt	
	Anteil Arbeitgeber	Anteil Arbeitnehmer	Steuerklasse 1–4	Steuerklasse 5
500,00	96,38	73,59	426,41	376,27
550,00	106,02	88,56	461,44	404,95
600,00	115,65	103,52	496,48	433,64
650,00	125,29	118,49	531,51	462,30
700,00	134,93	133,47	566,53	490,97
750,00	144,57	148,42	601,58	519,75
800,00	154,20	163,40	636,60	548,41
850,00	163,84	173,62	676,38	580,68

Der Arbeitgeber zahlt jeweils den regulären Beitragssatz in Höhe von (Krankenversicherung 14,6 % + Pflegeversicherung 2,35 % + Rentenversicherung 18,7 % + Arbeitslosenversicherung 3 % = 38,65 % × 0,5 =) 19,33 %.

623 Knappschaft kontrolliert

Werden der Knappschaft unter demselben Namen zwei Minijobs gemeldet mit einem Arbeitslohn von insgesamt mehr als 450 €, geht dort die rote Lampe an. Dann wird es für Ihre Brötchengeber teuer, weil beide Jobs versicherungspflichtig sind (Fall Nr. 6 in der Übersicht ➤ Rz 613). Wahrscheinliche Folge: Kündigung. Geben Sie einen der beiden Minijobs auf, ist die Kuh vom Eis, doch damit ist Ihnen finanziell nicht geholfen. Es gibt eine bessere Lösung. Wenn es Ihnen gelingt, mit einem der beiden Minijobs über die 450-€-Grenze zu kommen – 1 € mehr genügt – , ist dieser Job kein Minijob mehr (Fall Nr. 3 in der Übersicht ➤ Rz 613).

»Schön und gut, doch ich blicke nicht durch, wie sich das im Einzelnen finanziell auswirkt«, sagen Sie. Lassen Sie uns rechnen:

	Fall Nr. 6: **Minijob 450,00 €** **Minijob 150,00 €**	**Fall Nr. 3:** **Hauptjob 451,00 €** **Minijob 150,00 €**
Ihr Arbeitslohn insgesamt	600,00 €	601,00 €
./. Lohnsteuer Hauptjob 451,00 €		– 40,33 €
./. Soli-Zuschlag 5,5 % frei		– 0,00 €
./. Kirchensteuer 9 %		– 3,62 €
./. Sozialversicherung ArbN Gleitzone	– 95,80 €	– 49,43 €
Ausbezahlter Nettolohn	504,20 €	507,62 €
Ihre Brötchengeber zahlen	600,00 €	601,00 €
Pauschale Lohnsteuer 20 %	120,00 €	
Soli-Zuschlag 5,5 %	6,60 €	
Pauschale Kirchensteuer 7 %	8,40 €	
Sozialversicherung	115,65 €	
Pauschalabgabe Minijob 30 %	–	45,00 €
ArbG-Anteil Sozialvers. Hauptjob	–	86,93 €
Arbeitskosten insgesamt	850,65 €	732,93 €

Ihnen bringt der Trick zwar nichts, Ihren beiden Chefs aber eine Kostenersparnis von (850,65 € – 732,93 € =) 117,72 €. Damit haben Sie vielleicht nicht nur Ihre Jobs gerettet, sondern sogar schlagkräftige Argumente für eine kleine Gehaltserhöhung.

 ## Kloppen Sie als Minijob-Leiharbeiter Überstunden im Hauptjob

624

Auch eine auf den ersten Blick völlig beknackte Idee kann durchaus etwas einbringen. So kann es sich lohnen, wenn Ihr Chef Sie zur Ableistung von Überstunden als Leiharbeiter anheuert.

Ein Minijob in ein und demselben Betrieb neben dem Hauptjob wird nicht anerkannt, das wissen Sie. Indessen darf jedermann, der einen Hauptjob hat, sich nebenbei bei einer Leiharbeitsfirma als Minijobber verdingen. Wenn Ihr Chef nun bei einer Leiharbeitsfirma Personal anheuert, weil die eigenen Leute die Arbeit nicht bewältigen können, und Sie »zufällig« dort als Leiharbeiter zur

Verfügung stehen, warum um Himmels willen sollte er Sie dann nicht nehmen wollen, wo er Sie doch als gute Arbeitskraft kennt? Auf diese Weise erledigen Sie dieselbe Arbeit, für die Sie im Hauptjob Überstunden machen müssten, als Leiharbeiter. Mit diesem kleinen Kniff werden Ihr Haupt- und Ihr Minijob auf dem Papier arbeits- und steuerrechtlich sauber voneinander getrennt.

»Und was bringt das ein?«, fragen Sie verblüfft.

Eine knifflige Rechnerei können wir uns sparen, denn dazu müsste ich wissen, wie hoch Ihr Stundensatz ist und wie viel die Leiharbeitsfirma für ihre Vermittlung verlangt.

Aber ein grober Überblick zeigt: Der Kniff lohnt sich.

Berechnung

Ihr Bruttolohn für die Überstunden ist regulär mit folgenden Abgaben belastet:
Sozialabgaben

Arbeitgeberanteil (➤ Rz 513)	21 %
Arbeitnehmeranteil (➤ Rz 513)	21 %
Steuerliche Abgaben geschätzt	30 %
Insgesamt	72 %

Werden die Überstunden im Minijob als Leiharbeiter abgeleistet, fallen folgende Kosten an:

Rentenversicherung (➤ Rz 608)	15 %
Krankenversicherung (➤ Rz 608)	13 %
Pauschalsteuer (➤ Rz 608)	2 %
Zwischensumme	30 %
Gebührensatz der Leiharbeitsfirma – geschätzt	20 %
Insgesamt	50 %

Das bedeutet: Eingespart werden (72 % – 50 % =) 22 %. Bezogen auf angenommen 400 € Überstundenlohn im Monat sind das immerhin 88 €, die Sie im Monat mehr auf Ihrem Konto hätten.

---

625 ## Zeile 6 Direktversicherung

Bei einer Direktversicherung schließt Ihre Firma für Sie eine Lebensversicherung ab, aus der Sie unmittelbar, d.h. direkt bezugsberechtigt sind und die Ihre Altersversorgung ergänzen soll. Deshalb kann die Versicherungssumme erst nach Ihrem 60. Lebensjahr ausgezahlt werden.

»Wenn ich an die Protzbauten der Versicherungsgesellschaften denke, möchte ich am liebsten alle meine Versicherungen loswerden, aber keine neue dazuhaben«, wenden Sie sich ab. Verständlich. Doch eine Direktversicherung können Sie Ihrer Firma leicht als Zusatzvergütung abkungeln, sie wird Sie also nicht viel Geld kosten. Auch zählt sie nicht zu den unnützen Vorsorgeversicherungen, die sich bei Arbeitnehmern steuerlich meist überhaupt nicht auswirken (siehe ➤ Rz 305 ff.).

Vereinbaren Sie mit Ihrer Firma, Ihre nächste Gehaltserhöhung in eine Lebensversicherung einzuzahlen. Die Beträge werden nicht über die Lohnsteuerkarte versteuert, sondern außerhalb derselben (bis zu höchstens 1.752 € jährlich) mit einem Pauschalsteuersatz von nur 20 %. Zeigt sich Ihre Firma großzügig und übernimmt die Pauschalsteuer, sind für Sie die Zahlungen steuerfrei. Für die Firma verringert sich die Steuerlast auf rd. 6,5 %, weil sie die Pauschalsteuer als Betriebsausgabe absetzen kann. Zahlungen in die Direktlebensversicherung sind zudem sozialversicherungsfrei, wenn sie nicht aus dem laufenden Arbeitslohn stammen, sondern aus zusätzlichen Leistungen.

Sehen Sie selbst, was bei einer Direktversicherung herausspringen kann, wenn 1.752 € eingezahlt werden:

	Bruttolohn	Lohnsteuer
Ohne Direktversicherung	35.000 €	2.416 €
./. Zahlung in die Direktversicherung	– 1.752 €	
Mit Direktversicherung	33.248 €	– 2.052 €
Ersparnis an Lohnsteuer		364 €
Ersparnis an KiSt + SolZ		106 €
Ersparnis an Sozialversicherung		
(Arbeitnehmeranteil 21 % von 1.752 €)		368 €
Ersparnis insgesamt		838 €

Altes Recht – neues Recht: Stetig ist der Wechsel

Beiträge, die Ihr Arbeitgeber für Sie in eine Direktversicherung einzahlt, waren bis 2005 grundsätzlich lohnsteuerpflichtig – bis zu einem jährlichen Betrag von 1.752 € pauschal mit 20 % – und sozialversicherungsfrei.

Seit 2005 muss danach unterschieden werden, ob die Leistungen der Direktversicherung als Rentenzahlungen oder als Kapitalauszahlung erfolgen und ob der Versicherungsvertrag vor 2005 oder nach 2004 abgeschlossen wurde.

Direktversicherung mit Kapitalauszahlung   626

Bei Altverträgen (Vertragsabschluss vor 2005) mit Auszahlung des angesparten Kapitals im Versicherungsfall oder nach Vertragsablauf in einem Einmalbetrag bleibt alles beim Alten. Ihr Chef kann weiterhin die Beiträge bis zu jährlich 1.752 € pauschal versteuern. Der große Vorteil dieser Versicherung: Zusätzlich zur günstigen Pauschalversteuerung und zur Sozialversicherungsfreiheit bleibt die Auszahlung später grundsätzlich steuerfrei.

Diese Versicherung ist seit 2005 leider so gut wie tot. Denn Versicherungsbeiträge zu Neuverträgen (Vertragsabschluss nach 2004) sind in vollem Umfang steuer- und sozialversicherungspflichtig. Und nicht nur das. Auch die Auszahlung unterliegt später in vollem Umfang der Einkommensteuer.

627 Direktversicherung mit Rentenzahlungen

Sieht der Versicherungsvertrag lebenslange Rentenzahlungen oder Zahlungen gemäß einem Auszahlungsplan vor, sind die Versicherungsbeiträge ab 2005 in Höhe von 4 % der Beitragsbemessungsgrenze in der gesetzlichen Rentenversicherung steuerfrei, egal ob Alt- oder Neuvertrag. Für 2015 sind das 2.904 € pro Jahr.

Bei Neuverträgen kommt ein weiterer steuerfreier Betrag von 1.800 € hinzu.

Die Besteuerung der künftigen Rentenzahlungen aus der Direktversicherung ist davon abhängig, wie die Beitragszahlungen steuerlich behandelt wurden. Waren diese steuerfrei, sind die Rentenleistungen in vollem Umfang einkommensteuerpflichtig. Unterlagen die Beiträge der Pauschalbesteuerung oder der Besteuerung mit dem individuellen Einkommensteuersatz, sind die Rentenleistungen nur in Höhe des günstigen Ertragsanteils der Einkommensteuer zu unterwerfen.

Pauschalsteuer ist besser als Steuerfreiheit der Beiträge!
Auch bei Altverträgen mit Rentenauszahlung lockt Sie der Fiskus mit der Steuerfreiheit der Beiträge. Aber, wie gesagt, Steuerfreiheit in der Ansparphase bedeutet volle Steuerpflicht bei Rentenauszahlung. Bestehen Sie besser auf weiterer Pauschalbesteuerung durch den Arbeitgeber.

628 **Direktversicherung für Lebenspartner**

Arbeitet Ihr Lebenspartner in Ihrem Unternehmen mit, werden Sie die Ausgaben für seine zusätzliche Altersversorgung, z. B. in Form einer Direktversicherung, über den Betrieb absetzen. Eine Direktversicherung geht aber nur glatt durch, wenn sie »angemessen« ist, d. h., wenn die Ausgaben für die gesamte Altersversorgung des mitarbeitenden Ehegatten 30 % des steuerpflichtigen Arbeitslohns nicht übersteigen (BFH-Urt. v. 16.5.1995 – BStBl 1995 II S. 873).

Beispiel

Jahresarbeitslohn für Ihren Ehegatten	12.000 €
Gesetzliche Rentenversicherung 18,7 %	2.244 €
Rest 11,3 % für Direktversicherung	1.356 €

Richtig, mehr als 1.356 € pro Jahr dürfen Sie für die Direktversicherung Ihrer besseren Hälfte nicht ausgeben. Was darüber liegt, wird nicht anerkannt. »Dann erhöhe ich einfach ihr Gehalt und kann mehr in die Direktversicherung einzahlen«, reagieren Sie blitzschnell.

 ## Teilzeitlohn plus Direktversicherung für den Ehepartner

629

Eine Direktversicherung bei Teilzeitarbeit heißt doppelt pauschalieren. Wer das sausen lässt, ist selbst schuld. Vereinbaren Sie mit Ihrem Ehegatten in einem sauberen Arbeitsvertrag eine wöchentliche Mitarbeit von acht Stunden und einen Monatslohn von 250 €, für den pauschale Sozialversicherung fällig wird. Nach einer Einarbeitungszeit von drei Monaten wird der Monatslohn auf 350 € erhöht. Nun besteht die Möglichkeit, den Mehrbetrag von 100 € als Jahresbeitrag von 1.200 € in eine Direktversicherung einzuzahlen, die Ihrer besseren Hälfte – bei einem Eintrittsalter von 35 Jahren – nach 25 Jahren eine Versicherungssumme von 39.000 € beschert. Die Beiträge zur Direktversicherung betragen nicht mehr als 30 % des maßgeblichen Arbeitslohns, also keine Überversorgung.

Probe

Teilzeitlohn im Jahr 250 € × 12 =	3.000 €
Hälfte der Direktversicherung, da nicht rentenversichert	600 €
Maßgeblicher Arbeitslohn	3.600 €
Davon 30 % = (unter 1.200 €)	1.080 €

(Quelle: BFH-Urt. v. 16.5.1995 – BStBl 1995 II S. 873.)

Die Beiträge in die Direktversicherung können pauschal versteuert werden.

Wenn Sie die Pauschalsteuer selbst zahlen müssen

630

In diesem Fall mindert sich Ihr Vorteil um die zu übernehmende Pauschalsteuer, wie das folgende Beispiel zeigt:
Monatliche Gehaltsabrechnung (Steuerklasse III/2,0):

	Gehaltserhöhung	Direktversicherung
Gehalt	2.920,00 €	2.920,00 €
Gehaltserhöhung 5 %	146,00 €	

453

Direktversicherung		146,00 €
Bruttogehalt	3.066,00 €	3.066,00 €
./. steuerrechtliche Abzüge	− 232,66 €	− 202,00 €
./. sozialversicherungsrechtliche Abzüge	− 626,24 €	− 596,41 €
./. Nettoabzug Direktversicherung		− 146,00 €
./. Pauschalsteuer auf Direktversicherung		− 32,85 €
Auszahlungsbetrag	2.207,10 €	2.088,74 €

Sie sehen, bei Abschluss einer Direktversicherung statt Gehaltserhöhung bleibt durch Abzug der Versicherungsprämie netto zwar weniger übrig, doch mindert sich Ihre Abgabenlast zunächst um 60,49 € monatlich. Durch die Pauschalsteuer von 32,85 € schmilzt dieser Vorteil allerdings auf 27,64 € zusammen.

Wenn Sie diese 32,85 € Pauschalsteuer ohnehin berappen müssen, dann bitten Sie doch Ihren Chef, Ihr Gehalt um diesen Betrag zu kürzen und dafür die Pauschalsteuer zu übernehmen. Ihr Chef spart Beiträge zur Sozialversicherung, und Sie sparen zusätzlich Steuern.

Gehalt	2.920,00 €
./. Kürzung	− 32,85 €
Direktversicherung	146,00 €
Bruttogehalt	3033,156 €
./. steuerrechtliche Abzüge	− 195,16 €
./. sozialversicherungsrechtliche Abzüge	− 589,71 €
./. Nettoabzug Direktversicherung	− 146,00 €
Auszahlungsbetrag	2.102,28 €

Dadurch bleiben Ihnen monatlich 13,54 € mehr im Portemonnaie.

631 Wird Ihre Direktversicherung durch Umwandlung Ihres laufenden Gehalts finanziert, werden also die Prämien nicht zusätzlich zum Arbeitslohn (etwa anlässlich einer Gehaltserhöhung oder aus Einmalzahlungen, z. B. Gratifikationen) gezahlt, sind Ihre Beiträge nicht von der Sozialversicherung befreit.

Zeile 6 Kirchensteuer und Solidaritäts-zuschlag bei Pauschalierung 632

Ärgerlich, dass zusätzlich zur pauschalen Lohnsteuer 7 % als Kirchensteuer und 5,5 % als Solidaritätszuschlag abzuführen sind.
Insgesamt beträgt die Pauschalsteuer

Lohnsteuer	20,00 %	25,00 %
Davon 7 % KiSt	1,40 %	1,75 %
Davon 5,5 % Soli-Zuschlag	1,10 %	1,38 %
Pauschalsteuer insgesamt	22,50 %	28,13 %

Bei der Lohnsteuerpauschalierung in Höhe von 2 % bei Minijobs fallen keine Kirchensteuer und kein Soli-Zuschlag extra an.

Achtung: Die pauschale Kirchensteuer entfällt, wenn Sie keiner steuererhebungsberechtigten Kirche angehören und dies Ihrem Brötchengeber schriftlich versichern (BMF-Schreiben v. 21.12.1990 – BStBl 1992 I S. 45).

9.2.3 Sachbezüge – Zeile 6

Besteht Arbeitslohn nicht aus Geld, ist er als Sachbezug steuerpflichtig. 633

Zeile 6 Freie Kost und Wohnung 634

Besteht Ihr Arbeitslohn z.T. aus freier Kost und Wohnung, ziehen Sie daraus steuerliche Vorteile. Der steuerliche – und für Sie recht günstige – Wert dieses Arbeitslohns ist der amtlichen Sachbezugsverordnung zu entnehmen.

Aus der Sachbezugsverordnung 2014/2015	in €	
	2014	**2015**
Unterkunft	221,00	223,00
Wohnung	ortsübliche Miete	
Verpflegung (insgesamt)	229,00	229,00
– Frühstück	49,00	49,00
– Mittagessen	90,00	90,00
– Abendessen	90,00	90,00
Kantinenmahlzeiten bei pauschaler Besteuerung		
– Frühstück	1,63	1,63
– Mittagessen	3,00	3,00
– Abendessen	3,00	3,00

635   Mahlzeiten im Betrieb

Sie haben Glück, wenn sich der Betrieb um Ihr leibliches Wohl kümmert und unentgeltlich Kantinenmahlzeiten oder Essensmarken für eine Gaststätte ausgibt. Die Mahlzeiten gehören zwar als Sachbezug zum Arbeitslohn, der steuerliche Wert ist aber sehr gering. Hinzu kommt, dass der Sachbezug pauschal versteuert werden kann und meistens der Betrieb die Pauschalsteuer von 25 % (§ 40 Abs. 2 EStG) übernimmt. Dazu mehr unter ➤ Rz 597 ff.

636   **Schöpfen Sie die Sachbezugswerte voll aus**

Zahlen Sie für die Mahlzeit im Betrieb weniger als 3,00 €, ist die Differenz als Sachbezug zu versteuern, zahlen Sie mindestens 3,00 €, ist nichts zu versteuern, so lautet die Regel. Nun hat der Fiskus trotz seiner allgemeinen Regulierungswut schlichtweg vergessen, wie denn eine Mahlzeit im Betrieb auszusehen hat, ob Getränke dazugehören oder nicht. Dies können Sie ausnutzen, wenn die reguläre Kantinenmahlzeit in Ihrem Betrieb weniger als 3,00 € und Getränke extra kosten: Sie stellen eine Tasse Kaffee als krönenden Abschluss mit aufs Tablett. Und so wird dann gerechnet:

Gericht I	2,60 €
Tasse Kaffee	0,60 €
Summe	3,20 €

Klasse, nichts zu versteuern. Ohne den Kaffee hätten Sie 0,40 € als Sachbezug versteuern müssen.

637   Arbeitsessen – hier hat der Fiskus Verständnis

Von einem Arbeitsessen profitiert hauptsächlich der Betrieb, denn es verlängert die produktive Arbeitszeit. Deshalb sind Arbeitsessen für Sie steuerfrei. Sie können also unbesorgt zubeißen. Anlässe können sein:

- eine Betriebsveranstaltung (Betriebsausflug, Weihnachtsfeier, Jubiläum),
- eine außergewöhnliche Besprechung oder ein Arbeitseinsatz, verbunden mit Überstunden. Hier darf aber der Wert der Mahlzeit 40 € je Arbeitnehmer nicht übersteigen (LStR 19.6 Abs. 2),
- ein Essen zusammen mit einem Kunden (LStR 8.1 Abs. 8 Nr. 1).

Für den Betrieb nicht gut zu wissen: Der auf die Bewirtung des Kunden entfallende Rechnungsbetrag ist über das Bewirtungskonto zu buchen. In Höhe von 30 % des Rechnungsbetrags liegen nichtabzugsfähige Betriebsausgaben vor (§ 4 Abs. 5 Nr. 2 EStG).

Weil der Fiskus aber argwöhnt, Arbeitsessen seien nur als solche deklariert, sollten Sie Ihren Chef veranlassen, auf dem Essensbeleg die betriebliche Angelegenheit, die besprochen wurde, festzuhalten und außerdem die Dauer des Arbeitsessens zu notieren. Denn ein richtiges Arbeitsessen ist zeitlich so bemessen, dass genügend Zeit zum Reden übers Geschäft bleibt.

Ihr Chef darf natürlich nicht einfach schreiben: »Dienstbesprechung«. Etwas genauer muss es schon sein: »Produkteinführung des XTR 17« oder »Abbau der Kundenbeschwerden«, dann klappt der Laden (BFH-Urt. v. 4.8.1994 – BStBl 1995 II S. 559). Es reicht auch aus, wenn er schreibt: »Info-Seminar für Mitarbeiter zu …« (BFH-Urt. v. 5.5.1995 – BStBl 1994 II S. 771).

Was lehrt uns das? Bei jeder Besprechung sollten auf Kosten der Firma belegte Brote und Kuchen auf den Tisch.

Unendliches Wachstum passt
nicht in eine endliche Welt.
(Erich Fromm)

Zeile 6 Firmenwagen

Hat Ihr Chef Ihnen einen Firmenwagen genehmigt, passen Sie auf, dass **638** Ihnen der Fiskus dafür nicht allzu tief in die Tasche greift. Privatfahrten mit dem Firmenwagen und auch die Fahrten zwischen Wohnung und Arbeitsstätte gehören als geldwerter Vorteil zum Arbeitslohn und sind deswegen zu versteuern. Sie haben dabei zwei Möglichkeiten: Pauschalversteuerung oder Nachweis Ihrer Privatfahrten per Fahrtenbuch und Versteuerung über die Lohnsteuerkarte.

1. Möglichkeit: Pauschalmethode

639

Hier spielen die tatsächlichen Kosten keine Rolle.
Für **Privatfahrten** beträgt der Sachbezug pro Monat pauschal 1 % des Fahrzeuglistenpreises inkl. Umsatzsteuer. Aufs Kalenderjahr gerechnet wird somit ein geldwerter Vorteil in Höhe von 12 % angesetzt.

Für **Fahrten zwischen Wohnung und Arbeitsstätte** werden zusätzlich pro Monat 0,03 % des Fahrzeuglistenpreises pro Entfernungskilometer angesetzt. Im Gegenzug wird bei der Einkommensteuerveranlagung die Entfernungspauschale in Höhe von 0,30 € als Werbungskosten abgezogen. Der Betrieb kann die Fahrten zur Arbeit auf der Grundlage von 0,30 € je Entfernungskilometer und 15 Arbeitstagen pro Monat mit 15 % pauschal versteuern.

Beispiel

1. Pauschalierter Sachbezug für Privatfahrten

Fahrzeuglistenpreis z.B. 18.000 €, davon 12 % =	2.160 €

2. Zuschlag für Fahrten zur Arbeit (Entfernung 35 km)

18.000 € × 0,03 % × 12 Mon. × 35 km =   2.268 €
Davon versteuert der Betrieb pauschal
mit 15 %: 35 km × 180 Tage × 0,30 € =   – 1.890 €
Verbleiben   378 €   >   378 €
Insgesamt über die Lohnabrechnung zu versteuern
(Sachbezug)   2.538 €

3. Als Werbungskosten absetzbar

35 Entfernungskilometer × 230 Tage × 0,30 € =   2.415 €
./. vom Betrieb pauschal versteuert   – 1.890 €
Absetzbare Werbungskosten   525 €

Sie machen also ein kleines Geschäft, weil Sie 230 Fahrten im Jahr als Werbungskosten absetzen können, der Fiskus aber für die Steuer des Sachbezugs nur von 180 Fahrten ausgeht. Außerdem müssen die Entfernungskilometer für den Sachbezug und den Werbungskostenabzug nicht identisch sein. Bei der Entfernungspauschale können Sie auch eine längere Fahrtstrecke ansetzen, wenn diese verkehrsgünstiger ist (siehe dazu auch ➤ Rz 641).

Und so sieht der Fall formularmäßig aus:

1. Dauer des Dienstverhältnisses		vom - bis 01.01. - 31.12.	
2. Zeiträume ohne Anspruch auf Arbeitslohn	Großbuchstaben (S, B, V, F)	Anzahl „U"	
		EUR	Ct
3. Bruttoarbeitslohn einschl.			

... Gteuerfreie Arbeitgeberleistungen für Fahrten zwischen Wohnung und Arbeitsstätte		
18. Pauschalbesteuerte Arbeitgeberleistungen für Fahrten zwischen Wohnung und Arbeitsstätte	1.890	00
19. Steuerpflichtige Entschädigungen und Arbeitslohn für mehrere Kalenderjahre, die		

In der Anlage N:

Werbungskosten	Wege zwischen Wohnung und erster Tätigkeitsstätte / Sammelpunkt / weiträumigem Tätigkeitsgebiet (Entfernungspauschale)				8
	Erste Tätigkeitsstätte in (PLZ, Ort und Straße)		vom	bis	Arbeitstage je Woche	Urlaubs- und Krankheitstage

31 Köln, Auf dem Holzweg 3   5   2 5

32

Sammelpunkt / nächstgelegener Zugang zum weiträumigen Tätigkeitsgebiet (PLZ, Ort und Straße)

33

34

lt. Zeile	Ort aufgesucht an Tagen	einfache Entfernung	davon mit eigenem oder zur Nutzung überlassenem Pkw zurückgelegt	davon mit Sammelbeförderung des Arbeitgebers zurückgelegt	davon mit öffentl. Verkehrsmitteln, Motorrad, Fahrrad o. Ä., als Fußgänger, als Mitfahrer einer Fahrgemeinschaft zurückgelegt	Aufwendungen für Fahrten mit öffentlichen Verkehrsmitteln (ohne Flug- und Fährkosten) EUR	Behinderungsgrad mind. 70 oder mind. 50 und Merkzeichen „G"
35 32 110 2 3 0 111	3 5	km 112	km 113	km	km 114	— 115 ,	1 = Ja
36 130	131	km 132	km 133	km	km 134	— 135 ,	1 = Ja
37 150	151	km 152	km 153	km	km 154	— 155 ,	1 = Ja
38 170	171	km 172	km 173	km	km 174	— 175 ,	1 = Ja

				EUR		
39 Arbeitgeberleistungen lt. Nr. 17 und 18 der Lohnsteuerbescheinigung und von der Agentur für Arbeit gezahlte Fahrtkostenzuschüsse	steuerfrei ersetzt 290		,	pauschal besteuert 295	1 8 9 0 , —	

Beachten Sie: Falls Sie in > Zeile 49 »Firmenwagen« angeben, kann es Ihnen passieren, dass das Finanzamt scheinheilig nach Angaben zur > Zeile 39 fragt. Der Eurobetrag ist der Lohnsteuerbescheinigung zu entnehmen.

Außerdem sollten Sie wissen: Wenn Ihnen während Ihres Jahresurlaubs, einer längeren Krankheit oder einer Montage im Ausland der Firmenwagen für einen vollen Kalendermonat nicht zur Verfügung steht, ist für diesen Monat kein Privatanteil anzusetzen (BMF-Schreiben v. 28.5.1996 – BStBl 1996 Teil I S.654). Oder andersherum: Ein einziger Tag privater Nutzung genügt, damit der ganze Monat versteuert werden muss (LStR 8.1 Abs.9 Nr.1). Sagen Sie im Lohnbüro Bescheid, wenn für einen Monat ein Zuschlag für den Firmenwagen zu unterbleiben hat.

Kein geldwerter Vorteil für Außendienstler und Monteure!   640

Überlässt der Arbeitgeber seinen Außendienstlern oder Monteuren ein Fahrzeug für deren Fahrten zwischen Wohnung und Betrieb bzw. wechselnden Einsatzstellen, führt dies nicht zu einem Lohnzufluss. Folge: **Kein Ansatz der 0,03 % des Fahrzeuglistenpreises pro Entfernungskilometer.** Das gilt immer dann, wenn die Arbeitnehmer auf diesen Vorteil nicht verzichten können. Dann **überwiegt das eigenbetriebliche Interesse** an der Fahrzeuggestellung insbesondere unter dem Aspekt, dass sich der Arbeitgeber dadurch erhebliche Kosten spart.

Das ist z. B. der Fall, wenn

- sich die Nettoarbeitszeit der Monteure erhöht,
- keine zusätzlichen Parkplätze benötigt werden oder
- die Organisation für die Ausgabe und Rücknahme der Fahrzeuge für die jeweiligen Montagefahrten entfällt.

Wird den Arbeitnehmern darüber hinaus auch die Privatnutzung der Firmenfahrzeuge in der Freizeit gestattet, führt dies nicht automatisch zur Annahme eines steuerpflichtigen Vorteils hinsichtlich der Fahrten zwischen Wohnung und Betrieb. Beide Vorgänge sind getrennt zu beurteilen, so dass Lohnsteuer nur auf die reinen Privatfahrten anfällt (FG Brandenburg 12.9.07, 12 K 7078/05 B).

641 Mal weniger, mal mehr Kilometer

Wenn es darum geht, im Lohnbüro den Sachbezug (Zuschlag) von 0,03 % pro Kilometer für die Fahrten zwischen Wohnung und Arbeitsstätte zu berechnen, geben Sie eine Entfernung von z. B. 35 Kilometer an. Das akzeptiert das Lohnbüro ohne Wenn und Aber und später wohl auch der Lohnsteueraußenprüfer. Bei der Abgabe der Steuererklärung haben Sie diese Entfernungsangabe längst wieder vergessen und setzen »wie bisher« für die Werbungskosten 40 Kilometer an.

Obwohl Sie im Umgang mit dem Finanzamt nicht gerade zimperlich sind, plagt Sie deswegen das schlechte Gewissen. Völlig ohne Grund. Nach dem Urteil des FG Köln vom 22.5.2003 (EFG 2003 S. 1229) können für die Berechnung des Sachbezugs im Lohnbüro und für die Berechnung der Entfernungspauschale im Finanzamt durchaus unterschiedliche Kilometerangaben gemacht werden. Für den Sachbezug darf die kürzeste Straßenverbindung (§ 4 Abs. 5 Nr. 6 EStG), für die Entfernungspauschale hingegen eine längere Fahrtstrecke angegeben werden, wenn diese verkehrsgünstiger ist (§ 9 Abs. 1 Nr. 4 EStG).

642 Kostenbeteiligung

Wie bei allen anderen Sachbezügen müssen Sie nur den Teil des Vorteils aus der Nutzung des Firmenwagens versteuern, für den Sie Ihrem Arbeitgeber nichts bezahlt haben. Es werden also die von Ihnen an Ihren Brötchengeber geleisteten Zahlungen von den zu versteuernden Vorteilen abgezogen.

Für eine optimale Gestaltung der Zuzahlung haben Sie folgende Möglichkeiten:

- pauschale monatliche Zuzahlungen, z. B. 250 €/Monat,
- kilometerabhängige Zahlung, z. B. 0,20 € je privat gefahrenen Kilometer,
- Übernahme der Leasingraten ganz oder zum Teil und
- Übernahme eines Teils vom Kaufpreis des Firmenwagens.

Beispiel

Sie nutzen einen Firmenwagen mit einem Listenpreis von 30.000 € privat. Dafür behält Ihr Arbeitgeber von Ihrem Nettogehalt jeden Monat 100 € ein.

Geldwerter Vorteil 30.000 € × 1 %	300 €
./. Zuzahlung	– 100 €
Monatlicher Arbeitslohn	200 €

Aufs Jahr gesehen ist der Arbeitslohn um 1.200 € geringer. Bei einem Steuersatz von 35 % sparen Sie dadurch etwa 480 € an Steuern und zusätzlich ca. 250 € an Sozialversicherung. Unter dem Strich trägt Vater Staat also über 60 % Ihrer Zahlungen an den Arbeitgeber.

Nicht zu empfehlen sind dagegen Zuzahlungsregelungen, bei denen Sie einen bestimmten Teil der Kosten übernehmen, z. B. für den Sprit während der Privatfahrten oder die Versicherung. Wird der Nutzungsvorteil nach der 1-%-Regelung ermittelt, fallen die von Ihnen übernommenen Kosten nämlich schlicht unter den Tisch (siehe hierzu aber unbedingt ➤ Rz 653). Bei Anwendung der Fahrtenbuchmethode lässt der BFH zwar zu, dass Sie die übernommenen Kosten als Werbungskosten abziehen, bezieht sie aber auf der anderen Seite in die Berechnung des Nutzungsvorteils mit ein (BFH v. 18.10.2007 – BStBl 2009 II S. 199).

TIPP **Besser pauschale Zuzahlungen statt Kostenbeteiligung vereinbaren**   643

Allen Problemen mit einer überhöhten Versteuerung des Vorteils aus der Firmenwagennutzung entgehen Sie wie folgt: Ermitteln Sie grob, wie viel Sie pro Jahr z. B. an Treibstoffkosten selbst bezahlen. Angenommen, Sie kommen auf etwa 1.800 € im Jahr. Nun vereinbaren Sie mit Ihrem Arbeitgeber, dass er sämtliche Bezinkosten übernimmt – auch die für Ihre Privatfahrten. Im Gegenzug zahlen Sie ihm ein monatliches Pauschalentgelt für die Autonutzung von 150 €. Dadurch sparen Sie sich die Steuer und die Sozialversicherung auf diese 150 €. Auch für Ihren Arbeitgeber lohnt sich diese Vereinbarung, da er den Arbeitgeberanteil zur Sozialversicherung auf die 150 € Zuzahlung spart, ohne dass er im Endeffekt höhere Kosten zu tragen hat.

644

 Mit Zubehör die Steuern drücken!

Viele Unternehmen haben Dienstwagenverordnungen, die den Preis des Dienstwagens auf eine bestimmte Obergrenze beschränken. Angenommen, Ihr Arbeitgeber limitiert den Preis auf 30.000 €. Mit dem Sonderzubehör, das Sie gern hätten, käme der Wagen aber auf 33.000 €. Ihr Boss hat bestimmt nichts dagegen einzuwenden, dass Sie die Differenz von 3.000 € aus der eigenen Tasche bezahlen.

Für den im Oktober 2015 ausgelieferten Wagen ergibt sich nun folgende Rechnung:

Geldwerter Vorteil 2015	
30.000 € × 1 % = 300 € × 3 Monate	900 €
./. Zuzahlung 3.000 €, max. aber geldwerter Vorteil	− 900 €
Daraus Arbeitslohn 2015	0 €
Geldwerter Vorteil 2016	
30.000 € × 1 % = 300 € × 12 Monate	3.600 €
./. restliche Zuzahlung (3.000 € − 900 €)	− 2.100 €
Daraus Arbeitslohn 2016	1.500 €

Wie Sie sehen, kommt es nicht darauf an, wann Sie den Kaufpreisanteil zahlen. Können Sie die Zuzahlung im ersten Jahr nicht voll verrechnen, lässt das Finanzamt zu, dass Sie den Rest in den nächsten Jahren abziehen, und zwar bis die Zuzahlung voll verrechnet ist (LStR 8.1 Abs. 9 Nr. 4 Sätze 3 u. 4).

Statt die verbleibende Zuzahlung mit dem Arbeitslohn 2016 zu verrechnen, hätten Sie lieber eine höhere Steuererstattung für 2015? So sah es auch ein Arbeitnehmer in Baden-Württemberg. Er machte die Zuzahlung – soweit sie den geldwerten Vorteil überstieg – direkt als Werbungskosten geltend, und die Finanzrichter gaben ihm Recht (FG Baden-Württemberg, Urt. v. 25.2.2014 – Az. 5 K 284/13).

Wundern Sie sich nicht, wenn das Finanzamt Ihren Antrag mit Hinweis auf die Lohnsteuer-Richtlinien (s.o.) abschmettert. Klein beigeben müssen Sie aber nicht, denn das Verfahren ist jetzt beim Bundesfinanzhof anhängig (Az. VI R 24/14). Unter ➤ Rz 1121 lesen Sie, wie Sie von einem Musterverfahren profitieren können.

Wer die Pflicht hat, Steuern zu zahlen,
hat das Recht, Steuern zu sparen.
(Helmut Schmidt, Bundeskanzler a.D.)

Nutzungsverbot   645

Ist Ihnen der Privatgebrauch des Firmenwagens untersagt, darf man
Ihnen natürlich keinen Sachbezug für private Nutzung anhängen. Das
Nutzungsverbot vereinbaren Sie am besten schriftlich, und Ihr Chef
nimmt die Vereinbarung zum Lohnkonto. So kann er sie dem Finanzbeamten bei der nächsten Lohnsteuerprüfung unter die Nase halten, wenn
der von einer Privatnutzung faselt. Wichtig ist, dass der Arbeitgeber das
Nutzungsverbot auch überwacht. Wird das Fahrzeug außerhalb der Arbeitszeit auf dem Betriebsgelände abgestellt und geben Sie die Auto-
schlüssel ab, haben Sie keine Versteuerung des Sachbezugs zu befürchten
(BMF-Schreiben v. 28.5.1996 – BStBl 1996 I S. 654).

Nutzen mehrere Arbeitnehmer denselben betrieblichen Pkw, wird der   646
pauschal ermittelte Privatanteil entsprechend der Zahl der Nutzungsbe-
rechtigten aufgeteilt (BFH-Urt. v. 16.5.2002 – BStBl 2003 II S. 311).

Begrenzung des pauschalen Nutzungswerts   647

Bei einem bereits abgeschriebenen Fahrzeug, das zudem wenig genutzt
wurde, kann der pauschale Nutzungswert die dem Arbeitgeber entstandenen Kosten übersteigen. In diesem Fall ist der Nutzungswert
höchstens mit den tatsächlichen Gesamtkosten anzusetzen (LStH 8.1
Abs. 9–10).

2. Möglichkeit: Fahrtenbuchmethode   648

Anstelle der 1-%-Methode kann der Sachbezug für den Firmenwagen anhand der privat gefahrenen Kilometer und der tatsächlichen Fahrzeugkosten besteuert werden. Dazu muss ein Fahrtenbuch geführt werden.

Fahrtenbuch oder Lügenbuch?
Sicherlich gehören Sie nicht zu den Hallodris, die ein weites Gewissen
haben und ihr Fahrtenbuch im Stillen Lügenbuch nennen. Diese scheuen
sich nicht, fingierte Berufsfahrten einzutragen, die ihnen Spielraum für
schwarze Privatfahrten schaffen, oder bei einem Werkstattbesuch darauf
zu pochen, dass der Meister nicht den tatsächlichen Kilometerstand auf-
schreibt, sondern den, der sich aus ihrem Lügenbuch ergibt, um verräteri-
sche Spuren zu verwischen.

Beispiel bei Führen eines Fahrtenbuchs
Anhand von 28.000 km Jahresfahrleistung und 8.960 € Gesamtkosten pro
Jahr ergibt sich ein Kilometerpreis von 0,32 €. Nach den Aufzeichnungen

im Fahrtenbuch wurde das Fahrzeug 5.600 km privat genutzt und 16.100 km für Fahrten zur Arbeit. Auch hier soll angenommen werden, dass der Betrieb die vorteilhafte pauschale Besteuerung der Fahrten zur Arbeit (Entfernung 35 km) übernimmt.

Berechnung des Sachbezugs

Sachbezug für Privatfahrten 5.600 km × 0,32 € =		1.792 €
Sachbezug für Fahrten zur Arbeit		
16.100 km × 0,32 € =	5.152 €	
Davon versteuert der Betrieb pauschal:		
35 km × 180 Tage × 0,30 € =	− 1.890 €	
Verbleiben	3.262 € >	3.262 €
Insgesamt über die Lohnabrechnung zu versteuern		5.054 €

Die Fahrzeugkosten einschließlich Abschreibung fordern Sie von der Buchhaltung an. Zeigt die sich zickig, setzen Sie pauschal 0,30 € je gefahrenen Kilometer an. Dies ist die Alternative zum Einzelnachweis von Fahrzeugkosten.

Wenn alle Stricke reißen, versuchen Sie das Fahrtenbuch nachträglich auf Vordermann zu bringen. Der BFH hat nämlich entschieden, dass ein nachträglich erstelltes Fahrtenbuch vom Finanzamt nicht so einfach für null und nichtig erklärt werden kann (BFH v. 24.2.2000 – IV B 83/99, BFH/NV 2000 S. 807).

649 Fahrtenbücher sind in vielen Buchhandlungen erhältlich. Wichtig sind nach LStR 8.1 Abs. 9 folgende Eintragungen:

- Datum und Kilometerstand zu Beginn und am Ende einer jeden beruflichen Fahrt,
- Reiseziel und bei Umwegen auch die Reiseroute,
- Reisezweck und aufgesuchte Kunden und Geschäftspartner.

Für Privatfahrten genügen jeweils Kilometerangaben, für Fahrten zur Arbeit genügt ein kurzer Vermerk.
Gehören Sie zu den Vielfahrern, sind Sie z.B. Handelsreisender, sind Angaben zur Reiseroute nur bei Umwegkilometern erforderlich. Haben Sie einen festen Kundenkreis, reicht es aus, im Fahrtenbuch auf die Kundennummer zu verweisen und Datum sowie Kilometerstände einzutragen. Das Kundenverzeichnis mit Kundennummern fügen Sie Ihrem Fahrtenbuch bei.

Muster für Fahrtenbuch						
Datum	km-Stand		Fahrtziel	Abfahrt	Rückkehr	km	
	Beginn	Ende				Berufl.	Privat
1. 3.	61.210	–	Firma	6.30	16.15	–	24
	–	61.275	Kunde Müller	11.00	12.30	41	–
2. 3.	61.275	–	Firma	6.30		–	12
	–	61.555	Messebesuch	7.10	21.00	268	–
3. 3.	61.555	–	Firma	6.30		–	12
	–	61.731	St. Pauli	16.00	23.15	–	164
...	61.731		...		...	...	...
...	...		...		...	...	...
...	...		...		...	...	...

Ein **elektronisches Fahrtenbuch** kann Ihnen die lästige Schreiberei erleichtern. Es gibt sie als Programme für Computer oder Taschen-PC. Das Finanzamt erkennt das elektronische Fahrtenbuch an, wenn es alle erforderlichen Angaben enthält und nachträgliche Veränderungen technisch ausgeschlossen sind bzw. besonders dokumentiert werden.

Nichts ist so unglaubwürdig
wie die Wirklichkeit.
(Dostojewski)

Das Fahrtenbuch in der Hinterhand   650

Was günstiger ist, 1-%-Methode oder Fahrtenbuch, stellt sich vielfach erst im Nachhinein heraus. Denn keiner weiß im Voraus, in welchem Umfang er den Firmenwagen tatsächlich für Privatfahrten nutzt.
Wenn Sie zum ersten Mal einen Firmenwagen bekommen, soll das Lohnbüro zunächst die private Nutzung nach der 1-%-Methode berechnen und versteuern. Nebenbei führen Sie ein Fahrtenbuch. Am Ende des Jahres können Sie dann genau beurteilen, mit welcher Methode Sie am günstigsten fahren.

Lassen Sie uns einen Fall durchrechnen: Ihr Firmenwagen hat neu z.B. 30.000 € gekostet. Die Buchhaltung lässt die Betriebskosten über die Firma laufen und erfasst sie buchhalterisch. Das Lohnbüro berechnet den Sachbezug für die private Nutzung zunächst nach der 1-%-Methode wie folgt:

Pauschalierter Sachbezug für Privatfahrten

Fahrzeuglistenpreis 30.000 € × 1 % =			300 €
Zuschlag für Fahrten zur Arbeit			
30.000 € × 0,03 % × 20 km =	180 €		
./. Pauschalversteuerung des Sachbezugs			
für Fahrten zur Arbeit:			
20 km × 15 Tage × 0,30 € =	– 90 €		
Verbleiben	90 €	>	90 €
Monatlicher Sachbezug			390 €
Jährlicher Sachbezug (390 € × 12) =			4.680 €

Nach den Eintragungen im Fahrtenbuch haben Sie mit dem Fahrzeug insgesamt 29.804 km abgespult. Nun lassen Sie sich aus der Buchhaltung die Betriebskosten für das Fahrzeug angeben und rechnen die Jahresabschreibung hinzu (17 % der Anschaffungskosten). Die Gesamtkosten betragen einschließlich Abschreibung 7.600 €. Ergebnis: Fahrtkosten pro Kilometer (7.600 € ÷ 29.804 km) = 0,25 €.

Ihre Privatrechnung
Nach den Aufzeichnungen im Fahrtenbuch wurde das Fahrzeug genutzt:

Private Nutzung 7.605 km × 0,25 € =			1.901 €
Fahrten zur Arbeit 9.200 km × 0,25 € =	2.300 €		
./. bereits pauschal versteuert	– 1.080 €		
Verbleiben	1.220 €	>	1.220 €
Sachbezug nach der Fahrtenbuchmethode			3.121 €

Aber hallo, (4.680 € – 3.121 € =) 1.559 € zu viel versteuert. Jetzt haben Sie zwei Möglichkeiten:

1. Sie traben gleich zu Jahresbeginn ins Lohnbüro, legen das Fahrtenbuch mit der Berechnung der Fahrtkosten vor und bitten um entsprechende Kürzung des geldwerten Vorteils.

2. Spielt das Lohnbüro nicht mit, können Sie in der Steuererklärung Anlage N > Zeile 6 einen entsprechend niedrigeren Jahresbruttolohn ansetzen, als die Lohnsteuerbescheinigung ausweist. Die Kürzung begründen Sie damit, dass die vom Betrieb angewandte 1-%-Methode zu einem falschen geldwerten Vorteil führt. Die Fahrtenbuchmethode ist für Sie günstiger und soll daher zugrunde gelegt werden. (Quelle: LStR 31 Abs. 9 Nr. 3 Satz 4: Bei der Veranlagung zur Einkommensteuer ist der Arbeitnehmer nicht an das für die Erhebung der Lohnsteuer gewählte Verfahren gebunden.)

Und noch etwas: Ist Ihr Firmenwagen älter als sechs Jahre, wird Ihre Firma ihn schon zu 100 % abgeschrieben haben. Bei einem hohen Listenpreis kann es sein, dass Ihr Privatanteil die tatsächlichen Fahrzeugkosten übersteigt. In diesem Fall darf höchstens der Aufwand der Firma als Privatanteil angesetzt werden (BMF-Schreiben v. 28.5.1996 – BStBl 1996 Teil I S. 654).

TIPP Firmenwagen gegen Gehaltsverzicht

651

Ihr altes Schätzchen springt kaum noch an, der Rost nagt am Blech, und der nächste TÜV-Termin bringt Sie um den Schlaf. Da hilft nur eines: Ein neues Auto muss her. Bevor Sie nun zum Händler eilen und Ihr neues Vehikel über Leasing oder Bank finanzieren, verzichten Sie besser auf einen Teil Ihres Gehalts. Im Gegenzug spendiert Ihnen Ihr Chef einen Firmenwagen, den er sich durch Leasing beschafft.

»Unsinn«, tönen Sie, »das macht der nie.« Warten Sie ab, denn dieser Tipp lohnt sich für Sie beide. Sie rechnen wie folgt:

	Mit Firmenwagen	ohne
Jahresbrutto (vorher)	40.000 €	40.000 €
Gehaltsverzicht		
./. Leasingraten	– 4.500 €	
./. übernommene Fahrzeugkosten	– 1.500 €	
Zwischensumme	34.000 €	
Sachbezug Firmenwagen (Listenpreis 25.000 €)		
Privatfahrten 25.000 € × 12 %	3.000 €	
Fahrten Wohnung – Arbeitsstätte		
25.000 € × 0,03 % × 12 Monate × 10 km	900 €	
Jahresbrutto (nachher)	37.900 €	40.000 €
Lohnsteuer 2015 (Steuerklasse III/0)	3.028 €	3.480 €
Kirchensteuer + Soli-Zuschlag	439 €	505 €
Sozialversicherung	7.741 €	8.170 €
Abzüge insgesamt	11.208 €	12.155 €

Wie Sie sehen, ergibt sich in meiner Beispielrechnung für Sie eine Ersparnis von 947 €. Müssen Sie die Leasingsonderzahlung von vielleicht 3.000 € berappen, mindert diese Ihren Sachbezug und damit Ihre Steuerlast.
Für Ihren Chef sieht die Rechnung so aus: Seine Leasingraten und Nebenkosten und Ihr Gehaltsverzicht heben sich plus/minus null auf. Sein Gewinn besteht in der Ersparnis von Sozialversicherung in Höhe von (8.170 € - 7.741 €) = 429 €.

652 ## Die schlitzohrige Variante eines Juniorchefs

»Ich pfeife auf einen Firmenwagen. Ich fahre mit meinem Privatauto auch für den Betrieb, und der zahlt mir für jeden Kilometer 0,30 €, steuerfrei als Reisekostenersatz.
Und so rechne ich:

Privat angeschaffter Audi Diesel kostet	rd. 30.000 €
Mit dem Betrieb abgerechnete Fahrtkosten pro Jahr:	
gefahrene km rd. 40.000 × 0,30 € =	12.000 €

In drei Jahren habe ich den Kaufpreis für den Audi reingefahren, weil ich kaum Kosten habe. Denn Reparaturen gehen in dieser Zeit über Garantie oder Kulanz, den Diesel tanke ich gratis aus unserer Firmenzapfsäule. Und wenn ich das Auto nach drei Jahren verkaufe, ist der Erlös – anders als bei einem abgeschriebenen Firmenwagen – völlig steuerfrei.«
Nicht schlecht, mein Lieber. Aber rechnen Sie damit, dass der Lohnsteuerprüfer, wenn er denn je kommt, Ihnen den Diesel von der Firmenzapfsäule als lohnsteuerpflichtigen Sachbezug aufbrummt.

653   ## Benzinkosten zu Ihren Lasten, so ergattern Sie schneller einen Firmenwagen!

So richtig vorteilhaft ist ein Firmenwagen für alle Innendienstler, weil sie das Fahrzeug nur für Privatfahrten und Fahrten zur Arbeitsstelle nutzen. Um trotzdem hier ins Spiel zu kommen, sagen Sie Ihrem Boss bei passender Gelegenheit: »Würde mich freuen, wenn Sie auch für mich einen Firmenwagen mitbestellen. Die Benzinkosten übernehme ich voll und ganz und das Thema ›Anpassung der Bezüge‹ ist vom Tisch.«
Ihr Boss ist einer von der schnellen Sorte und sagt: »Einverstanden, aber von Kleinkram will ich nichts sehen. Also übernehmen Sie auch die Pflegekosten nebst Kosten für Garage.«
Ihnen ist klar: Sie müssen 12 % vom Neupreis als Lohn versteuern, können aber die Kosten für Benzin, Pflege und Garage gegenrechnen. Haben Sie einige Tankquittungen verkramt, dürfen Sie die Benzinkosten schätzen nach Durchschnittsverbrauch und Durchschnittspreis (➤ Rz 822). Steht Ihr Firmenwagen nachts in Ihrer Privatgarage, setzen Sie auch den Wert für die Garagennutzung als Gegenkosten an.

Unterstützung vom Finanzgericht Düsseldorf!
Mit Urteil vom 4.12.2014 (Az. 12 K 1073/14 E) stellte sich das Finanzgericht gegen die Auffassung der Finanzverwaltung, wonach selbst getragene Benzinkosten den geldwerten Vorteil nach der 1-%-Methode nicht mindern. Ein

Werbungskostenabzug komme diesbezüglich sowohl für die betrieblichen als
auch die privaten Fahrten in Betracht, so die Düsseldorfer Robenträger. Lediglich die Fahrten zwischen Wohnung und Arbeitsstätte seien auszuklam-
mern. Dafür genüge allerdings die Angabe der Gesamtjahreskilometerleis-
tung des Fahrzeugs, da der Umfang der Fahrten zwischen Wohnung und
erster Tätigkeitsstätte leicht ermittelt werden könne. Das Führen eines ord-
nungsgemäßen Fahrtenbuchs sei hierzu nicht erforderlich. Mittlerweile beschäftigen sich die obersten Finanzrichter in München mit diesem Fall (Az. VI
R 2/15).

Legen Sie mit Ihrem Chef die richtige Strategie fest 654

Bei einem Neuwagen kommen Sie mit der 1-%-Methode meistens günstiger davon. Denn die Abschreibung treibt in den ersten Jahren die Auto-
kosten in die Höhe. Bei einem Fahrzeug der Mittelklasse beträgt sie trotz
einer beachtlichen Fahrleistung von 28.000 km im ersten Jahr 0,19 € je
gefahrenen Kilometer, wie das folgende Beispiel zeigt:
Wie sich die Abschreibung entwickelt:

VW-Passat, Anschaffungskosten (ohne MwSt.)	27.000 €
Abschreibung degressiv im ersten Jahr: 20 % von 27.000 € =	– 5.400 €
Restbuchwert im ersten Jahr	21.600 €
Abschreibung degressiv im zweiten Jahr: 20 % von 21.600 € =	– 4.320 €
Restbuchwert im zweiten Jahr	17.280 €
Abschreibung degressiv im dritten Jahr: 20 % von 17.280 € =	– 3.456 €
Restbuchwert im dritten Jahr	13.824 €
Abschreibung degressiv im vierten Jahr: 20 % von 13.824 € =	– 2.765 €
usw.	

Die Abschreibung vermindert sich also von Jahr zu Jahr rapide. Schon im
vierten Jahr kann es günstiger sein, Privatfahrten nach der Fahrtenbuchmethode zu versteuern.

9.3 Einbehaltene Lohnsteuer und Kirchensteuer – Zeile 7 – 10

Lohn-, Kirchensteuer und Solidaritätszuschlag aus > Zeile 4 – 7 Ihrer 655
Lohnsteuerbescheinigung tragen Sie in > Zeile 7 – 10 der Anlage N ein.
Passen Sie aber auf, dass Ihnen kein Zahlendreher zu Ihren Ungunsten
unterläuft. Denn die einbehaltene Lohn- und Kirchensteuer rechnet
Ihnen das Finanzamt bei der Veranlagung in voller Höhe auf Ihre Jahres-
steuer an. Zur Anrechnung siehe Veranlagungsschema unter ➤ Rz 47.

656 Zeile 9–10 Kirchensteuer bei konfessions-verschiedener Ehe

Das hört sich teuflisch kompliziert an und ist es auch. Dabei erscheint der Fall zunächst recht einfach: Eine konfessionsverschiedene Ehe führen Ehegatten, die gegenüber verschiedenen Kirchen steuerpflichtig sind, weil der eine z.B. römisch-katholisch und der andere evangelisch ist. Auf der Lohnsteuerkarte eines Alleinverdieners steht dann: Kirchensteuerabzug Arbeitnehmer: rk, Ehegatte: ev.

In diesem Fall erscheint die Kirchensteuer (8 oder 9 % der Lohnsteuer) in > Zeile 7 der Lohnsteuerbescheinigung. Die evangelische Kirche freut sich, denn sie profitiert in Höhe von 50 % von der Kirchensteuer des – katholischen – Arbeitnehmers (unfaire Halbteilung). Jetzt passen Sie aber auf!!

Zunächst noch einfacher erscheint es, wenn nur ein Ehegatte kirchensteuerpflichtig ist. Dann sind die Ehegatten glaubensverschieden, was immer das auch heißen mag. Angenommen, der Ehemann ist werktätig und gehört keiner Kirche an. Dann steht auf seiner Lohnsteuerkarte unter Kirchensteuerabzug: vd oder – . In diesem Fall darf ihm keine Kirchensteuer abgezogen werden.

Hat der Ehepartner, der einer Kirche angehört, keine Einkünfte, ist bei diesem Ehepaar für die Kirche nichts zu holen. Hat er dagegen Einkünfte, wird für ihn Kirchensteuer nur nach dem Verhältnis der auf ihn entfallenden Einkommen- oder Lohnsteuer gesondert festgesetzt. Immer wieder kommt es aber vor, dass die Finanzämter in solchen Fällen die volle Kirchensteuer festsetzen. Prüfen Sie deshalb bei glaubensverschiedener Ehe den Steuerbescheid unbedingt auf richtige Berechnung der Kirchensteuer.

Beispiel
Beide Eheleute haben Einkünfte und es ist ein Kind zu berücksichtigen:

	Ehemann		Ehefrau
Konfession	–		ev
Summe der Einkünfte z.B.	20.000 €		10.000 €
Lohnsteuer nach Grundtabelle	2.611 €		237 €
Summe = Verteilungsmaßstab		2.848 €	
Anteilig	91,68 %		8,32 %
Gemeinsame Einkommensteuer			
lt. Einkommensteuerbescheid		2.642 €	
Davon entfallen auf den kirchenangehörigen Ehegatten 8,32 %			
= (gerundet)			220 €
Davon Kirchensteuer 9 %			<u>20 €</u>

Ärgerliches Kirchgeld 657

Sofern für den kirchensteuerpflichtigen Ehegatten nur eine geringe oder keine Kirchensteuer nach Maßgabe seines Einkommens entsteht, dürfen die Kirchen Kirchensteuer in Form des **besonderen Kirchgelds** erheben, das an das zu versteuernde Einkommen der Ehegatten anknüpft und anhand einer Kirchgeldtabelle ermittelt wird. Die Tabelle enthält gestaffelte Beträge von 96 € bis zu max. 3.600 €. Das besondere Kirchgeld ist eine eigenständige Steuer, die auf einem kircheneigenen Steuertarif beruht.

Kirchgeldtabelle

Für die Erhebung des besonderen Kirchgeldes in glaubensverschiedener Ehe gilt folgende Tabelle:

Stufe	Bemessungsgrundlage gemeinsam zu versteuerndes Einkommen nach § 2 Abs. 5 EStG. der Ehegatten in €	Kirchgeld jährl. in €
1	30.000 – 37.499	96
2	37.500 – 49.999	156
3	50.000 – 62.499	276
4	62.500 – 74.999	396
5	75.000 – 87.499	540
6	87.500 – 99.999	696
7	100.000 – 124.999	840
8	125.000 – 149.999	1.200
9	150.000 – 174.999	1.560
10	175.000 – 199.999	1.860
11	200.000 – 249.999	2.200
12	250.000 – 299.999	2.940
13	300.000 und mehr	3.600

658

TIPP **Die Kirchensteuer ist eine Sonderausgabe**

Vergessen Sie nicht, die Kirchensteuer und das Kirchgeld in > Zeile 42 des Hauptformulars als Sonderausgaben anzusetzen.

Nichtstun ist immer die teuerste Lösung.
(Erkenntnis eines Gesundbeters)

9.4 Versorgungsbezüge – Zeile 11–15

659 **Was sind Versorgungsbezüge?**
Versorgungsbezüge sind Arbeitslohn aus einem früheren Dienstverhältnis. Stammt Ihre Altersversorgung also nicht aus der gesetzlichen Rentenversicherung oder einer betrieblichen Zusatzversicherung, sondern als Staats-, Dienst- oder Firmenpension von Ihrem früheren Arbeitgeber, müssen Sie diese Bezüge als nachträglichen Arbeitslohn versteuern.
Versorgungsbezüge beziehen auch Arbeitnehmer, die vorzeitig aus dem Erwerbsleben ausscheiden und hierfür von ihrem Betrieb für eine Übergangszeit Vorruhestandsgeld erhalten.
Versorgungsbezüge sind in Höhe des Versorgungsfreibetrags steuerfrei.

Versorgungsfreibetrag (§ 19 Abs. 2 EStG)
Der Versorgungsfreibetrag beträgt für diejenigen, die bereits vor 2005 eine Pension bezogen haben, 40 % der Versorgungsbezüge, max. 3.000 €. Von den verbleibenden Versorgungsbezügen wird dann noch ein Zuschlag zum Versorgungsfreibetrag von max. 900 € abgezogen.
Es wird also gerechnet:

Versorgungsbezüge	36.000 €
./. Versorgungsfreibetrag	
36.000 € × 40 % = 14.400 €, max.	– 3.000 €
./. Zuschlag zum Versorgungsfreibetrag, max.	– 900 €
Verbleiben	32.100 €
./. Werbungskosten, mind. Pauschbetrag	– 102 €
Einkünfte	31.998 €

Versorgungsbezüge (Beginn nach 2005)
Der Versorgungsfreibetrag nebst Zuschlag wird bis zum Jahr 2040 schrittweise – bis 2020 um 1,6, ab 2021 um 0,8 Prozentpunkte je Jahr – abgeschmolzen: Neupensionäre des Jahres 2015 erhalten einen Versorgungsfreibetrag von 24 %, max. 1.800 €, sowie einen Zuschlag von höchstens 540 €. Wer erstmals im Jahr 2016 Versorgungsbezüge erhält, kann einen Versorgungsfreibetrag von 22,4 %, max. 1.680 €, geltend machen. Der Zuschlag mindert sich auf 504 €. Außerdem werden der Höchstbetrag und der Zuschlag im ersten Jahr gezwölftelt.

Beispiel

Versorgungsbezüge ab Mai 2015	24.000 €
./. Versorgungsfreibetrag	
Jahrespension 36.000 € × 24 % = 8.640 €, max. 1.800 € × $^8/_{12}$ =	− 1.200 €
./. Zuschlag zum Versorgungsfreibetrag, max. 540 € × $^8/_{12}$ =	− 360 €
Verbleiben	22.440 €
./. Werbungskosten, mind. Pauschbetrag	− 102 €
Einkünfte 2015	22.338 €

(zur Bemessungsgrundlage des Versorgungsfreibetrags siehe ➤ Rz 661)

		1. Versorgungsbezug	2. Versorgungsbezug
11	Steuerbegünstigte Versorgungsbezüge (in Zeile 6 enthalten)	200 2 4 0 0 0, ───	210 , ───
12	Bemessungsgrundlage für den Versorgungsfreibetrag lt. Nr. 29 der Lohnsteuerbescheinigung	201 3 6 0 0 0, ───	211 , ───
13	Maßgebendes Kalenderjahr des Versorgungsbeginns lt. Nr. 30 der Lohnsteuerbescheinigung	206 2 0 1 5	216
14	Bei unterjähriger Zahlung: Erster und letzter Monat, für den Versorgungsbezüge gezahlt wurden, lt. Nr. 31 der Lohnsteuerbescheinigung	Monat Monat 202 0 5 − 203 1 2	Monat Monat 212 − 213
15	Sterbegeld, Kapitalauszahlungen / Abfindungen und Nachzahlungen von Versorgungsbezügen lt. Nr. 32 der Lohnsteuerbescheinigung (in den Zeilen 6 und 11 enthalten)	204 , ───	214 , ───

Ein Blick in die ferne Zukunft

So wie die Renten aus der gesetzlichen Rentenversicherung ab 2040 in voller Höhe steuerpflichtig sein werden, gehören die Versorgungsfreibeträge für Neupensionäre ab dem Jahr 2040 gänzlich der Vergangenheit an.

Tabelle für den Versorgungsfreibetrag (aus § 19 Abs. 2 EStG)

Der maßgebende Prozentsatz, der Höchstbetrag des Versorgungsfreibetrags und der Zuschlag zum Versorgungsfreibetrag sind der nachstehenden Tabelle zu entnehmen:

Jahr des Versorgungsbeginns	Versorgungsfreibetrag		Zuschlag zum Versorgungs- freibetrag
	... % der Versorgungs- bezüge	maximal	
		€	€
bis 2005	40,0	3.000	900
ab 2006	38,4	2.880	864
2007	36,8	2.760	828
2008	35,2	2.640	792
2009	33,6	2.520	756
2010	32,0	2.400	720
2011	30,4	2.280	684
2012	28,8	2.160	648
2013	27,2	2.040	612
2014	25,6	1.920	576
2015	24,0	1.800	540
2016	22,4	1.680	504
2017	20,8	1.560	468
2018	19,2	1.440	432
....			
2037	2,4	180	54
2038	1,6	120	36
2039	0,8	60	18
2040	0,0	0	0

Altersentlastungsbetrag (§ 24 a EStG)
Neben dem Versorgungsfreibetrag können Sie einen Altersentlastungsbetrag in Anspruch nehmen. Das ist ein bestimmter Prozentsatz der positiven Summe der Einkünfte (ohne Renten und Versorgungsbezüge). Voraussetzung ist, dass Sie vor Beginn des Kalenderjahres Ihr 64. Lebensjahr
vollendet haben. Das ist der Fall, wenn Sie spätestens am 1. 1. des Veranlagungsjahres Ihren 64. Geburtstag feiern. Für 2015 können also alle
Steuerzahler den Altersentlastungsbetrag beanspruchen, die am 1.1.1951
oder früher geboren sind. Mehr zum Altersentlastungsbetrag unter
➤ Rz 932.

Neu seit 2015: Werbungskosten in Sonderfällen

Werbungskosten, die ausschließlich den Versorgungsbezügen zuzuordnen sind, wirken sich schon dann steuerlich aus, wenn der Pauschbetrag von 102 € überschritten wird, während bei den Werbungskosten zu den Einnahmen aus aktiver Beschäftigung der Arbeitnehmer-Pauschbetrag von 1.000 € gerissen werden muss.

Angesichts dessen ist es sinnvoll, zwischen beiden zu unterscheiden, was durch Einführung der neuen > Zeile 91 nun möglich ist.

Zeile 11 Versorgungsbezüge
660

Die Höhe der Versorgungsbezüge ist in > Zeile 8 der Lohnsteuerbescheinigung gesondert ausgewiesen.

Zeile 12 Bemessungsgrundlage für den Versorgungsfreibetrag
661

Im Prinzip ist die Bemessungsgrundlage für den Versorgungsfreibetrag der Versorgungsbezug des ersten Monats, in dem Sie Versorgungsbezüge erhalten haben, hochgerechnet auf ein Jahr. Deshalb hat der Arbeitgeber in > Zeile 29 der Lohnsteuerbescheinigung die Bemessungsgrundlage ausgewiesen. Sie übernehmen den Betrag in > Zeile 12 der Anlage N und fertig.

Sie können die Bemessungsgrundlage für den Versorgungsfreibetrag kontrollieren.

Sie ist

- bei Versorgungsbeginn vor 2005 das Zwölffache des Versorgungsbezugs für Januar 2005,

- bei Versorgungsbeginn ab 2005 das Zwölffache des Versorgungsbezugs für den ersten vollen Monat,

jeweils zzgl. voraussichtlicher Sonderzahlungen im Kalenderjahr wie z.B. Weihnachtsgeld, auf die zu diesem Zeitpunkt ein Rechtsanspruch besteht.

662 Zeile 13 Maßgebendes Kalenderjahr des Versorgungsbeginns

Dazu sollten Sie wissen: Prozentsatz, Höchstbetrag und Zuschlag des Versorgungsfreibetrags richten sich nach dem Jahr des Versorgungsbeginns. Die Werte bleiben über die gesamte Laufzeit der Pension unverändert, sind quasi festgeschrieben.

Sie übernehmen das Kalenderjahr schlichtweg aus > Zeile 30 der Lohnsteuerbescheinigung.

663 Zeile 14 Bei unterjähriger Zahlung: erster und letzter Monat, für den Versorgungsbezüge gezahlt wurden

Für jeden vollen Kalendermonat, für den keine Versorgungsbezüge gezahlt werden, ermäßigen sich der Versorgungsfreibetrag und der Zuschlag zu diesem um je ein Zwölftel (vgl. > Zeile 31 der Lohnsteuerbescheinigung).

664 Zeile 15 Sterbegeld, Kapitalauszahlungen/ Abfindungen und Nachzahlungen

Diese besonderen Versorgungsbezüge entnehmen Sie der > Zeile 32 der Lohnsteuerbescheinigung. Für diese Zahlungen werden ebenfalls ein Versorgungsfreibetrag sowie ein Zuschlag dazu berechnet.

Gemeinsam mit den Freibeträgen zu den Bezügen laut > Zeile 11–14 können aber die max. abzugsfähigen Beträge von bis zu 3.000 € bzw. 900 € nicht überschritten werden.

Ich bin der Geist, der nichts verneint.
(Frei nach Goethe)

9.5 Versorgungsbezüge bzw. Arbeitslohn für mehrere Jahre – Entschädigungen – Zeile 16–19

665 Eine Wohltat kommt selten allein, sagt man. Haben Sie mal durch eine **Nach- oder Vorauszahlung, eine Jubiläumszuwendung, Entschädigung, Abfindung o. Ä.** außerordentlich abkassiert, zeigt sich der Fiskus vernünftig und nimmt nicht die volle Steuer, sondern gewährt in Form der

sog. Fünftelregelung Nachlass. Und der ist durchaus geboten, weil normalerweise durch zusätzliche steuerpflichtige Einnahmen die Steuerprogression steil ansteigt, was zu einer unerträglichen Belastung führen könnte.

Die Fünftelregelung: Die Steuer für außerordentliche Einnahmen wird zunächst aus einem Fünftel des nachgezahlten Betrags berechnet und sodann verfünffacht. (Quelle: § 3 Nr. 9 und § 34 EStG)

Zeile 16–17 Versorgungsbezüge/Arbeitslohn für mehrere Jahre, Entschädigungen

666

Da Zahlungen für mehrere Kalenderjahre und Entschädigungen ermäßigt besteuert werden, müssen sie getrennt vom übrigen Arbeitslohn oder den übrigen Versorgungsbezügen in die > Zeilen 16 und 17 eingetragen werden.

16	Steuerbegünstigte Versorgungsbezüge für mehrere Jahre lt. Nr. 9 der Lohnsteuerbescheinigung	205		215		
17	**Entschädigungen** (Bitte Vertragsunterlagen beifügen.) / **Arbeitslohn für mehrere Jahre**			166		
18	Steuerabzugsbeträge zu den Zeilen 16 und 17	Lohnsteuer 146		Solidaritätszuschlag 152		
19		Kirchensteuer Arbeitnehmer 148		Kirchensteuer Ehegatte 149		

Die entsprechenden Beträge entnehmen Sie den > Zeilen 9, 10 und 19 der Lohnsteuerbescheinigung:

9. Steuerbegünstigte Versorgungsbezüge für mehrere Kalenderjahre	
10. Ermäßigt besteuerter Arbeitslohn für mehrere Kalenderjahre (ohne 9) und ermäßigt besteuerte Entschädigungen	
11. Einbehaltene Lohnsteuer von 9 und 10	
12. Einbehaltene Solidaritätssteuer von 9 und 10	
13. Einbehaltene Kirchensteuer des Arbeitnehmers von 9 und 10	
14. Einbehaltene Kirchensteuer des Ehegatten von 9 und 10 (nur bei konfessionsverschiedner Ehe)	
15. Kurzarbeitergeld, Zuschuss zum Mutterschaftsgeld	

Fahrten zwischen Wohnung und Arbeitsstätte		
19. Steuerpflichtige Entschädigungen und Arbeitslohn für mehrere Kalenderjahre, die nicht ermäßigt besteuert wurden – in 3. enthalten		
20. Steuerfreie Verpflegungszuschüsse bei Auswärtstätigkeit		

667 Steuerbonus sichern und Doppelbesteuerung vermeiden!
Nicht immer läuft im Lohnbüro alles rund. Darum prüfen Sie die Eintragungen auf der Lohnsteuerbescheinigung genau, wenn Sie eine Entschädigung oder Arbeitslohn/Versorgungsbezüge für mehrere Jahre erhalten haben. Fehlen entsprechende Eintragungen in den > Zeilen 9, 10 oder 19, geht Ihnen die ermäßigte Besteuerung dafür durch die Lappen.

Eine Eintragung in > Zeile 19 der Lohnsteuerbescheinigung bedeutet, das Lohnbüro hat die Steuervergünstigung bei Auszahlung von Jubiläumsgeld oder Entschädigung nicht berücksichtigt. In diesem Fall ist die Gefahr groß, dass das Finanzamt die Sonderzahlung doppelt besteuert: unter > Zeile 6 und ein weiteres Mal unter > Zeile 16/17. Prüfen Sie also Ihren Steuerbescheid genau, in welcher Höhe Bruttoarbeitslohn insgesamt angesetzt wurde.

668 Abfindungen sind Quasientschädigungen, die der Arbeitnehmer als Ausgleich für die mit der Auflösung des Dienstverhältnisses verbundenen Nachteile erhält, insbesondere für den Verlust des Arbeitsplatzes. Eine Abfindung ist steuerpflichtiger Arbeitslohn, kann jedoch nach der sog. Fünftelregelung (s.o.) ermäßigt besteuert werden, wenn sie zu außerordentlichen Einkünften führt (§ 34 EStG).

Welche Abfindung ist außerordentlich?
Außerordentlich bezieht sich auf den Umstand, dass sich Einkünfte in ein und demselben Kalenderjahr »ballen«, was die Progression anheizt. Als außerordentlich gilt deshalb nur, wenn der Abfindungsbetrag in einer Summe zufließt (BFH v. 4.5.2003 – BStBl 2003 II S.881). Ausnahme: Die Abfindung verteilt sich auf zwei Kalenderjahre unter der Voraussetzung, dass die Zahlung von vornherein in einer Summe vorgesehen war und nur wegen ihrer ungewöhnlichen Höhe und der besonderen Verhältnisse des Zahlungspflichtigen auf zwei Jahre verteilt wurde oder wenn der Entschädigungsempfänger – bar aller Existenzmittel – dringend auf den baldigen Bezug einer Vorauszahlung angewiesen war (BFH v. 2.9.1992 – BStBl 1993 II S.831).
Was lehrt uns das? Auf den richtigen Zeitpunkt kommt es an!

Gefährliches Fangeisen:

Eine Abfindung in Kombination mit – selbst geringen – laufenden Zahlungen oder Sachzuwendungen schließt den ermäßigten Steuersatz aus, obwohl dies im Zuflussjahr zu einer hohen Progression führt (FG Baden-Württemberg v. 11.10.2001 – EFG 2002 S. 265 und die dort aufgeführte Rechtsprechung). Das wird oft übersehen, wenn weiterhin Sachzuwendungen in Form eines **Dienstwagens**, einer **Dienstwohnung** oder des Rechts auf **verbilligten Einkauf** im Betrieb gewährt werden. Ein gefundenes Fressen für den Lohnsteueraußenprüfer.

Ganz anders sieht die Sache aus, wenn die laufenden Zahlungen z. B. ein bereits im Arbeitsvertrag geregeltes Wettbewerbsverbot betreffen oder der Dienstwagen oder die Dienstwohnung schon im Arbeitsvertrag für den Fall seiner Aufhebung versprochen wurden. Dann sind sie nicht Teil der Abfindung (BFH-Urt. v. 16.3.1993 – BStBl 1993 II S. 497) und handelt es sich um selbständige Sachverhalte. Die Abfindung ist dann steuerbegünstigt.

Wenn Sie so etwas nicht vorbringen können, versuchen Sie mit Ihrem alten Betrieb eine neue geringfügige Tätigkeit zu vereinbaren, die mit dem Dienstwagen, der Dienstwohnung oder den weiteren laufenden Zahlungen honoriert wird. Gelingt Ihnen das nicht, dann überlegen Sie, ob Sie nicht günstiger fahren, wenn Sie auf diese Extras verzichten und dafür den günstigen Steuersatz für die Abfindung bekommen.

◆ *Musterfall Herbert (Abfindung)*   **669**

Herbert glaubte endlich die Sonne zu sehen, als er mit knapp über 50 in einer anderen Firma den Posten des Verkaufsleiters mit 5.000 € Monatsgehalt erhielt. Doch die Chefetage machte enormen Druck, forderte immer höhere Umsätze. 55.000 € als Abfindung und den Geschäftswagen als Zugabe konnte Herbert aushandeln, als er nur ein Jahr später die Konsequenzen zog und zum 30.6. aus der Firma ausschied. Immerhin ein schönes Polster, 60.000 €, wenn man den Geschäftswagen auf 5.000 € taxiert. Die Abfindung trägt er in > Zeile 17 der Anlage N ein.

16	Steuerbegünstigte Versorgungsbezüge für mehrere Jahre lt. Nr. 9 der Lohnsteuerbescheinigung	205			215	,	,
17	**Entschädigungen** (Bitte Vertragsunterlagen beifügen.) / **Arbeitslohn für mehrere Jahre**				166	6 0 0 0 0 ,	
18	Steuerabzugsbeträge zu den Zeilen 16 und 17	Lohnsteuer	146	1 5 8 3 0 , 0 0	Solidaritätszuschlag	152	8 7 0 , 6 5
19		Kirchensteuer Arbeitnehmer	148	1 4 2 4 , 7 0	Kirchensteuer Ehegatte	149	,

479

Das Finanzamt besteuert Herberts Abfindung von insgesamt 60.000 € nach der Fünftel-Regelung wie folgt:

	Arbeitslohn	*Lohnsteuer*
	(III/0)	
Jahresarbeitslohn ohne Abfindung(für 6 Monate)	*30.000 €*	*1.360 €*
¹/₅ der Abfindung	*12.000 €*	
	42.000 €	*3.918 €*
Differenz		*2.558 €*

Auf die Abfindung entfällt eine Lohnsteuer in Höhe von 12.790 € (2.558 € × 5). Zusammen mit der Kirchensteuer und dem Soli-Zuschlag ergibt sich eine Steuerbelastung von insgesamt 14.645 €.

Ohne den ermäßigten Steuersatz würde sich eine Steuerbelastung von insgesamt 20.772 € ergeben. Also 6.127 € gespart.

Neu seit 2015: Werbungskosten in Sonderfällen

In > Zeile 92–93 halten die Fiskalbürokraten zwei Dummenkästchen für Sie bereit. Wenn man es ganz genau nimmt, ist die Fünftel-Regelung nicht auf die gesamte Abfindung anzuwenden, sondern auf die außerordentlichen Einkünfte (= Abfindung abzgl. diesbezüglich entstandener Werbungskosten wie z.B. Anwaltskosten).

»Moment, das mindert den Betrag für die Fünftel-Regelung und damit meinen Steuervorteil«, erkennen Sie sofort messerscharf.

Stimmt genau, und so will es das Finanzamt …

»Da trage ich meine Werbungskosten lieber weiter auf Seite 2 der Anlage N ein«, sagen Sie trotzig.

Steuerlich günstiger wäre das zwar, aber korrekt ist es nicht …

	Werbungskosten zu steuerbegünstigten Versorgungsbezügen lt. Zeile 11		EUR
91	Art der Aufwendungen	682	,
	Werbungskosten zu steuerbegünstigten Versorgungsbezügen für mehrere Jahre lt. Zeile 16		
92	Art der Aufwendungen	659	,
	Werbungskosten zu Entschädigungen / Arbeitslohn für mehrere Jahre lt. Zeile 17		
93	Art der Aufwendungen	660	,

670 *TIPP* **Regeln Sie auch den Abflug steuergünstig!**

Beachten Sie: Sie können nur dann Steuern sparen, wenn zusätzliche Freibeträge oder Steuervergünstigungen zu ergattern sind. Also werden Sie bei Aufhebung des Arbeitsverhältnisses auf eine Abfindung hinwirken.

Die maßgebende Textpassage im Aufhebungsvertrag lautet: »... wird vereinbart, das Arbeitsverhältnis einvernehmlich auf Veranlassung der Firma aufzuheben ...«

Sodann machen Sie Ihrem Chef einen Vorschlag: »Hören Sie, mein Gehalt, das nach meinem Ausscheiden aus dem Betrieb ja noch zwei Monate weiterlaufen soll, möchte ich als Abfindung erhalten. Können wir nicht den Kündigungstermin zwei Monate vorverlegen? Denn alles, was danach gezahlt wird, gilt als steuerbegünstigte Abfindung.«

Melden Sie sich anschließend arbeitslos, haben Sie weitere Vorteile: Das Arbeitsamt löhnt ab sofort und nicht erst nach einer Karenzzeit von drei Monaten. Denn schließlich hat die Firma Ihnen gekündigt. Abends beim Bierchen denken Sie zurück an die vielen Jahre, in denen Sie für die Firma geschuftet und manches krumme Ding still mitgemacht haben. Und da kommt Ihnen noch eine andere Idee.

Stöhnen ist halbe Arbeit.
(Sprichwort)

671

TIPP Frustabfindung statt Blumen

Sie haben sich jahrelang für die Firma kaputt geschuftet und viel zu wenig verdient. Um den ganzen Frust vergessen zu können, möchten Sie zum Abschied eine zusätzliche Abfindung. Wenn sich Ihr Chef über Ihre Forderung empört, dann empören Sie sich auch ...

● ... über die Schlammgrube, die seit Jahren nur bei Nacht und Nebel entsorgt wird, was Ihnen als umweltbewusstem Menschen so manche schlaflose Nacht einbrachte,

● ... über das Geschäft mit dem damaligen Jugoslawien, von dem plötzlich alle Unterlagen fehlten,

● ... und über verschiedene andere Gelegenheiten, wo nicht alles sauber gelaufen ist ...

Erst gibt es vielleicht Zoff, aber nach ein paar Tagen, wenn er sich hat gut beraten lassen, kommt bestimmt das erste gütliche Angebot. Dann dürfen Sie aber nicht allzu zimperlich sein!

Abfindungen sind von der Sozialversicherung befreit!   **672**

Wenn Sie mit Ihrem Arbeitgeber die Höhe Ihrer Abfindung aushandeln, sollten Sie noch Folgendes wissen: Entlassungsentschädigungen gehören nicht zum sozialversicherungspflichtigen Arbeitsentgelt (Urt. des Bundessozialgerichts v. 21.2.1990, Az. 12 RK 20/88).

673 *TIPP* **Himmlische Vergünstigung: Erlass der Kirchensteuer**

Zusätzlich zur Einkommensteuer und zum Soli-Zuschlag müssen Sie als Kirchenmitglied Kirchensteuer auf die Abfindung zahlen – traurig, aber wahr. Was die Kirchen nicht an die große Glocke hängen: Sie können auf diese Kirchensteuer einen Erlass von 50 % ergattern.

»Mensch, prima, was muss ich dafür tun?«, rufen Sie begeistert.

Ganz einfach. Wenn Sie Ihren Steuerbescheid vom Finanzamt bekommen haben, stellen Sie bei der Diözese (für Katholiken) bzw. der Landeskirche (für Protestanten) einen formlosen Antrag auf Teilerlass der Kirchensteuer, die auf die Abfindung entfällt (Quelle: FG Nürnberg v. 2.2.1995, rkr, EFG 1995, S. 691). Das Finanzamt hat mit dieser Sache nichts am Hut. An wen Sie sich wenden müssen, steht auf Ihrem Steuerbescheid unter der Überschrift Rechtsbehelfsbelehrung. Dem Antrag fügen Sie eine Kopie des Steuerbescheids und der betreffenden Gehaltsabrechnung bei.

So könnte Ihr Schreiben aussehen:

```
An das
Landeskirchenamt
Altstädter Kirchplatz 5
33602 Bielefeld

Münster, den . . .

Teilerlass der Kirchensteuer: Abfindungszahlung

Sehr geehrte Damen und Herren,
anlässlich der Auflösung des Arbeitsverhältnisses habe
ich im Jahr 2015 von meinem Arbeitgeber eine Abfindungs-
zahlung erhalten. Hiermit bitte ich um Erlass der darauf
entfallenden Kirchensteuer in Höhe von 50%. Meinen Steu-
erbescheid für 2015 sowie eine Kopie der entsprechenden
Gehaltsabrechnung füge ich diesem Schreiben bei.
Mit der Bitte um wohlwollende Prüfung meines Antrags


. . . . . . . . . .
```

9.6 Steuerabzug – Steuerfreiheit – Doppelbesteuerungs- abkommen – Zeile 20–28

Zeile 20 Steuerpflichtiger Arbeitslohn ohne Steuerabzug   674

20	Steuerpflichtiger Arbeitslohn, von dem kein Steuerabzug vorgenommen worden ist (soweit nicht in der Lohnsteuerbescheinigung enthalten)	115	,

Hier wird Ihre Steuerehrlichkeit auf eine harte Probe gestellt, weil dieser Arbeitslohn nicht in der Lohnsteuerbescheinigung auftaucht. Zum steuerpflichtigen Arbeitslohn, von dem kein Steuerabzug vorgenommen worden ist, gehören z. B.

- Arbeitslohn von einem ausländischen Arbeitgeber, von Dritten gezahlter Arbeitslohn, Verdienstausfallentschädigungen,
- nach dem Gesetz zur Förderung der Einstellung der landwirtschaftlichen Erwerbstätigkeit von öffentlichen Kassen geleistete Beiträge zur gesetzlichen Rentenversicherung und zu den Arbeitgeberanteilen an den Krankenkassenbeiträgen sowie steuerpflichtige Teile der Ausgleichsleistungen.

Zeile 21–24 Steuerfreier Arbeitslohn bei Auslandstätigkeit   675

Sind Mitarbeiter im Ausland tätig, nimmt der Fiskus diesen Bereich neuerdings bei Lohnsteuerprüfungen stärker ins Visier, locken doch hohe Nachzahlungen, sprich Mehrergebnisse. Dieser Bereich nennt sich »Internationales Steuerrecht«, und darin kennen sich nur wenige aus. Zudem gilt er, wie man hört, als fehleranfällig.

Im Normalfall ist der Lohn bei Tätigkeit im Ausland steuerfrei, entweder nach einem **Doppelbesteuerungsabkommen** oder nach dem sog. **Auslandstätigkeitserlass.** Allerdings setzt der Fiskus unter dem Vorwand einer gerechten Besteuerung seine Schröpfköpfe an, indem er die im Ausland erzielten Einnahmen zur Erhöhung des Steuersatzes missbraucht (Progressionsvorbehalt nach § 32b EStG). In der Methode also identisch wie beim Arbeitslosengeld unter ➤ Rz 678 ff.

21	Steuerfreier Arbeitslohn nach Doppelbesteuerungsabkommen / zwischenstaatlichen Übereinkommen (Übertrag aus den Zeilen 51, 70 und / oder 81 der ersten **Anlage N-AUS**)	139	.	.	,
22	Steuerfreier Arbeitslohn nach Auslandstätigkeitserlass (Übertrag aus Zeile 66 der ersten **Anlage N-AUS**)	136	.	.	,
23	Steuerfreie Einkünfte (Besondere Lohnbestandteile) nach Doppelbesteuerungsabkommen / zwischenstaatlichen Übereinkommen / Auslandstätigkeitserlass (Übertrag aus Zeile 80 der ersten **Anlage N-AUS**)	178	.	.	, Anzahl
24	Beigefügte **Anlage(n) N-AUS**				

483

Werbungskosten in Sonderfällen bei Auslandstätigkeit

Machen Sie hierzu Angaben unter > Zeile 31–87 bzw. > Zeile 94–96. Die Ausgaben wirken sich für Sie über den Progressionsvorbehalt steuergünstig aus.

> Zeile 21 Steuerfreier Arbeitslohn nach Doppelbesteuerungsabkommen

Kurz gesagt sind Doppelbesteuerungsabkommen (DBA) internationale Verträge, die den Zweck haben, eine doppelte Besteuerung – sowohl im Inland wie auch im Ausland – zu vermeiden (§ 2 AO). Die Einkünfte werden nur in einem Staat besteuert (bei Arbeitnehmern im Tätigkeitsstaat) und bleiben in dem anderen Staat (dem Wohnsitzstaat) steuerfrei. Eine Liste der DBA zwischen Deutschland und anderen Staaten (91 an der Zahl) enthält das BMF-Schreiben vom 25.1.2008 (BStBl 2008 I S. 310).

Der steuerfreie Arbeitslohn nach DBA wird nicht vom Arbeitgeber bescheinigt und muss deshalb von Ihnen selbst ermittelt und in > Zeile 21 eingetragen werden. Wie bereits gesagt, hat die Eintragung Auswirkungen in Form einer höheren Steuerprogression (Progressionsvorbehalt ➤ Rz 678 ff.)

Nicht gut zu wissen: Dauert die Auslandstätigkeit nicht länger als ein halbes Jahr bzw. 183 Tage, verbleibt das Besteuerungsrecht – entgegen der allgemeinen Regelung – häufig beim Wohnsitzstaat, z.B. nach DBA Österreich.

Achtung: Ist evtl. Auslandslohn im Bruttolohn lt. LSt-Bescheinigung > Zeile 3 enthalten? **Herausrechnen!**

> Zeile 22 Steuerfreier Arbeitslohn nach Auslandstätigkeitserlass

Sofern mit dem Tätigkeitsstaat kein Doppelbesteuerungsabkommen vorliegt (wie z.B. mit Libyen, Liechtenstein, Nigeria oder Saudi-Arabien), kann der Lohn nach dem Auslandstätigkeitserlass steuerfrei sein. Demnach sind begünstigt:

● Planung, Errichtung, Überwachung und Wartung von Anlagen;
● Gewinnung von Bodenschätzen;
● Beratung ausländischer Auftraggeber beim Anlagenbau und bei der Gewinnung von Bodenschätzen.

Ferner ist die öffentliche Entwicklungshilfe begünstigt.
Der Weg zur Steuerbefreiung: Das Betriebsfinanzamt erteilt auf Antrag Ihrem inländischen Arbeitgeber eine Freistellungsbescheinigung für Sie,

und der Betrieb trägt den Arbeitslohn in > Zeile 16 – unten – der Lohnsteuerbescheinigung ein. Aber auch dieser steuerfreie Arbeitslohn unterliegt dem sog. Progressionsvorbehalt und muss in die > Zeile 22 der Anlage N übernommen werden.

Hat Ihr Arbeitgeber den Arbeitslohn besteuert, obwohl er nach dem Auslandstätigkeitserlass steuerfrei ist, können Sie bei Ihrem Finanzamt die Steuerfreiheit beantragen.

Zeile 25 Grenzgänger   676

Grenzgänger und Pendler haben ihren Arbeitsplatz im Ausland, kehren aber täglich zu ihrem inländischen Wohnsitz zurück. Für sie gibt es Sonderregelungen.

Da im Grundsatz das »Arbeitsortprinzip«, also Besteuerung der Einkünfte im Tätigkeitsstaat gilt, kann es sein, dass Grenzgänger ihre Einkünfte – abweichend vom Grundsatz – im Wohnsitzstaat versteuern.

Grenzgängerregelungen finden sich in den DBA mit Frankreich, Österreich und der Schweiz.

Weil Sie genauso ehrlich wie fleißig sind, tragen Sie Ihre Auslandsbezüge in der Währung des Auslands in > Zeile 25 ein, zumal die Finanzämter einen regen Auskunftsverkehr mit ihren ausländischen Kollegen pflegen. Außerdem fügen Sie die beim Finanzamt erhältliche Anlage N-Gre bei.

1	Name			**Anlage N-Gre**	
2	Vorname			zur Einkommensteuererklärung von Grenzgängern	
3	Steuernummer			Stpfl. / Ehemann	Ehefrau
	1. Ausländische Einkünfte aus nichtselbständiger Arbeit			Schweiz	Schweiz
4	als Grenzgänger nach	**Frankreich**	**Österreich**	Der Arbeitslohn wurde in CHF ausbezahlt.	Der Arbeitslohn wurde in EUR ausbezahlt.
	Inländische Einkünfte aus nichtselbständiger Arbeit und Versorgungsbezüge sind in der Anlage N zu erklären. Jeder Ehegatte mit Einkünften aus nichtselbständiger Arbeit hat eine eigene Anlage N / N-Gre abzugeben.				4
	Angaben zum Arbeitslohn				EUR (ggf. umgerechnet)
5	**Bruttoarbeitslohn** lt. beigefügtem Lohnausweis des Arbeitgebers (bei Grenzgängern in die Schweiz: lt. Zeile 8 des Lohnausweises; bitte auch Gehaltsmitteilungen einreichen)		CHF	,	,
	Abzüglich steuerfreie Bezüge (soweit im Bruttoarbeitslohn enthalten)				
6	Kinderzulage	—		,	,
7	Sonntags-, Feiertags- und Nachtzuschläge (vgl. Erläuterung 1 auf Seite 4)	—		,	,

485

677 Zeile 26 Aufwandsentschädigungen

Aufwandsentschädigungen aus öffentlichen Kassen sind steuerfrei, weil sie, wenn auch pauschal, Auslagen abgelten sollen (§ 3 Nr. 12 EStG). Zu diesen Aufwandsentschädigungen zählen insbesondere Einnahmen

- als nebenberuflicher Übungsleiter, Ausbilder, Erzieher, Betreuer oder aus einer vergleichbaren Tätigkeit,
- aus einer nebenberuflichen künstlerischen Tätigkeit oder
- aus der nebenberuflichen Pflege alter, kranker oder behinderter Menschen.

Sie gehören im Grunde gar nicht in die Steuererklärung, jedoch nimmt der Fiskus ein gewisses Kontrollrecht in Anspruch.

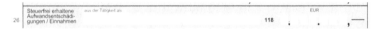

Andere Zahlungen aus öffentlichen Kassen, die in erster Linie Zeitaufwand abgelten, so z. B. die Vergütung für die Korrektur von Prüfungsaufgaben, sind nach Abzug des sog. **Übungsleiterfreibetrags von 2.400 €** (§ 3 Nr. 26 EStG) steuerpflichtige Einkünfte aus selbständiger Arbeit.

 Ausführliche Hinweise zum Thema »Ehrenamt und Steuern« finden Sie unter ➤ Rz 166 ff. und unter ➤ Rz 539 ff. (Übungsleiterfreibetrag).

Das Beste, was du wissen kannst,
darfst du dem Buben doch nicht sagen.
(Goethes Faust)

678 9.7 Lohnersatzleistungen – Zeile 27–28

Lohnersatzleistungen sind steuerfreie Einnahmen nach dem Arbeitsförderungsgesetz aufgrund von Krankheit, Arbeitslosigkeit oder Insolvenz (§ 3 Nr. 2 EStG). Zwar steuerfrei, unterliegen sie dem Progressionsvorbehalt (nach § 32b EStG), gehen also in die Berechnung des Steuersatzes der übrigen – steuerpflichtigen – Einkünfte ein, die dadurch höher besteuert werden. Eine Besteuerung *von hinten durch die Brust über das Knie ins Auge.* Wie dabei gerechnet wird, dazu unten mehr.

Es reicht Vater Staat also nicht, von den Erwerbstätigen Steuern zu kassieren. Nein, auch denen, die arbeitslos oder länger krank sind – und deswegen ohnehin Flaute in der Kasse haben –, presst er Geld ab. Merkwürdig: Die Agentur für Arbeit zahlt aus, das Finanzamt kassiert's wieder ein.

Wie funktioniert der Progressionsvorbehalt?
Nehmen wir mal an, Sie waren ein Vierteljahr krank und haben Krankengeld erhalten. Bei einem zu versteuernden Einkommen von z. B. 25.000 € zahlen Sie nach der Grundtabelle 4.016 € Steuer, etwa 16 %. Das Finanzamt lotst nun die 5.000 € Krankengeld mit folgendem Steuertrick – ja, richtig, das hat auch seine Tricks! – in Ihren Steuerbescheid: Es schlägt das Krankengeld dem zu versteuernden Einkommen zu. Für die dann insgesamt 30.000 € müssten Sie eigentlich 5.536 € Steuer zahlen, also etwa 18,5 % – wenn das Krankengeld steuerpflichtig wäre. Ist es aber nicht! Trotzdem zahlen Sie nun mehr. Denn das Finanzamt kassiert von Ihnen 18,5 % von 25.000 €, also 4.625 €.

»Dann kostet mich das Krankengeld also 609 € Steuern extra plus Kirchensteuer und Soli-Zuschlag. So eine Schweinerei! Aber wie wollen die denn überhaupt wissen, dass ich Krankengeld bekommen habe?«, sinnieren Sie.

Obacht! Auf Ihrer Lohnsteuerbescheinigung steht genau, von wann bis wann Sie gearbeitet haben. Und haben Sie länger als fünf Arbeitstage keinen Lohn von Ihrem Brötchengeber bekommen, muss er unter »U«, soll heißen »Unterbrechung«, eine Eintragung machen. Das Finanzamt weiß dann sofort: »Aha, da wurde Krankengeld gezahlt.« Darüber hinaus werden dem Finanzamt Lohnersatzleistungen seit einiger Zeit von den Krankenkassen und den Arbeitsagenturen online übermittelt. Schummeln also zwecklos.

> *Gewohnheiten sind Vorgesetzte,*
> *die man nicht bemerkt.*
>
> (Hannes Messemer)

Zeile 27 Kurzarbeiter-, Schlechtwettergeld usw.   679

Haben Sie 2015 von Ihrem Arbeitgeber
- Kurzarbeitergeld,
- einen Zuschuss zum Mutterschaftsgeld,
- Verdienstausfallentschädigung nach dem Infektionsschutzgesetz,

- Aufstockungsbeträge nach dem Altersteilzeitgesetz oder
- Altersteilzeitzuschläge aufgrund der Besoldungsgesetze des Bundes und der Länder

erhalten, ist die Summe der ausgezahlten Beträge in > Zeile 15 Ihrer Lohnsteuerbescheinigung ausgewiesen.

14. Einbehaltene Kirchensteuer des Ehegatten von 9. und 10. (nur bei konfessionsverschiedener Ehe)	
15. Kurzarbeitergeld, Zuschuss zum Mutterschaftsgeld, Verdienstausfallentschädigung (Infektionsschutzgesetz). Aufstockungsbetrag und Altersteizeitzuschlag	**4.175|00**
Doppelbesteuerungs-abkommen	

Genau diese Beträge gehören in > Zeile 27 der Anlage N.

27	Kurzarbeitergeld, Zuschuss zum Mutterschaftsgeld, Verdienstausfallentschädigung nach dem Infektionsschutzgesetz, Aufstockungsbeträge nach dem Altersteilzeitgesetz, Altersteilzeitzuschläge nach Besoldungsgesetzen (lt. Nr. 15 der Lohnsteuerbescheinigung)	119	4.175,—

Neu seit 2015:
Nicht vom Arbeitgeber gezahlte Lohn-/Entgeltersatzleistungen (z.B. Arbeitslosengeld, Elterngeld) sollen in > Zeile 91 des Hauptvordrucks eingetragen werden.

Sonstige Angaben und Anträge			18
		stpfl. Person / Ehemann / Lebenspartner(in) A EUR	Ehefrau / Lebenspartner(in) B EUR
91	Einkommensersatzleistungen, die dem Progressionsvorbehalt unterliegen, z. B. Arbeitslosengeld, Elterngeld, Insolvenzgeld, Krankengeld, Mutterschaftsgeld und vergleichbare Leistungen aus einem EU- / EWR-Staat oder der Schweiz (ohne Beträge lt. Zeile 27 der Anlage N)	120 ,— 121	,—

Die Leistungsbeträge werden grundsätzlich elektronisch an die Finanzverwaltung übermittelt. Lesen Sie dazu auch ➤ Rz 275.

---

680 Zeile 28 Angaben über Zeiten und Gründe der Nichtbeschäftigung

---

Hier sollen Sie Angaben machen, wenn Sie in 2015 zeitweise nicht in einem Arbeitsverhältnis gestanden haben.

Wenn die Zeiten der Nichtbeschäftigung lückenlos zu den Zeiten der Beschäftigung passen, macht der Fiskalvertreter schnell einen Haken dran. Um ihn zu beruhigen, geben Sie also an, wie lange und warum (z.B. Arbeitslosigkeit, Schulausbildung, Studienzeit) Sie nicht gearbeitet haben.

Fügen Sie – ggf. neben der Bescheinigung über Lohn-/Entgeltersatzleistungen – Belege bei (Studienbescheinigung usw.). Krankheitszeiten brauchen Sie nicht anzugeben, wenn das Arbeitsverhältnis während der Erkrankung fortbestanden hat.

Um Rückfragen zu vermeiden, geben Sie auch die Zeiten an, in denen Sie pauschal besteuerten Arbeitslohn (z. B. Minijob) bezogen haben.

Seid voll Freude, meine Brüder,
wenn ihr in mancherlei Versuchungen geratet.
(Jakobus 1,2)

9.8 Werbungskosten (aus aktivem Arbeitsverhältnis) – Zeile 31–87

Zur Ermittlung der Arbeitseinkünfte zieht das Finanzamt vom Bruttolohn beruflich veranlasste Aufwendungen (= Werbungskosten) ab. Beruflich veranlasst sind praktisch alle Kosten, die Ihr Beruf mit sich bringt. **681**

Arbeitnehmerpauschbetrag
Berufliche Kosten bis 1.000 € sind bei Arbeitnehmern in einem »aktiven Dienstverhältnis« durch den Arbeitnehmerpauschbetrag abgegolten und fallen daher sang- und klanglos unter den Tisch (§ 9 a EStG). Dem begegnen Sie am besten, indem Sie mal kleckern und mal klotzen. Dazu der Tipp unter ➤ Rz 684. Empfänger von Versorgungsbezügen/Pensionen stehen in einem »passiven Dienstverhältnis«. Sie erhalten nur einen Pauschbetrag von 102 €.

Bei den Werbungskosten spielt die Musik
Am Bruttoarbeitslohn können Sie kaum noch etwas zu Ihren Gunsten drehen, wenn das Arbeitsjahr abgelaufen ist und der Betrieb Ihr Gehalt auf der Lohnsteuerkarte bescheinigt hat. Bei den Werbungskosten liegt es aber an Ihnen, den weiten Spielraum voll auszunutzen.

Das Wort »Werbungskosten« klingt unverständlich, ist aber wohl als Eselsbrücke gedacht. In § 9 EStG werden sie nämlich als Kosten zur

Erwerbung, Sicherung und Erhaltung von Einnahmen
bezeichnet. Darunter fällt also alles, was Sie Geld gekostet hat und im weitesten Sinn mit Ihrem Beruf zusammenhängt. Außer den reinen Geldausgaben sind auch Abschreibungen auf Arbeitsmittel absetzbar. Auf der Suche nach Werbungskosten lohnt es, die steuerliche Phantasie schweifen zu lassen, wie Sie noch sehen werden. Viele Möglichkeiten zur Steuerersparnis sind zu wenig bekannt, insbesondere bei den sog. gemischten – d. h. sowohl beruflich als auch privat veranlassten – Aufwendungen.

682 Gemischte Aufwendungen: für den Fiskus ein rotes Tuch

Bei gemischten Aufwendungen argwöhnt der Fiskus, Sie könnten versuchen, ihm den privaten Anteil mit aufs Auge zu drücken. Deshalb lehnt er sie rundweg als nicht abzugsfähig ab, erkennt also auch den beruflichen Anteil nicht an. Allerdings macht er Ausnahmen:

Wenn eine Aufteilung der Aufwendungen in privaten und beruflichen Anteil leicht und einwandfrei möglich ist, lässt er Letzteren zum Abzug zu (EStR 12.1).

So werden – weil angeblich nicht aufteilbar – Aufwendungen für Kleidung und Schuhe, die Sie bei der Arbeit verschleißen, nicht anerkannt. Der beruflich veranlasste Anteil der Kosten für **Auto, Telefon, häusliches Arbeitszimmer, Verpflegung, Computer etc.** ist hingegen abzugsfähig, weil er sich, so die Begründung, leicht und einwandfrei vom privaten Anteil trennen lasse. **Weil das aber glatter Unfug ist, denn auch hier ist eine Trennung keineswegs leicht und einwandfrei, eröffnet sich Ihnen ein weites Feld, das gründlich zu beackern Sie nicht versäumen sollten.**

 Nichtbeanstandungsgrenze

683

Da jeder Arbeitnehmer beruflich veranlasste Ausgaben hat, verzichten die Finanzämter aufgrund interner Dienstanweisungen ganz auf Belege und Quittungen, wenn Sie nicht mehr als 2.500 € als Werbungskosten geltend machen – Kosten für Fahrten zur Arbeit gehen dabei extra –, nur müssen Sie Ihre Aufwendungen im Einzelnen aufschlüsseln, also auf der Anlage N oder einem eigenen Blatt eine genaue Aufstellung fertigen.

684 *TIPP* Bei Werbungskosten mal kleckern, mal klotzen

Haben Sie überhaupt keine beruflichen Aufwendungen, sind Sie fein heraus, denn den Pauschbetrag erhalten Sie trotzdem. Sind Ihnen dagegen Aufwendungen entstanden, müssen Sie sie bis 1.000 € steuerlich in den Wind schreiben. Es sei denn, Sie sind in der Lage, Ihre Ausgaben so zu steuern, dass Sie in einem Jahr den Pauschbetrag locker überspringen, dafür im nächsten Jahr möglichst keine Werbungskosten haben und nur den Pauschbetrag mitnehmen.

Luxus ist erlaubt   685

Sie können bei den beruflichen Aufwendungen grundsätzlich selbst bestimmen, ob und in welcher Höhe Sie sie tätigen. Der Fiskus kann nicht
entscheiden, ob Werbungskosten notwendig oder angemessen sind.
Grenzwerte sind lediglich gesetzt bei
- Fahrten zwischen Wohnung und erster Tätigkeitsstätte (➤ Rz 687 ff.),
- häuslichem Arbeitszimmer (➤ Rz 747 ff.),
- Verpflegungsmehraufwendungen (➤ Rz 817),
- doppelter Haushaltsführung (➤ Rz 858).

> *Was dem Menschen sein Schatten,*
> *ist der Steuer die Hinterziehung.*
> (Georges Pompidou)

TIPP Keine Einnahmen, nur Ausgaben?   686
Übertragen Sie Ihre Ausgaben in Folgejahre!

Wer keine Einnahmen hat, kann auch nichts absetzen, so lautet die herkömmliche Devise. Dem ist aber nicht so. Waren Sie z. B. **arbeitslos** oder befanden
sich in **Fortbildung** und hatten deswegen keine Einkünfte, sollten Sie trotzdem eine Steuererklärung abgeben, um sich den Ausgabenabzug zu sichern.
»Wie soll ich als Arbeitsloser Ausgaben geltend machen, wenn ich keine Einnahmen habe und deshalb auch keine Steuern zahlen muss?«, fragen Sie.
Dies gelingt Ihnen über den sog. **Verlustvortrag.** Auch ohne Einkünfte können Sie beruflich veranlasste Ausgaben für Bewerbungen, Fachliteratur oder
auch Arbeitsmittel in der Anlage N geltend machen. Dieser Verlust wirkt sich
über den sog. Verlustabzug (➤ Rz 272 f.) wahlweise im Vorjahr oder in künftigen Jahren aus.
Hauptsache ist, dass das Finanzamt Ihren Verlust zur Kenntnis nimmt, ihn
amtlicherseits feststellt und in einem Steuerbescheid bescheinigt. Dieser Vorgang ist für sich genommen schon ein wichtiger Grund für die Abgabe einer
Steuererklärung. Auf Seite 1 des Mantelbogens gibt es dafür oben extra ein
Kästchen: »Erklärung zur Feststellung des verbleibenden Verlustvortrags«. In
> Zeile 81 des Hauptvordrucks können Sie den Verlustabzug der Höhe nach
beschränken.

Dies bedeutet: All diejenigen, die arbeitslos waren oder wegen einer längeren Fortbildung nicht arbeiten konnten, können die Kosten für einen Lehrgang, Arbeitsmittel, Dienstreisen, Arbeitszimmer usw. als sog. **vorweggenommene Werbungskosten** geltend machen und den Verlust später
absetzen. Wichtig ist dabei, dass Fortbildung und Stellensuche nahtlos inein-
ander übergehen, damit der zeitliche Zusammenhang gewahrt ist.

Beispielhaft ist der »Maurer-Fall« (BFH-Urt. v. 18.4.1996 – BStBl 1996 II S. 529). Der arbeitslose Maurer belegte einen viermonatigen Meisterkurs und fand danach eine Stelle als Bauleiter. Der Bundesfinanzhof hat die Fortbildungskosten als vorweggenommene Werbungskosten anerkannt. Ebenso haben die Finanzrichter bei einem Arbeitslosen entschieden und Aufwendungen für Fachliteratur und Arbeitsmittel anerkannt (BFH-Urt. v. 13.6.1996 – BHF/NV 1997 S. 98).

Kein Chef ist dazu da,
seine Mitarbeiter glücklich zu machen.
(Manager Schütte)

9.8.1 Wege zwischen Wohnung und erster Tätigkeitsstätte (Entfernungspauschale) – Zeile 31 – 39

687 Für die Wege zwischen Wohnung und Arbeitsstätte können Sie – egal, welches Verkehrsmittel Sie benutzen – eine Entfernungspauschale geltend machen (§ 9 Abs. 2 EStG). Ungeachtet der ständig steigenden Kosten beträgt diese seit vielen Jahren nur **0,30 € für jeden Entfernungskilometer**. Dies zeigt wieder einmal, wie sich die öffentliche Hand auf Kosten der Werktätigen zu sanieren versucht.

> **Die Entfernungspauschale findet keine Anwendung bei Flügen (> Zeile 45) und bei steuerfreier Sammelbeförderung (➤ Rz 714), so § 9 Abs. 2 Satz 3 EStG.**

Mit der Entfernungspauschale von 0,30 € je Entfernungskilometer sind sämtliche Fahrtkosten abgegolten. Das gilt sowohl für die Kraftfahrzeugaufwendungen (Abschreibung, Kosten für Treibstoff, Öl, Inspektionen, TÜV, übliche auf Verschleiß beruhende Reparaturen, Kfz-Steuer, Prämien für Haftpflicht- und Vollkaskoversicherung, nicht aber Unfallkosten) als auch für die Kosten durch öffentliche Verkehrsmittel.

Auch wenn Sie bei Nutzung eines privaten Kfz höhere Kosten nachweisen, ist gleichwohl nur die Entfernungspauschale von 0,30 € absetzbar.

688 Werbungskostenpauschbetrag entspricht einer Fahrtstrecke von 15 km
Als Werbungskosten wird mindestens ein Pauschbetrag von 1.000 € abgezogen, ohne dass Sie tatsächlich entstandene Aufwendungen nachweisen müssen.

Beträgt die Entfernung zur Tätigkeitsstätte nun mindestens 15 km, ist der Pauschbetrag schon geknackt.

Probe:

230 Fahrten × 15 km × 0,30 € =   <u>1.035 €</u>

Für jeden weiteren Euro, den Sie absetzen können, klingelt allerdings die Steuerkasse.

Beträgt Ihre Entfernung zur Arbeitsstätte weniger als 15 km?
Wie wäre es mit steuerfreien Benzingutscheinen statt Werbungs-
kostenabzug? Lesen Sie dazu ➤ Rz 538.

Entfernungspauschale bei Nutzung öffentlicher Verkehrsmittel   689
Interessanterweise wird die Entfernungspauschale nach der Straßenentfernung berechnet, auch wenn Sie öffentliche Verkehrsmittel benutzen.

Beispiel
Heribert Muster wohnt in Münster und arbeitet in Dortmund. Für die
Fahrten zur Arbeit benutzt er nur öffentliche Verkehrsmittel.

Die Entfernungspauschale beträgt bei 250 Fahrten × 75 km × 0,30 € =
5.625 €, höchstens 4.500 €.

Sie können auch die tatsächlichen Kosten für die Benutzung öffentlicher Verkehrsmittel geltend machen, sofern sie den Betrag von 4.500 € übersteigen.

690 **Entfernungspauschale bei Nutzung eines Kraftfahrzeugs**
Wenn Sie ein privates Kraftfahrzeug oder einen Firmenwagen benutzen, sind die Kosten in unbegrenzter Höhe absetzbar.

Beispiel
Heribert Muster aus dem vorherigen Beispiel benutzt für die Fahrten zur Arbeit seinen privaten Pkw.

Werbungskosten	Wege zwischen Wohnung und erster Tätigkeitsstätte / Sammelpunkt / weiträumigem Tätigkeitsgebiet (Entfernungspauschale)				8	
	Erste Tätigkeitsstätte in (PLZ, Ort und Straße)		vom	bis	Arbeitstage je Woche	Urlaubs- und Krankheitstage
31	Dortmund, Westfalengasse 3				5	25
32						
	Sammelpunkt / nächstgelegener Zugang zum weiträumigen Tätigkeitsgebiet (PLZ, Ort und Straße)					
33						
34						

lt. Zeile	Ort aufgesucht an Tagen	einfache Entfernung	davon mit eigenem oder zur Nutzung überlassenem Pkw zurückgelegt	davon mit Sammelbeförderung des Arbeitgebers zurückgelegt	davon mit öffentl. Verkehrsmitteln, Motorrad, Fahrrad o. Ä., als Fußgänger, als Mitfahrer einer Fahrgemeinschaft zurückgelegt	Aufwendungen für Fahrten mit öffentlichen Verkehrsmitteln (ohne Flug- und Fährkosten) EUR	Behinderungsgrad mind. 70 oder mind. 50 und mind. 50 und Merkzeichen „G"
35	31 110 250	111 75 km	112 75 km	113 km	km	114 — 115	1 = Ja
36	130	131 km	132 km	133 km	km	134 — 135	1 = Ja
37	150	151 km	152 km	153 km	km	154 — 155	1 = Ja
38	170	171 km	172 km	173 km	km	174 — 175	1 = Ja
39	Arbeitgeberleistungen lt. Nr. 17 und 18 der Lohnsteuerbescheinigung und von der Agentur für Arbeit gezahlte Fahrtkostenzuschüsse	steuerfrei ersetzt 290		EUR		pauschal besteuert 295	

Die Entfernungspauschale beträgt bei 250 Fahrten × 75 km × 0,30 € = 5.625 €

Kosten aus einem Unfall auf der Fahrt zur Arbeit können zusätzlich zur Entfernungspauschale abgesetzt werden!

Welche Besonderheiten gibt es für Behinderte?
Wer behindert ist (mindestens 70 % oder 50 % plus Merkzeichen G oder aG), muss sich nicht mit der Pauschale von 0,30 € je Entfernungskilome-

ter abspeisen lassen. Ihm steht die doppelte Entfernungspauschale von **0,60 € je Entfernungskilometer** zu. Dazu ist das entsprechende Kästchen in den > Zeilen 35 – 38 mit einer »1« für »Ja« auszufüllen.

Es geht für Behinderte aber noch weiter: Sie können sogar die tatsächlichen Kfz-Kosten (Abschreibung, Treibstoff, Inspektionen, Garage etc.) absetzen. Dazu müssen Sie der Steuererklärung eine Kostenaufstellung beifügen. Zu den tatsächlichen Kosten gehören neben Unfallkosten auch die Parkgebühren am Arbeitsort.

Bevor Sie die tatsächlichen Kosten geltend machen, stellen Sie am besten eine Vergleichsberechnung an und wählen die Methode, mit der Sie am günstigsten davonkommen.

691

TIPP **Sparen Sie mit einem Parkplatz Steuern!**

»Ich arbeite mitten in der City. Der Stellplatz im Parkhaus kostet mich sage und schreibe einen Braunen im Monat«, stöhnen Sie.

Ja, mein Lieber: Pech gehabt. Parkgebühren, und seien sie noch so hoch, sind durch die mickrige Pauschale von 0,30 € abgedeckt. Soll heißen: Die Parkgebühren können Sie nicht extra absetzen.

»Aber mein Boss kann sie mir doch ersetzen?«

Klar kann er. Aber für Sie wäre das steuerpflichtiger Arbeitslohn. Was tun? Ihre Firma mietet selbst den Platz im Parkhaus an. Und lässt Sie dort unentgeltlich parken. Ihnen ist dann kein Arbeitslohn zuzurechnen, und Ihr Chef kann die Parkgebühren als Betriebsausgaben absetzen.

»Toller Trick!«, staunen Sie.

Jeder will zurück zur Natur, nur nicht zu Fuß.
(Erkenntnis der Grünen)

Zeile 31 Wohnung

692

Hinterhältig, wie der Fiskus nun einmal ist, lässt er die wichtige Frage nach Ihrer Wohnung einfach aus. Angaben dazu haben Sie nämlich bereits auf dem Mantelbogen in > Zeile 11 – 13 (➤ Rz 85) gemacht, und die sind auch hier – zunächst – maßgebend.

Im Prinzip kommt als Ausgangspunkt jede Wohnung in Betracht, die der Arbeitnehmer regelmäßig zur Übernachtung nutzt und von der aus er seine regelmäßige Arbeitsstätte aufsucht.

Hören Sie, was der Fiskus selbst dazu sagt: Als **Wohnung** ist z.B. auch ein möbliertes Zimmer, eine Schiffskajüte, ein Gartenhaus, ein auf eine gewisse Dauer abgestellter Wohnwagen oder ein Schlafplatz in einer Massenunterkunft anzusehen (LStR 9.10 Abs. 1 Satz 2).

»Meistens fahre ich von meiner Freundin aus zur Arbeit«, sagen Sie. »Deren Wohnung ist viel weiter entfernt als meine.«

693 Arbeitnehmer mit zwei Wohnungen

Treten Sie Ihre Fahrten zur Arbeit von verschiedenen Wohnungen (oder Unterkünften) aus an, werden zunächst nur die Fahrten von der näher gelegenen berücksichtigt. Es sei denn, die weiter entfernt liegende wird von Ihnen mit einer gewissen Regelmäßigkeit aufgesucht. Beim Fiskus spricht man vom »Mittelpunkt der Lebensinteressen« und unterscheidet zwischen Verheirateten und Alleinstehenden (LStR 9.10 Abs. 1).

Der Mittelpunkt der Lebensinteressen befindet sich bei einem verheirateten Arbeitnehmer in der Regel am Wohnort seiner Familie. Die Wohnung kann aber nur dann ohne nähere Prüfung berücksichtigt werden, wenn sie der Arbeitnehmer mindestens sechsmal im Kalenderjahr aufsucht. Bei anderen Arbeitnehmern befindet sich der Mittelpunkt der Lebensinteressen an dem Wohnort, zu dem die engeren persönlichen Beziehungen bestehen. Das kann seinen Ausdruck besonders in Bindungen an Personen, z.B. Eltern, Verlobte, Freundes- und Bekanntenkreis, finden, aber auch in Vereinszugehörigkeiten und anderen Aktivitäten. Sucht der Arbeitnehmer diesen Wohnort im Durchschnitt mindestens zweimal monatlich auf, ist davon auszugehen, dass sich dort der Mittelpunkt seiner Lebensinteressen befindet (LStR 9.10).

»Ich konnte voriges Jahr meine damalige Verlobte keinen Tag allein lassen, da lief noch was nebenher.«

Das war sicherlich für Sie Grund genug, nach Hause zu fahren. Für die Fiskalritter aber vielleicht nicht so einleuchtend, weshalb Sie den wahren Grund nicht preisgeben sollten. Besser, Sie sprechen von Krankheiten, Haustieren und Ihren Ehrenämtern in Vereinen, von Übungsleitertätigkeit usw. Sagen Sie dem Fiskalritter, die Unterkunft in der Nähe der Arbeitsstätte hätten Sie nur angemietet für den Fall, dass wegen Schnee oder Nebel oder wegen Überstunden bis in den späten Abend eine Fahrt nach Hause nicht möglich ist. Das sei aber selten vorgekommen. Angenommen, Sie haben eine Wohnung 15 km von Ihrer Arbeitsstätte entfernt. Von dort sind Sie 40-mal zur Arbeit gefahren. Ihre Freundin wohnt 60 km von Ihrer Arbeitsstätte entfernt. Von dort sind Sie 190-mal zur Arbeit gefahren.

Und so bringen Sie die Fahrten in den Vordruck:

Werbungskosten	Wege zwischen Wohnung und erster Tätigkeitsstätte / Sammelpunkt / weiträumigem Tätigkeitsgebiet (Entfernungspauschale)					8	

	Erste Tätigkeitsstätte in (PLZ, Ort und Straße)					von	bis	Arbeitstage je Woche	Urlaubs- und Krankheitstage

31 Frankfurt/Oder, Industrieweg 12 → ab Erstwohnsitz   5   2 5

32 —»— → ab Zweitwohnsitz

Sammelpunkt / nächstgelegener Zugang zum weiträumigen Tätigkeitsgebiet (PLZ, Ort und Straße)

33

34

Ort lt. Zeile	aufgesucht an Tagen	einfache Entfernung	davon mit eigenem oder zur Nutzung überlassenem Pkw zurückgelegt	davon mit Sammelbeförderung des Arbeitgebers zurückgelegt	davon mit öffentl. Verkehrsmitteln, Motorrad, Fahrrad o. Ä., als Fußgänger, als Mitfahrer einer Fahrgemeinschaft zurückgelegt	Aufwendungen für Fahrten mit öffentlichen Verkehrsmitteln (ohne Flug- und Fährkosten) EUR	Behinderungsgrad mind. 70 oder mind. 50 und Merkzeichen "G"
35 31 110	4 0 111	1 5 km 112	1 5 km 113	km	km 114	— 115	1 = Ja
36 32 130 190 131		6 0 km 132	6 0 km 133	km	km 134	— 135	1 = Ja
37 150	151	km 152	km 153	km	km 154	— 155	1 = Ja
38 170	171	km 172	km 173	km	km 174	— 175	1 = Ja
					EUR		
39 Arbeitgeberleistungen lt. Nr. 17 und 18 der Lohnsteuerbescheinigung und von der Agentur für Arbeit gezahlte Fahrtkostenzuschüsse	steuerfrei ersetzt 290		pauschal besteuert 295				

Das ergibt Werbungskosten von:

40 Fahrten × 15 km × 0,30 € =	180 €
190 Fahrten × 60 km × 0,30 € =	3.420 €
Entfernungspauschale insgesamt:	3.600 €

Guter Rat   694

Zur Beweisvorsorge sollten Sie die Fahrten von der weiter entfernt liegenden Wohnung im Terminkalender notieren. Sie werden die Fahrten umso eher anerkannt bekommen, je öfter Sie gefahren sind.

»Das kommt mir gerade recht, umso mehr kann ich ja absetzen«, sagen Sie.

Außerdem: Das Finanzamt verlangt zwar keinen Nachweis für die entstandenen Fahrtkosten, als Beweisvorlage sollten Sie aber genügend Benzinquittungen und, wenn möglich, Inspektionsrechnungen vorlegen können.

»Ich benutze verschiedene Autos, mein eigenes, das meiner Verlobten und das von meinem Vater«, sagen Sie. Die Karte sticht nicht (➤ Rz 833).

Fahren Sie vom weit entfernten Campingplatz zur Arbeit?

695 Dieser Tipp wird all diejenigen unter Ihnen interessieren, die dem unbeschwerten Campingleben zugetan sind und neben ihrer festen Behausung einen Wohnwagen ihr Eigen nennen, der – zumindest für eine gewisse Zeit – auf einem Campingplatz steht. Dieser Wohnwagen kann für die Fahrten zwischen Wohnung und Arbeitsstätte als Ausgangspunkt angegeben werden. Gerät der Fiskalritter ob dieses Ansinnens in ungläubiges Staunen, möge er die diesbezügliche Anweisung in LStR 9.10 Abs. 1 Satz 2 nachlesen, in der ausdrücklich von einem Wohnwagen als Wohnung die Rede ist, wenn er für eine gewisse Dauer zur Übernachtung genutzt wird.

696 **Gut zu wissen: Ihr Notizkalender, in dem Sie die Übernachtungen auf dem Campingplatz, im Gartenhaus oder eben in der Schiffskajüte notiert haben, ist später die einzige beweiskräftige Unterlage dafür, wann und wie oft Sie von dort berufliche Fahrten unternommen haben. Also notieren Sie alle Übernachtungen, und bewahren Sie das Notizbuch für die spätere Steuererklärung gut auf.**

So bringen Sie als Steuerzahler aus Bielefeld Ihre Fahrten vom Campingplatz Dümmer/Lohausen in der Steuererklärung unter:

Werbungskosten	Wege zwischen Wohnung und erster Tätigkeitsstätte / Sammelpunkt / weiträumigem Tätigkeitsgebiet (Entfernungspauschale)						8	
Erste Tätigkeitsstätte in (PLZ, Ort und Straße)				vom	bis	Arbeitstage je Woche	Urlaubs- und Krankheitstage	
31	*Herford, Hermannstr.*					5	25	
32	*—„— vom Seegrundstück Dümmer/Lohausen*							
	Sammelpunkt / nächstgelegener Zugang zum weiträumigen Tätigkeitsgebiet (PLZ, Ort und Straße)							
33								
34								
	Ort lt. Zeile	aufgesucht an Tagen	einfache Entfernung	davon mit eigenem oder zur Nutzung überlassenem Pkw zurückgelegt	davon mit Sammelbeförderung des Arbeitgebers zurückgelegt	davon mit öffentl. Verkehrsmitteln, Motorrad, Fahrrad o. Ä., als Fußgänger, als Mitfahrer einer Fahrgemeinschaft zurückgelegt	Aufwendungen für Fahrten mit öffentlichen Verkehrsmitteln (ohne Flug- und Fährkosten) EUR	Behinderungsgrad mind. 70 oder mind. 50 und Merkzeichen „G"
35	*31* 110 *95* 111	*18* km 112	*18* km 113	km	km 114	— 115	1 = Ja	
36	*32* 130 *145* 131	*87* km 132	*87* km 133	km	km 134	— 135	1 = Ja	
37	150 151	km 152	km 153	km	km 154	— 155	1 = Ja	
38	170 171	km 172	km 173	km	km 174	— 175	1 = Ja	
39	Arbeitgeberleistungen lt. Nr. 17 und 18 der Lohnsteuerbescheinigung und von der Agentur für Arbeit gezahlte Fahrtkostenzuschüsse	steuerfrei ersetzt 290	EUR		pauschal besteuert 295	—		

Sie müssen dem Fiskalritter nur klarmachen, dass Ihr in Dümmer/Lohausen abgestellter Wohnwagen oder Ihr Mobilheim – zumindest für die Sommermonate – der Mittelpunkt Ihrer Lebensinteressen ist. Weisen Sie darauf hin, dass Sie sich im dortigen Segelclub engagieren, sofern das zutrifft. Sie dürfen aber nicht ein minderjähriges Kind oder Haustiere, die versorgt werden müssen, in der Stadtwohnung zurücklassen, so das FG Rheinland-Pfalz (Urt. v. 16.3.1994 EFG 1994 S. 784 und weitere Urteile zu Campingplatz als Mittelpunkt der Lebensinteressen). Ergo: Bello muss mit!

Das ergibt an Werbungskosten:

95 Tage × 18 km × 0,30 €	513 €
145 Tage × 87 km × 0,30 €	3.785 €
Entfernungspauschale insgesamt	4.298 €

Aber halt, Sie haben vergessen, in > Zeile 35 und 36 das Kästchen »Behinderungsgrad mindestens 70« anzukreuzen, denn Sie sind doch zu mind. 70 % behindert. Als so stark Behinderter können Sie nämlich die tatsächlichen Fahrtkosten ansetzen. Mangels Einzelnachweis der Fahrzeugkosten stehen Ihnen pauschal 0,30 € für jeden **gefahrenen** Kilometer zu (Werte für Dienstreisen nach LStH 9.5), also 0,60 € je Entfernungskilometer.

Das ergibt an Werbungskosten:

95 Tage × 18 km × 0,60 €	1.026 €
145 Tage × 87 km × 0,60 €	7.569 €
Summe	8.595 €

Für verheiratete ausländische Arbeitnehmer gut zu wissen   697

Dass der Besuch der eigenen Familie im fernen Land eine Fahrt zwischen Wohnung und Arbeitsstätte sein kann, auf die Idee kommt selten einer der vielen verheirateten ausländischen Arbeitnehmer in Deutschland. Und doch sind die Fahrten berufsbedingt, wenn er mindestens sechsmal im Jahr eine solche Fahrt unternimmt. Sechs Fahrten im Jahr sind für den Fiskus ein Beweisanzeichen, dass der Arbeitnehmer seine Familie noch nicht ganz und gar vergessen hat, die Familienwohnung im Ausland also noch »Mittelpunkt seiner Lebensinteressen« ist (LStR 42 Abs. 1 Satz 5).

Nun meint der Bundesfinanzhof, auch weniger als sechs Fahrten – im Urteilsfall waren es fünf – können ausreichend sein, um ein Interesse an der im Ausland wohnenden Familie zu bekunden (Urt. v. 26.11.2003 – BStBl 2004 II S. 233). Je weiter der Weg, umso weniger oft muss gefahren werden.

Kennen Sie jemanden, auf den dies zutrifft, dann geben Sie ihm diesen Tipp für seine Steuererklärung Anlage N > Zeile 31 f.

698

TIPP Ehrlich währt am längsten, oder?

»Eine Kollegin von mir lacht sich immer halb tot, wenn sie hört, dass ich nichts vom Finanzamt zurückbekomme. Dabei sind wir beide gleichgestellt und wohnen beide hier in Köln in derselben Straße. Wie schafft die das bloß, Steuern zurückzukriegen?«, so fragen Sie. »Gibt die vielleicht beim Finanzamt die Wohnung ihrer Eltern in Düsseldorf als Hauptwohnung an und macht tägliche Fahrten zwischen Düsseldorf und Köln als Werbungskosten geltend?«
Das wäre glatte Steuerhinterziehung, wenn sie nicht wirklich täglich fährt. Aber mal angenommen, alles passte gut zusammen, dann ginge so was beim Finanzamt unerkannt durch. Ist Düsseldorf der Hauptwohnsitz, müsste die Lohnsteuerkarte von der Stadtverwaltung Düsseldorf ausgestellt sein (§ 39 Abs. 2 EStG). Auch müsste die Kollegin so konsequent sein, ihren Antrag auf Veranlagung beim Finanzamt Düsseldorf zu stellen (§ 19 AO). Doch ärgern Sie sich nicht über die Steuerhinterziehung anderer. Das sind doch kleine Fische. Die Wut sollte Sie nur packen, wenn Sie von den weitaus größeren Steuergelderhinterziehungen der Staatsbürokraten hören. Aber Sie bleiben ehrlich!

699 ## Zeile 31–34 Tätigkeitsstätte

Bei den meisten ist die Eintragung in > Zeile 31–34 der Anlage N rasch erledigt. Sie tragen schlichtweg die Anschrift ihres Brötchengebers ein.

Wer allerdings nicht Tag für Tag in den Betrieb fährt, sollte hier weiterlesen:

- Arbeitnehmer können nur *eine* erste **Tätigkeitsstätte** haben.
  Und:

- Eine betriebliche Einrichtung wird nicht bereits deshalb erste Tätigkeitsstätte, weil sie regelmäßig aufgesucht wird. Sie muss den inhaltlichen Schwerpunkt der Tätigkeit bilden. Ist ein solcher inhaltlicher Schwerpunkt nicht gegeben, hat der Arbeitnehmer eben keine erste Tätigkeitsstätte.

Die erste Tätigkeitsstätte ist der ortsgebundene Mittelpunkt Ihrer dauerhaft angelegten beruflichen Tätigkeit. Um eine erste Tätigkeitsstätte zu haben, müssen Sie dieser zugeordnet sein, dort auch Ihrer beruflichen Tätigkeit schwerpunktmäßig nachgehen.

TIPP

700

So bestimmen Sie Ihre erste Tätigkeitsstätte selbst

Wo Ihre erste Tätigkeitsstätte ist, bestimmt in erster Linie Ihr Chef. Wie Ihr Arbeitsort bezeichnet wird, spielt dabei keine Rolle. Der Arbeitgeber muss also nicht zwingend den Begriff »erste Tätigkeitsstätte« verwenden, er kann sie auch »Hauptarbeitsstätte«, »zentrale Arbeitsstätte«, »Haupteinsatzort«, »Stammdienststelle« etc. nennen.

Die Arbeit, die Sie dort ausüben, muss keinen bestimmten zeitlichen Mindestumfang haben. Auch bei nur geringem Arbeitsumfang an diesem Ort muss das Finanzamt der Arbeitgeberfestlegung folgen, wenn eine solche vorliegt und eindeutig ist. Die Art der dort ausgeübten Arbeiten spielt ebenfalls keine Rolle.

Der Arbeitgeber kann – **muss aber nicht** – z. B. folgende Festlegungen treffen, mit der Folge, dass der betreffende Ort die erste Tätigkeitsstätte ist:

- Bei einem Rechtsanwalt- und Notargehilfen wird die Kanzlei als erste Tätigkeitsstätte festgelegt.
- Bei einem Kraftfahrer legt der Arbeitgeber den Betrieb als erste Tätigkeitsstätte fest.
- Ein Verkehrsunternehmen bestimmt das Busdepot als erste Tätigkeitsstätte.
- Für einen Außendienstmitarbeiter wird die Firmenzentrale als erste Tätigkeitsstätte festgelegt, obwohl er dort nur sporadisch tätig wird.

Erst in zweiter Linie kommt es auf den Zeitumfang der Arbeit an. Auf dieses Kriterium zur Bestimmung der ersten Tätigkeitsstätte wird aber erst zurückgegriffen, wenn der Arbeitgeber nicht selbst etwas in der Richtung festlegt oder seine Festlegungen nicht eindeutig sind. Eine erste Tätigkeitsstätte hat der Arbeitnehmer dann an dem Ort, an dem er

- typischerweise an jedem Arbeitstag
- oder je Arbeitswoche zwei volle Arbeitstage
- oder mindestens ein Drittel seiner vereinbarten regelmäßigen Arbeitszeit

tätig ist.

»Das lässt sich hören«, rufen Sie gleich. »Erste Arbeitsstätte ist ab sofort mein Arbeitszimmer und alle Fahrten für den Betrieb sind Reisekosten mit vollem Kostenabzug!«

Gute Idee, klappt aber nicht. Bei einer Arbeitsstätte muss es sich um eine betriebliche Einrichtung des Arbeitgebers handeln. Ein häusliches Arbeitszimmer gehört leider nicht dazu.
»Dann bestimmen wir die Filiale um die Ecke zur ersten Tätigkeitsstätte. Alle Fahrten zu Filialen im Umkreis, zu denen ich viel häufiger unterwegs bin, sind dann Dienstfahrten.« Genau, so klappt der Laden.

Fahren Sie als Arbeitnehmer mit Einsatzwechsel- oder Fahrtätigkeit morgens immer erst zum Betrieb und von dort weiter zur Baustelle oder übernehmen im Betrieb Ihren Bus oder Lkw, haben Sie im Betrieb keine erste Tätigkeitsstätte, da sich dort nicht der Schwerpunkt Ihrer beruflichen Tätigkeit befindet. Dies gilt auch, wenn Sie z.B. einmal in der Woche für einige Minuten den Betrieb Ihres Arbeitgebers aufsuchen, um Material, Aufträge oder Arbeitskollegen abzuholen oder um Arbeitsnachweise abzuliefern.

Viele Außendienstler und Monteure haben keine erste Tätigkeitsstätte im Betrieb, mit der Folge, dass

- **Fahrten zum Betrieb als Reisekosten mit den tatsächlichen Aufwendungen berücksichtigt werden und**

- **bei der Ermittlung abzugsfähiger Verpflegungskosten bei Auswärtstätigkeiten allein die Abwesenheit von der Wohnung zu berücksichtigen ist.**

Wichtig zu wissen: Fahrten zur Berufsschule gehören nicht in > Zeile 31–39, denn sie gelten als Dienstreise (> Zeile 50).

701 *TIPP* **Vermeiden Sie eine erste Tätigkeitsstätte**

Nach dem Reisekostenrecht hat eine erste Tätigkeitsstätte fast nur Nachteile:

1. Die Fahrtkosten zur ersten Tätigkeitsstätte können nur mit der Entfernungspauschale angesetzt werden.

2. Wenn Sie ein Firmenfahrzeug nutzen, müssen Sie den Nutzungsvorteil für Fahrten zwischen Wohnung und Tätigkeitsstätte selbst dann voll versteuern, wenn Sie nur einmal pro Woche im Betrieb auftauchen.

3. Die Abwesenheitszeit für die Berechnung der Verpflegungspauschalen beginnt anders als bisher erst ab Verlassen der ersten Tätigkeitsstätte (Betrieb) zu laufen.

Sie werden also in Absprache mit Ihrem Arbeitgeber eine erste Tätigkeitsstätte tunlichst vermeiden und haben nach der neuen Rechtsprechung des Bundesfinanzhofs dabei auch gute Karten. Das Einzige, was Sie tun müssen, ist, den Kern Ihrer beruflichen Tätigkeit zu beschreiben und dabei deutlich zu machen, dass Sie diese Arbeit nicht beim Arbeitgeber, sondern »auf Achse«, also bei Kunden, Mandanten, in verschiedenen Filialen …, erbringen.

Ohne erste Tätigkeitsstätte setzen Sie praktisch zeitlich unbegrenzt alle Fahrten – auch die gelegentlichen zum Betrieb – als Reisekosten mit 0,30 € je gefahrenen Kilometer ab.

Zeile 31–34 Arbeitstage je Woche … Urlaubs- und Krankheitstage 702

Von der Anzahl der Arbeitstage je Woche und der Dauer des Urlaubs hängt es ab, wie viele berufliche Fahrten zur Arbeitsstelle im Jahr der Fiskus ohne Wenn und Aber zugesteht:

Das sind bei

Fünftagewoche und drei Wochen Urlaub	230 Fahrten
Fünf- bis Sechstagewoche und drei Wochen Urlaub	260 Fahrten
Sechstagewoche und drei Wochen Urlaub	285 Fahrten

abzgl. der Krankheitstage.

Guter Rat 703

Autofahrer, die den täglichen Weg zur Arbeit mit dem eigenen oder einem überlassenen Pkw zurücklegen, können ihre Fahrtkosten über den allgemeinen Höchstbetrag von 4.500 € hinaus absetzen. Rechnen Sie aber damit, dass man von Ihnen Nachweise verlangt, wenn dieser allgemeine Höchstbetrag durch mehr als übliche Fahrten oder eine lange Wegstrecke überschritten wird. Also tunlichst Tankquittungen und Werkstattrechnungen aufbewahren.

Die Deckelung greift damit insbesondere in folgenden Fällen:

- wenn der Weg zur Arbeit (und zurück) mit anderen Verkehrsmitteln, z.B. dem Motorrad, Motorroller oder mit Bus oder Bahn zurückgelegt wird,
- für Teilnehmer einer Fahrgemeinschaft, und zwar bezogen auf die Tage, an denen sie nicht selbst gefahren, sondern mitgefahren sind.

(Quelle: BMF-Schreiben v. 11.12.2001 – BStBl I 2001, S. 994)

704 Zeile 35-38 Aufgesucht an ... Tagen

Auch wenn sich Ihr Fiskalritter wegen Ihrer zahlreichen Arbeitstage noch so lange verwundert die Augen reiben sollte, Sie lassen sich nicht beirren und beharren auf z.B. 243 Arbeitstagen, die glaubhaft zu machen Ihnen nicht schwerfallen dürfte.

 TIPP **Sie können auch mehr als 230 Fahrten im Jahr ansetzen!**

705 Bei 230 Fahrten im Jahr ist für die meisten Fiskalritter in den Finanzämtern das Ende der Fahnenstange erreicht. Seien Sie trotzdem nicht zu bange, mehr Fahrten anzugeben, wenn Sie z. B. an freien Wochenenden in die Firma mussten. Etwa wegen einer Betriebsstörung, bei Dienst mit Abrufbereitschaft (BFH-Urt. v. 20.3.1992 – BStBl 1992 II S. 835), oder auch nur, weil Sie Unterlagen geholt haben, die Sie am Wochenende bearbeiten wollten. Denn die Entfernungspauschale ist für jeden Arbeitstag anzusetzen, an dem Sie die Arbeitsstätte aufsuchen.

Beachten Sie: Zusätzliche Fahrten an ein und demselben Tag, z. B. außerhalb der regelmäßigen Arbeitszeit oder weil die Arbeitszeit um mehr als vier Stunden unterbrochen war, können nicht berücksichtigt werden. Eine Fahrt täglich, und damit basta, so sieht es St. Fiskus.

Das ergibt an Werbungskosten:

Werbungskosten	Wege zwischen Wohnung und erster Tätigkeitsstätte / Sammelpunkt / weiträumigem Tätigkeitsgebiet (Entfernungspauschale)					8	
	Erste Tätigkeitsstätte in (PLZ, Ort und Straße)			vom	bis	Arbeitstage je Woche	Urlaubs- und Krankheitstage
31	Detmold, Lönsweg 9					5	18
32	–"– vom Seegrundstück Dümmer/Lohausen						
	Sammelpunkt / nächstgelegener Zugang zum weiträumigen Tätigkeitsgebiet (PLZ, Ort und Straße)						
33							
34							

lt. Zeile	Ort aufgesucht an Tagen	einfache Entfernung	davon mit eigenem oder zur Nutzung überlassenem Pkw zurückgelegt	davon mit Sammelbeförderung des Arbeitgebers zurückgelegt	davon mit öffentl. Verkehrsmitteln, Motorrad, Fahrrad o. Ä., als Fußgänger, als Mitfahrer einer Fahrgemeinschaft zurückgelegt	Aufwendungen für Fahrten mit öffentlichen Verkehrsmitteln (ohne Flug- und Fährkosten) EUR	Behinderungsgrad mind. 70 oder mind. 50 und Merkzeichen "G"
35	31 110 230 111	34 km 112	34 km 113	km	km 114	– 115	1 = Ja
36	32 130 13 131	34 km 132	34 km 133	km	km 134	– 135	1 = Ja
37	150 151	km 152	km 153	km	km 154	– 155	1 = Ja
38	170 171	km 172	km 173	km	km 174	– 175	1 = Ja
39	Arbeitgeberleistungen lt. Nr. 17 und 18 der Lohnsteuerbescheinigung und von der Agentur für Arbeit gezahlte Fahrtkostenzuschüsse	steuerfrei ersetzt 290	EUR	pauschal besteuert 295			

243 Tage × 34 km × 0,30 € = 2.479 €

Damit alles klappt, fügen Sie am besten eine Arbeitgeberbescheinigung nach folgendem Muster bei:

```
        ARBEITGEBERBESCHEINIGUNG 20..
Herr/Frau . . . . . . . wohnhaft in . . . ist bei uns
als . . . . . . beschäftigt. An folgenden Tagen hat er/
sie zusätzlich an Feiertagen/samstags/sonntags gearbei-
tet: . . . ., . . . ., . . . ., . . . ., usw.

. . . . . . . . . .                     . . . . . . . .
Stempel des Arbeitgebers                Unterschrift
```

Können Sie mit einer solchen Bescheinigung nicht aufwarten, klappt es vielleicht so:

706

TIPP Nutzen Sie die Mittagsheimfahrten als Dienstreisen

Die Entfernungspauschale kann für Wege zu derselben Arbeitsstätte für jeden Arbeitstag nur einmal angesetzt werden, selbst wenn Sie den Weg mehrmals pro Tag zurücklegen.

Die arbeitstäglichen Mittagsheimfahrten sind für den Fiskus privat veranlasst und bleiben somit bei den begünstigten Fahrten zwischen Wohnung und Arbeitsstätte unberücksichtigt. Weil Sie das ärgert, drehen Sie den Spieß um und machen aus den Mittagsheimfahrten Dienstreisen. Nun sind die gefahrenen Kilometer mit 0,30 € wissen. Wie das geht, möchten Sie wissen? Nichts einfacher als das. Sie verbinden die Mittagsheimfahrt mit einem Botengang für den Betrieb und fahren zunächst zu einem Kunden, zur Bank oder zur Post. Auf diese Weise machen Sie nun eine hochoffizielle Dienstreise, die Sie mit 0,30 € je gefahrenen Kilometer absetzen können. Bei 100 solcher Fahrten im Kalenderjahr ergibt sich daraus für Sie z. B. folgende Rechnung:

Fahrtkosten für Dienstreisen zu Post, Bank …	
100 Tage × 20 km × 0,30 €	600 €
Steuerersparnis bei einem Steuersatz von ca. 30 %	180 €

Auch hierfür stellt Ihnen Ihr Chef sicherlich eine Bescheinigung aus.

505

707 Zeile 35–38 Einfache Entfernung

Hier fragt der Fiskus scheinbar arglos nach der einfachen Entfernung, obwohl im Gesetz etwas ganz anderes steht. Dort ist zwar zunächst die Rede von der kürzesten Straßenverbindung zwischen Wohnung und Arbeitsstätte, im gleichen Atemzug wird aber gesagt, dass eine längere anzusetzen ist, wenn diese offensichtlich verkehrsgünstiger ist (§ 9 Abs. 1 Nr. 4 EStG).

»Wenn ich die kürzere Strecke fahre, aber die längere angebe, dann spare ich doppelt, Sprit und Steuern«, sagen Sie.

708 *TIPP* Die verkehrsgünstigere Strecke ist maßgebend, nicht die kürzeste

Die Bundesfinanzrichter haben hat glasklar entschieden: Für die Frage, ob eine Strecke offensichtlich verkehrsgünstiger ist, kann nicht eine Zeitersparnis von mindestens 20 Minuten verlangt werden. Eine solche absolute Zeitgrenze ergibt sich nicht aus dem Gesetz. *Die Fahrzeitersparnis darf nur im Verhältnis zur Gesamtfahrzeit nicht von untergeordneter Bedeutung sein.* Probleme könnte es damit geben, wenn die Zeitersparnis durch die längere verkehrsgünstigere Strecke unter 10 % liegt. Andererseits können auch Kriterien wie Verkehrssicherheit, Streckenführung oder Ampelschaltungen eine längere Strecke als verkehrsgünstig rechtfertigen, selbst wenn sich keine signifikante Fahrzeitersparnis ergibt (BFH v. 16.11.2011 – VI R 46/10, BFH/NV 2012 S. 505 und BFH v. 16.11.2011 – VI R 19/11, BFH/NV 2012 S. 508). Deshalb kann z. B. in den Wintermonaten eine schon morgens gut gestreute längere Strecke über eine Hauptverkehrsstraße maßgebend sein, wenn eine kürzere Nebenstrecke nicht zuverlässig von Schnee und Eis befreit ist.
Sie müssen sich vor allem mit Ihrem Finanzamt nicht mehr auf Diskussionen einlassen, ob es statt der von Ihnen tatsächlich benutzten Strecke eine andere Alternative zur kürzesten Fahrstrecke gibt, die noch schneller ist. Entscheidend ist nur, dass Ihre Strecke günstiger ist als die kürzeste Verbindung.

Übrigens:
Interessanterweise wird Ihre Entfernungspauschale auch dann nach der Straßenentfernung berechnet, wenn Sie mit öffentlichen Verkehrsmitteln zur Arbeit fahren. Angenommen, Sie fahren mit der Bahn zur Arbeit. Die Tarifentfernung der Bahn beträgt 38 km; zusätzlich legen Sie am Wohnort und am Arbeitsort noch jeweils 1 km zu Fuß zurück. Die kürzeste Stra-

ßenverbindung von Ihrer Wohnung zum Arbeitsplatz beträgt aber 45 km.
Ihre Werbungskosten belaufen sich also auf:
45 km × 0,30 € × 220 Arbeitstage = 2.970 €

Zeile 35–38 … davon mit Pkw zurückgelegt … Sammelbeförderung, öffentliche Verkehrsmittel, Fahrgemeinschaft

709

Die Entfernungspauschale ist zwar grundsätzlich für alle Verkehrsmittel gleich hoch, und deshalb sollte es den Fiskus eigentlich nicht interessieren, welches Verkehrsmittel Sie zur Arbeit bringt. Die Fahrt mit dem eigenen oder einem überlassenen Pkw – z.B. Firmenwagen – ist indessen insoweit begünstigt, als es bei den Kosten nach oben keine Begrenzung gibt. Der Höchstbetrag von 4.500 € im Kalenderjahr gilt hier nicht.

Park and ride

710

Soweit für die Wege zwischen Wohnung und Arbeitsstätte sowohl ein Pkw als auch öffentliche Verkehrsmittel benutzt werden (sog. Park and ride), gilt die Begrenzung von 4.500 € nur für die auf öffentliche Verkehrsmittel entfallende Strecke. Deshalb wird die Entfernung jeweils gesondert abgefragt.

◆ *Musterfall Udo Gaul (Park and ride)*

711

Gaul schwört auf die Bahn, doch leider liegt der Bahnhof nicht vor seiner Haustür. Deshalb kommt er nicht umhin, zunächst die 30 km bis zum nächsten Bahnhof mit seinem Pkw abzuspulen. Von dort geht es mit der Bahn weiter. Am Zielbahnhof angekommen, nimmt er die U-Bahn bis zu seiner Arbeitsstätte. Die kürzeste Straßenverbindung beträgt 100 km. An Aufwendungen für die Bahnfahrten kann Gaul insgesamt 1.600 € belegen.

| Werbungskosten | Wege zwischen Wohnung und erster Tätigkeitsstätte / Sammelpunkt / weiträumigem Tätigkeitsgebiet (Entfernungspauschale) | | | | 8 |

	Erste Tätigkeitsstätte in (PLZ, Ort und Straße)		vom	bis	Arbeitstage je Woche	Urlaubs- und Krankheitstage
31	Essen, Ruhrallee 218				5	21
32						
33	Sammelpunkt / nächstgelegener Zugang zum weiträumigen Tätigkeitsgebiet (PLZ, Ort und Straße)					
34						

	Ort lt. Zeile	aufgesucht an Tagen	einfache Entfernung	davon mit eigenem oder ' zur Nutzung überlassenem Pkw zurückgelegt	davon mit Sammelbeförderung des Arbeitgebers zurückgelegt	davon mit öffentl. Verkehrsmitteln, Motorrad, Fahrrad o. Ä., als Fußgänger, als Mitfahrer einer Fahrgemeinschaft zurückgelegt	Aufwendungen für Fahrten mit öffentlichen Verkehrsmitteln (ohne Flug- und Fährkosten) EUR	Behinderungsgrad mind. 70 oder mind. 50 und Merkzeichen „G"
35	31 110	230 111	100	km 112 30	km 113	km 70 km 114	— 115 ,	1 = Ja
36	130	131	km 132	km 133	km	km 134	— 135 ,	1 = Ja
37	150	151	km 152	km 153	km	km 154	— 155 ,	1 = Ja
38	170	171	km 172	km 173	km	km 174	— 175 ,	1 = Ja
39	Arbeitgeberleistungen lt. Nr. 17 und 18 der Lohnsteuerbescheinigung und von der Agentur für Arbeit gezahlte Fahrtkostenzuschüsse	steuerfrei ersetzt 290	EUR	pauschal , besteuert 295		,		

Und so rechnet das Finanzamt:

*Für die Teilstrecke mit dem **eigenen Pkw** von 30 km wird gerechnet: 230 Arbeitstage × 30 km × 0,30 € = 2.070 €.*

*Für die verbleibende Teilstrecke mit der **Bahn** von (100 km – 30 km =) 70 km: 230 Arbeitstage × 70 km × 0,30 € = 4.830 €. Hierfür ist der Höchstbetrag von 4.500 € anzusetzen, so dass sich insgesamt Werbungskosten von 6.570 € ergeben.*

712 Fahrgemeinschaften

Möglicherweise kommen Sie hier ins Grübeln, ob Sie dem Fiskus auf die Nase binden sollen, Teilnehmer einer Fahrgemeinschaft zu sein.

Vorab gut zu wissen: Der Ansatz der Entfernungspauschale setzt nicht voraus, dass Ihnen tatsächlich Kosten entstehen. Sie könnten sie also selbst dann in Anspruch nehmen, wenn Sie zu Fuß zur Arbeit gingen. Deshalb steht bei Fahrgemeinschaften die Entfernungspauschale sowohl dem Fahrer als auch jedem Mitfahrer zu.

Fahrgemeinschaften sind öffentlichen Verkehrsmitteln gleichgestellt. Der absetzbare Betrag wird deshalb für Mitfahrer grundsätzlich auf den Höchstbetrag von 4.500 € pro Kalenderjahr begrenzt. Diese Begrenzung

greift jedoch nicht für die Tage, an denen Sie selbst der Fahrer waren (Ihr eigenes Fahrzeug eingesetzt haben). Dazu unten mehr. **Machen Sie deshalb die entsprechenden Angaben in einer der > Zeilen 35–38 für die Tage, an denen Sie mit dem eigenen Fahrzeug gefahren sind, und in einer weiteren Zeile für die Tage, an denen Sie mitgenommen wurden.**
Für die Entfernungsermittlung gilt Folgendes: Jeder Teilnehmer der Fahrgemeinschaft trägt als Entfernung zwischen Wohnung und Arbeitsstätte die kürzeste benutzbare Straßenverbindung ein, Umwegstrecken zum Abholen der Mitfahrer werden nicht berücksichtigt.

Beispiel
Sie haben das Glück, mit zwei netten Kolleginnen eine wechselseitige Fahrgemeinschaft zu bilden. Die Entfernung zwischen Wohnung und Arbeitsstätte beträgt für jeden 100 km. Bei insgesamt 241 Arbeitstagen haben Sie an 51 Arbeitstagen mit Ihrem Pkw den Chauffeur gespielt. Der Fiskus rechnet:

Fahrten mit eigenem Pkw, unbegrenzt absetzbar

51 Tage × 100 km × 0,30 € =   1.530 €

Fahrten in Fahrgemeinschaft, begrenzt absetzbar bis 4.500 €

190 Tage × 100 km × 0,30 € = 5.700 €, max. 4.500 €   4.500 €
Insgesamt absetzbar   6.030 €

Und so bringen Sie Ihre Ansprüche in der Anlage N unter:

	Ort lfd. Zeile	aufgesucht an Tagen	einfache Entfernung	davon mit eigenem oder zur Nutzung überlassenen Pkw zurückgelegt	davon mit Sammelbeförderung des Arbeitgebers zurückgelegt	Verkehrsmittel, Motorrad, Fahrrad o. Ä. als Fußgänger, als Mitfahrer einer Fahrgemeinschaft zurückgelegt	Aufwendungen für Fahrten mit öffentlichen Verkehrsmitteln (ohne Flug- und Fährkosten) EUR	Behinderungsgrad mind. 70 oder mind. 50 und Merkzeichen "G"	
35	32 110	51 111	100 km 112	100 km 113	km	km 114	− 115 ,	1 = Ja
36	32 130	190 131	100 km 132	km 133	100 km 134		− 135 ,	1 = Ja

Einseitige Fahrgemeinschaft   713

Spielen bei einer Fahrgemeinschaft Sie allein den Chauffeur, weil Ihr Mitfahrer – z. B. wegen einer kleinen Sehschwäche – nicht gern Auto fährt, kommt Ihnen das durchaus gelegen. Schließlich wollen Sie nicht im Straßenverkehr einer Sehschwäche zum Opfer fallen. Sollte sich der Mitfahrer mit einer Benzinkostenbeteiligung erkenntlich zeigen wollen, haben Sie ein steuerliches Problem.
»Nanu, wieso das?«, fragen Sie erschrocken.
Diese Benzinkostenbeteiligung müssen Sie als »sonstige Einkünfte« versteuern, einzutragen in Anlage SO, > Zeile 7.

»Da stelle ich mich dumm, davon weiß ich nichts«, sagen Sie trotzig. Aber, aber, so geht das nicht. Doch ich habe eine Lösung für Sie. Sie können gegen die Benzinkostenbeteiligung Ihre höheren Kosten aufrechnen, die Ihnen durch die Mitnahme des netten Nachbarn theoretisch entstanden sind:

Beispiel

Einfache Entfernung für > Zeile 35 z.B.	38 km
Die Umwegkilometer von z.B. 12	
werden in > Zeile 11 der Anlage SO geltend gemacht:	
12 Umwegkilometer × 0,30 € =	3,60 €
Mitnahmekosten 3,60 € × 230 Tage =	828 €
./. Benzinkostenbeteiligung	– 600 €
Verlust für > Zeile 12 Anlage SO	228 €

Zwar bringt Ihnen der Verlust keine zusätzliche Steuerersparnis, denn er ist nicht mit Ihren übrigen Einkünften ausgleichsfähig (Verlustausgleich nur innerhalb der gleichen Einkunftsart »sonstige Einkünfte« > Zeile 12 möglich). Aber Sie können immerhin die Benzinkostenbeteiligung steuerfrei kassieren.

714 **Sammelbeförderung – Steuerfuchs, pass auf!**

Sammelbeförderung hat nichts mit der Benutzung überfüllter öffentlicher Verkehrsmittel und nur ganz entfernt etwas mit Fahrgemeinschaften zu tun.

Unter Sammelbeförderung versteht man, wenn der Arbeitgeber den Transport seiner Belegschaft von der Wohnung zur Arbeitsstätte übernimmt. Da der Arbeitnehmer nicht selbst fahren muss, stellt die Sammelbeförderung einen sog. geldwerten Vorteil dar, der allerdings steuerfrei bleibt (§ 3 Nr. 32 EStG). **Im Gegenzug soll der Arbeitnehmer keine Werbungskosten für Wege zur Arbeitsstätte geltend machen können**, daher die Frage zur Sammelbeförderung.

Doch Achtung: Wer denkt, mit steuerfreier Sammelbeförderung will ich mein Finanzamt nicht irritieren, der muss wissen: Auf der Lohnsteuerbescheinigung ist dafür der Buchstabe F eingetragen. Schummeln ist also zwecklos. Wenn der Arbeitgeber sich die Sammelbeförderung von Ihnen jedoch bezahlen lässt, tragen Sie Ihre Kosten in > Zeile 46–48 des Formulars ein.

Freie Fahrt zur Arbeit – mit öffentlichen Verkehrsmitteln 715

Egal, welches Verkehrsmittel Sie benutzen, die Entfernungspauschale ist immer gleich hoch. Finanziell gesehen fahren Sie mit öffentlichen Verkehrsmitteln in der Regel jedoch am günstigsten. Vielfach halten sich Fahrtkosten und Steuernachlass aber auch die Waage mit der Folge: Freie Fahrt zur Arbeit, wie es sich eigentlich gehört.

Angenommen, für die monatliche Bahnfahrkarte zahlen Sie 125 €, und Ihr Arbeitsweg beträgt 75 Kilometer. Das Bahnfahren kostet Sie also 1.500 € im Jahr, steuerlich absetzen können Sie aber:

230 Tage × 75 km × 0,30 € = 5.175 €, max. Steuerersparnis	4.500 €
Einkommen-/Lohnsteuer bei einem Steuersatz von 35 % =	1.575 €
Soli-Zuschlag und Kirchensteuer etwa	228 €
Steuerersparnis insgesamt	1.803 €

Bahnfahren kostet in diesem Beispiel um rund 300 € weniger, als die Steuerersparnis aus der Entfernungspauschale einbringt. Also rate ich Ihnen: Fahren Sie mit der Bahn oder mit einem anderen ebenso günstigen Verkehrsmittel, dann tun Sie Gutes für die Umwelt und für Ihren Geldbeutel.

 716

Lassen Sie den Fiskus auch mal richtig zur Ader!

Haben Sie mit Ihrem Pkw eine weite Anfahrt von z.B. 20 km zum Betrieb, entstehen Ihnen pro Jahr berufliche Kosten von mindestens:

40 km × 0,30 € × 230 Tage =	2.760 €
Davon wirken sich steuerlich aus:	
20 km × 0,30 € × 230 Tage =	1.380 €
./. Arbeitnehmerpauschbetrag	– 1.000 €
Steuerliche Auswirkung	380 €

Wenn demnächst eine Gehaltserhöhung ansteht, zeigen Sie Ihrem Chef diese Berechnung und sagen Sie ihm: »Hören Sie, wie wäre es, wenn Sie mir von der Gehaltserhöhung 100 € als Fahrtkostenersatz zahlen? Wenn Sie die Pauschalsteuer von 15 % übernehmen, wäre ich mit einem Fahrtkostenersatz von 85 € einverstanden. Zusammen sind das auch rd. 100 € Kosten für Sie, und Sie sparen zusätzlich den Arbeitgeberanteil zur Sozialversicherung von rd. 21 %.«

Die 85 € entsprechen in etwa dem, was Sie andernfalls übers Jahr gerechnet als Werbungskosten ansetzen könnten, und bis zu diesem Betrag ist eine Pauschalversteuerung möglich. Wenn Ihr Chef darauf eingeht, machen Sie ein Bombengeschäft, wie die nachfolgende Vorteilsrechnung zeigt:

Berechnung des Nettolohns ohne Fahrtkostenregelung:

Bruttomonatslohn bisher z. B.			3.000,00 €
zzgl. Gehaltserhöhung			100,00 €
Bruttolohn neu			3.100,00 €
./. Lohnsteuer StKl I	483,83 €		
Lohnkirchensteuer 9 %	43,54 €		
Solidaritätszuschlag 5,5 %	26,61 €		
Sozialvers. Arbn.-Anteil	633,18 €		
Summe	1.187,16 €	>	– 1.187,16 €
Nettolohn			1.912,84 €

Berechnung des Nettolohns mit Fahrtkostenregelung:

Bruttomonatslohn wie bisher			3.000,00 €
./. Lohnsteuer StKl I	456,75 €		
Lohnkirchensteuer 9 %	41,10 €		
Solidaritätszuschlag 5,5 %	25,12 €		
Sozialvers. Arbn.-Anteil	612,75 €		
Summe	1.135,72 €	>	– 1.135,72 €
Verbleiben			1.864,28 €
Fahrtkostenersatz			85,00 €
Nettolohn			1.949,20 €

Wie Sie sehen, haben Sie durch den pauschal versteuerten Fahrtkostenersatz monatlich netto rund 36 € mehr auf dem Konto. Leider darf nach dem BMF-Schreiben BStBl 1990 I S. 112 pauschal versteuerter Fahrtkostenersatz nur zusätzlich zum regulären Gehalt bis zur Höhe der als Werbungskosten abzugsfähigen Beträge gezahlt werden. Eine Gehaltsumwandlung von steuerpflichtigem Lohn in Fahrtkostenersatz ist nicht zulässig. Daher klappt der Trick nur bei Gehaltserhöhungen.

717 # Zeile 35–38 Behinderte

Allen Behinderten ab einem Behinderungsgrad von 70 % oder aber 50 % mit Merkzeichen »G« werden für Fahrten zwischen Wohnung und Arbeitsstätte steuerlich die **tatsächlichen Fahrtkosten** zugestanden. Diese machen Sie durch eine »1« in den > Zeilen 35–38 geltend. Von Amts wegen wird zunächst von folgenden Beträgen ausgegangen:

Benutztes Verkehrsmittel	tatsächliche Kosten €
Taxi, Flugzeug, Fähre, Schiff	
Pkw, Kombi, Kleinbus, Wohnmobil	0,60
Motorrad oder Motorroller	0,26
Moped oder Mofa	0,16

Diese Beträge sind aber nicht das Ende der Fahnenstange. Sind die tatsächlich entstandenen Kosten höher und können Sie sie nachweisen, sollten Sie diese geltend machen. Welche Berechnung man dafür anstellt, dazu mehr unter ➤ Rz 822.

Beispiel
In der Anlage N haben Sie zunächst in > Zeile 35 unter Behinderungsgrad 70 % bzw. 50 % plus »G« eine »1« eingetragen. Mit diesem Antrag werden Ihnen von Amts wegen für jeden Entfernungskilometer 0,60 € Fahrtkosten zugebilligt, also 0,30 € pro gefahrenen Kilometer. Nach Ihrer Fahrtkostenberechnung nach dem Schema unter ➤ Rz 822 betragen die tatsächlich entstandenen Fahrtkosten jedoch 0,45 € pro gefahrenen Kilometer. Also fertigen Sie eine

Anlage zur Anlage N > Zeile 35
Für meine Fahrten zwischen Wohnung und Tätigkeitsstätte bitte ich einen Kilometersatz von 0,90 € je Entfernungskilometer zugrunde zu legen. Eine Berechnung der Fahrtkosten nebst Belege füge ich bei.

Wenn Sie den Steuerbescheid erhalten, rechnen Sie nach, ob der Fiskalritter Ihrem Antrag auch entsprochen hat. Andernfalls müssen Sie mit Einspruch um Nachbesserung bitten. Mehr zum Einspruch unter ➤ Rz 1114 ff.

Zeile 35–38 Aufwendungen für Fahrten mit öffentlichen Verkehrsmitteln   718

Hier bietet der Fiskus behinderten Arbeitnehmern eine sog. Günstigerprüfung an: Wenn die Fahrtkosten mit öffentlichen Verkehrsmitteln höher sein sollten, als die Entfernungspauschale nach > Zeile 35–38 ausmacht, wird er den höheren Betrag ansetzen.

719 ◆ *Musterfall Winter (Entfernungspauschale)*

Vor einigen Jahren hatte Willi Winter beim Skifahren einen schweren Unfall. Seitdem ist er zu 50 % behindert, außerdem bescheinigt ihm das Versorgungsamt eine erhebliche Gehbehinderung (Merkzeichen »G«). Willi wohnt in einem Vorort und fährt täglich zunächst mit der Regionalbahn und dann mit dem Stadtbus zur Arbeit. Die Entfernung beträgt 16 km, die Monatskarte »Bus&Bahn« kostet 195 €. Die Entfernungspauschale beträgt:

230 Arbeitstage × 16 km × 0,60 €	*2.208 €*
Die tatsächlichen Kosten belaufen sich auf:	
195 € × 12 Monate	*2.340 €*

Willi setzt also in > Zeile 35 den höheren Betrag = 2.340 € als Werbungskosten für Fahrten zwischen Wohnung und Arbeitsstätte an.

720 **Sie können zwischen Entfernungspauschale und tatsächlichen Kosten wechseln!**

Sind Sie nur gelegentlich mit öffentlichen Verkehrsmitteln und sonst mit dem Pkw zur Arbeit gefahren, setzen Sie für die Fahrten mit Bus und Bahn die tatsächlichen Kosten an, wenn diese höher waren als die Entfernungspauschale. Für die Tage, an denen Sie mit dem Auto gefahren sind, rechnen Sie pauschal mit 0,60 € je Entfernungskilometer.

Die Entfernungspauschale machen Sie in > Zeile 35–38 geltend. **Die zusätzlich anzusetzenden Kosten für die Benutzung öffentlicher Verkehrsmittel gehören in > Zeile 48.**

721 ## Zeile 39 Arbeitgeberleistungen/ Fahrtkostenzuschüsse

Fahrtkostenzuschüsse sind steuerpflichtig, können jedoch nach § 40 Abs. 2 Satz 2 EStG mit 15 % pauschal versteuert werden.

Steuerfreie Arbeitgeberleistungen (in Einzelfällen) für Fahrten zwischen Wohnung und Arbeitsstätte oder pauschal versteuerte Beträge sind in > Zeile 39 einzutragen.

Die steuerfreien und die pauschal versteuerten Fahrtkostenzuschüsse werden leider auf die Entfernungspauschale angerechnet.

Zeile 48 Weitere Werbungskosten – bei Unfallschaden

Der gesunde Menschenverstand sagt uns: Hat es auf dem Weg zur Arbeit gekracht, sind die Unfallkosten beruflich veranlasst und damit Werbungskosten.

TIPP Unfallschaden und keine Zeugen

Sie sitzen vor der Anlage N und grübeln über Unfallkosten nach. Endlich fällt der Groschen: Voriges Jahr Ende Februar, da war was. Sie finden die Reparaturrechnung: vordere Stoßstange ersetzt, ferner eine Lampe, Lackierarbeiten am Kotflügel vorn rechts, machte insgesamt 2.880 €. Jetzt fällt auch der zweite Groschen. Der Unfall geschah an dem Abend, als Sie erst spät von Ihrer Arbeitsstelle nach Hause kamen. Der Tag hatte Sie echt geschafft. In der Hofeinfahrt stand die nicht weggeräumte Mülltonne. An der wollten Sie vorbei, aber es war zu knapp. Zu allem Überfluss sind dabei noch das Tor zur Einfahrt und der Zaun zu Ihrem Einfamilienhaus zu Bruch gegangen. Beides haben Sie im Juni reparieren lassen, Kostenpunkt 1.490 €.

Die Unfallkosten bringen Sie in > Zeile 48 »weitere Werbungskosten« unter.

Auf einem Begleitzettel vermerken Sie: Der Unfall geschah am 22. Februar gegen 18.15 Uhr auf der Heimfahrt von meiner Arbeitsstelle. Dabei habe ich auch das Gartentor und den Zaun zu meinem Einfamilienhaus beschädigt. Rechnungskopien anbei.

Ihre Elly will's mal wieder besser wissen und meint, der Unfall sei auf der Rückfahrt von der Geburtstagsfeier Ihres Bruders passiert. Doch Sie wissen ganz genau, es war eine berufliche Fahrt, und weil Sie nun mal die Verantwortung für Ihre Familie tragen, werden Sie nichts tun, was zu deren Ungunsten ausfiele, und einsetzen, was Sie für wahr halten.

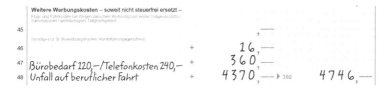

Welche Kosten in diesen Fällen im Einzelnen abzugsfähig sind, dazu mehr unter ➤ Rz 826 ff.

9.8.2 Beiträge zu Berufsverbänden – Zeile 40

723 Hier setzen Sie Beiträge zur Gewerkschaft, zum Beamtenbund oder zu einzelnen Berufsverbänden wie Verband Deutscher Ingenieure, Kraftfahrerschutz- oder Journalistenverband an. Seien Sie dem Finanzamt auch mal gut, und bezeichnen Sie den Verband namentlich, damit der Bearbeiter einen Haken machen kann. Wenn Sie keinen Beleg beifügen, vermerken Sie: wie bisher. Oft werden Beiträge bis zu 150 € pro Jahr ohne Nachweis anerkannt.

Nicht vergessen: Haben Sie an einer Tagung Ihres Berufsverbands oder an einem Streik teilgenommen, setzen Sie die entstandenen Fahrtkosten und Verpflegungsmehraufwendungen zusätzlich an.

9.8.3 Aufwendungen für Arbeitsmittel – Zeile 41–42

724 Arbeitsmittel sind Hilfsmittel, die Arbeitnehmer einsetzen, um ihre Arbeit zu bewältigen. Die Aufwendungen dafür sind uneingeschränkt absetzbar. Werkzeuge und typische Berufskleidung werden in § 9 Abs. 1 Nr. 6 EStG nur beispielhaft genannt. Absetzbar sind nicht nur die Anschaffung, sondern auch Reparaturen und Reinigung.

Die 90-%-Regel
Als Arbeitsmittel gelten nur Gegenstände, die Sie ausschließlich oder zumindest weitaus überwiegend beruflich nutzen. Eine private Mitbenutzung von untergeordneter Bedeutung – bis zu 10 % – ist unschädlich. Hieraus ergibt sich die sog. 90-%-Regel.

Handwerkszeug, typische Berufs- und Schutzkleidung, Fachzeitschriften und -bücher sind ohne Wenn und Aber absetzbar, des Weiteren Computer, Mobiliar für Ihr Arbeitszimmer u.v.m. Ein Abc der Arbeitsmittel finden Sie unter ➤ Rz 726.

Geringwertige Arbeitsmittel
Arbeitsmittel, die mehr als 487,90 € brutto (= 410 € netto plus 19 %) gekostet haben, können Sie unabhängig von der Nutzungsdauer im Jahr der Bezahlung voll absetzen. Haben die Anschaffungskosten mehr als 487,90 € brutto betragen, sind sie auf die Jahre der Nutzung zu verteilen. Dazu mehr unter ➤ Rz 727.

Nachweise
Achten Sie darauf, dass Sie eine wasserdichte Rechnung erhalten. »Arbeitsschuhe« hört sich besser an als »Schuhe«, »Aktentasche« besser als

»Ledertasche«, »Büromaterial« oder »Fachbuch« besser als »Papierwaren« oder »Buch«. Übrigens: Bei Fachzeitschriften und Fachliteratur empfiehlt es sich, auf der Quittung auch Autor und Titel zu vermerken.

Gut zu wissen: Arbeitsmittel zum Geburtstag absetzen

Wenn Sie sich das Arbeitsmittel nicht selbst gekauft haben, sondern Ihre Lieben Ihnen den teuren Aktenkoffer für 450 € zum Geburtstag geschenkt oder unter den Weihnachtsbaum gelegt haben: Tragen Sie ihn beruhigt und ohne schlechtes Gewissen in Ihre Steuererklärung ein (BFH-Urt. v. 16.2.1990 – BStBl 1990 II S. 883). Das gilt natürlich auch für ein Schreibset und jegliche (z. B. ererbte) Büroausstattung.

Absetzen und später steuerfrei verkaufen

Wird das Arbeitsmittel später verkauft, ist der Veräußerungserlös – anders als bei Landwirten, Gewerbetreibenden und Freiberuflern – nicht steuerpflichtig. Das bedeutet: Wenn Sie ein Arbeitsmittel nach gegebener Zeit verkaufen, haben Sie vielleicht schon die Anschaffungskosten voll abgesetzt, können aber den Erlös steuerfrei einstreichen (Quelle: LStR 9.12).

Welcher Aufwand ist angemessen?

Wenn sich der Fiskus an den Kosten beteiligt, darf der Preis durchaus etwas höher sein, das ist schon richtig, doch sollte man die Kirche im Dorf lassen. Denn nach § 9 Abs. 5 EStG kann (nicht »muss«) das Finanzamt die Angemessenheit der Aufwendungen prüfen und im Einzelfall die Kosten auf eine angemessene Höhe zusammenstreichen. Natürlich passt zu einem Mercedes Coupé für 80.000 €, den sich ein Bezirksleiter – aus gesundheitlichen Gründen, wegen seines Rückenleidens – für Dienstreisen angeschafft hatte, nur eine Aktentasche für 1.100 € aus feinstem Leder mit Goldbeschlägen. Doch beides stieß beim Fiskalritter auf Unverständnis. Kann man verstehen, oder?

Andererseits können auch ungewöhnlich hohe Aufwendungen für ein Arbeitsmittel abgesetzt werden, wenn sie in Bezug auf berufliche Stellung und Höhe der Einnahmen angemessen sind, so z. B. für den Flügel einer Musiklehrerin (BFH, 1989 II S. 356).

Sie können aber nicht nur bestimmen, welche Gegenstände Sie sich überhaupt kaufen, sondern auch, wie viele. So hatte ein Lehrer jahrelang für zahlreiche Bücher zig Euro hingeblättert und als berufliche Ausgaben geltend gemacht. »Kein Problem!«, sagte das FG Niedersachsen (Az. II 342/93, nv), solange nur jedes einzelne Buch einen beruflichen Bezug hat, und sei es nur auf einer Seite.

Angemessenheitsprüfung durch das Finanzamt? Alles Quatsch, sagt der Bundesfinanzhof!

Darf ein Laptop 1.700 € kosten, oder wird das Finanzamt nur das Gerät aus dem Sonderangebot für 299 € anerkennen? Ist ein Farb-Laser-Drucker für 1.200 € unangemessen, wo es auch ein Tintenstrahldrucker für 79 € tut?

Dass Ihr Sachbearbeiter im Finanzamt prüfen dürfen soll, was angemessen ist, kommt Ihnen seltsam vor – und das völlig zu Recht! Der Bundesfinanzhof hat mit Urteil vom 12. Januar 1990 (BStBl 1990 II Seite 423) nämlich entschieden: »Die Vorschrift des § 4 Abs. 5 Nr. 7 EStG, wonach Aufwendungen, die die Lebensführung des Steuerpflichtigen berühren, nicht als Betriebsausgaben den Gewinn mindern dürfen, soweit sie nach allgemeiner Verkehrsauffassung als unangemessen anzusehen sind, gilt nicht für den Bereich der Werbungskosten (Änderung der Rechtsprechung).«

... oder verständlich ausgedrückt:

Das Finanzamt hat die Angemessenheit Ihrer als Werbungskosten geltend gemachten Ausgaben nicht zu prüfen.

In den Verwaltungsanweisungen des Finanzamts ist dieses Urteil nicht zu finden. Allerdings heißt es dort:

*Werbungskosten, die die Lebensführung des Arbeitnehmers oder anderer Personen berühren, sind ... insoweit nicht abziehbar, als sie nach der allgemeinen Verkehrsauffassung als unangemessen anzusehen sind. **Dieses Abzugsverbot betrifft nur seltene Ausnahmefälle**; die Werbungskosten müssen erhebliches Gewicht haben und die Grenze der Angemessenheit erheblich überschreiten, wie z. B. Aufwendungen für die Nutzung eines Privatflugzeugs zu einer Auswärtstätigkeit (Richtlinie 9.1 Abs. 1 der Lohnsteuer-Richtlinien).*

Die Richtlinien sind für die Finanzbeamten bindend. Darauf können Sie sich getrost berufen.

Zeile 41–42 Arbeitsmittel-Abc   725

Bei Gegenständen, die auch privat nutzbar sind, wie Lexika, Musikinstrumente, stellen sich viele Fiskalvertreter zopfig an. Wird doch von einem Arbeitsmittel verlangt, dass es zu mehr als 90 % beruflich genutzt wird. Anderenfalls gehört nämlich der gesamte Betrag zu den nicht abziehbaren Kosten der Lebensführung (§ 12 Nr. 1 EStG), was übrigens bei bürgerlicher Kleidung und Schuhen immer der Fall ist (Quelle: LStR 33 Abs. 2).

Arbeitsmittel-Abc			726
Bezeichnung	Anerkannt		
	ja	nein	
Aktentasche (EFG 1979 S. 225)	x		
Berufskleidung = uniformartige oder Schutzkleidung, die nahezu ausschließlich für die berufliche Verwendung bestimmt ist und wegen der Eigenart des Berufs benötigt wird (BFH, BStBl 1979 II S. 519; BStBl 1980 II S. 73; BStBl 1991 II S. 348):			
Monteuranzug, Robe des Richters, Frack des Kellners oder Orchestermusikers, mit Posthorn versehene Dienstkleidung der Postler (EFG 1991 S. 118), Arztkittel, weiße Hose aus dem Fachhandel (BStBl 1991 II S. 348), Cut eines Empfangschefs, Frack, schwarzer Anzug bzw. schwarze Hose und weiße Jacke eines Kellners, schwarzer Anzug eines Leichenbestatters und eines Geistlichen, Sportbekleidung von Polizeibeamten für Dienstsport (Tennissport – FG Saarland – EFG 1991 S. 377)	x		
Sportanzug eines Offiziers mit aufgenähtem Balken, schwarze Hose zur Ausgehuniform (EFG 1992 S. 735)	x		
Berufskleidung reinigen und ausbessern	x		
Bücherregal	x		
sofern ausschließlich oder ganz überwiegend zur Unterbringung von Fachbüchern genutzt. Es braucht nicht in einem Arbeitszimmer zu stehen			
Computer	x		
sofern ausschließlich oder ganz überwiegend beruflich genutzt. Nachweis: Das Gerät steht am Arbeitsplatz, oder der Arbeitnehmer benötigt es für die berufliche Fortbildung. Ein Laptop wird allgemein als beruflich genutzt angesehen			

Arbeitsmittel-Abc		
Bezeichnung	Anerkannt	
	ja	nein
Diktiergerät	x	
Enzyklopädie des Tierreichs, mehrbändig	x	
berufliche Nutzung bei einem Biolehrer		
Fachbücher, Fachzeitschriften	x	
dazu gehören auch Sachbücher, die sich an einen breiten Leserkreis wenden, aber berufsbezogene Themen des Arbeitnehmers behandeln		
Im Einzelnen		
Allgemeine Nachschlagewerke, auch bei Lehrern		x
Tages- oder Wochenzeitungen		x
Capital, Wirtschaftswoche, Impulse, Managementwissen, manager magazin (FG Köln – EFG 1991 S. 21)		x
Handelsblatt	x	
»Grzimeks Tierleben« bei Biolehrern		x
Kleidung, bürgerliche		x
auch wenn sie ausschließlich am Arbeitsplatz getragen wird (BStBl 1980 II S. 75)		
Koffer für Reisenden (EFG 1972 S. 329)		x
Kunstgegenstände im Arbeitszimmer (Bilder, Skulpturen)		x
Kunstgegenstände im Arbeitszimmer, das auf Besucher		
repräsentativ wirken muss (BStBl 1991 II S. 340)	x	
Mobiliar im Arbeitszimmer, auch antikes Musikinstrument	x	
Konzertpianistin	x	
Kirchenmusiker	x	
Musiklehrer; hier ist die Rechtsprechung nicht einheitlich (abgelehnt v. BFH – BStBl 1978 II S. 459, anerkannt FG Niedersachsen EFG 1982 S. 561)		x
Nachschlagewerke		
in englischer Sprache für Englischlehrer	x	
Brockhaus für Lehrer	x	
Duden für Deutschlehrer	x	
Reiseutensilien für Dienstreisen (EFG 1988 S. 67)		x

Arbeitsmittel-Abc		726

Bezeichnung	Anerkannt	
	ja	nein
Schreibmaschine		
Prüfer (BStBl 1963 III S. 299)	x	
Referendar (EFG 1969 S. 399, EFG 1988 S. 116)	x	
Richter (BStBl 1971 II S. 327)	x	
Schreibtisch in der Privatwohnung		
zusammen mit Stuhl, Lampe und Papierkorb		
Lehrer (BStBl 1977 II S. 464)	x	
Bauingenieur (BFH v. 28.11.1980, nicht veröff.)		x
Sportgeräte, Sportkleidung		
Sportlehrer, wenn ausschließlich beruflich genutzt	x	
Sportlehrer, wenn auch privat genutzt		x
(dazu BStBl 1987 II S. 262 bei einem privaten Nutzungs- anteil von nur 15,5 %)		
Telefon in der Wohnung	x	
Teppich im Arbeitszimmer, auch antik oder Orientteppich	x	
(FG Niedersachsen, EFG 1992 S. 65 und 1994 S. 236)		
Wachhund		
Ärztin (BStBl 1979 II S. 512)		x
Forstbediensteter	x	
Hausmeister (EFG 1989 S. 228 rk)	x	
Wachmann (BStBl 1960 III S. 163)	x	
Waffen		
Richter (EFG 1979 S. 546)		x
Forstbeamter (Jagdwaffe)	x	
Zeitung für berufliche Informationen, wenn Zweitabo	x	
(FG Köln, EFG 1994 S. 199)		

Zeile 41–42 Absetzung für Abnutzung 727

Die Anschaffungskosten von Arbeitsmitteln können Sie in voller Höhe als Werbungskosten absetzen, wenn sie für das einzelne Arbeitsmittel 487,90 € brutto nicht übersteigen (geringwertige Arbeitsmittel bzw. geringwertige Wirtschaftsgüter = GWG). Liegen die Anschaffungskosten über diesem Betrag und beträgt die Nutzungsdauer erfahrungsgemäß mehr als ein Jahr, sind sie gleichmäßig auf die Nutzungsdauer des Arbeitsmittels zu verteilen und in jedem Jahr nur anteilig absetzbar (§ 9 Abs. 1 Nr. 7 EStG). Siehe dazu Musterfall Backs unter ➤ Rz 729.

Der Begriff »Absetzung für Abnutzung« (AfA) stammt aus der Buchhaltersprache und beschreibt den Wertverzehr, den jedes Wirtschaftsgut durch Abnutzung erleidet. Die Nutzungsdauer kann bei einem Panzerschrank bis zu 23 Jahre betragen. Dann liegt die jährliche AfA bei (100 ÷ 23 =) 4,35 % des Kaufpreises.

Anhaltspunkte für die Nutzungsdauer ergeben sich aus einer Tabelle, die der Fiskus in regelmäßigen Abständen anpasst und veröffentlicht. Hier eine Übersicht über die Nutzungsdauer einzelner Gegenstände, die der Fiskus momentan ohne Wenn und Aber anerkennt.

Abschreibungstabelle für Arbeitsmittel		
	Nutzungsdauer	AfA-Satz
Autotelefon	5 Jahre	20 %
Büromöbel	13 Jahre	7,69 %
Diktiergerät	6 Jahre	16,67 %
Drucker	3 Jahre	33,33 %
Fotokopiergerät	7 Jahre	14,29 %
Frankiermaschine	8 Jahre	12,50 %
Funktelefon	5 Jahre	20,00 %
Panzerschrank	23 Jahre	4,35 %
Perserteppich	15 Jahre	6,67 %
Personalcomputer/Notebooks	3 Jahre	33,33 %
Pkw	6 Jahre	16,67 %
Telefaxgerät	6 Jahre	16,67 %

Ein Perserteppich im Arbeitszimmer? Dies sei für einen Studienrat ein alltäglicher normaler Ausstattungsgegenstand, so das FG Rheinland-Pfalz (v. 15.11.1993 – EFG 1994 S. 236). Und ist steuerlich eine gute Wahl. Er behält seinen Wert und kann trotzdem über Jahre abgeschrieben werden. Dasselbe gilt für antikes Mobilar (BHF – BStBl 1986 II S. 355).

*Man kommt schneller runter
als wieder rauf.*
(Oskar Lafontaine)

Geringwertige Arbeitsmittel als »einheitliches Ganzes«? 728

Die Möglichkeit, geringwertige Arbeitsmittel sofort in voller Höhe abzuschreiben, gilt nur, wenn sie selbständig nutzungsfähig sind – im Unterschied zu Gegenständen, die in Kombination mit anderen als »Sachgesamtheit« anzusehen und nur in dieser Verbindung nutzbar sind. Letzteres gilt nach der Rechtsprechung aber nur bei technisch aufeinander abgestimmten Gegenständen, z.B. den **Einzelteilen einer Computeranlage mit Rechner, Monitor, Drucker, Tastatur, Maus und Kabel.** Dabei beruft sich der Fiskus auf das BFH-Urteil vom 25.11.1999 (BStBl 2002 II S. 233).

Aus der Klemme kommen Sie mit einem Kombigerät aus Drucker, Fax- und Kopiergerät, weil Fax und Kopierer nicht unbedingt zu einer Computeranlage gehören. Ein solches Kombigerät ist deshalb selbständig nutzungsfähig. Folge: Es kann sofort abgeschrieben werden, sofern die Anschaffungskosten 487,90 € brutto nicht übersteigen.

Selbständig nutzungsfähig und damit getrennt abzuschreiben sind:
Einrichtungsgegenstände (Mobiliar) wie Aktenschrank, Schreibtisch, Stuhl, Papierkorb, Lampen (BFH v. 20.2.1997 – BStBl 1997 II S. 360), Küchenanbaumöbel, auch als Küchenblock (BFH v. 20.12.2003 – BFH/NV 2004 S. 370) nebst Kaffeeautomat (FG Thüringen v. 30.9.1993 – EFG 1994 S. 360).

◆ *Musterfall Backs (Arbeitsmittel, Abschreibung)* 729
Erika Backs ist Lehrerin und hat am 10. 12. ihre häusliche Arbeitsecke neu ausgestattet. Sie weiß, dass der Kaufpreis für das Mobiliar auf die übliche Nutzungsdauer von 13 Jahren abzuschreiben ist. Da der Schreibtisch und der Bürosessel erst im Dezember 2015 angeschafft wurden, kann Erika Backs für 2015 lediglich $^1/_{12}$ der Jahresabschreibung ansetzen. Geringwertige Wirtschaftsgüter (bis 487,90 €) setzt sie in voller Höhe ab. Aus der Anschaffung eines Computers vor drei Jahren ist noch ein Restwert vorhanden. Frau Backs fügt folgendes Einrichtungsverzeichnis für > Zeile 42 Anlage N bei:

Arbeitsmittel	ange- schafft	Kaufpreis brutto €	AfA-Satz %	AfA 2015 €	Restwert €
Computer	12/2013	1.663	33,33	555	507
Schreibtisch	12/2015	2.250	7,69	14	2.236
Bürosessel	12/2015	1.150	7,69	8	1.142

Arbeitsmittel	ange-schafft	Kaufpreis brutto €	AfA-Satz %	AfA 2015 €	Restwert €
Geringwertige WG					
Schreibtischlampe	12/2015	215	100	215	0
Regal	12/2015	460	100	460	0
Computertisch	12/2015	415	100	415	0
Summe der Abschreibung				1.667	3.885

Der Restwert zeigt ihr, was sie in den kommenden Jahren noch abschreiben kann. Die Abschreibung und andere Werbungskosten bringt sie sodann in der Anlage N unter.

	Beiträge zu Berufsverbänden (Bezeichnung der Verbände)		
40	Beamtenbund	310	174,—
	Aufwendungen für Arbeitsmittel – soweit nicht steuerfrei ersetzt – (Art der Arbeitsmittel bitte einzeln angeben.)	EUR	
41	Fachliteratur	120,—	
42	Arbeitsmittel lt. Anlage	+ 1667,— ▸ 320	1787,—

Man erkauft nicht, was keinen Preis hat: Zuneigung.
(Goethe, Wilhelm Meister)

730 *TIPP*
Vergessen Sie privat erworbene Arbeitsmittel nicht!

Das vor zwei Jahren privat angeschaffte Bücherregal passt vorzüglich in Ihr neues Arbeitszimmer? Na wunderbar, dann setzen Sie aber auch die Abschreibung dafür als Werbungskosten an. Maßgebend dafür sind die ursprünglichen Anschaffungskosten und die Gesamtnutzungsdauer. Die Zeit der privaten Nutzung ist für die berufliche Abschreibung verloren (LStH 9.12 > Absetzung für Abnutzung).

Und so wird bei einer Nutzungsdauer von 13 Jahren gerechnet:

Anschaffung 1/2013	850 €
./. Abschreibung 2013 und 2014 je 7,69 % privat (verloren)	− 130 €
Verbleiben als Werbungskosten	720 €
./. Abschreibung 2015	− 65 €
Restwert 31.12.2015	655 €
Werbungskosten in > Zeile 42 der Anlage N =	65 €

Beachten Sie: Für diesen Tipp brauchen Sie kein häusliches Arbeitszimmer. Sie müssen nur Dinge, die Sie privat gekauft haben, nunmehr ausschließlich beruflich nutzen.

731

 ## Verlängerte Nutzungsdauer

Auch den alten Schreibtisch Ihres Vaters können Sie im Arbeitszimmer gut gebrauchen. Leider ist das gute Stück schon 13 Jahre alt, und damit ist eigentlich seine steuerliche Gesamtnutzungsdauer abgelaufen, d. h., die mögliche Abschreibung gilt als im privaten Bereich abgesetzt (fiktive Abschreibung nach LStH 9.12).

Doch nicht mit Ihnen. Denn die jetzige berufliche Nutzung beweist ja gerade, dass die Gesamtnutzungsdauer des Schreibtischs noch nicht abgelaufen ist. Also verlängern Sie die Nutzungsdauer auf 20 Jahre und setzen von den ursprünglichen Anschaffungskosten von 1.500 € jährlich 5 % = 75 € als Werbungskosten ab (BFH-Urt. v. 16.2.1990 – BStBl 1990 II S. 883).

»Wenn ich von meinem Freund ein altes Bücherregal kaufe, und er kauft eins von mir, dann können wir doch beide die Abschreibung ansetzen?«, fragen Sie.

Das ist eine glatte Umgehung und ein Missbrauch rechtlicher Gestaltungsmöglichkeiten. So steht es in § 42 AO. Wenn das Finanzamt dahinterkommt, wird es die Abschreibung nicht anerkennen …

Zeile 41–42 Computer

732

Seit geraumer Zeit läuft beim Fiskus die weiche Welle, wenn es sich um Computer handelt. So ist die private Nutzung betrieblicher Computer steuerfrei (3 Nr. 45 EStG). Leider geht die Großzügigkeit nicht so weit, dass Sie auch Aufwendungen für die private Nutzung absetzen könnten. Sie können die Aufwendungen aber selbst im Schätzungsweg pauschal in privat und beruflich aufteilen und dann zumindest die auf den beruflichen Anteil entfallenden Kosten als Werbungskosten absetzen. Allerdings wird von Ihnen erwartet, dass Sie den Umfang der beruflichen Nutzung auf Anfrage zumindest glaubhaft machen können (Erlass FinMin NRW v. 8.12.2000 – S. 2354 – 1 – VB 3).

Computer als Arbeitsmittel

Ihr Interesse geht dahin, dem Fiskus die gesamten Kosten an die Backe zu kleben, versteht sich. Dazu muss Ihr Computer Arbeitsmittel sein. In diesem Fall setzen Sie 100 % der Kosten ab. Auf Anfrage erklären Sie: »Der am … 2015 angeschaffte Computer wird ausschließlich beruflich genutzt und steht in einer besonderen Arbeitsecke. Für private Arbeiten am PC nutze ich den Computer meines Ehegatten oder den meiner Tochter mit Internetanschluss, die einen solchen für ihre Schulaufgaben benötigt.«

Wenn nötig, gehen Sie in die Einzelheiten. Wenn Sie für Ihren Betrieb zu Hause Vordrucke entwerfen, in Ruhe Präsentationsgrafiken gestalten oder als Außendienstler Abrechnungen vornehmen oder wenn Sie als Lehrer oder Ausbilder für den Unterricht Arbeitsblätter o. Ä. erstellen, sind Sie bereits im Rennen. Ebenso glatt geht ein PC für die berufliche Fortbildung auf der Technikerschule, im Meisterkurs oder mit beruflichen Lernprogrammen, etwa für Wirtschaftsenglisch, durch.

Am besten fügen Sie Ihren Erläuterungen zur Steuererklärung gleich Muster Ihrer Arbeitsergebnisse bei oder, noch besser, eine

ARBEITGEBERBESCHEINIGUNG

Herr/Frau . . . . . ., wohnhaft in . . . .
ist bei uns als . . . . beschäftigt.

Es ist uns bekannt, dass der Arbeitnehmer als Arbeitsmittel einen Computer angeschafft hat, um sich daran zu
Hause weiterzubilden und betriebliche Arbeitsvorgänge zu
entwickeln bzw. vorzubereiten.

Wir begrüßen dies im Interesse unseres Betriebes und halten es für erforderlich.

Eine besondere Vergütung wird dafür nicht gezahlt. Wir
halten die diesbezüglichen Aufwendungen mit der Höhe des
Gehalts für abgegolten.

. . . .
Stempel   Unterschrift

Als Nutzungsdauer des Computers setzen Sie drei Jahre an (FG Nieder-sachsen v. 21.3.1991 – EFG 1992 S. 167, FG Rheinland-Pfalz v. 17.7.1995 – EFG 1996 S. 851).

 ◆ *Musterfall Backs (PC als Arbeitsmittel)*

733 *Die Lehrerin Erika Backs kaufte sich im August 2015 für ihren Beruf einen PC mit Textverarbeitungsprogramm, Maus und Drucker und zahlte dafür insgesamt 1.975 €. Sie hat eine Rechnung erhalten, in der das Textverarbei-tungsprogramm mit 460 € gesondert ausgewiesen ist. Im Dezember 2015 musste der Rechner komplett neu installiert werden, Kostenpunkt für den Techniker 180 €. Für Papier, Druckertinte, Computerzeitung, CDs usw. sind 2015 rd. 100 € angefallen.*

Das Textverarbeitungsprogramm kann sie voll absetzen, da es als selbständig nutzbares Wirtschaftsgut zählt und die Anschaffungskosten unter der Grenze von 410 € netto lagen. Den PC muss sie über die Nutzungsdauer von drei Jahren mit jährlich 505 € abschreiben. Für 2015 kann sie jedoch nur anteilig $^5/_{12}$ von 505 € = 210 € ansetzen, da sie das Gerät erst im August gekauft hat. Die Kosten für den Techniker sowie für das Verbrauchsmaterial sind in 2015 sofort in voller Höhe abzugsfähig. Also kann sie in > Zeile 42 eintragen: 950 €.

Dazu fertigt sie folgende Aufstellung:

Textverarbeitungsprogramm Word	*460 €*
Abschreibung PC ein Drittel von 1.515 € × $^5/_{12}$	*210 €*
Reparatur EDV-System	*180 €*
Verbrauchsmaterial	*100 €*
Summe	*950 €*

Ihr Chef soll es deichseln   734

Mancher Chef weiß nicht, wie er seinen Leuten Gutes tun kann. Fragen Sie doch mal an, vielleicht stellt er Ihnen einen betrieblichen Computer für zu Hause zur Verfügung – dies wäre ein **steuerfreier Sachbezug** nach § 3 Nr. 45 EStG. Dazu mehr unter ➤ Rz 581. Noch besser, er schenkt Ihnen einen, über den Sie dann frei verfügen können – das ist dann allerdings **steuerpflichtiger Sachbezug**. Vielleicht legt Ihr Chef aber noch etwas drauf und übernimmt die Lohnsteuer pauschal mit 25 % (§ 40 Abs. 2 Nr. 5 EStG), siehe Aufstellung unter ➤ Rz 599. Damit wäre die Besteuerung pauschal abgegolten. Doch es geht auch anders:

Guter Rat: Ohne pauschale Lohnsteuer kommen Sie davon, wenn Sie vermeiden, dass Ihnen das Eigentum an dem PC – wenn auch nur wirtschaftlich – zugerechnet wird. Wirtschaftliches Eigentum erlangen Sie, wenn der Chef Ihnen den PC ohne weitere Bedingungen für mindestens drei Jahre überlässt. Weil drei Jahre der allgemeinen Nutzungsdauer entsprechen, wird Ihnen der PC praktisch geschenkt. Dem können Sie begegnen, indem Sie schriftlich vereinbaren, dass Ihr Chef das Risiko des zufälligen Untergangs des PC trägt, das heißt, Sie bekommen in diesem Fall von ihm Ersatz. So klappt der Laden.

735 Zeile 41-42 Berufskleidung

Der Fiskus ist sich nicht zu schade, auch Selbstverständlichkeiten in Gesetzesform zu verlautbaren: Die vom Betrieb gestellte typische Berufskleidung sei steuerfrei (§ 3 Nr. 31 EStG), die Aufwendungen für selbst beschaffte seien als Werbungskosten absetzbar (§ 9 Abs. 1 Nr. 6 EStG).
Typische Berufskleidung sind Kleidungsstücke, die auf die jeweilige Berufstätigkeit zugeschnitten sind (Helm, Schutzanzug, Kittel, Arbeitsstiefel, Arbeitshandschuhe) oder ihrer Beschaffenheit nach nahezu ausschließlich für die berufliche Verwendung bestimmt und geeignet und außerdem wegen der Eigenart des Berufs notwendig sind (Arztkittel, Künstlerkleidung usw.). Eine private Nutzung muss ausgeschlossen sein.

736 *TIPP* Reinigungskosten für Berufskleidung steuerlich absetzen!

Bei jedem Waschgang können Sie Steuern sparen. Indem Sie Ihre Arbeitskleidung in die eigene Waschmaschine stecken. Es kommt ganz schön was zusammen, wenn man jeden Tag einen frisch gewaschenen Kittel, Monteuranzug oder unter der Uniform ein frisches Oberhemd braucht. Was in > Zeile 42 dafür anzusetzen ist, muss geschätzt werden. Der BFH meint, Sie könnten die Erfahrungswerte übernehmen, die einige Verbraucherverbände herausgefunden haben (BFH-Urt. v. 29.6.1993 – BStBl 1993 II S. 837 und 838). Dazu die folgende Übersicht:

Gesamtkosten für ein Kilogramm Wäsche

	1-Personen-Haushalt	2-Personen-Haushalt	3-Personen-Haushalt	4-Personen-Haushalt
Wäsche waschen	€	€	€	€
Kochwäsche 90°C	0,77	0,50	0,43	0,37
Buntwäsche 60°C	0,76	0,48	0,41	0,35
Pflegeleicht	0,88	0,60	0,53	0,47
Wäsche trocknen				
Ablufttrockner	0,41	0,26	0,23	0,19
Kondensattrockner	0,55	0,34	0,29	0,24
Bügeln				
Dampfbügeleisen	0,07	0,05	0,05	0,05

(Quelle: Verbraucherzentrale Bundesverband, Stand Dezember 2002, noch aktuell)

Enthalten sind die Kosten für Strom, Wasser und Waschpulver sowie Abschreibung. Haben Sie als Handwerker in einem 3-Personen-Haushalt pro Woche für Arbeitskleidung vier kg Kochwäsche, setzen Sie als Reinigungskosten an:

4 kg × 0,77 € (Kochwäsche 0,43 € + Kondenstrockner 0,29 € +
Bügeln 0,05 €) × 48 Arbeitswochen =   148 €

Reparatur der Waschmaschine
Zu den Reinigungskosten gehören auch die Kosten für Reparatur und Wartung der Waschmaschine. Die Aufwendungen können ggf. geschätzt werden.

Machen Sie z. B. geltend:

Reparatur lt. Rechnung vom . . . . 210 €, davon beruflicher
Anteil 40% = 84 €.

Den Rest in Höhe von 126 € bringen Sie als Handwerkerkosten in > Zeile 73 des Mantelbogens unter und kassieren eine Steuerermäßigung in Höhe von 20 % (= Steuerminus von 25,20 €).

Mal hingefallen? 737

Seien Sie nicht bange, die Kosten für Flickschneiderei und Reinigung **normaler Kleidung** in > Zeile 48 anzusetzen. Der Verschleiß normaler Kleidung im Beruf ist für den Fiskus zwar kein Grund, Ihnen die Steuer zu ermäßigen, ist Ihnen aber ein Malheur passiert, haben Sie ein gutes Teil verschmutzt oder beschädigt, können Sie die Reparatur- oder Reinigungskosten absetzen. Sie müssen nur darlegen, welche konkreten Schäden durch welches Ereignis eingetreten sind (FG Saarland, Urt. v. 26.7.1989, 1 K 151/88), z. B.: im Büro oder auf dem Weg nach Hause hingefallen, ABC-Führer Lohnsteuer Hartz-Meeßen-Wolf, Berufskleidung. Mehr dazu unter ➤ Rz 795 ff.

♦ *Musterfall Huber (Berufskleidung, Reinigungskosten)* 738
Im April und im September hat Huber jeweils einen Monteuranzug für 45 € gekauft. Für Flicken und Reinigung sind 22 € angefallen. Die Quittungen hat Huber aufbewahrt. Beide Posten trägt er zusammen unter Arbeitsmittel in > Zeile 42 ein. Zusammen mit 136 € Gewerkschaftsbeiträgen kommt er auf stolze 248 € Werbungskosten.

	Beiträge zu Berufsverbänden (Bezeichnung der Verbände)		
40	Gewerkschaft	310	136,—

	Aufwendungen für Arbeitsmittel – soweit nicht steuerfrei ersetzt – (Art der Arbeitsmittel bitte einzeln angeben.)	EUR		
41	Arbeitskleidung – Monteuranzug	25,—		
42	– Reinigung	+ 22,—	▶ 320	47,—

739 Berufskleidung der Sportlehrer

Als Sportlehrer haben Sie gute Chancen, Sportkleidung von der Steuer
abzusetzen. Zeigt sich der Fiskalritter zopfig, halten Sie ihm das Urteil des
FG Münster vom 12.11.1996 (EFG 1997 S. 334) unter die Nase: Ein Sportlehrer mit z. B. elf Stunden Sportunterricht in der Woche, der außerdem
an Weiterbildungsmaßnahmen im Fach Sport teilnehme, habe kein Be-
dürfnis, seine Gelenke auch noch in der Freizeit zu strapazieren. Eine private Nutzung der Sportkleidung scheide also aus, so die Finanzrichter.
Den letzten Wind nehmen Sie dem Fiskalritter aus den Segeln, wenn Sie
sagen können, die Sportkleidung bewahren Sie in einem abschließbaren
Schrank in der Schule auf, damit Sie sich jeweils den Witterungsbedingun-
gen entsprechend anziehen können. Notfalls lassen Sie sich eine Bescheinigung vom Rektor ausstellen.

740 *TIPP* Setzen Sie den neuen Zwirn von der Steuer ab!

»… Ich bin in einem Laboratorium tätig, wo trotz Kittel Kleidung und Schuhe
durch Chemikalien und Farbe regelmäßig so verschmutzt werden, dass sie
selbst nach der Reinigung nicht mehr getragen werden können … und mache
hiermit Ausgaben geltend für durch Farbspritzer unbrauchbar gewordene
Kleidung (Hosen) und Schuhe 436 €.«
Der Fiskalritter guckt auch auf den letzten Cent und schreibt: »… und kann als
Werbungskosten nur den Zeitwert der Kleidungsstücke und der Schuhe vor
der Beschädigung anerkennen. Da Sie die Zeitwerte nicht nachgewiesen
haben, schätze ich den absetzbaren Betrag auf 220 €.« Na bitte …

741 Zeile 41–42 Nichtbeanstandungsgrenzen des Finanzamts

Anstelle der leichten Klimmzüge, die Huber unternimmt (nach dem
Motto: Sicher ist sicher), denkt Ferdinand Lässig an die Nichtbeanstandungsgrenzen des Finanzamts und setzt Arbeitsmittel einfach ohne Belege an:

♦ *Musterfall Ferdinand Lässig (Arbeitsmittel)*

Allerdings macht Lässig sich die Mühe, eine Einzelaufstellung für den Betrag Fachliteratur, Berufskleidung und Werkzeuge anzufertigen und der Erklärung beizufügen.

742

40	Beiträge zu Berufsverbänden (Bezeichnung der Verbände) Gewerkschaft	310	1 3 6,—	
41	Aufwendungen für Arbeitsmittel – soweit nicht steuerfrei ersetzt – (Art der Arbeitsmittel bitte einzeln angeben.) Fachliteratur (63 €), Berufsbekleidung (67 €)	EUR ,		
42	Werkzeug (45 €)	+ , ▶ 320	1 7 5,—	
43	Aufwendungen für ein häusliches Arbeitszimmer	325		,
44	Fortbildungskosten – soweit nicht steuerfrei ersetzt –	330		,
45	Weitere Werbungskosten – soweit nicht steuerfrei ersetzt – Flug- und Fahrtkosten bei Wegen zwischen Wohnung und erster Tätigkeitsstätte / Sammelpunkt / weiträumigem Tätigkeitsgebiet	,		
46	Sonstiges (z. B. Bewerbungskosten, Kontoführungsgebühren)	+ 1 6,—		
47		+ ,		
48	Bürobedarf – pauschal –	+ 1 2 0,— ▶ 380	1 3 6,—	

Lesen Sie unbedingt unter ➤ Rz 64 f., was Sie dank der Nichtbeanstandungsgrenzen ohne Nachweise absetzen können!

743

TIPP TAZ, FAZ oder *WAZ* – doppelt informiert ist besser

Tageszeitungen sollen grundsätzlich nicht abgesetzt werden können. Halten Sie sich aber neben der Lokalzeitung ein überregionales Blatt, das Sie für berufliche Informationen benötigen, können Sie Vater Staat an den Kosten für diese Zweitzeitung beteiligen. Setzen Sie deswegen die Abo-Kosten nebst Neujährchen für den Austräger als Werbungskosten ab (FG Köln im Urt. v. 7.7.1993 – EFG 1994 S. 199). Den Bezug der Zweitzeitung begründen Sie damit, dass es Ihnen ausschließlich um Informationen aus dem Wirtschaftsteil und um Stellenanzeigen geht.

»Ich habe da eine noch bessere Idee. Im Betrieb liegt das *Handelsblatt* aus. Da schneide ich jeden Tag den Streifen mit Datum und Preis ab, das sind dann meine Belege für die Steuererklärung«, sagen Sie. Das ist, gelinde gesagt … nicht schön. Die Streifen gelten auch nicht als Zahlungsbelege.

Es wird immer kurioser:

Die BFH-Richter haben sogar Kulturkritikern und Journalisten den Abzug von Aufwendungen für überregionale Tageszeitungen verwehrt, obwohl dieser Personenkreis Zeitungen meist ausschließlich aus beruflichen Gründen liest (BFH v. 7.9.1989 – BStBl 1990 II S. 19). Ein Abzug sei zumindest dann nicht möglich, wenn nur eine Zeitung abonniert werde, räumt das Hessische FG ein (Urt. v. 8.5.2008 – 13 K 3379/07).

Die Übergänge zur Fachliteratur können indessen fließend sein. So wurde das *Handelsblatt* einmal wie eine Fachzeitschrift behandelt und die Kosten als abziehbar angesehen (BFH v. 12.11.1982 – VI R 183/79), ein andermal aber abgelehnt (BFH-Beschluss v. 22. 6 .2006 – VI R 65/02). Letzteres Urteil wurde nicht veröffentlicht, was bedeutet, man will es nicht an die große Glocke hängen. Schämt man sich dafür? Die Kumpanei des Bundesfinanzhofs mit dem Fiskus ist unerträglich.

Anerkannt als Werbungskosten wurden Aufwendungen eines Physikers für die Zeitschrift *Spektrum der Wissenschaft* (Niedersächsisches FG v. 16.3.1989 – III 489/88).

Guter Rat: Setzen Sie das Zweitabo für die überregionale Zeitung als Werbungskosten an, und warten Sie ab, was passiert.

744 **TIPP** **Romane und Krimis absetzen?**
Lassen Sie sich schätzen!

Lehrer setzen allgemeinbildende oder schöngeistige Literatur, also Romane und Krimis ab, indem sie zu jedem einzelnen Buch angeben, in welcher Zeit und in welcher Klasse sie es zu Unterrichtszwecken benutzt haben, indem sie z. B. Ausschnitte für einen Arbeitsbogen oder zur Interpretation o. Ä. kopiert haben. Dann handelt es sich zwar nicht um Fachliteratur, aber um ein Arbeitsmittel, und schon klappt der Laden (BFH-Urt. v. 2.2.1990 – BFH/NV 1990 S. 564).

Geht das bei Ihnen nicht, muss das Finanzamt zumindest den größten Teil der Kosten im Wege der griffweisen Schätzung anerkennen, je nach Umständen 80, 70 oder 60 % (BFH-Urt. v. 21.5.1992 – BStBl 1992 II. S. 1015). Das lässt sich hören, oder?

Ich kämpfe um mein Recht,
so zu sein, wie ich bin.
(Marquis de Sade)

9.8.4 Aufwendungen für ein häusliches Arbeitszimmer – Zeile 43

Zeile 43 Aufwendungen für ein häusliches Arbeitszimmer
745

Hört her, Ihr Lehrer, Richter, Journalisten, Vertreter und Außenprüfer, leitende Angestellte, Sich-Fortbildende und andere mehr!

Weil Sie beruflich zu Hause arbeiten und dafür ein Zimmer benötigen, können Sie die anteiligen Wohnungs-/Hauskosten sowie die Aufwendungen für die fachgerechte Ausstattung in der Steuererklärung unterbringen.

Hier zunächst ein Überblick, was Ihnen das Gesetz zubilligt.
746

Es sind folgende Fälle zu unterscheiden:

- **Abzug der Arbeitszimmerkosten in unbegrenzter Höhe,** wenn das häusliche Arbeitszimmer die **Hauptarbeitsstätte** – für die gesamte berufliche Tätigkeit – bildet.

- **Abzug der Arbeitszimmerkosten begrenzt auf den Höchstbetrag von 1.250 € jährlich,** wenn das häusliche Arbeitszimmer **nicht Hauptarbeitsstätte** ist, aber für die berufliche Tätigkeit **kein anderer Arbeitsplatz** zur Verfügung steht.

Checkliste für das häusliche Arbeitszimmer
747

Werden Arbeitszimmerkosten geltend gemacht, geht der Fiskalritter gründlich zu Werk, indem er anhand einer Checkliste systematisch die Voraussetzungen überprüft. Natürlich ist diese Checkliste inzwischen auch bei den Steuerzahlern bekannt und kann Ihnen nützliche Dienste leisten, indem Sie zumindest auf dem Papier alles das erfüllen, was der Fiskalritter für die Steuerminderung erwartet.

Frage 1: Reicht die Größe der Restwohnung für den normalen Wohnbedarf aus?

Frage 2: Ist das Arbeitszimmer von den Privaträumen getrennt (kein Durchgangszimmer)?

Frage 3: Ist die Einrichtung berufsbezogen und funktionell?

Frage 4: Ist das Arbeitszimmer zwingend notwendig?

Was bezweckt der Fiskalritter mit seinen Fragen?

Zu Frage 1:

Reicht die Größe der Restwohnung für den normalen Wohnbedarf nicht aus, besteht die Vermutung, dass der Steuerzahler das Arbeitszimmer auch privat nutzt. Folge: Es wird kein Arbeitszimmer anerkannt.

Zu Frage 2:

Ein Arbeitszimmer innerhalb der Wohnung muss gegen die anderen Räume abgeschlossen sein, darf also kein galerieartiger Raum und kein Durchgangszimmer sein. Denn sonst geht der Fiskus von einer **privaten Mitbenutzung** aus, die steuerschädlich ist (BFH – BStBl 1984 II S.110); unschädlich ist aber, wenn die Durchquerung des Arbeitszimmers zwar möglich, aber nicht notwendig ist (EFG 1987 S.80); unschädlich ist auch, wenn das Arbeitszimmer ein Durchgangszimmer zum Schlafzimmer ist (BFH-Urt. v. 31.1.1992 – BFH/NV 1992 S.460) oder ein »gefangener Raum«, also nicht vom Flur aus betreten werden kann (EFG 1985 S.343); unschädlich ist ferner, wenn das Arbeitszimmer nur gelegentlich durchquert wird, um ein anderes Zimmer zu erreichen (EFG 1987 S.20 und 241), oder wenn nur eine »Ecke« des Arbeitszimmers betreten wird, um das Wohnzimmer zu erreichen (BFH – BStBl 1988 II S.1000).

»Hören Sie auf, das Durchgangszimmer bringt mich ganz durcheinander. Im Übrigen habe ich gar kein Durchgangszimmer«, sagen Sie.

Aber vielleicht hat Ihr Arbeitszimmer einen Balkon? Dann passen Sie auf: Der Balkon kann Ihrem Arbeitszimmer den Garaus machen, wenn Sie ihn oft privat benutzen, dadurch das Arbeitszimmer privat durchqueren und dies auch noch lauthals kundtun (EFG 1985 S.392).

Zu Frage 3:

Ist das Arbeitszimmer berufsbezogen und funktionell eingerichtet, spricht das eindeutig für eine berufliche Nutzung. Dabei ist Luxus durchaus erlaubt. Es sollten also im Arbeitszimmer möglichst nur Arbeitsmittel vorhanden sein, d.h. nur Gegenstände, die ausschließlich oder doch weitaus überwiegend beruflich verwendet werden. Eine Stereoanlage z.B., ein Fernseher, private Bücher oder die Aufbewahrung selten getragener Kleidung lassen aus fiskalischer Sicht auf eine private Nutzung des Zimmers schließen. Allerdings, je intensiver ein Arbeitszimmer beruflich genutzt wird, umso weniger Bedeutung haben private Gegenstände (so der BFH im nicht veröffentlichten Urteil v. 16.2.1990 – VI R 144/86). Auch das FG Berlin hielt in seinem Urteil vom 16.8.1988 (rk – EFG 1989 S.17) eine unbedeutende private Nutzung für erlaubt, z.B., wenn in seltenen Fällen ein Besucher dort auf der Liege oder Klappcouch übernachtet. Und das Niedersächsische Finanzgericht urteilte am 19. und 30.9.1991 (EFG 1992 S.325), dass ein Kleiderschrank oder private Bücher und Unterlagen im häuslichen Arbeitszimmer unschädlich sein können, sofern die berufliche Nutzung erheblich ist (mehr als zwölf Stunden wöchentlich).

Übrigens gelten Liege und Klappcouch, ja sogar ein Schaukelstuhl als Arbeitsmittel. Sie sind als »Entspannungsmittel« anerkannt und somit für das Arbeitszimmer unschädlich. So setzte ein gewitzter Professor die Kosten für seinen Schaukelstuhl als Werbungskosten ab und kam damit durch (BFH-Urt. v. 28.9.1990 – BFH/NV 1991 S. 298). Es sei dem Arbeitnehmer unbenommen, so der BFH, statt am Schreibtisch sitzend sich im Liegen oder im Schaukelstuhl auf seine Arbeit zu konzentrieren oder Fachliteratur zu lesen.

Zu Frage 4:

Das Arbeitszimmer wird nur dann als zwingend notwendig angesehen, wenn es Mittelpunkt der gesamten beruflichen und betrieblichen Tätigkeit, also **Hauptarbeitsstätte** ist oder aber kein »anderer« Arbeitsplatz zur Verfügung steht (Lehrer, freie Mitarbeiter, Außendienstmitarbeiter, Azubi, Bereitschaftsdienstler, Meisterschüler, nebenberufliche Tätigkeit etc.).

Gut zu wissen: Dies bedeutet keinesfalls, dass Ihnen überhaupt kein Arbeitsplatz zur Verfügung stehen darf, vielmehr nur, *dass für die im Arbeitszimmer verrichteten Arbeiten kein anderer Arbeitsplatz* vorhanden ist. Dies gilt besonders für Lehrer, die zwar ihren Unterricht in der Schule halten, dort aber für die Vorbereitung des Unterrichts und Korrekturarbeiten keinen Arbeitsplatz haben. Und was bei den Lehrern recht ist, kann Ihnen nur billig sein.

Poolarbeitsplatz zählt nicht!

Ein Poolarbeitsplatz, bei dem sich acht Großbetriebsprüfer drei Arbeitsplätze für die vor- und nachbereitenden Arbeiten der Prüfungen teilen, steht nicht als »anderer« Arbeitsplatz zur Verfügung, wenn er zur Erledigung der Innendienstarbeiten nicht im erforderlichen Umfang genutzt werden kann (BFH-Urt. v. 26.2.2014 – Az. VI R 37/13).

748 Zeile 43 Häusliches Arbeitszimmer als Hauptarbeitsstätte

Ein Arbeitszimmer als Hauptarbeitsstätte beschert Ihnen den unbegrenzten Abzug der Kosten. Das Arbeitszimmer ist Hauptarbeitsstätte, wenn dort die »wesentlich prägenden Handlungen« ausgeführt werden, wie sich der Fiskus ausdrückt. Das heißt auf Deutsch: Arbeiten, die das meiste Geld einbringen. Wie lange dort gearbeitet wird, ist nicht wichtig. Das zeitliche Überwiegen der außerhäuslichen Tätigkeit schließt den unbegrenzten Abzug der Kosten für das häusliche Arbeitszimmer nicht aus (BMF-Schreiben v. 7.1.2004, Tz 8).

Nun gleicht keine Tätigkeit wie ein Ei dem anderen. Es kommt immer auf die besonderen Umstände im Einzelfall an. Viele Fälle hat der Bundesfinanzhof schon in letzter Instanz entschieden. Sehen Sie nach, ob Ihr Fall dabei ist:

749 Wichtige Urteile zur Frage der Hauptarbeitsstätte

Berufliche Tätigkeit	Hauptarbeitsstätte	
	Ja	Nein
Ingenieur Erarbeitung komplexer Problemlösungen im Arbeits- zimmer (BFH v. 13.11.2002 – BStBl 2004 II S. 59)	X	
Unternehmensberater/Praxis-Consultant Beratung von Freiberuflern in betriebswirtschaftlichen Fragen, Erstellung von Analysen und Auswertungen im Arbeitszimmer (BFH v. 29.4.2003 – BStBl 2004 II S. 76)	X	
Verkaufsleiter tlw. Außendiensttätigkeit bei Überwachung von Mitarbeitern und Betreuung von Großkunden. Wesentliche Leistungen wie Organisation der Betriebsabläufe werden im Arbeitszimmer erbracht (BFH v. 13.11.2002 – BStBl 2004 II S. 65)	X	
Handelsvertreter/Vertriebsleiter berufliche Tätigkeit ist im Wesentlichen durch Außendiensttätigkeit geprägt (BFH v. 26.2.2003 BStBl 2004 II S. 69)		X

Berufliche Tätigkeit	Hauptarbeitsstätte	
	Ja	Nein
Lehrer		X
Unterrichtsleistungen werden nicht im Arbeitszimmer erbracht (BFH v. 26.2.2003 – BStBl 2004 II S. 72)		
Nebenberufliche Tätigkeit		X
Hauptarbeitsstätte ist Mittelpunkt der gesamten betrieblichen und beruflichen Tätigkeit; Mittelpunkt einer von mehreren beruflichen Tätigkeiten reicht nicht aus (BFH v. 23.9.1999 – BStBl 2000 II S. 7), siehe auch ➤ Rz 751		
Produkt- und Fachberater/in		X
berufliche Tätigkeit ist im Wesentlichen durch Außendiensttätigkeit geprägt (BFH v. 13.11.2002 – BStBl 2004 II S. 62)		

Gut zu wissen für Telearbeiter   750

Wer als Telearbeiter nur zu Hause arbeitet, also außerhalb des Arbeitszimmers nicht dauerhaft beschäftigt ist, für den ist der unbegrenzte Abzug der Arbeitszimmerkosten geritzt. Wichtig ist nachzuweisen: Im Betrieb steht kein Arbeitsplatz zur Verfügung. Anwesenheitszeiten im Betrieb sind nicht vorgeschrieben.

Selbständig im Nebenberuf   751

Wer meint, er wäre beim Arbeitszimmer aus dem Schneider, weil er nebenbei noch selbständig ist und dafür ein Arbeitszimmer benötigt, den muss ich enttäuschen. Der Mittelpunkt der beruflichen Tätigkeit wird nicht für jede Einkunftsart getrennt beurteilt, vielmehr sind sämtliche Tätigkeiten des Steuerzahlers zusammenzufassen (BFH-Urt. v. 23.9.1999 – BStBl 2000 II S. 7).

Auch wenn es mit der Hauptarbeitsstätte und damit dem unbegrenzten Abzug der Arbeitszimmerkosten nicht klappt, bleibt doch zumindest der auf 1.250 € begrenzte Kostenabzug, wie die folgenden Randziffern zeigen.

752 Zeile 43 Häusliches Arbeitszimmer nicht erste Tätigkeitsstätte

Gehören Sie zu denen, die auf ihr Arbeitszimmer angewiesen sind, weil der Arbeitgeber **keinen Arbeitsplatz zur Verfügung** stellt (➤ Rz 747), oder sind Sie im Hauptberuf Arbeitnehmer und nebenberuflich als Schriftsteller von Kriminalromanen tätig oder erstellen als Krankenhausarzt in Ihrer Freizeit nebenberuflich medizinische Gutachten etc., gehen Sie also einer Nebentätigkeit nach, die vom Brötchengeber Ihres Hauptjobs eigentlich genehmigt werden müsste? Dann benötigen Sie Ihr Arbeitszimmer sicher in erster Linie für Ihre (neben-)beruflichen Aktivitäten.

In all diesen Fällen gesteht Ihnen der Fiskus den Abzug von Arbeitszimmerkosten – bis zu 1.250 € – zu.

753 **_TIPP_ Aufgepasst: Kosten für Arbeitsmittel wie Schreibtisch, Leselampe und Regal gehören in > Zeile 41 – 42 des Formulars**

Der Bundesfinanzhof hatte ein Einsehen und geurteilt, dass der Abzug von Arbeitsmitteln Vorrang vor den Abzugsbeschränkungen für die Arbeitszimmerkosten hat (BFH v. 21.11.1997 – BStBl 1998 II S. 351). Im Klartext bedeutet das, dass alle Kosten für Arbeitsmittel, die auch ohne ein Arbeitszimmer durchgehen würden, unabhängig davon, wie die eigentlichen Arbeitszimmerkosten steuerlich behandelt werden, steuerlich absetzbar sind. Dieser Entscheidung hat sich die Finanzverwaltung gebeugt und sie mit dem BMF-Schreiben vom 16.6.1998 (BStBl 1998 I S. 863) für verbindlich erklärt. Das heißt: Auch wenn Sie Ihr Arbeitszimmer nicht absetzen können oder der Höchstbetrag von 1.250 € greift, können Sie zumindest Ihre Arbeitsmittel in vollem Umfang absetzen.

Dazu müssen Sie unterscheiden zwischen den Kosten für die Raumaustattung des Arbeitszimmers einerseits und für Arbeitsmittel im engeren Sinne andererseits.

Unmittelbare Arbeitszimmerkosten/Raumausstattung (> Zeile 43)
(nur bei Arbeitszimmern absetzbar)

- Miete,
- Heizung, Strom, Wasser,
- Müllabfuhr, Kaminkehrer, Abwasser,
- Grundsteuer, Gebäudeversicherung,
- Hauswart etc.,
- Gebäudeabschreibung,
- Zinsen,

- Reinigung,
- Gebäudereparatur,
- Renovierung,
- Tapeten, Teppichböden, Vorhänge,
- fest eingebaute Lampen.

Auch ohne Arbeitszimmer absetzbare Arbeitsmittel (> Zeilen 41–42)

- Computer und Zubehör,
- Telefon, Fax, Anrufbeantworter,
- Taschenrechner, Rechenmaschine,
- typische Arbeitsmittel je nach Beruf (z. B. Musikinstrumente, Maschinen etc.),
- Einrichtungsgegenstände
  - Schreibtisch,
  - Stühle,
  - Bücherregale,
  - Schränke,
  - Bürocontainer,
  - sonstige berufliche Einrichtung,
  - Schreibtischlampe,
  - Papierkorb,
  - Wand- oder sonstige Uhr, Pinnwand etc.

Einzelheiten zur Berechnung der Kosten, insbesondere der Abschreibungen, vgl. ➤ Rz 724 ff.

Kunstgegenstände wie Bilder und Skulpturen gehören grundsätzlich zur Arbeitszimmerausstattung. Sie werden Ihnen aber nur ausnahmsweise steuerlich anerkannt, wenn Sie glaubhaft machen, dass Sie sie aus Repräsentationsgründen benötigen, weil Sie des Öfteren geschäftlichen Besuch im Arbeitszimmer empfangen. Andernfalls fallen sie dem Rotstift zum Opfer, wie die Aufwendungen für ein Gobelinbild (BFH-Urt. v. 30.10.1990 – BStBl 1991 II S. 340). Auch Geweihe und Jagdwaffen als Schmuck hat der BFH nicht mit steuerlicher Wirkung zugelassen (BFH v. 18.3.1988 – BFH/NV 1988 S. 556).

Fiskalischer Spontanbesuch: Nicht bei Ihnen!

Sollte dem Paragraphenritter die abstruse Idee kommen, Ihr Arbeitszimmer persönlich in Augenschein zu nehmen, muss er sich vorher anmelden. Bei einem Spontanbesuch können Sie ihm den Zutritt verweigern, ohne dass er daraus negative Schlüsse ziehen darf (anderer Ansicht FG Düsseldorf v. 19.10.1992 – EFG 1993 S. 64, wenn der Besuch während der normalen Geschäfts- und Arbeitszeit erfolgt). **754**

Vor dem Besuch des Prüfers bleibt eigentlich immer noch Zeit, den Bestimmungen widersprechende Möbelstücke in ein anderes Zimmer zu schieben. Der *Spiegel* berichtet von einer solchen »Schiebung« in Hamburg, bei der sogar der Steuerprüfer mithalf, nachdem er ein Klavier im Arbeitszimmer bemerkt hatte.

Damit kam der Prüfer wohlwissend dem entscheidenden Einwand des Steuerzahlers zuvor: Im letzten Jahr (und nur um das geht es) stand das Klavier nicht hier. Manchmal bittet der Prüfer darum, auch die Wohnräume besichtigen zu dürfen, vielleicht in der Hoffnung, eine »Schiebung aus dem Arbeitszimmer« aufzuspüren. Dazu können Sie aber mit Recht »nein« sagen (§ 99 AO).

Für den Fall, dass der Prüfer trotz Ihrer Vorsorge private Gegenstände entdeckt, siehe ➤ Rz 747.

755 **TIPP Ein Steuerprüfer hat sich angesagt: Wimmeln Sie ihn ab!**

Hat der Fiskalritter schriftlich mitgeteilt, dass er das Arbeitszimmer besichtigen möchte, schreiben Sie ihm höflich zurück:

»Selbstverständlich können Sie mein Arbeitszimmer besichtigen. Da ich allerdings – genau wie Sie – berufstätig bin und mir extra einen Tag Urlaub nehmen müsste, möchte ich gern vorher wissen, warum der Besuch notwendig ist. Eine Skizze von Wohnung und Arbeitszimmer liegt Ihnen vor, ebenso alle Belege für die entstandenen Kosten. Da ich nicht davon ausgehe, dass Sie mir als einem ehrlichen Bürger misstrauen und meine Angaben zur Ausstattung des Arbeitszimmers anzweifeln, bitte ich Sie, mir die noch offenen Fragen mitzuteilen, damit diese möglicherweise einfacher auf schriftlichem Wege beantwortet werden können.«

Oder Sie bitten ihn, abends gegen 19 Uhr die Besichtigung vorzunehmen. Vielleicht kommen Sie auf diese Weise noch mal davon.

Friedfertigkeit verlängert die Lebensdauer.
(Im Wolfsrudel)

 Berufliche Nutzung: Sie tragen die Beweislast

756 Bei den Einnahmen trägt der Fiskus die Beweislast, bei den Ausgaben der Steuerzahler, so einfach ist das. Wollen Sie Ausgaben in Ihrer Steuererklärung unterbringen, müssen Sie also beweisen, dass Sie die Ausgaben auch tatsächlich hatten. Insbesondere beim Arbeitszimmer sollten Sie deshalb die Gesamtumstände vollständig offenlegen und alle möglichen Zweifel

an der ausschließlich beruflichen Nutzung des Arbeitszimmers beseitigen.
Bleiben nämlich Zweifel, sagt der Paragraphenritter »nein« und verweist
ganz lapidar auf die bei Ihnen liegende Beweislast.
Auch als Single mit kleiner Zweizimmerwohnung können Sie einen
Raum zum Arbeitszimmer erklären. Dafür muss aber der andere Raum
zum Wohn-/Schlafraum umfunktioniert werden. Das bedeutet: Ein her-
kömmliches Bett in Ihrem Arbeitszimmer macht diesem den Garaus.

Im Keller haben Sie himmlische Ruhe   757

Ist in Ihrer Wohnung zu wenig Platz, können Sie auch einen Kellerraum
als Arbeitszimmer einrichten. Diese Möglichkeit kommt insbesondere
für Einfamilienhausbesitzer und Besitzer einer Eigentumswohnung im
Erdgeschoss in Betracht, wenn sie den Kellerraum durch entsprechende
Baumaßnahmen (Heizung, Elektroinstallation, Verputz) von einem Ne-
benraum zu einem Hauptraum machen (BFH-Urt. v. 5.9.1990 – BStBl
1991 II S. 389). Die Kosten des Ausbaus sind abziehbare Werbungskosten.
Die anteiligen Aufwendungen sind dann aus dem Verhältnis der Arbeits-
zimmerfläche zur Gesamtfläche einschließlich Arbeitszimmer zu berechnen. Noch ein Vorteil: Im Keller haben Sie himmlische Ruhe!!
Übrigens ist der Werbungskostenabzug nicht auf einen Raum begrenzt.
Ist wegen des Umfangs Ihrer Arbeiten zu Hause ein weiterer Raum erforderlich, z.B. für ein Archiv, so bietet sich hierfür auch ein Kellerraum an.
(Flächenberechnung Keller FG Köln v. 26.1.1995, EFG 1995 S. 830).

Arbeitsplatz + Wand = Arbeitsecke   758

Ist Ihre Wohnung nicht groß genug und fällt ein Kellerraum als Alternative aus, bleibt oft nur eine Arbeitsecke. Dann sind zwar nicht die anteiligen Raumkosten abziehbar, wohl aber Ihre Aufwendungen für beruflich
eingesetzte Arbeitsmittel wie Schreibtisch, Stuhl, Papierkorb, Regale,
Lampen.
Eine zum privaten Wohnbereich offene Galerie stuft der BFH ebenfalls
lediglich als Arbeitsecke ein (Urt. v. 6.12.1991 – BStBl 1992 II S. 304). Da
nützt auch ein einfacher Raumteiler nichts, die Galerie bleibt Arbeitsecke. Trennen Sie aber die Galerie durch eine feste Wand vom Wohnteil
ab – Gipskarton reicht auch –, klappt der Laden.
Die Kosten für den Einbau der Trennwand sind allerdings nicht sofort
abzugsfähig, meint das Finanzgericht von Baden-Württemberg (EFG
1995 S. 915), sondern müssen auf die Nutzungsdauer des Arbeitszimmers
von ungefähr zehn Jahren verteilt werden.

Sprechen Sie nicht von »häuslich« – auf die richtige Bezeichnung kommt es an

759 Seit der Gesetzgeber den Abzug von Aufwendungen für ein »häusliches Arbeitszimmer« eingeschränkt hat, darf der beruflich genutzte Raum alles andere sein, nur nicht »häuslich«. Es kommt hier einfach auf die richtige Bezeichnung an. Besser ist es, Sie sprechen von Praxisraum, Kanzlei, Lager oder Werkstatt, wo auch Mandanten oder Kunden empfangen werden. Dann haben Sie gute Chancen, Ihre Kosten uneingeschränkt abziehen zu können (BFH-Urt. v. 5.12.2002 – IV R 7/01 betr. Notfallpraxis eines selbständigen Arztes; BFH-Urt. v. 21.3.1995 – BFH/NV 1995 S. 875 betr. Praxis einer Sprachpädagogin).

Voll absetzbar sind die Kosten auch dann, wenn ein Lager- oder Werkstattraum mit einer Arbeitsecke in der Wohnung kombiniert wird. Deshalb rate ich allen Lehrern und Richtern, die zwangsläufig einen Arbeitsplatz zu Hause benötigen, dem Finanzamt zu erklären:

»Ich arbeite für mein Amt nur am Schreibtisch im Wohnzimmer. Zusätzlich habe ich einen Raum, der als Arbeitsraum ungeeignet ist (weil zu laut, zu klein, zu dunkel, kein Telefon). In dem Raum steht ein Kopierer, außerdem lagern dort vertrauliche Unterlagen, Akten und Aufzeichnungen. Ferner habe ich dort mein Archiv, werden dort Fachbücher und -zeitschriften aufbewahrt. Auch schließe ich dort meinen Laptop ein. Denn auf der Festplatte sind vertrauliche Texte abgelegt, und meine Kinder sollen den Laptop nicht privat benutzen.«

Wenn das so ist, haben Sie gar kein Arbeitszimmer, können also die Kosten für den Sicherheits- und Lagerraum uneingeschränkt absetzen. Siehe auch ➤ Rz 765.

760   **Doppelter Arbeitszimmer-Kostenabzug für Ehegatten?**

Erfüllen beide Ehegatten die Voraussetzungen für den Abzug von Arbeitszimmerkosten, weil beide Lehrer sind oder für die berufliche Fortbildung kein anderer Arbeitsplatz zur Verfügung steht, und nutzen ein und denselben Raum als Arbeitszimmer, haben sie steuerlich nichts gewonnen. Der Höchstbetrag soll objektbezogen sein, heißt: Die Ehegatten müssen sich den Höchstbetrag von 1.250 € teilen.

Ob das so richtig ist, prüft derzeit der Bundesfinanzhof (Az. VI R 53/12). Sie sollten in gegebenem Fall also gegen die Beschränkung des Kostenabzugs vorgehen (siehe dazu ➤ Rz 1121).

»Tochter Lena studiert seit kurzem auswärts. Ich setze mich in ihr Zimmer, um für meine Fortbildung zu büffeln, und überlasse meiner Frau das Arbeitszimmer«, sagen Sie.

Damit verdoppelt sich Ihr Steuerbonus! Nutzt jeder Ehegatte ein eigenes Arbeitszimmer, kann auch jeder die Kosten bis zum Höchstbetrag von 1.250 € absetzen.

Wirre Rechtsprechung gefällig? 761

Der BFH hat einen ganzen Schwung von Fällen zum häuslichen Arbeitszimmer verabschiedet. Zu allen Urteilen darf man getrost bemerken: Auf See und vor Gericht ist man in Gottes Hand. Denn die Urteile sind unverständlich.

So hatte eine Steuerfachfrau Erfolg beim BFH. Sie hatte sich zwei zusammenhängende Räume im Keller des Mehrfamilienhauses, in dem sie wohnte, geschickterweise von einem anderen Mieter zur Verfügung stellen lassen. Deshalb waren diese Räume keine Zubehörräume ihrer Wohnung. Sie besaß nämlich einen eigenen Abstellraum (BFH v. 26.2.2003 – Az VI R 160/99, BFH/NV 2003 S. 985). Also voller Abzug der Kosten. Weniger Erfolg hatte ein Studienrat aus Köln, der mit Gattin und drei Kindern in einer gemieteten Fünfzimmerwohnung lebte und bei passender Gelegenheit die direkt gegenüber liegende Zweizimmerwohnung angemietet hatte. Diese nutzte der Pädagoge für berufliche Arbeiten und zur Verwaltung seiner Immobilien und Kapitalanlagen. Ein Abzug der Mietkosten sei unzulässig, befanden die Richter. Denn der Unterschied zwischen einem innerhalb der eigenen Wohnung gelegenen Zimmer und einer direkt gegenüberliegenden ganzen Wohnung sei »nur geringfügig« (BFH v. 26.2.2003 – Az VI R 125/01, BFH/NV 2003 S. 988).

Dasselbe musste sich – wieder vom VI. Senat – ein Vertriebsleiter aus Münster sagen lassen, der im Dachgeschoss eines Mehrfamilienhauses lebte und ein kleines Appartement unter dem Dachfirst für seine Aktenbearbeitung vor allem am Wochenende mitgemietet hatte. Dass beide Wohnungen nicht unmittelbar miteinander verbunden seien, sei nicht entscheidend (BFH v. 26.2.2003 – Az VI R 124/01, BFH/NV 2003 S. 986). Also kein voller Abzug der Kosten.

 ## Raus aus dem Pantoffelbereich: 762
Arbeitszimmer bei Tante Olga

Ist Ihre Wohnung zu klein? Dann fragen Sie doch mal Tante Olga. Ihre Wohnung ist für sie als alleinstehende Witwe doch viel zu groß. Bestimmt vermietet sie Ihnen ein Zimmer, das Sie als Arbeitszimmer angeben können. Dort haben

Sie Ruhe, und Sie können alle Kosten als Werbungskosten abziehen, denn schließlich ist dieses Arbeitszimmer ein Büro und schon gar nicht »häuslich«. Nur: Schließen Sie einen schriftlichen Vertrag, in dem die genaue Miethöhe festgelegt ist. Die Mietzahlung müssen Sie nachweisen können, z. B. durch Quittungen von Tante Olga. Oder ist sie so froh, Ihnen helfen zu können, dass sie gar kein Geld von Ihnen will? Dann lassen Sie sich was einfallen …, denn für die Steuer muss Geld geflossen sein. Will der Fiskalritter nicht mitziehen, halten Sie ihm das BFH-Urteil vom 28.8.1991 (BFH/NV 1992 S. 166) unter die Nase.

Auch die Fahrtkosten zum außerhäuslichen Arbeitszimmer sind unbegrenzt absetzbar, mit 0,30 € pro gefahrenen Kilometer.

763 ### In folgenden Fällen haben Sie gute Karten, die Kosten für das Arbeitszimmer steuerlich unterzubringen!

1. Arbeitszimmer/Büro mit separatem Eingang
Wenn das Arbeitszimmer nicht »häuslich« ist, also nicht zum Wohnbereich gehört, kommt der Fiskus mit seinen pingeligen Vorschriften nicht zum Zuge. Fein sind Sie raus, wenn Ihr Arbeitszimmer einen – von der Wohnung – separaten Eingang hat, was bei vielen Einliegerwohnungen der Fall ist. Folge: Der volle Abzug der Kosten ist geritzt.

764 **Gut zu wissen:** Das Arbeitszimmer im ausgebauten Dachgeschoss Ihres Hauses gehört aus fiskalischer Sicht zum »Pantoffelbereich« und gilt damit als »häuslich«. Dies mag für ein Einfamilienhaus zutreffen, nicht indessen für ein Zweifamilienhaus oder gar für ein Mietwohnhaus (FG Münster v. 13.3.2001, EFG 2001 S. 964). Der Kläger hatte in einem Mietwohnhaus im Erdgeschoss ein Büro und darüber eine Wohnung gemietet. Die Finanzrichter meinten, das Büro im Erdgeschoss sei kein häusliches Arbeitszimmer, und ließen sämtliche Kosten zum Abzug zu.

Ebenso hat der Bundesfinanzhof mit Urteil vom 26.2.2003 (BFH/NV 2003 S. 985) bei einem Arbeitnehmer entschieden, der in dem Mehrfamilienhaus, in dem er als Mieter eine Dreizimmerwohnung nutzte, zusätzlich Kellerräume angemietet hatte. Das Finanzgericht ließ die Aufwendungen für die zusätzlichen, beruflich genutzten Kellerräume ohne Abzugsbeschränkungen als Werbungskosten zu, da es sich insoweit nicht um ein häusliches Arbeitszimmer handele (ebenso entschied das FG Köln in einem gleichgelagerten Fall mit Urteil v. 29.8.2007, Az 10 K 839/04). Recht so!

2. Lagerraum in der Wohnung kein häusliches Arbeitszimmer

765

Ein häusliches Arbeitszimmer setzt voraus, dass dort für eine gewisse Zeit Arbeit verrichtet wird. Deshalb sind Lagerraumkosten ohne Wenn und Aber und in voller Höhe als Werbungskosten abziehbar, weil dort nicht gearbeitet wird. So urteilten das Finanzgericht Düsseldorf am 19.10.2000 (EFG 2001 S.814) und das Finanzgericht Baden-Württemberg am 14.2.2001 (EFG 2001 S.677). Die Anweisung im BMF-Schreiben vom 16.6.1998 (BStBl 1998 I S.863 RndNr.7), wonach auch ein Lagerraum unter den Begriff des häuslichen Arbeitszimmers fällt, halten die Finanzrichter nicht für rechtens. In den Urteilsfällen hatten Außendienstmitarbeiter (Pharmareferenten) in einem Kellerraum Werbematerial und Ware gelagert.

3. Archivraum kein häusliches Arbeitszimmer

766

Was für Lagerräume gilt, gilt auch für Archivräume. Wer dort Fachbücher, Aktenordner und andere Arbeitsmittel lagert, kann die Raumkosten in voller Höhe als Werbungskosten abziehen (FG Berlin v. 23.4.2001 – EFG 2001 S.887). Im Urteilsfall liegt der 9 qm große Archivraum im Keller eines Einfamilienhauses. Der Raum ist ausschließlich mit Regalen und einem Ablagetisch möbliert, Sitzgelegenheiten sind nicht vorhanden.

TIPP Mietvertrag mit dem Arbeitgeber über das häusliche Arbeitszimmer

767

Sie haben einen Arbeitsplatz beim Arbeitgeber und können deshalb Ihren beruflich genutzten Büroraum daheim steuerlich nicht geltend machen? Sie sind Außendienstler, und Ihr Finanzamt will nicht einsehen, dass Ihr Büroraum Ihre Hauptarbeitsstätte ist?

Geschickt können Sie die nervenden Diskussionen mit Ihrem Fiskalritter umgehen, wenn Ihr Arbeitgeber von Ihnen das häusliche Büro anmietet.

Der Bundesfinanzhof hatte über einen Fall zu entscheiden, in dem der Arbeitgeber von einem Außendienstmitarbeiter einen Büroraum mit ca. 35 qm Nutzfläche angemietet hatte. Die vereinbarte Miete belief sich auf rund 100 € monatlich. Der Arbeitgeber stattete den Büroraum mit der erforderlichen »Technik« (PC, Drucker, Fax, ISDN-Telefonanlage, Rechenmaschine) aus. In dem Büroraum wurden u. a. berufliche Unterlagen aufbewahrt. Die berufliche Nutzung des Büroraums durch den Mitarbeiter betrug vom zeitlichen Umfang mehr als 50 % seiner gesamten beruflichen Tätigkeit.

In seiner Einkommensteuererklärung setzte der Arbeitnehmer die vom Arbeitgeber vereinnahmte Miete von insgesamt 1.200 € als Einnahmen bei seinen Einkünften aus Vermietung und Verpachtung an. Die Werbungskosten betrugen 4.110 €, so dass sich der auf den Büroraum entfallende Werbungskostenüberschuss auf 2.910 € belief. Der Bundesfinanzhof segnete diese Gestaltung mit Urteil vom 20.3.2003 (Az VI R 147/00, BFH/NV 2003 S. 857) ab, denn der Mietvertrag war anzuerkennen und die Miete angemessen (mindestens 66 % der üblichen Marktmiete).

Ihr Arbeitgeber wird begeistert sein, wenn Sie ihm eine vergleichbare Regelung vorschlagen. Sie schaffen sich Anerkennung für Ihren Einfallsreichtum und helfen Ihrem Chef auch noch, Beiträge zur Sozialversicherung zu sparen. Statt einer sozialversicherungspflichtigen Lohnerhöhung kann er Ihnen sozialversicherungsfrei eine monatliche Miete für das häusliche Büro überweisen und diese als Betriebsausgaben geltend machen.

768 ## Arbeitszimmer bei Arbeitslosigkeit, Erziehungsurlaub, Auslandsaufenthalt etc.

Wer in solchen Fällen im Hinblick auf die spätere Wiederaufnahme seiner beruflichen Tätigkeit sein bis dahin anerkanntes Arbeitszimmer weiter vorhält, dem muss das Finanzamt die Kosten als Werbungskosten anerkennen (BFH-Urt. v. 18.4.1996 – BStBl. 1996 II S. 482 betr. Arbeitslosigkeit; Urt. FG Münster v. 13.2.1998 – EFG 1998 S. 939 und Urt. FG Niedersachsen v. 21.2.2001 – EFG 2001 S. 812 betr. Erziehungsurlaub). Hier handelt es sich um Ausgaben, die vor der Erzielung von Einnahmen entstehen und deshalb als vorab entstandene Werbungskosten abziehbar sind. Mit dem Stichwort **»vorweggenommene Werbungskosten«** zeigen Sie dem Fiskalritter, wo es langgeht.

769 **Wichtig zu wissen:**

- Auf den Nachweis des Zusammenhangs mit künftigen Einnahmen kommt es an. Um diesen Zusammenhang glaubhaft zu machen, könnten Sie beispielsweise von folgenden Arbeiten berichten, die Sie Woche für Woche im Arbeitszimmer erledigt haben …
  - Studium einschlägiger (aktueller) Fachzeitschriften, die (möglicherweise) im Abonnement bestellt sind,
  - Lektüre aus erworbenen Fachbüchern,
  - Studium von Literatur und Zeitschriften aus der Bibliothek,
  - Umarbeiten von Unterrichts-/Geschäftsideen,
  - Erstellung themenbezogener Arbeitsaufträge,
  - Erfahrungsaustausch mit Kollegen,
  - Vor- bzw. Nachbereitung von Fort- und Weiterbildungsveranstaltungen,
  - Archivierungsarbeiten …

- Die gesetzlichen Abzugsbeschränkungen für Arbeitszimmer sollen auch dann zu beachten sein, wenn die Aufwendungen als vorab entstandene Werbungskosten geltend gemacht werden (BFH-Urt. v. 2.12.2005 – Az. VI R 63/03). Bedeutet: Wer auch bei aktivem Beschäftigungsverhältnis kein Arbeitszimmer geltend machen kann (z.B. da Arbeitsplatz beim Arbeitgeber vorhanden), soll auch während der Arbeitslosigkeit oder der Elternzeit keine Kosten geltend machen können.

TIPP Rechnen Sie die Renovierungskosten für den Flur anteilig dem Arbeitszimmer zu

770

Nicht nur die allein auf das Arbeitszimmer entfallenden Kosten sind abzugsfähig. Setzen Sie auch die Renovierungskosten für den Flur anteilig als Werbungskosten an. Schließlich können Sie das Arbeitszimmer nur über den Flur erreichen. Ebenso sind die Kosten für eine Dachreparatur oder eine neue Haustür bei der Berechnung der Arbeitszimmerkosten flächenanteilig zu berücksichtigen.

Zeigt sich das Finanzamt unwillig, weisen Sie auf das Urteil des Finanzgerichts Saarland vom 3.12.1991 (Az 1 K 197/91) hin.

Oder Sie legen gleich noch eine Schippe drauf und beherzigen folgenden …

TIPP Duschen auf Kosten des Fiskus

771

Mit Urteil vom 18.3.2015 (Az. 11 K 829/14 E) hat das Finanzgericht Münster entschieden, dass Aufwendungen für die Modernisierung des Badezimmers anteilig zu den Aufwendungen für ein häusliches Arbeitszimmer gehören, wenn sie wesentlich sind und den Wert des gesamten Wohnhauses erhöhen (Revision beim BFH anhängig unter Az. VIII R 16/15).

Anbau verschwiegen?

772

Haben Sie Ihr Wohnzimmer durch Anbau eines Wintergartens vergrößert? Dann hat sich die Wohnfläche geändert und damit der prozentuale Anteil der Kosten für das Arbeitszimmer an den gesamten Hauskosten. Diese Minderung der Arbeitszimmerkosten lässt sich allerdings leicht dadurch ausbügeln, dass Sie Zinsaufwendungen für Ihren Anbau in die Gesamtkosten einbeziehen und somit anteilig auch dem Arbeitszimmer zurechnen. Dass die Zinsen mit dem Arbeitszimmer nichts zu tun haben, hat den BFH nicht gestört (Urt. v. 21.8.1995 – BStBl 1995 II S. 729).

773 Berechnung der Raumkosten

Die Raumkosten sind anteilig zu berücksichtigen. Ihr Anteil richtet sich nach dem Verhältnis der Größe (Fläche) der Wohneinheit einschließlich Arbeitszimmer zur Größe des Arbeitszimmers. Nebenräume wie Keller, Waschküche, Abstellräume außerhalb der Wohnung, Dachböden, Trockenräume, Schuppen und Garagen bleiben außen vor. Umfasst die Wohnung z. B. 100 qm und das darin enthaltene Arbeitszimmer 14 qm, so betragen die anteiligen Kosten für das Arbeitszimmer 14 % der Gesamtkosten. Die Gesamtkosten ergeben sich im Einzelnen aus:

Mietwohnung	Eigene Wohnung
Miete	Abschreibung Gebäude
Heizkosten	Heizkosten
Stromkosten	Stromkosten
Hausratversicherung	Hausratversicherung
Umlagen	Gebäudeversicherung
Schönheitsreparaturen	Erhaltungsaufwendungen
Putzmittel	Gemeindeabgaben
Reinigungslohn	Putzmittel
	Reinigungslohn
	Finanzierungskosten

774 Nebenkosten des Arbeitszimmers

In Betracht kommen: Malerarbeiten, Fußbodenbelag, Teppich, Gardinen und Lampen.

Beispiel

Einfamilienhaus, berufliche Nutzung durch Arbeitszimmer = 15 %
1. Anteilig abziehbare Aufwendungen

Jährliche Aufwendungen für Heizung und Elektrizität	1.210 €
Jahresbetrag für die Hausratversicherung	40 €
Jährliche Schuldzinsen	6.000 €
Jährliche Grundsteuer, Gebäudeversicherung	470 €
Jährliche Abgaben für Wasser, Abwasser, Müllabfuhr, Straßenreinigung	350 €
Reparaturaufwendungen am Dach	930 €
Gebäudeabschreibung	
Herstellungskosten vor 10 Jahren 150.000 €	
Davon 2 % Abschreibung =	3.000 €
Summe	12.000 €
Anteilig auf das Arbeitszimmer entfallen 15 % =	1.800 €

2. In voller Höhe abziehbare Aufwendungen

Schönheitsreparaturen im Arbeitszimmer	480 €
Reinigungskosten	180 €
Summe	660 €
Insgesamt (1.800 € + 660 €) =	2.460 €

zzgl. Arbeitsmittel wie z. B. Abschreibung der Büroeinrichtung.

Arbeitszimmer als Spekulationsobjekt?   775

Heutzutage wird alles Mögliche mit Steuern belegt, auch ein Überschuss aus dem Verkauf von Privatvermögen, wenn Kauf und Verkauf nicht mindestens ein Jahr, bei Grundstücken zehn Jahre auseinanderliegen. Das Gesetz spricht von privater Veräußerung, meint aber Spekulation. Ausgenommen von der Spekulationssteuer ist der Verkauf der zu eigenen Wohnzwecken genutzten Wohnung (§ 23 EStG). Wenn sich allerdings in der Wohnung ein Arbeitszimmer befunden hat, ist dieses ja nicht zu Wohnzwecken genutzt worden und somit nicht steuerbefreit. Sie ahnen bereits, was jetzt kommt: Sie müssen einen etwaigen Überschuss aus dem Verkauf der Wohnung, soweit er auf das Arbeitszimmer entfällt, der Steuer melden.
»Mein lieber Scholli. Nächstes Jahr will ich mein Haus verkaufen. Hätte ich doch bloß nicht dieses vermaledeite Buch in die Hand genommen. Dann hätte ich davon nichts gewusst«, rufen Sie verärgert.
Regen Sie sich nicht auf, vielleicht haben Sie bis dahin diese Regelung schon längst wieder vergessen. Siehe dazu auch ➤ Rz 988 ff.

◆ *Musterfall Backs (Arbeitszimmer in der Mietwohnung)*   776
Frau Monika Backs arbeitet bei einer großen Versicherungsgesellschaft. Da sie alleinerziehend ist, kam ihr das Angebot ihres Chefs, ein »Homeoffice« einzurichten, gerade recht. Im Dezember hat ihr ihr Arbeitgeber ein häusliches Arbeitszimmer eingerichtet. Frau Backs weiß, dass das Finanzamt im ersten Jahr besonders genau prüft, ob die Aufwendungen für das Arbeitszimmer als Werbungskosten abziehbar sind. Sie fügt deshalb der Anlage N einen Grundriss ihrer Wohnung mit Kennzeichnung und Ausstattung des Arbeitszimmers bei.
Außerdem fertigt sie nach vorgegebenem Schema eine Aufstellung der Kosten.

Name: Backs, Monika;   Steuer-Nr.: 135/2092/0881

Anlage Nr.1 zur Anlage N

Aufwendungen für das häusliche Arbeitszimmer in der Mietwohnung
(ab 1. 12.)

I. Unmittelbare Aufwendungen für das Arbeitszimmer

1. Einrichtungsgegenstände

Einrichtungsverzeichnis für > Zeile 42 Anlage N

	ange- schafft	Kaufpreis brutto €	AfA-satz %	AfA 2015 €	Restwert €
Schreibtisch	12/2015	2.250	7,69	14	2.236
Bürosessel	12/2015	1.150	7,69	8	1.142
Geringwertige WG					
Schreibtischlampe	12/2015	215	100	215	0
Regal	12/2015	460	100	460	0
Computertisch	12/2015	415	100	415	0
Summe der Abschreibung				1.112	3.378

2. Renovierung des Arbeitszimmers (Malerarbeiten,
   Teppichboden), Gesamtaufwendungen
   lt. beigefügter Aufstellung   1.437 €

3. Sonstige direkt zurechenbare Aufwendungen,
   Zwei neue schalldichte Türen je 387 €   774 €

II. Anteilige Aufwendungen für das Arbeitszimmer
Gesamtwohnfläche der Wohnung 83,00 qm,
davon Fläche des Arbeitszimmers 10,46 qm
Anteil des Arbeitszimmers in % = 13%
Laufende Kosten der Wohnung
Miete (12 × 420 €)   5.040 €
Nebenkosten im Jahr
Heizung   720 €
Strom   600 €
Wasser   270 €
Müllabfuhr   192 €
Schornsteinfeger   18 €
Reinigung   227 €
Sonstiges   108 €
Summe   2.135 €> 2.135 €

550

Hausratversicherung	57 €	
Gesamtkosten	7.232 €	
Davon 13 % Anteil Arbeitszimmer =	940 €	
Zeitanteilig für Dezember $^1/_{12}$ =	78 €	

III. Zusammenstellung der
Aufwendungen

1. Abschreibungen von Arbeitsmitteln		1.112 €
2. Renovierung des Arbeitszimmers	1.437 €	
3. Sonstige direkte Aufwendungen	774 €	
4. Anteilige Aufwendungen	78 €	
Summe 2–4:	2.289 €>	2.289 €
Gesamtbetrag der Werbungskosten für das Arbeitszimmer =		3.401 €

Name: Backs, Monika
Steuer-Nr. 135/2092/0881
Anlage Nr. 2 zur Anlage N

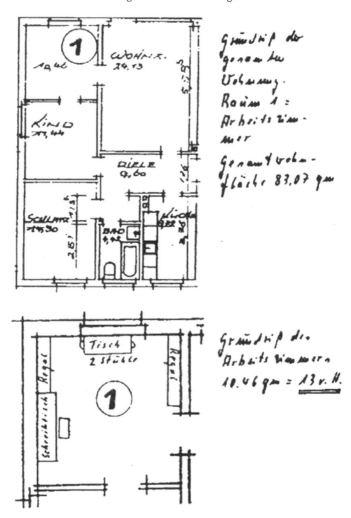

In Anlage N trägt sie ein:

	Beiträge zu Berufsverbänden (Bezeichnung der Verbände)		
40	Verdi	310	176,—
	Aufwendungen für Arbeitsmittel – soweit nicht steuerfrei ersetzt – (Art der Arbeitsmittel bitte einzeln angeben.)	EUR	
41	Arbeitsmittel lt. Anlage	1112,—	
42	Fachliteratur (120 €), Bürobedarf (74 €) +	194,— ▸ 320	1306,—
43	lt. Aufstellung	325	2289,—
	Fortbildungskosten – soweit nicht steuerfrei ersetzt –		
44		330	,—
	Weitere Werbungskosten – soweit nicht steuerfrei ersetzt –		
	Flug- und Fährkosten bei Wegen zwischen Wohnung und erster Tätigkeitsstätte / Sammelpunkt / weiträumigem Tätigkeitsgebiet		
45	/	,—	
	Sonstiges (z. B. Bewerbungskosten, Kontoführungsgebühren)		
46	+	16,—	
47	Telefonkosten – pauschal – +	240,—	
48	+	,— ▸ 380	256,—

*Über Nacht wird man
nur berühmt, wenn man tagsüber
gearbeitet hat.*
(Howard Carpendale)

9.8.5 Fortbildung, weitere Werbungskosten – Zeile 44–48

Zeile 44 Fortbildungskosten   777

Aufwendungen für beruflich veranlasste Fortbildung erkennt der Fiskus
ohne Wenn und Aber als Werbungskosten an.

Die Fiskalbürokraten unterscheiden indessen höchst penibel zwischen
Fortbildung und Ausbildung. Ausbildungskosten und somit Sonderausgaben sind Aufwendungen für den erstmaligen Erwerb von Kenntnissen,
die zur Aufnahme eines Berufs befähigen, bzw. für ein Erststudium (auch
ein berufsbegleitendes) und gehören in den Bereich der allgemeinen Lebensplanung (Sonderausgabenabzug > Zeile 43–44 des Mantelbogens).
Dazu mehr unter ➤ Rz 134ff. Fortbildungskosten und damit Werbungskosten liegen dagegen vor bei

• einer erstmaligen Berufsausbildung oder einem Erststudium im Rahmen eines Dienstverhältnisses (Ausbildungsdienstverhältnisses),

- einer Fortbildung im bereits erlernten Beruf,
- Umschulungsmaßnahmen, die einen Berufswechsel vorbereiten,
- einem Zweitstudium, wenn Sie einen Zusammenhang mit der angestrebten beruflichen Tätigkeit aufzeigen können.

Beispiele für berufliche Fortbildung

- Ingenieur wird Wirtschaftsingenieur
- Grundschul- wird Realschullehrer
- Wissenschaftlicher Assistent wird Professor
- Aufbaustudium eines Kirchenmusikers
- Diplompsychologe wird Psychoanalytiker
- Flugingenieur wird (Co-)Pilot
- Arzt wird Zahnarzt oder Kieferchirurg
- Sparkassenbetriebswirt wird Dipl.-Betriebswirt (FH)
- Handwerksgeselle wird Meister
- Fotolaborant wird Fotograf
- Studium mit Abschluss »Master of Business Administration«
- Diplomgeograph wird Abfallwirtschaftsberater
- Aufbaustudium zum Tonmeister (nach Studium der Musiktheorie)
- Altenpfleger wird Sozialarbeiter
- Aufbaustudium nach Kindererziehungszeiten

Auch Aufwendungen für einen **Aufstieg im Beruf** sind als Fortbildungskosten abziehbar. So hat das FG Köln einem angestellten Kirchenmusiker mit B-Examen die Aufwendungen für ein Aufbaustudium an einer staatlichen Musikhochschule, das mit dem A-Examen endet, als Fortbildungskosten anerkannt (EFG 1990 S. 573 n. rk). Entsprechend erging es einem Lehrer mit der Lehrbefähigung an der Sekundarstufe I für ein Studium zur Erlangung der Lehrbefähigung an der Sekundarstufe II (FG Münster v. 19.12.1989 – EFG 1990 S. 465 n. rk).

Gut zu wissen: Trägt der Betrieb die Kosten der Fortbildung oder Ausbildung, fällt dies nicht unter steuerpflichtigen Arbeitslohn (➤ Rz 550).

778 ◆ *Musterfall Heidi Goldstein (Fortbildungskosten)*
Heidi ist als Zahnarzthelferin in der 58 km von ihrem Wohnort entfernten Großstadt Dortmund tätig. Zusammen mit ihrem Bruder, der in einem Steuerbüro arbeitet, hat sie ihre Fortbildungs- und andere Werbungskosten zusammengestellt. Sie hält sich nicht streng an das Formular Anlage N, sondern fertigt eine Zusammenstellung der gesamten Werbungskosten an und trägt die Endsumme in > Zeile 44 ein.

ANLAGE N
Einkünfte aus nichtselbständiger Tätigkeit

2016

lt. Zeile	Ort / aufgesucht an Tagen	einfache Entfernung	davon mit eigenem oder zur Nutzung überlassenem Pkw zurückgelegt	davon mit Sammelbeförderung des Arbeitgebers zurückgelegt	davon mit öffentl. Verkehrsmitteln, Motorrad, Fahrrad o. Ä., als Fußgänger, als Mitfahrer einer Fahrgemeinschaft zurückgelegt	Aufwendungen für Fahrten mit öffentlichen Verkehrsmitteln (ohne Flug- und Fährkosten) EUR	Behinderungsgrad mind. 70 oder mind. 50 und Merkzeichen „G"
35	32 110 220 111	58 km 112	58 km 113	km	km 114	— 115	1 = Ja
36	130 131	km 132	km 133	km	km 134	— 135	1 = Ja
37	150 151	km 152	km 153	km	km 154	— 155	1 = Ja
38	170 171	km 172	km 173	km	km 174	— 175	1 = Ja

| 39 | Arbeitgeberleistungen lt. Nr. 17 und 18 der Lohnsteuerbescheinigung und von der Agentur für Arbeit gezahlte Fahrtkostenzuschüsse | steuerfrei ersetzt 290 | EUR | pauschal besteuert 295 | |

| 40 | Beiträge zu Berufsverbänden (Bezeichnung der Verbände) | | 310 |

Aufwendungen für Arbeitsmittel – soweit nicht steuerfrei ersetzt –
(Art der Arbeitsmittel bitte einzeln angeben.)   EUR

| 41 | lt. Aufstellung | | 746,— | |
| 42 | Berufskleidung | + | 215,— ▸ 320 | 961,— |

Aufwendungen für ein häusliches Arbeitszimmer

| 43 | | 325 |

Fortbildungskosten – soweit nicht steuerfrei ersetzt –

| 44 | lt. Aufstellung | 330 | 4127,— |

Weitere Werbungskosten – soweit nicht steuerfrei ersetzt –
Flug- und Fährkosten bei Wegen zwischen Wohnung und erster Tätigkeitsstätte / Sammelpunkt / weiträumigem Tätigkeitsgebiet

| 45 | | — |

Sonstiges (z. B. Bewerbungskosten, ~~Kontoführungsgebühren~~)

46		+	16,—
47	Berufshaftpflicht	+	36,—
48		+	— ▸ 380	52,—

Anlage zur Anlage N:

ZUSAMMENSTELLUNG DER WERBUNGSKOSTEN

1. Fahrten zur Arbeitsstätte 220 Tage x 58 km x 0,30 € =   3.828 €
2. Berufshaftpflicht   36 €
3. Berufsbekleidung lt. beigefügter Belege   215 €
4. Kontoführungsgebühr   16 €
5. Fortbildungskosten (Lehrgang in
   Detmold zum Thema: Wie rechne
   ich zahnärztliche Leistungen richtig ab?)

   Teilnahmegebühr (Beleg anbei)   1.600 €
   Dienstreisen zum Lehrgangsort
   Fahrtkosten mit eigenem Pkw
   36 Fahrten × 232 km × 0,30 € =   2.506 €
   Reparatur nach Unfall (Blechschaden)

```
        lt. Rechnung          1.302 €
        ./. Erstattung        –
        Verbleiben            1.302 €              > 1.302 €

        Mehraufwendungen für Verpflegung
        36 Tage über 8 Stunden × 12 € =                432 €
        Dienstreisen zur Arbeits-
        gemeinschaft in Hagen
        Fahrtkosten
        22 Fahrten × 56 km × 0,30 € =                  370 €
        Mehraufwendungen für Verpflegung
        22 Tage über 8 Stunden × 12 € =                264 €
        Bestätigung der Kollegin Reiz über die
        Arbeitsgemeinschaften anbei
        Fachliteratur lt. beigefügter Belege           403 €
        Summe der Fortbildungskosten                 6.871 €
        ./. steuerfreier ArbG-Zuschuss             – 2.750 €
        Verbleiben                                   4.127 €    > 4.127 €
     6. Arbeitsmittel (Belege
        anbei)
        1 Schreibtisch                                 408 €
        1 Stuhl                                        215 €
        1 Lampe                                        123 €
        Die Anschaffungen waren im Zusammenhang        746 €    >   746 €
        mit dem Lehrgang in Detmold notwendig.

        Summe der Werbungskosten                                8.968 €
```

»Diese Werbungskosten werden alle anerkannt?«, fragen Sie ungläubig. Ja, selbstverständlich, es ist doch alles korrekt belegt und begründet.

✎ Arbeitsgemeinschaften

779 Nicht jede Feier mit Kollegen lässt sich als Arbeitsgemeinschaft absetzen. Denn eine Arbeitsgemeinschaft wird nur anerkannt, wenn das Treffen ausschließlich aus beruflichen Gründen erfolgt. Die gibt es allerdings zuhauf:

- gemeinsame Prüfungsvorbereitung
- Vertiefung des Lehrstoffs
- allgemeiner Erfahrungsaustausch
- Hausaufgaben.

Studenten setzen die Kosten für Arbeitsgemeinschaften bei den Sonderausgaben ab (➤ Rz 134), Auszubildende mit Ausbildungsvergütung hingegen hier bei den Werbungskosten, desgleichen alle, die Fortbildungslehrgänge besuchen.

Steuerlich gesehen ist die Teilnahme an einer Arbeitsgemeinschaft eine Dienstreise (FG Köln v. 28.10.1993 – EFG 1994 S.290), und als solche rechnen Sie sie mit dem Finanzamt ab, also mit Fahrtkosten (0,30 € je km) und ggf. Verpflegungsmehraufwand.

Ein wasserdichter Nachweis muss her!

Schnell kommt der Fiskalritter mit der Behauptung angewackelt, die Lerngemeinschaft sei zum Teil auch privat veranlasst, und streicht Ihnen alle Kosten. Deshalb machen Sie Nägel mit Köpfen und sagen: Die Lerngemeinschaft fand nicht im häuslichen Bereich statt, sondern an der Arbeitsstätte. Außerdem fertigen Sie über jeden Treff ein Protokoll, in dem genau steht, welche berufliche Frage bzw. welches Prüfungsthema erörtert wurde (BFH, BFH/NV 1993 S.533; FG Münster v. 23.6.1994, EFG 1995 S.7). Und sagen Sie dem Fiskalritter bloß nicht, Sie hätten auch privat Freude aneinander gefunden, was sich Altvater Goethe immer wünschte, wenn er in Gesellschaft war …

Arbeitsgemeinschaften zwecks Fortbildung

Arbeitsgemeinschaften sind indessen kein Vorrecht von Studenten, Auszubildenden und Teilnehmern an Fortbildungslehrgängen. Jeder muss heute sehen, wie er am Ball bleibt. Wenn Sie sich also mit Kollegen zusammensetzen und mit ihnen über berufliche Neuerungen sprechen, lässt sich das als Arbeitsgemeinschaften absetzen. Will Ihnen das Finanzamt die Kosten streichen, kontern Sie mit dem Urt. des FG Köln (v. 28.10.1993 – EFG 1994 S.290): Selbst wenn die Verpflegungspauschalen zu sehr günstigen Ergebnissen für Sie führen, ist das unbeachtlich. Denn die hat ja die Finanzverwaltung selbst erfunden, sagt das Finanzgericht.

Gute Chancen für Fortbildungskosten   780

Gut zu wissen, was alles unter Fortbildung beim Fiskus glatt durchgeht: Fachlehrgänge jeglicher Art, wie z.B. zum Bilanzbuchhalter, zum Steuerfachwirt, für Datenverarbeitung, Bürotechnik, die Meisterprüfung, Sprachkurse, Skilehrerlehrgang für Sportlehrer (BFH – BStBl 1989 II S.91), Lehrgang für Steuerberaterprüfung eines Dipl.-Kfm. (BFH v. 19.1.1990 – BStBl 1990 II S.572), eines Steuerfachangestellten (Nds. FG v. 15.6.1989 – EFG 1990 S.172), eines Finanzbeamten (BFH-Urt. v. 6.11.1992 – BStBl 1993 II S.108), Lehrgang eines Sportlehrers zum Erwerb des Diploms eines Windsurfing-Instruktors (FG Hamburg v. 23.3.1989 – EFG 1990 S.55), Studium eines Sozialarbeiters (grad.) zur

Diplom-Pädagogik/Erziehungswissenschaften (EFG 1989 S.628) bzw. zum Psychologen (EFG 1982 S.238), Zweitstudium eines Arztes zum Psychotherapeuten (EFG 1989 S.105), Lehrgang zum Erwerb der Fluglizenz durch Flugingenieur (BFH/NV 1993 S.87), Umschulung eines Bundeswehrpiloten auf Linienflüge (BFH – BStBl 1997 II S.337), Besuch eines Kaufmannsgehilfen der Wirtschaftsoberschule (EFG 1967 S.503).

Sprachkurse
Zu Sprachkursen lesen Sie auch ➤ Rz 853, zu den abziehbaren Reisekosten bei Teilnahme an auswärtigen Lehrgängen siehe unter ➤ Rz 850 ff.
Wie Sie als Arbeitsloser Kosten für eine Fortbildung absetzen, die Ihre Chancen auf dem Arbeitsmarkt verbessern soll, lesen Sie ➤ Rz 686.

Ausbildunsgdienstverhältnis

781 **Werden Sie für einen Beruf ausgebildet? Sind Sie Beamtenanwärter, Referendar, Lehramtsanwärter? Weil Ihre Unterhaltszuschüsse steuerpflichtig sind, muss der Fiskus logischerweise alle Aufwendungen, die mit Ihrer Ausbildung im Zusammenhang stehen, als Werbungskosten anerkennen.**
Zu den Werbungskosten gehören die Aufwendungen für Fachliteratur, Reisekosten durch Besuch der Berufsschule, von Kursen, Repetitorien, Arbeitsgemeinschaften, ferner die Seminar- und Lehrgangsgebühren. Bei den Fiskalbürokraten machen Sie sich verständig, indem Sie das Wort »Ausbildungsdienstverhältnis« erwähnen (Quelle: LStH 9.2).

Finanziert die Bundeswehr Ihr Studium, sind Sie noch besser dran. Denn neben fürstlichen Bezügen als Offizier – die Ihnen im Rahmen eines Ausbildungsdienstverhältnisses zukommen – können Sie die Studienkosten als Werbungskosten abziehen (BFH v. 2.7.1993 – BStBl 1994 II S.102). Dasselbe gilt für Postler, wenn ihnen ihre Behörde ein Studium zum Dipl.- Ing. (FH) spendiert (FG Rheinland-Pfalz v. 26.2.1992 – EFG 1992 S.733).

Aufwendungen eines Soldaten zur Vorbereitung des Übergangs in einen zivilen Beruf sind Fortbildungskosten, wenn die künftige zivile Tätigkeit mit der Tätigkeit bei der Bundeswehr im Zusammenhang steht (BFH-Urt. v. 9.3.1979 – BStBl 1979 II S.337 f.).

Ich weiß, wovor ich flüchte,
aber ich weiß nicht, was mich erwartet.
(Michel de Montaigne)

Wie Auszubildende ihr Finanzamt mit Reisekosten auf die Palme bringen

Im letzten Ausbildungsjahr kommt für viele das böse Erwachen. Nicht nur, weil sie erkennen, dass sie für die Abschlussprüfung schon vorher mehr hätten tun müssen, sondern weil sie am eigenen Geldbeutel spüren, wie sich Vater Staat am sauer Verdienten schadlos hält. Die Freude am großen Geld nach Ende der Ausbildung wird getrübt durch die bittere Realität, dass nur etwa 2/3 des Bruttos unterm Strich übrig bleiben. Da können monatlich schnell mehr als 150 € allein an Steuern fällig werden, macht im letzten Ausbildungsjahr (volles Gehalt ab Juli) gut und gern 900 €.

»Das ist echt ätzend! 900 € sind glatt drei Wochen Urlaub auf Mallorca«, sagen Sie. Dann versuchen Sie doch, sie sich zurückzuholen! Machen Sie die Kosten für Ihre ständigen Fahrten zu allen möglichen Ausbildungs-, Schulungs- oder Trainingsstellen steuerlich als Reisekosten geltend. Das klappt immer dann, wenn Sie eine Hauptausbildungsstelle hatten und vorübergehend woanders waren, z.B. an einer Berufsakademie o. Ä. *Vorübergehend* heißt hier max. drei Monate. Danach gilt die Berufsakademie als neue regelmäßige Arbeitsstätte (BFH-Urt. v. 4.5.1990 – BStBl 1990 II S.859). Mussten Sie für einen Lehrgang längere Zeit auswärtig übernachten (z.B. bei internatsähnlicher Unterbringung), lesen Sie ➤ Rz 839! Reisekosten setzen sich bei Ihnen aus Fahrtkosten, z.B. mit eigenem Pkw (➤ Rz 815 ff.), und Verpflegungspauschalen (➤ Rz 842 ff.) zusammen. Also fertigen Sie folgende

Zusammenstellung der Reisekosten für > Zeile 44 der Anlage N			
Auswärtstätigkeit	Filiale	Fahrtkosten	Verpfl.-Pauschale
von bis		Fahrten x km x €	Tage x Pauschale
2. 1.–25. 1.	Hensenstr.	18 x 62 x 0,30 = 335 €	18 x 12 € = 216 €
1. 2.–13. 3.	Albersloh	32 x 84 x 0,30 = 807 €	32 x 12 € = 384 €
18. 4.– 6. 5.	Hadorf	14 x 76 x 0,30 = 320 €	14 x 12 € = 168 €
Summe		64 Fahrten 1.462 €	64 Tage 768 €

Die Tätigkeit in den Filialen ist Einsatzwechseltätigkeit.

Reisekosten insgesamt

Fahrtkosten	1.462 €
Verpflegungspauschale	768 €
Summe	2.230 €

Der Besuch der Berufsschule ist ebenfalls Dienstreise (= Auswärtstätigkeit). Fahrten dorthin werden mit den tatsächlichen Kosten (= 0,30 € für den **gefahrenen** Kilometer) abgesetzt. Eine Verpflegungspauschale entfällt, da die Abwesenheit nicht mehr als acht Stunden beträgt. An den übrigen Arbeitstagen erfolgte die Ausbildung in der Hauptstelle. Die Fahrten dorthin werden als Fahrten zwischen Wohnung und erster Tätigkeitsstätte in den > Zeilen 31 ff. geltend gemacht. Sie bringen Ihnen weitere 1.479 € (176 Fahrten × 28 km × 0,30 €). Vergessen Sie nicht, zusätzlich in > Zeile 47 mindestens 120 € für Fachliteratur und in > Zeile 48 für Kontoführung 16 € anzusetzen ➤ Rz 65).

783 **Studium an einer Berufsakademie:** Dabei bleibt der Betrieb regelmäßige Arbeitsstätte mit der Folge, dass die Fahrten zur Berufsakademie in den ersten drei Monaten eines Studienabschnitts Dienstreisen sind (Urt. des FG Baden-Württemberg v. 15.6.1988 – EFG 1989 S. 19; OFD Karlsruhe v. 3.6.1992 S. 2353 A).

784 *TIPP* **Fortbildung häppchenweise?**

Einzelne Vortragsveranstaltungen, die Ihren Beruf betreffen, nehmen Sie sozusagen häppchenweise immer mal mit. Sie setzen an:

8 Fahrten zur Uni Bonn je 15 km =	120 km
3 Fahrten zur Uni Köln je 35 km =	105 km
3 Fahrten zur Uni Düsseldorf je 85 km =	255 km
Zusammen	480 km

Fahrtkosten 480 km × 0,30 € =	144 €
Eintrittsgelder 14 × 5 € =	70 €
Porto, Telefon für Beschaffung von Informationsmaterial	35 €
Verpflegungsmehraufwand (Pauschale mehr als 8 Stunden) 14 × 12 € =	168 €
Zusammen in > Zeile 44	417 €

Sicherheitshalber bewahren Sie auf: Eintrittskarten, Programmhefte, Vortragsverzeichnisse.

785 **Promotionskosten**

Gehören Sie zu den vielen jungen Wissenschaftlern, die in Deutschland von staatlichen Stellen mit Zeitverträgen beschäftigt werden? Und arbeiten Sie auch unter der oftmals vom Geldgeber, z. B. der Deutschen For-

schungsgemeinschaft, diktierten Auflage, dass nichtpromovierten Stellen-
inhabern nur das halbe Gehalt zusteht?

Dann haben Sie gute Chancen, die Promotionskosten voll als Werbungskosten abzusetzen, denn diese sind nach dem Wortlaut des Gesetzes Aufwendungen zur »Erwerbung, Sicherung und Erhaltung von Einnahmen«.
Sie stehen also in einem sog. Promotionsdienstverhältnis, weil die Promo-
tion ausschließlicher oder wesentlicher Vertragsgegenstand ist (BFH-Urt.
v. 9.10.1992 – BStBl 1993 II S. 115, einen Veterinär am Schlachthof betreffend, der seinen »doctor med. vet.« machen musste, um weiterhin im
Staatsdienst beschäftigt zu werden).

Geldverdienen und Promovieren an einem Projekt?
Glück gehabt: Geltend gemachte Aufwendungen können in einem solchen Fall nicht isoliert teilweise dem Promotionsvorhaben zugeordnet
werden. Sie sind deshalb insgesamt zum Werbungskostenabzug zuzulas-
sen, so das FG Köln im Urteil vom 22.11.1994 (EFG 1995 S. 510).

> *Das Recht ist für die Wachen da.*
> (Juristenweisheit)

Zeile 46–48 Bewerbungskosten

Sind Sie zum Abflug bereit und halten Ausschau nach einem guten Lan- **786**
deplatz? Dann schlagen Fahrtkosten und Spesen zu Vorstellungsgesprä-
chen mächtig zu Buche. Und vergessen Sie nicht, gehörig Porto und Foto-
kopierkosten anzusetzen, denn Kleinvieh macht auch Mist, so sagt man.
Als Arbeitsloser haben Sie vielleicht überhaupt keine steuerpflichtigen
Einnahmen. Dann geben Sie trotzdem eine Steuererklärung ab zur Feststellung eines Verlusts in Höhe Ihrer Bewerbungskosten. So sichern
Sie sich den Abzug Ihrer Bewerbungskosten für das nächste Jahr. Sie
kreuzen dann auf der ersten Seite des Hauptformulars oben »Erklärung
zur Feststellung des verbleibenden Verlustabzugs« an. Dazu mehr unter
➤ Rz 272 ff. und ➤ Rz 686.

Die Zusammenstellung von Fahrtkosten und Spesen fertigen Sie nach
dem Muster unter ➤ Rz 825. Zusätzlich setzen Sie **pauschal 10 bis 20 € je
Bewerbung** für Porto, Fotos und Kopien an. Als Nachweis dienen Ihnen
die Antwortschreiben der Firmen oder die Einladungen zu einem Vor-
stellungsgespräch.

787 Zeile 46–48 Kontoführungsgebühren

Ersetzt Ihnen der Betrieb die Kontoführungsgebühren, weil unbare Auszahlung des Lohns angesagt ist, gehören sie gleichwohl zum steuerpflichtigen Lohn. Sie können sie aber auf jeden Fall bis zu **16 € pro Jahr** als
Werbungskosten hier in > Zeile 46–48 ansetzen (BFH-Urt. v. 9.5.1984 –
BStBl 1984 II S. 560).

788 Zeile 46–48 Telefon- und Internetkosten

Beruflich veranlasste Telefon- und Internetkosten gehören selbstverständlich in die Steuererklärung, wenn die Gespräche vom privaten Anschluss – Festnetzanschluss, Handy oder Autotelefon – geführt oder private Internetverbindungen genutzt werden.
»Weist der Arbeitnehmer den Anteil der beruflich veranlassten Aufwendungen an den Gesamtaufwendungen für einen repräsentativen Zeitraum von drei Monaten im Einzelnen nach, kann dieser berufliche Anteil
für den gesamten Veranlagungszeitraum zugrunde gelegt werden. Dabei
können die Aufwendungen für das Nutzungsentgelt der Telefonanlage
sowie für den Grundpreis der Anschlüsse entsprechend dem beruflichen
Anteil der Verbindungsentgelte an den gesamten Verbindungsentgelten
(Telefon und Internet) abgezogen werden. Fallen erfahrungsgemäß
beruflich veranlasste Telekommunikationsaufwendungen an, können aus
Vereinfachungsgründen ohne Einzelnachweis bis zu 20 % des Rechnungsbetrags, jedoch höchstens 20 € monatlich, als Werbungskosten anerkannt werden. Zur weiteren Vereinfachung kann der monatliche
Durchschnittsbetrag, der sich aus den Rechnungsbeträgen für einen re-
präsentativen Zeitraum von drei Monaten ergibt, für den gesamten Veranlagungszeitraum zugrunde gelegt werden.« (LStR 9.1 Abs. 5)
Da sich manche Fiskalritter trotzdem etwas zopfig anstellen, bitten Sie
Ihren Chef um eine

```
              Arbeitgeberbescheinigung

Herr/Frau .......... ist bei uns als .......... be-
schäftigt. Aufgrund dieser Tätigkeit ist es unumgäng-
lich, dass er/sie auch außerhalb der Dienstzeit von zu
Hause Ferngespräche mit Kunden und Lieferanten führt.
Gegenstand der Gespräche sind ........................
....................
```

Darüber hinaus entstehen Onlinegebühren für die Nutzung des firmeneigenen Intranets und Kosten für beruflich veranlasste Recherchen im Internet (Marktbeobachtung, Preisvergleiche ....).

Die dadurch entstehenden Kosten sind mit dem Gehalt abgegolten. Steuerfreie Arbeitgebererstattungen werden diesbezüglich nicht gezahlt.

....
Stempel   Unterschrift

Zur steuerfreien Erstattung von Telefonkosten ➤ Rz 589.

Übrigens: Die private Nutzung betrieblicher Computer oder auch Surfen im Internet auf Kosten des Betriebs sind steuerfrei (Quelle: § 3 Nr. 45 EStG).

> *Wir alle sind Heilige, Clowns*
> *und Gauner gleichzeitig.*
> (Boltanski)

Die Kostenpauschale ist meistens günstiger als ein Einzelnachweis ✎

Gehören Sie zu den Vieltelefonierern oder Online-Jobbern, sind Sie also **789** z.B. **Verkaufsberater, Handelsreisender, Kundendienstmonteur, Revisor, Journalist, Arbeitnehmer mit Abrufbereitschaft oder einfach leitender Angestellter**, billigt Ihnen der Fiskus ohne weiteres einen Anteil der Kosten für Ihren privaten Telefon- und Internetanschluss als Werbungskosten zu, wenn Sie angeben können, für welche Geschäftskontakte Sie ihn nutzen. Fehlen Ihnen geeignete Aufzeichnungen über den Umfang der beruflich veranlassten Kosten, so setzen Sie aus Vereinfachungsgründen die Pauschale an (LStR 9.1 Abs. 5):

Sie können 20 %, höchstens jedoch 20 € monatlich, des Rechnungsbetrags für Telefon und Internet als Werbungskosten absetzen. Zum Nachweis der Höhe Ihrer Kosten reichen Rechnungen für einen Zeitraum von drei Monaten aus. Die durchschnittliche Gebühr daraus kann für den gesamten Veranlagungszeitraum zugrunde gelegt werden. Den max. Werbungskostenabzug von (12 × 20 € =) 240 € pro Jahr haben Sie sich gesichert, wenn Sie drei Telefon- bzw. Internetrechnungen über mehr als 100 € vorlegen können. Nun werden Sie sich vielleicht fragen: »Müssen es Abrechnungen von drei aufeinanderfolgenden Monaten sein?« Ich denke nein, denn von einem zusammenhängenden Zeitraum von drei Monaten ist in der Richtlinie nicht die Rede.

Als beruflicher Vieltelefonierer haben Sie wahrscheinlich ohnehin ein Geschäftshandy, von dem aus Sie die meisten beruflichen Telefonate führen. Außerdem sind die Internetkosten in den letzten Jahren rapide gesunken. Daher sind Sie mit der Pauschale wahrscheinlich am besten bedient – und sparen sich im Unterschied zum Einzelnachweis ➤ Rz 792 jede Menge Arbeit.

790 **Anschaffungs-, Anschluss- und Einbaukosten nicht vergessen!**

Haben Sie ein Telefon gekauft, egal ob für daheim, für Ihr Auto oder ein Mobiltelefon, vergessen Sie nicht Ihre Anschaffungskosten und ggf. die Kosten für Einbau und Anschluss mit anzusetzen. Diese Aufwendungen sind Teil Ihrer Telefonkosten und helfen Ihnen, den Höchstbetrag von 240 € auszuschöpfen. Dabei rechnen Sie dem Finanzamt vor:

Monat	Telefon	Internet	gesamt	
Januar	60 €	28 €	88 €	
März	68 €	30 €	98 €	
Dezember	62 €	25 €	87 €	
Durchschnittliche laufende Kosten			273 € ÷ 3 = 91 €	
Abzugsfähige laufende Kosten 91 € × 20 % × 12 Monate =				219 €
Anteilige Anschaffungskosten Telefon 150 € × 20 % =				30 €
Berufliche Telefon- und Internetkosten insgesamt				249 €
Höchstens als Werbungskosten abzugsfähig				240 €

»Was mache ich, wenn ich den Höchstbetrag von 240 € in diesem Jahr durch laufende Kosten schon ausgeschöpft habe?«, wollen Sie wissen. Verteilen Sie die Anschaffungskosten für das Telefon gleichmäßig auf vier Jahre, dann können Sie die Abschreibung von 25 % in den folgenden Jahren anteilig Ihren Telefonkosten hinzurechnen.

Übrigens: Die Abschreibung über vier Jahre ist Pflicht, wenn Ihr Telefon zzgl. Einbau und Anschluss mehr als 487,90 € (inkl. MwSt.) gekostet hat (Quelle: § 6 Abs. 2 EStG). Zur Absetzbarkeit Ihres Computers siehe ➤ Rz 732 ff.

Mobiltelefon: 75 % sind durch eine Bescheinigung vom Chef beruflich drin

791

Der Fiskus meint, Sie würden mit einem Handy auch Privatgespräche führen, und kürzt daher die Kosten wegen privater Nutzung. Schützenhilfe leistet das FG Rheinland-Pfalz (Urt. v. 28.11.1997 – 4 K 1694/96), das 75 % der Kosten steuerlich anerkennt, dies aber nur dann, wenn Sie eine Bescheinigung des Arbeitgebers vorlegen können, dass Sie Ihr Mobiltelefon zu 100 % beruflich nutzen.

»Und was ist mit den restlichen 25 %?«, fragen Sie verwundert. Man könnte es wohl Sicherheitsabschlag nennen. Bestehen Sie auf vollem Kostenabzug, müssen Sie mittels Einzelverbindungsnachweis die 100 %ige berufliche Nutzung belegen.

Telefonkostennachweis durch eine Strichliste

792

Wollen Sie mehr als die Telefonkostenpauschale, liegt es an Ihnen, höhere Beträge anhand geeigneter Aufzeichnungen glaubhaft zu machen. Zum Nachweis des beruflichen Anteils und der Höhe der Telefonkosten benötigen Sie einen Einzelverbindungsnachweis Ihrer Telefongesellschaft mit folgenden Angaben:

- Datum der Einzelverbindung,
- Zielrufnummer (einschließlich Ortsnetzvorwahl),
- Entgelt für die Einzelverbindung.

Ihre privaten Telefonate können Sie natürlich unkenntlich machen. Zum Nachweis des beruflichen Anteils und der Höhe Ihrer Internetkosten müssen Sie eine Art »Fahrtenbuch« führen mit Angaben zu

- Datum, Uhrzeit und Dauer der beruflichen Nutzung;
- konkreter Veranlassung und Internetadresse.

Weil eine dauernde Aufzeichnung nicht zumutbar ist, begnügt sich der Fiskus mit einem Nachweis für drei Monate, der dann auch für die Zukunft gültig ist.

Anhand der Strichliste werden die Gebühren aufgeteilt in beruflich und privat, wobei für die Aufteilung der Grundgebühr auch die ankommenden Gespräche einzubeziehen sind.

Übersicht: Nachweis der Telefonkosten						
Aufteilung der Telefonkosten (Muster)						
Tag	Zeit	Teilnehmer	abgehend		ankommend	
			beruflich	privat	beruflich	privat
Auswertung nach 3 Monaten:						
Anzahl der Gespräche			280	192	235	110
Anteile in % für Grundgebühr			34,3	23,5	28,7	13,5
Anzahl der Gesprächseinheiten			510	350		
Anteile in % für Gesprächsgebühr			60	40		

Als Werbungskosten sind abziehbar:
Von der Jahresgrundgebühr (34,3 % + 28,7 %) =   63,0 %
Von den Jahresgesprächsgebühren =   60,0 %

Diese Zahlen muss der Fiskalritter ohne Stirnrunzeln akzeptieren, denn er war ja bei den Telefonaten nicht dabei und darf Sie nicht so ohne weiteres der Unredlichkeit bezichtigen, indem er Ihre Aufzeichnungen anzweifelt …

793 **Vergessen Sie nicht, die Kosten für den Kauf einer Telefonanlage oder eines Anrufbeantworters entsprechend dem prozentualen Anteil der beruflichen Nutzung als Werbungskosten abzusetzen.**

794 ## Zeile 46–48 Fahrten zum Mittagstisch

Mittagsheimfahrten zum Essen im Kreis der Lieben oder einem Nickerchen sind steuerlich gesehen schlichte Privatfahrten. Denn das Gesetz lässt pro Arbeitstag nur eine Fahrt zwischen Wohnung und Arbeitsstätte als beruflich veranlasst zu (➤ Rz 687 ff.). Doch aufgepasst!
Wer in einer Arbeitspause zu einer nahe gelegenen Gaststätte fährt, um dort zu essen, weil es auf der Arbeitsstelle keine Kantine gibt, kann die Fahrtkosten absetzen.
Kommt Ihr Fiskalritter mit der Einrede angetanzt, Mahlzeiten seien grundsätzlich privat veranlasst und deshalb seien Fahrten zur Essensaufnahme privater Natur, halten Sie ihm das BFH-Urteil vom 18.12.1981 (BStBl 1982 II S.261) unter die Nase: »Der Weg zur Nahrungsaufnahme … gehört, jedenfalls wenn er nur … zu einer nahe gelegenen und

zumutbaren Gaststätte führt, zu den Verrichtungen, die in notwendigem Zusammenhang mit diesem beruflichen Aufenthalt stehen.« Wobei der Aufenthaltsort im Urteilsfall als regelmäßige Arbeitsstätte anzusehen war. Wohlgemerkt: Es ging nicht um die Essenskosten – denn Magenfüllen ist privat –, sondern um die Fahrt zur Gaststätte. Will Ihr Fiskalritter dennoch keinen Haken an die Fahrtkosten machen (LStR 9.1 Abs. 2 Nr. 4), reden Sie von »Einspruch« und kämpfen Sie für Ihr Recht. Auf jeden Fall sind nach dem genannten BFH-Urteil Unfallkosten absetzbar, wenn ein Unfall auf der Fahrt zum Mittagstisch passierte. Und da Unfallkosten nur bei beruflicher Veranlassung absetzbar sind, muss die Fahrt selbst eine berufliche gewesen sein, logo.

Dasselbe erreichen Sie, wenn Sie sagen können, dass Ihnen das Kantinenessen nicht schmeckt.
Also setzen Sie z. B. an:

105 Fahrten zum Gasthof »Alter Fritz« je 12 km =	1.260 km
Fahrtkosten 1.260 km × 0,30 € =	378 €

Zeile 46 – 48 Diebstahl, Reinigung, Flickschneiderei

Diebstahlverluste   795
Haben Langfinger Ihren Laptop oder anderes wertvolles Arbeitsgerät mitgehen lassen und kommt keine Versicherung dafür auf, können Sie das Finanzamt zur Kasse bitten, indem Sie den Wertverlust als Werbungskosten absetzen. Als Wertverlust gelten die Erwerbskosten abzgl. der bereits angefallenen Abschreibungen (BFH-Urt. v. 29.4.1983 – BStBl 1983 II S. 586). Bei Diebstahl von Gegenständen am Arbeitsplatz, die keine Arbeitsmittel sind, wie z. B. Geld, Kleidung oder Schmuck, zeigt sich der Fiskus hingegen zopfig. Solche Verluste stehen aus fiskalischer Sicht nicht mit dem Beruf im Zusammenhang und sind deshalb Privatsache (BFH-Urt. v. 4.7.1986 – BStBl 1986 II S. 771).

Doch man höre und staune: Ihr teils beruflich, teils privat genutzter Pkw ist zwar kein Arbeitsmittel, kommt er Ihnen jedoch während einer Dienstreise oder während der Parkzeit am Arbeitsplatz abhanden, lässt der Fiskus den Zeitwert zum Abzug zu – unter Anrechnung von Versicherungsleistungen, versteht sich (BFH-Urt. v. 25.5.1992 – BStBl 1993 II S. 44).

Und außerdem: Im Außendienst geklaute Privatsachen sind als Reisenebenkosten absetzbar, wenn Sie den Schaden nachweisen können (am besten sofort bei der örtlichen Polizei Anzeige erstatten) und alle zumutbaren Sicherheitsvorkehrungen gegen einen Diebstahl getroffen haben. Siehe auch ➤ Rz 841.

796   Kleiderreinigung und Flickschneiderei

Kosten für die Reinigung von Berufskleidung sind abziehbar, das sieht selbst der bornierteste Fiskalritter ein. Geben Sie Sachen in eine Fremdreinigung, setzen Sie Ihre Ausgaben ab. Landen die Sachen in Ihrer Waschmaschine, können Sie ebenfalls Werbungskosten absetzen (➤ Rz 736).
Wie sieht es aber bei Berufen aus, denen der Fiskus keine Arbeitskleidung zubilligt? Müssen die Arbeitnehmer die Reinigung ihrer Kleidungsstücke wegen Tee- oder Kaffeeflecken, Flecken vom Toner des Kopierers, Verschmutzung durch Kugelschreiber oder Tinte, Farbbänder, Stempelkissen usw. aus eigener Tasche bezahlen? Keineswegs! Denn die Ursache liegt in der Berufssphäre des Arbeitnehmers begründet, und somit sind die Reinigungskosten als Werbungskosten zu berücksichtigen, so der BFH. Mehr dazu unter ➤ Rz 737.
Dasselbe gilt, wenn Kleidung während der Arbeitszeit oder auf dem Weg von oder zur Arbeit beschädigt wird. Ausgerutscht und hingefallen, in Eile an der Türklinke hängengeblieben, wie oft passiert das. Kann der Schaden vom Flickschneider nicht mehr behoben werden, etwa bei einer Laufmasche, muss ein neues Kleidungsstück her, natürlich unter Beteiligung Ihres stillen Teilhabers. In diesem Fall fertigen Sie einen:

```
                    Eigenbeleg
Verlust eines Sakkos, Neupreis           320 €
Abschreibung für altes Sakko 1 Jahr       64 €
Zeitwert                                 256 €

Beim Sturz auf dem Weg zum Arbeitsplatz im Firmengebäude
am . . . . . . . Ärmel durchgeschlagen.
```

Seien Sie nicht bange, diese Kosten geltend zu machen, auch wenn Sie keinen Zeugen benennen können. Richtig ist zwar: Sie als Steuerzahler müssen grundsätzlich alles beweisen, was zu einer Steuerminderung führt. Für nicht beweisbare Vorgänge gilt aber der sog. Beweis des ersten Anscheins. Und der spricht dafür, dass Ihnen dann und wann im Büro durchaus ein kleines Malheur passieren kann. Hauptsache, Sie haben Zahlungsbelege …

Zeile 46–48 Versicherungsbeiträge   797

Soweit Versicherungsbeiträge berufliche Risiken wie einen Unfall, insbesondere im Straßenverkehr, oder einen Gerichtsprozess abdecken, sind sie ohne Wenn und Aber absetzbar. **Folglich sind berufliche Unfall- und auch Rechtsschutzversicherungen als Werbungskosten absetzbar.** Deckt die Versicherung sowohl berufliche als auch private Risiken ab, ist nur der berufliche Anteil der Beiträge absetzbar. Aufgeteilt wird, als wenn der berufliche und der private Bereich jeweils getrennt versichert wären, wobei bei einer gemischten Unfallversicherung der berufliche Anteil mit 50 % angesetzt werden kann (BMF-Schreiben v. 17.7.2000 – BStBl 2000 I S. 1204).

Und so wird gerechnet:

Anteile in %		beruflich	privat
Unfall	Jahresbeitrag z. B. 104 €	50 %	50 %
Rechtsschutz	Jahresbeitrag z. B. 181 €	50 %	50 %

Also können Sie hier absetzen:

Unfallversicherung, beruflicher Anteil 50 %	52 €
Rechtsschutzversicherung, beruflicher Anteil 50 %	91 €
Insgesamt für > Zeile 46–48	143 €

Vergessen Sie nicht, den privaten Anteil der Unfallversicherung in > Zeile 50 der Anlage Vorsorgeaufwand einzutragen.

Zeile 46–48 Bewirtungskosten und   798
Geschenke

Wenn der Betrieb die Kosten für Kundenbewirtung nicht trägt, können Sie sie unter Bewirtungskosten absetzen. Absetzbar sind 70 % der als angemessen geltenden Kosten.
Als Nachweis dienen

- Spesenquittung, in der maschinell ausgedruckt sein muss (EStR 4.10):
    1. Name und Anschrift des Restaurants
    2. Tag der Bewirtung
    3. Auflistung der einzelnen Speisen und Getränke mit Preisen
    4. Gesamtpreis, ab 150 € mit Mehrwertsteuer, sonst 19 %
- Namen der Teilnehmer und Angaben zum Anlass der Bewirtung.

Zu Bewirtungskosten aus Anlass eines persönlichen oder beruflichen Ereignisses sagt der Fiskus nein (BFH-Urt. v. 4.12.1992 – BStBl 1993 II

S. 350). Somit sind weder Ihr Ein- und Ausstand (auch als Behördenleiter, Geschäftsführer usw.) noch Ihr runder Geburtstag, Ihr Jubiläum oder Ihre Beförderung steuerlich absetzbar. Sogar dem Leiter einer Bundesbehörde hat der Bundesfinanzhof den Abzug von Geschenken anlässlich persönlicher Feiern anderer Behördenleiter versagt (Urt. v. 1.7.1994 – BStBl 1995 II S. 273). Unerhört! ...

Gut zu wissen: Sind Sie Führungskraft mit erfolgsabhängigen Bezügen, haben Sie bei Bewirtungskosten keine Probleme (BFH-Urt. v. 13.1.1984 – BStBl 1984 II S. 315). Aber auch **Außendienstmitarbeiter**, die neue Kunden akquirieren und den bestehenden Kundenstamm zu betreuen haben, können Aufwendungen für Bewirtung und für Werbegeschenke als Werbungskosten absetzen – selbst dann, wenn sie keine variablen, vom Erfolg abhängenden Bezüge erhalten (BFH v. 24.5.2007 – BStBl 2007 II S. 721). Geschenke und Präsente sind auf 35 € je Geschäftsfreund und Jahr begrenzt (§ 4 Abs. 5 Nr. 1 EStG).

 ## Zeile 46–48 Umzugskosten

799 Umzugskosten sind grundsätzlich nachzuweisen. Lediglich bei den »sonstigen Umzugsauslagen« besteht die Alternative, einen Pauschbetrag anzusetzen (siehe ➤ Rz 800). Der Fiskus erkennt laut LStR 9.9 Abs. 2 bei einem beruflich veranlassten Umzug die nachgewiesenen Umzugskosten – allerdings nur bis zu der Höhe, in der sie nach dem Bundesumzugskostengesetz einem öffentlich Bediensteten gezahlt werden können – **ohne besondere Prüfung** an.

Es besteht aber keine Bindung an diese Vorschrift, insbesondere wenn für die sonstigen Umzugsauslagen anstelle der Pauschsätze der Einzelnachweis gewählt wird. Dann prüft das Finanzamt sehr wohl, ob und inwieweit die Aufwendungen als Werbungskosten abziehbar oder der allgemeinen Lebensführung zuzurechnen sind. Werden z.B. die Aufwendungen eines öffentlich Bediensteten für neue Einrichtungsgegenstände wie Kochherd, Gardinen usw. steuerfrei erstattet, beruht dies angeblich auf fürsorgerechtlichen Vorschriften, die auf das Steuerrecht nicht übertragbar sind. So müssen Sie damit rechnen, dass der Fiskalritter die Kosten für einen neuen Fußbodenbelag (FG Saarland v. 6.12.1984 – EFG 1985 S. 232), desgleichen für Anschaffung und Montage von Küchenmöbeln (FG Rheinland-Pfalz v. 20.1.1981 – EFG 1981 S. 500) oder für neue Gardinen (FG Saarbrücken v. 29.8.2001 – EFG 2001 S. 1491) streicht. Was als beruflich veranlasster Umzug gilt, ist vielfach Ermessenssache. Schnell argwöhnt der Fiskalritter, es könnten (auch) private Gründe den Umzug veranlasst haben. In diesem Fall bietet ihm § 12 EStG die Handhabe, die gesamten Umzugskosten der allgemeinen Lebensführung zuzuweisen und damit als nicht abziehbar zu erklären.

Seien Sie also auf der Hut, wenn Sie der Fiskalritter nach den Gründen für den Umzug fragen sollte.
Der Fiskus erkennt einen Wohnungswechsel als beruflich veranlasst an bei

1. **Wechsel des Arbeitsplatzes**, egal aus welchem Grund.
   Schmerzlich war die Erkenntnis, dass die Urlaubsschöne in Düsseldorf wohnt und Sie in Hannover. Noch schmerzlicher war der Abschied nach wundervollen Urlaubstagen. Und als Sie zu Hause – so aus reiner Neugierde – die Stellenanzeigen aus Düsseldorf studierten und auf Ihre Bewerbungen sogar günstige Angebote kamen, da hatten Sie doppelte Veranlassung, nach Düsseldorf umzuziehen. Die Umzugskosten gingen völlig problemlos beim Fiskus durch, denn Sie hatten ja schließlich Ihren Arbeitsplatz gewechselt.
   In diesem Fall ist steuerlich ohne Bedeutung, dass auch private Gründe den Wechsel des Arbeitsplatzes veranlasst haben (FG Rheinland-Pfalz v. 29.8.1986 – EFG 1989 S. 18).
   Dazu sollten Sie wissen: Vorsicht ist geboten bei Versetzung auf eigenen Wunsch aus persönlichen Gründen, also ganz ohne berufliche Veranlassung (FG Köln v. 19.4.1988 – EFG 1988 S. 467). Sie können also Ihrem Fiskalritter brühwarm und genauestens darlegen, warum Sie versetzt wurden. Oder Sie lassen es bleiben …;
2. **erstmaliger Aufnahme einer Tätigkeit;**
3. **kürzerer Fahrt zum Betrieb.**
   Beispiele: Wohnungswechsel in einem Verkehrsballungsgebiet, wodurch sich die Entfernung zum Betrieb von 17 auf 7 km und die Fahrzeit um 30 Minuten verringerte (FG Düsseldorf v. 10.2.1989 – EFG 1989 S. 404). Heftige Kollegenschelte übten andere Finanzrichter in Düsseldorf deswegen und meinten, eine Verkürzung der Fahrtstrecke um nur 10 km reiche nicht aus, erst recht nicht eine Zeitersparnis von arbeitstäglich 30 Minuten. Einen Schluss auf berufliche Veranlassung könne nur eine Zeitersparnis von arbeitstäglich etwa einer Stunde erlauben (Urt. v. 15.12.1994 – EFG 1995 S. 514). Besser kam ein Steuerzahler im FG Rheinland-Pfalz zurecht. Der hatte die alte Fahrtstrecke richtig madig gemacht, von vielen Ampeln, verkehrsberuhigenden Hindernissen, Fahrbahnverengungen und starkem Berufsverkehr gesprochen. Das habe an seinen Nerven gezehrt und ihn zum Umzug veranlasst. Bei einer Zeitersparnis von 50 Minuten war dann alles pa-

letti (Urt. v. 25.1.1995 – EFG 1995 S. 515). Wenn Sie als Eheleute beide arbeitstäglich 30 Minuten einsparen, nutzt das leider nichts, denn die Fahrzeitersparnis darf nach Auffassung des Bundesfinanzhofs nicht zusammengerechnet werden.

Wohnungswechsel, wodurch der Arbeitsplatz zu Fuß erreichbar und somit ein Verkehrsmittel entbehrlich ist (FG Baden-Württemberg v. 6.4.1990 – EFG 1990 S. 627);

4. **Einzug in eine Dienstwohnung** auf Veranlassung des Arbeitgebers oder aus überwiegend beruflichen Gründen (Gleiches gilt für den Auszug bei Beendigung des Arbeitsverhältnisses);

5. **Beginn und Ende einer doppelten Haushaltsführung;**

6. **einem Rückumzug.**

Dies gilt aber nicht generell. So hat der BFH einem Arbeitnehmer den Abzug der Kosten für den Umzug an den alten Familienwohnsitz bei Eintritt in den Ruhestand verwehrt (BFH v. 8.11.1996 – BStBl 1997 II S. 207). Gute Karten im Steuerpoker haben Sie indessen, wenn Sie a) Ihre Zweitwohnung am Ort der Arbeitsstätte aufgegeben haben, weil Sie es vorziehen, jeden Tag zur Arbeit zu fahren (BFH v. 29.4.1992 – BStBl 1992 II S. 667); b) von vornherein für eine bestimmte Zeit an einen auswärtigen Arbeitsort versetzt wurden (BFH v. 4.12.1992 – BStBl 1993 II S. 722).

800 Aufstellung der Umzugskosten

Damit Ihnen kein Euro durch die Lappen geht, orientieren Sie sich am besten an der folgenden Übersicht:

1. Beförderungsauslagen durch den Spediteur ......€
Trinkgelder gehören aber zu den »sonstigen Umzugsauslagen«.
2. Erstattung der Reisekosten
Reisekosten zur Vorbereitung des Umzugs
(für höchstens zwei Reisen) ......€
Pauschale für Verpflegungsmehraufwand ......€
Fahrtkosten ......€
Reisekosten zur Durchführung des Umzugs
Pauschale für Verpflegungsmehraufwand
(für zwei Reisetage) ......€
Fahrtkosten für die gesamte Familie ......€
Übernachtungskosten, wenn außerhalb neuer Wohnung ......€
3. Mietentschädigung
Miete für die bisherige Wohnung, wenn für dieselbe Zeit

Miete für die neue Wohnung gezahlt wird oder umgekehrt
bis sechs Monate ...... €
4. Maklergebühren (nur bei Mietwohnung) ...... €
5. Entschädigung für notwendige Geräte, Anschaffungskosten
Kochherd von Gas auf Strom oder umgekehrt bis 230 € ...... €
Öfen oder Zentralheizung bis 164 € je Zimmer ...... €
6. Nachhilfeunterricht für Kinder: max. 1.802 €
(seit März 2015: 1.841 €) je Kind ...... €
7. Sonstige Umzugsauslagen
Hier besteht ein Wahlrecht auf Pauschvergütung oder Einzelnachweis

a) Pauschvergütung
bis Februar 2015

Zahl der Kinder	0	1	2	3
Alleinstehende	715 €	1.030 €	1.345 €	1.660 €
Verheiratete	1.429 €	1.744 €	2.059 €	2.374 €

ab März 2015

Zahl der Kinder	0	1	2	3
Alleinstehende	730 €	1.052 €	1.374 €	1.696 €
Verheiratete	1.460 €	1.782 €	2.104 €	2.426 €

Häufigkeitszuschlag
Ist innerhalb der letzten fünf Jahre bereits ein Umzug vorausgegangen,
sind die Pauschbeträge um 50 % zu erhöhen.
b) Einzelnachweis der sonstigen Umzugsauslagen
Anzeigen und amtliche Gebühren ...... €
Trinkgelder ...... €
Aufwendungen für das Anschaffen, Ändern, Abnehmen und
Anbringen von Vorhängen, Rollos, Vorhangstangen ...... €
Elektrokochgeschirr bei Umstellung von Gas auf Strom
($\frac{2}{3}$ der Aufwendungen, höchstens 20 € je
haushaltszugehörige Person) ...... €
Aufwendungen für Abbau und Neuanschluss Elektro- und
Heizgeräte, Antenne, Wasserenthärter, Telefonanschluss ...... €
Gebühren beim Einwohnermeldeamt für
neuen Personalausweis ...... €
Gebühren für das Umschreiben von Fahrzeugen ...... €
Aufwendungen für Schönheitsreparaturen in der
bisherigen Wohnung ...... €

Gebühren für Kabelanschluss	. . . . . . €
Häufigkeitszuschlag 50 % der maßgebenden Pauschale zu den sonstigen Umzugsauslagen, wenn in den letzten fünf Jahren ein Umzug vorausgegangen ist	. . . . . . €
Summe der gesamten Umzugskosten	. . . . . . €
./. steuerfrei erstattete Umzugskosten des Arbeitgebers	. . . . . . €
Abziehbar als Werbungskosten	. . . . . . €

801   Gretchenfrage: Einzelnachweis ja oder nein?
Wählen Sie für die sonstigen Umzugsauslagen anstelle der Pauschvergütung den Einzelnachweis, weil dieser in der Summe höher ausfällt, dann sollten Sie bedenken: Der Fiskalritter könnte prüfen, ob einzelne Aufwendungen der allgemeinen Lebensführung zuzurechnen und deshalb nicht abziehbar sind (siehe ➤ Rz 799). Wird er fündig, könnte der Einzelnachweis in der Summe niedriger ausfallen als die Pauschvergütung. Doch die Pauschvergütung ist dann verbaut. Also wählen Sie im Zweifel von vornherein die Pauschvergütung, dann sind Sie auf der sicheren Seite.

802   ◆ *Musterfall Dr. Maus (Umzugskosten)*
Dr. Maus hat es von Bielefeld, wo er Redakteur bei der Freien Presse war, nach Münster verschlagen. Er will sich dort beim Westdeutschen Rundfunk versuchen. Dr. Maus ist verheiratet und hat zwei Kinder.

Die Umzugskosten stellt er auf einer besonderen Anlage zusammen und trägt den Gesamtbetrag von 3.779 € in > Zeile 48 der Anlage N ein.

	Aufwendungen für Arbeitsmittel – soweit nicht steuerfrei ersetzt – (Art der Arbeitsmittel bitte einzeln angeben.) EUR			
41		,		
42	*pauschaler Ansatz*	+	, —— ▶ 320	*1 2 0,—*
43	**Aufwendungen für ein häusliches Arbeitszimmer**		325	,
44	Fortbildungskosten – soweit nicht steuerfrei ersetzt –		330	,
45	**Weitere Werbungskosten – soweit nicht steuerfrei ersetzt –** Flug- und Fährkosten bei Wegen zwischen Wohnung und erster Tätigkeitsstätte / Sammelpunkt / weiträumigem Tätigkeitsgebiet	—— ,		
46	*Kontoführung* Sonstiges (z. B. Bewerbungskosten, Kontoführungsgebühren)	+	*1 6,—*	
47	*Telefonkosten (pauschaler Ansatz)*	+	*2 4 0,—*	
48	*Umzugskosten lt. Anlage*	+	*3 9 3 2,—* ▶ 380	*4 1 8 8,—*

574

```
Anlage
                Umzugskosten (Umzug am 12.09.
                  von Bielefeld nach Münster)

Spedition Zapf                               411,00 €
Kartonbenutzung                               84,00 €
Transportversicherung                         57,50 €
Reisekosten zur Vorbereitung des Umzugs
02.08.; 09.08.; 16.08.; 23.08.; 06.09.
Fahrtkosten (höchstens 2 Fahrten)
138 km × 2 Fahrten × 0,30 € =                 82,80 €
Verpflegungsmehraufwand × 2 Tage × 12 € =     24,00 €
Reisekosten am Umzugstag
Fahrtkosten 69 km × 0,30 € =                  20,70 €
Verpflegungsmehraufwand
für 2 Personen × 2 Tage × 24 € =              96,00 €
Pauschalen nach § 9 BUKG Abs. 1 u. 2       2.104,00 €
nach Abs. 6 (Zuschlag 50 % − 2. Umzug)     1.052,00 €
Summe der Umzugskosten                     3.932,00 €
```

»Ich hätte die Fahrtkosten für fünf Tage angesetzt und außerdem das Metergeld für die Packer, obwohl es mit der Pauschale abgegolten ist«, sagen Sie. Um dem Fiskaljünger einen Beanstandungsknochen hinzuwerfen, an dem er sich verbeißen kann, ist das gar nicht so übel.

Sind Ihnen wegen doppelter Haushaltsführung Kosten für den Umzug in eine Zweitwohnung am Beschäftigungsort entstanden, beteiligen Sie den Fiskus an den Anschaffungskosten für zusätzliches Mobiliar (➤ Rz 869). 803

Die Sache mit der Zwischenlösung 804

Es ist nicht so einfach, am neuen Arbeitsort gleich eine passende Wohnung zu finden, das weiß jeder. Entscheiden Sie sich für eine »Zwischenlösung«, bis Sie eine passende Wohnung gefunden haben, können Sie in dieser Zeit Ihre Wohnung am bisherigen Wohnort beibehalten und doppelte Haushaltsführung geltend machen (FG München v. 24.4.1990 – EFG 1990 S. 627).

Denken Sie daran: Sie können nicht nur den Umzug vom bisherigen Wohnort in die endgültige Wohnung am neuen Arbeitsort absetzen, sondern auch die Auflösung der Zweitwohnung, die als Zwischenlösung diente.

Allerdings darf die Zwischenlösung nur ein wirkliches Provisorium sein. Denn die Möglichkeiten, hier etwas zu deichseln, haben sich verschlechtert, seit der BFH sich in dieser Sache geräuspert hat (Urt. v. 21.9.2000 – BStBl 2001 II S. 70). Er ist der Auffassung, dass in der Regel mit dem Einzug in die erste Wohnung am neuen Arbeitsort die berufliche Veranlassung eines Umzugs endet.

Zur Vermeidung steuerlicher Nachteile sollten Sie also auf eine Zwischenlösung verzichten und erst dann einen Umzug an den neuen Beschäftigungsort vornehmen, wenn die endgültige »Bleibe« feststeht.

805 *TIPP* **Freunde und Bekannte als Umzugshelfer**

»Dreimal umgezogen ist wie einmal abgebrannt« heißt: Jeder Umzug geht mächtig ins Geld. Da ist es gut, wenn Freunde und Bekannte den Möbelspediteur ersetzen. Trotzdem haben Sie Kosten, so z. B. für die Helferparty im Restaurant um die Ecke. Diese Aufwendungen sind vergleichbar den Handgeldern, die der Fahrer und die Packer der Spedition von Ihnen erwarten und die ohne weiteres als Werbungskosten abziehbar sind.

»Mein Freund Peter bot mir an, eine Quittung zu unterschreiben. Er meinte, jeder könne bis zu 410 € quittieren, ohne selbst darauf Steuern zahlen zu müssen.«

Mit den 410 € hat er recht (Quelle: § 46 Abs. 2 EStG; ➤ Rz 544), doch das Geld muss er auch wirklich bekommen haben, das ist doch wohl klar …

 ## Zeile 46–48 Sonstige Werbungskosten

806 Gern übersehen Fiskalritter in § 9 EStG das Wörtchen »auch«. Denn die dortige Aufzählung beginnt mit den Worten »Werbungskosten sind auch …«.

Also lassen Sie uns nachsehen, was noch für Sie drin ist:

807 ### Bürgschafts- und Darlehensverluste

Haben Sie für Ihren Brötchengeber gebürgt, um ihm die Aufnahme von Bankkrediten zu ermöglichen, sind Aufwendungen hierfür absetzbar (BFH-Urt. v. 29.2.1980 – BStBl 1980 II S. 395). Das FG Münster hielt auch die Ausgaben aus der Bürgschaft eines Gesellschafter-Geschäftsführers für seine GmbH für absetzbar (Urt. v. 15.7.1987 – EFG 1988 S. 169). Desgleichen können Sie den Verlust einer Darlehensforderung gegen Ihren Arbeitgeber steuerlich geltend machen, wenn Zweck des Darlehens war, dem Chef unter die Arme zu greifen und damit Ihre Einnahmen zu sichern (LStH 9.1).

Krankheitskosten

808

Psychische Erkrankungen sind mittlerweile die zweithäufigste Ursache für Fehlzeiten am Arbeitsplatz. Nicht selten sind diese Erkrankungen zudem hausgemacht. Mobbing am Arbeitsplatz oder fortwährende Attacken von Vorgesetzten bleiben auf Dauer nicht ohne Auswirkung auf das Nervenkostüm. Da ist es nur gerecht, wenn diesbezüglich entstandene Krankheitskosten als Werbungskosten steuerlich abzugsfähig sind (siehe dazu auch ➤ Rz 213).

Prozesskosten

809

Im Lauf eines längeren Berufslebens bleibt es nicht aus, seine Rechte notfalls im Streit ausfechten zu müssen. Die dabei entstehenden Kosten sind beruflich veranlasst und somit absetzbar (BFH-Urt. v. 13.12.1994 – BStBl 1995 II S. 457, einen Beamten betreffend, dem im Rahmen eines Disziplinarverfahrens das Gehalt gekürzt werden sollte). Entsprechendes gilt für Strafprozesskosten (auch mit Schuldspruch), wenn der Schuldvorwurf berufliches Verhalten betrifft (BFH-Urt. v. 19.2.1982 – BStBl 1982 II S. 467, einen Ingenieur betreffend, der bei Versuchsarbeiten im Betrieb seine Aufsichtspflicht verletzt hatte; BFH-Urt. v. 22.7.1996 – BStBl 1996 II S. 845, einen Geschäftsführer betreffend, der des Subventionsbetrugs angeklagt war).

Steuerberatungskosten

810

Ihre Steuerberatungskosten können Sie als Werbungskosten abziehen, wenn oder soweit sie mit steuerpflichtigen Einkünften in Zusammenhang stehen. Als Arbeitnehmer haben Sie gute Chancen, in > Zeile 46–48 die Kosten unterzubringen für

- steuerliche Fachliteratur wie »KONZ. Das Arbeitsbuch zur Steuererklärung«,
- Steuertabellen und ein steuerrechtliches Wörterbuch,
- die Beschaffung von Informationen aus dem Internet, z.B. Internetgebühren, Kosten für den Download,
- die KONZ Steuer-Software, mit der die Steuererklärung erstellt wird,
- den Steuerberater, die Anlage N betreffend,
- den Mitgliedsbeitrag an den Lohnsteuerhilfeverein,
- die Fahrten (0,30 € je gefahrenen Kilometer) zum Steuerberater, Lohnsteuerhilfeverein,
- Porto für Briefe an den Steuerberater und fürs Telefonieren. Das Finanzgericht Niedersachsen hat umgerechnet pauschal 8 € für Telefonkosten, Porto, Kopien und Schreibwaren anerkannt (Urt. v. 14.8.1989 – VI 654/88),

● Teilnahmegebühren plus Fahrtkosten für Steuerrechtslehrgang an der Volkshochschule. Oder war Ihr Vereins- oder Verbandsvorsitzender so clever, Sie mit einem Steuerreferenten in die Hauptversammlung zu locken? Dann soll er Ihnen sofort nach der Versammlung einen Beleg über die Teilnahme – mit Themenangabe – in die Hand drücken.

Der Bundesfinanzminister wies seine Steuerbeamten mit Schreiben vom 21.12.2007 an, sog. »gemischte«, also nicht direkt einer bestimmten Einkunftsart zuzuordnende Steuerberatungskosten bis zu einem Betrag von 100 € als Werbungskosten durchzuwinken. Allerdings handelt es sich nicht um eine Pauschale. Die Kosten müssen schon belegt oder zumindest glaubhaft gemacht werden. Notfalls muss ein Eigenbeleg herhalten (➤ Rz 67).

811

Wichtiger Hinweis
Das Abzugsverbot für private Steuerberatungskosten wackelt!
Zwar hat der Bundesfinanzhof zuletzt mit Urteil vom 4. Februar 2010 entschieden (Az X R 10/08), die Streichung des Sonderausgabenabzugs für private Steuerberatungskosten sei »verfassungsrechtlich unbedenklich«, dennoch stehen die Zeichen für eine Wiedereinführung der steuerlichen Abzugsmöglichkeit gar nicht so schlecht.

Selbst der Bundesrat hat sich bereits dafür ausgesprochen, und die Bundesregierung wolle die Möglichkeiten des steuerlichen Abzugs prüfen. Zum Abzug privater Steuerberatungskosten siehe auch ➤ Rz 1122.

812 **Setzen Sie den Weg zum Finanzamt ab!**

Wenn es auf dem Weg zum Steuerberater oder zum Kauf von Fachliteratur gekracht hat, können Sie dem Finanzamt zusätzlich zu den **Fahrtkosten** von 0,30 € je gefahrenen Kilometer die **Unfallkosten**, die Ihnen nicht ersetzt werden, als Steuerberatungskosten aufs Auge drücken. Das gilt auch für die Fahrt zum Finanzamt, wenn Sie sagen können: Wollte mir bei meinem Sachbearbeiter einen steuerlichen Rat holen, offene Fragen klären oder Formulare besorgen (FG München, Urt. v. 5.12.1991 – EFG 1992 S. 257).
»In Zukunft war ich auf dem Weg zum Finanzamt, wenn's gekracht hat«, sagen Sie listig.

Solange wir nicht frei sind,
gehören wir unter das Gesetz.
(Johannes Müller)

TIPP Vom Bürgen zum stillen Gesellschafter

813

Haben Sie für Ihren Ehepartner eine Bürgschaftserklärung unterzeichnet und steht der Crash seines Betriebs kurz bevor, sollten Sie etwas tun, bevor es zu spät ist. Denn in diesem Fall sind Ihre Zahlungen nicht absetzbar, da Privatvergnügen. Bevor Ihnen also die Bank die Daumenschrauben anlegt, sollten Sie ihr anbieten, Sie aus der Bürgschaft zu entlassen, nachdem Sie die Bankschulden in Höhe der Bürgschaftssumme beglichen haben.

Wenn das klappt, haben Sie eine solide Forderung, mit der Sie sich als atypisch stiller Gesellschafter in den Betrieb einkaufen können. Das bedeutet, Sie sind an Gewinn, Verlust und den stillen Reserven beteiligt. Auf diese Weise erzielen Sie Einkünfte aus Gewerbebetrieb, und die Beteiligung gehört zu Ihrem Betriebsvermögen. Wenn dann der Crash kommt, setzen Sie die stille Beteiligung einkommensmindernd ab. So halten Sie den Schaden in Grenzen.

9.8.6 Reisekosten – Zeile 49–57

Zeile 49–57 Reisekosten

814

Ihr Nachteil gegenüber Innendienstlern: Weil Sie unterwegs sind, haben Sie ständig das Portemonnaie in der Hand. Deswegen sollten Sie aufpassen, dass Sie letzten Endes nicht draufzahlen.

Wichtig: Zur Steuerfreiheit von Reisekosten beachten Sie unbedingt ▶ Rz 559 ff.

Sie sollten sich Gewissheit darüber verschaffen, was Sie der Außendienst wirklich kostet. Zahlt Ihre Firma pauschalen Reisekostenersatz, genügen ihr meistens Angaben über Ihre Abwesenheitszeiten und die gefahrenen Kilometer. Mit genauen Zahlen können Sie aber ggf. eine Anhebung des Auslagenersatzes begründen.

Reisekosten, die Ihnen nicht erstattet wurden, weil Ihre Firma entweder gar keinen oder einen zu geringen Kostenersatz gewährt, können Sie steuerlich als Werbungskosten absetzen. Und auch hierüber sind Aufzeichnungen erforderlich. Zwingende Angaben: Tag, Zielort, Zweck der Reise, Uhrzeit, Kilometerstand vorher und nachher. Sie können sich ja eines der vielen Vordruckbücher kaufen. Damit geht Ihnen garantiert nichts durch die Lappen. Ein genauer Reisekostennachweis macht sich also doppelt bezahlt: gegenüber Ihrer Firma als Abrechnungsunterlage für Reisekostenersatz und gegenüber dem Fiskus als Nachweis für die Werbungskosten.

Beachten Sie außerdem: Zahlt Ihre Firma als Spesenersatz einen festen Betrag, zählt dieser zum steuerpflichtigen Arbeitslohn. Sie können in dem Fall aber Ihre nachgewiesenen Reisekosten in voller Höhe als Werbungskosten absetzen. Hierfür benötigen Sie ebenfalls konkrete Zahlen. Eine detaillierte Übersicht der Reisekosten finden Sie unter ➤ Rz 561.

	Reisekosten bei beruflich veranlassten Auswärtstätigkeiten			
49	Die Fahrten wurden ganz oder teilweise mit einem Firmenwagen oder im Rahmen einer unentgeltlichen Sammelbeförderung des Arbeitgebers durchgeführt	401	1 = Ja 2 = Nein	
	– Falls „Ja": Für die Fahrten mit Firmenwagen oder Sammelbeförderung dürfen mangels Aufwands keine Eintragungen zu Fahrtkosten in Zeile 50 vorgenommen werden. –			
	Fahrt- und Übernachtungskosten, Reisenebenkosten			
50		410		,
51	Vom Arbeitgeber steuerfrei ersetzt	420		,
	Pauschbeträge für Mehraufwendungen für Verpflegung			
	Bei einer Auswärtstätigkeit im Inland:			
52	Abwesenheit von mehr als 8 Stunden	470	Anzahl der Tage	
53	An- und Abreisetage (bei einer mehrtägigen Auswärtstätigkeit mit Übernachtung)	471	Anzahl der Tage	
54	Abwesenheit von 24 Stunden	472	Anzahl der Tage	
55	Kürzungsbetrag wegen Mahlzeitengestellung (eigene Zuzahlungen sind ggf. gegenzurechnen)	473		,
56	Bei einer Auswärtstätigkeit im Ausland (Berechnung bitte in einer gesonderten Aufstellung):	474		,
57	Vom Arbeitgeber steuerfrei ersetzt	490		,

Auch wer sich auskennt,
zahlt drauf, nur etwas weniger.
(Außendienst in Deutschland)

815 # Zeile 49–57 Auswärtstätigkeit

Sie wissen bereits aus ➤ Rz 559 ff., dass »Reisekosten« die zusammenfassende Bezeichnung für Fahrt-, Übernachtungs-, Reisenebenkosten und Verpflegungsmehraufwendungen bei Auswärtstätigkeiten ist. Unter Auswärtstätigkeiten versteht man

● Dienstreisen,
● Fahrtätigkeiten,
● Einsatzwechseltätigkeiten,

wobei der Frage der ersten Tätigkeitsstätte entscheidende Bedeutung zukommt: Die erste Tätigkeitsstätte ist der Mittelpunkt der dauerhaft angelegten Tätigkeit, z.B. der Betrieb oder ein Zweigbetrieb.

Haben Sie eine erste Tätigkeitsstätte, ist jede Tätigkeit außerhalb derselben eine Auswärtstätigkeit.

- Fahrtätigkeit bedeutet: Der Arbeitnehmer hat seinen Arbeitsplatz auf bzw. in einem Fahrzeug.
- Einsatzwechseltätigkeit bedeutet: Der Arbeitnehmer ist ausschließlich an ständig wechselnden Tätigkeitsstätten eingesetzt, z.B. als Bau- oder Montagearbeiter oder als Springer für Filialen.

Die Reisekosten werden unabhängig von der Art der Auswärtstätigkeit abgerechnet:

1. Fahrtkosten mit eigenem Pkw 816

Absetzbar sind entweder die nachgewiesenen Pkw-Kosten oder eine Pauschale von 0,30 € je km (➤ Rz 821).

Wenn Sie heute im Beruf etwas werden wollen, müssen Sie möglichst mobil sein. Wenn Ihnen Ihre Firma aus Kostengründen keinen Pkw zur Verfügung stellt, wird von Ihnen meist erwartet, dass Sie Ihren eigenen fahrbaren Untersatz einsetzen. Es macht sich in den Augen Ihres Chefs sicher nicht gut, wenn er von Ihnen dauernd zu hören bekommt: »Den Termin beim Kunden XY oder die außerordentliche Besprechung um 20.00 Uhr kann ich leider nicht wahrnehmen, weil mein Zug/mein Bus zu der Zeit nicht fährt.« Also werden Sie die dienstlichen Fahrten mit Ihrem privaten Pkw absolvieren.

Natürlich können Sie solche Fahrten als Werbungskosten absetzen. Viel besser fahren Sie allerdings, wenn Ihnen Ihr Chef – und das ist ja eigentlich recht und billig – die Kosten für die Benutzung Ihres Autos erstattet. Mehr dazu finden Sie unter ➤ Rz 559 ff.

Auch hier gilt die Devise, dass Sie am besten abschneiden, wenn Ihnen Ihr Chef so viel wie möglich steuerfrei erstattet. Über den Werbungskostenabzug und die daraus resultierende Steuerersparnis (inkl. Kirchensteuer und Solidaritätszuschlag) bekommen Sie nämlich max. ca. 48 % Ihrer Kosten heraus und verlieren zudem den Vorteil aus dem Arbeitnehmerpauschbetrag. Den aber können Sie bei steuerfreien Erstattungen zusätzlich absetzen.

2. Verpflegungskosten 817

Hier gibt es einheitliche Pauschbeträge, die für alle Arten der Auswärtstätigkeit gelten, wobei es bei Dienstreisen auf die Dauer der Abwesenheit von der Wohnung und dem Betrieb ankommt und bei Einsatzwechsel-

oder Fahrtätigkeit ausschließlich die Abwesenheit von der Wohnung maßgebend ist.

Bei derselben Auswärtstätigkeit können Verpflegungskosten nur für die Dauer von 3 Monaten berücksichtigt werden.

Pauschbeträge für Verpflegungskosten im Inland
1-tägige Auswärtstätigkeit (ohne Übernachtung)
Abwesenheit mind. 8 Std. =   12 €
Diese Pauschale wird auch dann angesetzt, wenn
die auswärtige berufliche Tätigkeit über Nacht
ausgeübt wurde (also an zwei Kalendertagen
ohne Übernachtung).

mehrtätige Auswärtstätigkeit (mit Übernachtung)
An- und Abreisetag jeweils   12 €
übrige Tage (Abwesenheit mind. 24 Std. =)   24 €

Im Ausland gelten von Land zu Land unterschiedliche Pauschbeträge (➤ Rz 849).

Eine weitere größere Übersicht siehe unter steuerfreiem Reisekostenersatz ➤ Rz 559 ff.

Kürzung bei Mahlzeitengestellung!

Wurde Ihnen von Ihrem Arbeitgeber oder auf dessen Veranlassung von einem Dritten für eine Auswärtstätigkeit eine Mahlzeit zur Verfügung gestellt, ist der Werbungskostenabzug tageweise zu kürzen, und zwar für ein zur Verfügung gestelltes
• Frühstück um 4,80 € (= 20 % von 24 €),
• Mittagessen um 9,60 € (= 40 % von 24 €),
• Abendessen um 9,60 € (= 40 % von 24 €).

Je Kalendertag erfolgt eine Kürzung der Verpflegungspauschale auf maximal 0 €. Im Gegenzug wird Ihnen zu Ihrem Lohn kein Sachbezug für die Mahlzeiten angerechnet (➤ Rz 634), den Sie versteuern müssten.

Haben Sie für eine zur Verfügung gestellte Mahlzeit ein Entgelt gezahlt, mindert dieser Betrag die Kürzung der Verpflegungspauschale.

818   **3. Übernachtungskosten**

Die geltend gemachten Kosten (> Zeile 50) müssen Sie nachweisen, egal ob es sich um eine Reise im In- oder im Ausland handelt. Die Auslandspauschalen in der Übersicht unter ➤ Rz 849 haben nur Bedeutung für den steuerfreien Kostenersatz des Arbeitgebers, der sich an ebendiesen Übernachtungsgeldern orientieren kann (➤ Rz 569).

Weist die Hotelrechnung einen Gesamtpreis für Unterkunft und Verpflegung aus, wird der Betrag um 20 % der maßgebenden Verpflegungspauschale für das Frühstück und jeweils 40 % für Mittag- und Abendessen gekürzt (siehe auch ➤ Rz 570).

Nachweis   819

Damit Sie der Fiskalritter nicht mit seiner Streichwut überrollt, sollten Sie Ihre Auswärtstätigkeit anhand eines ordentlichen Fahrtenbuchs nachweisen können (vgl. ➤ Rz 649). Aber auch ohne Fahrtenbuch müssen Sie sich nicht über den Tisch ziehen lassen. Denn sind Sie beispielsweise angestellter Versicherungsvertreter, muss auch dem Fiskaljünger einleuchten, dass Sie Aufwendungen für Auswärtstätigkeiten hatten. Sie können sie notfalls sogar schätzen (FG Saarland v. 27.2.1996, 1 K 42/95, geschätzter Aufwand eines angestellten Versicherungsvertreters: 12.000 € jährlich).

Zeile 49 Privater Pkw oder Firmenwagen   820

Hier hat der Fiskus eine ganz raffinierte Fangfrage eingebaut. Sie betrifft den Firmenwagen. Für den Anspruch auf die Entfernungspauschale ist es ganz egal, ob Sie mit einem privaten Pkw oder mit einem Firmenwagen zur Arbeit fahren. Wenn Sie aber das Kreuzchen beim Firmenwagen machen und der Bearbeiter dies in den finanzamtlichen Computer eingibt, geht bei diesem die rote Lampe an. Der Bearbeiter muss jetzt prüfen:

- **Ist der geldwerte Vorteil versteuert, der darin besteht, dass Sie mit dem Firmenwagen zur Arbeit fahren?** Ein Blick in die Lohnsteuerbescheinigung gibt ihm darüber Gewissheit (➤ Rz 639). Hat der Arbeitgeber den geldwerten Vorteil pauschal versteuert, muss in > Zeile 39 der Anlage N ein entsprechender Betrag ausgewiesen sein.
- **Werden als Werbungskosten in > Zeile 50 der Anlage N Reisekosten mit pauschalen Kilometersätzen (➤ Rz 821) geltend gemacht?** Bei Dienstreisen mit dem Firmenwagen wäre das ein dicker Hund!!

Wenn Sie also bei Firmenwagen eine »1« eintragen, denken Sie an die Reaktion, die das beim finanzamtlichen Computer auslöst!!

Zeile 50 Fahrtkosten bei Auswärtstätigkeit

821 Fahrtkosten sind die Aufwendungen, die Ihnen durch die Benutzung eines Beförderungsmittels entstehen. Bei öffentlichen Verkehrsmitteln ist das der Fahrpreis. Benutzen Sie einen Firmenwagen, haben Sie natürlich keine Fahrtkosten. Benutzen Sie ein privates Fahrzeug, können Sie für jeden gefahrenen Kilometer pauschale Kosten ansetzen:

Pkw	Motorrad	Moped
0,30 €	0,13 €	0,08 €

Bei vielen Fahrzeugen liegen die tatsächlichen Kosten aber deutlich höher. Dann ist es sinnvoll, über einen Zeitraum von zwölf Monaten den durchschnittlichen tatsächlichen Kostensatz zu ermitteln, den Sie anschließend so lange ansetzen können, bis sich die Verhältnisse wesentlich ändern, z.B. nach Ablauf des Abschreibungszeitraums für das Fahrzeug (LStR 9.5 Abs. 1).

822 Berechnung der durchschnittlichen Fahrzeugkosten (Nachweis für das Lohnkonto erforderlich!)

```
1.   Berechnung der Gesamtkosten für 12 Monate
1.1 Fahrzeugaufwendungen einschließlich Umsatzsteuer,
     Treibstoffkosten lt. Belegen oder geschätzt
Wartung und Pflege                         . . . . €
Reparatur (ohne Unfall)                    . . . . €
Garagenkosten                              . . . . €
Kraftfahrzeugsteuer und -versicherung      . . . . €
Zinsen für Anschaffungsdarlehen, ADAC      . . . . €
Abschreibung
Anschaffungskosten
(Kaufpreis und Nebenkosten)                . . . . €
davon 1/72 = . . . € × 12 Monate =         . . . . €
Dies entspricht einer Nutzungsdauer
von sechs Jahren.
Bei einem Leasingfahrzeug werden
abgesetzt:
Leasinggebühren                            . . . . €
Sonderzahlung (BStBl 1994 II S.643)        . . . . €
Gesamtkosten in 12 Monaten, z.B.             6.996 €
```

```
2.   Berechnung des Kilometersatzes
2.1 Gesamtfahrleistung in 12 Monaten
(Differenz Tachostand)                        21.200 km
2.2 Gesamtkosten in 12 Monaten                 6.996 €
2.3 Durchschnittlicher Kilometersatz
(6.996 € ÷ 21.200 km)                          0,33 €
```

Als Werbungskosten machen Sie geltend:

```
Gefahren bei Dienstreisen z.B.                8.400 km
Nachgewiesener Kilometersatz wie oben           0,33 €
Gesamtkosten demnach 8.400 km × 0,33 € =        2.772 €
./. steuerfreier Fahrtkostenersatz
der Firma, z.B.                                -2.436 €
Steuerlich abziehbar                              336 €
Unfallkosten
Reparatur                        1.475 €
Wertminderung geschätzt           750 €        2.225 €
Werbungskosten                                  2.561 €
```

Ist es jetzt schon so weit gekommen, dass Sie wie ein Hauptbuchhalter die **823** Fahrzeugkosten genau ausrechnen müssen, soll der Fiskus auch bei jedem Kilometer, der nicht privat ist, mitfahren und mitzahlen. Also fertigen Sie eine Aufteilung der Gesamtkilometer:

```
Anlass der Fahrten/km      km-Satz           Gesamt-
Zeile 50 Anlage N                            kosten
Dienstreisen aus Hauptberuf   8.400  0,33 €  2.772 €
Dienstreisen aus Fortbildung  1.200  0,33 €    396 €
Zeile 45 Anlage N
Sonstige berufliche Fahrten
(Arbeitsmittel, Fachliteratur,
Kopien, Umzug)                  490  0,33 €    162 €
Zeile 46−48 Anlage N
Fahrt zum Finanzamt
Steuerratgeber gekauft          126  0,33 €     42 €
```

Zeile 44 Hauptformular			
Ausbildung Ehegatte	338	0,33 €	112 €
Zeile 31ff. Anlage N			
Fahrten Wohnung–Arbeitsstätte*	5.980	0,33 €	1.973 €
Privatfahrten	4.666	0,33 €	1.539 €
Summe	21.200	0,33 €	6.996 €

* Sie wissen inzwischen, dass sich diese Fahrten nur mit 0,15 € pro gefahrenen Kilometer auswirken.

»Ich habe gebaut und war dafür oft unterwegs«, sagen Sie. »Geht da was?« Na klar, setzen Sie die Fahrten als Baukosten an (➤ Rz 1036).

824 ## Treibstoffkosten

Sie können die Treibstoffkosten entweder anhand von Belegen nachweisen oder durch Schätzung ermitteln, indem Sie rechnen: Gesamtfahrleistung × Literverbrauch pro 100 km × Literpreis ÷ 100 (BFH-Urt. v. 7.4.1992 – BStBl 1992 II S.854). Den Benzinpreis können Sie der Internetseite des Mineralölverbands entnehmen (www.mwv.de).

825 ## *TIPP* Zwischenheimfahrten: Nur wer die Sehnsucht kennt ...

Zieht es Sie bei längeren Dienstreisen zwischendurch nach Hause, können Sie diese Fahrten ebenfalls absetzen, das ist doch wohl klar. Zur Abwechslung kann Sie aber auch Ihre bessere Hälfte besuchen kommen. Den Besuch setzen Sie anstelle Ihrer Zwischenheimfahrt als Werbungskosten ab (Fahrtkosten plus Spesen für Partner und Kinder). Begründung gegenüber dem Fiskus, sofern es zutrifft: Sie seien beruflich nicht abkömmlich gewesen ... Verzichten Sie auf die Heimreise, dann ziehen Sie die Kosten für Telefongespräche ab.
Am Schluss der Rechnerei fertigen Sie diese Zusammenstellung der Dienstreisekosten für > Zeile 50 an:

Fahrtkosten
— öffentliche Verkehrsmittel
(Bus, Zug, Taxi, Flugzeug)   . . . . €
— eigenes Fahrzeug, gefahrene km × 0,30 €
bzw. höherer Pauschsatz   . . . . €

Verpflegungsmehraufwendungen
- Verpflegungspauschale je nach Dauer
12 bis 24 €   . . . . €

Übernachtungskosten
lt. Belegen   . . . . €

Nebenkosten   . . . . €
Summe der Reisekosten   . . . . €
./. Kostenerstattung durch ArbG   − . . . . €
Abzugsfähige Werbungskosten   − . . . . €

Unfallkosten   826

TIPP Wenn es mal gekracht hat – listen Sie die Unfallschäden vollständig auf!

Die Kosten durch Unfallschaden können Sie zusätzlich zu den Kilometerpauschalen geltend machen, wenn die Fahrt beruflich veranlasst war. Sie machen sie in einer Summe geltend, zusammengestellt auf einem Extrablatt:

Zusammenstellung der Unfallkosten für > Zeile 50

Der Unfallschaden ereignete sich am . . . . anlässlich
einer Dienstreise.
Unfallschilderung: . . . .

Unfallkosten:
1. Reparatur (Rechnungen anbei)   . . . . €
2. Gericht, Rechtsanwalt   . . . . €
3. Fahrten . . . km × 0,30 € = ... €
4. Schadenersatz an Dritte unter
   Verzicht auf Inanspruchnahme
   der eigenen Haftpflicht   . . . . €
5. Nebenkosten (Abschleppen,
   Gutachter, Kleiderreinigung)   . . . . €
6. Wertminderung des Fahrzeugs
   (siehe unten)   . . . . €

```
7. Totalschaden:
   Zeitwert vor dem Unfall          . . . €
   ./. Schrottwert                 − . . . €
   Verbleiben                        . . . € >  . . . . €
Summe                                           . . . . €
./. Erstattungen von dritter Seite          −   . . . . €
Gesamtkosten für das Kj. 20..                   . . . . €
```

Mit dieser Aufstellung gehen Sie ins Gefecht. Weil es hier um höhere Beträge geht, rechnen Sie mit schwerem Säbel statt Florett.

827 Wertminderung/Totalschaden

Die Zeitwertrechnung (siehe unten) wird zwar noch weitestgehend praktiziert (FG Münster v. 26.1.1988 – EFG 1988 S. 558), doch sieht der Fiskus bei diesen Aufwendungen Chancen, seine Streichgelüste austoben zu können. So könnte er Ihnen mit einem ganz verrückten BFH-Urteil in die Parade fahren, das besagt: »Wird ein privates Fahrzeug bei einer beruflich veranlassten Fahrt beschädigt und nicht repariert, so richtet sich die dadurch bedingte außergewöhnliche Abschreibung nach den ursprünglichen Anschaffungskosten abzgl. der normalen Abschreibung ... Als Nutzungsdauer bei einem Pkw wird bei einer Jahresfahrleistung bis zu 15.000 km ein Zeitraum von sechs Jahren zugrunde gelegt, bei höherer Fahrleistung ein kürzerer Zeitraum.«

Dies bedeutet: Es wird gegenübergestellt der rechnerische Buchwert vor dem Unfall (Anschaffungskosten abzgl. jährliche Abschreibung), also nicht der Zeitwert, und der Wert nach dem Unfall. Eine Wertminderung durch Unfall ist also nur möglich, wenn der Wert nach dem Unfall unter den rechnerischen (fiktiven) Buchwert des Fahrzeugs vor dem Unfall gefallen ist. Ist die Nutzungsdauer abgelaufen und der rechnerische Buchwert gleich null, kann nichts mehr abgesetzt werden, so LStH 42 und BFH, zuletzt im Urteil vom 24.11.1994 (BStBl 1995 II S. 318). Andernfalls würde ein und derselbe Steuerzahler ein bereits abgeschriebenes Auto nochmals absetzen können, so die Begründung.

Dasselbe sagte das FG Münster am 18.10.1993 (EFG 1994 S. 472): Keine Werbungskosten bei Totalschaden eines Pkw nach Ablauf der Nutzungsdauer, hier von sechs Jahren.

Natürlich ist es völlig absurd, auf der Grundlage fiktiver Abschreibungen für ein Privatfahrzeug eine Verlustrechnung aufzumachen, wenn dieses aus beruflichem Anlass im Wert gemindert wurde. Deshalb müssen Sie deutlich machen, dass die Nutzungsdauer von sechs Jahren eine fiskalische Nutzungsdauer ist und Sie privat mit einer längeren Nutzungsdauer rechnen.

»Mein Audi war sechs Jahre alt und hatte noch keinen Stipper Rost«, sagen Sie. »Wieso sollte der wertlos gewesen sein?«

Eben. Also kämpfen Sie notfalls um Ihr Recht. Berufen Sie sich zunächst auf den BFH, der in seinem Urteil 24.11.1994 (s.o.) von einer Nutzungsdauer von acht Jahren und somit von einem Abschreibungssatz von 12,5 % ausgeht. Beanspruchen Sie aber aufgrund einer »verlängerten Nutzungsdauer« von zwölf Jahren einen Abschreibungssatz von $8^{1}/_{3}$ %.

Und so wird gerechnet, wenn Sie ein fünf Jahre altes Auto auf einer Berufsfahrt zu Schrott gefahren haben:

Anschaffungskosten des Autos vor fünf Jahren	30.000 €
abzgl. Abschreibung $8^{1}/_{3}$ % × 5 Jahre = $41^{2}/_{3}$ %	– 12.500 €
Fiktiver Buchwert zur Zeit des Unfalls = Werbungskosten	17.500 €
für > Zeile 50	

Setzen Sie nach dem Unfall einen merkantilen Minderwert an!   828

Lassen Sie das Fahrzeug reparieren, setzen Sie zusätzlich zu den Instandsetzungskosten den Unterschied zwischen dem Zeitwert des Fahrzeugs vor dem Unfall und nach erfolgter Instandsetzung als Werbungskosten an mit der Begründung: Wertminderung, da Unfallwagen. Doch aufgepasst: War die Reparatur technisch einwandfrei, soll keine Wertminderung vorliegen. Also werden Sie gehörig darauf hinweisen, dass Sie aus Kostengründen auf eine technisch einwandfreie Reparatur verzichtet haben – falls das zutrifft – oder dass eine solche gar nicht möglich war: Kleine Farbunterschiede im Lack sind ja immer da!

Sie reiten also darauf herum, dass »die Reparatur den Schaden nur teilweise behoben hat und eine auf technischen Mängeln beruhende erhebliche Wertminderung fortbesteht«, so der BFH im Urteil vom 27.8.1993 (BStBl 1994 II S. 235). Und schon können Sie problemlos einen zusätzlichen Minderwert geltend machen.

Beachten Sie: Die Wertminderung muss bereits im Jahr des Schadeneintritts, also im Unfalljahr, geltend gemacht werden (BFH-Urt. v. 13.3.1998, BStBl 1998 II S. 443).

Versicherungsleistungen müssen Sie sich auf die Wertminderung anrechnen lassen. Ist Ihre olle Kiste schon etwas angejahrt? Siehe ➤ Rz 827: Wertminderung/Totalschaden.

829   **Hier noch einige Unfall-Urteile: Als beruflich veranlasst gelten u.a.**

- Umwegfahrt zum Betanken des Fahrzeugs (BFH – BStBl 1985 II S. 10).
- Fahrt zur nahe gelegenen Gaststätte, um dort eine Mittagsmahlzeit einzunehmen (BFH – BStBl 1993 II S. 518).
- Dienstreise (BFH – 1974 II S. 186).
- Unfallnebenkosten – Prozess, Porto, Telefon, Taxi (FG Düsseldorf – EFG 1979 S. 440).
- Zahlung an die eigene Versicherung bei eigenem Verschulden zur Erhaltung des Schadensfreiheitsrabatts (FG Köln – EFG 1981 S. 623) oder direkt an den Geschädigten (BFH – BStBl 1986 II S. 866).
- Fahrt zu einer Betriebsveranstaltung.

830   **Alkohol am Steuer**

Wenn Sie meinen, Sie könnten sich erst einen kräftig hinter die Binde gießen und sich anschließend ans Steuer setzen, so sollten Sie wissen: Sie werden bei einem Unfall doppelt bestraft, wenn er auf einer beruflichen Fahrt passiert ist: vom Fiskus, der die Unfallkosten nicht anerkennt, und von der Justiz, die Ihnen eine Strafe aufbrummt (BFH – BStBl 1984 II S. 434).

831   Dieses Buch soll sich für Sie bezahlt machen, und weil für viele bei der Steuer nicht das meiste zu holen ist, hier noch zwei Tipps, wenn's mal gekracht hat:

1. Als Verursacher des Unfalls werden Sie in der **Haftpflicht** zurückgestuft. Das ist für die Versicherung oft ein sattes Geschäft. Sie zahlt z.B. für den Schaden 250 € und hält sich bei Ihnen mit einer Mehrprämie von vielleicht 750 € schadlos. So müssen Sie rechnen: Sind Sie in der Schadensklasse F1 = 100 %, werden Sie nach einem Unfall in die Schadensklasse F1/2 = 125 % zurückgestuft. Ohne den Unfall wären Sie in F2 = 85 % gekommen. Der Schaden kostet Sie also im nächsten Jahr 40 % der Basisprämie, im darauffolgenden Jahr 30 % usw. Schon bei einer Basisprämie von 500 € zahlen Sie im Lauf der nächsten Jahre 775 € Mehrprämie. Also: Zahlen Sie den Unfallschaden lieber selbst, und vermasseln Sie damit der Versicherung ihr Geschäft.

832   Oder noch besser …

2. Haben Sie Ihr Wägelchen während einer Dienstfahrt beschädigt, muss Ihr Arbeitgeber den Unfallschaden ersetzen, so das Bundesarbeitsgericht mit Urteil vom 14.12.1995 (Az 8 AZR 875/94).

»Bisher ist bei uns noch nicht darüber gesprochen worden, wer das Unfallrisiko trägt. Aber das werde ich klären. Denn bei Dienstfahrten mit Firmenwagen trägt ja auch der Betrieb das Unfallrisiko. Das muss dann ebenso für Dienstfahrten mit Privatwagen gelten. Künftig werde ich Dienstfahrten mit eigenem Auto ablehnen, wenn ich das Unfallrisiko tragen muss. Denn in dem pauschalen Kilometersatz von 0,30 €, den das Finanzamt anerkennt, sind ja außergewöhnliche Kosten wie Unfallkosten nicht mit abgegolten«, so sagen Sie.

Richtig, und noch etwas: Sind Dienstfahrten für Sie an der Tagesordnung, so dass Ihr Auto stets sprungbereit auf dem Hof stehen muss? In diesem Fall muss Ihr Arbeitgeber auch dann seine Geldbörse zücken, wenn Ihr Auto auf dem Parkplatz beschädigt wurde.

»Und was sagt das Finanzamt dazu?«, fragen Sie.

Dem ist die Erstattung durch Ihren Arbeitgeber schnuppe, denn Reisekostenersatz ist steuerfrei (Quelle: § 3 Nr. 16 EStG).

 ## Sie haben ein fremdes Auto zu Schrott gefahren? 833
Für die Steuer halb so schlimm

Es ist im Grunde genommen egal, wessen Auto Sie benutzen. Sie können auch ein Auto angeben, das Sie geleast oder z.B. von Ihrer Freundin oder Ihren Eltern geliehen haben – sofern Sie bestimmte Dinge beachten.

Es war Winter, ätzend kalt, und Ihr Auto sprang nicht an. Sie hatten einen wichtigen Auswärtstermin. Also rein in das Auto Ihres Partners, glatte Straße, schon nach zwei Kilometern hat es gekracht, Totalschaden.

Nun wollen Sie den Vermögensschaden geltend machen, der durch den Unfall entstanden ist. Doch aufgepasst! Schnell könnte der Fiskalritter mit der Begründung angetanzt kommen, Sie hätten gar keinen Schaden erlitten, da das Auto nicht Ihnen gehöre. Der Aufwand sei also Drittaufwand und damit bei Ihnen nicht abzugsfähig (FG Niedersachsen v. 19.1.1994 – EFG 1994 S. 785 rkr). Dem beugen Sie vor, indem Sie klare Verhältnisse schaffen und Ihrem Partner den Schaden ersetzen (FG Hessen v. 26.5.1993 – EFG 1993 S. 647 rkr).

Für das Finanzamt fertigen Sie ein Schreiben, das so aussehen könnte:

```
              Außergerichtliche Vereinbarung
Für den von mir auf einer Dienstreise am . . . . . .
(Datum) verursachten Totalschaden am Fahrzeug . . . . . .,
polizeiliches Kennzeichen . . . . . ., leiste ich Scha-
```

denersatz in Höhe des Fahrzeugwerts vor dem Unfall
von . . . . . . €. Der Fahrzeugwert wurde anhand der
Schwacke-Liste unter Berücksichtigung des Gesamtzustandes des Fahrzeugs ermittelt.

Datum . . . . . .   Unterschrift . . . .

Ähnlich muss die Vereinbarung aussehen, wenn der Unfall glimpflicher abgelaufen ist und das Fahrzeug repariert wurde.
Damit alles wasserdicht ist, werden Sie den Betrag, für den Sie einzustehen haben, auf das Konto Ihres Partners überweisen. Dann klappt der Laden. Am besten Einzahlungsbeleg beifügen.

Man soll den Tag
nicht vor dem Abend loben.
(Schiller)

834 Leasingfahrzeug

Im ersten Jahr können Sie die einmalige Leasingsonderzahlung und zusätzlich die Leasingraten ansetzen (BFH-Urt. v. 5.5.1994 – BStBl 1994 II S. 643). Da Sie damit stets über 0,30 € je Kilometer kommen, lohnt sich immer der Einzelnachweis der Fahrtkosten (➤ Rz 837). In den Jahren darauf, wenn nur noch die laufenden Raten zu zahlen sind, bringen Sie die Pauschale zum Ansatz (➤ Rz 821).
Sie müssen aber darauf achten, dass Sie vom Finanzamt nicht als »wirtschaftlicher Eigentümer« des Pkw angesehen werden. Aber keine Angst: Sie brauchen nicht tagelang dicke Erlasse zu wälzen, die Leasingfirma weiß Bescheid. Sorgen Sie nur dafür, dass in Ihrem Vertrag der Satz steht: »Der Leasingnehmer ist nach den Vorschriften der Finanzverwaltung nicht wirtschaftlicher Eigentümer des Leasinggegenstands.« Und schon ist alles geritzt (FG Baden-Württemberg v. 3.9.1993 – EFG 1994 S. 242).

Der Leasingerlass

Zum Leasing gibt es einen aberwitzigen Erlass vom 19.4.1971 (BStBl 1971 I S. 264), der immer noch gültig ist. Darin wird geregelt, wem der Leasinggegenstand steuerlich zugerechnet wird.

Wird der Gegenstand, z. B. ein Pkw, steuerlich dem Leasingnehmer zugerechnet, gehen die steuerlichen Vorteile aus dem Leasingvertrag verloren. Denn der Leasingnehmer wird in diesem Fall wie ein Eigentümer des geleasten Gegenstands behandelt und kann nur die normale Abschreibung und die in den Leasingraten enthaltenen Zinsanteile und Verwaltungskosten absetzen.

Für die Zurechnung des Gegenstands spielt die Kaufoption nach Ablauf der Grundmietzeit eine besondere Rolle. Leasingverträge ohne Kaufoption werden vom Fiskus anstandslos anerkannt. Bei Verträgen mit Kaufoption kommt es auf die Höhe des Optionspreises an. Liegt er unter dem Preis, den der Leasingnehmer für den Erwerb eines gleichen Objekts am Markt zahlen müsste, dem sog. gemeinen Wert, sieht der Fiskalritter Chancen, den Leasingnehmer als – wirtschaftlichen – Eigentümer einzustufen. Dem liegt der Gedanke zugrunde, dass in der Sonderzahlung und in den Raten versteckte Anzahlungen auf den Kaufpreis enthalten sind.

Da der gemeine Wert am Ende der Grundmietzeit aber nicht vorher bekannt ist, wird aus Vereinfachungsgründen angenommen, dass er dem **Buchwert zum Zeitpunkt der Option** entspricht. Wobei der Buchwert unter Anwendung des linearen Abschreibungssatzes nach der amtlichen Abschreibungstabelle berechnet wird.

Da die amtliche Abschreibungstabelle für Pkw eine Nutzungsdauer von sechs Jahren vorsieht, darf der Optionspreis nach drei Jahren Mietzeit nicht weniger als 50 % des Neuwerts betragen.

Da Autohändler wie Pferdehändler sind, d.h. man gut mit ihnen feilschen kann, werden Sie einen Leasingvertrag aushandeln, der eine hohe Sonderzahlung, hohe Raten und einen Restwert von etwa 50 % des Neuwerts beinhaltet. Verkaufen Sie das Fahrzeug nach Ende des Leasingvertrags weiter, streichen Sie den Gewinn unversteuert ein.

Den Pkw optimal abschreiben   835

Der Kaufpreis des Pkw ist gleichmäßig auf die Nutzungsdauer zu verteilen. Nach dem BMF-Schreiben vom 15.12.2000 (BStBl 2000 I S.1532) ist ein beruflich genutztes Fahrzeug innerhalb von 72 Monaten abzuschreiben, was nach Adam Riese einer Nutzungsdauer von sechs Jahren entspricht. Haben Sie sich einen Gebrauchten zugelegt, können Sie den Kaufpreis auf die Restnutzungsdauer verteilt abschreiben (BMF-Schreiben v. 28.5.1993 – BStBl 1993 I S.483). Die kann bei einem fünf Jahre alten Gebrauchten durchaus noch drei bis vier Jahre betragen. Sie können aber auch sagen: Da die steuerliche Nutzungsdauer mit höchstens sechs Jahren anzunehmen ist, setze ich den Kaufpreis im ersten Jahr voll ab.

Beachten Sie: Die Finanzrichter wollen Ihnen bei einem Unfall keine Wertminderung mehr zuerkennen, wenn der Unfallwagen sechs Jahre alt und somit abgeschrieben war (➤ Rz 827 ff.).

836 **Mit dem Wohnmobil auf Dienstreise**
Zunehmend sind Wohnmobile auf Dienstreisen im Einsatz, insbesondere die kleineren Fahrzeuge, weil man mit ihnen auch schnell vorankommt. Die Vorteile liegen auf der Hand:

- Man ist flexibler, von Hotels unabhängig, braucht nicht vorzubuchen.
- Man hat bessere Transportmöglichkeiten als im Pkw.
- Ein Wohnwagen ist ideal für vertrauliche Besprechungen mit Kunden und Mitarbeitern.
- Man reist kostengünstig, da man keine Hotel- und kaum Verpflegungskosten hat.
- Bei Bedarf ist Diätverpflegung möglich.

Und nicht zu vergessen: Wer ohnehin eine Schwäche für das mobile Umherziehen hat, was er dem Fiskus ja nicht unbedingt offenbaren muss, kann sich ein Wohnmobil aus beruflichen Gründen anschaffen und die Kosten in der Steuererklärung geltend machen.

Man erkauft nicht,
was keinen Preis hat.
(Goethe)

837 **Bleiben Sie beim Einzelnachweis ehrlich**

Zugegeben, von einem »Konz« erwarten Sie Tipps, die sich bezahlt machen, und keinen erhobenen Zeigefinger. Doch aufgepasst: Den Einzelnachweis erbringen Sie gegenüber dem Fiskus jeweils für ein ganz bestimmtes Fahrzeug. Die Kosten für den Wagen Ihres Ehegatten müssen da schon unberücksichtigt bleiben. Benötigt das Zweitauto z.B. eine andere Spritsorte, werden Sie die Tankquittungen später leicht auseinandersortieren können.
Lassen Sie sich vom Kfz-Meister Ihrer Autowerkstatt nicht dazu verführen, die Rechnung für die Reparatur oder die Lackierung des Zweitwagens auf Ihr beruflich genutztes Fahrzeug auszustellen. Das wäre nämlich Steuerhinterziehung. Und wenn der Tankwart Ihnen als Stammkunden ohne weiteres die Flasche »Mariacron« als Schmiermittel in Rechnung stellt, ist das steuerlich ebenfalls absolut unkorrekt. Denken Sie auch daran, dass Unfallkosten um Schadenersatz von dritter Seite zu mindern sind und der Ritter vom Paragraphenfels sie ganz streicht, wenn er erfährt, dass Ihnen der Unfall passiert ist,

als nicht nur die Landschaft, durch die Sie gefahren sind, benebelt war, sondern leider auch Ihr Geist (BFH-Urt. v. 6.4.1984 – BStBl 1984 II S. 434 betr. Fahrt eines Arbeitnehmers unter Alkoholeinfluss).

Die Berufsschule ist keine erste Tätigkeitsstätte

Also sind Ihre Fahrten zur Berufsschule keine Fahrten zwischen Wohnung und erster Tätigkeitsstätte, vielmehr eine vorübergehende Auswärtstätigkeit (➤ Rz 815 ff.). Dies bedeutet: Sie können die Fahrtkosten zur Berufsschule als Reisekosten abziehen (➤ Rz 821 ff.), wodurch Sie höhere Werbungskosten und eine höhere Steuererstattung erzielen als mit dem Abzug der schlichten Entfernungspauschale (➤ Rz 687 ff.).

838

Schießt ein kniffliger Federfuchser im Finanzamt quer, verweisen Sie ihn auf LStR 9.2 Abs. 2 und die BFH-Urteile vom 9.2.2012 (Az. VI R 44/10 sowie VI R 42/11). Der Besuch der Berufsschule, einer Bildungseinrichtung oder der Universität stellt demnach stets eine Dienstreise dar.

Zeile 50 Übernachtungskosten bei Auswärtstätigkeit

839

Die Übernachtung im Heuschober bringt steuerlich überhaupt nichts, denn der Fiskus will Belege sehen. Der Betrieb kann Ihnen aber ohne Nachweis irgendwelcher Übernachtungskosten bis zu 20 € steuerfrei auszahlen (LStR 9.7 Abs. 3).
Das Frühstück im Hotel gehört nicht zu den Kosten der Übernachtung. Gibt Ihre Rechnung nur einen Gesamtpreis für Unterkunft und Verpflegung her (z. B. Tagungspauschale), wird dieser wie folgt gekürzt:

1. für Frühstück um 20 %,

2. für Mittag- und Abendessen um jeweils 40 %

des für den Unterkunftsort maßgebenden Pauschbetrags für Verpflegungsmehraufwendungen bei einer Auswärtstätigkeit mit einer Abwesenheitsdauer von mindestens 24 Stunden. Damit beträgt die Kürzung im Inland beispielsweise 4,80 € für das Frühstück und 9,60 € für Mittag- bzw. Abendessen.
Auf diese Weise soll vermieden werden, dass – quasi verdeckt – doppelt Verpflegungskosten abgezogen werden, zum einen über die Pauschale und zum anderen über die Hotelrechnung.
Haben Sie einzelne Übernachtungsbelege verkramt, setzen Sie Schätzbeträge an und machen irgendwie glaubhaft, dass Sie tatsächlich an den ein-

zelnen Tagen auswärts übernachtet haben und der Betrieb keine freie Unterkunft gestellt hat (BFH-Urt. v. 17.7.1980 – BStBl 1981 II S.14).

840 Zeile 50 Reisenebenkosten bei Auswärtstätigkeit

Kleinvieh macht auch Mist, sagt man, und das trifft besonders für Nebenkosten bei Auswärtstätigkeiten zu. Rücktritts- oder Gepäckversicherung, Trinkgelder, Telefonate, Telegramme, Telefax, Porto, Gepäckaufbewahrung, Parkgebühren, Straßenkarten, Stadtpläne usw. gehen ins Geld. Auch für diese Kleinstbeträge möchte der Fiskus gern Belege sehen. **Doch alte Parkuhren und Trinkgeldempfänger stellen nun mal keine Belege aus. Gleichwohl sind die Aufwendungen absetzbar. Dabei hilft eine detaillierte Aufstellung, in der alle Nebenkosten der Art und Höhe nach aufgeführt und so weit als möglich belegt sind (LStR 9.8).**

841 Geklaute Privatsachen sind ebenfalls absetzbar

Pech hatte ein Angestellter, der zu einer Messe nach Paris gefahren war. Auf einem bewachten Parkplatz wurde sein Auto aufgebrochen und sein Mantel gestohlen. Diesen Schaden hätte er ohne seinen Beruf mit Sicherheit nicht gehabt, urteilten die Finanzrichter messerscharf und ließen den Wertverlust zum Abzug zu (BFH-Urt. v. 30.6.1995 – BStBl 1995 II S.744). Gottlob hatte der Bestohlene den Verlust bei der Polizei gemeldet und konnte so Nachweise erbringen. Auch konnte er beweisen, wie teuer und wie alt das gute Stück gewesen war (700 € und zwei Jahre alt). Nun galt es, die Höhe des Schadens festzulegen, also den Wert des Mantels zu bestimmen.

Und so rechnet der Fiskus: Nutzungsdauer des Mantels z.B. fünf Jahre macht 700 € ÷ 5 = 140 € Abnutzung pro Jahr. Also betrug der Wert des Mantels, als er gestohlen wurde: 700 € – 280 € = 420 €. »Unverschämtheit, eine Nutzungsdauer von nur fünf Jahren anzunehmen, ein Mantel ist bei mir eine Anschaffung fürs ganze Leben«, entrüsten Sie sich. »Ich hätte auf einer Nutzungsdauer von 20 Jahren bestanden.«

Gut zu wissen: Der Fiskus muss den Verlust privater Sachen wie z.B. Kleidung, Tasche, Laptop (nicht aber von Schmuck und Geld) mittragen. Allerdings tragen Sie die Beweislast für Ihren Verlust. Folglich: Polizei hinzuziehen, Zeugen notieren, Schadensmeldung an die Versicherung aufbewahren.

Zeile 52–55 Verpflegungskosten bei Auswärtstätigkeit

842

Die Art der Auswärtstätigkeit – Dienstreise, Fahr- oder Einsatzwechseltätigkeit – spielt hier keine Rolle.

Die Verpflegungskosten können nur mit Pauschbeträgen berücksichtigt werden (➤ Rz 817). Ein Absetzen Ihrer tatsächlichen Kosten durch Einzelnachweis ist also nicht möglich. Für die Höhe der Pauschbeträge ist die Dauer der Auswärtstätigkeit am einzelnen Kalendertag maßgebend. Einzelne Kurzreisen am selben Tag dürfen zusammengerechnet werden. Für die Dauer der Auswärtstätigkeit kommt es bei Dienstreisen auf die Abwesenheit von der Wohnung und der – regelmäßigen – Arbeitsstätte an. Bei Fahr- oder Einsatzwechseltätigkeit ist ausschließlich die Abwesenheit von der Wohnung maßgebend, da eine regelmäßige Arbeitsstätte hier nicht denkbar ist.

Zur Veranschaulichung hier einige Beispiele:

Beispiel 1

Ein Arbeitnehmer verlässt um 7:00 Uhr seine Wohnung und fährt ins Büro. Um 8:00 Uhr tritt er von dort eine Dienstreise an. Über die Mittagszeit von 13:00 bis 14:00 Uhr hält er sich im Büro auf. Anschließend besucht er einen weiteren Kunden. Um 18:00 Uhr trifft er in seiner Wohnung ein. Die Abwesenheitsdauer von der Arbeitsstätte beträgt morgens fünf und nachmittags vier Stunden, insgesamt also neun Stunden. Der Verpflegungspauschbetrag beträgt 12 €.

Beispiel 2

Ein Arbeitnehmer ist Kraftfahrer oder Arbeiter auf einer Baustelle (ohne ortsgebundene, regelmäßige Arbeitsstätte). Er verlässt um 7:00 Uhr seine Wohnung und kehrt um 17:30 Uhr dorthin zurück. In der Mittagszeit von 13:00 bis 14:00 Uhr hat er den Betrieb zum Betanken eines Fahrzeugs aufgesucht. Wegen 10 1/2-stündiger Abwesenheit von der Wohnung steht ihm ein Verpflegungspauschbetrag von 12 € zu.

Beispiel 3

Ein Arbeitnehmer ist Bauleiter auf einer Großbaustelle. Wegen häufiger Bürotätigkeit am Betriebssitz hat er dort seine regelmäßige Arbeitsstätte. Die Fahrten zur Baustelle sind Dienstreisen, für die ihm Verpflegungspauschbeträge zustehen. Nach Ablauf von drei Monaten wird die Baustelle seine regelmäßige Arbeitsstätte, so dass die Fahrten dorthin keine Dienstreisen mehr sind.

Beispiel 4

Als Taxifahrer (Fahrtätigkeit) müssen Sie gelegentlich auch nachts arbeiten. Hierfür können Sie ab acht Stunden Abwesenheit von der Wohnung 12 € Verpflegungskosten geltend machen. Grundsätzlich ist auch hier die Dauer der Abwesenheit je Kalendertag maßgebend. Bei einer Nachtschicht, die vor 24 Uhr beginnt, würden Sie daher nicht nur müde, sondern auch alt aussehen. Der Fiskus hatte jedoch ein Einsehen und Ihren Fall wie folgt geregelt: Eine Tätigkeit, die nach 16 Uhr begonnen und vor acht Uhr des nachfolgenden Kalendertags beendet wird, ohne dass eine Übernachtung stattfindet, ist mit der gesamten Abwesenheitsdauer dem Kalendertag der überwiegenden Abwesenheit zuzurechnen. Also: Dienst am Mittwoch um 17:45 Uhr begonnen; Feierabend am Donnerstag um 2:45 Uhr; ergibt eine Abwesenheit von insgesamt neun Stunden, die dem Mittwoch zugerechnet wird und Ihnen 12 € Verpflegungspauschale bringt.

843

TIPP **Kohldampf schieben oder lieber tricksen?**

Die Pauschale für ganztägige Auswärtstätigkeit (mindestens 8 Stunden!) beträgt gerade mal 12 €. Statt wegen dieses Minibetrags die Motten zu kriegen, sollten Sie so lange feilen, bis alles im Lot ist. Dies gelingt Ihnen am besten mit Spesenersatz. So können Sie das Angenehme mit dem Nützlichen verbinden und gute Kunden zum Essen einladen. Die Erstattung der Bewirtungskosten ist als Auslagenersatz steuerfrei (➤ Rz 568).

Haben Sie einen festen Bezirk und dort Stammlokale, in denen Sie regelmäßig einkehren, so lesen Sie ➤ Rz 567.

844 Viele Betriebe zahlen ihrem Außendienst mehr, als der Fiskus steuerfrei erlaubt. Der Mehrbetrag ist steuerpflichtiger Arbeitslohn, das ist klar. Der Betrieb kann jedoch die Versteuerung mit 25 % pauschal übernehmen – allerdings nur bis zur Höhe des jeweils gültigen Pauschbetrags (§ 40 Abs. 2 EStG). Steuerfrei können Sie also max. den doppelten Pauschbetrag bekommen.

»Mein Chef zahlt für jede eintägige Dienstreise eine Auslösung von 30 €«, sagen Sie. »Was muss ich versteuern?«

Bei einer Dienstreise von unter acht Stunden Dauer ist die Auslösung in voller Höhe über die Lohnsteuerkarte zu versteuern, da hierfür kein Pauschbetrag vorgesehen ist.

Bei einer Dienstreise von neun Stunden Dauer wird gerechnet:

Auslösung	30 €
Davon steuerfrei als Pauschbetrag	– 12 €
Rest steuerpflichtig	18 €
Davon pauschalierungsfähig mit 25 % bis 12 €	– 12 €
Rest über die Lohnabrechnung zu versteuern	6 €

Dreimonatsfrist beachten!   845

Erstreckt sich Ihre Auswärtstätigkeit über einen längeren Zeitraum, beschränkt sich der Abzug der Verpflegungsmehraufwendungen auf die ersten drei Monate. Der Fiskus unterstellt, dass Sie sich nach drei Monaten am selben Dienstreiseort dort genauso günstig verpflegen können wie zu Hause.

> **Gut zu wissen:**
> Für den Abzug Ihrer Fahrt- und Übernachtungskosten gilt die Dreimonatsfrist nicht.
> **Zudem gilt sie auch nicht für die Verpflegungspauschalen bei Fahrtätigkeit,** so der BFH mit Urteil vom 24.2.2011 (Az. VI R 66/10).

846

 ## So befreien Sie sich aus der Dreimonatsfalle!

Mit der richtigen Begründung sind Sie von der Dreimonatsfrist nicht betroffen. Gute Karten haben Sie, wenn Sie sagen können, dass Sie sich an dem jeweiligen auswärtigen Tätigkeitsort pro Woche nicht mehr als ein bis zwei Tage aufhalten. Wenn Sie den Rest der Woche im Betrieb oder bei anderen Kunden sind, greift die Dreimonatsfrist nicht (BMF v. 24.10.2014 – Az. IV C 5, S 2353/14/10002, Rz. 52 ff.). Dann bleibt dem Finanzamt nichts anderes übrig, als Ihnen auch für die Fahrten im vierten, fünften und sechsten Monat die Verpflegungspauschalen zuzugestehen.

Also nichts wie ran ans Werk, Architekten, Bauleiter, beratende Ingenieure, Kundendienstmonteure, Software-Entwickler und alle diejenigen, die trotz längerer Auswärtstätigkeit am selben Ort zwischendurch ständig auch in der Firma wesentliche Dingen zu erledigen haben.

TIPP ## Mit einem ausgedehnten Urlaub   847
die Dreimonatsfrist neu in Gang setzen

Um die Berechnung der Dreimonatsfrist zu vereinfachen, wurde 2014 eine rein zeitliche Bemessung der Unterbrechung eingeführt. Danach führt eine mindestens vier Wochen dauernde Unterbrechung der beruflichen Tätigkeit an derselben Tätigkeitsstätte zu einem Neubeginn der Dreimonatsfrist (§ 9 Absatz 4a Satz 7 EStG). Der Grund der Unterbrechung (das kann auch Urlaub oder Krankheit sein) ist unerheblich; es zählt nur noch die Unterbrechungsdauer.

848 Zeile 56 Auswärtstätigkeit im Ausland

Reisen ins Ausland, die unmittelbar beruflich veranlasst sind, z.B. zu Besprechungen mit Geschäftsfreunden, für ein Praktikum oder eine Schulung, zum Halten eines Vortrags usw., gehen beim Fiskus als Auswärtstätigkeiten glatt durch.

Besteht der unmittelbare Anlass einer Auslandsreise aber z.B. darin, für ein Buch Material zu sammeln, sind die Reisekosten nur dann abziehbar, wenn die Reisetage wie Arbeitstage mit beruflicher Tätigkeit ausgefüllt waren (BFH-Urt. v. 18.10.1990 – BStBl 1991 II S. 92). Hier gilt also, notfalls einen Arbeitsnachweis bereitzuhaben.

Bei Reisen ins Ausland ohne unmittelbaren beruflichen Anlass, z.B. bei einer Informations- oder Studienreise oder einer Reise zu einem Fachkongress, gehört ein mehr oder weniger ausgeprägtes Stirnrunzeln des Fiskalritters zu seinem üblichen Arbeitsritual. Dazu mehr unter ➤ Rz 854 ff.

Für Verpflegungskosten gelten Pauschbeträge (Auslandstagegelder), die länderweise unterschiedlich sind. Bei Übernachtungen sind die entstandenen Übernachtungskosten absetzbar. Stattdessen können aber auch Pauschbeträge (Übernachtungsgelder) abgesetzt werden.

Übersicht über die seit 1. Januar 2015 geltenden Pauschbeträge für 849
Verpflegungsmehraufwendungen und Übernachtungskosten im Ausland
(Änderungen gegenüber 1. Januar 2014 – BStBl I 2013 Seite 1467 – in
Fettdruck)

| Land | Pauschbeträge für Verpflegungs-mehraufwendungen | | Pauschbetrag für Übernachtungs-kosten |
| | bei einer Abwe-senheitsdauer von mindestens 24 Stunden je Kalendertag | für den An- und Abreisetag sowie bei einer Abwesenheits-dauer von mehr als 8 Stunden je Kalendertag | |
	€	€	€
Afghanistan	30	20	95
Ägypten	40	27	113
Äthiopien	**27**	**18**	**86**
Äquatorialguinea	50	33	226
Albanien	23	16	110
Algerien	39	26	190
Andorra	32	21	82
Angola	77	52	265
Antigua und Barbuda	53	36	117
Argentinien	**34**	**23**	**144**
Armenien	**23**	16	**63**
Aserbaidschan	40	27	120
Australien			
– Canberra	58	39	158
– Sydney	59	40	186
– im Übrigen	56	37	133
Bahrain	36	24	70
Bangladesch	30	20	**111**
Barbados	58	39	179
Belgien	41	28	135
Benin	**40**	**27**	**101**
Bolivien	24	16	70
Bosnien und Herzegowina	**18**	**12**	**73**

Land	Pauschbeträge für Verpflegungs-mehraufwendungen		Pauschbetrag für Übernachtungs-kosten
	bei einer Abwe-senheitsdauer von mindestens 24 Stunden je Kalendertag	für den An- und Abreisetag sowie bei einer Abwesenheits-dauer von mehr als 8 Stunden je Kalendertag	
	€	€	€
Botsuana	33	22	105
Brasilien			
– Brasilia	53	36	160
– Rio de Janeiro	47	32	145
– Sao Paulo	53	36	120
– im Übrigen	54	36	110
Brunei	**48**	**32**	**106**
Bulgarien	22	15	**90**
Burkina Faso	**44**	**29**	**84**
Burundi	47	32	98
Chile	40	27	130
China			
– Chengdu	32	21	85
– Hongkong	62	41	170
– Peking	39	26	115
– Shanghai	42	28	140
– im Übrigen	33	22	80
Costa Rica	36	24	69
Côte d'Ivoire	**51**	**34**	**146**
Dänemark	60	40	150
Dominica	40	27	94
Dominikanische Republik	**40**	**27**	**71**
Dschibuti	48	32	160
Ecuador	39	26	55
El Salvador	46	31	75
Eritrea	30	20	58
Estland	27	18	71

| Land | Pauschbeträge für Verpflegungs-mehraufwendungen | | Pauschbetrag für Übernachtungs-kosten |
	bei einer Abwe-senheitsdauer von mindestens 24 Stunden je Kalendertag	für den An- und Abreisetag sowie bei einer Abwesenheits-dauer von mehr als 8 Stunden je Kalendertag	
	€	€	€
Fidschi	32	21	57
Finnland	39	26	136
Frankreich			
– Lyon	53	36	83
– Marseille	51	34	86
– Paris[1])	58	39	135
– Straßburg	48	32	89
– im Übrigen	44	29	81
Gabun	**62**	**41**	**278**
Gambia	18	12	70
Georgien	30	20	80
Ghana	**46**	**31**	**174**
Grenada	**51**	**34**	**121**
Griechenland			
– Athen	57	38	125
– im Übrigen	42	28	132
Guatemala	28	19	96
Guinea	38	25	110
Guinea-Bissau	30	20	60
Guyana	41	28	81
Haiti	50	33	111
Honduras	**44**	**29**	**104**
Indien			
– Chennai	30	20	135
– Kalkutta	33	22	120
– Mumbai	35	24	150

1) sowie die Departements 92 (Haute-de-Seine), 93 (Seine-Saint-Denis) und 94 (Val-de-Marne)

Land	Pauschbeträge für Verpflegungs-mehraufwendungen		Pauschbetrag für Übernachtungs-kosten
	bei einer Abwe-senheitsdauer von mindestens 24 Stunden je Kalendertag	für den An- und Abreisetag sowie bei einer Abwesenheits-dauer von mehr als 8 Stunden je Kalendertag	
	€	€	€
– Neu Delhi	35	24	130
– im Übrigen	30	20	120
Indonesien	**38**	**25**	**130**
Iran	28	19	84
Irland	42	28	90
Island	**47**	**32**	**108**
Israel	59	40	175
Italien			
– Rom	52	35	160
– im Übrigen	34	23	126
Jamaika	54	36	135
Japan			
– Tokio	53	36	153
– im Übrigen	51	34	156
Jemen	24	16	95
Jordanien	36	24	85
Kambodscha	36	24	85
Kamerun	40	27	130
Kanada			
– Ottawa	36	24	105
– Toronto	41	28	135
– Vancouver	36	24	125
– im Übrigen	36	24	100
Kap Verde	30	20	55
Kasachstan	39	26	109
Katar	56	37	170
Kenia	35	24	135

Land	Pauschbeträge für Verpflegungsmehraufwendungen		Pauschbetrag für Übernachtungskosten
	bei einer Abwesenheitsdauer von mindestens 24 Stunden je Kalendertag	für den An- und Abreisetag sowie bei einer Abwesenheitsdauer von mehr als 8 Stunden je Kalendertag	
	€	€	€
Kirgisistan	29	20	91
Kolumbien	41	28	126
Kongo, Republik	57	38	113
Kongo, Demokratische Republik	60	40	155
Korea, Demokratische Volksrepublik	66	44	180
Korea, Republik	66	44	180
Kosovo	26	17	65
Kroatien	28	19	75
Kuba	50	33	85
Kuwait	42	28	130
Laos	33	22	67
Lesotho	24	16	70
Lettland	30	20	80
Libanon	44	29	120
Libyen	45	30	100
Liechtenstein	47	32	82
Litauen	24	16	68
Luxemburg	47	32	102
Madagaskar	38	25	83
Malawi	39	26	110
Malaysia	36	24	100
Malediven	38	25	93
Mali	41	28	122
Malta	45	30	112
Marokko	42	28	105

Land	Pauschbeträge für Verpflegungsmehraufwendungen		Pauschbetrag für Übernachtungskosten
	bei einer Abwesenheitsdauer von mindestens 24 Stunden je Kalendertag	für den An- und Abreisetag sowie bei einer Abwesenheitsdauer von mehr als 8 Stunden je Kalendertag	
	€	€	€
Marshall Inseln	63	42	70
Mauretanien	48	32	89
Mauritius	48	32	140
Mazedonien	24	16	95
Mexiko	**41**	**28**	**141**
Mikronesien	56	37	74
Moldau, Republik	18	12	100
Monaco	41	28	52
Mongolei	29	20	84
Montenegro	29	20	95
Mosambik	42	28	147
Myanmar	46	31	45
Namibia	**23**	**16**	**77**
Nepal	**28**	**19**	**86**
Neuseeland	47	32	98
Nicaragua	30	20	100
Niederlande	**46**	**31**	**119**
Niger	36	24	70
Nigeria	**63**	**42**	**255**
Norwegen	64	43	182
Österreich	**36**	**24**	**104**
Oman	48	32	120
Pakistan			
– Islamabad	**30**	**20**	**165**
– im Übrigen	**27**	**18**	**68**
Palau	51	34	166
Panama	34	23	101

Land	Pauschbeträge für Verpflegungs-mehraufwendungen		Pauschbetrag für Übernachtungs-kosten
	bei einer Abwe-senheitsdauer von mindestens 24 Stunden je Kalendertag	für den An- und Abreisetag sowie bei einer Abwesenheits-dauer von mehr als 8 Stunden je Kalendertag	
	€	€	€
Papua-Neuguinea	36	24	90
Paraguay	36	24	61
Peru	**30**	**20**	**93**
Philippinen	30	20	107
Polen			
– Breslau	33	22	92
– Danzig	29	20	77
– Krakau	28	19	88
– Warschau	30	20	105
– im Übrigen	27	18	50
Portugal	**36**	**24**	**92**
Ruanda	36	24	135
Rumänien			
– Bukarest	26	17	100
– im Übrigen	27	18	80
Russische Föderation			
– Moskau	**30**	**20**	**118**
– St. Petersburg	**24**	**16**	**104**
– im Übrigen	**21**	**14**	**78**
Sambia	36	24	95
Samoa	29	20	57
São Tomé – Príncipe	42	28	75
San Marino	41	28	77
Saudi-Arabien			
– Djidda	48	32	80
– Riad	48	32	95
– im Übrigen	47	32	80

Land	Pauschbeträge für Verpflegungs-mehraufwendungen		Pauschbetrag für Übernachtungs-kosten
	bei einer Abwe-senheitsdauer von mindestens 24 Stunden je Kalendertag	für den An- und Abreisetag sowie bei einer Abwesenheits-dauer von mehr als 8 Stunden je Kalendertag	
	€	€	€
Schweden	72	48	165
Schweiz			
– Genf	62	41	174
i– m Übrigen	48	32	139
Senegal	**47**	**32**	**125**
Serbien	30	20	90
Sierra Leone	39	26	82
Simbabwe	45	30	103
Singapur	53	36	188
Slowakische Republik	24	16	130
Slowenien	30	20	95
Spanien			
– Barcelona	32	21	118
– Kanarische Inseln	32	21	98
– Madrid	41	28	113
– Palma de Mallorca	32	21	110
– im Übrigen	29	20	88
Sri Lanka	40	27	118
St. Kitts und Nevis	45	30	99
St. Lucia	54	36	129
St. Vincent und die Grenadinen	**52**	**35**	**121**
Sudan	35	24	115
Südafrika			
– Kapstadt	38	25	94
– im Übrigen	36	24	72
Südsudan	**53**	**36**	**114**
Suriname	30	20	**108**

| Land | Pauschbeträge für Verpflegungs-mehraufwendungen | | Pauschbetrag für Übernachtungs-kosten |
	bei einer Abwe-senheitsdauer von mindestens 24 Stunden je Kalendertag	für den An- und Abreisetag sowie bei einer Abwesenheits-dauer von mehr als 8 Stunden je Kalendertag	
	€	€	€
Syrien	38	25	140
Tadschikistan	26	17	67
Taiwan	39	26	110
Tansania	40	27	141
Thailand	32	21	120
Togo	**35**	**24**	**108**
Tonga	32	21	36
Trinidad und Tobago	54	36	164
Tschad	47	32	151
Tschechische Republik	24	16	97
Türkei			
– Istanbul	35	24	92
– Izmir	42	28	80
– im Übrigen	40	27	78
Tunesien	33	22	80
Turkmenistan	33	22	108
Uganda	**35**	**24**	**129**
Ukraine	36	24	85
Ungarn	30	20	75
Uruguay	44	29	109
Usbekistan	34	23	123
Vatikanstaat	52	35	160
Venezuela	48	32	207
Vereinigte Arabische Emirate	**45**	**30**	**155**
Vereinigte Staaten von Amerika			
– Atlanta	57	38	122

Land	Pauschbeträge für Verpflegungs-mehraufwendungen		Pauschbetrag für Übernachtungs-kosten
	bei einer Abwe-senheitsdauer von mindestens 24 Stunden je Kalendertag	für den An- und Abreisetag sowie bei einer Abwesenheits-dauer von mehr als 8 Stunden je Kalendertag	
	€	€	€
– Boston	48	32	206
– Chicago	48	32	130
– Houston	57	38	136
– Los Angeles	48	32	153
– Miami	57	38	102
– New York City	48	32	215
– San Francisco	48	32	110
– Washington, D. C.	57	38	205
– im Übrigen	48	32	102
Vereinigtes Königreich von Großbritannien und Nordirland			
– London	57	38	160
– im Übrigen	42	28	119
Vietnam	38	25	86
Weißrussland	27	18	109
Zentralafrikanische Republik	29	20	52
Zypern	39	26	90

850 ## Zeile 49–57 Reisekosten beim Besuch von auswärtigen Lehrgängen

Gratuliere, Sie haben es geschafft und sind nun Bank- oder Versiche-rungsfachwirt! Oder Offizier? Rechtspfleger? Elektromeister? Alles gleich gut. Nur vergessen Sie aber nicht, die Kosten dafür in Ihrer Steuer-erklärung unterzubringen, insbesondere die Lehrgangsgebühren.
»Wieso das? Die hat doch mein Brötchengeber bezahlt«, sagen Sie. Dann ist ja alles paletti. Und wie sieht es mit den Reisekosten aus?

Sie können den Besuch des Lehrgangs steuerlich wie eine Auswärtstätigkeit abrechnen.
Ich möchte Ihnen mal vorrechnen, was ein fünfmonatiger Lehrgang alles an Werbungskosten bringen kann, auch wenn für Sie keine Lehrgangsgebühren angefallen sind und außerdem Verpflegung und Unterkunft frei waren.

Fahrtkosten mit eigenem Pkw	
An- und Rückreise, Zwischenheimfahrten	
28 Fahrten × 170 km (gefahren) × 0,30 € =	1.428 €
Verpflegungsmehraufwand	
(für die ersten drei Monate, abzugsfähig trotz	
unentgeltlicher Gestellung) 82 Tage mit je 24 € =	1.968 €
Reisekosten	3.396 €

Wegen unentgeltlicher Mahlzeiten während einer Dienstreise ist jedoch die Verpflegungspauschale wie folgt zu kürzen: für ein zur Verfügung gestelltes

- Frühstück um 4,80 € (= 20 % von 24 €),
- Mittagessen um 9,60 € (= 40 % von 24 €),
- Abendessen um 9,60 € (= 40 % von 24 €).

Damit geht die Verpflegungspauschale von 1.968 € verloren.

Auf gratis oder verbilligt gestellte Unterkunft und Verpflegung sollten Sie **851** ausdrücklich verzichten. Denn sonst geht Ihnen der entsprechende Werbungskostenabzug verloren. Haben Sie das versäumt, ziehen Sie Ihren Kopf so aus der Schlinge: »Angeboten« heißt nicht »angenommen«. Wenn Sie also nicht mitgegessen haben und Ihr Zimmer nach dem Unterricht lediglich zum Lernen, also als Arbeitszimmer, jedenfalls nicht zum Übernachten genutzt haben, ist nichts zum Kürzen da.

Übrigens: Vergessen Sie nicht, für die vielen Telefonate mit Ihrem Ausbilder im Betrieb oder in der Behörde über fachliche Fragen, die Sie hatten, die entsprechenden Kosten anzusetzen.

Eigenanteil bei Gemeinschaftsverpflegung   **852**
Müssen Sie als Soldat, Beamtenanwärter, Azubi oder Student während eines auswärtigen Lehrgangs mit Gemeinschaftsverpflegung in der Kantine oder Mensa zusätzlich etwas berappen, müssen Sie den o. g. Kürzungsbetrag um Ihren Eigenanteil von z. B. 10 € mindern.

In > Zeile 50 der Anlage N tragen Sie ein:
Dienstreise wegen Teilnahme am Lehrgang in ...

Verpflegungspauschale für 27 Tage à 24 € =	<u>648 €</u>
Kürzung wegen Vollpflegung	
24 € – 10 € Eigenanteil = 14 € × 27 Tage =	378 €

853 *TIPP* **Fit für eine Sause nach Bangkok**

Sprachkenntnisse sind allemal von Vorteil. Besonders in Englisch. Ob im Urlaub oder um auf der Messe den Dolmetscher zu sparen. Jedenfalls können Sie die Kursgebühren für einen Sprachkurs immer in der Steuererklärung unterbringen. Beim Finanzamt begründen Sie sie z.B. so: »Um in meinem alten Beruf wieder Tritt zu fassen, ist es unbedingt erforderlich, dass ich Sprachkenntnisse erwerbe. Der von mir besuchte Kurs war dazu gedacht, meine Einstellungschancen zu erhöhen. Der Besuch des Sprachkurses diente allein dem Zweck, Einnahmen zu erwerben. Die Kosten sind deshalb als Werbungskosten anzusehen.«

Fügen Sie eine entsprechende Bescheinigung Ihrer Firma bei oder Stellenanzeigen, die detaillierte Sprachkenntnisse verlangen, klappt der Laden (BFH-Urt. v. 26.11.1993 – BStBl 1994 II S. 248).

Siehe hierzu auch ➤ Rz 686. Ausländern gibt das FG Bremen grünes Licht für den Abzug von Aufwendungen für einen Deutschkurs (EFG 1995 S. 19).

Bei Sprachkursen im Ausland argwöhnt der Fiskus leicht, Sie möchten ihm Ihre Urlaubsreise unterjubeln, und verlangt von Ihnen für jeden Tag Anwesenheitstestate. Ferner ein Kursprogramm, das auf Ihre beruflichen Belange ausgerichtet ist. Außerdem muss praktisch die ganze Zeit mit Sprachstudien ausgefüllt sein – im Lehrgangsprospekt darf also nicht stehen »Freizeit«, sondern »praktische Übungen«. Und: Es muss sich um einen Fortgeschrittenenkurs handeln, denn einen Grundkurs für Anfänger ohne Vorkenntnisse könnten Sie ja auch bei der VHS um die Ecke buchen, sagt der BFH (Urt. v. 4.3.1993 – BStBl II 1993, S. 787).

Als Englischlehrer haben Sie bei Sprachreisen nach England steuerlich keine Probleme, insbesondere wenn Ihnen der Schulrat dafür Sonderurlaub und einen Reisekostenabschlag zugesteckt hat (FG Baden-Württemberg v. 31.7.1991 – 2 K 77/88).
Zeigt Ihnen das Finanzamt beim Auslandssprachkurs die rote Karte nur deshalb, weil der Kurs im Ausland stattgefunden hat, haben Sie mit einem Urteil

des Bundesfinanzhofs zumindest dann einen Trumpf in der Hand, wenn der Lehrgangsort in einem EU-Land oder in der Schweiz liegt. Solche Abgrenzungskriterien seien ein Verstoß gegen Gemeinschaftsrecht und Freizügigkeit, so die Richter. Das Urteil betraf zwar einen Sprachkurs, die Entscheidung ist aber auf alle anderen Kursinhalte ebenso anzuwenden (Quelle: OFD Karlsruhe v. 11.2.2003, S 2270 A 27 – St 322).

Zeile 49-57 Studienreisen, Fachkongresse   854

Reisen in die weite Welt als Auswärtstätigkeiten geltend machen, da kommt Freude auf! Studienreisen, Fachtagungen und Kongresse, sie machen es möglich, steuerliche Vorteile mit beruflichen und privaten Interessen zu verbinden. Wen wundert es, wenn der Fiskus da nicht immer ohne weiteres mitmacht.

Studienreisen, Fachtagungen und Kongresse werden steuerlich nur anerkannt, wenn sie so gut wie ausschließlich dem Ziel dienen, die beruflichen Kenntnisse zu erweitern. Dient eine Reise zugleich privaten Interessen, der Erholung oder der allgemeinen Information über geographische oder kulturelle Besonderheiten des besuchten Landes, liegt keine ausschließlich berufliche Veranlassung vor (EStR 12.2). Steuerlich gesehen können Sie Ihre Studienreise oder eine Fachtagung vergessen, wenn der Veranstaltungsprospekt in blumigen Worten auf die vielfältigen Möglichkeiten zur Freizeitgestaltung hinweist. So wurde einem Zahnarzt zum Verhängnis, dass er als Teilnehmer eines mehrtägigen Fachkongresses in Davos täglich während der viereinhalbstündigen Mittagspause die Möglichkeit hatte, auf der Skipiste Sauerstoff zu tanken (BFH – BStBl 1990 II S. 1059). Auch eine Kongressreise, die auf einem Fährschiff stattfindet und bei der die Teilnehmer ausreichend Zeit haben, von den an Bord gebotenen Freizeitmöglichkeiten Gebrauch zu machen, wird vom Fiskus als Privatvergnügen angesehen (BFH – BStBl 1989 II S. 19).

Bevor Sie sich für eine Studienreise oder einen Kongress entscheiden, sollten Sie also den Veranstaltungsprospekt mit Hilfe der Checkliste des Fiskus auf steuerliche Schwachstellen abklopfen:

- **Gegen berufsbedingte Aufwendungen sprechen:** Besuch bevorzugter Ziele des Tourismus; häufige Ortswechsel; entspannende oder kostspielige Beförderung, z. B. Schiffsreise; Mitnahme des Ehegatten oder naher Angehöriger.
- **Für berufsbedingte Aufwendungen sprechen:** Die Teilnehmer haben durchweg gleiche oder ähnliche Berufe; straffe und lehrgangsmäßige Organisation, die wenig Raum für Privatinteressen lässt; Gewährung von Dienstbefreiung oder Sonderurlaub; Zuschüsse des Arbeitgebers.

Notfalls werden Sie dem Finanzamt später nur das eigentliche Kursprogramm vorlegen …

Bewahren Sie in jedem Fall alle Unterlagen (Arbeitsunterlagen, Skripte, Stundenpläne und Ihre eigenen Aufzeichnungen) auf, um sie notfalls dem Fiskalritter vorlegen zu können. Denn Sie tragen die Beweislast, dass die Aufwendungen für die Studienreise beruflich veranlasst waren. Der Fiskus erkennt die Kosten ohne weiteres an, wenn per Stempel und Unterschrift jeder Tag vom Tagungsleiter testiert wird und aus dem Testat eine mindestens fünfstündige Anwesenheit ersichtlich ist, die sich zudem nicht auf einen halben Tag beschränken darf (FG des Saarlands v. 14.7.1992 – EFG 1992 S.727). Diesen überzogenen Nachweispflichten können Sie aber manchmal gar nicht nachkommen, weil der Veranstalter nicht mitspielt. Dann können Ihre Unterlagen als Nachweis herhalten (BFH-Urt. v. 13.2.1980 – BStBl 1980 II S.386).

855 **TIPP** **Bügeln Sie die Schwachstellen im Veranstaltungsprospekt aus**

Freizeiten im Terminplan einer Studien- oder Kongressreise lassen Rückschlüsse auf private Interessen zu, sofern sie nicht durch Arbeitsgemeinschaften ausgefüllt wurden. Lassen Sie sich also von anderen Teilnehmern die Dauer der Arbeitsgemeinschaften bestätigen.

856 **TIPP** **Ein Teilbetrag der Reisekosten ist das Mindeste**

Lassen Sie sich nicht kirre machen, wenn der Bearbeiter die berufliche Veranlassung der Studienreise anzweifelt, weil der Veranstaltungsort im Ausland liegt und außerdem ein beliebter Urlaubsort ist. Bei internationalen Tagungen mit ausländischen Fachleuten und Dozenten ist das so üblich.

Können Sie außerdem angeben, Sie hätten neben dieser Reise ja auch Urlaub genommen, sind Sie meistens schon aus dem Schneider (BFH-Urt. v. 18.10.1990 – BStBl 1991 II S. 92). Bekommen Sie die Gesamtreise steuerlich nicht durch, sind zumindest die Teilnahmegebühren für die Fachveranstaltung und die Verpflegungs- und Übernachtungspauschalen für die Veranstaltungstage steuerlich abziehbar (BFH v. 5.9.2006 – Az VI 49/05 oder BFH – BStBl 1971 I S. 524, eine Schiffsreise zu einem Kongress nach Malta betreffend; die Kongressgebühr und die Verpflegungs- und Übernachtungskosten für die $4^1/_2$ Tage Aufenthalt in Malta während des Kongresses erkannte der BFH steuerlich an, die 16-tägige Schiffsreise nicht).

Zeile 51 und 57 Vom Arbeitgeber steuerfrei ersetzt 857

Diese Zeilen könnte man glatt übersehen …

Da ist es nur gut, dass St. Bürokratius an alles gedacht hat und den Arbeitgeber verpflichtet, Reisekostenersatz in > Zeile 20 der Lohnsteuerbescheinigung einzutragen. Damit wird die steuerfreie Erstattung gleich automatisch via »ELSTER-Lohn« dem Finanzamt gemeldet.

Zeigen Sie Ihrem Bearbeiter im Finanzamt also, wie sorgfältig Sie Ihre Steuererklärung erstellt haben, und tragen Sie steuerfreie Erstattungen des Arbeitgebers in > Zeile 51 bzw. 57 ein. Er merkt sogleich, bei Ihnen ist alles in bester Ordnung, und winkt Ihre Steuererklärung ohne weitere Prüfung durch …

Was der Arbeitgeber so alles steuerfrei erstatten kann, dazu mehr unter ➤ Rz 559.

9.8.7 Doppelte Haushaltsführung – Zeile 61–87

Viele Werktätige müssen einen doppelten Haushalt führen, weil sie auswärts arbeiten und nicht täglich zu ihrer Hauptwohnung zurückkehren können. Die Aufwendungen für die Wohnung am Arbeitsort, für Fahrten und für Mehrkosten an Verpflegung sind als Werbungskosten absetzbar (§ 9 Abs. 1 Nr. 5 EStG): 858

Doppelte Haushaltsführung – Übersicht	
Heimfahrten	Eine Heimfahrt pro Woche, bei Pkw-Nutzung 0,30 € (als Schwerbehinderter 0,60 €) je Entfernungskilometer
Verpflegung	Pauschal 24 € pro Tag (An-/Abreisetag jeweils 12 €), begrenzt auf drei Monate
Zweitwohnung	Tatsächliche Kosten

Der Familienstand ist völlig uninteressant, auch Alleinstehende können doppelte Haushaltsführung geltend machen.

Wichtig: Sie können nur eine Heimfahrt wöchentlich absetzen. Lassen Sie sich auch unter der Woche zu Hause blicken, können Sie statt doppelter Haushaltsführung Fahrten zwischen Wohnung und Arbeitsstätte absetzen. Stellt Ihnen allerdings Ihr Arbeitgeber Übernachtung und Verpflegung, müssen Sie den entsprechenden Sachbezugswert versteuern. Im

Grunde ist es eine reine Rechenaufgabe: Nehmen Sie einen Zettel, und schreiben Sie alle Kosten für die doppelte Haushaltsführung auf, also Fahrtkosten, Unterkunft und Verpflegung. Dann nehmen Sie einen weiteren Zettel und schreiben die Fahrten nach Hause × km × 0,30 € auf, gegebenenfalls ziehen Sie die Sachbezugswerte von Wohnung und Verpflegung ab. Wie hoch die für Sie sind, können Sie ja in Ihrem Personalbüro erfragen. Dann setzen Sie in der Anlage N den höheren Wert an. Die Rechenzettel heben Sie auf. Denn wenn Ihr Fiskalritter auf einmal eine Gegenrechnung aufmacht, die für Sie ungünstiger ist, na, dann zücken Sie eben Ihren anderen Zettel und legen Einspruch ein.

859 ## Zeile 61–62 Berufliche Veranlassung (Grund)

Die doppelte Haushaltsführung ist ohne Wenn und Aber beruflich veranlasst bei

- Arbeitgeberwechsel,
- Versetzung,
- erstmaliger Aufnahme einer Tätigkeit.

Ein beruflicher Anlass ist auch dann gegeben, wenn Sie nach längerer Zeit die tägliche Fahrerei leid sind und am Beschäftigungsort eine Unterkunft nehmen (BFH – BStBl 1979 II S. 520).

Schwierig wird es, die doppelte Haushaltsführung durchzukriegen, wenn der Hauptwohnsitz ohne gleichzeitigen Wechsel der Arbeitsstätte vom Arbeitsort wegverlegt wird, z.B. aus einer Großstadt in eine landschaftlich schönere Gegend (BFH – BStBl 1982 II S. 297).

Wenn Sie die alte Stadtwohnung aufgegeben haben, das Fahren nach ein paar Monaten leid sind und sich am Beschäftigungsort eine kleine Wohnung nehmen, kann das beruflich veranlasste doppelte Haushaltsführung sein – wenn Sie ein ärztliches Attest vorweisen können, in dem steht, dass die Zweitunterkunft am Beschäftigungsort aus gesundheitlichen Gründen erforderlich ist (FG Münster v. 24.9.1985 – EFG 1986 S. 339).

	Mehraufwendungen für doppelte Haushaltsführung		
	Allgemeine Angaben		am
61	Der doppelte Haushalt wurde aus beruflichem Anlass begründet		501
	Grund		
62			bis
			2014

Holen Sie mit einem kurzen Job des Ehepartners doppelte Haushaltsführung heraus

860

Einen Umzug abzusetzen kommt nicht von ungefähr, manchmal muss man nachhelfen. Wollen Sie raus aus der Stadt, ist der Umzug beruflich veranlasst, wenn einer von Ihnen, z. B. Ihr Ehegatte, vorher am neuen Wohnort einen Job annimmt. Behalten Sie die Stadtwohnung bei, weil Sie weiterhin in der Stadt arbeiten, können Sie doppelte Haushaltsführung geltend machen, d. h., Miete der alten Stadtwohnung plus Verpflegung plus Familienheimfahrten sind dann absetzbar (BFH-Urt. v. 2.10.1987 – BStBl 1987 II S. 852).

Der Bundesfinanzhof hat zum Glück nicht gesagt, wie lange man einem Job nachgehen muss, für den man den Wohnsitz verlegt und dafür Umzugskosten abgesetzt hat. Es reicht aus, wenn bei Beginn der doppelten Haushaltsführung ein beruflicher Grund vorliegt.

Zeile 66–67 Wer kann doppelte Haushaltsführung absetzen?

861

Jeder, der außerhalb des Orts, in dem er einen eigenen Hausstand unterhält, beschäftigt ist und am Beschäftigungsort eine Zweitwohnung unterhält, kann doppelte Haushaltsführung beanspruchen. Als Beweis für einen eigenen Hausstand will der Fiskalritter Papierchen (z.B. Mietvertrag) sehen, aus denen sich ergibt, dass Sie an einem anderen Ort als dem der Beschäftigung eine eingerichtete Wohnung unterhalten, die Sie »aus eigenem Recht«, z.B. als Eigentümer oder Mieter/Untermieter nutzen und die Ihren Lebensmittelpunkt darstellt (Erlass v. 8.3.1995 – BStBl 1995 I S. 168).

Wohnen Sie noch bei Ihren Eltern, wollen die Fiskalritter keinen eigenen Hausstand gelten lassen, auch wenn Sie formell Untermieter werden und auf eigener Kochplatte Süppchen warm machen und einen Geschirrschrank Ihr Eigen nennen.

Sind Sie alleinstehend, als Zeitsoldat in Bremen stationiert und haben eine Wohnung in Köln? Schwupp, ist die doppelte Haushaltsführung geritzt. Verheiratete können sogar beide doppelte Haushaltsführung geltend machen.

»Wie soll das denn gehen?«, fragen Sie ungläubig.

Ganz einfach: Sie haben eine gemeinsame Hauptwohnung und jeder für sich eine Unterkunft am Arbeitsort. Und der BFH gibt grünes Licht für zweifache doppelte Haushaltsführung (Urt. v. 6.10.1994 – BStBl 1995 II

S. 184). »Zweifach doppelt ist doch eigentlich vierfach«, wenden Sie ein. Richtig, aber nicht beim Fiskus, da nennt man so etwas nämlich auch »dreifache Haushaltsführung«!

66	Es liegt ein **eigener Hausstand** am Lebensmittelpunkt vor		503	1 = Ja 2 = Nein
	Falls ja, in			
	(PLZ, Ort)			seit
67			504	

862 Jungvermählt in der elterlichen Wohnung

Manchmal müssen Jungvermählte einige Zeit bei den Eltern von einem der beiden wohnen, weil sie keine Wohnung finden oder bezahlen können. Das ruft meistens den Fiskalritter auf den Plan. »Hausstand der Eltern ist nicht eigener Hausstand«, so sein Argument.

Aber das ist Schnee von gestern, denn seit Jahren genügt ein mit eigenen Möbeln ausgestattetes Zimmer in der Wohnung der Eltern, wenn im Übrigen Jung und Alt sozusagen als Großfamilie zusammenleben und sich Küche und Bad teilen (BFH-Urt. v. 27.7.1990 – BStBl 1990 II S. 985). Hauptsache, Sie beide sind in ein und derselben Wohnung gemeldet. Der Steuererklärung fügen Sie sicherheitshalber bei:

BESTÄTIGUNG

Wir bestätigen, dass unsere Tochter . . . . und ihr Ehemann . . . . in zwei Räumen unserer Wohnung einen eigenen Hausstand mit eigenen Möbeln und eigener Kochgelegenheit führen.

. . . .
Datum

. . . .
Unterschriften

863 Auch Lebenspartnerschaft bringt doppelte Haushaltsführung

Der Fiskus erkennt nicht so ohne weiteres eine doppelte Haushaltsführung an, wenn als Hauptwohnsitz die Wohnung des Lebenspartners angegeben wird. Wenn Sie sich aber finanziell maßgeblich am Haushalt Ihres Lebenspartners beteiligen, muss der Fiskus doppelte Haushaltsführung gelten lassen (BFH-Urt. v. 12.9.2000 – BStBl 2001 II S. 29).

Zeile 70–78 Fahrtkosten   864

Zu Beginn und am Ende der doppelten Haushaltsführung liegt ein Bonbon bereit: Die erste Fahrt hin zum Beschäftigungsort und die letzte Fahrt zurück zum Hauptwohnort können Sie als Auswärtstätigkeit mit den höheren Pauschalen für Fahrten mit eigenem Fahrzeug (0,30 € je gefahrenen Kilometer) und Verpflegung abrechnen. Zu Auswärtstätigkeiten mehr unter ➤ Rz 815 ff.
Für die wöchentliche Familienheimfahrt können Sie hingegen nur 0,30 € je Entfernungskilometer abziehen (> Zeile 74). Ausnahme: Schwerbehinderte können 0,60 € je Entfernungskilometer oder aber ihre tatsächlichen Kosten absetzen (> Zeile 76).

	Fahrtkosten					
70	Die Fahrten wurden insgesamt mit einem **Firmenwagen** oder im Rahmen einer unentgeltlichen **Sammelbeförderung** des Arbeitgebers durchgeführt			510	1 = Ja 2 = Nein	
	– Soweit die Zeile 70 mit „Ja" beantwortet wird, sind Eintragungen in den Zeilen 71, 72, 74 und 76 nicht vorzunehmen. –					
	Erste Fahrt zum Beschäftigungsort und letzte Fahrt zum eigenen Hausstand					
71	mit privatem Kfz	gefahrene km 511	Kilometersatz bei Einzelnachweis (Berechnung bitte in einer gesonderten Aufstellung)	512	EUR Ct	
72	mit privatem Motorrad / Motorroller	gefahrene km 522	Kilometersatz bei Einzelnachweis (Berechnung bitte in einer gesonderten Aufstellung)	523	EUR Ct	EUR
73	mit öffentlichen Verkehrsmitteln oder entgeltlicher Sammelbeförderung (lt. Nachweis)			513		
	Wöchentliche Heimfahrten					
74	einfache Entfernung (ohne Flugstrecken)	km 514	Anzahl 515			EUR
75	Kosten für öffentliche Verkehrsmittel (lt. Nachweis) – ohne Flug- und Fährkosten)			516		
	Nur bei Behinderungsgrad von mindestens 70 oder mindestens 50 und Merkzeichen „G"					
76	einfache Entfernung (ohne Flugstrecken)	km 524	davon mit privatem Kfz zurückgelegt 517	km 518	Anzahl	Kilometersatz bei Einzelnachweis (Berechnung bitte in einer gesonderten Aufstellung) 519 EUR Ct EUR
77	Kosten für öffentliche Verkehrsmittel (lt. Nachweis) – ohne Flug- und Fährkosten)			520		
78	Flug- und Fährkosten (zu den Zeilen 74 bis 77) oder Kosten für entgeltliche Sammelbeförderung für Heimfahrten (lt. Nachweis)			521		

Natürlich vergessen Sie nicht, die Fahrten vom Zweitwohnsitz zur Arbeitsstelle in > Zeile 31–39 einzutragen. Einzelheiten dazu unter ➤ Rz 687 ff.

Wenn die wöchentliche Heimfahrt ausfallen muss, lässt der Fiskus statt- 865
dessen die Kosten für ein Telefonat von 15 Minuten Dauer zum Abzug zu
(LStH 9.11 > Telefonkosten). Den Gesprächsgebühren, übrigens zum
Mondscheintarif, sind die anteiligen Grundgebühren hinzuzurechnen
(BFH-Urt. v. 8.3.1988 – BStBl 1988 II S. 988). Doch was sind schon 15 Minuten, wenn Sie die ganze Woche nicht zu Hause gewesen sind. Das sagte

sich auch das Niedersächsische FG (Urt. v. 22.2.1996 – EFG 1996 S.1156) und stellte die angemessene Gesprächsdauer auf die persönliche Situation der Familie ab. Zum Glück konnte der streitbare Steuerzahler Aufzeichnungen über die Telefonate vorlegen. Ihm wurden vom Finanzgericht 600 € Telefonkosten für 25 Telefonate anerkannt.

»Dann hat der Schussel 25 Familienheimfahrten ausfallen lassen«, sagen Sie entgeistert. »Er hätte doch einfach die Telefonate unter den Teppich kehren können und stattdessen …« Obendrein musste er sein gutes Recht im Klageverfahren erstreiten. Die Ehrlichen sind halt wirklich die Dummen.

Die zweite Ehe ist der Triumph
der Hoffnung über die Erfahrung.
(Johnson)

866 ## Zeile 79–80 Unterkunft am Beschäftigungsort

Anzusetzen sind die gezahlten Mieten für die Unterkunft (Hotel, Zimmer, Wohnung) einschließlich Umlagen. Haben Sie sich als Krösus gleich eine Eigentumswohnung zugelegt, siehe ➤ Rz 870.

	Kosten der Unterkunft am Beschäftigungsort			
79	Aufwendungen lt. Nachweis (z. B. Miete einschließlich Stellplatz- / Garagenkosten, Nebenkosten, Abschreibungen und Ausstattungskosten)	530		____
80	Größe der Zweitwohnung des doppelten Haushalts im Ausland	531	m²	

Als Unterkunftskosten für eine doppelte Haushaltsführung im Inland werden Ihnen die tatsächlich entstandenen Aufwendungen für die Nutzung der Wohnung oder Unterkunft **– jedoch höchstens bis zu einem nachgewiesenen Betrag von 1.000 € im Monat –** anerkannt. Die bisher übliche Prüfung der Notwendigkeit und Angemessenheit entfällt; auch auf die Zahl der Wohnungsbenutzer (Angehörige) kommt es nicht an.

Für Wohnungen im Ausland spielt die Angemessenheit hingegen sehr wohl eine Rolle! Wenn Sie zu den etwas besser betuchten Steuerzahlern gehören und sich bei der Wahl Ihrer beruflichen Zweitwohnung mehr gönnen als ein mickriges Apartment, kann es passieren, dass Ihnen ein staatlich besoldeter Geizkragen einen Teil Ihrer Wohnungskosten nicht anerkennen will. Der Bundesfinanzhof hat kurz und knapp entschieden, dass höchstens eine 60 qm große Wohnung als angemessen gilt. Auch bei der Höhe der Miete haben die BFH-Richter den Rotstift angesetzt. Angemessen soll nur der Mittelwert des örtlichen Mietspiegels sein (BFH v. 9.8.2007 – BStBl 2007 II S. 820). Ist Ihre Wohnung größer, können Sie in der Regel nur die anteilig auf 60 qm entfallenden Kosten absetzen. Diese Kürzung wird auch dann vorgenommen, wenn Sie im Rahmen Ihrer doppelten Haushaltsführung eine Eigentumswohnung oder ein Eigenheim nutzen (FG Hessen v. 25.8.2005 – 13 K 11/05).

Zeile 81–84 Verpflegungsmehr-aufwendungen

867

Hier zeigt sich der Fiskus mal großzügig, indem er Ihnen trotz eigener Wohnung am Arbeitsort für die ersten drei Monate Verpflegungskosten wie bei Dienstreisen anerkennt. Das sind täglich 24 €. Bei Heimfahrten wird Ihnen für das Wochenende in der Familienwohnung kein Verpflegungsmehraufwand zugestanden, das ist klar. Dies bedeutet knifflige Rechnerei für die Tage, an denen Sie nicht volle 24 Stunden von Ihrer Familienwohnung abwesend waren, denn da steht Ihnen nur eine Pauschale in Höhe von 12 € zu.

	Pauschbeträge für Mehraufwendungen für Verpflegung		
	Die Verpflegungsmehraufwendungen lt. Zeilen 81 bis 84 können nur für einen Zeitraum von 3 Monaten nach Bezug der Unterkunft am Beschäftigungsort geltend gemacht werden; geht der doppelten Haushaltsführung eine Auswärtstätigkeit voraus, ist dieser Zeitraum auf den Dreimonatszeitraum anzurechnen. In sog. Wegverlegungsfällen ist der vorangegangene Aufenthalt am Beschäftigungsort auf den Dreimonatszeitraum anzurechnen.		
	Bei einer doppelten Haushaltsführung im Inland:		
81	An- und Abreisetage	541	Anzahl der Tage
82	Abwesenheit von 24 Stunden	542	Anzahl der Tage
			EUR
83	Kürzungsbetrag wegen Mahlzeitengestellung (eigene Zuzahlungen sind ggf. gegenzurechnen)	544	____ , __
84	Bei einer doppelten Haushaltsführung im Ausland (Berechnung bitte in einer gesonderten Aufstellung)	543	____ , __

Zeile 85 Sonstige Aufwendungen – Umzugskosten, Schönheits-reparaturen …

868

Zu guter Letzt entstehen zu Beginn und am Ende einer doppelten Haushaltsführung Kosten, z.B. für Schönheitsreparaturen und durch Umzug. Auch diese sind absetzbar (FG München v. 6.11.1991 – EFG 1992 S. 1274). Auch dann, wenn sie statt der Zweit- die Hauptwohnung auflösen.
Zu den Umzugskosten siehe ➤ Rz 799 ff.

869 Möbelkauf aus Steuermitteln

Müssen Sie sich die Zweitwohnung am Arbeitsplatz erst einrichten, setzen Sie die Ausgaben als Werbungskosten an. Denn schließlich können Sie ja nicht zwischen nackten Wänden aus dem Koffer leben. Zur »notwendigen« Einrichtung gehören neben Möbeln und Lampen natürlich Herd, Spüle, Kühlschrank und Radio, auch Geschirr und Bettwäsche, des weiteren Gardinen und Vorhänge bis zu den Höchstsätzen nach dem Bundesumzugskostengesetz. Fein, wenn Sie diese Sachen später zur Komplettierung Ihrer Hauptwohnung gut gebrauchen können.

Orientteppiche, Lautsprecherboxen und Stiche alter Meister gehören nicht zur »notwendigen« Ausstattung. »Diese Sachen bringt das Möbelhaus locker im Preis für die notwendige Ausstattung unter«, winken Sie ab (FG Köln v. 5.2.1992 rk – EFG 1993 S. 144).

Betragen die Anschaffungskosten für den einzelnen Einrichtungsgegenstand mehr als 487,90 € (inkl. MwSt.), ist nur die jährliche Abschreibung absetzbar (BFH-Urt. v. 3.12.1982 – BStBl 1983 II S. 467). Über welchen Zeitraum abgeschrieben wird, dazu mehr unter ➤ Rz 727 ff.

870 *TIPP* Zweiter Herd ist Goldes wert

Wohnungsnot überall, da ist natürlich eine preiswerte Unterkunft schwer zu finden. Eine Alternative wäre eine Wohngemeinschaft mit Kollegen, eine andere der Kauf einer kleinen Eigentumswohnung. Ist Ihr auswärtiger Einsatz irgendwann einmal beendet, können Sie sie ja wieder verkaufen oder – noch besser – vermieten. Und bis dahin mit doppelter Haushaltsführung saftig Steuern sparen. Sie können nämlich alle Kosten, die für die Wohnung anfallen, einschließlich Abschreibung und Schuldzinsen, Reparaturen und die Nebenkosten für Grundsteuer, Versicherung, Gas, Strom, Wasser, Entsorgung usw., als Unterkunftskosten absetzen.

»Moment mal, ist da auch kein Haken dran?«, fragen Sie zweifelnd.

Klar, sonst wäre es ja auch zu einfach. Ihr Fiskalritter möchte natürlich zu gern in Ihrer Kostenaufstellung ein Streichkonzert veranstalten. Er schreibt Ihnen: »Unterkunftskosten können nur bis zur Höhe der ortsüblichen Vergleichsmiete abgezogen werden« (LStR 9.11 Abs. 8) und verweist auf das diesbezügliche BFH-Urteil (v. 27.7.1995 – BStBl 1995 II S. 841). Sie legen Einspruch ein, besorgen sich die Samstagszeitung mit den Vermietungsanzeigen und schreiben zurück: »Zum einen war leider für den von Ihnen zugrunde gelegten Mietwert keine Wohnung zu bekommen. Auch bei höheren Mieten gestaltete sich die Suche schwierig. Siehe beiliegende Zeitungsausschnitte. Da ich unter Zeitdruck stand – schließlich musste ich ja auch arbeiten –, habe ich mich für den Erwerb der Eigentumswohnung entschieden und auf diese Weise sogar den Wohnungsmarkt entlastet. Dafür darf ich nicht steuerlich bestraft werden. Außerdem müssen Sie zur reinen Miete ja die üblicherweise umgelegten Nebenkosten für Wasser, Strom, Müllabfuhr usw. hinzurechnen.«

Und schon sind Sie im Rennen.

Eine Liste der umlagefähigen Betriebskosten finden Sie unter ➤ Rz 1015.

◆ *Musterfall Huber (Doppelte Haushaltsführung)* **871**
Nach längerer Arbeitslosigkeit fand Heribert Huber zum 1.2.2015 eine Stelle als Kfz-Schlosser bei VW-Fleischmann in Montabaur. Seinen Familienwohnsitz in Köln behält er bei. Huber weiß, dass er in > Zeile 71 für die erste Fahrt nach Montabaur, das 98 km von Köln entfernt ist, 0,30 € je gefahrenen Kilometer, in > Zeile 74 für die 44 Heimfahrten hingegen die 0,30 € nur je Entfernungskilometer ansetzen kann. Für seine Zweitunterkunft in Montabaur zahlt er monatlich 320 € Miete einschließlich aller Nebenkosten. Die Miete trägt er in > Zeile 79 ein, außerdem die Kosten für das neue Mobiliar. Für teure Gegenstände – Anschaffungskosten über 487,90 € – setzt er nur die Abschreibung an (➤ Rz 727). So kommt er auf 4.800 €.

Für die ersten drei Monate trägt Huber die Pauschalen für Verpflegungsmehraufwendungen ein. Weil er an jedem Wochenende nach Hause gefahren ist, berechnet er nur die Wochentage von Montag bis Freitag.

	Mehraufwendungen für doppelte Haushaltsführung			
	Allgemeine Angaben		am	
61	Der doppelte Haushalt wurde aus beruflichem Anlass begründet	501	0 1 0 2 2 0 1 5	
62	Grund			
	Stellenwechsel		bis	
63	Der doppelte Haushalt hat seitdem ununterbrochen bestanden	502	3 1 1 2	2015
64	Der doppelte Haushalt liegt im Ausland	507	1 = Ja	
65	Beschäftigungsort (PLZ, Ort, Staat, falls im Ausland)			
	Montabaur			
66	Es liegt ein eigener Hausstand am Lebensmittelpunkt vor	503	1	1 = Ja 2 = Nein
	Falls ja, in			
67	(PLZ, Ort)		seit	
	50393 Köln	504	0 1 0 1 1 9 9 0	
68	Der Begründung des doppelten Haushalts ist eine Auswärtstätigkeit am selben Beschäftigungsort unmittelbar vorausgegangen oder es handelt sich um einen sog. Wegverlegungsfall	505	1 = Ja	
69	Anstelle der Mehraufwendungen für doppelte Haushaltsführung werden in den Zeilen 31 bis 39 Fahrtkosten für mehr als eine Heimfahrt wöchentlich geltend gemacht	506	1 = Ja	
	– Wird die Zeile 69 mit „Ja" beantwortet, sind Eintragungen in den Zeilen 70 bis 85 nicht vorzunehmen. –			

	Fahrtkosten				1 = Ja, insgesamt
70	Die Fahrten wurden mit einem **Firmenwagen** oder im Rahmen einer unentgeltlichen Sammelbeförderung des Arbeitgebers durchgeführt	510			2 = Nein 3 = Ja, teilweise
	– Soweit die Zeile 70 mit „Ja, insgesamt" beantwortet wird, sind Eintragungen in den Zeilen 71, 72, 74 und 76 nicht vorzunehmen. Bei „Ja, teilweise" sind Eintragungen in diesen Zeilen nur für die mit dem eigenen oder zur Nutzung überlassenen privaten Fahrzeug durchgeführten Fahrten vorzunehmen. –				
	Erste Fahrt zum Ort der ersten Tätigkeitsstätte und letzte Fahrt zum eigenen Hausstand				
		gefahrene km			Kilometersatz bei Einzelnachweis	EUR Ct
71	mit privatem Kfz	511	*98*	(Berechnung bitte in einer gesonderten Aufstellung)	512	0 , 3 0
		gefahrene km			Kilometersatz bei Einzelnachweis	EUR Ct
72	mit privatem Motorrad / Motorroller	522		(Berechnung bitte in einer gesonderten Aufstellung)	523	,
73	mit öffentlichen Verkehrsmitteln oder entgeltlicher Sammelbeförderung (lt. Nachweis)	513			,
	Wöchentliche Heimfahrten	km				
74	einfache Entfernung (ohne Flugstrecken)	514	*98*	515	*44*	
75	Kosten für öffentliche Verkehrsmittel (lt. Nachweis – ohne Flug- und Fährkosten)	516			,

	Nur bei Behinderungsgrad von mindestens 70 oder mindestens 50 und Merkzeichen „G"							
76	einfache Entfernung (ohne Flug- strecken)	km 524	davon mit privatem Kfz zurück- gelegt 517	Anzahl 518	Kilometersatz bei Einzel- nachweis (Berechnung bitte in einer gesonderten Aufstellung) 519	EUR Ct ,
77	Kosten für öffentliche Verkehrsmittel (lt. Nachweis – ohne Flug- und Fährkosten)	520			,	
78	Flug- und Fährkosten (zu den Zeilen 74 bis 77) oder Kosten für entgeltliche Sammelbeförderung für Heimfahrten (lt. Nachweis)	521			,	

	Kosten der Unterkunft am Ort der ersten Tätigkeitsstätte			
79	Aufwendungen lt. Nachweis (z. B. Miete einschließlich Stellplatz- / Garagenkosten, Nebenkosten, Abschreibungen und Ausstattungskosten)	530	3 5 2 0 , —	
80	Größe der Zweitwohnung des doppelten Haushalts im Ausland	531	m²	

	Pauschbeträge für Mehraufwendungen für Verpflegung			
	Die Verpflegungsmehraufwendungen lt. Zeilen 81 bis 84 können nur für einen Zeitraum von 3 Monaten nach Bezug der Unterkunft am Ort der ersten Tätigkeitsstätte geltend gemacht werden; geht der doppelten Haushaltsführung eine Auswärtstätigkeit voraus, ist dieser Zeitraum auf den Dreimonatszeitraum anzurechnen. In sog. Wegverlegungsfällen ist der vorangegangene Aufenthalt am Ort der ersten Tätigkeitsstätte auf den Dreimonatszeitraum anzurechnen.			
	Bei einer doppelten Haushaltsführung im Inland:			
81	An- und Abreisetage	541	*26*	Anzahl der Tage
82	Abwesenheit von 24 Stunden	542	*38*	Anzahl der Tage
			EUR	
83	Kürzungsbetrag wegen Mahlzeitengestellung (eigene Zuzahlungen sind ggf. gegenzurechnen)	544	,	
84	Bei einer doppelten Haushaltsführung im Ausland (Berechnung bitte in einer gesonderten Aufstellung)	543	,	

	Sonstige Aufwendungen (z. B. Kosten für den Umzug, jedoch ohne Kosten der Unterkunft)			
85	*Einrichtung/Ausstattung der Zweitwohnung lt. Aufstellung*	550	4 8 0 0 , —	
86	Summe der Mehraufwendungen für **weitere** doppelte Haushaltsführungen (Berechnung bitte in einer gesonderten Aufstellung)	551		
87	Vom Arbeitgeber / von der Agentur für Arbeit insgesamt steuerfrei ersetzt	590	,	

Manch einer arbeitet so eifrig
für seinen Lebensabend,
dass er ihn gar nicht mehr erlebt.

(M. Ronner)

Zeile 61–87 Formulartücken   872

1. > Zeile 65: Eigener Hausstand

Nur wenn am bisherigen Wohnort weiterhin ein eigener Hausstand unter-
halten wird, besteht Anspruch auf die Steuervergünstigung der doppelten
Haushaltsführung. Also ist > Zeile 65 entsprechend auszufüllen.
Zu den Ausnahmen siehe ➤ Rz 862 ff.

2. > Zeile 61 – 87: Mein Ehegatte hat sich an meinem Beschäftigungsort aufgehalten

Fahrten des Ehegatten zum Beschäftigungsort können wie Heimfahrten
des Arbeitnehmers angesetzt werden (BFH v. 28.1.1983 – BStBl 1983 II
S. 313). **Aus dem Besuch des Ehegatten ziehen Sie den steuerlichen Vorteil, auch für Samstag und Sonntag die Verpflegungspauschale ansetzen
zu können.**
Die Frage wird aber nicht gestellt, um Ihnen einen steuerlichen Vorteil
zuzuschanzen. Wäre auch zu drollig. Sie ist vielmehr ein hinterfotziger
Fallstrick. Die doppelte Haushaltsführung ist nämlich vermasselt, wenn
Ihre bessere Hälfte längere Zeit bei Ihnen bleibt (mehr als ein Jahr laut
BFH-Urt. v. 19.11.1989 – BStBl 1990 II S. 308) und dann wieder zurück-
fährt, wie das bei ausländischen Arbeitnehmern oft vorkommt. Die erneut
entstehende doppelte Haushaltsführung ist nicht mehr beruflich, sondern
privat veranlasst. Dies bedeutet: Alle steuerlichen Vorteile sind futsch.

**Ein Eintrag lohnt sich hier also nur, wenn es sich um einen kurzfristigen
Besuch handelt.**

3. > Zeile 87: Vom Arbeitgeber steuerfrei ersetzt

Das vom Betrieb evtl. gezahlte Trennungsgeld ist von den Aufwendungen
für doppelte Haushaltsführung abzuziehen. Der gezahlte Betrag gehört
in > Zeile 87. Auch hier gilt: Schummeln zwecklos, denn der Arbeitgeber-
ersatz erscheint in > Zeile 21 der Lohnsteuerbescheinigung und wird automatisch dem Finanzamt mitgeteilt.

Vergessen ist das Seelenheil.
(Peter von Zahn)

Nackt bin ich, nackt bin ich geboren,
hab weder gewonnen noch verloren.
(Don Quijote)

10 Die Anlage KAP

Einkünfte aus Kapitalvermögen/Abgeltungsteuer   873

Kapitalerträge von Privatpersonen werden so weit wie möglich mit der Abgeltungsteuer von 25 % – unmittelbar an der Quelle – besteuert und die Steuer an den Fiskus abgeführt. Eigentlich sollte die Besteuerung von Kapitalerträgen also einfach sein, doch das Gegenteil ist der Fall. Denn das System der Abgeltungsteuer hat einige Schwachpunkte, die nur im Wege der Veranlagung bereinigt werden können. Daher müssen viele Kapitalanleger eine Anlage KAP abgeben.

Zumindest ist aber das Formular einfach und die Art der Sonderfälle – letztendlich nicht mehr als ein gutes Dutzend (siehe Zusammenstellung unter ➤ Rz 884 ff.) – überschaubar.

Schema zur Berechnung der Einkünfte aus Kapitalvermögen:

1. Dividenden, Zinsen, sonstige Kapitalerträge
(§ 20 Abs. 1 Nr. 1 und 7 EStG) .... €
2. Erträge aus Lebensversicherungen
(§ 20 Abs. 1 Nr. 6 EStG)*
Auszahlung nach Ablauf .... €
./. entrichtete Beiträge oder
Anschaffungskosten − .... €
Verbleiben .... € > .... €
./. Sparerpauschbetrag (801/1.602 €)** − .... €
3. Veräußerungsgewinn/-verlust
(§ 20 Abs. 2 EStG)
Veräußerungspreis .... €
./. Veräußerungskosten − .... €
Verbleiben .... € > .... €
Einkünfte aus Kapitalvermögen .... €

* Vertragsabschluss nach dem 31.12.2004
** Alleinstehende/Ehegatten

Jeder ist der Sohn seiner Taten.
(Don Quijote)

10.1 Das Wichtigste im Überblick

874 Im Grundsatz keine schlechte Idee, ähnlich wie bei der Lohnsteuer auch die Besteuerung der Kapitalerträge unmittelbar – mit abgeltender Wirkung – an der Quelle vorzunehmen. Doch vielfach steckt der Teufel im Detail, wie noch zu zeigen sein wird.

Was bedeutet Abgeltungsteuer?
Abgeltungsteuer ist die umgangssprachliche Bezeichnung für Kapitalertragsteuer nach § 43 ff. EStG. Wenn im Folgenden von Kapitalertragsteuer (KapSt) die Rede ist, so ist die Abgeltungsteuer gemeint.

875 ### 10.1.1 Steuer in Höhe von 25 % auf nahezu alles

Die Abgeltungsteuer greift in den gesamten Depotbestand ein. Verschont wird so gut wie gar nichts. Steuerpflichtig sind nicht nur die laufenden Erträge (§ 20 Abs. 1 EStG), sondern auch die Erträge aus Veräußerungsvorgängen oder ähnlichen Tatbeständen, unabhängig von der Haltedauer (§ 20 Abs. 2 EStG).
Der Schuldner der Kapitalerträge oder die inländische Zahlstelle/depotführende Bank hat von den meisten Kapitalerträgen eine Pauschalsteuer von 25 % zu erheben und monatlich – anonym – an den Fiskus abzuführen. Hinzu kommen der Solidaritätszuschlag und die Kirchensteuer, sofern der Gläubiger/Anleger kirchensteuerpflichtig ist. Damit ist die Steuer auf Kapitalerträge grundsätzlich abgegolten (§ 43 Abs. 5 EStG). Im Gegensatz zur tariflichen/progressiven Einkommensteuer nach § 32 a EStG – welche in der Bandbreite zwischen 0 und 45 % liegt – ist die Steuerlast auf Kapitalerträge somit nach oben auf 25 % begrenzt.

876 **Vorteile für die Sparer**
Liegt der persönliche Steuersatz über 25 %, ist die Besteuerung mit 25 % abgegolten. Liegt der Satz unter 25 %, kann sich der Anleger, wie bereits gesagt, einen Teil der Abgaben mit der Steuererklärung zurückholen.

Vorteile für die Reichen
Die Reichen lachen sich wegen der Abgeltungsteuer ins Fäustchen, weil sie ihre anderen Einkünfte mit 45 % und mehr versteuern, bei Kapitaler-

trägen aber mit 25 % davonkommen. Zudem wirken sich die Zinserträge nicht mehr bei der Steuerprogression aus. Weshalb wir die Abgeltungsteuer als »**neue Reichensteuer**« bezeichnen. Die »**alte Reichensteuer**« ist bekanntlich der Zuschlag von 3 % auf den Einkommensteuerspitzensatz von 42 %, wenn das Einkommen 250.000/500.000 € übersteigt (Alleinstehende/Ehegatten; ➤ Rz 49).

Steueranrechnung
Im Fall der Veranlagung des Gläubigers der Kapitalerträge werden die Abgeltungsteuer auf Kapitalerträge und auch eine ausländische Quellensteuer auf die veranlagte Einkommensteuer angerechnet (§ 32 d Abs. 1 Satz 2 EStG).

Was mehret
meiner Sorgen Wucht: Eifersucht.
(Don Quijote)

10.1.2 Werbungskosten/Sparerpauschbetrag

877

Der Abzug der tatsächlichen Werbungskosten ist ausgeschlossen (§ 20 Abs. 9 EStG). Dafür erhält der Steuerzahler bei der Berechnung der Einkünfte einen Sparerpauschbetrag von 801/1.602 € (Alleinstehende/Ehegatten). Schuldzinsen oder Fahrten zur Hauptversammlung erkennt der Fiskus nicht an. Zum Abzug von Kosten bei Veräußerungsgeschäften siehe ➤ Rz 912.

Werbungskosten bei unternehmerischer Beteiligung
In Einzelfällen sind gleichwohl Werbungskosten absetzbar, so insbesondere im Fall einer unternehmerischen Beteiligung. Die Kapitalerträge werden nach dem Teileinkünfteverfahren besteuert, d. h., 40 % sind nach § 3 Nr. 40 EStG steuerfrei und 60 % als Kapitalerträge steuerpflichtig. Dann können 60 % der Aufwendungen z. B. in Form von Schuldzinsen als Werbungskosten geltend gemacht werden. Die so ermittelten Einkünfte werden mit dem allgemeinen (progressiven) Steuersatz besteuert. Dazu mehr unter ➤ Rz 904 f.

10.1.3 Freistellungsauftrag

878

Mit einem Freistellungsauftrag bis zur Höhe des Sparerpauschbetrags von 801/1.602 € (Alleinstehende/Ehegatten) können Sie verhindern, dass Ihnen die inländische Zahlstelle, z. B. die Bank, Abgeltungsteuer einbehält. Auf diese Weise wird der Sparerpauschbetrag nicht erst bei der Veranlagung berücksichtigt, sondern schon bei der Auszahlung der Kapitalerträge (§ 44a Abs. 2 EStG). Zum Freistellungsauftrag mehr unter ➤ Rz 919.

 ### 10.1.4 Nichtveranlagungsbescheinigung (NV-Bescheinigung)

879 Wer z. B. als Rentner, Student oder Auszubildender überhaupt keine Steuern zahlen muss, aber Kapitalerträge hat, kann sie vom Steuerabzug befreien lassen. Das Finanzamt stellt auf Antrag eine NV-Bescheinigung aus, wenn wegen geringer Einkünfte keine Einkommensteuer festgesetzt wird. Legt der Sparer die NV-Bescheinigung seiner Bank vor, sind alle seine Kapitalerträge in voller Höhe steuerfrei (NV-Bescheinigung; § 44 a Abs. 1 Nr. 2 EStG). Dazu mehr unter ➤ Rz 921.

Man soll im Haus des Gehängten
nicht vom Strick reden.
(Don Quijote)

880 ### 10.1.5 Steuerbescheinigung

Für inländische Kapitalerträge, die dem Steuerabzug unterliegen, hat der Schuldner oder die auszahlende Stelle/depotführende Bank nach § 45 a Abs. 2 EStG dem Gläubiger auf Verlangen eine Steuerbescheinigung nach amtlich vorgeschriebenem Muster auszustellen (➤ Rz 922).

881 ### 10.1.6 Sonstige Freistellungen von der Abgeltungsteuer

Das Gesetz sieht eine Reihe von Einkünften vor, auf die keine Abgeltungsteuer erhoben wird, u. a.

1. Gesetzliche Altersrente
Sie gehört zu den sonstigen Einkünften und ist in der Anlage R zu erklären.

2. Erträge aus staatlich geförderten Vorsorgeanlagen (Riester-Rente und Rürup-Rente)
Die späteren Rentenbezüge gehören ebenfalls zu den sonstigen Einkünften und sind deshalb ebenfalls in der Anlage R zu erklären (➤ Rz 961).

3. Erträge aus Kapitallebensversicherungen alten Rechts
Hier bleibt es bei der alten Regelung, dass die gesamten Einnahmen steuerfrei sind und auch nicht der Abgeltungsteuer unterliegen. Unter bestimmten Umständen jedoch sind Leistungen aus Altverträgen steuerpflichtig (Kapitalversicherungen mit Einmalbeitrag, Kapitalwahlrecht

oder Laufzeit unter zwölf Jahren). Dazu und zu den Kapitallebensversicherungen neuen Rechts mehr unter ➤ Rz 903.

4. Private Rentenversicherungen

Wird aus einer privaten Rentenversicherung eine lebenslange Rentenzahlung geleistet, unterliegen die Renten nicht der Abgeltungsteuer, weil es sich nicht um Kapitalerträge handelt. Private Rentenversicherungen sind grundsätzlich mit ihrem Ertragsanteil nach § 22 Nr. 1 EStG mit dem tariflichen (progressiven) Steuersatz zu versteuern (➤ Rz 955).

5. Private Veräußerungsgeschäfte (ohne Kapitalanlagen)

Das sind Grundstücksgeschäfte und Geschäfte mit anderen Wirtschaftsgütern (außer Kapitalanlagen). Auch sie unterliegen nicht der Abgeltungsteuer. Die Erträge gehören zu den Sonstigen Einkünften (§ 23 EStG/ ➤ Rz 988 ff.).

10.1.7 In welchem Jahr werden Zinsen versteuert?   882

Besteuert wird das Einkommen eines bestimmten Kalenderjahres (§ 25 EStG). Was Kapitalerträge betrifft, so werden sie in dem Kalenderjahr versteuert, in dem sie zugeflossen sind (§ 11 EStG). Zugeflossen ist ein Kapitalertrag, wenn der Steuerzahler nach Gutschrift auf seinem Konto darüber verfügen kann. Für Zinsen gilt eine Besonderheit: Obwohl Zinsen aus Sparbüchern und Festgeldern, wenn sie zum Jahresultimo fällig werden, erst im neuen Jahr auf dem Konto erscheinen, sind sie gleichwohl im alten Jahr zu versteuern (BMF-Schreiben v. 26.10.1992 – BStBl 1992 Teil I S. 693). Sie können sich also nicht dagegen wehren, wenn Ihnen die Bank Zinsen für das alte Jahr bescheinigt und Kapitalertragsteuer einbehält, obwohl Sie erst im neuen Jahr über die Zinsen verfügen konnten.

Im Zaudern sitzt die Gefahr.
(Don Quijote)

10.2 Wann ist die Anlage KAP auszufüllen? – Zeile 4–6

Gleich in den > Zeilen 4–6 wird der Blick auf die drei Hauptgründe ge-   883
lenkt, wegen denen eine Veranlagung notwendig ist.

1. Antrag auf Günstigerprüfung für sämtliche Kapitalerträge – Zeile 4

Trotz der Abgeltungswirkung können Anleger mit einem Steuersatz unter 25 % eine Steuerveranlagung beantragen, damit die Kapitalerträge in die Veranlagung einbezogen werden. Auf diese Weise wird zu viel gezahlte Abgeltungsteuer erstattet (§ 32 d Abs. 6 EStG). Der Antrag auf Veranlagung ist ohne Risiko, weil das Finanzamt eine Vergleichsberechnung durchführt, indem es die für den Anleger günstigere Variante berücksichtigt. Im Rahmen dieses Antrags können Sie auch korrigierte Beträge, die von der Steuerbescheinigung abweichen, eintragen.

2. Antrag auf Überprüfung des Steuereinbehalts für bestimmte Kapitalerträge – Zeile 5

Hier soll auf Antrag speziell überprüft werden,

- ob der Sparerpauschbetrag vollständig ausgeschöpft worden ist (➤ Rz 890),
- ob die Bank die richtige Ersatzbemessungsgrundlage angewandt hat, weil für die Berechnung eines Veräußerungsgewinns die Anschaffungskosten nicht bekannt waren (➤ Rz 891),
- ob Verluste in zutreffender Höhe von der Bank berücksichtigt worden sind (➤ Rz 892).

Der Antrag nach > Zeile 4 (Günstigerprüfung für sämtliche Kapitalerträge) schließt den Antrag nach > Zeile 5 ein. Beide zusammen dürfen nicht angekreuzt werden.

3. Erklärung zur Kirchensteuerpflicht – Zeile 6

Als Kirchenmitglied haben Sie für gezahlte Abgeltungsteuer Kirchensteuer zu berappen. Die an die Abgeltungsteuer gekoppelte Kirchensteuer wird entweder von der Bank – ebenfalls mit abgeltender Wirkung – einbehalten oder später vom Finanzamt bei der Veranlagung festgesetzt. Haben Sie der Bank keinen Auftrag erteilt, die Kirchensteuer auf Kapitalerträge einzubehalten, obwohl Sie kirchensteuerpflichtig sind, wird die Kirchensteuer im Wege der Veranlagung erhoben. Dazu müssen Sie die Anlage KAP abgeben.

Liebe hat keinen besseren Helfer
als die Gelegenheit.
(Don Quijote)

ANLAGE KAP
Einkünfte aus Kapitalvermögen

2016

2015

1	Name	zur Einkommensteuererklärung
2	Vorname	zur Erklärung zur Festsetzung der Kirchensteuer auf Kapitalerträge
3	**Steuernummer**	*Bitte Steuerbescheinigung(en) im Original einreichen!*

Einkünfte aus Kapitalvermögen, Anrechnung von Steuern

stpfl. Person / Ehemann / Lebenspartner(in) A

Ehefrau / Lebenspartner(in) B

Anträge
54

4	Ich beantrage die Günstigerprüfung für sämtliche Kapitalerträge. (Bei Zusammenveranlagung: Die Anlage KAP meines Ehegatten / Lebenspartners ist beigefügt.)	01	1 = Ja
5	Ich beantrage eine Überprüfung des Steuereinbehalts für bestimmte Kapitalerträge.	02	1 = Ja

Erklärung zur Kirchensteuerpflicht

6	Ich bin kirchensteuerpflichtig und habe Kapitalerträge erzielt, von denen Kapitalertragsteuer, aber keine Kirchensteuer einbehalten wurde.	03	1 = Ja

Kapitalerträge, die dem inländischen Steuerabzug unterlegen haben

		Beträge lt. Steuerbescheinigung(en) EUR		korrigierte Beträge (lt. gesonderter Aufstellung) EUR
7	Kapitalerträge	10	20	
8	In Zeile 7 enthaltene Gewinne aus Aktienveräußerungen i. S. d. § 20 Abs. 2 Satz 1 Nr. 1 EStG	12	22	
9	Ersatzbemessungsgrundlage i. S. d. § 43a Abs. 2 Satz 7, 10, 13 und 14 EStG (enthalten in Zeile 7)	14	24	
10	Nicht ausgeglichene Verluste **ohne** Verluste aus der Veräußerung von Aktien	15	25	
11	Nicht ausgeglichene Verluste aus der Veräußerung von Aktien i. S. d. § 20 Abs. 2 Satz 1 Nr. 1 EStG	16	26	

Sparer-Pauschbetrag

			EUR
12	In Anspruch genommener Sparer-Pauschbetrag, der auf die in den Zeilen 7 bis 11 erklärten Kapitalerträge entfällt (ggf. „0")	17	
13	Bei Eintragungen in den Zeilen 7 bis 11, 14 bis 20, 33 bis 44, 57 und 59: In Anspruch genommener Sparer-Pauschbetrag, der auf die in der Anlage KAP **nicht** erklärten Kapitalerträge entfällt (ggf. „0")	18	

Kapitalerträge, die nicht dem inländischen Steuerabzug unterlegen haben
EUR

14	Inländische Kapitalerträge (ohne Betrag lt. Zeile 19)	30	
15	Ausländische Kapitalerträge (ohne Betrag lt. Zeile 57)	34	
16	In den Zeilen 14 und 15 enthaltene Gewinne aus Aktienveräußerungen i. S. d. § 20 Abs. 2 Satz 1 Nr. 1 EStG	32	
17	In den Zeilen 14 und 15 enthaltene Verluste **ohne** Verluste aus der Veräußerung von Aktien	35	
18	In den Zeilen 14 und 15 enthaltene Verluste aus der Veräußerung von Aktien i. S. d. § 20 Abs. 2 Satz 1 Nr. 1 EStG	36	
19	Zinsen, die vom Finanzamt für Steuererstattungen gezahlt wurden	60	

Kapitalerträge, die der tariflichen Einkommensteuer unterliegen
(nicht in den Zeilen 7, 14, 15, 33 und 38 enthalten)

EUR

20	Hinzurechnungsbetrag nach § 10 AStG	75	
21	Laufende Einkünfte aus sonstigen Kapitalforderungen jeder Art, aus stiller Gesellschaft und partiarischen Darlehen (ohne Betrag lt. Zeile 59)	70	
22	Gewinn aus der Veräußerung oder Einlösung von Kapitalanlagen lt. Zeile 21	71	
23	Ich beantrage für die Einkünfte lt. Zeile 24 die Anwendung der tariflichen Einkommensteuer – bitte Anleitung beachten –		1 = Ja
	Laufende Einkünfte aus einer unternehmerischen Beteiligung an einer Kapitalgesellschaft Gesellschaft, Finanzamt und Steuernummer		
24		72	

633

Erträge aus Beteiligungen (lt. gesonderter und einheitlicher Feststellung)

1. Beteiligung
Gemeinschaft, Finanzamt und Steuernummer

31

2. Beteiligung
Gemeinschaft, Finanzamt und Steuernummer

32

– **mit inländischem Steuerabzug** — EUR

Zeile	Beschreibung	Feld	EUR
33	Kapitalerträge	40	
34	In Zeile 33 enthaltene Gewinne aus Aktienveräußerungen i. S. d. § 20 Abs. 2 Satz 1 Nr. 1 EStG	42	
35	Ersatzbemessungsgrundlage i. S. d. § 43a Abs. 2 Satz 7, 10, 13 und 14 EStG (enthalten in Zeile 33)	44	
36	Nicht ausgeglichene Verluste **ohne** Verluste aus der Veräußerung von Aktien	45	
37	Nicht ausgeglichene Verluste aus der Veräußerung von Aktien i. S. d. § 20 Abs. 2 Satz 1 Nr. 1 EStG	46	

– **ohne inländischen Steuerabzug**

Zeile	Beschreibung	Feld	EUR
38	Kapitalerträge (ohne Beträge lt. Zeile 42 und 57)	50	
39	In Zeile 38 enthaltene Gewinne aus Aktienveräußerungen i. S. d. § 20 Abs. 2 Satz 1 Nr. 1 EStG	52	
40	In Zeile 38 enthaltene Verluste **ohne** Verluste aus der Veräußerung von Aktien	55	
41	In Zeile 38 enthaltene Verluste aus der Veräußerung von Aktien i. S. d. § 20 Abs. 2 Satz 1 Nr. 1 EStG	56	
42	Gewinn aus der Veräußerung anteiliger Wirtschaftsgüter bei Veräußerung einer unmittelbaren oder mittelbaren Beteiligung an einer Personengesellschaft	61	
43	In Zeile 42 enthaltene Gewinne / Verluste aus Aktienveräußerungen	62	

– **die der tariflichen Einkommensteuer unterliegen**

Zeile	Beschreibung	Feld	EUR
44	Hinzurechnungsbetrag nach § 10 AStG	76	
45	Laufende Einkünfte aus sonstigen Kapitalforderungen jeder Art, aus stiller Gesellschaft und partiarischen Darlehen (ohne Betrag lt. Zeile 59)	73	
46	Gewinn aus der Veräußerung oder Einlösung von Kapitalanlagen lt. Zeile 45	74	

Steuerabzugsbeträge zu Erträgen in den Zeilen 7 bis 18 und zu Beteiligungen in den Zeilen 31 bis 43

Zeile	Beschreibung	lt. Bescheinigung(en) EUR	Ct	aus Beteiligungen EUR	Ct
47	Kapitalertragsteuer	80		90	
48	Solidaritätszuschlag	81		91	
49	Kirchensteuer zur Kapitalertragsteuer	82		92	
50	Angerechnete ausländische Steuern	83		93	
51	Anrechenbare noch nicht angerechnete ausländische Steuern	84		94	
52	Fiktive ausländische Quellensteuern (nicht in den Zeilen 50 und 51 enthalten)	85		95	

Anzurechnende Steuern zu Erträgen in den Zeilen 21 bis 24, 45 und 46 und aus anderen Einkunftsarten

Zeile	Beschreibung	EUR	Ct	EUR	Ct
53	Kapitalertragsteuer	86		96	
54	Solidaritätszuschlag	87		97	
55	Kirchensteuer zur Kapitalertragsteuer	88			

Nach der Zinsinformationsverordnung (ZIV) anzurechnende Quellensteuern

Zeile	Beschreibung	EUR	Ct
56	Summe der anzurechnenden Quellensteuern nach der ZIV (lt. Bescheinigung)	99	

Familienstiftungen nach § 15 AStG (lt. Feststellung)

Einkünfte einer ausländischen Familienstiftung, die **nicht** der tariflichen Einkommensteuer unterliegen
Bezeichnung, Finanzamt und Steuernummer

Zeile	Beschreibung	EUR	Ct
57		38	
58	Anzurechnende ausländische Steuern (zu Zeile 57)	08	
59	Einkünfte einer ausländischen Familienstiftung, die der tariflichen Einkommensteuer unterliegen (siehe Zeile 18 der Anlage AUS)	78	

Steuerstundungsmodelle

Einkünfte aus Gesellschaften / Gemeinschaften / ähnlichen Modellen i. S. d. § 15b EStG (lt. gesonderter Aufstellung)

Zeile		EUR
60		

2015AnlKAP052 — 2015AnlKAP052

Zeile 4 Ich beantrage die Günstigerprüfung für sämtliche Kapitalerträge

884

Der Antrag auf Günstigerprüfung für sämtliche Kapitalerträge ist der umfassendste Antragsgrund.

Sie tragen ein: 1 = Ja

	Anträge		
4	Ich beantrage die Günstigerprüfung für sämtliche Kapitalerträge. (Bei Zusammenveranlagung: Die Anlage meines Ehegatten ist beigefügt.)	01	1 = Ja

Sicherlich enthält die Lebenswirklichkeit eine Vielzahl von Gründen, aus denen eine Einbeziehung der Kapitalerträge in die Veranlagung angebracht bzw. notwendig ist. Nur die wichtigsten – 7 an der Zahl – werden im Folgenden behandelt.

1. Der Sparerpauschbetrag von 801 €/1.602 € (Ledige/Verheiratete) wurde beim Steuerabzug nicht vollständig ausgeschöpft – > Zeile 5 und 7–13 (➤ Rz 890),

2. Ersatzbemessungsgrundlage unzutreffend – > Zeile 5 und 9 (➤ Rz 891),

3. Verluste ohne/mit Veräußerung von Aktien wurden nicht ausgeglichen – > Zeile 5, 10 und/oder 11 (➤ Rz 894),

4. Es ist anrechenbare/fiktive ausländische Quellensteuer anzusetzen – > Zeile 5, 53–55 (➤ Rz 897),

5. Kapitalerträge haben nicht dem Steuerabzug unterlegen – > Zeile 14–19 (➤ Rz 900),

6. Kapitalerträge unterliegen der tariflichen (progressiven) Einkommensteuer – > Zeile 20–22 (➤ Rz 902),

7. Antrag auf Anwendung der tariflichen (progressiven) Einkommensteuer – > Zeile 23 und 24 ➤ (Rz 930).

Beträge laut Steuerbescheinigung und korrigierte Beträge
Wenn Beträge laut Steuerbescheinigung korrigiert werden müssen, tragen Sie in das Feld in der > Zeile 4 eine »1«, in die linke Spalte der > Zeilen 7–13 die Werte der betreffenden Steuerbescheinigung und in die rechte Spalte den jeweiligen korrigierten Betrag ein und erläutern diesen auf einem gesonderten Blatt.

Beispiel

Die von der Bank ausgestellte Steuerbescheinigung weist für > Zeile 7–9 einen Gewinn aus Aktienverkäufen von 4.000 € aus. Der Gewinn unterlag der Abgeltungsteuer. Bei der Berechnung des Gewinns fanden Transaktionskosten in Höhe von 500 € keine Berücksichtigung.

Sie tragen ein:

Kapitalerträge, die dem inländischen Steuerabzug unterlegen haben		Beträge lt. Steuerbescheinigung(en) EUR		korrigierte Beträge (Erläuterungen auf besonderem Blatt) EUR
7	Kapitalerträge	10	4 0 0 0,— 20	3 5 0 0,—
8	In Zeile 7 enthaltene Gewinne aus Kapitalerträgen i. S. d. § 20 Abs. 2 EStG	11	4 0 0 0,— 21	3 5 0 0,—

885 Zeile 5 Ich beantrage eine Überprüfung des Steuereinbehalts für bestimmte Kapitalerträge

Wenn Sie den Abzug von Kapitalertragsteuer nur für bestimmte Kapitalerträge überprüfen lassen wollen, tragen Sie in > Zeile 5 eine »1« ein (1 = Ja).

5	Ich beantrage eine Überprüfung des Steuereinbehalts für bestimmte Kapitalerträge.	02	1 = Ja

886 Zeile 6 Ich bin kirchensteuerpflichtig und habe Kapitalerträge erzielt, von denen Kapitalertragsteuer, aber keine Kirchensteuer einbehalten wurde

Siehe hierzu ➤ Rz 906.

Erklärung zur Kirchensteuerpflicht			
6	Ich bin kirchensteuerpflichtig und habe Kapitalerträge erzielt, von denen Kapitalertragsteuer aber keine Kirchensteuer einbehalten wurde.	03	1 = Ja

10.2.1 Ich beantrage die Günstigerprüfung für sämtliche Kapitalerträge – Zeile 4 und 7 – 13

887

Es empfiehlt sich, **in jeder Anlage KAP die Günstigerprüfung zu beantragen.** Das ist risikolos, kann aber nützlich sein. Der Antrag in > Zeile 4 schließt den Antrag in > Zeile 5 ein (Überprüfung des Steuerabzugs für bestimmte Kapitalerträge).

Ehegatten stellen den Antrag gemeinsam. Hat nur einer der Ehegatten Kapitalerträge, stellen Sie den gemeinsamen Antrag, indem auch der andere Ehegatte eine Anlage KAP abgibt (mit Kapitalerträgen in Höhe von 0.– €), aber mit Antrag auf Günstigerprüfung.

Für die Günstigerprüfung sind sämtliche Kapitalerträge zu erklären. Kapitalerträge, die von einer inländischen Zahlstelle (z.B. Kreditinstitut) gutgeschrieben wurden, entnehmen Sie der Steuerbescheinigung (➤ Rz 880). Haben Sie auch andere Kapitalerträge (z.B. ausländische) erhalten, tragen Sie diese in die > Zeilen 14 – 19 ein, Erträge aus Beteiligungen in die > Zeilen 31 – 46. Die entsprechenden Steuerabzugsbeträge gehören in die > Zeilen 47 – 55.

Günstigerprüfung wegen geringen Einkommens

888

Der häufigste Antragsgrund auf Günstigerprüfung sind geringe Einkünfte, z.B. als Rentner, Schüler oder Azubi oder wenn Verluste, hohe Sonderausgaben oder außergewöhnliche Belastungen das Einkommen gemindert haben. Liegt nämlich die reguläre Einkommensteuer im Grenzbereich unter 25 %, gilt der niedrigere Steuersatz auch für die Besteuerung der Kapitalerträge und es ist mit einer Erstattung von Kapitalertragsteuer zu rechnen.

Günstigerprüfung wegen Altersentlastungsbetrag

Hier besteht in Bezug auf Kapitaleinkünfte eine Besonderheit. Ab einem Alter von 65 zieht das Finanzamt einen Altersentlastungsbetrag ab (§ 24 a EStG). Bezogen auf den Veranlagungszeitraum 2015 hat erstmals Anspruch auf den Altersentlastungsbetrag, wer vor dem 2.1.1951 geboren ist. Der Altersentlastungsbetrag beträgt dann 24 % der positiven Summe der Einkünfte (ohne Renten und Versorgungsbezüge), max. aber 1.140 €, schließt also im Prinzip die Kapitaleinkünfte ein.

Ist die Besteuerung der Kapitalerträge durch die Abgeltungsteuer abgegolten, sind die Kapitalerträge nicht in der positiven Summe der Einkünfte enthalten, haben also auch keine Auswirkung auf den Altersentlastungsbetrag. Werden die Kapitalerträge jedoch bei der Veranlagung erfasst, werden sie auch bei der Berechnung des Altersentlastungsbetrags berücksichtigt.

889

 Wann kann ich mit einer Erstattung rechnen?

Die Angabe Ihrer Kapitalerträge führt zu einer Erstattung, wenn Ihr persönlicher Grenzsteuersatz unterhalb des pauschalen Abgeltungsteuersatzes von 25 % liegt. Der Grenzsteuersatz zeigt, zu welchem Steuersatz jeder zusätzlich erklärte Euro versteuert werden muss (➤ Rz 44).

Beispiel

Als verheirateter Anleger haben Sie Kapitalerträge in Höhe von 2.000 € bezogen. Ihrer Bank hatten Sie einen Freistellungsauftrag in Höhe des Sparerpauschbetrags von 1.602 € erteilt. Die Bank hat von den Kapitalerträgen oberhalb des Sparerpauschbetrags von (2.000 € – 1.602 € =) 398 € eine Abgeltungsteuer von 99,50 € einbehalten. Ohne die Kapitalerträge beträgt Ihr zu versteuerndes Einkommen etwa 19.000 €, Ihr Grenzsteuersatz somit ca. 16,2 %.

Wenn Sie die Kapitalerträge in der Steuererklärung angeben, erhöht sich Ihr zu versteuerndes Einkommen auf etwa (19.000 € + 398 € =) 19.398 € und Ihr Grenzsteuersatz auf etwa 17 %. Die persönliche (tarifliche) Einkommensteuer im Grenzbereich ist mit 17 % aber erheblich niedriger als die pauschale Abgeltungsteuer von 25 %. Daher können Sie eine Erstattung erwarten, wenn Sie eine Günstigerprüfung beantragen.

Goldener Rat

Nochmals: Wichtig ist, dass Sie in jedem Fall die Günstigerprüfung beantragen, auch wenn Sie noch einen weiteren Grund für die Abgabe der Anlage KAP angeben. Ohne besonderen Antrag könnte das Finanzamt in bestimmten Fällen die Günstigerprüfung unterlassen, was für Sie nachteilig sein könnte.

Nun zu den Antragsfällen im Einzelnen. Es werden nur die wichtigsten aufgezeigt.

890 ## Zeile 5 und 7–13 Der Sparerpauschbetrag von 801/1.602 € wurde beim Steuerabzug nicht vollständig ausgeschöpft

Haben Sie den Sparerpauschbetrag nicht oder nicht vollständig ausgeschöpft, weil Sie z.B. der Bank keinen oder keinen umfassenden Freistellungsauftrag (➤ Rz 919) erteilt haben, holen Sie sich mit Ihrer Steuererklärung die zu viel einbehaltene Kapitalertragsteuer zurück.

Der in der Steuerbescheinigung ausgewiesene Sparerpauschbetrag bezieht sich nur auf das in der Steuerbescheinigung (➤ Rz 880) genannte Konto/Depot. Haben Sie weitere Einzel- oder Ehegattendepots, für die Sie einen Freistellungsauftrag erteilt haben, geben Sie die Summe der Werte an.

Wenn überhaupt kein Freistellungsauftrag erteilt wurde, schreiben Sie in > Zeile 12 »0«.

Beispiel

Sie haben jährliche Zinserträge von 4.000 € bezogen und Ihrer Bank keinen Freistellungsauftrag erteilt. Die Bank hat deshalb von den gesamten Zinserträgen 25 % Abgeltungsteuer einbehalten. Diese holen Sie sich zum Teil zurück, indem Sie eine Anlage KAP abgeben.

Sie tragen ein:

	Anträge								54
4	Ich beantrage die Günstigerprüfung für sämtliche Kapitalerträge. (Bei Zusammenveranlagung: Die Anlage KAP meines Ehegatten / Lebenspartners ist beigefügt.)		01	*1*	1 = Ja				
5	Ich beantrage eine Überprüfung des Steuereinbehalts für bestimmte Kapitalerträge.		02		1 = Ja				
	Erklärung zur Kirchensteuerpflicht								
6	Ich bin kirchensteuerpflichtig und habe Kapitalerträge erzielt, von denen Kapitalertragsteuer aber keine Kirchensteuer einbehalten wurde.		03		1 = Ja				
	Kapitalerträge, die dem inländischen Steuerabzug unterlegen haben								
				Beträge lt. Steuerbescheinigung(en) EUR			korrigierte Beträge (lt. gesonderter Aufstellung) EUR		
7	Kapitalerträge	10		*4 0 0 0*,—	20			,—	
8	In Zeile 7 enthaltene Gewinne aus Aktienveräußerungen i. S. d. § 20 Abs. 2 Satz 1 Nr. 1 EStG	12		,—	22			,	
9	Ersatzbemessungsgrundlage i. S. d. § 43a Abs. 2 Satz 7, 10, 13 und 14 EStG (enthalten in Zeile 7)	14		,	24			,	
10	Nicht ausgeglichene Verluste **ohne** Verluste aus der Veräußerung von Aktien	15		,	25			,	
11	Nicht ausgeglichene Verluste aus der Veräußerung von Aktien i. S. d. § 20 Abs. 2 Satz 1 Nr. 1 EStG	16		,	26			,	
	Sparer-Pauschbetrag			EUR					
12	In Anspruch genommener Sparer-Pauschbetrag, der auf die in den Zeilen 7 bis 11 erklärten Kapitalerträge entfällt (ggf. „0")	17		*0*,—					
13	Bei Eintragungen in den Zeilen 7 bis 11, 14 bis 20 und 33 bis 44: In Anspruch genommener Sparer-Pauschbetrag, der auf die in der Anlage KAP **nicht** erklärten Kapitalerträge entfällt (ggf. „0")	18		,					

	Steuerabzugsbeträge zu Erträgen in den Zeilen 7 bis 18 und zu Beteiligungen in den Zeilen 31 bis 43							
			lt. Bescheinigung(en) EUR	Ct		aus Beteiligungen EUR	Ct	
47	Kapitalertragsteuer	80	*1 0 0 0,0 0*		90		,	
48	Solidaritätszuschlag	81	*5 5,0 0*		91		,	

Das Finanzamt veranlagt Sie mit Einkünften aus Kapitalvermögen in Höhe von:

Kapitalerträge lt. Steuerbescheinigung	4.000,00 €
./. Sparerpauschbetrag	– 1.602,00 €
Einkünfte aus Kapitalvermögen	2.398,00 €
Darauf Einkommensteuer pauschal 25 % =	599,50 €
./. gezahlte Abgeltungsteuer	– 1.000,00 €
Zu erstattende Abgeltungsteuer	400,50 €

Doppelter Sparerpauschbetrag für Ehegatten
Zusammen veranlagten Ehegatten wird ein Sparerpauschbetrag von 1.602 € gewährt, unabhängig davon, wie hoch die Einkünfte des einzelnen sind (§ 20 Abs. 9 EStG).

Beispiel

	Ehemann	Ehefrau
Dividenden Bank A Kto. Nr. X	2.500,00 €	0,00 €
Zinsen Bank A Kto. Nr. Y	0,00 €	200,00 €
Summe	2.500,00 €	200,00 €
Insgesamt (2.500 € + 200 € =)	2.700,00 €	
./. Ehegatten-Sparerpauschbetrag	– 1.602,00 €	
Einkünfte	1.098,00 €	

891 ## Zeile 5 und 7–9 Ersatzbemessungs- grundlage unzutreffend

Die Ersatzbemessungsgrundlage wird herangezogen, wenn der Bank/Zahlstelle die Daten zur Ermittlung des genauen Veräußerungsgewinns nicht bekannt sind. In diesem Fall werden 30 % des Veräußerungserlöses **fiktiv** als Veräußerungsgewinn beim Steuerabzug angesetzt und als Ersatzbetrag in der Steuerbescheinigung ausgewiesen (§ 43 a Abs. 2 Satz 7 EStG).

Dies bedeutet: Ist die Ersatzbemessungsgrundlage zu hoch, kann der Anleger einen Antrag auf Veranlagung stellen, indem er den tatsächlichen Veräußerungsgewinn erklärt. Auf diese Weise erhält er zu viel abgezogene Steuer erstattet (§ 32d Abs. 4 EStG). Werbungskosten können Sie auch hier nicht mehr geltend machen, bis auf Bankspesen/Transaktionskosten (Informations-/Beratungskosten).

Berechnung des Veräußerungsgewinns

Veräußerungsgewinn ist grundsätzlich der Unterschiedsbetrag zwischen Anschaffungskosten und Veräußerungserlös (§ 20 Abs. 4 EStG). Banken und Versicherungsgesellschaften können im Normalfall auf der Grundlage ihrer eigenen Daten den Veräußerungsgewinn feststellen und bescheinigen. Dies ist auch nach einem Depotwechsel möglich, zumindest im Inland, weil die übertragende Bank der übernehmenden alle Anschaffungskosten mitteilen muss.

Beispiel für die Anwendung der Ersatzbemessungsgrundlage   892

Sie haben Ihr Aktiendepot von einer ausländischen Bank zu einer inländischen verlegt. Die Anschaffungskosten für die Papiere wurden der inländischen Bank nicht mitgeteilt bzw. durften dieser nicht mitgeteilt werden. Anschließend veräußern Sie Wertpapiere aus dem inländischen Depot.

Bei einem Veräußerungserlös in Höhe von 20.111 € hat die inländische Bank als fiktiven Veräußerungsgewinn eine Ersatzbemessungsgrundlage von 30 % des Veräußerungserlöses = 6.033 € zugrunde gelegt und davon Abgeltungsteuer (25 % von 6.033 € =) 1.508,25 € einbehalten und abgeführt.

Die Steuerbescheinigung enthält den Hinweis für > Zeile 9: Ersatzbemessungsgrundlage im Sinne des § 43 a Abs. 2 EStG 6.033,00 €.

Der tatsächliche Veräußerungsgewinn beträgt indessen:

Der tatsächliche Veräußerungsgewinn beträgt indessen:	
Veräußerungserlös	20.111,00 €
./. Transaktionskosten 1,08 %	– 109,00 €
./. Anschaffungskosten	– 16.050,00 €
Veräußerungsgewinn	3.952,00 €

Die Ersatzbemessungsgrundlage von 6.033 € ist also zu hoch. Sie können sich nach § 32 d Abs. 4 EStG den zu hohen Steuerabzug zurückholen, indem Sie die Anlage KAP abgeben und dem Finanzamt den tatsächlichen Veräußerungsgewinn von 3.952 € mitteilen. Dann wird Ihnen der überzahlte Abgeltungsteuerbetrag erstattet bzw. angerechnet.

Kapitalerträge, die dem inländischen Steuerabzug unterlegen haben		Beträge lt. Steuerbescheinigung(en) EUR		korrigierte Beträge (lt. gesonderter Aufstellung) EUR
7	Kapitalerträge	10	6 0 3 3,— 20	3 9 5 2,—
8	In Zeile 7 enthaltene Gewinne aus Aktienveräußerungen i. S. d. § 20 Abs. 2 Satz 1 Nr. 1 EStG	12	6 0 3 3,— 22	3 9 5 2,—
9	Ersatzbemessungsgrundlage i. S. d. § 43a Abs. 2 Satz 7, 10, 13 und 14 EStG (enthalten in Zeile 7)	14	6 0 3 3,— 24	3 9 5 2,—
10	Nicht ausgeglichene Verluste **ohne** Verluste aus der Veräußerung von Aktien	15	,— 25	,—
11	Nicht ausgeglichene Verluste aus der Veräußerung von Aktien i. S. d. § 20 Abs. 2 Satz 1 Nr. 1 EStG	16	,— 26	,—

Ob die Zahlstelle/Bank eine Ersatzbemessungsgrundlage angewendet hat, steht in einer besonderen Zeile der Steuerbescheinigung.

893 **Die Zwickmühle**
»Was muss ich tun, wenn ich feststelle, dass die Ersatzbemessungsgrundlage niedriger ist als der tatsächliche Veräußerungsgewinn? Muss ich dann den tatsächlich höheren Veräußerungsgewinn erklären und versteuern«?

Namhafte Autoren vertreten die Auffassung, dass in diesem Fall die Kapitalerträge, wenn auch nicht in der richtigen Höhe, dem Steuerabzug in zutreffender Art und Weise unterlegen haben. Der Veräußerungsgewinn ist vorschriftsmäßig um die Kapitalertragsteuer gemindert worden. Eine Meldepflicht/Haftung nach § 44 Abs. 5 EStG besteht nicht.

Der umgekehrte Fall
»Wenn nun die Ersatzbemessungsgrundlage mit 30 % niedriger ist als der tatsächliche Veräußerungsgewinn, könnte ich ja den zu verkaufenden Depotbestand vorher in ein Depot ins Ausland übertragen. Bei der Rückübertragung auf meine inländische Bank kennt diese nun die tatsächlichen Anschaffungskosten nicht und legt beim Verkauf die niedrigere Ersatzbemessungsgrundlage zugrunde«.

Nicht schlecht, Herr Specht, aber das scheint missbräuchlich zu sein. Dazu sagt § 42 AO: Durch Gestaltungsmissbrauch kann das Steuergesetz nicht umgangen werden. Dies bedeutet hier konkret: Sie erlangen durch die Übertragung der zu verkaufenden Wertpapiere ins Ausland und deren Rückübertragung ins Inland einen **vom Gesetzgeber nicht gewollten steuerlichen Vorteil**, indem Sie eine niedrigere Steuerschuld erreichen. Also Finger weg.

Leerverkäufe

Verfügt der Kunde über keinen Bestand und hat er einen Verkaufsauftrag erteilt (eigentlicher Leerverkauf), muss der Verkaufsauftrag sofort als Veräußerungsgeschäft abgewickelt werden. Da dem Veräußerungsgeschäft kein Depotbestand und somit auch keine Anschaffungskosten gegenüberstehen, ist der Verkauf mit der Ersatzbemessungsgrundlage abzurechnen (§ 43a Abs. 2 Satz 7 EStG). Die spätere Erfüllung der Lieferpflicht – nach vorherigem Eindeckungsgeschäft (WP-Kassakauf oder Wertpapierleihe) – wird als entgeltlicher Depotübertrag abgewickelt. Dabei wird wiederum die Ersatzbemessungsgrundlage angewendet (je nach Art des Eindeckungsgeschäfts werden entweder konkrete Anschaffungskosten oder Ersatz-Anschaffungskosten gegengerechnet). Die Zuordnung des späteren Eindeckungsgeschäfts zu dem vorangehenden Veräußerungsgeschäft kann zweifelsfrei nur vom Kunden in der Veranlagung vorgenommen werden (BMF-Schreiben v. 13.6.2008 – IV C 1, S 2000/07/0009).

Schenkung als Veräußerungsfiktion

Die Zahlstelle/Bank hat nach § 43 Abs. 1 Satz 4 EStG auch dann Abgeltungsteuer zu erheben, wenn verwahrtes oder verwaltetes Kapitalvermögen i. S. des § 20 Abs. 2 EStG auf einen Dritten unentgeltlich übertragen, sprich verschenkt wird. Die Übertragung/Schenkung gilt als Veräußerung und ist somit wie ein Veräußerungsgeschäft zu behandeln. Nur so könne bei Übertragung von Kapitalforderungen auf andere Gläubiger der Steueranspruch gesichert werden, so die Begründung des Fiskus.

Dies bedeutet: Im Fall der unentgeltlichen Übertragung werden die »stillen Reserven«, die in dem übertragenen Vermögen enthalten sind, aufgedeckt und mit 25 % versteuert.

Wo nichts ist, hat der Kaiser sein Recht verloren.
(Don Quijote)

Zeile 4 oder 5, 10 und/oder 11   894
Verluste ohne/mit Veräußerung von Aktien wurden nicht ausgeglichen

Verluste aus Kapitalvermögen entstehen hauptsächlich in folgenden Fällen:

- gezahlte Stückzinsen bei Erwerb von festverzinslichen Papieren,
- Verluste aus Wertpapierverkäufen,

- Verluste aus Lebensversicherungen,
- Verluste aus Termingeschäften.

Es gibt zwei Wege, Verluste aus Kapitalvermögen auszugleichen:

1. Im Abgeltungsteuerverfahren durch laufende Verrechnung innerhalb der Bank (§ 43 a Abs. 2 und 3 EStG)
2. Im Veranlagungsverfahren durch Abgabe der Anlage KAP (§ 32 d Abs. 4 EStG)

Die Verrechnung von Verlusten aus Kapitalvermögen ist in beiden Verfahren stark eingeschränkt. Es gelten folgende Regeln:
Nach § 20 Abs. 6 EStG dürfen Verluste aus Kapitalvermögen nicht mit Einkünften aus anderen Einkunftsarten ausgeglichen und auch nicht nach § 10 d EStG abgezogen werden. Verluste aus Aktienverkäufen wiederum dürfen nur mit Gewinnen aus Aktienverkäufen ausgeglichen werden (§ 20 Abs. 6 Satz 5 EStG). Ist ein Verlustausgleich innerhalb der Einkünfte aus Kapitalvermögen nicht möglich, kann der Verlust vorgetragen werden (§ 20 Abs. 6 Satz 4 EStG), im Abgeltungsteuerverfahren innerhalb der Bank/Zahlstelle automatisch, im Veranlagungsverfahren vom Finanzamt durch Abgabe der Anlage KAP.

895 **Zu 1. Verrechnung im Abgeltungsteuerverfahren**
Banken und Sparkassen im Inland verrechnen bereits im laufenden Jahr direkt die positiven Kapitalerträge mit den negativen einschließlich gezahlter Stückzinsen (§ 43 a Abs. 3 EStG). Dies führt dazu, dass Veräußerungsverluste bereits im Abgeltungsteuerverfahren berücksichtigt werden. Konnten negative Kapitalerträge (Verluste) nicht ausgeglichen werden, überträgt sie die Bank automatisch in das Verrechnungskonto des nächsten Jahres.

Wird die Kundenbeziehung beendet, **schließt die Bank das Verrechnungskonto** und erstellt automatisch zum Jahresende eine Verlustbescheinigung (§ 43a Abs. 3 Satz 6 EStG). Bei Tod des Kunden oder wenn der Kunde zum Steuerausländer geworden ist, wird entsprechend verfahren.

Wichtig zu wissen:
Sie machen grundsätzlich nichts falsch, wenn Sie die Verlustverrechnung innerhalb der Bank vornehmen lassen. Dazu brauchen Sie keinen besonderen Antrag zu stellen.
Doch aufgepasst: Kapitalerträge im Ausland sind immer gegenüber dem **Finanzamt** zu erklären, da sie ansonsten steuerlich unberücksich-

tigt bleiben. **Dies gilt logischerweise auch für Verluste.** Wollen Sie, dass Ihre ausländischen Verluste berücksichtigt werden, müssen Sie eine Anlage KAP abgeben.

Zu 2. Verrechnung von Verlusten im Veranlagungsverfahren

Auf Verlangen des Kunden hat die Bank über die Höhe eines nicht ausgeglichenen Verlusts eine Bescheinigung nach amtlich vorgeschriebenem Muster zu erteilen (§ 43 a Abs. 3 Satz 4 EStG). **In diesem Fall wird die Bank keinen Verlust in das Verrechnungskonto des nächsten Jahres einbuchen,** weil sie davon ausgeht, dass der Kunde den Ausgleich im Rahmen der Steuerveranlagung vornehmen, also eine Anlage KAP abgeben wird. Der Antrag auf die Bescheinigung ist unwiderruflich und muss bis zum **15. Dezember** des laufenden Jahres der auszahlenden Stelle zugegangen sein (§ 43 a Abs. 3 Satz 5 EStG). Außerdem erhält der Kunde eine Steuerbescheinigung. Es werden also zwei Bescheinigungen ausgestellt.

Den von der Bank bescheinigten Verlust tragen Sie in > Zeile 10 und/oder 11 ein. In der Verlustbescheinigung ist exakt die Formularzeile angegeben. Sie können im Grunde nichts falsch machen.

Beispiel

896

Bank A hat dem Anleger in 2015 Verluste aus Kapitalvermögen in folgender Höhe bescheinigt:

Verlust aus festverzinslichen Wertpapieren (Saldo aus Zinsen und Veräußerungsverlusten)	für > Zeile 10	4.000 €
Verlust aus Aktienverkäufen	für > Zeile 11	20.000 €
Verlust gesamt		24.000 €

Der Anleger hat die Wahl, die Verluste in das Verrechnungskonto 2015 der Bank A vortragen zu lassen, indem er einfach keine Verlustbescheinigung verlangt. Oder er verlangt eine Verlustbescheinigung, weil er z.B. positive Kapitalerträge über die Bank B bezogen hat, für die eine Steuerbescheinigung vorliegt. Dann muss er die Verluste lt. Bescheinigung der Bank A zusammen mit den positiven Kapitalerträgen lt. Steuerbescheinigung der Bank B in der Anlage KAP geltend machen. Zusätzlich muss er im Hauptvordruck > Zeile 2 ankreuzen: Erklärung zur Feststellung des verbleibenden Verlustvortrags.

897 # Zeile 4 oder 5, 50–52 Es ist anrechenbare/fiktive ausländische Quellensteuer anzusetzen

Bei jedem ausländischen Kapitalertrag ist die jeweilige ausländische Steuer auf die deutsche Steuer anzurechnen (§ 32 d Abs. 5 EStG).
Mit einigen Ländern sehen die Doppelbesteuerungsabkommen (DBA) den Ansatz »fiktiver« Quellensteuer vor, um Anreiz zu geben, in Anleihen solcher Länder zu investieren. Obwohl tatsächlich keine ausländische Steuer erhoben wird, kann der inländische Anleger eine »fiktive« Steuer bei seiner inländischen Veranlagung absetzen (DBA Spanien oder Portugal).

898 • **Ausländische Quellensteuer im Abgeltungsteuerverfahren**
Gemäß § 43a Abs. 3 Satz 1 EStG sind ausländische Steuern auf Kapitalerträge von den Kreditinstituten nach Maßgabe des § 32 d Abs. 5 EStG zu berücksichtigen. Danach haben die Kreditinstitute bei jedem einzelnen ausländischen Kapitalertrag die jeweilige ausländische Steuer auf die deutsche Abgeltungsteuer anzurechnen, wobei ggf. die Anrechnungsregelungen eines DBA zu berücksichtigen sind. Die Anrechnung ist begrenzt auf 25 %.

Beispiel

Ausländische Dividende	100
Steuerberechnung:	
Abgeltungsteuer (25 %)	25
./. anrechenbare ausl. Steuer	– 15
Zu zahlende Abgeltungsteuer	10

• **Ausländische Quellensteuer im Veranlagungsverfahren**
Wurde ausländische Quellensteuer durch Ihre Bank nicht zutreffend bescheinigt, kann sie nach § 34 d Abs. 4 EStG im Rahmen der Anlage KAP in > Zeile 50 bis 52 geltend gemacht werden.

899 ◆ *Musterfall Pettersen (Ausländische Anleihen)*
Hein Pettersen war früher Lotse im Hamburger Hafen. Für sein Altenteil hat er ein paar Festverzinsliche auf der hohen Kante. Die Volksbank Hamburg verwaltet sein Wertpapierkonto.

646

Erträgnisaufstellung (Beträge in €)

Art der Papiere	Netto	Quellensteuer		Brutto
Niederlande	756,42	15 % =	133,48	889,90
Portugal	688,00	20 % =	172,00	860,00
Brasilien (Petrobas)	4.800,00	20 % =	960,00	4.800,00
Summen	6.244,42		1.265,38	6.549,90

Pettersen weiß, dass die Niederlande, Portugal und Brasilien Steuern auf Kapitalerträge erheben, die der deutschen Einkommensteuer entsprechen. Also wird die einbehaltene Quellensteuer auf seine Einkommensteuer angerechnet. Nach dem DBA mit Brasilien ist bei bestimmten Einkünften nicht die tatsächlich gezahlte, sondern eine fiktive Quellensteuer von 20 % anzurechnen.

Anträge | 54

4 | Ich beantrage die Günstigerprüfung für sämtliche Kapitalerträge. (Bei Zusammenveranlagung: Die Anlage KAP meines Ehegatten / Lebenspartners ist beigefügt.) | 01 | 1 = Ja

5 | Ich beantrage eine Überprüfung des Steuereinbehalts für bestimmte Kapitalerträge. | 02 | 1 = Ja

Erklärung zur Kirchensteuerpflicht

6 | Ich bin kirchensteuerpflichtig und habe Kapitalerträge erzielt, von denen Kapitalertragsteuer, aber keine Kirchensteuer einbehalten wurde. | 03 | 1 | 1 = Ja

Kapitalerträge, die dem inländischen Steuerabzug unterlegen haben

			Beträge lt. Steuerbescheinigung(en) EUR		korrigierte Beträge (lt. gesonderter Aufstellung) EUR
7	Kapitalerträge	10	1 0 0 0 ,—	20	,
8	In Zeile 7 enthaltene Gewinne aus Aktienveräußerungen i. S. d. § 20 Abs. 2 Satz 1 Nr. 1 EStG	12	,—	22	,

Steuerabzugsbeträge zu Erträgen in den Zeilen 7 bis 18 und zu Beteiligungen in den Zeilen 31 bis 43

			lt. Bescheinigung(en) EUR Ct		aus Beteiligungen EUR Ct
47	Kapitalertragsteuer	80	2 5 0 0 0	90	,
48	Solidaritätszuschlag	81	1 3 7 5	91	,

900 ## Zeile 4 oder 5, 14–19 Kapitalerträge, die nicht dem Steuerabzug unterlegen haben

Für diese Kapitalerträge ist zwingend eine Anlage KAP abzugeben. Hier hilft Ihnen keine Steuerbescheinigung. Sie müssen Ihrer eigenen Erkenntnis folgend die entsprechenden Beträge in > Zeile 16–23 eintragen (§ 32 d Abs. 3 EStG).

Zu den Kapitalerträgen, die nicht dem Steuerabzug unterliegen, gehören insbesondere:

- Kapitaleinkünfte in ausländischen Depots einschließlich Stillhalterprämien
- Zinsen aus Privatdarlehen,
- Veräußerungsgewinne aus GmbH-Anteilen. Beträgt die Beteiligung an der GmbH mehr als 1 %, gehört der Veräußerungsgewinn zu den gewerblichen Einkünften (§ 17 EStG),
- Steuererstattungszinsen (§ 233 a AO).

Diese Kapitalerträge werden im Rahmen der Veranlagung mit dem **pauschalen Abgeltungsteuersatz von 25 %** besteuert (§ 32 d Abs. 3 EStG).

901 ## *TIPP* Privatdarlehen mit Steuerkick!

Wer mit seinem Girokonto nicht aus den roten Zahlen kommt oder Geld für Investitionen braucht, geht für gewöhnlich zur Bank. Oft genug zieren sich die Bankbürokraten, zerpflücken Investitionsvorhaben oder lassen sich ihre Darlehen fürstlich verzinsen.

Ein Angehörigen-Darlehen kann da eine gute Alternative sein. Schriftlich schnell verfasst, Verzinsung, Tilgung und regelmäßige Zahlung schnell vereinbart, kann die Sache leicht und schmerzlos über die Bühne gehen.

Und der Clou: Der Zins ist beim Darlehensgeber nur dann steuerpflichtig, wenn der Sparerpauschbetrag von 801 €/1.602 € überschritten wird. Die Beträge lassen sich ideal nutzen, wenn Zinszahlungen in verschiedene Jahre gelegt werden!

Werden die Pauschbeträge gerissen, unterliegen die darüber hinausgehenden Beträge der Abgeltungsteuer von 25 % (> Zeile 5).

Gut zu wissen:

Erwirbt der Darlehensnehmer mit dem Geld aus dem Angehörigen-Darlehen ein Vermietungsobjekt, sind die Zinsen natürlich Werbungskosten und mindern den individuellen Grenzsteuersatz von angenommen 35 %. »Versteuert zu 25 %. Als Werbungskosten steuerwirksam 35 %. So machen es meine Erna und ich. Tolle Steuersenkungsstrategie«, rufen Sie begeistert.

Genau, auch unter Ehegatten klappt der Laden. Voraussetzung ist:

● Die vereinbarten Spielregeln zu Verzinsung, Tilgung und Ratenzahlung werden eingehalten (Fremdvergleich).

● Der Darlehensnehmer steht wirtschaftlich auf eigenen Beinen, heißt: Es besteht kein Beherrschungsverhältnis zwischen Darlehensgeber und -nehmer. Ein Beherrschungsverhältnis liegt z. B. dann nicht vor, wenn auch die Hausbank die Finanzierung übernommen hätte.

Zeile 4 oder 5, 20–24 Kapitalerträge, die der tariflichen Einkommensteuer unterliegen

902

Das System der Abgeltungsteuer schützt den Fiskus nicht vor Missbräuchen. Deshalb ist für bestimmte Kapitalerträge statt des pauschalen Steuersatzes von 25 % die tarifliche Einkommensteuer (§ 32 d Abs. 2 Nr. 1 EStG) vorgesehen. Dazu gehören insbesondere:

● **Laufende Einkünfte aus sonstigen Kapitalforderungen jeder Art > Zeile 21**
● **Kapitalerträge, wenn Gläubiger und Schuldner einander nahestehende Personen sind (Verwandtendarlehen)**

Die Besteuerung mit dem tariflichen Steuersatz gilt aber nur, soweit die Aufwendungen beim Schuldner Betriebsausgaben oder Werbungskosten sind.

Beispiel

Ehefrau A hat ihrem Ehemann B für dessen Gewerbebetrieb ein Darlehen von 500.000 € zum Zins von 10 % gewährt. Ohne die Sonderregelung in § 32 d Abs. 2 EStG würde sich eine Steuerersparnis von 10.000 € ergeben:

Berechnung

Ehefrau A

Zinserträge 10 % von 500.000 € =	50.000 €
Steuerbelastung mit pauschalem Steuersatz von 25 % =	12.500 €

Ehemann B

Schuldzinsen 10 % von 500.000 € =	50.000 €
Steuerentlastung bei einem tariflichen Steuersatz von 45 % =	22.500 €
Differenz = Steuerersparnis	10.000 €

Dieses Ergebnis verhindert § 32 Abs. 2 EStG. Die Zinseinnahmen der Ehefrau sind in > Zeile 21 anzugeben und unterliegen damit der tariflichen Besteuerung in Höhe von z. B. 45 % von 50.000 € = 22.500 €.

In gleicher Weise ist zu verfahren bei Darlehen an Kapitalgesellschaften oder Genossenschaften, an denen der Darlehensgeber zu mindestens 10 % beteiligt ist, sowie für sog. Back-to-back-Finanzierungen. Zu einer Back-to-back-Finanzierung zählt man Fälle, bei denen ein Unternehmer bei einer Bank eine Einlage unterhält und die Bank in gleicher Höhe einen privaten Kredit an den Unternehmer oder eine nahestehende Person vergibt und auf die Einlage als Sicherheit zurückgreifen kann. Diese Erträge dürfen nicht in > Zeile 7 und 8 oder 14–19 enthalten sein, um eine doppelte Besteuerung zu vermeiden.

Gut zu wissen: Ein Sparerpauschbetrag wird auf diese Erträge nicht gewährt, dafür können im Gegenzug Werbungskosten abgezogen werden.

903 • **Kapitalerträge aus einer Lebensversicherung > Zeile 21**
Die Erträge aus einer Kapitallebensversicherung können steuerpflichtig sein. Der Umfang der Besteuerung ist abhängig vom Zeitpunkt des Vertragsabschlusses:

Vertragsabschluss vor dem 1.1.2005:
Zu unterscheiden sind Leistungen in einer Summe oder in Form einer Rente.

– Leistungen in einer Summe

Leistungen in einer Summe sind steuerfrei, sofern der Vertrag auf zwölf Jahre abgeschlossen worden ist, mindestens fünf Jahre Beiträge gezahlt worden sind und der Todesfallschutz mindestens 60 % beträgt. Versicherungsleistungen in einer Summe aus diesen Altverträgen haben also in der Steuererklärung nichts zu suchen.

Unter bestimmten Umständen sind sie allerdings steuerpflichtig, z.B. bei Kapitalversicherungen mit Einmalbeitrag, Kapitalwahlrecht oder Laufzeit unter zwölf Jahren. Erträge aus diesen Verträgen unterliegen der Abgeltungsteuer und sind im Veranlagungsfall mit dem pauschalen Tarif von 25 % zu versteuern. Die Versicherungsgesellschaften stellen entsprechende Steuerbescheinigungen aus.

– Leistungen in Form einer Rente

Wird anstelle einer Leistung in einer Summe eine Rente gezahlt, ist diese in Höhe des Ertragsanteils steuerpflichtig. Es handelt sich um sonstige Einkünfte aus Renten, die mit dem Ertragsanteil lt. Tabelle aus § 22 EStG zu versteuern sind (➤ Rz 955).

Vertragsschluss nach dem 31.12.2004:
Zu unterscheiden ist wiederum zwischen einer Leistung in einer Summe oder in Form einer Rente:

– Auszahlung in einer Summe

Besteuert werden nach § 20 Abs. 1 Nr. 6 Satz 1 EStG die Erträge aus folgenden Versicherungen im Erlebensfall oder bei Rückkauf des Vertrags:

1. Rentenversicherungen mit Kapitalwahlrecht, soweit die Leistung in einer Summe erbracht wird,

2. Kapitalversicherungen mit Sparanteil,

3. Unfallversicherungen mit garantierter Beitragsrückzahlung bei Ablauf der Versicherungslaufzeit.

Dasselbe gilt nach § 20 Abs. 1 Nr. 6 Satz 4 EStG für Erträge aus fondsgebundenen Lebensversicherungen, bei Rentenversicherungen ohne Kapitalwahlrecht, sofern keine lebenslange Rentenzahlung vereinbart und erbracht wird, und auf Erträge bei Rückkauf des Vertrags.

Besteuert wird im Erlebensfall oder bei Rückkauf des Vertrages der **Unterschiedsbetrag** zwischen der Versicherungsleistung und den insgesamt entrichteten Beiträgen. Der Unterschiedsbetrag wird mit dem pauschalen Tarif von **25 %** besteuert. Über die Höhe der steuerpflichtigen Versicherungsleistung stellt die Gesellschaft eine Steuerbescheinigung aus. Todesfallleistungen unterliegen nicht der Einkommensteuer.

Hälftige Besteuerung

Anders verhält es sich mit Versicherungsleistungen aus Neuverträgen, bei denen die Auszahlung nach zwölf Jahren Vertragslaufzeit und Vollendung des 60. Lebensjahres des Steuerpflichtigen erfolgt, wenn also die Voraussetzungen für eine **hälftige Besteuerung** nach § 20 Abs. 1 Nr. 6 Satz 2 EStG

651

gegeben sind. Diese Leistungen sind mit dem individuellen tariflichen Steuersatz steuerpflichtig. Versicherungsleistungen aus diesen Neuverträgen sind erst ab 2017 zu erwarten.

Die Erträge unterliegen nicht der Abgeltungsteuer, weil sie bei einer Besteuerung zur Hälfte nur mit 12,5 % besteuert würden.

Obwohl nur zur Hälfte steuerpflichtig, ist in > Zeile 24 der **Gesamtbetrag (Jahresbrutto-/Unterschiedsbetrag in voller Höhe)** einzutragen. Die Kürzung um 50 % wird programmgesteuert vorgenommen.

Steuerpflichtig sind auch Erträge aus dem Verkauf von Kapitallebensversicherungen, d. h. aus dem Verkauf sog. gebrauchter Lebensversicherungen am Zweitmarkt (§ 20 Abs. 2 Nr. 6 EStG). Insbesondere in den Fällen eines frühzeitigen Rückkaufs des Versicherungsvertrags kann es zu einem negativen Unterschiedsbetrag kommen. Dieser ist hälftig anzusetzen (BMF-Schreiben v. 1. 10. 2009, Tz 60).

– Auszahlung in Form einer Rente

Bei Auszahlung als Rente sind die Leistungen als sonstige Einkünfte steuerpflichtig und in der Anlage R zu erklären. Steuerpflichtig ist der Ertragsanteil (> Zeile 14 – 19 der Anlage R, Rententabelle 2, ➤ Rz 955).

Nicht gut zu wissen: Nach Verkauf einer Lebensversicherung erhält das Finanzamt eine Kontrollmitteilung des Versicherungsunternehmens.

---

904 ## Zeile 23 – 24 Antrag auf Anwendung der tariflichen (progressiven) Einkommensteuer

Im Einzelfall kann die persönliche Besteuerung günstiger sein als die pauschale mit 25 %, da bei Anwendung der tariflichen Einkommensteuer – im Teileinkünfteverfahren – ein Abzug von Werbungskosten möglich ist, bei Anwendung des pauschalen Steuersatzes hingegen grundsätzlich nicht (§ 32 d Abs. 2 Nr. 3 EStG). Das Wahlrecht wird ausgeübt, indem Sie in > Zeile 23 eine »1« (1 = Ja) und in > Zeile 24 die entsprechenden Kapitalerträge nach Abzug von Werbungskosten eintragen.

Ein Wahlrecht auf Veranlagung ist möglich, wenn der Gläubiger unmittelbar oder mittelbar

- zu mindestens 25 % an einer Kapitalgesellschaft beteiligt oder
- zu mindestens 1 % an einer Kapitalgesellschaft beteiligt und beruflich für diese tätig ist.

Folge: Die Kapitalerträge unterliegen dann der tariflichen Einkommensteuer im **Teileinkünfteverfahren** nach § 3 Nr. 40 Buchst. a EStG. Dies bedeutet: 60 % der Einnahmen sind steuerpflichtig, 40 % steuerfrei. Als Werbungskosten können 60 % der nachgewiesenen Kosten abgezogen werden, 40 % fallen unter den Tisch, da Ausgaben, die mit steuerfreien Einnahmen im Zusammenhang stehen, nicht als Werbungskosten absetzbar sind (§ 3 c EStG). 905

Beispiel

Ein Anleger ist mit 25 % an der Stahlhandel-GmbH beteiligt. In 2015 hat er eine Gewinnausschüttung von 80.000 € erhalten und die GmbH hat 25 % Abgeltungsteuer nebst Solidaritätszuschlag einbehalten und abgeführt. Im Zusammenhang mit dem Erwerb der GmbH-Anteile hat er Schuldzinsen von 60.000 € geleistet. Deshalb stellt er den Antrag auf persönliche (tarifliche) Besteuerung.

Im Teileinkünfteverfahren sind nun 60 % der Gewinnausschüttung von 80.000 € = 48.000 € steuerpflichtig, als Werbungskosten sind 60 % der Schuldzinsen in Höhe von 60.000 € = 36.000 € absetzbar. Die Einkünfte aus Kapitalvermögen hieraus betragen somit 12.000 €.

Vorteilsrechnung

Abgeltungsteuer ohne Option 25 % von 80.000 € =		20.000 €
Einkommensteuer mit Option	80.000 €	
Davon 60 %		48.000 €
./. Schuldzinsen	60.000 €	
Davon 60 %		36.000 €
Einkommensteuer 42 % von 12.000 € =		5.040 €
Steuervorteil (20.000 € Abgeltungsteuer		
./. 5.040 € Einkommensteuer =)		14.960 €

Der Anleger trägt ein

Der Antrag auf Anwendung der persönlichen (tariflichen) Einkommensteuer muss gegenüber dem Finanzamt spätestens mit Abgabe der Steuererklärung gestellt werden und gilt, solange er nicht widerrufen wird, auch für die **folgenden vier Veranlagungszeiträume.** Wird der Antrag widerrufen, kann ein erneuter Antrag für diese Beteiligung erst wieder für das sechste Jahr nach erstmaligem Antrag gestellt werden (§ 32d Abs. 2 Satz 1 Nr. 3 Sätze 2–5 EStG). Auf diese Weise will der Fiskus einen kurzfristigen steueroptimierten Wechsel verhindern.

906 **10.2.2 Ich habe gegenüber der auszahlenden Stelle keine Angaben zur Kirchensteuerpflicht gemacht – Zeile 6**

Die Abzugsfähigkeit der Kirchensteuer als Sonderausgabe wird über eine komplizierte Formel im Abgeltungsteuersatz berücksichtigt. Die Formel lautet nach § 32 d Abs. 1 EStG:

$$E - 4\,Q \div 4 + K$$

E = Einkünfte, Q = anrechenbare ausländische Steuer, K = maßgebender Kirchensteuersatz.

Am besten, Sie kümmern sich nicht um diese Einzelheiten und merken sich Folgendes: Der Kirchensteuerpflichtige hat die Wahl, die Kirchensteuer auf seine Kapitaleinkünfte von der Bank einbehalten (Variante 1) oder vom für ihn zuständigen Finanzamt veranlagen zu lassen (Variante 2).

907 **Variante 1: Einbehalt der Kirchensteuer durch die Bank**

Seit 1.1.2015 ist es nicht mehr erforderlich, einen Antrag auf Einbehalt von Kirchensteuer auf abgeltend besteuerte Kapitalerträge zu stellen, da der Einbehalt und die Weiterleitung an die steuererhebende Religionsgemeinschaft automatisch erfolgen.

Alle zum Steuerabzug vom Kapitalertrag verpflichteten Stellen (die sog. Abzugsverpflichteten), z.B. Kreditinstitute, Versicherungen, Kapitalgesellschaften und Genossenschaften, fragen zur Vorbereitung des automatischen Abzugs einmal jährlich beim Bundeszentralamt für Steuern (BZSt) die Religionszugehörigkeit aller Kunden, Versicherten oder Anteilseigner ab. Auf der Basis dieser Informationen behalten sie die auf die Abgeltungsteuer entfallende Kirchensteuer ein und führen sie an das Finanzamt ab.

Beispiel

Zinseinkünfte bei Kirchensteuer von 9 %		1.000,00 €
Kapitalertragsteuer (1.000,00 € ÷ 4,09) =	244,49 €	
Solidaritätszuschlag 5,5 % von 244,49 € =	13,44 €	
Kirchensteuer 9 % von 244,49 € =	22,00 €	
Summe	279,93 €	> – 279,93 €
Gutschrift		720,07 €

Besser Widerspruch gegen den Datenabruf einlegen?

Jeder Bürger kann unter Angabe seiner Steueridentifikationsnummer (IdNr.) schriftlich beim BZSt dem automatisierten Datenabruf seiner Religionszugehörigkeit widersprechen. Dank eines Sperrvermerks werden den Abzugsverpflichteten dann keine Daten zur Religionszugehörigkeit übermittelt. An den kirchensteuerlichen Verpflichtungen ändert der Sperrvermerk jedoch nichts; es unterbleibt lediglich der Abzug direkt an der Quelle. Das BZSt ist außerdem gehalten, in solchen Fällen Namen und Anschrift der anfragenden Kreditinstitute, Banken, Versicherungen etc. an das zuständige Finanzamt des Steuerpflichtigen weiterzureichen. Was dann folgt, ist …

Variante 2: Festsetzung der Kirchensteuer auf Kapitalerträge über die Steuererklärung

Wenn der Kirchensteuerpflichtige die Kirchensteuer nicht von seinem Kreditinstitut einbehalten lässt, setzt das Finanzamt ihre Höhe fest. Dazu hat der Kirchensteuerpflichtige die einbehaltene Kapitalertragsteuer zu erklären und eine entsprechende Bescheinigung der Bank vorzulegen.

Erklärung zur Kirchensteuerpflicht		
6	Ich bin kirchensteuerpflichtig und habe Kapitalerträge erzielt, von denen Kapitalertragsteuer aber keine Kirchensteuer einbehalten wurde.	03 **1** 1 = Ja

Entsprechend der Steuerbescheinigung der Bank sind einzutragen:

Kapitalerträge, die dem inländischen Steuerabzug unterlegen haben		Beträge lt. Steuerbescheinigung(en) EUR	korrigierte Beträge (lt. gesonderter Aufstellung) EUR
7	Kapitalerträge	10 *1 0 0 0,–* 20	,–
8	In Zeile 7 enthaltene Gewinne aus Aktienveräußerungen i. S. d. § 20 Abs. 2 Satz 1 Nr. 1 EStG	12 ,– 22	,–

655

Steuerabzugsbeträge zu Erträgen in den Zeilen 7 bis 18 und zu Beteiligungen in den Zeilen 31 bis 43					
		lt. Bescheinigung(en)		aus Beteiligungen	
		EUR	Ct	EUR	Ct
47	Kapitalertragsteuer	80	2 5 0 0,0 0	90	
48	Solidaritätszuschlag	81	1 3,7 5	91	
49	Kirchensteuer zur Kapitalertragsteuer	82		92	

Die vom Finanzamt festgesetzte Kirchensteuer kann im Jahr der Zahlung
als Sonderausgabe abgesetzt werden.

908 ## 10.3 Wie wird die Anlage KAP ausgefüllt?

In den > Zeilen 4–6 werden zunächst die Weichen gestellt, damit das Finanzamt weiß, aus welchem Grund Sie überhaupt eine Anlage KAP beifügen (➤ Rz 883).

909 ### 10.3.1 Kapitalerträge, die dem Steuerabzug unterlegen haben –
Zeile 7–13

Für Kapitalerträge, die dem Steuerabzug unterliegen, erhält der Steuerzahler bei der Zahlstelle, z.B. Kreditinstitut, Bausparkasse, Fondsgesellschaft oder Versicherungsunternehmen, auf Antrag eine Steuerbescheinigung.

Diese Steuerbescheinigung hat drei wichtige Funktionen:
1. Sie dient als **Nachweis über die Höhe der Kapitalerträge.**
2. Sie ist **Beleg für die einbehaltene Abgeltungsteuer.** Die Abgeltungsteuer wird nur dann auf die Einkommensteuer angerechnet, wenn die
   jeweilige Steuerbescheinigung im Original vorliegt.
3. Die Steuerbescheinigung dient aber auch als **Hilfe zum Ausfüllen der
   Anlage KAP.** Sie muss nämlich die für die Besteuerung erforderlichen
   Angaben nach amtlich vorgeschriebenem Muster enthalten (§ 45 a
   EStG). Nach Inhalt, Aufbau und Reihenfolge darf von diesem Muster
   nicht abgewichen werden (BMF-Schreiben v. 24.11.2008 – BGBl. I
   S. 1912). Der Fiskus nimmt die auszahlenden Stellen also an die Kan-
   dare und zwingt sie, in den Steuerbescheinigungen nicht nur die ausgezahlten Kapitalerträge und die einbehaltenen Abzugsteuern zu bescheinigen, sondern auch die Zeilen der Anlage KAP anzugeben, in
   die die Beträge einzutragen sind.

Füllen Sie die Anlage KAP einfach entsprechend den Angaben in der
Steuerbescheinigung aus, fügen Sie die Steuerbescheinigung der Steuererklärung bei – und fertig.

Jeder Ehegatte muss seine Angaben in einer eigenen Anlage KAP machen

Bei Gemeinschaftskonten sind die Kapitalerträge auf beide Ehegatten aufzuteilen. Beträge in ausländischer Währung rechnen Sie nach dem maßgeblichen Kurs zum Zeitpunkt des Zu- oder Abflusses um. Geben Sie Kurs und Zeitpunkt auf einem gesonderten Blatt an.

Zeile 7 Kapitalerträge   910

Ähnlich wie in der Anlage N in > Zeile 6 der gesamte Bruttolohn (in einer Summe) einzutragen ist, unabhängig davon, wie er sich zusammensetzt, tragen Sie hier – den Anweisungen in der Steuerbescheinigung entsprechend – Ihre gesamten Kapitalerträge ein (§ 20 Abs. 1 und 2 EStG). Dazu gehören Zinsen und andere Erträge aus Guthaben und Einlagen, insbesondere Zinsen aus Sparbüchern, Sparverträgen, Termingeldkonten usw., ferner Dividenden und Veräußerungsgewinne.

Bei mehreren Bankverbindungen fertigen Sie zweckmäßigerweise eine Zusammenstellung nach folgendem Muster:

Zusammenstellung der Kapitalerträge gem. Steuerbescheinigungen lt. Bank I bis III

Kapitalerträge	Bank I	Bank II	Bank III	Gesamtbetrag für > Zeile 7
	...... €	+...... €	+...... €	=...... €

Zeile 8–11 Gewinne aus Kapitalerträgen   911
i. S. des § 20 Abs. 2 EStG
(Veräußerungsgeschäfte)

Zu den Einkünften aus Kapitalvermögen gehören auch Gewinne aus der Veräußerung von Anteilen an einer Kapitalgesellschaft (Aktien). Den Betrag zu > Zeile 8 der Anlage KAP können Sie der Steuerbescheinigung der Bank entnehmen.

8	In Zeile 7 enthaltene Gewinne aus Aktienveräuße-rungen i. S. d. § 20 Abs. 2 Satz 1 Nr. 1 EStG	12		, — 22		, —
9	Ersatzbemessungsgrundlage i. S. d. § 43a Abs. 2 Satz 7, 10, 13 und 14 EStG (enthalten in Zeile 7)	14		, — 24		, —
10	Nicht ausgeglichene Verluste ohne Verluste aus der Veräußerung von Aktien	15		, — 25		, —
11	Nicht ausgeglichene Verluste aus der Veräußerung von Aktien i. S. d. § 20 Abs. 2 Satz 1 Nr. 1 EStG	16		, — 26		, —

657

Der von der Bank bescheinigte Wert muss vielleicht korrigiert werden!

Es sind Fallgestaltungen denkbar, in denen die in der Steuerbescheinigung ausgewiesenen Kapitalerträge nicht den tatsächlichen Erträgen entsprechen.

Damit diese Fälle steuerlich zutreffend behandelt werden können, sieht die Anlage KAP eine »Korrekturspalte« zu den bescheinigten Kapitalerträgen vor. Gebenenfalls werden in der linken Spalte die bescheinigten Werte und in der rechten Spalte die Korrekturwerte – nicht die Differenzbeträge! – eingetragen. Enthält die Korrekturspalte Angaben, wird für die Steuerberechnung nur auf diese Werte abgestellt.

Die Sache mit der Ersatzbemessungsgrundlage (> Zeile 9)

Die Veräußerung/Einlösung von Kapitalanlagen ist nach §20 Abs. 2 EStG steuerpflichtig. Entsprechende Veräußerungsgewinne unterliegen dem Kapitalertragsteuerabzug durch die inländische auszahlende Stelle. Bemessungsgrundlage dafür ist der Veräußerungsgewinn. Dieser kann in aller Regel zutreffend ermittelt werden, da die Bank alle Berechnungsgrundlagen kennt:

- die Anschaffungskosten,
- den Anschaffungszeitpunkt,
- den Veräußerungspreis
- und evtl. zu berücksichtigende Veräußerungskosten.

Wenn der Anleger sein Depot (ohne Gläubigerwechsel) von einem Kreditinstitut auf ein anderes überträgt, werden dem neuen Kreditinstitut die notwendigen Daten mitgeteilt, sofern die Depotübertragung nach dem 31.12.2008 erfolgte und es sich um eine Übertragung zwischen inländischen Banken handelt. Das abgebende Institut ist hierzu gesetzlich verpflichtet.

Kennt das Institut aber (ausnahmsweise) nicht alle Anschaffungsdaten, muss beim Verkauf der Wertpapiere die Ersatzbemessungsgrundlage für den Steuerabzug herangezogen werden. Diese beträgt 30 % der Einnahmen aus der Veräußerung oder Einlösung.

Damit kommt es insbesondere bei folgenden Fällen zur Anwendung der Ersatzbemessungsgrundlage:

- Depotübertrag ab 2009 aus dem Ausland, wobei die Anschaffungsdaten nicht nachgewiesen wurden oder nicht nachgewiesen werden durften.
- Depotübertrag bis einschließlich 2008 (Ausnahme: Die Daten wurden freiwillig vom abgebenden inländischen Institut übertragen).

Der Anleger muss aufgrund der ihm vorliegenden Anschaffungsdaten
- im ersten Schritt prüfen, ob der Vorgang überhaupt steuerpflichtig ist, und
- im zweiten Schritt den zutreffenden Veräußerungsgewinn ermitteln (Nachweis durch Vorlage der An- und Verkaufsbelege).

Unter Berücksichtigung der zutreffenden Erträge ist dann die Korrekturspalte der Anlage KAP auszufüllen. Hierbei ist zu beachten, dass sowohl die Kapitalerträge in > Zeile 7 als auch die Veräußerungsgewinne in > Zeile 8 sowie ggf. Aktienveräußerungsgewinne in > Zeile 9 zu erfassen sind.

Beispiel

Heinz Sparsam hat im Jahr 2008 sein Depot von der heimischen Sparkasse auf die Volksbank übertragen. Im Depot war eine unverzinsliche Anleihe (Zero-Bond) enthalten. Diese hat Sparsam in 2005 für 7.000 € erworben und in 2015 für 9.000 € veräußert. Die Sparkasse hat keine Anschaffungsdaten übermittelt.

Die Volksbank hat den Veräußerungsvorgang zutreffend mit der Ersatzbemessungsgrundlage von 2.700 € abgerechnet (9.000 € × 30 %). Der echte Veräußerungsgewinn beträgt 2.000 €. Damit sind die bescheinigten Kapitalerträge und Veräußerungsgewinne um 700 € zu mindern.

Steuerbescheinigung 2015 (Auszug)	EUR
Kapitalerträge (> Zeile 7 Anlage KAP)	12.000
Veräußerungsgewinne (> Zeile 8 Anlage KAP)	10.000
Ersatzbemessungsgrundlage (> Zeile 9 Anlage KAP)	2.700

	Kapitalerträge, die dem inländischen Steuerabzug unterlegen haben		Beträge lt. Steuerbescheinigung(en) EUR		korrigierte Beträge (lt. gesonderter Aufstellung) EUR
7	Kapitalerträge	10	1 2 0 0 0 ,—	20	1 1 3 0 0 ,—
8	In Zeile 7 enthaltene Gewinne aus Aktienveräußerungen i. S. d. § 20 Abs. 2 Satz 1 Nr. 1 EStG	12	1 0 0 0 0 ,—	22	9 3 0 0 ,—
9	Ersatzbemessungsgrundlage i. S. d. § 43a Abs. 2 Satz 7, 10, 13 und 14 EStG (enthalten in Zeile 7)	14	2 7 0 0 ,—	24	0 ,—
10	Nicht ausgeglichene Verluste ohne Verluste aus der Veräußerung von Aktien	15	,—	25	,—
11	Nicht ausgeglichene Verluste aus der Veräußerung von Aktien i. S. d. § 20 Abs. 2 Satz 1 Nr. 1 EStG	16	,—	26	,—

 Kosten nachträglich geltend machen

912

Sie haben am 2.1.2015 für 10.000 € Aktien gekauft und am 14.12.2015 für 15.000 € verkauft. Im Zusammenhang mit An- und Verkauf wurden von der Bank Aufwendungen in Höhe von 1.000 € berücksichtigt. Der Gewinn in Höhe von 4.000 € unterlag der Kapitalertragsteuer und wurde in der Steuerbescheinigung ausgewiesen. Keine Berücksichtigung fanden Beratungskosten in Höhe von 500 €.

Tragen Sie in der jeweiligen Zeile in die linke Spalte die Werte aus der Steuerbescheinigung und in die rechte Spalte den korrigierten Betrag ein und erläutern Sie die Eintragungen auf einem gesonderten Blatt.

Einkünfte aus Kapitalvermögen, Anrechnung von Steuern			Ehefrau / Lebenspartner(in) B	
Anträge				54
4	Ich beantrage die Günstigerprüfung für sämtliche Kapitalerträge. (Bei Zusammenveranlagung: Die Anlage KAP meines Ehegatten / Lebenspartners ist beigefügt.)	01	*1* 1 = Ja	
5	Ich beantrage eine Überprüfung des Steuereinbehalts für bestimmte Kapitalerträge.	02	*1* 1 = Ja	
Erklärung zur Kirchensteuerpflicht				
6	Ich bin kirchensteuerpflichtig und habe Kapitalerträge erzielt, von denen Kapitalertragsteuer aber keine Kirchensteuer einbehalten wurde.	03	1 = Ja	
Kapitalerträge, die dem inländischen Steuerabzug unterlegen haben		Beträge lt. Steuerbescheinigung(en) EUR		korrigierte Beträge (lt. gesonderter Aufstellung) EUR
7	Kapitalerträge	10	*4 0 0 0,—* 20	*3 5 0 0,—*
8	In Zeile 7 enthaltene Gewinne aus Aktienveräußerungen i. S. d. § 20 Abs. 2 Satz 1 Nr. 1 EStG	12	*4 0 0 0,—* 22	*3 5 0 0,*
9	Ersatzbemessungsgrundlage i. S. d. § 43a Abs. 2 Satz 7, 10, 13 und 14 EStG (enthalten in Zeile 7)	14	*4 0 0 0,—* 24	*3 5 0 0,*
10	Nicht ausgeglichene Verluste **ohne** Verluste aus der Veräußerung von Aktien	15	,— 25	,
11	Nicht ausgeglichene Verluste aus der Veräußerung von Aktien i. S. d. § 20 Abs. 2 Satz 1 Nr. 1 EStG	16	, 26	,
Sparer-Pauschbetrag			EUR	
12	In Anspruch genommener Sparer-Pauschbetrag, der auf die in den Zeilen 7 bis 11 erklärten Kapitalerträge entfällt (ggf. „0")	17	*0*,—	
13	**Bei Eintragungen in den Zeilen 7 bis 11, 14 bis 20 und 33 bis 44:** In Anspruch genommener Sparer-Pauschbetrag, der auf die in der Anlage KAP **nicht** erklärten Kapitalerträge entfällt (ggf. „0")	18	,—	

 # Zeile 12–13 In Anspruch genommener Sparerpauschbetrag

913 Diesen Betrag entnehmen Sie ebenfalls der Steuerbescheinigung der Bank.

Der Abzug der tatsächlich geleisteten Werbungskosten ist im Regelfall ausgeschlossen. Dafür gibt es den Sparerpauschbetrag von 801 €/1.602 € (Alleinstehende/Ehegatten).

Der Fiskus greift also erst zu, wenn Zinsen und andere Kapitalerträge den Betrag von 801 €/1.602 € pro Jahr übersteigen. Damit nicht schon zuvor Abgeltungsteuer erhoben wird, müssen die Sparer bei ihrer Bank einen Freistellungsauftrag (➤ Rz 919) stellen.

Für Ehegatten gut zu wissen: Der Sparerpauschbetrag verdoppelt sich auch dann, wenn nur einer der Ehegatten Kapitalerträge bezogen hat.

Beispiel

	Ehemann	Ehefrau
Dividenden	2.500 €	–
Zinsen	–	200 €
Summe	2.500 €	200 €

Insgesamt (2.500 € + 200 € =)	2.700 €
./. Sparerpauschbetrag	– 1.602 €
Einkünfte	1.098 €

Nicht ausgeschöpfte Pauschbeträge fallen sang- und klanglos unter den Tisch.

10.3.2 Steuerabzugsbeträge zu den Erträgen in den > Zeilen 7 – 11   914

Die von den Erträgen der > Zeilen 7 – 11 einbehaltene Kapitalertragsteuer geben Sie entsprechend der Steuerbescheinigung in > Zeile 47 an. Die einbehaltenen Kirchensteuern und Solidaritätszuschläge zur Kapitalertragsteuer tragen Sie in den > Zeilen 48 und 49 ein.
Nach einigen DBA ist bei ausländischen Einkünften (Dividenden, Zinsen und Lizenzgebühren) auf die deutsche Einkommensteuer nicht die tatsächlich gezahlte, sondern eine fiktive Steuer anzurechnen, deren Höhe im jeweiligen DBA bestimmt ist. Diese fiktive Steuer tragen Sie in > Zeile 52 ein.

10.3.3 Nach der Zinsinformationsverordnung (ZIV)   915
anzurechnende Quellensteuer

In den Staaten/Gebieten

● Belgien, Luxemburg, Österreich,
● Schweizerische Eidgenossenschaft, Fürstentum Liechtenstein, Republik San Marino, Fürstentum Monaco, Fürstentum Andorra,
● Guernsey, Jersey, Isle of Man, Britische Jungferninseln, Turks- und Caicosinseln, Niederländische Antillen

wird eine Quellensteuer auf Zinszahlungen erhoben. Da diese Quellensteuer in voller Höhe auf die deutsche Einkommensteuer angerechnet wird, tragen Sie diese nicht in die Anlage AUS, sondern hier in > Zeile 56 ein. Die ausländischen Steuern weisen Sie durch eine entsprechende Bescheinigung nach.
Zur ausländischen Quellensteuer mehr unter ➤ Rz 898.

916 **10.4 Wichtige Hinweise rund um die Abgeltungsteuer**

917 **Eine raffinierte zeitliche Verschiebung**

Zinseinnahmen können Sie in spätere Jahre verlagern. Dabei bietet sich an, sich die Zinsen bis zur Höhe des Sparerpauschbetrags jährlich steuerfrei auszahlen zu lassen. Dafür müssen Sie der Bank einen Freistellungsauftrag erteilen (➤ Rz 919).

Den Rest versteuern Sie in einem späteren Lebensabschnitt, wenn Sie nur noch geringe (steuerpflichtige) Einkünfte haben. Dazu eignen sich z. B. Bundesschatzbriefe. Bei einer Vermögensanlage von 200.000 € könnten Sie z. B. 40.000 € in Bundesschatzbriefen Typ A (jährlicher Zufluss der Zinsen) anlegen. Die Zinsen daraus übersteigen nicht den Sparerpauschbetrag von 1.602 € (für Ehegatten), sind also praktisch steuerfrei. Die restlichen 160.000 € legen Sie in Bundesschatzbriefen Typ B an. Die Zinserträge aus solchen Wertpapieren oder aus abgezinsten Sparbriefen, Nullkupon-Anleihen etc. bestehen aus dem Unterschied zwischen dem Erwerbs- und dem Einlösungspreis und sind erst zum Zeitpunkt der Einlösung zu versteuern (BFH v. 8.10.1991 – BStBl 1992 II S. 174).

Sind Sie also für den Lebensbedarf nicht unbedingt auf regelmäßige Zinseinnahmen angewiesen und ist Ihr Ruhestand nicht mehr allzu fern, kaufen Sie besser Bundesschatzbriefe Typ B oder abgezinste Sparbriefe und verlagern die Steuerpflicht der Zinsen in eine Zeit, in der Sie überhaupt keine oder nur wenig Steuern zahlen müssen.

Geld oder Wertpapiere im Schließfach

Wer reich ist, lebt nicht von der Hand in den Mund und bringt gern einen Teil seines Geldes auf die ganz sichere Seite, in ein Schließfach seiner Bank. Nicht nur Bargeld, sondern auch bestimmte Wertpapiere, die sog. Tafelpapiere. Man nennt sie Tafelpapiere, weil der Bankkunde sie eigenhändig – gegen Barzahlung versteht sich – über den Schalter (die Tafel) entgegennimmt. Wertpapiere mit angehefteten Kupons gibt es als körperliche Stücke nur noch ganz selten. Zu unpraktisch, und auch der Reiz des Anonymen ist verflogen. Kommt ein Kunde dennoch mit Kupons, werden diese von der Bank **nur zum Inkasso** angenommen, d. h., Zinsen oder Dividenden werden nicht bar ausbezahlt, auch nicht sofort gutgeschrieben, sondern der DWP-Bank in Frankfurt zur Prüfung vorgelegt. Die DWP-Bank wickelt die Auszahlung ab, indem sie Kapitalertragsteuer einbehält und den Nettobetrag an die Hausbank des Kunden überweist. Diese schreibt den Erlös dem Kundenkonto gut.

Nicht gut zu wissen: Die Banken sind verpflichtet, eine **Steuerbescheinigung für Tafelgeschäfte** auszustellen. Zum amtlichen Muster siehe ➤ Rz 909.

TIPP **Gratisverwaltung für private Anleger**

Weil bei den Steuern manchmal nicht viel zu reißen ist und dieses Buch sich auf jeden Fall für Sie bezahlt machen soll, hier ein Tipp, Bankgebühren zu sparen: Bundesschatzbriefe, Bundesobligationen, Anleihen von Bund, Post und Bahn, auch Fonds Deutsche Einheit verwaltet die Deutsche Finanzagentur kostenlos. Werden die Papiere hingegen im Bankdepot gelagert, kostet das Geld. Auch die Einlösung der fälligen Papiere ist bei der Deutschen Finanzagentur kostenlos, wohingegen einige Banken auch hierfür Gebühren berechnen. Von eifrigen Bankangestellten wird die Deutsche Finanzagentur den Bankkunden verschwiegen, auch schon mal heftig verleumdet (www.deutsche-finanzagentur.de, Tel. 08 00/2 22 55 10).

Was mehret meiner Sorgen Wucht?
Der Fiskus, der mein Konto sucht.
(Frei nach Don Quijote)

10.4.1 Freistellungsauftrag

Die Abgeltungsteuer können Sie – zumindest bis zur Höhe des Sparerpauschbetrages – vermeiden, indem Sie Ihrer Bank oder Ihrer Fondsgesellschaft einen Freistellungsauftrag erteilen (§ 44a Abs. 1 Nr. 1 EStG). Dies muss rechtzeitig geschehen, also noch vor Auszahlung der Kapitalerträge. Auf diese Weise wird der Sparerpauschbetrag nicht erst bei der Veranlagung berücksichtigt, sondern schon bei der Auszahlung der Kapitalerträge.

Der Freistellungsauftrag gilt nur für Erträge aus Konten und Wertpapierdepots, also nicht für Zinsen und Dividenden aus Tafelpapieren. Er darf den Höchstbetrag von 801/1.602 € (Alleinstehende/Ehegatten) nicht übersteigen, kann aber auf mehrere Banken aufgeteilt werden. Antragsformulare liegen bei den Banken aus. **Wer mehr als einen Freistellungsauftrag erteilt, sollte über die Verteilung und jede spätere Änderung genau Buch führen, denn Freistellungsaufträge gelten, sofern nicht anders vermerkt, zeitlich unbegrenzt.** Ein Widerruf ist jedoch mit Wirkung von einem Tag auf den anderen möglich.

Freistellungsauftrag als Fangeisen

Mit einem zu hohen Freistellungsauftrag holen Sie sich die Steuerfahnder ins Haus. Denn die Banken haben dem Bundeszentralamt für Steuern mitzuteilen, wem und in welcher Höhe Kapitalerträge steuerfrei ausgezahlt wurden. Der Super-Computer des Bundesamts für Finanzen filtert sodann all diejenigen Steuerzahler heraus, die über die Höchstbeträge hinaus steuerfrei kassiert haben, und informiert die Finanzämter. Schummeln ist also zwecklos. Wer nicht aufpasst und die Höchstbeträge nicht beachtet, macht sich beim Fiskus verdächtig. Dann schützt ihn niemand mehr, und der Fiskus kann nach eigenem Gutdünken die Bank um Auskünfte angehen. Also seien Sie auf der Hut!

Sind Sie längere Zeit arbeitslos, prüft die Agentur für Arbeit routinemäßig, ob Sie für die Arbeitslosenhilfe überhaupt bedürftig sind. Im Zuge dieser Prüfung kann die Agentur sich beim Bundesamt für Finanzen nach den von Ihnen erteilten Freistellungsaufträgen erkundigen. Das Bundesamt für Finanzen hat Amtshilfe nach § 111 AO zu leisten.

920 Haben Sie Zinsen oder Dividenden aus mehr als einer Bankverbindung, schätzen Sie überschlägig ab, was Sie jeweils erwarten können, und machen eine Aufstellung nach folgendem Muster

Geschätzte Zinsen und Dividenden bei	Bank A	Bank B
Zinsen aus Sparguthaben	....	....
Zinsen aus Festgeldern	....	....
Zinsen aus Bundesschatzbriefen	....	....
Zinsen aus Fondsanteilen	....	....
Dividenden aus Aktien	....	....
Dividenden aus Fondsanteilen	....	....
Summe	1.400 €	800 €

Als Verheirateter mit einem Freibetrag von 1.602 € erteilen Sie nun der Bank A einen Freistellungsauftrag über 1.400 € und der Bank B über den Rest von 202 €. Haben Sie sich verkalkuliert, können Sie den Freistellungsauftrag mit Wirkung von einem Tag auf den anderen widerrufen oder ändern.

Bausparzinsen freistellen?

»Und was soll ich als Bausparer oder als Sparer nach dem Vermögensbildungsgesetz machen?«, möchten Sie wissen.

Dafür brauchen Sie keinen Freistellungsauftrag. Denn auf diesen Konten liegen die Zinsen jahrelang auf Eis, Sie bekommen sie also nicht ausbezahlt. Ohne Freistellungsauftrag drückt Ihnen aber die Bausparkasse oder die Bank eine Steuerbescheinigung in die Hand, aus der sich ergibt, dass 25 % Steuer einbehalten worden sind. Die Steuerbescheinigung fügen Sie Ihrer Steuererklärung bei und bekommen auf diese Weise die Abgeltungsteuer (= 25 % Ihrer Zinsen) vorzeitig angerechnet oder erstattet. Da sind Sie baff, oder?

»Doch wird die Bausparkasse leider nur 75 % der Zinsen als Sparleistung bescheinigen«, wenden Sie ein. Das ist richtig, aber Cash in der Hand zählt mehr.

TIPP **Geringverdiener beantragen NV-Bescheinigung** 921

Wollen Sie mehr, als ein Freistellungsauftrag bewirken kann, nämlich die unbeschränkte steuerfreie Auszahlung von Kapitalerträgen, dann beantragen Sie beim Finanzamt eine Nichtveranlagungsbescheinigung (NV-Bescheinigung; § 44a Abs. 1 Nr. 2 EStG). Voraussetzung für eine solche Bescheinigung ist, dass bei Ihnen eine Veranlagung zur Einkommensteuer nicht in Betracht kommt, weil Ihr zu versteuerndes Einkommen den Grundfreibetrag der Einkommensteuertabelle von 8.472/16.944 € (Alleinstehende/Verheiratete) nicht übersteigt (§ 32a EStG). Dies ist vielfach bei Rentnern und Studenten der Fall. Nach Vorlage der NV-Bescheinigung, deren Geltungsdauer höchstens drei Jahre beträgt, wird die Bank keine Abschlagsteuern mehr einbehalten.

Beispiel
Herbert ist 68 Jahre alt (Jahrgang 1947), verheiratet und Rentner. Er bezieht seit 2005 eine Rente, die in 2015 monatlich 1.600 € betrug. Von der Rente zieht das Finanzamt einen Rentenfreibetrag in Höhe von 9.600 € ab (§ 22 EStG). Aus festverzinslichen Wertpapieren erzielt Herbert 4.500 € Zinsen und aus Aktien 2.500 € Dividende.

Steuern braucht Herbert nicht zu zahlen, also wird ihm sein Finanzamt auf Antrag eine NV-Bescheinigung ausstellen.
Und so rechnet das Finanzamt:

Zinseinnahmen	4.500 €	
Dividenden	2.500 €	
Summe der Kapitalerträge	7.000 €	
./. Sparerpauschbetrag	− 1.602 €	
Kapitaleinkünfte	5.398 €	> 5.398 €

Jahresbetrag der Rente	19.200 €	
./. Rentenfreibetrag =	– 9.600 €	
./. Werbungskostenpauschbetrag	– 102 €	
Renteneinkünfte	9.498 € >	9.498 €
Summe der Einkünfte		14.896 €
./. Sonderausgabenpauschbetrag		– 72 €
./. Vorsorgeaufwendungen,		
geschätzt auf 6 % der Rente		– 1.152 €
Zu versteuerndes Einkommen		13.672 €

Die Einkommensteuertabelle für 2015 (§ 32 a EStG) beginnt für Verheiratete ab 16.944 €, so dass für Herbert und seine Frau keine Einkommensteuer anfällt.

922 ### 10.4.2 Steuerbescheinigung

Für Kapitalerträge, die dem Steuerabzug unterliegen, sind der Schuldner oder die auszahlende Stelle (z. B. Bank) nach § 45 a EStG verpflichtet, dem Gläubiger eine Steuerbescheinigung nach amtlich vorgeschriebenem Muster auszustellen, welche die in § 32 d EStG erforderlichen Angaben enthält. Nach Inhalt, Aufbau und Reihenfolge darf vom Muster nicht abgewichen werden.

Seite 22

Muster I

....
....
....

(Bezeichnung der auszahlenden Stelle / des Schuldners der Kapitalerträge)

Adressfeld

....
....
....

Steuerbescheinigung

☐ Bescheinigung für alle Privatkonten und / oder -depots
☐ Verlustbescheinigung im Sinne des § 43a Abs. 3 Satz 4 EStG für alle Privatkonten und / oder -depots

Für

....

(Name und Anschrift der Gläubigerin / des Gläubigers / der Gläubiger der Kapitalerträge)

werden für das Kalenderjahr .... folgende Angaben bescheinigt:

☐ *Steuerbescheinigung für Treuhand- / Nießbrauch- / Anderkonto*
/Wohneigentümergemeinschaft / Tafelgeschäfte
(Nichtzutreffendes streichen)

Dem Kontoinhaber / Der Kontoinhaberin werden
☐ *für das Kalenderjahr ..../* ☐ *für den Zahlungstag ....*

folgende Angaben bescheinigt:

667

Seite 23 Höhe der Kapitalerträge ....
Zeile 7 Anlage KAP
(ohne Erträge aus Lebensversicherungen im Sinne des § 20 Abs. 1 Nr. 6 Satz 2 EStG)

davon: Gewinn aus Kapitalerträgen im Sinne des § 20 Abs. 2 EStG ....
Zeile 8 Anlage KAP

davon: Gewinn aus Aktienveräußerungen im Sinne des
§ 20 Abs. 2 Satz 1 Nr. 1 EStG ....
Zeile 9 Anlage KAP

davon: Stillhalterprämien im Sinne des § 20 Abs. 1 Nr. 11 EStG ....
Zeile 10 Anlage KAP

Höhe der Kapitalerträge aus Lebensversicherungen im Sinne
des § 20 Abs. 1 Nr. 6 Satz 2 EStG ....

Ersatzbemessungsgrundlage im Sinne des § 43a Abs. 2 Satz 7, 10, 13 und 14 EStG ....
Enthalten in den bescheinigten Kapitalerträgen
Zeile 11 Anlage KAP

Höhe des nicht ausgeglichenen Verlustes **ohne** Verlust aus der Veräußerung von Aktien ......
Zeile 12 Anlage KAP

Höhe des nicht ausgeglichenen Verlustes aus der Veräußerung von Aktien im Sinne
des § 20 Abs. 2 Satz 1 Nr. 1 EStG ....
Zeile 13 Anlage KAP

Höhe des in Anspruch genommenen Sparer-Pauschbetrages ....
Zeile 14 oder 15 Anlage KAP

Kapitalertragsteuer ....
Zeile 50 Anlage KAP

Solidaritätszuschlag ....
Zeile 51 Anlage KAP

_ _ Kirchensteuer zur Kapitalertragsteuer ....
Zeile 52 Anlage KAP

Seite 24 Summe der angerechneten ausländischen Steuer

Zeile 53 Anlage KAP . . . .

Summe der anrechenbaren noch nicht angerechneten ausländischen Steuer

Zeile 54 Anlage KAP . . . .

Wir weisen Sie darauf hin, dass Sie bei negativem Ausweis verpflichtet sind, die hieraus resultierenden Erträge in Ihrer Einkommensteuererklärung – Zeile 17 der Anlage KAP – gemäß § 32d Absatz 3 EStG anzugeben.

⊔ Leistungen aus dem Einlagekonto (§ 27 Abs. 1 – 7 KStG)

⊔ Ausländischer thesaurierender Investmentfonds vorhanden
nur nachrichtlich:
Höhe der ausschüttungsgleichen Erträge aus ausländischen thesaurierenden
Investmentvermögen und Mehr-/Mindestbeträge aus intransparenten Fonds . . . .
Zeile 17 Anlage KAP

Hierauf entfallende anrechenbare ausländische Steuer . . . .
Zeile 54 der Anlage KAP

⊔ Im Zeitpunkt der Erstellung dieser Bescheinigung waren nicht alle Erträge der für Sie ver-
wahrten ausländischen thesaurierenden Investmentvermögen bekannt. Wir weisen Sie
darauf hin, dass Sie in Ihrer Einkommensteuererklärung in Zeile 17 der Anlage KAP
sämtliche Erträge anzugeben haben.

Für folgende Investmentvermögen waren Erträge nicht bekannt:

Fondsbezeichnung	ISIN	Anzahl der Anteile

Bei Veräußerung / Rückgabe von Anteilen

Summe der als zugeflossen geltenden, noch nicht dem Steuerabzug unterworfenen

Erträge aus Anteilen an ausländischen Investmentvermögen in Fällen des

§ 7 Abs. 1 Satz 1 Nr. 3 InvStG . . . .

(Diese Summe ist in der bescheinigten Höhe der Kapitalerträge enthalten und in der Anlage

KAP von der Höhe der Kapitalerträge abzuziehen)

Quelle: BMF-Schreiben vom 20.12.2012, IV C 1 – S 2401/08/10001.

923 ## 10.5 Woran sich sonst noch denken ließe

10.5.1 Nutzen Sie die Freibeträge Ihres Kindes

»Himmel, hilf! Was kann ich bloß tun, die ungerechte Steuer auf Kapitalerträge abzuwenden?«, wollen Sie wissen.

Zunächst ist gut zu wissen: Der Sparerpauschbetrag bewirkt, dass Sie mit
einem Kapital von weniger als 40.050 €/80.100 € (Alleinstehende/Verhei-
ratete), das mit 2 % verzinst wird, steuerlich ungeschoren davonkommen
(2 % von 40.050 €/80.100 € = 801/1.602 €). Alle Erträge, die 801 €/1.602 €
übersteigen, müssen Sie allerdings mit 25 % versteuern. Es sei denn, Sie
suchen nach Wegen, die Steuer auszutricksen. Einer davon ist folgender:
Übertragen Sie Ihrem Kind Vermögen. Denn Ihr Kind hat hohe Freibeträge, die ansonsten – solange es keine Einkünfte bezieht – Jahr für Jahr
ungenutzt bleiben. Und schließlich erbt es ja später doch mal alles. Insgesamt kann Ihr Kind Einkünfte aus Kapitalvermögen in folgender Höhe
steuerfrei beziehen:

Grundfreibetrag 2015	8.472 €
Freibetrag bei Zinseinnahmen	801 €
Zusammen	9.273 €

Sie könnten also, eine Verzinsung von 2 % vorausgesetzt, Wertpapiere
und Sparguthaben von immerhin 400.000 € übertragen, ohne dass für Ihr
Kind Steuer anfällt (9.273 € ÷ 2 × 100 = 463.650 €).

Zugleich bringen Sie das Finanzamt bei einem zukünftigen Erbgang um
einen erklecklichen Teil. Denn das Erbschaftsteuergesetz erlaubt alle
zehn Jahre die steuerfreie Übertragung von Vermögen auf Kinder in
Höhe des gesetzlichen Freibetrags von je 400.000 € (§§ 15 und 16 ErbStG).
Es ist aber ein Haken an der Sache: Das übertragene Vermögen muss
endgültig in das Eigentum des Kindes übergegangen sein (BFH v.
24.4.1990 – BStBl 1990 II S. 539). Hinsichtlich übertragener Bankguthaben auf ein minderjähriges Kind hat der Bundesfinanzhof ausgeführt:
»Richten die Eltern zwar ein Sparkonto auf den Namen des Kindes ein,
verwalten dieses Vermögen aber nicht entsprechend den bürgerlich-
rechtlichen Vorschriften über die elterliche Vermögensfürsorge, sondern
wie eigenes Vermögen, sind die Zinsen den Eltern zuzurechnen.«

Auf dem Kontoeröffnungsvordruck der Bank muss also das Kind als
Gläubiger des Guthabens vermerkt sein. Daraus ergibt sich, dass die Eltern nur in ihrer Eigenschaft als gesetzliche Vertreter verfügungsberech-
tigt sind, also nur Anschaffungen für das Kind aus dem Guthaben tätigen
dürfen.

Übrigens: Das Finanzamt will erst dann eine Steuererklärung von Ihrem Kind sehen, wenn seine Einkünfte den Betrag von 8.472 € übersteigen (§ 56 EStDV), da ansonsten ja ohnehin keine Steuer zu holen ist.

Vermögen für die Familie sichern

Wenn Sie Ihrem verheirateten Kind Vermögen übertragen, seien Sie klug und behalten Sie sich ein Rückforderungsrecht vor. Das übertragene Vermögen soll an Sie zurückfallen, falls Ihr Kind vor Ihnen sterben sollte. Dadurch verhindern Sie, dass Familienvermögen in den Besitz des Ehegatten Ihres Kindes und in dessen Familie übergeht.

Geldvermögen übertragen: der richtige Weg

Schenken Sie Ihrem Kind Geldvermögen, z.B. Sparguthaben oder Wertpapiere, argwöhnt der Fiskus schnell, die Schenkung sei nicht ernst gemeint. Deshalb müssen Sie mit handfesten Fakten aufwarten, damit überflüssige Erörterungen gar nicht erst aufkommen.

Dazu sollten Sie wissen: Die Zusage Ihrem Kind gegenüber, ihm Geldvermögen zu übertragen, bedarf eigentlich der notariellen Beurkundung (§ 518 Abs. 1 BGB). Wird diese Form nicht eingehalten, weil die Zusage gewöhnlich mündlich erfolgt, so wird der Formmangel durch den Vollzug, also die tatsächliche Übereignung des Geldvermögens, geheilt (§ 518 Abs. 2 BGB). Der Vollzug muss aber eindeutig sein.

Wollen Sie Wertpapiere in Form von Aktien, Anleihen, Pfandbriefen o. Ä. übertragen, wird dies durch Übergabe vollzogen (§§ 929 ff. BGB). Befinden sich die Wertpapiere jedoch im Depot einer Bank, so erfolgt die Übertragung durch die mündliche Einigung und die anschließende Abtretung des Herausgabeanspruchs gegen die Bank als Verwahrer (§§ 929, 931 BGB).

Die Abtretung des Herausgabeanspruchs sollten Sie als Beweis gegen den Fiskus in einem Schriftstück festhalten:

```
ABTRETUNGSERKLÄRUNG
Ich bin Eigentümer folgender Wertpapiere:
Bezeichnung      Stückzahl   Nennwert    Kurswert
. . . . . . .    . . . . . . .   . . . . . . .   . . . . . . .
. . . . . . .    . . . . . . .   . . . . . . .   . . . . . . .
. . . . . . .    . . . . . . .   . . . . . . .   . . . . . . .
. . . . . . .    . . . . . . .   . . . . . . .   . . . . . . .
in meinem Depot bei der . . . . . . . Nr. . . . . . . .
(Name der Bank/Sparkasse)
```

```
Hiermit trete ich den Herausgabeanspruch gegen die
.............. (Name der Bank/Sparkasse)
hinsichtlich der oben genannten Wertpapiere ab an:
Herrn/Frau ....... geb. am ........
wohnhaft in ...................

...........              ............
(Ort, Datum)            (Unterschrift)
```

Mit dieser Abtretungserklärung gehen Sie zu Ihrer Bank und bitten um Übertragung der Wertpapiere auf das neu einzurichtende oder bereits bestehende Depot Ihres Kindes. Hierfür hat die Bank passende Formulare vorrätig. Lassen Sie sich eine Kopie aushändigen, die Sie auf Anfrage dem Finanzamt präsentieren. Wenn Sie so vorgehen, klappt der Laden. »Alles schön und gut«, sagen Sie. »Aber mir gefällt nicht, mich schon auszuziehen, bevor ich schlafen gehe.«

Wovon du nicht sprechen kannst,
darüber musst du schweigen.
(Wittgenstein, Freund der Weisheit)

924 ## 10.5.2 Schnüffelei nach Inlandskonten

Heutzutage noch klammheimlich bei einer Bank irgendwo in Deutschland ein schwarzes Konto zu unterhalten, wird Ihnen niemand mehr guten Gewissens empfehlen. Denn die Finanzämter, aber auch bestimmte andere Behörden, können auf relativ einfachem Weg alle inländischen Konten und Wertpapierdepots ausspionieren.

Zum Glück besteht bei Einkünften, die der Abgeltungsteuer unterliegen, grundsätzlich kein Ermittlungsbedarf mehr, denn die Konteninhaber können anonym bleiben (§ 43 Abs. 5 EStG). Deshalb ist bei Kapitalerträgen nur in dem von § 93 Abs. 7 AO gesetzten Rahmen ein **Kontenabruf zulässig** bei

- **Beantragung einer Einkommensteuerveranlagung** (Günstigerprüfung; § 32 d Abs. 6 EStG),
- Einbeziehung von Kapitalerträgen in andere steuerliche Grenzen, z.B. **Grenzen für Kinderfreibeträge, außergewöhnliche Belastungen** etc. (§ 2 Abs. 5 b EStG),
- Feststellung von **Einkünften aus Kapitalvermögen/Veräußerungsgeschäften bis zum Jahr 2008**.

Doch Vorsicht: Jeder Sachbearbeiter im Finanzamt kann ohne weiteres einen Kontenabruf starten, wenn ihm bei den Einkünften etwas verdächtig erscheint. Denn die Entscheidung über den Kontenabruf lässt sich leicht rechtfertigen.

Der Kontenabruf

Die Finanzbehörden können bei den Kreditinstituten über das Bundeszentralamt für Steuern Daten abrufen, wenn dies zur Festsetzung oder Erhebung von Steuern erforderlich ist und ein Auskunftsersuchen an den Steuerpflichtigen nicht zum Ziel geführt hat oder keinen Erfolg verspricht (§ 93 Abs. 7 i. V. m. § 93 b EStG). So lautet das Gesetz.

Der Betroffene ist zwar zu informieren, jedoch erst, wenn eine Kontoabfrage stattgefunden hat. Zunächst bekommt das Finanzamt lediglich mitgeteilt, ob und wenn ja welche Konten und Depots der Steuerzahler in Deutschland unterhält, aber nicht die Höhe der Kontostände. Dafür sind weitere Nachforschungen erforderlich. Hat der Bankkunde Steuerschulden, wird das Finanzamt das Konto pfänden. Sodann werden die Kontodaten für das Veranlagungsverfahren ausgewertet.

Im ersten Anlauf erhält das Finanzamt nur folgende Daten:

- die **Nummer eines Kontos oder Wertpapierdepots,**
- den **Tag der Einrichtung** und den Tag der **Auflösung des Kontos oder Depots,**
- den **Namen** sowie bei natürlichen Personen das **Geburtsdatum des Inhabers und eines Verfügungsberechtigten,**
- den **Namen** und die **Anschrift eines abweichend wirtschaftlich Berechtigten.**

»Ich verhalte mich ganz unauffällig, dann wird mir schon nichts passieren«, wenden Sie ein.

Wie ich weiß, haben Sie in den letzten Jahren gut verdient, aber in Ihren Steuererklärungen immer angegeben, dass Ihre Kapitalerträge unter dem Sparerpauschbetrag liegen. Eine Immobilie haben Sie auch nicht angeschafft. Der Finanzer könnte sich und bald auch Sie fragen: Wo ist das ganze Geld geblieben? Und wenn ihm Ihre Antwort »Alles verbraten« nicht plausibel erscheint, schwupp, ist ein Kontenabruf fällig. Haben Sie dem Finanzamt eine Bankverbindung verschwiegen, fliegen Sie nun auf. Denn der Finanzer kann nach einem Kontenabruf anhand der von Ihnen beigefügten Steuerbescheinigungen sofort erkennen, ob Sie alle Bankverbindungen offengelegt haben.

»Und wenn ich mein Geld auf dem Konto meiner Mutter gebunkert habe, die Rentnerin ist, ist das unauffällig genug?«, möchten Sie wissen.

Vielleicht, doch bedenken Sie: Ein Kontenabruf ist auch zulässig, um Konten oder Depots zu ermitteln, die nicht auf den Namen des Steuerzahlers lauten, über die er aber Kontovollmacht hat oder wirtschaftlich berechtigt ist, was das auch immer bedeuten mag.

Rechtzeitig das Schließfach räumen und Selbstanzeige erstatten
Doch nun spitzen Sie mal die Ohren: Die Finanzämter dürfen erst dann einen Kontenabruf tätigen, wenn ein Auskunftsersuchen an Sie nicht zum Ziel geführt hat. Allerdings droht auch dann ein Kontenabruf, wenn Sie sich kooperativ gezeigt haben, denn der Bearbeiter kann nach eigenem Gutdünken Ihre Auskünfte als nicht ausreichend einstufen.
Dies bedeutet: Der Finanzer muss Sie zunächst um Auskünfte bitten, bevor er einen Kontenabruf startet. Falls Sie aber Dreck am Stecken haben, ist es höchste Zeit, das Schließfach zu kündigen und zur Vermeidung eines Steuerstrafverfahrens nach § 371 AO ggfs. Selbstanzeige zu erstatten.
Nun könnte der Finanzer angewackelt kommen und behaupten, die Selbstanzeige komme zu spät, die Tat sei bereits entdeckt bzw. Sie hätten bei verständiger Würdigung der Sachlage damit rechnen müssen, dass die Tat entdeckt werde. In einem solchen Fall komme eine Selbstanzeige zu spät (§ 371 Abs. 2 AO). Damit liegt er aber voll daneben. Selbst nachdem ein Kontenabruf gestartet und erfolgreich ausgewertet wurde, ist eine wirksame Selbstanzeige noch möglich. Der Finanzer kann erst dann Ihre Selbstanzeige abschmettern, wenn der erfolgreiche Kontenabruf die Wahrscheinlichkeit beinhaltet, dass Sie eine Steuerhinterziehung begangen haben. Im Stadium des Kontenabrufs ist das aber nur Spekulation, keine Wahrscheinlichkeit.
Die Banken müssen alle Konten und Depots benennen, die in den letzten zehn Jahren – so lange gilt die **Aufbewahrungspflicht** für Kontounterlagen (§ 147 Abs. 3 AO) – geführt wurden. Zwar ist ein Kontenabruf erst ab dem 1.4.2005 zulässig, doch die schlichte Frage nach dem »**Tag der Errichtung**« eines Kontos oder Wertpapierdepots zwingt die Banken, alle Konten und Depots mitzuteilen, auf die sie noch Zugriff haben.

Was passiert nach einem erfolgreichen Kontenabruf?
Hat sich durch einen Kontenabruf herausgestellt, dass Sie nicht alle Konten und Depots angegeben haben, muss das Finanzamt Sie zunächst über das Ergebnis informieren. Es wird Sie also darauf hinweisen, dass es die betreffenden Kreditinstitute um Einzelauskunft (über Kontenstände und -bewegungen) ersuchen kann, wenn die Zweifel durch Ihre Angaben nicht ausgeräumt werden.

Merken Sie nun, wie raffiniert alles eingefädelt ist, um Sie zum gläsernen Steuerzahler zu degradieren? Oder soll ich Ihrer Phantasie noch etwas nachhelfen und Ihnen zeigen, was passieren kann?

Beispiel

Angenommen, Sie sind ins Visier des Finanzamts geraten, weil Sie trotz hoher Einkünfte erklärt haben, Ihre Kapitalerträge seien nicht höher als der Sparerpauschbetrag und Sie hätten keinerlei Spekulationsgewinne getätigt. Das Finanzamt hat daraufhin mit einem Kontenabruf gedroht und kurze Zeit später einen solchen gestartet. Dabei hat sich herausgestellt, dass Sie bei drei Banken Konten unterhalten und bei einer Bank seit 1999 ein Wertpapierdepot.

Das Finanzamt informiert Sie über das Ergebnis des Kontenabrufs und verlangt von Ihnen, die von den Banken erteilten Jahres- und Steuerbescheinigungen der letzten zehn Jahre (§ 44 a EStG) vorzulegen sowie für die letzten zehn Jahre die Zinsen und Erträge zu erklären. Gleichzeitig droht es mit einem Einzelauskunftsersuchen (§ 93 AO) bei den Banken, falls Sie die angeforderten Daten nicht vorlegen. Jetzt haben Sie den Salat.

Was darf ein Bankenprüfer alles aufschreiben?

Der Betriebsprüfer hat Zugang zu allen Bankunterlagen einschließlich der Kundenkonten. Er darf jedoch nicht so ohne weiteres Kontrollmitteilungen anfertigen, wenn es sich um Konten und Depots handelt, bei deren Errichtung eine Legitimationsprüfung vorgenommen worden ist (§ 30a Abs. 3 AO). Das umfasst aber nicht Kreditkonten und Zufallserkenntnisse mit Verdacht auf Steuerverkürzung. Solche Zufallserkenntnisse dürfen dem zuständigen Finanzamt sehr wohl mitgeteilt werden (BFH-Beschluss v. 2.8.2001 – VII B 290/99). Ein Verdacht auf Steuerverkürzung ist z.B. gegeben, wenn der Kunde Tafelgeschäfte außerhalb seiner Konten und Depots durch Bareinzahlungen und -abhebungen abwickelt.

Wird es Schwarzgeld immer geben?

Das jedenfalls behauptet Unternehmer Jochen K. »Andernfalls kann ich nirgendwo mitbieten und ein Schnäppchen machen«, so entschuldigt er sich.

Und wo bringt Jochen sein Schwarzgeld unter?

»Als Bargeld im Schließfach meiner Bank. Den größeren Rest als **Tafelpapiere eines thesaurierenden Rentenfonds in Luxemburg**. Ein thesaurierender Fonds schüttet keine Zinsen aus, sondern legt das Geld gleich wieder an. Das ist pflegeleicht, da brauche ich mich um nichts zu küm-

mern. Ich beobachte immer nur den aktuellen Preis. Kaufe die Papierchen in Luxemburg und lege sie dort in einen Safe.«
Jochen hat sich erkundigt und weiß, dass der Rentenfonds in Luxemburg nach der EU-Zinsrichtlinie auf die Zinserträge nur eine Abschlagsteuer (Quellensteuer) einbehält. Dazu ➤ Rz 925.

Das Schwarzgeld und die Erben

Wird ein Erbe dem lieben Anverwandten, der ihm Schwarzgeld hinterlassen hat, durch Selbstanzeige ein Strafverfahren anhängen wollen? Zumal der Erbe dann aus der Erbmasse eine Steuernachzahlung zu berappen hätte? Zu viel verlangt, oder? Obwohl er es nach dem Gesetz eigentlich tun müsste.
Oder: Lässt sich ohne Schwarzgeld ein gutes Schnäppchen machen, Mittelsmänner gut bei Laune halten? Wohl kaum. Selbst ein Weltkonzern wie Siemens musste jahrelang über fingierte Beraterverträge zig Millionen Euro in die Schweiz schmuggeln, um mit diesem Geld richtig ins Geschäft zu kommen.
»Was wollen Sie mir damit sagen?«, fragen Sie erstaunt.
Schwarzgeld wird es immer geben. Doch aufgepasst: Die Staatsbürokratie schreit nach Kohle, und ihr Büttel, der Fiskus, ist hinter Schwarzgeld her wie der Teufel hinter der armen Seele.
Inzwischen betreibt der Fiskus seine Zinsschnüffelei höchst erfolgreich nicht nur im Inland (Kontenabrufverfahren). Nach einem Freibrief aus Brüssel, sprich EU-Zinsrichtlinie, haben fast alle EU-Staaten ein Meldeverfahren in die Welt gesetzt, welches in Deutschland den harmlos klingenden Namen »Zinsinformationsverordnung« erhalten hat.
Und dann gibt es da noch ein weiteres Problem: Irgendwann soll das Geld ja zurück nach Deutschland. Die Nummernkonten, von denen sich lange anonym Geld überweisen ließ, sind abgeschafft, denn Überweisungen hinterlassen Spuren, die das Finanzamt finden kann. Bleibt der Transport von Bargeld über die Grenze. Wer indessen mehr als 10.000 € an der Grenze nicht anmeldet, macht sich strafbar, so die EU-Verordnung 1889/2005. Darüber wachen auf beiden Seiten der Grenze die Zöllner.

Schwarzgeld im Schließfach

Ziemlich sicher aufgehoben ist Schwarzgeld – wie eh und je – im Schließfach einer Bank. Ein Schließfach deutet im Übrigen nicht unbedingt auf Schwarzgeld hin, auch nicht unbedingt auf Tafelpapiere, die im Gegensatz zu Bargeld goldene Eier legen. Es kann ebenso gut ein Aufbewahrungsort für wichtige Unterlagen sein, z.B. für ein Testament, für heikle Korrespondenz, für Münzen, Schmuck etc., ist also ziemlich unverdächtig. Die Bank muss zwar auf Anfrage des Fiskus Auskünfte darüber erteilen, ob der

Kunde ein Schließfach unterhält, kann aber nichts über dessen Inhalt sagen. Droht ein Kontenabruf, ist es aber allemal besser, das Schließfach zu kündigen, zumindest aber Schwarzgeld und Tafelpapiere rauszuräumen.

Was darf der Fiskus, wenn die Steuerfahndung Ihren Fall übernimmt?
Im steuerstrafrechtlichen Ermittlungsverfahren dürfen die Finanzämter für Steuerstrafsachen und Steuerfahndung von Banken ohne jegliche Einschränkungen Auskünfte verlangen. Dies gilt sogar europaweit (BGBl 2005 II S.661). Die fiskalischen Strafverfolgungsstellen dürfen nach Einleitung eines Strafverfahrens (selbst wenn nur ein Verdacht auf Steuerhinterziehung besteht) Bankkonten inkl. Kontobewegungen und Empfängerkonten in anderen EU-Mitgliedstaaten erfragen. Dazu ist es nicht einmal erforderlich, dem Betroffenen Gelegenheit zu freiwilligen Auskünften zu geben. Bisher haben außer der Bundesrepublik Deutschland 14 weitere EU-Länder das Protokoll umgesetzt, darunter Österreich. Auch Länder außerhalb der EU haben sich zur gegenseitigen Amtshilfe bereit erklärt, z.B. die USA.
Wenn die Steuerfahndung wissen will, welche Konten Sie im Inland unterhalten, kann sie natürlich auch einen schlichten Kontenabruf starten. Auch andere Strafverfolgungsbehörden können z.B. zur Bekämpfung von Terroristen und Schwerstkriminellen nach § 24 c KWG von Banken Auskünfte anfordern.

10.5.3 Schnüffelei nach Auslandskonten   925

Auch Auslandskonten sind vor dem Fiskus nicht mehr sicher. Denn von ausländischen Kapitalerträgen wird meistens vom ausländischen Staat Abschlagsteuer einbehalten (Quellensteuer genannt) und an den dortigen Fiskus abgeführt. Doch auch der deutsche Fiskus will sein Scherflein abhaben. Schließlich hat der Sparer seinen Wohnsitz in Deutschland und ist hier – prinzipiell mit seinen gesamten Einkünften – unbeschränkt steuerpflichtig. Damit der Sparer nicht doppelt geschröpft wird, vom ausländischen und vom hiesigen Fiskus, greifen sog. Doppelbesteuerungsabkommen (DBA) ein. Dem Namen zum Trotz sind es Abkommen zur Vermeidung einer doppelten Besteuerung.
Nach dem OECD-Musterabkommen hat bei Einkünften aus Kapitalvermögen grundsätzlich der **Wohnsitzstaat das Besteuerungsrecht**. Vielfach wurde aber auch die **Anrechnungsmethode** vereinbart, bei der prinzipiell jedem Staat das Besteuerungsrecht zuerkannt wird, aber die im Ausland gezahlte Steuer ganz oder zum Teil auf die einheimische (deutsche) Einkommensteuer angerechnet wird (§ 34 c EStG).

Der zwischenstaatliche Zinsinformationsaustausch

Die Deutschen sind reich, aber mehr als 500 Milliarden € ihres Vermögens sind unversteuertes Geld, das jenseits der Grenze lagert. In anderen Ländern ist es ähnlich. Deshalb verschärfen die Staaten rund um den Globus ihr Vorgehen gegen Steuersünder.

Mit der EU-Zinsrichtlinie im Rücken wird europaweit Zinsschnüffelei betrieben. Die EU-Zinsrichtlinie verfolgt das Ziel, die effektive Besteuerung der Zinserträge von natürlichen Personen im Gebiet der Europäischen Union sicherzustellen. In Deutschland wurde die Richtlinie durch § 45 e EStG in Verbindung mit der Zinsinformationsverordnung (ZIV) umgesetzt.

Auch einige Drittländer haben sich dieser Maßnahme angeschlossen. Die Steueroasen sperren sich allerdings noch dagegen.

Die EU-Zinsrichtlinie sieht vor, dass jedes Mitgliedsland die Vermögenserträge von Ausländern dem jeweiligen Heimatstaat meldet. Das Bankgeheimnis gegenüber dem Fiskus ist damit also aufgehoben.

Quellensteuerabzug

Österreich, Luxemburg und Belgien haben für sich indessen eine Ausnahmeregelung durchgesetzt. Dort bestehen die Regierungen weiterhin auf dem Bankgeheimnis, verschicken auch keine Kontrollmitteilungen. Stattdessen haben sich diese drei Staaten für die von den EU-Partnern eröffnete Möglichkeit entschieden, von den Zinseinkünften der Ausländer eine Quellensteuer von 35 % abzuziehen, die zu 75 % an das Herkunftsland des Anlegers überwiesen wird. Die restlichen 25 % sind »Bearbeitungsgebühren«. Dies trifft weitgehend nur die kleineren Sparer. Wer höhere Beträge z.B. in eine Firma einbringt, entgeht der Quellensteuer.

Die Vernunft verfolgt mich,
doch ich bin schneller.
(Späte Erkenntnis)

Was so alles passiert, wenn Sie das Zeitliche segnen

Nach Ihrem Ableben schützen weder Datenschutz noch Dienst-, Bank- oder Steuergeheimnisse Ihre Erben, denn Ihr Finanzamt wird umfassend informiert: vom Standesamt über Ihr Ableben, was die Erbschaftsteuerstelle interessiert zur Kenntnis nimmt. Diese nimmt auch die Mitteilungen Ihrer Bank über Ihr Vermögen und Ihrer Lebensversicherung über die zur Auszahlung anstehenden Versicherungssummen entgegen. Außerdem meldet der Notar alle früheren Beurkundungen und Anordnungen, soweit sie für die Erbschaftsteuer von Bedeutung sein könnten. Ihre

Erben brauchen sich also nicht zu wundern, wenn ihnen eine Erbschaftsteuererklärung ins Haus flattert und außerdem Einkommensteuerformulare für alte Jahre, die sie ausfüllen sollen, wenn nicht alle Zinsen angegeben wurden.

»Dann erfahren die Finanzämter gottlob erst nach meinem Tod, wie ehrlich ich es mit den Zinsen gehalten habe. Doch halt, meine Ersparnisse schlummern als Festverzinsliche und Finanzierungsschätzchen in meinem Schließfach«, sagen Sie.

Selbstverständlich muss die Bank auch Ihr Schließfach melden, aber nur dessen Existenz, nicht den Inhalt. Denn den Inhalt nimmt die Bank auch nach Ihrem Tod nicht zur Kenntnis, egal ob Ihre Erben eine Vollmacht für das Schließfach haben oder mit einem Erbschein kommen (Quelle: §§ 33 und 34 ErbStG).

Ruhig mal egoistisch sein? Zielgenau pleite!

Im Alter bescheiden von den Zinsen leben, diese auch noch gewissenhaft versteuern und dafür den Kindern ein Vermögen hinterlassen? Wenn Ihre Kinder gut versorgt sind, aus eigener Kraft ihr Auskommen haben, wer könnte es Ihnen da verdenken, wenn Sie Ihr Vermögen nach und nach aufzehren? Bei einem Kapital von 100.000 € können Sie mindestens 15 Jahre lang jedes Jahr 8.000 € verprassen, marktübliche Zinsen vorausgesetzt. Nach einem arbeitsreichen Leben zielgenau und behaglich mit dem Tod pleite, auch das ist Lebensplanung.

11 Die Anlage R

Renten und andere Leistungen 926

Die sonstigen Einkünfte (§ 22 EStG) sind in zwei getrennten Formularen zu erklären, in der Anlage SO (Sonstige Einkünfte) und in der hier behandelten Anlage R (Renten).

In der Anlage R sind anzugeben

- **Einkünfte aus Renten** (§ 22 Nr. 1 EStG, > Zeile 4 – 20),
- **Leistungen aus Altersvorsorgeverträgen** (§ 22 Nr. 5 EStG, > Zeile 31 – 49).

Der Fiskus fasst die Rentner immer härter an. In 2005 wurde der Besteuerungsanteil von vormals rd. 27 % auf 50 % angehoben und nimmt seitdem bei jedem neuen Rentnerjahrgang jährlich um 2 % zu. Für 2015 liegt er bei 70 %, im Jahr 2040 werden es 100 % sein. Auch werden künftige Rentenanpassungen in voller Höhe besteuert. Ein ausgeklügeltes Kontrollsystem sorgt außerdem dafür, dass dem Fiskus kein Rentner durch die Lappen geht.

Rasterfahndung 927

Die Meldungen der Rentenkassen laufen durch ein Raster. Wer nur eine Rente hat, ist meist fein raus. Dazu unten mehr. Wer Altersbezüge aus mehr als einer Quelle hat, egal wie hoch, bleibt im Raster hängen und muss damit rechnen, dass man ihn auffordert, eine Steuererklärung abzugeben.

Doch nicht jeder, der zur Abgabe einer Steuererklärung aufgefordert wird, muss tatsächlich Steuern zahlen. Auf vielerlei Art und Weise lässt sich das steuerpflichtige Einkommen drücken.

11.1 Das Wichtigste im Überblick

Was ist von der Rente steuerpflichtig? 928

Renten sind grundsätzlich steuerpflichtig, nur einige Arten sind nach § 3 EStG in vollem Umfang steuerfrei und brauchen nicht angegeben zu werden. Dazu gehören etwa Renten aus der gesetzlichen Unfallversicherung (z.B. Berufsgenossenschaftsrenten), Kriegs- und Schwerbeschädigten-renten.

Die steuerpflichtigen Renten teilen sich in **drei Gruppen**:

Gruppe 1 (> Zeile 4–13)

● Leibrenten aus der gesetzlichen Rentenversicherung
● Leibrenten aus landwirtschaftlichen Alterskassen
● Leibrenten aus berufsständischen Versorgungseinrichtungen
● Leibrenten aus kapitalgedeckten Rentenversicherungen mit Laufzeit nach dem 31.12.2005 (sog. Rürup-Renten)

Renten der Gruppe 1 unterliegen nur mit einem bestimmten Anteil der Besteuerung, der sich nach dem Jahr des Rentenbeginns richtet. Bei Beginn der Rente im Jahr 2015 beträgt der Besteuerungsanteil 70 %.

Der Rentenfreibetrag

Wenn von einem gewissen Besteuerungsanteil die Rede ist, so ist das nur die halbe Wahrheit. In Wirklichkeit erhalten die Rentner einen Freibetrag, der lebenslang festgeschrieben wird. Auf diese Weise werden alle künftigen Rentenerhöhungen in voller Höhe steuerpflichtig. Zu diesem Skandal mehr unter ➤ Rz 972.

Gruppe 2 (> Zeile 14–20)

● Sonstige, insbesondere private Leibrenten
Leibrenten, die nicht in > Zeile 4–13 einzutragen sind, werden mit dem Ertragsanteil besteuert (Tabelle 2 und 3 ➤ Rz 955).

Gruppe 3 (> Zeile 31–49)

● Leistungen aus Altersvorsorgeverträgen (sog. Riester-Rente)
● Leistungen aus der betrieblichen Altersversorgung
● Leistungen aus Zusatzversorgungskassen VBL oder ZVK
Diese Leistungen sind in voller Höhe steuerpflichtig. Zu den Ausnahmen siehe ➤ Rz 975.

Berechnungsschema für Renten

Leibrenten (1) laut > Zeile 4
Rentenbetrag im Jahr 2015 .... €
./. Rentenfreibetrag (➤ Rz 972) – .... €
./. Werbungskosten,
mind. Pauschbetrag 102 € – .... €
Summe .... € > .... €

Leibrenten (2) laut > Zeile 14
Rentenbetrag im Jahr 2015 .... €
Davon Ertragsanteil nach Tabelle 2 oder 3
(➤ Rz 955) .... €
./. Werbungskosten,
mind. Pauschbetrag 102 € − .... €
Summe .... € > .... €

Renteneinkünfte 2015 .... €

Berechnungsschema für Renten aus Altersvorsorgeverträgen

Renten aus
Altersvorsorgeverträgen und betrieblicher
Altersvorsorge lt. > Zeile 31 – 49 .... €
./. Werbungskosten, mind. Pauschbetrag 102 € − .... €

Einkünfte .... €

Wenn beide Ehepartner Rente beziehen, muss jeder eine Anlage R abgeben.

Für Otto Normalrentner ist das Ausfüllen der Anlage R ein Klacks!
Wohl kaum jemand hat es gern, im Alter noch von einer Behörde belästigt zu werden, schon gar nicht vom Finanzamt. Denn dessen Absicht ist eindeutig: Es will auch noch von den Altersbezügen einen Teil abhaben. Hinzu kommt der Formularkram. Gottlob ist für Sie als Otto Normalrentner die Abgabe der Anlage R ein Klacks.

Beispiel
Sie haben in 2015 eine Jahresbruttorente (vor Abzug von Beiträgen zur Kranken- und Pflegeversicherung) in Höhe von 11.040 € bezogen. Diesen Betrag entnehmen Sie der Mitteilung über die Rentenanpassung zum 1.7.2015. Im Rentenbetrag sind Rentenanpassungen von 122 € enthalten. Rentenbeginn war am 1.3.2009.

Sie tragen ein in Anlage R Seite 1:

Renten und andere Leistungen					Ehefrau / Lebenspartner(in) B $\boxed{7}$	
Leibrenten / Leistungen	1. Rente		2. Rente		3. Rente	
4	1 = aus inl. gesetzlichen Renten-versicherungen 2 = aus inl. landwirtschaftlicher Alterskasse 3 = aus inl. berufsständischen Versorgungseinrichtungen 4 = aus eigenen zertifizierten Basisrentenverträgen 9 = aus ausl. Versicherungen / Rentenverträgen	100 Bitte 1, 2, 3, 4 oder 9 eintragen.	150 Bitte 1, 2, 3, 4 oder 9 eintragen.		200 Bitte 1, 2, 3, 4 oder 9 eintragen.	
5	Rentenbetrag (einschließlich Einmalzahlung und Leistungen)	101 EUR	151 EUR		201 EUR	
		102	152		202	
6	Rentenanpassungsbetrag (in Zeile 5 enthalten)	103	153		203	
7	Beginn der Rente					

Da Sie in 2009 in Rente gegangen sind, erhalten Sie einen Rentenfreibetrag von 42 % (➤ Rz 972), den das Finanzamt auf der Grundlage Ihrer Jahresrente für 2010 festgestellt hat.
Sie versteuern für 2015:

Rentenbetrag > Zeile 5	11.040 €
./. Rentenfreibetrag (Jahresbruttorente – Rentenanpassungen × 42 %)	– 4.906 €
./. Werbungskostenpauschbetrag	– 102 €
Verbleiben als steuerpflichtige Renteneinkünfte	6.032 €

Mit Renteneinkünften in dieser Höhe sind Sie – auch als Alleinstehender – steuerlich voll und ganz aus dem Schneider, sofern nicht andere Einkünfte hinzukommen. Siehe dazu Fälle unter ➤ Rz 935 f.

2015

Anlage R

Jeder Ehegatte / Lebenspartner
mit Renten und Leistungen aus
Altersvorsorgeverträgen hat
eine eigene Anlage R abzugeben.

1 | Name

2 | Vorname

stpfl. Person / Ehemann
Lebenspartner(in) A

3 | Steuernummer

Ehefrau /
Lebenspartner(in) B

7

Renten und andere Leistungen

Leibrenten / Leistungen	1. Rente	2. Rente	3. Rente
4	1 = aus inl. gesetzlichen Renten-versicherungen 2 = aus inl. landwirtschaftlicher Alters-kasse 3 = aus inl. berufsständischen Versor-gungseinrichtungen 4 = aus eigenen zertifizierten Basisrentenverträgen 9 = aus ausl. Versicherungen / Rentenverträgen	100 Bitte 1, 2, 3, 4 oder 9 eintragen.	150 Bitte 1, 2, 3, 4 oder 9 eintragen.	200 Bitte 1, 2, 3, 4 oder 9 eintragen.
5	Rentenbetrag (einschließlich Einmalzahlung und Leistungen)	101 EUR	151	201 EUR
6	Rentenanpassungsbetrag (in Zeile 5 enthalten)	102	152	202
7	Beginn der Rente	103	153	203
8	Vorhergehende Rente Beginn der Rente	105	155	205
9	Ende der Rente	106	156	206
10	Nachzahlungen für mehrere vorangegangene Jahre / Kapitalauszahlung (in Zeile 5 enthalten)	111	161	211
11	Öffnungsklausel: Prozentsatz (lt. Bescheinigung Ihres Versorgungsträgers)	112 %	162 %	212 %
12	die Rente erlischt / wird um-gewandelt spätestens am	113	163	213
13	bei Einmalzahlung: Betrag	114	164	214

Leibrenten (ohne Renten lt. Zeile 4)	1. Rente	2. Rente	3. Rente
14	6 = aus inl. privaten Renten-versicherungen 7 = aus inl. privaten Renten-versicherungen mit zeitlich befristeter Laufzeit 8 = aus sonstigen Verpflichtungs-gründen (z. B. Renten aus Veräußerungsgeschäften) 9 = aus ausl. Versicherungen	130 Bitte 6, 7, 8 oder 9 eintragen.	180 Bitte 6, 7, 8 oder 9 eintragen.	230 Bitte 6, 7, 8 oder 9 eintragen.
15	Rentenbetrag	131 EUR	181 EUR	231 EUR
16	Beginn der Rente	132	182	232
17	Geburtsdatum des Erblassers bei Garantiezeitrenten	135	185	235
18	Die Rente erlischt mit dem Tod von	136	186	236
19	Die Rente erlischt / wird umgewandelt spätestens am	133	183	233
20	Nachzahlungen für mehrere vorangegangene Jahre (in Zeile 15 enthalten)	134	184	234

2015AnlR121   – März 2015 –   2015AnlR121

Leistungen aus Altersvorsorgeverträgen und aus der betrieblichen Altersversorgung

		1. Rente		2. Rente	
		EUR		EUR	
31	Leistungen aus einem Altersvorsorgevertrag, einem Pensionsfonds, einer Pensionskasse oder aus einer Direktversicherung lt. Nummer 1 der Leistungsmitteilung	500	— ,	550	— ,
32	Leistungen aus einem Pensionsfonds lt. Nummer 2 der Leistungsmitteilung	501	— ,	551	— ,
33	Bemessungsgrundlage für den Versorgungsfreibetrag	502	— ,	552	— ,
34	Maßgebendes Kalenderjahr des Versorgungsbeginns	524		574	
35	Bei unterjähriger Zahlung: Erster und letzter Monat, für den Versorgungsbezüge gezahlt wurden	522 Monat — 523 Monat		572 Monat — 573 Monat	
36	Leistungen aus einer betrieblichen Altersversorgung lt. Nummer 3 der Leistungsmitteilung	505	— ,	555	— ,
37	Beginn der Leistung	506		556	
38	Leibrente aus einem Altersvorsorgevertrag oder aus einer betrieblichen Altersversorgung lt. Nummer 4 oder aus Leistungen wegen schädlicher Verwendung lt. Nummer 8a der Leistungsmitteilung	507	— ,	557	— ,
39	Beginn der Rente	508		558	
40	Geburtsdatum des Erblassers bei Rentengarantiezeit	530		580	
41	Abgekürzte Leibrente aus einem Altersvorsorgevertrag oder aus einer betrieblichen Altersversorgung lt. Nummer 5 oder aus Leistungen wegen schädlicher Verwendung lt. Nummer 8b der Leistungsmitteilung	509	— ,	559	— ,
42	Beginn der Rente	510		560	
43	Die Rente erlischt / wird umgewandelt spätestens am	511		561	
44	Andere Leistungen lt. den Nummern 6, 7 und 9 oder Leistungen wegen schädlicher Verwendung lt. den Nummern 8c und 8d der Leistungsmitteilung oder der Auflösungsbetrag bei Aufgabe der Selbstnutzung oder der Reinvestitionsabsicht vor dem Beginn der Auszahlungsphase oder der Verminderungsbetrag lt. Bescheid der Zentralen Zulagenstelle für Altersvermögen	512	— ,	562	— ,
45	Auflösungsbetrag bei Wahl der Einmalbesteuerung des Wohnförderkontos lt. Bescheid der Zentralen Zulagenstelle für Altersvermögen	535	— ,	585	— ,
46	Auflösungsbetrag bei Aufgabe der Selbstnutzung oder der Reinvestitionsabsicht nach dem Beginn der Auszahlungsphase lt. Bescheid der Zentralen Zulagenstelle für Altersvermögen	536	— ,	586	— ,
47	Beginn der Auszahlungsphase	537		587	
48	Zeitpunkt der Aufgabe der Selbstnutzung oder Reinvestitionsabsicht	538		588	
49	Nachzahlungen für mehrere vorangegangene Jahre (lt. Nummer 10 der Leistungsmitteilung)	516	— ,	566	— ,

Werbungskosten

			EUR	
50	Werbungskosten zu den Zeilen 5 und 15 (Art der Aufwendungen)		800	— ,
51	Werbungskosten zu den Zeilen 10 und 20 (Art der Aufwendungen)		801	— ,
52	Werbungskosten zu den Zeilen 31 und 44 (Art der Aufwendungen)		802	— ,
53	Werbungskosten zu Zeile 32 (Art der Aufwendungen)		803	— ,
54	Werbungskosten zu den Zeilen 36, 38 und 41 (Art der Aufwendungen)		806	— ,
55	Werbungskosten zu Zeile 45 (Art der Aufwendungen)		808	— ,
56	Werbungskosten zu Zeile 48 (Art der Aufwendungen)		809	— ,
57	Werbungskosten zu Zeile 49 (Art der Aufwendungen)		805	— ,

Steuerstundungsmodelle

			EUR	
58	Einkünfte aus Gesellschaften / Gemeinschaften / ähnlichen Modellen i. S. d. § 15b EStG (lt. gesonderter Aufstellung)			— ,

11.2 Wann ist eine Anlage R abzugeben?

Streng nach dem Buchstaben des Gesetzes aus § 56 EStDV ist eine Steu- **929**
ererklärung fällig, wenn der Gesamtbetrag der Einkünfte den Betrag von
8.472/16.944 € (Alleinstehende/Ehegatten) übersteigt. Die Hürde, ab der
tatsächlich Steuern anfallen, ist aber wesentlich höher. Ob der Einzelne
aus seiner Rente Steuern zu zahlen hat, hängt von vielen unterschiedlichen Faktoren ab. Einfluss nehmen z. B. Familienstand, weitere Einkünfte,
Höhe der Versicherungsbeiträge und außergewöhnliche Belastungen.

11.2.1 Das Finanzamt schickt Ihnen Steuerformulare ins Haus   **930**

Mal angenommen, Sie haben gut geerbt und bislang noch keine Steuererklärung abgegeben. Das könnte ein Anlass sein, Ihnen Steuerformulare
zuzusenden mit der Aufforderung, die Erklärung bis zu einem bestimmten Termin abzugeben. Oder das Finanzamt hat über die Rentenbezugsmitteilungen ➤ Rz 973 von Ihrer guten Rente erfahren. Jetzt sind Sie
dran. **Doch Sie husten ihm was und schreiben:**

An Finanzamt Neuhausen

Ihr Schreiben vom . . . .

Sehr geehrte Damen und Herren,
ich bitte Sie, mich von der Abgabe der Steuererklärung zu entbinden,
die mir altersbedingt sehr viel Mühe macht. Nach dem Gesetz bin ich
nicht erklärungspflichtig, weil meine Einkünfte den Betrag von 8.472 €
(Alleinstehende)/16.944 € (Verheiratete) nicht übersteigen. Sofern Sie
meinem Antrag entsprechen, erübrigt sich ein Bescheid.

Hochachtungsvoll
Walter Knecht

Nun warten Sie ab, was passiert.

Das Beste geben die Götter uns umsonst.
(Ernst Jünger in Marmorklippen)

11.2.2 Erklärungspflichten   **931**

Bevor Sie sich an Ihre Steuererklärung machen, sollten Sie wissen:
Jeder mit Wohnsitz im Inland muss nach § 56 EStDV von sich aus eine
Steuererklärung abgeben, wenn der Gesamtbetrag seiner Einkünfte
8.472 €/16.944 € (Alleinstehende/Ehegatten) übersteigt.

Sie können die Höhe Ihrer Renteneinkünfte nach folgendem Schema berechnen:

Jahresbetrag der Rente	. . . . €
./. Freibetrag (➤ Rz 972)	– . . . . €
./. Werbungskostenpauschbetrag	– 102 €
Gesamtbetrag der Einkünfte	. . . . €

Bei der Berechnung Ihres zu versteuernden Einkommens werden vorab vom Gesamtbetrag der Einkünfte abgezogen:

- 1.500 €/3.000 € für sonstige Vorsorgeaufwendungen (Versicherungsbeiträge),
- 36 €/72 € als Pauschbetrag für Sonderausgaben (§ 10 c EStG),
- weitere Abzüge, wie z.B. als Behinderter, andere außergewöhnliche Belastungen wie Krankheitskosten, haushaltsnahe Dienstleistungen etc.,
- der Grundfreibetrag von 8.472/16.944 € (§ 32 a EStG),
- der Altersentlastungsbetrag (➤ Rz 932) und der Versorgungsfreibetrag (➤ Rz 933).

Altrentner
Wer 2004 oder früher in Rente gegangen ist, bei dem sind 50 % der Rente steuerpflichtig. Berücksichtigt man die o.g. Abzüge, sind Altrentner erst ab einer Rente von ca. 19.000 €/38.000 € (Alleinstehende/Ehegatten) steuerpflichtig. Als Otto Normalrentner bleiben Sie somit von der Steuer verschont.

Neurentner
Für spätere Jahrgänge steigt der steuerpflichtige Anteil an, bis im Jahr 2040 die gesamte Rente zu versteuern ist (➤ Rz 972). Wer z.B. in 2015 in Rente geht, versteuert schon 70 % der Rente und ist somit ab etwa 15.000/30.000 € (Alleinstehende/Ehegatten) steuerpflichtig.

Nebeneinkünfte schön und gut, aber?
Bei Ihren Überlegungen sollten Sie nicht vergessen, Ihre weiteren Einkünfte in die Berechnung einzubeziehen. Mit zusätzlichen Nebeneinkünften z.B. aus

- einer nichtselbständigen Nebentätigkeit auf Lohnsteuerkarte (gilt auch für Beamten- und Betriebspensionen)
- oder Grundbesitz kommen viele auf einen Gesamtbetrag der Einkünfte, der zur Abgabe einer Steuererklärung verpflichtet.

Gut zu wissen:
Lohn aus einem 450-€-Job bleibt außen vor
Viele Rentner verdienen sich nebenbei etwas hinzu. Geschieht dies in
einem Minijob bis 450 € im Monat, wird der Lohn pauschal vom Arbeitgeber übernommen, die Besteuerung ist damit abgegolten (§ 40 Abs. 3
EStG). In der Steuererklärung hat also Lohn aus einem Minijob nichts zu
suchen, auch nicht in der eines Rentners.

Kapitalerträge bleiben wegen der Abgeltungsteuer ebenfalls außen
vor, brauchen also nicht erklärt zu werden (§ 43 Abs. 5 und § 2 Abs.5 b
Satz 1 EStG).

Der Altersentlastungsbetrag (§ 24 a EStG) 932

Der Altersentlastungsbetrag steht allen zu, die 65 Jahre und älter sind.
Bezogen auf das Jahr 2015, muss der Steuerzahler dazu vor dem 2.1.1951
geboren sein. Dann erhält er erstmalig den Altersentlastungsbetrag in
Höhe eines bestimmten Prozentsatzes auf die positive Summe seiner Einkünfte (ohne die Einkünfte aus Renten und Pensionen). Zugleich wird
ein Höchstbetrag festgesetzt.

Prozentsatz und Höchstbetrag gelten ab da lebenslang
in unveränderter Höhe.
Der Altersentlastungsbetrag wird für jeden Seniorenjahrgang bis zum
Jahr 2040 – bis 2020 um 1,6, ab 2021 um 0,8 Prozentpunkte je Jahr –
schrittweise abgeschmolzen (siehe Tabelle).

Der Altersentlastungsbetrag steht von Amts wegen zu, braucht also nicht
beantragt zu werden. Das Finanzamt berücksichtigt ihn automatisch. Für
die Frage, ob Sie eine Steuererklärung abgeben müssen, sollten Sie aber
wissen, wie hoch er ist:

Festschreibung im auf die Voll- endung des 64. Lebensjahres folgenden Kalenderjahr	Altersentlastungsbetrag	
	in% der Einkünfte	Höchstbetrag in Euro
2005 (Geburtsjahrgang 1940 und früher)	40,0	1.900
2006 (Geburtsjahrgang 1941)	38,4	1.824
2007 (Geburtsjahrgang 1942)	36,8	1.748
2008 (Geburtsjahrgang 1943)	35,2	1.672

Festschreibung im auf die Voll-endung des 64. Lebensjahres folgenden Kalenderjahr	Altersentlastungsbetrag	
	in % der Einkünfte	Höchstbetrag in Euro
2009 (Geburtsjahrgang 1944)	33,6	1.596
2010 (Geburtsjahrgang 1945)	32,0	1.520
2011 (Geburtsjahrgang 1946)	30,4	1.444
2012 (Geburtsjahrgang 1947)	28,8	1.368
2013 (Geburtsjahrgang 1948)	27,2	1.292
2014 (Geburtsjahrgang 1949)	25,6	1.216
2015 (Geburtsjahrgang 1950)	24,0	1.140
2016 (Geburtsjahrgang 1951)	22,4	1.064
...	...	...
2040	0,0	0

Beispiel

Rentner Klaus, Geburtsjahrgang 1950, ist in 2014 64 Jahre alt geworden und hat deshalb ab dem Kalenderjahr 2015 Anspruch auf einen Altersentlastungsbetrag in Höhe von 24 % der positiven Summe seiner Einkünfte (ohne Renten und Pensionen), max. aber 1.140 €. Für seine Mieteinkünfte von 5.000 € steht ihm ein Altersentlastungsbetrag von 24 % von 5.000 € = 1.200 € zu, begrenzt auf den Höchstbetrag von 1.140 €.

933 ## Der Versorgungsfreibetrag (§ 19 Abs. 2 EStG)

Besteht Ihre Altersversorgung nicht aus einer Rente, sondern aus einer Pension (Staats-, Dienstpension), so haben Sie diese als nachträglichen Arbeitslohn entsprechend Ihrer Steuerklasse zu versteuern. Von der Pension wird Lohnsteuer einbehalten. Steuerfrei bleibt praktisch nur der Versorgungsfreibetrag und der Werbungskostenpauschbetrag von 102 €.

Mehr zum Versorgungsfreibetrag, insbesondere zu dessen Höhe siehe ➤ Rz 659 ff.

934 ## 11.2.3 Einzelfälle für die Abgabe der Steuererklärung

Am besten ist immer noch ein Beispiel aus der Praxis. Hier folgen daher vier exemplarische Fälle. Schauen Sie, ob einer davon auf Sie zutrifft und wie dabei gerechnet wird:

Fall 1   935

Gesetzliche Altersrente plus Witwenrente

Sie sind alleinstehend und beziehen eine Alters- und eine Witwenrente,
die jeweils vor 2005 zu laufen begonnen haben. So wird gerechnet:

Gesetzliche Altersrente, Rentenbetrag			
im Jahr 2015	9.600 €		
./. Rentenfreibetrag 2005, angenommen	− 4.200 €		
Steuerpflichtig	5.400 €	>	5.400 €
Gesetzliche Witwenrente, Rentenbetrag			
im Jahr 2015	10.800 €		
./. Rentenfreibetrag 2005, angenommen	− 5.100 €		
Steuerpflichtig	5.700 €	>	5.700 €
Gesamt			11.100 €
./. Werbungskostenpauschbetrag			− 102 €
Gesamtbetrag der Einkünfte			10.998 €

Der Gesamtbetrag der Einkünfte übersteigt die kritische Grenze von
8.472 €. Es besteht die Verpflichtung zur Abgabe einer Steuererklärung.

Variante Fall 1 a

Gesetzliche Altersrente plus Privatrente

Angenommen, Sie haben anstelle der Witwenrente eine gleich hohe private Leibrente aus einer Rentenversicherung bezogen. Diese wird **nicht**
nach Tabelle 1 (➤ Rz 939) mit mindestens 50 % besteuert, sondern mit
dem Ertragsanteil aus Tabelle 2 (➤ Rz 955). Der Ertragsanteil beträgt
18 %, weil Sie mit 65 in Rente gegangen sind. Nunmehr betragen die steuerpflichtigen Einkünfte (18 % von 10.800 € =) 1.944 € abzgl. Werbungskostenpauschbetrag 102 € = 1.842 €. Der Gesamtbetrag der Einkünfte
(5.400 € + 1.842 € = 7.242 €) übersteigt nicht die kritische Grenze von
8.472 €. Folge: Sie brauchen keine Steuererklärung abzugeben.
Nun fragen Sie sich vielleicht, warum einmal so und einmal so? Ganz einfach: Steuergesetzen liegt keine Logik zugrunde. Parteien, Gewerkschaften und Interessenverbände kungeln untereinander so lange, bis kaum
noch einer das Gesetz versteht.

Fall 2   936

Ehepaar mit doppelter Rente

Als Ehepaar bezieht jeder von Ihnen eine eigene Rente. Beide Renten
haben vor 2005 zu laufen begonnen. So wird gerechnet:

Rentenbetrag des Mannes im Jahr 2015	16.800 €		
./. Rentenfreibetrag aus 2005, angenommen	− 8.100 €		
./. Werbungskostenpauschbetrag	− 102 €		
Renteneinkünfte	8.598 €		> 8.598 €
Rentenbetrag der Frau im Jahr 2015		10.800 €	
./. Rentenfreibetrag aus 2005, angenommen		− 5.200 €	
./. Werbungskostenpauschbetrag		− 102 €	
Renteneinkünfte		5.498 €	> 5.498 €
Gesamtbetrag der Einkünfte			14.096 €

Der Gesamtbetrag der Einkünfte übersteigt nicht die kritische Grenze von 16.944 €. Sie müssen keine Steuererklärung abgeben.

937 **Fall 3**

Gesetzliche Altersrente plus Werkspension
Sie sind alleinstehend und beziehen neben Ihrer Rente eine Firmenpension auf Steuerkarte. Beide haben in 2005 zu laufen begonnen. Die Firmenpension ist aus Sicht des Fiskus nachträglicher Arbeitslohn. Merkmal ist die laufende Lohnabrechnung durch den ehemaligen Arbeitgeber. So wird gerechnet:

Rentenbetrag im Jahr 2015	9.600 €		
./. Rentenfreibetrag aus 2005, angenommen	− 4.600 €		
./. Werbungskostenpauschbetrag	− 102 €		
Renteneinkünfte	4.898 €		> 4.898 €
Firmenpension in 2015 brutto		4.200 €	
./. Versorgungsfreibetrag (► Rz 659) 40 %, max. 3.000 €		− 1.680 €	
./. Zuschlag zum Versorgungsfreibetrag		− 900 €	
./. Werbungskostenpauschbetrag		− 102 €	
Einkünfte aus nichtselbständiger Arbeit		1.518 €	> 1.518 €
Gesamtbetrag der Einkünfte			6.416 €

Der Gesamtbetrag Ihrer Einkünfte übersteigt nicht die kritische Grenze von 8.472 €. Es besteht deshalb zunächst aus § 56 EStDV keine Erklärungspflicht, wohl aber aus § 46 Abs. 2 EStG. Nach dieser Vorschrift müssen Sie eine Steuererklärung abgeben, wenn Sie zusätzlich zu Einkünften aus nichtselbständiger Arbeit Nebeneinkünfte (hier: gesetzliche Rente) von mehr als 410 € bezogen haben.

Variante Fall 3 a

Als Ehepaar bezieht einer von Ihnen eine Beamtenpension und der andere eine gesetzliche Altersrente. In diesem Fall wird ähnlich wie oben gerechnet. Auch wenn Ihre Einkünfte die kritische Grenze von 16.944 € nicht übersteigen, müssen Sie gleichwohl – wegen § 46 Abs. 2 EStG/Nebeneinkünfte mehr als 410 € – eine Steuererklärung abgeben.

Fall 4   938

Gesetzliche Altersrente plus Zinsen und Dividenden

Sie sind verheiratet. Ihre Renteneinkünfte betragen (Rentenbeginn vor 2005):

Rentenbetrag für 2015	16.800 €
./. Rentenfreibetrag aus 2005, angenommen	– 8.200 €
./. Werbungskostenpauschbetrag	– 102 €
Einkünfte	8.498 €

Mit etwas Kapital auf der hohen Kante haben Sie in 2015 Zinsen und Dividenden in Höhe von 3.200 € bezogen. Diese unterliegen der Abgeltungsteuer und bleiben bei der Veranlagung unberücksichtigt.

Der Gesamtbetrag der Einkünfte übersteigt nicht die kritische Grenze von 16.944 €. Erklärungspflicht besteht also nicht. Sie sollten indessen freiwillig eine Steuererklärung abgeben und die Einbeziehung der Zinsen und Dividenden beantragen. Das Finanzamt führt eine Günstigerprüfung durch, die ggf. zur Erstattung von Abgeltungsteuer führt. Dazu mehr unter ➤ Rz 887.

Siehe jeder, wo er bleibe,
und wenn er stehe,
dass er nicht falle.
(Johann Wolfgang von Goethe)

11.3 Wie wird die Anlage R ausgefüllt?

11.3.1 Leibrenten – Zeile 4–13

Am unverschämtesten greift der Fiskus bei den gesetzlichen Altersrenten   939
zu. Dazu gehören auch die Renten aus landwirtschaftlichen Alterskassen, berufsständischen Versorgungswerken, aber auch aus privaten kapitalgedeckten Leibrentenversicherungen (»Rürup-Rente«). Die Rürup-Rente ist aus der Sicht des Gesetzgebers die Basisrente für die selbständig Tätigen. Den gesetzlichen Altersrenten gleichgestellt sind die gesetzliche Berufsunfähigkeits- und Erwerbsminderungsrente und die kleine Witwenrente.

Rententabelle 1 aus § 22 Abs. 1 EStG – Besteuerungsanteil

Der Besteuerungsanteil dieser Renten beträgt seit 2005 mindestens 50 % und steigt bis 2040 nach und nach auf 100 % an. Für den Besteuerungsanteil ist das Jahr des Rentenbeginns maßgebend:

Jahr des Rentenbeginns	Besteuerungs- anteil in%	Jahr des Rentenbeginns	Besteuerungs- anteil in%
bis 2005	50	2016	72
2006	52	2017	74
2007	54	2018	76
2008	56	2019	78
2009	58	2020	80
2010	60	2021	82
2011	62	2022	84
2012	64	. . . . .	. . . . .
2013	66	2038	98
2014	68	2039	99
2015	70	2040	100

Sag Ja
zum Wandel!
(Internet-Pionier Jack Ma)

940 Zeile 4 Art der Altersrente

Tragen Sie die Art Ihrer Leibrente (1–4) in das Kästchen ein. Bei berufsständischen Versorgungseinrichtungen handelt es sich um Pflichtversorgungssysteme für bestimmte Berufsgruppen, z.B. Ärzte, Notare und Rechtsanwälte. Zu den Altersrenten gehören auch Berufs- und Erwerbsminderungsrenten.

Nicht gut zu wissen: Der Bauerntrick des Fiskus, Berufsunfähig-keits- und Erwerbsminderungen höher zu besteuern
Diese Renten werden in aller Regel mit Erreichen der entsprechenden Altersgrenze in eine reguläre Altersrente umgewandelt und wurden bis 2004 als sog. abgekürzte Leibrente mit einem besonders günstigen Ertragsanteil von in der Regel nur ein paar Prozent besteuert. Seit 2005 werden alle Renten aus der gesetzlichen Rentenversicherung praktisch gleich hoch besteuert, also auch eine gesetzliche (nicht private) Berufs-unfähigkeits- oder Erwerbsminderungsrente (➤ Rz 949).

941

 Renten für Landwirte begünstigt

Auf Sie als Versicherten in der landwirtschaftlichen Alterskasse treffen dieselben Besteuerungsregeln zu, als wenn Sie eine Rente aus der gesetzlichen Rentenversicherung beziehen würden. Die Besonderheit liegt aber darin, dass Sie neben der reinen Altersversorgung evtl. noch andere Leistungen erhalten, die nicht als Rente besteuert werden. Dazu gehören in erster Linie folgende Zahlungen:

- Betriebshilfen nach und während einer Reha-Maßnahme,
- Betriebshilfe wegen Kur,
- Betriebshilfe wegen Tod des Landwirts,
- Überbrückungsgelder an die Witwe des Landwirts.

Zeile 5 Rentenbetrag einschließlich Einmalzahlung

942

Einzutragen ist stets der der Renten(anpassungs)mitteilung zu entnehmende **Jahres(brutto)rentenbetrag,** der in der Regel höher ist als der ausgezahlte Betrag. Anzugeben sind auch Rentennachzahlungen und Einmalzahlungen.
Der bei Auszahlung der Rente einbehaltene Eigenbeitrag zur Kranken- und Pflegeversicherung ist also nicht abzuziehen. Diesen machen Sie in > Zeile 18 und 21 der Anlage Vorsorgeaufwand geltend.

Typischer Fall für Einmalzahlungen:
Sie haben auf Ihren Rentenantrag im Jahr 2014 hin zunächst nur Abschläge erhalten. Erst nach Vorliegen Ihres Rentenbescheids im Jahr 2015

hat Ihnen die Deutsche Rentenversicherung Bund die Restbeträge nach-gezahlt.

Obwohl es sich um eine Nachzahlung für 2014 handelt, wird sie in 2015 versteuert, weil sie in 2015 zugeflossen ist (§ 11 EStG/steuerliches Zu-flussprinzip).

943   **Eigenbeitrag zum Teil versteuern, zu 100 % absetzen!**

Auch als Rentner kommen Sie nicht umhin, sich ausreichend zu versichern. Einen ganz dicken Batzen nimmt die Kranken- und Pflegeversicherung in An-spruch, für die Ihnen Monat für Monat eigene Beiträge von Ihrer Rente abge-zogen werden.

Ärgerlich, in > Zeile 5 den ungekürzten Bruttobetrag ansetzen zu müssen. Diese Handhabung gerät Ihnen aber zum Vorteil, weil Sie Ihren Eigenbeitrag zwar versteuern müssen, jedoch nur zum Teil. Wenn Sie z. B. 2015 in Rente gegangen sind, versteuern Sie Ihre Rente mit 70 %, weil Ihnen ein Freibetrag von 30 % zusteht (➤ Rz 939). Ihren Eigenbeitrag können Sie indessen zu 100 % in > Zeile 16 und 18 der Anlage Vorsorgeaufwand als Sonderausgaben geltend machen.

944 *TIPP* **Steuerfreie Renten bleiben außen vor!**

Für steuerfreie Renten sehen die Erklärungsvordrucke keine Eintragungs-möglichkeiten vor. Wäre ja noch schöner! Steuerfreie Einnahmen brauchen also nicht erklärt zu werden.

Also aufgepasst: Möglicherweise können Sie vor der Eintragung des Rentenbetrags in > Zeile 5 steuerfreie Teile aus der Bruttorente heraus-rechnen und brauchen nur den Restbetrag einzutragen.
Steuerfrei sind:

- Renten und Kapitalabfindungen aus der gesetzlichen Unfallversicherung, das sind vor allem die von den Berufsgenossenschaften gezahlten Unfall-renten, Sterbegelder,
- Unfallversicherungsrenten aus der gesetzlichen Rentenversicherung, Ren-ten aus ausländischen gesetzlichen Unfallversicherungen,
- Renten für Wehr- und Zivildienstschäden,
- Kriegsbeschädigtenrenten,
- »echte« Schadenersatzrenten zum Ausgleich vermehrter Bedürfnisse,
- Schmerzensgeldrenten, die nicht als Ersatz für entgangene/entgehende Einnahmen gezahlt werden.

Außerdem unterliegen folgende Leistungen im Zusammenhang mit einer an sich steuerpflichtigen Rente nicht der Besteuerung:

- Sachleistungen und Kinderzuschüsse (§ 3 Nr. 1 Buchst. b EStG). Das gilt aber nur für die gesetzliche Rentenversicherung. Bei Renten aus berufsständischen Versorgungswerken sind diese Leistungen steuerpflichtig;
- Beitragserstattungen an Witwen oder Witwer nach § 107 SGB VI (§ 3 Nr. 3 EStG),
- Zuschüsse zur freiwilligen oder privaten Krankenversicherung (§ 3 Nr. 14 EStG).

◆ *Musterfall Krause (Superrente und Betriebspension)*   945
Karl-Heinz Krause ist seit einigen Jahren Witwer. Am 1.7.2004 ist er im Alter von 65 Jahren in Rente gegangen. Nach der letzten Mitteilung der Rentenversicherung wurde ihm in 2015 ein monatlicher Rentenbetrag – vor Abzug der Eigenanteile zur Kranken- und Pflegeversicherung – von 1.940 € gezahlt. Der Jahresbruttobetrag beläuft sich also auf 23.280 €. Darin ist eine Rentenanpassung von 930 € enthalten. Von seinem früheren Arbeitgeber, den Stadtwerken Köln, erhält er eine Betriebspension von mtl. brutto = netto 321 € und gibt dort regelmäßig seine Lohnsteuerkarte ab. Mit dieser Altersversorgung gerät Karl-Heinz mächtig unter die Steuerpresse.

2015

Name	1	KRAUSE	**Anlage R**
Vorname	2	KARL-HEINZ	Jeder Ehegatte / Lebenspartner mit Renten und Leistungen aus Altersvorsorgeverträgen hat eine eigene Anlage R abzugeben.
	3	Steuernummer 123 / 4567 / 8901	X stpfl. Person / Ehemann Lebenspartner(in) A

Renten und andere Leistungen

Ehefrau / Lebenspartner(in) B [7]

Leibrenten / Leistungen		1. Rente	2. Rente	3. Rente
4	1 = aus inl. gesetzlichen Rentenversicherungen 2 = aus inl. landwirtschaftlicher Alterskasse 3 = aus inl. berufsständischen Versorgungseinrichtungen 4 = aus eigenen zertifizierten Basisrentenverträgen 9 = aus ausl. Versicherungen / Rentenverträgen	100 1 Bitte 1, 2, 3, 4 oder 9 eintragen.	150 Bitte 1, 2, 3, 4 oder 9 eintragen.	200 Bitte 1, 2, 3, 4 oder 9 eintragen.
5	Rentenbetrag (einschließlich Einmalzahlung und Leistungen)	101 EUR 23280,–	151 EUR —	201 EUR —
6	Rentenanpassungsbetrag (in Zeile 5 enthalten)	102 930,–	152 —	202 —
7	Beginn der Rente	103 01072004	153	203

	Einkünfte aus nichtselbständiger Arbeit		Lohnsteuerbescheinigung(en) Steuerklasse 1 – 5		Lohnsteuerbescheinigung(en) Steuerklasse 6 oder einer Urlaubskasse		4
	Angaben zum Arbeitslohn						
5		Steuerklasse	168	1			
			EUR	Ct	EUR	Ct	
6	Bruttoarbeitslohn	110	3 8 5 2 ,—	111		,	
7	Lohnsteuer	140	,	141		,	
8	Solidaritätszuschlag	150	,	151		,	
9	Kirchensteuer des Arbeitnehmers	142	,	143		,	
10	Nur bei konfessionsverschiedener Ehe: Kirchensteuer für den Ehegatten	144	,	145		,	
			1. Versorgungsbezug		2. Versorgungsbezug		
11	Steuerbegünstigte Versorgungsbezüge (in Zeile 6 enthalten)	200	3 8 5 2 ,—	210		,—	
12	Bemessungsgrundlage für den Versorgungsfreibetrag lt. Nr. 29 der Lohnsteuerbescheinigung	201	3 8 5 2 ,—	211		,—	
13	Maßgebendes Kalenderjahr des Versorgungsbeginns lt. Nr. 30 der Lohnsteuerbescheinigung	206	2 0 0 4	216			

In > Zeile 6 trägt er die Rentenanpassung von 930 € ein. Die > Zeilen 8–10 betreffen ihn nicht, da er vor seiner Altersrente keine vorangegangene Rente z. B. als Erwerbsminderungsrente bezogen hat, auch hat er keine Nachzahlung erhalten.

An Alterseinkünften hat Karl-Heinz 2015 zu versteuern:

Betriebspension	*3.852 €*		
./. Versorgungsfreibetrag (40 %)	*– 1.541 €*		
./. Zuschlag zum Versorgungsfreibetrag, max.	*– 900 €*		
./. Werbungskostenpauschbetrag	*– 102 €*		
Steuerpflichtige Versorgungsbezüge	*1.309 €*	*>*	*1.309 €*
Renteneinkünfte			
Altersrente brutto	*23.280 €*		
./. Freibetrag (2005)	*– 11.200 €*		
./. Werbungskostenpauschbetrag	*– 102 €*		
Steuerpflichtige Renteneinkünfte	*11.978 €*	*>*	*11.978 €*
Alterseinkünfte 2015			*13.287 €*

946 Zeile 6 Rentenanpassungsbetrag

Hier wird es knifflig. Einzutragen ist der Betrag, um den die Rente 2015 höher ist als die **erste volle Jahresrente nach Rentenbeginn**. Das bedeutet, dass man regelrecht Buch führen muss, um die angesammelten Erhöhungsbeträge als Rentenanpassungsbetrag eintragen zu können. Den

Rentenanpassungsbetrag können Sie aber auch evtl. der Rentenanpassungsmitteilung entnehmen oder ggf. bei Ihrem Versorgungsträger oder Ihrer Versicherung erfragen.

● Wann ist erstmals nach Rentenbeginn der Rentenanpassungsbetrag einzutragen?

Wie bereits gesagt, ist der Rentenanpassungsbetrag erstmals im Jahr nach der ersten vollen Jahresrente einzutragen.

Beispiel
Sie sind im Jahr 2014 in Rente gegangen. Die > Zeile 6 Rentenanpassungsbetrag lassen Sie in der Anlage R für 2014 und 2015 leer. Erst in der Steuererklärung 2016 tragen Sie die mögliche Rentenerhöhung als Rentenanpassungsbetrag ein. In der Steuererklärung für 2017 ist dann als Rentenanpassungsbetrag die Rentenerhöhung 2016 plus 2017 einzutragen.

● Wie berechne ich den Rentenanpassungsbetrag?

Der Rentenanpassungsbetrag ist die Summe der Rentenerhöhungen, die nach dem ersten vollen Rentenjahr gewährt worden sind. Die Rentenerhöhung des ersten vollen Jahres nach Rentenbeginn bleibt somit als Rentenanpassungsbetrag unberücksichtigt. Denn auf der Grundlage der ersten vollen Jahresrente ist zunächst der feste lebenslange Rentenfreibetrag festzustellen, weil im Rentenbeginnjahr regelmäßig keine vollen 12 Monate zusammenkommen.

Guter Rat: Man merkt sich am besten die Jahresrente im Jahr nach dem Rentenbeginn. Der Rentenpassungsbetrag ist dann jeweils der Betrag, um den die Rente im betreffenden Veranlagungszeitraum höher ist als der gemerkte Betrag. All dies unter der Voraussetzung, dass die Rente sich nur durch die üblichen Rentenerhöhungen geändert hat.

Die Rechnung für den Rentenanpassungsbetrag sieht so aus, wenn die Rente vor 2005 zu laufen begonnen hat:

Rentenbetrag des Jahres 2015	14.874 €
./. Rentenbetrag des Jahres 2005	− 14.400 €
Rentenanpassungsbetrag 2015 für > Zeile 6	474 €

Sie tragen ein:

	102		152		202			
6 Rentenanpassungsbeträge (in Zeile 5 enthalten)	.	.4 7 4,−	.	.	,−	.	.	,−

Der einfachste Weg: Beziehen Sie eine gesetzliche Altersrente, bitten Sie telefonisch darum, Ihnen den Rentenanpassungsbetrag mitzuteilen. Die Antwort kommt nur schriftlich, jedoch innerhalb weniger Tage. Sie erreichen die zuständige Stelle unter dem **Service-Telefon der Deutschen Rentenversicherung Bund Nr. 0800 1000 480 70.**

947 *TIPP* **Die Mütterrente wird nur anteilig besteuert**

Müttern oder Vätern wird für die Erziehungszeiten ihrer vor 1992 geborenen Kinder die sog. Mütterrente gezahlt. Hierbei handelt es sich um einen Teil der Rente aus der gesetzlichen Rentenversicherung. Die Mütterrente beträgt 2015 je berücksichtigungsfähigem Kind

	Januar–Juni mtl.	Juli–Dezember mtl.	Jahresbetrag
West	28,61 €	29,21 €	346,92 €
Ost	26,39 €	27,05 €	641,28 €

Hier stellt sich nun die Frage, in welcher Höhe die Mütterrente der Besteuerung unterliegt.

Bei der Rentenerhöhung durch die Mütterrente handelt es sich nicht um eine regelmäßige Rentenanpassung, sondern um eine außerordentliche Neufestsetzung des Jahresbetrags der Rente! Deshalb wird der steuerfreie Teil der Rente neu berechnet. Der bisherige steuerfreie Teil wird um den steuerfreien Teil der Mütterrente erhöht. Diese wird dadurch nicht in vollem Umfang in die Besteuerung mit einbezogen, sondern nur mit dem Besteuerungsanteil, der auch für die übrige Rente gilt. Beziehen Sie Ihre Rente also z. B. bereits seit 2005 oder früher, beträgt der Besteuerungsanteil der Mütterrente lediglich 50 %. Der für die Zukunft festgeschriebene Rentenfreibetrag erhöht sich in diesem Fall um 50 % der Mütterrente des Jahres 2015.

948 **Zeile 7–9 Beginn der Rente, Ende der Rente**

Der Rentenbeginn an dieser Stelle ist wichtig für die Höhe des Rentenfreibetrags (➤ Rz 985). Für den Rentnerjahrgang 2014 z. B. beträgt der Rentenfreibetrag 32 % der ersten vollen Jahresrente, also der Rente aus 2015.

Unter Beginn der Rente ist der Zeitpunkt zu verstehen, ab dem die Rente (ggf. nach rückwirkender Zubilligung) tatsächlich bewilligt wird (vgl. ersten Rentenbescheid).

Kniffliger wird es, wenn eine Rente umgewandelt wurde. So gehen Sie vor, wenn einer der folgenden Fälle auf Sie zutrifft:

Fall 1: Erwerbsminderungsrente umgewandelt in reguläre Altersrente   949
Walter hat bis 31.5.2015 eine Erwerbsminderungsrente von mtl. 800 € bezogen, die am 1.4.2004 (also vor 2005) zu laufen begonnen hatte. Zum 1.6.2015 wurde sie in die gesetzliche Altersrente umgewandelt. Diese beträgt 1.200 €.

Walter trägt ein:

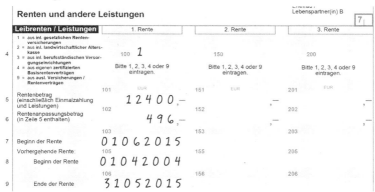

Walter muss im Formular die Erwerbsminderungsrente und die Altersrente zusammenfassen, da sie beide zu den gesetzlichen Rentenversicherungen gehören und der gesetzliche Rentenbeginn identisch ist (800 € × 5 Monate + 1.200 € × 7 Monate = 12.400 €). Der Freibetrag für die Altersrente beträgt also nicht 30 % (➤ Rz 975), sondern 50 %. Der ursprüngliche Rentenfreibetrag von angenommen 4.200 € wird auf der Basis von 50 % Freibetrag erhöht.

Fall 2: Altersrente plus Witwenrente   950
Paula und ihr im Juli 2015 verstorbener Ehemann Peter bezogen jeder eine eigene Rente (Beginn der Rente für Peter 1.3.2004, für Paula 1.12.2004). Die monatliche Rente von Peter hatte 1.800 € betragen. Seit dem 1.8.2015 bezieht Paula zusätzlich zu ihrer eigenen Altersrente von mtl. 900 € eine Witwenrente von 990 €.

Paula trägt in ihrer Anlage R ein:

Renten und andere Leistungen ⌐7⌐

Leibrenten	1. Rente	2. Rente	3. Rente
4 — 1 = aus inl. gesetzlichen Renten-versicherungen 2 = aus inl. landwirtschaftlichen Alters-kassen 3 = aus inl. berufsständischen Versor-gungseinrichtungen 4 = aus eigenen zertifizierten Basisrentenverträgen 9 = aus ausl. Versicherungen / Rentenverträgen	100 1 Bitte 1, 2, 3, 4 oder 9 eintragen.	150 1 Bitte 1, 2, 3, 4 oder 9 eintragen.	200 Bitte 1, 2, 3, 4 oder 9 eintragen.
5 Rentenbetrag einschließlich Einmalzahlung	101 EUR 10 800,–	151 EUR 4 950,–	201 EUR ,–
6 Rentenanpassungsbeträge (in Zeile 5 enthalten)	102 432,–	152 ,–	202 ,–
7 Beginn der Rente	103 01122004	153 01032004	203

Bei einer Witwenrente ist der Beginn der Rente des verstorbenen Ehegatten maßgebend.

Paula weiß, dass sie für ihren verstorbenen Mann eine Anlage R abgeben muss, weil sie beide für das Todesjahr 2015 noch zusammen veranlagt werden.

Paula trägt in die Anlage R ihres verstorbenen Mannes ein:

Renten und andere Leistungen ⌐7⌐

Leibrenten	1. Rente	2. Rente	3. Rente
4 — 1 = aus inl. gesetzlichen Renten-versicherungen 2 = aus inl. landwirtschaftlichen Alters-kassen 3 = aus inl. berufsständischen Versor-gungseinrichtungen 4 = aus eigenen zertifizierten Basisrentenverträgen 9 = aus ausl. Versicherungen / Rentenverträgen	100 1 Bitte 1, 2, 3, 4 oder 9 eintragen.	150 Bitte 1, 2, 3, 4 oder 9 eintragen.	200 Bitte 1, 2, 3, 4 oder 9 eintragen.
5 Rentenbetrag einschließlich Einmalzahlung	101 EUR 12 600,–	151 EUR ,–	201 EUR ,–
6 Rentenanpassungsbeträge (in Zeile 5 enthalten)	102 504,–	152 ,–	202 ,–
7 Beginn der Rente	103 01122004	153	203

951 Zeile 10 Nachzahlungen für mehrere Jahre

Endlich haben Sie es geschafft, die Rente durchzukriegen, und erhalten nun eine dicke Nachzahlung, weil Sie auf Ihren Rentenantrag hin zunächst nur Abschlagzahlungen bekommen haben. Der Fiskus zeigt sich vernünftig, indem er die Nachzahlung ermäßigt besteuert. Dies ist auch geboten, weil mit der Nachzahlung Ihr Einkommen überproportional steigt und die Steuerprogression angeheizt wird. Die Nachzahlung versteuert der Fiskus nach der sog. Fünftelregelung gem. § 34 Abs. 1 EStG. Dabei wird der Betrag zunächst nur mit einem Fünftel angesetzt und die Steuer, die auf dieses Fünftel entfällt, sodann mit fünf multipliziert. Auf diese Weise wird der Steuerprogression die Spitze gebrochen. Damit das Finanzamt so verfährt, tragen Sie die in > Zeile 5 enthaltene **Nachzahlung** hier in > Zeile 10 zusätzlich ein.

Nachzahlungen, die nur ein Kalenderjahr betreffen, sind nicht begünstigt und deshalb hier nicht einzutragen.

TIPP Kranken- oder Arbeitslosengeld mit Nachzahlung verrechnet?

952

Keiner sollte glauben, dass der Fiskus zu viel kassierte Steuern freiwillig herausrückt. Da hilft nur ein schriftlicher Antrag. Haben Sie in den Vorjahren Kranken- oder Arbeitslosengeld bezogen, könnte dieses mit der Nachzahlung verrechnet worden sein. Die Nachzahlung müssen Sie mit dem vollen Betrag eintragen. Das Kranken- oder Arbeitslosengeld hat aber möglicherweise bereits – indirekt, durch den Progressionsvorbehalt nach § 32 b EStG – der Besteuerung unterlegen. Deshalb müssen im Gegenzug die Steuerbescheide der Vorjahre berichtigt werden. Stellen Sie einen Antrag auf Berichtigung wegen eines rückwirkenden Ereignisses nach § 175 Abs. 1 Nr. 2 AO.

Zeile 11–13 Öffnungsklausel, hin zu weniger Steuern

953

Öffnungsklausel ist so ein nichtssagendes Wort, mit dem sich die Bürokraten untereinander verständigen. Es bedeutet, **aus der regulären Besteuerung auszuscheren.** Die Öffnungsklausel in § 22 Nr. 1 Satz 3 a) bb) Satz 2 EStG bietet Selbständigen, die viele Jahre hohe Beträge in ein berufsständisches Versorgungswerk eingezahlt haben, die Möglichkeit, dass ihre Rente günstiger besteuert wird. Denn im Gegensatz zu Arbeitnehmern sind sie nicht durch einen steuerfreien Arbeitgeberanteil entlastet worden. Auch war der Abzug der Beiträge als Sonderausgaben oft nicht sehr ergiebig. Diese Nachteile gilt es zu korrigieren.
Haben Sie bis zum 31.12.2004 mindestens zehn Jahre lang Beiträge oberhalb des Höchstbetrags zur gesetzlichen Rentenversicherung geleistet, sind auf Antrag Teile der Leibrenten oder anderer Leistungen nicht mit 50 % oder mehr (Tabelle 1 in § 22 EStG, ➤ Rz 939), sondern mit einem wesentlich geringeren Ertragsanteil (Tabelle 2 in § 22 EStG oder Tabelle

3 in § 55 EStDV; ➤ Rz 955) steuerpflichtig. Ihre Rente wird dazu praktisch in zwei Beträge aufgeteilt. Der Teil, der aus den Beiträgen bis zum jeweiligen Höchstbeitrag stammt, wird mit 50 % oder mehr besteuert, wie bei allen regulären Altersrenten, der restliche Teil mit dem wesentlich günstigeren Ertragsanteil. Der Ertragsanteil beträgt bei einem Rentenbeginn ab Alter 65 nur 18 %.

954 Ihr Versorgungsträger bescheinigt Ihnen auf Wunsch, welcher Prozentsatz der Ertragsanteilsbesteuerung unterliegt. Der Nachweis ist einmalig zu erbringen. Den bescheinigten Prozentsatz tragen Sie in > Zeile 11 ein.

11.3.2 Sonstige Leibrenten – Zeile 14–20

955 Leibrenten, die nicht in > Zeile 4 oder 31–49 einzutragen sind, werden mit einem günstigeren – besonderen – Ertragsanteil aus den unten aufgeführten Tabellen 2 und 3 besteuert. Darunter fallen Renten aus privaten Rentenversicherungen (keine sog. Riester- oder Rürup-Renten), private Renten aus einer Unfall-, Berufs- oder Erwerbsunfähigkeitsversicherung, aber auch Renten aus Veräußerungsgeschäften, z.B. aus dem Verkauf eines Grundstücks auf Rentenbasis, ferner Renten aus Zusatzversorgungseinrichtungen (z.B. Versorgungsanstalt des Bundes und der Länder/ VBL oder kommunale Zusatzversorgungskassen/ZVK).

Rententabelle 2 aus § 22 EStG für private Leibrenten

Bei Beginn der Rente vollendetes Lebensjahr des Rentenberechtigten	Ertragsanteil in%	Bei Beginn der Rente vollendetes Lebensjahr des Rentenberechtigten	Ertragsanteil in%
45	34	55–56	26
46–47	33	57	25
48	32	58	24
49	31	59	23
50	30	60–61	22
51–52	29	62	21
53	28	63	20
54	27	64	19
		65–66	18

Erläuterungen

Die Höhe des steuerpflichtigen Ertragsanteils richtet sich nach dem Lebensalter des Rentenberechtigten zu Beginn des Rentenbezugs. Je älter der Rentenempfänger bei Rentenbeginn ist, desto niedriger ist der Ertragsanteil. Der Ertragsanteil bleibt während der gesamten Laufzeit der Rente **unverändert.**

Höhe der Steuer minimal:

Hat eine private Leibrente mit dem 65. Lebensjahr zu laufen begonnen, versteuert sie der Rentner mit einem Ertragsanteil von 18 %. Auf diesen Ertragsanteil ist der persönliche Steuersatz fällig. Bei einem Steuersatz von 25 % beträgt die Steuer auf die Rente lediglich (18 × 25 % =) 4,5 %.

Rententabelle 3 aus § 55 EStDV für zeitlich befristete Leibrenten

Beschränkung der Laufzeit der Rente auf … Jahre ab Beginn des Rentenbezugs	Ertragsanteil in %
5	5
6	7
7	8
8	9
9	10
10	12
11	13
12	14
13	15
14–15	16
16–17	18
18	19
19	20
20	21

Erläuterungen

Ist die Leibrente befristet, also auf eine bestimmte Laufzeit (Höchstlaufzeit) beschränkt, ist der Ertragsanteil sowohl nach der Lebenserwartung (Tabelle 2) als auch nach der vorgesehenen Höchstlaufzeit zu ermitteln. Auch hier bleibt der Ertragsanteil während der gesamten Laufzeit der Rente unverändert.

Beispiel 1

Ein Steuerzahler bezieht ab dem Alter von 55 aus einer privaten Rentenversicherung eine Berufsunfähigkeitsrente. Die Rente wird höchstens bis zum 65. Lebensjahr gezahlt, ist also auf zehn Jahre befristet. Der Ertragsanteil nach Tabelle 3 beträgt 12 %.

Beispiel 2

Ein Steuerzahler erhält ab dem 65. Lebensjahr eine private Rentenversicherung, die aber höchstens 19 Jahre gezahlt wird. Nach Tabelle 3 beträgt der Ertragsanteil 20 %. Weil der Rentenberechtigte indessen zu Rentenbeginn bereits 65 war, gilt der niedrigere Ertragsanteil nach Tabelle 2 = 18 %.

»Warum bloß so knifflig?«, fragen Sie.

Hier hilft ein Blick in die Statistik über die Lebenserwartung. Statistisch gesehen haben Männer im Alter von 66 Jahren eine mittlere Lebenserwartung von noch 17,46 Jahren, Frauen von weiteren 20,74 Jahren. Ein Mix daraus ergibt 19,10 Jahre.

Bezogen auf unseren Fall wird Otto Normalrentner in etwa dann das Zeitliche segnen, wenn die Rente laufzeitbedingt nach 19 Jahren zu Ende geht. Somit muss der Ertragsanteil der Tabelle 2 entnommen werden.

956 Zeile 14–15 Art der Leibrente und Rentenbetrag

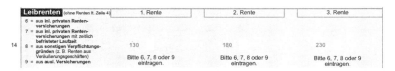

Leibrenten (ohne Renten lt. Zeile 4)		1. Rente	2. Rente	3. Rente
14	6 = aus inl. privaten Rentenversicherungen 7 = aus inl. Rentenversicherungen mit zeitlich befristeter Laufzeit 8 = aus sonstigen Verpflichtungsgründen (z. B. Renten aus Veräußerungsgeschäften) 9 = aus ausl. Versicherungen	130 Bitte 6, 7, 8 oder 9 eintragen.	180 Bitte 6, 7, 8 oder 9 eintragen.	230 Bitte 6, 7, 8 oder 9 eintragen.

Leibrenten aus privaten Rentenversicherungen

Darunter fallen vor allem Renten aus einer vor 2005 abgeschlossenen Rentenversicherung oder Renten aus Lebensversicherungen, die die Voraussetzungen für eine Rürup-Rente (> Zeile 4, Rente 4) nicht erfüllen.

Leibrenten aus privaten Rentenversicherungen mit zeitlich befristeter Laufzeit

Das sind z.B. private Berufsunfähigkeits- oder Erwerbsminderungs-renten.

Leibrenten aus sonstigen Verpflichtungsgründen

Dazu gehören z.B.

- Renten aus privaten Unfallversicherungen,
- Renten aus privaten Veräußerungsgeschäften, wenn z.B. eine Immo-bilie oder andere Wertgegenstände gegen eine laufende Rente verkauft worden sind,
- Versorgungsrenten, die z.B. Kinder an Eltern zahlen, nachdem ihnen Vermögen überschrieben wurde.

In > Zeile 15 tragen Sie den Jahres(brutto)rentenbetrag ein. Ist der Schuld-ner ein Versicherungsunternehmen, wird Ihnen der Rentenbetrag in der Regel mitgeteilt. Dieser ist je nach Art der Rente nicht mit dem ausgezahl-ten Betrag identisch. Anzugeben sind auch Rentennachzahlungen.

Zeile 16 Beginn der Rente   957

Unter Beginn der Rente ist der Zeitpunkt zu verstehen, ab dem die Rente (ggf. nach rückwirkender Zubilligung) tatsächlich bewilligt worden ist. Rentenbeginn und Lebensalter sind im Zusammenhang zu sehen. Je älter der Rentenempfänger bei Rentenbeginn ist, desto niedriger der Ertrags-anteil. Ihr Lebensalter benötigt der Computer an dieser Stelle nicht, er kennt ja Ihr Geburtsdatum aus den persönlichen Angaben im Hauptvor-druck.

Zeile 18 Rente erlischt mit dem Tod von ...   958

Es kann im Rentenvertrag vereinbart sein, dass die Rente nicht mit Ihrem Tod erlischt, sondern mit dem Tod einer anderen Person. Wenn die Rente mit Ihrem Tod erlischt, tragen Sie ein: »Mir selbst«.

Zeile 19 Rente erlischt/wird umgewandelt spätestens am ...   959

Ist die Laufzeit der Rente zeitlich befristet, richtet sich der Ertragsanteil sowohl nach dem Lebensalter des Berechtigten bei Rentenbeginn als auch nach der vereinbarten Laufzeit. In feinem Beamtendeutsch spricht man von »abgekürzten Leibrenten«. Siehe dazu ➤ Rz 970.

960 ## Zeile 20 Nachzahlungen für mehrere Jahre

Die in > Zeile 15 enthaltenen Nachzahlungen für mehrere Jahre sind hier zusätzlich einzutragen. Sie werden begünstigt besteuert, ➤ Rz 951.

11.3.3 Leistungen aus Altersvorsorgeverträgen und aus kapitalgedeckter betrieblicher Altersversorgung – Zeile 31–49

961 Wenn die Fiskalbürokraten einmal überdenken würden, was sie den Bürgern mit ihren Gesetzen alles antun, würden sie für den Rest ihres Lebens in Sack und Asche gehen. Schon allein die Regelungen nach dem Alterseinkünftegesetz und zur betrieblichen Altersversorgung reichen für ein ellenlanges Sündenregister aus.

Die Leistungsmitteilung als Navigator
Zum Glück ist das Ausfüllen der Seite 2 recht einfach, so dass es dafür eigentlich keiner steuerlichen Kenntnisse bedarf. Denn der Gesetzgeber hat die Leistungsträger/Anbieter dazu verdonnert, dem Empfänger auf **amtlich vorgeschriebenem Vordruck** – der »Mitteilung zur Vorlage beim Finanzamt über steuerpflichtige Leistungen aus einem Altersvorsorgevertrag (§ 22 Nr. 5 Satz 7 EStG)« – die Höhe der Rente mitzuteilen und die **verschiedenen Rentenarten mit einer Nummer** zu versehen. In der Anlage R wiederum ist bei den einzelnen Zeilen angegeben, welche Rentenbeträge (z. B. »lt. Nummer 3 der Leistungsmitteilung«) einzutragen sind.
Die Leistungsmitteilung ist also praktisch ein Navigator, ausdrücklich als Hilfe für das Ausfüllen der Anlage R gedacht.

ANLAGE R
Renten und andere Leistungen

2016

(Bezeichnung und Anschrift des Anbieters)

Datum der Absendung

(Bekanntgabeadressat)

Wichtiger Hinweis:
Diese Mitteilung informiert Sie über die Höhe der steuerpflichtigen Leistungen aus Ihrem Alters- vorsorgevertrag oder aus Ihrer betrieblichen Altersversorgung. Die nachstehend mitgeteilten Beträge sind bei der Erstellung der Einkommensteuererklärung auf **Seite 2 der Anlage R** einzutragen.

Mitteilung zur Vorlage beim Finanzamt

über steuerpflichtige Leistungen aus einem Altersvorsorgevertrag oder aus einer betrieblichen Altersversorgung (§ 22 Nr. 5 Satz 7 EStG)

für das Kalenderjahr ....

Name, Vorname	Geburtsdatum (soweit bekannt)
Straße, Hausnummer	
Postleitzahl, Wohnort	
Vertragsnummer (soweit vorhanden)	Sozialversicherungsnummer/ Zulagenummer (soweit vorhanden)
Anbieternummer (soweit vorhanden)	Zertifizierungsnummer (soweit vorhanden)

Grund für die Mitteilung

☐ erstmaliger Bezug von Leistungen im Sinne des § 22 Nr. 5 Satz 1, 2 oder 4 Alternative 1 EStG

☐ Änderung des Leistungsbetrags gegenüber dem Vorjahr

☐ Leistungen im Sinne des § 22 Nr. 5 Satz 3, 4 Alternative 2, 5, 6 oder 9 EStG

☐ Berichtigung der für dieses Kalenderjahr erstellten Mitteilung vom ....

709

Folgende Leistungen aus Ihrem Altersvorsorgevertrag oder aus Ihrer betrieblichen Altersversorgung im Kalenderjahr .... unterliegen der Besteuerung nach § 22 Nr. 5 EStG:

Nr.	Besteuerung nach		Betrag in Euro / Cent
1	§ 22 Nr. 5 Satz 1 EStG	(1)	
2	§ 22 Nr. 5 Satz 1 i.V.m. § 52 Abs. 34c EStG (in Nr. 1 nicht enthalten)	(2)	
3	§ 22 Nr. 5 Satz 2 Buchst. a i.V.m. § 22 Nr. 1 Satz 3 Buchst. a Doppelbuchst. aa EStG	(3)	
4	§ 22 Nr. 5 Satz 2 Buchst. a i.V.m. § 22 Nr. 1 Satz 3 Buchst. a Doppelbuchst. bb EStG ggf. i.V.m. § 55 Abs. 1 Nr. 1 EStDV	(4)	
5	§ 22 Nr. 5 Satz 2 Buchst. a i.V.m. § 22 Nr. 1 Satz 3 Buchst. a Doppelbuchst. bb Satz 5 EStG i.V.m. § 55 Abs. 2 EStDV ggf. i.V.m. § 55 Abs. 1 Nr. 1 EStDV	(5)	
6	§ 22 Nr. 5 Satz 2 Buchst. b i.V.m. § 20 Abs. 1 Nr. 6 EStG ggf. i.V.m. § 52 Abs. 36 Satz 5 EStG	(6)	
7	§ 22 Nr. 5 Satz 2 Buchst. c EStG	(7)	
8a	§ 22 Nr. 5 Satz 3 i.V.m. Satz 2 Buchst. a i.V.m. § 22 Nr. 1 Satz 3 Buchst. a Doppelbuchst. bb EStG ggf. i.V.m. § 55 Abs. 1 Nr. 1 EStDV	(8)	
8b	§ 22 Nr. 5 Satz 3 i.V.m. Satz 2 Buchst. a i.V.m. § 22 Nr. 1 Satz 3 Buchst. a Doppelbuchst. bb Satz 5 EStG i.V.m. § 55 Abs. 2 EStDV ggf. i.V.m. § 55 Abs. 1 Nr. 1 EStDV	(8)	
8c	§ 22 Nr. 5 Satz 3 i.V.m. Satz 2 Buchst. b i.V.m. § 20 Abs. 1 Nr. 6 EStG ggf. i.V.m. § 52 Abs. 36 Satz 5 EStG	(8)	
8d	§ 22 Nr. 5 Satz 3 i.V.m. Satz 2 Buchst. c EStG	(8)	

9	§ 22 Nr. 5 Satz 4 EStG i.V.m. § 92a Abs. 2 Satz 5 EStG	(9)	
10	§ 22 Nr. 5 Satz 4 EStG i.V.m. § 92a Abs. 3 Satz 5 EStG	(10)	
11	§ 22 Nr. 5 Satz 5 EStG	(11)	
12	§ 22 Nr. 5 Satz 6 EStG	(12)	
13	§ 22 Nr. 5 Satz 9 EStG	(13)	
14	In der Nr. ...... enthaltene Nachzahlungen für mehrere Jahre	(14)	
Bei den Leistungen der Nummer(n) .... handelt es sich um Leistungen an den Rechtsnachfolger bei vereinbarter Rentengarantiezeit.		(15)	

Diese Bescheinigung ist maschinell erstellt und daher nicht unterschrieben. Die bescheinigten Leistungen werden gemäß § 22a EStG auch der zentralen Stelle (§ 81 EStG) zur Übermittlung an die Landesfinanzbehörden mitgeteilt (Rentenbezugsmitteilungsverfahren).

Gehören Sie zu den wenigen, die bereits eine Riester-Rente beziehen, übertragen Sie die bescheinigten Leistungen sowie den Leistungsbeginn und das Leistungsende einfach nur in die entsprechenden Zeilen (> Zeile 31–49) – und fertig. Aber nicht vergessen, der Steuererklärung die Leistungsmitteilung beizufügen.
Gleichwohl wollen wir nicht versäumen, das Grundsätzliche aufzuzeigen. Das Gesetz unterscheidet:

a) Leistungen/Einnahmen aus einem privaten Altersvorsorgevertrag (Riester-Sparvertrag)
Das sind Einnahmen aus einer privaten Rentenversicherung, einem Bank- oder einem Fondssparplan (Riester-Rente). Die Leistungen sind zu **100 % steuerpflichtig** (§ 22 Nr. 5 EStG; § 82 Abs.1 EStG).

b) Leistungen/Einnahmen aus einer betrieblichen Altersversorgung
Für die betriebliche Altersversorgung stehen fünf Durchführungswege zur Verfügung, zwischen denen der Arbeitgeber frei wählen kann. **Drei davon führen zu sonstigen Einkünften**, wenn ein Altersvorsorgevertrag (Riester-Sparvertrag) abgeschlossen wurde (§ 22 Nr. 5 EStG; § 82 Abs.2 EStG):

711

- Pensionsfonds,
- Pensionskasse
- oder Direktversicherung.

Leistungen aus **betrieblicher Altersversorgung** sind in voller Höhe steuerpflichtig. Wenn die Beiträge allerdings pauschal versteuert wurden (z.B. im Fall der Direktversicherung), sind die Leistungen nur mit dem Ertragsanteil gem. Tabelle 2 ➤ Rz 955 steuerpflichtig (§ 22 Nr. 5 i.V. mit § 20 Abs. 1 Nr. 6 EStG).

Ein Riester-Sparvertrag kommt indessen als betriebliche Altersversorgung nur als Ausnahme in Betracht, da die Förderung über die Steuer lukrativer ist. Somit erscheint es vertretbar, an dieser Stelle nicht näher auf die betriebliche Altersversorgung einzugehen.

11.3.4 Werbungskosten – Zeile 50–57

962 Sofern Sie keine höheren Werbungskosten haben, berücksichtigt das Finanzamt einen Pauschbetrag von 102 €.

963 ## Zeile 50 Werbungskosten zu den Zeilen 5 und 15 (Leibrenten)

Hier geht es um Kosten, die Ihnen im Zusammenhang mit Leibrenten entstanden sind, z.B.

- Beratungs-, Rechtsanwalts- oder Sozialgerichtskosten bei Durchsetzung des Rentenanspruchs (BMF-Schreiben v. 20.11.1997 – BStBl 1998 I S. 126); dazu gehören auch Reisekosten,
- Zinsen für einen Kredit, der zur freiwilligen Nachzahlung von Rentenversicherungsbeiträgen verwendet wurde (BFH-Urt. v. 21.7.1981 – BStBl 1982 II S. 41),
- Fahrtkosten, Kosten für Fachliteratur,
- Aufwendungen für die Beschaffung notwendiger Nachweise.

Werbungskosten, die Sie hier eintragen, wirken sich in voller Höhe steuerlich aus.

964 *TIPP* **Vorweggenommene Werbungskosten – Versorgungsausgleich**

Mussten Sie vor Rentenbezug für Ihre Rente kämpfen? Die entstandenen Kosten machen Sie hier in > Zeile 50 oder 51 als Werbungskosten geltend.

Nur so kann Ihnen der behördliche Rechner einen Rentenverlust ausweisen, der sodann mit anderen steuerpflichtigen Einkünften ausgeglichen, sprich verrechnet wird. Vorweggenommene Werbungskosten sind z. B. auch Schuldzinsen für ein Darlehen, mit dem im Scheidungsfall der Versorgungsausgleich finanziert wurde (BFH-Urt. v. 5.5.1993 – BStBl 1993 II S. 867).

Zeile 51 Werbungskosten zu den Zeilen 10 und 20 (Nachzahlungen)

965

Nachzahlungen werden ermäßigt besteuert. Da für sie ein besonderer Steuersatz gilt, sind auch die Werbungskosten nur zum Teil absetzbar. Deshalb müssen die entsprechenden Werbungskosten den Nachzahlungen zugeordnet werden. Als Kosten kommen hier insbesondere Beratungs- und Gerichtskosten in Betracht.

Zeile 52 Werbungskosten zu den Zeilen 31 und 44 (Altersvorsorgeverträge, betriebliche Altersversorgung)

966

Einnahmen aus Altersvorsorgeverträgen und aus betrieblicher Altersversorgung sind in voller Höhe steuerpflichtig. Daher sind auch die entsprechenden Werbungskosten in voller Höhe absetzbar.

Zeile 58 Steuerstundungsmodelle

967

Einkünfte aus Gesellschaften/Gemeinschaften/ähnlichen Modellen i. S. d. § 15 b EStG (Steuerstundungsmodelle) tragen Sie ausschließlich hier ein. Weder die Einnahmen noch die Werbungskosten dürfen in den vorangegangenen Zeilen enthalten sein. Weitere Angaben zur Bezeichnung der Steuerstundungsmodelle, zur Höhe der Einnahmen und der Werbungskosten machen Sie auf einem gesonderten Blatt.
Siehe auch Anlage KAP > Zeile 60.

11.4 Die Besteuerung der Alterseinkünfte – Gesetze mit Haken und Ösen

968

Warum die Rentner angesichts meist magerer Einkünfte und steigender Inflation auch noch vom Fiskus so brutal geschröpft werden, kann man eigentlich nicht nachvollziehen. In der Anlage R ist davon zunächst nichts zu merken, wohl aber in der Rechnung, die der Fiskus in den Steuerbescheiden aufmacht.

Das Alterseinkünftegesetz

Dass die Rentner vom Fiskus so krass zur Kasse gebeten werden, daran ist ein bestimmter Pensionär nicht ganz unbeteiligt. Was für einen Bärendienst er den Rentnern erwiesen hat, sollte sich erst später herausstellen. Der streitbare Mann war bis vor das Bundesverfassungsgericht gezogen, um feststellen zu lassen, dass seine Pension höher besteuert wird als eine vergleichbare Rente.

Das Verfassungsgericht musste dem Pensionär beipflichten und verdonnerte den Gesetzgeber im Urteil vom 9.4.2002 dazu, schleunigst Abhilfe zu schaffen. Anstatt nun aber die Pensionen niedriger zu besteuern und so den Ausgleich zu schaffen, nutzte der Gesetzgeber die Gelegenheit, die Rentner ordentlich zu schröpfen. Bis 2005 betrug der steuerfreie Anteil der Renten im Schnitt ca. 75 % der Bruttorente, dann plötzlich nur noch 50 %. Doch das war nicht alles. Nach dem Alterseinkünftegesetz werden die Altersrenten zusätzlich schrittweise »nachgelagert« besteuert. Was bedeutet, dass der steuerfreie Anteil der Renten sich weiter Jahr für Jahr zunächst um 2 %, später um 1 % vermindert. Für Neurentner des Jahrgangs 2015 beträgt er nur noch 30 % (➤ Rz 972).

Im Gegenzug erhöhen sich zwar die als Sonderausgaben absetzbaren Altersversorgeaufwendungen (Anlage Vorsorgeaufwand), das nützt den jetzigen Rentner aber gar nichts.

969 Was ist eine Leibrente?

Hier einen Überblick zu gewinnen ist nicht einfach, gilt es doch, schon im Formular zwischen acht verschiedenen Leibrenten zu unterscheiden. Wichtig ist zunächst die Unterscheidung zwischen den gesetzlichen Altersrenten (> Zeile 4) und den sonstigen Leibrenten (> Zeile 14), denn sie werden unterschiedlich hoch besteuert.

Im Grundsatz sind Leibrenten lebenslange Renten. Denn wer zur Zahlung einer Leibrente verpflichtet ist, hat die Rente im Zweifel für die Lebensdauer des Gläubigers zu entrichten, so bestimmt es § 759 BGB. Leibrenten sind also an das Leben der rentenberechtigten Person gebunden, können aber unterschiedlich ausgestaltet sein.

a) Gesetzliche Altersrenten (> Zeile 4)

Die unter > Zeile 4 einzutragenden Altersrenten Nr. 1 bis 4 werden nach Tabelle 1 besteuert (➤ Rz 939).

b) Sonstige Leibrenten (> Zeile 14)

Die unter > Zeile 14 einzutragenden Leibrenten aus einer privaten Rentenversicherung (Nr. 6) oder aus sonstigen Verpflichtungsgründen (private Veräußerungsrente, Nr. 8) werden nach Tabelle 2 besteuert (➤ Rz 955).

c) Leibrenten mit zeitlich befristeter Laufzeit (Nr. 7)

970

Manchmal ist die Laufzeit einer Leibrente **befristet.** Die Rente wird nur für eine bestimmte Dauer (Frist) bezahlt, erlischt aber spätestens mit dem Tod des Berechtigten. Zu den befristeten Leibrenten gehören:

Private Rentenversicherungen

Die Rente aus einer privaten (nicht gesetzlichen) Unfall-, Berufsunfähigkeits- oder Erwerbsunfähigkeitsversicherung ist eine befristete Leibrente. Sie wird meistens nur bis zum 65. Lebensjahr gezahlt.

Witwen-/Witwerrente

Eine Witwen-/Witwerrente ist eine befristete Leibrente, wenn sie vor dem 45. Lebensjahr des Rentenberechtigten zu laufen begonnen hat. Sie wird höchstens bis zum 45. Lebensjahr gezahlt. Danach wird sie in eine lebenslange (große) Witwen-/Witwerrente umgewandelt.

11.4.1 Die Besteuerung der gesetzlichen Altersrenten – Zeile 4

971

Skandal hin oder her, wir müssen uns mit dem abfinden, was die Obrigkeit uns auferlegt. Die am häufigsten vorkommenden Renten in Deutschland werden am höchsten besteuert: die Renten aus der gesetzlichen Rentenversicherung, der landwirtschaftlichen Alterskasse und den berufsständischen Versorgungseinrichtungen. Auch die sog. Rürup-Rente, die als »Basis-Altersrente« der selbständig Tätigen gilt, gehört dazu.

Der Rentenfreibetrag

972

Wie brutal, aber auch mit List und Tücke die Rentner geschröpft werden, zeigt die Berechnung im Einzelnen. Vordergründig gesehen erhält der Rentner einen Freibetrag in Höhe des Unterschieds zwischen dem Jahresbetrag der Rente und dem steuerpflichtigen Anteil, so steht es im Gesetz. Aus dem Kleingedruckten ergibt sich aber: Steuerfrei bleibt nicht ein bestimmter Prozentsatz der Rente, sondern ein einmal festgeschriebener Betrag. Dieser wird vom Finanzamt im ersten vollen Rentenjahr auf der Basis eines bestimmten Prozentsatzes ermittelt und dann als **Festbetrag in Euro** »eingefroren«. Er gilt in dieser Höhe für die gesamte Laufzeit der Rente, bei Altersrenten somit lebenslang. Durch diesen gesetzgeberischen Bauerntrick hat es der Gesetzgeber erreicht, dass alle **in Zukunft anfallenden Rentenerhöhungen in voller Höhe steuerpflichtig** sind.

Mit anderen Worten: Für die Ermittlung des steuerpflichtigen Rententeils
ist das Jahr maßgebend, das auf das Jahr des Rentenbeginns folgt. Denn
im Rentenbeginnjahr kommen meist keine vollen zwölf Monate zusammen.

Beispiel
Alfred ist im November 2014 in Rente gegangen. Sein Rentenfreibetrag
wurde auf der Basis seiner Rente im Jahr 2015 festgeschrieben. Bis Juni
2015 bezog Alfred eine Rente von monatlich 1.100 €, ab 1.7.2015 erhielt
er 1.120 €. Zum 1.7.2016 erhöht sich seine Rente auf 1.150 €.

Berechnung für	2014	2015	2016
Jahresbetrag der Rente	2.200 €	13.320 €	13.620 €
Besteuerungsanteil 68 %	1.496 €	9.058 €	
./. Rentenfreibetrag 32 % von 13.320 €			– 4.262 €
./. Werbungskostenpauschbetrag	– 102 €	– 102 €	– 102 €
Zu versteuern	1.394 €	8.956 €	9.256 €

Langfristig geht es mit dem Rentenfreibetrag nur abwärts:
Rentenfreibetrag in Prozent, abgeleitet aus Tabelle 1 in § 22 EStG
(➤ Rz 939)
Für die Rentnerjahrgänge bis 2005 beträgt der Rentenfreibetrag 50 %
der Bruttorente. Jeder Rentnerjahrgang danach erhält Jahr für Jahr einen
niedrigeren Rentenfreibetrag.

Rentner-jahrgang	bis 2005	ab 2006	ab 2007	ab 2008	ab 2009	ab 2010	ab 2011	ab 2012	ab 2013	ab 2014
Rentenfrei betrag in%	50	48	46	44	42	40	38	36	34	32
Rentner-jahrgang	ab 2015	ab 2016	ab 2017	ab 2018	ab 2019	ab 2020	ab 2021	ab 2022	ab 2023	ab 2024
Rentenfrei betrag in%	30	28	26	24	22	20	19	18	17	16

Am Generationenbeispiel wird deutlich, wie die Besteuerung künftig
vonstattengeht: Alfred ist seit 2010 Rentner. Sein Sohn Peter wird 2030 in
Rente gehen und sein Enkel Robert im Jahr 2050.

	Alfred	Sohn Peter	Enkel Robert
Besteuerungsanteil der Rente	60 %	90 %	100 %
Rentenfreibetrag	40 %	10 %	0 %

Was immer du tust,
du wirst es bereuen.
(Sokrates)

Das Kontrollsystem des Fiskus: Rentenbezugsmitteilungen   973

Auch der Fiskus setzt immer mehr auf elektronische Datenübertragung, und die bringt uns den totalen Überwachungsstaat. Bei den Kapitaleinkünften ist die Schlinge schon zu (➤ Rz 937f.), dasselbe gilt durch den Datenaustausch zwischen Arbeitgebern und Betriebsfinanzamt bei Arbeitslöhnen.

Seit 2005 sind nun auch die Rentenversicherungsträger dazu verdonnert, den Fiskus umfassend über Rentenleistungen zu informieren. Nach § 22 a EStG müssen sie den Steuerbehörden in einer **Rentenbezugsmitteilung** – mittels Datenübertragung, versteht sich – bis zum **1. März** des folgenden Jahres folgende Daten übermitteln:

1. Identifikationsnummer (§ 139 b AO),

2. den **Betrag der Rente** und anderer Leistungen im Sinne des § 22 EStG. Der darin enthaltene Teil, der ausschließlich auf einer Anpassung der Rente beruht, ist gesondert mitzuteilen.

3. den Zeitpunkt des Beginns und des Endes des jeweiligen Leistungsbezugs.

Wer könnte ein Steuersünder sein?

Nicht nur Steuerflüchtlingen, die ihr Geld ins Ausland tragen, geht es an den Kragen. Mit der neuen Identifikationsnummer hat der Fiskus auch Zugriff auf alle Renten, Pensionen und Kapitalauszahlungen ab dem Jahr 2005. Wenn Sie nun bisher keine Steuererklärung eingereicht hatten, weil sie dachten, Sie bräuchten als Rentner keine Steuern zu zahlen, darf man Sie nicht der Steuerhinterziehung bezichtigen, weil Sie ja kein Steuerexperte sind und somit nicht vorsätzlich gehandelt haben. Aus diesem Grund darf das Finanzamt auch nur für höchstens vier Jahre Steuern nachfordern statt wie sonst (bei Vorsatz) für zehn Jahre.

Mit einer Nachzahlung muss aber nur ein Teil der Rentner rechnen, Otto Normalrentner bleibt verschont. Dazu mehr unter ➤ Rz 926ff.

11.4.2 Die Besteuerung der sonstigen Leibrenten – Zeile 14   974

Diese werden weiterhin mit dem günstigeren – besonderen – Ertragsanteil aus den Tabellen 2 und 3 (➤ Rz 955) besteuert. Tabelle 2 enthält die

Ertragsanteile für lebenslange Leibrenten, Tabelle 3 die für befristete Leibrenten.

Zu den niedrig besteuerten Renten gehören die aus **privaten Rentenversicherungen** (aber nicht die Riester- oder Rürup-Renten), private Renten aus einer Unfall-, Berufs- oder Erwerbsunfähigkeitsversicherung, aber auch Renten aus Veräußerungsgeschäften, z.B. aus dem Verkauf eines Grundstücks auf Rentenbasis.

Renten aus der **gesetzlichen Unfallversicherung** (z.B. Berufsgenossenschaftsrenten) sowie Kriegs- und Schwerbeschädigtenrenten sind übrigens steuerfrei.

975 ### 11.4.3 Die Besteuerung der Leistungen aus Altersvorsorgeverträgen und betrieblicher Altersversorgung – Zeile 31 ff.

Renten aus Altersvorsorgeverträgen (Riester) und aus betrieblicher Altersversorgung werden in **voller Höhe** besteuert.

Ausnahmen:
- Wenn Beiträge zur betrieblichen Altersversorgung pauschal versteuert wurden (z.B. bei einer Direktversicherung), sind die Renten (nur) mit dem Ertragsanteil gem. Tabelle 2 ➤ Rz 955 steuerpflichtig.
- Wurde der Riester-Vertrag vor dem 1.1.2005 abgeschlossen, ist die spätere Rente ebenfalls nur mit dem Ertragsanteil steuerpflichtig.

Maßgebend sind die Angaben und Hinweise in der Leistungsmitteilung des Anbieters.

Der Glaube lindert die Not.
(Ben Jelloun, Schriftsteller)

11.5 Hinzuverdienstgrenze, Sozialversicherungswerte

976 Viele Werktätige scheiden vorzeitig aus dem Arbeitsleben aus, weil sie nicht mehr das volle Pensum schaffen. Auch Ihnen ist es so ergangen. Sie möchten sich jedoch nicht ganz aus dem Erwerbsleben zurückziehen, eine Halbtagsbeschäftigung wäre optimal. Sie fragen sich indessen, in welcher Höhe ein Hinzuverdienst möglich ist, ohne dass die Rente gefährdet wird, wenn die Rentenkasse davon erfährt, z.B. durch eine Betriebsprüfung bei Ihrem Arbeitgeber.

977 ## 11.5.1 Hinzuverdienstgrenze

Wer wie viel zu seiner Rente hinzuverdienen darf, ohne seinen Rentenanspruch zu gefährden, hängt grundsätzlich vom Lebensalter ab.

1. Rentner über der Regelaltersgrenze

Ab der Regelaltersgrenze (65 Jahre für vor dem 1.1. 1947 Geborene, schrittweise höher für nach dem 31.12. 1946 Geborene) darf ein Rentner unbegrenzt hinzuverdienen und muss auch nichts angeben. Wer sich dafür entscheidet, regulär weiterzuarbeiten, erwirbt zusätzliche Rentenansprüche und darüber hinaus einen Zuschlag von 0,5 % für jeden Monat, in dem die Rente nicht in Anspruch genommen wird.

2. Rentner unter der Regelaltersgrenze

Wer die Regelaltersgrenze noch nicht erreicht hat und Rente bezieht, darf nur bis 450 € im Monat hinzuverdienen. Allerdings kann zweimal im Jahr (gedacht zum Urlaub oder zu Weihnachten) der Verdienst auf das Doppelte = 900 € steigen, was eigentlich recht großzügig erscheint. Doch aufgepasst: Schon bei geringfügigem Überschreiten der Grenze von 450 €/900 € kommt es zu einer Kürzung der Rente. Sie müssen damit rechnen, dass der Rentenversicherungsträger und die Kontrollstelle für Minijobs (Knappschaft Bahn See) sich untereinander austauschen und die Daten abgleichen. Schon hat man Sie am Kanthaken.

Guter Rat: Hinzuverdienstgrenze ausschöpfen

Der Betrag von 450 € kommt Ihnen bekannt vor? Richtig, er ist der Grenzbetrag für Minijobs, und es gelten deren Regeln, ohne dass allerdings für den Arbeitgeber Abgaben zur Kranken- und Rentenversicherung anfallen, weil Sie ja als Rentner ohnehin versichert sind. Dies bedeutet, dass auch Ihr Arbeitgeber in die Klemme kommt, wenn der Betrag von 450 € überschritten wird.

450 € sind nicht das Ende der Fahnenstange, denn Zugaben sind erlaubt. Sprechen Sie Ihren Arbeitgeber auf Berufskleidung, ein kostenfreies Handy oder Fahrtkostenersatz an.

Die Hinzuverdienstregelung ist ein Skandal, weil hierdurch Zigtausenden von leistungswilligen Menschen, die Rente beziehen, völlig unnötig bürokratische Fesseln angelegt werden. Zudem werden der deutschen Wirtschaft wertvolle Arbeitskräfte entzogen. Völlig unverständlich ist auch die starre Regelung der Grenzwerte. Was denkt sich die Bürokratie überhaupt dabei, einen Frührentner, der als leitender Angestellter mehrere tausend Euro im Monat verdient hat, auf eine Grenze von 450 € zu setzen? Dafür kann er höchstens die Post aus dem Briefkasten holen.
Ist der Hinzuverdienst zu hoch, zahlt die Rentenversicherung nur noch eine Zweidrittel-, Einhalb- oder Eindrittelrente. Wie hoch der Hinzuver-

dienst für diese verschiedenen Teilrenten sein darf, wird individuell berechnet. Es kommt auf den Beschäftigungsort an (West oder Ost) und auf den Lohn der letzten drei Kalenderjahre vor Beginn der Rente.

Restgehalt zinslos stunden

Sind 450 € im Monat nicht etwas wenig für die vielen Stunden, die Sie arbeiten?

»Na klar, bin doch kein Lehrling mehr. Mein reguläres Gehalt beträgt 1.000 € im Monat. Weil ich aber bis zu meinem 65. nur 450 € hinzuverdienen darf, wird der Rest später – nach meinem 65. – in einer Summe nachbezahlt. Den nicht ausbezahlten Teil meines Gehalts stunde ich dem Boss, weil er derzeit knapp bei Kasse ist. So die offizielle Version. Das habe ich sogar schriftlich«, sagen Sie.

Gratuliere, die Nachzahlung ist später steuerbegünstigt.

Bestehen ohne Eitelkeit.
(Sabine Sinjen)

978 **Wichtig zu wissen: Solarstrom kann Rente zum Schmelzen bringen!** Sind Sie als Frührentner stolzer Besitzer einer Photovoltaikanlage? Ihre Freude über zusätzliche Einnahmen aus verkauftem Strom könnte getrübt werden, wenn diese 450 € im Monat übersteigen. In diesem Fall droht eine Rentenkürzung!

 11.5.2 Beitrags- und Entgeltgrenzen für die Sozialversicherung 2014/2015

979

	Westdeutschland		Ostdeutschland	
	2014	2015	2014	2015
Beitrag vom Arbeits-entgelt	%	%	%	%
Rentenversicherung	18,9	18,7	18,9	18,7
Arbeitslosen-versicherung	3,0	3,0	3,0	3,0
Krankenversicherung	14,6	14,6	14,6	14,6
Zusatzbeitrag Krankenversicherung[1)]	0,9	(0,9)	0,9	(0,9)
Pflegeversicherung[2)]	2,05	2,35	2,05	2,35

	Westdeutschland		Ostdeutschland	
	2014	2015	2014	2015
Beitragsbemes-sungsgrenzen monatlich	€	€	€	€
Rentenversicherung	5.950,–	6.050,–	5.000,–	5.200,–
Arbeitslosen-versicherung	5.950,–	6.050,–	5.000,–	5.200,–
Krankenversicherung	4.050,-	4.125,-	4.050,-	4.125,-
Pflegeversicherung[2]	4.050,-	4.125,-	4.050,-	4.125,-
Beitragsbemes-sungsgrenzen jährlich	€	€	€	€
Rentenversicherung	71.400,–	72.600,–	60.000,–	62.400,–
Arbeitslosen-versicherung	71.400,–	72.600,–	60.000,–	62.400,–
Krankenversicherung	48.600,–	49.500,–	48.600,–	49.500,–
Pflegeversicherung[2]	48.600,–	49.500,–	48.600,–	49.500,–

[1] Den Zusatzbeitrag trägt allein der Arbeitnehmer. Seit 2015 kassenindividueller Zusatzbeitrag (durchschnittlich 0,9 %).

[2] Kinderlose Arbeitnehmer zahlen einen Zuschlag zur Pflegeversicherung in Höhe von 0,25 % des Arbeitslohns.

12 Die Anlage SO

Sonstige Einkünfte (ohne Renten)

Berechnungsschema für »Sonstige Einkünfte«

Wiederkehrende Bezüge > Zeile 4	. . . . €	
Versorgungsausgleich > Zeile 5	. . . . €	
Unterhaltsleistungen > Zeile 6	. . . . €	
Summe	. . . . €	
./. Werbungskosten,		
mind. Pauschbetrag 102 €	− . . . . €	
Verbleiben	. . . . €	> . . . . €
Einnahmen aus Leistungen > Zeile 8–9	. . . . €	
Abgeordnetenbezüge > Zeile 14–22	. . . . €	
Private Veräußerungsgeschäfte	. . . . €	
Summe	. . . . €	
./. Werbungskosten,		
mind. Pauschbetrag 102 €	− . . . . €	
Verbleiben	. . . . €	> . . . . €
Sonstige Einkünfte (ohne Renten)	. . . . €	

12.1 Wann ist eine Anlage SO abzugeben?

Unter die Einkünfte, die in der Anlage SO zu erklären sind, fallen insbe- **981** sondere Einkünfte aus

- **Ausgleichsleistungen zur Vermeidung des Versorgungsausgleichs** (siehe dazu ➤ Rz 120),
- **Unterhaltsleistungen**, soweit sie beim Geber als Sonderausgaben ab- ziehbar sind (§ 22 Nr. 1a EStG/➤ Rz 984),
- **Leistungen**, soweit sie mindestens 256 € im Kalenderjahr betragen. Hierunter fallen insbesondere Bestechungsgelder, Schmiergelder, Mit- nahmegebühr für die Fahrt zur Arbeit und Einnahmen aus der Vermie- tung beweglicher Gegenstände (§ 22 Nr. 3 EStG/➤ Rz 985),
- **privaten Veräußerungsgeschäften** (§ 22 Nr. 2 EStG/➤ Rz 989).

2015

1	Name / Gemeinschaft		**Anlage SO**	
2	Vorname		zur Einkommensteuererklärung	
3	Steuernummer		zur Feststellungserklärung	

Sonstige Einkünfte (ohne Renten und ohne Leistungen aus Altersvorsorgeverträgen) 55

			sulst. Person / Ehemann / Lebenspartner(in) A / Gemeinschaft EUR		Ehefrau / Lebenspartner(in) B EUR	
	Wiederkehrende Bezüge					
4	Einnahmen aus	158		— 159		—

	Ausgleichsleistungen zur Vermeidung des Versorgungsausgleichs		EUR		EUR	
5	soweit sie vom Geber als Sonderausgaben abgezogen werden	144		— 145		—

	Unterhaltsleistungen		EUR		EUR	
6	soweit sie vom Geber als Sonderausgaben abgezogen werden	146		— 147		—

	Werbungskosten		EUR		EUR	
7	zu den Zeilen 4 bis 6	160		— 161		—

	Leistungen		EUR		EUR	
8	Einnahmen aus			—		—
9	Einnahmen aus	+		— +		—
10	Summe der Zeilen 8 und 9	164		— 165		—
11	Werbungskosten zu den Zeilen 8 und 9	176 –		— 177 –		—
12	Einkünfte	=		— =		—
13	Die 2014 nach Maßgabe des § 10d Abs. 1 EStG vorzunehmende Verrechnung nicht ausgeglichener negativer Einkünfte 2015 aus Leistungen (Zeile 12) soll wie folgt begrenzt werden			—		—

	Abgeordnetenbezüge		EUR		EUR	
14	Steuerpflichtige Einnahmen ohne Vergütung für mehrere Jahre	200		— 201		—
15	In Zeile 14 enthaltene Versorgungsbezüge	202		— 203		—
16	Bemessungsgrundlage für den Versorgungsfreibetrag	204		— 205		—
17	Maßgebendes Kalenderjahr des Versorgungsbeginns	216		217		

	Bei unterjähriger Zahlung: Erster und letzter Monat, für den die Versorgungsbezüge gezahlt wurden		Monat	Monat		Monat	Monat
18		206	— 208		207	— 209	

19	Sterbegeld, Kapitalauszahlungen / Abfindungen und Nachzahlungen von Versorgungsbezügen (in Zeile 14 enthalten)	210		— 211		—
20	In Zeile 14 nicht enthaltene Vergütungen für mehrere Jahre (lt. gesonderter Aufstellung)	212		— 213		—
21	In Zeile 20 enthaltene Versorgungsbezüge	214		— 215		—
22	Aufgrund der vorgenannten Tätigkeit als Abgeordnete(r) bestand eine Anwartschaft auf Altersversorgung ganz oder teilweise ohne eigene Beitragsleistung	242	1 = Ja 2 = Nein	243	1 = Ja 2 = Nein	

	Steuerstundungsmodelle		EUR		EUR	
23	Einkünfte aus Gesellschaften / Gemeinschaften / ähnlichen Modellen i. S. d. § 15b EStG (lt. gesonderter Aufstellung)			—		—

2015AnlSO131	– März 2015 –	2015AnlSO131

Private Veräußerungsgeschäfte

Grundstücke und grundstücksgleiche Rechte (z. B. Erbbaurecht) In den Zeilen 34 bis 40 bitte nur den steuerpflichtigen Anteil erklären.

31	Bezeichnung des Grundstücks / ispw.) des Rechts
32	Zeitpunkt der Anschaffung (z. B. Datum des Kaufvertrags, Zeitpunkt der Entnahme aus dem Betriebsvermögen)	Zeitpunkt der Veräußerung (z. B. Datum des Kaufvertrags, auch nach vorheriger Einlage ins Betriebsvermögen)

Nutzung des Grundstücks bis zur Veräußerung

33	zu eigenen Wohnzwecken	vom – bis	m²	zu anderen Zwecken (z. B. als Arbeitszimmer zur Vermietung) vom – bis	m²

		EUR
34	Veräußerungspreis oder an dessen Stelle tretender Wert (z. B. Teilwert, gemeiner Wert)	
35	Anschaffungs- / Herstellungskosten oder an deren Stelle tretender Wert (z. B. Teilwert, gemeiner Wert) ggf. zzgl. nachträglicher Anschaffungs- / Herstellungskosten	–
36	Absetzungen für Abnutzung / Erhöhte Absetzungen / Sonderabschreibungen	+
37	Werbungskosten im Zusammenhang mit dem Veräußerungsgeschäft	–
38	Gewinn / Verlust (zu übertragen nach Zeile 39)	=

		stpfl. Person / Ehemann / Lebenspartner(in) A / Gemeinschaft EUR		Ehefrau / Lebenspartner(in) B EUR
39	Zurechnung des Betrags aus Zeile 38	110	– 111	
40	Gewinne / Verluste aus weiteren Veräußerungen von Grundstücken und grundstücksgleichen Rechten (lt. gesonderter Aufstellung)	112	– 113	

Andere Wirtschaftsgüter (Veräußerungen von Gegenständen des täglichen Gebrauchs sind ausgenommen)

41	Art des Wirtschaftsguts
42	Zeitpunkt der Anschaffung (z. B. Datum des Kaufvertrags)	Zeitpunkt der Veräußerung (z. B. Datum des Kaufvertrags)

		EUR
43	Veräußerungspreis oder an dessen Stelle tretender Wert (z. B. gemeiner Wert)	
44	Anschaffungskosten (ggf. gemindert um Absetzung für Abnutzung) oder an deren Stelle tretender Wert (z. B. Teilwert, gemeiner Wert)	–
45	Werbungskosten im Zusammenhang mit dem Veräußerungsgeschäft	–
46	Gewinn / Verlust (zu übertragen nach Zeile 47)	=

		stpfl. Person / Ehemann / Lebenspartner(in) A / Gemeinschaft EUR		Ehefrau / Lebenspartner(in) B EUR
47	Zurechnung des Betrags aus Zeile 46	114	– 115	
48	Gewinne / Verluste aus weiteren Veräußerungen von anderen Wirtschaftsgütern (lt. gesonderter Aufstellung)	116	– 117	

Anteile an Einkünften

49	Gemeinschaft, Finanzamt und Steuernummer

		EUR		EUR
50	Anteil am Gewinn / Verlust	134	– 135	

		EUR	EUR
51	Die 2014 nach Maßgabe des § 10d Abs. 1 EStG vorzunehmende Verrechnung nicht ausgeglichener negativer Einkünfte 2015 aus privaten Veräußerungsgeschäften soll wie folgt begrenzt werden	–	–

12.2 Wie wird die Anlage SO ausgefüllt?

982 Gehen Sie nach den Vorgaben im Formular vor.

12.2.1 Wiederkehrende Bezüge – Zeile 4

Wiederkehrende Bezüge sind als sonstige Einkünfte nach § 22 Nr. 1 EStG zu erfassen, wenn sie nicht zu anderen Einkunftsarten gehören. In Betracht kommen hier nur zwei Arten von wiederkehrenden Bezügen, die steuerpflichtig sind: bestimmte Zeitrenten und regelmäßige Einnahmen aus Vermögensübertragungen bei vorweggenommener Erbfolge.

Achtung: Wiederkehrende Bezüge sind voll steuerpflichtig.

Zeitrenten als wiederkehrende Bezüge
Unter wiederkehrenden Bezügen sind insbesondere die Renten versammelt, bei denen zwischen Leibrenten und Zeitrenten unterschieden wird. Leibrenten gehören in die Anlage R, Zeitrenten in die Anlage SO. Anders als bei Leibrenten wird eine Zeitrente über eine feste Zeitspanne vereinbart. Stirbt der Rentenberechtigte vorher, wird die Rente bis zum Zeitablauf weitergezahlt, meistens an die Erben.

Zeitrente aus einem Versicherungsvertrag
In nur einem Fall hat der BFH entschieden, dass eine Zeitrente steuerpflichtig ist. Die durch den Tod des Versicherungsnehmers ausgelöste Rente, die unabhängig von der Lebenszeit eines Menschen auf eine **bestimmte Zeit** befristet an die Erben gezahlt wird, sei keine Leibrente und deshalb als sog. wiederkehrender Bezug nach § 22 Abs. 1 Nr. 1 Satz 1 EStG **in voller Höhe einkommensteuerpflichtig** (Urt. v. 25.11.1980 – BStBl 1981 II S. 358).

> **Gut zu wissen: Zeitrente aus einem Grundstücksverkauf nicht voll steuerpflichtig**
> Solche Zeitrenten sind als Kaufpreisraten zu werten (BFH, zuletzt im Urt. v. 29.10.1974 – BStBl 1975 II S. 173). Die einzelnen Rentenzahlungen sind in einen Zins- und Tilgungsanteil zu zerlegen. Der Zinsanteil ist als Einnahme aus Kapitalvermögen zu versteuern, gehört also in > Zeile 14 der Anlage KAP.

Vermögensübertragungen als wiederkehrende Bezüge
Hier zeigt sich die Kehrseite eines gewieften Steuersparmodells. Wiederkehrende Leistungen aus Vermögensübertragungen können als Leib-

rente oder als dauernde Last ausgestaltet sein. Was der Leistende als Sonderausgaben absetzen kann, muss der Empfänger im Gegenzug versteuern. Ist die Vermögensübertragung als Leibrente ausgestaltet, ist der Betrag beim Leistenden mit dem Ertragsanteil absetzbar und beim Empfänger mit dem Ertragsanteil zu versteuern, zu erklären in der Anlage R (➤ Rz 955 ff.).

Anders hingegen, wenn die Vermögensübertragung als dauernde Last ausgestaltet ist. Dann ist der Betrag beim Leistenden in voller Höhe absetzbar, beim Empfänger aber auch in voller Höhe steuerpflichtig, einzutragen hier in der Anlage SO > Zeile 4. Sofern Sie also wiederkehrende Bezüge aus dauernden Lasten bezogen haben, sind diese hier anzusetzen.

Freigrenze (Bagatellgrenze)

Schon mal erfreulich: Mit Einkünften aus Leistungen von weniger als **256 €** möchte sich der Fiskus nicht befassen. Einkünfte von mindestens 256 € greift er aber auf und will dann vom Gesamtbetrag die Steuer haben, also auch von den ersten 256 €.

12.2.2 Ausgleichsleistungen zur Vermeidung des Versorgungsausgleichs – Zeile 5

983

Der zahlungsverpflichtete Ehegatte/Lebenspartner (Geber) kann seine Ausgleichsleistungen zur Vermeidung des Versorgungsausgleichs an den geschiedenen Ehegatten bzw. den Lebenspartner einer aufgehobenen Lebenspartnerschaft oder den dauernd getrennt lebenden Ehegatten/ Lebenspartner (Empfänger) als Sonderausgaben abziehen, wenn

– er dies ausdrücklich beantragt,
– der Empfänger diesem Antrag zustimmt und
– beide unbeschränkt steuerpflichtig sind.

Stimmt der Empfänger dem Antrag zu, werden ihm die Ausgleichsleistungen als sonstige Einkünfte zugerechnet und zusammen mit seinen anderen Einkünften der Einkommensbesteuerung unterworfen.

Gut zu wissen: Durch die steuerliche Zurechnung dieser Einkünfte kann nicht nur eine Einkommensteuerbelastung entstehen; sie kann auch zum Verlust von staatlichen Förderungsleistungen führen, z.B. der Wohnungsbauprämie, der Arbeitnehmer-Sparzulage für vermögenswirksame Leistungen, der Gewährung von Waisen-, Eltern- und Ausgleichsrenten nach dem Bundesversorgungsgesetz sowie von Leistungen nach dem Bundesausbildungsförderungsgesetz (BAföG). Nachteile können ferner bei Stipendien und bei Darlehensrückzahlungen nach dem Graduiertenförderungsgesetz eintreten, selbst wenn die Einkünfte nicht dem Stipendiaten selbst, sondern seinem Ehegatten/Lebenspartner zugerechnet werden.

Gleicht der Geber die Nachteile durch zusätzliche Zahlungen an den Empfänger aus, sind diese Mehrleistungen Unterhaltsleistungen (> Zeile 6). Durch die Zurechnung dieser Mehrbeträge können sich weitere Nachteile ergeben.

984   ### 12.2.3 Unterhaltsleistungen – Zeile 6

Als Sie die Anlage U unterschrieben haben, war Ihnen doch hoffentlich klar, dass Sie die Unterhaltsleistungen, die Sie von Ihrem geschiedenen oder getrennt lebenden Ex erhalten, versteuern müssen.
Einzutragen sind die Unterhaltsleistungen, soweit Ihr Ex sie als Sonderausgaben abzieht (Anlage U und die Erläuterungen hierzu). Die Betonung liegt hier auf dem Wörtchen »soweit«. Zu versteuern sind also nur die Unterhaltsleistungen, die der Verpflichtete abziehen kann – und das sind max. 13.805 € im Jahr. Zahlt Ihr Ex mehr, sind trotzdem nur 13.805 € zu versteuern.

Von den Unterhaltszahlungen geht der Werbungskostenpauschbetrag von 102 € runter. Haben Sie höhere Rechtsberatungs-, Mahn-, Gerichts- oder sonstige Kosten im Zusammenhang mit den Unterhaltsleistungen, tragen Sie diese in > Zeile 7 ein.

Sonderausgabenabzug nicht vergessen!
Die vom Geber geleisteten Beiträge zu einer Basis-Kranken- und einer gesetzlichen Pflegeversicherung können vom Empfänger als Sonderausgaben abgezogen werden!

TIPP **Bei Luxusunterhalt aufpassen**

Vielleicht haben Sie sich wegen der Höhe des einzutragenden Betrags keine großen Gedanken gemacht, weil Ihr Ex ja die darauf entfallenden Steuern erstatten muss. Doch aufgepasst: Der Ex will Ihren Steuerbescheid sehen, und wenn dort als Unterhaltsleistungen 24.000 € ausgewiesen sind, kann er zu Recht die Erstattung der Steuern zunächst ablehnen und um eine neue Berechnung bitten, da er ja max. 13.805 € absetzen kann. Dieser Betrag gilt auch für Sie als Obergrenze.

Um zu erfahren, was Ihr Ex Ihnen an Steuern erstatten muss, müssen Sie nicht unbedingt einen Steuerberater aufsuchen. Das können Sie gut und gern selbst berechnen. Haben Sie neben den Unterhaltsbezügen noch andere Einkünfte bezogen, wie z. B. Arbeitslohn, stellen Sie zur Berechnung der auf die Unterhaltsbezüge entfallenden Steuern die Einkünfte ins Verhältnis.

Beispiel

Unterhaltsbezüge im Kalenderjahr			13.805 €
Arbeitslohn brutto			9.600 €

So wird gerechnet:	Sonstige Einkünfte	Einkünfte aus nichtselbständiger	Insgesamt
Arbeit			
Einnahmen	13.805,00 €	9.600,00 €	
./. Werbungskosten-			
pauschbetrag	−102,00 €	−1.000,00 €	
Einkünfte	13.703,00 €	8.600,00 €	22.303,00 €
Verhältnis	61,44 %	38,56 %	100,00 %
Einkommensteuer lt.			
Steuerbescheid (angenommen)			2.853,00 €
Auf die Unterhaltsbezüge			
entfallen 61,44 % =			1.752,88 €

Diesen Betrag muss Ihr Ex erstatten zzgl. des anteiligen Soli-Zuschlags von 61,44 % des Gesamt-Soli.

»Moment einmal, meine Ex rechnet aber ganz anders. Ohne Unterhalt würde keine Steuer anfallen (aufgrund des Grundfreibetrags von 8.472 €). Ihr Nachteil betrage daher die vollen 2.853 €.«

Ist wohl nicht so ganz von der Hand zu weisen. Hier geht es um den sog. »Nachteilsausgleich«, und ihr Nachteil beläuft sich in diesem Fall wohl tatsächlich auf die volle Steuerbelastung.

Ich rate Ihnen, Ihrer Ex zunächst die erste Berechnung zu präsentieren, denn auf den Arbeitslohn entfällt schließlich auch eine Steuer. Stellt sie sich quer, können Sie noch immer verhandeln …

Manchmal ist schnell Schluss

Wenn die Ex sich wiederverheiratet hat, erlischt der Unterhaltsanspruch nach § 1586 I BGB, stante pedes, wie die Lateiner sagten, was so viel wie stehendes Fußes oder auch sofort bedeutet. Dann ist auch das finanzielle Band zerrissen. Lediglich für das Jahr der Eheschließung ergibt sich noch ein Problem. Die Ex wird schon in diesem Jahr mit dem neuen Partner zusammen veranlagt, zugleich sind aber bis zur Eheschließung Unterhaltsleistungen geflossen, die bei der Steuer zu berücksichtigen sind. Rechnen Sie aber auch hier genau so wie in dem Beispiel oben.

985 ## 12.2.4 Leistungen – Zeile 8–13

Wenn es nach dem Fiskus ginge, würde für jedwede Leistung, die Geld bringt, auch der Staatssäckel klingeln. Dem ist aber nicht so. Der Katalog der steuerpflichtigen Einnahmen aus Leistungen ist begrenzt. Steuerpflichtig sind Einkünfte aus gelegentlichen Vermittlungen und aus der Vermietung beweglicher Gegenstände (§ 22 Nr. 3 EStG).

Zeile 8–12 Leistungen

Was schon mal vorkommt: Ein Arbeitnehmer im Innendienst einer Versicherungsgesellschaft hat für die Vermittlung von Versicherungsgeschäften eine Provision erhalten. Diese Provision ist als sonstige Einkünfte aus gelegentlichen Vermittlungen zu versteuern (BFH-Urt. v. 7.10.1954 – IV 405/53 U). Ja sogar ein »werthaltiger Tipp« soll steuerpflichtig sein (BFH-Urt. v. 26.10.2004 – BStBl 2005 II S. 167).

Was außerdem alles steuerpflichtig sein soll:

- einmalige Bürgschaftsprovision (BFH v. 22.1.1965 – BStBl III S. 313),
- Entgelt für eine Beschränkung der Grundstücksnutzung (BFH v. 9.4.1965 – BStBl III S. 361),
- Entgelt für die Einräumung eines Vorkaufsrechts (BFH-Urt. v. 10.12.1985 – BStBl 1986 II S. 340); bei späterer Anrechnung des Entgelts auf den Kaufpreis entfällt der Tatbestand des § 22 Nr. 3 EStG rückwirkend,
- Entgelt für den Verzicht auf Einhaltung des gesetzlich vorgeschriebenen Grenzabstands eines auf dem Nachbargrundstück errichteten Gebäudes (BFH-Urt. v. 5.8.1976 – BStBl 1977 II S. 26),
- Entgelt für ein vereinbartes Wettbewerbsverbot (BFH-Urt. v. 12.6.1996 – BStBl 1996 II S. 516),
- Entgelt für die regelmäßige Mitnahme eines Arbeitskollegen auf der Fahrt zwischen Wohnung und Arbeitsstätte (BFH-Urt. v. 15.3.1994 – BStBl 1994 II S. 516),
- Entgelt an einen benachbarten Wohnungseigentümer für die Duldung eines Spielsalons (BFH-Urt. v. 21.11.1997 – BStBl 1998 II S. 133),

- Entgelt für die zeitweise Vermietung eines Wohnmobils an wechselnde Mieter (BFH v. 12.11.1997 – BStBl 1998 II S. 774), sofern die Vermietung nicht gewerblich ausgeübt wird,
- Bestechungsgelder, die einem Arbeitnehmer von Dritten gezahlt wurden (BFH-Urt. v. 26.1.2000 – BStBl 2000 II S. 396).

»Ach du meine Güte, wer soll das denn alles wissen?«, rufen Sie empört. Richtig. Doch das komplizierte Steuerrecht hat auch seine guten Seiten. Wer Einnahmen dieser Art versehentlich nicht angegeben hat, dem kann der Fiskus keine Steuerhinterziehung anhängen, denn Steuerhinterziehung setzt vorsätzliches Handeln oder zumindest grobe Fahrlässigkeit voraus. Und es ist nicht grob fahrlässig, von diesen exotischen Urteilen nichts gewusst zu haben.

Lesen Sie dazu den Tipp unter ➤ Rz 1117.

Nicht steuerpflichtig sind:

- eine Abfindung, die der Mieter einer Wohnung für eine Einschränkung seiner Mietposition erhalten hat (BFH-Urt. v. 5.8.1976 – BStBl 1976 II S. 27),
- Streikunterstützungen (BFH-Urt. v. 24.10.1990 – BStBl 1991 II S. 337),
- Zahlungen eines pflegebedürftigen Angehörigen für seine Pflege im Rahmen des familiären Zusammenlebens (BFH-Urt. v. 14.9.1999 – BStBl 1999 II S. 776).

Zeile 13 und 51 Begrenzung negativer Leistungen (Verlustabzug)

Verluste sind wahrlich kein Grund zum Jubeln, es sei denn, sie stehen nur auf dem Papier. Hier kommt es aber noch schlimmer. Verluste aus Leistungen dürfen nur mit Gewinnen aus Leistungen verrechnet werden, nicht aber mit anderen Einkünften (§ 22 Nr. 3 EStG). Verluste, die mangels Gewinnen im selben Jahr nicht verrechnet werden können, sind nach § 10 d EStG rück- bzw. vortragsfähig. Vorrangig mindern sie den Gewinn des Vorjahres (durch Rücktrag). Dann wird der Steuerbescheid des Vorjahres berichtigt und zu viel gezahlte Steuer erstattet.

Falls Sie die Verrechnung nach Maßgabe des § 10d Abs. 1 EStG (Verlustrücktrag) begrenzen möchten, tragen Sie den gewünschten Betrag hier ein. Der »Restverlust« kann in künftige Jahre vorgetragen werden.

986 **12.2.5 Abgeordnetenbezüge – Zeile 14–22**

Abgeordnete des Bundestags und der Länderparlamente erhalten Bezüge unterschiedlichster Art, auf die hier nicht im Einzelnen eingegangen
werden kann. Ausführlich befasst sich mit den Abgeordnetenbezügen der
Erlass FinMin Sachsen vom 28.8.2000 (Az 32 – S 2257a – 2/20–42030).

987 **12.2.6 Steuerstundungsmodelle – Zeile 23**

Schiffsbeteiligungen, Medienfonds, geschlossene Immobilienfonds, aber
auch die sog. New Energy Fonds (Windkraft, Solar, Biomasse, Biogas)
sind dem Fiskus ein Dorn im Auge, weil sie dem Anleger anfangs Verluste
bescheren. Diesen stehen indessen prinzipiell spätere Gewinne/Über-
schüsse gegenüber. Der Fiskus bezeichnet die Beteiligungen deswegen als
»Steuerstundungsmodelle«, was besagen will: Aufgeschoben ist nicht aufgehoben. Steuerstundungsmodelle kommen in verschiedener Ausgestal-
tung vor. Im privaten Vermögensbereich ergeben sich daraus sonstige
Einkünfte i. S. von § 22 Nr. 1 Satz 1 EStG (§ 15 b EStG), die hier in > Zeile 23 einzutragen sind.

Weitere Angaben zur Bezeichnung der Steuerstundungsmodelle, zur
Höhe der Einnahmen und der Werbungskosten machen Sie auf einem
gesonderten Blatt.

Ich kann alles hingeben,
nur nicht meine Würde.
(Wolfgang Amadeus Mozart)

988 **12.2.7 Private Veräußerungsgeschäfte – Zeile 31–51**

Private Veräußerungsgewinne, die innerhalb einer bestimmten Frist erzielt werden, werden umfassend besteuert (§ 23 EStG). Zu Veräußerungsgeschäften aus Kapitalanlagen mehr unter ➤ Rz 911 ff.

Was wird besteuert?
Die Spekulationssteuer zielt auf Gewinne aus der Veräußerung aller
möglichen Güter: Grundstücke, Kunstgegenstände, Schmuck, Edelme-
talle, Briefmarken, Münzen, Fremdwährungen, Antiquitäten, Fahrzeuge –
insbesondere Oldtimer –, Motorboote … Gewinne aus dem Verkauf von
Wirtschaftsgütern des täglichen Bedarfs sowie eines bislang selbst genutzten Eigenheims werden hingegen nicht besteuert.
Gewinne aus dem Verkauf von Aktien, anderen Wertpapieren wie Anleihen oder aus Termingeschäften zählen, seit sie der Abgeltungsteuer

(➤ Rz 873 ff.) unterworfen sind, nicht mehr zu den sonstigen Einkünften, wodurch das Thema »Private Veräußerungsgeschäfte« erheblich an Bedeutung verloren hat.

Freigrenze (Bagatellgrenze)

Eine Freigrenze, sprich Bagatellgrenze, deutet immer darauf hin, dass dem Fiskus die Arbeit an einem Sachverhalt teurer kommt, als die Steuer daraus einbringt. So will er sich mit privaten Veräußerungsgewinnen von weniger als 600 € nicht befassen. Einen Veräußerungsgewinn von mindestens 600 € greift er aber auf und will dann vom Gesamtbetrag die Steuer haben.

Fristen nach § 23 Abs. 1 Nr. 1 EStG

Bei privaten Veräußerungsgeschäften sind drei Fristen bedeutsam: Eine Zehnjahres-, eine Zweijahres- und eine Jahresfrist. Damit ein Veräußerungsgeschäft steuerfrei bleibt, muss die Frist mindestens einen Tag überschritten sein.

Fristen bei privaten Veräußerungsgeschäften

Grundstücke, grundstücksgleiche Rechte (z.B. Erbbaurechte)*	10 Jahre
Andere Wirtschaftsgüter jeglicher Art (z.B. Anteile, Kraftfahrzeuge, Computer etc.)	1 Jahr

*Mit Ausnahme von Grundstücken, die zu eigenen Wohnzwecken genutzt wurden.

Beispiel

Sie haben am 10.6.2006 einen Bauplatz gekauft. Die Zehnjahresfrist nach BGB beginnt am 11.6.2006 um 0 Uhr und endet am 10.6.2016 um 24 Uhr. Sie können also den Bauplatz frühestens am 11.6.2016 steuerfrei verkaufen. Für die Berechnung des Zeitraums zwischen Anschaffung und Veräußerung ist grundsätzlich das obligatorische Geschäft maßgebend, das der Anschaffung oder der Veräußerung zugrunde liegt. Bei Grundstücken ist das der Kaufvertrag vor dem Notar, bei anderen Wirtschaftsgütern der Vertragsabschluss, auch der per Handschlag.

Berechnung des Veräußerungsgewinns

Gewinn oder Verlust aus Veräußerungsgeschäften ist der Unterschied zwischen Veräußerungspreis einerseits und den Anschaffungs- oder Herstellungskosten und den Werbungskosten andererseits, so § 23 Abs. 3 EStG. Der ist leichter gesagt als berechnet.

Für die Berechnung bei Grundstücksgeschäften können Sie sich an den Musterfall Huber (➤ Rz 994) halten.

989 Zeile 31–40 Grundstücke und grundstücksgleiche Rechte

In > Zeile 38 ist der Gewinn oder Verlust aus einem privaten Grundstücksgeschäft zu erklären, bei dem der Zeitraum zwischen Anschaffung und Veräußerung nicht mehr als zehn Jahre beträgt. Dazu sind Angaben in den > Zeilen 31–37 zu machen. Schummeln ist zwecklos, denn die Notare melden den Finanzämtern alle beurkundeten Kaufverträge. Da ist es schon besser, langfristig zu planen und erst nach Ablauf der Spekulationsfrist zu verkaufen.

Gut zu wissen: Wenn anderswo ein neuer Job winkt

Eine Ausnahme von der Spekulationssteuer macht der Fiskus, wenn das Haus über einen bestimmten Zeitraum (siehe ➤ Rz 992) zu eigenen Wohnzwecken genutzt wurde.

Nun will der Fiskus aber die Mobilität der Arbeitnehmer nicht unnötig behindern, die ja im Beruf so wichtig sein kann. Wenn es nicht gelingt, das Haus nach einem Wohnortwechsel sofort zu verkaufen, werden die Leerstandszeiten der Nutzung zu eigenen Wohnzwecken zugerechnet.

Beispiel

Sie sind wegen Arbeitsplatzwechsel aus Ihrer Eigentumswohnung ausgezogen. Erst vier Monate später konnten Sie die Wohnung verkaufen. Der Leerstand dieser vier Monate ist unschädlich (BMF-Schreiben v. 5.10.2000).

Als Nutzung zu eigenen Wohnzwecken gilt auch, wenn ein Haus einem nahen Angehörigen kostenlos überlassen wurde.

Anschaffung durch Erbschaft oder Schenkung

Bei einem Grundstück, das durch Erbschaft erworben wurde, ist die entgeltliche Anschaffung durch den Verstorbenen steuerlich dem Erben zuzurechnen. Somit fällt bei einem Verkauf Spekulationssteuer an, wenn das Grundstück nicht insgesamt zehn Jahre im Besitz des Erblassers und des Erben war, d.h.:

- Erben Sie ein Grundstück, das der Erblasser z.B. vor elf Jahren gekauft hatte, können Sie es sofort verkaufen, ohne dass Spekulationssteuer anfällt.
- Erben Sie ein Grundstück, das der Erblasser vor fünf Jahren gekauft hatte, müssen Sie mit dem Verkauf fünf Jahre warten, damit keine Spekulationssteuer anfällt.

Gleiches gilt für Schenkung, Vermächtnis oder Pflichtteil.
Entgeltlich angeschafft ist auch ein Grundstück, das nach einer Scheidung im Rahmen des Zugewinnausgleichs erworben wurde. Folge: Bei Verkauf innerhalb von zehn Jahren hält der Fiskus über die Spekulationssteuer die Hand auf.

Zeile 32 Zeitpunkt der Anschaffung/ Veräußerung

990

Tragen Sie die entsprechenden Daten aus dem notariellen Kaufvertrag ein. Als Anschaffung gilt nach § 23 Abs. 1 EStG auch die Überführung des Grundstücks aus dem Betriebsvermögen in das Privatvermögen durch Entnahme.
Als Veräußerung eines Grundstücks gilt auch eine Einlage in das Betriebsvermögen, wenn die Veräußerung aus dem Betriebsvermögen innerhalb von zehn Jahren seit Anschaffung des Grundstücks oder grundstücksgleichen Rechts erfolgt. Die Gewinne oder Verluste sind in diesen Fällen jedoch erst in dem Kalenderjahr zu erfassen, in dem der Preis für die Veräußerung aus dem Betriebsvermögen zugeflossen ist.

991

TIPP **Beginn der Frist bei einem Neubau**

Für den Beginn der Zehnjahresfrist ist die Anschaffung des Grund und Bodens maßgebend, auch wenn erst danach gebaut wurde.
»Dazu sollten Sie mir ein Beispiel geben«, sagen Sie interessiert.
Angenommen, Sie haben am 1.7.2007 einen Bauplatz gekauft und im Jahr 2011 darauf ein Doppelhaus errichtet, das vermietet wird. Die Zehnjahresfrist beginnt mit dem Kauf des Bauplatzes – nicht mit der Bebauung –, also am 2.7.2007 0 Uhr und endet am 1.7.2017 24 Uhr. Sie könnten das bebaute Grundstück somit am 2.7.2017 steuerfrei verkaufen (BMF-Schreiben v. 5.10.2000). Ist also der Veräußerungsgewinn für den Grund und Boden wegen Fristablaufs steuerfrei, ist auch der auf das errichtete Gebäude entfallende Gewinn steuerfrei, da mit der Fertigstellung des Gebäudes keine neue Zehnjahresfrist zu laufen beginnt.
Im Rückschluss heißt das: Wird das Grundstück innerhalb der Spekulationsfrist verkauft, ist auch die Wertsteigerung des darauf errichteten Gebäudes steuerpflichtig.

Weltlich ausgerichtete Menschen
sollten sich nicht fundamental gebärden.
(Marjane Satrapi, Cartoonistin)

992 Zeile 33–34 Nutzung des Grundstücks, Veräußerungspreis, Schwarzgeld

Nutzung zu eigenen Wohnzwecken

Nicht besteuert wird der Verkauf einer Immobilie, soweit sie

- im Zeitraum zwischen Anschaffung und Veräußerung oder
- im Jahr der Veräußerung und in den beiden vorangegangenen Jahren ausschließlich zu eigenen Wohnzwecken genutzt wurde. Nicht eigenen Wohnzwecken dient aber z.B. ein häusliches Arbeitszimmer, selbst wenn der Abzug der Aufwendungen als Werbungskosten ausgeschlossen oder eingeschränkt ist.

Haben Sie ein Grundstück veräußert, bei dem nur ein Teil der Besteuerung unterliegt (z.B. häusliches Arbeitszimmer, fremd vermietete Räume), machen Sie in den > Zeilen 34–39 nur Angaben zum steuerpflichtigen Teil.

Veräußerungspreis, Schwarzgeld

Der Anlage SO ist der vom Notar beurkundete Vertrag beizufügen, aus dem sich der Veräußerungspreis ergibt. Dennoch betrachtet der Fiskus den Veräußerungspreis durchaus skeptisch, ist ihm doch bekannt, dass vielfach Schwarzgeld gezahlt wird. Die Motive für Schwarzgeldzahlungen sind unterschiedlich. Für den Käufer kann interessant sein, Schwarzgeld unterzubringen, der Verkäufer sieht eine Möglichkeit, den offiziellen Kaufpreis zu drücken, um der Spekulationssteuer zu entgehen oder sie zumindest deutlich zu senken.

Nervenkitzel

Mit Schwarzgeld betrügen Sie nicht nur den Notar um einen Teil seines Honorars, sondern auch den Fiskus um einen Teil der Grunderwerbsteuer und möglicherweise um Spekulationssteuer. Auch ist ein solches Geschäft nicht ohne Risiko. Wird das Schwarzgeld vor Abschluss/Beurkundung des Vertrags gezahlt, könnte der Verkäufer vom Verkauf Abstand nehmen und das Schwarzgeld einfach behalten. Soll das Schwarzgeld hingegen erst hinterher fließen, könnte sich der Käufer auf den im Vertrag beurkundeten Kaufpreis berufen und die Zahlung des Schwarzgelds, obwohl vorher versprochen, verweigern.

Gewiefte Leute finden aber immer einen Weg, der vielfach darin besteht, dass eine unauffällige Aktentasche, in der sich das Schwarzgeld befindet, unter dem Tisch des Notars den Eigentümer wechselt, aus der Hand des

Käufers in die Hand des Verkäufers. Ist der Notar informiert, verlässt er für einen Moment das Zimmer. Wer so handelt, handelt betrügerisch, das ist doch wohl klar?

Verkauf weit unter Preis
Der Spekulationssteuer können Sie nicht dadurch entgehen, dass Sie weit unter Preis verkaufen, denn die Differenz zum Verkehrswert fällt unter »Schenkung«. Folge: Der Bearbeiter stuft den Vorgang als gemischte Schenkung ein, und neben Einkommen- und Grunderwerbsteuer kommt dann auch noch die Schenkungsteuer ins Spiel. Sie können sich also drehen, wie Sie wollen, der Fiskus holt sich immer seinen Teil.

Beispiel
Hans-Peter will eine kleine Eigentumswohnung verkaufen, weil er Geld braucht. Damit die Wohnung in der Familie bleibt, bietet er sie seiner Schwester Julia zum **Sonderpreis** von 36.600 € an, um den Freibetrag der Schenkungsteuer mitzunehmen.

Folgende Angaben zum Sachverhalt mögen genügen:
Anschaffung der Wohnung (52 qm, Baujahr 1970) in 2010 für 55.000 €
Verkehrswert der Wohnung in 2015:

Anschaffungskosten in 2010:	55.000 €	
./. Abschreibung vom Gebäudewert		
(80 % der Anschaffungskosten)		
44.000 € × 2 % × 5 Jahre =	– 4.400 €	
	51.600 € >	51.600 €

Verkauf der Wohnung an Julia in 2015 für 36.600 €
Wie rechnet der Fiskus?

1. Spekulationsgewinn

Veräußerungserlös	36.600 €	
Wert der Schenkung (51.600 € – 36.600 € =)	15.000 €	
Erlös insgesamt	51.600 € >	– 51.600 €
Spekulationsgewinn		0 €

2. Grunderwerbsteuer

Steuersatz z. B. 6,5 % × Kaufpreis 36.600 € =		2.379 €

3. Schenkungsteuer

Grundbesitzwert/gemeiner Wert		
(siehe oben)	51.600 €	
Davon 10 % steuerfrei, da zu		
Wohnzwecken vermietet (§ 13c ErbStG)	– 5.160 €	46.400 €

Davon anteilig 15,0/51,6 (15.000 € zu 51.600 €)		
als Wert der Schenkung	13.500 € >	13.500 €
./. Freibetrag Steuerklasse II		– 20.000 €
Verbleiben		0 €

»Ich verstehe, bei einem Geschäft mit Angehörigen lässt sich leichter ein Spekulationsgewinn vermeiden«, sagen Sie.

---

993 Zeile 35–36 Anschaffungs-/Herstellungskosten, Absetzung für Abnutzung

Vom Veräußerungspreis sind die Gestehungskosten abzusetzen. So ergibt sich der Gewinn/Verlust für die > Zeile 38.
Ausgangswert sind zunächst die Anschaffungs-/Herstellungskosten, einzutragen in > Zeile 35. In > Zeile 36 kommt das Elefantengedächtnis des Fiskus zum Ausdruck, der nicht vergessen kann, dass Sie bei Ihren bisherigen Einkünften aus Vermietung und Verpachtung des verkauften Grundstücks Abschreibungen/erhöhte Absetzungen auf das Gebäude vorgenommen haben, die Sie daher hier eintragen müssen.

994 ◆ *Musterfall Huber (Privates Veräußerungsgeschäft – Grundstück)*
Heribert Huber hatte im Jahr 2011 einiges an Geldvermögen geerbt und es sofort in einer Immobilie angelegt. Am 1.7.2011 erwarb er für 80.000 € ein unbebautes Grundstück und errichtete darauf ein kleines Mietwohnhaus. Die Bebauung war am 1.3.2013 abgeschlossen. Die Herstellungskosten beliefen sich auf 550.000 €. Mit Vertrag vom 1.7.2015 verkaufte Huber das bebaute Grundstück zu einem Preis von 650.000 €.

Bevor Huber die Anlage SO auszufüllen beginnt, rechnet er sich schon mal aus, was er als Spekulationsgewinn versteuern muss.

Er weiß, dass die von ihm als Werbungskosten in Anspruch genommene Abschreibung den Veräußerungsgewinn erhöht. Durch diese Regelung sollen Steuervorteile rückgängig gemacht werden, wenn sich Investoren kurzfristig von einem Mietobjekt trennen.

Veräußerungspreis		*650.000 €*
Anschaffungskosten		
Grundstück		*80.000 €*
Gebäude	*550.000 €*	
./. Abschreibung		
550.000 € × 2 % × $^{28}/_{12}$	*– 25.667 €*	

Restwert Gebäude   <u>*524.333 €*</u> > <u>*524.333 €*</u>

Summe   <u>*604.333 €*</u> > <u>*– 604.333 €*</u>

Spekulationsgewinn 2015   <u>*45.667 €*</u>

In die Anlage SO trägt Huber ein:

Zeile 37 Werbungskosten
995

Notarkosten, Kosten der Umschreibung im Grundbuch, Fahrtkosten tragen Sie hier ein.

Zeile 41–50 Andere Wirtschaftsgüter
996

In > Zeile 41–50 sind Veräußerungen von Wirtschaftsgütern zu erklären, die nicht Grundstücke sind und bei denen der Zeitraum zwischen Anschaffung und Veräußerung nicht mehr als ein Jahr betrug. Siehe hierzu ▶ Rz 988.

Wird das veräußerte Wirtschaftsgut allerdings zur Einkunftserzielung eingesetzt (z. B. Vermietung eines Flugzeugs, Motorboots), verlängert sich die Frist auf zehn Jahre (§ 23 Abs. 1 Nr. 2 Satz 2 EStG). Diese Verlängerung gilt für alle Gegenstände, die auf der Basis eines nach dem 31.12.2008 abgeschlossenen Vertrags angeschafft werden (§ 52a Abs. 11 Satz 3 EStG n.F.).

13 Die Anlage V

Einkünfte aus Vermietung und Verpachtung

997

Bauen ist süßes Armmachen, sagt ein Sprichwort, und da ist was Wahres dran. Bauen macht zwar Spaß, doch die Rendite ist oft erbärmlich, schlappe 2 bis 3 %. Andererseits gilt eine Immobilie in guter Lage als sichere Investition. Dies zeigte sich besonders in der letzten Finanzkrise, in der sich Immobilien als sichere Wertanlage entpuppten. Und wer gewitzt genug ist, kann mit einer Immobilie sogar Steuern sparen.

Die Einkünfte aus Vermietung und Verpachtung werden nach folgendem Schema berechnet:

Einnahmen	. . . . €
./. Werbungskosten	− . . . . €
Einkünfte	. . . . €

Für jedes vermietete Haus, jede vermietete Eigentumswohnung ist eine gesonderte Anlage V abzugeben.

13.1 Das Wichtigste im Überblick

13.1.1 Verluste verrechnen, Wertsteigerungen steuerfrei kassieren

998

Besteuert wird der Überschuss der Mieteinnahmen über die Werbungskosten. Sind die Werbungskosten höher als die Mieteinnahmen, ergibt sich ein Verlust, der mit anderen Einkünften verrechnet wird und so das zu versteuernde Einkommen mindert. Ein Verlust ergibt sich insbesondere durch hohe **Schuldzinsen (Finanzierungskosten) oder Reparaturen (Erhaltungsaufwand).** Steuerlich vorteilhaft ist bei privatem Grundbesitz, dass ein Gewinn aus dem Verkauf eines Mietobjekts grundsätzlich nicht der Einkommensteuer unterliegt – es sei denn, Anschaffung und Verkauf erfolgen innerhalb der **Spekulationsfrist von zehn Jahren** (➤ Rz 988 ff.).

ANLAGE V
Einkünfte aus Vermietung und Verpachtung

2016

2015

1 Name / Gemeinschaft / Körperschaft

Anlage V

2 Vorname

zur
Einkommensteuererklärung

3 **Steuernummer**

lfd. Nr.
der Anlage

zur
Körperschaftsteuererklärung

Einkünfte aus Vermietung und Verpachtung
(Bei ausländischen Einkünften: Anlage AUS beachten)

zur
Feststellungserklärung

Einkünfte aus dem bebauten Grundstück

Lage des Grundstücks / der Eigentumswohnung
Straße, Hausnummer

25

Angeschafft am

4

5 Postleitzahl   Ort

Fertig gestellt am

Einheitswert-Aktenzeichen

Veräußert / Übertragen am

6 00

53

7 Das in Zeile 4 bezeichnete Objekt wird
ganz oder teilweise
als Ferienwohnung genutzt 61 1 = Ja
2 = Nein
ganz oder teilweise an Angehörige
zu Wohnzwecken vermietet 62 1 = Ja
2 = Nein

8 Gesamt-
wohn- 54 m²
fläche
davon eigengenutzter oder
unentgeltlich an Dritte 55 m²
überlassener Wohnraum
davon
als Ferienwohnung 56 m²
genutzter Wohnraum

	Erdgeschoss	1. Obergeschoss	2. Obergeschoss	weitere Geschosse		EUR
9	**Mieteinnahmen für Wohnungen** (ohne Umlagen)	€	€	€	€ 01	—
10	Anzahl Wohnfläche m²	Anzahl Wohnfläche m²	Anzahl Wohnfläche m²	Anzahl Wohnfläche m²		
11	**für andere Räume** (ohne Umlagen / Umsatzsteuer)	€	€	€	€ 02	—
12	Einnahmen für an Angehörige vermietete Wohnungen (ohne Umlagen)			Anzahl Wohnfläche m² 03		—

13 Umlagen, verrechnet mit Erstattungen (z. B. Wassergeld, Flur- u. Kellerbeleuchtung, Müllabfuhr, Zentralheizung usw.)
auf die Zeilen 9 und 11 entfallen 04 —

14 auf die Zeile 12 entfallen 05 —

15 Vereinnahmte Mieten für frühere Jahre / auf das Kalenderjahr entfallende Mietvorauszahlungen
aus Baukostenzuschüssen 06 —

16 Einnahmen aus Vermietung von Garagen, Werbeflächen, Grund und Boden für Kioske usw. 07 —

17 Vereinnahmte Umsatzsteuer 09 —

18 Vom Finanzamt erstattete und ggf. verrechnete Umsatzsteuer 10 —

19 Öffentliche Zuschüsse nach dem Wohnraumförderungsgesetz
oder zu Erhaltungsaufwendungen, Aufwendungszuschüsse,
Guthabenzinsen aus Bausparverträgen und sonstige Einnahmen Gesamtbetrag €

20 davon entfallen auf eigengenutzte oder unentgeltlich an Dritte
überlassene Wohnungen lt. Zeile 8 — € ▶ = 08 —

21 **Summe der Einnahmen** —

22 Summe der Werbungskosten (Übertrag aus Zeile 50) —

23 **Überschuss** (zu übertragen nach Zeile 24) =

stpfl. Person / Ehemann /
Lebenspartner(in) A / Gesellschaft
EUR

Ehefrau / Lebenspartner(in) B
EUR

24 **Zurechnung des Betrags aus Zeile 23** 20   21 —

Die Eintragungen in den Zeilen 25 bis 32 sind nur in der ersten Anlage V vorzunehmen.

Anteile an Einkünften aus
(Gemeinschaft, Finanzamt und Steuernummer)

stpfl. Person / Ehemann /
Lebenspartner(in) A / Gesellschaft
EUR

Ehefrau / Lebenspartner(in) B
EUR

25 1. Grundstücksgemeinschaft 856 — 857 —

26 2. Grundstücksgemeinschaft 858 — 859 —

27 allen weiteren Grundstücksgemeinschaften 854 — 855 —

28 geschlossenen Immobilienfonds 874 — 875 —

29 Gesellschaften / Gemeinschaften / ähnlichen Modellen i. S. d. § 15b EStG — —

2015AnlV101   – März 2015 –   2015AnlV101

Andere Einkünfte

		stpfl. Person / Ehemann / Lebenspartner(in) A / Gesellschaft EUR		Ehefrau / Lebenspartner(in) B EUR
31	Einkünfte aus Untervermietung von gemieteten Räumen (Berechnung lt. gesonderter Aufstellung)	866	— 867	—
32	Einkünfte aus Vermietung und Verpachtung unbebauter Grundstücke, von anderem unbeweglichen Vermögen, von Sachinbegriffen sowie aus Überlassung von Rechten (lt. gesonderter Aufstellung)	852	— 853	—

Werbungskosten
aus dem bebauten Grundstück in den Zeilen 4 und 5

	Nur ausfüllen, wenn die Aufwendungen für das Gebäude nur teilweise Werbungskosten sind (siehe Anleitung zu den Zeilen 33 bis 49)			Abzugsfähige Werbungskosten
	Gesamtbetrag	Ausgaben, die nicht mit Vermietungseinkünften zusammenhängen, wurden		
		durch direkte Zuordnung ermittelt	verhältnis- mäßig ermittelt	
	EUR			EUR
	1	2	3	4
			%	

	Absetzung für Abnutzung für Gebäude (ohne Beträge in Zeile 34)			
33	linear degressiv % wie 2014 lt.ges. Erfig.		30	—
34	Erhöhte Absetzungen nach den §§ 7h, 7i EStG, Schutzbaugesetz wie 2014 lt.ges. Erfig.		31	—
35	Absetzung für Abnutzung für bewegliche Wirtschaftsgüter wie 2014 lt.ges. Erfig.		60	—
36	Schuldzinsen (ohne Tilgungsbeträge)		33	—
37	Geldbeschaffungskosten (z. B. Schätz-, Notar-, Grundbuchgebühren)		34	—
38	Renten, dauernde Lasten (lt. gesonderter Einzelaufstellung)		35	—
39	2015 voll abzuziehende Erhaltungsaufwendungen, die direkt zugeordnet werden können ✗		36	—
40	verhältnismäßig zugeordnet werden		37	—
41	Auf bis zu 5 Jahre zu verteilende Erhaltungs- aufwendungen (§§ 11a, 11b EStG, § 82b EStDV) Gesamtaufwand 2015 EUR 57 davon 2015 ab- zuziehen		38	—
42	zu berücksichtigender Anteil aus 2011		39	—
43	aus 2012		40	—
44	aus 2013		41	—
45	aus 2014		42	—
46	Grundsteuer, Straßenreinigung, Müllabfuhr, Wasserversorgung, Entwässerung, Hausbeleuchtung, Heizung, Warmwasser, Schornstein- reinigung, Hausversicherungen, Hauswart, Treppenreinigung, Fahrstuhl		52	—
47	Verwaltungskosten		48	—
48	Nur bei umsatzsteuerpflichtiger Vermietung: an das Finanzamt gezahlte und ggf. verrechnete Umsatzsteuer ✗		58	—
49	Sonstiges		49	—
50	Summe der Werbungskosten (zu übertragen nach Zeile 22)			—
51	Nur bei umsatzsteuerpflichtiger Vermietung: in Zeile 50 enthaltene Vorsteuerbeträge		59	—

Zusätzliche Angaben

		stpfl. Person / Ehemann / Lebenspartner(in) A	Ehefrau / Lebenspartner(in) B
52	2015 vereinnahmte oder bewilligte Zuschüsse aus öffentlichen Mitteln zu den Anschaffungs- / Herstellungskosten (lt. gesonderter Aufstellung)	€	€

999 ## 13.1.2 Liebhaberei abstreiten

Passen Sie auf, dass man Ihnen keine Liebhaberei anhängt! Worum geht es dabei?

Kein vernünftiger Mensch mag Verluste, es sei denn, sie stehen nur auf dem Papier. Solche Verluste wiederum mag der Fiskus nicht. Dann kommt er schnell mit § 42 Abgabenordnung angewackelt, der es verbietet, durch Missbrauch von Gestaltungsmöglichkeiten das Steuerrecht zu umgehen. Zu diesen Gestaltungsmöglichkeiten zählt auch die Liebhaberei, bei der es zu Verlusten kommt, weil der Steuerzahler seine Tätigkeit mehr als Hobby betrachtet und deswegen keine Überschüsse anstrebt. Folge: Verluste werden vom Fiskus nicht anerkannt. Gottlob ist die Absicht, einen Überschuss zu erzielen, ein innerer/gedanklicher Vorgang, der sich einer Überprüfung durch Dritte entzieht (FG Köln, Urt. v. 28.4.2009 – 8 K 1214/07). Deshalb stützt sich der Fiskus bei seinen Streichgelüsten gern auf äußere Merkmale, sog. Hilfstatsachen, aus denen er dann versucht, dem Steuerzahler einen Strick zu drehen.

Als Anzeichen für Liebhaberei gelten:

1. **Vermietung einer Ferienwohnung mit Verlust**
   Bei Vermietung einer Ferienwohnung können sich leicht dauerhafte Verluste einstellen. Dies ruft den Fiskus auf den Plan. Dazu ➤ Rz 1004 ff.

2. **Verbilligte Überlassung einer Wohnung an nahe Angehörige**
   Beträgt die vereinbarte Miete weniger als 66 % der ortsüblichen Marktmiete, sind die Kosten nur anteilig absetzbar (§ 21 Abs. 2 EStG). Dies bedeutet im Umkehrschluss: Ist die vereinbarte Miete höher als 66 %, sind die Kosten für die Wohnung in voller Höhe absetzbar. Dazu ➤ Rz 1009 ff.

3. **Nicht auf Dauer angelegte Vermietungstätigkeit**
   Wer ein vermietetes Haus oder eine vermietete Wohnung kauft und innerhalb von fünf Jahren dort selbst einzieht und zwischenzeitlich nur Verluste macht, kann die Verluste steuerlich nicht geltend machen (BFH v. 9.7.2002 – BStBl 2003 II S. 695).
   Andersherum machen Sie einen Schuh daraus: Bevor Sie selbst einziehen, vermieten Sie das Haus mindestens fünf Jahre. Als Vermieter können Sie sämtliche Hausunkosten einschließlich der Finanzierungskosten in der Steuererklärung unterbringen. Außerdem können Sie den Fiskus zur Kasse bitten, indem Sie das Haus gründlich aufmöbeln. Denn auch sämtliche Renovierungskosten vor Einzug sind als Werbungskosten absetzbar – selbst wenn sie über 15 % der Anschaffungskosten für das Gebäude hinausgehen, weil der bedenkliche Dreijah-

reszeitraum bereits abgelaufen ist. Zur 15-%-Grenze und zum Dreijahreszeitraum mehr unter ➤ Rz 1058.

4. Leerstehende Immobilie

Als Beweisanzeichen für Liebhaberei wertet der Fiskus den Umstand, dass sich der Steuerzahler nach dem Kauf nicht entscheiden kann, ob er die Immobilie wieder verkaufen, selbst nutzen oder dauerhaft vermieten will. Verluste werden dann nicht anerkannt. Wenn sich der Steuerzahler indessen ernsthaft um eine Vermietung bemüht und dies nachweisen kann, sind die Aufwendungen trotz längeren Leerstands als Werbungskosten absetzbar (BFH v. 9.7.2003 – BStBl 2003 Teil II S. 940). Also: regelmäßig inserieren.

In seinem Urteil vom 11.8.2010 hat der BFH erneut zur Liebhaberei Stellung genommen (Az IX R 3/10). Aufwendungen für eine leerstehende Wohnung können als vorab entstandene Werbungskosten abziehbar sein, wenn der Steuerzahler sich endgültig entschlossen hat, Einnahmen zu erzielen, und diese Entscheidung später nicht wieder aufgegeben hat. Der endgültige Entschluss zu vermieten – die Einkünfteerzielungsabsicht – sei eine innere Tatsache, die wie alle inneren Vorgänge aber nur anhand äußerlicher Merkmale beurteilt werden könne. Für eine Einkünfteerzielungsabsicht können der zeitliche Zusammenhang zwischen Aufwendungen und späterer Vermietung, die Dauer der Renovierung oder auch die (fehlende) Absehbarkeit, ob und ggf. wann die Räume vermietet werden sollen, als Indizien herangezogen werden.

13.2 Wann ist eine Anlage V abzugeben?

Zu erklären sind Einkünfte aus   1000

- einem bebauten Grundstück, z.B. vermietetes Haus, vermietete Eigentumswohnung (> Zeile 4 – 24),
- einer selbstgenutzten Immobilie, wenn einzelne Räume vermietet werden (> Zeile 4 – 24),
- Beteiligungen, z.B. Grundstücks- oder Erbengemeinschaften (> Zeilen 25 – 29),
- Untervermietung von gemieteten Räumen (> Zeile 31),
- unbebauten Grundstücken (z.B. Parkplatz), anderem unbeweglichem Vermögen (z.B. Schiffe) und Sachinbegriffen (z.B. Geschäftseinrichtung) sowie aus Überlassung von Rechten, z.B. Erbbaurechte, Urheberrechte, Kiesausbeuterechte (> Zeile 32).

Für ausschließlich zu eigenen Wohnzwecken bzw. eigenen gewerblichen/ beruflichen Zwecken genutzte Gebäude und Gebäudeteile ist also mangels Einkünfte **keine Anlage V** auszufüllen.

Haben Sie ein vermietetes Grundstück im Ausland, geben Sie zusätzlich die Anlage AUS ab.

Gut zu wissen: Außenprüfung nicht zu erwarten

Vermietungseinkünfte werden nur vom Innendienst geprüft, und dies auch nur gelegentlich. Sie brauchen also nicht zu befürchten, dass Ihnen später ein Steuerprüfer ins Haus kommt. Allerdings wird gelegentlich von höherer Warte angeordnet, bei der Veranlagung besondere Sachverhalte schwerpunktmäßig zu überprüfen. Dazu können auch die Einkünfte aus Vermietung und Verpachtung gehören. Dann sind Mietverträge, Kontoauszüge, Unterlagen über Mietstreitigkeiten/Mietausfälle etc. vorzulegen. Solange Sie dazu aber nicht aufgefordert werden, können Sie davon ausgehen, dass die Angaben in der Anlage V ungeprüft übernommen werden.

»Eingeklagte Mietausfälle sind bei mir schon mal auf ein Fremdkonto gegangen und nicht versteuert worden. Muss ich das nachmelden?«, so fragen Sie.

Selbstverständlich müssen Sie diese Mieteinnahmen nachmelden, und zwar in > Zeile 15.

1001 ## 13.3 Wie wird die Anlage V ausgefüllt?

Wer mehrere Grundstücke vermietet hat, muss für jedes Grundstück eine gesonderte Anlage V abgeben.

1002 ### 13.3.1 Einkünfte aus dem bebauten Grundstück – Zeile 4–24

Zeile 4-6 Lage des Grundstücks

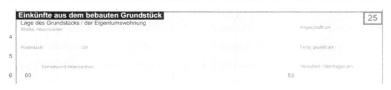

Das Einheitswert-Aktenzeichen können Sie dem Einheitswert- oder dem Grundsteuermessbescheid entnehmen.

In wie feinem Deutsch sich die Fiskalbürokraten untereinander verständigen, offenbart die Verfügung der OFD Chemnitz vom 9.1.2007 (S 2532 – 114/8 – St 21). Dort heißt es: »Als Zuordnungskriterium für ein Risikomanagementsystem dient das Einheitswert-Aktenzeichen, für das eine Eintragungsmöglichkeit in Zeile 6 geschaffen wurde. Die Anlage wurde verkennziffert.«

Ach du meine Güte, was mag das bloß bedeuten?

Zeile 7-8 Wohnfläche teilweise eigengenutzt oder unentgeltlich an Dritte überlassen

1003

	Das in Zeile 4 bezeichnete Objekt wird					
7	ganz oder teilweise als Ferienwohnung genutzt	61	1 = Ja 2 = Nein	ganz oder teilweise an Angehörige zu Wohnzwecken vermietet	62	1 = Ja 2 = Nein
8	Gesamt- wohn- 54 fläche	m²	davon eigengenutzter oder unentgeltlich an Dritte 55 überlassener Wohnraum	m²	davon als Ferienwohnung genutzter Wohnraum 56	m²

Die Eintragung in > Zeile 8 Kästchen 2 ist nur von Belang, wenn ein vermietetes Haus teilweise eigengenutzt oder unentgeltlich an Dritte überlassen wurde. Man spricht dann von **»gemischter Nutzung«.**

Anhand der unterschiedlichen prozentualen Nutzung stellt der Bearbeiter fest, in welchem Umfang die Hauskosten auf die vermietete Wohnfläche entfallen, somit absetzbar sind, und in welchem Umfang auf die eigengenutzte oder die unentgeltlich überlassene Wohnfläche und daher nicht absetzbar sind.

	Einkünfte aus dem bebauten Grundstück					25
	Lage des Grundstücks / der Eigentumswohnung Straße, Hausnummer				Angeschafft am	
4	*Heidestr. 12*				*01032011*	
5	*21335 LÜNEBURG*			Fertig gestellt am	*30062005*	
6	Einheitswert-Aktenzeichen 00 *213 / 028-3-01236.2*			53	Veräußert / Übertragen am	
	Das in Zeile 4 bezeichnete Objekt wird					
7	ganz oder teilweise als Ferienwohnung genutzt	61	1 = Ja 2 = Nein	ganz oder teilweise an Angehörige zu Wohnzwecken vermietet	62	1 = Ja 2 = Nein
8	Gesamt- wohn- 54 fläche *190* m²	davon eigengenutzter oder unentgeltlich an Dritte 55 überlassener Wohnraum *110* m²	davon als Ferienwohnung genutzter Wohnraum 56			m²
9	Mieteinnahmen für Wohnungen (ohne Umlagen) Erdgeschoss € *4800*	1. Obergeschoss €	2. Obergeschoss €	weitere Geschosse € 01	EUR *4800,-*	
10	Anzahl Wohnfläche m² *1*	Anzahl Wohnfläche *80* m²	Anzahl Wohnfläche m²	Anzahl Wohnfläche m²		
11	für andere Räume (ohne Umlagen / Umsatzsteuer) €	€	€	€ 02		,—
12	Einnahmen für an Angehörige vermietete Wohnungen (ohne Umlagen)		Anzahl Wohnfläche m² 03			,—

Beispiel

Ein Zweifamilienhaus hat eine Gesamtwohnfläche von 190 qm. Davon entfallen auf die eigengenutzte Wohnung 110 qm, also sind 80 qm vermietet. Die Mieteinnahmen ohne Umlagen haben 4.800 € betragen.

Der Bearbeiter rechnet blitzschnell: 80 qm ÷ 190 qm × 100 = 42,1 %. Es sind nur 42,1 % der Kosten, die auf das gesamte Haus entfallen (Grundsteuer, Versicherung, Abschreibung, Fassadenanstrich oder Dachreparatur), absetzbar.

Aufwendungen, die unmittelbar den vermieteten Teil betreffen (z.B. Reparatur der Dusche), sind in voller Höhe absetzbar.

Haben Sie die Wohnung einem Angehörigen **unentgeltlich überlassen**, sind, wie gesagt, die anteiligen Aufwendungen ebenfalls nicht absetzbar. Überlassen Sie aber einer in Ihrem Haushalt oder Ihrem Betrieb beschäftigten Person eine Wohnung unentgeltlich, ist der Mietwert ein Teil des Arbeitslohns (steuerpflichtiger Sachbezug). Sie müssen den als Lohn verrechneten Mietwert als Mieteinnahme in > Zeile 9 angeben und können ihn als Betriebsausgabe absetzen oder als Ausgabe für eine Haushaltshilfe, sofern die Voraussetzungen dafür vorliegen. Die anteiligen Hausunkosten sind **in voller Höhe** absetzbar.

Guter Rat:

1. **Wohnfläche genau vermessen (Wohnflächenverordnung vom 25.11.2003).**
   Wer die eigengenutzte oder unentgeltlich an Angehörige überlassene Wohnung zu großzügig bemisst, schadet sich selbst. Zur Wohnflächenberechnung mehr unter ➤ Rz 1005.

2. **Hauskosten steuergünstig zuordnen**
   Ordnen Sie die Kosten so weit als möglich dem vermieteten Teil zu, um sie zu 100 % abziehen zu können, was Ihre Steuerlast entscheidend mindert. Zur Aufteilung und Zuordnung der Kosten mehr unter ➤ Rz 1029 ff.

1004 # Zeile 7–8 Als Ferienwohnung genutzter Wohnraum

Wenn Sie Ihre Ferienwohnung nicht nur vermieten, sondern auch selbst darin wohnen, können Sie nur die Kosten absetzen, die anteilig mit der Vermietung zusammenhängen. Der Steuererklärung ist auf gesondertem Blatt eine Aufstellung beizufügen, an wie vielen Kalendertagen die Wohnung vermietet, eigengenutzt, unentgeltlich an Dritte überlassen wurde oder leer stand. Da haben Sie den Salat.

Streitpunkt ist vielfach, in welchem Verhältnis die Werbungskosten infolge der gemischten Nutzung aufzuteilen sind. Nach der Rechtsprechung des BFH im Urteil vom 5.11.2002 (BStBl 2003 II S. 914) gilt dabei:

1. Wer seine Ferienwohnung nicht selbst nutzt, sondern ausschließlich an Feriengäste vermietet und in der übrigen Zeit hierfür bereithält, kann sämtliche Kosten absetzen, auch wenn sich jahrelang Verluste ergeben sollten.

2. Wird die Ferienwohnung gemischt genutzt, wird das Finanzamt bei langjährigen Verlusten prüfen, ob der Steuerzahler die Absicht hat, einen Überschuss zu erzielen. Hierzu kann das Finanzamt eine Prognose erstellen, ob dies in einem Zeitraum von 30 Jahren gelingen kann

Beispiel einer Überschussprognose:

Einnahmen und Ausgaben der letzten fünf Jahre (laut Anlage V)		
Jahr	Einnahmen	Werbungskosten (50 % der gesamten Kosten, einschließlich 2 % Abschreibung)
2015	5.100 €	5.150 €
2014	3.800 €	4.800 €
2013	4.200 €	4.900 €
2012	2.900 €	5.100 €
2011	3.400 €	5.200 €
Durchschnitt	3.880 €	5.030 €
Hochrechnung auf 30 Jahre	116.400 €	150.900 €
Sicherheitszuschlag 10 %	11.640 €	
Sicherheitsabschlag 10 %		– 15.090 €
Einnahmen/Ausgaben geschätzt	128.040 €	135.810 €
Ergibt einen voraussichtlichen Verlust in Höhe von		7.770 €

Die Prognose sieht nicht gut aus. Vielleicht können Sie aber glaubhaft machen, dass in Zukunft Ihre Einnahmen höher sein werden oder die

Hausunkosten niedriger. So kann sich rechnerisch ein Überschuss ergeben, und Sie sind aus dem Schneider.

Gern setzen die Finanzämter auch geschätzte Erhaltungsaufwendungen von 15,60 bis 19,50 € pro qm und Jahr an (§ 28 der II. Berechnungsverordnung), die bei Ihnen zu einem völlig falschen Ergebnis führen, weil Sie in eigener Regie viel kostengünstiger renovieren. Hier können Sie einhaken.

3. Die auf Leerstandszeiten entfallenden Kosten sind entsprechend dem zeitlichen Verhältnis der tatsächlichen Selbstnutzung zur tatsächlichen Vermietung aufzuteilen.

4. Kurzfristige Aufenthalte des Eigentümers zur Reinigung, für (Schönheits-)Reparaturen, Schlüsselübergabe, Wartungsarbeiten, allgemeine Kontrolle oder Teilnahme an Eigentümerversammlungen zählen nicht als Selbstnutzung, sondern sind den Vermietungszeiten zuzurechnen und erhöhen die absetzbare Quote. Bei Schönheitsreparaturen müssen Sie dem Fiskus aber nachweisen können, dass der Aufenthalt während der üblichen Arbeitszeit vollständig mit Arbeiten für die Wohnung ausgefüllt war (BFH v. 25.11.1993 – BStBl 1994 II S. 350). Dazu sind Aufzeichnungen notwendig, was Sie den ganzen Tag über für die Wohnung getan haben. Nun können Sie zusätzlich zu den Kosten für Reparatur und Reinigungsmaterial auch noch die Fahrtkosten und den Mehraufwand für Verpflegung absetzen.

Lässt sich nicht genau feststellen, in welchem Umfang Sie die Ferienwohnung selbst nutzen, so sind die nicht auf die Vermietung entfallenden Kosten zu jeweils 50 % der Selbstnutzung und der Vermietung zuzurechnen.

Gut zu wissen: Wer am selben Ort über zwei vergleichbare Ferienwohnungen verfügt, braucht eine Aufteilung der Werbungskosten nur für die am meisten selbstgenutzte Wohnung vorzunehmen (FG Münster v. 16.11.2000 – EFG 2002 S. 128).

1005 ## Zeile 9–12 und 16–18 Mieteinnahmen, Umsatzsteuer

Bei einem Gebäude mit mehreren Geschossen tragen Sie die Mieteinnahmen entsprechend den Vorgaben im Formular ein. Die neben der Miete erhobenen **Umlagen** sind stets in > Zeile 13–14 einzutragen.

Geben Sie in > Zeile 10 außerdem die Anzahl der Wohnungen und für jedes Geschoss die Wohnfläche an. Die Angaben zur Wohnfläche bieten dem Bearbeiter Anhaltspunkte, ob möglicherweise unter Marktwert vermietet wird. Dies eröffnet ihm die Handhabe, die Hauskosten nur anteilig zu berücksichtigen (➤ Rz 998 und ➤ Rz 1029).

		Erdgeschoss	1. Obergeschoss	2. Obergeschoss	weitere Geschosse		EUR	
9	**Mieteinnahmen für Wohnungen** (ohne Umlagen)	€	€	€	€	01	,	,
10		Anzahl Wohnfläche m²	Anzahl Wohnfläche m²	Anzahl Wohnfläche m²	Anzahl Wohnfläche m²			
11	**für andere Räume** (ohne Umlagen / Umsatzsteuer)	€	€	€	€	02	,	,
12	**Einnahmen für an Angehörige vermietete Wohnungen** (ohne Umlagen)				Anzahl Wohnfläche ,	03	,	,
	Umlagen, verrechnet mit Erstattungen (z. B. Wassergeld, Flur- u. Kellerbeleuchtung, Müllabfuhr, Zentralheizung usw.)							
13	auf die Zeilen 9 und 11 entfallen					04	,	,
14	auf die Zeile 12 entfallen					05	,	,
15	Vereinnahmte Mieten für frühere Jahre / auf das Kalenderjahr entfallende Mietvorauszahlungen aus Baukostenzuschüssen					06	,	,
16	Einnahmen aus Vermietung von Garagen, Werbeflächen, Grund und Boden für Kioske usw.					07	,	,
17	Vereinnahmte Umsatzsteuer					09	,	,
18	Vom Finanzamt erstattete und ggf. verrechnete Umsatzsteuer					10	,	,

Wohnflächenberechnung

Die Wohnflächenverordnung vom 25.11.2003 beinhaltet die gesetzliche Definition der Wohnfläche. Zubehörräume, z.B. Keller, Dachböden, Schuppen und Garagen, sind nicht zu berücksichtigen. Gemessen wird nach lichten Maßen. Raumteile mit einer lichten Höhe zwischen ein und zwei Metern sowie die Fläche von Balkonen, Loggien, Dachgärten und nicht beheizbaren Wintergärten können bis zur Hälfte angesetzt werden. Enthält das Gebäude mehr als zwei Geschosse, machen Sie die Angaben dazu auf einem Extrablatt.

Mieteinnahmen für andere Räume, Umsatzsteuer

In > Zeile 11 geben Sie die Einnahmen aus der Vermietung von Räumen an, die nicht Wohnzwecken, sondern gewerblichen, freiberuflichen oder anderen Zwecken dienen. Die Umlagen für diese Räume sind ebenfalls stets in die > Zeile 13 einzutragen.
Bei umsatzsteuerpflichtiger Vermietung ist die an das Finanzamt gezahlte (bzw. vom Finanzamt verrechnete) Umsatzsteuer als Werbungskosten in > Zeile 48 einzutragen.

48	Nur bei umsatzsteuerpflichtiger Vermietung: an das Finanzamt gezahlte und ggf. verrechnete Umsatzsteuer	✕	58	,	,

**Verzicht auf Umsatzsteuerbefreiung/
Option zur Umsatzsteuer**

An dieser Stelle ist ein kleiner Ausflug in das Umsatzsteuerrecht fällig. Die Vermietung eines Gebäudes ist immer eine unternehmerische Tätigkeit, weil sie nachhaltig erfolgt (§ 2 UStG). Sie ist allerdings nach § 4 Nr. 12 a UStG grundsätzlich umsatzsteuerfrei. Unter bestimmten Voraussetzungen kann der Vermieter aber auf die Steuerfreiheit verzichten. Das nennt man Optieren zur Umsatzsteuer (§ 9 UStG). Voraussetzung ist u. a., dass der Mieter selbst ein Unternehmer (Gewerbetreibender oder Freiberufler) ist. Bei Vermietung zu Wohnzwecken ist also eine Option zur Umsatzsteuer nicht möglich. Bei umsatzsteuerpflichtiger Vermietung steht ein Vorsteuerabzug zu. Dies bedeutet: Sie als Vermieter müssen zwar die Mieteinnahmen mit 19 % versteuern, erhalten aber die bei der Herstellung des Gebäudes gezahlten Vorsteuerbeträge sofort erstattet.

Bei umsatzsteuerpflichtiger Vermietung gehören die den Mietern in Rechnung gestellten Umsatzsteuerbeträge zu den Mieteinnahmen (> Zeile 17). Die vom Finanzamt erstattete Vorsteuer gehört in > Zeile 18. Die mit den Rechnungen gezahlte Vorsteuer tragen Sie **zusätzlich** in > Zeile 51 ein.

51	Nur bei umsatzsteuerpflichtiger Vermietung: in Zeile 50 enthaltene Vorsteuerbeträge	59	

Geben ist seliger denn nehmen.
(Boxerprinzip)

1006 Zeile 9 Keine Mieteinnahmen

Konnte das Haus nicht vermietet werden, oder war der Mieter schlecht bei Kasse und hat keine Miete gezahlt, oder war das Haus im Veranlagungsjahr noch nicht bezugsfertig? Dann tragen Sie in > Zeile 9 eine Null ein. Dies darf Sie aber nicht daran hindern, die Ausgaben für das Haus auf Seite 2 der Anlage V als Werbungskosten anzusetzen. So ergibt sich ein Verlust, der Ihnen eine Steuererstattung beschert.

Kommt der Fiskalvertreter mit Liebhaberei angewackelt, lesen Sie ➤ Rz 999, Punkt 4.

1007 Mieteinnahmen den Kindern zuschanzen

Solange Kinder keine eigenen Einkünfte haben, gehen Jahr für Jahr deren steuerliche Freibeträge verloren. Das sind pro Kind:

752

Grundfreibetrag	8.472 €
Sonderausgabenpauschbetrag	36 €
Insgesamt	8.508 €

Sie könnten also Ihrem Kind jedes Jahr Mieteinkünfte bis zu 8.166 € steuerfrei zuschanzen. Ihre Einkünfte würden sich entsprechend verringern.
Vielleicht merken Sie schon, worauf ich hinauswill: Es geht um die Übertragung von Grundbesitz auf Ihre Kinder. Die formelle Übertragung erfordert entsprechende Verträge, bei volljährigen Kindern kein Problem. Bei minderjährigen Kindern muss aber ein **Ergänzungspfleger** den Vertrag mit unterschreiben, weil eine Grundstücksübertragung nicht immer vorteilhaft sein muss (§ 107 BGB). Den Ergänzungspfleger können Sie aus Ihrem Bekanntenkreis selbst bestimmen.

Gut zu wissen:

- Grundstückserwerbe unter Verwandten in gerader Linie (Großeltern, Eltern, Kinder) sind grunderwerbsteuerfrei (§ 8 Nr. 6 GrEStG).
- Bei Schenkungen an leibliche Kinder wird ein Freibetrag von 400.000 € berücksichtigt (§ 16 ErbStG).

1008

TIPP Nießbrauch einräumen

Sie können auch ohne Übertragung des Grundstücks Ihrem Kind Mieteinkünfte zuschanzen, indem Sie ihm ein Nießbrauchsrecht einräumen. Dann behalten Sie das Haus, das Kind erhält und versteuert die Mieten. Niemand kann auf das Grundstück zugreifen, wenn Ihr Kind mal in eine finanzielle Klemme geraten sollte. Den Nießbrauch können Sie sogar zeitlich begrenzen. Dem Kind als Nießbraucher sind die Mieteinkünfte steuerlich zuzurechnen. Auch hier der Pferdefuß wie oben: Das Kindergeld könnte gefährdet sein. Es kommt außerdem hinzu, dass der Nießbraucher nicht berechtigt ist, die Abschreibung für das vermietete Gebäude in Anspruch zu nehmen. Dies kann nur der Eigentümer, weil er die Abnutzung wirtschaftlich zu tragen hat – theoretisch. Praktisch kann er die Abschreibung nicht geltend machen, weil er aus dem Grundstück keine Einnahmen bezieht. Ist die Abschreibungssumme relativ gering, ist dieser Nachteil zu vernachlässigen.
Grundlage für die steuerliche Behandlung von Nießbrauchsverträgen ist der sog. Nießbrauchserlass vom 15.11.1984 (BStBl 1984 I S. 561) und die Rechtsprechung des BFH (insbesondere im Urt. v. 13.5.1980 – BStBl 1980 II

S. 297). Nießbrauch zwischen Eltern und Kindern bezeichnen die Fiskalbürokraten als »Zuwendungsnießbrauch«, weil die Eltern dem Kind etwas – ohne Gegenleistung – »zuwenden«.

Der Zuwendungsnießbrauch wird steuerlich nur anerkannt, wenn er im Grundbuch eingetragen ist. Außerdem ist der Nießbrauch vertragsgemäß durchzuführen. Dies bedeutet insbesondere, dass die Mietverträge auf den Nießbraucher umgestellt und die Mieten an ihn gezahlt werden müssen (BFH-Urt. v. 19.9.1978 – BStBl 1979 II S. 42).

Wie bei der Grundstücksübertragung zugunsten eines minderjährigen Kindes muss auch hier ein Ergänzungspfleger den Vertrag mit unterschreiben, denn ein Nießbrauchsrecht bringt auch Verpflichtungen mit sich, wie z.B. die aus dem Grundbesitz sich ergebenden Lasten (§ 107 BGB).

Jeder muss für sich selber sorgen und sehen,
was er sich leisten kann.
(Heinrich von Pierer, Siemens)

1009 # Zeile 7 – 12 Einnahmen für an Angehörige vermietete Wohnungen

Ist in > Zeile 12 etwas eingetragen, wittert der Bearbeiter sogleich Mauschelei.

| 12 | Einnahmen für an Angehörige vermietete Wohnungen (ohne Umlagen) | m² 03 | . | . | , |

Allerdings muss er es gelten lassen, wenn Sie einem Angehörigen die Wohnung unter Preis vermieten. Sofern Sie mindestens 66 % der ortsüblichen Miete nehmen, liegt das im gesetzlichen Rahmen, und die Werbungskosten, die auf diese Wohnung entfallen, sind zu 100 % absetzbar (§ 21 Abs. 2 Satz 2 EStG). So ergeben sich oft Verluste, die mit Überschüssen verrechnet werden können. Eine Überschussprognose wird hier nicht vorgenommen.

Zur steuerlichen Anerkennung von Mietverträgen zwischen nahen Angehörigen haben sich die Fiskalbürokraten untereinander ganz penibel abgestimmt, so im soeben zitierten BMF-Schreiben, aber auch in Verfügungen der Oberfinanzdirektionen, wie OFD Frankfurt vom 29.9.2006 (S 2253 A – 46 – St 214). Damit Sie ausreichend informiert sind, kann ich Ihnen einige Ausführungen zu diesem Thema leider nicht ersparen:

754

Anerkennung von Verträgen zwischen nahen Angehörigen
Voraussetzung ist, dass

1. der Mietvertrag bürgerlich-rechtlich wirksam geschlossen wurde und

2. das Mietverhältnis ernsthaft vereinbart und die Vereinbarung tatsächlich durchgeführt wird.

Entsprechen der Mietvertrag und seine Durchführung nicht den üblichen Gepflogenheiten wie unter Dritten, wird ihn der Fiskus nicht anerkennen. Dies bedeutet aber nicht, dass jede geringfügige Abweichung vom Üblichen sofort die steuerliche Nichtanerkennung zur Folge hätte. Dies gilt insbesondere, wenn die geringfügige Abweichung durch geschäftliche Unerfahrenheit der Beteiligten verursacht ist. Entscheidend ist vielmehr, dass im Rahmen einer Gesamtwürdigung die ernsthafte Vereinbarung und die tatsächliche Durchführung des Mietvertrags mit hinreichender Sicherheit feststeht.

Mietverträge können grundsätzlich formlos geschlossen werden, was jedoch unüblich ist und bei Vermietung an nahe Angehörige im Rahmen der Gesamtbetrachtung zu einer Nichtanerkennung beitragen kann. Der Steuerzahler trägt die Beweislast für die Inhalte des Vertrags (vgl. FG Bremen 3.9.1993, EFG 1994 S. 888). Beim Abschluss von Mietverträgen mit **Minderjährigen** ist die Bestellung und Mitwirkung eines Ergänzungspflegers zwingend erforderlich. Ansonsten ist der Vertrag nichtig oder schwebend unwirksam und damit auch steuerrechtlich nicht anzuerkennen (vgl. §§ 181, 1909 BGB, BFH v. 13.5.1980 – BStBl 1981 II S. 297).

Ernsthafte Vereinbarung und tatsächliche Durchführung
Damit das Mietverhältnis ernsthaft vereinbart ist, muss der Mietvertrag in jedem Fall die Höhe des Mietzinses und die Mietsache bezeichnen (§ 535 BGB). Fehlt eine Vereinbarung über Nebenkosten, ist das kein Beinbruch, kann aber im Rahmen der Gesamtbetrachtung ein weiteres Beweisanzeichen sein, dass das Mietverhältnis nicht ernst gemeint ist (BFH-Urt. v. 17.2.1998 – BStBl 1998 II S. 349).

Dies sind die Knackpunkte, auf die der Fiskus achtet:

1. Wurde überhaupt Miete gezahlt?

2. Wurde die Miete pünktlich (monatlich) gezahlt?

3. Handelt es sich um eine nicht abgeschlossene Wohnung im Haus der Eltern, die an unterhaltsberechtigte Kinder vermietet ist?

Besonders heikel ist, wenn Angehörige wechselseitig vermieten (BFH v. 25.1.1994 – BStBl 1994 II S. 738). Kein Problem ist es allerdings, wenn ein Kind den Eltern eine Wohnung vermietet und gleichzeitig unentgeltlich in einem Haus der Eltern wohnt (vgl. BFH v. 14.1.2003 – BStBl 2003 II S. 509).

Der Fiskus darf nicht beanstanden, wenn die Miete

1. in bar ohne Quittung bezahlt wird,

2. mit dem Unterhaltsanspruch des Kindes verrechnet wird (vgl. BFH-Urt. v. 19.9.1999, BStBl 2000 II S. 223),

3. bei Vermietung durch die Eltern mit deren Unterhaltsleistungen oder anderen Geldschenkungen gezahlt wird (vgl. BFH v. 28.1.1997 – BStBl 1997 II S. 599).

Je mehr Unüblichkeiten aber zusammentreffen, desto eher ist die steuerliche Anerkennung im Rahmen der Gesamtbetrachtung in Gefahr.

1010 *TIPP* **Vermietungsverlust plus Werbungskosten wegen doppelter Haushaltsführung**

Sie mögen es glauben oder nicht, aber die Richter beim BFH sehen keinen Missbrauch rechtlicher Gestaltungsmöglichkeiten (§ 42 AO), wenn die Ehefrau eine Wohnung in einer fremden Stadt kauft, sie unter Preis an ihren Mann vermietet und dieser dann auch noch doppelte Haushaltsführung beantragt (BFH-Urt. v. 11.3.2003 – BStBl II 2003 II S. 627).

Zum Sachverhalt: 1994 erwarb die Ehefrau eine Eigentumswohnung unweit des Arbeitsorts des Ehemannes. Zur Finanzierung des Kaufpreises der 63,31 qm großen Wohnung (215.000 DM) nahm sie zwei Darlehen auf, gesichert durch eine **Grundschuld** (auf die erworbene Wohnung) sowie durch eine **Bürgschaft** des Ehemannes. Ab dem 1.4.1994 vermietete sie die Eigentumswohnung an den Ehemann. Die monatliche Miete von 12 DM/qm überwies dieser vereinbarungsgemäß auf das Konto seiner Ehefrau.

Im Rahmen der gemeinsamen Einkommensteuererklärungen für die Streitjahre (1994 und 1995) machte die Ehefrau Werbungskostenüberschüsse **(das sind Verluste!!)** aus der Vermietung der Wohnung an ihren Ehemann geltend, und zwar 19.847 DM (1994), 6.573 DM (1995) und 5.113 DM (1996). Und der Ehemann begehrte den Abzug der Mieten in den Veranlagungszeiträumen 1994 und 1995 als Aufwendungen für doppelte Haushaltsführung!

Für den BFH ein klarer Fall: Anhaltspunkte, die für Missbrauch sprechen, liegen hier nicht vor. Der Mietvertrag wurde unter Bedingungen abgeschlossen, die einem Fremdvergleich standhalten. Nach den Feststellungen des Finanzgerichts, die den BFH nach § 118 Abs. 2 FGO binden, wurde der Vertrag außerdem wie vereinbart durchgeführt. Auch der Um-

stand, dass der Ehemann selbst eine Bürgschaft zur Sicherung der von seiner Frau abgeschlossenen Darlehen eingesetzt hat, spricht nicht gegen die steuerrechtliche Veranlassung der Vermietungstätigkeit (BFH-Urt. v. 15.10.2002 – BStBl 2003 II S. 243).
Zur geflissentlichen Nachahmung empfohlen!!

1011

TIPP Berechnung der 66-%-Grenze

Angenommen, Sie haben Ihrer Tochter in Ihrem Zweifamilienhaus eine nette Wohnung eingerichtet. Ihre Tochter zahlt lt. Mietvertrag 350 € kalt und 72 € pauschal als Umlagen. Die ortsübliche Kaltmiete beträgt 500 €, die umlagefähigen Kosten 120 €. So wird gerechnet: 422 € × 100 ÷ 620 € = 68 %. Die Grenze von mindestens 66 % ist eingehalten. Folge: Es werden 472 € Mieteinnahmen versteuert. Die Werbungskosten einschließlich der umlagefähigen Kosten sind in voller Höhe absetzbar.

1012

TIPP Studentenbude für den Nachwuchs kaufen

In Großstädten sind Appartements eine sichere und lukrative Kapitalanlage. Hat sich Ihr Kind für ein Studium an einer Großstadt-Uni entschieden, können Sie vielleicht, statt ein Appartement anzumieten, besser eines kaufen und es Ihrem Kind unter Preis vermieten. Dadurch produzieren Sie Verluste, die mit Ihren anderen Einkünften verrechnet werden. Doch kommt der Fiskus schnell mit § 42 der Abgabenordnung angewackelt, was bedeutet: Gestaltungsmissbrauch. Wegen der begrenzten Mietdauer würden offensichtlich Renditeüberlegungen keine Rolle spielen, so lautet meistens die Begründung (FG Saarland v. 14.6.1995 – EFG 1995 S. 837). Wenn Sie indessen das Studentenappartement als dauerhafte Investition betrachten und es nach dem Studium Ihres Nachwuchses behalten und weitervermieten, klappt der Laden.

1013

TIPP Wenn Ihr Lebenspartner bei Ihnen wohnt

Ihr Lebenspartner hat seine eigene Wohnung aufgegeben und wohnt nun bei Ihnen? Wer den Nerv dazu hat, kann den Fiskus an den Kosten der Wohnung beteiligen. Damit das klappt, müssen Sie einen Raum Ihrer Wohnung dem Partner zur ausschließlichen Eigennutzung vermieten. Sie selbst dürfen diesen Raum also nicht mitbenutzen, müssten eigentlich bitte schön jedes Mal anklopfen, bevor Sie ihn betreten. Wer das kontrolliert? Keiner!

Wie so ein Mietvertrag mit Ihrem Partner aussehen könnte, hat der BFH im Urteil vom 8.8.1990 (BStBl 1991 II S. 171) vorgezeichnet:

Untermietvertrag

Zwischen . . . . (Vermieter)

und . . . . (Mieter)

Vermietet wird ein möbliertes Zimmer, 30 qm. Die Warmmiete einschließlich aller Nebenkosten beträgt 80% der ortsüblichen Vergleichsmiete zzgl. Umlagen = 40 €. Bei Änderung des Mietspiegels der Gemeinde ändert sich die Miete prozentual. Das Zimmer wird dem Mieter zur ausschließlichen Eigennutzung überlassen. Die Kündigungsfristen und die dem Vermieter zustehenden Rechte und Pflichten bestimmen sich nach den §§ 535 ff. BGB.

Wichtig zu wissen: Den Untermietvertrag wird das Finanzamt nur anerkennen, wenn die Mieten nachweisbar gezahlt werden. Einen solchen Nachweis können Sie nur durch Vorlage von Kontoauszügen erbringen. Also Barzahlung vermeiden! Wenn Ihnen die Wohnung nicht gehört, seien Sie gewitzt und melden das Untermietverhältnis Ihrem Vermieter. So bekunden Sie die Ernsthaftigkeit des Vertrags.
Steuerliches Ergebnis: Sie geben die Einkünfte (Einnahmen abzgl. Werbungskosten) in > Zeile 31 an. Die anteiligen Kosten für das Zimmer setzen Sie als Werbungskosten ab, außerdem die Abschreibung für die Zimmereinrichtung. Daraus ergibt sich meistens ein Verlust und eine Steuerrückerstattung.

1014 ***TIPP*** **Dem Lebenspartner zu Einkünften verhelfen**

Jedes Paar mit Trauschein kann sich über die Segnungen des Splittingtarifs freuen. Ihnen aber fehlt der Trauschein, und Sie sind deswegen zum Grundtarif verdonnert. Nicht einmal der Unterhalt für Ihren Lebenspartner ist abziehbar, weil der etwas nebenbei verdient. Klar, dass Sie das maßlos ärgert. Doch ich habe einen Kniff, gegen den beim Fiskus kein Kraut gewachsen ist.
Sie besitzen Eigentumswohnungen, die vermietet sind. Sobald eine frei wird, vermieten Sie diese an Ihren Lebenspartner für 1 € pro Monat mit dem Zugeständnis, die Wohnung zu beliebigen Konditionen weitervermieten zu dürfen. Sicherheitshalber begrenzen Sie den Mietvertrag mit Ihrem Lebenspartner

auf ein Jahr, danach ist jeweils Kündigung zum Quartalsende (nach BGB) möglich.

Ihr Lebenspartner vermietet die Wohnung anschließend zu 600 € pro Monat an einen Dritten. Daraus hat er zwar steuerpflichtige Vermietungseinkünfte, die aber wegen der Grundfreibeträge bei ihm nicht zu einer Steuerfestsetzung führen.

Sie selbst tragen in > Zeile 12 der Anlage V für die vermietete Wohnung 12 € Mieteinnahmen ein, machen aber keine Werbungskosten geltend. Der Pferdefuß ist, dass sich die Abschreibung nicht als Werbungskosten auswirken kann. Alle übrigen Ausgaben sind umlagefähig. Sie erklären also in > Zeile 23 einen Jahresüberschuss von 12 €.

Der Fiskalritter ist verdutzt, spitzt den Rotstift und setzt 66 % der üblichen Jahresmiete = 4.752 € als Mieteinnahmen an unter Hinweis auf § 21 Abs. 2 EStG in Verbindung mit dem BFH-Urteil vom 5.11.2002 (XI R 48/01). Danach müsse der Vermieter mindestens 66 % der Marktmiete nehmen, wenn er Angehörigen Wohnraum überlasse.

Sie entgegnen: »Dieser Einwand ist nicht einschlägig, weil nach § 21 Abs. 2 EStG bei weniger als 66 % lediglich die Werbungskosten gekürzt werden. Ich habe aber überhaupt keine Werbungskosten geltend gemacht.« Nach einiger Überlegung akzeptiert der Fiskalritter Ihr Argument, holt aber gleich zu einem neuen Schlag aus: Die Vermietung zum Spottpreis von 1 € sei eine unentgeltliche Zuwendung, die schenkungsteuerpflichtig sei. Schon nach ca. 18 Monaten sei der Freibetrag nach § 16 ErbStG von 5.200 € aufgezehrt. Dann seien 17 % als Schenkungsteuer fällig. Auf dieses Argument haben Sie aber nur gewartet und sagen gelassen: »Herr Oberinspektor, würden Sie mal so freundlich sein und einen Blick in § 13 Abs.1 Nr. 4 a ErbStG werfen. Nach dieser Vorschrift sind Zuwendungen unter Lebenspartnern zum Zweck des Unterhalts von der Schenkungsteuer befreit.«

Der Fiskalritter springt vor Zorn im Quadrat, kann aber nichts machen.

Der Wille macht gesund.
(Alte Weisheit)

Zeile 13-14 Umlagen, verrechnet mit Erstattungen   1015

Der Fiskus praktiziert ein umständliches Verfahren, die Einkünfte aus Vermietung und Verpachtung zu berechnen, indem er auch durchlaufende Posten, sprich Umlagen/Mietnebenkosten/Betriebskosten, den Einnahmen hinzurechnet. Diese Kosten sind in > Zeile 13-14 einzutragen. Die Umlagen sind in dem Kalenderjahr zu erfassen, in dem sie dem

Vermieter zugeflossen sind. Im Gegenzug sind die vom Vermieter getragenen umlagefähigen Betriebskosten im Kalenderjahr der Zahlung als Werbungskosten abziehbar (> Zeile 46). Nun ergibt sich aus der Nebenkostenabrechnung in aller Regel eine Nachzahlung oder eine Erstattung. Der vom Mieter nachgezahlte Betrag gehört mit in den Gesamtbetrag in > Zeile 13 – 14. Erstattungen an den Mieter für Umlagen des Vorjahres sind abzuziehen.

	Umlagen, verrechnet mit Erstattungen (z. B. Wassergeld, Flur- u. Kellerbeleuchtung, Müllabfuhr, Zentralheizung usw.)		
13	auf die Zeilen 9 und 11 entfallen	04	
14	auf die Zeile 12 entfallen	05	

Zu den umlagefähigen Betriebskosten gehören Frischwasser/Abwasser, Straßenreinigung, Müllabfuhr, Grundsteuer, Sach- und Haftpflichtversicherung, Kaminkehrer, Hausbeleuchtung, Wartungskosten für Heizung und Fahrstuhl, Hausmeister, Schneebeseitigung, Gartenpflege, Gemeinschaftsantenne, Satellitenschüssel, Kabelfernsehen (Betriebskostenverordnung v. 25.11.2003 – BGBl Teil I 2003 S. 2346).

1016 **Nicht umlagefähig, aber steuerlich absetzbar**

Die Nebenkosten sind inzwischen so hoch, dass man schon von einer zweiten Miete spricht. Was alles umlagefähig ist und was nicht, kann jeder Mieter lang und breit im Internet nachlesen. Für Sie als Vermieter ist wichtig, hier nicht auf dem falschen Fuß erwischt zu werden.

Nicht umlagefähig sind:
- Kosten der Hausverwaltung, z. B. Bürokosten, Lohn, Porto, Telefon,
- Reparaturkosten; vielfach erscheinen sie versteckt auf einer Rechnung über Wartungskosten für Heizung, Fahrstuhl etc. Das kann ins Auge gehen.
- Anteilige Betriebskosten für leerstehende Wohnungen. Sie müssen nicht von den anderen Mietern getragen werden.
- Neuanlage des Vorgartens. Nur die Kosten für Gartenpflege zählen zu den Betriebskosten.

1017 *TIPP* **Nebenkostenabrechnung leicht gemacht**

Viele, die zum ersten Mal eine Nebenkostenabrechnung erstellen müssen, tun sich schwer damit. Hier einige Grundregeln:
1. Heizkosten werden am besten über einen Dienstleister abgerechnet.
2. Wasserverbrauch, Müllabfuhr, Strom im Treppenhaus werden anteilig personenbezogen abgerechnet.

3. Hausversicherungen, Grundsteuer werden anteilig nach Größe der Wohnfläche abgerechnet.

Beispiel
Mehrfamilienhaus, Wohnfläche 446 qm, sechs Mietparteien mit insgesamt 14 Personen.

Nebenkostenabrechnung
Mieter Heckel, Wohnfläche 81 qm, 1 Person, Abschlagzahlung auf Umlagen mtl. 120 €.

1. Heizkosten lt. Abrechnung durch Fa. Kalorimeta	869,03 €
2. Wasser, Müll, Strom Treppenhaus insgesamt = 2.689,18 €	
Abrechnungseinheiten (14 Personen × 12 Monate =) 168	
Anteil Mieter Heckel $^{12}/_{168}$ =	192,08 €
3. Hausversicherungen, Grundsteuer insgesamt = 1.728,82 €	
Abrechnungseinheiten (Gesamtwohnfläche) 446 qm	
Anteil Mieter Heckel $^{81}/_{446}$ =	313,97 €
Gesamtkosten Wohnung Heckel	1.375,08 €
./. geleistete Abschlagzahlungen 12 × 120,00 € =	− 1.440,00 €
Guthaben von Mieter Heckel	64,92 €

Die Erstattung an Mieter Heckel von 64,92 € mindert den in > Zeile 13 einzutragenden Gesamtbetrag.

Streitthema Betriebskosten

Abrechnung zu spät? Verjährung droht!
Die Betriebskostenabrechnung muss spätestens zwölf Monate nach Ende des Abrechnungszeitraums beim Mieter sein, andernfalls ist die Forderung verjährt. Kommt sie auch nur einen Tag zu spät, braucht der Mieter nichts nachzuzahlen (§ 556 Abs. 2 BGB).
Allerdings ist der maßgebliche Abrechnungszeitraum das Kalenderjahr. Wenn nun das Mietverhältnis im Lauf des Kalenderjahres beendet wird, z.B. zum 31.5.2015, braucht die Betriebskostenabrechnung erst bis Ende 2015 vorzuliegen (§ 556 Abs. 3 Satz 2 BGB).

Zeitliche Abweichungen unvermeidlich
Der BGH hatte darüber zu befinden, ob es rechtens ist, wenn die Heizkosten über die typische Heizkostenperiode 1. August bis 31. Juli abgerechnet werden, die anderen Betriebskosten aber über das Kalenderjahr. Der BGH entschied, der Vermieter habe zu Recht die Heizkostenabrech-

nung komplett in die kalendermäßige Betriebskostenabrechnung eingestellt. Entscheidend sei, dass die geleisteten Vorauszahlungen für einen
Jahreszeitraum abgerechnet werden (BGH VIII ZR 240/07).
Zieht der Mieter im Lauf eines Abrechnungszeitraums ein, so ist sein
persönlicher Kostenteil nur zeitanteilig in Rechnung zu stellen.

Zahlen nach zwei Jahrzehnten

Sofern im Mietvertrag eine monatliche Pauschale vereinbart wurde, darf
der Vermieter über die Kosten abrechnen. Dies gilt auch für den Fall,
dass der Vermieter 20 Jahre lang keine Jahresabrechnung über die Betriebskosten angefertigt hat. Dass die Abrechnung über einen langen
Zeitraum nicht erfolgt sei, hat nicht zur Folge, dass das Recht darauf sich
stillschweigend ändere (BGH-Urt., Az. VIII ZR 14/06).

Abrechnung überprüfen

Der Mieter darf die Originalunterlagen in Ihren Geschäftsräumen einsehen. Er kann aber auch verlangen, dass Sie ihm Kopien zusenden, sofern
sich Ihre Geschäftsräume in einer anderen Stadt befinden (BGH, Az. VIII
ZR 78/05).

Keine Pflicht zum Check

Wartungskosten sind zwar umlagefähig, Wartung gehört aber nicht zum
Pflichtprogramm. Der Vermieter sei nicht zur regelmäßigen Kontrolle der
Elektroinstallation verpflichtet, so der Bundesgerichtshof in einem Urteil
vom 15.10.2008 (Az. VIII ZR 321/07). Ohne konkreten Anlass oder Hinweise auf Mängel bestehe keine regelmäßige Überprüfungspflicht. Anlass war eine Klage auf Schadenersatz des Mieters wegen defekter Elek-
troanlage.

Endabrechnung

Nach dem Auszug erhält der Mieter eine zeitanteilige Endabrechnung der
Betriebskosten. Zusätzlich kann Renovierungsaufwand in Rechnung ge-
stellt werden.
So darf der Vermieter nach Auszug eine farblich neutrale Gestaltung der
Wohnung verlangen. Am 22.10.2008 billigte der Bundesgerichtshof eine
Mietklausel, nach der gestrichene Holzteile »in Weiß oder in hellen Farb-
tönen« zurückgegeben werden müssen (Az. VIII ZR 283/07), damit der
Vermieter leichter einen Nachmieter finden kann. Auch ohne Vorgabe im
Mietvertrag muss der Mieter die Wohnung in einem farblich neutralen
Zustand zurückgeben, entschieden mehrere Gerichte.

Zeile 15–16 Vereinnahmte Mieten für frühere Jahre, Vermietung von Garagen, Werbeflächen – erstattete Umsatzsteuer

1018

Mietausfälle gibt es immer wieder. Kommt nach einem Prozess das Geld rein, tragen Sie den Betrag in > Zeile 15 ein.

15	Vereinnahmte Mieten für frühere Jahre / auf das Kalenderjahr entfallende Mietvorauszahlungen aus Baukostenzuschüssen	06	.	.	—
16	Einnahmen aus Vermietung von Garagen, Werbeflächen, Grund und Boden für Kioske usw.	07	.	.	—

Einnahmen aus der Vermietung von Garagen etc. tragen Sie in > Zeile 16 ein. Hierher gehören auch Einnahmen aus der Vermietung von Grundstücksteilen für Mobilfunkantennen, Windkraftanlagen und WLAN-Hotspots. Zur Umsatzsteuer mehr unter ➤ Rz 1005.

Zeile 19–20 Öffentliche Zuschüsse, Bausparzinsen

1019

19	Öffentliche Zuschüsse nach dem Wohnraumförderungsgesetz oder zu Erhaltungsaufwendungen, Aufwendungszuschüsse, Guthabenzinsen aus Bausparverträgen und sonstige Einnahmen	Gesamtbetrag €	.	.	
20	davon entfallen auf eigengenutzte oder unentgeltlich an Dritte überlassene Wohnungen lt. Zeile 8	— € ▶ = 08	.	.	—

Zuschüsse aus öffentlichen Mitteln zur Finanzierung von Erhaltungsaufwendungen sowie Aufwendungszuschüsse, z. B. zur Minderung der Zins- und Mietbelastungen, sind im Jahr des Zuflusses als Einnahmen in > Zeile 19–20 einzutragen. Zuschüsse, die eine Gegenleistung für eine Mietpreisbindung oder Nutzung durch einen bestimmten Personenkreis darstellen (z. B. Zuschüsse nach dem WoFG), können auf die Jahre des Bindungszeitraums verteilt werden, höchstens jedoch auf zehn Jahre (machen Sie Angaben hierzu auf einem eigenen Blatt). Zuschüsse zur Finanzierung von Anschaffungs- oder Herstellungskosten sind in > Zeile 52 einzutragen und von der Bemessungsgrundlage für die Abschreibungen abzuziehen.

		stpfl. Person / Ehemann / Lebenspartner(in) A	Ehefrau / Lebenspartner(in) B
Zusätzliche Angaben			
52	2014 vereinnahmte oder bewilligte Zuschüsse aus öffentlichen Mitteln zu den Anschaffungs- / Herstellungskosten (lt. gesonderter Aufstellung)	€	€

Guthabenzinsen aus Bausparverträgen gehören z. B. zu den Einnahmen aus Vermietung und Verpachtung, wenn der Bausparvertrag in engem Zusammenhang mit der Anschaffung, Herstellung oder Erhaltung dieses Gebäudes steht.

763

2015

Name / Gemeinschaft / Körperschaft		**Anlage V**
1 *VOGT* Vorname		
2 *DIETER*		X zur Einkommensteuererklärung
3 Steuernummer *2 3 4 / 5 6 7 8 / 9 0 1 2* lfd. Nr. der Anlage *1*		zur Körperschaftsteuererklärung
Einkünfte aus Vermietung und Verpachtung (Bei ausländischen Einkünften: Anlage AUS beachten)		zur Feststellungserklärung

Einkünfte aus dem bebauten Grundstück

Lage des Grundstücks / der Eigentumswohnung Straße, Hausnummer		Angeschafft am	25
4 *BURGSTR. 36*		*0 1 0 2 2 0 1 1*	
Postleitzahl Ort		Fertig gestellt am	
5 *41569 NETTESHEIM*		*0 1 0 5 1 9 8 0*	
Einheitswert-Aktenzeichen		Veräußert / Übertragen am	
6 *00 353 / 037-4-7510.4*		53	

7	Das in Zeile 4 bezeichnete Objekt wird					
	ganz oder teilweise als Ferienwohnung genutzt	61 1 = Ja 2 = Nein	ganz oder teilweise an Angehörige zu Wohnzwecken vermietet	62	1 = Ja 2 = Nein	

8	Gesamt-wohn-fläche	54	m²	davon eigengenutzter oder unentgeltlich an Dritte überlassener Wohnraum	55	m²	davon als Ferienwohnung genutzter Wohnraum	56	m²

9	Mieteinnahmen für Wohnungen (ohne Umlagen)	Erdgeschoss €	1. Obergeschoss €	2. Obergeschoss €	weitere Geschosse €	01	EUR , —
10		Anzahl Wohnfläche m²	Anzahl Wohnfläche m²	Anzahl Wohnfläche m²	Anzahl Wohnfläche m²		
11	für andere Räume (ohne Umlagen / Umsatzsteuer)	€	€	€	€	02	, —
12	Einnahmen für an Angehörige vermietete Wohnungen (ohne Umlagen)			*1* *60* m²		03	*3 2 1 8 ,—*

13	Umlagen, verrechnet mit Erstattungen (z. B. Wassergeld, Flur- u. Kellerbeleuchtung, Müllabfuhr, Zentralheizung usw.)		
	auf die Zeilen 9 und 11 entfallen	04	, —
14	auf die Zeile 12 entfallen	05	*6 4 4 ,—*
15	Vereinnahmte Mieten für frühere Jahre / auf das Kalenderjahr entfallende Mietvorauszahlungen aus Baukostenzuschüssen	06	, —
16	Einnahmen aus Vermietung von Garagen, Werbeflächen, Grund und Boden für Kioske usw.	07	, —
17	Vereinnahmte Umsatzsteuer	09	, —
18	Vom Finanzamt erstattete und ggf. verrechnete Umsatzsteuer	10	, —
19	Öffentliche Zuschüsse nach dem Wohnraumförderungsgesetz oder zu Erhaltungsaufwendungen, Aufwendungszuschüsse, Guthabenzinsen aus Bausparverträgen und sonstige Einnahmen	Gesamtbetrag €	
20	davon entfallen auf eigengenutzte oder unentgeltlich an Dritte überlassene Wohnungen lt. Zeile 8	— € ▶ = 08	, —
21	Summe der Einnahmen		*3 8 6 2 ,—*

1020 ◆ *Musterfall Familie Vogt*
(Teilweise vermietetes Zweifamilienhaus)
Dieter Vogt denkt wirtschaftlich. Er hatte sich im Jahr 2011 für den Kauf eines älteren Zweifamilienhauses entschieden. Die Wohnung im Erdgeschoss (135 qm) bewohnt er selbst. Die Einliegerwohnung hat er an seine Schwiegermutter Käthe vermietet. Vogt weiß, dass er mindestens 66 % der ortsüblichen Miete nehmen muss. Er hat mit seiner Schwiegermutter mietvertraglich eine Miete in Höhe von 75 % der ortsüblichen Miete vereinbart

*und hält damit die 66 %-Grenze mehr als notwendig ein. Das sind 4,47 € je
qm, bei 60 qm Wohnfläche aufs Jahr gerechnet 3.218 €. Diesen Betrag trägt
er in > Zeile 12 ein. Für die Nebenkosten berechnet Vogt pauschal 20 % der
Kaltmiete. Macht im Jahr 644 €, einzutragen in > Zeile 14.*

> *Lieben und leben lassen.*
> (Peter von Zahn)

13.3.2 Anteile an Einkünften – Zeile 25–29

1021

Grundstücksgemeinschaften entstehen selten freiwillig, meistens als Er-
bengemeinschaft. Kaum jemand denkt daran, dass sich damit auch Steuern sparen lassen.

Anteile an Einkünften aus			
(Gemeinschaft, Finanzamt und Steuernummer)	stpfl. Person / Ehemann / Gesellschaft EUR		Ehefrau EUR
1. Grundstücksgemeinschaft			
25	856	— 857	—
2. Grundstücksgemeinschaft			
26	858	— 859	—
allen weiteren Grundstücksgemeinschaften			
27	854	— 855	—
geschlossenen Immobilienfonds			
28	874	— 875	—
Gesellschaften / Gemeinschaften / ähnlichen Modellen i. S. d. § 15b EStG			
29		—	—

1022

TIPP **Mit einer Grundstücksgemeinschaft Steuern sparen**

Warum beteiligen Sie Ihre beiden Kinder nicht zu je einem Viertel an Ihrem
Miethaus und drücken damit Ihre Steuerlast? Die Kinder erben später ohne-
hin alles. Und Sie vermindern die Einkünfte aus dem Miethaus um die Hälfte.
Die Übertragung der Anteile ist übrigens grunderwerbsteuerfrei.

Und so wird gerechnet:

	Eltern	1. Tochter	2. Tochter	Gesamt
Mieteinnahmen	30.000 €	15.000 €	15.000 €	60.000 €
./. Abschreibung	– 5.000 €	– 2.500 €	– 2.500 €	– 10.000 €
./. lfd. Hauskosten	– 8.000 €	– 4.000 €	– 4.000 €	– 16.000 €
Verteilung der Einkünfte	17.000 €	8.500 €	8.500 €	34.000 €

Weil Sie weniger zu versteuern haben, brechen Sie der Steuerprogression die
Spitze. Das Geld bleibt trotzdem in der Familie. So klappt der Laden.

Denken Sie an den notariellen Übertragungsvertrag, die Umstellung der Mietverträge auf die Gemeinschaft und die Einreichung einer sog. Feststellungserklärung beim Finanzamt. Die Gesellschafter erhalten anschließend vom Finanzamt einen Feststellungsbescheid, aus dem sich die Einkünfte ergeben, die Sie und Ihre Töchter jeweils in > Zeile 25 eintragen. So einfach ist das.

1023 **13.3.3 Andere Einkünfte – Zeile 31–32**

Vor > Zeile 31–32 setzt der Fiskus im Formular einen dicken Balken, d.h., er schlägt ein neues Kapitel auf. Das ist immer verdächtig.

	Andere Einkünfte	EUR		EUR	
31	Einkünfte aus Untervermietung von gemieteten Räumen (Berechnung auf besonderem Blatt)	866	—	867	—
32	Einkünfte aus Vermietung und Verpachtung unbebauter Grundstücke, von anderem unbeweglichen Vermögen, von Sachinbegriffen sowie aus Überlassung von Rechten (Erläuterung auf besonderem Blatt)	852	—	853	—

Gewerbesteuer droht

Einkünfte aus Vermietung und Verpachtung hat nur, wer eine schlichte **Vermögensverwaltung** betreibt, ohne Zusatzleistungen. Folglich unterhält ein Hotelier, der Betreiber eines privaten Altenheims oder eines Wohnheims für Arbeiter oder Aussiedler/Asylanten **einen Gewerbebetrieb.** Desgleichen der Inhaber eines Parkhauses oder eines entgeltpflichtigen Parkplatzes für Kurzparker. Dasselbe kommt bei hotelmäßiger oder kurzfristiger Vermietung von Ferienwohnungen über die Vermittlung entsprechender Organisationen in Betracht. In diesen Fall müssen Sie eine Überschussrechnung erstellen und gewerbliche Einkünfte erklären.

1024 **Zeile 31 Untervermietung von gemieteten Räumen**

Hier gibt es eine Bagatellgrenze von 520 €. Betragen die **Einnahmen** aus Untervermietung im Jahr weniger als 520 €, ist nichts zu erklären (EStR 21.2).

Bei Mieteinnahmen von 520 € und mehr bittet der Fiskus um eine Berechnung auf gesondertem Blatt.

Berechnungsschema:

Mieteinnahmen aus Untervermietung (mind. 520 €)	. . . . €
./. Werbungskosten (anteilige gezahlte Miete)	– . . . . €
./. weitere Werbungskosten*	– . . . . €
Einkünfte	. . . . €

*Schätzbeträge für Licht, Heizung, Reinigung etc.

Die Sachverhalte bei Untervermietung sind so vielgestaltig – z.B. Untervermietung möblierter Zimmer an Studenten, an Einzelpersonen bei Messeveranstaltungen, Untervermietung an obdachlose Suchtkranke zur Vorbereitung auf selbständiges Wohnen, Zwischenvermietung von Altenwohnungen u.a.m. –, dass auf Einzelheiten hier nicht eingegangen werden kann.

Zeile 32 Vermietung von unbebauten Grundstücken, anderem unbeweglichem Vermögen, Sachinbegriffen

1025

Eintragungen in > Zeile 32 sind nur auf der ersten Anlage V möglich. Auch hier erwartet der Fiskus eine **Berechnung auf einem eigenen Blatt.** »Anderes unbewegliches Vermögen« sind grundstückgleiche Rechte wie ein Erbbau- oder ein Nießbrauchsrecht. Ein Sachinbegriff ist z.B. ein Flugzeug. Wird ein Flugzeug vermietet, das in die Luftfahrzeugrolle eingetragen ist, so ist dies, wenn keine Sonderleistungen erbracht werden, keine gewerbliche Tätigkeit und führt somit zu Einkünften aus Vermietung und Verpachtung im Sinne des § 21 Abs. 1 Nr. 1 EStG (BFH-Urt. v. 2.5.2000 – BStBl 2000 II S. 467).

Ein lieber Chef ist kein guter Chef.
(Peter Merseburger, Journalist)

13.3.4 Werbungskosten – Zeile 33–51

1026

Sind die Werbungskosten höher als die Mieteinnahmen, haben Sie Verluste, die sich steuermindernd auf Ihr Einkommen auswirken. Aber wie kommen Sie an hohe Werbungskosten, ohne dass Sie sich finanziell arg strapazieren? Das ist die Frage überhaupt.
Was alles absetzbar ist, geht weit über die Auflistung in > Zeile 33–51 hinaus.

767

Werbungskosten bei Vermietung und Verpachtung sind prinzipiell alle Aufwendungen, die in wirtschaftlichem Zusammenhang mit derzeitigen oder künftigen Mieteinnahmen stehen (§ 9 EStG).

Die wichtigsten Werbungskosten sind

● **Abschreibungen**
Hier kommt es auf die höchstmögliche Abschreibungsgrundlage und den günstigsten Abschreibungssatz an (➤ Rz 1030 ff.).

● **Schuldzinsen**
Wichtig ist, bei gemischter Nutzung die Finanzierungskosten richtig zu verteilen, sie möglichst ausschließlich dem vermieteten Teil zuzuordnen (➤ Rz 1043 ff.).

● **Erhaltungsaufwendungen**
Hier geht es darum, den Erhaltungsaufwand vom Herstellungsaufwand abzugrenzen und bei gemischter Nutzung die Aufwendungen möglichst dem vermieteten Teil zuzuordnen (➤ Rz 1054 ff.).

Guter Rat: Folgen Sie Ihrem gesunden Rechtsempfinden

»Was ich nicht weiß, macht mich nicht heiß«, so lautet ein Sprichwort. Wer nach dieser Erkenntnis handelt, setzt frechweg alle Ausgaben an, die nach seinem gesunden Rechtsempfinden absetzbar sind. Das Wort »Steuerverkürzung« oder »Steuerhinterziehung« sollte dabei nicht schrecken, solange fein säuberlich alles vorgelegt wird. Denn der Fiskalritter kann ja entscheiden, ob er die »Steuerverkürzung« anerkennt oder nicht. Zückt er den Rotstift, muss er seinen Bescheid stichhaltig begründen. Überzeugt die Begründung nicht, legen Sie Einspruch ein und bitten um nähere Erläuterung. So gewinnen Sie Klarheit über das, was als Werbungskosten absetzbar ist oder nicht.

1027 *TIPP* **Vorschuss am Jahresende: ein ganz legaler Steuertrick**

Mit einer größeren Geldausgabe am Jahresende noch schnell der Steuerprogression die Spitze zu brechen ist ein ganz legaler Steuertrick, der sich auf § 11 EStG stützt. Nach dieser Vorschrift sind die Ausgaben »für das Kalenderjahr abzusetzen, in dem sie geleistet worden sind«. Wie wär's denn, wenn Sie für die ohnehin anstehende größere Reparatur dem Handwerker noch schnell am Jahresende einen Vorschuss zahlen? Ein Vorschuss von 10.000 € drückt Ihre Steuerlast von angenommen 40 % in der Spitze um 4.000 €. Es gilt zwar:

»Erst die Leistung, dann das Geld«, aber wenn Sie den Handwerker schon lange kennen, ist die Steuerersparnis ein kleines Risiko wert.

TIPP **Bei Eigenbedarf den Fiskus leimen**

1028

Wer nach längerer Vermietungszeit wegen Eigenbedarfs kündigt, wird oft von einem hohen Renovierungsbedarf überrascht. Zudem besteht die Gefahr, dass der Fiskus den Abzug der Renovierungskosten streicht. Begründung: Ohne Mieteinnahme kein Abzug als Werbungskosten (Urteile des FG Hessen v. 1.3.1991, EFG 1991 S. 471 und des FG Saarland v. 11.12.1997 – 2 K 29 197).

Deshalb gilt: Noch bevor Sie kündigen, vorausschauend all das renovieren, was richtig ins Geld geht: Badezimmer, Fenster, Türen, Heizung, Gasthermen, Bodenbeläge. Denn solange Sie Mieteinnahmen erklären, unterstellt der Fiskus, dass die Renovierung wegen der laufenden Vermietung erfolgt, und wird die Renovierungskosten anerkennen.

Es ist sehr schwer, etwas wiederzusehen,
das man für sich abgeschlossen hat.
(Nicolas Roeg, Regisseur)

Zeile 33–49 Werbungskosten bei gemischter Nutzung

1029

Bei gemischter Nutzung des Gebäudes wittert der Fiskalritter Morgenluft, weil sich da was deichseln lässt. Also aufgepasst! Zur Erinnerung: Gemischte Nutzung liegt vor, wenn ein Teil des Gebäudes vermietet ist und der andere Teil zu eigenen Wohnzwecken oder eigenen gewerblichen/freiberuflichen Zwecken genutzt wird. In diesen Fällen sind die Werbungskosten nur **anteilig** absetzbar.

Guter Rat:
Ordnen Sie die Kosten so weit als möglich dem vermieteten Teil zu, denn nur Kosten, die den vermieteten Teil betreffen, wirken sich steuerlich aus. **Aufgepasst:** Der Fiskus fragt gezielt nach den Ausgaben, die **nicht** mit Vermietungseinkünften zusammenhängen! Ganz schön hinterhältig, oder?

Die Spalten 1 (Gesamtbetrag) und 4 (abzugsfähige Werbungskosten) sind in jedem Fall auszufüllen. Nun unterscheiden Sie:

769

Direkte Zuordnung (Spalte 2) = zu 100 % absetzbar

Kosten, die nur den vermieteten Teil betreffen, wie Erneuerung der Fenster oder der Heizkörper, Badinstallation und dergleichen, sind durch direkte Zuordnung zu 100 % absetzbar.

Andere Einkunftsart:

Ebenso zu 100 % absetzbar sind Ausgaben, die im Zusammenhang mit Räumen stehen, die zu **eigenen gewerblichen/freiberuflichen Zwecken** genutzt werden. Nur sind die Ausgaben nicht hier als Werbungskosten bei den Einkünften aus Vermietung und Verpachtung geltend zu machen, sondern als Betriebsausgaben in der Anlage G oder S.

Verhältnismäßig ermittelt (Spalte 3) = anteilig absetzbar!

Kosten, die auf das gesamte Haus entfallen, wie Absetzung für Abnutzung, Schuldzinsen, Grundsteuer oder Versicherungen, sind prozentual nach dem Verhältnis der vermieteten zu den eigengenutzten Wohnflächen aufzuteilen. Das gilt ebenso für Wartungskosten und Erhaltungsaufwendungen, die das ganze Haus betreffen, wie z. B. an der gemeinschaftlichen Heizungsanlage, am Dach oder an der Hausfassade.

Einzutragen sind:

In Spalte 1 der Gesamtbetrag der Aufwendungen und

- entweder in Spalte 2 ein Kreuzchen, dass Sie den abziehbaren Anteil durch direkte Zuordnung ermittelt haben, sowie in Spalte 4 der entsprechende Betrag
- oder in Spalte 3 der Prozentsatz des nicht absetzbaren Anteils der Kosten und in Spalte 4 der absetzbare Betrag.

Erläutern Sie einen **erstmalig** verwendeten Aufteilungsmaßstab und die Zuordnung auf einem gesonderten Blatt.

Beispiel

Ein Gebäude hat eine Nutzfläche von 250 qm. Davon werden 180 qm = 72 % eigengewerblich genutzt. Eine Wohnung mit 70 qm Wohnfläche = 28 % ist vermietet. Die vermietete Wohnung hat für 1.500 € einen neuen Fußbodenbelag und das gesamte Gebäude für 7.000 € einen neuen Außenanstrich erhalten.

Den Fußbodenbelag können Sie zu 100 %, den Außenanstrich zu 28 % hier absetzen. Die restlichen Aufwendungen für den Außenanstrich (72 %) sind als **Betriebsausgaben** absetzbar.

Zeile 33–35 Absetzung für Abnutzung (AfA) bei Gebäuden

Durch die Absetzung für Abnutzung (AfA) verteilen Sie die Anschaffungs- oder Herstellungskosten des Gebäudes auf dessen Nutzungsdauer (§ 7 Abs. 4, § 9 Abs. 1 Nr. 7 EStG). Nutzungsdauer ist der Zeitraum, in dem das Gebäude voraussichtlich Miete abwerfen wird. **1030**

Werbungskosten aus dem bebauten Grundstück in den Zeilen 4 und 5			Nur ausfüllen, wenn die Aufwendungen für das Gebäude nur teilweise Werbungskosten sind (siehe Anleitung zu den Zeilen 33 bis 49)			Abzugsfähige Werbungskosten
			Gesamtbetrag	Ausgaben, die nicht mit Vermietungseinkünften zusammenhängen, wurden		
				durch direkte Zuordnung ermittelt	verhältnismäßig ermittelt	
			EUR			EUR
	Absetzung für Abnutzung für Gebäude (ohne Beträge in Zeile 34)		1	2	3	4
					%	
33	linear degressiv %	wie 2014 lt. ges. Erftg.			30	—
34	Erhöhte Absetzungen nach den §§ 7h, 7i EStG, Schutzbaugesetz	wie 2014 lt. ges. Erftg.			31	—
35	Absetzung für Abnutzung für bewegliche Wirtschaftsgüter	wie 2014 lt. ges. Erftg.			60	—

Gut zu wissen: Abschreibungen sind Verluste auf dem Papier

Die Abschreibung, im Fiskaldeutsch eben Absetzung für Abnutzung genannt, kostet Sie momentan nichts, strapaziert also nicht Ihr Bares. Wenn sich Mieten und laufende Kosten die Waage halten, beschert sie Ihnen einen steuerlichen Verlust und damit eine Steuerersparnis.

Beispiel

Mieteinnahmen einschl. Umlagen	12.000 €
./. laufende Kosten wie Schuldzinsen, Versicherungen, Steuern und Gebühren, Reparaturen, Betriebskosten usw.	– 12.000 €
Verbleiben	0 €
./. Abschreibung z. B. 2 % von 190.000 € Herstellungskosten für das Gebäude =	– 3.800 €
Verbleiben als Verlust aus Vermietung und Verpachtung	– 3.800 €
Steuerersparnis bei 35 %	1.330 €

Es gibt vier **verschiedene Absetzungsmethoden**, die sich unterschiedlich auswirken. Dabei haben Sie zu Beginn ein **Wahlrecht**, das Sie sorgfältig ausüben sollten, denn ein Wechsel der Abschreibungsmethode ist nicht zulässig.

1. Lineare AfA (> Zeile 33)

Bei linearer Absetzung werden die Anschaffungs- oder Herstellungskosten des Gebäudes **gleichmäßig** auf die Nutzungsdauer verteilt (AfA in gleichen Jahresbeträgen/§ 7 Abs. 4 EStG). Für die Steuer wird bei Gebäuden nicht die tatsächliche Nutzungsdauer von meistens 100 Jahren zugrunde gelegt, sondern eine fiktive Nutzungsdauer von höchstens 50 Jahren. Das führt zu einem typisierten **AfA-Satz von 2 %**. Siehe Übersicht ➤ Rz 1031, Nr. 1a.

Höheren AfA-Satz geltend machen

Haben Sie eine gebrauchte Immobilie erworben, können Sie entweder die Abschreibung mit dem typisierten AfA-Satz von 2 % vornehmen oder im Schätzungsweg eine kürzere Nutzungsdauer zugrunde legen. Dabei darf das Finanzamt die kürzere Nutzungsdauer nur beanstanden, wenn sie eindeutig außerhalb eines angemessenen Schätzungsrahmens liegt.
Bei Massivbauten ist aus technisch-wirtschaftlicher Sicht von einer tatsächlichen Gesamtnutzungsdauer von 60 Jahren auszugehen. Eine längere Nutzungsdauer von bis zu 100 Jahren wäre denkbar, erfordert indessen einen sehr hohen Modernisierungsaufwand, der nicht eingeplant zu werden braucht.
Deshalb kann z.B. die Restnutzungsdauer eines gebraucht erworbenen 30 Jahre alten Gebäudes aus wirtschaftlicher Sicht auf nur weitere 30 Jahre geschätzt werden. Daraus ergibt sich ein AfA-Satz von 3,33 % (FG Köln v. 23.1.2001 rechtskräftig – EFG 2001 S. 675). Im Urteilsfall hat der Kläger die Restnutzungsdauer von 30 Jahren durch ein Gutachten nachgewiesen.

Nachträgliche Herstellungskosten bei einem bestehenden Gebäude

Sind nachträgliche Herstellungskosten angefallen, wird die weitere AfA aus der erhöhten Bemessungsgrundlage – aus Vereinfachungsgründen – mit dem bisher angewandten Prozentsatz bemessen. Die nachträglichen Herstellungskosten werden also auf die bisherigen Herstellungs- oder Anschaffungskosten draufgeschlagen, und von der erhöhten Bemessungsgrundlage wird dann abgeschrieben wie bisher (Richtlinie 7.4 Abs. 9 EStR).

2. Degressive AfA (> Zeile 33)

Bei der degressiven Abschreibung (§ 7 Abs. 5 EStG) sind die Prozentsätze anfangs höher und verringern sich in Stufen (siehe ➤ Rz 1031 Nr. 2 und Nr. 5). Eine degressive Abschreibung ist nur bei Neubauten zulässig. Die Anwendung höherer oder niedrigerer Prozentsätze ist ausgeschlossen. Die degressive Gebäude-AfA ist aber ein Auslaufmodell (➤ Rz 1033).

3. Erhöhte AfA (> Zeile 34)

In Sonderfällen kann der Steuerzahler anstelle der linearen eine erhöhte Abschreibung vornehmen. Siehe dazu ➤ Rz 1031 Nr. 3 und 4 und ➤ Rz 1034.

4. Absetzung für Abnutzung für bewegliche Wirtschaftsgüter (> Zeile 35)

Betragen die Anschaffungskosten für Zubehör wie Mülltonne, Waschmaschine, Trockner nicht mehr als 410 € netto zzgl. Mehrwertsteuer = 487,90 € brutto, können Sie die Aufwendungen im Jahr der Anschaffung in voller Höhe als Werbungskosten absetzen (§ 9 Abs. 1 Nr. 7 i.V. mit § 6 Abs. 2 EStG). Dazu mehr unter ➤ Rz 1039.

1031

Schematische Übersicht zur Absetzung für Abnutzung (AfA) bei Gebäuden			
Gebäude	ND	AfA-Satz	Quelle (EStG)
1. **Lineare Absetzungen (> Zeile 33 der Anlage V)** **a) Typisierte AfA-Sätze** Baujahr nach dem 31.12.1924 Baujahr vor dem 1.1.1925 **b) Höhere AfA-Sätze** Je nach Restnutzungsdauer z. B.	50 J. 40 J. 30 J.	2 % 2,5 % 3,33 %	§ 7 Abs. 4 § 7 Abs. 4 § 7 Abs. 4
2. **Degressive Absetzungen (> Zeile 33 der Anlage V)** für selbsterrichtete Wohngebäude a) Bauantrag zwischen 28.2.1989 und 31.12.1995	40 J.	4 J. 7,00 % 6 J. 5,00 % 6 J. 2,00 % 24 J. 1,25 %	§ 7 Abs. 5 Nr. 3a
b) Bauantrag nach dem 31.12.1995 und vor dem 1.1.2004	50 J.	8 J. 5,00 % 6 J. 2,50 % 36 J. 1,25 %	§ 7 Abs. 5 Nr. 3b
c) Bauantrag nach dem 31.12.2003 und vor dem 1.1.2006 Bei Bauantrag/Erwerb nach 2005 ist nur noch die lineare AfA von 2 % möglich.	50 J.	10 J. 4,00 % 8 J. 2,50 % 32 J. 1,25 %	§ 7 Abs. 5 Nr. 3c
3. **Erhöhte Absetzungen (> Zeile 34 der Anlage V)** Sanierung in städtebaulichen Entwicklungsgebieten	10 J.	10 J. 10 %	§ 7h
Bei Beginn der Modernisierungs- und Instandsetzungsarbeiten nach dem 31.12.2003	12 J.	8 J. 9 % 4 J. 7 %	
4. **Erhöhte Absetzungen (> Zeile 32 der Anlage V)** Sanierung bei Baudenkmälern	10 J.	10 J. 10 %	§ 7i
Bei Beginn der Baumaßnahme nach dem 31.12.2003	12 J.	8 J. 9 % 4 J. 7 %	

1032 # Zeile 33 Lineare Absetzung für Abnutzung

Durch die lineare Absetzung für Abnutzung verteilen Sie die Anschaffungs- oder Herstellungskosten des Gebäudes gleichmäßig auf dessen Nutzungsdauer. Es wird also ein immer **gleichbleibender Prozentsatz** angewendet (➤ Rz 1031 Nr. 1).

1. Haus gekauft?

Beispiel

Mietwohnhaus Baujahr 1975, angeschafft im Juli 2015, Anschaffungskosten 800.000 €. Die bisherige Nutzungsdauer des Gebäudes beträgt 40 Jahre. Ausgehend von einer Gesamtnutzungsdauer von 60 Jahren erscheint eine Restnutzungsdauer von max. 30 Jahren angebracht. Die AfA beträgt somit 3,33 %.

Anschaffungskosten	800.000 €
./. Anteil Grund und Boden 20 %	− 160.000 €
Gebäudeanteil	640.000 €
Abschreibung für ein Jahr $3\frac{1}{3}$ %	21.312 €
Abschreibung für 2015 zeitanteilig $\frac{6}{12}$ =	10.656 €

Auf einem Extrablatt machen Sie eine Aufstellung, wie sich die Anschaffungskosten von 800.000 € zusammensetzen (➤ Rz 1041 f.), und geben Anhaltspunkte für den Wert des Grund und Bodens. Aus Vereinfachungsgründen ist der Fiskus meistens mit einem Anteil von **20 %** am Gesamtkaufpreis einverstanden. Außerdem teilen Sie zur Vermeidung von Nachfragen mit, wie Sie die Anschaffung finanziert haben.

2. Haus gebaut?

Abgeschrieben wird von den Herstellungskosten (➤ Rz 1036 ff.).

3. Haus geerbt?

Haben Sie ein Haus geerbt, schreiben Sie so ab wie der Vorbesitzer. Die Vorschrift dazu aus § 11 d EStDV lautet: Soweit ein Gebäude oder eine Eigentumswohnung unentgeltlich erworben wurde, ist die Absetzung für Abnutzung nach dem Prozentsatz vorzunehmen, der für den Rechtsvorgänger maßgebend war.

4. Haus erhöht abgeschrieben? – Restwert-AfA § 7 b EStG

In Zeile > 33 wird auch nach Absetzung für Abnutzung gem. § 7 b Abs. 1 EStG und §§ 14 a und 14 d BerlinFG gefragt. Hier geht es um die Restwert-AfA für Gebäude, die gem. dieser Paragraphen vor vielen (vielleicht 20) Jahren erhöht abgeschrieben wurden. Nach Ablauf des Zeitraums mit erhöhter AfA sind bis zur vollen Absetzung (auf 0 €) grundsätzlich jährlich 2,5 % des Restwerts abzuziehen. Restwert ist der Betrag, der nach Abzug aller im Begünstigungszeitraum bei dem Gebäude vorgenommenen Absetzungen verbleibt.

Der Fiskus hat für solche alten Kamellen ein Elefantengedächtnis, Abschreibungs-Vorblatt genannt. Wenn Ihnen Daten fehlen, sprechen Sie den Bearbeiter in Ihrem Veranlagungsbezirk an.

Zeile 33 Degressive Absetzung für Abnutzung   1033

Die degressive Abschreibung für Neubauten in Privatvermögen ist am 31.12.2005 ausgelaufen. Für Neubauten mit Bauantrag nach dem 31.12.2005 kommt seitdem nur noch die lineare Abschreibung in Betracht.

Wie Gebäude mit Bauantrag vor dem 1.1.2006 degressiv abgeschrieben werden, entnehmen Sie ➤ Rz 1031 Nr. 2.

Zeile 34 Erhöhte Absetzung für Abnutzung   1034

Nach § 7 h EStG können Sie für Maßnahmen i. S. d. § 177 des Baugesetzbuchs, die an Gebäuden in einem förmlich festgelegten Sanierungsgebiet oder städtebaulichen Entwicklungsbereich durchgeführt wurden, anstelle der AfA nach § 7 Abs. 4 und 5 EStG erhöhte Absetzungen vornehmen. Siehe ➤ Rz 1031 Nr. 3.

Entsprechendes gilt für Maßnahmen, die der Erhaltung, Erneuerung und funktionsgerechten Verwendung eines Gebäudes dienen, das wegen seiner geschichtlichen, künstlerischen oder städtebaulichen Bedeutung erhalten bleiben soll, und zu deren Durchführung sich der Eigentümer neben bestimmten Modernisierungsmaßnahmen gegenüber der Gemeinde verpflichtet hat. Voraussetzung ist der Nachweis durch eine Bescheinigung der zuständigen Gemeindebehörde, dass Sie Baumaßnahmen in dem genannten Sinn durchgeführt und die Aufwendungen hierfür selbst getragen haben.

Nach § 7 i EStG können Sie für bestimmte Baumaßnahmen bei Baudenkmalen anstelle der AfA nach § 7 Abs. 4 und 5 EStG erhöhte Absetzungen vornehmen, wenn die Voraussetzungen durch eine amtliche Bescheinigung nachgewiesen werden. Siehe ➤ Rz 1031 Nr. 4.

1035

TIPP **Wenn Ihr Haus ein Denkmal ist**

Dann können Sie sogar die Kosten für einen neuen Wintergarten mit 9 % absetzen. Diese Überraschung erlebten Steuerzahler, denen die zuständige Denkmalbehörde zuvor bescheinigt hatte, dass ihr vermietetes Wohnhaus ein Baudenkmal ist. Die Instandsetzungsarbeiten einschließlich der Aufwendungen für den Wintergarten sind steuerbegünstigt, denn die Bescheinigung der Denkmalbehörde ist für den Fiskus bindend (BFH-Urt. v. 5.11.1996 – BStBl 1997 II S. 244).

Gut zu wissen: Um die Sonderabschreibung einzustreichen, müssen Sie das Baudenkmal nicht einmal vermieten. Auch bei Selbstnutzung können Sie 9 % – und zwar als Sonderausgabe – absetzen.

2015

	Name / Gemeinschaft		
1			**Anlage FW**
	Vorname		zur Einkommensteuererklärung
2			
3	Steuernummer		zur Feststellungserklärung
	Förderung des Wohneigentums		

Abzugsbetrag nach § 10f EStG				46
				EUR
11	Bei Bauantrag / Einreichung der Bauunterlagen vor dem 1.1.2004: Aufwendungen	wie Vorjahr Fertig gestellt 2015	€ Abzugsbetrag bis zu 10 % =	71
12	Bei Bauantrag / Einreichung der Bauunterlagen nach dem 31.12.2003: Aufwendungen	wie Vorjahr Fertig gestellt 2015	€ Abzugsbetrag bis zu 9 % =	69
Abzugsbetrag nach § 10e EStG				

1036 # Zeile 33–35 Abschreibungsgrundlagen

Grundlage für die AfA sind die **Herstellungs- oder die Anschaffungskosten des Gebäudes** oder der an deren Stelle tretende Wert, auch Bemessungsgrundlage genannt. Die Anschaffungskosten für **Grund und Boden** gehören **nicht** dazu.

Wird ein teilfertiges Gebäude erworben und anschließend fertiggestellt, gehören zu den Herstellungskosten die Kosten zur Anschaffung des teilfertigen Gebäudes und die zu dessen Fertigstellung.

776

Zeile 33–35 Herstellungskosten für das Gebäude

1037

Grundsätzlich sind die Herstellungskosten als Abschreibung auf die Dauer der Nutzung des Gebäudes abzusetzen (§ 7 Abs. 4 EStG).

Herstellungskosten sind alle Aufwendungen, die erforderlich waren, um das Gebäude zu errichten und für den vorgesehenen Zweck nutzbar zu machen (§ 255 Abs. 2 und 3 HGB). **Gebäude** und **Außenanlagen** werden getrennt voneinander abgeschrieben. Davon sind abzugrenzen die **laufenden Hauskosten**. Sie sind im Jahr der Bezahlung in voller Höhe absetzbar.

Guter Rat: Sortieren Sie die Baurechnungen nach Kostenarten in vier Gruppen und heften diese getrennt ab. Bilden Sie für jede Gruppe eine Gesamtsumme. Damit haben Sie für Ihre Steuererklärung schon viel gewonnen.

Art der Kosten	**Steuerliche Behandlung**
1 = Anschaffungskosten für Grund und Boden	nicht absetzbar
2 = Herstellungskosten für das Gebäude	als Gebäude-AfA absetzbar
3 = Herstellungskosten für Außenanlagen	als AfA mit 10 % absetzbar
4 = laufende Hausunkosten	im Jahr der Zahlung voll absetzbar

Übersicht zur Zuordnung		Gruppe
1.	Baugrundstück (Kaufpreis)	1
2.	Makler (Vermittlung des Grundstücks)	1
3.	Notar (Kaufvertrag)	1
4.	Finanzamt (Grunderwerbsteuer)	1
5.	Amtsgericht (Grundbuch/Eigentumswechsel)	1
6.	Erschließungsbeiträge an die Kommune	1
7.	Vermessungsbüro (Grundstück)	1

8.	Handwerker, Architekt, Bauämter, Schornsteinfeger (auch Baugrube, Kachelofen, Trinkgelder, Richtfest, Bauschutt, Rodung, Hangabtragung, Zubehör: Mülltonne, Rasenmäher, Waschmaschine, Außen- und Flurbeleuchtung, Schrank- und Trennwände, die als Raumteiler dienen – EFG 1995 S. 103)	2
9.	Vermessungsbüro (Gebäudeeinmessung)	2
10.	Fußbodenbelag, auch Teppichboden auf Estrich	2
11.	Abwasseranschluss (Tiefbauunternehmer)	2
12.	Anschlusskosten (Strom, Gas, Wasser, Wärme)	2
13.	Umzäunung, auch grüne; Einbaumöbel	2
14.	Nacharbeiten wegen Baumängeln	2
15.	Hofbefestigungen, Wege, Terrassen, Grünanlagen	3
16.	Notar (Grundschuld)	4
17.	Finanzamt (Grundsteuer)	4
18.	Versicherung (Bauzeit + fertiges Gebäude)	4
19.	Amtsgericht (Grundbuch/Grundschuld)	4
20.	Fahrten zu 3. =	1
	Fahrten zu 8. =	2
	Fahrten zu 16. =	4

Bagatellgrenze

Ist nach Fertigstellung des Gebäudes weiterer Herstellungsaufwand angefallen, kann dieser sofort als Erhaltungsaufwand abgesetzt werden, wenn er pro Baumaßnahme im Kalenderjahr nicht mehr als **4.000 €** (Rechnungsbetrag ohne Umsatzsteuer) beträgt (R 21.1 Abs. 1 S. 2 EStR). Wie nachträglicher Herstellungsaufwand von mehr als 4.000 € steuerlich zu behandeln ist, dazu mehr in ➤ Rz 1031 Nr. 1.

Vorsicht: Grunderwerbsteuer plus Mehrwertsteuer auf das Haus

Bei bebauten Grundstücken wird die Grunderwerbsteuer von (zumeist) 6,5 % nicht nur auf den Wert des Grundstücks, sondern auch auf den Wert des darauf stehenden Hauses fällig. Gleiches gilt, wenn ein unbebautes Grundstück und noch ausstehende Bauleistungen in einem »einheitlichen Vertragswerk« vereinbart werden. Obwohl für die Bauleistungen Mehrwertsteuer zu zahlen ist, führt die Grunderwerbsteuer nicht zu einer rechtswidrigen Doppelbesteuerung, weil die Grunderwerbsteuer nicht der Mehrwertsteuer entspreche (EuGH v. 8.1.2009 – Az. C–C 156/08).

1038

 ## Vergessen Sie die Nebenkosten nicht

Kleinvieh macht auch Mist. Während der Bauzeit wird leicht vergessen, die Nebenkosten für die Herstellung des Gebäudes zu notieren. Nebenkosten sind hauptsächlich Fahrtkosten für Fahrten zur Baustelle, zum Architekten, zum Bauamt (Terminkalender mit entsprechenden Eintragungen aufbewahren). Auch Telefon- und Portokosten gehören dazu, desgleichen Kosten für Speisen und Getränke zur Verpflegung der Bauhandwerker (BFH-Urt. v. 10.5.1995 – BStBl 1995 II S. 713).

Fügen Sie der Steuererklärung eine detaillierte Nebenkostenaufstellung bei; der Fiskalritter muss sie akzeptieren, denn er ist ja nicht dabei gewesen.

<pre>
        Aufstellung über Baunebenkosten

62 Fahrten zur Baustelle
à 38 km   2.356 km
4 Fahrten zum Architekten
à 18 km   72 km
Insgesamt   2.428 km × 0,30 €   729 €
Telefonkosten geschätzt   250 €
Portokosten geschätzt   60 €
Speisen und Getränke während
der Bauzeit für mitarbeitende
Verwandte und Bekannte
(Belege anbei)   645 €
Davon Eigenanteil Bauherr   100 €
Verbleiben   545 €   > 545 €
+ Richtfest (nur für Bauarbeiter)   480 €
Baunebenkosten insgesamt   2.045 €
</pre>

1039

 ## Außenanlagen gehören zum Gebäudewert

Die Außenanlagen wie Garagenzufahrt, Zugang zur Haustür, Terrasse (Plattierung) und Einfriedung des Grundstücks (Mauer oder Hecke) gehören zum Gebäudewert (BFH-Urt. v. 15.12.1977 – BStBl 1978 II S. 210).

Aber: Grünanlagen und Vorgärten gehören weder zum Gebäude noch zu Grund und Boden, sondern sind selbständige Wirtschaftsgüter. Die Kosten dafür sind über die Nutzungsdauer von **zehn Jahren** zu verteilen. Die jährliche AfA beträgt also 10 % (BFH-Urt. v. 15.10.1965 – BStBl 1966 III S. 12).

Zubehör: Bei einer für die Mieter angeschafften Waschmaschine nebst Trockner, Rasenmäher, Mülltonne etc. beträgt die Nutzungsdauer **fünf Jahre**, die jährliche Abschreibung also 20 % (BFH-Urt. v. 30.10.1970 – BStBl 1971 II S. 95). Jedoch sind ggf. die Vorschriften über **geringwertige Wirtschaftsgüter** gem. § 6 Abs.2 EStG (410 € + 19 % MwSt. =) 488 € anzuwenden. Also: Liegt der Kaufpreis unter 488 €, dann sofort komplett absetzen!!

Guter Rat: Werkzeug für den Hobbykeller
Zu den Herstellungskosten des Gebäudes gehört auch geschenktes Baumaterial, anzusetzen zum Marktpreis, ferner die Anschaffungskosten für Baumaschinen und die Raten für geleaste Maschinen. Außerdem alles andere an Werkzeug (Bohrmaschine, Stichsäge, Flex, Schweißapparat). Was später, wenn der Bau steht, davon noch zu gebrauchen ist, wandert sang- und klanglos in Ihren Hobbykeller, das ist doch wohl klar.

1040 **Der Fiskus kürzt die Baukosten. Was tun?**

Der Fiskaljünger hat sich doch tatsächlich aus der Baukostenaufstellung einige Beträge herausgepickt, die er nicht anerkennen will. Er hat gestrichen:

1. Vergütungen an Ihre Freunde und Bekannten, die als Nichtunternehmer handwerkliche Arbeiten geleistet haben	3.500 €
2. Drei Einbauschränke der Schreinerei Holzwurm	1.800 €
3. Getränke für die Bauarbeiter	350 €
4. Einfriedung (Zaun)	1.820 €
5. Eine Einbauküche	5.750 €
6. Teppichboden	2.900 €
Summe	16.120 €

In einem Telefonat stellt sich der Fiskaljünger stur und beharrt auf seiner Streichliste. Die Mitarbeit von Freunden und Bekannten nennt er Schwarzarbeit. Die Finanzämter sind verpflichtet, zur Bekämpfung der illegalen Beschäftigung und des Leistungsmissbrauchs beizutragen (§ 31 a Abs. 2 AO). In Verdachtsfällen müssen sie die ansonsten geschützten Steuerverhältnisse den Leistungsbehörden melden. Den Betrag von 3.500 € will der Fiskaljünger nur akzeptieren, wenn Sie zusätzlich Lohnsteuer und Sozialabgaben entrichten.

Sie setzen dagegen: Die Mitarbeit von Freunden und Bekannten ist keine
Schwarzarbeit. Also husten Sie ihm was und schreiben:

An Finanzamt Schönhausen

Betrifft: Beanstandete Baukosten; Ihr Schreiben vom …

Sehr geehrte Damen und Herren,

*ich muss darauf bestehen, dass Sie die Beträge als Her-
stellungskosten berücksichtigen, und bitte, dieses Schreiben als Einspruch zu betrachten.*

Zu 1. Mitarbeit von Freunden und Bekannten
*Die bei mir am Bau tätigen Personen waren selbständig und
keineswegs als Arbeitnehmer tätig, denn sie waren nicht
meinen Weisungen unterworfen. Ihre Arbeitszeit konnten
sie selbst bestimmen. Sie arbeiteten je nachdem, wie es
ihre Zeit erlaubte. Als Beweis dafür dienen die von ihnen
ausgestellten Quittungen, denen zu entnehmen ist, dass
sie eine pauschale Tätigkeitsvergütung und keinen Lohn
erhalten haben. Auch hatten sie, wie es bei Arbeitnehmern
üblich wäre, keinen bezahlten Urlaubsanspruch. Der BFH
sagt im Übrigen dazu: »Gegen die Unselbständigkeit spricht
es, wenn jemandem zugestanden wird, die übernommene Arbeit auch durch eine andere Person ausführen zu lassen.
Denn ein Arbeitnehmer muss in der Regel persönlich tätig
werden.« (Urteile des Bundesfinanzhofs V 86/55 U v.
12.1.1956 − BStBl 1956 III S. 119 und v. 11.3.1960 − BStBl
1960 III S. 215, BFH v. 24.11.1961 − BStBl 1962 III 37).
Das ist durch die Vielzahl meiner kurzfristigen Helfer
eindeutig bestätigt. Und selbst wenn die Zeiteinteilung
mit mir abgesprochen war, konnte ich meine Helfer nie
zwingen, zu diesen Zeiten tatsächlich zu erscheinen.*

*Zudem ist weder das Kriterium der Schwarzarbeit noch das
der Scheinselbständigkeit erfüllt, weil die tätigen Personen Fachleute waren (Handwerker mit Gesellenprüfung).
Wohingegen erst unselbständige Schwarzarbeit zu prüfen
ist, wenn die tätigen Personen Hilfsarbeiter sind.*

Zu 2. Einbauschränke
Beachten Sie bitte diesbezüglich die Hinweise 6.4 EStH.
Dort heißt es: Aufwendungen für Einbauten als unselbstän-
dige Gebäudeteile gehören zu den Herstellungskosten des
Gebäudes (BFH v. 26.11.1973 – BStBl 1974 II S. 132).
Eingebaut wurde nicht etwa eine Schranktrennwand, die
mehr die Funktion einer Wohnungseinrichtung erfüllt, son-
dern Einbauteile unter Schrägen, eine Nischenverkleidung
mit Tür als Garderobe und Holzverkleidung von Armaturen/
Stromzählern.

Zu 3. Getränke für die Bauarbeiter
Was den fehlenden Nachweis über die Getränke betrifft,
die ich im Lauf der Bauzeit für die Bauarbeiter ausgeben
musste, ist Folgendes zu sagen: Nach der allgemeinen Le-
benserfahrung (ein Begriff, den Sie ja selbst so gern und
oft anführen, wenn es darum geht, etwas abzulehnen) ist
ein Betrag von 350 € eher zu niedrig als zu hoch für das
Trinkvermögen von Bauarbeitern zu erachten.

Zu 4. Einfriedung (Zaun)
Ich bin damit einverstanden, wenn Sie den Zaun zu den Au-
ßenanlagen rechnen und ihn mit 10% abschreiben. Aller-
dings heißt es in den amtlichen Hinweisen 6.4 EStH, an die
Sie gebunden sind: »Aufwendungen für die Umzäunung eines
Mietwohngrundstücks (z. B. Maschendrahtzaun) können in
einem einheitlichen Nutzungs- und Funktionszusammenhang
mit dem Gebäude stehen und gehören daher in der Regel zu
den Gebäudeherstellungskosten (BFH v. 15.12.1977 – BStBl
1978 II S. 210). Diese Grundsätze gelten auch für angemes-
sene Aufwendungen für das Anpflanzen von Hecken, Büschen
und Bäumen an den Grundstücksgrenzen (lebende Umzäunung).«

Zu 5. Einbauküche
Die Kosten einer Einbauküche gehören zum Gebäude, soweit
sie auf die Spüle entfallen (Urt. des BFH v. 13.3.1990 –
BStBl 1990 II S. 514). Das gelte, so der BFH, auch für
eingebaute Schrankwände, wenn diese Küche und Esszimmer
voneinander trennen. Auch ein Herd gehört zum Gebäude,
soweit regional üblich.
*Begründung des BFH: Ohne Küchenspüle kann Wasser nicht
ablaufen, ist das Gebäude nicht bezugsfertig.

Zu 6. Teppichboden
Hinsichtlich des Teppichbodens weise ich darauf hin, dass
er auf Estrich verlegt und zudem mit dem Untergrund fest
verbunden wurde. Ohne Teppichboden ist das Gebäude nicht
bezugsfertig. Deshalb gehört der Bodenbelag zum Gebäude.

Mit freundlichen Grüßen

Walter Knecht

Nun warten Sie ab, was passiert.

Zeile 33–35 Anschaffungskosten für das Gebäude

1041

Der Kaufpreis für ein bebautes Grundstück schließt üblicherweise den Erwerb des Grund und Bodens mit ein. Weil nur der Gebäudeanteil abgeschrieben werden kann, müssen zunächst die gesamten Anschaffungskosten zusammengestellt und sodann aufgeteilt werden.
Zu den Anschaffungskosten eines Gebäudes gehören alle Aufwendungen, die erforderlich waren, das Grundstück zu erwerben und seine Betriebsbereitschaft, sprich Bezugsfertigkeit, herzustellen (§ 255 Abs. 1 HGB). Ein Gebäude ist betriebsbereit/bezugsfertig, wenn es entsprechend seiner Zweckbestimmung genutzt werden kann. Die Betriebsbereitschaft ist für jeden Teil des Gebäudes gesondert zu untersuchen. Dies ist in der Regel jede einzelne Wohnung, auch wenn nachträglich sämtliche Wohnungen ein einheitliches Gebäude bilden. Zu den Anschaffungskosten können auch nachträgliche Instandhaltungskosten gehören. Dazu ➤ Rz 1067 ff.

Aufteilung in Gebäudewert und Wert für Grund und Boden
Im Normalfall ist ein Grund- und Bodenanteil von 20 % der gesamten Anschaffungskosten zutreffend. Also könnten Sie folgende Rechnung aufmachen:

Kaufpreis für ein Doppelhaus lt. notariellem Vertrag	600.000 €
Grunderwerbsteuer, z. B. 6,5 % von 600.000 € =	39.000 €
Notargebühren und Grundbuchkosten (ca. 1,5 %)	9.000 €
Maklergebühren	5.355 €
Anschaffungskosten insgesamt	653.355 €
./. Anteil Grund und Boden 20 %	– 130.671 €
Gebäudeanteil	522.684 €
Gebäudeabschreibung für > Zeile 33 linear 2 % jährlich =	10.454 €

Gut zu wissen: So teilt das Finanzamt zwischen Gebäude- und Bodenanteil auf. Bei der Aufteilung von Anschaffungskosten in einen Gebäude- und einen Bodenanteil werden die Weichen für viele Jahre gestellt. Je höher der Gebäudeanteil ausfällt, desto höher sind Abschreibung und Werbungskosten in den folgenden Jahren. Dumm wäre es also, den Bodenanteil zu großzügig zu bemessen.

Seit Anfang 2015 können Sie auf der Internetseite des Bundesfinanzministeriums (www.bundesfinanzministerium.de) eine Probeberechnung durchführen. Unter »Arbeitshilfe zur Aufteilung eines Gesamtkaufpreises für ein bebautes Grundstück (Kaufpreisaufteilung)« können Sie die Daten für Ihr Haus eintragen und sich ausrechnen lassen, welchen Bodenwert sich die Fiskalbürokraten in Ihrem Fall so vorstellen.

1042 ***TIPP*** **Wert für Grund und Boden:**
Wenn der Fiskalritter nicht mitmacht

Will der Bearbeiter die pauschale Aufteilung des Gesamtkaufpreises von 653.355 € (siehe oben) im Verhältnis 80 % für das Gebäude und 20 % für Grund und Boden nicht akzeptieren und orientiert sich an ominösen Richtwertkarten und am Baupreisindex, behalten Sie ruhig Blut.
Der Fiskaljünger macht folgende Rechnung auf:

Fiktiver Wert Grund und Boden lt. Richtwertkarten:	
800qm × 200 € =	160.000 €
Fiktiver Gebäudewert lt. Baupreisindex:	
150qm × 2.500 € =	375.000 €
Fiktiver Gesamtwert	<u>535.000 €</u>
Anteil von Grund und Boden am Gesamtwert:	
160.000 € ÷ 535.000 € =	29,9 %
Anteil des Gebäudes am Gesamtwert:	
375.000 € ÷ 535.000 € =	70,1 %
Und so rechnet er weiter:	
Tatsächlicher Wert für Grund und Boden:	
29,9 % von 653.355 € =	195.353 €
Tatsächlicher Gebäudewert: 70,1 % von 653.355 € =	458.002 €

Richtwertkarten
Die Richtwertkarten werden von einem Gutachterausschuss erstellt, der nach getätigten Verkäufen in einer Gegend den dort gültigen Wert für unbebaute baureife Grundstücke in €/qm festlegt. Es ist zunächst bedenklich, für den Wert von Grund und Boden eines bebauten Grundstücks schlichtweg aus Richtwertkarten denselben Wert anzusetzen wie für unbebaute. Bebauter Grund ist weniger wert als unbebauter (BFH-Urt. v. 15.1.1985 – BStBl 1985 II S. 252).

Wenn sich der Bearbeiter nach der Richtwertkarte für Bauland orientiert, muss er einen Abschlag für die bereits durchgeführte Bebauung vornehmen. Auch ist es bedenklich, den Gebäudewert (vereinfacht) mit Wohnfläche × Baupreisindex festzustellen. Der Baupreisindex ist typisiert durch Verordnungen geregelt und wird unter Berücksichtigung üblicher Herstellungskosten (Stand 1913) und Preissteigerungen ermittelt.

Was jetzt? Lassen Sie sich als Erstes die Richtwertkarte zeigen. Vielleicht liegt Ihr Grundstück am Rand der 200-€/qm-Zone, gleich neben der 150-€/qm-Zone, so dass Sie den Bearbeiter schon mal auf 170-€/qm runterhandeln können. Außerdem ist Ihr Grundstück ja bebaut und somit weniger wert, als wenn es unbebaut wäre. Ungünstige Lage, Eckgrundstück, schlechter Zuschnitt rechtfertigen einen weiteren Abschlag von 50 €/qm auf 120 €/qm. Sie machen also folgende Gegenrechnung auf:

Fiktiver Wert Grund und Boden lt. Richtwertkarten:

800qm × 120 € =	96.000 €
Fiktiver Gebäudewert: 150 qm × 2.500 € =	375.000 €
Fiktiver Gesamtwert	471.000 €

Daraus ergibt sich ein Verhältnis von 20,4 % zu 79,6 %.
Tatsächlicher Wert für Grund und Boden:

20,4 % von 653.355 € =	133.284 €
Tatsächlicher Gebäudewert: 79,6 % von 653.355 € =	520.071 €

Nun warten Sie ab, was passiert. Meistens kommt es zum Vergleich.

Zeile 36 Schuldzinsen 1043

Schuldzinsen für das selbstbewohnte Haus können Sie nicht absetzen, das ist klar. Auf Ihrem Mietshaus sind Ihre Bauschulden schon besser aufgehoben. Und hier verschenken Sie keinen Cent: Sie setzen an die laufenden **Zinsen** lt. Zinsplan der Bank und die Zinsen aus der Zinsbescheinigung der Bausparkasse nebst Verwaltungskosten und Kontoführungsgebühren. Auch ein **Disagio** gehört dazu. Und wenn Ihr Haus auf einem Erbbaugrundstück steht, dann setzen Sie hier die **Erbbauzinsen** an.

Immobilie im Erbbaurecht
Man erwirbt nur das Gebäude, nicht aber das Grundstück. Für das Grundstück bezahlt man ein monatliches Entgelt, den sog. Erbbauzins. Der Erbbauzins und die Laufzeit des Erbbaurechts werden vertraglich

vereinbart. Der übliche Erbbauzins beträgt ca. 4 %, bezogen auf den Verkehrswert des Grund und Bodens. Als Laufzeit des Erbbaurechts sind höchstens 99 Jahre möglich. Bei längerer Laufzeit würde danach der Grund und Boden in das Eigentum des Erbbauberechtigten übergehen. Erlischt das Erbbaurecht durch Zeitablauf, so hat der Grundstückseigentümer dem Erbbauberechtigten eine Entschädigung für das Bauwerk zu leisten (§ 27 Erbbaurechtsgesetz).

Was selbstverständlich erscheint, aber erwähnt werden sollte: **Tilgungsbeiträge** sind keine Zinsen, somit nicht absetzbar. Wie Sie Zinsen bei gemischter Nutzung richtig zuordnen, dazu ➤ Rz 1046 ff.

 Das Disagio-Steuersparmodell
Die Bank hat einen Trick parat, um die Einkommensteuer zu drücken. Indem Sie einen Teil der künftigen Schuldzinsen im Voraus leisten. Dafür fließt de facto kein bares Geld, vielmehr geschieht dies dadurch, dass die Bank das Darlehen nicht in voller Höhe auszahlt, sondern einen Abschlag, sprich Disagio, vornimmt. Das Disagio ist im Jahr der Auszahlung des – gekürzten – Darlehens absetzbar.
Ein Disagio entsteht – banktechnisch bedingt – in der Regel bei der Feinregulierung des Zinssatzes. Es kann aber ein höheres Disagio vereinbart werden als banktechnisch geboten. Dies kommt dann einer Zinsvorauszahlung gleich. Das höhere Disagio bewirkt eine geringere Zinslast in den folgenden Jahren.
Steuerzahler mit hohem Einkommen hätten es natürlich am liebsten, die künftigen Schuldzinsen gleich durch einen dicken Abschlag bezahlen zu können. Dies drückt sofort die Steuerlast. Doch da spielt der Fiskus nicht mit. Ein Disagio kann zum Zeitpunkt der Zahlung nur insoweit abgezogen werden, als es marktüblich ist. Von der Marktüblichkeit ist auszugehen, wenn der **Zinsfestschreibungszeitraum nicht mehr als fünf Jahre und das Disagio nicht mehr als 5 %** beträgt. Trifft dies nicht zu, sind die Aufwendungen gleichmäßig auf die Dauer des Zinsfestschreibungszeitraums zu verteilen. Wurde kein Zinsfestschreibungszeitraum vereinbart, ist die Verteilung auf die Laufzeit des Darlehens vorzunehmen.

Und so wird gerechnet:

Nennwert eines Darlehens, festgeschrieben auf 10 Jahre	100.000 €
Auszahlung zu 90 % =	90.000 €
Disagio 10 % =	10.000 €
Davon sofort abziehbar max. 5 % von 100.0.000 € =	5.000 €
Rest 5.000 € zu verteilen auf die folgenden 9 Jahre mit jährlich	555 €

Bauplatz auf Pump gekauft?

Die Zinsen vor Fertigstellung des Hauses können Sie im Jahr der Zahlung
als – **vorweggenommene** – Werbungskosten hier absetzen, desgleichen
die Zinsen für ein Darlehen zum Kauf eines Bauplatzes. Ihnen erscheint
dies zunächst selbstverständlich. Der Fiskus argwöhnt aber leicht, Sie
könnten vielleicht gar keine Bauabsichten haben und nur auf einen steuerfreien Spekulationsgewinn kalkulieren. In so einem Fall sind Schuldzinsen nicht absetzbar, weil sie mit steuerfreien Einkünften in Zusammenhang stehen. Mindestens zehn Jahre können Sie sich aber Zeit lassen,
bevor das Finanzamt beginnt, den Rotstift anzusetzen. Ein Finanzamt in
Baden-Württemberg hat sogar in einem Fall 15 Jahre lang Zinsen anerkannt (EFG 1995 S. 880).

1044

Entsprechendes gilt bei Erwerb von Bauerwartungsland

Bis der Bebauungsplan in Kraft getreten ist und das Haus steht, können
viele Jahre vergehen. Vergessen Sie nun aber nicht, sogleich ab Erwerb
Schuldzinsen abzusetzen. Mieteinnahmen benötigen Sie dafür nicht
(BFH-Urt. v. 4.6.1991 – BStBl 1991 II S. 761).

TIPP ## Schuldzinsen auch nach Verkauf des Hauses geltend machen!

1045

Sie haben Ihr Haus verkauft und sind auf einem Teil der Kredite sitzengeblie-
ben. Der kleinlichen Regelung des Fiskus, dass es mit dem Verkauf des Hauses auch mit dem Abzug Ihrer Schuldzinsen vorbei sein soll, hat der BFH den
Garaus gemacht (BFH v. 20.6.2012 – BStBl 2013 S. 275). Diesem ersten Aufschlag ist der Fiskus inzwischen teilweise gefolgt und lässt unter folgenden
Voraussetzungen Ihre nachträglich gezahlten Zinsen als Werbungskosten zu
(BMF v. 28.3.2013 – BStBl 2013 I S. 508):

- Die Immobilie wurde steuerpflichtig innerhalb von 10 Jahren nach dem
  ursprünglichen Kauf verkauft.
- Der Veräußerungserlös reicht nicht aus, um die Darlehensverbindlichkeit
  zu tilgen.
- Bis zur Veräußerung bestand unverändert die Absicht, aus der Vermietung der Immobilie Einkünfte zu erzielen.

Ihre Streichgelüste lebten die Fiskalritter nun vor allem dann aus, wenn der
Verkauf erst nach mehr als 10 Jahren erfolgte oder der Verkaufserlös statt zur
Kredittilgung für andere Zwecke eingesetzt wurde.

Noch weiter ging der BFH in seinem zweiten Aufschlag (BFH v. 8.4.2014 – IX
R 45/13, DStR 2014 S. 996). Demnach gibt es den nachträglichen Schuldzinsenabzug selbst dann, wenn Sie Ihre Immobilie nach der 10-Jahresfrist

verkauft haben. Auch eine zwischenzeitliche Umfinanzierung verhindert den Schuldzinsenabzug nicht. Allerdings verlangt auch der BFH, dass Sie die Immobilie bis zur Veräußerung zur Erzielung von Einkünften aus Vermietung und Verpachtung genutzt haben oder zumindest die eindeutig belegbare Absicht dazu hatten.

> **Gut zu wissen:** Wurde indessen das Darlehen zur Finanzierung von sofort abziehbaren Werbungskosten der Schrottimmobilie aufgenommen, beispielsweise für Instandhaltungsaufwendungen, können die Schuldzinsen auch nach dem Verkauf der Immobilie als **nachträgliche Werbungskosten** geltend gemacht werden, so der BFH (Urt. v. 16.9.1999 – BStBl 2001 II S. 528). Der Bundesfinanzminister hat dieses Urteil abgesegnet (BMF-Schreiben v. 3.5.2006 – BStBl 2006 I S. 363).

 Schuldzinsen richtig zuordnen und so Steuern sparen

1046 Wer in Immobilien investiert, braucht meistens auch Fremdkapital. Die dafür gezahlten Schuldzinsen sind als Werbungskosten absetzbar. Wird die Immobilie indessen teils zu eigenen Wohnzwecken genutzt, sind die Schuldzinsen entsprechend aufzuteilen.

Der Kniff, hier Steuern zu sparen, besteht darin: Ihr Eigenkapital setzen Sie für die eigengenutzte Wohnung ein, den vermieteten Teil finanzieren Sie voll über Kredit. So sind die Schuldzinsen zu 100 % absetzbar.

Aber Achtung: Sind Eigenkapital und Fremdkapital erst einmal auf ein und demselben Konto gelandet, liegt das Kind im Brunnen. Dann werden die Bauzinsen **prozentual** der vermieteten und der eigengenutzten Wohnung zugeordnet, und Sie finanzieren steuerlich gesehen ungewollt eine vermietete Wohnung zum Teil mit Eigenmitteln. Und die eigengenutzte Wohnung zum Teil mit Fremdkapital, wodurch die Zinsen wirkungslos verpuffen.

Die Häme der Fiskalritter schmerzt zusätzlich: »Wer eigenes und fremdes Getreide in einen Sack schüttet, der weiß hinterher nicht mehr, welche Körner von ihm stammen und welche vom Nachbarn. Denn alle sehen gleich aus. So ist das auch mit eigenem Geld und mit fremdem Geld.«

1047 **Es gelten folgende Regeln:**

1. Zinszuordnung bei Eigentumswohnungen
Bei Erwerb eines Hauses mit Eigentumswohnungen lassen sich die Zinsen besonders einfach in den steuerwirksamen Bereich verlagern: Die

vermieteten Wohnungen finanzieren Sie so weit wie möglich mit Fremd-kapital, und für die eigene Wohnung setzen Sie möglichst Eigenkapital ein. Wichtig ist, für jede vermietete Wohnung einen gesonderten Darle-hensvertrag abzuschließen und den Erwerb der Wohnung punktgenau mit dem entsprechenden Darlehen zu finanzieren.

2. Zinszuordnung bei Herstellung eines Gebäudes 1048

Um die Bauzinsen später voll bei der vermieteten Wohnung ansetzen zu können, sollten Sie dafür sorgen, dass deren Herstellung ausschließlich mit Fremdkapital finanziert wird. Dazu gehen Sie wie folgt vor:

- Sie lassen sich bei der finanzierenden Bank zwei Baukonten einrichten. **Konto 1** bedienen Sie mit **Fremdkapital** (Baudarlehen) und **Konto 2** mit **Eigenkapital.**
- Von den Handwerkern lassen Sie sich für alle Arbeiten, die ausschließ-lich eine bestimmte Wohnung betreffen, getrennte Rechnungen schrei-ben (z. B. für Türen, Bodenbeläge, Decken, Badezimmer, Elektroinstal-lationen, Malerarbeiten). Für Leistungen, für die Sie keine gesonderte Rechnung haben, können Sie die Aufteilung durch eine eigene Aufstel-lung ergänzen, in der Sie die einzelnen Rechnungspositionen der jewei-ligen Wohnung zuordnen.
- Herstellungskosten, die das gesamte Gebäude betreffen, werden im Verhältnis der Wohnflächen aufgeteilt (z. B. der Kaufpreis für das Grundstück, die Kosten für Bodenaushub, Mauerwerk, Dachstuhl, Dacheindeckung, Treppenhaus, Gemeinschaftsräume, Heizungsanlage, Anschlussleitungen, Entwässerung etc.).

Wenn Sie so vorgehen, haben Sie nun für jede Wohnung getrennte Rechnungen. 1049

Bei der Bezahlung gehen Sie wie folgt vor:

1. Rechnungsbeträge, die auf Ihre später selbst genutzte Wohnung ent-fallen, überweisen Sie von dem Baukonto mit Eigenkapital (Konto 2). Bei der Überweisung machen Sie das deutlich, indem Sie als Verwen-dungszweck neben der Rechnungsnummer z. B. ergänzen: »Teilbetrag für Wohnung Erdgeschoss«.

2. Rechnungsbeträge, die auf die später vermietete Wohnung entfallen, überweisen Sie nur von dem Baukonto, auf dem die Baudarlehen ge-landet sind (Konto 1). Auch hier machen Sie bei der Überweisung die Zuordnung deutlich, z. B.: »Teilbetrag für Einliegerwohnung 1. OG«.

3. Rechnungsbeträge, die das gesamte Gebäude betreffen, bezahlen Sie vom jeweiligen Konto im Verhältnis der Wohnflächen.

1050 **3. Zinszuordnung bei Kauf eines Hauses**

Beim Kauf eines Hauses brauchen Sie die Wohnungen nicht unbedingt vorher in Eigentumswohnungen aufzuteilen, um das Fremdkapital und Ihr Eigenkapital entsprechend zuzuordnen. Sie können im Prinzip dasselbe Strickmuster anwenden wie bei der Herstellung eines Gebäudes. Und so gehen Sie vor:

- **Bereits im Notarvertrag** wird der insgesamt vereinbarte Kaufpreis rechnerisch auf die selbstgenutzte Wohnung und den vermieteten Teil der Immobilie aufgeteilt. Wenn dabei nicht gerade völlig unrealistische Maßstäbe angelegt werden, wird das Finanzamt dieser Aufteilung folgen.

- Die Bezahlung erfolgt dann wieder in zwei Teilbeträgen: Den Anteil für die vermietete Wohnung überweisen Sie mit dem Verwendungszweck »*Teilkaufpreis Wohnung I. OG*« von Ihrem Fremdmittelkonto, den Anteil für die selbstgenutzte Wohnung von Ihrem Eigenmittelkonto und einen evtl. Restbetrag vom Darlehenskonto – jeweils mit dem Verwendungszweck »*Teilkaufpreis Wohnung Erdgeschoss*«.

Vielfach wird ein Notaranderkonto zwischengeschaltet. Dann verfahren Sie entsprechend. Dass der Notar später dem Verkäufer den gesamten Kaufpreis von seinem Notaranderkonto in einer Summe überweist, ist für Ihre Zuordnung nicht schädlich.

1051 **Wie Sie Ihre Immobilie steuergünstig mittels Privatdarlehen finanzieren, lesen Sie unter ➤ Rz 901.**

1052 ## Zeile 37 Geldbeschaffungskosten

Zu den Geldbeschaffungskosten zählen alle Aufwendungen, das Bankdarlehen zu erhalten oder bereitstellen zu lassen: Abschlussgebühr für Bausparvertrag, Gutachten über den Wert der Immobilie, Gebühr für Notar und Amtsgericht für die Eintragung der Hypothek im Grundbuch, Honorar für den Finanzierungsmakler sowie Fahrt- und Telefonkosten.

Zeile 38 Renten und dauernde Lasten 1053

Grundbesitz kann im Alter zu einer Last werden. Um finanziell abgesichert zu sein, wird dann vielfach auf Rentenbasis verkauft. Haben Sie auf diese Weise ein Haus erworben, können Sie die in den Rentenzahlungen enthaltenen Zinsanteile als Hauskosten absetzen. Das gilt ebenso für dauernde Lasten. Auch bei diesen Aufwendungen ist also nur der Zinsanteil absetzbar (BFH-Urt. v. 9.2.1994 – BStBl 1995 II S. 47).

Beispiel
Sie haben von einem 65 Jahre alten Verkäufer ein Mietshaus gegen Zahlung einer lebenslänglichen Rente von monatlich 2.000 € erworben.
In Höhe des Barwerts der Rente haben Sie Anschaffungskosten, die – soweit sie auf das Gebäude entfallen – nach § 7 EStG abgeschrieben werden. Als weitere Werbungskosten sind die in den Rentenzahlungen enthaltenen Ertragsanteile (Tabelle 2 zu § 22 EStG, ➤ Rz 955) von jährlich 18 % von 24.000 € = 4.320 € absetzbar. Im Gegenzug muss der Verkäufer die Ertragsanteile als sonstige Einkünfte versteuern.

◆ *Musterfall Familie Vogt (Teilweise vermietetes Zweifamilienhaus – Fortsetzung von ➤ Rz 1020)*

Auf Seite 2 der Anlage V bestätigt sich für Vogt, dass es richtig war, ein Zweifamilienhaus zu kaufen. Weil er die Einliegerwohnung vermietet hat, kann er einen Teil der Hauskosten als Werbungskosten absetzen: entsprechend dem Verhältnis der Wohnflächen (eigengenutzt = 135 qm zu vermietet = 60 qm) 31 %.

Die lineare Abschreibung für > Zeile 33 beträgt 2 % der Anschaffungskosten für das Gebäude von 380.000 € = 7.600 €, davon 31 % = 2.356 €.

Auch kann er 31 % der Schuldzinsen von insgesamt 9.699 € = 3.007 € als Werbungskosten in > Zeile 36 unterbringen. Von den Kosten für die Fassadenerneuerung von insgesamt 19.960 € trägt er prozentual 31 % = 6.188 € in > Zeile 40 ein.

Für die Renovierung der vermieteten Wohnung sind Aufwendungen von 2.720 € angefallen, die er der vermieteten Wohnung in > Zeile 39 direkt (zu 100 %) zuordnet.

Auch von den umlagefähigen Kosten (> Zeile 46) setzt er jeweils 31 % an. Für verschiedene Kosten (Fahrten, Telefon, Porto) setzt er in > Zeile 47 pauschal 250 € an. Dafür hat er einige Ausgabenbelege in petto, die er dem Finanzamt notfalls präsentieren kann. Auch davon sind 31 % = 78 € absetzbar.

ANLAGE V
Einkünfte aus Vermietung und Verpachtung

2016

	Werbungskosten aus dem bebauten Grundstück in den Zeilen 4 und 5	Gesamtbetrag EUR 1	durch direkte Zuordnung ermittelt 2	verhältnismäßig ermittelt 3 %		Abzugsfähige Werbungskosten EUR 4
33	Absetzung für Abnutzung für Gebäude (ohne Beträge in Zeile 34) linear degressiv 2,00 % X wie 2014 lt.ges. Erfig.	7.600		69	30	2356,—
34	Erhöhte Absetzungen nach den §§ 7h, 7i EStG, Schutzbaugesetz wie 2014 lt.ges. Erfig.				31	,—
35	Absetzung für Abnutzung für bewegliche Wirtschaftsgüter wie 2014 lt.ges. Erfig.				60	,—
36	Schuldzinsen (ohne Tilgungsbeträge) Hypothek (5.762)/Bausparkasse (3.937)	9.699		69	33	3007,—
37	Geldbeschaffungskosten (z. B. Schätz-, Notar-, Grundbuchgebühren)				34	,—
38	Renten, dauernde Lasten (lt. gesonderter Einzelaufstellung)				35	,—
39	2015 voll abzuziehende Erhaltungsaufwendungen, die direkt zugeordnet werden können	2.720 ×			36	2720,—
40	verhältnismäßig zugeordnet werden	19.960		69	37	6188,—
41	Auf bis zu 5 Jahre zu verteilende Erhaltungsaufwendungen (§§ 11a, 11b EStG, § 82b EStDV) Gesamtaufwand 2015 EUR 57 davon 2015 abzuziehen				38	,—
42	zu berücksichtigender Anteil aus 2011				39	,—
43	aus 2012				40	,—
44	aus 2013				41	,—
45	aus 2014				42	,—
46	Grundsteuer, Straßenreinigung, Müllabfuhr, Wasserversorgung, Entwässerung, Hausbeleuchtung, Heizung, Warmwasser, Schornsteinreinigung, Hausversicherungen, Hauswart, Treppenreinigung, Fahrstuhl lt. Aufstellung	2.875		69	52	892,—
47	Verwaltungskosten	250		69	48	78,—
48	Nur bei umsatzsteuerpflichtiger Vermietung: an das Finanzamt gezahlte und ggf. verrechnete Umsatzsteuer	×			58	,—
49	Sonstiges				49	,—
50	**Summe der Werbungskosten** (zu übertragen nach Zeile 22)					15241,—

Column headers top: *Nur ausfüllen, wenn die Aufwendungen für das Gebäude nur teilweise zu den Zeilen 4 und 5 (siehe Anleitung zu den Zeilen 33 bis 49) Ausgaben, die nicht mit Vermietungseinkünften zusammenhängen, wurden*

Auf Formularseite 1 der Anlage V erhält Vogt durch diese Eintragungen bescheinigt: Er hat einen Verlust aus Vermietung und Verpachtung in Höhe von 11.379 €, der ihm bei einem Steuersatz von 35 % eine Steuererstattung von 3.983 € beschert.

21	Summe der Einnahmen					3 8 6 2,–
22	Summe der Werbungskosten (Übertrag aus Zeile 50)				–	1 5 2 4 1,–
23	Überschuss (zu übertragen nach Zeile 24)		stpfl. Person / Ehemann / Lebenspartner(in) A / Gesellschaft EUR		=	– 1 1 3 7 9,–
						Ehefrau / Lebenspartner(in) B EUR
24	Zurechnung des Betrags aus Zeile 23	20	– 1 1 3 7 9,–	21		,–

Zeile 39–40 Erhaltungsaufwendungen   1054

Die Kosten für die laufende Instandhaltung des Gebäudes können Sie in
voller Höhe im Jahr der Zahlung absetzen. Bei Erhaltungsaufwendungen
bis 10.000 € (je Gebäude) genügt dem Fiskus zunächst eine Einzelaufstellung, in der neben dem Rechnungsbetrag das Rechnungsdatum, der Gegenstand der Leistung sowie das ausführende Unternehmen angegeben
sind. Absetzbar sind alle Aufwendungen für Renovierung, Pflege, Wartung, unabhängig davon, ob die Maßnahmen aus technischen, wirtschaftlichen oder rechtlichen Gründen veranlasst waren.
Für einen späteren Nachweis reichen notfalls auch Kassenbons aus (Urt.
des FG Niedersachsen v. 26.10.89 – VI 164/88; nv).

| 39 | 2014 voll abzuziehende Erhaltungsaufwendungen, die direkt zugeordnet werden können | ✗ | 36 | ,– |
| 40 | verhältnismäßig zugeordnet werden | | 37 | ,– |

Erhaltungsaufwand oder Herstellungsaufwand?

Der Fiskalvertreter kann sich drehen und wenden, wie er will, letztendlich
ist jeder Euro, den Sie in Ihr Miethaus investieren, als Werbungskosten
absetzbar. Fragt sich nur, in welchem Jahr. Dabei gilt Folgendes:
Erhaltungsaufwendungen sind im Jahr der Zahlung in voller Höhe absetzbar (§ 11 EStG). Wahlweise können größere Erhaltungsaufwendungen auf zwei bis fünf Jahre verteilt werden (§ 82 b EStDV). Dazu mehr
unter ➤ Rz 1060.
Anschaffungs- und Herstellungskosten sind nur über die AfA absetzbar
(➤ Rz 1030 f.). Bei einem Altbau ist (nachträglicher) Herstellungsaufwand
anzunehmen bei

1. Ausbau oder Anbau/Erweiterung,

2. grundlegender Modernisierung,

3. Erhaltungsaufwendungen innerhalb von drei Jahren nach Erwerb.

1. Herstellungsaufwand durch Ausbau oder Anbau/Erweiterung

Unter Ausbau versteht man die wesentliche Umwandlung von Räumen, die bisher anderen Zwecken dienten, z.B. den Ausbau eines leeren Dachgeschosses oder die Umwandlung von Kellerräumen. Der Bauaufwand für einen Ausbau kann in der Regel als wesentlich angesehen werden, wenn die Kosten hierfür etwa ein Drittel des für eine vergleichbare Neubauwohnung erforderlichen Bauaufwands erreichen. Dabei ist nach Auffassung der Finanzverwaltung der Wert der Eigenleistungen zu berücksichtigen, auch wenn diese mangels Aufwendungen nicht zu den Herstellungskosten gehören.

Unter Anbau/Erweiterung versteht man das Schaffen neuer Räume durch Aufstocken des Gebäudes oder eben durch Anbau (➤ Rz 1056).

2. Herstellungsaufwand durch grundlegende Modernisierung

Aufwendungen, um eine Wohnung oder ein Gebäude auf einen höheren Standard zu bringen, zählen zu den Herstellungs- oder Anschaffungskosten. Für den Standard eines Wohngebäudes sind vor allem die Ausstattung und die Qualität der Heizungs-, Sanitär- und Elektroinstallationen sowie der Fenster ausschlaggebend (➤ Rz 1057).

1055 ## 3. Erhaltungsaufwendungen innerhalb von drei Jahren nach Erwerb

Zu den Herstellungskosten gehören Aufwendungen für Instandsetzungs- und Modernisierungsmaßnahmen, die innerhalb von drei Jahren nach der Anschaffung des Gebäudes durchgeführt werden, wenn sie (ohne Umsatzsteuer) 15 % der Anschaffungskosten des Gebäudes übersteigen (anschaffungsnahe Herstellungskosten). Siehe dazu auch ➤ Rz 1058.

Anschaffungskosten sind auch, wenn funktionsuntüchtige Teile wiederhergestellt werden, die für die Nutzung unerlässlich sind (z.B. eine defekte Heizung), oder wenn Wasser- oder Brandschäden behoben werden, die das Gebäude unbewohnbar machen. Auch Aufwendungen für eine Nutzungsänderung sind den Anschaffungskosten zuzurechnen, soweit sie vor der erstmaligen Nutzung entstanden sind (z.B. Umbau einer Wohnung in ein Büro).

1056 ## Dachgeschoss: Ausbau, Umbau oder Erweiterung?

Bei Baumaßnahmen im Dachgeschoss eines bestehenden Gebäudes wird unterschieden zwischen:

- dem erstmaligen Ausbau eines Dachgeschosses,
- der Aufstockung eines Gebäudes,
- dem Umbau eines bereits ausgebauten Dachgeschosses.

Aufwendungen für den **erstmaligen Ausbau** eines Dachgeschosses und die **Aufstockung** eines Gebäudes führen zu nachträglichen Herstellungskosten, die Sie den ursprünglichen Anschaffungs- und Herstellungskosten zuschlagen und mit der üblichen AfA von 2 % jährlich abschreiben.

Der **Umbau** eines bereits ausgebauten Dachgeschosses fällt in der Regel unter Erhaltungsaufwand, den Sie somit sofort im Jahr der Zahlung absetzen können. Etwas anderes gilt indessen bei besonders hohen Baukosten. Übersteigen sie den Verkehrswert des Dachgeschosses vor Umbau, nimmt der Fiskus nachträgliche Herstellungskosten an, die Sie wieder mit nur 2 % jährlich abschreiben können.

1057

TIPP **Gebäudesanierung fällig? Jetzt aber aufgepasst!**

Ist für Ihr älteres Mietshaus eine grundlegende Sanierung fällig, laufen Sie Gefahr, dass der Fiskus die Aufwendungen als nachträgliche Herstellungskosten einstuft, die nur über die magere Abschreibung von jährlich 2 % absetzbar sind.

Wenn Sie aber **nach jahrelanger Nutzung** Ihr Gebäude grundlegend sanieren, sind die Instandsetzungs- und Modernisierungsaufwendungen sofort absetzbar (BMF-Schreiben v. 18.7.2003, BStBl Teil I S. 386).

Entscheidend ist: Führt ein Bündel von Baumaßnahmen bei mindestens drei der vier zentralen Ausstattungsmerkmale (Heizung, Sanitär- und Elektroinstallation, Fenster) zu einer Erhöhung und Erweiterung des Gebrauchswerts, hebt sich der Standard eines Gebäudes. Dann sind die Aufwendungen als nachträgliche Herstellungskosten zu behandeln.

Beim Gebäudestandard wird unterschieden:

Einfacher Standard: Ausstattung nur in nötigem Umfang, in sparsamer Ausführung und technisch überholtem Zustand.

Mittlerer Standard: Umfang und Ausführung werden durchschnittlichen bis höheren Ansprüchen gerecht.

Gehobener Standard: Nicht nur das Zweckmäßige ist vorhanden, sondern das technisch und optisch Mögliche und Machbare in hochwertiger Ausführung.

Beispiel 1

Ein Gebäude, im Jahr 1972 in mittlerem Standard gebaut, hatte nach heutigen Kriterien nur noch einfachen Standard. Der Steuerzahler hat im Jahr 2012 durch Renovierung – den nach heutigem Maßstab – mittleren Standard wiederhergestellt. Die Renovierungskosten sind sofort abziehbar. Vergleichsmaßstab ist also der ursprünglich mittlere Standard, nicht der zeitnahe (einfache) Zustand.

Beispiel 2
Ein Steuerzahler hat sein Mietshaus, das 1972 in einfachem Standard gebaut wurde, modernisiert, indem er die Fenster und die Heizungsanlage in mittlerem Standard erneuert hat. Die Kosten sind sofort abziehbar, da nur zwei der vier zentralen Ausstattungsmerkmale einen höheren Standard als zuvor aufweisen.

Das Fazit lautet also: Beim Renovieren entweder den ursprünglichen Standard beibehalten (Beispiel 1) oder nicht mehr als zwei Kriterien verbessern (Beispiel 2).

1058 *TIPP* **Bruchbude gekauft und flott über die Steuer saniert**

Die kürzlich erworbene Bruchbude von Grund auf sanieren und durch Sofortabzug der Sanierungskosten eine dicke Steuererstattung einstreichen, da kommt Freude auf. Doch der Fiskus kommt mit dem Argument: Sie als Käufer haben den Sanierungsaufwand gedanklich dem Kaufpreis zugeschlagen. Deshalb sind die Sanierungskosten den Anschaffungskosten des Gebäudes hinzuzurechnen und nur über die Abschreibung absetzbar.

Dies gilt aber nur, wenn die Sanierungsmaßnahmen innerhalb von **drei Jahren** seit der Anschaffung durchgeführt werden und 15 % der Gebäudeanschaffungskosten (ohne die in Rechnung gestellte Umsatzsteuer) übersteigen (§ 6 Abs. 1 Nr. 1a EStG). Nicht in die **15-%-Grenze** werden einbezogen Aufwendungen für Erweiterungen (§ 255 Abs. 2 HGB) des Gebäudes (solche Aufwendungen sind ohnehin nur über die AfA absetzbar) und für die jährlich üblicherweise anfallenden Erhaltungsarbeiten, die für sich gesehen sofort absetzbare Werbungskosten sind, insbesondere Schönheitsreparaturen und Wartungsarbeiten. Damit werden vor allem folgende Kosten ausgeklammert, die ohne besondere Prüfung sofort als Werbungskosten absetzbar sind:

● Streichen und Tapezieren von Decken und Wänden,
● Streichen von Fußböden, von Fenstern und Türen von innen, von Heizkörpern und Heizungsrohren,
● jährliche Inspektion der Heizung.

Zu den 15 % gehören allerdings alle Putz- und Maurerarbeiten, der Austausch von Fenstern, Türen etc. oder der Außenanstrich des Gebäudes.

Was tun? Wird die Grenze von 15 % voraussichtlich überschritten, dann lassen Sie nach der Anschaffung zunächst drei Jahre verstreichen. Danach können Sie unbesorgt sanieren und die Kosten dem Fiskus sogleich in voller Höhe aufs Auge drücken.

Oder Sie machen es anders:

1059

 Nach und nach renovieren

Wichtig ist, wie Sie wissen, in den ersten drei Jahren mit den Renovierungskosten insgesamt unter 15 % zu bleiben. Dies kann gelingen, wenn Sie zunächst z. B. nur eine Wohnung renovieren. Denn die 15-%-Grenze bezieht sich immer auf das gesamte Gebäude.
Anders sieht es bei einer Eigentumswohnung aus. Da das Gesetz den Erwerb einer Eigentumswohnung mit dem Erwerb eines Gebäudes gleichstellt, ist die 15-%-Grenze auf die einzelne Wohnung anzuwenden.

Zeile 41–45 Auf bis zu 5 Jahre zu verteilende Erhaltungsaufwendungen

1060

Erhaltungsaufwendungen werden im Jahr der Zahlung in voller Höhe als Werbungskosten abgezogen (§ 11 Abs. 2 EStG). Davon gibt es Ausnahmen.

Größere Aufwendungen können gleichmäßig auf zwei bis fünf Jahre verteilt werden (§ 82 b EStDV). Voraussetzung ist, dass die Grundfläche der Räume des Gebäudes, die Wohnzwecken dienen, mehr als die Hälfte der gesamten Nutzfläche beträgt. Unabhängig von der Art der Nutzung können größere Aufwendungen zur Erhaltung eines Gebäudes ebenfalls auf zwei bis fünf Jahre verteilt werden, wenn es sich um Aufwendungen handelt

- für Maßnahmen aufgrund eines Modernisierungs- und Instandsetzungsgebots der Gemeinden im Sinne des § 177 des Baugesetzbuchs (§ 11 a EStG),
- für Maßnahmen, die der Erhaltung, Erneuerung und funktionsgerechten Verwendung eines Gebäudes dienen, das wegen seiner geschichtlichen, künstlerischen oder städtebaulichen Bedeutung erhalten bleiben soll, und zu deren Durchführung sich der Eigentümer neben bestimmten Modernisierungsmaßnahmen gegenüber der Gemeinde verpflichtet hat (§ 11 a EStG),
- zur Erhaltung von Baudenkmalen (§ 11 b EStG).

	Auf bis zu 5 Jahre zu verteilende Erhaltungs-aufwendungen (§§ 11a, 11b EStG, § 82b EStDV)			
	Gesamtaufwand 2015 EUR		davon 2015 ab-zuziehen	
41	57	,		38 , —
42	zu berücksichtigender Anteil		aus 2011	39 , —
43			aus 2012	40 , —
44			aus 2013	41 , —
45			aus 2014	42 , —

1061 ◆ *Musterfall Familie Vogt (Teilweise vermietetes Zweifamilien-haus – Fortsetzung von* ➤ *Rz 1053)*

Dieter Vogt hat im Jahr 2015 für 19.960 € die Fassade seines Zweifamilien-hauses erneuern lassen. Auf die vermietete Einliegerwohnung entfallen 31 % = 6.188 €. Nur dieser Anteil ist absetzbar. Vogt will wissen, was ihm die Verteilung der Kosten auf fünf Jahre steuerlich bringen würde. Dabei neh-men wir an, Vogt hat ein unverändert zu versteuerndes Einkommen (ohne Abzug der Erhaltungsaufwendungen) von 75.000 €. Sein Grenzsteuersatz liegt damit bei rd. 35 %.

1. Sofortabzug

Einkommensteuer auf 75.000 €	*16.058 €*
Einkommensteuer auf (75.000 € – 6.188 € =) 68.812 €	*13.938 €*
Steuerminderung bei Sofortabzug	*2.120 €*

2. Verteilung über fünf Jahre

Einkommensteuer auf 75.000 €	*16.058 €*
Einkommensteuer auf (75.000 € – 1.238 € =) 73.762 €	*15.626 €*
Steuerminderung pro Jahr	*432 €*
Steuerminderung über fünf Jahre (432 € × 5 Jahre =)	*2.160 €*

Wie Sie sehen, schlägt die Verteilung auf fünf Jahre mit 2.160 € zu Buche. Das sind nur 40 € mehr gegenüber dem Sofortabzug, eine Steuerersparnis, für die sich der Arbeitsaufwand nicht lohnt.

1062 Zeile 46 Betriebskosten

Die Betriebskosten entsprechen prinzipiell den vereinnahmten Umlagen, wenn man von den Nachzahlungen bzw. Erstattungen absieht, die sich durch die Jahresabrechnung mit den Mietern ergeben (➤ Rz 1015 ff.). Noch einfacher ist die Sache, wenn Sie eine Eigentumswohnung besitzen. Dann haben Sie alle Zahlen aus der Verwalterabrechnung parat.

Grundsteuer, Straßenreinigung, Müllabfuhr, Wasserversorgung
Entwässerung, Hausbeleuchtung, Heizung, Warmwasser, Schornstein-
reinigung, Hausversicherungen, Hauswart, Treppenreinigung, Fahrstuhl

| 46 | | 52 | | — |

Beiträge zur **Instandhaltungsrücklage** der Gemeinschaft der Wohnungseigentümer sind nicht bereits zum Zeitpunkt der Abführung als Werbungskosten abziehbar, sondern erst, wenn sie tatsächlich für Erhaltungs-
maßnahmen verwendet wurden (siehe auch ➤ Rz 1071).

Fügen Sie bitte die Abrechnung der Eigentümergemeinschaft bei.

Zeile 47 Verwaltungskosten 1063

Gesondert aufgeführt werden die **Verwaltungskosten,** die nach der Betriebskostenverordnung vom 25.11.2003 (BGBl Teil I 2003 S. 2346) **nicht
umlagefähig** sind.

| 47 | Verwaltungskosten | | 48 | | — |

TIPP Setzen Sie als Pensionär oder 1064
Rentner Ihre vollen Arbeitszimmerkosten ab

Sie als Rentner oder Pensionär haben in aktiven Zeiten mit dem Kauf einiger
Immobilien Ihre Altersversorgung gesichert. Natürlich verwalten sich die Häu-
ser nicht von allein. Um dem ganzen Papierkram Herr zu werden, haben Sie
sich in Ihrem eigenen Haus ein schickes 25 qm großes Arbeitszimmer eingerichtet. Da Sie für die Immobilienverwaltung keinen anderen Arbeitsplatz
haben, können Sie von Ihren Arbeitszimmerkosten mindestens 1.250 € im
Jahr als Werbungskosten bei Ihren Vermietungseinkünften abziehen.
Wenn Sie neben Ihren Mieteinkünften nur Ihre Pension oder Rente beziehen,
kracht es bei Ihren Arbeitszimmerkosten so richtig. Dann geht nämlich Ihr
Arbeitszimmer als Mittelpunkt Ihrer gesamten Einkünfteerzielung durch. Das
führt dazu, dass die Begrenzung auf 1.250 € im Jahr nicht gilt. Sie setzen in
so einem Fall also jeden roten Heller, der für Ihr Arbeitszimmer anfällt, als
Werbungskosten ab. Argumentiert ein übereifriger Fiskalritter, der Vollzug
der Arbeitszimmerkosten scheitere daran, dass Sie ja noch Renteneinkünfte
hätten, weshalb das Arbeitszimmer nicht Mittelpunkt der Einkünfteerzielung
sei, tragen Sie mal wieder zur Weiterbildung des Sachbearbeiters bei. Bei der
Beurteilung des Mittelpunkts der gesamten betrieblichen und beruflichen Betätigung sind nämlich nur Einkunftsarten einzubeziehen, die eine aktive Tätig-

keit erfordern. Deshalb bleiben vor allem Pensionen oder Renten außer Betracht. Dass diese letztlich aus einer früher einmal aktiven Tätigkeit resultieren, spielt keine Rolle (Niedersächsisches Finanzgericht v. 8.11.2011 – 12 K 264/09).

1065 An das Finanzamt gezahlte und ggf. verrechnete Umsatzsteuer – Zeile 48
Siehe hierzu ➤ Rz 1005.

1066 Zeile 49 Sonstiges

Hier ist so allerhand unterzubringen, als da sind:

1067 1. Prozesskosten
Prozesskosten sind fiskalisch gesehen Folgekosten, und was das bedeutet, hat der BFH einem Finanzgericht ins Gebetbuch geschrieben. Das Finanzgericht hatte Prozesskosten im Zusammenhang mit Baumängeln in einem Neubau für abziehbar erklärt. Nichts da, so der BFH. Die Bemühungen des Vermieters, die Baumängel vom Bauunternehmer beseitigen zu lassen, fallen in den Bereich der Herstellung, gehören somit zu den Herstellungskosten und sind daher nur über die Abschreibung abziehbar (Urt. v. 1.12.1987 – IX R 134/83).
Klagt der Vermieter indessen im Zusammenhang mit abziehbaren Sanierungskosten, sind die Prozesskosten infolgedessen als Werbungskosten absetzbar.

1068 2. Zahlung wegen Rücktritt vom Vertrag
Besser ein Ende mit Schrecken als ein Schrecken ohne Ende, dachte wohl ein Investor, der einen Vertrag zum Kauf einer noch zu errichtenden Eigentumswohnung abgeschlossen hatte, und zahlte an den Bauträger 30.000 € für den Rücktritt vom Kaufvertrag. Den Vergleich hatte ein Anwalt ausgehandelt, der dafür 3.100 € Gebühren in Rechnung stellte. Finanzamt und Finanzgericht wollten die 33.100 € nicht als Werbungskosten anerkennen. Ohne Einnahmen keine Werbungskosten, so deren schlichte Überlegung. Doch weit gefehlt! Der Investor habe zumindest die Absicht gehabt, Mieteinnahmen zu erzielen, so der BFH. Dies ergebe sich schon daraus, dass er einen Kaufvertrag abgeschlossen habe. Wenn er nun seine Absicht aufgegeben und sich anders orientiert habe, seien die entstandenen Aufwendungen als – vergebliche – Werbungskosten abziehbar (Urt. v. 15.11.2005 – IX R 3/04).

3. Vergessen Sie nicht die Umzugskosten! 1069
Geben Sie eine bisher selbstgenutzte Wohnung auf, um sie zu vermieten, setzen Sie Ihre Umzugskosten in > Zeile 49 an. Schließlich machen Sie ja die Wohnung frei, um durch ihre Vermietung Einkünfte zu erzielen. Andere, mehr private Gründe, die bei dem Umzug vielleicht eine Rolle spielen (Finanzen, Ehe, Gesundheit, Ausbildung der Kinder usw.), brauchen Sie nicht anzugeben (FG des Saarlands v. 25.2.1993 – nv).

4. Arbeitszimmer geltend machen! 1070
Unter ➤ Rz 745 ff. haben Sie gesehen, dass Arbeitnehmer kaum noch Chancen haben, ihr häusliches Arbeitszimmer von der Steuer abzusetzen. Als Vermieter haben Sie allerdings gute Karten – vorausgesetzt, Sie nutzen den Raum nahezu ausschließlich für die Verwaltung Ihres Mietshauses, was sich ja einrichten lässt.

5. Instandhaltungsrückstellung? 1071
Die Einkünfte aus V+V sind durch **Überschussrechnung** zu ermitteln. Hierbei können leider **keine** Instandhaltungsrückstellungen als Werbungskosten berücksichtigt werden (BFH-Urt. v. 14.10.1980 – VIII R 22/76). Das gilt auch für vermietete Eigentumswohnungen. Der Wohnungseigentümer ist zwar verpflichtet, die vom Verwalter nach § 28 des Gesetzes über Wohneigentum eingeforderten Beträge für die Bildung einer Instandhaltungsrücklage zu leisten. Diese Beiträge können beim einzelnen Wohnungseigentümer aber erst dann als Werbungskosten abgezogen werden, wenn der Verwalter sie tatsächlich für die Erhaltung des gemeinschaftlichen Eigentums aufgewendet hat.

Nicht gut zu wissen: Daher sind Wohngeldzahlungen bei vermieteten Eigentumswohnungen um die Beiträge zur Instandhaltungsrücklage zu kürzen.

6. Kontoführungsgebühren 1072
Bankgebühren gehören in > Zeile 49. Wenn es sich um ein echtes Mietekonto handelt, sind die Gebühren in voller Höhe als Werbungskosten absetzbar, bei mehreren Mietobjekten ggf. anteilig. Wird das Konto auch privat genutzt, sind die Gebühren nach dem Verhältnis von mietbezogenen und privat veranlassten Kontenbewegungen aufzuteilen (BFH v. 9.5.1984 – BStBl 1984 II S.560).

7. Kleinkram – doch jeder Cent zählt 1073
Reisekosten gehören in die > Zeile 49, als da sind Fahrten zum Abschluss eines Mietvertrags in der Wohnung des künftigen Mieters. Eine solche Fahrt lohnt: Notfalls können Sie immer noch vom Vertrag Abstand neh-

men, wenn Ihnen der Mieter nicht gefällt, sprich »Saustall angetroffen«. Fahrten mit Pkw setzen Sie mit **0,30 €** je km ab.

Vergessen Sie **Kosten für Porto und Telefon** nicht. Jedes Telefonat in Hausangelegenheiten mit geschätztem Betrag festhalten und die Kosten notieren.

1074 ### 13.3.5 Woran Sie als Vermieter sonst noch denken sollten

Nur wenn die Rendite stimmt, kommt Freude auf

Die Kaufpreise für vermietete Immobilien schwanken etwa zwischen dem Zehn- und dem 25-Fachen der Jahresmiete. So ist eine Altbauwohnung im Plattenbau oft schon für das Zehnfache der Jahresmiete zu haben, eine gute Neubauwohnung in der Nähe einer Großstadt sicherlich nicht unter dem 25-Fachen. Windige Immobilienmakler versuchen aber immer wieder, ihren Kunden Wohnungen mit Preisen von 30 bis 40 % über dem Marktniveau aufzuschwatzen. Dabei stellen sie auch noch kurzfristige Wertsteigerungen in Aussicht. Ein Gipfel der Unverfrorenheit. Man muss kein guter Rechner sein, um schnell zu erkennen, ob ein Angebot etwas taugt: Miete 6,20 € × 130 qm Wohnfläche × 12 Monate führt zu einer jährlichen Miete von 9.672 €. Beträgt der Kaufpreis einschließlich der Nebenkosten 320.000 €, sind das 33 Jahresmieten. Und wer 100 durch 33 teilt, sieht sofort, dass die Verzinsung bei 3 % je Jahr liegt. So ein Angebot gehört in den Papierkorb, denn …

1075 ***TIPP*** **Teuer kaufen, das kann jeder …**

So motiviert sich Jochen K., wenn er mal wieder Geld anlegen will. Beim Kauf einer Mietwohnung muss bei ihm auf jeden Fall die Rendite stimmen, und da peilt er 5 % an. Der Kaufpreis darf also nicht mehr als das 20-Fache der Jahresmiete betragen. Eines der Angebote, die er prüft, lautet:

Kaufpreis der Wohnung einschl. Nebenkosten	215.000 €
Jahresmiete	7.200 €

Sein Taschenrechner zeigt ihm: Der Kaufpreis entspricht dem (215.000 € ÷ 7.200 € =) 29,86-Fachen der Jahresmiete, was einer Rendite von 3,3 % entspricht, für ihn viel zu wenig. Das Objekt ist offensichtlich überteuert, aber die Wohnlage ist gut. Also macht er mit dem Makler einen Termin, um zu verhandeln.

Der Makler preist die einmalige Lage an und stellt Wertsteigerungen von 2 bis 3 % jährlich in Aussicht. »Wie kann es denn Wertsteigerungen geben, wenn der Kaufpreis überteuert ist?«, wendet Jochen K. ein.

Zugegeben, der Kaufpreis sei zwar kein Schnäppchen, aber die Immobilie trage sich selbst, so der Makler. Bei nur 15.000 € Eigenkapital, 200.000 € Kredit mit 5,7 % auf zehn Jahre fest und einem Steuersatz von 40 % sei die Wohnung ein Selbstläufer.

Das will Jochen K. nun doch genau wissen und greift wieder zum Taschenrechner:

Steuerersparnis:

Jahresmiete		7.200 €
Schuldzinsen 5,7 % von 200.000 € =	11.400 €	
AfA 2 % vom Gebäudewert 180.000 € =	3.600 €	
Summe	15.000 € >	– 15.000 €
Steuerlicher Verlust aus Vermietung und Verpachtung		– 7.800 €
Steuerersparnis bei 40 % Steuersatz		3.120 €

Aufzubringen sind:

Einnahme Jahresmiete		7.200 €
Steuerersparnis		3.120 €
Summe		10.320 €
./. Schuldzinsen	11.400 €	
./. Fiktiver Zinsverlust 4 % vom Eigenkapital	600 €	
Summe	12.000 € >	– 12.000 €
Jährlicher Zuschuss		1.680 €

Das Angebot gehört in den Papierkorb. Weder ist eine Wertsteigerung zu erwarten, noch ist die Wohnung ein Selbstläufer. Jochen K. müsste jährlich 1.680 € zuschießen. Deshalb sagt er nein, denn teuer kaufen, das kann jeder.

Guter Rat: Alles Geld in die Rückzahlung der Hypothek stecken 1076
Eine Immobilie lastenfrei anzusparen für eine Miete im Alter, das ist oft ein Geschäft mit Haken und Ösen. Der übliche Fehler: Die Bank empfiehlt, die Tilgung der Hypothek auszusetzen und später in einer Summe zu tilgen. Dafür wird ein Spartopf angelegt, z. B. in Form eines Banksparplans oder gar einer Lebensversicherung. Bis zu deren Fälligkeit wird die Hypothek lediglich verzinst. Wenn nun aber die Hypothek 6 % an Zinsen kostet und der Spartopf nur 4 % bringt (jeweils vor Steuern), ist es doch offensichtlich vorteilhafter, alles Geld in die Rückzahlung der Hypothek statt in einen Spartopf anzulegen, also die Hypothek schnellstens auf direktem Weg zu tilgen.

1077 Gewerblicher Grundstückshandel

Gutsituierte Immobilienbesitzer stellen sich gern als Privatier vor. Doch das ist nur so lange richtig, bis ihnen der Fiskus offenbart, dass sie ja eigentlich Gewerbetreibende sind. Wie denn das?

Die Begründung lautet:»Sie haben innerhalb der letzten fünf Jahre mehr als drei Immobilienobjekte veräußert. Das sehen wir als nachhaltige gewerbliche Tätigkeit an und versteuern Ihre Gewinne, auch den aus dem Verkauf ihres selbstgenutzten Hauses.« Dann haben Sie den Salat.

Beherzigen Sie folgende Regeln:

1. Verkaufen Sie möglichst nicht mehr als drei Objekte. Übertragen Sie notfalls Grundstücke auf Familienangehörige und wickeln die Verkäufe dann über sie ab.

2. Zu den kritischen Grundstücksgeschäften zählt jedes Geschäft, bei dem zwischen An- und Verkauf nicht mehr als fünf Jahre gelegen haben (BFH-Urt. v. 23.10.1987 BStBl II 1988, 293). Lassen Sie zwischen An- und Verkauf am besten zehn Jahre verstreichen, dann droht weder gewerblicher Grundstückshandel noch ein privates Veräußerungsgeschäft (➤ Rz 988).

3. Bei der Drei-Objekte-Grenze zählt jedes Haus, jede Wohnung, sogar ein unbebautes Grundstück. Haben Sie die Absicht, Ihr Mietshaus zu verkaufen, vermeiden Sie eine vorherige Aufteilung in Eigentumswohnungen, sonst hängen Ihnen die Fiskalritter Ihren Verkaufsgewinn als gewerbliche Einkünfte ans Bein. Ein Getränkehändler konnte mit Erfolg vorbringen, er habe die Wohnungen in seinem Mehrfamilienhaus nicht von vornherein verkaufen, sondern vermieten wollen. Deshalb liege kein Gewerbe vor (BFH v. 28.9.1987 – BStBl 1988 II S.65).

Fehler dürfen Sie sich nicht leisten, denn als Immobilienbesitzer können Sie beim Fiskus kein Nachsehen erwarten. Sie gelten als profitable Melkkuh. Also keine Aufteilung vornehmen (s.o.), Garagen nicht gesondert abrechnen, darauf achten, dass keine gewerbliche Nutzung der Gebäude vorliegt, etc. Denn ansonsten unterstellt das Finanzamt schnell gewerbliche Tätigkeit statt der steuerlich unbeachtlichen **Vermögensverwaltung**, die Privatsache ist. Indiz für gewerbliche Tätigkeit ist auch die kurzfristige Überlassung/Vermietung von Immobilien an wechselnde Kunden.

Mit Schrottimmobilien Pech gehabt?

1078

Dann machen Sie sich die rigide fiskalische Handhabung zunutze und schalten Sie um: Haben Ihnen die Grundstücksgeschäfte nichts als Verluste eingebracht, beantragen Sie beim Finanzamt eine Betriebsprüfung. Bei dieser rücken Sie damit heraus, Sie hätten einen heimlichen Gewerbebetrieb gehabt und man möge die Verluste daraus von Ihren Einkünften absetzen ... (BFH-Urt. – BStBl 1972 II S. 279, 291 u. 1973 II S. 661).

Höhere Miete durch Modernisierung

1079

Der Weg zu Mieterhöhungen bei Wohnraum ist gesetzlich vorgeschrieben, wobei es mehrere Arten von Mieterhöhungen gibt, so z.B. wegen Modernisierung (§ 559 BGB). Dabei beteiligt sich der Mieter an Kosten.

1080

Steuern runter, Mieten rauf

Haben Sie in einem älteren Mietshaus bauliche Änderungen durchgeführt, die den Gebrauchswert der Wohnungen nachhaltig erhöhen, die allgemeinen Wohnverhältnisse auf Dauer verbessern oder nachhaltig Einsparungen von Heizenergie oder Wasser bewirken, können Sie die aufgewendeten Kosten als Werbungskosten absetzen und außerdem die Jahresmiete um 11 % der aufgewendeten Kosten erhöhen (§ 559 BGB).

Dabei können Sie auch schrittweise vorgehen und sich eine Wohnung nach der anderen vornehmen.

Für die Anhebung der Mieten ist aber wichtig, dass Sie bestimmte Vorschriften beachten. Sie müssen Ihrem Mieter spätestens zwei Monate vor Beginn der baulichen Maßnahmen deren Art, Umfang, Beginn und voraussichtliche Dauer sowie die zu erwartende Erhöhung des Mietzinses mitteilen. Der Mieter ist sodann berechtigt, kurzfristig zu kündigen (§ 561 BGB).

Beispiel

Sie erneuern Fenster, Eingangs- und Balkontüren, Bäder/Toiletten und lassen die Elektroinstallation verstärken. Kostenpunkt pro Wohnung 11.500 €. Die Erhöhung der Jahresmiete aufgrund dieser Maßnahmen beträgt (11 % von 11.500 € =) 1.265 €. Die laufende Mietanpassung nach dem Mietspiegel geht extra, versteht sich. Pro Wohnung können Sie 11.500 € in > Zeile 39 der Anlage V als Werbungskosten absetzen.

»Das rechnet sich gut«, sagen Sie.

Dabei ist aber zu bedenken, dass der Wert des Hauses kaum um denselben Absolutbetrag wächst, der für die baulichen Änderungen eingesetzt wird. Die Wertsteigerung beträgt vielfach nur 70 % der Aufwendungen. Erst die Mischung aus dem umlegbaren Anteil, den die Mieter zu tragen haben, und den steuerlichen Möglichkeiten führt zu einer wirtschaftlich sinnvollen Investition.

1081 *TIPP* **Zum Ersten, zum Zweiten und ... zum Dritten**

So lauten ungefähr 40.000-mal jährlich in Deutschland die letzten Worte im Versteigerungsgericht, bevor de facto Grundeigentum in andere Hände übergeht, meistens rund 20 % unter dem Verkehrswert.

Wer bei einer Versteigerung letztlich der Leidtragende ist, stellt sich oft erst später heraus. Wenn hohe Folgekosten z. B. in Form unumgänglicher Reparaturen offenbar werden.

Wollen Sie Ihr Risiko möglichst gering halten, gehen Sie am besten wie folgt vor:

- Objekt von außen und (wenn möglich) von innen besichtigen, Informationen beim Amtsgericht beschaffen (gerichtliches Verkehrswertgutachten und Grundbuchauszug einsehen), ggf. mit Verwalter und Mieter des Objekts sprechen,
- Kontakt mit Gläubiger aufnehmen (da dieser Einfluss nehmen kann, zu welchem Gebot der Zuschlag erteilt wird),
- Finanzierung sicherstellen,
- Teilnahme an Versteigerungsterminen (zur Probe),
- Versteigerungstermin vorbereiten (Ausweis bereitlegen, Daten des Objekts notieren, Bietstrategie – Limit – festlegen, Sicherheitsleistung beschaffen – rd. 10 % des Verkehrswerts).

1082 **Zugreifen, notfalls auf Pump**

Für die Altersversorgung ist Grundbesitz die sicherste Kapitalanlage. Nun gibt es viele, die sich jahrelang mit der Frage herumschlagen, was wohl besser wäre, möglichst früh ein Grundstück zu kaufen, notfalls auf Pump, oder erst das nötige Geld voll anzusparen und unter Umständen bis zum Ruhestand mit dem Kauf zu warten.

Spitz gerechnet ist es natürlich vorteilhafter, den Kaufpreis anzusparen, das Geld zwischenzeitlich gut anzulegen und später ohne Kredit zu kaufen. Doch mein Rat lautet anders: Haben Sie in jungen Jahren das richtige

Haus gefunden, sollten Sie sofort zugreifen, auch wenn Ihr Geld nicht ganz reicht. Der Grund ist einfach: Sie stehen dann in der vergleichsweise angenehmen Pflicht, den Kredit tilgen zu müssen, hinter dem aber ein Sachwert steht, der Ihnen Monat für Monat zuwächst. Dies mag sich zunächst merkwürdig anhören, doch der Druck, einen Kredit tilgen zu müssen, schützt Sie vor der Versuchung, Ihr Geld anderweitig zu verbraten. Eine Versuchung, der vor allem Menschen unterliegen, die gut verdienen und deswegen auf großem Fuß leben.

Das richtige Händchen und Glück gehabt
Ich kenne einen Spitzenverdiener in Weiß, der es richtig macht. Anstatt sein gutes Geld einem fremden Bauträger oder einem Immobilienfonds anzuvertrauen, legt er sich ältere Mietshäuser zu, immer eins nach dem anderen, so, wie gerade Bargeld da ist. Ein Immobilienmakler macht die Hausverwaltung. Für Reparaturen und die sonstige Pflege beschäftigt er einen Allround-Handwerker, dem er eine fahrbare Werkstatt (einen mit Werkzeug und Ersatzmaterial gut bestückten Transporter) an die Hand gegeben hat. Inzwischen hat er sich 340 Wohnungen zugelegt und ist vielfacher Millionär. Aber das ist wirklich ein Ausnahmefall.

Otto Normalbürger genügt oft schon ein Selbstläufer: eine vermietete Eigentumswohnung, die vernünftig finanziert ist. Mieten und Kosten halten sich dann die Waage, und den Kleinkram erledigt der Hausverwalter. Die Abschreibung von 2 % führt zu einem Verlust und damit zu einer Steuerersparnis. Sofern die Vermietung auf Dauer angelegt ist, werden Dauerverluste ohne Wenn und Aber anerkannt (BMF-Schreiben v. 8.10.2004, BStBl 2004 I S. 933). Die Wertsteigerung ist zudem steuerfrei.

1083

 Alle erforderlichen Zahlen auf einem Blatt

Eigentum verpflichtet, und das nicht zu knapp: Als Vermieter sind Sie nach dem Einkommensteuergesetz verpflichtet, Ihrer Steuererklärung eine Anlage V beizufügen. Außerdem verpflichtet Sie die Betriebskostenverordnung, Ihrem Mieter zeitnah die Nebenkosten anzuzeigen und mit ihm abzurechnen. Zugleich treibt Sie Ihre Neugier, ob Sie mit Ihrer Liegenschaft schwarze Zahlen schreiben.

Hier haben Sie eine bewährte Vorlage, sprich Muster, das Ihnen für alle drei Erfordernisse die nötigen Zahlen liefert und Ihnen zugleich Übersicht verschafft.

Arbeitspapier

für die Anlage V, für die Abrechnung der Nebenkosten und für die Nachkalkulation

Liegenschaft: Doppelhaushälfte in ……

Baujahr 1995, Wohnungsgröße (vier Zimmer, Küche, Bad, Abstellraum, Garage)
105 qm

Herstellungskosten 1995 (umgerechnet in €)	108.000 €
Steuerliche Abschreibung degressiv nach § 7 Abs. 5 Nr. 1 EStG	
Bemessungsgrundlage =	108.000 €

Davon 4 Jahre (1995 bis 1998) = jrl. 7 %

6 Jahre (1999 bis 2004) = jrl. 5 % =	10.562 DM/5.400 €
6 Jahre (2005 bis 2010) = jrl. 2 % =	2.160 €
24 Jahre ab 2011 = jrl. 1,25 % =	1.350 €

Nutzung
Vermietet an … lt. Mietvertrag vom 27.12.2000 ab 1.4.2001
Kaution: keine

1. Vereinnahmte Mietverträge	**2013**	**2014**	**2015**
Nettomiete (> Zeile 9 Anlage V)	7.331,00 €	7.331,00 €	7.697,00 €
Umlage/Nebenkosten			
Pauschale Zahlungen	920,00 €	1.040,00 €	1.040,00 €
Nach-/Rückzahlung	+ 95,45 €	+ 267,45 €	+ 128,49 €
Umlage gesamt (> Zeile 13 Anlage V)	1.015,45 €	1.307,45 €	1.168,49 €
2. Werbungskosten			
Abschreibung (> Zeile 33 Anlage V)	1.350,00 €	1.350,00 €	1.350,00 €
Aufwendungen			
Schuldzinsen (> Zeile 36 Anlage V)	736,11 €	699,12 €	653,42 €
Erhaltungsaufwand (> Zeile 39 Anlage V)	93,00 €	–	–
Bankgebühren anteilig (> Zeile 49 Anlage V)	24,67 €	36,44 €	29,88 €
Summe	853,78 €	735,56 €	683,30 €
Umlagefähige Kosten/Nebenkosten			
Grundsteuer (> Zeile 46 Anlage V)	200,07 €	200,07 €	200,07 €
Müllabfuhr (> Zeile 46 Anlage V)	194,00 €	216,10 €	224,55 €
Wasserver-/-entsorgung (> Zeile 46 Anlage V)	458,20 €	468,44 €	487,45 €
Heizungsanlage/Wartung (> Zeile 46 Anlage V)	51,30 €	–	66,68 €
Gebäudeversicherung (> Zeile 46 Anlage V)	152,82 €	152,82 €	159,33 €
Grundstückshaftpflicht (> Zeile 46 Anlage V)	77,64 €	77,64 €	81,23 €
Schornsteinfeger (> Zeile 46 Anlage V)	53,42 €	53,42 €	59,46 €
Summe	1.187,45 €	1.168,49 €	1.278,77 €
3. Kalkulation			
Nettomiete	7.331,00 €	7.331,00 €	7.697,00 €
Umlagen	1.015,45 €	1.307,45 €	1.168,49 €
Summe	8.346,45 €	8.638,45 €	8.865,49 €
./. Aufwendungen (ohne Abschreibung)	– 853,78 €	– 735,56 €	– 683,30 €
Umlagefähige Kosten	– 1.187,45 €	– 1.168,49 €	– 1.278,77 €
Überschuss (cash flow)	6.305,22 €	6.734,40 €	6.903,42 €

»Irgendwie fehlt mir noch der Durchblick bei den Umlagen. Die Zahlen passen nicht zusammen«, so sagen Sie.

Die Steuergesetze schreiben vor, dass die Mieteinnahmen einschließlich Umlagen in dem Kalenderjahr anzusetzen sind, in dem sie auf Ihrem Konto eingegangen sind. Das Gesetz spricht hier von Zuflussprinzip. Die Hausabrechnung für die Mieter ergeht indessen immer um ein Jahr zeitversetzt. Die Nachzahlung des Mieters für 2013 ist also als Einnahme des Jahres 2014 anzusetzen, die für 2014 in 2015.

Wo Sie sich schon mal die Arbeit gemacht haben, die Zahlen gleich für mehrere Jahre übersichtlich zusammenzustellen, fügen Sie das Arbeitspapier der Anlage V bei und zeigen dem Fiskalvertreter damit, dass bei Ihnen alles bestens geregelt ist. Umso eher wendet er sich von Ihnen ab und anderen Fällen zu.

14 Freibetrag beim Lohnsteuerabzug

Freuen Sie sich immer, wenn Sie vom Finanzamt eine dicke Erstattung **1084** erhalten? Nun überlegen Sie aber mal andersherum: Haben Sie dem Fiskus nicht eigentlich einen zinslosen Kredit eingeräumt? Würden Sie Ihr Geld auf der Bank liegen lassen, ohne Zinsen zu verlangen? Wohl kaum! Also rechnen Sie nach, ob Ihnen ein Freibetrag auf der Lohnsteuerkarte zusteht. Denn mit einem Freibetrag bleibt Ihnen jeden Monat mehr vom Bruttolohn übrig. Und mit der Abgabe der Steuererklärung können Sie sich Zeit lassen, besonders wenn der Freibetrag zu hoch war und Sie nachzahlen müssen. Dann haben Sie den zinslosen Kredit erhalten und nicht der Fiskus.

Außerdem haben Sie einen dicken Vorteil in allen Fällen, in denen der Nettolohn möglichst hoch sein sollte, z.B. bei allen Lohnersatzleistungen wie Mutterschafts-, Kranken- oder Arbeitslosengeld. Hier gelten dieselben Überlegungen wie beim Wechsel der Steuerklasse (➤ Rz 523). Soll der Nettolohn hingegen besonders niedrig sein, weil Sie z.B. Unterhalt zahlen müssen, lassen Sie natürlich die Finger von Freibeträgen.

Elektronische Lohnsteuerkarte
2013 wurde die altbewährte Lohnsteuerkarte in Papierform durch die elektronische Lohnsteuerkarte abgelöst. Die für den korrekten Abzug der Lohnsteuer relevanten Merkmale wie

● Steuerklasse,
● Zahl der Kinderfreibeträge,
● Religionszugehörigkeit/Kirchensteuerabzugsmerkmal,
● Freibetrag auf der Steuerkarte,
● Minderungsfaktor bei Steuerklasse IV/IV oder
● Hinzurechnungsbetrag wegen Freibetragseintragung bei Steuerklasse VI
sind in einer Datenbank beim Bundeszentralamt für Steuern gespeichert und werden vom Arbeitgeber bei Bedarf dort elektronisch abgerufen.

Sobald jemand eine Arbeitsstelle antritt und lohnsteuerpflichtig ist, teilt er seinem Arbeitgeber sein Geburtsdatum und seine Identifikationsnummer mit, ebenso einen evtl. beantragten Freibetrag oder einen Hinzurechnungsbetrag im Ermäßigungsverfahren, den der Arbeitgeber abrufen und beim Lohnsteuerabzug berücksichtigen soll.

Änderungen im Lohnsteuerabzug sind auschließlich beim Finanzamt zu beantragen. Ihr Sachbearbeiter

- trägt Freibeträge ein,

- sorgt dafür, dass Kinder beim Steuerabzug berücksichtigt werden oder

- notiert Änderungen hinsichtlich der Steuerklasse.

Die Meldebehörden (Städte und Gemeinden) bleiben weiterhin für die melderechtlichen Daten zuständig (z. B. Geburt eines Kindes, Kirchenaustritt, Heirat).

Ein Freibetrag auf der Lohnsteuerkarte bringt natürlich nichts, wenn Sie sowieso keine Lohnsteuern zu zahlen haben. Siehe hierzu ➤ Rz 54.

Das Schöne gehört jedem,
der es empfinden kann.
(Heinrich von Kleist)

14.1 Vereinfachter Antrag

1085 Wurde im Vorjahr bereits ein Freibetrag beim Lohnsteuerabzug berücksichtigt, können Sie einen »Vereinfachten Antrag« stellen, in dem Sie nur ein paar Kreuzchen machen müssen. Und schon zückt der Bearbeiter sein Schreibzeug und übernimmt den Freibetrag auch für das Jahr 2016.

1086 ◆ *Musterfall Steuerkötter (Freibetrag Lohnsteuerabzug)*
Michael Steuerkötter wird beim Finanzamt Münster-Außenstadt unter der Steuernummer 336/2012/0937 geführt. Beim Bundeszentralamt ist für ihn die Steuerklasse III gespeichert, zudem werden ihm zwei Kinder unter 18 Jahren bescheinigt. Im Vorjahr, 2015, hatte ihm das Finanzamt einen Freibetrag im Lohnsteuerabzug in Höhe von 2.352 € eingetragen (Grund: Auswärtstätigkeit). Diesen Freibetrag beantragt er auch für 2016.

Steuernummer

| 336/2012/0937 |

2015

Identifikationsnummer (soweit erhalten) - Antragsteller/in   Identifikationsnummer (soweit erhalten) - Ehegatte

| 1 | 2 | 3 | 4 | 5 | 6 | 7 | 8 | 9 | 0 | 1 | | 2 | 3 | 4 | 5 | 6 | 7 | 8 | 9 | 0 | 1 | 2 |

Vereinfachter Antrag auf Lohnsteuer-Ermäßigung

Weiße Felder bitte ausfüllen oder X ankreuzen

Zur Beachtung:

Verwenden Sie diesen Vordruck bitte nur, wenn Sie - und ggf. Ihr Ehegatte - höchstens dieselbe Lohnsteuer-Ermäßigung (Kinderfreibeträge, Steuerfreibetrag) beantragen wollen wie für 2014 und die maßgebenden Verhältnisse sich nicht wesentlich geändert haben oder wenn nur die Zahl der Kinderfreibeträge - bitte Rückseite **(Abschnitte C)** ausfüllen - und/oder die Steuerklasse I in II geändert werden sollen. Die Freibeträge und alle weiteren Änderungen der Besteuerungsmerkmale werden als **elektronische Lohnsteuerabzugsmerkmale (ELStAM)** gespeichert und den Arbeitgebern in einem elektronischen Abrufverfahren bereitgestellt.

Wenn Sie einen **höheren** Freibetrag als für 2014 oder das **Faktorverfahren** bei Ehegatten beantragen oder **nicht** nur die Zahl der Kinder-freibeträge (und ggf. die Steuerklasse) geändert werden sollen, verwenden Sie bitte anstelle dieses Vordrucks den sechsseitigen „Antrag auf Lohnsteuer-Ermäßigung 2015".

Der Antrag kann vom 1. Oktober 2014 bis zum **30. November 2015** gestellt werden. Nach diesem Zeitpunkt kann ein Antrag auf Steuerermäßigung nur noch bei einer Veranlagung zur Einkommensteuer für 2015 berücksichtigt werden.

Wird Ihnen auf Grund dieses Antrags ein Steuerfreibetrag gewährt - ausgenommen Behinderten-/Hinterbliebenen-Pauschbetrag oder Änderungen bei der Zahl der Kinderfreibeträge - und übersteigt der im Kalenderjahr insgesamt erzielte Arbeitslohn 10.700 €, bei zusammenveranlagten Ehegatten der von den Ehegatten insgesamt erzielte Arbeitslohn 20.200 €, sind Sie nach § 46 Abs. 2 Nr. 4 des Einkommensteuergesetzes verpflichtet, für das Kalenderjahr 2015 eine **Einkommensteuererklärung abzugeben.**

Ändern sich im Laufe des Kalenderjahres die für den Freibetrag/die Steuerklasse maßgebenden Verhältnisse zu Ihren Ungunsten, sind Sie verpflichtet, dies dem Finanzamt anzuzeigen.

Nach den Vorschriften der Datenschutzgesetze wird darauf hingewiesen, dass die Angabe der Telefonnummer freiwillig im Sinne dieser Gesetze ist und im Übrigen die mit diesem Antrag angeforderten Daten auf Grund der §§ 149, 150 der Abgabenordnung und der §§ 38b Abs. 2, 39 Abs. 6 und 39a Abs. 2 des Einkommensteuergesetzes erhoben werden.

A Angaben zur Person

Die Eintragungsmöglichkeiten für Ehegatten gelten für Lebens-partner nach dem Lebenspartnerschaftsgesetz entsprechend.

Antragstellende Person/Name, Vorname	Ehegatte/Name, Vorname
Steuerkötter, Heinz	Steuerkötter, Helga
Straße und Hausnummer	Straße und Hausnummer (falls abweichend)
Zur Walbeke 23	
Postleitzahl, Wohnort	Postleitzahl, Wohnort (falls abweichend)
48167 Münster	

Geburtsdatum	Tag Monat Jahr Religion	Geburtsdatum	Tag Monat Jahr Religion
	1 8 0 7 6 7 rk		0 5 0 8 6 9 rk

Verheiratet seit	Verwitwet seit	Geschieden seit	Dauernd getrennt lebend seit	Telefonische Rückfragen unter Nr.	Ausdruck der ELStAM gewünscht
13.05.1994					X

B Lohnsteuer-Ermäßigung im vereinfachten Verfahren

Auf Grund des letzten Lohnsteuer-Ermäßigungsantrags 2014 hatte zu	Finanzamt Münster-Außenstadt		Steuernummer 336/2012/0937	folgende Lohnsteuerabzugs-merkmale berücksichtigt
bei der antrag-stellenden Person	Zahl der Kinder-freibeträge	2,0	steuerfreier Jahresbetrag	2.352 €	Hinzurechnungs-betrag	€
beim Ehegatten	Zahl der Kinder-freibeträge		steuerfreier Jahresbetrag	€	Hinzurechnungs-betrag	€

Die Verhältnisse haben sich gegenüber 2014 nicht wesentlich geändert.

Es wird beantragt, folgende ELStAM zu berücksichtigen:

				Zahl der Kinderfreibeträge	Bitte Abschnitt C ausfüllen!
	Zahl der Kinderfreibeträge	wie 2014	weniger als 2014 und zwar nur	Antragsteller	Ehegatte
X	steuerfreier Jahresbetrag	X wie 2014	weniger als 2014 und zwar nur	€	€
	Hinzurechnungsbetrag	wie 2014	weniger als 2014 und zwar nur	Antragsteller €	Ehegatte €

Bei der Ausfertigung dieses Antrags und der Anlage hat mitgewirkt		
Herr/Frau/Firma	in	Telefonnummer

(Datum)	(Unterschrift der antragstellenden Person)	(Unterschrift des Ehegatten)

14.2 Normaler Antrag

1087 Hierfür benötigen Sie das Formular »Antrag auf Lohnsteuer-Ermäßigung«. Das Formular ist in fünf Abschnitte gegliedert:

- Abschnitt A: Angaben zur Person
- Abschnitt B: Angabe zu Kindern
- Abschnitt C: Unbeschränkt antragsfähige Ermäßigungsgründe
- Abschnitt D: Beschränkt antragsfähige Ermäßigungsgründe
- Abschnitt E: Übertragung Freibetrag/Hinzurechnungsbetrag
- Abschnitt F: Faktorverfahren für Ehegatten

1088 ### 1. Kinder auf der Lohnsteuerkarte
Kinder unter 18 Jahren bescheinigt die Gemeinde. Für Kinder über 18 bleibt Ihnen der Weg zum Finanzamt nicht erspart. Gottlob ist das Formular ähnlich aufgebaut wie die Anlage Kind. Lesen Sie dort nach, wenn Sie Fragen haben (➤ Rz 430 ff.).

1089 ### 2. Unbeschränkt antragsfähige Ermäßigungsgründe
- **Behindertenpauschbetrag**

Wenn Sie ihn einmal haben eintragen lassen, druckt ihn die Gemeinde in den Folgejahren auf Anweisung des Finanzamts automatisch in die neu ausgestellte Lohnsteuerkarte ein, so wenigstens, wenn Sie in einer größeren Stadt wohnen.

- **Freibetrag für haushaltsnahe Beschäftigungsverhältnisse/Dienstleistungen/Handwerkerleistungen**

Für haushaltsnahe Beschäftigungsverhältnisse, Dienst- oder Handwerkerleistungen können Sie einen Ermäßigungsbetrag von bis zu 200 € direkt von Ihrer Steuer abziehen. Gleiches gilt für Pflege- und Betreuungsleistungen. Da vorher aber nicht absehbar ist, wie hoch Ihre Jahressteuer endgültig sein wird, trägt das Finanzamt hier erst einmal das Vierfache der zu erwartenden Steuerermäßigung ein.

Bei Beschäftigung einer Haushaltshilfe auf 450-€-Basis sind das (510 € Steuerermäßigung × 4 =) 2.040 €.

1090 ### 3. Beschränkt antragsfähige Ermäßigungsgründe
Ab hier wird der Antrag kniffelig. Damit sich die Antragsarbeit lohnt, müssen Sie Ausgaben von mehr als 600 € nachweisen, denn das ist in etwa die Grenze, ab der ein Freibetrag eingetragen wird.
- **Werbungskosten**

Berufliche Ausgaben zählen dabei nur, soweit sie über dem Werbungskostenpauschbetrag von 1.000 € liegen. Sie sind beispielsweise mit von der Partie, wenn Sie an 230 Arbeitstagen mit dem Pkw 24 km (einfache Wegstrecke) zur Arbeit fahren: 230 Tage × 24 km × 0,30 € = 1.656 €.

Das Formular ist diesbezüglich identisch mit Seite 2 der Anlage N zur Einkommensteuererklärung (➤ Rz 681 ff.).

● **Sonderausgaben**
Vorsorgeaufwendungen, also private Versicherungen, können Sie vergessen, weil es dafür im Lohnsteuerverfahren die Vorsorgepauschale gibt. Also können Sie hier nur die »übrigen Sonderausgaben« unterbringen. Das Formular entspricht hier der Seite 3 des Hauptformulars der Einkommensteuererklärung (➤ Rz 109 ff.).

● **Außergewöhnliche Belastungen**
Auch hier ist formularmäßig alles identisch (➤ Rz 177 ff.).

Schema zum Prüfen der Antragsgrenze

Werbungskosten	.... €		
./. Werbungskostenpauschbetrag	− 1.000 €		
Verbleiben	..... €	>	..... €
Sonderausgaben			..... €
Außergewöhnliche Belastungen			..... €
Summe			..... €

Liegen Sie über der Antragsgrenze von 600 €? Glückwunsch! Sie haben die Hürde genommen und dürfen einen Antrag stellen. Ob sich der Antrag aber überhaupt lohnt, zeigt Ihnen folgende

Übersicht zur Steuerersparnis bei Eintragung eines Freibetrags auf der Lohnsteuerkarte*							
Arbeitslohn mtl.	Steuerklasse	Lohnsteuerersparnis bei					
		I bzw. IV		II		III	
	Freibetrag	100	500	100	500	100	500
€		€	€	€	€	€	€
1.500		29,94	111,02	23,68	81,54	0	0
2.000		30,07	147,37	29,51	143,73	17,45	40,67
2.500		32,81	157,77	32,06	154,25	22,86	102,95
3.000		35,47	171,10	34,80	167,69	29,73	139,80
3.500		38,12	184,54	37,45	181,13	29,14	143,67

*Werte näherungsweise ermittelt

Auf der folgenden Seite sehen Sie einen Auszug aus dem verflixten Formular.

Weitere nützliche Hinweise zum Verfahren sowie aktuelle Formulare finden Sie im Internet unter www.elster.de –> Arbeitnehmer –> elektronische Lohnsteuerkarte.

Steuernummer

Identifikationsnummer (IdNr.)- Antragsteller/in

Identifikationsnummer (IdNr.) - Ehegatte

Antrag auf Lohnsteuer-Ermäßigung

Weiße Felder bitte ausfüllen oder X ankreuzen

Verwenden Sie diesen Vordruck bitte nur, wenn Sie - und ggf. Ihr Ehegatte - **erstmals** einen **Steuerfreibetrag** oder einen **höheren** Freibetrag als für 2014 beantragen. Wenn nur die Zahl der Kinderfreibeträge und/oder die Steuerklasse I in II geändert werden soll oder kein höherer Freibetrag als für 2014 beantragt wird, verwenden Sie bitte anstelle dieses Vordrucks den „Vereinfachten Antrag auf Lohnsteuer-Ermäßigung 2015". Die Freibeträge und alle weiteren Änderungen der Besteuerungsmerkmale werden als **elektronische Lohnsteuerabzugsmerkmale (ELStAM)** gespeichert und den Arbeitgebern in einem elektronischen Abrufverfahren bereitgestellt. Der Antrag kann vom 1. Oktober 2014 bis **zum 30. November 2015** gestellt werden. Danach kann ein Antrag auf Steuerermäßigung nur noch bei einer Veranlagung zur Einkommensteuer für 2015 berücksichtigt werden.

Aus **Abschnitt D** ergeben sich die Antragsgründe, für die ein Antrag nur dann zulässig ist, wenn die Aufwendungen und Beträge in 2015 insgesamt höher sind als **600 €**. Bei der Berechnung dieser Antragsgrenze zählen Werbungskosten grundsätzlich nur mit, soweit sie **1.000 €** (bei Versorgungsbezügen 102 €) übersteigen.

Ehegatten können in **Abschnitt F** anstelle der Steuerklassenkombination III/V oder IV/IV die Eintragung der Steuerklassen IV in Verbindung mit einem **Faktor** beantragen. Dies hat zur Folge, dass die einzubehaltende Lohnsteuer in Anlehnung an das Splittingverfahren ermittelt wird. Freibeträge werden in die Berechnung des Faktors einbezogen. Wird Ihnen auf Grund dieses Antrags ein Steuerfreibetrag gewährt - ausgenommen Behinderten-/Hinterbliebenen-Pauschbetrag oder Änderungen bei der Zahl der Kinderfreibeträge - und übersteigt der im Kalenderjahr insgesamt erzielte Arbeitslohn 10.700 €, bei zusammenveranlagten Ehegatten der von den Ehegatten insgesamt erzielte Arbeitslohn 20.200 €, oder wird ein Faktor eingetragen, sind Sie nach § 46 Abs. 2 Nr. 3a oder 4 des Einkommensteuergesetzes verpflichtet, für das Kalenderjahr 2015 eine **Einkommensteuererklärung abzugeben.**
Ändern sich im Laufe des Kalenderjahres die für den Freibetrag/die Steuerklasse maßgebenden Verhältnisse zu Ihren Ungunsten, sind Sie verpflichtet, dies dem Finanzamt anzuzeigen.

Dieser Antrag ist auch zu verwenden, wenn Sie im Inland weder einen Wohnsitz noch Ihren gewöhnlichen Aufenthalt haben, Ihre Einkünfte jedoch mindestens zu 90 % der deutschen Einkommensteuer unterliegen oder die nicht der deutschen Einkommensteuer unterliegenden Einkünfte nicht mehr als 8.354 € (dieser Betrag wird ggf. nach den Verhältnissen Ihres Wohnsitzstaates gemindert) betragen. Fügen Sie bitte die „Anlage Grenzpendler EU/EWR" oder die „Anlage Grenzpendler außerhalb EU/EWR" bei.

Nach den Vorschriften der Datenschutzgesetze wird darauf hingewiesen, dass die Angabe der Telefonnummer freiwillig im Sinne dieser Gesetze ist und im Übrigen die mit diesem Antrag angeforderten Daten auf Grund der §§ 149, 150 der Abgabenordnung und der §§ 38b Abs. 2, 39 Abs. 6, 39a Abs. 2, 39f des Einkommensteuergesetzes erhoben werden.

(A) Angaben zur Person

Die Eintragungsmöglichkeiten für Ehegatten gelten für Lebenspartner nach dem Lebenspartnerschaftsgesetz entsprechend.

Antragstellende Person/Name		Ehegatte/ Name	
Vorname	Ausgeübter Beruf	Vorname	Ausgeübter Beruf
Straße und Hausnummer		Straße und Hausnummer (falls abweichend)	
Postleitzahl, Wohnort		Postleitzahl, Wohnort (falls abweichend)	
Geburtsdatum — Tag Monat Jahr Religion		Geburtsdatum — Tag Monat Jahr Religion	
Verheiratet seit — Verwitwet seit — Geschieden seit — Dauernd getrennt lebend seit — Telefonische Rückfragen unter Nr.		Ausdruck der ELStAM gewünscht	

Ich beantrage als Staatsangehöriger eines EU/EWR-Mitgliedstaates ohne Wohnsitz oder gewöhnlichen Aufenthalt im Inland die Steuerklasse III. Die „Anlage Grenzpendler EU/EWR" ist beigefügt.

Arbeitgeber im Inland (Name, Anschrift)

Voraussichtlicher Bruttoarbeitslohn 2015 (erstes Dienstverhältnis)	(einschl. Sachbezüge, Gratifikationen, Tantiemen usw.)	€	(einschl. Sachbezüge, Gratifikationen, Tantiemen usw.)	€
	darin enthaltene Versorgungsbezüge	€	darin enthaltene Versorgungsbezüge	€
Voraussichtliche andere Einkünfte 2015 (einschließl. weiterer Dienstverhältnisse)	Einkunftsart		Einkunftsart	
	Höhe	€	Höhe	€

Ich werde/wir werden zur Einkommensteuer veranlagt — Nein — Ja, beim Finanzamt			Steuernummer

Bei der Ausfertigung des Antrags hat mitgewirkt Herr/Frau/Firma	in	Telefonnummer

(Datum)　　　　　　(Unterschrift der antragstellenden Person)　　　　　　(Unterschrift des Ehegatten)

(B) Angaben zu Kindern

Leibliche Kinder sind nicht anzugeben, wenn vor dem 01.01.2015 das Verwandtschaftsverhältnis durch Adoption erloschen ist oder ein Pflegekindschaftsverhältnis zu einer anderen Person begründet wurde.

Vorname des Kindes (ggf. auch abweichender Familienname)	Geburtsdatum	Wohnort im Inland: IdNr. des Kindes Wohnort im Ausland: Staat eintragen	Kindschaftsverhältnis zur antragstellenden Person		zum Ehegatten	
			leibliches Kind/ Adoptivkind	Pflegekind	leibliches Kind/ Adoptivkind	Pflegekind
1						
2						
3						

Bei Kindern unter 18 Jahren
Das unter Nr.

eingetragene Kind ist in den ELStAM noch zu berücksichtigen
(Bitte Nachweis beifügen, z.B. Geburtsurkunde).

Bei Kindern über 18 Jahre [in den Fällen b) bis f]: Nach Abschluss einer erstmaligen Berufsausbildung oder eines Erststudiums werden Kinder nur berücksichtigt, wenn sie keiner Erwerbstätigkeit nachgehen (Ausnahme z.B. Minijob).]

Die Berücksichtigung in den ELStAM (ggf. für mehrere Jahre) wird beantragt, weil das Kind
a) ohne Beschäftigung und bei einer Agentur für Arbeit als arbeitsuchend gemeldet ist [1)3)]
b) in Berufsausbildung steht (ggf. Angabe der Schule, der Ausbildungsstelle usw.) [2)3)]
c) sich in einer Übergangszeit von höchstens 4 Monaten zwischen zwei Ausbildungsabschnitten oder zwischen einem Ausbildungsabschnitt und der Ableitung eines freiwilligen Dienstes (Buchstabe e) befindet [2)3)]
d) eine Berufsausbildung mangels Ausbildungsplatzes nicht beginnen oder fortsetzen kann [2)]
e) ein freiwilliges soziales oder ökologisches Jahr (Jugendfreiwilligendienstegesetz), einen europäischen/entwicklungspolitischen Freiwilligendienst, einen Freiwilligendienst aller Generationen (§ 2 Abs. 1a SGB VII), einen Bundesfreiwilligendienst, einen Int. Jugendfreiwilligendienst oder einen Anderen Dienst im Ausland (§ 5 Bundesfreiwilligendienstgesetz) leistet [2)]
f) sich wegen einer vor dem 25. Lebensjahr eingetretenen körperlichen, geistigen oder seelischen Behinderung nicht selbst finanziell unterhalten kann [4)]

zu Nr.	Antragsgrund		Berücksichtigung vom	Monat	Jahr	bis	Monat	Jahr
			Berücksichtigung vom	Monat	Jahr	bis	Monat	Jahr

Kindschaftsverhältnis der unter Nr. 1 bis 3 genannten Kinder zu weiteren Personen

zu Nr.	ist durch Tod des anderen Elternteils erloschen am:	besteht/hat bestanden zu: Name, Geburtsdatum und letztbekannte Anschrift dieser Personen, Art des Kindschaftsverhältnisses (einschließlich Pflegekindschaftsverhältnis)

Angaben entfallen für Kinder nicht dauernd getrennt lebender Ehegatten, für die bei jedem Ehegatten dasselbe Kindschaftsverhältnis angekreuzt ist.

Ich beantrage den vollen/halben Kinderfreibetrag, - weil der andere/leibliche Elternteil des Kindes

seine Unterhaltsverpflichtung nicht mindestens zu 75% erfüllt und ich keinen Unterhaltsvorschuss erhalte	wegen mangelnder finanzieller Leistungs- fähigkeit nicht unterhaltspflichtig ist und ich keinen Unterhaltsvorschuss erhalte	im Ausland lebt	der Übertragung lt. Anlage K auf den Stief-/Großelternteil zugestimmt hat	Nur bei Stief-/Großeltern: - weil ich das Kind in meinem Haushalt aufgenommen habe oder ich als Großelternteil gegenüber dem Kind unterhaltspflichtig bin
Kind(er) zu Nr.	Kind(er) zu Nr.	Kind(er) zu Nr.	Kind(er) zu Nr.	Kind(er) zu Nr.

Entlastungsbetrag für Alleinerziehende (Berücksichtigung der Steuerklasse II/Freibetrag bei Verwitweten)

Das Kind zu Nr.	ist mit mir in der gemein- samen Wohnung gemeldet	vom - bis	Für das Kind erhalte ich Kindergeld	vom - bis

Außer mir ist/sind in der gemeinsamen Wohnung eine/mehrere volljährige Person(en) gemeldet, die nicht als Kind(er) in **Abschnitt B** genannt ist/sind.		Nein	Ja	vom - bis
Es besteht eine Haushaltsgemeinschaft mit mindestens einer weiteren volljährigen Person, die nicht als Kind in **Abschnitt B** genannt ist.		Nein	Ja	

Name, Vorname (weitere Personen bitte auf gesondertem Blatt angeben)	Verwandtschaftsverhältnis	Beschäftigung/Tätigkeit

(C) Unbeschränkt antragsfähige Ermäßigungsgründe

I. Behinderte Menschen und Hinterbliebene
(Bei Kindern auch **Abschnitt B** ausfüllen)

			Nachweis ist beigefügt					hat bereits vorgelegen
Name	Ausweis/Rentenbescheid/Bescheinigung			hinterblieben	behindert	blind/ ständig hilflos	geh- und sieh- behindert	Grad der Be- hinderung
	ausgestellt am	unbefristet gültig	gültig bis					

II. Freibetrag wegen Förderung des Wohneigentums, Ver- lusten aus anderen Einkünften oder eines Verlustvortrags	wie im Vorjahr Erstmaliger Antrag oder Änderung gegenüber dem Vorjahr (Ermittlung bitte auf gesondertem Blatt erläutern)	EUR

1) Die Kinder werden nur bis zum 21. Lebensjahr berücksichtigt. 3) Bei Kindern, die Grundwehrdienst, Zivildienst oder befreienden Dienst geleistet haben, verlängert sich der Zeitraum der Berücksichtigung um die Dauer des Dienstes.
2) Die Kinder werden nur bis zum 25. Lebensjahr berücksichtigt. 4) Berücksichtigt werden auch Kinder mit einer vor 2007 und vor dem 27. Lebensjahr eingetretenen Behinderung.

Bitte Belege beifügen !

III. Freibetrag für haushaltsnahe Beschäftigungsverhältnisse, Dienst- und Handwerkerleistungen

	Höhe
Aufwendungen für geringfügige Beschäftigungen im Privathaushalt (sog. Minijobs) Art der Tätigkeit	€
Aufwendungen für sozialversicherungspflichtige Beschäftigungen im Privathaushalt Art der Tätigkeit	€

Art der haushaltsnahen Dienstleistung(en), Hilfe im eigenen Haushalt	Name und Anschrift des Leistenden	Aufwendungen	Erstattungen
			€
Art der Pflege- und Betreuungsleistung(en), Heimunterbringung		€	€
Art der Handwerkerleistung(en) im eigenen Haushalt		€	€

Nur bei Alleinstehenden: Es besteht ganzjährig ein gemeinsamer Haushalt mit einer anderen alleinstehenden Person (Name, Vorname, Geburtsdatum)

(D) Beschränkt antragsfähige Ermäßigungsgründe

Erläuterungen

I. Werbungskosten der antragstellenden Person
1. Wege zwischen Wohnung und erster Tätigkeitsstätte (Entfernungspauschale)

Die Wege werden ganz oder teilweise zurückgelegt
mit einem eigenen oder zur Nutzung überlassenen ☐ privaten Kfz ☐ Firmenwagen

Fahrtkostenersatz des Arbeitgebers [5]

erste Tätigkeitsstätte in (Ort und Straße) - ggf. nach gesonderter Aufstellung -	Arbeitstage je Woche	Urlaubs- und Krankheitstage	Behinderungsgrad mind. 70 oder mind. 50 und Merkzeichen „G"	EUR
1.				
2.			Ja ☐	

Tätigkeits- stätte Nr.	aufgesucht an Tagen	einfache Entfernung (km)	eigenem oder zur Nutzung überlassenen Pkw [6] [7]	Sammelbe- förderung des Arbeitgebers	öffentl. Verkehrsmitteln, Motorrad, Fahrrad o.ä. als Fußgänger, als Mitfahrer einer Fahrgemeinschaft [6]	Aufwendungen für öffentl. Verkehrsmittel [8]
			davon zurückgelegte km mit			

2. Beiträge zu Berufsverbänden (Bezeichnung der Verbände)

3. Aufwendungen für Arbeitsmittel (Art der Arbeitsmittel) [9] - soweit nicht steuerfrei ersetzt -

4. Weitere Werbungskosten (z.B. Fortbildungskosten, Fahrt-/Übernachtungskosten bei Auswärtstätigkeit) [9]
- soweit nicht steuerfrei ersetzt -

5. Pauschbeträge für Mehraufwendungen für Verpflegung bei Auswärtstätigkeit [11]

	Abwesenheitsdauer mehr als 8 Std.		
	Zahl der Tage	x 12 €	0,00
An-/Abreisetag (bei auswärtiger Übernachtung)	Abwesenheitsdauer 24 Std.		steuerfreier Arbeitgeberersatz
Zahl der Tage x 12 €	0,00	Zahl der Tage x 24 €	0,00 - € =	0,00

6. Mehraufwendungen für doppelte Haushaltsführung
Der doppelte Haushalt ist aus beruflichem Anlass begründet worden

Tätigkeitsort

Grund [9]	am	besteht voraussichtlich bis

Eigener Hausstand am Lebensmittelpunkt: | seit

☐ Nein ☐ Ja, in

	steuerfreier Arbeitgeberersatz	
Kosten der ersten Fahrt zum Tätigkeitsort und der letzten Fahrt zum eigenen Hausstand		
☐ mit öffentlichen Verkehrsmitteln ☐ mit privatem Kfz: Entfernung km x € =	0,00 € -	0,00
Fahrtkosten für Heimfahrten (nicht bei Firmenwagennutzung) [7] [9] [10]		
☐ einfache Entfernung ohne Flugstrecken km x Anzahl x 0,30 € =	0,00 € - € =	0,00
Kosten der Unterkunft am Tätigkeitsort (lt. Nachweis) höchstens 1.000 € im Monat	€ - € =	0,00
Mehraufwendungen für Verpflegung [9] [11] Zahl der Tage		
täglich € x =	0,00 € - € =	0,00

Summe

Erläuterungen

[5] Nur Fahrtkosten-satz eintragen, der pauschal besteuert oder steuerfrei ge-währt wird

[6] Die Entfernungs-pauschale beträgt 0,30 € je Entfer-nungskilometer; bei anderen Verkehrsmitteln als eigenem oder zur Nutzung überlasse-nen Pkw höchstens 4.500 €

[7] Erhöhter Kilometer-satz wegen Behin-derung: 0,60 € je Entfernungskilo-meter

[8] Die tatsächlichen Aufwendungen für öffentliche Verkehrs-mittel (ohne Flug-und Fährkosten) werden nur ange-setzt, wenn sie höher sind als die Entfernungspau-schale.

[9] Ggf. auf gesonder-tem Blatt erläutern

[10] Die Aufwendungen für Heimflüge oder die anstelle der Aufwendungen für Heimfahrten entste-henden Telefon-kosten bitte auf ge-sondertem Blatt er-läutern

[11] Nur für die ersten drei Monate an der selben Tätigkeitsstätte/ demselben Tätigkeitsort

Vermerke des Finanzamts

Summe

€

	1.000 €
	102 €

Se: €

Übertragen in Vfg.

Bitte Belege beifügen !

4. Eintragung eines Freibetrags für ein weiteres Dienstverhältnis **1091**
(Hinzurechnungsbetrag)

Als Minijobber ist es oft günstiger, eine Lohnsteuerkarte vorzulegen, weil dann oftmals überhaupt keine Steuer anfällt (➤ Rz 606), während ohne Steuerkarte eine Pauschalsteuer von 2 % erhoben wird.

»Ich habe zwei Minijobs. Der Steuerabzug über die zweite Steuerkarte mit Steuerklasse VI ist viel zu hoch. Was soll ich tun?«

Ganz einfach, verteilen Sie Ihren Grundfreibetrag auf beide Steuerkarten, und kassieren Sie auf diese Weise den Lohn aus beiden Minijobs steuergünstig.

Beispiel
Bei der Steuerklasse I bleibt im Jahr 2015 ein Jahresarbeitslohn von bis zu 11.415 € steuerfrei (siehe ➤ Rz 54). Da Sie im ersten Arbeitsverhältnis (Steuerklasse I) jedoch nur 665 € monatlich verdienen, benötigen Sie nur einen Freibetrag von (665 € × 12 Monate =) 7.980 €. Den restlichen Betrag von 3.435 € verwenden Sie für Ihren zweiten Minijob mit z. B. 240 € monatlich (Steuerklasse VI) und haben somit keinen Steuerabzug.

Steuerklasse	I	VI
Jahresfreibetrag		2.880 €
Hinzurechnungsbetrag	2.880 €	
Ohne Steuerabzug bleiben		
damit pro Jahr	11.415 €	
	− 2.880 €	
	8.535 €	2.880 €
entspricht monatlich	711 €	240 €

Für die Aufteilung der Freibeträge benötigen Sie einen »Antrag auf **1092** Lohnsteuer-Ermäßigung«.

Ⓔ **Übertragung Freibetrag/Hinzurechnungsbetrag für** ☒ die antragstellende Person ☐ den Ehegatten ⑥

Der Jahresarbeitslohn aus meinem ersten Dienstverhältnis beträgt voraussichtlich nicht mehr als (bei sozialversicherungspflichtigen Arbeitnehmern) mit

☒ Steuerklasse I oder IV: 11.415 € | Steuerklasse II: 13.003 € | Steuerklasse III: 21.571 € | Steuerklasse V: 1.268 €

(bei Empfängern von Betriebsrenten und Versorgungsempfängern) mit

Steuerklasse I oder IV: 14.090 € | Steuerklasse II: 15.577 € | Steuerklasse III: 23.593 € | Steuerklasse V: 2.179 €

Bitte berücksichtigen Sie in meinen ELStAM für mein zweites Dienstverhältnis oder meine weiteren Dienstverhältnisse einen Freibetrag in Höhe von 2.880,00 € und einen entsprechenden Hinzurechnungsbetrag für das erste Dienstverhältnis.
(Hinweis für den Antragsteller: Der Freibetrag kann von Ihrem zweiten oder weiteren Arbeitgeber nur berücksichtigt werden, wenn Sie ihm die Höhe des Freibetrags mitteilen.)

TIPP Zahlen Sie bei zwei Jobs bloß nicht zu viel Sozialversicherung!

Aufgepasst, wenn Sie neben Ihrem Hauptberuf noch einen Nebenjob ausüben. Für die Sozialversicherung gelten schließlich Beitragsbemessungsgrenzen und damit Höchstbeiträge unabhängig davon, ob Sie ein oder mehrere Arbeitsverhältnisse haben. 2015 zahlen Sie Sozialversicherungsbeiträge höchstens bis zu folgenden monatlichen Arbeitslöhnen:

Kranken-/Pflegeversicherung	4.125,00 €	(West + Ost)
Renten-/Arbeitslosenversicherung	6.050/5.200 €	(West/Ost)

Für den Teil des Arbeitslohns, der darüber liegt, müssen Sie keine Beiträge zahlen. Angenommen, Sie verdienen im Hauptberuf 3.700 € im Monat und haben einen Nebenjob, der Ihnen 800 € im Monat einbringt. An sich müssten Sie Kranken- und Pflegeversicherung von insgesamt nur 4.125 € zahlen. Wenn Ihre beiden Arbeitgeber aber nichts voneinander wissen, werden sie jeweils die vollen Kranken- (14,6 %) und Pflegeversicherungsbeiträge (2,35 %) abführen. 50 % davon tragen Sie und 50 % Ihre Arbeitgeber. Zusätzlich tragen Sie allein den Sonderbeitrag zur Krankenkasse (0,9 %).

Sie zahlen also 50 % von 16,95 % von 4.500 € =	381,38 €	
Sonderbeitrag von 0,9 % von 4.500 € =	40,50 €	
	421,88 €	> 421,88 €
statt richtigerweise 50 % von 16,95 % von 4.125 € =	349,60 €	
Sonderbeitrag von 0,9 % von 4.125 € =	37,13 €	
	386,73 €	> – 386,73 €
mithin jeden Monat zu viel		35,15 €
macht im Jahr		421,80 €

Sie sollten also Ihre beiden Brötchengeber über den jeweils anderen Job informieren. Die Beiträge werden dann nur anteilig erhoben:

Arbeitgeber 1:
Bemessungsgröße für die Kranken- und Pflegeversicherung

$$\frac{3.700 \text{ €}}{4.500 \text{ €}} \times 4.125 = 3.392 \text{ €} \times 16,95\ \% \times 50\ \% = 287,47 \text{ €}$$

zzgl. Sonderbeitrag zur KV (3.392 € × 0,9 % =) 30,53 € =   318,00 €

Arbeitgeber 2:
Bemessungsgröße für die Kranken- und Pflegeversicherung

$$\frac{800 \text{ €}}{4.500 \text{ €}} \times 4.125 = 733 \text{ €} \times 16,95\ \% \times 50\ \% = 62,13 \text{ €}$$

zzgl. Sonderbeitrag zur KV (733 € × 0,9 % =) 6,60 € =   68,73 €

Ihr Gesamtbeitrag zur Kranken- und Pflegeversicherung beläuft sich nun wieder auf nur 386,73 €.

Wenn das Kind schon in den Brunnen gefallen ist, können Sie eine Erstattung der zu viel gezahlten Beiträge bei Ihrer Krankenkasse beantragen.

Legst du nicht aus,
so legst du unter.
(Juristenweisheit)

15 Umgang mit dem Finanzamt

15.1 Die Abgabe der Steuererklärung

Dieses Buch behandelt den Kampf zwischen zwei ungleichen Gegnern: **1094**
dem überaus mächtigen und rücksichtslosen Staat auf der einen Seite und
den Steuerzahlern auf der anderen. Die Steuerzahler wollen nichts anderes, als das Geld behalten, das sie sich erarbeitet haben. Auf genau dieses
Geld hat der Staat es abgesehen, und er greift mit äußerst plumpen, aber
wirkungsvollen Mitteln an.

Unter furchteinflößenden Drohungen verlangt der Staat, dass die Steuerzahler jährlich eine Steuererklärung abgeben und sich dadurch quasi
damit einverstanden erklären, einen mehr oder weniger großen Teil ihres
erarbeiteten Gelds an den Staat herauszugeben.

Sind Sie erst einmal beim Finanzamt als **Einkommensteuerzahler** erfasst – Kennzeichen ist die Vergabe einer Steuernummer –, zollen Sie
fortan Jahr für Jahr der Steuerbürokratie Ihren Tribut durch Abgabe
einer Einkommensteuererklärung. Diese Erklärung fordert von Ihnen
mehr an Mühen, Nervenkraft und Zeitaufwand als irgendeine andere behördliche Auflage. Ist die Erklärung endlich fertig und abgegeben, müssen Sie meistens noch mit ergänzenden Nachweisen aufwarten. Am
Schluss des Verfahrens werden Sie – per Nachzahlungsbescheid – über
Ihren fiskalischen Obolus aufgeklärt. **Die Lohnsteuerzahler** zollen der
Bürokratie denselben Tribut, wenn sie zu viel Lohnsteuer gezahlt haben
und deshalb eine Steuererklärung abgeben, damit das Finanzamt eine
Ausgleichsveranlagung durchführt.

Viele Steuerzahler fragen sich, ob das denn nicht etwas einfacher geht.
Nein, lieber Leser, es geht nicht einfacher. **Denn der bürokratische Un-
geist hat bei uns im Lauf von Jahrzehnten ein wirres und verrücktes Steu-
ersystem geschaffen, das sich zwangsläufig in den Steuerformularen wi-
derspiegelt.**

Hinzu kommen das unverständliche Beamtendeutsch und die umständ-
liche Gestaltung. Von Logik keine Spur, da geht es wie Kraut und Rüben
durcheinander.

Dazu sollten Sie wissen: Die Ausschüsse in den Ministerien zur Gestaltung der Steuerformulare arbeiten mit Scheuklappen. Sie haben ausschließlich den reibungslosen Ablauf der Bearbeitung in den Finanzämtern im Sinn. Und die Steuerberater und Lohnsteuerhilfevereine sollen
sich gefälligst Mühe geben, mit den Steuerformularen fertig zu werden.
Doch was ist mit den vielen Steuerzahlern, die es allein machen?

Sie schenken dem Finanzminister jährlich mehr als 400 Mio. €, weil sie die Vordrucke nicht verstehen und darum unvollständig oder falsch ausfüllen. Ein Lump, wer sich dabei Übles denkt?

1095 **Wovon ich nichts weiß**
In bestimmten Fällen müssen Sie von sich aus, also ohne besondere Aufforderung des Finanzamts, eine Steuererklärung abgeben. Sie können ja mal nachfragen, ob das auf Sie zutrifft. Wenn ja, bekommen Sie fortan die Formulare automatisch zugeschickt. Bei diesem Service erwartet das Finanzamt allerdings auch Ihre Rückantwort und vor allem: Ihr Geld!

1096 *TIPP* **»Gehe nicht zu deinem Fürst, wenn du nicht gerufen wirst!«**
Dieses alte deutsche Sprichwort trifft ebenso auf das Finanzamt zu. Wollen Sie womöglich mit Ihrer Steuererklärung persönlich im Amt vorsprechen? Dann lassen Sie sich gesagt sein, dass dort Ihr Fiskalritter der Hausherr ist – und entsprechend nicht aus der Ruhe zu bringen. Vielleicht möchte er von Ihnen genau den Beleg sehen, den Sie nicht mithaben, und schon fangen Sie an zu schwitzen. Das nutzt er dann weidlich aus. Oder er erklärt Ihnen ausführlichst, warum er diese oder jene Ausgabe streicht, nebelt Sie dabei mit Einzelheiten ein und wirft mit Paragraphen und Richtlinien nur so um sich. Ob Sie das hinterher noch alles nachvollziehen können, ist eine weitere Frage. Später heißt es dann: »Die Änderungen wurden Ihnen an Amtsstelle mitgeteilt.« Da haben Sie den Salat!
Dasselbe gilt, wenn Sie der Fiskalero in der Arbeit oder zu Hause anruft. Bestehen Sie daher stets darauf, dass er Ihnen schriftlich die Abweichungen von Ihrer Erklärung zusammenstellt, damit Sie ggf. per Einspruch doch noch einiges durchdrücken können.

Reichen Sie die Steuererklärung hingegen nicht persönlich ein, müssen Sie über etwaige Abweichungen in Kenntnis gesetzt werden. Auf ein solches »rechtliches Gehör« haben Sie einen gesetzlichen Anspruch!

Wird er verletzt und Sie verpassen deshalb die Einspruchsfrist, sagen Sie das Zauberwort »Wiedereinsetzung in den vorigen Stand«, und schon sind Sie mit Ihrem Einspruch wieder im Rennen (Quelle: § 91 AO – Recht auf Gehör – § 110 AO – Wiedereinsetzung).

1097 **Reichen Sie die Steuererklärung hingegen nicht persönlich ein, müssen Sie über etwaige Abweichungen in Kenntnis gesetzt werden. Auf ein solches »rechtliches Gehör« haben Sie einen gesetzlichen Anspruch!**
Wird er verletzt und Sie verpassen deshalb die Einspruchsfrist, sagen Sie das Zauberwort »Wiedereinsetzung in den vorigen Stand«, und schon sind Sie mit Ihrem Einspruch wieder im Rennen (Quelle: § 91 AO – Recht auf Gehör – § 110 AO – Wiedereinsetzung).

Bringen Sie mit einer Petition das Finanzamt zur Räson 1098

Eine begründete Petition an den Landtag (Artikel 17 Grundgesetz) ist ein Kaliber, das dem Finanzamt Respekt abnötigt. Schon die Ankündigung Ihrerseits, von Ihrem Petitionsrecht Gebrauch machen zu wollen, kann das Finanzamt zur Räson bringen. Denn eine Petition macht ihm eine Heidenarbeit.

Zunächst fordert der Petitionsausschuss im Landtag vom Finanzminister einen ausführlichen Bericht. Der wiederum fordert die zuständige Oberfinanzdirektion zum Bericht auf und die Oberfinanzdirektion ihrerseits das betroffene Finanzamt.

Sodann zurück marsch, marsch: Das Finanzamt berichtet der Oberfinanzdirektion. Die Oberfinanzdirektion berichtet dem Finanzminister. Der Finanzminister berichtet dem Petitionsausschuss, der sodann über die Petition befindet.

Den Schwarzen Peter hat das Finanzamt, das den Zauber ausgelöst hat. Und Sie können mir glauben, dass dort alles Erdenkliche getan wird, es gar nicht erst so weit kommen zu lassen. Das ist Ihre Chance.

Nur wer sich isoliert, kann überleben.
(Gerd Binnig)

15.2 Abgabefrist für die Steuererklärung

Rechnen Sie mit einer Erstattung an Einkommensteuer, werden Sie nicht lange mit der Abgabe der Steuererklärung warten. **Im Fall einer zu erwartenden Nachzahlung sollten Sie sich aber bis zum letzten Moment Zeit lassen.** 1099

Der Abgabetermin 31. Mai: Wunschdenken vom Allerfeinsten

Schon Anfang Mai eines jeden Jahres wird in den Medien auf die Abgabefrist für die Steuererklärung zum 31. Mai hingewiesen. Dieses Vorgehen bringt viele unnötig in Stress, weil sie denken, das Finanzamt könnte Verspätungszuschläge erheben, wenn nicht bis dahin abgegeben wird. Nun ist zwar nach § 149 Abs. 2 AO die Steuererklärung spätestens fünf Monate nach Ende des Veranlagungszeitraums abzugeben. Das wäre bis zum 31. Mai. Weil aber Steuerberater und Lohnsteuerhilfevereine die Steuererklärungen für alle ihre Mandanten bis dahin rein arbeitsmäßig nicht erstellen können, steht ihnen eine allgemeine Fristverlängerung bis zum 31. Dezember zu (gleich lautende Erlasse der obersten Finanzbehörden der Länder). Diese Fristverlängerung gilt gerechterweise für alle Steuerzahler. **Dies bedeutet: Trotz des gesetzlichen Abgabetermins 31. Mai darf das Finanzamt keinen Verspätungszuschlag erheben, wenn jemand danach, aber vor dem 31. Dezember, abgegeben hat. In einigen Bundesländern läuft die Frist sogar bis zum 28. 2. des übernächsten Jahres.**

Damit der Fortgang der Veranlagungsarbeiten und der zeitgerechte Abschluss der Veranlagung nicht in Gefahr gerät, können die Finanzämter indessen Erklärungen für einen Zeitpunkt vor dem 31. Dezember anfordern. Erst wenn Sie diesen Termin nicht einhalten, laufen Sie Gefahr, dass Ihnen das Finanzamt einen Verspätungszuschlag aufbrummt.

Bevorzugt werden Steuererklärungen angefordert

- bei gewichtigen Steuerfällen,
- bei Steuerpflichtigen, die ihre Steuererklärungen in den Vorjahren erheblich verspätet oder überhaupt nicht abgegeben haben.

Sogar der 31. Dezember ist noch nicht das Ende der Fahnenstange.
Aufgrund eines begründeten Antrags (Arbeitsüberlastung, gesundheitliche Probleme, fehlende Unterlagen) muss das Finanzamt die Abgabefrist sogar bis zum 28. Februar des darauffolgenden Jahres verlängern – wie es das auch Steuerberatern auf besonderen Antrag gewährt. Logisch, dass Ihnen, der Sie nicht steuerlich beraten werden, das Recht auf diese Fristverlängerung ebenfalls zusteht. Eine weitergehende Fristverlängerung lehnen die Finanzämter aber grundsätzlich ab (BMF-Schreiben v. 23.2.2006).

Also schreiben Sie dem Finanzamt Ende Dezember z. B.:

```
Fristverlängerung   für   Einkommensteuererklärung   2015;
Steuer-Nr. 123/456/7890
Datum: 30.12.2015

Sehr geehrte Damen und Herren,
ich bitte für meine ESt-Erklärung 2015 um Fristverlänge-
rung bis Ende Februar 2016. Aus gesundheitlichen Gründen
war ich bislang leider nicht in der Lage, die Steuer-
erklärung fertigzustellen. Ich werde mich bemühen, die
Erklärung früher als Ende Februar abzugeben. Ob das ge-
lingt, kann ich aber jetzt noch nicht übersehen. Sofern
Sie meiner Bitte entsprechen, erübrigt sich ein schrift-
licher Bescheid. Vielen Dank im Voraus.

Mit freundlichen Grüßen
Walter Knecht
```

Die Drohgebärden des Fiskus

Haben Sie die Steuererklärung bis Ende Februar des übernächsten Jahres nicht abgegeben, mahnt sie das Finanzamt an und droht auch gleich mit Zwangsmitteln:

- **Erste Mahnung,** innerhalb von vier Wochen die ausstehende Erklärung abzugeben; Hinweis auf Festsetzung eines **Verspätungszuschlags** nach § 152 AO.

- **Zweite Mahnung,** die Erklärung innerhalb von vier Wochen einzureichen; es wird angedroht, andernfalls ein **Zwangsgeld** nach § 328 AO festzusetzen.

- **Dritte Mahnung,** die Erklärung innerhalb von vier Wochen einzureichen; zugleich wird das zuvor angedrohte Zwangsgeld festgesetzt und ein weiteres angedroht (meistens in doppelter Höhe wie vorher).

- **Vierte Mahnung,** die Erklärung innerhalb von vier Wochen einzureichen; zugleich wird das zweite zuvor angedrohte Zwangsgeld festgesetzt; außerdem wird darauf hingewiesen, andernfalls die Besteuerungsgrundlagen nach § 162 AO frei zu schätzen.

- Es ergeht ein **Schätzungsbescheid** mit einer horrenden Steuerforderung und Verspätungszuschlägen.

Gegen den Schätzungsbescheid werden Sie innerhalb eines Monats Einspruch einlegen, damit die Steuerforderung nicht bestandskräftig und damit vollstreckbar wird. Den Einspruch können Sie nur durch **Abgabe der ausstehenden Steuererklärung wirksam begründen.**

Zum Zwangsgeld sollten Sie wissen: Haben Sie die angemahnte Steuererklärung eingereicht, ist damit das Zwangsverfahren beendet, d.h., Sie müssen das festgesetzte Zwangsgeld nicht berappen. Dumm ist nur, wenn Sie es bereits gezahlt haben, denn zurück bekommen Sie es nicht. Also merken Sie sich: Wer sofort zahlt, den bestraft St. Fiskus!

Zum Verspätungszuschlag beachten Sie bitte: Er kann 10 % der **festgesetzten** Steuer betragen, also nicht etwa der Nachzahlung. Er ist der Höhe nach auf 25.000 € begrenzt. Die Finanzämter sind angewiesen, erst dann einen Verspätungszuschlag festzusetzen, wenn die Steuererklärung **wiederholt** nicht pünktlich abgegeben wurde (OFD Frankfurt/M. v. 10.10.1988 – S 0062 A).

Setzt das Finanzamt einen Verspätungszuschlag fest, gehen Sie dagegen mit einem Einspruch an. Der Einspruch ist für Sie kostenfrei.

An das Finanzamt Neuhausen
Datum: 3.3.2017

Einkommensteuerbescheid für das Kj. 2015 vom . . . 2017;
St-Nr. . . . .
hier: Einspruch gegen die Festsetzung des Verspätungszuschlags in Höhe von . . . . . . €

Sehr geehrte Damen und Herren,
gegen die Festsetzung des Verspätungszuschlags lege ich
Einspruch ein.
Begründung: Die verspätete Abgabe der Erklärung hat offensichtlich den Gang der Veranlagung in Ihrer Behörde
nicht beeinträchtigt, da ich den Steuerbescheid erst
zwei Monate danach erhalten habe. Es waren also noch
zahlreiche andere Veranlagungen durchzuführen, so dass
ein Verspätungszuschlag nicht gerechtfertigt ist.
Sofern Sie meinem Einspruch nicht abhelfen und den Zuschlag nicht zurücknehmen, bitte ich um formelle Entscheidung.

Mit freundlichen Grüßen
Walter Knecht

**Übrigens: Die Finanzämter müssen bei der Festsetzung von Verspätungs-
zuschlägen von sich aus prüfen, ob die verspätete Abgabe der Erklärung
entschuldbar erscheint. Also geben Sie gleich den Grund mit an, wenn Sie
mit Ihrer Steuererklärung zu spät dran sind:**

- Infolge hoher Arbeitsbelastung ist die Abgabe der Erklärung in Ver-
  gessenheit geraten.
- Längere Krankheit.
- Die Beschaffung von Unterlagen für die Erklärung hat sich verzögert.

Waren Sie der Meinung, die Steuererklärung sei erst nach besonderer
Aufforderung des Finanzamts abzugeben, geben Sie dies unbedingt als
Entschuldigungsgrund an. Er reicht nämlich aus, falls Sie steuerlich noch
unerfahren sind.
»Nun sag doch mal ehrlich, wer so viel Theater mit seiner Steuererklärung
macht, der ist doch beim Finanzamt ein für alle Mal unten durch?«, fragen
Sie.
Wieso denn? Alle paar Jahre können Sie ruhig mal Theater machen. Außerdem können Sie sich ja auch von Ihrer netten Seite zeigen und sich mit
der Halbierung des Verspätungszuschlags einverstanden erklären. Da
treffen Sie sich in der Mitte, und alle sind zufrieden!

*Der Reichtum der Menschen liegt nicht in der Erde vergraben,
sondern in ihren Gehirnen.*
(Bankier Steinhart)

Antrag auf Fristverlängerung, zumal eine größere Nachzahlung droht   1102

»Letztes Jahr habe ich doch tatsächlich vergessen, meine Steuererklärung abzugeben«, sagen Sie. Na so was, aber das kann passieren. Wer denkt schon gern an seine Steuererklärung, besonders wenn eine höhere Nachzahlung droht. So etwas belastet, und belastende Dinge werden gern verdrängt, damit unser Wohlbefinden erhalten bleibt.

»Na schön, doch Anfang März wollte das Finanzamt innerhalb von vier Wochen die Steuererklärung haben. Das ist mir schwergefallen, weil ich damals krank war«, sagen Sie weiter. »Aber mir blieb ja nichts anderes übrig.«

Sie hätten Fristverlängerung beantragen sollen.

```
An das Finanzamt Neuhausen
Datum: 1.4.2017
Steuererklärung für das Kj. 2015; St-Nr. 231/222/1411
hier: Fristverlängerung

Sehr geehrte Damen und Herren,
die mit Schreiben vom . . . . . . . . . . . angemahnte
Einkommensteuererklärung für das Kj. 2015 kann ich leider nicht bis zu dem von Ihnen gesetzten Termin 10.4.2017
abgeben, weil ich mit einer fiebrigen Grippe zu Bett
liege. Ich bitte um Fristverlängerung bis zum 31.5.2017.
Sofern Sie meiner Bitte entsprechen, erübrigt sich ein
schriftlicher Bescheid. Vielen Dank im Voraus.

Mit freundlichen Grüßen
Walter Knecht
```

Die Finanzämter akzeptieren außerdem folgende Antragsgründe:

- Ein längerer Erholungsurlaub steht kurz bevor.
- Es fehlen noch Unterlagen, die kurzfristig nicht zu beschaffen sind.

TIPP   1103

Antrag auf Nachfrist für die Steuererklärung

Kurz vor Ablauf der – ggf. stillschweigend gewährten – Fristverlängerung beantragen Sie eine Nachfrist von 14 Tagen, wenn Ihnen die Abgabe der Erklärung noch immer nicht möglich ist.

TIPP **Einspruch**

Lehnt das Finanzamt die Nachfrist oder überhaupt eine Fristverlängerung ab, legen Sie dagegen Einspruch ein.

```
An das Finanzamt Neuhausen
Datum: 15.4.2017

Fristverlängerung für die Abgabe der Einkommensteuerer-
klärung für das Kj. 2015; StNr.231/222/1411
hier: Ihr ablehnender Bescheid vom . . . . . . . .

Sehr geehrte Damen und Herren,
gegen Ihren ablehnenden Bescheid vom . . . . . . . . betr.
Fristverlängerung zur Abgabe der Einkommensteuererklä-
rung für das Kj. 2015 lege ich hiermit Einspruch ein. Die
Einspruchsgründe ergeben sich aus meinem Antrag auf
Fristverlängerung.
Sofern Sie dem Einspruch nicht abhelfen und keine Frist-
verlängerung gewähren, bitte ich um formelle Entschei-
dung.

Mit freundlichen Grüßen
Walter Knecht
```

Übrigens: Das Einspruchsverfahren ist für Sie kostenfrei. Die Finanzämter sind bestrebt, formelle Verfahren zu vermeiden, weil diese ihre Rechtsbehelfsstellen unnötig belasten. Da geben sie lieber nach und gewähren Fristverlängerung. Sie haben also eine gute Chance, doch noch eine Fristverlängerung zu erhalten.

1105 »Wenn das Finanzamt jetzt unbedingt meine Steuererklärung haben will, dann soll es doch, verdammt noch mal, die Steuererklärung bekommen. Ich trage einfach geschätzte Beträge ein«, sagen Sie. »Später, wenn ich alles zusammenhabe, kann ich die Erklärung ja berichtigen.«

Verspätungszuschläge haben Sie dann nicht zu befürchten, das ist klar, denn Sie haben die Steuererklärung ja fristgemäß abgegeben. **Man könnte Ihnen allerdings Steuerhinterziehung anhängen, wenn die zunächst erklärten Einkünfte zu niedrig sind. Die berichtigte Steuererklärung ist indessen als eine Selbstanzeige nach § 371 AO zu werten, die strafbefreiende Wirkung hat. Also kann Ihnen auch steuerstrafrechtlich nichts passieren.**

Aber so ein Spielchen sollten Sie, wenn überhaupt, nur ein Mal machen. Denn es könnte Ihnen passieren, dass das Finanzamt im nächsten Jahr gleich nach Eingang Ihrer ersten Steuererklärung eine Kurzprüfung anordnet. Dann käme Ihre Selbstanzeige in Form einer berichtigten Steuererklärung zu spät, denn sie wird nur dann als strafbefreiend gewertet, wenn das Finanzamt nicht vorher Kenntnis von der Unrichtigkeit der ersten Steuererklärung erlangt hat oder – und das ist wichtig zu wissen – die Erlangung der Kenntnis nicht unmittelbar bevorsteht, z.B. durch eine Kurzprüfung.

»Aha, sollte ich dann nicht besser in der Steuererklärung darauf hinweisen, dass ich geschätzte Beträge angebe?«, möchten Sie weiter wissen.

Nein, denn Sie tragen ja Beträge ein, die nach Ihrer Einschätzung den tatsächlichen Einkünften entsprechen. Wenn sich später herausstellt, dass die angegebenen Beträge falsch sind, geben Sie pflichtgemäß unverzüglich eine berichtigte Steuererklärung ab.

Nicht gut zu wissen: Das Finanzamt hat bei einer unzureichenden Steuererklärung einen Ermessensspielraum, die Erklärung als abgegeben anzusehen oder nicht. Bei Abgabe einer lückenhaften Erklärung wird das Finanzamt nach den Einzelumständen entscheiden, ob dies mit der Nichtabgabe der Steuererklärung gleichzusetzen ist. Es kommt lt. BFH entscheidend darauf an, ob die Angaben in der Steuererklärung ausreichen, ein ordnungsgemäßes Veranlagungsverfahren in Gang zu setzen: »Nur die Einreichung einer völlig unzureichenden Steuererklärung könnte der Nichteinreichung der Steuererklärung gleichstehen« (BFH-Urt. v. 6.11.1969, IV 249/64 – BStBl 1970 II S. 168). Eine »vorläufige« Erklärung steht nicht von vornherein einer Nichtabgabe gleich. Enthält sie allerdings nur geschätzte Zahlen oder weist sie in mehreren wesentlichen Punkten Lücken auf, ist von einer Nichtabgabe auszugehen. **Die fehlende Unterschrift ist kein so schwerwiegender Mangel, dass eine Nichtabgabe anzunehmen wäre. Dies gilt zumindest dann, wenn die Unterschrift zeitnah nachgeholt wird (LfSt Bayern, 25.2.2008, S 0323 – 7 St 41 M v. 25.2.2008).**

1106

TIPP **Veranlagungsverzug wegen fehlender Unterschrift**

»Habe ich doch letztes Jahr glatt vergessen, die Steuererklärung von meiner Frau unterschreiben zu lassen«, sagen Sie. »Ungefähr drei Wochen später kam die Erklärung vom Finanzamt zurück mit der Bitte, die fehlende Unterschrift nachzuholen.«

Das kann schon mal passieren. Dadurch haben Sie das Veranlagungsverfahren natürlich nicht unerheblich verzögert. Ihr Vorteil: Der erste Eingangsstempel des Finanzamts auf der Steuererklärung ist maßgebend

dafür, wann sie abgegeben wurde. Alle Verzögerungen, die danach eintreten, rechtfertigen keinen Verspätungszuschlag, denn das Finanzamt konnte das Veranlagungsverfahren ja in Gang setzen.

1107 ***TIPP*** **Veranlagungsverzug wegen fehlender Belege**

Soll Ihnen das Finanzamt möglichst bald die Steuererstattung überweisen, vergessen Sie bloß nicht, der Erklärung alle wichtigen Belege beizufügen, wie z. B. die Lohnsteuerkarte oder den Kontoauszug der Bausparkasse. Denn wenn der Fiskalritter sich Ihre Erklärung zur Brust nimmt und sieht, dass wichtige Belege fehlen, dann fordert er diese erst einmal schriftlich bei Ihnen an, mit Frist von 14 Tagen. Ihre Erklärung schiebt er erst einmal beiseite. Sie warten natürlich keine 14 Tage, sondern bringen ihm die fehlenden Belege sofort vorbei. Aber vielleicht ist er dann gerade für drei Wochen in Urlaub, und so verschimmelt Ihr schönes Geld beim Finanzamt.

»Wenn ich aber nachzahlen muss, ist das mein Vorteil«, sagen Sie.

15.3 Abgabefrist für die Antrags- bzw. Ausgleichsveranlagung

1108 Um zu viel gezahlte Lohnsteuer zurückzubekommen, müssen Sie einen »Antrag auf Veranlagung« stellen, indem Sie eine ganz normale Einkommensteuererklärung abgeben. Aufgrund dieser Erklärung führt das Finanzamt eine sog. Ausgleichsveranlagung durch.

Für den Antrag haben Sie **zwei Jahre Zeit: bis zum 31. 12. des zweiten auf das Ausgleichsjahr folgenden Jahres.** Die Frist ist deshalb so großzügig bemessen, damit Sie den Antrag möglichst spät einreichen, weil Sie dadurch dem Fiskus ein zinsloses Darlehen in Höhe Ihres Erstattungsanspruchs gewähren. Und insgeheim hofft der Fiskus, Sie könnten in der langen Zeit den Antrag völlig vergessen; das passiert häufiger, als man denkt. Für viele Lohnsteuerzahler ist die Abgabe einer Steuererklärung auch zu schwierig, und sie lassen es gleich ganz bleiben. So bleiben dem Staatssäckel Milliarden erhalten.

Sie aber werden Ihre Mäuse weder beim Finanzamt verschimmeln lassen noch sie ganz vergessen, vielmehr möglichst bald nach Ablauf des Ausgleichsjahrs den Erstattungsantrag stellen.

Antragsfrist verpasst?

Kein Problem, geben Sie Ihre Steuererklärung trotzdem ab, und beantragen Sie »Wiedereinsetzung in den vorigen Stand«. Bei diesem Steuerchaos blickt kaum einer mehr richtig durch. Darum darf es Ihnen nicht verübelt werden, wenn Sie von der Frist nichts wussten (FG Niedersachsen v. 10.12.2003, Az 4 K 508/01).

TIPP Schneller an die Erstattung vom Finanzamt kommen

Normalerweise warten die Lohnsteuerzahler geduldig auf die Erstattung aus der Ausgleichsveranlagung.

Schneller an die Steuererstattung gelangen Sie, wenn Sie das Finanzamt über Ihre direkt bevorstehende Auswanderung informieren. Sie werden staunen, wie schnell eine Behörde da auf einmal arbeiten kann.

Es gibt aber noch eine andere Möglichkeit, schneller an Ihr Geld zu kommen:

Lassen Sie sich gegen Jahresende einen **Freibetrag als Lohnsteuerabzugs-** **merkmal** eintragen, indem Sie einen Antrag auf Lohnsteuerermäßigung stellen. Letzter Termin dafür ist der 30. 11. Zu dieser Zeit können Sie schon fast alle Jahresausgaben belegen, da ja nur noch die vom Dezember fehlen. Der Jahresfreibetrag, den Ihnen das Finanzamt bescheinigt, wird von der Firma beim internen Jahresausgleich in der Dezemberabrechnung berücksichtigt. So haben Sie als Erster die Steuer zurück – zumindest den größten Teil.

Bei einem Freibetrag auf der Lohnsteuerkarte sind Sie zur Abgabe einer Steuererklärung verpflichtet, weil das Finanzamt die Höhe des Freibetrages im Veranlagungswege überprüfen will (§ 46 Abs. 2 Nr. 4 EStG). Dies kommt Ihnen entgegen. **Denn gerade der Freibetrag als Lohnsteuerabzugsmerkmal führt dazu, dass die einbehaltene Jahreslohnsteuer – trotz vorangegangenen Ausgleichs durch die Firma – zu hoch ist**, weil Ihnen durch den Freibetrag die Vorsorgepauschale evtl. nicht in voller Höhe zugutekommt. Denn diese wird nach dem steuerpflichtigen Arbeitslohn berechnet, also nach Abzug steuerfreier Beträge.

Mit einer Erstattung kann rechnen: 1110

- Wer im Jahr nicht ununterbrochen gearbeitet hat, also z.B. Arbeitslose, Studenten, Wehrpflichtige, Berufsanfänger, Neurentner oder Saisonarbeiter.
- Wessen Arbeitslohn im Jahr stark geschwankt hat, ohne dass der Betrieb einen internen Jahresausgleich gemacht hat. Das sind insbesondere Werktätige im Akkord und Auszubildende, die ihre Prüfung bestanden haben und danach voll entlohnt werden.
- Wer einen Freibetrag als Lohnsteuerabzugsmerkmal hatte. Dadurch wird die Vorsorgepauschale zu niedrig berechnet. Haben Sie jedoch die Eintragung des Freibetrags beantragt, müssen Sie sowieso eine Erklärung einreichen.
- Bei höheren Werbungskosten als dem Arbeitnehmerpauschbetrag von 1.000 €, höheren Sonderausgaben als dem Sonderausgabenpauschbetrag von 36/72 € (Alleinstehende/Verheiratete) und der Vorsorgepauschale oder bei außergewöhnlichen Belastungen, ferner bei Geburt eines Kindes oder nach Eheschließung.

15.4 Eine Ausgabe oder eine Steuervergünstigung nachträglich geltend machen

1111 Haben Sie bei der Abgabe Ihrer Steuererklärung eine Vergünstigung vergessen, reichen Sie einfach eine berichtigte Erklärung nach. Damit eilt es nicht, solange Sie noch keinen Steuerbescheid erhalten haben.

Doch aufgepasst: Halten Sie den Bescheid bereits in Händen, ist Eile geboten, denn vom Tag der Zustellung an haben Sie nur einen Monat Zeit, Änderungen zu reklamieren.
Danach haben Sie nur noch eine Chance, wenn Ihrerseits kein grobes Verschulden vorliegt (➤ Rz 1117).

Jede Wirkungseinheit muss sich
durch Abgrenzung schützen.
(Gerd Binnig)

15.5 Der Steuerbescheid

1112 Eines der größten Rechte im Grundgesetz garantiert jedem Menschen, der »von der öffentlichen Gewalt in seinen Rechten verletzt« wird, dass ihm »der Rechtsweg offen« steht (Art. 19 GG). Das gilt auch für falsche Steuerbescheide.
Und, da beißt keine Maus den Faden ab: Fast jeder zweite Steuerbescheid ist falsch! Deshalb ist es wichtig, den Bescheid genauestens unter die Lupe zu nehmen. Da Steuerbescheide zu 99 % maschinell gefertigt werden, kommen formelle Mängel kaum vor. Dafür müssen Sie umso mehr mit inhaltlichen (materiellen) Mängeln rechnen.

1113 **Gehen Sie den Bescheid kritisch durch:** Lesen Sie zuerst die **Erläuterungen**. Ist das Finanzamt von der Steuererklärung abgewichen, muss es das im Steuerbescheid erläutern, z.B. Kürzung von außergewöhnlichen Belastungen, Kfz-Kosten usw. Teilt das Finanzamt nichts mit, bedeutet dies, dass es die Angaben in der Steuererklärung unverändert übernommen oder aber vergessen hat, Ihnen die Änderungen zu erläutern.

Gut zu wissen: Ist das Finanzamt von der Steuererklärung abgewichen, ohne Sie darüber zu informieren, wird der Steuerbescheid nicht bestandskräftig. Sie können dann auch nach Jahren »Wiedereinsetzung in den vorigen Stand« beantragen.

Ein starker Abgang krönt die Übung.
(Turnerweisheit)

Einspruch gegen fehlerhaften Steuerbescheid

1114

Sind Sie nicht sicher, ob alles rechtens ist, dann legen Sie Einspruch gegen den Bescheid ein. Zugleich beantragen Sie Aussetzung der Vollziehung, sonst müssen Sie trotzdem zahlen.

```
An das
Finanzamt . . . . . . . . . .,

Datum: 4.4.2016
Einkommensteuerbescheid für . . . . . . . . . vom
. . . . . ., Steuernummer 123/456/7890

Sehr geehrte Damen und Herren,
gegen den obigen Bescheid lege ich Einspruch ein.
Begründung:
Der Bescheid ist unrichtig, weil . . . . . . . .
Gleichzeitig beantrage ich Aussetzung der Vollziehung
des Bescheids, weil ernstliche Zweifel an seiner Recht-
mäßigkeit bestehen, wie die obige Begründung zeigt.

Mit freundlichen Grüßen
Walter Knecht
```

Der Einspruch muss innerhalb der Rechtsmittelfrist von vier Wochen eingelegt werden, denn danach ist der Bescheid rechtskräftig und somit im Prinzip nicht mehr änderbar. Beginnt die Frist mit einem Ereignis, hier dem Tag der Bekanntgabe, dann zählt der Tag des Ereignisses nicht mit, d. h., die Frist beginnt mit dem darauffolgenden Tag zu laufen.

Die Rechtsmittelfrist beginnt bei Zustellung des Steuerbescheids mit einfachem Brief – das ist der Normalfall – drei volle Tage nach Aufgabe zur Post durch das Finanzamt.

Beispiel

Poststempel 14. 11. plus drei Tage = 17. 11.; Beginn der Rechtsmittelfrist ist also der 18. 11., null Uhr; Ende der Rechtsmittelfrist 17. 12., 24 Uhr. Das Einspruchsschreiben muss also spätestens am 18. 12. im Finanzamt sein.

Beachten Sie:

Enthält der Steuerbescheid eine Zahlungsaufforderung, so entspricht die Fälligkeit der Abschlusszahlung in der Regel dem Ende der Einspruchsfrist! So sparen Sie sich die Rechnerei.

Durch den Einspruch haben Sie nun Zeit gewonnen, in Ruhe den Bescheid zu überprüfen. Sie können im Einspruchsverfahren auch noch vergessene Abzüge geltend machen.

Gut zu wissen: Man muss nicht unbedingt Hase heißen, damit ein Steuerbescheid auch noch nach dessen Rechtskraft geändert werden kann. Dazu ➤ Rz 1117.

1115 *TIPP* **Null Euro Säumniszuschläge durch Aussetzung der Vollziehung**

Der Einspruch gegen den Steuerbescheid bewahrt Sie nicht davor, den angeforderten Betrag zum Fälligkeitszeitpunkt zahlen zu müssen. Wenn nicht pünktlich gezahlt wird, entstehen Säumniszuschläge in Höhe von 1 % des geschuldeten Betrags für jeden angefangenen Monat (§ 240 AO).

Wollen Sie nicht zahlen und auch Säumniszuschläge vermeiden, hilft nur ein Antrag auf Aussetzung der Vollziehung (§ 361 AO), den Sie damit begründen, dass »ernstliche Zweifel an der Richtigkeit des angefochtenen Steuerbescheids« bestehen. Am besten kombinieren Sie den Antrag auf Aussetzung der Vollziehung mit dem Einspruch wie oben.

1116 **Einspruchsfrist verpasst? Beantragen Sie Wiedereinsetzung!**

Ist der Steuerbescheid rechtskräftig, sollte man meinen, da ist nichts mehr zu machen. Doch mitnichten. Auch bestandskräftige Steuerbescheide muss das Finanzamt zu Ihren Gunsten ändern, wenn Sie nachträglich neue Tatsachen und Beweismittel vorbringen und Sie kein grobes Verschulden daran trifft, die Einspruchsfrist nicht eingehalten zu haben. Dann können Sie »Wiedereinsetzung in den vorigen Stand« beantragen (§ 110 AO). **Die Wiedereinsetzung in den vorigen Stand führt dazu, dass Sie so gestellt werden, als ob Sie die Frist nicht versäumt hätten.**

Die Tatsachen und Beweismittel können unterschiedlichster Art sein. In den folgenden Fällen haben Sie einen Rechtsanspruch auf Wiedereinsetzung:

- **Abwesenheit von der Wohnung (bis zu sechs Wochen).** Wer länger wegbleibt, muss einen Dritten beauftragen, seine steuerlichen Angelegenheiten zu regeln.
- **Plötzliche schwere Erkrankung oder Unfall.** In so einer Situation denkt niemand an die Steuer, schon gar nicht daran, seinen Steuerbescheid zu prüfen und Einspruch einzulegen.
- **Andere Schicksalsschläge.** Ehegatte weggelaufen, Wasserrohrbruch oder ähnliche Fälle höherer Gewalt.
- **Nicht erhaltenen Steuerbescheid.** Wenn Sie überhaupt keinen Steuerbescheid erhalten haben, was ja vorkommen kann, wenn er auf dem Postwege verloren gegangen ist, konnten Sie auch keinen Einspruch einlegen, das ist klar (§ 122 AO; BFH, BStBl 1967 III S. 99, BStBl 1975 II

S. 286). Aber jetzt spitzen Sie mal die Ohren. Der Fiskus urteilt nach dem Motto: Nur wer einen Steuerbescheid erhalten hat, reagiert auf eine Mahnung, und dreht Ihnen einen Strick daraus, wenn Sie nach Mahnung sogleich zahlen. Vorbei ist es dann mit der Wiedereinsetzung. Also werden Sie nach Eingang des Mahnbescheids zunächst einen Steuerbescheid anfordern und zugleich Wiedereinsetzung und den Erlass der im Mahnbescheid ausgewiesenen Säumniszuschläge beantragen.

- **Fehlende Begründung bei Abweichungen.** Ist das Finanzamt bei der Veranlagung von der Erklärung abgewichen, muss es dies im Steuerbescheid begründen. Andernfalls trägt das Finanzamt eine Mitschuld daran, dass Ihnen die Abweichung nicht gleich aufgefallen ist (§ 126 Abs. 3 AO) und Sie können Wiedereinsetzung beantragen, auch noch nach Jahren.

TIPP **»Mein Name ist Hase, ich weiß nicht Bescheid ...«** 1117

Plötzlich stellt sich eine Ahnung ein: Habe ich eigentlich die Unfallkosten für die Autoreparatur in der letzten Steuererklärung angegeben? Wenn eine solche Ahnung sich bestätigt, nachdem die Einspruchsfrist abgelaufen ist, sollten Sie gleichwohl dies dem Finanzamt mitteilen und sich wegen der Verspätung auf Unwissenheit berufen. Sie können die Aufwendungen nachträglich geltend machen, sofern Sie kein grobes Verschulden trifft (§ 173 AO). **Sie beantragen Wiedereinsetzung in den vorigen Stand** und erklären schlichtweg: »Wegen der vielen Gesetzesänderungen ... (z. B. Pendlerpauschale) habe ich den Überblick verloren und erst jetzt von der Steuervergünstigung erfahren.« (BFH-Urt. v. 10.8.1988 – BStBl 1989 II S. 131 und v. 21.7.1989 – BStBl 1989 II S. 960). Das FG Saarland hat nicht einmal einem Volljuristen grobes Verschulden unterstellt, der vergessen hatte, die Kosten für sein häusliches Arbeitszimmer abzusetzen (Urt. v. 25.10.1989 – EFG 1990 S. 147). Selbst ein Fachanwalt für Steuerrecht, der die Bauspargebühr – Werbungskosten bei Vermietung und Verpachtung – auf dem Kontoauszug übersehen hatte, bekam Rückendeckung vom Finanzgericht (FG Baden-Württemberg mit Urt. v. 17.10.1996 – EFG 1997 Nr. 97). Auch vergessene Scheidungskosten können Sie nachträglich geltend machen (FG Baden-Württemberg, Az 14 K 265/03).
Sie können auch einzelne Werbungskosten nachschieben, z. B. Kosten für Arbeitsmittel (Fachbuch, Schreibtischlampe, Aktentasche). Das Finanzgericht Baden-Württemberg jedenfalls haben Sie auf Ihrer Seite, denn dessen Richter haben erkannt: »Niemand ist perfekt«, und jeder kann einmal etwas vergessen oder einen Beleg übersehen (Quelle: s. o.). Recht so!
Schreiben Sie also höflich: »Hiermit beantrage ich die Änderung des Steuerbescheids vom . . . . Leider habe ich erst jetzt davon erfahren, dass meine Körperbehinderung steuerlich absetzbar ist.«

1118   **Säumniszuschläge? Spät zahlen und doch ohne Folgen**

Bei Zahlungsverzug ist mit dem Fiskus nicht zu spaßen. Wer nicht pünktlich zahlt, bekommt Säumniszuschläge aufgebrummt, und die sind nicht von Pappe: 1 % des ausstehenden Betrags pro angefangenem Monat (§ 240 AO).

Schonfrist ausnutzen
Sie können einen Zahlungsaufschub von drei Tagen erreichen, indem Sie die sog. Schonfrist ausnutzen. Erst danach ist mit Säumniszuschlägen zu rechnen (§ 240 AO). Aufgepasst: Bei der Überweisung des Steuerbetrags müssen Sie drei bis vier Tage zeitlichen Vorlauf berücksichtigen, so dass der Überweisungsauftrag spätestens am Fälligkeitstage erteilt werden muss.

1119 **Auf geschickte Weise Stundung beantragen**

Einen längeren Zahlungsaufschub können Sie durch Stundung erreichen, doch große Hoffnungen kann ich Ihnen nicht machen. Chancen auf Stundung haben Sie nur, wenn sich Steuernachzahlungen für mehrere Jahre zusammenballen (z. B. hohe Abschlusszahlung mit höheren Vorauszahlungen für das Vorjahr und für das laufende Jahr) oder unverschuldet geschäftliche Verluste eingetreten sind, z. B. durch Konjunktureinbruch, Krankheit.
Quelle: § 222 AO

Stundung auf kaltem Wege
Der Fiskus lehnt die meisten Stundungsanträge ab, mit der Begründung, Sie könnten sich von Ihrer Bank einen Kredit für die Steuerzahlung geben lassen. Weil Sie das wissen, haben Sie mit Ihrem Stundungsantrag lange gezögert, und das war gut so. Jetzt geht Ihr Stundungsantrag erst kurz vor dem Zahlungstermin im Finanzamt ein, und der Bearbeiter ist rein zeitlich nicht mehr in der Lage, den Antrag rechtzeitig, also vor Ihrem Zahlungstermin, abzulehnen. In dem ablehnenden Stundungsbescheid muss er Ihnen daher einen neuen Zahlungstermin geben – und der muss mindestens eine Woche nach Zugang des ablehnenden Stundungsbescheids liegen. Da wir alle wissen, wie langsam behördliche Mühlen mahlen, können Wochen verstreichen, bis der ablehnende Stundungsbescheid in Ihrem Briefkasten liegt, und Sie haben so – auf kaltem Wege – einen längeren Zahlungsaufschub erreicht.
Sie müssen aber damit rechnen, dass Ihnen der behördliche Computer erst einmal Säumniszuschläge berechnet, weil er zum Fälligkeitstermin Ihre Steuerzahlung vermisst und von Ihrem Stundungsantrag ja noch nichts weiß. Stellen Sie dann sofort einen Antrag auf Erlass der Säumniszuschläge mit der Begründung: »Ich habe vor Fälligkeit einen Stundungs-

antrag gestellt, und dieser wurde nach Fälligkeit abgelehnt. Die neue Zahlungsfrist habe ich eingehalten.« In diesem Fall werden Ihnen die Säumniszuschläge erlassen, abgesegnet durch das Finanzministerium NRW vom 2.1.1984 (S 0480 – I VA 1).

> *Nur dein Glaube*
> *ist seine Macht.*
> (Aus Hoffmanns Erzählungen)

1120

TIPP Erlass von Säumniszuschlägen

Hat das Finanzamt wegen verspäteter Zahlung Säumniszuschläge festgesetzt, hilft nur noch ein Antrag auf Erlass (§ 227 AO). Säumniszuschläge müssen erlassen werden, wenn

- Sie wegen plötzlicher Erkrankung an der pünktlichen Zahlung gehindert waren und es nicht möglich war, einen Vertreter mit der Zahlung zu beauftragen;
- Sie als bisher pünktlicher Steuerzahler aus offenbarem Versehen nicht gezahlt haben (BFH-Urt. v. 15.5.1990 – BStBl II, S. 1007).
- Ihnen die rechtzeitige Zahlung der Steuern wegen Zahlungsunfähigkeit und Überschuldung nicht möglich war (BFH-Urt. v. 8.3.1984 – BStBl II, S. 415). Zu erlassen ist regelmäßig die Hälfte der Säumniszuschläge (BFH-Urt. v. 16.7.1997 – BStBl 1998 II, S. 7).
- Ihnen die Hauptschuld erlassen oder zinslos gestundet worden ist (§ 222 AO/BFH-Urt. v. 2351985 V R 124/79 – BStBl II, S. 489).

1121

TIPP Sich in einen Musterprozess einklinken

Immer wieder werden Steuergesetze von den oberen Gerichten einkassiert. Von den Urteilen profitieren aber nur diejenigen, die entweder selbst vor Gericht gezogen sind oder sich in ein laufendes Verfahren eingeklinkt haben. Letzteres ist der einfachere Weg. Auf diese Weise müssen Sie nicht selbst klagen und Ihr Steuerbescheid bleibt offen. Entscheiden die Richter im Musterprozess zugunsten des Klägers, erhalten auch Sie zu Unrecht bezahlte Steuern zurück. Alle anderen, die ihre Steuerbescheide haben rechtskräftig werden lassen, gehen leer aus.

- **Der Weg durch die Instanzen**

In der Finanzgerichtsbarkeit gibt es nur zwei Instanzen. Da sind zunächst als erste Instanz die Finanzgerichte, die auf Länderebene angesiedelt sind, und als zweite Instanz der Bundesfinanzhof in München. Das Einspruchsverfahren ist keine Instanz, weil das Finanzamt in eigener Sache entscheidet.

Bei einem Musterprozess gilt es zu unterscheiden:

1. Musterprozess vor dem Bundesfinanzhof

Finden Sie heraus, ob in Ihrer Sache schon ein Musterprozess vor dem BFH anhängig ist. Wenn ja, legen Sie unter Hinweis auf diesen Musterprozess gegen Ihren Steuerbescheid Einspruch ein und beantragen Ruhen des Verfahrens.

2. Musterprozess vor dem EuGH oder dem BVerfG etc.

Entsprechend gehen Sie vor, wenn das Verfahren beim Europäischen Gerichtshof oder beim Bundesverfassungsgericht gelandet ist. Dort geht es um Fragen der Vereinbarkeit einer steuerlichen Vorschrift mit europäischem Recht oder mit dem deutschen Grundgesetz (§ 165 Abs. 1 Satz 2 Nr. 3 AO).

● Steuerbescheid für vorläufig erklären

Der Fiskus kann aber auch von sich aus Steuerbescheide, die beim BFH, beim EuGH oder beim BVerfG gelandet sind, von Amts wegen (maschinell) für vorläufig erklären und so die Flut der Einsprüche eindämmen.

● Abwarten bis zur Entscheidung

Hat ein Musterverfahren noch nicht den BFH, den EuGH oder das BVerfG erreicht, liegt es also noch beim Finanzgericht, darf das Finanzamt Ihren Einspruch nicht ruhen lassen, sondern muss darüber entscheiden. Sie können aber beantragen, mit der Entscheidung so lange zu warten, bis das Finanzgericht entschieden hat und feststeht, ob dieses Verfahren bis zum BFH, zum EuGH oder zum BVerfG gelangt.

● Der Antrag

Das Ruhen Ihres Verfahrens nach § 363 AO und/oder das Verschieben einer Entscheidung beantragen Sie, indem Sie schreiben:

An das Finanzamt Geldhausen   Datum: 5.10.2016

Einkommensteuerbescheid 2015
vom . . . . Steuer-Nr. 123/456/67890
hier: Einspruch und Aussetzung der Vollziehung

Sehr geehrte Damen und Herren,
gegen den obigen Bescheid lege ich in folgendem Punkt Einspruch ein und beantrage bis zur rechtlichen Klärung das Ruhen des Verfahrens nach § 363 Abs. 2 AO: Für meine Werbungskosten aus nichtselbständiger Arbeit (Fahrtkosten) beantrage ich den Abzug in Höhe von . . ., weil es dazu ein Musterverfahren (Aktenzeichen . . . . .) beim Bundesfinanzhof gibt. Kostenaufstellung als Anlage.

Außerdem beantrage ich zusätzliche Werbungskosten aus
Vermietung und Verpachtung (Schuldzinsen) in Höhe von
. . . . In einem gleich gelagerten Fall läuft ein Musterverfahren beim Finanzgericht . . . . . (Az . . . .).
Ich bitte, mit Ihrer Einspruchsentscheidung so lange zu
warten, bis das Finanzgericht entschieden hat. Gleichzeitig beantrage ich Aussetzung der Vollziehung des Bescheides, weil ernstliche Zweifel an dessen Rechtmäßig-
keit bestehen.

Mit freundlichen Grüßen
Walter Knecht

TIPP Ihre Kosten für den Steuerberater zahlt der Fiskus, 1122 die Amtshaftung macht's möglich

Ihr Steuerbescheid war fehlerhaft, und nur unter Mitwirkung eines versierten Steuerberaters konnten Sie das Finanzamt im Einspruchsverfahren davon überzeugen. Sie fragen sich nun zu Recht, ob Sie auf den Kosten für den Steuerberater sitzenbleiben sollen, obwohl diese doch durch den Fehler des Finanzamts verursacht wurden.

»Amtshaftung« heißt hier das Zauberwort, mit dem Sie vom Finanzamt den Ersatz Ihrer Steuerberatungskosten verlangen können. Ein Amtshaftungs-anspruch liegt vor, wenn jemand in Ausübung eines ihm anvertrauten öffentlichen Amts die ihm obliegende Amtspflicht einem Dritten gegenüber schuldhaft verletzt, dadurch einen Schaden verursacht und kein Haftungs-ausschlussgrund vorliegt (§ 839 BGB).

Als Verletzung der Amtspflicht kommt insbesondere in Betracht, wenn

- das Finanzamt die Regeln des Verwaltungsrechts missachtet, z. B. bei Er-teilung einer unrichtigen oder unvollständigen Auskunft oder Verletzung der Pflicht zur sorgfältigen Sachverhaltsermittlung;
- der Finanzbeamte ohne ersichtlichen Grund gegen die Spruchpraxis eines Obersten Gerichts verstößt, also von der Rechtsprechung des Bundesfi-nanzhofs abweicht. Gleiches gilt, wenn er Verwaltungsvorschriften wie z. B. Richtlinien oder BMF-Schreiben missachtet.
- Auf diese Urteile können Sie sich berufen:
- BFH-Urteil nicht angewandt: OLG Koblenz vom 17.7.2002, Az 1 U 1588/01
- Eingabe der Werbungskosten vergessen: LG Duisburg vom 13.3.1992, 10 O 371/91.

1123 Ein Wort zum Schluss

Ich hoffe sehr, dieses Buch hat sich für alle Leser bezahlt gemacht. Und wenn steuerlich nicht allzu viel herauszuholen war, so hat es bei vielen vielleicht in anderer Beziehung den Blick weiten und sie dazu veranlassen können, besser Vorsorge zu treffen für das, was noch auf uns zukommt.

Denn es ist ja nicht abzusehen, was den hohen Herren dort oben, die sich da gegenseitig die Taschen füllen, noch alles einfällt, um uns zu schröpfen. Auch erfüllt uns mit Abscheu, wie sich der Fiskus mit aller Macht an uns klammert und uns keinen Ausweg lassen will, der Steuerpflicht zu entgehen. Wenn der kleine Mann diesem Treiben schon ohnmächtig zusehen muss, dann soll er sich zumindest das bisschen Recht, das die Gesetze ihm zubilligen, nicht von unwissenden Beamten nehmen lassen.

16 Die Einkommensteuertabellen für 2015

Die folgenden Einkommensteuertabellen sind auf das zu versteuernde
Einkommen anzuwenden. Dessen Berechnung erfolgt nach dem Veranlagungsschema unter ➤ Rz 47.

Bei den Einkommensteuertabellen ist zwischen der Grundtabelle und der Splittingtabelle zu unterscheiden. Letztere ist wesentlich günstiger als die Grundtabelle. Zur Steuerprogression und zum Splittingtarif mehr unter ➤ Rz 51, Rz 90.

Die Splittingtabelle gilt für die Zusammenveranlagung von Eheleuten, ferner für Verwitwete, jedoch nur für das Todesjahr des Ehegatten und für das darauffolgende erste volle Witwenjahr (Witwensplitting). Die Splittingtabelle ist auch maßgebend für solche Personen, deren Ehe im Veranlagungsjahr durch Scheidung aufgelöst worden ist, sofern sie zu Beginn des Jahres noch nicht dauernd getrennt gelebt haben. Hat im Jahr der Scheidung einer der Ehegatten wieder geheiratet, so erhält er bereits in diesem Jahr mit seinem neuen Ehepartner die Splittingtabelle, sofern die Neuvermählten die Zusammenveranlagung wählen. Der andere Ehegatte, der nicht wieder geheiratet hat, erhält ebenfalls die Splittingtabelle, obwohl er einzeln veranlagt wird (Gnadensplitting).

In allen anderen Fällen richtet sich die Einkommensteuer nach der Grundtabelle.

zu versteuerndes Einkommen €	Einkommensteuer Grundtabelle €	Einkommensteuer Splittingtabelle €	zu versteuerndes Einkommen €	Einkommensteuer Grundtabelle €	Einkommensteuer Splittingtabelle €	zu versteuerndes Einkommen €	Einkommensteuer Grundtabelle €	Einkommensteuer Splittingtabelle €
7.400	0	0	8.650	25	0	9.900	220	0
7.425	0	0	8.675	28	0	9.925	224	0
7.450	0	0	8.700	32	0	9.950	228	0
7.475	0	0	8.725	36	0	9.975	232	0
7.500	0	0	8.750	39	0	10.000	237	0
7.525	0	0	8.775	43	0	10.025	241	0
7.550	0	0	8.800	46	0	10.050	245	0
7.575	0	0	8.825	50	0	10.075	250	0
7.600	0	0	8.850	54	0	10.100	254	0
7.625	0	0	8.875	58	0	10.125	258	0
7.650	0	0	8.900	61	0	10.150	263	0
7.675	0	0	8.925	65	0	10.175	267	0
7.700	0	0	8.950	69	0	10.200	271	0
7.725	0	0	8.975	72	0	10.225	276	0
7.750	0	0	9.000	76	0	10.250	280	0
7.775	0	0	9.025	80	0	10.275	284	0
7.800	0	0	9.050	84	0	10.300	289	0
7.825	0	0	9.075	88	0	10.325	293	0
7.850	0	0	9.100	91	0	10.350	298	0
7.875	0	0	9.125	95	0	10.375	302	0
7.900	0	0	9.150	99	0	10.400	307	0
7.925	0	0	9.175	103	0	10.425	311	0
7.950	0	0	9.200	107	0	10.450	315	0
7.975	0	0	9.225	111	0	10.475	320	0
8.000	0	0	9.250	114	0	10.500	324	0
8.025	0	0	9.275	118	0	10.525	329	0
8.050	0	0	9.300	122	0	10.550	333	0
8.075	0	0	9.325	126	0	10.575	338	0
8.100	0	0	9.350	130	0	10.600	343	0
8.125	0	0	9.375	134	0	10.625	347	0
8.150	0	0	9.400	138	0	10.650	352	0
8.175	0	0	9.425	142	0	10.675	356	0
8.200	0	0	9.450	146	0	10.700	361	0
8.225	0	0	9.475	150	0	10.725	366	0
8.250	0	0	9.500	154	0	10.750	370	0
8.275	0	0	9.525	158	0	10.775	375	0
8.300	0	0	9.550	162	0	10.800	379	0
8.325	0	0	9.575	166	0	10.825	384	0
8.350	0	0	9.600	170	0	10.850	389	0
8.375	0	0	9.625	174	0	10.875	394	0
8.400	0	0	9.650	178	0	10.900	398	0
8.425	0	0	9.675	182	0	10.925	403	0
8.450	0	0	9.700	186	0	10.950	408	0
8.475	0	0	9.725	191	0	10.975	412	0
8.500	3	0	9.750	195	0	11.000	417	0
8.525	7	0	9.775	199	0	11.025	422	0
8.550	10	0	9.800	203	0	11.050	427	0
8.575	14	0	9.825	207	0	11.075	432	0
8.600	18	0	9.850	211	0	11.100	436	0
8.625	21	0	9.875	216	0	11.125	441	0

Einkommensteuergrund- und Splittingtabellen für 2015

zu versteuerndes Einkommen €	Einkommensteuer Grundtabelle €	Einkommensteuer Splittingtabelle €	zu versteuerndes Einkommen €	Einkommensteuer Grundtabelle €	Einkommensteuer Splittingtabelle €	zu versteuerndes Einkommen €	Einkommensteuer Grundtabelle €	Einkommensteuer Splittingtabelle €
11.150	446	0	12.400	703	0	13.650	992	0
11.175	451	0	12.425	709	0	13.675	998	0
11.200	456	0	12.450	714	0	13.700	1.004	0
11.225	461	0	12.475	720	0	13.725	1.010	0
11.250	465	0	12.500	725	0	13.750	1.016	0
11.275	470	0	12.525	731	0	13.775	1.022	0
11.300	475	0	12.550	736	0	13.800	1.028	0
11.325	480	0	12.575	742	0	13.825	1.034	0
11.350	485	0	12.600	747	0	13.850	1.040	0
11.375	490	0	12.625	753	0	13.875	1.046	0
11.400	495	0	12.650	759	0	13.900	1.052	0
11.425	500	0	12.675	764	0	13.925	1.058	0
11.450	505	0	12.700	770	0	13.950	1.064	0
11.475	510	0	12.725	775	0	13.975	1.070	0
11.500	515	0	12.750	781	0	14.000	1.076	0
11.525	520	0	12.775	787	0	14.025	1.082	0
11.550	525	0	12.800	792	0	14.050	1.088	0
11.575	530	0	12.825	798	0	14.075	1.094	0
11.600	535	0	12.850	804	0	14.100	1.100	0
11.625	540	0	12.875	809	0	14.125	1.106	0
11.650	545	0	12.900	815	0	14.150	1.112	0
11.675	550	0	12.925	821	0	14.175	1.119	0
11.700	555	0	12.950	826	0	14.200	1.125	0
11.725	560	0	12.975	832	0	14.225	1.131	0
11.750	566	0	13.000	838	0	14.250	1.137	0
11.775	571	0	13.025	844	0	14.275	1.143	0
11.800	576	0	13.050	849	0	14.300	1.149	0
11.825	581	0	13.075	855	0	14.325	1.155	0
11.850	586	0	13.100	861	0	14.350	1.161	0
11.875	591	0	13.125	867	0	14.375	1.167	0
11.900	597	0	13.150	873	0	14.400	1.173	0
11.925	602	0	13.175	879	0	14.425	1.179	0
11.950	607	0	13.200	884	0	14.450	1.186	0
11.975	612	0	13.225	890	0	14.475	1.192	0
12.000	618	0	13.250	896	0	14.500	1.198	0
12.025	623	0	13.275	902	0	14.525	1.204	0
12.050	628	0	13.300	908	0	14.550	1.210	0
12.075	633	0	13.325	914	0	14.575	1.216	0
12.100	639	0	13.350	920	0	14.600	1.222	0
12.125	644	0	13.375	926	0	14.625	1.228	0
12.150	649	0	13.400	932	0	14.650	1.234	0
12.175	655	0	13.425	938	0	14.675	1.241	0
12.200	660	0	13.450	944	0	14.700	1.247	0
12.225	665	0	13.475	950	0	14.725	1.253	0
12.250	671	0	13.500	956	0	14.750	1.259	0
12.275	676	0	13.525	962	0	14.775	1.265	0
12.300	682	0	13.550	968	0	14.800	1.271	0
12.325	687	0	13.575	974	0	14.825	1.277	0
12.350	692	0	13.600	980	0	14.850	1.284	0
12.375	698	0	13.625	986	0	14.875	1.290	0

Einkommensteuergrund- und Splittingtabellen für 2015

zu ver- steuerndes Einkommen €	Einkommensteuer		zu ver- steuerndes Einkommen €	Einkommensteuer		zu ver- steuerndes Einkommen €	Einkommensteuer	
	Grund- tabelle €	Splitting- tabelle €		Grund- tabelle €	Splitting- tabelle €		Grund- tabelle €	Splitting- tabelle €
14.900	1.296	0	16.150	1.607	0	17.400	1.926	64
14.925	1.302	0	16.175	1.614	0	17.425	1.932	68
14.950	1.308	0	16.200	1.620	0	17.450	1.939	72
14.975	1.314	0	16.225	1.626	0	17.475	1.945	74
15.000	1.321	0	16.250	1.632	0	17.500	1.952	78
15.025	1.327	0	16.275	1.639	0	17.525	1.958	82
15.050	1.333	0	16.300	1.645	0	17.550	1.964	86
15.075	1.339	0	16.325	1.651	0	17.575	1.971	90
15.100	1.345	0	16.350	1.658	0	17.600	1.977	92
15.125	1.351	0	16.375	1.664	0	17.625	1.984	96
15.150	1.358	0	16.400	1.670	0	17.650	1.990	100
15.175	1.364	0	16.425	1.677	0	17.675	1.997	104
15.200	1.370	0	16.450	1.683	0	17.700	2.003	108
15.225	1.376	0	16.475	1.689	0	17.725	2.010	112
15.250	1.382	0	16.500	1.696	0	17.750	2.016	116
15.275	1.389	0	16.525	1.702	0	17.775	2.023	118
15.300	1.395	0	16.550	1.708	0	17.800	2.029	122
15.325	1.401	0	16.575	1.715	0	17.825	2.036	126
15.350	1.407	0	16.600	1.721	0	17.850	2.042	130
15.375	1.413	0	16.625	1.727	0	17.875	2.049	134
15.400	1.420	0	16.650	1.734	0	17.900	2.055	138
15.425	1.426	0	16.675	1.740	0	17.925	2.062	140
15.450	1.432	0	16.700	1.747	0	17.950	2.068	144
15.475	1.438	0	16.725	1.753	0	17.975	2.075	148
15.500	1.444	0	16.750	1.759	0	18.000	2.081	152
15.525	1.451	0	16.775	1.766	0	18.025	2.088	156
15.550	1.457	0	16.800	1.772	0	18.050	2.094	160
15.575	1.463	0	16.825	1.778	0	18.075	2.101	164
15.600	1.469	0	16.850	1.785	0	18.100	2.107	168
15.625	1.476	0	16.875	1.791	0	18.125	2.114	172
15.650	1.482	0	16.900	1.798	0	18.150	2.120	176
15.675	1.488	0	16.925	1.804	0	18.175	2.127	178
15.700	1.494	0	16.950	1.810	0	18.200	2.133	182
15.725	1.501	0	16.975	1.817	4	18.225	2.140	186
15.750	1.507	0	17.000	1.823	6	18.250	2.146	190
15.775	1.513	0	17.025	1.829	10	18.275	2.153	194
15.800	1.519	0	17.050	1.836	14	18.300	2.160	198
15.825	1.526	0	17.075	1.842	18	18.325	2.166	202
15.850	1.532	0	17.100	1.849	20	18.350	2.173	206
15.875	1.538	0	17.125	1.855	24	18.375	2.179	210
15.900	1.544	0	17.150	1.862	28	18.400	2.186	214
15.925	1.551	0	17.175	1.868	32	18.425	2.192	218
15.950	1.557	0	17.200	1.874	36	18.450	2.199	222
15.975	1.563	0	17.225	1.881	38	18.475	2.205	224
16.000	1.570	0	17.250	1.887	42	18.500	2.212	228
16.025	1.576	0	17.275	1.894	46	18.525	2.219	232
16.050	1.582	0	17.300	1.900	50	18.550	2.225	236
16.075	1.588	0	17.325	1.906	52	18.575	2.232	240
16.100	1.595	0	17.350	1.913	56	18.600	2.238	244
16.125	1.601	0	17.375	1.919	60	18.625	2.245	248

Einkommensteuergrund- und Splittingtabellen für 2015

zu ver-steuerndes Einkommen	Einkommensteuer		zu ver-steuerndes Einkommen	Einkommensteuer		zu ver-steuerndes Einkommen	Einkommensteuer	
	Grund-tabelle	Splitting-tabelle		Grund-tabelle	Splitting-tabelle		Grund-tabelle	Splitting-tabelle
€	€	€	€	€	€	€	€	€
18.650	2.251	252	19.900	2.584	456	21.150	2.924	676
18.675	2.258	256	19.925	2.591	460	21.175	2.931	680
18.700	2.265	260	19.950	2.598	464	21.200	2.938	686
18.725	2.271	264	19.975	2.604	468	21.225	2.945	690
18.750	2.278	268	20.000	2.611	474	21.250	2.952	694
18.775	2.284	272	20.025	2.618	478	21.275	2.959	698
18.800	2.291	276	20.050	2.625	482	21.300	2.966	704
18.825	2.298	280	20.075	2.631	486	21.325	2.972	708
18.850	2.304	284	20.100	2.638	490	21.350	2.979	712
18.875	2.311	288	20.125	2.645	494	21.375	2.986	718
18.900	2.317	292	20.150	2.652	500	21.400	2.993	722
18.925	2.324	296	20.175	2.658	504	21.425	3.000	726
18.950	2.331	300	20.200	2.665	508	21.450	3.007	732
18.975	2.337	304	20.225	2.672	512	21.475	3.014	736
19.000	2.344	308	20.250	2.679	516	21.500	3.021	740
19.025	2.351	312	20.275	2.686	520	21.525	3.028	744
19.050	2.357	316	20.300	2.692	526	21.550	3.035	750
19.075	2.364	320	20.325	2.699	530	21.575	3.041	754
19.100	2.370	324	20.350	2.706	534	21.600	3.048	758
19.125	2.377	328	20.375	2.713	538	21.625	3.055	764
19.150	2.384	332	20.400	2.719	542	21.650	3.062	768
19.175	2.390	336	20.425	2.726	546	21.675	3.069	772
19.200	2.397	340	20.450	2.733	552	21.700	3.076	778
19.225	2.404	344	20.475	2.740	556	21.725	3.083	782
19.250	2.410	348	20.500	2.747	560	21.750	3.090	788
19.275	2.417	352	20.525	2.753	564	21.775	3.097	792
19.300	2.424	356	20.550	2.760	568	21.800	3.104	796
19.325	2.430	360	20.575	2.767	572	21.825	3.111	800
19.350	2.437	364	20.600	2.774	578	21.850	3.118	806
19.375	2.444	368	20.625	2.781	582	21.875	3.125	810
19.400	2.450	372	20.650	2.787	586	21.900	3.132	816
19.425	2.457	376	20.675	2.794	590	21.925	3.139	820
19.450	2.464	382	20.700	2.801	596	21.950	3.146	824
19.475	2.470	386	20.725	2.808	600	21.975	3.153	830
19.500	2.477	390	20.750	2.815	604	22.000	3.160	834
19.525	2.484	394	20.775	2.822	608	22.025	3.167	838
19.550	2.490	398	20.800	2.828	614	22.050	3.173	844
19.575	2.497	402	20.825	2.835	618	22.075	3.180	848
19.600	2.504	406	20.850	2.842	622	22.100	3.187	854
19.625	2.510	410	20.875	2.849	626	22.125	3.194	858
19.650	2.517	414	20.900	2.856	630	22.150	3.201	864
19.675	2.524	418	20.925	2.863	636	22.175	3.208	868
19.700	2.531	422	20.950	2.869	640	22.200	3.215	872
19.725	2.537	426	20.975	2.876	644	22.225	3.222	878
19.750	2.544	432	21.000	2.883	648	22.250	3.229	882
19.775	2.551	436	21.025	2.890	654	22.275	3.236	886
19.800	2.557	440	21.050	2.897	658	22.300	3.243	892
19.825	2.564	444	21.075	2.904	662	22.325	3.250	896
19.850	2.571	448	21.100	2.911	666	22.350	3.257	902
19.875	2.578	452	21.125	2.917	672	22.375	3.264	906

Einkommensteuergrund- und Splittingtabellen für 2015

zu versteuerndes Einkommen €	Einkommensteuer Grundtabelle €	Einkommensteuer Splittingtabelle €	zu versteuerndes Einkommen €	Einkommensteuer Grundtabelle €	Einkommensteuer Splittingtabelle €	zu versteuerndes Einkommen €	Einkommensteuer Grundtabelle €	Einkommensteuer Splittingtabelle €
22.400	3.271	912	23.650	3.626	1.162	24.900	3.987	1.428
22.425	3.278	916	23.675	3.633	1.168	24.925	3.994	1.434
22.450	3.285	922	23.700	3.640	1.172	24.950	4.002	1.440
22.475	3.292	926	23.725	3.647	1.178	24.975	4.009	1.444
22.500	3.299	930	23.750	3.654	1.182	25.000	4.016	1.450
22.525	3.306	936	23.775	3.661	1.188	25.025	4.024	1.456
22.550	3.314	940	23.800	3.669	1.194	25.050	4.031	1.462
22.575	3.321	946	23.825	3.676	1.198	25.075	4.038	1.466
22.600	3.328	950	23.850	3.683	1.204	25.100	4.046	1.472
22.625	3.335	956	23.875	3.690	1.208	25.125	4.053	1.478
22.650	3.342	960	23.900	3.697	1.214	25.150	4.060	1.484
22.675	3.349	964	23.925	3.705	1.220	25.175	4.068	1.490
22.700	3.356	970	23.950	3.712	1.224	25.200	4.075	1.494
22.725	3.363	974	23.975	3.719	1.230	25.225	4.082	1.500
22.750	3.370	980	24.000	3.726	1.236	25.250	4.090	1.506
22.775	3.377	984	24.025	3.733	1.240	25.275	4.097	1.512
22.800	3.384	990	24.050	3.741	1.246	25.300	4.104	1.518
22.825	3.391	994	24.075	3.748	1.250	25.325	4.112	1.522
22.850	3.398	1.000	24.100	3.755	1.256	25.350	4.119	1.528
22.875	3.405	1.004	24.125	3.762	1.262	25.375	4.126	1.534
22.900	3.412	1.010	24.150	3.769	1.266	25.400	4.134	1.540
22.925	3.419	1.014	24.175	3.777	1.272	25.425	4.141	1.544
22.950	3.426	1.020	24.200	3.784	1.278	25.450	4.148	1.550
22.975	3.433	1.024	24.225	3.791	1.282	25.475	4.156	1.556
23.000	3.441	1.030	24.250	3.798	1.288	25.500	4.163	1.562
23.025	3.448	1.034	24.275	3.805	1.294	25.525	4.170	1.568
23.050	3.455	1.040	24.300	3.813	1.298	25.550	4.178	1.574
23.075	3.462	1.044	24.325	3.820	1.304	25.575	4.185	1.578
23.100	3.469	1.050	24.350	3.827	1.310	25.600	4.193	1.584
23.125	3.476	1.054	24.375	3.834	1.314	25.625	4.200	1.590
23.150	3.483	1.060	24.400	3.842	1.320	25.650	4.207	1.596
23.175	3.490	1.064	24.425	3.849	1.326	25.675	4.215	1.602
23.200	3.497	1.070	24.450	3.856	1.330	25.700	4.222	1.608
23.225	3.504	1.074	24.475	3.863	1.336	25.725	4.230	1.612
23.250	3.512	1.080	24.500	3.871	1.342	25.750	4.237	1.618
23.275	3.519	1.086	24.525	3.878	1.346	25.775	4.244	1.624
23.300	3.526	1.090	24.550	3.885	1.352	25.800	4.252	1.630
23.325	3.533	1.096	24.575	3.892	1.358	25.825	4.259	1.636
23.350	3.540	1.100	24.600	3.900	1.364	25.850	4.267	1.642
23.375	3.547	1.106	24.625	3.907	1.368	25.875	4.274	1.646
23.400	3.554	1.110	24.650	3.914	1.374	25.900	4.281	1.652
23.425	3.561	1.116	24.675	3.921	1.380	25.925	4.289	1.658
23.450	3.568	1.120	24.700	3.929	1.384	25.950	4.296	1.664
23.475	3.576	1.126	24.725	3.936	1.390	25.975	4.304	1.670
23.500	3.583	1.132	24.750	3.943	1.396	26.000	4.311	1.676
23.525	3.590	1.136	24.775	3.951	1.402	26.025	4.318	1.682
23.550	3.597	1.142	24.800	3.958	1.406	26.050	4.326	1.688
23.575	3.604	1.146	24.825	3.965	1.412	26.075	4.333	1.692
23.600	3.611	1.152	24.850	3.972	1.418	26.100	4.341	1.698
23.625	3.619	1.156	24.875	3.980	1.422	26.125	4.348	1.704

Einkommensteuergrund- und Splittingtabellen für 2015

zu versteuerndes Einkommen €	Einkommensteuer Grundtabelle €	Splittingtabelle €	zu versteuerndes Einkommen €	Einkommensteuer Grundtabelle €	Splittingtabelle €	zu versteuerndes Einkommen €	Einkommensteuer Grundtabelle €	Splittingtabelle €
26.150	4.356	1.710	27.400	4.731	2.008	28.650	5.114	2.310
26.175	4.363	1.716	27.425	4.739	2.014	28.675	5.122	2.316
26.200	4.371	1.722	27.450	4.747	2.020	28.700	5.130	2.322
26.225	4.378	1.728	27.475	4.754	2.026	28.725	5.137	2.328
26.250	4.385	1.734	27.500	4.762	2.032	28.750	5.145	2.334
26.275	4.393	1.740	27.525	4.769	2.038	28.775	5.153	2.340
26.300	4.400	1.746	27.550	4.777	2.044	28.800	5.161	2.346
26.325	4.408	1.752	27.575	4.785	2.050	28.825	5.168	2.352
26.350	4.415	1.758	27.600	4.792	2.056	28.850	5.176	2.358
26.375	4.423	1.762	27.625	4.800	2.062	28.875	5.184	2.364
26.400	4.430	1.768	27.650	4.807	2.068	28.900	5.192	2.372
26.425	4.438	1.774	27.675	4.815	2.074	28.925	5.199	2.376
26.450	4.445	1.780	27.700	4.823	2.080	28.950	5.207	2.384
26.475	4.453	1.786	27.725	4.830	2.086	28.975	5.215	2.390
26.500	4.460	1.792	27.750	4.838	2.092	29.000	5.223	2.396
26.525	4.468	1.798	27.775	4.845	2.098	29.025	5.230	2.402
26.550	4.475	1.804	27.800	4.853	2.104	29.050	5.238	2.408
26.575	4.483	1.810	27.825	4.861	2.110	29.075	5.246	2.414
26.600	4.490	1.816	27.850	4.868	2.116	29.100	5.254	2.420
26.625	4.498	1.822	27.875	4.876	2.122	29.125	5.262	2.426
26.650	4.505	1.828	27.900	4.884	2.128	29.150	5.269	2.432
26.675	4.513	1.834	27.925	4.891	2.134	29.175	5.277	2.438
26.700	4.520	1.840	27.950	4.899	2.140	29.200	5.285	2.444
26.725	4.528	1.846	27.975	4.907	2.146	29.225	5.293	2.450
26.750	4.535	1.852	28.000	4.914	2.152	29.250	5.301	2.456
26.775	4.543	1.858	28.025	4.922	2.158	29.275	5.308	2.462
26.800	4.550	1.864	28.050	4.930	2.164	29.300	5.316	2.468
26.825	4.558	1.870	28.075	4.937	2.170	29.325	5.324	2.474
26.850	4.565	1.876	28.100	4.945	2.176	29.350	5.332	2.482
26.875	4.573	1.882	28.125	4.953	2.182	29.375	5.340	2.488
26.900	4.580	1.888	28.150	4.960	2.188	29.400	5.347	2.494
26.925	4.588	1.894	28.175	4.968	2.194	29.425	5.355	2.500
26.950	4.595	1.900	28.200	4.976	2.200	29.450	5.363	2.506
26.975	4.603	1.904	28.225	4.983	2.206	29.475	5.371	2.512
27.000	4.610	1.912	28.250	4.991	2.212	29.500	5.379	2.518
27.025	4.618	1.916	28.275	4.999	2.218	29.525	5.386	2.524
27.050	4.625	1.924	28.300	5.006	2.224	29.550	5.394	2.530
27.075	4.633	1.928	28.325	5.014	2.230	29.575	5.402	2.536
27.100	4.641	1.936	28.350	5.022	2.238	29.600	5.410	2.542
27.125	4.648	1.940	28.375	5.029	2.242	29.625	5.418	2.548
27.150	4.656	1.948	28.400	5.037	2.250	29.650	5.426	2.554
27.175	4.663	1.952	28.425	5.045	2.256	29.675	5.434	2.560
27.200	4.671	1.960	28.450	5.052	2.262	29.700	5.441	2.568
27.225	4.678	1.966	28.475	5.060	2.268	29.725	5.449	2.574
27.250	4.686	1.972	28.500	5.068	2.274	29.750	5.457	2.580
27.275	4.693	1.978	28.525	5.076	2.280	29.775	5.465	2.586
27.300	4.701	1.984	28.550	5.083	2.286	29.800	5.473	2.592
27.325	4.709	1.990	28.575	5.091	2.292	29.825	5.481	2.598
27.350	4.716	1.996	28.600	5.099	2.298	29.850	5.489	2.604
27.375	4.724	2.002	28.625	5.106	2.304	29.875	5.496	2.610

Einkommensteuergrund- und Splittingtabellen für 2015

zu ver-steuerndes Einkommen €	Einkommensteuer Grund-tabelle €	Einkommensteuer Splitting-tabelle €	zu ver-steuerndes Einkommen €	Einkommensteuer Grund-tabelle €	Einkommensteuer Splitting-tabelle €	zu ver-steuerndes Einkommen €	Einkommensteuer Grund-tabelle €	Einkommensteuer Splitting-tabelle €
29.900	5.504	2.616	31.150	5.901	2.926	32.400	6.306	3.240
29.925	5.512	2.622	31.175	5.909	2.932	32.425	6.314	3.246
29.950	5.520	2.628	31.200	5.917	2.938	32.450	6.322	3.252
29.975	5.528	2.634	31.225	5.925	2.944	32.475	6.330	3.258
30.000	5.536	2.642	31.250	5.933	2.952	32.500	6.338	3.264
30.025	5.544	2.646	31.275	5.942	2.958	32.525	6.347	3.272
30.050	5.552	2.654	31.300	5.950	2.964	32.550	6.355	3.278
30.075	5.559	2.660	31.325	5.958	2.970	32.575	6.363	3.284
30.100	5.567	2.666	31.350	5.966	2.976	32.600	6.371	3.290
30.125	5.575	2.672	31.375	5.974	2.982	32.625	6.379	3.296
30.150	5.583	2.678	31.400	5.982	2.988	32.650	6.387	3.302
30.175	5.591	2.684	31.425	5.990	2.994	32.675	6.396	3.308
30.200	5.599	2.690	31.450	5.998	3.002	32.700	6.404	3.316
30.225	5.607	2.696	31.475	6.006	3.008	32.725	6.412	3.322
30.250	5.615	2.702	31.500	6.014	3.014	32.750	6.420	3.328
30.275	5.623	2.708	31.525	6.022	3.020	32.775	6.428	3.334
30.300	5.631	2.716	31.550	6.030	3.026	32.800	6.437	3.340
30.325	5.638	2.722	31.575	6.038	3.032	32.825	6.445	3.346
30.350	5.646	2.728	31.600	6.046	3.038	32.850	6.453	3.354
30.375	5.654	2.734	31.625	6.054	3.044	32.875	6.461	3.360
30.400	5.662	2.740	31.650	6.062	3.052	32.900	6.469	3.366
30.425	5.670	2.746	31.675	6.070	3.058	32.925	6.478	3.372
30.450	5.678	2.752	31.700	6.078	3.064	32.950	6.486	3.378
30.475	5.686	2.758	31.725	6.086	3.070	32.975	6.494	3.384
30.500	5.694	2.764	31.750	6.095	3.076	33.000	6.502	3.392
30.525	5.702	2.770	31.775	6.103	3.082	33.025	6.511	3.398
30.550	5.710	2.778	31.800	6.111	3.088	33.050	6.519	3.404
30.575	5.718	2.784	31.825	6.119	3.094	33.075	6.527	3.410
30.600	5.726	2.790	31.850	6.127	3.102	33.100	6.535	3.416
30.625	5.734	2.796	31.875	6.135	3.108	33.125	6.543	3.422
30.650	5.742	2.802	31.900	6.143	3.114	33.150	6.552	3.430
30.675	5.750	2.808	31.925	6.151	3.120	33.175	6.560	3.436
30.700	5.758	2.814	31.950	6.159	3.126	33.200	6.568	3.442
30.725	5.766	2.820	31.975	6.167	3.132	33.225	6.576	3.448
30.750	5.774	2.826	32.000	6.176	3.140	33.250	6.585	3.454
30.775	5.781	2.832	32.025	6.184	3.146	33.275	6.593	3.462
30.800	5.789	2.840	32.050	6.192	3.152	33.300	6.601	3.468
30.825	5.797	2.846	32.075	6.200	3.158	33.325	6.609	3.474
30.850	5.805	2.852	32.100	6.208	3.164	33.350	6.618	3.480
30.875	5.813	2.858	32.125	6.216	3.170	33.375	6.626	3.486
30.900	5.821	2.864	32.150	6.224	3.176	33.400	6.634	3.494
30.925	5.829	2.870	32.175	6.232	3.182	33.425	6.643	3.500
30.950	5.837	2.876	32.200	6.241	3.190	33.450	6.651	3.506
30.975	5.845	2.882	32.225	6.249	3.196	33.475	6.659	3.512
31.000	5.853	2.888	32.250	6.257	3.202	33.500	6.667	3.518
31.025	5.861	2.894	32.275	6.265	3.208	33.525	6.676	3.524
31.050	5.869	2.902	32.300	6.273	3.214	33.550	6.684	3.532
31.075	5.877	2.908	32.325	6.281	3.220	33.575	6.692	3.538
31.100	5.885	2.914	32.350	6.289	3.228	33.600	6.701	3.544
31.125	5.893	2.920	32.375	6.298	3.234	33.625	6.709	3.550

Einkommensteuergrund- und Splittingtabellen für 2015

zu versteuerndes Einkommen €	Einkommensteuer Grundtabelle €	Einkommensteuer Splittingtabelle €	zu versteuerndes Einkommen €	Einkommensteuer Grundtabelle €	Einkommensteuer Splittingtabelle €	zu versteuerndes Einkommen €	Einkommensteuer Grundtabelle €	Einkommensteuer Splittingtabelle €
33.650	6.717	3.556	34.900	7.136	3.878	36.150	7.562	4.202
33.675	6.725	3.562	34.925	7.144	3.884	36.175	7.570	4.208
33.700	6.734	3.570	34.950	7.153	3.890	36.200	7.579	4.214
33.725	6.742	3.576	34.975	7.161	3.896	36.225	7.587	4.220
33.750	6.750	3.582	35.000	7.170	3.904	36.250	7.596	4.228
33.775	6.759	3.588	35.025	7.178	3.910	36.275	7.604	4.234
33.800	6.767	3.596	35.050	7.186	3.916	36.300	7.613	4.240
33.825	6.775	3.602	35.075	7.195	3.922	36.325	7.622	4.246
33.850	6.784	3.608	35.100	7.203	3.928	36.350	7.630	4.254
33.875	6.792	3.614	35.125	7.212	3.936	36.375	7.639	4.260
33.900	6.800	3.620	35.150	7.220	3.942	36.400	7.648	4.266
33.925	6.809	3.626	35.175	7.229	3.948	36.425	7.656	4.274
33.950	6.817	3.634	35.200	7.237	3.954	36.450	7.665	4.280
33.975	6.825	3.640	35.225	7.246	3.962	36.475	7.673	4.286
34.000	6.834	3.646	35.250	7.254	3.968	36.500	7.682	4.292
34.025	6.842	3.652	35.275	7.263	3.974	36.525	7.691	4.300
34.050	6.850	3.658	35.300	7.271	3.980	36.550	7.699	4.306
34.075	6.859	3.666	35.325	7.280	3.986	36.575	7.708	4.312
34.100	6.867	3.672	35.350	7.288	3.994	36.600	7.717	4.320
34.125	6.875	3.678	35.375	7.297	4.000	36.625	7.725	4.326
34.150	6.884	3.684	35.400	7.305	4.006	36.650	7.734	4.332
34.175	6.892	3.690	35.425	7.314	4.012	36.675	7.742	4.338
34.200	6.900	3.698	35.450	7.322	4.020	36.700	7.751	4.346
34.225	6.909	3.704	35.475	7.331	4.026	36.725	7.760	4.352
34.250	6.917	3.710	35.500	7.339	4.032	36.750	7.768	4.358
34.275	6.926	3.716	35.525	7.348	4.038	36.775	7.777	4.364
34.300	6.934	3.724	35.550	7.356	4.046	36.800	7.786	4.372
34.325	6.942	3.730	35.575	7.365	4.052	36.825	7.794	4.378
34.350	6.951	3.736	35.600	7.373	4.058	36.850	7.803	4.384
34.375	6.959	3.742	35.625	7.382	4.064	36.875	7.812	4.390
34.400	6.967	3.748	35.650	7.390	4.072	36.900	7.820	4.398
34.425	6.976	3.754	35.675	7.399	4.078	36.925	7.829	4.404
34.450	6.984	3.762	35.700	7.407	4.084	36.950	7.838	4.410
34.475	6.993	3.768	35.725	7.416	4.090	36.975	7.846	4.418
34.500	7.001	3.774	35.750	7.424	4.098	37.000	7.855	4.424
34.525	7.009	3.780	35.775	7.433	4.104	37.025	7.864	4.430
34.550	7.018	3.788	35.800	7.442	4.110	37.050	7.872	4.438
34.575	7.026	3.794	35.825	7.450	4.116	37.075	7.881	4.444
34.600	7.035	3.800	35.850	7.459	4.124	37.100	7.890	4.450
34.625	7.043	3.806	35.875	7.467	4.130	37.125	7.899	4.456
34.650	7.051	3.812	35.900	7.476	4.136	37.150	7.907	4.464
34.675	7.060	3.820	35.925	7.484	4.142	37.175	7.916	4.470
34.700	7.068	3.826	35.950	7.493	4.150	37.200	7.925	4.476
34.725	7.077	3.832	35.975	7.501	4.156	37.225	7.933	4.482
34.750	7.085	3.838	36.000	7.510	4.162	37.250	7.942	4.490
34.775	7.094	3.844	36.025	7.519	4.168	37.275	7.951	4.496
34.800	7.102	3.852	36.050	7.527	4.176	37.300	7.960	4.502
34.825	7.110	3.858	36.075	7.536	4.182	37.325	7.968	4.510
34.850	7.119	3.864	36.100	7.544	4.188	37.350	7.977	4.516
34.875	7.127	3.870	36.125	7.553	4.194	37.375	7.986	4.522

Einkommensteuergrund- und Splittingtabellen für 2015

zu ver-steuerndes Einkommen	Einkommensteuer Grund-tabelle	Einkommensteuer Splitting-tabelle	zu ver-steuerndes Einkommen	Einkommensteuer Grund-tabelle	Einkommensteuer Splitting-tabelle	zu ver-steuerndes Einkommen	Einkommensteuer Grund-tabelle	Einkommensteuer Splitting-tabelle
€	€	€	€	€	€	€	€	€
37.400	7.994	4.530	38.650	8.434	4.860	39.900	8.882	5.196
37.425	8.003	4.536	38.675	8.443	4.868	39.925	8.891	5.202
37.450	8.012	4.542	38.700	8.452	4.874	39.950	8.900	5.208
37.475	8.021	4.548	38.725	8.461	4.880	39.975	8.909	5.216
37.500	8.029	4.556	38.750	8.470	4.888	40.000	8.918	5.222
37.525	8.038	4.562	38.775	8.479	4.894	40.025	8.927	5.228
37.550	8.047	4.568	38.800	8.488	4.900	40.050	8.936	5.236
37.575	8.056	4.576	38.825	8.497	4.908	40.075	8.945	5.242
37.600	8.064	4.582	38.850	8.506	4.914	40.100	8.954	5.250
37.625	8.073	4.588	38.875	8.514	4.920	40.125	8.963	5.256
37.650	8.082	4.596	38.900	8.523	4.928	40.150	8.972	5.262
37.675	8.091	4.602	38.925	8.532	4.934	40.175	8.981	5.270
37.700	8.099	4.608	38.950	8.541	4.940	40.200	8.990	5.276
37.725	8.108	4.614	38.975	8.550	4.948	40.225	8.999	5.282
37.750	8.117	4.622	39.000	8.559	4.954	40.250	9.008	5.290
37.775	8.126	4.628	39.025	8.568	4.960	40.275	9.017	5.296
37.800	8.134	4.634	39.050	8.577	4.968	40.300	9.026	5.304
37.825	8.143	4.642	39.075	8.586	4.974	40.325	9.035	5.310
37.850	8.152	4.648	39.100	8.595	4.980	40.350	9.044	5.316
37.875	8.161	4.654	39.125	8.604	4.988	40.375	9.053	5.324
37.900	8.170	4.662	39.150	8.612	4.994	40.400	9.063	5.330
37.925	8.178	4.668	39.175	8.621	5.000	40.425	9.072	5.336
37.950	8.187	4.674	39.200	8.630	5.008	40.450	9.081	5.344
37.975	8.196	4.680	39.225	8.639	5.014	40.475	9.090	5.350
38.000	8.205	4.688	39.250	8.648	5.020	40.500	9.099	5.358
38.025	8.214	4.694	39.275	8.657	5.028	40.525	9.108	5.364
38.050	8.222	4.702	39.300	8.666	5.034	40.550	9.117	5.372
38.075	8.231	4.708	39.325	8.675	5.040	40.575	9.126	5.378
38.100	8.240	4.714	39.350	8.684	5.048	40.600	9.135	5.384
38.125	8.249	4.720	39.375	8.693	5.054	40.625	9.144	5.392
38.150	8.258	4.728	39.400	8.702	5.062	40.650	9.153	5.398
38.175	8.266	4.734	39.425	8.711	5.068	40.675	9.163	5.404
38.200	8.275	4.740	39.450	8.720	5.074	40.700	9.172	5.412
38.225	8.284	4.748	39.475	8.729	5.080	40.725	9.181	5.418
38.250	8.293	4.754	39.500	8.738	5.088	40.750	9.190	5.426
38.275	8.302	4.760	39.525	8.747	5.094	40.775	9.199	5.432
38.300	8.311	4.768	39.550	8.756	5.102	40.800	9.208	5.438
38.325	8.319	4.774	39.575	8.765	5.108	40.825	9.217	5.446
38.350	8.328	4.780	39.600	8.774	5.114	40.850	9.226	5.452
38.375	8.337	4.788	39.625	8.783	5.122	40.875	9.235	5.458
38.400	8.346	4.794	39.650	8.792	5.128	40.900	9.245	5.466
38.425	8.355	4.800	39.675	8.801	5.134	40.925	9.254	5.472
38.450	8.364	4.808	39.700	8.810	5.142	40.950	9.263	5.480
38.475	8.372	4.814	39.725	8.819	5.148	40.975	9.272	5.486
38.500	8.381	4.820	39.750	8.828	5.156	41.000	9.281	5.494
38.525	8.390	4.828	39.775	8.837	5.162	41.025	9.290	5.500
38.550	8.399	4.834	39.800	8.846	5.168	41.050	9.299	5.506
38.575	8.408	4.840	39.825	8.855	5.176	41.075	9.309	5.514
38.600	8.417	4.848	39.850	8.864	5.182	41.100	9.318	5.520
38.625	8.426	4.854	39.875	8.873	5.188	41.125	9.327	5.526

Einkommensteuergrund- und Splittingtabellen für 2015

zu ver-steuerndes Einkommen €	Einkommensteuer Grund-tabelle €	Splitting-tabelle €	zu ver-steuerndes Einkommen €	Einkommensteuer Grund-tabelle €	Splitting-tabelle €	zu ver-steuerndes Einkommen €	Einkommensteuer Grund-tabelle €	Splitting-tabelle €
41.150	9.336	5.534	42.400	9.798	5.876	43.650	10.266	6.222
41.175	9.345	5.540	42.425	9.807	5.882	43.675	10.276	6.228
41.200	9.354	5.548	42.450	9.816	5.890	43.700	10.285	6.236
41.225	9.363	5.554	42.475	9.825	5.896	43.725	10.294	6.242
41.250	9.373	5.562	42.500	9.835	5.904	43.750	10.304	6.250
41.275	9.382	5.568	42.525	9.844	5.910	43.775	10.313	6.256
41.300	9.391	5.574	42.550	9.853	5.918	43.800	10.323	6.264
41.325	9.400	5.582	42.575	9.863	5.924	43.825	10.332	6.270
41.350	9.409	5.588	42.600	9.872	5.932	43.850	10.342	6.278
41.375	9.419	5.596	42.625	9.881	5.938	43.875	10.351	6.284
41.400	9.428	5.602	42.650	9.891	5.944	43.900	10.361	6.292
41.425	9.437	5.608	42.675	9.900	5.952	43.925	10.370	6.298
41.450	9.446	5.616	42.700	9.909	5.958	43.950	10.380	6.306
41.475	9.455	5.622	42.725	9.919	5.966	43.975	10.389	6.312
41.500	9.465	5.630	42.750	9.928	5.972	44.000	10.399	6.320
41.525	9.474	5.636	42.775	9.937	5.980	44.025	10.408	6.326
41.550	9.483	5.644	42.800	9.947	5.986	44.050	10.418	6.334
41.575	9.492	5.650	42.825	9.956	5.992	44.075	10.427	6.340
41.600	9.501	5.656	42.850	9.965	6.000	44.100	10.437	6.346
41.625	9.511	5.664	42.875	9.975	6.006	44.125	10.446	6.354
41.650	9.520	5.670	42.900	9.984	6.014	44.150	10.456	6.360
41.675	9.529	5.676	42.925	9.993	6.020	44.175	10.465	6.368
41.700	9.538	5.684	42.950	10.003	6.028	44.200	10.475	6.374
41.725	9.547	5.690	42.975	10.012	6.034	44.225	10.484	6.382
41.750	9.557	5.698	43.000	10.022	6.042	44.250	10.494	6.388
41.775	9.566	5.704	43.025	10.031	6.048	44.275	10.503	6.396
41.800	9.575	5.712	43.050	10.040	6.056	44.300	10.513	6.402
41.825	9.584	5.718	43.075	10.050	6.062	44.325	10.522	6.410
41.850	9.594	5.726	43.100	10.059	6.070	44.350	10.532	6.416
41.875	9.603	5.732	43.125	10.068	6.076	44.375	10.541	6.424
41.900	9.612	5.738	43.150	10.078	6.082	44.400	10.551	6.430
41.925	9.621	5.746	43.175	10.087	6.090	44.425	10.560	6.438
41.950	9.631	5.752	43.200	10.097	6.096	44.450	10.570	6.444
41.975	9.640	5.760	43.225	10.106	6.104	44.475	10.579	6.452
42.000	9.649	5.766	43.250	10.115	6.110	44.500	10.589	6.458
42.025	9.658	5.772	43.275	10.125	6.118	44.525	10.598	6.466
42.050	9.668	5.780	43.300	10.134	6.124	44.550	10.608	6.472
42.075	9.677	5.786	43.325	10.144	6.132	44.575	10.618	6.480
42.100	9.686	5.794	43.350	10.153	6.138	44.600	10.627	6.486
42.125	9.695	5.800	43.375	10.162	6.146	44.625	10.637	6.494
42.150	9.705	5.808	43.400	10.172	6.152	44.650	10.646	6.500
42.175	9.714	5.814	43.425	10.181	6.158	44.675	10.656	6.508
42.200	9.723	5.822	43.450	10.191	6.166	44.700	10.665	6.514
42.225	9.732	5.828	43.475	10.200	6.172	44.725	10.675	6.522
42.250	9.742	5.834	43.500	10.210	6.180	44.750	10.684	6.528
42.275	9.751	5.842	43.525	10.219	6.186	44.775	10.694	6.536
42.300	9.760	5.848	43.550	10.228	6.194	44.800	10.704	6.542
42.325	9.770	5.856	43.575	10.238	6.200	44.825	10.713	6.550
42.350	9.779	5.862	43.600	10.247	6.208	44.850	10.723	6.556
42.375	9.788	5.868	43.625	10.257	6.214	44.875	10.732	6.564

Einkommensteuergrund- und Splittingtabellen für 2015

zu versteuerndes Einkommen €	Einkommensteuer Grundtabelle €	Splittingtabelle €	zu versteuerndes Einkommen €	Einkommensteuer Grundtabelle €	Splittingtabelle €	zu versteuerndes Einkommen €	Einkommensteuer Grundtabelle €	Splittingtabelle €
44.900	10.742	6.570	46.150	11.225	6.924	47.400	11.715	7.280
44.925	10.752	6.578	46.175	11.235	6.930	47.425	11.725	7.286
44.950	10.761	6.584	46.200	11.244	6.938	47.450	11.735	7.294
44.975	10.771	6.592	46.225	11.254	6.944	47.475	11.745	7.302
45.000	10.780	6.598	46.250	11.264	6.952	47.500	11.754	7.308
45.025	10.790	6.606	46.275	11.274	6.958	47.525	11.764	7.316
45.050	10.800	6.612	46.300	11.283	6.966	47.550	11.774	7.322
45.075	10.809	6.620	46.325	11.293	6.974	47.575	11.784	7.330
45.100	10.819	6.628	46.350	11.303	6.980	47.600	11.794	7.338
45.125	10.828	6.634	46.375	11.313	6.988	47.625	11.804	7.344
45.150	10.838	6.642	46.400	11.322	6.994	47.650	11.814	7.352
45.175	10.848	6.648	46.425	11.332	7.002	47.675	11.824	7.358
45.200	10.857	6.656	46.450	11.342	7.008	47.700	11.834	7.366
45.225	10.867	6.662	46.475	11.352	7.016	47.725	11.844	7.372
45.250	10.876	6.670	46.500	11.361	7.024	47.750	11.853	7.380
45.275	10.886	6.676	46.525	11.371	7.030	47.775	11.863	7.388
45.300	10.896	6.684	46.550	11.381	7.038	47.800	11.873	7.394
45.325	10.905	6.690	46.575	11.391	7.044	47.825	11.883	7.402
45.350	10.915	6.698	46.600	11.400	7.052	47.850	11.893	7.410
45.375	10.925	6.704	46.625	11.410	7.058	47.875	11.903	7.416
45.400	10.934	6.712	46.650	11.420	7.066	47.900	11.913	7.424
45.425	10.944	6.718	46.675	11.430	7.072	47.925	11.923	7.438
45.450	10.954	6.726	46.700	11.440	7.080	47.950	11.933	7.438
45.475	10.963	6.732	46.725	11.449	7.086	47.975	11.943	7.444
45.500	10.973	6.740	46.750	11.459	7.094	48.000	11.953	7.452
45.525	10.983	6.746	46.775	11.469	7.102	48.025	11.963	7.460
45.550	10.992	6.754	46.800	11.479	7.108	48.050	11.973	7.466
45.575	11.002	6.760	46.825	11.489	7.116	48.075	11.983	7.474
45.600	11.011	6.768	46.850	11.498	7.122	48.100	11.993	7.482
45.625	11.021	6.774	46.875	11.508	7.130	48.125	12.002	7.488
45.650	11.031	6.782	46.900	11.518	7.136	48.150	12.012	7.496
45.675	11.041	6.788	46.925	11.528	7.144	48.175	12.022	7.502
45.700	11.050	6.796	46.950	11.538	7.152	48.200	12.032	7.510
45.725	11.060	6.802	46.975	11.548	7.158	48.225	12.042	7.516
45.750	11.070	6.810	47.000	11.557	7.166	48.250	12.052	7.524
45.775	11.079	6.818	47.025	11.567	7.172	48.275	12.062	7.532
45.800	11.089	6.824	47.050	11.577	7.180	48.300	12.072	7.538
45.825	11.099	6.832	47.075	11.587	7.186	48.325	12.082	7.546
45.850	11.108	6.838	47.100	11.597	7.194	48.350	12.092	7.554
45.875	11.118	6.846	47.125	11.607	7.200	48.375	12.102	7.560
45.900	11.128	6.852	47.150	11.616	7.208	48.400	12.112	7.568
45.925	11.137	6.860	47.175	11.626	7.216	48.425	12.122	7.574
45.950	11.147	6.866	47.200	11.636	7.222	48.450	12.132	7.582
45.975	11.157	6.874	47.225	11.646	7.230	48.475	12.142	7.588
46.000	11.167	6.882	47.250	11.656	7.238	48.500	12.152	7.596
46.025	11.176	6.888	47.275	11.666	7.244	48.525	12.162	7.604
46.050	11.186	6.896	47.300	11.675	7.252	48.550	12.172	7.610
46.075	11.196	6.902	47.325	11.685	7.258	48.575	12.182	7.618
46.100	11.205	6.910	47.350	11.695	7.266	48.600	12.192	7.626
46.125	11.215	6.916	47.375	11.705	7.272	48.625	12.202	7.632

Einkommensteuergrund- und Splittingtabellen für 2015

zu ver- steuerndes Einkommen €	Einkommensteuer Grund- tabelle €	Splitting- tabelle €	zu ver- steuerndes Einkommen €	Einkommensteuer Grund- tabelle €	Splitting- tabelle €	zu ver- steuerndes Einkommen €	Einkommensteuer Grund- tabelle €	Splitting- tabelle €
48.650	12.212	7.640	49.900	12.717	8.004	51.150	13.228	8.370
48.675	12.222	7.646	49.925	12.727	8.010	51.175	13.238	8.378
48.700	12.232	7.654	49.950	12.737	8.018	51.200	13.249	8.386
48.725	12.242	7.662	49.975	12.747	8.026	51.225	13.259	8.392
48.750	12.252	7.668	50.000	12.757	8.032	51.250	13.269	8.400
48.775	12.262	7.676	50.025	12.767	8.040	51.275	13.280	8.408
48.800	12.272	7.684	50.050	12.778	8.048	51.300	13.290	8.414
48.825	12.282	7.690	50.075	12.788	8.054	51.325	13.300	8.422
48.850	12.292	7.698	50.100	12.798	8.062	51.350	13.311	8.430
48.875	12.302	7.704	50.125	12.808	8.068	51.375	13.321	8.436
48.900	12.312	7.712	50.150	12.818	8.076	51.400	13.331	8.444
48.925	12.323	7.720	50.175	12.828	8.084	51.425	13.342	8.452
48.950	12.333	7.726	50.200	12.839	8.092	51.450	13.352	8.460
48.975	12.343	7.734	50.225	12.849	8.098	51.475	13.362	8.466
49.000	12.353	7.742	50.250	12.859	8.106	51.500	13.373	8.474
49.025	12.363	7.748	50.275	12.869	8.112	51.525	13.383	8.480
49.050	12.373	7.756	50.300	12.879	8.120	51.550	13.393	8.488
49.075	12.383	7.762	50.325	12.890	8.128	51.575	13.404	8.496
49.100	12.393	7.770	50.350	12.900	8.136	51.600	13.414	8.504
49.125	12.403	7.778	50.375	12.910	8.142	51.625	13.424	8.510
49.150	12.413	7.784	50.400	12.920	8.150	51.650	13.435	8.518
49.175	12.423	7.792	50.425	12.931	8.156	51.675	13.445	8.526
49.200	12.433	7.800	50.450	12.941	8.164	51.700	13.455	8.534
49.225	12.443	7.806	50.475	12.951	8.172	51.725	13.466	8.540
49.250	12.453	7.814	50.500	12.961	8.180	51.750	13.476	8.548
49.275	12.463	7.820	50.525	12.971	8.186	51.775	13.487	8.556
49.300	12.474	7.828	50.550	12.982	8.194	51.800	13.497	8.562
49.325	12.484	7.836	50.575	12.992	8.200	51.825	13.507	8.570
49.350	12.494	7.842	50.600	13.002	8.208	51.850	13.518	8.578
49.375	12.504	7.850	50.625	13.012	8.216	51.875	13.528	8.584
49.400	12.514	7.858	50.650	13.023	8.224	51.900	13.538	8.592
49.425	12.524	7.864	50.675	13.033	8.230	51.925	13.549	8.600
49.450	12.534	7.872	50.700	13.043	8.238	51.950	13.559	8.608
49.475	12.544	7.880	50.725	13.053	8.244	51.975	13.570	8.614
49.500	12.554	7.886	50.750	13.064	8.252	52.000	13.580	8.622
49.525	12.565	7.894	50.775	13.074	8.260	52.025	13.590	8.630
49.550	12.575	7.902	50.800	13.084	8.268	52.050	13.601	8.636
49.575	12.585	7.908	50.825	13.094	8.274	52.075	13.611	8.644
49.600	12.595	7.916	50.850	13.105	8.282	52.100	13.622	8.652
49.625	12.605	7.922	50.875	13.115	8.290	52.125	13.632	8.658
49.650	12.615	7.930	50.900	13.125	8.296	52.150	13.642	8.666
49.675	12.625	7.938	50.925	13.135	8.304	52.175	13.653	8.674
49.700	12.635	7.944	50.950	13.146	8.312	52.200	13.663	8.682
49.725	12.646	7.952	50.975	13.156	8.318	52.225	13.674	8.688
49.750	12.656	7.960	51.000	13.166	8.326	52.250	13.684	8.696
49.775	12.666	7.966	51.025	13.177	8.334	52.275	13.695	8.704
49.800	12.676	7.974	51.050	13.187	8.340	52.300	13.705	8.712
49.825	12.686	7.982	51.075	13.197	8.348	52.325	13.715	8.718
49.850	12.696	7.988	51.100	13.207	8.356	52.350	13.726	8.726
49.875	12.706	7.996	51.125	13.218	8.362	52.375	13.736	8.734

Einkommensteuergrund- und Splittingtabellen für 2015

| zu versteuerndes Einkommen | Einkommensteuer | | zu versteuerndes Einkommen | Einkommensteuer | | zu versteuerndes Einkommen | Einkommensteuer | |
| | Grundtabelle | Splittingtabelle | | Grundtabelle | Splittingtabelle | | Grundtabelle | Splittingtabelle |
€	€	€	€	€	€	€	€	€
52.400	13.747	8.742	53.650	14.271	9.116	54.900	14.796	9.494
52.425	13.757	8.748	53.675	14.282	9.122	54.925	14.807	9.500
52.450	13.768	8.756	53.700	14.292	9.130	54.950	14.817	9.508
52.475	13.778	8.764	53.725	14.303	9.138	54.975	14.828	9.516
52.500	13.789	8.770	53.750	14.313	9.146	55.000	14.838	9.524
52.525	13.799	8.778	53.775	14.324	9.152	55.025	14.849	9.530
52.550	13.809	8.786	53.800	14.334	9.160	55.050	14.859	9.538
52.575	13.820	8.792	53.825	14.345	9.168	55.075	14.870	9.546
52.600	13.830	8.800	53.850	14.355	9.176	55.100	14.880	9.554
52.625	13.841	8.808	53.875	14.366	9.182	55.125	14.891	9.562
52.650	13.851	8.816	53.900	14.376	9.190	55.150	14.901	9.570
52.675	13.862	8.822	53.925	14.387	9.198	55.175	14.912	9.576
52.700	13.872	8.830	53.950	14.397	9.206	55.200	14.922	9.584
52.725	13.883	8.838	53.975	14.408	9.212	55.225	14.933	9.592
52.750	13.893	8.846	54.000	14.418	9.220	55.250	14.943	9.600
52.775	13.904	8.852	54.025	14.429	9.228	55.275	14.954	9.606
52.800	13.914	8.860	54.050	14.439	9.236	55.300	14.964	9.614
52.825	13.925	8.868	54.075	14.450	9.244	55.325	14.975	9.622
52.850	13.935	8.876	54.100	14.460	9.250	55.350	14.985	9.630
52.875	13.946	8.882	54.125	14.471	9.258	55.375	14.996	9.638
52.900	13.956	8.890	54.150	14.481	9.266	55.400	15.006	9.646
52.925	13.967	8.898	54.175	14.492	9.274	55.425	15.017	9.652
52.950	13.977	8.906	54.200	14.502	9.282	55.450	15.027	9.660
52.975	13.988	8.912	54.225	14.513	9.288	55.475	15.038	9.668
53.000	13.998	8.920	54.250	14.523	9.296	55.500	15.048	9.676
53.025	14.009	8.928	54.275	14.534	9.304	55.525	15.059	9.684
53.050	14.019	8.936	54.300	14.544	9.312	55.550	15.069	9.690
53.075	14.030	8.942	54.325	14.555	9.318	55.575	15.080	9.698
53.100	14.040	8.950	54.350	14.565	9.326	55.600	15.090	9.706
53.125	14.051	8.958	54.375	14.576	9.334	55.625	15.101	9.714
53.150	14.061	8.966	54.400	14.586	9.342	55.650	15.111	9.722
53.175	14.072	8.972	54.425	14.597	9.348	55.675	15.122	9.728
53.200	14.082	8.980	54.450	14.607	9.356	55.700	15.132	9.736
53.225	14.093	8.988	54.475	14.618	9.364	55.725	15.143	9.744
53.250	14.103	8.996	54.500	14.628	9.372	55.750	15.153	9.752
53.275	14.114	9.002	54.525	14.639	9.380	55.775	15.164	9.760
53.300	14.124	9.010	54.550	14.649	9.386	55.800	15.174	9.768
53.325	14.135	9.018	54.575	14.660	9.394	55.825	15.185	9.774
53.350	14.145	9.026	54.600	14.670	9.402	55.850	15.195	9.782
53.375	14.156	9.032	54.625	14.681	9.410	55.875	15.206	9.790
53.400	14.166	9.040	54.650	14.691	9.418	55.900	15.216	9.798
53.425	14.177	9.048	54.675	14.702	9.424	55.925	15.227	9.806
53.450	14.187	9.056	54.700	14.712	9.432	55.950	15.237	9.814
53.475	14.198	9.062	54.725	14.723	9.440	55.975	15.248	9.820
53.500	14.208	9.070	54.750	14.733	9.448	56.000	15.258	9.828
53.525	14.219	9.078	54.775	14.744	9.454	56.025	15.269	9.836
53.550	14.229	9.086	54.800	14.754	9.462	56.050	15.279	9.844
53.575	14.240	9.092	54.825	14.765	9.470	56.075	15.290	9.852
53.600	14.250	9.100	54.850	14.775	9.478	56.100	15.300	9.860
53.625	14.261	9.108	54.875	14.786	9.486	56.125	15.311	9.866

Einkommensteuergrund- und Splittingtabellen für 2015

zu ver-steuerndes Einkommen €	Einkommensteuer Grund-tabelle €	Einkommensteuer Splitting-tabelle €	zu ver-steuerndes Einkommen €	Einkommensteuer Grund-tabelle €	Einkommensteuer Splitting-tabelle €	zu ver-steuerndes Einkommen €	Einkommensteuer Grund-tabelle €	Einkommensteuer Splitting-tabelle €
56.150	15.321	9.874	57.400	15.846	10.260	58.650	16.371	10.648
56.175	15.332	9.882	57.425	15.857	10.266	58.675	16.382	10.656
56.200	15.342	9.890	57.450	15.867	10.274	58.700	16.392	10.664
56.225	15.353	9.898	57.475	15.878	10.282	58.725	16.403	10.672
56.250	15.363	9.906	57.500	15.888	10.290	58.750	16.413	10.680
56.275	15.374	9.912	57.525	15.899	10.298	58.775	16.424	10.686
56.300	15.384	9.920	57.550	15.909	10.306	58.800	16.434	10.694
56.325	15.395	9.928	57.575	15.920	10.314	58.825	16.445	10.702
56.350	15.405	9.936	57.600	15.930	10.322	58.850	16.455	10.710
56.375	15.416	9.944	57.625	15.941	10.328	58.875	16.466	10.718
56.400	15.426	9.952	57.650	15.951	10.336	58.900	16.476	10.726
56.425	15.437	9.958	57.675	15.962	10.344	58.925	16.487	10.734
56.450	15.447	9.966	57.700	15.972	10.352	58.950	16.497	10.742
56.475	15.458	9.974	57.725	15.983	10.360	58.975	16.508	10.750
56.500	15.468	9.982	57.750	15.993	10.368	59.000	16.518	10.758
56.525	15.479	9.990	57.775	16.004	10.376	59.025	16.529	10.764
56.550	15.489	9.998	57.800	16.014	10.384	59.050	16.539	10.772
56.575	15.500	10.004	57.825	16.025	10.390	59.075	16.550	10.780
56.600	15.510	10.012	57.850	16.035	10.398	59.100	16.560	10.788
56.625	15.521	10.020	57.875	16.046	10.406	59.125	16.571	10.796
56.650	15.531	10.028	57.900	16.056	10.414	59.150	16.581	10.804
56.675	15.542	10.036	57.925	16.067	10.422	59.175	16.592	10.812
56.700	15.552	10.044	57.950	16.077	10.430	59.200	16.602	10.820
56.725	15.563	10.050	57.975	16.088	10.438	59.225	16.613	10.828
56.750	15.573	10.058	58.000	16.098	10.446	59.250	16.623	10.836
56.775	15.584	10.066	58.025	16.109	10.452	59.275	16.634	10.844
56.800	15.594	10.074	58.050	16.119	10.460	59.300	16.644	10.852
56.825	15.605	10.082	58.075	16.130	10.468	59.325	16.655	10.858
56.850	15.615	10.090	58.100	16.140	10.476	59.350	16.665	10.868
56.875	15.626	10.096	58.125	16.151	10.484	59.375	16.676	10.874
56.900	15.636	10.104	58.150	16.161	10.492	59.400	16.686	10.882
56.925	15.647	10.112	58.175	16.172	10.500	59.425	16.697	10.890
56.950	15.657	10.120	58.200	16.182	10.508	59.450	16.707	10.898
56.975	15.668	10.128	58.225	16.193	10.516	59.475	16.718	10.906
57.000	15.678	10.136	58.250	16.203	10.524	59.500	16.728	10.914
57.025	15.689	10.144	58.275	16.214	10.530	59.525	16.739	10.922
57.050	15.699	10.152	58.300	16.224	10.538	59.550	16.749	10.930
57.075	15.710	10.158	58.325	16.235	10.546	59.575	16.760	10.938
57.100	15.720	10.166	58.350	16.245	10.554	59.600	16.770	10.946
57.125	15.731	10.174	58.375	16.256	10.562	59.625	16.781	10.954
57.150	15.741	10.182	58.400	16.266	10.570	59.650	16.791	10.962
57.175	15.752	10.190	58.425	16.277	10.578	59.675	16.802	10.968
57.200	15.762	10.198	58.450	16.287	10.586	59.700	16.812	10.978
57.225	15.773	10.204	58.475	16.298	10.592	59.725	16.823	10.984
57.250	15.783	10.212	58.500	16.308	10.602	59.750	16.833	10.992
57.275	15.794	10.220	58.525	16.319	10.608	59.775	16.844	11.000
57.300	15.804	10.228	58.550	16.329	10.616	59.800	16.854	11.008
57.325	15.815	10.236	58.575	16.340	10.624	59.825	16.865	11.016
57.350	15.825	10.244	58.600	16.350	10.632	59.850	16.875	11.024
57.375	15.836	10.252	58.625	16.361	10.640	59.875	16.886	11.032

Einkommensteuergrund- und Splittingtabellen für 2015

zu versteuerndes Einkommen €	Einkommensteuer		zu versteuerndes Einkommen €	Einkommensteuer		zu versteuerndes Einkommen €	Einkommensteuer	
	Grundtabelle €	Splittingtabelle €		Grundtabelle €	Splittingtabelle €		Grundtabelle €	Splittingtabelle €
59.900	16.896	11.040	61.150	17.421	11.436	62.400	17.946	11.834
59.925	16.907	11.048	61.175	17.432	11.444	62.425	17.957	11.842
59.950	16.917	11.056	61.200	17.442	11.452	62.450	17.967	11.850
59.975	16.928	11.064	61.225	17.453	11.460	62.475	17.978	11.858
60.000	16.938	11.072	61.250	17.463	11.468	62.500	17.988	11.866
60.025	16.949	11.080	61.275	17.474	11.476	62.525	17.999	11.874
60.050	16.959	11.088	61.300	17.484	11.484	62.550	18.009	11.884
60.075	16.970	11.094	61.325	17.495	11.490	62.575	18.020	11.890
60.100	16.980	11.104	61.350	17.505	11.500	62.600	18.030	11.900
60.125	16.991	11.110	61.375	17.516	11.506	62.625	18.041	11.906
60.150	17.001	11.118	61.400	17.526	11.516	62.650	18.051	11.916
60.175	17.012	11.126	61.425	17.537	11.522	62.675	18.062	11.922
60.200	17.022	11.134	61.450	17.547	11.532	62.700	18.072	11.932
60.225	17.033	11.142	61.475	17.558	11.538	62.725	18.083	11.938
60.250	17.043	11.150	61.500	17.568	11.548	62.750	18.093	11.948
60.275	17.054	11.158	61.525	17.579	11.554	62.775	18.104	11.956
60.300	17.064	11.166	61.550	17.589	11.562	62.800	18.114	11.964
60.325	17.075	11.174	61.575	17.600	11.570	62.825	18.125	11.972
60.350	17.085	11.182	61.600	17.610	11.578	62.850	18.135	11.980
60.375	17.096	11.190	61.625	17.621	11.586	62.875	18.146	11.988
60.400	17.106	11.198	61.650	17.631	11.594	62.900	18.156	11.996
60.425	17.117	11.206	61.675	17.642	11.602	62.925	18.167	12.004
60.450	17.127	11.214	61.700	17.652	11.610	62.950	18.177	12.012
60.475	17.138	11.222	61.725	17.663	11.618	62.975	18.188	12.020
60.500	17.148	11.230	61.750	17.673	11.626	63.000	18.198	12.028
60.525	17.159	11.238	61.775	17.684	11.634	63.025	18.209	12.036
60.550	17.169	11.246	61.800	17.694	11.642	63.050	18.219	12.044
60.575	17.180	11.252	61.825	17.705	11.650	63.075	18.230	12.052
60.600	17.190	11.262	61.850	17.715	11.658	63.100	18.240	12.060
60.625	17.201	11.268	61.875	17.726	11.666	63.125	18.251	12.068
60.650	17.211	11.276	61.900	17.736	11.674	63.150	18.261	12.076
60.675	17.222	11.284	61.925	17.747	11.682	63.175	18.272	12.084
60.700	17.232	11.292	61.950	17.757	11.690	63.200	18.282	12.092
60.725	17.243	11.300	61.975	17.768	11.698	63.225	18.293	12.100
60.750	17.253	11.308	62.000	17.778	11.706	63.250	18.303	12.108
60.775	17.264	11.316	62.025	17.789	11.714	63.275	18.314	12.116
60.800	17.274	11.324	62.050	17.799	11.722	63.300	18.324	12.124
60.825	17.285	11.332	62.075	17.810	11.730	63.325	18.335	12.132
60.850	17.295	11.340	62.100	17.820	11.738	63.350	18.345	12.140
60.875	17.306	11.348	62.125	17.831	11.746	63.375	18.356	12.148
60.900	17.316	11.356	62.150	17.841	11.754	63.400	18.366	12.156
60.925	17.327	11.364	62.175	17.852	11.762	63.425	18.377	12.164
60.950	17.337	11.372	62.200	17.862	11.770	63.450	18.387	12.172
60.975	17.348	11.380	62.225	17.873	11.778	63.475	18.398	12.180
61.000	17.358	11.388	62.250	17.883	11.786	63.500	18.408	12.190
61.025	17.369	11.396	62.275	17.894	11.794	63.525	18.419	12.196
61.050	17.379	11.404	62.300	17.904	11.802	63.550	18.429	12.206
61.075	17.390	11.412	62.325	17.915	11.810	63.575	18.440	12.214
61.100	17.400	11.420	62.350	17.925	11.818	63.600	18.450	12.222
61.125	17.411	11.428	62.375	17.936	11.826	63.625	18.461	12.230

Einkommensteuergrund- und Splittingtabellen für 2015

zu versteuerndes Einkommen €	Einkommensteuer Grundtabelle €	Splittingtabelle €	zu versteuerndes Einkommen €	Einkommensteuer Grundtabelle €	Splittingtabelle €	zu versteuerndes Einkommen €	Einkommensteuer Grundtabelle €	Splittingtabelle €
63.650	18.471	12.238	64.900	18.996	12.644	66.150	19.521	13.054
63.675	18.482	12.246	64.925	19.007	12.652	66.175	19.532	13.062
63.700	18.492	12.254	64.950	19.017	12.660	66.200	19.542	13.070
63.725	18.503	12.262	64.975	19.028	12.668	66.225	19.553	13.078
63.750	18.513	12.270	65.000	19.038	12.676	66.250	19.563	13.086
63.775	18.524	12.278	65.025	19.049	12.684	66.275	19.574	13.094
63.800	18.534	12.286	65.050	19.059	12.694	66.300	19.584	13.104
63.825	18.545	12.294	65.075	19.070	12.700	66.325	19.595	13.112
63.850	18.555	12.302	65.100	19.080	12.710	66.350	19.605	13.120
63.875	18.566	12.310	65.125	19.091	12.718	66.375	19.616	13.128
63.900	18.576	12.318	65.150	19.101	12.726	66.400	19.626	13.136
63.925	18.587	12.326	65.175	19.112	12.734	66.425	19.637	13.144
63.950	18.597	12.334	65.200	19.122	12.742	66.450	19.647	13.152
63.975	18.608	12.342	65.225	19.133	12.750	66.475	19.658	13.160
64.000	18.618	12.352	65.250	19.143	12.758	66.500	19.668	13.170
64.025	18.629	12.358	65.275	19.154	12.766	66.525	19.679	13.178
64.050	18.639	12.368	65.300	19.164	12.774	66.550	19.689	13.186
64.075	18.650	12.376	65.325	19.175	12.782	66.575	19.700	13.194
64.100	18.660	12.384	65.350	19.185	12.792	66.600	19.710	13.202
64.125	18.671	12.392	65.375	19.196	12.800	66.625	19.721	13.210
64.150	18.681	12.400	65.400	19.206	12.808	66.650	19.731	13.218
64.175	18.692	12.408	65.425	19.217	12.816	66.675	19.742	13.226
64.200	18.702	12.416	65.450	19.227	12.824	66.700	19.752	13.236
64.225	18.713	12.424	65.475	19.238	12.832	66.725	19.763	13.244
64.250	18.723	12.432	65.500	19.248	12.840	66.750	19.773	13.252
64.275	18.734	12.440	65.525	19.259	12.848	66.775	19.784	13.260
64.300	18.744	12.448	65.550	19.269	12.856	66.800	19.794	13.268
64.325	18.755	12.456	65.575	19.280	12.864	66.825	19.805	13.276
64.350	18.765	12.464	65.600	19.290	12.874	66.850	19.815	13.286
64.375	18.776	12.472	65.625	19.301	12.882	66.875	19.826	13.294
64.400	18.786	12.482	65.650	19.311	12.890	66.900	19.836	13.302
64.425	18.797	12.488	65.675	19.322	12.898	66.925	19.847	13.310
64.450	18.807	12.498	65.700	19.332	12.906	66.950	19.857	13.318
64.475	18.818	12.506	65.725	19.343	12.914	66.975	19.868	13.326
64.500	18.828	12.514	65.750	19.353	12.922	67.000	19.878	13.334
64.525	18.839	12.522	65.775	19.364	12.930	67.025	19.889	13.342
64.550	18.849	12.530	65.800	19.374	12.938	67.050	19.899	13.352
64.575	18.860	12.538	65.825	19.385	12.946	67.075	19.910	13.360
64.600	18.870	12.546	65.850	19.395	12.956	67.100	19.920	13.368
64.625	18.881	12.554	65.875	19.406	12.964	67.125	19.931	13.376
64.650	18.891	12.562	65.900	19.416	12.972	67.150	19.941	13.384
64.675	18.902	12.570	65.925	19.427	12.980	67.175	19.952	13.392
64.700	18.912	12.578	65.950	19.437	12.988	67.200	19.962	13.402
64.725	18.923	12.586	65.975	19.448	12.996	67.225	19.973	13.410
64.750	18.933	12.596	66.000	19.458	13.004	67.250	19.983	13.418
64.775	18.944	12.602	66.025	19.469	13.012	67.275	19.994	13.426
64.800	18.954	12.612	66.050	19.479	13.022	67.300	20.004	13.434
64.825	18.965	12.620	66.075	19.490	13.028	67.325	20.015	13.442
64.850	18.975	12.628	66.100	19.500	13.038	67.350	20.025	13.450
64.875	18.986	12.636	66.125	19.511	13.046	67.375	20.036	13.458

Einkommensteuergrund- und Splittingtabellen für 2015

zu ver-steuerndes Einkommen	Einkommensteuer Grund-tabelle	Splitting-tabelle	zu ver-steuerndes Einkommen	Einkommensteuer Grund-tabelle	Splitting-tabelle	zu ver-steuerndes Einkommen	Einkommensteuer Grund-tabelle	Splitting-tabelle
€	€	€	€	€	€	€	€	€
67.400	20.046	13.468	68.650	20.571	13.884	69.900	21.096	14.306
67.425	20.057	13.476	68.675	20.582	13.892	69.925	21.107	14.314
67.450	20.067	13.484	68.700	20.592	13.902	69.950	21.117	14.322
67.475	20.078	13.492	68.725	20.603	13.910	69.975	21.128	14.330
67.500	20.088	13.500	68.750	20.613	13.918	70.000	21.138	14.340
67.525	20.099	13.508	68.775	20.624	13.926	70.025	21.149	14.348
67.550	20.109	13.518	68.800	20.634	13.934	70.050	21.159	14.356
67.575	20.120	13.526	68.825	20.645	13.942	70.075	21.170	14.364
67.600	20.130	13.534	68.850	20.655	13.952	70.100	21.180	14.372
67.625	20.141	13.542	68.875	20.666	13.960	70.125	21.191	14.382
67.650	20.151	13.550	68.900	20.676	13.968	70.150	21.201	14.390
67.675	20.162	13.558	68.925	20.687	13.976	70.175	21.212	14.398
67.700	20.172	13.568	68.950	20.697	13.986	70.200	21.222	14.406
67.725	20.183	13.576	68.975	20.708	13.994	70.225	21.233	14.414
67.750	20.193	13.584	69.000	20.718	14.002	70.250	21.243	14.424
67.775	20.204	13.592	69.025	20.729	14.010	70.275	21.254	14.432
67.800	20.214	13.600	69.050	20.739	14.018	70.300	21.264	14.440
67.825	20.225	13.608	69.075	20.750	14.026	70.325	21.275	14.448
67.850	20.235	13.618	69.100	20.760	14.036	70.350	21.285	14.458
67.875	20.246	13.626	69.125	20.771	14.044	70.375	21.296	14.466
67.900	20.256	13.634	69.150	20.781	14.052	70.400	21.306	14.474
67.925	20.267	13.642	69.175	20.792	14.060	70.425	21.317	14.482
67.950	20.277	13.650	69.200	20.802	14.070	70.450	21.327	14.492
67.975	20.288	13.658	69.225	20.813	14.078	70.475	21.338	14.500
68.000	20.298	13.668	69.250	20.823	14.086	70.500	21.348	14.508
68.025	20.309	13.676	69.275	20.834	14.094	70.525	21.359	14.516
68.050	20.319	13.684	69.300	20.844	14.102	70.550	21.369	14.526
68.075	20.330	13.692	69.325	20.855	14.112	70.575	21.380	14.534
68.100	20.340	13.700	69.350	20.865	14.120	70.600	21.390	14.542
68.125	20.351	13.708	69.375	20.876	14.128	70.625	21.401	14.550
68.150	20.361	13.718	69.400	20.886	14.136	70.650	21.411	14.560
68.175	20.372	13.726	69.425	20.897	14.144	70.675	21.422	14.568
68.200	20.382	13.734	69.450	20.907	14.154	70.700	21.432	14.576
68.225	20.393	13.742	69.475	20.918	14.162	70.725	21.443	14.584
68.250	20.403	13.750	69.500	20.928	14.170	70.750	21.453	14.594
68.275	20.414	13.758	69.525	20.939	14.178	70.775	21.464	14.602
68.300	20.424	13.768	69.550	20.949	14.188	70.800	21.474	14.610
68.325	20.435	13.776	69.575	20.960	14.196	70.825	21.485	14.618
68.350	20.445	13.784	69.600	20.970	14.204	70.850	21.495	14.628
68.375	20.456	13.792	69.625	20.981	14.212	70.875	21.506	14.636
68.400	20.466	13.800	69.650	20.991	14.220	70.900	21.516	14.644
68.425	20.477	13.808	69.675	21.002	14.228	70.925	21.527	14.652
68.450	20.487	13.818	69.700	21.012	14.238	70.950	21.537	14.662
68.475	20.498	13.826	69.725	21.023	14.246	70.975	21.548	14.670
68.500	20.508	13.834	69.750	21.033	14.254	71.000	21.558	14.678
68.525	20.519	13.842	69.775	21.044	14.262	71.025	21.569	14.686
68.550	20.529	13.852	69.800	21.054	14.272	71.050	21.579	14.696
68.575	20.540	13.860	69.825	21.065	14.280	71.075	21.590	14.704
68.600	20.550	13.868	69.850	21.075	14.288	71.100	21.600	14.712
68.625	20.561	13.876	69.875	21.086	14.296	71.125	21.611	14.720

Einkommensteuergrund- und Splittingtabellen für 2015

zu versteuerndes Einkommen €	Einkommensteuer Grundtabelle €	Splittingtabelle €	zu versteuerndes Einkommen €	Einkommensteuer Grundtabelle €	Splittingtabelle €	zu versteuerndes Einkommen €	Einkommensteuer Grundtabelle €	Splittingtabelle €
71.150	21.621	14.730	72.400	22.146	15.158	73.650	22.671	15.588
71.175	21.632	14.738	72.425	22.157	15.166	73.675	22.682	15.598
71.200	21.642	14.746	72.450	22.167	15.174	73.700	22.692	15.606
71.225	21.653	14.754	72.475	22.178	15.182	73.725	22.703	15.614
71.250	21.663	14.764	72.500	22.188	15.192	73.750	22.713	15.624
71.275	21.674	14.772	72.525	22.199	15.200	73.775	22.724	15.632
71.300	21.684	14.780	72.550	22.209	15.208	73.800	22.734	15.640
71.325	21.695	14.788	72.575	22.220	15.218	73.825	22.745	15.650
71.350	21.705	14.798	72.600	22.230	15.226	73.850	22.755	15.658
71.375	21.716	14.806	72.625	22.241	15.234	73.875	22.766	15.666
71.400	21.726	14.814	72.650	22.251	15.244	73.900	22.776	15.676
71.425	21.737	14.824	72.675	22.262	15.252	73.925	22.787	15.684
71.450	21.747	14.832	72.700	22.272	15.260	73.950	22.797	15.692
71.475	21.758	14.840	72.725	22.283	15.268	73.975	22.808	15.702
71.500	21.768	14.848	72.750	22.293	15.278	74.000	22.818	15.710
71.525	21.779	14.858	72.775	22.304	15.286	74.025	22.829	15.718
71.550	21.789	14.866	72.800	22.314	15.296	74.050	22.839	15.728
71.575	21.800	14.874	72.825	22.325	15.304	74.075	22.850	15.736
71.600	21.810	14.884	72.850	22.335	15.312	74.100	22.860	15.744
71.625	21.821	14.892	72.875	22.346	15.320	74.125	22.871	15.754
71.650	21.831	14.900	72.900	22.356	15.330	74.150	22.881	15.762
71.675	21.842	14.908	72.925	22.367	15.338	74.175	22.892	15.770
71.700	21.852	14.918	72.950	22.377	15.346	74.200	22.902	15.780
71.725	21.863	14.926	72.975	22.388	15.356	74.225	22.913	15.788
71.750	21.873	14.934	73.000	22.398	15.364	74.250	22.923	15.798
71.775	21.884	14.942	73.025	22.409	15.372	74.275	22.934	15.806
71.800	21.894	14.952	73.050	22.419	15.382	74.300	22.944	15.814
71.825	21.905	14.960	73.075	22.430	15.390	74.325	22.955	15.822
71.850	21.915	14.968	73.100	22.440	15.398	74.350	22.965	15.832
71.875	21.926	14.976	73.125	22.451	15.406	74.375	22.976	15.840
71.900	21.936	14.986	73.150	22.461	15.416	74.400	22.986	15.850
71.925	21.947	14.994	73.175	22.472	15.424	74.425	22.997	15.858
71.950	21.957	15.002	73.200	22.482	15.434	74.450	23.007	15.866
71.975	21.968	15.012	73.225	22.493	15.442	74.475	23.018	15.876
72.000	21.978	15.020	73.250	22.503	15.450	74.500	23.028	15.884
72.025	21.989	15.028	73.275	22.514	15.458	74.525	23.039	15.892
72.050	21.999	15.038	73.300	22.524	15.468	74.550	23.049	15.902
72.075	22.010	15.046	73.325	22.535	15.476	74.575	23.060	15.910
72.100	22.020	15.054	73.350	22.545	15.484	74.600	23.070	15.920
72.125	22.031	15.062	73.375	22.556	15.494	74.625	23.081	15.928
72.150	22.041	15.072	73.400	22.566	15.502	74.650	23.091	15.936
72.175	22.052	15.080	73.425	22.577	15.510	74.675	23.102	15.944
72.200	22.062	15.088	73.450	22.587	15.520	74.700	23.112	15.954
72.225	22.073	15.096	73.475	22.598	15.528	74.725	23.123	15.962
72.250	22.083	15.106	73.500	22.608	15.536	74.750	23.133	15.972
72.275	22.094	15.114	73.525	22.619	15.546	74.775	23.144	15.980
72.300	22.104	15.124	73.550	22.629	15.554	74.800	23.154	15.988
72.325	22.115	15.132	73.575	22.640	15.562	74.825	23.165	15.998
72.350	22.125	15.140	73.600	22.650	15.572	74.850	23.175	16.006
72.375	22.136	15.148	73.625	22.661	15.580	74.875	23.186	16.014

Einkommensteuergrund- und Splittingtabellen für 2015

zu versteuerndes Einkommen €	Einkommensteuer Grundtabelle €	Einkommensteuer Splittingtabelle €	zu versteuerndes Einkommen €	Einkommensteuer Grundtabelle €	Einkommensteuer Splittingtabelle €	zu versteuerndes Einkommen €	Einkommensteuer Grundtabelle €	Einkommensteuer Splittingtabelle €
74.900	23.196	16.024	76.150	23.721	16.462	77.400	24.246	16.904
74.925	23.207	16.032	76.175	23.732	16.470	77.425	24.257	16.912
74.950	23.217	16.042	76.200	23.742	16.480	77.450	24.267	16.922
74.975	23.228	16.050	76.225	23.753	16.488	77.475	24.278	16.930
75.000	23.238	16.058	76.250	23.763	16.498	77.500	24.288	16.940
75.025	23.249	16.068	76.275	23.774	16.506	77.525	24.299	16.948
75.050	23.259	16.076	76.300	23.784	16.516	77.550	24.309	16.958
75.075	23.270	16.084	76.325	23.795	16.524	77.575	24.320	16.966
75.100	23.280	16.094	76.350	23.805	16.532	77.600	24.330	16.976
75.125	23.291	16.102	76.375	23.816	16.542	77.625	24.341	16.984
75.150	23.301	16.112	76.400	23.826	16.550	77.650	24.351	16.994
75.175	23.312	16.120	76.425	23.837	16.558	77.675	24.362	17.002
75.200	23.322	16.128	76.450	23.847	16.568	77.700	24.372	17.012
75.225	23.333	16.138	76.475	23.858	16.576	77.725	24.383	17.020
75.250	23.343	16.146	76.500	23.868	16.586	77.750	24.393	17.028
75.275	23.354	16.154	76.525	23.879	16.594	77.775	24.404	17.038
75.300	23.364	16.164	76.550	23.889	16.604	77.800	24.414	17.046
75.325	23.375	16.172	76.575	23.900	16.612	77.825	24.425	17.056
75.350	23.385	16.182	76.600	23.910	16.622	77.850	24.435	17.064
75.375	23.396	16.190	76.625	23.921	16.630	77.875	24.446	17.074
75.400	23.406	16.198	76.650	23.931	16.638	77.900	24.456	17.082
75.425	23.417	16.208	76.675	23.942	16.648	77.925	24.467	17.090
75.450	23.427	16.216	76.700	23.952	16.656	77.950	24.477	17.100
75.475	23.438	16.224	76.725	23.963	16.664	77.975	24.488	17.108
75.500	23.448	16.234	76.750	23.973	16.674	78.000	24.498	17.118
75.525	23.459	16.242	76.775	23.984	16.682	78.025	24.509	17.126
75.550	23.469	16.252	76.800	23.994	16.692	78.050	24.519	17.136
75.575	23.480	16.260	76.825	24.005	16.700	78.075	24.530	17.144
75.600	23.490	16.268	76.850	24.015	16.710	78.100	24.540	17.154
75.625	23.501	16.278	76.875	24.026	16.718	78.125	24.551	17.162
75.650	23.511	16.286	76.900	24.036	16.728	78.150	24.561	17.172
75.675	23.522	16.294	76.925	24.047	16.736	78.175	24.572	17.180
75.700	23.532	16.304	76.950	24.057	16.744	78.200	24.582	17.190
75.725	23.543	16.312	76.975	24.068	16.754	78.225	24.593	17.198
75.750	23.553	16.322	77.000	24.078	16.762	78.250	24.603	17.208
75.775	23.564	16.330	77.025	24.089	16.772	78.275	24.614	17.216
75.800	23.574	16.340	77.050	24.099	16.780	78.300	24.624	17.224
75.825	23.585	16.348	77.075	24.110	16.788	78.325	24.635	17.234
75.850	23.595	16.356	77.100	24.120	16.798	78.350	24.645	17.242
75.875	23.606	16.366	77.125	24.131	16.806	78.375	24.656	17.252
75.900	23.616	16.374	77.150	24.141	16.816	78.400	24.666	17.260
75.925	23.627	16.382	77.175	24.152	16.824	78.425	24.677	17.270
75.950	23.637	16.392	77.200	24.162	16.834	78.450	24.687	17.278
75.975	23.648	16.400	77.225	24.173	16.842	78.475	24.698	17.288
76.000	23.658	16.410	77.250	24.183	16.852	78.500	24.708	17.296
76.025	23.669	16.418	77.275	24.194	16.860	78.525	24.719	17.306
76.050	23.679	16.428	77.300	24.204	16.868	78.550	24.729	17.314
76.075	23.690	16.436	77.325	24.215	16.878	78.575	24.740	17.322
76.100	23.700	16.444	77.350	24.225	16.886	78.600	24.750	17.332
76.125	23.711	16.454	77.375	24.236	16.896	78.625	24.761	17.340

Einkommensteuergrund- und Splittingtabellen für 2015

zu ver-steuerndes Einkommen €	Einkommensteuer Grund-tabelle €	Splitting-tabelle €	zu ver-steuerndes Einkommen €	Einkommensteuer Grund-tabelle €	Splitting-tabelle €	zu ver-steuerndes Einkommen €	Einkommensteuer Grund-tabelle €	Splitting-tabelle €
78.650	24.771	17.350	79.900	25.296	17.800	81.150	25.821	18.252
78.675	24.782	17.358	79.925	25.307	17.808	81.175	25.832	18.260
78.700	24.792	17.368	79.950	25.317	17.818	81.200	25.842	18.270
78.725	24.803	17.376	79.975	25.328	17.826	81.225	25.853	18.280
78.750	24.813	17.386	80.000	25.338	17.836	81.250	25.863	18.288
78.775	24.824	17.394	80.025	25.349	17.844	81.275	25.874	18.298
78.800	24.834	17.404	80.050	25.359	17.854	81.300	25.884	18.306
78.825	24.845	17.412	80.075	25.370	17.862	81.325	25.895	18.316
78.850	24.855	17.422	80.100	25.380	17.872	81.350	25.905	18.326
78.875	24.866	17.430	80.125	25.391	17.880	81.375	25.916	18.334
78.900	24.876	17.440	80.150	25.401	17.890	81.400	25.926	18.344
78.925	24.887	17.448	80.175	25.412	17.898	81.425	25.937	18.352
78.950	24.897	17.458	80.200	25.422	17.908	81.450	25.947	18.362
78.975	24.908	17.466	80.225	25.433	17.916	81.475	25.958	18.370
79.000	24.918	17.476	80.250	25.443	17.926	81.500	25.968	18.380
79.025	24.929	17.484	80.275	25.454	17.934	81.525	25.979	18.388
79.050	24.939	17.494	80.300	25.464	17.944	81.550	25.989	18.398
79.075	24.950	17.502	80.325	25.475	17.952	81.575	26.000	18.406
79.100	24.960	17.512	80.350	25.485	17.962	81.600	26.010	18.416
79.125	24.971	17.520	80.375	25.496	17.970	81.625	26.021	18.424
79.150	24.981	17.530	80.400	25.506	17.980	81.650	26.031	18.434
79.175	24.992	17.538	80.425	25.517	17.988	81.675	26.042	18.444
79.200	25.002	17.548	80.450	25.527	17.998	81.700	26.052	18.452
79.225	25.013	17.556	80.475	25.538	18.006	81.725	26.063	18.462
79.250	25.023	17.566	80.500	25.548	18.016	81.750	26.073	18.470
79.275	25.034	17.574	80.525	25.559	18.026	81.775	26.084	18.480
79.300	25.044	17.584	80.550	25.569	18.034	81.800	26.094	18.490
79.325	25.055	17.592	80.575	25.580	18.044	81.825	26.105	18.498
79.350	25.065	17.602	80.600	25.590	18.052	81.850	26.115	18.508
79.375	25.076	17.610	80.625	25.601	18.062	81.875	26.126	18.516
79.400	25.086	17.620	80.650	25.611	18.070	81.900	26.136	18.526
79.425	25.097	17.628	80.675	25.622	18.080	81.925	26.147	18.534
79.450	25.107	17.638	80.700	25.632	18.088	81.950	26.157	18.544
79.475	25.118	17.646	80.725	25.643	18.098	81.975	26.168	18.552
79.500	25.128	17.656	80.750	25.653	18.106	82.000	26.178	18.562
79.525	25.139	17.664	80.775	25.664	18.116	82.025	26.189	18.570
79.550	25.149	17.674	80.800	25.674	18.126	82.050	26.199	18.580
79.575	25.160	17.682	80.825	25.685	18.134	82.075	26.210	18.590
79.600	25.170	17.692	80.850	25.695	18.144	82.100	26.220	18.598
79.625	25.181	17.700	80.875	25.706	18.152	82.125	26.231	18.608
79.650	25.191	17.710	80.900	25.716	18.162	82.150	26.241	18.618
79.675	25.202	17.718	80.925	25.727	18.170	82.175	26.252	18.626
79.700	25.212	17.728	80.950	25.737	18.180	82.200	26.262	18.636
79.725	25.223	17.736	80.975	25.748	18.188	82.225	26.273	18.644
79.750	25.233	17.746	81.000	25.758	18.198	82.250	26.283	18.654
79.775	25.244	17.754	81.025	25.769	18.206	82.275	26.294	18.662
79.800	25.254	17.764	81.050	25.779	18.216	82.300	26.304	18.672
79.825	25.265	17.772	81.075	25.790	18.224	82.325	26.315	18.680
79.850	25.275	17.782	81.100	25.800	18.234	82.350	26.325	18.690
79.875	25.286	17.790	81.125	25.811	18.242	82.375	26.336	18.700

Einkommensteuergrund- und Splittingtabellen für 2015

zu ver- steuerndes Einkommen €	Einkommensteuer Grund- tabelle €	Einkommensteuer Splitting- tabelle €	zu ver- steuerndes Einkommen €	Einkommensteuer Grund- tabelle €	Einkommensteuer Splitting- tabelle €	zu ver- steuerndes Einkommen €	Einkommensteuer Grund- tabelle €	Einkommensteuer Splitting- tabelle €
82.400	26.346	18.708	83.650	26.871	19.168	84.900	27.396	19.632
82.425	26.357	18.718	83.675	26.882	19.178	84.925	27.407	19.642
82.450	26.367	18.726	83.700	26.892	19.188	84.950	27.417	19.650
82.475	26.378	18.736	83.725	26.903	19.196	84.975	27.428	19.660
82.500	26.388	18.746	83.750	26.913	19.206	85.000	27.438	19.670
82.525	26.399	18.754	83.775	26.924	19.214	85.025	27.449	19.678
82.550	26.409	18.764	83.800	26.934	19.224	85.050	27.459	19.688
82.575	26.420	18.772	83.825	26.945	19.232	85.075	27.470	19.698
82.600	26.430	18.782	83.850	26.955	19.242	85.100	27.480	19.706
82.625	26.441	18.790	83.875	26.966	19.252	85.125	27.491	19.716
82.650	26.451	18.800	83.900	26.976	19.262	85.150	27.501	19.726
82.675	26.462	18.810	83.925	26.987	19.270	85.175	27.512	19.734
82.700	26.472	18.818	83.950	26.997	19.280	85.200	27.522	19.744
82.725	26.483	18.828	83.975	27.008	19.288	85.225	27.533	19.752
82.750	26.493	18.838	84.000	27.018	19.298	85.250	27.543	19.762
82.775	26.504	18.846	84.025	27.029	19.306	85.275	27.554	19.772
82.800	26.514	18.856	84.050	27.039	19.316	85.300	27.564	19.782
82.825	26.525	18.864	84.075	27.050	19.326	85.325	27.575	19.790
82.850	26.535	18.874	84.100	27.060	19.336	85.350	27.585	19.800
82.875	26.546	18.882	84.125	27.071	19.344	85.375	27.596	19.808
82.900	26.556	18.892	84.150	27.081	19.354	85.400	27.606	19.818
82.925	26.567	18.902	84.175	27.092	19.362	85.425	27.617	19.828
82.950	26.577	18.910	84.200	27.102	19.372	85.450	27.627	19.838
82.975	26.588	18.920	84.225	27.113	19.382	85.475	27.638	19.846
83.000	26.598	18.930	84.250	27.123	19.390	85.500	27.648	19.856
83.025	26.609	18.938	84.275	27.134	19.400	85.525	27.659	19.864
83.050	26.619	18.948	84.300	27.144	19.410	85.550	27.669	19.874
83.075	26.630	18.956	84.325	27.155	19.418	85.575	27.680	19.884
83.100	26.640	18.966	84.350	27.165	19.428	85.600	27.690	19.894
83.125	26.651	18.974	84.375	27.176	19.436	85.625	27.701	19.902
83.150	26.661	18.984	84.400	27.186	19.446	85.650	27.711	19.912
83.175	26.672	18.994	84.425	27.197	19.456	85.675	27.722	19.922
83.200	26.682	19.002	84.450	27.207	19.464	85.700	27.732	19.930
83.225	26.693	19.012	84.475	27.218	19.474	85.725	27.743	19.940
83.250	26.703	19.022	84.500	27.228	19.484	85.750	27.753	19.950
83.275	26.714	19.030	84.525	27.239	19.492	85.775	27.764	19.958
83.300	26.724	19.040	84.550	27.249	19.502	85.800	27.774	19.968
83.325	26.735	19.048	84.575	27.260	19.510	85.825	27.785	19.978
83.350	26.745	19.058	84.600	27.270	19.520	85.850	27.795	19.986
83.375	26.756	19.066	84.625	27.281	19.530	85.875	27.806	19.996
83.400	26.766	19.076	84.650	27.291	19.540	85.900	27.816	20.006
83.425	26.777	19.086	84.675	27.302	19.548	85.925	27.827	20.014
83.450	26.787	19.094	84.700	27.312	19.558	85.950	27.837	20.024
83.475	26.798	19.104	84.725	27.323	19.566	85.975	27.848	20.034
83.500	26.808	19.114	84.750	27.333	19.576	86.000	27.858	20.044
83.525	26.819	19.122	84.775	27.344	19.586	86.025	27.869	20.052
83.550	26.829	19.132	84.800	27.354	19.596	86.050	27.879	20.062
83.575	26.840	19.140	84.825	27.365	19.604	86.075	27.890	20.070
83.600	26.850	19.150	84.850	27.375	19.614	86.100	27.900	20.080
83.625	26.861	19.160	84.875	27.386	19.622	86.125	27.911	20.090

Einkommensteuergrund- und Splittingtabellen für 2015

zu ver- steuerndes Einkommen €	Einkommensteuer Grund- tabelle €	Splitting- tabelle €	zu ver- steuerndes Einkommen €	Einkommensteuer Grund- tabelle €	Splitting- tabelle €	zu ver- steuerndes Einkommen €	Einkommensteuer Grund- tabelle €	Splitting- tabelle €
86.150	27.921	20.100	87.400	28.446	20.570	88.650	28.971	21.044
86.175	27.932	20.108	87.425	28.457	20.580	88.675	28.982	21.054
86.200	27.942	20.118	87.450	28.467	20.588	88.700	28.992	21.064
86.225	27.953	20.128	87.475	28.478	20.598	88.725	29.003	21.072
86.250	27.963	20.136	87.500	28.488	20.608	88.750	29.013	21.082
86.275	27.974	20.146	87.525	28.499	20.616	88.775	29.024	21.092
86.300	27.984	20.156	87.550	28.509	20.626	88.800	29.034	21.102
86.325	27.995	20.164	87.575	28.520	20.636	88.825	29.045	21.110
86.350	28.005	20.174	87.600	28.530	20.646	88.850	29.055	21.120
86.375	28.016	20.184	87.625	28.541	20.654	88.875	29.066	21.130
86.400	28.026	20.194	87.650	28.551	20.664	88.900	29.076	21.140
86.425	28.037	20.202	87.675	28.562	20.674	88.925	29.087	21.148
86.450	28.047	20.212	87.700	28.572	20.684	88.950	29.097	21.158
86.475	28.058	20.222	87.725	28.583	20.692	88.975	29.108	21.168
86.500	28.068	20.230	87.750	28.593	20.702	89.000	29.118	21.178
86.525	28.079	20.240	87.775	28.604	20.712	89.025	29.129	21.186
86.550	28.089	20.250	87.800	28.614	20.722	89.050	29.139	21.196
86.575	28.100	20.258	87.825	28.625	20.730	89.075	29.150	21.206
86.600	28.110	20.268	87.850	28.635	20.740	89.100	29.160	21.216
86.625	28.121	20.278	87.875	28.646	20.750	89.125	29.171	21.226
86.650	28.131	20.288	87.900	28.656	20.760	89.150	29.181	21.236
86.675	28.142	20.296	87.925	28.667	20.768	89.175	29.192	21.244
86.700	28.152	20.306	87.950	28.677	20.778	89.200	29.202	21.254
86.725	28.163	20.316	87.975	28.688	20.788	89.225	29.213	21.264
86.750	28.173	20.324	88.000	28.698	20.798	89.250	29.223	21.274
86.775	28.184	20.334	88.025	28.709	20.806	89.275	29.234	21.282
86.800	28.194	20.344	88.050	28.719	20.816	89.300	29.244	21.292
86.825	28.205	20.352	88.075	28.730	20.826	89.325	29.255	21.302
86.850	28.215	20.362	88.100	28.740	20.836	89.350	29.265	21.312
86.875	28.226	20.372	88.125	28.751	20.844	89.375	29.276	21.320
86.900	28.236	20.382	88.150	28.761	20.854	89.400	29.286	21.330
86.925	28.247	20.390	88.175	28.772	20.864	89.425	29.297	21.340
86.950	28.257	20.400	88.200	28.782	20.874	89.450	29.307	21.350
86.975	28.268	20.410	88.225	28.793	20.882	89.475	29.318	21.358
87.000	28.278	20.420	88.250	28.803	20.892	89.500	29.328	21.368
87.025	28.289	20.428	88.275	28.814	20.902	89.525	29.339	21.378
87.050	28.299	20.438	88.300	28.824	20.912	89.550	29.349	21.388
87.075	28.310	20.446	88.325	28.835	20.920	89.575	29.360	21.398
87.100	28.320	20.456	88.350	28.845	20.930	89.600	29.370	21.408
87.125	28.331	20.466	88.375	28.856	20.940	89.625	29.381	21.416
87.150	28.341	20.476	88.400	28.866	20.950	89.650	29.391	21.426
87.175	28.352	20.484	88.425	28.877	20.958	89.675	29.402	21.436
87.200	28.362	20.494	88.450	28.887	20.968	89.700	29.412	21.446
87.225	28.373	20.504	88.475	28.898	20.978	89.725	29.423	21.454
87.250	28.383	20.514	88.500	28.908	20.988	89.750	29.433	21.464
87.275	28.394	20.522	88.525	28.919	20.996	89.775	29.444	21.474
87.300	28.404	20.532	88.550	28.929	21.006	89.800	29.454	21.484
87.325	28.415	20.542	88.575	28.940	21.016	89.825	29.465	21.494
87.350	28.425	20.552	88.600	28.950	21.026	89.850	29.475	21.504
87.375	28.436	20.560	88.625	28.961	21.034	89.875	29.486	21.512

Einkommensteuergrund- und Splittingtabellen für 2015

zu ver-steuerndes Einkommen €	Einkommensteuer Grund-tabelle €	Einkommensteuer Splitting-tabelle €	zu ver-steuerndes Einkommen €	Einkommensteuer Grund-tabelle €	Einkommensteuer Splitting-tabelle €	zu ver-steuerndes Einkommen €	Einkommensteuer Grund-tabelle €	Einkommensteuer Splitting-tabelle €
89.900	29.496	21.522	91.150	30.021	22.004	92.400	30.546	22.488
89.925	29.507	21.532	91.175	30.032	22.012	92.425	30.557	22.498
89.950	29.517	21.542	91.200	30.042	22.022	92.450	30.567	22.508
89.975	29.528	21.550	91.225	30.053	22.032	92.475	30.578	22.518
90.000	29.538	21.560	91.250	30.063	22.042	92.500	30.588	22.528
90.025	29.549	21.570	91.275	30.074	22.052	92.525	30.599	22.536
90.050	29.559	21.580	91.300	30.084	22.062	92.550	30.609	22.548
90.075	29.570	21.590	91.325	30.095	22.070	92.575	30.620	22.556
90.100	29.580	21.600	91.350	30.105	22.082	92.600	30.630	22.566
90.125	29.591	21.608	91.375	30.116	22.090	92.625	30.641	25.722
90.150	29.601	21.618	91.400	30.126	22.100	92.650	30.651	22.586
90.175	29.612	21.628	91.425	30.137	22.110	92.675	30.662	22.596
90.200	29.622	21.638	91.450	30.147	22.120	92.700	30.672	22.606
90.225	29.633	21.646	91.475	30.158	22.130	92.725	30.683	22.614
90.250	29.643	21.656	91.500	30.168	22.140	92.750	30.693	22.626
90.275	29.654	21.666	91.525	30.179	22.148	92.775	30.704	22.634
90.300	29.664	21.676	91.550	30.189	22.158	92.800	30.714	22.644
90.325	29.675	21.686	91.575	30.200	22.168	92.825	30.725	22.654
90.350	29.685	21.696	91.600	30.210	22.178	92.850	30.735	22.664
90.375	29.696	21.704	91.625	30.221	22.188	92.875	30.746	22.674
90.400	29.706	21.714	91.650	30.231	22.198	92.900	30.756	22.684
90.425	29.717	21.724	91.675	30.242	22.206	92.925	30.767	22.694
90.450	29.727	21.734	91.700	30.252	22.216	92.950	30.777	22.704
90.475	29.738	21.742	91.725	30.263	22.226	92.975	30.788	22.712
90.500	29.748	21.752	91.750	30.273	22.236	93.000	30.798	22.722
90.525	29.759	21.762	91.775	30.284	22.246	93.025	30.809	22.732
90.550	29.769	21.772	91.800	30.294	22.256	93.050	30.819	22.742
90.575	29.780	21.782	91.825	30.305	22.264	93.075	30.830	22.752
90.600	29.790	21.792	91.850	30.315	22.274	93.100	30.840	22.762
90.625	29.801	21.800	91.875	30.326	22.284	93.125	30.851	22.772
90.650	29.811	21.810	91.900	30.336	22.294	93.150	30.861	22.782
90.675	29.822	21.820	91.925	30.347	22.304	93.175	30.872	22.790
90.700	29.832	21.830	91.950	30.357	22.314	93.200	30.882	22.800
90.725	29.843	21.840	91.975	30.368	22.322	93.225	30.893	22.810
90.750	29.853	21.850	92.000	30.378	22.334	93.250	30.903	22.820
90.775	29.864	21.858	92.025	30.389	22.342	93.275	30.914	22.830
90.800	29.874	21.868	92.050	30.399	22.352	93.300	30.924	22.840
90.825	29.885	21.878	92.075	30.410	22.362	93.325	30.935	22.850
90.850	29.895	21.888	92.100	30.420	22.372	93.350	30.945	22.860
90.875	29.906	21.898	92.125	30.431	22.382	93.375	30.956	22.870
90.900	29.916	21.908	92.150	30.441	22.392	93.400	30.966	22.880
90.925	29.927	21.916	92.175	30.452	22.400	93.425	30.977	22.888
90.950	29.937	21.926	92.200	30.462	22.410	93.450	30.987	22.898
90.975	29.948	21.936	92.225	30.473	22.420	93.475	30.998	22.908
91.000	29.958	21.946	92.250	30.483	22.430	93.500	31.008	22.918
91.025	29.969	21.954	92.275	30.494	22.440	93.525	31.019	22.928
91.050	29.979	21.966	92.300	30.504	22.450	93.550	31.029	22.938
91.075	29.990	21.974	92.325	30.515	22.460	93.575	31.040	22.948
91.100	30.000	21.984	92.350	30.525	22.470	93.600	31.050	22.958
91.125	30.011	21.994	92.375	30.536	22.478	93.625	31.061	22.968

Einkommensteuergrund- und Splittingtabellen für 2015

zu versteuerndes Einkommen €	Einkommensteuer Grundtabelle €	Einkommensteuer Splittingtabelle €	zu versteuerndes Einkommen €	Einkommensteuer Grundtabelle €	Einkommensteuer Splittingtabelle €	zu versteuerndes Einkommen €	Einkommensteuer Grundtabelle €	Einkommensteuer Splittingtabelle €
93.650	31.071	22.978	94.900	31.596	23.470	96.150	32.121	23.966
93.675	31.082	22.986	94.925	31.607	23.478	96.175	32.132	23.974
93.700	31.092	22.996	94.950	31.617	23.490	96.200	32.142	23.986
93.725	31.103	23.006	94.975	31.628	23.498	96.225	32.153	23.994
93.750	31.113	23.016	95.000	31.638	23.508	96.250	32.163	24.004
93.775	31.124	23.026	95.025	31.649	23.518	96.275	32.174	24.014
93.800	31.134	23.036	95.050	31.659	23.528	96.300	32.184	24.024
93.825	31.145	23.046	95.075	31.670	23.538	96.325	32.195	24.034
93.850	31.155	23.056	95.100	31.680	23.548	96.350	32.205	24.044
93.875	31.166	23.066	95.125	31.691	23.558	96.375	32.216	24.054
93.900	31.176	23.076	95.150	31.701	23.568	96.400	32.226	24.064
93.925	31.187	23.084	95.175	31.712	23.578	96.425	32.237	24.074
93.950	31.197	23.096	95.200	31.722	23.588	96.450	32.247	24.084
93.975	31.208	23.104	95.225	31.733	23.598	96.475	32.258	24.094
94.000	31.218	23.114	95.250	31.743	23.608	96.500	32.268	24.104
94.025	31.229	23.124	95.275	31.754	23.618	96.525	32.279	24.114
94.050	31.239	23.134	95.300	31.764	23.628	96.550	32.289	24.124
94.075	31.250	23.144	95.325	31.775	23.638	96.575	32.300	24.134
94.100	31.260	23.154	95.350	31.785	23.648	96.600	32.310	24.144
94.125	31.271	23.164	95.375	31.796	23.656	96.625	32.321	24.154
94.150	31.281	23.174	95.400	31.806	23.668	96.650	32.331	24.164
94.175	31.292	23.184	95.425	31.817	23.676	96.675	32.342	24.174
94.200	31.302	23.194	95.450	31.827	23.688	96.700	32.352	24.184
94.225	31.313	23.202	95.475	31.838	23.696	96.725	32.363	24.194
94.250	31.323	23.214	95.500	31.848	23.706	96.750	32.373	24.204
94.275	31.334	23.222	95.525	31.859	23.716	96.775	32.384	24.214
94.300	31.344	23.232	95.550	31.869	23.726	96.800	32.394	24.224
94.325	31.355	23.242	95.575	31.880	23.736	96.825	32.405	24.234
94.350	31.365	23.252	95.600	31.890	23.746	96.850	32.415	24.244
94.375	31.376	23.262	95.625	31.901	23.756	96.875	32.426	24.254
94.400	31.386	23.272	95.650	31.911	23.766	96.900	32.436	24.264
94.425	31.397	23.282	95.675	31.922	23.776	96.925	32.447	24.274
94.450	31.407	23.292	95.700	31.932	23.786	96.950	32.457	24.284
94.475	31.418	23.302	95.725	31.943	23.796	96.975	32.468	24.294
94.500	31.428	23.312	95.750	31.953	23.806	97.000	32.478	24.304
94.525	31.439	23.320	95.775	31.964	23.816	97.025	32.489	24.314
94.550	31.449	23.332	95.800	31.974	23.826	97.050	32.499	24.324
94.575	31.460	23.340	95.825	31.985	23.836	97.075	32.510	24.334
94.600	31.470	23.350	95.850	31.995	23.846	97.100	32.520	24.344
94.625	31.481	23.360	95.875	32.006	23.856	97.125	32.531	24.354
94.650	31.491	23.370	95.900	32.016	23.866	97.150	32.541	24.364
94.675	31.502	23.380	95.925	32.027	23.876	97.175	32.552	24.374
94.700	31.512	23.390	95.950	32.037	23.886	97.200	32.562	24.384
94.725	31.523	23.400	95.975	32.048	23.896	97.225	32.573	24.394
94.750	31.533	23.410	96.000	32.058	23.906	97.250	32.583	24.404
94.775	31.544	23.420	96.025	32.069	23.916	97.275	32.594	24.414
94.800	31.554	23.430	96.050	32.079	23.926	97.300	32.604	24.424
94.825	31.565	23.440	96.075	32.090	23.934	97.325	32.615	24.434
94.850	31.575	23.450	96.100	32.100	23.946	97.350	32.625	24.444
94.875	31.586	23.460	96.125	32.111	23.954	97.375	32.636	24.454

Einkommensteuergrund- und Splittingtabellen für 2015

zu versteuerndes Einkommen €	Einkommensteuer Grundtabelle €	Splittingtabelle €	zu versteuerndes Einkommen €	Einkommensteuer Grundtabelle €	Splittingtabelle €	zu versteuerndes Einkommen €	Einkommensteuer Grundtabelle €	Splittingtabelle €
97.400	32.646	24.464	98.650	33.171	24.968	99.900	33.696	25.474
97.425	32.657	24.474	98.675	33.182	24.978	99.925	33.707	25.484
97.450	32.667	24.484	98.700	33.192	24.988	99.950	33.717	25.494
97.475	32.678	24.494	98.725	33.203	24.998	99.975	33.728	25.504
97.500	32.688	24.504	98.750	33.213	25.008	100.000	33.738	25.514
97.525	32.699	24.514	98.775	33.224	25.018	100.025	33.749	25.524
97.550	32.709	24.524	98.800	33.234	25.028	100.050	33.759	25.534
97.575	32.720	24.534	98.825	33.245	25.038	100.075	33.770	25.544
97.600	32.730	24.544	98.850	33.255	25.048	100.100	33.780	25.556
97.625	32.741	24.554	98.875	33.266	25.058	100.125	33.791	25.564
97.650	32.751	24.564	98.900	33.276	25.068	100.150	33.801	25.576
97.675	32.762	24.574	98.925	33.287	25.078	100.175	33.812	25.586
97.700	32.772	24.584	98.950	33.297	25.088	100.200	33.822	25.596
97.725	32.783	24.594	98.975	33.308	25.098	100.225	33.833	25.606
97.750	32.793	24.604	99.000	33.318	25.108	100.250	33.843	25.616
97.775	32.804	24.614	99.025	33.329	25.118	100.275	33.854	25.626
97.800	32.814	24.624	99.050	33.339	25.130	100.300	33.864	25.636
97.825	32.825	24.634	99.075	33.350	25.138	100.325	33.875	25.646
97.850	32.835	24.646	99.100	33.360	25.150	100.350	33.885	25.656
97.875	32.846	24.654	99.125	33.371	25.158	100.375	33.896	25.666
97.900	32.856	24.666	99.150	33.381	25.170	100.400	33.906	25.678
97.925	32.867	24.674	99.175	33.392	25.180	100.425	33.917	25.688
97.950	32.877	24.686	99.200	33.402	25.190	100.450	33.927	25.698
97.975	32.888	24.694	99.225	33.413	25.200	100.475	33.938	25.708
98.000	32.898	24.706	99.250	33.423	25.210	100.500	33.948	25.718
98.025	32.909	24.716	99.275	33.434	25.220	100.525	33.959	25.728
98.050	32.919	24.726	99.300	33.444	25.230	100.550	33.969	25.738
98.075	32.930	24.736	99.325	33.455	25.240	100.575	33.980	25.748
98.100	32.940	24.746	99.350	33.465	25.250	100.600	33.990	25.758
98.125	32.951	24.756	99.375	33.476	25.260	100.625	34.001	25.768
98.150	32.961	24.766	99.400	33.486	25.270	100.650	34.011	25.780
98.175	32.972	24.776	99.425	33.497	25.280	100.675	34.022	25.790
98.200	32.982	24.786	99.450	33.507	25.292	100.700	34.032	25.800
98.225	32.993	24.796	99.475	33.518	25.300	100.725	34.043	25.810
98.250	33.003	24.806	99.500	33.528	25.312	100.750	34.053	25.820
98.275	33.014	24.816	99.525	33.539	25.322	100.775	34.064	25.830
98.300	33.024	24.826	99.550	33.549	25.332	100.800	34.074	25.840
98.325	33.035	24.836	99.575	33.560	25.342	100.825	34.085	25.850
98.350	33.045	24.846	99.600	33.570	25.352	100.850	34.095	25.862
98.375	33.056	24.856	99.625	33.581	25.362	100.875	34.106	25.870
98.400	33.066	24.866	99.650	33.591	25.372	100.900	34.116	25.882
98.425	33.077	24.876	99.675	33.602	25.382	100.925	34.127	25.892
98.450	33.087	24.886	99.700	33.612	25.392	100.950	34.137	25.902
98.475	33.098	24.896	99.725	33.623	25.402	100.975	34.148	25.912
98.500	33.108	24.906	99.750	33.633	25.412	101.000	34.158	25.922
98.525	33.119	24.916	99.775	33.644	25.422	101.025	34.169	25.932
98.550	33.129	24.926	99.800	33.654	25.434	101.050	34.179	25.942
98.575	33.140	24.936	99.825	33.665	25.442	101.075	34.190	25.952
98.600	33.150	24.948	99.850	33.675	25.454	101.100	34.200	25.964
98.625	33.161	24.956	99.875	33.686	25.464	101.125	34.211	25.974

Einkommensteuergrund- und Splittingtabellen für 2015

zu versteuerndes Einkommen €	Einkommensteuer Grundtabelle €	Splittingtabelle €	zu versteuerndes Einkommen €	Einkommensteuer Grundtabelle €	Splittingtabelle €	zu versteuerndes Einkommen €	Einkommensteuer Grundtabelle €	Splittingtabelle €
101.150	34.221	25.984	102.400	34.746	26.498	103.650	35.271	27.014
101.175	34.232	25.994	102.425	34.757	26.508	103.675	35.282	27.024
101.200	34.242	26.004	102.450	34.767	26.518	103.700	35.292	27.036
101.225	34.253	26.014	102.475	34.778	26.528	103.725	35.303	27.046
101.250	34.263	26.024	102.500	34.788	26.538	103.750	35.313	27.056
101.275	34.274	26.034	102.525	34.799	26.548	103.775	35.324	27.066
101.300	34.284	26.046	102.550	34.809	26.560	103.800	35.334	27.076
101.325	34.295	26.056	102.575	34.820	26.570	103.825	35.345	27.086
101.350	34.305	26.066	102.600	34.830	26.580	103.850	35.355	27.098
101.375	34.316	26.076	102.625	34.841	26.590	103.875	35.366	27.108
101.400	34.326	26.086	102.650	34.851	26.600	103.900	35.376	27.118
101.425	34.337	26.096	102.675	34.862	26.610	103.925	35.387	27.128
101.450	34.347	26.106	102.700	34.872	26.622	103.950	35.397	27.140
101.475	34.358	26.116	102.725	34.883	26.632	103.975	35.408	27.150
101.500	34.368	26.128	102.750	34.893	26.642	104.000	35.418	27.160
101.525	34.379	26.138	102.775	34.904	26.652	104.025	35.429	27.170
101.550	34.389	26.148	102.800	34.914	26.662	104.050	35.439	27.180
101.575	34.400	26.158	102.825	34.925	26.672	104.075	35.450	27.190
101.600	34.410	26.168	102.850	34.935	26.684	104.100	35.460	27.202
101.625	34.421	26.178	102.875	34.946	26.694	104.125	35.471	27.212
101.650	34.431	26.188	102.900	34.956	26.704	104.150	35.481	27.222
101.675	34.442	26.198	102.925	34.967	26.714	104.175	35.492	27.232
101.700	34.452	26.210	102.950	34.977	26.724	104.200	35.502	27.244
101.725	34.463	26.220	102.975	34.988	26.734	104.225	35.513	27.254
101.750	34.473	26.230	103.000	34.998	26.746	104.250	35.523	27.264
101.775	34.484	26.240	103.025	35.009	26.756	104.275	35.534	27.274
101.800	34.494	26.250	103.050	35.019	26.766	104.300	35.544	27.284
101.825	34.505	26.260	103.075	35.030	26.776	104.325	35.555	27.294
101.850	34.515	26.270	103.100	35.040	26.786	104.350	35.565	27.306
101.875	34.526	26.280	103.125	35.051	26.796	104.375	35.576	27.316
101.900	34.536	26.292	103.150	35.061	26.808	104.400	35.586	27.326
101.925	34.547	26.302	103.175	35.072	26.818	104.425	35.597	27.336
101.950	34.557	26.312	103.200	35.082	26.828	104.450	35.607	27.348
101.975	34.568	26.322	103.225	35.093	26.838	104.475	35.618	27.358
102.000	34.578	26.332	103.250	35.103	26.848	104.500	35.628	27.368
102.025	34.589	26.342	103.275	35.114	26.858	104.525	35.639	27.378
102.050	34.599	26.354	103.300	35.124	26.870	104.550	35.649	27.390
102.075	34.610	26.364	103.325	35.135	26.880	104.575	35.660	27.400
102.100	34.620	26.374	103.350	35.145	26.890	104.600	35.670	27.410
102.125	34.631	26.384	103.375	35.156	26.900	104.625	35.681	27.420
102.150	34.641	26.394	103.400	35.166	26.910	104.650	35.691	27.430
102.175	34.652	26.404	103.425	35.177	26.920	104.675	35.702	27.440
102.200	34.662	26.414	103.450	35.187	26.932	104.700	35.712	27.452
102.225	34.673	26.424	103.475	35.220	26.986	104.725	35.723	27.462
102.250	34.683	26.436	103.500	35.208	26.952	104.750	35.733	27.472
102.275	34.694	26.446	103.525	35.219	26.962	104.775	35.744	27.482
102.300	34.704	26.456	103.550	35.229	26.974	104.800	35.754	27.494
102.325	34.715	26.466	103.575	35.240	26.984	104.825	35.765	27.504
102.350	34.725	26.476	103.600	35.250	26.994	104.850	35.775	27.514
102.375	34.736	26.486	103.625	35.261	27.004	104.875	35.786	27.524

Einkommensteuergrund- und Splittingtabellen für 2015

zu versteuerndes Einkommen €	Einkommensteuer Grundtabelle €	Einkommensteuer Splittingtabelle €	zu versteuerndes Einkommen €	Einkommensteuer Grundtabelle €	Einkommensteuer Splittingtabelle €	zu versteuerndes Einkommen €	Einkommensteuer Grundtabelle €	Einkommensteuer Splittingtabelle €
104.900	35.796	27.536	106.150	36.321	28.060	107.400	36.846	28.584
104.925	35.807	27.546	106.175	36.332	28.070	107.425	36.857	28.594
104.950	35.817	27.556	106.200	36.342	28.080	107.450	36.867	28.606
104.975	35.828	27.566	106.225	36.353	28.090	107.475	36.878	28.616
105.000	35.838	27.578	106.250	36.363	28.102	107.500	36.888	28.626
105.025	35.849	27.588	106.275	36.374	28.112	107.525	36.899	28.636
105.050	35.859	27.598	106.300	36.384	28.122	107.550	36.909	28.648
105.075	35.870	27.608	106.325	36.395	28.132	107.575	36.920	28.658
105.100	35.880	27.618	106.350	36.405	28.144	107.600	36.930	28.668
105.125	35.891	27.630	106.375	36.416	28.154	107.625	36.941	28.678
105.150	35.901	27.640	106.400	36.426	28.164	107.650	36.951	28.690
105.175	35.912	27.650	106.425	36.437	28.174	107.675	36.962	28.700
105.200	35.922	27.660	106.450	36.447	28.186	107.700	36.972	28.710
105.225	35.933	27.670	106.475	36.458	28.196	107.725	36.983	28.720
105.250	35.943	27.682	106.500	36.468	28.206	107.750	36.993	28.732
105.275	35.954	27.692	106.525	36.479	28.216	107.775	37.004	28.742
105.300	35.964	27.702	106.550	36.489	28.228	107.800	37.014	28.752
105.325	35.975	27.712	106.575	36.500	28.238	107.825	37.025	28.762
105.350	35.985	27.724	106.600	36.510	28.248	107.850	37.035	28.774
105.375	35.996	27.734	106.625	36.521	28.258	107.875	37.046	28.784
105.400	36.006	27.744	106.650	36.531	28.270	107.900	37.056	28.794
105.425	36.017	27.754	106.675	36.542	28.280	107.925	37.067	28.804
105.450	36.027	27.766	106.700	36.552	28.290	107.950	37.077	28.816
105.475	36.038	27.776	106.725	36.563	28.300	107.975	37.088	28.826
105.500	36.048	27.786	106.750	36.573	28.312	108.000	37.098	28.836
105.525	36.059	27.796	106.775	36.584	28.322	108.025	37.109	28.846
105.550	36.069	27.808	106.800	36.594	28.332	108.050	37.119	28.858
105.575	36.080	27.818	106.825	36.605	28.342	108.075	37.130	28.868
105.600	36.090	27.828	106.850	36.615	28.354	108.100	37.140	28.878
105.625	36.101	27.838	106.875	36.626	28.364	108.125	37.151	28.888
105.650	36.111	27.850	106.900	36.636	28.374	108.150	37.161	28.900
105.675	36.122	27.860	106.925	36.647	28.384	108.175	37.172	28.910
105.700	36.132	27.870	106.950	36.657	28.396	108.200	37.182	28.920
105.725	36.143	27.880	106.975	36.668	28.406	108.225	37.193	28.930
105.750	36.153	27.892	107.000	36.678	28.416	108.250	37.203	28.942
105.775	36.164	27.902	107.025	36.689	28.426	108.275	37.214	28.952
105.800	36.174	27.912	107.050	36.699	28.438	108.300	37.224	28.962
105.825	36.185	27.922	107.075	36.710	28.448	108.325	37.235	28.972
105.850	36.195	27.934	107.100	36.720	28.458	108.350	37.245	28.984
105.875	36.206	27.944	107.125	36.731	28.468	108.375	37.256	28.994
105.900	36.216	27.954	107.150	36.741	28.480	108.400	37.266	29.004
105.925	36.227	27.964	107.175	36.752	28.490	108.425	37.277	29.014
105.950	36.237	27.976	107.200	36.762	28.500	108.450	37.287	29.026
105.975	36.248	27.986	107.225	36.773	28.510	108.475	37.298	29.036
106.000	36.258	27.996	107.250	36.783	28.522	108.500	37.308	29.046
106.025	36.269	28.006	107.275	36.794	28.532	108.525	37.319	29.056
106.050	36.279	28.018	107.300	36.804	28.542	108.550	37.329	29.068
106.075	36.290	28.028	107.325	36.815	28.552	108.575	37.340	29.078
106.100	36.300	28.038	107.350	36.825	28.564	108.600	37.350	29.088
106.125	36.311	28.048	107.375	36.836	28.574	108.625	37.361	29.098

Einkommensteuergrund- und Splittingtabellen für 2015

zu versteuerndes Einkommen €	Einkommensteuer Grundtabelle €	Einkommensteuer Splittingtabelle €	zu versteuerndes Einkommen €	Einkommensteuer Grundtabelle €	Einkommensteuer Splittingtabelle €	zu versteuerndes Einkommen €	Einkommensteuer Grundtabelle €	Einkommensteuer Splittingtabelle €
108.650	37.371	29.110	109.900	37.896	29.634	111.150	38.421	30.160
108.675	37.382	29.120	109.925	37.907	29.644	111.175	38.432	30.170
108.700	37.392	29.130	109.950	37.917	29.656	111.200	38.442	30.180
108.725	37.403	29.140	109.975	37.928	29.666	111.225	38.453	30.190
108.750	37.413	29.152	110.000	37.938	29.676	111.250	38.463	30.202
108.775	37.424	29.162	110.025	37.949	29.686	111.275	38.474	30.212
108.800	37.434	29.172	110.050	37.959	29.698	111.300	38.484	30.222
108.825	37.445	29.182	110.075	37.970	29.708	111.325	38.495	30.232
108.850	37.455	29.194	110.100	37.980	29.718	111.350	38.505	30.244
108.875	37.466	29.204	110.125	37.991	29.728	111.375	38.516	30.254
108.900	37.476	29.214	110.150	38.001	29.740	111.400	38.526	30.264
108.925	37.487	29.224	110.175	38.012	29.750	111.425	38.537	30.274
108.950	37.497	29.236	110.200	38.022	29.760	111.450	38.547	30.286
108.975	37.508	29.246	110.225	38.033	29.770	111.475	38.558	30.296
109.000	37.518	29.256	110.250	38.043	29.782	111.500	38.568	30.306
109.025	37.529	29.266	110.275	38.054	29.792	111.525	38.579	30.316
109.050	37.539	29.278	110.300	38.064	29.802	111.550	38.589	30.328
109.075	37.550	29.288	110.325	38.075	29.812	111.575	38.600	30.338
109.100	37.560	29.298	110.350	38.085	29.824	111.600	38.610	30.348
109.125	37.571	29.308	110.375	38.096	29.834	111.625	38.621	30.358
109.150	37.581	29.320	110.400	38.106	29.844	111.650	38.631	30.370
109.175	37.592	29.330	110.425	38.117	29.854	111.675	38.642	30.380
109.200	37.602	29.340	110.450	38.127	29.866	111.700	38.652	30.390
109.225	37.613	29.350	110.475	38.138	29.876	111.725	38.663	30.400
109.250	37.623	29.362	110.500	38.148	29.886	111.750	38.673	30.412
109.275	37.634	29.372	110.525	38.159	29.896	111.775	38.684	30.422
109.300	37.644	29.382	110.550	38.169	29.908	111.800	38.694	30.432
109.325	37.655	29.392	110.575	38.180	29.918	111.825	38.705	30.442
109.350	37.665	29.404	110.600	38.190	29.928	111.850	38.715	30.454
109.375	37.676	29.414	110.625	38.201	29.938	111.875	38.726	30.464
109.400	37.686	29.424	110.650	38.211	29.950	111.900	38.736	30.474
109.425	37.697	29.434	110.675	38.222	29.960	111.925	38.747	30.484
109.450	37.707	29.446	110.700	38.232	29.970	111.950	38.757	30.496
109.475	37.718	29.456	110.725	38.243	29.980	111.975	38.768	30.506
109.500	37.728	29.466	110.750	38.253	29.992	112.000	38.778	30.516
109.525	37.739	29.476	110.775	38.264	30.002	112.025	38.789	30.526
109.550	37.749	29.488	110.800	38.274	30.012	112.050	38.799	30.538
109.575	37.760	29.498	110.825	38.285	30.022	112.075	38.810	30.548
109.600	37.770	29.508	110.850	38.295	30.034	112.100	38.820	30.558
109.625	37.781	29.518	110.875	38.306	30.044	112.125	38.831	30.568
109.650	37.791	29.530	110.900	38.316	30.054	112.150	38.841	30.580
109.675	37.802	29.540	110.925	38.327	30.064	112.175	38.852	30.590
109.700	37.812	29.550	110.950	38.337	30.076	112.200	38.862	30.600
109.725	37.823	29.560	110.975	38.348	30.086	112.225	38.873	30.610
109.750	37.833	29.572	111.000	38.358	30.096	112.250	38.883	30.622
109.775	37.844	29.582	111.025	38.369	30.106	112.275	38.894	30.632
109.800	37.854	29.592	111.050	38.379	30.118	112.300	38.904	30.642
109.825	37.865	29.602	111.075	38.390	30.128	112.325	38.915	30.652
109.850	37.875	29.614	111.100	38.400	30.138	112.350	38.925	30.664
109.875	37.886	29.624	111.125	38.411	30.148	112.375	38.936	30.674

Einkommensteuergrund- und Splittingtabellen für 2015

zu versteuerndes Einkommen €	Einkommensteuer Grundtabelle €	Einkommensteuer Splittingtabelle €	zu versteuerndes Einkommen €	Einkommensteuer Grundtabelle €	Einkommensteuer Splittingtabelle €	zu versteuerndes Einkommen €	Einkommensteuer Grundtabelle €	Einkommensteuer Splittingtabelle €
112.400	38.946	30.684	113.650	39.471	31.210	114.900	39.996	31.734
112.425	38.957	30.694	113.675	39.482	31.220	114.925	40.007	31.744
112.450	38.967	30.706	113.700	39.492	31.230	114.950	40.017	31.756
112.475	38.978	30.716	113.725	39.503	31.240	114.975	40.028	31.766
112.500	38.988	30.726	113.750	39.513	31.252	115.000	40.038	31.776
112.525	38.999	30.736	113.775	39.524	31.262	115.025	40.049	31.786
112.550	39.009	30.748	113.800	39.534	31.272	115.050	40.059	31.798
112.575	39.020	30.758	113.825	39.545	31.282	115.075	40.070	31.808
112.600	39.030	30.768	113.850	39.555	31.294	115.100	40.080	31.818
112.625	39.041	30.778	113.875	39.566	31.304	115.125	40.091	31.828
112.650	39.051	30.790	113.900	39.576	31.314	115.150	40.101	31.840
112.675	39.062	30.800	113.925	39.587	31.324	115.175	40.112	31.850
112.700	39.072	30.810	113.950	39.597	31.336	115.200	40.122	31.860
112.725	39.083	30.820	113.975	39.608	31.346	115.225	40.133	31.870
112.750	39.093	30.832	114.000	39.618	31.356	115.250	40.143	31.882
112.775	39.104	30.842	114.025	39.629	31.366	115.275	40.154	31.892
112.800	39.114	30.852	114.050	39.639	31.378	115.300	40.164	31.902
112.825	39.125	30.862	114.075	39.650	31.388	115.325	40.175	31.912
112.850	39.135	30.874	114.100	39.660	31.398	115.350	40.185	31.924
112.875	39.146	30.884	114.125	39.671	31.408	115.375	40.196	31.934
112.900	39.156	30.894	114.150	39.681	31.420	115.400	40.206	31.944
112.925	39.167	30.904	114.175	39.692	31.430	115.425	40.217	31.954
112.950	39.177	30.916	114.200	39.702	31.440	115.450	40.227	31.966
112.975	39.188	30.926	114.225	39.713	31.450	115.475	40.238	31.976
113.000	39.198	30.936	114.250	39.723	31.462	115.500	40.248	31.986
113.025	39.209	30.946	114.275	39.734	31.472	115.525	40.259	31.996
113.050	39.219	30.958	114.300	39.744	31.482	115.550	40.269	32.008
113.075	39.230	30.968	114.325	39.755	31.492	115.575	40.280	32.018
113.100	39.240	30.978	114.350	39.765	31.504	115.600	40.290	32.028
113.125	39.251	30.988	114.375	39.776	31.514	115.625	40.301	32.038
113.150	39.261	31.000	114.400	39.786	31.524	115.650	40.311	32.050
113.175	39.272	31.010	114.425	39.797	31.534	115.675	40.322	32.060
113.200	39.282	31.020	114.450	39.807	31.546	115.700	40.332	32.070
113.225	39.293	31.030	114.475	39.818	31.556	115.725	40.343	32.080
113.250	39.303	31.042	114.500	39.828	31.566	115.750	40.353	32.092
113.275	39.314	31.052	114.525	39.839	31.576	115.775	40.364	32.102
113.300	39.324	31.062	114.550	39.849	31.588	115.800	40.374	32.112
113.325	39.335	31.072	114.575	39.860	31.598	115.825	40.385	32.122
113.350	39.345	31.084	114.600	39.870	31.608	115.850	40.395	32.134
113.375	39.356	31.094	114.625	39.881	31.618	115.875	40.406	32.144
113.400	39.366	31.104	114.650	39.891	31.630	115.900	40.416	32.154
113.425	39.377	31.114	114.675	39.902	31.640	115.925	40.427	32.164
113.450	39.387	31.126	114.700	39.912	31.650	115.950	40.437	32.176
113.475	39.398	31.136	114.725	39.923	31.660	115.975	40.448	32.186
113.500	39.408	31.146	114.750	39.933	31.672	116.000	40.458	32.196
113.525	39.419	31.156	114.775	39.944	31.682	116.025	40.469	32.206
113.550	39.429	31.168	114.800	39.954	31.692	116.050	40.479	32.218
113.575	39.440	31.178	114.825	39.965	31.702	116.075	40.490	32.228
113.600	39.450	31.188	114.850	39.975	31.714	116.100	40.500	32.238
113.625	39.461	31.198	114.875	39.986	31.724	116.125	40.511	32.248

Einkommensteuergrund- und Splittingtabellen für 2015

zu ver-steuerndes Einkommen €	Einkommensteuer Grund-tabelle €	Splitting-tabelle €	zu ver-steuerndes Einkommen €	Einkommensteuer Grund-tabelle €	Splitting-tabelle €	zu ver-steuerndes Einkommen €	Einkommensteuer Grund-tabelle €	Splitting-tabelle €
116.150	40.521	32.260	117.400	41.046	32.784	118.650	41.571	33.310
116.175	40.532	32.270	117.425	41.057	32.794	118.675	41.582	33.320
116.200	40.542	32.280	117.450	41.067	32.806	118.700	41.592	33.330
116.225	40.553	32.290	117.475	41.078	32.816	118.725	41.603	33.340
116.250	40.563	32.302	117.500	41.088	32.826	118.750	41.613	33.352
116.275	40.574	32.312	117.525	41.099	32.836	118.775	41.624	33.362
116.300	40.584	32.322	117.550	41.109	32.848	118.800	41.634	33.372
116.325	40.595	32.332	117.575	41.120	32.858	118.825	41.645	33.382
116.350	40.605	32.344	117.600	41.130	32.868	118.850	41.655	33.394
116.375	40.616	32.354	117.625	41.141	32.878	118.875	41.666	33.404
116.400	40.626	32.364	117.650	41.151	32.890	118.900	41.676	33.414
116.425	40.637	32.374	117.675	41.162	32.900	118.925	41.687	33.424
116.450	40.647	32.386	117.700	41.172	32.910	118.950	41.697	33.436
116.475	40.658	32.396	117.725	41.183	32.920	118.975	41.708	33.446
116.500	40.668	32.406	117.750	41.193	32.932	119.000	41.718	33.456
116.525	40.679	32.416	117.775	41.204	32.942	119.025	41.729	33.466
116.550	40.689	32.428	117.800	41.214	32.952	119.050	41.739	33.478
116.575	40.700	32.438	117.825	41.225	32.962	119.075	41.750	33.488
116.600	40.710	32.448	117.850	41.235	32.974	119.100	41.760	33.498
116.625	40.721	32.458	117.875	41.246	32.984	119.125	41.771	33.508
116.650	40.731	32.470	117.900	41.256	32.994	119.150	41.781	33.520
116.675	40.742	32.480	117.925	41.267	33.004	119.175	41.792	33.530
116.700	40.752	32.490	117.950	41.277	33.016	119.200	41.802	33.540
116.725	40.763	32.500	117.975	41.288	33.026	119.225	41.813	33.550
116.750	40.773	32.512	118.000	41.298	33.036	119.250	41.823	33.562
116.775	40.784	32.522	118.025	41.309	33.046	119.275	41.834	33.572
116.800	40.794	32.532	118.050	41.319	33.058	119.300	41.844	33.582
116.825	40.805	32.542	118.075	41.330	33.068	119.325	41.855	33.592
116.850	40.815	32.554	118.100	41.340	33.078	119.350	41.865	33.604
116.875	40.826	32.564	118.125	41.351	33.088	119.375	41.876	33.614
116.900	40.836	32.574	118.150	41.361	33.100	119.400	41.886	33.624
116.925	40.847	32.584	118.175	41.372	33.110	119.425	41.897	33.634
116.950	40.857	32.596	118.200	41.382	33.120	119.450	41.907	33.646
116.975	40.868	32.606	118.225	41.393	33.130	119.475	41.918	33.656
117.000	40.878	32.616	118.250	41.403	33.142	119.500	41.928	33.666
117.025	40.889	32.626	118.275	41.414	33.152	119.525	41.939	33.676
117.050	40.899	32.638	118.300	41.424	33.162	119.550	41.949	33.688
117.075	40.910	32.648	118.325	41.435	33.172	119.575	41.960	33.698
117.100	40.920	32.658	118.350	41.445	33.184	119.600	41.970	33.708
117.125	40.931	32.668	118.375	41.456	33.194	119.625	41.981	33.718
117.150	40.941	32.680	118.400	41.466	33.204	119.650	41.991	33.730
117.175	40.952	32.690	118.425	41.477	33.214	119.675	42.002	33.740
117.200	40.962	32.700	118.450	41.487	33.226	119.700	42.012	33.750
117.225	40.973	32.710	118.475	41.498	33.236	119.725	42.023	33.760
117.250	40.983	32.722	118.500	41.508	33.246	119.750	42.033	33.772
117.275	40.994	32.732	118.525	41.519	33.256	119.775	42.044	33.782
117.300	41.004	32.742	118.550	41.529	33.268	119.800	42.054	33.792
117.325	41.015	32.752	118.575	41.540	33.278	119.825	42.065	33.802
117.350	41.025	32.764	118.600	41.550	33.288	119.850	42.075	33.814
117.375	41.036	32.774	118.625	41.561	33.298	119.875	42.086	33.824

Einkommensteuergrund- und Splittingtabellen für 2015

zu versteuerndes Einkommen €	Einkommensteuer Grundtabelle €	Einkommensteuer Splittingtabelle €	zu versteuerndes Einkommen €	Einkommensteuer Grundtabelle €	Einkommensteuer Splittingtabelle €	zu versteuerndes Einkommen €	Einkommensteuer Grundtabelle €	Einkommensteuer Splittingtabelle €
119.900	42.096	33.834	121.150	42.621	34.360	122.400	43.146	34.884
119.925	42.107	33.844	121.175	42.632	34.370	122.425	43.157	34.894
119.950	42.117	33.856	121.200	42.642	34.380	122.450	43.167	34.906
119.975	42.128	33.866	121.225	42.653	34.390	122.475	43.178	34.916
120.000	42.138	33.876	121.250	42.663	34.402	122.500	43.188	34.926
120.025	42.149	33.886	121.275	42.674	34.412	122.525	43.199	34.936
120.050	42.159	33.898	121.300	42.684	34.422	122.550	43.209	34.948
120.075	42.170	33.908	121.325	42.695	34.432	122.575	43.220	34.958
120.100	42.180	33.918	121.350	42.705	34.444	122.600	43.230	34.968
120.125	42.191	33.928	121.375	42.716	34.454	122.625	43.241	34.978
120.150	42.201	33.940	121.400	42.726	34.464	122.650	43.251	34.990
120.175	42.212	33.950	121.425	42.737	34.474	122.675	43.262	35.000
120.200	42.222	33.960	121.450	42.747	34.486	122.700	43.272	35.010
120.225	42.233	33.970	121.475	42.758	34.496	122.725	43.283	35.020
120.250	42.243	33.982	121.500	42.768	34.506	122.750	43.293	35.032
120.275	42.254	33.992	121.525	42.779	34.516	122.775	43.304	35.042
120.300	42.264	34.002	121.550	42.789	34.528	122.800	43.314	35.052
120.325	42.275	34.012	121.575	42.800	34.538	122.825	43.325	35.062
120.350	42.285	34.024	121.600	42.810	34.548	122.850	43.335	35.074
120.375	42.296	34.034	121.625	42.821	34.558	122.875	43.346	35.084
120.400	42.306	34.044	121.650	42.831	34.570	122.900	43.356	35.094
120.425	42.317	34.054	121.675	42.842	34.580	122.925	43.367	35.104
120.450	42.327	34.066	121.700	42.852	34.590	122.950	43.377	35.116
120.475	42.338	34.076	121.725	42.863	34.600	122.975	43.388	35.126
120.500	42.348	34.086	121.750	42.873	34.612	123.000	43.398	35.136
120.525	42.359	34.096	121.775	42.884	34.622	123.025	43.409	35.146
120.550	42.369	34.108	121.800	42.894	34.632	123.050	43.419	35.158
120.575	42.380	34.118	121.825	42.905	34.642	123.075	43.430	35.168
120.600	42.390	34.128	121.850	42.915	34.654	123.100	43.440	35.178
120.625	42.401	34.138	121.875	42.926	34.664	123.125	43.451	35.188
120.650	42.411	34.150	121.900	42.936	34.674	123.150	43.461	35.200
120.675	42.422	34.160	121.925	42.947	34.684	123.175	43.472	35.210
120.700	42.432	34.170	121.950	42.957	34.696	123.200	43.482	35.220
120.725	42.443	34.180	121.975	42.968	34.706	123.225	43.493	35.230
120.750	42.453	34.192	122.000	42.978	34.716	123.250	43.503	35.242
120.775	42.464	34.202	122.025	42.989	34.726	123.275	43.514	35.252
120.800	42.474	34.212	122.050	42.999	34.738	123.300	43.524	35.262
120.825	42.485	34.222	122.075	43.010	34.748	123.325	43.535	35.272
120.850	42.495	34.234	122.100	43.020	34.758	123.350	43.545	35.284
120.875	42.506	34.244	122.125	43.031	34.768	123.375	43.556	35.294
120.900	42.516	34.254	122.150	43.041	34.780	123.400	43.566	35.304
120.925	42.527	34.264	122.175	43.052	34.790	123.425	43.577	35.314
120.950	42.537	34.276	122.200	43.062	34.800	123.450	43.587	35.326
120.975	42.548	34.286	122.225	43.073	34.810	123.475	43.598	35.336
121.000	42.558	34.296	122.250	43.083	34.822	123.500	43.608	35.346
121.025	42.569	34.306	122.275	43.094	34.832	123.525	43.619	35.356
121.050	42.579	34.318	122.300	43.104	34.842	123.550	43.629	35.368
121.075	42.590	34.328	122.325	43.115	34.852	123.575	43.640	35.378
121.100	42.600	34.338	122.350	43.125	34.864	123.600	43.650	35.388
121.125	42.611	34.348	122.375	43.136	34.874	123.625	43.661	35.398

Einkommensteuergrund- und Splittingtabellen für 2015

zu ver-steuerndes Einkommen €	Einkommensteuer Grund-tabelle €	Splitting-tabelle €	zu ver-steuerndes Einkommen €	Einkommensteuer Grund-tabelle €	Splitting-tabelle €	zu ver-steuerndes Einkommen €	Einkommensteuer Grund-tabelle €	Splitting-tabelle €
123.650	43.671	35.410	124.900	44.196	35.934	126.150	44.721	36.460
123.675	43.682	35.420	124.925	44.207	35.944	126.175	44.732	36.470
123.700	43.692	35.430	124.950	44.217	35.956	126.200	44.742	36.480
123.725	43.703	35.440	124.975	44.228	35.966	126.225	44.753	36.490
123.750	43.713	35.452	125.000	44.238	35.976	126.250	44.763	36.502
123.775	43.724	35.462	125.025	44.249	35.986	126.275	44.774	36.512
123.800	43.734	35.472	125.050	44.259	35.998	126.300	44.784	36.522
123.825	43.745	35.482	125.075	44.270	36.008	126.325	44.795	36.532
123.850	43.755	35.494	125.100	44.280	36.018	126.350	44.805	36.544
123.875	43.766	35.504	125.125	44.291	36.028	126.375	44.816	36.554
123.900	43.776	35.514	125.150	44.301	36.040	126.400	44.826	36.564
123.925	43.787	35.524	125.175	44.312	36.050	126.425	44.837	36.574
123.950	43.797	35.536	125.200	44.322	36.060	126.450	44.847	36.586
123.975	43.808	35.546	125.225	44.333	36.070	126.475	44.858	36.596
124.000	43.818	35.556	125.250	44.343	36.082	126.500	44.868	36.606
124.025	43.829	35.566	125.275	44.354	36.092	126.525	44.879	36.616
124.050	43.839	35.578	125.300	44.364	36.102	126.550	44.889	36.628
124.075	43.850	35.588	125.325	44.375	36.112	126.575	44.900	36.638
124.100	43.860	35.598	125.350	44.385	36.124	126.600	44.910	36.648
124.125	43.871	35.608	125.375	44.396	36.134	126.625	44.921	36.658
124.150	43.881	35.620	125.400	44.406	36.144	126.650	44.931	36.670
124.175	43.892	35.630	125.425	44.417	36.154	126.675	44.942	36.680
124.200	43.902	35.640	125.450	44.427	36.166	126.700	44.952	36.690
124.225	43.913	35.650	125.475	44.438	36.176	126.725	44.963	36.700
124.250	43.923	35.662	125.500	44.448	36.186	126.750	44.973	36.712
124.275	43.934	35.672	125.525	44.459	36.196	126.775	44.984	36.722
124.300	43.944	35.682	125.550	44.469	36.208	126.800	44.994	36.732
124.325	43.955	35.692	125.575	44.480	36.218	126.825	45.005	36.742
124.350	43.965	35.704	125.600	44.490	36.228	126.850	45.015	36.754
124.375	43.976	35.714	125.625	44.501	36.238	126.875	45.026	36.764
124.400	43.986	35.724	125.650	44.511	36.250	126.900	45.036	36.774
124.425	43.997	35.734	125.675	44.522	36.260	126.925	45.047	36.784
124.450	44.007	35.746	125.700	44.532	36.270	126.950	45.057	36.796
124.475	44.018	35.756	125.725	44.543	36.280	126.975	45.068	36.806
124.500	44.028	35.766	125.750	44.553	36.292	127.000	45.078	36.816
124.525	44.039	35.776	125.775	44.564	36.302	127.025	45.089	36.826
124.550	44.049	35.788	125.800	44.574	36.312	127.050	45.099	36.838
124.575	44.060	35.798	125.825	44.585	36.322	127.075	45.110	36.848
124.600	44.070	35.808	125.850	44.595	36.334	127.100	45.120	36.858
124.625	44.081	35.818	125.875	44.606	36.344	127.125	45.131	36.868
124.650	44.091	35.830	125.900	44.616	36.354	127.150	45.141	36.880
124.675	44.102	35.840	125.925	44.627	36.364	127.175	45.152	36.890
124.700	44.112	35.850	125.950	44.637	36.376	127.200	45.162	36.900
124.725	44.123	35.860	125.975	44.648	36.386	127.225	45.173	36.910
124.750	44.133	35.872	126.000	44.658	36.396	127.250	45.183	36.922
124.775	44.144	35.882	126.025	44.669	36.406	127.275	45.194	36.932
124.800	44.154	35.892	126.050	44.679	36.418	127.300	45.204	36.942
124.825	44.165	35.902	126.075	44.690	36.428	127.325	45.215	36.952
124.850	44.175	35.914	126.100	44.700	36.438	127.350	45.225	36.964
124.875	44.186	35.924	126.125	44.711	36.448	127.375	45.236	36.974

Einkommensteuergrund- und Splittingtabellen für 2015

zu ver- steuerndes Einkommen €	Einkommensteuer		zu ver- steuerndes Einkommen €	Einkommensteuer		zu ver- steuerndes Einkommen €	Einkommensteuer	
	Grund- tabelle €	Splitting- tabelle €		Grund- tabelle €	Splitting- tabelle €		Grund- tabelle €	Splitting- tabelle €
127.400	45.246	36.984	128.400	45.666	37.404	129.400	46.086	37.824
127.425	45.257	36.994	128.425	45.677	37.414	129.425	46.097	37.834
127.450	45.267	37.006	128.450	45.687	37.426	129.450	46.107	37.846
127.475	45.278	37.016	128.475	45.698	37.436	129.475	46.118	37.856
127.500	45.288	37.026	128.500	45.708	37.446	129.500	46.128	37.866
127.525	45.299	37.036	128.525	45.719	37.456	129.525	46.139	37.876
127.550	45.309	37.048	128.550	45.729	37.468	129.550	46.149	37.888
127.575	45.320	37.058	128.575	45.740	37.478	129.575	46.160	37.898
127.600	45.330	37.068	128.600	45.750	37.488	129.600	46.170	37.908
127.625	45.341	37.078	128.625	45.761	37.498	129.625	46.181	37.918
127.650	45.351	37.090	128.650	45.771	37.510	129.650	46.191	37.930
127.675	45.362	37.100	128.675	45.782	37.520	129.675	46.202	37.940
127.700	45.372	37.110	128.700	45.792	37.530	129.700	46.212	37.950
127.725	45.383	37.120	128.725	45.803	37.540	129.725	46.223	37.960
127.750	45.393	37.132	128.750	45.813	37.552	129.750	46.233	37.972
127.775	45.404	37.142	128.775	45.824	37.562	129.775	46.244	37.982
127.800	45.414	37.152	128.800	45.834	37.572	129.800	46.254	37.992
127.825	45.425	37.162	128.825	45.845	37.582	129.825	46.265	38.002
127.850	45.435	37.174	128.850	45.855	37.594	129.850	46.275	38.014
127.875	45.446	37.184	128.875	45.866	37.604	129.875	46.286	38.024
127.900	45.456	37.194	128.900	45.876	37.614	129.900	46.296	38.034
127.925	45.467	37.204	128.925	45.887	37.624	129.925	46.307	38.044
127.950	45.477	37.216	128.950	45.897	37.636	129.950	46.317	38.056
127.975	45.488	37.226	128.975	45.908	37.646	129.975	46.328	38.066
128.000	45.498	37.236	129.000	45.918	37.656	130.000	46.338	38.076
128.025	45.509	37.246	129.025	45.929	37.666			
128.050	45.519	37.258	129.050	45.939	37.678			
128.075	45.530	37.268	129.075	45.950	37.688			
128.100	45.540	37.278	129.100	45.960	37.698			
128.125	45.551	37.288	129.125	45.971	37.708			
128.150	45.561	37.300	129.150	45.981	37.720			
128.175	45.572	37.310	129.175	45.992	37.730			
128.200	45.582	37.320	129.200	46.002	37.740			
128.225	45.593	37.330	129.225	46.013	37.750			
128.250	45.603	37.342	129.250	46.023	37.762			
128.275	45.614	37.352	129.275	46.034	37.772			
128.300	45.624	37.362	129.300	46.044	37.782			
128.325	45.635	37.372	129.325	46.055	37.792			
128.350	45.645	37.384	129.350	46.065	37.804			
128.375	45.656	37.394	129.375	46.076	37.814			

Register

Die Zahlen bezeichnen die Randziffern (➤ Rz). Halbfette Ziffern zeigen die Absätze an, in denen der betreffende Sachverhalt hauptsächlich dargestellt wird.

876

D

Dachgeschoss 1056
– Abschreibung 1056
– Arbeitszimmer 764
– Aufstockung 1056
– Ausbau 1056
– Umbau 1056
Darlehen
– Angehörige 901
– Arbeitgeber 553, 594
– Ehegatten 901
– Kapitalerträge 902
– Meister-BAföG 461
– Sicherung 315
Darlehensverlust: Werbungskosten 807
Darlehenszinsen – siehe Schuldzinsen
Dauernde Last **110 ff.**
– Pflegekosten 115
– Renovierungskosten 115
– Vermietung: Werbungskosten 1053
– wiederkehrende Bezüge 982
Dauerwohnrecht: Wohn-Riester 388
Denkmalschutz: Abschreibung 1034 f.
Depot
– Gratisverwaltung 918
– Übertragung 911
Detektiv 224
Deutsche Finanzagentur 918
Deutsche Rentenversicherung Bund 946
Deutscher Sportbund 159
Deutsches Rotes Kreuz (DRK) 157, 159, 170, 175
Diabetes: Behinderung 191
Diakonisches Werk 159
Diät: Krankheitskosten 211
Diebstahl 219, 221, 306, **795**
– Kostenersatz 582
– Reisenebenkosten 841

Diensthundeausbildung: Ehrenamt 172
Dienstkleidung 578, 726
Dienstleistungen
– Belege 266
–, haushaltsnahe 7, 37 f., 72, 243, 258 ff.
– Kinderbetreuung 491 ff.
Dienstleistungsverhältnis 243
Dienstreise 559, **815 ff.**
– Abwesenheit 566, 842
– Arbeitsgemeinschaft 779
– Ausland 848 f.
– Berufsschulbesuch 782
– Bewirtung 567 ff.
– Diebstahl 795, 841
– Dreimonatsfrist 845 ff.
– Fahrtkosten 571 ff., 821 ff.
– Fahrtkostenerstattung 605
– Fortbildung 850
– Heimfahrt, Zwischenheimfahrt 706, 825
– Kongress, Tagung 854 ff.
– Kostenzusammenstellung 825
– Nebenkosten 840 f.
– Reisenebenkosten 574
– Studienreise 854 ff.
– Telefonkosten 825
– Übernachtungskosten 569 f., 839
– Unfallkosten 829, 832
– Verpflegungskosten 842 ff.
– Wohnmobil 836
Dienstverhältnis
– Angehörige 507 ff.
– Ausbildung 462 ff.
Dienstwohnung
– Abfindung 668
– Arbeitslohn 634
– Umzugskosten 799
Diktiergerät 726
– Abschreibung 727
Direktversicherung 327, **625 ff.**, 961

– 450-€-Job 618
– altes/neues Recht 625
– Ehepartner 629
– Gehaltsumwandlung 631
– mit Kapitalauszahlung 626
– Lebenspartner 628
–, Leistungen aus 961
– Pauschalversteuerung 518, 598 f., 627, 630
– mit Rentenzahlung 627
– Riester-Rente 372, 375
– Steuerfreiheit 627
– Teilzeitarbeit 629
Disagio 1043
Dividenden 873
– Freistellungsauftrag 919 f.
– plus Rente 938
Doppelbesteuerungsabkommen (DBA) 675, 897, 914, 925
Doppelte Haushaltsführung 65, **858 ff.**
– Auslösung 558
– Berechtigte 861
– berufliche Veranlassung 859
– Berufsausbildung 136, 148, 462
– Eigentumswohnung 866, 870
– Formulartücken 872
– Hausstand 861 f., 872
– Heimfahrten 858, 864 ff., 872
– Lebenspartnerschaft 863
– Möbelkauf 869
– Schönheitsreparaturen 868
– sonstige Aufwendungen 868
– Telefonkosten 865
– Trennungsentschädigung 558, 872
– Übersicht 858
– umgekehrte Heimfahrt 872

903